DER KAISER UND SEIN FORSCHER

Herrn Röhl

mit herzlichem Dank für seine großzügige und freundliche Unterstützung

[signature]

Christoph Johannes Franzen/Karl-Heinz Kohl
Marie-Luise Recker (Hrsg.)

Der Kaiser und sein Forscher

Der Briefwechsel zwischen Wilhelm II.
und Leo Frobenius (1924–1938)

Verlag W. Kohlhammer

Het Utrechts Archief in Utrecht und das Frobenius-Institut in Frankfurt am Main haben freundlicher-
weise die Erlaubnis zum Abdruck der Abbildungen in diesem Band erteilt. Die Rechte an den Bildern
und Zeichnungen auf den Seiten 88, 137, 141, 143, 144, 145, 170, 174, 181, 201, 211, 212, 213, 214,
215, 272, 362, 391, 411, 420, 428, 520, 522, 639, 640, 641, 642, 643, 653, 656, 659, 660 und 663 sowie
auf dem Umschlag liegen beim Frobenius-Institut, diejenigen an den übrigen Abbildungen bei Het
Utrechts Archief.

Umschlagabbildung: Leo Frobenius und weitere Mitglieder der von ihm ins Leben gerufenen Doorner
Arbeitsgemeinschaft zu Besuch am Exilsitz des ehemaligen Kaisers in Haus Doorn.

© 2012 W. Kohlhammer GmbH Stuttgart
Reproduktionsvorlage: Andrea Siebert, Neuendettelsau
Umschlag: Gestaltungskonzept Peter Horlacher
Gesamtherstellung:
W. Kohlhammer Druckerei GmbH + Co. KG, Stuttgart
Printed in Germany

ISBN 978-3-17-019021-4

Inhalt

Dank

Daß Forschung ohne zuverlässige finanzielle Förderung stets bedroht ist, wird in den hier vorgelegten Dokumenten häufig angesprochen. Um so glücklicher waren wir daher, daß die Fritz-Thyssen-Stiftung sie für das Editionsprojekt gewährt hat. Den durch die umfangreichen Anmerkungsapparate ungewöhnlich aufwendigen Druck haben großzügige Zuschüsse der Degussa AG (jetzt: Evonik Industries AG), die in Frobenius' ehemaligem Frankfurter Wohnhaus am Untermainkai 4 ihr Traditionshaus unterhält, der Hahn-Hissink'schen Frobenius-Stiftung und der Frobenius-Gesellschaft sowie deren Vorsitzenden Dr. Eberhard Mayer-Wegelin und Dr. Carsten Voigt gefördert. Ihnen allen gilt unser herzlicher Dank.

Ihn schulden wir ebenfalls zahlreichen Mitarbeitern der besuchten Archive. Das Archiv des Frobenius-Instituts in Frankfurt am Main und Het Utrechts Archief haben nicht nur Arbeitsbedingungen eingeräumt, wie man sie sich als Historiker nicht besser wünschen kann, sondern auch ihre freundliche Erlaubnis zum Abdruck der hier veröffentlichten Dokumente und Abbildungen erteilt. Die in die Wiedergabe der Dokumente eingebetteten Abbildungen stammen aus dem im Kopf jeweils zuerst genannten Archiv. Das Utrechter Archiev stellte außerdem die Vorlagen für die Tafeln 7 bis 10, 12, 14, 15, 17, 15 und 19b im Anhang zur Verfügung, das Frobenius-Institut für die Tafeln 1 bis 6, 11, 13, 16 und 19a. Für entgegenkommende Unterstützung danken wir ebenfalls Herrn Dr. Michael Maaser vom Universitätsarchiv der Johann Wolfgang Goethe-Universität in Frankfurt am Main, dem dortigen Institut für Stadtgeschichte, dem Geheimen Staatsarchiv Preußischer Kulturbesitz in Berlin sowie Frau Silke Ronnenberg und Herrn Dr. Werner Sudendorf vom Filmmuseum Berlin.

Mitarbeiter zahlreicher Bibliotheken haben bei der Literaturbeschaffung geholfen, teilweise unter nicht unbeträchtlichem Aufwand. Besonders erwähnen möchten wir nicht nur die „Heimatbibliothek" dieses Projekts, die Universitätsbibliothek Johann Christian Senckenberg mit ihrem Bibliothekszentrum Geisteswissenschaften in Frankfurt am Main, sondern auch die Bayerische Staatsbibliothek in München, die eine eingehende Auswertung der Mikrofiche-Ausgabe des Utrechter Nachlasses ermöglichten.

Das in dem Briefwechsel zwischen Wilhelm II. und Leo Frobenius angesprochene Themenspektrum ist so breit, daß jeder Wissenschaftler zu seiner Kommentierung auf die Hilfe von Kollegen aus anderen Fächern zwingend angewiesen ist. Erfreulicherweise hat der Bearbeiter diese Unterstützung von so vielen Seiten bereitwillig erhalten, daß hier nur einige stellvertretend für eine weit größere Zahl genannt werden können. Dank gebührt insbesondere den Mitarbeiterinnen und Mitarbeitern des Frobenius-Instituts in Frankfurt am Main, unter denen Frau Dr. Editha Platte als Leiterin der Bibliothek, Herr Björn Schipper, M.A. als Betreuer des Institutsarchivs, Herr Peter Steigerwald als Leiter der photographischen Sammlungen und besonders Frau Astrid Hünlich, die bei der Transkription der Texte unersetzliche Hilfe geleistet hat, ausdrücklich erwähnt sein sollen.

Die Briefe enthalten Zitate aus zahlreichen Sprachen. Wenn sie trotz aller Hindernisse, die insbesondere Frobenius' Schrift einer Entzifferung entgegenstellte, ganz überwiegend bestimmt und übersetzt werden konnten, dann ist dies für das Arabische Frau Dr. Anna Akasoy (London) und Herrn stud. phil. Mohammed Abusaa (Bonn), für das Chinesische Frau Dr. Bei Wang (Potsdam), für das Mongolische Frau Prof. Dr. Veronika Veith (Bonn), für das Sumerische Herrn PD Dr. Thomas Richter (Frankfurt am Main) und für das Türkische Herrn Prof. Dr. Marcel Erdal (Frankfurt am Main) zu verdanken.

Fruchtbare Diskussionen über die beiden Korrespondenten, ihre Beziehungen und ihre Interessen hat der Bearbeiter mit zahlreichen Freunden und Bekannten, bei Vorträgen auf verschiedenen Tagungen und an unterschiedlichen Universitäten des In- und Auslands sowie nicht zuletzt mit seinen Frankfurter Studenten geführt, die sich im Sommersemester 2004 anhand dieser Briefe mit der Bedeutung von Quellen und der Praxis ihrer Edition beschäftigt haben. Herrn Dr. Torsten Riotte (Frankfurt am Main) und Frau Dr. Heidi Mehrkens (Braunschweig) ist für wertvolle Gespräche über die Exiljahre des letzten Deutschen Kaisers zu danken. Selbst in den entlegensten Regionen der Altertumswissenschaft führte Herr Privatdozent Dr. Peter Scholz (Köln) stets auf die rechte Spur. Für schriftliche Informationen über Frobenius' Afrika sind wir den Herren Prof. Dr. Bernhard Streck (Göttingen) und Prof. Dr. Adam Jones (Leipzig) sehr verbunden. Besonderer Dank ist schließlich Herrn Prof. Dr. John C.G. Röhl (Lewes) geschuldet, der die Edition von Anfang an mit aufmerksamem Interesse begleitet hat, nicht zuletzt für ausführliche und stets anregende Gespräche sowie Hinweise auf relevante Archivalien abseits der ausgetretenen Pfade.

Der Bearbeiter dankt für ihr stets offenes Ohr seinen Kollegen am Lehrstuhl für Neueste Geschichte der Johann Wolfgang Goethe-Universität, Dr. Oliver Gnad und Dr. Carl-Wilhelm Reibel. Viel Arbeit haben ihm auch dessen Hilfskräfte abgenommen, insbesondere Herr Marcus Riverein, M.A., der in hartnäckiger Suche mit großer Findigkeit auch die entlegenste Literatur aufspürte. Wertvolle Hilfe bei der Korrektur der Druckfahnen leisteten Frau Katharina Becker, M.A., Herr Sebastian Farnung, M.A., Frau stud.phil. Maya Gradenwitz und Frau Margareta Konze-Wolf, M.A.

Dank dieser vielfältigen und großzügigen Unterstützung konnte das Manuskript im April 2008 abgeschlossen werden. Spätere Publikationen ließen sich leider nicht mehr berücksichtigen.

Vorwort

Ein Archivfund und seine Geschichte

I.

Von der Stadt Frankfurt für die beträchtliche Summe von 260 000 Reichsmark erworben, siedelten die von Leo Frobenius 1898 als „Afrika-Archiv" gegründeten ethnologischen und prähistorischen Sammlungen im Jahre 1925 von München in die Stadt am Main über. Sie bildeten den Kernbestand seines bis dahin wesentlich aus privaten Zuwendungen finanzierten „Forschungsinstituts für Kulturmorphologie". Nachdem der in der Frankfurter Bürgerschaft populäre Afrika-Forscher 1932 zum Honorarprofessor an der Johann Wolfgang Goethe-Universität und 1934 auch zum Direktor des „Städtischen Völkermuseums" ernannt worden war, stellte die Stadt ihm 1937 das alte Senckenbergische Bürgerspital zur Verfügung, in dem die zahlreichen Mitarbeiter und großen Sammlungen seines Instituts untergebracht werden konnten. Das in unmittelbarer Nähe des Museums gelegene Gebäude wurde 1944 bei einem Fliegerangriff zerstört. Die Bestände des Forschungsinstituts für Kulturmorphologie hatten allerdings noch rechtzeitig ausgelagert werden können. Nicht nur die umfangreiche Bibliothek, das wertvolle Felsbild- und das ethnographische Bildarchiv, die Fotosammlung und die mythologische Exzerptur, sondern selbst die Verwaltungsakten und Korrespondenzordner blieben nahezu vollständig erhalten. Karin Hissink, die dem Institut seit 1934 angehörte und dessen kommissarische Leitung übernahm, nachdem seine männlichen Mitarbeiter zum Kriegsdienst eingezogen worden waren, hatte die Aktenbestände in ihrer eigenen Wohnung verwahrt.

Erst 1952 erhielt das nach seinem 1938 verstorbenen Gründer umbenannte Institut in der Frankfurter Liebigstraße wieder ein permanentes Domizil. Im Vergleich zu der Raumfülle, die ihm vor dem Krieg zur Verfügung gestanden hatte, waren die Verhältnisse dort jedoch mehr als beengt, zumal sich das Frobenius-Institut das ehemalige Wohnhaus mit dem an der Goethe-Universität 1946 eingerichteten Seminar für Völkerkunde teilen musste. Die alten Sammlungen wuchsen kontinuierlich weiter. Eine ethnographische Lehr- und Studiensammlung kam hinzu. Der Seminarraum, der aus zwei zusammengelegten Wohnzimmern bestand, konnte die vielen Studierenden bald nicht mehr fassen, die seit den Bildungsreformen der 1970er Jahre in die Universität strömten. Zu dem einen Ordinariat, aus dem das Völkerkundliche Seminar ursprünglich bestanden hatte, kamen drei weitere Professorenstellen, deren Inhaber und Assistenten sich zusammen mit den Angestellten des Frobenius-Instituts die Arbeitsräume teilen mussten. Mitarbeiter von Drittmittelprojekten wurden notdürftig in den kleinen Dachkammern untergebracht. Zeitweise dürfte das Haus neben seinen Sammlungen die Arbeitsplätze für mehr als 50 Personen beherbergt haben.

Als ich im Jahre 1996 die Leitung des Instituts übernahm und seine Räume ein erstes Mal besichtigte, konnte ich mich dem Charme dieses Dauerprovisoriums nicht entziehen, so sehr mich der Platzmangel und die Enge auch bedrückten. Die Bibliothek, die mit damals knapp 90 000 Bänden eine der größten ethnologischen Fachsammlungen des deutschsprachigen Raums darstellte, belegte das gesamte Erdgeschoß und alle Kellergewölbe. Da die Regale bis unter die hohen Decken reichten, bedurfte es einiger akrobatischer Fähigkeiten, wollte man sich ein Buch aus der obersten Reihe holen. Den gesamten Dachboden füllte die ethnographische Sammlung an, eine kunterbuntes Durcheinander von westafrikanischen Tontöpfen und äthiopischen Ölbildern, von Waffen, Masken, landwirtschaftlichen Geräten, Nackenstützen und hölzernen Ahnenfiguren, die von Holzwürmern und anderen Parasiten befallen waren. Die etwa 30 000 ethnographischen Zeichnungen und Aquarelle – wissenschaftliche Ausbeute der zahlreichen Institutsexpeditionen nach Afrika, Australien, Südamerika und Südostasien – waren in rostenden Stahlschränken untergebracht, die in den Fluren und Gemeinschaftsräumen standen. Die großformatigen Felsbildkopien lagen zusammengerollt dort, wo es noch irgendwo Platz gab, und die Mitarbeiter des Instituts mußten ihre Arbeitsräume mit Dutzenden alter Kartei-, Archiv- und Aktenschränke teilen. Das Mobiliar stammte zum Teil noch aus der Vorkriegszeit. Die dringend notwendigen Restaurierungsarbeiten und Neuanschaffungen waren regelmäßig daran gescheitert, daß ein immer größerer Teil des Institutsetats für die exorbitant steigende Miete des im exklusiven Frankfurter Westend gelegenen Wohnhauses gezahlt werden mußte. Doch sollte es noch viele Jahre dauern, bis den Mißständen durch den Umzug des Instituts in das neue Campus-Gelände der Universität endlich Abhilfe geschaffen werden konnte.

In diesem eher an ein verwunschenes Spukschloß als an ein wissenschaftliches Institut erinnernden Gebäude bisweilen stöbern zu gehen war freilich von großem Reiz. Bei einem meiner Streifzüge entdeckte ich in einer Abstellkammer mehrere alte Leitzordner, auf deren Rückenseiten mit schon lange vergilbter schwarzer Tinte „Frobenius-Wilhelm II." vermerkt war. Meine Überraschung war groß, als ich beim Durchblättern feststellte, dass sie zahllose Originalbriefe in der säuberlichen und leicht lesbaren Handschrift des letzten deutschen Kaisers enthielten. Die Sammlungen des Instituts sind zwar an einmaligen ethnographischen Beständen reich. Einen solchen Schatz an Autographen von nicht nur kulturhistorischem Wert – durch seine Versteigerung hätte ein Teil der damaligen finanziellen Probleme des Instituts leicht behoben werden können – hatte ich indes nicht vermutet. Wie sich bei meinen Nachfragen herausstellte, wussten einige ältere Mitarbeiter durchaus von seiner Existenz. Daß die Briefe unbeachtet und nahezu vergessen in einem nur selten betretenen Winkel des Gebäudes lagen, mag damit zusammenhängen, daß die engen persönlichen Beziehungen zwischen Leo Frobenius und Wilhelm II. vor allem den Angehörigen des Instituts, die die Debatten um dessen Gründer in den Jahren nach 1968 noch miterlebt hatten, eher peinlich waren.

Trotz der großen Verdienste, die er sich um Erforschung der Kulturen und Geschichte Afrikas – jenes in den Augen der Europäer vermeintlich geschichtslosen Kontinents – erworben hatte, war Frobenius aufgrund seiner erzkonservativen Gesinnung und seiner an Oswald Spengler erinnernden wilden kulturhistorischen Spekulationen während der Studentenbewegung zu einem beliebten Angriffsziel von Ethnologie-Studenten und jüngeren Wissenschaftlern geworden. Zu ersten Auseinandersetzungen kam es, als 1968 dem damaligen senegalesischen Staatspräsidenten Léopold Sédar Senghor in Frankfurt der Friedenspreis des Deutschen Buchhandels verliehen wurde. Während der Feierlichkeiten in der Paulskirche demonstrierten die Studenten auf den Straßen der Stadt gegen den autoritären Führungsstil des afrikanischen Staatsmannes, dem sie Ausbeutung seines eigenen Landes und Kumpanei mit den alten Kolonialmächten vorwarfen. Senghor aber war gerade der Frankfurter Ethnologie eng verbunden. In seinen autobiographischen Schriften hat er sich vorbehaltlos zu dem großen Einfluss bekannt, den Frobenius' „Kulturgeschichte Afrikas" auf ihn und die von ihm mitbegründete *Négritude* ausgeübt hatte. Der Friedenspreis des Deutschen Buchhandels war auch nicht die erste Auszeichnung, die er in Frankfurt entgegennahm. Sieben Jahre zuvor bereits hatte er aus den Händen des damaligen Institutsdirektors Ad. E. Jensen die Frobenius-Medaille entgegengenommen, die eigens zu diesem Zweck gestiftet worden war. Einen weiteren Höhepunkt erlebten die Angriffe auf den Gründer des Instituts aus Anlaß der Feierlichkeiten zu seinem 100. Geburtstag am 29. Juni 1973. Frankfurter Ethnologie-Studenten veröffentlichten eine Gegenfestschrift mit einer Blütenlese von abwertenden Äußerungen über Afrika und die Afrikaner, die sie aus seinen Schriften zusammengestellt hatten. Stellungnahmen von Institutsangehörigen blieben nicht aus, in denen sie anhand von anderen Zitaten Frobenius' seine Liebe zu Afrika, seine Distanz gegenüber dem Rassismus seiner Zeit und auch seine Kritik an den Praktiken des Kolonialismus darlegten. Über das freundschaftliche Verhältnis, das er zu Wilhelm II. unterhalten hatte, schwiegen sie sich aber lieber aus. Der Ruf des Institutsgründers schien durch die vorangegangenen Kampagnen bereits genug beschädigt. Warum sollte man ihn da auch noch zu einer der umstrittensten Figuren der neueren deutschen Geschichte in Verbindung bringen?

Das negative Urteil über die Persönlichkeit des letzten deutschen Kaisers, über seine Mitschuld am Ausbruch des Ersten Weltkriegs, über seinen autoritären Regierungsstil, seine nationalistischen Tiraden, seinen Militarismus, seine Großmannssucht, seine Eitelkeit und auch seinen Antisemitismus stand für die nach 1945 in Deutschland Geborenen fest. Neuere wissenschaftliche Veröffentlichungen, wie die große Biographie von John C.G. Röhl, bestätigen dieses Urteil heute weitgehend, und der von Nicolaus Sombart unternommene Versuch, es zumindest in einigen Zügen zu widerlegen, hat innerhalb der Fachwelt kaum Resonanz gefunden. Auch selbst mit diesem Bild aufgewachsen, war ich nach einer kursorischen Lektüre der zufällig gefundenen Briefe einigermaßen verblüfft. Sie dokumentierten eine sich über Jahrzehnte erstreckende, von Zuneigung geprägte und ausgesprochen warmherzige Freundschaft, wie ich sie nach dem Wenigen, was ich bis dahin über Wilhelm II. gelesen hatte, kaum vermutet hätte. Die Briefe geben bisher nur wenig bekannte und bisweilen durchaus sympathisch anmutende Seiten seiner Persönlichkeit zu erkennen. Er ist um den Freund aufrichtig besorgt, er ermahnt ihn wiederholt, sich nicht zu übernehmen und auf seine Gesundheit zu achten, er kennt seine Schwächen und permanenten Geldnöte, er unterstützt ihn nicht nur finanziell, sondern auch moralisch, und er macht sich sogar selbst die Mühe, einige seiner Arbeiten ins Englische zu übersetzen. Bisweilen erinnert der Austausch der beiden bereits in reifen Jahren stehenden Männer an Mitteilungen zwischen pubertierenden

Jugendlichen. „Schwarze Exzellenz" redet der Kaiser den Forscher in Anspielung auf seinen Geheimratstitel an, den er ihm während des Ersten Weltkriegs selbst verliehen hatte, und mit arabischen Formeln zeichnen sie ihre Briefe. Selbst ein Zug, den man bei dem von sich nur im *pluralis majestatis* schreibenden vormaligen Monarchen am wenigsten vermutet, tritt hin und wieder hervor: die Selbstironie, so etwa dort, wo er Frobenius nach dessen Bericht über den Brauch des sakralen Königsmordes bittet, seine schwarzen Kollegen herzlich zu grüßen.

Leo Frobenius ist in seinen Äußerungen dagegen zurückhaltender, sein Ton distanzierter. Um das persönliche Wohlergehen des exilierten Kaisers scheint er sich weniger gekümmert zu haben. Oder war es nur der Respekt, der ihm ähnliche Vertraulichkeiten verbot? Seine Zuneigung zu Wilhelm war sicher ebenso aufrichtig wie die seines Briefpartners, wenn auch nicht frei von eigennützigen Motiven. In ihm fand er nicht nur einen seiner wichtigsten Mäzene. Die Beziehung zum Kaiser öffnete ihm auch den Zugang zu konservativ gesonnenen Kreisen in der Finanzwelt und in den großen Industrieunternehmen, deren Unterstützung er zur Finanzierung seiner Forschungsexpeditionen so dringend brauchte. Eitelkeit, von der gerade Wissenschaftler nicht frei sind, spielte dabei zweifellos auch eine Rolle. Was im Zeitalter der Herrschaft der Medien der regelmäßige Auftritt in Rundfunk und Fernsehen, war damals der Empfang bei Hof, auch wenn es nur der eines abgedankten Monarchen sein mochte. In ihren Auswirkungen sind solche Formen der Popularität allerdings zwiespältig. Je höher das Ansehen eines Wissenschaftlers in der Öffentlichkeit, desto reservierter treten die eigenen Kollegen den Resultaten seiner eigentlichen Forschungsarbeiten entgegen. Frobenius brauchte sich um seinen wissenschaftlichen Ruf zwar nicht mehr viel zu kümmern. Innerhalb der ethnologischen Fachwelt war er umstritten. Unter den deutschsprachigen Völkerkundlern hatte der Autodidakt weit mehr Feinde als Freunde. An der Unterstützung seiner Kollegen aus den benachbarten Disziplinen der Frankfurter Universität mußte ihm dafür um so mehr gelegen sein. Sie waren es denn auch, die er zu den Tagungen der Doorner Arbeitsgemeinschaft bevorzugt einlud, an denen außer ihm und seinen Schülern kein anderer Ethnologe teilnahm. Seine renommierten Kollegen aus Altertumswissenschaft und Indologie verschafften ihm das Auditorium, vor dem er die Verehrung des Kaisers umso mehr genießen konnte. Der aber verfiel immer mehr in den Bann der Persönlichkeit seines um vierzehn Jahre jüngeren Mentors. Wenn er seine Briefe mit „Ihr ergebener Schüler" zeichnete, könnte man dies zwar auch als Selbstironie deuten. Die Begeisterung für Frobenius' kulturmorphologische Spekulationen aber war echt. Und die gespannten Erwartungen, die er auf seine Reaktion setzte, wenn er ihm eine seiner eigenen kulturhistorischen Arbeiten zusandte, zeigen, wie groß der Wert war, den er auf dessen persönliches Urteil legte. Er scheute nicht einmal davor zurück, für einen ausgewählten Personenkreis unter seinem eigenen Namen die um einige persönliche Überlegungen erweiterte Nachschrift einer Vorlesung über „Das Wesen der Kultur" zu veröffentlichen, die Frobenius in Doorn gehalten hatte. Woher seine tatsächlich an Ergebenheit grenzende Bewunderung des Forschers rührte, dem er doch an Rang und Jahren weit überlegen war, lässt sich nur vermuten. Waren es der unkonventionelle Lebensstil, der Abenteuergeist, die Unbekümmertheit und der Enthusiasmus des Ethnologen, die den Kaiser faszinierten? Glaubte er in ihm einige seiner eigenen Charakterzüge wiederzuerkennen? Identifizierte er sich mit Frobenius deshalb so stark, weil er in ihm den Außenseiter sah, der sich trotz zahlreicher Widerstände und entschiedener Gegner in seiner eigenen Welt so erfolgreich durchzusetzen vermochte?

Die Korrespondenz zwischen Leo Frobenius und Wilhelm II. gibt nicht nur Einblicke in die Wissenschaftsorganisation und die kulturhistorischen Debatten in der Zeit zwischen den beiden Weltkriegen, sondern dokumentiert auch eine wichtige Etappe in der Geschichte der deutschen Ethnologie. Daß ihre Veröffentlichung dazu beitragen wird, das herkömmliche Bild des letzten deutschen Kaisers zu revidieren, steht wahrscheinlich nicht zu erwarten; doch wirft sie zumindest auf einige Facetten seiner Persönlichkeit ein neues Licht.

III.

Zwischen der Wiederentdeckung des Briefwechsels und seiner Publikation liegen mittlerweile über zehn Jahre. Der lange gehegte Plan wäre vielleicht nie verwirklicht worden, hätte sich Marie-Luise Recker vom Historischen Seminar der Frankfurter Universität seiner nicht angenommen. Bei einem Gespräch in der wöchentlichen Mittagsrunde unseres Kollegenkreises waren wir eher zufällig auf die im Frobenius-Institut lagernde Korrespondenz zu sprechen gekommen. Marie-Luise Recker beantragte die für das aufwendige Editionsverfahren benötigten Personal- und Sachmittel bei der Fritz Thyssen-Stiftung. In Christoph Franzen fand sie einen kompetenten jüngeren Historiker, der unter ihrer wissenschaftlichen Leitung den Briefwechsel bearbeitete, ihn mit den im Utrechter Archiv aufbewahrten Nachlaß Wilhelms II. verglich, ihn mit großer Sorgfalt annotierte und kommentierte. Ergebnis seiner Recherchen ist die umfangreiche Einleitung, die der Edition vorangestellt ist.

Karl-Heinz Kohl

Einleitung

I.

Der ehemalige Kaiser Wilhelm II. und der Ethnologe Leo Frobenius standen von 1923 bis zu Frobenius' Tod im August 1938 in engem Gedankenaustausch. Er vollzog sich zum einen durch regelmäßige Besuche des Forschers an Wilhelms Exilsitz Haus Doorn in den Niederlanden und zum anderen in einer reichen Korrespondenz. Deren Kern bilden die hier wiedergegebenen 121 Briefe des früheren Monarchen und 96 Antwortschreiben des Forschers. Er ist in eine Überlieferung von über 2000 Schreiben eingebettet, die aus ihrer jeweils engsten Umgebung stammen oder in sie gerichtet sind, also von Ehepartnern, Mitgliedern des Exil-„Hofstaats" und Mitarbeitern des von Frobenius begründeten „Instituts für Kulturmorphologie" sowie an diesen Personenkreis. Teilweise sind auch diese Briefe und Telegramme ein integraler Bestandteil der Kommunikation zwischen Wilhelm II. und Frobenius. An den Anmerkungen des ehemaligen Kaisers kann man beispielsweise erkennen, daß er einen Großteil dieser an seinen „Hof" gesandten Briefe gelesen hat, als seien sie an ihn direkt gerichtet. Und zu einer Antwort Editha Frobenius' auf ein Schreiben des ehemaligen Kaisers existiert ein Entwurf von der Hand ihres Mannes.[1] In den vorliegenden Band konnten aus diesem Umfeld nur einzelne Briefe aufgenommen werden, die entweder für den Gang des Gesprächs zwischen dem früheren Herrscher und dem Forscher von außerordentlicher Bedeutung sind oder ihr Verhältnis besonders eindrücklich beleuchten. Die Mitteilungen, die zwischen den beiden Hauptpersonen direkt gewechselt wurden, werden dagegen komplett ediert – auch die wenigen unter ihnen, die lediglich Glückwünsche oder Feriengrüße enthalten. Diese kleineren Gelegenheitsschreiben sind inhaltlich zwar weniger aufschlußreich, verdeutlichen aber Art und Intensität des Verhältnisses zwischen den Korrespondenten.

Die hier erstmals publizierten Schriftstücke sind Zeugnisse einer außergewöhnlichen und engen Beziehung, deren Entwicklung und Verlauf durch sie sehr weitgehend rekonstruiert werden kann. Weil Vorschriften seines Gastlands den ehemaligen Kaiser an seinen Exilsitz Huis Doorn und dessen nähere Umgebung banden, blieben nämlich die Möglichkeiten zur persönlichen Begegnung stark beschränkt. Außerdem finden sich nur wenige Hinweise auf fehlende Briefe, so daß ein Großteil der Kommunikation zwischen den beiden Korrespondenten in den hier vorgelegten Schriftstücken erfaßt wird.

Der Nachlaß des Ethnologen, den das Institut, das heute seinen Namen trägt, in Frankfurt am Main bewahrt, ist zwar reich an Aufzeichnungen und Forschungsmaterial, doch aus der dort überlieferten Korrespondenz sticht eine annähernd komplette Briefreihe heraus, nämlich diejenige der Kommunikation mit Wilhelm II., zu der nicht nur die empfangenen Schreiben, sondern auch Durchschriften der versandten gehören. Nirgends sonst ist der Forscher in einem so intensiven Zwiegespräch mit einem Zeitgenossen zu beobachten.

---

[1] Nr. 100a.

Anders steht es um den Nachlaß des Exilmonarchen, der sich in Het Utrechts Archief im niederländischen Utrecht befindet: Im Bewußtsein, daß er einer historischen Persönlichkeit angehöre, wurden noch die kleinsten Notizzettel seines „Hofstaats", Umschläge und alltäglichste Dokumente aufgehoben. Der Stellenwert des Briefwechsels mit Frobenius läßt sich so deutlich vermessen. Wilhelms besondere Interessen finden darin ihren Niederschlag, daß in seinem Nachlaß 44 Archivmappen mit Korrespondenz über „kultur-historische Sachgebiete" überliefert sind, denen eine einzelne Mappe zu naturwissenschaftlichen Fragen gegenübersteht. Das Schwergewicht liegt hier auf der Altertumskunde, insbesondere dem Einfluß des Orients auf die Antike.[2] Dieses Verhältnis spiegelt sich auch in den Veröffentlichungen des Exilmonarchen: Außer den Memoirenpublikationen, einem ebenfalls seiner persönlichen Entlastung dienenden zeithistorischen Tabellenwerk und einer Familiengeschichte[3] publizierte Wilhelm nur kulturhistorische Texte, die in enger Zusammenarbeit mit Frobenius entstanden waren.[4]

Das Verhältnis der beiden ging dabei aber über solche Zusammenarbeit und bloßes Mäzenatentum bald hinaus. Die Briefe nehmen einen ausgesprochen informellen Charakter an: Wilhelm exotisiert sie beispielsweise, indem er in der Art Karl Mays arabische Interjektionen wie „Inschallah" oder „Hamdulillah" einfügt[5] oder ein Schreiben, das Frobenius auf einer Expedition erreichen soll und in dem er ihn als „großer Scheich" anredet, „an Seine Exzellenz Professor Frobenius, Sahara in Erster Oase, um die Ecke links, wo das Kamel davorsteht, Nordafrika" adressiert.[6] Man spricht auch über Alltäglichkeiten und die eigenen Beschäftigungen, über den von Wilhelm besonders geliebten Garten in Doorn, das Wetter und immer wieder über Gesundheit – besonders die des zunehmend leidenden Frobenius.[7] Als dieser sich in einem etwas schiefen Bild wie einen

---

[2] Ausdrücklich bestätigt Wilhelm dies auch in Nr. 22a, wenn er seinem Adjutanten Niemann in einem fingierten Interview diese Worte in den Mund legt: „Euere Majestät haben archäologischen Studien immer ein besonderes Interesse entgegengebracht, und als leitenden Grundgedanken herausgestellt: die Feststellung der Wurzeln, aus denen sich die hellenische, antike Kunst entwickelt hat, und das Schlagen oder Finden einer Brücke, um den Einfluß des Ostens auf den Westen in kultureller Beziehung zu ergründen." S.a. u. S. 26.

[3] Ereignisse und Gestalten aus den Jahren 1878–1918, Leipzig 1922; Aus meinem Leben.1859-1888, Leipzig 1927; Vergleichende Geschichtstabellen vom Jahre 1878 bis zum Kriegsausbruch 1914, Leipzig 1921; Meine Vorfahren, Berlin 1929.

[4] Erinnerungen an Korfu, Berlin 1924; Die chinesische Monade, ihre Geschichte und ihre Deutung, Leipzig 1934; Studien zur Gorgo, Berlin 1936; Vergleichende Zeittafeln der Vor- und Frühgeschichte Vorderasiens, Ägyptens und der Mittelmeerländer, Leipzig 1936; Das Königtum im alten Mesopotamien, Leipzig 1938 und Ursprung und Anwendung des Baldachins, Amsterdam 1939. Bei dem als Privatdruck verteilten Vortrag Wilhelms „Das Wesen der Kultur. Vortrag Seiner Majestät des Kaisers Wilhelm II. nach einer von Leo Frobenius für Seine Majestät verfaßten vorläufigen Skizze" (Leipzig 1931) wird die Beziehung bereits im Titel deutlich.

[5] Nr. 56, 96, 107, 109, 119, 122, 123, 124, 131, 137, 147, 148, 150, 152, 153, 159, 164, 168, 175, 177, 178, 183, 184, 189, 194, 195, 198, 199, 207, 208, 212, 213, 215, 216, 219, 220, 224, 225, 227, 228, 229, 232, 234, 236, 239, 241, 243, 245, 246, 248, 249, 250, 254, 255, 257 und 258; s.a. Nr. 28, 67, 200 und 235. Frobenius tut dies in Nr. 47, 55, 70, 120, 136, 141, 146, 151, 154, 161, 170, 173, 182, 186 und 211.

[6] Nr. 148.

[7] Nr. 1, 7, 10, 11, 14, 15, 16, 17, 20, 26, 27, 29, 30, 42, 52, 53, 54, 56, 58, 60, 63, 65, 66, 74, 84, 102, 104, 119, 137, 139, 140, 141, 142, 151, 152, 168, 173, 203, 207, 209, 210, 212, 213, 214, 215, 216, 217, 218, 219, 222, 230, 231, 237, 238, 239, 242, 245, 250, 252, 253, 254, 255, 256, 257 und 258.

Stein durch Europa fliegen sieht, antwortet der frühere Kaiser ihm mit einem launigen Gedicht auf fliegende Steine.[8] Ein andermal ruft er Leo Frobenius ein aufmunterndes „Leoleoleo" zu.[9] Und wenn sein Humor auch gelegentlich eher der Gardeleutnantsvarietät angehört, scheint doch manchmal auch ganz unerwartete Selbstironie hervor: So bestellt er, als Frobenius, um Zugang zu alten Königsgräbern im heutigen Zimbabwe zu erhalten, mit den Nachfahren der dort Bestatteten verhandelt, „beste Grüße an meine dunklen Kollegen" oder nennt sich im Umkehrschluß nach einem von Frobenius mitgeteilten Herrschertitel „Madsivoa v[on] Doorn".[10] Angesichts dieses vertrauten Tonfalls muß man es auch ernst nehmen, wenn der ehemalige Kaiser sich ausdrücklich als „treuer Freund" des Forschers bezeichnet oder ein Schreiben mit der Formel „in alter Freundschaft" schließt.[11]

Persönlich gehalten ist die Korrespondenz auch darin, daß sämtliche Briefe des Ethnologen wie auch die Mehrheit derjenigen des ehemaligen Kaisers von Hand geschrieben sind. Ihre Rechtschreibung ist eine eigentümliche Mischung aus Überbleibseln der Zeit, in der die 1859 und 1873 Geborenen schreiben lernten, und – teils mittlerweile zum Durchbruch gekommenen – reformerischen Ansätzen des 20. Jahrhunderts. Beide, vor allem aber Frobenius, haben daneben idiosynkratische Schreibweisen und Inkonsistenzen. Sie wurden für diese Edition nicht normalisiert, zum einen weil sich gerade in dieser Kombination auch die Persönlichkeit der Korrespondenten ausdrückt, zum anderen weil die unbekümmerte Orthographie des Ethnologen ebenfalls die Intimität des Briefwechsels unterstreicht.[12] Ihr entspricht auch, daß er offenbar keine Entwürfe anfertigte, sondern den Text mit zahlreichen Korrekturen und Änderungen gleich an den prominenten Empfänger sandte.

Berücksichtigt man, daß Wilhelm auch im Exil an dem Anspruch festhielt, der rechtmäßige Herrscher Deutschlands zu sein, und dies durch die Beibehaltung eines Hofzeremoniells und seiner Titulatur unterstrich, dann ist auch etwa jene Ansichtskarte ausgesprochen formlos, die ihm Frobenius, dessen Frau, sein engster Mitarbeiter und Nachfolger Adolf E. Jensen und der „Hausmarschall" Dettlof Graf von Schwerin im September 1936 als Capriccio „mit Chianti auf dem Tisch" aus dem italienischen Biganzolo schickten, oder auch sein lapidarer „Gruß aus dem dritten Erdteil" von der Amerikareise 1937.[13] Schon ganz zu Beginn ihrer Korrespondenz erklärte Frobenius recht unförmlich intim: „Ich bitte Euer Majestät, mich lieb zu behalten."[14] Und einen in Eile fertiggestellten Brief beendet er sogar mit der ungewöhnlichen Schlußformel „tatüü – tataaaah!!!".[15] Verständlich, daß ein Mitarbeiter des Doorner Büros auf der Abschrift eines Frobenius-Briefs als Besonderheit anmerkte: „Irgendwelche höfischen Phrasen

---

[8] Nr. 244 und 245.

[9] Nr. 189 und 195.

[10] Nr. 67.

[11] Nr. 67, 147, 148, 152, 176 und 178.

[12] Der einfacheren Lesbarkeit halber sind jedoch die in den Text dieser Einleitung eingebetteten Zitate normalisiert. Die ursprüngliche Schreibweise kann an den nachgewiesenen Stellen der Edition geprüft werden.

[13] Nr. 237 und Nr. 242.

[14] Nr. 9.

[15] Nr. 82.

machte er bei seiner Unterschrift nie."[16] Sein Erstaunen ist begreiflich, hielt der ehemalige Kaiser doch an seinem Status fest, unterzeichnete noch die persönlichsten Briefe mit dem Kürzel „IR" – für „Imperator Rex" – hinter seinem Namen und hatte ein eigenes Formular für eilige Kurznachrichten, das sie unter aufwendigem Wappenschmuck als „Brieftelegramm Seiner Majestät des Kaisers und Königs" aus Haus Doorn auswies.[17]

Daß er selbst so oft und Frobenius fast ständig das Protokoll eines Schriftverkehrs zwischen Kaiser und Untertan durchbrach, erinnert an eine frühere vertraute Korrespondenz des damals noch amtierenden Kaisers, diejenige mit dem Diplomaten Fürst Philipp zu Eulenburg und Hertefeld,[18] und wirft damit die Frage auf, welche Funktion ein solcher Briefwechsel für ihn haben mochte. Es liegt auf der Hand, daß der vertrauliche, ja ganz wörtlich freundschaftliche Umgang signalisierte, hier werde nicht einfach der scheinbar pflichtgemäß geschuldete Respekt – noch Monate später war der frühere Kaiser beispielsweise darüber gekränkt, daß von den deutschen Universitäten einzig die Würzburger ihm 1929 zum 70. Geburtstag eine Glückwunschadresse hatte zukommen lassen[19] – erbracht, sondern er finde bei dem von ihm als Wissenschaftler hoch geschätzten Frobenius auch persönliche Anerkennung. Das höfische Protokoll und sein Aussetzen an vielen Stellen dieser Korrespondenz sind also komplementär: Wenn das Festhalten am Zeremoniell seines Herrschaftsanspruchs nach der von ihm jetzt nicht mehr akzeptierten Abdankung ein Leugnen des Unwillkommenen, nämlich seiner größten Niederlage, darstellte, dann bedeutete die informelle und persönliche Sympathie, die er aus Frobenius' Schreiben herauslesen konnte, daß er von einer ihm wichtigen Autorität trotzdem weiterhin akzeptiert wurde – eine Erfahrung, die Wilhelm nicht häufig gemacht hatte.

II.

Jenem regressiven Element Ihrer Beziehung, bei dem der ehemalige Kaiser scheinbar unverändert seine Herrscheraufgaben erfüllte, entsprach aber auch eine prosaischere Dimension ihres Schriftwechsels. Denn der ureigenen Funktion eines Monarchen, Kunst und Wissenschaft zu pflegen und zu fördern, konnte Wilhelm aus dem nicht unbeträchtlichen Vermögen, auf das er auch nach seinem Sturz noch zugreifen konnte, weiterhin nachgehen. Schon zu seiner Regierungszeit hatte er sie mit besonderer Freude geübt, war er hier doch, da er auf sein Privatvermögen, die sogenannte „Schatulle", zurückgriff, nicht an lästige Verantwortlichkeiten gebunden und konnte – zumindest dem Anspruch nach – den alten Wunsch seiner Eltern erfüllen, Kompetenz auf allen Bildungsgebieten zu zeigen. Noch während seiner Regierungszeit war er auf diese Weise auch erstmals Frobenius begegnet: Der bereitete 1912 eine Expedition vor, die ihn auf Felsbildsuche in

---

[16] Nr. 260.

[17] S. Tafel 5.

[18] Philipp zu Eulenburg und Hertefeld, Philipp Eulenburgs politische Korrespondenz, hg. v. John C.G. Röhl, 3 Bde., Boppard 1976–1983.

[19] Nr. 66; s.a. Nr. 222, 260 und 261.

den Sahara-Atlas führen sollte. Um dafür Gelder zu erhalten, hatte er sich auch an den Kaiser gewandt und war, so erinnerten er und seine Frau sich später, für den 16. Dezember zu einer Audienz geladen worden. Frobenius' Stärke lag vielleicht ohnehin weniger im wissenschaftlichen Detail als in der packenden Präsentation weitgespannter Entwürfe, mit der er auch Laien die weltbewegende Bedeutung seines Programms und seiner Entdeckungen ausmalte. So gelang es ihm mit Bravour, den Herrscher für sein Vorhaben einzunehmen. Er wurde zu einem weiteren Gespräch noch am gleichen Tag bestellt, das bis spät in die Nacht dauerte.[20] Die Finanzierung der „Kaiser-Expedition", wie Frobenius sie später nennen sollte,[21] war so gesichert und offenbar ein bleibender Eindruck geschaffen. Bei Zwistigkeiten mit dem Auswärtigen Amt, für das er 1914 eine Expedition an das Rote Meer unternahm, deren eigentlichem Ziel, einen Aufstand im anglo-ägyptischen Sudan zu entfachen, er jedoch nicht einmal nahe kam, berief er sich zwar auf seine Bekanntschaft mit dessen oberstem Dienstherrn, aber, ob er mit ihm in dieser Zeit in Kontakt stand, ist unbekannt.[22]

Die Unterstützung von Expeditionen, also außerordentlichen Unternehmungen, die aus dem regulären Etat von Frobenius' Forschungseinrichtungen nicht finanziert werden konnten, zieht sich auch durch den Briefwechsel der Exilzeit Wilhelms.[23] Dabei konnte diese Hilfe sowohl in der Zuwendung eigener oder vermittelter Geldspenden, von Expeditionsausrüstung, wie den 1934 von Wilhelms Enkel Louis Ferdinand vermittelten Ford-Autos,[24] oder im Einsatz seiner Beziehungen zu Regierungsstellen in Deutschland und den Niederlanden bestehen. Entsprechend dienten die oft sehr ausführlichen Berichte, die der Reisende von seinen Expeditionen nach Doorn sandte,[25] nicht nur als Information für den an ihnen geistig Anteil nehmenden, jedoch an seinen Exilsitz gefesselten früheren Kaiser, sondern legten auch Rechenschaft über die Verwendung dieser Unterstützung ab.

Aber auch wenn gerade keine Forschungsreise anstand, schilderte Frobenius immer wieder eindringlich den Geldmangel der von ihm geleiteten Institutionen: „Diese Notlage hat etwas geradezu Schauerliches."[26] Solche Klagen hatten einen realen Hintergrund. In der auch wirtschaftlich unruhigen Zeit der Weimarer Republik schwand schließlich die Zahlungsfähigkeit nicht weniger der früheren Mäzene, und Frobenius' Vereinbarungen mit der Stadt Frankfurt und dem Land Preußen bei dem Umzug seines

---

[20] Leo Frobenius, Kulturgeschichte Afrikas. Prolegomena zu einer historischen Gestaltlehre, Wuppertal ²1998 (urspr. 1933), S. 3; Janheinz Jahn, Leo Frobenius. The Demonic Child, Austin 1974, S. 8.

[21] Nr. 27, 42, 49 und 141.

[22] Zu dieser Expedition Ulrich Braukämper, Im Spannungsfeld zwischen Wissenschaft und politischem Aktivismus. Leo Frobenius als Geheimagent in Nordost-Afrika, in: Karl-Heinz Kohl und Editha Platte (Hg.), Gestalter und Gestalten. 100 Jahre Ethnologie in Frankfurt am Main, Frankfurt am Main 2006, S. 167–186 und Peter Heine, Leo Frobenius als politischer Agent. Ein Beitrag zu seiner Biographie, in: Paideuma 26 (1980), S. 1–5.

[23] Nr. 27, 28, 29, 57, 58, 60, 63, 65, 68, 69, 70, 71, 72, 73, 76, 80, 141, 142, 198, 199, 200, 233, 238 und 239.

[24] Nr. 198, 199, 200 und 221.

[25] Nr. 20, 21, 51, 52, 54, 55, 58, 61, 62, 65, 68, 70, 72, 73, 74, 151, 185, 186, 193 und 211; s.a. Nr. 224.

[26] Nr. 16, 20, 27, 29, 33, 42, 45, 46, 47, 51, 52, 65, 68, 70, 74, 75, 82, 86, 94, 101, 116, 117, 120 (hier das Zitat), 130, 141, 143, 155, 157, 170, 174, 180, 181, 182, 193, 197, 202 und 226.

Instituts für Kulturmorphologie und des Afrika-Archivs dorthin im Jahr 1925 sicherten nur einen geringen Grundstock. Von den Kürzungen der Forschungsfördergelder, aus denen sie einen großen Teil ihres Etats bestritten, waren diese aus privater Initiative entstandenen Einrichtungen daher deutlich stärker betroffen als staatlich fest etatisierte Institute. Die Neigung Frobenius' zu spektakulären öffentlichen Auftritten ist daher nicht nur, wie oft festgestellt wird, seiner extrovertierten Persönlichkeit zuzuschreiben, sondern auch dem harschen Zwang, mit ungewöhnlichen „Marketingmethoden" Gelder einzuwerben.[27]

Verschärft wurde die bereits ungünstige finanzielle Lage freilich noch durch Frobenius' unbekümmerten Umgang mit Geld. So begann er etwa eine großangelegte Expedition in den Süden Afrikas, obwohl deren Abschluß noch keineswegs finanziert war.[28] Auch Wilhelm mußte dies lernen und erklärte ihm, als er 1929 einen Zuschuß von 18 000 RM für Expeditionskosten zusagte, er werde sie nur in Raten auszahlen: „Das Ganze kriegen Sie nicht, da Sie absolut keinen Schimmer von Finanzverwaltung haben und damit ‚urschen' würden wie ein Fähnrich."[29]

Doch nicht nur Geld stellte der ehemalige Kaiser seinem bevorzugten Forscher zur Verfügung, sondern auch das soziale Kapital, das mit seiner Stellung verbunden war. Ein sehr wichtiger Geldgeber für Frobenius' Institute war beispielsweise die „Notgemeinschaft der Deutschen Wissenschaft", der Vorläufer der heutigen Deutschen Forschungsgemeinschaft.[30] Ihr Präsident Friedrich Schmidt-Ott, Wilhelm aus der gemeinsamen Kasseler Gymnasialzeit gut bekannt, war ein ebenfalls regelmäßiger Korrespondent und Duz-Freund des exilierten Monarchen und hielt ihn über die Entwicklungen auf den von der Notgemeinschaft unterstützten Forschungsgebieten auf dem Laufenden. Dessen Augenmerk hatte Wilhelm auf Frobenius gelenkt und sich gelegentlich sogar direkt für den Forscher eingesetzt.[31] Auch in die Ministerialbürokratie des Reichs und Preußens hatten Wilhelm und seine Mitarbeiter noch zahlreiche Verbindungen, die sie zugunsten des Ethnologen einsetzten. Insbesondere der Berliner Repräsentant des Hohenzollern,

---

[27] Hans Voges, Frankfurter Völkerkunde im Nationalsozialismus 1933–1945, in: Sylvia S. Kasprycki (Red.), Ansichtssachen. Ein Lesebuch zu Museum und Ethnologie in Frankfurt am Main. Frankfurt am Main 2004, S. 130–149; Marcus Riverein, „Der Loki im Walhall der Wissenschaft". Die Darstellung von Leo Frobenius in der Presseberichterstattung, in: Kohl/Platte, Gestalter (wie Anm. 22), S. 61–91. Das Extrem der personalistischen Reduktion findet sich bei Sibylle Ehl, Ein Afrikaner erobert die Mainmetropole. Leo Frobenius in Frankfurt (1924–1938), in: Thomas Hauschild (Hg.), Lebenslust und Fremdenfurcht. Ethnologie im Dritten Reich, Frankfurt am Main 1995, S. 121–140, hier: S. 134–139 (dort auch die ältere Literatur).

[28] Nr. 72.

[29] Nr. 60.

[30] Nr. 33, 65, 70, 80, 82, 94, 97, 101, 116, 141, 174, 175 und 202.

[31] Schmidt-Ott an Schwerin, 29.7.1931 (AEW: 1567). Der in Het Utrechts Archief im niederländischen Utrecht liegende Nachlaß Wilhelms II. ist 1999 auf Mikrofiches aufgenommen und in dieser Form unter dem Namen „Archiv des Ex-Kaisers Wilhelm II. während seines Aufenthalts in den Niederlanden, 1918–1941 (1945)" in Lisse veröffentlicht worden. Da diese Publikation leichter zugänglich ist als die Archivalien und die unfolierten Stücke über die Nummern der Mikrofiches genauer lokalisiert werden können als über die der Archivmappen, werden hier nach der Sigle AEW für diesen Bestand jeweils die Mikrofichenummern genannt. Die jeweils mehreren Fiches zugeordneten Archivmappen lassen sich über die von D.T. Koen hierzu erstellte Konkordanz ermitteln, die Bestandteil der Nachlaßpublikation ist, aber auch auf der Internetseite der Bayerischen Staatsbibliothek (http://www.bsb-muenchen.de/mikro/litup65i.htm; zuletzt geprüft am 26.3.2008) in München eingesehen werden kann.

Ulrich Freiherr von Sell, stellte Kontakte zu führenden Politikern her.[32] Wilhelms Hausmarschall Dettlof Graf von Schwerin besorgte ihm schließlich Zugang zu dem durch Adoption mit ihm verwandten Reichsfinanzminister von Schwerin-Krosigk.[33]

Außerdem lenkte der ehemalige Kaiser auch Gaben, die ihm zugedacht wurden, an den Forscher um. So erläuterte nach seinem 70. Geburtstag seine Frau: „In einem Falle habe ich einem Geburtstagsschenker allerdings nahegelegt, mit einer Afrikaspende den Kaiser wirklich zu erfreuen."[34] Und auch zehn Jahre später sollte es zu ähnlichen Geschenken kommen, als Gustav Krupp von Bohlen und Halbach und der Privatbankier und Sammler außereuropäischer Kunst Eduard Freiherr von der Heydt Frobenius' Witwe Geld gaben, mit dem sie Schulden begleichen konnte, die durch Umbauten an Frobenius' Landhaus in Biganzolo über dem Lago Maggiore entstanden waren, die Wilhelm bereits persönlich unterstützt hatte.[35] Ein anderes Beispiel ist der deutsch-amerikanische Strumpffabrikant Gustav Oberländer, der schon länger Ausgrabungen des Archäologen Wilhelm Dörpfeld unterstützte. Nachdem der frühere Kaiser ihm eine Audienz gewährt hatte, stellte er ihm nicht unbeträchtliche Geldbeträge zur Wissenschaftsförderung zur Verfügung, die zum Teil sogleich an den Ethnologen weitergeleitet wurden. Durch die Einstellung der Zahlungen Oberländers 1932 sah sich Frobenius schwer getroffen.[36] Den exotischen Reiz, den ein Besuch bei „the Kaiser" auf manche Amerikaner ausübte, konnte er auch wieder nutzen, als er 1937 Walter P. Chrysler, dem Sohn des Autofabrikanten, der ihn bei einer Werbereise durch Amerika unterstützt hatte, eine Audienz vermittelte.[37]

Amerika schien Frobenius ohnehin ein Land unbegrenzter finanzieller Möglichkeiten: Schon 1931 hatte er daran gedacht, eine „Werbefahrt in die Vereinigten Staaten" zu unternehmen, um „in diesem merkwürdigen Lande [...] sich eine Publicity zu sichern".[38] Der ehemalige Monarch sollte ihm helfen, dort Kontakte zu knüpfen, u.a. zu seinem bedeutenden deutschstämmigen Fachkollegen Franz Boas, dessen Familie er zu Unrecht in Nähe zum Hof vermutete. Wilhelm ließ sich mit Feuereifer auf die Angelegenheit ein

---

[32] Z.B. Nr. 155, 157 und 167.

[33] Nr. 167 und 170.

[34] Nr. 63, Anm. 4.

[35] Nr. 260 und der Briefwechsel hierüber zwischen Wilhelm, Schwerin, Krupp und von der Heydt vom Januar und Februar 1939 in seinem Nachlaß (AEW: 1636f.). Von der Heydt hatte Frobenius auf Wilhelms Wunsch auch früher schon unterstützt, wie beispielsweise die Schreiben Wilhelms an ihn vom 7.12.1929 und 21.12.1936 belegen. Bereits am 23.2.1928 hatte er ihn um Unterstützung gebeten: „Ich komme betteln, was ich sehr ungern thue. Es betrifft das unter meinem geheimen Protektorat stehende Cult.Morph. Institut von Frobenius. Es meldet mir verzweifelt, dass die ihm im Sommer für September 1927 fest versprochene Summe des Staats (30.000 M) soeben vom Min. d. Inneren wieder zurückgezogen ist! Das Institut steht vor dem Zusammenbruch. Kann aus Industrie- u. Bankkreisen nicht geholfen werden? Das Institut ist Lebensfrage für die Zukunft unseres Volkes!" (Stadtarchiv Wuppertal, NL Eduard Freiherr von der Heydt; für die Hinweise auf diese Dokumente bin ich John C.G. Röhl zu Dank verpflichtet).

[36] Nr. 116, 120, 128, 132, 133, 141, 142 und 155 sowie die Korrespondenz Dörpfelds mit Wilhelm und seinem Hofmarschall vornehmlich aus den Jahren 1929 und 1930 (AEW: 1564f.).

[37] Notiz Schwerins über eine Besprechung mit Frobenius am 30. und 31.3.1937 (AEW: 1633); Frobenius' Mitarbeiter Douglas C. Fox an Schwerin, 4.5.1937 (AEW: 1633); Schwerin an Fritz von Hausberger, 7.9.1937 (AEW: 1634) und Schwerin an Frobenius, 25.10.1937 (AEW: 1634).

[38] Nr. 120; s.a. Nr. 117.

und nahm sogleich zwei amerikanische Besucher für Frobenius' Kulturtheorie ein, die ihm und seiner Felsbildausstellung den Weg durch die Vereinigten Staaten bahnen sollten: „Also bitte tun Sie <u>keine</u> weiteren Schritte, gehen Sie *keine* weiteren *Bindungen* ein, sondern überlassen Sie das mir und den beiden begeisterten Kultur-Amerikanern." Prompt witterte er „Morgenluft für Mein Institut".[39] Schließlich erwartete er bei aller sonstigen Mißachtung amerikanischer Bildung, daß sein Name dort Gewicht habe und auch für Frobenius Gelder gewinnen könne. Zustimmend beurteilte er etwa die Überarbeitung eines von ihm unterbreiteten Manuskripts durch einen befreundeten amerikanischen Journalisten: „So ein Amerikaner der urplötzlich in das Thema ‚Kultur' hineinprojiziert wird, ist natürlich reichlich im Schwindel, aber ich finde doch, daß sein Artikel recht geschickt aufgebaut und für seine absolut kultur-ahnungslosen Landsleute klar geschrieben ist. Es bedeutet für ihn doch einen gewissen Moment, zum ersten Mal mit solch' einem Thema, das immerhin eine ziemliche Höhe der Bildung verlangt, vor das amerikanische Publikum zu treten, das solche geistige Kost bisher noch nicht vorgesetzt bekommen hat. Jedenfalls wird es die dortige Gelehrtenwelt ganz gehörig aufrütteln und auf den Schwung bringen [...]. Es ist noch sozusagen jungfräulicher Boden für unsere Arbeit. Und warum sollten nicht hier und dort aus der Tasche eines geschickt bei seiner Eitelkeit gefaßten Milliardärs etliche Dollars locker werden, zumal wenn ihm so nebenbei angedeutet würde, sein Name werde in Verbindung mit einem von mir geförderten großen Werk gebracht werden können?"[40]

Wie hier setzte der ehemalige Kaiser zur Verbreitung seiner Ideen und dann auch derjenigen seines Protegés in den USA hauptsächlich auf den sehr germanophilen Publizisten George Sylvester Viereck, den Sohn eines angeblichen Hohenzollernsprößlings.[41] Er sollte ihm helfen, Artikel über den Exilierten und die ihm wichtigen Themen – wie eben die Kulturlehre des Frankfurter Ethnologen – in amerikanische Zeitschriften zu lancieren.[42] Der Erfolg blieb jedoch gering, und Frobenius war mit dem gewählten Weg keineswegs zufrieden: „Unverständlich ist mir allerdings, weshalb Herr Viereck nicht ein ansehnlicheres Organ für so wichtige Publikationen gewählt hat", schrieb er seinem Gönner im Oktober 1927.[43] Der hielt es bei seinem nächsten Anlauf prompt für erforderlich, Vierecks Leistungen und damit seine eigene Wahl zu rechtfertigen: „Es ist eine <u>Tat</u> Vierecks, daß es ihm gelang, die bedeutendste Zeitschrift für diesen Aufsatz zu gewinnen: ‚Century Magazine' wird von der amerikanischen Intelligenzia in höchstem Ansehen gehalten und bewertet."[44] In der Tat ist der im *Century Magazine* vom Juni 1928 veröffentlichte Aufsatz der einzige aus dieser Zeit, der sich nachweisen ließ – und er weicht erheblich von Wilhelms Manuskript ab.[45]

---

[39] Nr. 123.

[40] Nr. 30.

[41] Willibald Gutsche, Ein Kaiser im Exil. Der letzte deutsche Kaiser Wilhelm II. in Holland. Eine kritische Biographie, Marburg 1991, S. 92f.

[42] Nr. 22, 24, 26, 28, 29, 38, 39, 40, 41, 42 und 44.

[43] Nr. 38.

[44] Nr. 39.

[45] The Sex of Nations, in: The Century Magazine 116 (1928), S. 129–139. Für Angaben zur Entstehung dieses Artikels danke ich John C.G. Röhl.

Obwohl der frühere Monarch die amerikanische Republik nicht besonders schätzte, sie für einen „kulturlosen Teich" hielt und meinte, bestimmte Feinheiten in Frobenius' Lehre seien „für das absolut ahnungslose amerikanische Publikum" ohnehin nicht geeignet,[46] verschlang es andererseits diese Theorie in seinen Augen gerade wegen der angenommenen „Kulturlosigkeit" besonders gierig.[47] Vor allem aber wollte er über die Vereinigten Staaten wieder nach Deutschland zurückwirken: Zu einem Manuskript über Frobenius' Kulturlehre, das der Exilmonarch in der Hoffnung verfaßt hatte, eine amerikanische Zeitschrift werde es publizieren, bemerkte er: „Außerdem werden Sie bei Behandlung der Staatsform zwischen den Zeilen lesen, daß es für ‚zu Hause' in usum delphini geschrieben ist, um die Ochsen zu warnen […]. Kommt sowas über Amerika, dann sperren sie das Maul auf, schimpfen, aber lesen und drucken es; weil es vom ‚Ausland' kommt, macht es mehr Eindruck."[48] Oder einige Monate später: „Der Aufsatz wird in der angloamerikanischen Welt ein gewaltiges Aufsehen machen und erst gar bei unseren ‚Alten' zu Haus, wenn er von ‚drüben' herüberkommt!!"[49]

In seinen Texten für amerikanische Zeitschriften tritt der Hohenzoller bereits in einer Funktion auf, die über bloßes Mäzenatentum und das Herstellen von Kontakten hinausgeht, nämlich als Propagator von Frobenius' Kulturtheorie, die er sich – in gleichzeitigen Formulierungen wie „Mein Institut", „Unser Museum" und „unsere Arbeit" klingt es ebenfalls an[50] – zu eigen machte. Dieser Einsatz aus Identifikation wird auch deutlich, wenn er großzügige Unterstützung für Museumspläne des Ethnologen zusagt und die geplante Einrichtung als „Kaiser-Wilhelm-Museum" sieht, das er – psychologisch aufschlußreich – sogleich „als Gegenpol zum ‚Kaiser-Friedrich-Museum'" auffaßt, dem nach seinem Vater benannten Museum europäischer Kunst.[51]

Also auch diesseits des Atlantik wollte er für ‚seinen' Forscher in der Öffentlichkeit wirken: Im Herbst 1930 schrieb Frobenius auf den Wunsch seines Gönners einen „Bericht über den Sinn des Kulturablaufes", aus dem schließlich seine „Schicksalskunde" hervorgehen sollte.[52] Wilhelm war von der Lektüre gepackt, trug ihre Thesen zufälligen Besuchern vor und entschied sich schließlich, daraus einen Vortrag für ein auf den 28. April 1931 eigens eingeladenes Publikum zu entwickeln, den er dann auch im Privatdruck verteilte.[53] Ursprünglich hatte er sogar an eine Verlagsveröffentlichung gedacht, wovon aber sowohl sein Verleger als auch Frobenius abrieten.[54] Von 1933 an hielt er dann jedes Jahr vor ausgewähltem Publikum einen Vortrag über Fragen früher Symbo-

---

[46] Nr. 22 und 24.

[47] S.a. Nr. 123 über zwei „kultursuchende Leute", zwei „ganz unamerikanisch wirkende Prachtskerls".

[48] Nr. 22.

[49] Nr. 39.

[50] Nr. 123, 39 und 30.

[51] Nr. 28.

[52] Nr. 90; Leo Frobenius, Schicksalskunde im Sinne des Kulturwerdens, Leipzig 1932 und Weimar ²1938.

[53] Nr. 95, 96, 97, 99, 104, 105, 106, 107, 109 und 110.

[54] Hermann von Hase an Schwerin vom [6].7.1931 (FI: LF 605/15) und Jensen an Schwerin vom 13.7.1931 (FI: LF 604/8). Diese Notation bezieht sich auf Stücke aus dem Frobeniusnachlaß (LF) im Archiv des Frobenius-Instituts in Frankfurt am Main (FI). Angegeben werden jeweils die Nummer der Archivmappe und des Blatts darin.

lik, der in der Regel anschließend veröffentlicht wurde.[55] Diese Texte dienten zwar der Erläuterung speziellerer Fragen und nicht einer Gesamtdarstellung der Frobenius'schen Lehre, aber auch hier stand die Methode dieses Forschers im Mittelpunkt – kaum erstaunlich, waren er und sein Institut doch jeweils maßgeblich an Materialauswahl und Thesenerstellung beteiligt, so daß auch hier dessen Gedankengut in Laienkreise hineingetragen wurde, die der Name des ‚Autors' anzog.

III.

Woher stammte aber das Interesse, das diese ungewöhnlichen Aktivitäten des ehemaligen Kaisers leitete? Neben politischen und persönlichen Motiven, auf die noch einzugehen sein wird, spielt hier eine genuine Faszination von den Ursprüngen und Beweggründen der europäischen Kultur eine Rolle. In charakteristischer Weise nahm er dabei die Orientierung an der Antike auf, die dem humanistischen Bildungsideal entsprach, das Eltern und Erzieher ihm in seiner Jugend hatten nahebringen wollen, relativierte es aber sogleich, indem er sich auf seine Bedingtheit durch eine noch frühere Epoche konzentrierte. So ließ er einen Adjutanten in einem zur Veröffentlichung in einer Zeitschrift bestimmten Manuskript eines Scheininterviews feststellen, den „leitenden Grundgedanken" seiner „archäologischen Studien" bedeute „die Feststellung der Wurzeln, aus denen sich die hellenische, antike Kunst entwickelt hat, und das Schlagen oder Finden einer Brücke, um den Einfluß des Ostens auf den Westen in kultureller Beziehung zu ergründen".[56] Dieses spezielle Interesse, dem ‚Wilhelm der Plötzliche' mit erstaunlicher Zähigkeit anhing, eint schließlich auch die Trias seiner bevorzugten Wissenschaftler: Seine Korrespondenz mit dem Archäologen Wilhelm Dörpfeld kreist um dessen Versuche, das homerische Griechenland und seine Ursprünge zu rekonstruieren, wobei dessen – von der Fachwelt nicht angenommene – These einer arabisch-phönikischen Einwanderung nach Griechenland im Mittelpunkt stand; hier fand der Navalismus des flottenbegeisterten Ex-Kaisers Anknüpfungspunkte. Der evangelische Theologe und Sumerologe Alfred Jeremias erläuterte ihm mesopotamische Vorläufer des Alten Testaments, aber auch des Gottesopfermythos; hier konnte Wilhelm seinem Antisemitismus nachgeben, indem ein Brückenschlag von Sumer zum Christentum dessen jüdische Traditionen zu überspielen erlaubte: „Schon in der sumerischen Hochkultur […] sei der Haupt- und Fundamentalgedanke der sumerischen Religion: die ‚Erlösung der Welt durch einen von der Himmelsjungfrau geborenen Welterlöser, der das Martyrium erleiden muß,' schon längst ins religiöse Leben der Sumerer übergegangen, ehe ein einziger Semit irgendwo in die Erscheinung getreten sei. Also sei diese unsere Vorstellung niemals auf Semiten oder gar Juden, sondern ausschließlich auf die Sumerer zurückzuführen!!"[57] Frobenius

[55] Die chinesische Monade, ihre Geschichte und ihre Deutung, Leipzig 1934; Studien zur Gorgo, Berlin 1936; Vergleichende Zeittafeln der Vor- und Frühgeschichte Vorderasiens, Ägyptens und der Mittelmeerländer, Leipzig 1936; Das Königtum im alten Mesopotamien, Leipzig 1938 und Ursprung und Anwendung des Baldachins, Amsterdam 1939.

[56] Nr. 22a.

[57] Nr. 66; s.a. Nr. 67; zu dieser Ansicht Wilhelms und ihren Vorläufern bereits während seiner Regierungszeit Michael Spöttel, Leo Frobenius: Des letzten deutschen Kaisers Ethnologe, in: Stefan Sa-

schließlich, der besonders favorisierte „Paläo-Historiograph des Kaisers"[58], bot ihm eine Weltsicht, die zwar im Detail auch die klassischen Autoren der Antike beim Wort nahm, wie es Dörpfeld bei Homer vorgeführt hatte,[59] gleichzeitig aber auch das Altertum durch eherne Formgesetze an seine Vorzeit kettete und Kulturelemente wie Mythen, aber auch Bauformen als zeitlose Strukturen bestimmte. Eine Erzählung über eine von einem Stier entführte Königstochter, die Frobenius bei seiner südafrikanischen Expedition 1929 hörte, veranlaßte ihn etwa zu dem begeisterten Ausruf: „Das ist, meine ich, eine so herrliche Europa-Zeusmythe, wie sie nicht einmal auf Kreta schöner sein kann."[60]

Anknüpfungspunkt für dieses Interesse war ein ganz spezifisches Erlebnis des damaligen Kaisers gewesen: Während seines Osterurlaubs auf Korfu 1911 wurden dort Reste eines Tempels entdeckt. Der sogleich herbeigerufene prominenteste Gast der Insel ‚beaufsichtigte' nun persönlich den Fund einer zähnefletschenden Gorgofigur. Sie hatte ursprünglich die Mitte des Giebelreliefs eingenommen. Wilhelm betrachtete die Ausgrabung als seine persönliche Angelegenheit und beorderte den ehemaligen Schliemann-Mitarbeiter Dörpfeld hinzu, damit er die weitere Arbeit leite. Der Tempel und seine vermeintliche Widmung an die Gorgo sollten ihn aber auch während seines unfreiwilligen Ruhestands in Doorn weiter beschäftigen. So nahmen, als er 1924 über seine jährlichen Urlaube dort die „Erinnerungen an Korfu" veröffentlichte, der Gorgofund und dessen Deutung mehr als ein Drittel des Buches ein.[61] Hilfe zu diesem fachlichen Teil des Memoirenbands hatten auch Frobenius und sein Institut geleistet.[62] Und durch ihre Beziehung zieht sich wie ein roter Faden Wilhelms Beschäftigung mit der Göttinnen- oder Dämonengestalt, ihrer Entwicklung und ihren Parallelen auf den verschiedensten Kontinenten bis in die Sonnensymbolik von chinesischer Monade (dem Yin-Yang-Symbol) und Hakenkreuz.[63] Diese Konstante im Exilleben fand jedoch nicht nur positive Resonanz: Der davon reichlich gelangweilte „Hofstaat" etwa verbrannte bei einer Art scherzhafter Geisteraustreibung schon 1919 ein Abbild der Gorgo.[64] Und selbst Wilhelm

---

merski (Hg.), Wilhelm II. und die Religion. Facetten einer Persönlichkeit und ihres Umfelds, Berlin 2001, S. 285–314, hier S. 285–287.

[58] Nr. 192.

[59] So etwa bei seinen Annahmen über „Äthiopen" (S. 38f.) und Garamanten (Nr. 141).

[60] Nr. 70; s.a. Nr. 62, 66 und 67; bereits in dem telegraphischen Vorbericht Nr. 68 hatte Frobenius „erschütternde Mythen" angekündigt.

[61] Wilhelm II., Erinnerungen an Korfu (wie Anm.4), S. 78–128.

[62] Nr. 1 und 2; s.a. Wilhelm an Dörpfeld, Dezember 1923: „Ich habe ihm [i.e. Frobenius] unsere G[orgo]-Sams-Theorie genau entwickelt, er billigt sie, dabei meint er[,] Indien habe auch dabei mitzureden. Nicht nur in d. Entwicklung d. Myken[ischen] Kunst. Sondern gerade unser Gebiet betreffend. Er zeigte die Darstellung einer Indischen Sonnen-Gottheit (Durga), die genau derjenigen in Darstellung u. Haltung unserer G[orgo] entspricht. Er wird Material darüber zusammenstellen u. einschicken zur Aufnahme in unser „Corfu"buch. Er hält gleich Ihnen den Einfluss Indiens auf die Arab[ischen] Sabäer, Minoer etc. für sehr bedeutend, so dass er unbedingt mit erwähnt werden sollte." (GStA Berlin: BPH, Rep. 53, Nr. 118).

[63] Nr. 1, 2, 3, 4, 6, 7, 8, 10, 18, 20, 26, 28, 29, 30, 37, 66, 74, 93, 94, 96, 120, 135, 141, 142, 146, 159, 161, 162, 163, 164, 165, 169, 170, 172, 173, 174, 175, 178, 179, 180, 181, 182, 183, 184, 187, 188, 190, 195, 197, 199, 201, 206, 226, 232 und 234. Hierzu jetzt: Lorenz Jäger, Das Hakenkreuz. Zeichen im Weltbürgerkrieg. Eine Kulturgeschichte, Wien 2006, S. 185–197.

[64] Tagebucheintrag Sigurd von Ilsemanns vom 28.5.1919, in: Sigurd von Ilsemann, Der Kaiser in Holland. Aufzeichnungen des letzten Flügeladjutanten Kaiser Wilhelms II., hg. v. Harald von Koenigswald, Bd. 1: Amerongen und Doorn 1918–1923, München 1967, S. 102.

spöttelte ein wenig über seine eigene Vorliebe, wenn er einen Brief an Frobenius als „Gorgologe" unterzeichnete.[65] Der wiederum machte sich die Faszination seines Gönners zunutze, wenn er ihn mit der Ankündigung von Arbeiten über die Gorgo hinhielt und, als er schließlich in Lieferzwang geriet, – für deren Leser wohl nicht recht überzeugend – versuchte, seine „Kulturgeschichte Afrikas" als Studie über die Gorgo darzustellen.[66]

Daß ihre Erkenntnisinteressen bei aller Nähe nicht immer parallel verliefen, wird auch deutlich, wenn in manchen Passagen der Briefe an den ehemaligen Kaiser der Werbecharakter durchschimmert. Bei aller Überzeugung von seiner eigenen Bedeutung, die Frobenius auch in seinen Veröffentlichungen erkennen läßt, ging er hier doch besonders weit, wenn er grundstürzend neue Funde und Erkenntnisse verkündete oder in Aussicht stellte.[67] Ihren Empfänger hielt er damit in einem Zustand der Begeisterung, ja zuweilen gar der Euphorie, wenn der etwa antwortete, „Babylons Praehistorie rekonstruiert aus noch lebenden Vorkommnissen in Südost-Erytrea! Das kann man zuerst gar nicht fassen!", um dann seine Freude auszudrücken „über Eurer Exzellenz grandiose Kulturentdeckungen, die ich als von der Vorsehung Ihnen vorbehalten ansehe".[68]

IV.

Besonders verwerflich war es aus dieser Perspektive, wenn die republikanischen Regierungen „der Vorsehung" in das Handwerk pfuschten und den bedeutenden Wissenschaftler im Stich zu lassen schienen.[69] Wenn der ehemalige Kaiser dem seine eigene Förderung von Wissenschaft und Kunst entgegenhielt, die einer genuin höfischen Aufgabe entsprach und die er nach seiner Abdankung ja keineswegs eingestellt hatte, dann war dies stets auch ein Beitrag zu einem Wettstreit der Regierungsformen. Auf dieser Ebene besteht in der Tat ein enger Zusammenhang zwischen Wilhelms Unterstützung des Frankfurter Ethnologen und monarchistischer Agitation. Insbesondere die regelmäßigen Treffen einer um Frobenius zentrierten Forscherrunde bei dem Exilmonarchen wurden von dessen Mitarbeitern daher der Presse mitgeteilt.[70]

Gegenüber der Behauptung, auch inhaltlich habe es sich bei diesen Tagungen um „monarchistische Propaganda im Inkognito historischer Abhandlungen" gehandelt, die ihr Autor denn auch gleich dahin einschränkt, daß sie über den „engen Kreis des ‚Doorner Hofstaats' hinaus kaum Wirkung gehabt haben dürfte", ist freilich mehr Skepsis

---

[65] Nr. 2.

[66] Nr. 74, 93, 94, 96, 120, 146, 173, 197 und 201.

[67] Nr. 16, 21, 49, 51, 52, 55, 58, 65, 68, 70, 89, 120, 135, 151 und 211.

[68] Nr. 66; s.a. Nr. 53, 56, 57, 69, 108 und 194.

[69] Nr. 29, 30, 45, 76, 94 und 166.

[70] Wesentliche Quellen zu diesen Zusammenkünften finden sich außer in der allgemeinen Korrespondenz mit Frobenius und den anderen Mitgliedern in einem eigenen Bestand des Utrechter Nachlasses (AEW: 1649–1721). Besondere Bedeutung für die Rekonstruktion ihrer Organisation hat das von Dettlof Graf von Schwerin verfaßte Typoskript „Zur Geschichte der D.A.G. aus den Akten des Hofmarschallamts Doorn", das in mehreren Exemplaren erhalten ist. Dessen letzte Fassung ist das vom 5.1.1937 datierte Exemplar auf Mikrofiche 1678.

angebracht.[71] Denn zum einen drang über die Vorträge der Fachgelehrten außer deren Gegenstand in der Tat kaum etwas nach draußen, so daß statt an das Propagieren der Monarchie eher an die vergleichsweise private Selbstvergewisserung des früheren Kaisers zu denken ist. Zum andern war die Themenwahl zwar an den spezifischen Interessen ihres Gastgebers ausgerichtet – wenn es zum Beispiel 1936 um das Königtum in der Antike ging –, aber deutlich mehr als der monarchische Bezug beherrschte in der Regel dessen Gorgo-Leidenschaft das Programm, und außerdem machten die dabei vertretenen Fachwissenschaftler regen Gebrauch von ihrer weitgehenden Freiheit zur Themenwahl für die einzelnen Vorträge.[72]

Hervorgegangen war diese Runde aus den Doorner Besuchen Frobenius': Zum zweiten Mal war er dort vom 25. Februar bis zum 3. März 1925 zu Gast gewesen und hatte wieder einen nachhaltigen Eindruck hinterlassen.[73] Hier scheint auch besprochen worden zu sein, daß er zu seinem nächsten Aufenthalt Fachkollegen mitbringen sollte. Jedenfalls schrieb er seinem Förderer bereits am 1. April, also nicht einmal einen Monat später: „Die Besprechungen mit den Herren der Kulturwissenschaft sind soweit gediehen, daß ich hoffe, in Bälde endgültige Vorschläge machen zu können."[74] Unter den „Herren der Kulturwissenschaft" wird man sich die drei Kollegen vorstellen müssen, die ihm während seines nächsten Aufenthalts vom 2. bis 4. Juni beistehen sollten.[75] Leider läßt sich nicht mehr mit Sicherheit sagen, um welche Wissenschaftler es sich dabei handelte. Ihr Gastgeber erinnerte sich elf Jahre später nur noch an Alfred Jeremias und Carel Willem Vollgraff; doch wie unzuverlässig diese Erinnerung war, erkennt man auch daran, daß er die dreitägige Tagung jetzt komplett auf den 1. Juni datierte.[76] Die nächste wissenschaftliche Veranstaltung dieser Art sollte erst zwei Jahre später, vom 14. bis 17. Juni 1927 stattfinden, doch knüpfte sie, wie Wilhelms Aktenvermerk „Alles wie vor 2 Jahren" zeigt, klar an diesen Präzedenzfall an. Bemerkenswert ist aber die Zusammensetzung: Außer Vollgraff waren jetzt Herman Lommel, Walter F. Otto und Karl

---

[71] Hans Wilderotter, Zur politischen Mythologie des Exils. Wilhelm II., Leo Frobenius und die „Doorner Arbeits-Gemeinschaft", in: Ders. / Klaus-Dieter Pohl (Hg.), Der letzte Kaiser. Wilhelm II. im Exil, Gütersloh/München 1991, S. 131–142, hier S. 132.

[72] Zu deren Themen s. für 1927 Nr. 26, Anm. 4; für 1928 Nr. 45, Anm. 4; für 1930 Nr. 89, Anm. 10; für 1931 Nr. 116, Anm. 4; für 1932 Nr. 139, Anm. 6; für 1933 Nr. 159, Anm. 4; für 1934 Nr. 201, Anm. 2; für 1935 Nr. 218, Anm. 5; für 1936 Nr. 237, Anm. 1; für 1937 Nr. 238, Anm. 2 und für 1938 Nr. 260, Anm. 3. Während Frobenius' Afrikareise 1929 tagte man in erheblich kleinerer Besetzung: Hans Naumann trug über „Kultur und Bildung in Amerika nach Reiseeindrücken" und „die Götter Germaniens" vor, während Alfred Jeremias „auf den Spuren keltischer Heiligtümer" wandelte (AEW: 1678).

[73] Zu diesem ungewöhnlich langen Aufenthalt siehe den Tagebucheintrag Sigurd von Ilsemanns vom 4.3.1925, in: Sigurd von Ilsemann, Der Kaiser in Holland. Aufzeichnungen des letzten Flügeladjutanten Kaiser Wilhelms II., hg. v. Harald von Koenigswald, Bd. 2: Monarchie und Nationalsozialismus 1924–1941, München 1968, S. 22f. Zur Datierung auch der Brief Frobenius' an den „Hofmarschall" Eberhard Graf von Schmettow vom 19. Februar (FI: LF 607/9).

[74] Nr. 9.

[75] „Hofmarschall" Wilhelm von Dommes an Frobenius, 16.6.1925 (FI: LF 603b/3).

[76] So Dettlof Graf von Schwerin in seinen Aufzeichnungen zur Geschichte der DAG, in denen er sich für diese erste Konferenz auf die „Erinnerung Seiner Majestät" beruft, da er gleichzeitig anmerken mußte: „Die Akten geben keine Auskunft darüber. Über die Dauer und den Inhalt der Verhandlungen konnte nichts festgestellt werden." (AEW: 1678).

Reinhardt mit von der Partie, renommierte Fachwissenschaftler der Frankfurter Universität, die auch zum Kern derjenigen gehört hatten, die den umstrittenen Ethnologen 1925 an diese Bildungsstätte geholt hatten, eng mit ihm zusammenarbeiteten und die er auch Wilhelm gegenüber als seine „lieben Freunde" bezeichnete.[77] In den Folgejahren, in denen sich der Name „Doorner Akademie" für diese Zusammenkünfte ausbildete und der Frankfurter Germanist Hans Naumann den Kreis vervollständigte, verfestigt sich der Eindruck, es handele sich um eine Art jährlichen ‚Betriebsausflug' des Frankfurter Frobenius-Kreises zu dem ehemaligen Monarchen.[78] In einer gewissen Umkehrung der Prioritäten spricht Frobenius 1927 von den wöchentlichen „Sitzungen des Professoren-Collegiums", die eine „regelrechte Fortsetzung der Doorner Akademie" darstellten.[79] Gleichzeitig wird hier aber bereits die Anbindung an den – von Wilhelm unabhängigen – interdispzilinären Austausch zwischen dem Ethnologen, den Althistorikern und Altphilologen sowie dem Germanisten deutlich, also ein genuin wissenschaftliches Element. Die Tagungen dienten also nicht einfach nur der Unterhaltung des ehemaligen Kaisers oder dessen Selbstdarstellung gegenüber dem Publikum, auch wenn Frobenius nur diese beiden Elemente dem „Hofmarschall" von Dommes gegenüber anläßlich des ersten Treffens ausdrücklich angesprochen hatte.[80]

Deutlicher noch wurde diese Ausrichtung, als die Doorner Akademie 1932 zur Doorner Arbeitsgemeinschaft DAG umgewandelt war. Der Entschluß hierzu wurde bei der Akademietagung vom Oktober 1931 gefaßt, doch fanden die Vorüberlegungen – und vor allem deren schwere Geburt – Niederschlag in zwei Schreiben ihres geistigen Vaters.[81] Da das der DAG angeschlossene „Weltkulturarchiv" einen Teil von Frobenius' Frankfurter Institutskomplex ausmachen sollte, es also um Förderung nicht nur der Expeditionen, sondern auch der ständigen Einrichtung ging, ist aber auch ein Vorlauf vom Sommer 1931 von nicht geringem Interesse: Hatte Frobenius im Juni dem „Hofmarschall" Graf Finckenstein auf Gerüchte über eine Verschlechterung der finanziellen Situation des Exilmonarchen hin noch vorgeschlagen, „die für den Oktober gedachte ‚Akademiesitzung' nicht zu energisch zu betreiben", so folgte auf Schwerins Antwort, „daß gerade die ‚Doorner Akademie' das letzte wäre, was unter etwaigen Restriktionsmaßnahmen zu leiden hätte",[82] nun eine deutliche Expansion ihres Umfangs.

Verbunden war damit eine stärkere Institutionalisierung, als sie die Doorner Akademie besessen hatte: Außer dem „Weltkulturarchiv" in Frankfurt erhielt die DAG eine genau abgegrenzte Mitgliedschaft, die durch ein eigenes Abzeichen gekennzeichnet wurde, mit dessen Entwurf Wilhelm sogleich begann – am Ende einigte man sich auf

---

[77] Nr. 42; Notker Hammerstein, Die Johann Wolfgang Goethe-Universität Frankfurt am Main. Von der Stiftungsuniversität zur staatlichen Hochschule, Bd. 1: 1914 bis 1950, Neuwied 1989, S. 71–96 und Wolfgang Schivelbusch, Intellektuellendämmerung. Zur Lage der Frankfurter Intelligenz in den zwanziger Jahren, 2. Aufl., Frankfurt am Main 1983, S. 15–26.

[78] Als Beispiel für die zahlreichen Schreiben, die eine solche Reise und Sitzung vorbereiteten, ist hier Nr. 31 aufgenommen.

[79] Nr. 33.

[80] Nr. 12.

[81] Nr. 125 und 127.

[82] Nr. 120, Anm. 20.

eine vereinfachte Darstellung der korfiotischen Gorgo an einem hellblauen Band –,[83] einen Generalsekretär – Frobenius setzte den Grafen Schwerin gegen den von Wilhelm ursprünglich bevorzugten bedeutenden Sammler außereuropäischer Kunst Eduard Freiherrn von der Heydt durch[84] und sicherte damit die rein technisch-organisatorische Ausgestaltung dieses Postens als eines „Protokollführers", während die fachliche Autorität bei ihm selbst blieb – und über allem einen Präsidenten, nämlich den ehemaligen Kaiser.

Soweit springt auch hier vor allem also der Gedanke einer Intensivierung der Doorner Unterstützung für Frobenius' Arbeit ins Auge, für die sich der ehemalige Monarch einen neuen Titel – er sollte seine Briefe an den Ethnologen künftig nicht selten als „Vorsitzender" oder „Präsident" der DAG unterzeichnen[85] – und Gelegenheit zum Ausleben altbekannter Neigungen wie dem Verleihen von Posten und Entwerfen von Auszeichnungen gewissermaßen einkaufte. Aber bei genauerer Betrachtung steckt hinter dieser vertrauten Oberfläche mehr: Denn gerade die Ausweitung der Mitgliedschaft und damit der Teilnehmer an den jährlichen Tagungen über den Kreis um Frobenius hinaus, der seit Fortberufungen Naumanns 1931 nach Bonn und Ottos 1935 nach Königsberg ohnehin nicht mehr auf Frankfurt beschränkt war, zeigt den Bedeutungsgewinn des wissenschaftlichen Austauschs zwischen den Mitgliedern, der auch Niederschlag darin fand, daß sie Interesse an der Publikation etwa ihrer 1937 gehaltenen Vorträge hatten.[86] 1933 kam der Bagdader Archäologe Julius Jordan, 1934 der schließlich Hallenser Althistoriker Franz Altheim und 1936 der Budapester Altphilologe Karl Kerényi hinzu. Die Einbeziehung einer jüngeren Forschergeneration, der etwa Altheim und Kerényi angehörten, hatte auch 1933 durch die förmliche Aufnahme von Frobenius' wichtigstem Mitarbeiter und schließlichem Nachfolger Adolf Ellegard Jensen Ausdruck gefunden. Daß in der Mitgliederliste des Grafen Schwerin auch Ulrich Freiherr von Sell genannt wird,[87] der das Familienvermögen verwaltete und das Haus Hohenzollern in Berlin vertrat, aber in der DAG außer bei der Abwicklung finanzieller und organisatorischer Angelegenheiten nicht in Erscheinung trat, dürfte einen Alleingang seines Arbeitgebers darstellen. Dessen Vision für die Zusammensetzung ‚seiner' wissenschaftlichen Gesellschaft reichte indes deutlich weiter bis zu „grandiose[n] Perspektiven", wenn er bei den Tagungen englische, indische, französische, österreichische, südafrikanische, niederländische und natürlich deutsche Wissenschaftler verschiedener Disziplinen „Arm in Arm" schreiten sehen wollte.[88] Daß diese Einigkeit auch die „großen" Religionen überspannen sollte – das Abzeichen „kann vom Briten, Chinesen, Malayen, Neger, Perser etc. etc. ohne jedes Bedenken getragen werden; da durch das Fehlen eines Religionsabzeichens auch alle Mitglieder anderer großer Religionen in der Lage sind, es zu tragen" – ist deshalb be-

---

[83] Nr. 129, 130, 131, 133, 136 und 137.

[84] Nr. 136, 137 und 158.

[85] Nr. 152, 178, 184, 194, 254 und 258.

[86] Nr. 251 und 252.

[87] AEW: 1678.

[88] Nr. 131.

sonders bemerkenswert, weil er ansonsten den Vorrang des Christentums gerade dem religiös wenig gebundenen Frobenius nachdrücklich entgegenhielt.

V.

Von Bedeutung ist dies, weil religiöse Verehrung nicht nur für Frobenius' Lehre zentral war, sondern auch für das Weltbild des ehemaligen Kaisers. Die Rolle der Religion markiert damit nicht nur eine jener Kongruenzen, die das Gedankengebäude des Ethnologen für seinen Korrespondenten so attraktiv machten, sondern gleichzeitig auch einen der ganz wenigen Punkte, die zwischen ihnen trotz aller höflichen Verschleierung der Differenzen stets strittig blieben. Denn nach dem Schwinden pragmatischerer Rechtfertigungen für sein Königtum, verstieg sich der abgesetzte Monarch im Exil mehr und mehr in ein vom Gottesgnadentum geprägtes Verständnis seiner Regierung. Paradoxerweise gewinnt so die Religion nach dem Tod seiner Frau Auguste Viktoria, deren Einfluß auf das religiöse Leben ihres Mannes häufig und wohl zu Recht betont wird, an Gewicht. Regelmäßig predigte er bei den morgendlichen Gottesdiensten in Haus Doorn, wobei er die Predigttexte manchmal auch als Privatdrucke verteilte.[89] Bemerkenswert sind aber seine Interpretationen – wie in jener Predigt vom März 1930, in der er die Begegnung Christi mit dem glaubensstarken und bescheidenen Hauptmann von Kafarnaum (Mt 8,5–13) zum Ausgangspunkt einer Lobrede auf die opfersinnigen deutschen Soldaten des Ersten Weltkriegs und einer antisemitischen Tirade machte: „Die Fürbitte des Gekreuzigten ‚Vater, vergib ihnen, denn sie wissen nicht, was sie tun' gilt nicht den jüdischen Führern und Hetzern, sondern den armen auf Befehl ihrer Vorgesetzten handelnden Legionären, die dem Herrn schweres Leid antun müssen."[90] Standen auch in der Theologie seiner Zeit vielleicht weniger die liebenden und vergebenden Aspekte des christlichen Vatergotts im Mittelpunkt, übersteigert Wilhelm in einer für seine Exilzeit bezeichnenden Umdeutung das Verständnis eines zornigen, kriegerischen und strafenden Gottes doch deutlich, gewissermaßen eines Mars Ultor, dessen Gestalt in seltsamem Kontrast zu der aus Wilhelms Antisemitismus gespeisten Abwertung des Alten Testaments steht. Zentral jedenfalls ist der Religion Wilhelms in dieser Zeit die Unterwerfung unter einen göttlichen Willen – und unter dessen Vertreter auf Erden, den Monarchen.

Darin trifft sie sich mit Frobenius' eigenwilliger Schicksalsreligion. Auch die greift zwar in sehr spezifischer Auswahl Elemente des Christentums auf, tut dies aber in einer rigorosen Reduktion auf die in Frobenius' Augen urtümlichen Elemente von „Demut und Pietät"[91]. Dieser Beschränkung steht keine positive Ausgestaltung gegenüber, so daß sich hier recht eigentlich eine Religiosität ohne Religion findet. Zumal die Vorstellung eines persönlichen Gottes anstelle eines vage anerkannten „Schicksals" ist ihr fremd. Die darauf aufbauende Weltsicht bot nicht nur dem früheren Kaiser eine vorder-

---

[89] Hinweise auf Frobenius zugegangene Predigten finden sich etwa in Nr. 82 oder dem in Nr. 12, Anm. 1 genannten Schreiben.

[90] Nr. 82, Anm. 2. In der Druckfassung geht der Predigttext denn auch bruchlos über in die ersten beiden, hier leicht entstellten Strophen von Walter Flex' Gedicht „Ihr toten deutschen Soldaten".

[91] Diese Kombination der zentralen Begriffe bereits in Nr. 1; s.a. Nr. 27, 47, 74, 90, 113a, 123, 124, 130, 131, 135, 137, 141 und 153.

gründige Sinnstiftung, die jedoch in der Sinnlosigkeit dieses nicht weiter er- und begründbaren Schicksals endet. Die einzige religiöse Haltung ist auch hier die Unterwerfung. Darin ist ein deutlich dezisionistisches Element in Frobenius' Weltbild zu erkennen. Es stellt ihn trotz aller seiner Betonung der Gegensätze an die Seite Spenglers, mit dem er vom Kriegsende bis zum Bruch bei der Übersiedlung nach Frankfurt zusammengearbeitet hatte und der eine stolze Resignation unter die von ihm angenommenen natürlichen Gesetze der kulturellen Entwicklung forderte, findet Parallelen aber auch in der selbstgenügsamen Verherrlichung des Kampfes – und der dazu erforderlichen Opferbereitschaft –, wie sie etwa Ernst Jünger vertrat. Hierin zumindest war Frobenius in seiner Zeit nicht der große Außenseiter, als der er selbst sich gerne sah und als der er sich auch heute noch mit einiger Plausibilität darstellen läßt.[92]

So polemisch sich Frobenius aber gegen das Individuum als Subjekt wendet und daher auch den in seinen Augen westlichen Rationalismus verwirft,[93] wird die – in letzter Konsequenz auch politische – Vielseitigkeit dieses Ansatzes jedoch deutlich, wenn er danach sucht, was dann das menschliche Handeln bestimme. Die Antworten, die er darauf gibt, sind vielgestaltig, und man geht wohl nicht fehl, wenn man ihren Ursprung in dem ganz persönlichen Empfinden des zu Gefühlsausbrüchen in Enthusiasmus wie Niedergeschlagenheit neigenden Frobenius sucht, nicht Herr über sich selbst zu sein. Es findet seinen charakteristischsten Ausdruck im Staunen über die eigene Produktivität,[94] die er trotz gelegentlicher Beimischungen von Eitelkeit einem „Es" zuschreibt, das in ihm wirke: „Und so brach bei mir der Plan durch", heißt es etwa, oder er bezeichnet die Niederschrift der „Schicksalskunde"[95] als in einem „Trancezustand", ja geradezu einer „Besessenheit" geschehen, in der er „das Gefühl" hatte, „daß nicht ich schrieb, sondern daß ein ‚es' meine Hand führte".[96] Den entsprechenden – aber eben nicht von ihm aus – schöpferischen Vorgang beim Verfassen der „Kulturgeschichte Afrikas"[97] verglich er gar mit den Naturgewalten eines Vulkanausbruchs[98] und betrachtete sich auch allgemein als „Objekt des Geschehens" und bloßen „Spielball" von Gewalten, die ihn wie ein Blatt im Wind treiben ließen.[99]

---

[92] Nr. 42, 120 und 226, aber auch die zahlreichen distanzierenden Bemerkungen zur „Zunft" seines Fachs etwa in Nr. 11, 17, 27, 38, 42, 47, 49, 51, 65, 70, 74, 82, 89, 90, 120, 145, 154, 155, 160, 170, 174, 211, 226 und 238. Sein Außenseitertum ist zentrales Motiv in der Veröffentlichung, die sich am eingehendsten mit Frobenius beschäftigt hat, Hans-Jürgen Heinrichs' großangelegtem Essay „Die fremde Welt, das bin ich. Leo Frobenius: Ethnologe, Forschungsreisender, Abenteurer" (Wuppertal 1998).

[93] Nr. 27, 42, 74, 90, 102, 106, 113a, 125, 130, 135 und 205. Bezeichnend für das – leider sehr häufig unsystematische – Differenzierungsvermögen Frobenius' ist, daß er sich dennoch bewußt bleibt, daß auch sein Vorgehen der *ratio* verpflichtet bleibt und seine Ablehnung daher bei genauerer Betrachtung nicht dem Rationalismus insgesamt, sondern nur seiner Übersteigerung gelten darf. So hält er etwa in Nr. 42 fest: „Denn Rationalismus und Materialismus sind die Erzieher, die Zuchtruten, die unsere Tendenz zur Centrifugalität und zum Wolkenkuckucksheimfluge zu bändigen hatten. Zuviel Medicin, zu rauh geführter Zuchtstrahl aber töten und vernichten."

[94] Am klarsten zeichnet Frobenius selbst diese Verbindung in Nr. 114.

[95] S.o. Anm. 52.

[96] Nr. 33 und 120; s.a. Nr. 102, 133 und 167.

[97] S.o. Anm. 20.

[98] Nr. 173 und 174.

[99] Nr. 154 und 182.

Diese zunächst ganz persönliche „Ergriffenheit"[100] wurde zu einem der Schlüssel-
begriffe in Frobenius' Theorie: Ihr Maß ist ihm nicht nur Kriterium für die kulturelle
Produktivität eines einzelnen Menschen, sondern zugleich das Ideal der Ergebung in das
Walten der als Subjekt gedachten – und in diesem Sinn von ihm häufig als „Paideuma"
bezeichneten – Kultur selbst. Hier liegen in unmittelbarer Nähe zum so häufig anti-
modern ausgeprägten Unterwerfungsgedanken Ansätze zu einem ganz modernen Verständnis des Menschen als gesellschaftlich oder eben: kulturell geprägt. So erklärt er
beispielsweise 1930 in einer programmatischen Darlegung für den ehemaligen Kaiser –
den Mangel an Empirie durch um so kategorischeres Auftreten überspielend – „der
Beruf gestaltet den Menschentyp".[101]

Die in solchem Kontext greifbare Säkularisierung der Unterwerfung, die nur noch
als Haltung oder gar Gestus gedacht werden kann, aber kein klarer denn als „Schicksal"
benennbares Gegenüber hat, besaß freilich einige Sprengkraft für seine Beziehung zu
dem ehemaligen Landeskirchenherrn, der einer trotz aller Verzerrung für seine persönlichen Belange deutlich konventionelleren Religionsauffassung folgte, die auf den persönlichen Gott des Christentums nicht verzichten wollte. Mit anfangs stiller Skepsis
betrachtete Wilhelm daher diese Leerstelle in Frobenius' Glauben. Auf den „von Ihnen
zum Ausdruck gebrachte[n] erfrischende[n] Glaube[n]" reagierte er jedenfalls Anfang
1932 mit Erleichterung, als sein Briefpartner endlich einmal Luther zitierte und einen
Absatz schwungvoll mit „Amen!" schloß.[102] Daß Frobenius in seinem nächsten Schreiben jedoch wieder durchgängig ein unpersönliches Schicksal statt eines persönlichen
Gottes und seiner Vorsehung über die Menschen herrschen ließ, veranlaßte Wilhelm,
darauf verunsichert zu vermerken: „Das ‚Schicksal' sehe ich als Pseudonym für ‚Vorsehung' an, die sich sichtbarlich in ihrer Führung auf Erden in dem, was wir ‚Schicksal' zu
nennen pflegen, vor unseren Blicken auswirkt, auf Befehl des ‚Herren des Schicksals'!"
und: „‚Schicksal', ‚Nemesis', ‚Zufall' sind alles nur Pseudonyme für ‚Vorsehung', ‚Führung'".[103] Unauffällig schmuggelte er seine „Korrektur" auch in sein Antwortschreiben,
das wie ein Gebet mit dem Satz schloß: „Dazu helfe uns Gott als ‚der Herr des
Schicksals'!"[104] Als das keine Reaktion hervorrief, wurde er drei Monate später deutlicher: „Gott sei mit Ihnen und nehme Sie wie bisher unter Seinen gnädigen Schutz als der
Herr der Vorsehung, für die das Wort ‚Schicksal' als Pseudonym gebraucht wird."[105]
Aber auch das fruchtete nicht, und so nahm er das Erscheinen von Frobenius' „Schicksalskunde", obwohl deren Inhalt ihm in Grundzügen bereits seit anderthalb Jahren bekannt war,[106] zum Anlaß, eine christlichere Interpretation anzumahnen.[107] Ihm ging es
einmal darum, dem Christentum und insbesondere dem Protestantismus einen Platz in
dieser Lehre der Kulturentwicklung einzuräumen – und zwar nicht einfach neben ande-

---

[100] Nr. 125 und 135.
[101] Nr. 90.
[102] Nr. 140 und 139.
[103] Nr. 141.
[104] Nr. 142.
[105] Nr. 147.
[106] S.o. S. 25.
[107] Nr. 153; dort auch die folgenden Zitate.

ren „hohen Religionen", sondern einen bevorzugten als transzendierende Erfüllung der von Frobenius skizzierten Kulturgeschichte, die damit heilsgeschichtlichen Charakter annähme. Zum anderen hatte seiner Ansicht nach Frobenius das Unterworfensein des Menschen unter die Gesetze der Kulturentwicklung so betont – und damit ja gerade erst diesen geschlossenen Geschichtsentwurf zeichnen können –, daß der Akt der Unterwerfung aus „freiem eigenen Willen" aus seinem Blick zu geraten drohte: „Meiner Auffassung von der ‚Persönlichkeit' widerspricht es, den Menschen bloß als ein ‚willenloses' Objekt des ‚Schicksals' oder des Herren über dasselbe, Gottes also, ansehen zu sollen." Frobenius vermied geschickt die Diskussion dieser nicht unwesentlichen Meinungsverschiedenheit, indem er Wilhelms Drängen – sicherlich auch nicht ganz zu Unrecht – als Frage nach seinem persönlichen Verhältnis zum Christentum interpretierte.[108] Gleichwohl ging er einem persönlichen Bekenntnis in der eigentlichen Glaubensfrage aus dem Weg: Er betont seine familiäre Vertrautheit mit dem protestantischen Christentum, lehnt aber jene „aufdringliche Form" ab, die er vor allem in Geistlichen verkörpert sieht, zugunsten einer ursprünglichen, kindlichen Neigung zu „jener schlichten, geraden, starken, verantwortungsvollen Art echt preußischen Christentumes, die natürlich ist, die aber ihrer Eigenart nach mit dem theologischen Christentum allenthalben in Berührung und – Widerspruch kam". Die Parallelen zur „muscular Christianity" im Großbritannien der Zeit seines weitesten kolonialen Ausgreifens liegen hier auf der Hand. Geschickt auf seinen Leser berechnet, verbindet Frobenius diese Einstellung mit militärischen Vorbildern und beruft sich auf dramatische Situationen bei seinen Expeditionen, die zu ebenso raschen wie folgenschweren ethischen Entscheidungen „auf Leben und Tod" gedrängt hätten. Gerade diese Emphase läßt freilich die Leerstelle, über die sie hinwegleiten soll, umso deutlicher hervortreten: Ein wirkliches ethisches Kriterium oder einen Orientierungspunkt kann Frobenius ebensowenig angeben wie einen Sinn des „Schicksals". Die breit ausgeführte Ablehnung einer allzu theoretischen Theologie zugunsten eines unmittelbaren religiösen Empfindens, das er gleichwohl als soldatisch und „preußisch" – also wohl doch nicht allzu individualistisch – ausgibt, schafft aber hinreichende Gemeinsamkeiten mit dem Empfänger dieses Briefs, um den nicht unwesentlichen Gegensatz zwischen ihnen zu überdecken.

Frobenius konnte für seine Taktik nicht zuletzt auf Erfahrungen in einer ganz ähnlichen Auseinandersetzung mit dem Theologen Alfred Jeremias zurückgreifen, einem Rivalen um die Gunst des ehemaligen Kaisers: Der Leipziger Professor und Pfarrer hatte im Sommer 1931 an einem Vortrag Wilhelms die künstliche Verbindung von dessen religiösen Anschauungen mit dem säkularen Weltbild Frobenius' kritisiert und die Anerkennung der Religion als Urgrund aller Kultur wie auch des freien Willens der Menschen angemahnt.[109] Inhaltlich lag er damit ja ganz auf der Linie, der sein Doorner Gönner später folgen sollte, und auch die Divergenz zwischen dessen Überzeugungen und denen des Frankfurter Ethnologen hatte er – wie auch der hier noch klarer urteilende eigenwillige Berliner Philosoph Hans Blüher[110] – deutlich erkannt. Die beiden Kritiker begingen jedoch einen schweren taktischen Fehler, indem sie ihr Urteil über die ver-

---

[108] Nr. 154.

[109] Nr. 116, Anm. 3.

[110] Nr. 97, 99, 102, 104, 105 und 106.

meintliche Synthese Wilhelms aussprachen, der daraufhin prompt in die Defensive ging und sich hier – wie dessen eben geschilderte spätere Auseinandersetzung mit seinem Ideenlieferanten Frobenius annehmen läßt: entgegen seiner eigentlichen Überzeugung – hinter die Position Frobenius' stellte.[111] Jeremias zementierte die Verbindung zwischen Wilhelm und Frobenius gleich im Anschluß, indem er nach Doorn einen Sonderdruck seines Beitrags für eine dem atheistischen Nietzscheaner Rudolf Pannwitz gewidmete Festschrift sandte, in dem er in sehr theoretischer Diktion die zahlreichen Gemeinsamkeiten zwischen seiner eigenen Weltsicht und der des Geehrten hervorhob.[112] Verständnislos leitete Wilhelm diesen Aufsatz an Frobenius mit der Bitte um einen Kommentar weiter und bot ihm mit einigen ablehnenden Marginalien die Gelegenheit, einen Keil zwischen den Konkurrenten und den gemeinsamen Gönner zu treiben, indem Frobenius hier bereits den Gegensatz zwischen „vom Gemüt […] ergriffener" Religion und dem „vom Verstande intellektuell" Begreifbaren aufstellte: „Religion hat für mich mit Wissenschaft, d.h. hier Theologie, nichts zu tun."[113] Bei dem auf vielen Gebieten interessierten Wilhelm, der die Kritik der Fachleute nur schwer ertrug, kam diese wertende Gegenüberstellung gut an: „Ich kann Ihre Verurteilung des Pannwitz-Jeremias-Phrasengeklingels nur voll und ganz unterschreiben! Ich habe es auch nicht verstanden. Ihre Definition über Religion ist das Richtige: sie muß vom <u>Seelenleben</u> = <u>Gemüt</u> ergriffen, nicht vom Verstand <u>begriffen</u> werden wollen. Theologie (Religions<u>wissenschaft</u> oder Religions<u>philosophie</u> gar) haben mit wahrer Religion nichts zu tun. Was sollen uns Laien bei den gelehrten Diskussionen Ausdrücke wie Parusie, Entelechie, Pleroma p.p. irgendwie bedeuten?! Heutzutage, wo es gilt, einem ertrinkenden, verzweifelnden Volk das <u>Gottvertrauen</u> als rettendes Tau hinzureichen, das Gefühl zu wecken, daß ein <u>Vater</u> im Himmel seine zu Ihm rufenden <u>Kinder</u> nicht unerhört läßt, zu stärken, muten mich diese hochgeschraubten Phrasen der theologischen <u>Wissenschaft</u> abstoßend an. Als ob ein Professor am Ufer einem Ertrinkenden auf dessen Hilferufe als Antwort einen Vortrag über die Kunst des Schwimmenkönnens, die man <u>früh lernen müsse</u>, halten würde."[114]

Trotz aller Betonung der Ursprünglichkeit der Religion, die Wilhelm an Frobenius' Lehre anzog und auch hier anklingt, wenn ihr im Ergriffenwerden eine eigene, dem Verstand nicht erschließbare Erfahrungsweise zugeschrieben ist, wird doch unmißverständlich deutlich, daß der ehemalige Kaiser sie in der Praxis als durchaus funktionale Antwort für ein zeitiges Bedürfnis betrachtet, die „einem ertrinkenden, verzweifelnden Volk" beistehen und also eine durchaus politische Erlösung bieten sollte. Hierher stammte auch der Reiz, den Frobenius' scheinbar wissenschaftlich untermauerte Religiosität der Unterwerfung auf seinen früheren Fürsten ausüben mußte. Es wird also nach der politischen Dimension der Beziehung des exilierten Monarchen zu seinem bevorzugten Forscher zu fragen sein, um ihrem Kern noch näher zu kommen.

---

[111] Nr. 128, Anm. 4.

[112] Alfred Jeremias an Rudolf Pannwitz. Der neue Mensch, in: Rudolf Pannwitz. Fuenfzig Jahre, München 1931, S. 31–38.

[113] Nr. 130; s.a. Jeremias' Einschätzung „als Streiter der Kirche und als Verehrer des Dogmas" in Nr. 100a.

[114] Nr. 131.

VI

Die politische Anwendung der Frobenius'schen Thesen nämlich zog sich von ihrer ersten Begegnung nach der Abdankung des Kaisers im Sommer 1923 bis zum Tod des Ethnologen fünfzehn Jahre später und bildete ganz offensichtlich einen wesentlichen Bestandteil ihres Verhältnisses. Deutlich wird diese Komponente bereits bei dessen Etablierung, die auf einen Besuch Frobenius' im Herbst 1923 datiert werden kann: Die Einladung nach Doorn hatte Wilhelms Leibarzt Alfred Haehner vermittelt, der Frobenius in seinem Tagebuch als seinen und seiner Frau Gast bezeichnet.[115] Trotz der früheren Bekanntschaft mit dem Monarchen hatte der Forscher also zunächst keineswegs eine herausgehobene Stellung und war anscheinend nur einer von vielen Gästen, die den gelangweilten Exilanten unterhalten sollten. War er so gewissermaßen durch den Hintereingang in Haus Doorn gelangt, sollte sein Status sich dort bald ändern: Eigentlich nur für den 3. Oktober in das Schloß bestellt, blieb er nun bis zum 10. Schon am 4. Oktober hatte Haehner seinem Tagebuch anvertraut: „Frobenius, der heute zu mir übersiedeln sollte, wird von K.[116] im Schlosse behalten, K. hat ihn gleich am Vormittag wieder kommen lassen und sich von 10-3 nur unterbrochen durch das Frühstück unterhalten." Und zum Ende des Besuchs stellt Haehner fest: „Frob[enius], der früh abreist, muß auf Wunsch des K. am 15. abends nochmals zurückkommen, um am 16. Ihre Bekanntschaft zu machen, er hat deswegen sogar seine Heimreise für zwei Tage verschieben müssen, weil K. in seiner Begeisterung für F. unbedingt ihn seiner Frau vorführen will."[117] Die Wende hatte also in Frobenius' Vortrag am ersten Tag gelegen: „Während K. zuerst bei den Bildern stets Zwischenbemerkungen machte, wurde er allmählich immer stiller, man merkte, wie die Worte Frob. ihn aufs stärkste erregten. Am Ende sagte er nur: ‚Das war phänomenal. So etwas habe ich in meinem ganzen Leben noch nicht gehört!' Dann blieb er noch lange mit Frob. im Gespräch, sich über allerlei befragend und belehren lassen."[118]

Wieder dürfte sich hier Frobenius' Fähigkeit zu packender, ebenso begeisterter wie begeisternder Darstellung ausgezahlt haben; aber gleichzeitig waren es auch seine Thesen, die dem ehemaligen Kaiser eine neue Weltsicht eröffneten. Sein Adjutant von Ilsemann berichtet darüber: „Der Erfolg bei Seiner Majestät kam in folgenden Worten am nächsten Tage zum Ausdruck: ‚Ich bin wie erlöst! Endlich weiß ich, welche Zukunft wir Deutschen haben, wozu wir noch berufen sind! Die ganzen Jahre nach der Revolution habe ich darüber gegrübelt, jetzt endlich weiß ich es: wir werden die Führer des Orients gegen den Okzident! Mein Bild ‚Völker Europas'[119] muß ich jetzt ändern. Wir gehören ja auf die andere Seite! Wenn wir den Deutschen erst einmal beigebracht haben, daß Franzosen und Engländer gar keine Weißen, sondern Schwarze – die Franzosen z.B.

---

[115] Alfred Haehner, Tagebuch (Historisches Archiv der Stadt Köln: Bestand 1193a, Nr. 12), Eintrag zum 4.10.1923.

[116] Haehners Abkürzung für den „Kaiser".

[117] Alfred Haehner, Tagebuch (wie Anm. 115), Eintrag zum 9.10.1923. Ganz ähnlich auch Wilhelms Adjutant Sigurd von Ilsemann in seinem Tagebuch zum 17.10.1923 (wie Anm. 64, S. 289).

[118] Alfred Haehner, Tagebuch (wie Anm. 115), Eintrag zum 3.10.1923.

[119] S.u. S. 420.

Hamiten – sind, dann werden sie schon gegen die Bande vorgehen."[120] Daß die so darge-stellte Theorie einigermaßen esoterisch wirkt, liegt zum einen daran, daß hier ein Bericht aus dritter Hand vorliegt: Wir erfahren nicht Frobenius' Vortrag, sondern Ilsemanns Wiedergabe einer Äußerung Wilhelms über ihn. Und diese Äußerung bezweckte weni-ger eine Erläuterung der zugrundeliegenden Theorie als eine Vermittlung des persönli-chen Erlebnisses. Daß der ehemalige Monarch seinen eigenen Zungenschlag hinein-brachte, merkt auch Haehner an, wenn er über jene Fassung berichtet, die der Exilant zwei Tage später seinen niederländischen Gastgebern in einem nahegelegenen Schloß gab: „K. hat gestern Abend in Amerongen den Vortrag Frob[enius'] den dort geladenen Holländern *auf seine Tonart* rekapituliert. Er erklärt jetzt alle Franzosen und Engländer für Neger und Berber, fühlt sich auf einmal als Orientale und erklärt sogar, daß er nach diesem Vortrag seine Karte ‚Völker Europas usw.' umdrehen müsse in: ‚Völker des Orients, schließt Euch zusammen gegen das Abendland'."[121] Ilsemann bescheinigt Wil-helm bei gleicher Gelegenheit mit einer vielleicht unrealistisch scharfen Unterscheidung zwar eine erstaunlich genaue Wiedergabe, aber sehr freizügige Interpretation der Thesen des Ethnologen: „Drei Tage nach dem Vortrag aß S[eine] M[ajestät] in Amerongen. Erstaunlich wirkte einmal wieder sein ungewöhnliches Gedächtnis. Er sprach über eine Stunde über das, was er von Frobenius gehört hatte, in einer solch getreuen Wiedergabe, wie es ihm keiner so leicht nachmacht. Leider aber sind seine Schlüsse teilweise viel zu weitgehend, und aus dem Zusammenhang heraus gerissen zieht er Folgerungen, die ihm wünschenswert, aber sachlich falsch sind."[122] Die Fremdheit dieser Theorie liegt jedoch nicht nur an Ungenauigkeiten ihrer Überlieferung, sondern bereits an der eigenwilligen Terminologie ihres Autors.

Stets zu Dichotomien neigend, hatte Frobenius nämlich nach seiner in die Jahre 1910 bis 1912 fallenden Westafrikaexpedition auf der Grundlage sehr unterschiedlicher persönlicher Erfahrungen mit Angehörigen verschiedener Bevölkerungsgruppen eine Zweiteilung vorgenommen in „staatenbildende" Ethnien eher oberflächlicher Kultur und in die allgemein unterschätzten, von den Staatenbildnern ausgebeuteten, zerstreuten oder gar „zersplitterten" Volksgruppen, für die er den bei Homer und Herodot als der „Un-sträflichen" – d.h. den Göttern durch ihre schlichte, moralisch wertvolle Lebensführung besonders lieben – geläufigen Namen der „Äthiopen"[123] wiederbelebte. In der unruhigen Nachkriegszeit fand die Äthiopenlehre des Kulturforschers vor allem im „Unbekannten Afrika"[124] jene systematisierend strukturierte, aber zugleich durch die schillernde Be-griffsbildung wenig faßbare Ausgestaltung, die im weiteren Verlauf bis zur ihrer monu-

---

[120] Sigurd von Ilsemann, Tagebucheintrag zum 7.10.1923 (wie Anm. 64, S. 287). S.a. Wilhelm an Dörpfeld, Dezember 1923: „Frobenius war hier und habe ich prachtvolle Stunden mit diesem klaren Kopf u. kernigen Deutschen[!] Mann verlebt. Welche Zuversicht für unseres Volkes Zukunft lebt in ihm, von welch' hoher Warte sieht er die Weltgeschehnisse an, welch herrliche Aufgaben winken den Deutschen, wenn sie erst wieder geeint unter zielbewusster Kaiserfaust, sich von allem Nichtdeutschen, von den Fremdstörungen freigemacht haben werden!" (GStA Berlin: BPH, Rep. 53, Nr. 118).

[121] Alfred Haehner, Tagebuch (wie Anm. 115), Eintrag zum 6.10.1923; meine Hervorhebung. S.a. Nr. 44.

[122] Sigurd von Ilsemann, Tagebucheintrag zum 7.10.1923 (wie Anm. 64, S. 288).

[123] Hom. Il. I, 423 und Herodot III, 20–24.

[124] Leo Frobenius, Das unbekannte Afrika. Aufhellung der Schicksale eines Erdteils, München 1923.

38

mentalen Fassung in der 1933 veröffentlichten „Kulturgeschichte Afrikas"[125] nur noch geringen Änderungen ausgesetzt sein sollte. J.M. Ita hat, als er sich 1973 gegen die bei den Autoren der *négritude* begegnende Frobenius-Lesart wandte, den schematischen Charakter von dessen Afrikabild betont, das eine Projektion europäischer politischer Antagonismen darstelle.[126] Itas differenziert historisierender Zugang zu dem Ethnologen lenkt damit die Aufmerksamkeit auf einen Sprung in Frobenius' Entwicklung, der zwischen 1912/13 und 1923 lag – also zwischen dem Erscheinen der ersten drei Bände der „wissenschaftlich erweiterten" Version von „Und Afrika sprach", dem Bericht über die westafrikanische Expedition, und der Publikation des „Unbekannten Afrika" als Ersatz für den angekündigten vierten Band. Auch ihrem Autor war die Distanz zwischen den früheren Schriften und deren Wiederaufnahme bewußt, wenn er im Nachklang des Weltkriegs und – so wird man ergänzen dürfen: – auch angesichts der anhaltenden wirtschaftlichen und politischen Unruhe in Deutschland formulierte: „Das Denken und Bedürfnis der Menschen von 1913 und das derer von 1922 ist schier um ein Jahrhundert verschieden. Die Formen von 1913 sind als Neuschöpfungen heute nicht mehr möglich. Die vor dem Weltkrieg erdachten ‚Ewigen Wege' sind jetzt nicht mehr denkbar. Für uns und mich wenigstens. […] Derart finden eine alte Zeit und eine alte Arbeitsweise ihren Abschluß in einer neuen Denkweise, einem aus acht schlimmen Jahren entsprossenen neuen Weltempfinden, das uns alle packt."[127] Nicht zuletzt aber wurde dabei die Projektion persönlicher Eindrücke aus dem Expeditionsverlauf abgelöst durch eine Projektion politischer Konflikte auf gegensätzliche Kulturtypen.

Den Gegenpol zu den „Äthiopen" bilden ihm nun die bei Ilsemann erwähnten „Hamiten". Mit dieser Bezeichnung griff er in radikaler Umwertung eine Gegenüberstellung auf, die vermeintlich höher stehende Kulturen Afrikas unter diesem Namen von anderen absetzte. Die dem älteren Verständnis zugrundeliegende Annahme, die hamitischen Kulturen ständen der europäischen näher, schränkte Frobenius dahin ein, daß er sie zwar den westeuropäischen an die Seite stellte, die deutsche Kultur aber gerade aus dieser Verwandtschaft ausnahm und sie den „äthiopischen" zugesellte. Für Frobenius' Leser und Zuhörer konnte diese Wortwahl leicht verwirrend wirken, da zeitgenössische Hamitenbegriffe auch die Äthiopier umfaßten – aber ganz gewiß nicht wie in seiner Version die „Franzosen und Engländer". Über Frobenius' eigenwillige Auffassung von Hamiten dürfte jedenfalls Wilhelms Identifikation der westeuropäischen Kriegsgegner mit „Schwarzen" zustandegekommen sein.

An seiner unorthodoxen Gruppierung der Völker wird mit Händen greifbar, daß Frobenius eben keine der damals modischen Rassentheorien aufstellte, sondern zwei *Kulturtypen* voneinander absetzte. Sie trennte nicht die Hautfarbe ihrer Träger, sondern eine radikale Unterschiedlichkeit ihrer großenteils bereits vorbegrifflichen Weltauffassung und daher auch Lebensweise. Gegenübergestellt sahen sich dabei „tellurisch-äthiopisch-patriarchalische Kultur einerseits und chthonisch-hamitisch-matriarchalische

---

[125] Wie Anm. 20. S.a. Nr. 90.

[126] J.M. Ita, Frobenius, Senghor and the Image of Africa, in: Robin Horton / Ruth Finnegan (Hg.), Modes of Thought. Essays on Thinking in Western and Non-Western Societies, London 1973, S. 306–336, hier besonders S. 325.

[127] Leo Frobenius, Das unbekannte Afrika (wie Anm. 124), S. ix.

andererseits" oder auch „Landkultur resp. ‚Tiefkultur‘" und „Stadtkultur resp. ‚Hoch-kultur‘"[128] In einer späteren Phase des Briefwechsels wird er zeitweilig die erste auch „Gabuluku" und die zweite „Mahalbi" nennen.[129] Die hamitische Kultur ist nach diesem Verständnis von der Ausrichtung auf das Tier, auf Jagd und Viehzucht geprägt. Blutig und grausam ist sie; oberflächlich und auf Unterwerfung der Natur unter den Menschen aus, geschehe sie nun durch Magie oder die Wissenschaft eines verfeinerten Rationalis-mus. Die Äthiopen des Frobenius sind hingegen auf die Pflanze ausgerichtete Ackerbau-ern, die sich in fragloser Mystik in die Natur versenken, als deren gleichwertigen Be-standteil sie sich betrachten. Und wenn ihre Bräuche Totschlag und etwa den rituellen Königsmord enthalten, dann führt er das nicht auf Blutdurst und Grausamkeit zurück, sondern auf besonders tiefes Verständnis eines Kreislaufs von Werden und Vergehen und des sich darin ausdrückenden „Schicksals". Daß nur auf dieser Seite die für Frobe-nius' Menschenbild so zentrale Pietät einen Anknüpfungspunkt finden kann, liegt auf der Hand. Ohnehin ist die klar gegensätzliche Wertung beider Kulturtypen offensicht-lich. Sie wird nur in Details gelegentlich unterbrochen, wenn der Ethnologe etwa Hel-dentum und seine Verehrung bei den Hamiten – und besonders ihren Vertretern in der Sahara – lokalisiert. Eine weitere Differenzierung hebt ihn auch von schlichteren Pro-pheten seiner Zeit ab: Gelegentlich bekennt er ausdrücklich das Schematische seiner Gegenüberstellung, die schließlich Idealtypen zum Gegenstand hat: Sie bedeutet nicht Beschreibung von Realitäten, sondern geschieht stets „im Sinne der Entelechie. Das heißt: die beiden Formen haben stets die Tendenz, der gegebenen Richtung anheimzu-fallen. Chthonisch und tellurisch sind Bezeichnungen von zwei Wesenheiten der Kultur, von denen jede stets ein wenig von der anderen besitzt oder aus sich heraus harmonisch mitschwingen läßt, wie es ja auch keine Frau und keinen Mann im absoluten Sinne gibt."[130] Eine wirklich überzeugende Immunisierung bedeutet diese Relativierung seiner Thesen jedoch nicht, da sich ein roter Faden eindeutiger und in aller Regel keineswegs eingeschränkter Wertungen durch den Äthiopen-Hamiten-Dualismus Frobenius' zieht.

Wenn aber Deutschland zu einem östlich-„äthiopischen" Kulturkreis gehörte, der scharf von einem westlich-„hamitischen" jenseits der Vogesen getrennt war, dann war die Übernahme westlicher Kulturelemente hier eine Verirrung.[131] So erklärt er 1927, daß „der enorme Einfluß des französischen [...] Klassen-Parlamentarismus [...] das Lebens-gefühl des deutschen Volkes irre gemacht hat, so daß die jetzigen parlamentarischen Formen artwidrig sind."[132] Denn sofern es um diese praktischen Belange geht, findet

---

[128] Frobenius, Das unbekannte Afrika (wie Anm. 124), S. 91 und 109.

[129] Nr. 90, 96, 111 und 112; diese Namen auch in: Leo Frobenius, Erlebte Erdteile. Ergebnisse eines deutschen Forscherlebens, Bd. 7: Monumenta terrarum. Der Geist über den Erdteilen, Frankfurt am Main 1929, S. 31–154, bemerkenswerterweise aber nicht in der Erstauflage dieser Schrift: Vom Kultur-reich des Festlandes. Dokumente zur Kulturphysiognomik, Berlin 1923.

[130] Frobenius, Das unbekannte Afrika (wie Anm. 124), S. 78. Zum relativen Verständnis der Ge-schlechter s.a. Nr. 29a und 90.

[131] Auf welch oberflächlicher Grundlage diese Dichotomie aufrecht erhalten wurde, zeigt sich bei-spielsweise, wenn Frobenius einer vertikal-verbindenden Gesellschaftsordnung der östlichen Kulturen mit dem Zentralbegriff der „Zunft" eine horizontal-trennende der westlichen um den Begriff der „Kaste" gegenüberstellt und dabei die zünftische Tradition der englischen städtischen Selbstverwaltung auslöscht, indem er das englische Wort für Zunft, „guild", einfach als „Kaste" übersetzt (Nr. 29a).

[132] Nr. 23; s.a. Nr. 42.

sich auch bei Frobenius kaum mehr Vermischung der vermeintlichen Idealtypen, sondern nur scharfe Abgrenzung zwischen zwei exakt abgezirkelten und in sich abgeschlossenen „Kulturkreisen", die eine Übertragung aus dem einen in den anderen nur als Verunreinigung oder gar „Verseuchung" auffassen kann: „So weit war das Deutsche Volk durch die ihm fremdartigen Einstellungen realistischer und ration[al]istischer und materialistischer Natur verzerrt worden, daß es von sich selbst und dem eigenen Wesen nichts mehr wußte."[133] In seinen Augen sind solche Übernahmen zwar grundsätzlich verderblich; aber eigentlich kann eine Abkehr von dem „Paideuma", das eine Kultur in ihrem Innersten zusammenhält, nur vorläufig sein, bis die Kultur selbst, die für Frobenius ja der eigentliche Akteur ist, sich wieder zu ihrem Recht verhilft.

Das war tröstlich für den ehemaligen Kaiser, denn seine Vorstellung solcher Übernahme fremden und unpassenden Kulturguts kreiste ganz um den Untergang der Monarchie: „Das erste Mal war es das Eindringen des französischen Geistes, französischer Ideen und Sitten zur Zeit Friedrichs des Großen, durch ihn gefördert. Dieser Geist des ‚Abendlandes‘ zersetzte und sabotierte das alte Preußen und die Folge war der Zusammenbruch 1806 bei Jena und Auerstädt. Das zweite Mal wurde am 18. März 1848 der König gezwungen, seinem vollkommen dafür unreifen und unvorbereiteten Volk die Form des ‚abendländischen‘ ‚konstitutionellen Königtums mit Parlamentsregierung‘ zu verleihen. Der ‚abendländische‘ Parlamentarismus sabotierte das preußische Königtum; seine Folge war der Zusammenbruch am 9. November 1918."[134] Denn seiner Ansicht nach konnten solche Einsprengsel fremder Kultur nichts Dauerhaftes errichten; unumstößlich bleibend war nur das dem jeweiligen Kulturkreis Immanente: „‚Morgenländer‘ können nur durch Einzelpersonen geführt und geleitet werden; sie mögen nun Khane, Emire, Sultane, Kaiser, Zaren, Diktatoren, Schahs oder sonstwie betitelt sein, niemals aber durch Volksvertretungen oder Parlamente. Das ist ein Gesetz der Kultur des ‚Kontinentalen Morgenländischen Kulturkreises‘, das unumstößlich dasteht und befolgt werden muß, wenn das dazugehörige Volk bestehen bleiben will; gleichgültig, ob andere ‚Kulturen‘ oder ‚Kulturkreise‘ darüber ihr Mißfallen äußern oder [es] zu bekämpfen versuchen!"

Durch das Postulat dieser Unumstößlichkeit, die ihm Frobenius verschaffte, versucht sich der ehemalige Kaiser also gegen die Kritik aus „andere[n] ‚Kulturen‘", womit im Zusammenhang die westlichen gemeint sein müssen, zu immunisieren. Besondere Bedeutung erhält dabei auch in diesem Briefwechsel Großbritannien: Hatte ihn in seiner Regierungszeit eine intensive Haßliebe mit der Heimat seiner Mutter verbunden, so änderte sich das augenscheinlich mit dem Weltkrieg. Bevor es in den 1930ern unauffällig aus diesem Briefwechsel wieder verschwindet, ist Großbritannien eine von ihm mit größter Abneigung beobachtete Macht: Gefahren für den Weltfrieden oder zumindest die Weltwirtschaft gingen angeblich von dessen egoistischer Politik etwa in Vorderasien aus,[135] und britische Rückschläge betrachtete er mit unverhohlener Schadenfreude: „Es

---

[133] Nr. 42. Seine eigentliche Bedeutung behält nach Frobenius das Wort „Berufung" nur, wenn die „Weltanschauung" in Deutschland „nicht westlich verseucht" wird (Nr. 113a). Man beachte auch das Fehlen einer Reaktion auf Böhls von Wilhelm mitgeteilte Annahme einer Mittelstellung der „Germanen" zwischen Gabuluku und Mahalbi, also Äthiopen und Hamiten (Nr. 111).

[134] Nr. 22a; dort auch das folgende Zitat.

[135] Nr. 28.

sollen 13 Mill. £ britischen Anlagekapitals am Yang-tse in Gefahr stehen, verloren zu gehen! Serves the d[amne]d fellows right!"[136] Auch den Grund für seine Haltung spricht er sogleich aus: „Es spürt jetzt die Folgen für sich, des von ihm angezettelten Weltkrieges." Diese Auffassung von Großbritannien als dem Hauptschuldigen am Ausbruch des Krieges empfahl ihm auch die amerikanische Amateurarchäologin Cornelia Hulst, die eine Broschüre über angebliche geheime Kriegsvorbereitungen in Absprachen zwischen dem Inselreich und den USA veröffentlicht hatte.[137] In der Zeit des Kriegsausbruchs war die Hoffnung in Deutschland groß gewesen, Großbritannien werde sich neutral verhalten. Der schließliche „Verrat" des vermeintlich doch verwandten, jetzt aber „perfiden Albion" ließ es in der Kriegspropaganda bald als den eigentlichen Hauptgegner erscheinen. Es ist bezeichnend, daß Wilhelm seine Briefe an Frobenius über Jahre hinweg mit der manchmal in den Text einbezogenen, manchmal aber auch fast wie eine Grußformel verwendeten Abkürzung „Hiddekk" sprenkelte, die für die Propagandaparole „Hauptsache ist, daß die Engländer Keile kriegen" stehen sollte.[138] War es Deutschland schon nicht gelungen, dieser Devise während des Krieges nachzukommen, dann betrachtete sein ehemaliger Kaiser nun jeden Schaden für Großbritannien als eine Strafe für dessen vermeintliche Hybris. Seine freudige Mitteilung über die erwarteten britischen Verluste in China etwa leitete er ein mit der Bemerkung: „Hiddekk beginnt sich zu erfüllen."[139] Diese Fixierung wird verständlicher, wenn man sich vor Augen führt, daß er in Verkennung der britischen Verfassung die Politik dieses Staats schon in seiner Regierungszeit häufig als persönlichen Affront seiner englischen Verwandten aufgefaßt hatte. Die Kriegserklärung und schließlich die laute Forderung nach seinem Rücktritt, ja seiner Bestrafung als Kriegsverbrecher waren für ihn die endgültige Zurückweisung durch die Familie seiner Mutter und deren Heimat, um deren Anerkennung er stets gerungen hatte.

Obwohl Frobenius durch seine Arbeit häufig Kontakt mit der größten Kolonialmacht gehabt hatte, war seine Einstellung deutlich weniger persönlich. Bezeichnenderweise ist das Hiddekk-Kürzel bei ihm nicht emphatischer Ausruf, sondern flacht fast zu einem beliebigen Synonym für das Land ab, wenn er etwa von den „Hideckern" spricht,[140] oder zu einer Reminiszenz an seine antibritische Unternehmung während des Weltkriegs, die er auch bedenkenlos in geselliger Runde englischen Gesprächspartnern erzählte.[141] Auch sein Bild Großbritanniens weist deutlich negative Züge auf, wenn er etwa abwertend von der „echt englisch-mechanistische[n] Theorie Darwins" oder dem „mechanistischen Zweckbewußtsein hiddeckischer Natur" spricht, die Engländer als besondere Repräsentanten des „materialistischen Antichristianismus unserer Zeit" sieht oder das oberflächliche Kulturverständnis dieser „Fanatiker der Hygiene" geißelt.[142] Auch warnt er davor, ihre Verwandtschaft mit den Deutschen zu überschätzen.[143] Doch

---

[136] Nr. 22; dort auch das folgende Zitat.

[137] Nr. 93.

[138] Nr. 2, 22, 28, 30, 41, 56 und 76; zur Auflösung der Abkürzung s. Nr. 2, Anm. 17.

[139] Nr. 22.

[140] Nr. 40.

[141] Nr. 70. S.a. Nr. 74; zu dieser Expedition s.o. S. 21.

[142] Nr. 90, 35 und 112.

[143] Nr. 40.

der eigentliche Antipode Deutschlands, die europäische Verkörperung des „Hamitentums", die in seinen Beispielen stets präsent ist, bleibt Frankreich. Mit Briten fällt die Verständigung dagegen deutlich leichter: „Wir werden uns mit kräftigem Ton und bei Innewahrung unbeirrter Ehrlichkeit immer gut vertragen."[144] In seinen Berichten aus Südafrika klingt zwar die deutsche Burenbegeisterung aus den Kriegsjahren 1899–1902 an. Wenn er hier aber eine Frontstellung zwischen Engländern auf der einen sowie Buren und Deutschen auf der anderen Seite konstruiert, die sich sowohl in einer – natürlich für ihn siegreichen – „Schlacht" bei einem wissenschaftlichen Kongreß als auch in einer Betrachtung über die künftige kulturelle Hegemonie in seinem Gastland äußert,[145] dann darf man dahinter auch ein nicht geringes Maß an Berechnung vermuten. Denn im gleichen Schreiben häufen sich die Hinweise auf seine schrumpfende finanzielle Förderung aus Deutschland. Indem er seine Vorhaben zu einer nationalen Angelegenheit in einer Auseinandersetzung mit Wilhelms britischem Lieblingsfeind deklariert, macht er sich für seinen Mäzen natürlich attraktiv, den er auch gleich persönlich verteidigt haben wollte.[146] Diese Selbstdramatisierung, die ihm nie fern lag, gipfelt darin, daß er über eine Einladung beim englischen Generalgouverneur Südafrikas nicht nur berichtet, das britische Königshaus, dem seine Gastgeberin angehörte, sei „nun ein für allemal darüber im klaren, daß ich an der Würde meiner menschlichen Gefühlsgrundlagen nicht rütteln lasse" und zu Wilhelm stehe, sondern auch: „Auf dem Heimwege […] wurde es mir sehr klar, daß dieser Teebesuch einmal eine gewisse Bedeutung für die Entwicklung Südafrikas als ‚englischer Kolonie' gewinnen könnte."[147] Denn schließlich war er sicher, daß „Südafrika – eigentlich ist es ein Unrecht, es niederzuschreiben, so geheim sollte das gehalten werden – heute schon <u>ein Gebiet deutscher Kultur</u> ist. Die Einstellung der Buren und auch der Sprosse seit Generationen in Südafrika farmender Engländer ist deutsch, grunddeutsch." Hier klingt ein weiteres verbreitetes Stereotyp an, das von einem spezifischen Niedergang der Kolonialmacht Großbritannien: „Kein Zweifel, daß das britische Weltreich einen Wandel durchmacht, der einem Verfall ziemlich ähnlich sieht." Aber neben der dadurch genährten, geradezu jovialen Haltung, die er Briten gegenüber an den Tag legen konnte, wenn er anerkannte, daß er ihnen humorvoll auch unangenehme Wahrheiten sagen konnte und darauf allenfalls ein „echt englisch naives Gelächter" erfuhr,[148] steht doch auch jenes Erstaunen, das dann mit dem Gestus der Entlarvung im britischen Indien feststellt: „Dieses Madras eine riesige Eingeborenenstadt mit einem eingeschrumpften Kern alter morscher Zivilisation Europas im Innern. Alles alt, abgebraucht, abgegriffen. Kein Elan. Und das ist eine Hauptstadt im britischen Indien?"[149] Der Respekt, der hier durch die empörte Enttäuschung noch hindurchschimmert, gründet nicht zuletzt auf Achtung vor dem wirtschaftlichen Geschick des Mutterlands der Industrialisierung und des weltweiten Handels: Auf diesem Gebiet könne Großbritannien auch den erwarteten Niedergang seines Kolonialreiches abfangen: „Nun

---

144 Nr. 70.

145 Nr. 70 und 73.

146 Nr. 40 und 70.

147 Nr. 70; dort auch die nächsten beiden Zitate.

148 Nr. 40 und 70.

149 Nr. 74.

ist aber die englische, vollkommen auf das Reale gestellte Politik viel zu schlau, um es zu einem Bankrott kommen zu lassen. England liquidiert so allmählich das Empire und macht aus dem Staatsverband einen Wirtschaftsverband, eine Aktiengesellschaft m.b.H."[150] Entsprechend erkennt Frobenius bereitwillig und nicht ohne Zutrauen in ihre einigermaßen gerechte Ausübung im Wirtschaftlichen eine weltweite Vorrangstellung Großbritanniens an, auch wenn die vielleicht eher dem 19. Jahrhundert angehört haben mochte: „Nicht als ob ich je gegen England kämpfen würde. Ich werde von ihm nur immer fordern, daß es die Verantwortung für die in seiner Hand liegende Leitung der Weltwirtschaft ohne Egoismus trage. Sonst nichts. Hierin ist nichts zu befürchten."

Frobenius' Haltung zu dieser „Weltwirtschaft" seiner Zeit ist nämlich angesichts seiner sonst oft geäußerten Vorliebe für das Altertümliche auffallend positiv. Zwar ist für ihn „diese ‚Eroberung der Welt'" durch den im 19. Jahrhundert in seiner Darstellung den „Abenteurersinn" verdrängenden „Geschäftssinn" ein zunächst vornehmlich westeuropäisches Werk, aber dann wird sie ihm sogleich zu einer allgemein europäischen, offenbar durch ein gemeinsames Paideuma in Gang gesetzten Unternehmung: „Die europäische Menschheit hat die Weltwirtschaft ‚geschaffen' und – jetzt wird sie zu ihrem Objekt. Nicht der Mensch ‚macht' die Kultur; sondern die Kultur wächst und führt den Ahnungslosen nach ihrem Plan ..."[151] So kommt es zu „dem langsamen Anschwellen des europäischen Lebensgefühls zum ‚Weltwirtschaftsleben'".[152] Die Weltwirtschaft ist daher unvermeidlich als „das, was die Menschen und die Völker von heute wollen und auch wollen müssen", ja sie ist recht eigentlich „ein Weltwerk", wenn auch „das heute noch leere und mechanische Gebilde der Weltwirtschaft mit Sinn, d.h. mit wahrer Kultur zu erfüllen" sei.[153] Hinderlich ist ihr aber, daß die Menschen „nur in mehr oder weniger deutlichen nationalen Einzelwerken" zu denken vermögen, und daher der „sacro egoismo" der Nationen „zumal unter den Siegerstaaten" des Weltkriegs der Erfüllung dieser Aufgabe entgegenwirkt: „Als Folge eines nur allzuerklärlichen Siegestaumels ist die Erscheinung selbstverständlich. Die im Kriege aufgepeitschten Nationalempfindungen mußten eine Versteifung des egozentrischen historischen, also zentripetalen Denkens zur Folge haben und damit das vor dem Weltkriege in keimhafter Entwicklung begriffene zentrifugale Erleben zum Ersticken bringen." Dieser Gegensatz beschwört aber eine krisenhafte Entwicklung herauf: „Denn da alle Völker (entscheidender Bedeutung, sei es als Konsumenten oder als Produzenten) auf die Teilhaberschaft am Weltwerk angewiesen waren, so mußte die Tatsache der Egozentrizität in der Weltanschauung mit dem natürlichen Postulat des Tatsachendaseins in Widerspruch geraten, der sich zuletzt bis in der grotesken Form [...] der Zölletürmung steigerte."[154] Die Weltwirtschaftskrise, in der Frobenius dies schreibt, wird so die Folge einer geradezu dialektischen Entwicklung.[155] Deren Fluchtpunkt bleibt aber eine idealistisch geprägte gemeinsame Durchdringung der Welt: „Denn alles drängt zu einer überstaatlichen Politik, so

---

[150] Nr. 70; dort auch das folgende Zitat.

[151] Nr. 90.

[152] Nr. 120.

[153] Nr. 135 und 98.

[154] Nr. 135; ähnlich schon Nr. 35.

[155] Zu deren Eigenlogik s. Nr. 90 und 126.

wie Euer Majestät sie seinerzeit angestrebt haben, (die aber damals niemand verstehen konnte) und wie sie dem materialistischen Antichristianismus unserer Zeit, besonders den Engländern, zunächst noch völlig unfaßbar ist."[156]

Der hier als visionärer Politiker Gefeierte sah das freilich ganz anders: Frobenius' Hinweis auf die Gefahren des nationalen Egoismus, der ein übernationales Ziel bedrohe, erwiderte er unmittelbar mit einer radikal entgegengesetzten Wertung: „Nationalismus an sich ist gesund. In der Übertreibung des Weltimperialismus (Frankreich, England, Amerika) gefährlich! Für die Deutschen, die gar keinen haben, ihn zu erlernen und zu erwerben eine Lebens-, eine Existenzfrage!"[157] Die mit der Realität des späten Kaiserreichs und der Weimarer Republik in eklatantem Widerspruch stehende Einschätzung, es mangele den Deutschen an Nationalismus, lenkt den Blick darauf, daß hier die Wirklichkeit in ihrer Wahrnehmung umgeformt wird, um anderen Bedürfnissen zu genügen: Der absolute Gegensatz zwischen Deutschland und den Westmächten, der hier postuliert wird, erkennt eben kein gemeinsames Ziel mehr an, kennt keine Brücke, die bei Frobenius noch den Spalt zwischen „Äthiopentum" und „Hamitentum", oder – in seinem zuletzt angeführten Zitat – von Deutschland ausgehendem internationalistischem Idealismus und seiner Ansicht nach besonders englischem Materialismus überwölbt. Diese künstliche Eindeutigkeit benötigt Wilhelm, weil bei ihm die Weltwirtschaftskrise dann nicht mehr aus einer tragisch dramatisierten, zwangsläufigen Entwicklung entsteht, sondern eine Gottesstrafe darstellt, die Gerechtigkeit wiederherstellt: „Das ‚Schicksal‘, das die erschreckten Völker gepackt hat, ist von Gott gesandt. Die Feinde Deutschlands haben es durch ihren Sieger-Sadismus selbst heraufbeschworen. […] Es wird ihnen von Oben der ‚Wechsel präsentiert‘ für den frevelhaft gegen unser Volk vom Zaun gebrochenen Weltkrieg. Der muß bezahlt werden, und vor dieser Aufgabe stehen die Völker ratlos, weil sie ohne die Vorsehung rechneten, die ihnen jetzt den dicken Strich durch ihre voreiligen Rechnungen macht."[158] Der Krieg gegen das von ihm regierte Reich als frevlerische Auflehnung gegen Gottes Willen, das ist die Perspektive, die Wilhelms Weltdeutung in ihrer manichäischen Verteilung von Gut und Böse leitet. Der im Gefolge dieses Krieges gestürzte Kaiser steht in seiner Selbstdarstellung – und wohl auch Selbstwahrnehmung – in strahlendem Licht als verfolgte Unschuld, der ein bloßes Opfer des Kriegsausbruchs wie seines Ausgangs und erst recht des Zusammenbruchs der Monarchie in Deutschland wird. Was nicht in dieses selbstzentrierte Bild paßte, wurde rigoros ausgeblendet – etwa der Umstand, daß die Weltwirtschaftskrise Deutschland, wie auch an Frobenius' Klagen über die „traurigen Wirtschaftssorgen Deutschlands" und die „wirtschaftlichen Verhältnisse in Deutschland[, die] sich so rapid und katastrophal verschlimmern"[159], deutlich wurde, nicht weniger traf als die westlichen Siegermächte.

Besondere Hochachtung für ‚sein‘ Volk empfand der ehemalige Kaiser ohnehin nicht. Die „Übelwollenden wie die Lauen, die Bösen wie die Feigen daheim" – im Zusammenhang offenbar mehr als eine verschwindende Minderheit – wolle er einfach

---

[156] Nr. 35.

[157] Nr. 137.

[158] Nr. 137.

[159] Nr. 84 und 120.

ignorieren, erklärte er Frobenius, wenn sie weiterhin „die Schale ihres Giftes und Schmutzes über mich" leerten.[160] Vor allem aber hielt er die Deutschen für leichtgläubig und manipulierbar – auch wenn seine eigenen Winkelzüge, sie für ihn einzunehmen, wieder und wieder erfolglos blieben. So hatte er als Vorzug einer Veröffentlichung in den USA beschrieben, daß dieser Publikationsort besonders geeignet sei, „um die Ochsen zu warnen, die im Begriff sind, durch Einrangierung in die Front des Abendlandes gegen das Morgenland den 3. Verstoß gegen das Kulturkreisgesetz zu machen. Kommt sowas über Amerika, dann sperren sie das Maul auf, schimpfen, aber lesen und drucken es".[161] Hier wird das Willkürliche seiner sonst anzutreffenden narzißtischen Identifikation mit dem vom angeblichen „Sieger-Sadismus" gequälten Deutschland deutlich. Es ließ sich auch nicht überspielen durch Appelle an Einigkeit und Patriotismus, wenn er in einer teils friderizianisch gewandeten Verherrlichung den „unbesiegbare[n], unüberwindliche[n] Deutsche[n] Frontgeist" pries, der „vom innersten Wesen unserer Kultur" stamme.[162] Diesen „Frontgedanken", den er in Parolen wie „Einer für alle, alle fürs Vaterland" und „persönliche Leistung, alles fürs Ganze" faßte und damit Opferbereitschaft und Hingabe einforderte, sah er im Monarchen verkörpert. Vernachlässigt wurde dabei allerdings, daß der in seinem Fall mit einer Front eher wenig Kontakt gehabt, auch im Krieg nicht unbedingt opferfreudig gelebt und nicht durch spezifisch persönliche Leistungen aufgefallen war. Ihm aber spendete diese Haltung Trost, denn er war sich nicht nur sicher, daß der „Frontgedanke" letztlich unüberwindlich sei, sondern auch wie er sich auf die Monarchie auswirken müsse: „Er weist Materialismus und Mammonismus weit von sich, geht über die Parteien zur Tagesordnung über und ruft sich seinen Herrscher und ‚Führer' im gegebenen Moment wieder zurück."

In der dabei betonten „Hingabe" und der Gesetzmäßigkeit, mit der hier der verbannte Herrscher zurückgerufen werden soll, klingt ein weiteres Motiv an, das nicht nur Frobenius so intensiv beschäftigte, daß er es in den Titel seines Buchs über die 1928 bis 1930 unternommene Südafrika-Expedition aufnahm,[163] sondern sich in dieser Zeit auch durch den Briefwechsel zieht. Es handelt sich um den in verschiedenen Kulturen verbreiteten Brauch, den Herrscher entweder zu einem vorherbestimmten Zeitpunkt oder dann, wenn er etwa gebrechlich wurde und nicht mehr das Wohlergehen seines Volkes repräsentieren konnte, rituell zu töten.[164] Frobenius betont das hinter dieser Sitte stehende Verständnis eines unentrinnbaren, zeitgebundenen Schicksals, das er im Anschluß an James Frazer, dem er die Grundgedanken dieser Überlegungen verdankt,[165] mit den Mondphasen und dem Zyklus der Jahreszeiten in Verbindung bringt. Zu diesem Vorstellungskreis, den er etwa in Sumer, dem alten Indien und Arabien, aber auch in einem quer durch Afrika verlaufenden Streifen verwandter Kulturen ausmacht, gehört eine Gottheit, die sich opfert, aber dann vom Tode wieder ersteht. Er überläßt es dann dem Theologen Jeremias, den Bezug zwischen der in der Heimat Abrahams verbreiteten

---

[160] Nr. 24.

[161] Nr. 22.

[162] Nr. 44; dort auch das Folgende.

[163] Leo Frobenius, Erythräa. Länder und Zeiten des heiligen Königsmordes, Berlin/Zürich 1931.

[164] Nr. 49, 60, 62, 66, 74, 89 und 93.

[165] James G. Frazer, The Golden Bough, 12 Bde., London ³1907–1915.

Anschauung und dem Opfertod Christi herzustellen,[166] während er selbst bei der urtümlicheren Version bleibt, bei der ein „Vorstellungskosmos", also ein Bild der Außenwelt, „auf das Leben einer Volksgemeinschaft" projiziert wird.[167] Dabei ist der König „gleichsinnig einem Gott auf Erden" und muß „gewissermaßen als Symbol der Gottheit vollkommen an Lebensgeschichte und Körpergestalt" sein. Und so hat er das Schicksal dieser Gottheit nachzuvollziehen und seinen Platz für deren nächste Repräsentation zu räumen. Als abgemildertes Produkt einer Spätphase dieser Auffassung schildert Frobenius die rituelle Demütigung und Geißelung des Königs in Babylon, der bald darauf seine Wiedereinsetzung folgte.[168] Die Faszination dieses Konzepts für Wilhelm dürfte darin gelegen haben, daß er meinen konnte, eine durch uralte Tradition geheiligte Vorwegnahme des Königssturzes zu sehen, der durch die Einbindung in eine zyklische Weltauffassung nicht endgültig bleiben konnte: Wenn Wilhelm nur ein weiterer König war, der dieses reale ‚Passionsspiel' – er selbst bezeichnete es als „ein praehistorisches, altheidnisches <u>Oberammergau</u>"[169] – durchlebte, dann war sein Sturz von einem kosmischen Schicksal vorherbestimmt und nicht von ihm persönlich verantwortet; und auch die Monarchie war von ihm nicht dauerhaft verspielt, sondern würde sich zwangsläufig aus der Asche wieder erheben. In dieser trostvollen Perspektive übersah Wilhelm jedoch einen wesentlichen Widerspruch: Der rituelle Königsmord bedeutete in den Kulturen, die ihn historisch kannten, häufig die gewaltsame Auflösung des Widerspruchs, daß der sakrale Herrscher, der das Wohlergehen seines Volks zu symbolisieren hatte, siechte und welkte. Sein eigenes machtloses Weiterleben in Doorn war weniger, wie er meinte, das Resultat eines abstrahierten Königsopfers als gerade diejenige Anomalie, die nach dieser Lehre beseitigt werden mußte.

Eigener Verantwortung konnte er sich – wie nicht wenige Deutsche – durch den Wechsel in eine Opferrolle entziehen, die das eigene ungerechte Leiden betonte und es sogar – wie beim rituellen Königsmord – messianisch überhöhen konnte, wenn er etwa über den Versailler Frieden schrieb, dort sei „das Deutsche Volk" ans Kreuz geschlagen worden.[170] Weltlich-nüchterner war Frobenius schon, wenn er schlicht vom „starre[n] Zerstörungswille[n] von Versailles" sprach. Auch er beschreibt Wilhelm als Opfer, doch denkt er da nur indirekt an dessen politische Rolle, sondern kritisiert vor allem die Schuldzuweisung an ihn nach dem Krieg, mit der andere ihre Unschuld beteuern können: Er weist darauf hin, daß der Exilmonarch „nicht mehr unser Wilhelm II. von 1914 ist, sondern […] das schreckliche Schicksal erlebt hat, zum Sündenbock gemacht zu werden. Eine ungeheure Anzahl von Menschen mit einem schlechten Gewissen wartet direkt darauf, S[einer] M[ajestät] Häßliches zu erweisen."[171] Indem er hier einerseits eine ganz spezifische Opferrolle des ehemaligen Kaisers bestätigt, beschreibt er unversehens den Mechanismus, den auch Wilhelm selbst anwandte.

---

[166] Nr. 49 und 66.

[167] Nr. 49; dort auch das Folgende. Ähnlich Nr. 62.

[168] Nr. 49, 62 und 89.

[169] Nr. 66.

[170] Wilhelm an Hans Blüher, 15.2.1932 (AEW: 1562); s. Nr. 141, Anm. 4.

[171] Nr. 12.

Die Vorstellung – man zögert, gerade wegen ihrer ständigen Wiederholung, von „Überzeugung" zu sprechen, – seiner verfolgten Unschuld hat bei Wilhelm aber auch häufig einen trotzigen Unterton. Er drückt sich beispielsweise in einer anderen seiner floskelhaften Interjektionen aus, wenn er in seine Briefe ein markant-emphatisches „Dennoch" einstreut.[172]

Auffällig ist jedoch, daß sich die damit symbolisierte Haltung vom gleich doppelt betonten „Dennoch! Tamen!" des Jahres 1925 allmählich soweit abschwächt, daß sich zehn Jahre später „Dennoch" mit dem schicksalsergebenen „Inschallah" – „so Gott will" – verbindet.[173] Wie zentral aber der Gestus des einer feindlichen Umwelt Trotzenden für sein Selbstverständnis gewesen sein muß, erkennt man etwa daran, daß er 1935 eine Frobenius geschenkte autographierte Photographie mit Emphase kommentierte: „Die auf Mein Bild gesetzten Worte: ‚Dennoch' und ‚Inschallah' werden Ihnen alles sagen."[174] Und im einzigen Eingang zu Wilhelms Arbeitszimmer in Haus Doorn – von ihm täglich unzählige Male passiert – hängt eine Kalligraphie, die mit Ps. 73,23 gewissermaßen die Vollform dieses Kürzels wiedergibt, die auch wieder den Bogen zum „Inschallah" schlägt: „Dennoch bleibe ich stets an Dir, denn Du hältst mich bei meiner rechten Hand."

Der Autodidakt Frobenius, der erst spät die Anerkennung seiner Fachkollegen erreichte, kannte diese Rolle des – vermeintlich – zu Unrecht Ausgegrenzten und konnte sie ebenfalls religiös einfärben, indem er Martin Luther zitierte.[175] Er sah sich durch Widerstand, so erklärte er wohl mit Recht, eher zu seiner Überwindung herausgefordert: „Erfreulicherweise erwachte in mir aber damit jene eigentümliche trotzige Spannkraft, die ein schmunzelndes Behagen findet in einem frohsinnigen: ‚Nun gerade.'"[176] Befähigt sah er sich dazu besonders durch seine beruflichen Erfahrungen „als ein durch Afrika erzogener Mensch".[177] Hier erkennt man aber auch, daß Frobenius die Hindernisse, die in seinem Weg standen, aktiv beseitigen wollte und so deutlich kämpferischer war als der eher resignative ehemalige Monarch. Deshalb erhielt er von Wilhelm auch eine Mahnung, als er meinte, bestimmte Erfolge noch sichern zu müssen: „Tat ich in meiner Jugend früher auch, man nennt das: ‚Vorsehung spielen wollen'. Den Unsinn habe ich schon lange aufgegeben! Ich säe; aber überlasse es unserem Herrgott droben, wie und wann er die Saat aufgehen lassen will, das <u>weiß Er am Besten.</u> Ebenso wie es auf dem Acker auch zugeht; da nutzt es auch nichts, wenn der Gutsherr oder der Inspektor um die Feldmark alle Tage herumgaloppieren und schimpfen und wettern über Sonne oder Regen. Die Ernte reift <u>doch</u> trotzdem. Machen Sie es ebenso und üben Sie die Kunst geduldigen Wartens!"[178]

Für die Frage nach Wilhelms konkreten politischen Ambitionen ist dieser Unterschied in ihrer Haltung wohl bedeutsam, für die Beziehung der beiden Korrespondenten

---

[172] Nr. 11, 143, 144, 227, 228 und 229.

[173] Nr. 11 sowie 227, 228 und 229.

[174] Nr. 227.

[175] Nr. 139.

[176] Nr. 143; wie gut sie sich darin ‚verstanden', zeigt Wilhelms Marginalie an dieser Stelle: „dennoch!"

[177] Nr. 155.

[178] Nr. 44.

tritt sie in der Regel zurück hinter der Gemeinsamkeit der trotzigen Außenseiterrolle, der sozialen Losgelöstheit des Monarchen wie des „Wandernden", der sich mehr Afrika als Europa zugehörig bekennt.[179] Aber auch darüber, daß er diese Resonanz für das Selbstbild des ehemaligen Kaisers bietet, geht Frobenius' Bedeutung erkennbar hinaus: Seine Religion der Unterwerfung legitimiert die Monarchie, seine Schicksalslehre fordert Akzeptanz des Weltnotwendigen und fügt wie in der Theorie vom rituellen Königsmord das konkrete Geschehen in einen gesetzmäßig, fast ohne menschliches Zutun ablaufenden Zusammenhang, der eine natürliche Wiederkehr des kulturmäßig Vorgegebenen postuliert: Die militärische Niederlage Deutschlands und des Kaisers Sturz sind damit nicht dem Herrscher anzulasten, sondern allenfalls denjenigen, die Deutschlands Rolle in diesem Schauspiel verkannten. Mit dem Durchbruch der ‚eigentlich' korrekten Kulturform – so unbestimmt dieser Zeitpunkt auch bleibt – wird auch die Monarchie in Deutschland wiedererstehen. Wilhelm hat sie also gar nicht verspielt. Frobenius liefert dem ehemaligen Kaiser eine ‚wissenschaftliche' Unterfütterung für ein politisches Weltbild, das um ihn und eine Entschuldigung seines persönlichen Versagens kreist. An die Politisierung der ethnologischen und kulturtheoretischen Weltbeschreibung aber schließt hier nahtlos eine Personalisierung der Politik an.

Frobenius, der sich im übrigen bereits früh für den privaten Charakter ihrer Beziehung aussprach und Bedenken gegen ihre öffentliche Darstellung hatte,[180] war also nicht wirklich ein Propagandist des ‚Kaisers', sondern hatte eine überaus persönliche Rolle zu spielen: Er nahm mit scheinbar wissenschaftlicher Zuverlässigkeit dem gescheiterten Monarchen, dessen Leben von Kindheit an überreich an Versagenserfahrungen gewesen war, die Schuld und erteilte ihm die Absolution. Das macht auch den religiösen Unterton und den Ausdruck der Erleichterung verständlich, mit denen Wilhelm nach der ersten Doorner Begegnung, die ihre weitere Beziehung bestimmen sollte, ausrufen konnte: „Ich bin wie erlöst!"[181]

VII.

Bevor untersucht werden soll, welches Verständnis von Wissenschaft gerade Frobenius eine solche Rolle zuweisen konnte, gilt es, einen Blick auf einige zentrale politische Auffassungen der Korrespondenten zu werfen. Während aber naheliegenderweise der Monarchismus des ehemaligen Kaisers außer Zweifel steht und erkennbar wurde, daß im Rahmen dieses Briefwechsels nur eine vage spätere Wiederkehr dieser Staatsordnung ins Auge gefaßt war und nicht eine konkrete Rückkehr Wilhelms auf den Thron, erfordert die Haltung seines Gegenübers noch ein genaueres Augenmerk: Daß sich Frobenius häufig zur Monarchie bekennt, wird man angesichts des Adressaten nicht zwingend für bare Münze nehmen müssen, besonders wenn man berücksichtigt, daß ihm, wenn es um den Erhalt seiner Forschungsinstitutionen ging, politischer Opportunismus nicht fremd war. So hatte er die Ansiedlung seines Instituts und den Verkauf der Sammlung an die

---

[179] Nr. 120.

[180] Nr. 12 und 13.

[181] S.o. Anm. 120.

Stadt Frankfurt unter dem liberalen Oberbürgermeister Landmann ausgehandelt, auch wenn er in den Briefen häufig über die Weimarer Republik und ihre Parteien klagte.[182] Besonders laut wurde er dabei im übrigen, wenn er sich von Ministern der Deutschnationalen Volkspartei übergangen fühlte – man wird annehmen können, daß sich Frobenius einen Einfluß des ehemaligen Kaisers auf diese Partei versprach, der monarchische Neigungen nicht fremd waren.[183] Beispielhaft für die politische Nonchalance, die Frobenius an den Tag legen konnte, ist eine Begebenheit, die der damalige Syndikus der Bayerischen Akademie der Wissenschaften, Karl Alexander von Müller, aus den Revolutionstagen des November 1918 in seinen Memoiren überliefert. Frobenius kam damals zu ihm, um für sein Institut Raum im Nymphenburger Schloß oder einem vergleichbaren Gebäude zu gewinnen. Dazu hatte er sich vorher der Zustimmung des neuen Ministerpräsidenten versichert: „Er hatte bereits eine handschriftliche Anweisung von Eisner bei sich, die er ernsthaft aus der Tasche zog. Aber er sah rasch, daß das wenig Eindruck machte. ‚Ach, so‘, sagte er lachend, ‚dann wird hier *das* gelten‘, und er holte aus der anderen Brusttasche ein Empfehlungsschreiben des Kronprinzen Rupprecht …“[184]

Dennoch wird man Frobenius' Bekenntnis zur Monarchie sehr ernst nehmen müssen, da es eben nicht auf diesen Briefwechsel beschränkt bleibt, sondern bereits grundsätzlich in eine – zumindest für Deutschland und seine „äthiopischen" Geschwister – antiparlamentarische Kulturtheorie eingebettet ist, die sich auch in seinen Veröffentlichungen wiederfindet. Verderblich fremd war danach ja ein parlamentarisches Regierungssystem der deutschen Kultur und als sich gegen Ende der Weimarer Republik die Regierungen mehr auf den Reichspräsidenten und seine Notverordnungen als auf den Reichstag und ordentliche Gesetzgebung stützten, da konnte er jubeln: „Aller falsche Parlamentarismus, alle intellektualistische Wirtschaftsberechnung etc. etc., alles fliegt in tausend Stücken in die Luft."[185]

Sein Gegenentwurf kannte eine, der von ihm eingeforderten „Pietät" und damit verbundenen Unterwerfung unter eine höhere Instanz entsprechend, hierarchisch gegliederte Gesellschaft, die allerdings nicht eine totalitäre Einheit ausmachen sollte, sondern vertikal, gewissermaßen in viele Säulen gegliedert war.[186] So entstand ein korporatistisches Modell, in dem er charakteristischerweise Wilhelms Aufzählung von Einzelpersonen, denen sich „Morgenländer" beugen sollten – „Khane, Emire, Sultane, Kaiser, Zaren, Diktatoren, Schahs"[187] –, „Zunftmeister, Berufsleiter oder Bürgermeister" zur Seite stellte – wie er ohnehin von politischen „Führern" fast stets im Plural und jedenfalls nicht im eingeengten Sinn der Nationalsozialisten sprach[188] – und auch eine aufsteigende Richtung in diesem Aufbau anerkannte, wenn er erklärte, daß man „in seinem Beruf und

---

[182] Beispielsweise in Nr. 23, 27, 29, 45, 65, 82, 86 und 125; s. aber auch Nr. 33.

[183] Nr. 27, 29 und 45; s.a. Nr. 33.

[184] Karl Alexander von Müller, Mars und Venus. Erinnerungen 1914–1919, Stuttgart 1954, S. 277f.

[185] Nr. 125.

[186] Nr. 23 und 42.

[187] Nr. 22a.

[188] Nr. 23 und 45. Inwieweit seine Behauptung in Nr. 23 – „daher überall der Schrei nach dem ‚Führer'" – angesichts des „überall" inhaltlich eine Ausnahme davon darstellt, ist wohl nicht klar interpretierbar; s.a.u. S. 56.

in seiner Gemeinde durch seine Leistungen an erste Stelle getragen" werde.[189] Den Austausch zwischen diesen, dort getrennt vertretenen Säulen stellte er sich statt in einem Parlament in einem „Ting" vor, nur um vor diesem anachronistischen Ausdruck sogleich zurückzuschrecken und anzumerken: „Hoffentlich verfalle ich damit nicht allzusehr dem Eindruck des Hypergermanisten". Bezeichnenderweise jubelte er denn auch während der Regierungszeit des ebenfalls mit ständestaatlichen Vorstellungen liebäugelnden Franz von Papen, daß „die letzten Umwälzungen in Deutschland [...] alle aktiven Kräfte und damit natürlich auch mich in fröhliche Spannung versetzt" hätten und nach dessen Staatsstreich im größten deutschen Land, Preußen, „ein ehrlicher Geist" anfange, „Deutschland und Preußen zu säubern".[190] Nach Hitlers Regierungsantritt beschrieb er hingegen im Februar 1933 in niedergedrückter Stimmung seinen „Lebenskatzenjammer"[191] – eine Einstellung, die sich auch durch die meisten Briefe der folgenden Jahre zieht. Es wäre gewiß eine Überinterpretation, wenn man diese Niedergeschlagenheit auf die neuen politischen Umstände zurückführen wollte, aber es ist auffällig, daß die Begeisterung so vieler seiner antimodernen Kollegen, die an die selbstproklamierte „Machtergreifung" der Nationalsozialisten große Hoffnungen knüpften, an Frobenius spurlos vorübergegangen zu sein scheint.

Der ehemalige Kaiser äußert sich in seiner Korrespondenz mit Frobenius nur zurückhaltend zu den Nationalsozialisten: Noch im Januar 1933 gibt er die von ihm Mussolini zugeschriebene Einschätzung, Hitler habe seinen historischen Augenblick verpaßt, zwar mit Emphase, aber ohne klare Stellungnahme wieder.[192] Doch ein Jahr zuvor hatte er sich anscheinend durch die katholische Kirche als gemeinsamen Feind mit ihm geeint gesehen, verleitete ihn doch die etwas kryptische Annahme, „Rom hat soeben dem Klerus befohlen, den Kampf gegen die Nazis einzustellen", zu dem Ausruf: „Bravo Hitler!"[193] Insgesamt erscheint Wilhelm in diesem Briefwechsel aber als ein Beobachter des Aufstiegs der Nationalsozialisten, nicht als ein politisch Handelnder.

Frobenius erwartete in Doorn offensichtlich keine besonderen Sympathien für die Anhänger des neuen Reichskanzlers, als er im Februar 1933 um gute Dienste insbesondere des ehemaligen Kronprinzen bei der aktuellen Regierung nachsuchte, aber gleichzeitig erklärte: „Ich muß betonen, daß die Herren Göring und Frick und überhaupt Herren dieser Partei hiermit nicht gemeint gewesen sein können."[194] Den „früheren Fliegeroffizier und jetzigen Minister", also Göring, der im Januar 1931 und im Mai 1932 in Doorn zu Gast gewesen war, nahm er gleich darauf nochmals ausdrücklich aus.

Als seiner Arbeit neue Hürden errichtet wurden, konzedierte er zwar im Juni 1933, „daß bei der Regierung selbst keinerlei schlimme Absicht herrschte", um aber sogleich ein farbiges Bild von dem unter dem neuen Regime herrschenden Verdrängungskampf der politischen Aufwind spürenden Karriere- und Anerkennungshungrigen, der „wild-

---

[189] Nr. 23; dort auch das folgende Zitat.

[190] Nr. 155.

[191] Nr. 170.

[192] Nr. 169.

[193] Nr. 138.

[194] Nr. 170. Der Minister ohne Geschäftsbereich Hermann Göring und der Innenminister Wilhelm Frick waren zu dieser Zeit die beiden einzigen von der NSDAP gestellten Kabinettsmitglieder außer Hitler.

gewordenen Spießer", wie er sie nennt, gegen die Etablierteren seines Fachs zu schildern.[195] Nachdem er sie abgewehrt hatte, belustigten ihn die Beschuldigungen, er sei „1.) ein Judenabkömmling […], 2.) […] ‚radikaler Sozialdemokrat' [und] 3.) […] gefährlicher Freimaurer und Logenbruder […] (und nun ein vergnüglicher Punkt!), wodurch Euer Majestät Wohlwollen mir gegenüber zu erklären sei". Das Neuartige dieses Systems gegenseitigen Belauerns und der Denunziation scheint ihm dabei aber nicht aufzufallen, wenn er behauptet, so sei es „immer in Zeiten der Umwälzung", oder erklärt: „Es ist schon ein schlimmer Gesindelsgeist, der sicherlich schon seit Längerem in Frankfurt besteht, aber seit 1918 in einer Weise gewuchert hat, daß grüne Seife nicht allein genügen wird."

Frobenius war aus vielerlei Gründen für solche Angriffe ein geeignetes Objekt: Selbst die Verbindung mit dem ehemaligen Kaiser, einem möglichen Kristallisationspunkt einer monarchischen Opposition, jedenfalls aber dem suspekten Symbol einer anders als nationalsozialistisch begründeten und schon deshalb dem totalitären Staat inkompatiblen Ordnung, wurde aus einem Vorzug mehr und mehr zu einer Belastung. Wilhelm spürte mit der, wenn es um seine Person ging, gewohnten Empfindlichkeit die zunehmende Distanz ‚seines' Forschers und wachte eifersüchtig darüber, daß der sich vor Hitler nicht tiefer verbeugte als vor ihm: „Für H. hat er begeisterte Worte vor der Öffentlichkeit, für W.II findet er keine!" notierte er 1935 etwa auf einem Schreiben Frobenius' an seinen „Hausmarschall".[196] Während diese Verschiebung des Machtgefälles zwischen dem Mäzen und seinem Protegé aber vor allem zwischen den Zeilen ihrer Korrespondenz verfolgt werden kann, wurde die Inopportunität einer solchen Verbindung mit dem früheren Monarchen ausdrücklich zum Thema, als die Mitglieder der Doorner Arbeitsgemeinschaft zurückhaltender wurden. So bat Frobenius im gleichen Jahr, diesmal keine Informationen über das jährliche Treffen in Haus Doorn an die Presse zu geben – nicht zuletzt, da man dann auf die offizielle Anmeldung der Auslandsreisen beim Kultusministerium verzichten könne, die einige Teilnehmer offenbar beunruhigte.[197] Und 1937 gab es Auseinandersetzungen über die Veröffentlichung der bei der Tagung der Arbeitsgemeinschaft gehaltenen Vorträge, bei denen Herman Lommel nach Frobenius' Bericht erklärt haben soll, „er möchte nicht, daß seine Arbeit in einem Buch erscheine, das später als Refugiéliteratur bezeichnet werden könne."[198] Auch wenn Frobenius angab, solche Sorgen nicht zu teilen, mußte er im gleichen Zusammenhang doch berichten: „Ich höre, daß die Herren gefragt worden sind, ob sie nicht als Beamte Bedenken und Befürchtungen für ihre Stellung hätten." Skeptischer war der Doorner „Hausmarschall" Graf Schwerin in seiner Antwort: „In Berlin hatte ich die Überzeugung gewonnen, daß ein offenes Hervortreten der D.A.G. zur Zeit inopportun sei: Presseberichte aus Doorn sind nach wie vor verboten […], ohne besondere Erlaubnis wird kein Verleger eine von Haus Doorn ausgehende Veröffentlichung übernehmen; die auf einen Antrag folgenden Rückfragen können aber einzelnen Mitgliedern Schaden bringen."[199]

---

[195] Nr. 174; dort auch die folgenden Zitate.
[196] Nr. 221, Anm. a.
[197] Nr. 223.
[198] Nr. 251; dort auch das folgende Zitat.
[199] Nr. 252; dort auch das folgende Zitat.

Ihrem Schutz habe auch die geradezu konspirative Vorbereitung der letzten Konferenz gedient: „In Befolgung dieses Grundsatzes hatte ich in den der vorjährigen Tagung vorausgehenden Monaten – und ebenso in diesem Jahre – mir und meinem Büro große Mühe dadurch gemacht, daß ein <u>direkter</u> Schriftwechsel zwischen Doorn und den deutschen Professoren vermieden werden sollte." Erkennbar wird in diesen Briefen – nicht zuletzt auch in ihren ungewöhnlich gewundenen Formulierungen – dabei die Grauzone einer Selbstzensur: In einem Klima von Angst und Sorge, das durch die Willkürlichkeit der Abgrenzungen verstärkt wurde, griffen die Beteiligten einem möglichen staatlichen Einschreiten vor und vervielfachten damit dessen Reichweite.

Diese Vorsicht wird auch in Graf Schwerins Haltung deutlich, als sich sein Arbeitgeber und Frobenius mit einem im „Dritten Reich" keineswegs unverfänglichen Gegenstand befaßten, denn in seinem Vortrag über die „chinesische Monade" bei der Tagung der DAG im Oktober 1933 ging Wilhelm auch auf deren Verwandtschaft mit dem Hakenkreuz ein. Als er diese Arbeit nun veröffentlichen wollte, kamen seinem „Hausmarschall", der an der Formulierung Anteil hatte, Bedenken: In dem „in Ihren Händen befindlichen Vortragsmanuskript habe ich über das Ursprungsland der Swastika kühn gesagt: ‚Keinesfalls ist es im Norden zu suchen'. Diesen Satz habe ich der anonymen Ausarbeitung entnommen, die in Ihrer Bildersammlung der Karte Nr. 31 (Verbreitung der Swastika) beigegeben war. Damals ahnte ich noch nicht, daß der Vortrag gedruckt werden sollte, sonst wäre ich vorsichtiger gewesen. Jetzt sehe ich, daß man sich mit dieser Behauptung in Gegensatz bringt zu der landläufigen Auffassung, derzufolge die Swastika als rein arisches Symbol aus dem Norden stammt. Dadurch kann man sich unangenehmen Angriffen aussetzen. Daher ist meine Frage: ‚Ist genügend wissenschaftliches Material vorhanden, um solchen Angriffen mit Ruhe entgegenzusehen, oder ist es klüger, den Satz zu streichen?' – Falls Sie in dem Vortrag noch mehr heikle Stellen entdecken sollten, so wäre ich für eine Warnung dankbar! Ich möchte nicht, daß Seine Majestät in peinliche Diskussionen gezogen wird!"[200] Auch wenn Wilhelm und Frobenius an der Verbindung beider Symbole und der Gorgo festhielten,[201] teilte der vorsichtige Schwerin doch schließlich mit: „Der Satz über die Nicht-Herkunft der Swastika aus dem Norden ist gestrichen worden."[202]

Aber nicht nur in diesem symbolhaften Punkt unterschied sich die Lehre des Ethnologen von der nun „landläufigen Auffassung": Da für ihn die von einem „Paideuma" beseelten Kulturen als sinntragende Einheiten die eigentlichen Akteure der Weltgeschichte waren, gab es für Rassen in ihr keinen sinnvollen Platz. Das bewahrte den als Vorkämpfer eines unbefangeneren Blicks auf Afrika und seine Bewohner Gefeierten nicht davor, gelegentlich in die aus der Zeit des Kolonialismus geläufigen Stereotype zu verfallen: „Und das sollten gewöhnliche Bantuneger vollbracht haben? Lächerlich!" Oder: „Vor einigen Jahren schon hatte ich eine Berufung [...] als Professor an eine große [amerikanische] Universität, es war aber eine echte und rechte – Negeruniversität, und da habe ich doch lieber abgelehnt."[203] Ganz entsprechend verwendet er unbefangen

---

[200] Nr. 187.
[201] Nr. 174, 175, 178, 180, 188 und 190.
[202] Nr. 187, Anm. 5.
[203] Nr. 70 und 120.

biologistisch-rassistische Figuren, wenn er als Laie spricht. Wenn er etwa aus Südafrika über vermeintliche Charakteristika von Engländern, Buren und Deutschen redet, dann bezieht er sich auch auf physische Gestalt und Abstammung.[204] Sobald er aber zur bewußten Deutung übergeht, überlagert die Kultur wieder alle biologischen Kriterien, beispielsweise wenn er im gleichen Brief schreibt, daß „Südafrika [...] heute schon ein Gebiet deutscher Kultur ist. Die Einstellung der Buren und auch der Sprosse seit Generationen in Südafrika farmender Engländer ist deutsch, grunddeutsch". Sein Sprachgebrauch changiert auch gerade an den Stellen, die dem heutigen Leser besonders anstößig sind. Einmal spricht er etwa davon, daß harsche Umweltbedingungen die Menschen „rassemässig" kräftigten, nur um die Auswirkungen sofort mit „Sprachgruppen", also kulturellen Einheiten, zu belegen.[205] In seinem Bericht aus Indien spricht er häufiger von „arischen" Einwanderern, wobei man berücksichtigen muß, daß 1929 die Nationalsozialisten noch kein Monopol auf diesen Ausdruck hatten. Außer einer Rasse konnte er auch als Synonym für das heutige „indoeuropäisch" eine Sprachgruppe bezeichnen. Diese Schwebelage löst Frobenius erst auf, als er schließlich behauptet: „… zuletzt geht das Siegervolk blutmäßig im Volke der Besiegten unter."[206] Aber selbst diese Eindeutigkeit ist nur eine scheinbare, denn unmittelbar voraus ging seine Einschätzung, daß – man beachte die entgegengesetzte Richtung des Transfers – „das siegreiche Volk vom Besiegten die Kultur, die Art des Priestertumes, die Mythologie etc." übernehme, eine dort keineswegs negativ gezeichnete kulturelle Anverwandlung, die erst die Voraussetzung des „blutmäßigen" Untergangs bildet und damit die Ursächlichkeit kultureller Faktoren gegenüber bloß biologischen unterstreicht.

Auch die Terminologie seines Briefpartners ist häufig uneindeutig, etwa wenn er bruchlos zwischen „Rasse", „Volk" und „Kultur" springt.[207] Aber bei ihm ist die Rasse eine eigenständige Wirkkategorie, deren Bedeutung nicht durch Verweise auf eine frühere kulturelle Prägung relativiert wird. Vor allem aber spricht er sie mit großer Emphase aus, die offenbar keiner weiteren Erläuterung bedarf.[208] Anders als Frobenius, bei dem die Kultur die Rasse in die Schranken weist, ist für Wilhelm Rasse etwas, was er aufruft, um andere Phänomene zu beglaubigen und ihnen argumentative Kraft zu erlangen. Und wo Frobenius den „blutsmäßigen" Untergang eines Volks ganz neutral als Folge einer insgesamt keineswegs negativ bewerteten kulturellen Angleichung betrachtet, geht es dem ehemaligen Kaiser um eine auch biologische ‚Reinhaltung', um eine – wie er sie ausdrücklich selbst nennt – „Rassenhygiene", die gefährliche Vermischungen verhindern solle.[209] Wenn er dagegen in anachronistischer Bündelung für das „um das Deutsche Kaiserreich festgeschlossene Germanentum [...] – durch deutschen nationalen Rassengeist durchglüht –" schwärmt, das erst geistige Leistungen wie die Kulturmorphologie hervorzubringen erlaube, dann ist das sogar eine der Gelegenheiten, bei denen

---

[204] Nr. 70: „… echte breitschultrige Afrikaaner …"; „Fast alles, was heute in Südafrika an der Spitze stehend leitet, ist deutscher Abkunft."

[205] Nr. 29a.

[206] Nr. 74.

[207] Nr. 22a.

[208] Nr. 22a und 137.

[209] Nr. 22a.

Frobenius seinem Gönner vorsichtig widerspricht: „… ob Germanen als Rasse aufgestellt werden können, weiß ich nicht; aber auf dem Wege über Gobineau sind wir neuerdings zu einer nordischen Spielerei mit dem Rassenproblem gekommen, die es für ernstere Forschung undurchsichtig gemacht hat."[210] Dieser Auffassung der Rassenlehre als einer irrelevanten „Spielerei" entspricht es auch, wenn er von einem ihrer prominentesten Vertreter, Ludwig Ferdinand Clauss, erklärt, der habe bei seiner Arbeit „den entscheidenden Hauptpunkt nicht erfaßt".[211] Und schon 1927 behauptete er in einem kategorischen Urteil über „die Vereinseitigung der Rassenforschung": „Ganz allgemein genommen, tritt das Problem der Rasse heute gegenüber dem der Kultur zurück."[212] Daß auch den Nationalsozialisten diese grundlegende Differenz nicht verborgen blieb, belegt etwa auch sein Nachruf in der offiziösen Parteizeitung, in dem es heißt: „Die wirklichen Voraussetzungen menschlicher Schöpferkraft sind von Frobenius niemals untersucht worden; bis zu den Grundbedingungen von Rasse und Vererbung ist sein Blick niemals vorgedrungen. […] Ohne nach den Bedingungen zu fragen, konstruierte Frobenius voreilig selbständige Wesenheiten, Kulturen und Kulturkreise als übermenschliche Realitäten …"[213]

Besonderes Interesse mag vor diesem Hintergrund dem Verhältnis der beiden Korrespondenten zu Juden gelten. In ihren gegenseitigen Briefen bleibt es jedoch bei eher unspektakulären, weil in ihrem konservativen Milieu weitverbreiteten antisemitischen Stereotypen: Bei Frobenius dienen sie als vermeintlich vertrautes Analogon zu exotischeren Völkern. So charakterisiert er etwa eine seiner Auffassung nach besonders „handelstüchtige" afrikanische Volksgruppe als „richtige Itzigs" oder „meine schwarzen Juden"; und die indischen Drawiden sind für ihn „einfach ein schauerliches Volk, das die Fesselung durch die einschnürende brahminische Religion ebenso nötig hatte wie das jüdische seine alttestamentarische."[214] Auf ähnlich verbreitete Vorurteile greift der ehemalige Kaiser auch zurück, wenn er seinem Urteil über ein Buch – „seichter Quatsch in sehr bestechender, die Jugend blendender Form" – offenbar als Erklärung beifügt: „(semitisch!)".[215] Spezifischer wird seine Haltung, wenn er in Anlehnung an Alfred Jeremias erfreut betont, daß zentrale Elemente des Christentums keineswegs jüdischen, sondern sumerischen Ursprungs seien – „Also sei diese unsere Vorstellung niemals auf Semiten oder gar Juden, sondern ausschließlich auf die Sumerer zurückzuführen!! Groß!" – und schließlich festhält, gerade der ernsthaftere theologische Nachwuchs rücke vom Alten Testament „mehr und mehr" ab.[216] In ihrem gemeinsamen Briefwechsel wird damit die Fallhöhe zwischen ihren Auffassungen nicht deutlich, die sich in ihren anderen zeitgenössischen Äußerungen findet: Da versteigt sich der Exilmonarch nämlich in Ausrot-

---

[210] Nr. 137 und 154.

[211] Nr. 42.

[212] Nr. 40.

[213] „Zum Tode von Professor Leo Frobenius", in: Völkischer Beobachter, 12.8.1938.

[214] Nr. 65 und 74; traditionell-unsensibel auch Nr. 70: „Haust Du meinen Juden, haue ich Deinen Juden."

[215] Nr. 124.

[216] Nr. 66 und 67.

tungsvorstellungen,[217] während Frobenius 1930 als Hauptredner einer Münchener Veranstaltung des „Vereins zur Abwehr des Antisemitismus" die Schuld für unerwünschte Züge an Juden der sie umgebenden Bevölkerung zuwies.[218] Wenn dies ein opportunistischer Schachzug gewesen sein sollte, dann war er jedenfalls denkbar schlecht berechnet: Denn die Kritik, die der nationalsozialistische *Völkische Beobachter* daran sogleich übte, sollte während des „Dritten Reichs" Frobenius' Gegnern immer wieder als Munition dienen.[219]

Ein zurückhaltendes Urteil über die beiden Korrespondenten ist freilich geboten, wo sie zentrale Begriffe des Nationalsozialismus verwenden, die zeitgenössisch – und besonders vor 1933 – ein deutlich breiteres Bedeutungsfeld hatten. Wenn Frobenius 1927 konstatiert, „daher überall der Schrei nach dem ‚Führer'", oder der ehemalige Monarch ein Jahr später „Herrscher und ‚Führer'" miteinander verbindet und sich beide darin einig sind, daß Deutschland in der Weimarer Zeit eigentlich nur von „sogenannte[n]", allenfalls in Anführungszeichen zu setzenden „Führern" geleitet werde, aber eigentlich ohne sie sei,[220] dann ist dieser Begriff noch nicht für Hitler monopolisiert, sondern drückt eine allgemeine Forderung des vermeintlich modernen autoritären Konservatismus ihrer Zeit aus.[221]

Nicht uncharakteristisch für den häufig assoziativen Eklektizismus Wilhelms ist es jedoch, wenn er der Darlegung des Ethnologen, daß die „Gabuluku-" oder „äthiopischen" Kulturen – also auch die deutsche – vom „Wesen der Pflanze beherrscht" und „zeitbetont", die ihnen entgegengesetzten jedoch vom Tier geprägt und „raumbetont" seien, entgegenhält, daß auch die Pflanze zur Ausbreitung „Raumbedürfnis" habe, und daraus sogleich – wohl eher in Anlehnung an das nationalsozialistische Schlagwort als an den ihm zugrundeliegenden Titel eines durchaus auch kaiserkritischen Romans[222] – schließt: „Eine Nation der Pflanzenkultur, wie die deutsche, ist zwar erd- und heimatgebunden, bedarf aber zur Erhaltung und Entfaltung ihrer Art des Raumes. Also nie ‚Volk ohne Raum!'"[223] Damit springt er freilich weit über das von Frobenius Behauptete hinaus, für den der Raum zwar einen zentralen Begriff darstellt, der bei ihm aber durchaus wertneutral, meist im Sinn einer die Kultur prägenden geographischen Umwelt

---

[217] John C.G. Röhl, „Das Beste wäre Gas!", in: Die Zeit, 25.11.1994.

[218] Leo Frobenius, Der Konflikt der Kulturstile, in: Abwehrblätter. Mitteilungen aus dem Verein zur Abwehr des Antisemitismus 40, 1930, S. 70–74.

[219] „Leo Frobenius gegen deutsche Kultur. Hand in Hand mit Börsenjuden und ‚Priestern'. Vortrag im Verein zur Förderung der jüdischen Vorherrschaft", in: Münchener Beobachter. Tägliches Beiblatt zum Völkischen Beobachter, 5.6.1930; s.a. Marcus Riverein, Der Ethnologe Leo Frobenius im Spiegel der zeitgenössischen Presse, Magisterarbeit, Johann Wolfgang Goethe-Universität Frankfurt am Main, 2004, S. 38f., 90 und 104f.

[220] Nr. 23, 44, 45 und 153.

[221] Einen Aufriß seiner von Wilhelm in der Beiordnung „Herrscher und ‚Führer'" (Nr. 44) zugleich bezeichneten als auch überspielten Ambivalenz für die Anhänger des Exilkaisers gibt Martin Kohlrausch, Der Monarch im Skandal. Die Logik der Massenmedien und die Transformation der wilhelminischen Monarchie, Berlin 2005, S. 386–442.

[222] Hans Grimm, Volk ohne Raum, München 1926.

[223] Nr. 90 und 96.

verwendet und hier gerade nicht auf den Kulturtyp angewandt wird, für den ihn sein Briefpartner reklamiert.[224]

VIII.

Überspringende Schlüsse und die damit verbundenen Inkonsistenzen waren freilich auch Frobenius nicht fremd. Besonders deutlich wird das an der Bewertung der Geschlechter, die für ihn große theoretische Bedeutung hat, da die Unterscheidung von „männlichen" und „weiblichen" Kulturmerkmalen nicht nur durch die Eigendynamik dieser Metapher seine Gegenüberstellung der beiden grundlegenden Kulturtypen mit antreibt, sondern zugleich zu den reflektiertesten Elementen seiner Theorie gehört: Hier wird das Idealtypische seiner sonst in der Regel kategorisch ausgesprochenen Dichotomien ausdrücklich angesprochen, wenn er erklärt, daß es „keinen ‚absoluten' Mann" und „kein ‚absolutes' Weib" gebe, sondern „jede männliche Psyche [...] weibliche Züge" habe und umgekehrt.[225] Formal ordnet er Männlichkeit und Weiblichkeit in diesem Zusammenhang denn auch gleich wie auch die ihnen zugeordneten Kulturtypen; ja durch seine Relativierung des – ganz traditionell als vorwiegend männlich aufgefaßten – Verstandes gelangt er sogar fast unversehens zur Anerkennung einer teilweisen Überlegenheit weiblicher Kulturen.[226] Doch schon bei der Verbindung des Weiblichen und des Matriarchats mit der „magischen" Kultur der „Hamiten" im Gegensatz zur männlichen und patriarchalischen „mystischen" der „Äthiopen", die von ihm bei aller prinzipiell anerkannten Gleichberechtigung in der Praxis ja doch sehr unterschiedlich hoch geschätzt werden, stellt sich eine Schieflage ein. Daß er damit nicht alleine stand, wird deutlich, wenn sein prominenter Korrespondent in einer Kurzfassung seiner Theorie diese Verteilung übernahm und auch den männlichen Kulturen – „primitiv, schöpferisch, stürmisch, erobernd und drängend veranlagt" – die ihnen unterliegenden weiblichen Kulturen gegenüberstellte, in deren typischen geographischen Räumen nämlich „die körperlichen und seelischen Energien nachlassen".[227] Es nimmt nicht Wunder, daß der ehemalige Kaiser dann auch die in seiner Sicht bestehende Rangfolge der Geschlechter unmißverständlich klarstellte, wenn er behauptete, in Kulturen, die als Hauptgottheit weiterhin den Mond verehrten, habe man trotz deren aufkommender Verehrung der Sonne „nur die weibliche Personifikation" zuerkennen können.[228]

Mit deutlicher Gewichtsverschiebung kehrt das gleiche Schema in Frobenius' Praxis wieder: Zwar unterwirft er sich auf gemeinsamen Reisen „meiner derzeit regierenden Gattin" – „Hier draußen hat sie [...] die Herrschaft in Händen." – und wendet sich gegen die in seinen Augen verbreitete Attitüde, „den psychologisch starken Mann zu markieren",[229] doch hält ihn diese theoretische Ablehnung nicht davon ab, sich selbst,

---

[224] Nr. 40 und 90.

[225] Nr. 90.

[226] Nr. 23.

[227] Nr. 22.

[228] Nr. 66.

[229] Nr. 45 und 145.

einem eingespielten Männlichkeitsstereotyp folgend, wieder und wieder als Kämpfer zu stilisieren. Einerseits umgab er sich gerne mit auch wissenschaftlich tätigen Mitarbeiterinnen, auf die entscheidenden Positionen setzte er jedoch stets Männer. Das wundert vielleicht nicht, führt man sich vor Augen, wie er reagierte, wenn er in fachlichen Auseinandersetzungen Frauen gegenüberstand – wie 1929 in Südafrika Gertrude Caton-Thompson und Dorothea Bleek. Anders als er behauptet, ist seiner Darstellung hier keineswegs das Bewußtsein anzumerken, „eine Dame vor mir gehabt" zu haben und deshalb mit dem „Florett" zu fechten, sondern schlägt er mit einer sonst bei ihm seltenen Gehässigkeit auch unter die Gürtellinie, wenn er etwa über Caton-Thompsons Aussehen spottet, sie in Verballhornung ihres Nachnamens bevorzugt „Kätchen" nennt und ihr steifes – man könnte auch sagen: gemessenes – Auftreten als Hauptrednerin einer Sektion eines großen Kongresses karikiert, das in gleicher Situation an einem männlichen Wissenschaftler wohl kaum auffällig gewesen wäre.[230] Bleek hingegen wird als „Buschmannstante" abgetan: mit der Betonung des Weiblich-Familiären wird ihr unterschwellig die wissenschaftliche Satisfaktionsfähigkeit genommen. Bei Caton-Thompson, deren ‚männliches' Auftreten ihn irritiert, auch wenn er sogleich ein klassisches Bild heraufbeschwört, indem er sie gleich mehrfach als „englische Athene" bezeichnet – also die stets gewappnet dargestellte kämpferische Göttin herbeizitiert, von deren Repräsentantin er sich durch das die fremde Nationalität betonende Beiwort sogleich weiter distanziert –, ist das so grundlegend nicht möglich, was vermutlich seine Ausfälle erklärt. Denkt man zurück an das von ihm recht künstlich tarierte theoretische Gleichgewicht der Geschlechter, dann erkennt man, wie hier eine in seiner Zeit weit verbreitete Auffassung seine bewußte Theorie in der Praxis überwältigt – vergleichbar vielleicht mit dem Nebeneinander von ausdrücklichem Einsatz gegen den Antisemitismus und unreflektiert in sein Schreiben einfließenden antisemitischen Stereotypen. Damit illustriert er, wohl ohne daß ihm das deutlich wäre, seine eigene These, daß der Verstand eben nicht Herr im menschlichen Haus sei, sondern man von der Kultur, der man angehört, „ergriffen" und wesentlich geformt werde.

Frobenius' unterschwellige Aggressivität gegenüber der in vermeintlich männlicher Domäne tätigen Frau Caton-Thompson mag seine Neigung verstärkt haben, die im Grunde wissenschaftliche Auseinandersetzung mit ihr über das Alter der Ruinen von Simbabwe (und die dahinter aufscheinende Werbung um Forschungsgelder) Wilhelm in Form einer Schlacht zu schildern. Jedenfalls hat schon Hans Wilderotter diesen Brief aufgrund seiner zeitgenössischen Umschrift als die eindrücklichste der „Siegesmeldungen" aufgefaßt, die der von ihm als „General" apostrophierte Frobenius seinem „Obersten Kriegsherrn" überbracht habe.[231] Seine Vermutung, „diese Siege sind, kaum verhüllt, als Kompensation der Niederlagen des Ersten Weltkriegs gedacht," wird in gewisser Weise durch die Feststellung gestärkt, daß der Ethnologe hier auf dem Kongreß einer britischen Gesellschaft, der seiner Ansicht nach nicht zuletzt der Propaganda nationaler Überlegenheit durch die Veranstalter dienen sollte,[232] mit einer britischen Übermacht

---

[230] Nr. 70; dort auch die folgenden Zitate.

[231] Wilderotter, Zur politischen Mythologie des Exils (wie Anm. 71), S. 133.

[232] Nr. 70.

rang. Schließlich war Großbritannien für viele Deutsche und ganz besonders für den kaiserlichen Sohn einer englischen Mutter spätestens im Weltkrieg zum eigentlichen Feind geworden.[233] Da diese Einschätzung aber weniger von militärischer Analyse getragen als Auswirkung von seelischen Bedürfnissen nach nationaler (und in Wilhelms Fall auch persönlicher) Anerkennung war und sich nicht unwesentlich im „Kulturkrieg" der Literaten und Wissenschaftler niedergeschlagen hatte, war auch diese Fortsetzung des Krieges mit anderen – und vielleicht doch weniger schädlichen – Mitteln auf dem Terrain des Johannesburger Kongresses möglicherweise weniger „grotesk", als Wilderotter annimmt. Auch daß, wie er korrekt anmerkt, „die Tragweite dieser Kontroversen sich ja nur dem kleinen Kreis der Eingeweihten erschloß",[234] war dann keine wesentliche Einschränkung, wenn es weniger um öffentliche Demütigung des Gegners als um die Besänftigung von Zweifeln am eigenen Selbstwert und die persönliche Vergewisserung der eigenen Überlegenheit ging. Frobenius schilderte in diesem Bericht aus Südafrika neben dem „Schlachttag in Johannesburg" auch die Verständigung mit der englischen „Königliche[n] Familie" über sein Verhältnis zu deren deutschem Verwandten Wilhelm und seine Annahme, daß deutsche Kultur in Südafrika englischen Einfluß ablöse. Man wird bei der Deutung dieser Kombination berücksichtigen müssen, daß Frobenius 1929 sicherlich bereits bewußt war, mit welcher Haltung zu Großbritannien er bei seinem hier besonders wunden Mäzen ‚punkten' konnte. Und auch die heute vielleicht befremdliche Nationalisierung der Wissenschaft – „England spielt seinen letzten Trumpf aus" –, die sich nicht nur bei der Gelegenheit dieses „Kampf[s] zur Ehre deutscher Wissenschaft" zeigt,[235] ist keineswegs eine Eigenheit dieses Briefwechsels. 1929 war sicherlich noch kaum vergessen, daß deutsche Wissenschaftler lange über den Krieg hinaus aus internationalen Verbänden und daher von zahlreichen internationalen Tagungen ausgeschlossen waren. Wurden sie dort nicht nach ihrer fachlichen Bedeutung, sondern nach ihrer Staatsangehörigkeit behandelt, dann mußte das, auch wenn sie wie Frobenius hier wieder zugelassen waren, die Sicht von Auseinandersetzungen in Kategorien der Nation verfestigen.

Im Übrigen war die Metaphorik des Kampfes für die Korrespondenten keineswegs eine fremde Vorstellungswelt. Immerhin waren sie in der militaristischen Atmosphäre einer Soldatenfamilie des neuen Kaiserreichs bzw. am preußischen Königshof aufgewachsen. Entsprechend fehlt es in den Briefen nicht an Beschreibungen des „Überlebenskampfes" des Instituts für Kulturmorphologie (gegen uneinsichtige Politiker und Bürokraten) und seiner Forscher (gegen starre Vertreter des „zünftischen" wissenschaftlichen status quo).[236] Der dabei etablierten Stilisierung Frobenius' zum männlich duldsamen Kämpfer stimmte Wilhelm nur zu gerne zu.[237] Hier dürften sich auch beider Selbstbilder getroffen haben: Dem um die Anerkennung der Fachwelt „ringenden" Autodidakten Frobenius, dessen selbstgegründetes Institut finanziell kaum abgesichert war, so daß immer wieder neu Gelder gegen die Konkurrenz anderer Einrichtungen gewon-

---

[233] S.o. S. 42.

[234] Wie Anm. 231.

[235] Nr. 64, 65, 70, 73, 76 und 137.

[236] Nr. 29, 33, 51, 65, 89, 120, 135, 155, 174, 180, 192 und 202.

[237] Nr. 30, 64, 66, 138, 175, 194 und 236.

nen werden mußten, drängte sich das Selbstbild des kämpferischen Außenseiters auf. Und der frühere Kaiser sah sich nach seinem Sturz und angesichts seiner politischen Bedeutungslosigkeit als ein Mißverstandener und zu Unrecht Beiseitegedrängter, der sich nicht zuletzt in seinen Memoirenbänden gegen vermeintlich unwahre Beschuldigungen zur Wehr setzte und dessen Motto ein trotziges „Dennoch" war.[238] Als diese Gemeinsamkeit sich zu lockern drohte, weil Frobenius mehr und mehr von Anerkennung unter seinen Fachkollegen berichten konnte, schrieb Wilhelm diesen Gesinnungswandel umgehend seinem eigenen Einsatz zu, so daß er hinter seinem Protegé nicht zurückbleiben mußte.[239]

Die Bedeutung des Kampfes reicht für beide freilich weiter: Wenn der Ethnologe den Wert einer neuen Materialsammlung vor allem in der „Kampfbereitschaft dieser papierenen Zaubermächte" und sein Erbe in der Ausbildung eines „Corps", eines „prachtvolle[n] Geschlecht[s] von Geisteskämpfern" an seinem Institut sieht,[240] dann scheint hier ein Verständnis des Kampfs als eines fortwährenden Bestandteils der *conditio humana* durch, also als einer anthropologischen Konstanten. Dies spricht Wilhelm auch ausdrücklich an, wenn er mit ungewohnt wirtschaftsliberalem Unterton in einem religiös verbrämten Sozialdarwinismus kategorisch feststellt: „Leistung = Arbeit = Kampf ums Dasein, und das ist nun einmal gottgewollt!"[241]

In einer solchen grundlegenden Bedeutung läßt sich der Kampf, der nicht unwesentlich auch den Streit der Geister umfaßt, nicht auf den Krieg reduzieren. So ist die kriegerische Eroberung für Frobenius denn auch eine bloße Folge einer kulturellen Expansion, eine „Bilanz" aus einer längst stattgehabten Entwicklung.[242] Sein Verhältnis zur Gewalt ist entsprechend ambivalent: Einerseits scheint in seinen Darstellungen des „rituellen Königsmords" als eines uralten und damit für ihn ursprünglichen, nicht durch Gewohnheit oder nachträgliche Rationalisierung abgenutzten Brauchs eine schaudernde Faszination durch dessen „rituelle, unheimliche Grausamkeit" auf.[243] Andererseits erkennt er aber eine ähnliche Ursprünglichkeit und Unverfälschtheit auch in jener Menschlichkeit, die eine ihr fremde Grausamkeit nicht anzuerkennen bereit ist, wenn er von den indoeuropäischen Einwanderern nach Indien schreibt: „Die Arier kommen mit gestaltungsbedürftigen, pietätvoll tiefen, aber unklaren Kindergemütern in Indien an und nehmen dementsprechend sogleich Stellung – nämlich für die vom Priestertum unterdrückte Bauernschaft und gegen die intellektuellen und reichen, dem brutalen Shiva- und Durgadienst frönenden Brahmanen."[244]

Der Unterschied liegt hier also weniger in der Brutalität als in den – in seiner Lehre ja eng mit der Ursprünglichkeit verbundenen – Motiven: Die Grausamkeit des rituellen Königsmordes ist für ihn erhaben, weil sie unmittelbar der Gottesverehrung gilt; den Brahmanen, obwohl sie als Priesterkaste einen Gottesdienst organisieren, unterstellt er

---

[238] S.o. Anm. 3 und S. 48.

[239] Nr. 259.

[240] Nr. 135 und 192.

[241] Nr. 53.

[242] Nr. 90.

[243] Nr. 49, 60, 62, 74 und 89.

[244] Nr. 74.

jedoch Beeinflussung durch diesseitigere Beweggründe: Sie unterdrücken die Bauern und werden reich; ihre Frömmigkeit ist nicht mehr von einer ursprünglich-naiven Pietät getragen, sondern „intellektuell" überformt und ausgedeutet. In den Brahmanen meinte Frobenius also genau das wiederzuerkennen, was er an den Europäern des 19. Jahrhunderts am meisten kritisiert hatte: „Alles mußte <u>denkmäßig</u> sein. [...] Im Hause fehlte die Pietät, die Achtung vor allem intellektuell <u>nicht</u> Fassbaren."[245] „Diese ungeheure Leere" zu füllen, fährt er ja nach Afrika, wo er die ihm so wichtige „Ergriffenheit" in der unhinterfragt pietätvollen Hinnahme der Traditionen anstelle ihrer skeptischen Betrachtung und damit Auflösung zu finden meint. „Die an sich weiche, bäuerliche Seele des Negers"[246] bewahrt in seinen Augen eine Ursprünglichkeit, die der westlichen Welt verloren gegangen ist: Und je ursprünglicher eine Kultur ist, desto naturnäher leben die Menschen, die ihr zugehören, desto größer sind für den „Idealisten" und romantischen „Schwärmer" Frobenius die „Reste aus der Zeit einer Einheit des Menschen mit der Umwelt".[247]

Realismus, Rationalismus und Materialismus entfernen den Menschen angeblich von diesem glücklichen Zustand und entfremden etwa das deutsche Volk „von sich selbst und dem eigenen Wesen".[248] Die Entwicklung auf der „euramerikanischen Erde" ist in diesem Sinn ein Degenerationsprozeß, ein „Verfall im Materialismus"; sie ist ein Vorgang der analytischen Zergliederung, der in Spitzfindigkeit mündet, und „der äußersten Spezialisierung folgt der Tod."[249] So weit, so einseitig – und nur unmerklich von der Ironie aufgebrochen, daß Frobenius in der deutschen Geschichte diese Verfallsperiode ausgerechnet in dem von seinem Adressaten geleiteten Kaiserreich wiedererkennt und der trotz aller seiner Flotten- und Technikbegeisterung den „Quälgeist unserer Zeit" „in der Maschine" verkörpert sieht.[250] Aber das darf nicht darüber hinwegtäuschen, daß die Topoi der zeitgenössischen Neoromantik bei Frobenius einen durchaus harten Kern umhüllen.

Man kommt ihm näher, wenn man seine nüchterner gehaltenen und um zumindest formale Neutralität bemühten Darstellungen betrachtet. Auch da sind Pietät und rationale Erklärung Antipoden, aber zwischen ihnen findet ein Nullsummenspiel statt, wenn „jedem Bruchteil von Gewinn der naturwissenschaftlichen Erkenntnis [...] ein ebenso bedeutender Bruchteil von Verlust an Pietät" entspricht.[251] Notwendig sind aber beide Bestandteile, „denn Rationalismus und Materialismus sind die Erzieher, die Zuchtruten, die unsere Tendenz zur Zentrifugalität und zum Wolkenkuckucksheimfluge zu bändigen hatten." Nur eine zu große Dosis dieser „Medizin", die die Balance zerstört, ist gefährlich.[252] Und so ist es an den meisten Stellen – man hat den Eindruck: dort wo der romantische Flug ins „Wolkenkuckucksheim" eben nicht mit ihm durchgeht – nicht die *ratio*,

[245] Nr. 27; dort auch das folgende Zitat; ähnlich auch Nr. 106.

[246] Nr. 74.

[247] Nr. 73, 114 und 90.

[248] Nr. 42.

[249] Nr. 135, 139, 142 und 90.

[250] Nr. 90 und 258.

[251] Nr. 90; sein Echo gibt Wilhelm in Nr. 96.

[252] Nr. 42.

die er ablehnt, sondern deren Überschätzung. In einer Zeit, die das Unbewußte und Irrationale im Menschen anzuerkennen beginnt, wendet er sich gegen das „Dogma des Realismus und Rationalismus", die „Überschätzung des Intellektes" und die darauf basierende „europäische Überheblichkeit und Arroganz".[253] Nicht zu Unrecht mahnt er an, sich der „Enge des menschlichen Bewußten", der „Armut der menschlichen Sinne und [der] Beschränktheit des menschlichen Denkvermögens" bewußt zu bleiben, und geißelt den Irrationalismus eines seiner eigenen Bedingungen nicht mehr klaren Rationalismus in seiner „Adoration der ‚Göttin Vernunft'".[254] Das Paradox, daß ein gläubiger Rationalismus auf seine Weise wieder einen Zuwachs an „Pietät" bedeutete, entgeht ihm allerdings.

Veranlaßt durch die Beschäftigung seines Gönners mit Theologie, geht er nämlich mehr als auf die quasi-religiösen Grundlagen einer Absolutierung des Verstands auf die Auswirkungen einer Rationalisierung der Religion ein. „Religion hat für mich mit Wissenschaft, d.h. hier Theologie, nichts zu tun. Für mich kann das Gemütsmäßige nur vom Gemüt aus ergriffen, aber nicht vom Verstande intellektuell begriffen werden. Wenn das versucht wird, kommt es immer zu Worten, Vokabeln, Wortfechterei, Intellektualismen und Rechthaberei." Bei Wilhelm fanden diese Positionen nahezu wörtlichen Widerhall.[255]

Doch das Reservat des nur außer-rational Erfaßbaren ist bei ihnen nicht auf die Religion im engen Sinn beschränkt, wie Frobenius auch hier ja bereits allgemeiner vom „Gemütsmäßigen" sprach. Häufiger aber ist ihr Gegenbegriff zum „Verstand" die „Seele" – und die wiederum hat als „Kulturseele" oder „Paideuma", als der eigentliche Träger der Kulturen also, der sie antreibt, eine grundlegende Bedeutung für Frobenius' Lehre.[256] Für sie postuliert er damit eine eigene Erkenntnisweise, auch wenn sie nie präziser umrissen wird: „Totalitäten zu denken" vermag der intellektuelle „Nur-Gelehrte" nicht: „Kultur und Religion sind deshalb als Seelenhaftes heute dem naiven d.h. unvergelehrten Gemüt viel leichter verständlich als dem gelehrten Gehirn."[257] So kann er dann auch unvermittelt seinem Laien-Leser schmeicheln: „Immer wieder erstaune ich über Euer Majestät Gabe, das Wesentliche, den Kern der Dinge zu erfassen." Kennzeichen dieser Erkenntnisform ist nämlich nicht Intellektualität, sondern „Hingabe", „Bescheidenheit" und Bereitschaft „zum Dienen"[258] – oder skeptischer als von Frobenius beurteilt: die enthusiastische Begeisterung, die über Inkonsistenzen hinwegblicken läßt und dadurch zu einem geschlosseneren, ja widerspruchsfreien Bild gelangt. Ein solches Bild aus einem Guß läßt sich dann leicht als das Ergebnis einer höheren Erkenntnis auffassen und dem Mosaik von Einzelbeobachtungen entgegenhalten: „Der Intellektualismus liebt es, das Einzelne eines Gesamtbaues herauszunehmen und als ‚Einzelnes' zu behandeln, trotzdem es als im Gesamtbau Befindliches gar nichts ‚Einzelnes' mehr ist,

---

[253] Nr. 106 und 125; auch Nr. 27, 113a und 160.

[254] Nr. 90 und 106,

[255] Nr. 129, 124 und 131; s.a. Nr. 106 und 154.

[256] Nr. 42, 90, 96 (s. dort auch Anm. 2) und 131.

[257] Nr. 106 und 129; s.a Nr. 90.

[258] Nr. 106, 102, 118, 125, 130, 135 und 160.

sondern eher als Bauteil zu behandeln ist." „Wir von der Wissenschaft" müssen daher trotz aller ihrer Vorzüge diese „Denkform" letztlich ablehnen.[259]

Es ist ein eigentümliches Wissenschaftsverständnis, das hier aufscheint und damit die Ambivalenz in Frobenius' eigener Haltung beleuchtet: Die Abwertung des Rationalen und Intellektuellen, die sich in seine Feststellungen immer wieder hineinschleicht,[260] steht im Widerspruch zu seiner Forderung, eine wissenschaftlich belegte und damit grundsätzlich von jedem nachvollziehbare Position zu vertreten. Außer dem grundsätzlichen Problem einer rationalen Kritik der *ratio*, dem er sich in seiner Zeit keineswegs allein zuwandte, erkennt man hier auch die besondere persönliche Situation des Autodidakten wieder, der gegen Widerstände um seine Anerkennung in der Fachwelt ringt und sie daher zugleich ablehnt und als Maßstab akzeptiert,[261] der mit Schadenfreude zusieht, wenn „alle Theorien der ‚Nationalökonomie' und der Sozialforschung zerplatzen [und] alle intellektualistische Wirtschaftsberechnung […] in tausend Stücken in die Luft" fliegt, und der andererseits jubelt, wenn er von allgemeinem „freundlich anerkennende[m] Wohlwollen" für seine Thesen berichten kann und davon, daß er jetzt „endlich im Hafen harmonischen Lebens mit Zunft und vorgesetzten Behörden angelangt" sei.[262] In der Verknüpfung des „Intellektualismus" mit „Arroganz" und „Überheblichkeit" meint man jedenfalls das allgemeine und das private Problem miteinander zur Deckungsgleichheit gebracht zu sehen.

Der von beiden Korrespondenten gemeinsamkeitsstiftend zelebrierte Außenseiterstatus[263] bedingt als Gegenbild eine Gruppe von Etablierten, im Fall der Wissenschaft „die Zunft", die von ihnen beiden notwendig als verknöchert und verstaubt gezeichnet wird und über deren Starrsinn und Irrtümer man sich mokiert.[264] Aufgabe der von Wilhelm besonders geförderten Forscher war es nun, frischen Wind hineinzubringen in die „von Perückenpuder erfüllte Luft" der „würdigen, arterienverkalkten Akademien" wie der von Wilhelm ganz bildungsbürgerlich beschworene edle Außenseiter Stolzing unter Wagners zünftisch erstarrte „Meistersinger";[265] war man sich doch einig darin, daß das „geistige Leben der Universitäten und Akademien" nicht mehr den für die „wissenschaftliche Denkweise" so nötigen Geist besitze, der in der Doorner Arbeitsgemeinschaft jedoch am Leben gehalten werde.[266]

---

[259] Nr. 102 und 125.

[260] Ein praktisches Beispiel dafür ist seine Darstellung der Drawiden in Nr. 74.

[261] Besonders deutlich wird diese Widersprüchlichkeit, wenn Wilhelm in Nr. 130 voller Zustimmung zu Frobenius' Theologenkritik schreibt: „Was sollen uns Laien bei den gelehrten Diskussionen Ausdrücke wie: Parusie, Entelechie, Pleroma p.p. irgendwie bedeuten?!" Denn damit greift er nicht zum ersten Mal – „Nur mit einem Wort, das Sie in Buch und Wort besonders gern anzuwenden lieben, das ich aber vor meiner Bekanntschaft mit Ihnen weder gehört oder gedruckt gesehen hatte: „Entelechie"! (Entsetzlich!)" (Nr. 24, spöttisch auch Nr. 26 und 44) – einen von Frobenius' Lieblingsausdrücken (s.a. Nr. 23 und 113a) an. S.a. Nr. 97 über „das scheußliche Paideuma".

[262] Nr. 82, 125, 120, 135, 145, 154, 155, 174, 226 und 259.

[263] S.o. S. 33, 49 und 59f.; eine ausdrückliche Parallele zieht Frobenius in Nr. 120.

[264] Nr. 11, 17, 27, 28, 30, 38, 53, 66, 67 und 88; s.a. Nr. 49, 51, 65, 70, 74, 82, 89, 120, 123, 131, 145, 154, 155, 160, 170, 174, 175, 211 und 226.

[265] Nr. 175, 120, 28, 30 und 53; programmatisch hierzu Nr. 170; s.a. Nr. 56, 65 und 67 sowie für Südafrika Nr. 70.

[266] Nr. 238.

Ein klares Ziel war es dabei, dem „Versacken in das Spezialistentum" entgegenzutreten durch eine „Erziehung der <u>Analytiker</u> zu <u>Synthetikern</u>, [...] indem man ihnen in ihre Spezialistenarbeit <u>kulturmorphologischen Geist</u> hineingibt".[267] Den Gegensatz zwischen Detailanalyse und Synthese nahm Frobenius mit seinen Wortneubildungen „Monographen" und „Polygraphen" auf: „Die Monographen erklären aus dem engen Raum und dem Stoff heraus, die Polygraphen dagegen haben die Möglichkeit, aus den kulturellen Vorkommnissen der geographischen Umwelt heraus das Wesentliche der Entwicklungslinien in dem Zustand vor dem Eintritt in den engen Raum des Monographen zu bestimmen."[268] Sein Gönner übernahm diese Terminologie sogleich, hatte sich aber, nachdem er selbst tätig wurde, bald gegen den Vorwurf seines kulturgeschichtlichen Mentors zu verteidigen, zu monographisch vorzugehen.[269]

Hinter der Betonung von „Polygraphie" und Synthese scheint die zeitgenössisch verbreitete Sehnsucht nach dem Erkennen von „Ganzheiten" anstelle von Einzelheiten auf, die bei Frobenius auch zu der Forderung an den wirklich großen Wissenschaftler führt, „Totalitäten" zu erkennen; die aber sind ihm nur durch „Intuition" erfaßbar.[270] So spricht er sich auch dafür aus, Dinge „aus dem Leben abzulesen" – wobei er diesen Ausdruck selbst bereits in Anführungszeichen setzt und damit als problematisch kennzeichnet.[271] Und in der Tat kritisiert Frobenius ja allzu kühne Gedankenflüge und mangelnde Objektivität – bei Konkurrenten.[272] So wirft er etwa seinem Kollegen Hans Mühlestein in ungewohnter Hochschätzung der „Einzeluntersuchung" vor, er verfalle „immer wieder dem gleichen Fehler, nämlich dem, auf wissenschaftlichem Wege der Einzeluntersuchung notwendig zu gewinnende Resultate durch kühne künstlerische Intentionen zu ersetzen"[273] – ein Vorwurf, der sicherlich auch seinen Autor trifft. Schließlich hatte Frobenius die Unmittelbarkeit seiner Erkenntnis oft genug betont und sich mit dem überraschenden – und nicht selten ja durchaus treffenden oder zumindest weiterführenden – Einfall begnügt, statt ihn durch eine detaillierte Beweisführung zu stützen. Selbst ein guter Freund wie der Indogermanist Herman Lommel, der sich an der Frankfurter Universität für ihn einsetzte und Mitglied der Doorner Arbeitsgemeinschaft war, mahnte denn auch, als ihm Wilhelm von Frobenius' Fund einer Europamythe in Südafrika berichtet hatte, „daß z.B. wegen der afrikanischen Mythe von ‚Europa und dem Stier', gerade weil sie gar so bestechend ist, doch noch nähere quellenartige Angaben abgewartet werden müssen, ehe man wirklich darauf bauen kann."[274] Immer wieder begegnen in der Argumentation des Afrikaforschers Schnellschüsse, die reizvolle Zusammenhänge herstellen: So erkennt er beispielsweise in einer rhodesischen Ruine gefundene Tonvögel, deren Parallelen bisher für Geier gehalten worden waren, sogleich als Tauben und nimmt sie damit als die erhofften Belege für eine Verehrung der Göttin

---

[267] Nr. 65 und 131.
[268] Nr. 9.
[269] Nr. 11, 197 und 199.
[270] Nr. 102 und 90.
[271] Nr. 74.
[272] Nr. 42, 47, 49, 102; s.a. Nr. 160 und 210.
[273] Nr. 42.
[274] Nr. 75.

64

des Abend- und Morgensterns in Anspruch, da tausende Kilometer entfernt Tauben „in Westasien die Tiere der Venus" seien.[275] Während selbst sein Gönner einmal erklärt, „daß ein Archäologe nicht – weil noch nichts gefunden ward – sich versteigen darf, ‚niemals‘ zu sagen", zieht Frobenius aus den spärlich überlieferten Informationen den allgemeinen Schluß, „daß in Babylonien stets nur eine sekundäre, eine abgewandelte Form [des rituellen Königsmordes] heimisch war".[276] Mit einem ähnlich gewagten *argumentum e silentio* versucht er Darwins Theorie abzutun.[277] Spekulativ bleiben auch allgemeine Gesetzmäßigkeiten, die er aufstellt, wie etwa die, daß „monumentale Schlichtheit [...] alles keimstark Junge" kennzeichne, wie er ohnehin zu Urteilen aufgrund nicht näher erläuterter ästhetisch-stilistischer Kennzeichen neigt.[278] Und schließlich verselbständigen sich lose Analogien und Metaphern, wenn er beispielsweise bestimmte Kulturtypen aufgrund einzelner Beobachtungen als „weiblich" oder „männlich", als an der Pflanze oder dem Tier ausgerichtet bezeichnet und ihnen daraufhin zahlreiche weitere Charakteristika zuschreibt, die in seinen Augen diese Begriffe enthielten,[279] ohne daß er noch prüfte, ob sie in den Kulturen komplett zu finden sind oder eben die Übereinstimmung mit diesen Konzepten nur teilweise besteht. Hier zeigt sich gleichzeitig – auch wenn man anerkennt, daß selbst die strengsten Wissenschaften nicht ohne unbeweisbare Annahmen auskommen können – die größte Schwäche des ‚Wissenschaftlers‘ Frobenius, nämlich in der nicht abzustreitenden Willkürlichkeit mancher seiner Thesen und der mangelnden Transparenz ihrer Begründungen, aber auch jene Stärke, die übersprudelnde Vielfalt seiner Sichtweisen und Ideen, die ihn zu einem fruchtbaren Denker machte, der seiner Zeit nicht selten voraus sein konnte.

Wenig klar ist er freilich auch, wenn er seine ohnehin oft idiosynkratische Terminologie verschiebt und die Bedeutung der Wörter wechselt. Beispielsweise hatte er zu einem seiner zentralen Begriffe erklärt, „Paideuma" lasse sich in dem programmatischen Zusammenhang seiner Ausarbeitung zum „Wesen der Kultur" als „Kulturseele" oder auch als „Seele" übersetzen, nur um dann Wilhelm, der diese Bezeichnungen sogleich aufgriff, über den Mund zu fahren: „Spengler hat mein ‚Paideuma‘ übersetzt mit ‚Kulturseele‘, d.i. wenig glücklich, denn es ist ein Pleonasmus. [...] In Wahrheit soll eben je nach der Verwendung Paideuma hier = Cultur (als aktiver Organismus), dort = Seele stehen."[280]

Gerade in dem Nicht-Systematischen, der Offenheit für Einfälle und „Intuition" in Abgrenzung zur „Zunft" der Wissenschaftler lag aber auch etwas, was Frobenius mit seinem Korrespondenten verband: Auf dessen Wissenschaftsverständnis lassen sich schließlich Blicke werfen, wenn er erklärt, ein umfangreicher, mit Belegen versehener Fachaufsatz über japanische Wappen enthalte „keine neuen Tatsachen, die Mir nicht

---

[275] Nr. 70; ähnlich auch Nr. 49 über Schmuckformen auf ägyptischen, mesopotamischen, baltischen, persischen und chinesischen Textilien und Tongefäßen.

[276] Nr. 11 und 89.

[277] Nr. 90.

[278] Nr. 49.

[279] Nr. 23 und 90.

[280] Nr. 90 (ganz ähnlich schon Nr. 42: „Paideuma (etwa gleich Seele der Kultur)"), 96 und 98; Frobenius hielt seinen Sprachgebrauch dagegen für konstanter: Nr. 102.

schon durch die von der [amerikanischen Eisenbahngesellschaft] ‚Northern Pacific‘ herausgegebene [Werbebroschüre] ‚Story of the Monad‘ bekannt geworden wären", oder wenn er sich gegen die für Laien nicht geeignete „Buchwissenschaft à la Pater Schmidt" wendet.[281] Frobenius öffnete ihm aber einen Weg, auch ohne allzuviel Systematik und Anstrengung ‚wissenschaftlich‘ tätig zu sein – und so ohne Versagensangst mitdiskutieren zu können. So beschloß er ja 1932 auch, sich mit eigenen – aber von Frobenius und dem Grafen Schwerin intensiv vorbereiteten – Vorträgen an den Sitzungen der Doorner Arbeitsgemeinschaft zu beteiligen.[282] Vorher war er durchaus zurückhaltender gewesen und hatte etwa eigenen Überlegungen zur Herkunft der Sumerer die Warnung vorangestellt: „Achtung! ‚Combinationes‘ des fürtrefflichen, dilettantischen Präsidenten der Akademie zu Doorn, von keiner „wissenschaftlichen Theorie" irgendwie angekränkelt, frei aus dem Weltgeschehen geschöpft!‘"[283] Hier verband sich die Bescheidenheit desjenigen, der sich auf fremdes Gebiet vorwagt, mit der Hoffnung, womöglich nicht so bescheiden sein zu müssen, weil hinter der ironischen Übertreibung vielleicht doch eine Wahrheit stehe: der Laie könne doch auf eine direktere Weise („frei aus dem Weltgeschehen geschöpft") als der „ankränkelnde" Fachmann erkennen. Und genau darin bestätigte ihn Frobenius, der über seinem allgemeinen Lob des Dilettantismus – „Kultur und Religion sind deshalb als Seelenhaftes heute dem naiven d.h. unvergelehrten Gemüt viel leichter verständlich als dem gelehrten Gehirn." – das seines ganz speziell angesprochenen Amateurforschers nicht vergaß: „Immer wieder erstaune ich über Euer Majestät Gabe, das Wesentliche, den Kern der Dinge zu erfassen."[284] Der Adressat nahm diesen Zuspruch begierig auf und variierte ihn: „Ich bin sehr, sehr stolz! Besonders da ich mich stets als ein Laie betrachte, der jedoch für alles ‚Seelenmässige‘ ein besonders warmes Empfinden hat im Gegensatz zu allem ‚Nurintellectuellen‘, das mich geradezu abstößt."[285] Nicht zuletzt diese Reaktion nötigt natürlich zu der Frage, wieweit Frobenius hier vorausschauend seinem Gönner nach dem Mund redete. Aber auch unabhängig von dem Adressaten seiner Briefe war er als nicht von Anfang an akzeptierter Autodidakt genötigt, dem Außenseiter die Möglichkeit zuzuschreiben, bessere Einsicht zu gewinnen als der Fachmann. Und seine immer wieder das intuitive Element der Erkenntnis, das Ergriffensein von bestimmten Inhalten betonende Lehre, ja auch seine persönliche Erfahrung, daß beim Schreiben „ein ‚es‘ meine Hand führte",[286] die eben weitgehend vom erkennenden Subjekt absah, mußte eben die „Hingabe" stärker in den Vordergrund stellen als Fachkenntnisse und wissenschaftliche Methodologie.

Weshalb dann aber das Beharren darauf, eine anerkannte Wissenschaft zu betreiben? Es bleibt von ihr im wesentlichen der Anspruch, eine größere Gewißheit zu bieten als spekulative Beliebigkeit. Damit löst sich die Ambivalenz beider Korrespondenten der etablierten Forschung gegenüber in einen Zirkel auf: Beide benötigen zur Absicherung ihres im wesentlichen bereits vorhandenen persönlichen und weitgehend politischen

[281] Nr. 172 und 163; s.a. Nr. 169.

[282] Nr. 159.

[283] Nr. 60.

[284] Nr. 106, 118 und 120.

[285] Nr. 107; s. a. Nr. 104.

[286] Nr. 120.

Weltbilds die Sicherheit, die nach dem Zusammenbruch traditioneller Rechtfertigungen vor allem das Etikett der Wissenschaftlichkeit geben kann; ihre in einigen wesentlichen Punkten antimoderne Einstellung kann auf die Legitimation durch das Mittel der modernen Wissenschaft mit ihrem Rationalitäts- und damit Allgemeingültigkeitsanspruch nicht verzichten. Indem aber das rationale Element weiter als üblich zugunsten von „Intuition" und unmittelbarer Erkenntnis von „Totalitäten" zurückgedrängt wird, sind es häufig doch wieder subjektive Überzeugungen, die den Rang wissenschaftlicher Erkenntnisse gewinnen und sich so letztlich selbst rechtfertigen sollen. Der postulierten anerkennenden Hingabe an das Überindividuelle steht so dessen unwillkürlich-willkürliche Formung durch das Individuum und die in ihm in spezifischer Zusammensetzung wirkenden gesellschaftlich-kulturellen Faktoren gegenüber.

IX.

Wie bereits betont, schmälert die Fragwürdigkeit mancher seiner Voraussetzungen keineswegs die Bedeutung Frobenius' als eines Sammlers und Sicherers von Forschungsmaterial und besonders als eines Anregers, der in seiner oft eigenwilligen Sicht auf Afrika nicht wenigen zeitgenössischen Kollegen voraus war. Es lohnt sich daher, einen kurzen Blick auf seine fachliche Position zu werfen, auch wenn deren endgültige Beurteilung der Ethnologiegeschichtsschreibung überlassen werden muß. Insbesondere bieten die ausführlichen, für seinen Gönner noch auf den Forschungsreisen geschriebenen Expeditionsberichte mit ihren frühen Interpretationen ein wesentliches Hilfsmittel, um im Abgleich mit den Reisetagebüchern und Feldforschungsnotizen einerseits und den späteren veröffentlichten Darstellungen die Theoriebildung des Ethnologen, dem man so gewissermaßen bei seiner Arbeit über die Schulter schauen kann, näher zu untersuchen.

Hier sollen dagegen einige wenige Blicke darauf genügen, wie sich seine – inhaltliche wie institutionelle – grundsätzliche Positionierung innerhalb der Ethnologie seiner Zeit in den Briefen an den ehemaligen Kaiser spiegelt: Frobenius bezieht eine eigentümliche Zwischenposition zwischen den beiden idealtypischen, kaum je rein vertretenen Modellen des Evolutionismus, der davon ausgeht, daß Entdeckungen, Auffassungen und Bräuche gewissermaßen spontan an verschiedenen Stellen der Welt auftreten, wenn eine Kultur für sie ‚reif' geworden ist, und dem Diffusionismus, der sie einmal entstehen und dann nur noch im Kontakt zwischen Kulturen sich ausbreiten läßt. Frobenius' grundlegende Methode, die Verbreitung von Geräten, Gebräuchen, Mythen usw. auf Karten einzutragen und so Wege und „Kreise" verwandter Kulturen zu ermitteln, ist klar diffusionistisch.[287] An dem Anspruch, diese „Kulturkreislehre" begründet zu haben, hielt er weiterhin fest, auch wenn er deren Praktikanten, die nicht seiner unmittelbaren Schule angehörten, vorwarf, sie zu statisch zu handhaben[288] – wohinter sich nicht zuletzt verbirgt, daß er selbst sich mittlerweile von der ursprünglichen geographisch-naturwissenschaftlichen Ausrichtung dieses Konzepts gelöst hatte. Dem diffusionistischen Element

---

[287] Beispiele für solches Vorgehen finden sich in Nr. 49, 66, 74, 89, 94 und 118.
[288] Nr. 47.

steht aber bei Frobenius ein gewissermaßen evolutionistisches zur Seite: Denn trotz aller seiner Kritik an dem – in der innereuropäischen Auseinandersetzung meist zuungunsten Deutschlands genutzten – evolutionären Zivilisationsverständnis[289] zeichnet er in dem für Wilhelm bestimmten „Bericht über den Sinn des Kulturablaufes", aus dem schließlich seine „Schicksalskunde" hervorgehen sollte,[290] verschiedene aufeinander notwendig folgende „Kulturstufen", Phasen eben eines „Ablaufes" der kulturellen Entwicklung.[291]

Hier läßt sich auch die evolutionistischen Modellen häufig inhärente Wertung erkennen: Sie geschieht entweder ausdrücklich, wenn er etwa „hohe Mythologie" von anderer unterscheidet, aber auch bereits in der Charakterisierung der verschiedenen Stufen. Zwar scheint der mit diesem Modell häufig verbundene Fortschrittsglaube nur in Einzelfällen auf – in der Regel bei Hoffnungen für die eigene Zeit –, doch dafür findet sich um so häufiger eine entgegengesetzt wertende Verfallssorge. Sie stammt nicht zuletzt aus der verabsolutierten Organismusmetapher, mit der er bereits 1898 vornehmlich die Selbständigkeit der Kultur von den Menschen beschrieb, um daraus sogleich zu folgern, daß Kulturen den gleichen Reifungs- und Alterungsprozessen unterlägen wie Pflanzen und Tiere.[292] Europäisches sieht er in der Gegenüberstellung mit überseeischen Kulturen als überaltert und „morsch"[293]; Afrika hat dagegen „ein gewaltiges Stück Wissen und Weisheit zu verkünden", weil es ursprünglicher ist, eine „Kulturkonservenbüchse", da „Naturvölker[n] [...] die Anschauungen noch aus seelischen Urbedingtheiten entspringen".[294] Frobenius wird zu Recht dafür gerühmt, daß er die im Zusammenhang mit Sklavenhandel und Kolonialismus verbreitete reduktionistische Sicht auf Afrika aufgebrochen und diesem Kontinent seine Geschichte wiedergegeben habe. Hier jedoch nähert er sich auffällig – wenn auch mit entgegengesetzter Wertung – der von ihm kritisierten Position. Ganz ähnlich steht auch die in diesem Zusammenhang klassische Schilderung der – ja! – zivilisatorischen Errungenschaften der vorkolonialen Zeit in seiner „Kulturgeschichte Afrikas" im Widerspruch zu seiner noch vier Jahre vorher ausgesprochenen Gewißheit, die monumentalen Bauten Simbabwes könnten keinesfalls durch „gewöhnliche Bantuneger" errichtet worden sein.[295]

Zentrale Bedeutung besitzen für Frobenius Symbole: Selbst die greifbarsten Dinge haben häufig neben einer Funktion, ja oft sogar vor ihr, eine Bedeutung.[296] Seine „Tiefenschau"[297] gilt deren Entschlüsselung ebenso wie der Identifikation von Strukturen, die die Einzeldinge übergreifen. Symbolik bildet daher auch einen Grundpfeiler seiner Zusammenarbeit mit Mythen- und Religionsforschern in der Doorner Arbeitsgemeinschaft. Besonders anschaulich wird sie, wenn er beschreibt, wie in verschiedenen Kulturen Himmelserscheinungen Götter und irdisches Naturleben wiedergeben und wiederum

---

[289] Nr. 113a.

[290] S.o. Anm. 52.

[291] Nr. 90; s.a. die „Ablaufkurven" in Nr. 113a.

[292] S. Nr. 42, Anm. 8; zu Kulturen als alternden Organismen außerdem Nr. 27, 42, 58, 74, 90 und 114.

[293] Nr. 74, 134 und 238.

[294] Nr. 54, 58 und 74; s.a. Nr. 118.

[295] Wie Anm. 20, S. 13–16; Nr. 70.

[296] Nr. 90 und 129; Wilhelm greift dies auf in Nr. 130, 159 und 199.

[297] Frobenius, Kulturgeschichte Afrikas (wie Anm. 20), S. 18f.

von Menschen nachgespielt werden – und in seiner intensiven Beschäftigung mit Architektur:[298] Hier stellt er der funktionalen Deutung, die die Form des Giebelhauses aus dem Schutzbedürfnis der Menschen entstehen läßt, eine religiös-symbolische gegenüber, bei der Menschen zunächst eine Wohnstatt der Götter errichten, die unter anderem deren Herrschaft über die Erde mit der Wiedergabe des „Weltbergs" anzeigt. Erst als das Verständnis dieses Symbolgehalts des Giebels verloren gegangen sei, habe man ihn für gewöhnliche Wohnhäuser nutzen können.

Die Anschauung, daß hinter den Erscheinungen, auch den menschlichen Hervorbringungen, ein ‚Eigentliches' stehe, das sie bedeuteten, besitzt nicht nur in ihrer Frontstellung gegen funktionalistische Deutungen eine Affinität zu jenen zeitgenössischen Auffassungen, die eine „tiefe" und bedeutungsschwere (deutsche) „Kultur" von einer flachen (westlichen) „Zivilisation" abhoben. Sie lenkt aber gleichzeitig den Blick von der materiellen Überlieferung auf die den verschiedenen Kulturen eigenen Sichtweisen und Interpretationen ihrer Umwelt. Wenn Frobenius daher sich und seinen Kollegen die Frage stellt, „inwieweit die ‚Einstellung der Menschen' in Wirklichkeit der Grundstoff der ‚Geschichte'" sei,[299] dann erkennt man darin gleichzeitig einen Ausblick auf die moderne Mentalitäts- und Kulturgeschichte.

Auch in die konkreteren Vorhaben des Ethnologen gewährt der Briefwechsel Einblick: Daß er nach 1935 keine Afrika-Expeditionen mehr unternahm, sondern stattdessen seine Mitarbeiter Europa, Indonesien und schließlich Nordwestaustralien bereisen ließ, ist bekannt. Als er aber 1936 den „Hausmarschall" des im niederländischen Exils lebenden Kaisers um Unterstützung für die Forschungsreise in das damals niederländische Indonesien bittet, erläutert er die Hintergründe dieses Umschwungs und erklärt mit Nachdruck: „Die Periode der afrikanischen Forschung unseres Instituts ist abgeschlossen."[300] Die drei Jahre vorher veröffentlichte „Kulturgeschichte Afrikas" ist also nicht zufällig durch seinen frühen Tod sein letztes, sondern ganz bewußt ein abschließendes Wort über den Kontinent gewesen, um den seine Arbeit bis dahin kreiste.

1934 übernahm Frobenius die Leitung des städtischen „Völkermuseums" in Frankfurt. Nicht zuletzt daher sind auch seine Kritik an bestehenden Völkerkundemuseen und seine Vorstellungen darüber, wie ein solches Museum stattdessen aufgebaut sein sollte, von besonderem Interesse.[301] Die Hinweise auf auswärtige Ausstellungen, bei denen er die Ergebnisse seiner Expeditionen präsentierte, sind zwar großenteils eher technischer Natur, kennzeichnen aber schon durch ihre große Zahl den Stellenwert, den sie für Frobenius und seine Ansprache eines breiteren Publikums hatten.[302] Sie bedeuteten schließlich nicht nur Rechenschaft für die auch mit öffentlichen Geldern geförderten Unternehmungen sowie eine Verbreitung seiner – ihrem Anspruch nach ja nicht nur wissenschaftlich, sondern auch politisch-gesellschaftlich relevanten – Lehren, sondern seine

---

[298] Nr. 124, 195, 199, 200, 205, 207, 208, 209, 210, 211, 217, 218, 221 und 222.

[299] Nr. 135.

[300] Nr. 233.

[301] Nr. 28, 33, 38, 42 und insbesondere seinen Plan für ein neuartiges ethnologisches Museum, das „Herbarium der Kulturmetamorphose", in Nr. 27.

[302] Nr. 12, 13, 65, 76, 80, 82, 83, 85, 86, 91, 92, 102, 103, 105, 106, 107, 108, 110, 113, 114, 115, 120, 235, 236, 242 und 243.

Popularität schuf auch wieder die Grundlage für neue Finanzierungshilfen, ja auch für das Fortbestehen eines Freiraums im „Dritten Reich". Für eine „Werbefahrt in die Vereinigten Staaten" erklärte er beispielsweise, daß es „eine grosse Erleichterung und gleichzeitig Verbreiterung des Interesses abgebe, wenn wir unsere Felsbilderausstellung mitnehmen".[303] In diesem Zusammenhang gehört daher auch seine aktive Haltung der Presse gegenüber sowie die Episode, bei der er 1931/32 als Herausgeber der populärwissenschaftlichen Zeitschrift „Der Erdball" fungierte.[304]

X.

Auch das Verhältnis zwischen den beiden Korrespondenten enthielt ein starkes Element mäzenatischer Unterstützung. Symbiotisch war es aber dadurch, daß in anderer Hinsicht Frobenius ebenfalls der Gebende war: Er gab Wilhelm das Gefühl, an weltbewegenden Entwicklungen teilzuhaben, ja sie nach Monarchenbrauch durch seine Protektion erst zu ermöglichen. Er gab ihm Anregungen und Material für Beschäftigung in der Leere des Exils – zunächst für das Korfu-Buch, dann für die kulturhistorischen Vorträge. Vor allem aber gab er ihm die ersehnte Bestätigung, daß Wilhelm nicht schuldhaft das Erbe seiner Vorfahren und die Monarchie in Deutschland verspielt habe. Schon um sich Frobenius als unbezweifelbare Autorität hierfür zu erhalten, mußte sein Briefpartner die Beziehung zu ihm stabilisieren und vor einem Auseinanderfallen bewahren. Dennoch veränderte sie sich notwendig im Lauf der Zeit – nicht nur durch die wachsende Vertrautheit der Korrespondenten, die ‚Erweckungserlebnisse' wie bei dem ersten Besuch des Ethnologen in Doorn 1923 immer unwahrscheinlicher machte und auf beiden Seiten mit einer ebenfalls wachsenden Reizbarkeit verbunden war. Wenn Frobenius' finanzielle Nöte ihm die Verbindung mit seinem finanzkräftigen Mäzen auch stets wertvoll machten, so nahm seine Abhängigkeit von ihm doch ab: Während der nationalsozialistischen Herrschaft in Deutschland war der Kontakt mit diesem, wenn auch praktisch noch so aussichtslosen potentiellen Konkurrenten Hitlers nicht nur von Nutzen, und die zunehmende Integration in die Fachwelt verringerte die Bedeutung der Unterstützung durch Außenstehende. Ohnehin löste sich das gerade für Wilhelm wichtige Band gemeinsamen Außenseitertums im Widerstreit gegen eine feindliche Umwelt dadurch zunehmend. Die Empfindlichkeit des gestürzten Monarchen gegen Störungen seines Selbstbilds konnte sich nun auch gegen Frobenius wenden, wenn der es an der gewünschten Aufmerksamkeit fehlen ließ.[305]

Einen nicht zuletzt psychologisch aufschlußreichen Verlauf nimmt auch das Verhältnis beider im Hinblick auf den jeweiligen Status – des seinem Anspruch nach souveränen Monarchen, der auch in der Realität durch seine tieferen Taschen eine dominierende Rolle spielen konnte, und des Fachmanns auf demjenigen Spezialgebiet, auf dem

---

[303] Nr. 120, s.o. S. 23f.

[304] Nr. 49, 70 und 120 sowie die beiden Schriften von Riverein (s.o. Anm. 27 und 219); Nr. 100, 102, 116, 121 und 143.

[305] Nr. 221, 222, 259 und 260; ein früheres Beispiel für die leichte Kränkbarkeit Wilhelms: Nr. 65 und 66; zur zunehmenden Reizbarkeit Frobenius': Nr. 231, 251 und 252.

sich ein Großteil ihres Dialogs bewegt. So steht bereits ganz am Anfang des erhaltenen Briefwechsels Wilhelms enthusiastische Freude über das Lob des Ethnologen, dessen Formulierungen er mehrfach aufgreift.[306] Nur zaghaft unterbreitet er ihm anfangs kleinere Ausarbeitungen, fordert ausdrücklich zu deren Korrektur auf und erklärt in geradezu militärischer Unterordnung: „Die befohlenen Korrekturen sind eingefügt …".[307] Das Verhältnis ist ausdrücklich dasjenige eines Schülers zu seinem Lehrer, der hofft, „Gnade vor Ihren kritischen Augen [zu] finden", auch wenn der Ton mit wachsender Vertrautheit etwas launiger wird und er sich 1927 etwa an den Ethnologen als „Zensurkommission" – „Dann mache sie Vorschläge." – wendet.[308] Wenn er sich in Parallele zu dem Forscher stellt – „Auch wir buddeln!"[309] –, dann geschieht das mit unübersehbarer Ironie. Neben der Freude über weiteres Lob des Experten[310] steht eine für ihn gerade in seiner Exilzeit ungewöhnliche Bescheidenheit, mit der er dessen Überlegenheit anerkennt, auch wenn er mit dem Bekenntnis eigener Verständnisschwierigkeiten gleichzeitig unterschwellig die „sehr verklausulierten Betrachtungen" seines Korrespondenten kritisiert.[311] Als er Hans Blühers Kritik an der auf Frobenius zurückgehenden Kulturtheorie seinem Briefpartner übermittelt und dieser sie als unsachgemäß zurückweist, duckt er sich sogleich weg – „ich bin nur das Radio, das weitergibt" – und legt eine Art Treuegelöbnis zu Frobenius' Lehre ab: „Ich bin mit Leib und Seele Morphologe."[312] Im Urteil über andere Wissenschaftler legt er sich dagegen wenig Zurückhaltung auf: „das ist Blech – meo voto" oder: „Der Brief von Duhn ist erstaunlich! Ich sandte denselben an Sie, damit Sie sehen, welche Unklarheiten in den Köpfen selbst unserer besten alten Archäologen stecken."[313] Auch im Umgang mit Frobenius gibt es Ambivalenzen, wenn er ihn etwa um sein „Placet" zu zwei Darstellungen bittet, gleichzeitig aber mit großer Bestimmtheit Aufträge zur technischen Abwicklung erteilt.[314] Noch großzügiger verfügt er über die Mitarbeiter seines Protegés: „Dr. Jensen kann das für mich besorgen."[315] Auftrieb bekommt sein Selbstbewußtsein aber vor allem, als der Wissenschaftlerkreis, den Frobenius ihm zuführte, 1932 zur Doorner Arbeitsgemeinschaft institutionalisiert wird und er als deren „Vorsitzender" oder „Präsident"[316] wieder eine gewohntere Rolle einnehmen kann. Zwar erklärt er, „die D.A.G. und ihr Präsident warten darauf, Ihnen auf dem anzugebenden Kurs zu folgen", doch folgt unmittelbar auf die Anfrage an deren wissenschaftliches Haupt, ob er ein neues Mitglied aufnehmen dürfe, sogleich die Mit-

---

[306] Nr. 1 und 2.

[307] Nr. 6, 22, 24 und 30, aber auch noch 131; besonders auffällig die – balancierende oder selbstironische? – Kombination in der Grußformel von Nr. 26: „stets Ihr dankbarer Schüler und wohlaffektionierter Kaiser und König".

[308] Nr. 10, 11, 22 und 41.

[309] Nr. 53.

[310] Nr. 44, 66 und 107.

[311] Nr. 60.

[312] Nr. 104.

[313] Nr. 66 und 7.

[314] Nr. 41.

[315] Nr. 123.

[316] Nr. 152, 178, 184, 194, 254 und 258.

teilung, daß er das ohnehin bereits getan habe.[317] Auch mit Frobenius' Programm für die neue Einrichtung ist er nur „im allgemeinen" einverstanden.[318] Als er seit 1933 auch aktiv in der Arbeitsgemeinschaft mitwirkt, ist er zwar stark auf Vorarbeiten des Ethnologen angewiesen und erwidert auf dessen Vorschlag, eine dazu erforderliche Übersetzung doch selbst anzufertigen statt sie seinem Institut aufzubürden, mit einem militärischen: „Ich melde gehorsamst Ausführung Ihres Auftrages", doch argumentiert er jetzt häufiger auch ‚in Augenhöhe' mit dem Spezialisten, verteidigt sein eigenes Vorgehen gegen dessen Kritik und zögert nicht, Einwände gegen dessen neuestes Buch zu erheben.[319]

Die Korrespondenz behandelt natürlich auch unverfänglichere Themen: Ganz alltäglich berichtet der ehemalige Kaiser über das Wetter in Doorn, oder unterhält man sich über seinen geliebten Garten.[320] Ein ergiebiges Gesprächsthema für die beiden älteren Herren ist auch die Gesundheit, wobei Wilhelms Robustheit ihn bei diesem Thema in den Hintergrund treten läßt.[321] Der Zustand des in dieser Zeit fast ständig kränkelnden und schließlich auch früh verstorbenen Frobenius erhält dagegen weitaus größere Aufmerksamkeit.[322] Bemerkenswert angesichts der sonstigen Selbstzentriertheit Wilhelms ist seine Bereitschaft, hier einen anderen in den Mittelpunkt der Aufmerksamkeit zu stellen. Man erlebt ihn besorgt um Frobenius, besonders wenn er ihn direkt oder über seine Frau zu größerer Schonung anhält.[323] Ursache für diese Notwendigkeit war nicht zuletzt eine starke Überlastung des Gelehrten, über die er beredt klagte und die auch von seiner Umgebung häufig angesprochen wurde.[324] Hiermit versuchte er auch seine nicht selten späten Antworten auf Wilhelms Schreiben zu entschuldigen.[325] Denn den hielten seine Mahnungen zu mehr Schonung nicht davon ab, seinen Briefpartner mit einer Unzahl von Anfragen zu überschütten[326] – die Flut von Zeitungs- und Zeitschriftenartikeln, mit der er ihn ohne ausdrückliche Bitte um Stellungnahme überschwemmte, ist dabei noch gar nicht berücksichtigt.

Frobenius' angeschlagener Zustand beschränkte sich aber auch seiner eigenen Ansicht nach nicht nur auf die Physis: Er war kraft- und antriebslos, „flügellahm" und

---

[317] Nr. 254, 171 und 172; s.a. Nr. 134.

[318] Nr. 137.

[319] Nr. 163, 190 und 199.

[320] Nr. 11, 53 und 66.

[321] Editha Frobenius: Nr. 16, 20 und 74; Hermine: Nr. 1, 11, 26, 27, 60, 63, 248 und 249; Wilhelm: Nr. 139, 140, 141, 168 und 249; Graf Schwerin: Nr. 226 und 227.

[322] Nr. 14, 15, 16, 17, 29, 30, 42, 52, 54, 56, 58, 65, 82, 84, 86, 97, 102, 104, 119, 139, 140, 141, 142, 151, 152, 173, 175, 180, 193, 203, 208, 209, 210, 212, 213, 214, 215, 216, 217, 218, 219, 220, 221, 222, 224, 225, 226, 228, 230, 231, 232, 234, 239, 241, 250, 252, 253, 254, 255, 257, 258, 259 und 260.

[323] Nr. 91, 93, 97, 100, 194, 225, 228, 232, 239 und 255.

[324] Nr. 9, 38, 41, 42, 44, 45, 70, 84, 86, 89, 90, 91, 93, 94, 97, 100, 102, 106, 110, 111, 120, 131, 140, 141, 143, 154, 155, 158, 165, 166, 167, 170, 173, 174, 179, 186, 192, 193, 194, 197, 200, 202, 203, 209, 217, 219, 221, 225, 226, 228, 230, 232, 234, 235, 238, 239, 244, 246, 253, 255, 259 und 260.

[325] Nr. 9, 86, 106, 143, 192, 203, 209, 210, 217 und 259.

[326] Nr. 6, 22, 28, 36, 37, 38, 39, 40, 41, 67, 81, 82, 84, 88, 96, 97, 105, 111, 113, 114, 140, 141, 145, 146, 152, 153, 154, 160, 163, 189, 191, 194, 195, 199, 200, 205, 207, 208, 209, 210, 211, 213, 216, 217, 218, 221, 222, 226, 247 und noch 260.

„ausgepowert", seine „Nerven [...] nicht ganz allright";[327] schon zu Beginn des Briefwechsels erlebt man ihn gelegentlich bedrückt, aber seine Niedergeschlagenheit und
geradezu ein Weltekel nehmen im Lauf der Zeit deutlich zu.[328] In seinem letzten Brief
wird er – unmittelbar nach den Feiern zu seinem 65. Geburtstag, bei dem er mit Ehrungen überhäuft wurde – von dem auf ihm lastenden „Gefühl des eigenen Nichtgenügens"
und seinem „kläglichen Katzenjammergefühl" schreiben.[329] Schon drei Jahre zuvor hatte
er sich Abschiedsstimmung hingegeben, als er erklärte, „daß ein prachtvoller Nachwuchs seine Arbeit alle Tage besser macht" und sein Lebenswerk daher gesichert sei.[330]
So hatte Frobenius, der seinen Mitarbeiter Adolf Ellegard Jensen im Institut wie durch
die Einführung in die Doorner Arbeitsgemeinschaft und den Einsatz für eine Auszeichnung mit dem Hausorden der Hohenzollern auch bei Wilhelm als Nachfolger etabliert
hatte,[331] bereits das Ende auch des Briefwechsels im Auge.

Als Überlebender hatte Wilhelm schließlich auch Gelegenheit zum Rückblick auf
ihre Beziehung; die Edition enthält daher als Schlußpunkt seine Kondolenzschreiben an
die Witwe des Forschers und den öffentlichen Nachruf, den er für die Doorner Arbeitsgemeinschaft verfassen ließ.[332]

XI.

Dem hier immer wieder betonten auch engen persönlichen Verhältnis zwischen dem
ehemaligen Kaiser und seinem bevorzugten Forscher entspricht es, daß Wilhelm offenbar großen Wert darauf legte, auch den förmlichen Schreiben – meist sogenannten
„Brieftelegrammen" –, die von seinen Mitarbeitern entworfen und im Sekretariat mit
Maschine niedergeschrieben wurden, außer der Unterschrift auch noch ein oder zwei
eigenhändige Sätze hinzuzufügen. Nicht selten ist sogar das ganze Schreiben von seiner
Hand verfaßt,[333] wobei man annehmen darf, daß er in diesen Fällen nicht auf einen
fremden Entwurf zurückgriff. Gilt ein solches Handschreiben eines Monarchen, wie er
es seinem Verständnis nach ja weiterhin war, auch als eine ganz besondere Auszeichnung, so muß er Frobenius' Geste, seine Briefe ebenfalls eigenhändig abzufassen – „Ich
könnte ja das alles in die Maschine diktieren. Aber, eine vielleicht törichte Hemmung! In
die Maschine diktiere ich an ,Allewelt' und hunderte von ,Geschäftsbriefen'. Was aus
dem Herzen kommt, wird mir entseelt durch die Maschine"[334] –, nicht selten als Fluch
empfunden haben: Klagen über die schwer lesbare Schrift seines Gegenübers oder
Freude über einen Brief, der ausnahmsweise „sehr gut lesbar" war, ziehen sich jedenfalls

---

[327] Nr. 203, 209, 217, 226 und 253.

[328] Nr. 42, 84, 86, 135, 139, 158, 170, 173, 203, 209, 217, 226, 244, 253 und 259.

[329] Nr. 259.

[330] Nr. 211; ganz anders daraufhin Wilhelm in Nr. 215.

[331] Frobenius an Graf Schwerin, 7.3.1933 (AEW: 1627 A5f. und FI: LF 603a/3–5), Graf Schwerin an
Frobenius, 14.3.1933 (FI: LF 605/54) und Nr. 196.

[332] Nr. 261, 262 und 263.

[333] Nr. 2, 3, 6, 7, 8, 10, 11, 17, 22, 24, 26, 30, 34, 36, 37, 39, 41, 44, 53, 56, 60, 66, 67, 71, 88, 93, 104,
105, 107, 111, 119, 123, 124, 129, 131, 134, 138, 147, 148, 152, 153, 159, 163, 168, 169, 178 und 207.

[334] Nr. 94.

durch die Korrespondenz, manchmal auch mit der Wilhelm eigenen Direktheit, wenn er von „Ihrer entsetzlichen Klaue" spricht.[335] Damit die „reichlichen Schweißtropfen", die die „Entzifferung" kostete,[336] nicht seine eigenen sein mußten, gab er die Briefe schließlich nicht selten an sein Sekretariat, damit sie mit Maschine abgeschrieben würden. Am Ende eines besonders langen Briefs forderte Frobenius ihn sogar ausdrücklich dazu auf: „Lassen Euer Majestät dies Schreiben in Maschinenschrift abfassen. Ach so oft war meine Hand, wenn ich mich zur Niederschrift dieser Zeilen zurückziehen durfte, schon müde."[337] Doch damit war das Problem natürlich nicht gelöst, sondern nur an das – mit dem Gegenstand der Korrespondenz häufig nur wenig vertraute – Doorner Personal verschoben. Wilhelm hatte früher schon auf die Mühe seiner Mitarbeiter verwiesen, und auch diesmal sollte er späteren Editoren aus der Seele sprechen: „Ich verstehe die Begeisterung der Forscher, wenn es ihnen endlich gelang, einen Satz einer verzwickten Inschrift herauszubringen! Es ist erhebend, aber verflucht mühsam!"[338] Und selbst den Zeitgenossen gelang das häufig nicht: Jedenfalls kommt man durch genaue Betrachtung der von Frobenius geschriebenen Briefe nicht selten zu anderen Ergebnissen als die Sekretäre in Doorn.

Das bedeutet dann aber, daß der von Frobenius geschriebene und der schließlich von Wilhelm gelesene Brief durchaus in wesentlichen Punkten verschieden sein konnten. Das am besten dokumentierte Beispiel ist dasjenige, bei dem die Korrespondenten das Mißverständnis selbst bemerkten, als nämlich aus der kategorischen Aussage des Ethnologen „Raum wirkt stilbildend" bei Wilhelm das noch deutlich festere „Raum wirkt Stillstand" wurde, und Frobenius dies mit aller Vorsicht – „auch mit ‚Stillstand' drückt der Satz [...] etwas ‚Bedeutendes' aus" – korrigierte.[339] Leider blieb es eine absolute Ausnahme, daß die Beteiligten bereits die Mißdeutung erkannten. Für diese Edition ergibt sich daraus die Aufgabe, beide Fassungen – die von Frobenius beabsichtigte und auch so geschriebene wie die Wilhelm schließlich vorliegende – zu dokumentieren, da nur so das eigentliche Zwiegespräch wirklich erfaßt werden kann.

Hier soll daher eine Technik angewandt werden, die bei der Herausgabe neuzeitlicher Briefe sonst eher selten erforderlich ist – indem nämlich die Abweichungen der Doorner Lesart in einem textkritischen Apparat wiedergegeben werden. In ihm weisen Anmerkungen, die durch hochgestellte Buchstaben gekennzeichnet sind – häufig mit gleichem Buchstaben am Beginn und am Ende der relevanten Passage –, auf abweichende Lesarten hin. Dabei hat sich eine an die Urkunden- und Aktenlehre angelehnte Terminologie als praktisch erwiesen. Unterschieden werden daher „Konzepte" – also die Entwürfe für Texte –, „Ausfertigungen" – die für den Empfänger erstellten Fassungen (bis auf Nr. 125 sind sämtliche Ausfertigungen „behändigt", d.h. unterschrieben und versandt), „Durchschriften" bzw. bei Maschinenschrift „Durchschläge" anderer Fassungen oder deren „Abschriften". Die für Wilhelm in Doorn angefertigten maschinenschriftlichen Versionen der handschriftlichen Briefe Frobenius' sind jedoch aufgrund der

---

[335] Nr. 28, 30, 44 (hier das Zitat), 50, 90, 93, 94, 123 und 134.
[336] Nr. 50; ähnlich auch Nr. 28 und 93.
[337] Nr. 90.
[338] Nr. 28 und 93.
[339] Nr. 40, 41, 42 (hier das Zitat) und 44.

Übertragung aus einer ‚fremden' Schrift nicht eigentlich mehr oder minder korrekte Abschriften, sondern viel eher fehleranfällige Transkriptionen. Um diesen Unterschied in Erinnerung zu rufen, werden sie hier stets als „Umschriften" bezeichnet.

Gleichzeitig lassen sich im textkritischen Apparat auch Anmerkungen und Anstreichungen des prominenten Lesers anzeigen, die wiederum für sein Verständnis aufschlußreich sein können. Da Unterstreichungen und Anstreichungen nicht durch die Handschrift identifiziert werden können, werden sie hier Wilhelm zugeschrieben, wenn für sie der gleiche Stift verwendet wurde, mit dem er auch seine Anmerkungen oder kurze Lese- und Bearbeitungsvermerke geschrieben hat. Außerdem gestattet dieser Apparat auch die Dokumentation der zahlreichen Änderungen insbesondere in Frobenius' Schreiben und ermöglicht daher, ihm beim Verfertigen seiner Gedanken gewissermaßen über die Schulter zu sehen. Damit wird eine Textfassung erreicht, die bei möglichst geringer Bevormundung durch den Editor den Lesern weitgehend die Verfügung darüber beläßt, auf welches Ziel hin sie die Briefe auswerten wollen, und andererseits den Lesefluß möglichst wenig stört. Um das Verständnis der Zusammenhänge und der teilweise recht abgelegenen Gegenstände zu erleichtern, die in den Briefen angesprochen werden, ist den Dokumenten ein zweiter Anmerkungsapparat beigefügt, auf dessen Fußnoten mit hochgestellten Zahlen verwiesen wird.

Dokumente

1.

Frobenius an Hubert von Rebeur-Paschwitz, 16.12.1924, München

Maschinenschriftliche Ausfertigung:
A   AEW: 1722 A3f.

Meine hochvereherte und liebe Exzellenz!

Ihre freundlichen Zeilen vom 6.XII.[1] erreichen mich glücklich hier, während eines 24stündigen Aufenthaltes in München, – da ich derzeit auf Vortragsreisen und dadurch sehr schwer zu erreichen bin.

Es liegt eine ganze Reihe von Angelegenheiten vor.

1.) Zunächst einmal die gnädige Gabe seiner[!] Majestät: das Bild für mich, die Bilder für meine Mitarbeiter, das Werk über Korfu selbst.[2] – Das Buch habe ich gleich in mir aufzunehmen versucht. Ich bin einfach erschlagen von dem grossartigen Eindruck, den die,[!] uns ja so vertraute grosse Menschlichkeit des Kaisers in diesem Buche unver-

---

[1] Darin hatte Rebeur-Paschwitz nach der Richtigkeit von Zeitungsmeldungen, Frobenius werde nach Frankfurt übersiedeln, gefragt und mit Wilhelms Bitte um Stellungnahme den Artikel „Wiege der Menschheit im Lande Nu" aus einer unbezeichneten Zeitung übersandt (FI: LF 607/3). In dem Artikel wurde die These des britischen Offiziers James Churchward wiedergegeben, die ersten Menschen hätten vor ungefähr 50 000 Jahren auf einem später im Pazifik untergegangenen Kontinent Mu oder Nu gelebt.

[2] Wilhelms Buch über seine Ferienaufenthalte auf der Insel, das unter dem Titel „Erinnerungen an Korfu" 1924 im Verlag Walter de Gruyter in Berlin erschienen war. Etwa ein Drittel des Bandes (S. 78–128) nimmt die Darstellung der unter Wilhelms Auspizien vorgenommenen Ausgrabung des Artemistempels am Rande der Inselhauptstadt ein. Wilhelm war von dem in seiner Gegenwart 1911 entdeckten Giebelrelief des Tempels bleibend fasziniert, nach dessen Zentralfigur, einer schlangengegürteten, die Zunge herausstreckenden Gorgogestalt, er ihn als Gorgotempel deutete. Wenn auch diese Gleichsetzung von Gorgo und Artemis zumindest umstritten ist, sind sowohl die griechische Artemis als auch die Gorgodarstellung von Korfu als Variationen der altorientalischen „Herrin der Tiere" zu erkennen. Wilhelm hatte Frobenius am 6.12. ein Widmungsexemplar des Buches und einige signierte Photographien zusenden lassen, um für die Unterstützung des Kulturmorphologischen Instituts bei seiner Entstehung zu danken (Hofrat Bruno Nitz an Frobenius, 6.12.1924, FI: LF 607/4). Worin diese Hilfe genau bestanden hat, läßt sich aus den erhaltenen Schriftstücken nicht mehr bestimmen, doch enthält das Buch auf S. 145 eine Tafel mit Zeichnungen von Verwandten der Gorgo aus dem pazifischen Raum, die in ihrem Stil denen in Schriften des Instituts entspricht. Außerdem zitiert Wilhelm auf S. 121f. aus einem Schreiben Frobenius' aus dem Jahr 1924: „Die in Doorn mir mitgeteilte Entdeckung Seiner Majestät des Kaisers und Professor Dörpfelds – die Annahme des *asiatischen*, speziell *arabischen* Ursprungs der *mittelländischen* Gorgo – hat dazu geführt, daß im Institut für Kulturmorphologie neun Monate hindurch mit einem Stabe von vier Mitarbeitern die entsprechenden Nachprüfungen und Vergleiche vorgenommen wurden. Hierbei ergab sich, daß der in dem Gorgo-Giebel repräsentierte Komplex, d.h. die am Mittelpfahl aufsteigende *Darstellung der Sonne*, die Gestalt mit Flügeln und im Knielauf, die symmetrisch links und rechts zugehörigen Tiere, das Gesicht mit Schlange und herausgestreckter Zunge usw. durchaus in den Kreis der Garuda-Naga-Mythen und -Darstellungen gehört und somit am *indischen[!] Ozean*, also auch in *Südarabien älter ist als am mittelländischen Meere*. Diese in Doorn gewonnene Entdeckung hat, eingefügt in ältere Vorarbeiten, zur Klarstellung einer großen Anzahl *bisher unverständlicher* Kulturerscheinungen geführt und wird damit zum Ausgangspunkt einer sehr umfangreichen Publikation des Instituts werden." (Der Vogel Garuda, ein hinduistisches Sonnensymbol und Reittier des Gottes Vischnu, verschaffte den Nagas, Halbgöttern von teils menschlicher, teils Schlangengestalt, die seine Mutter gefangen hielten, als Gegenleistung für deren Freilassung die Unsterblichkeit.)

mittelt auf jeden machen <u>muss</u>. Dann die einfache, eines ganz richtigen Professors würdige archäologische Darlegung, die sosehr[!] sachlich und doch nicht trocken ist. Vor Freude über das Buch möchte ich am liebsten einen Indianertanz aufführen. Um dieses Buch konnten die sämtlichen Affen Deutschlands, die sich stets bemühen, grosse Menschen herunterzureissen und zu beschmieren, nicht herum. Sagen Sie bitte,[!] Seiner Majestät,[!] dem Kaiser, dass er mich ganz unglaublich glücklich gemacht hat, – durch das Schreiben des Buches, durch die Uebersendung und durch das Bild.

2.) Zum zweiten kommt die wundervolle Notiz über „Wege(!) der Menschheit im Lande Nu". Die Randbemerkung des Kaisers „Nanu?" trifft den Nagel auf den Kopf.

3.) Dann kommt die ewig mir nachgewanderte Auseinandersetzung Dr. Walter Lehmanns über das Alter der amerikanischen Kultur[3] mit beifolgendem Brief von Exz. Schmidt-Ott. Diese Darlegung Walter Lehmanns scheint mir ganz vorzüglich zu sein, wie ich überhaupt diesen Mann auf seinem Specialgebiet Amerika sehr hoch einschätze, wenn er sonst auch ein nervöser, zappliger, excentrischer und egocentrischer Mensch ist. Diese Arbeit ist vorzüglich und legt die Irrtümer der Amerikaner deutlich dar. Sie folgt anbei zurück.

4.) Wollen Euer Exzellenz bitte gütigst Seiner Majestät melden, dass meine Berufung an die Frankfurter Universität erfolgt ist und dass momentan die Verhandlungen über die Uebersiedlung in die Stadt und die Uebernahme des Archivs in vollem Gange sind.

5.) Ueber den Berliner Kurier sende ich an Seine Majestät den IX. Band der Atlantis-Ausgabe, als Nachfolge der vor einigen Monaten abgesandten zwei Bände XI und VIII, sowie des Buches „Der Kopf als Schicksal", von welchen ich hoffe, dass sie glücklich dortselbst einliefen.[4]

Zu meinem grossen Bedauern höre ich, dass Ihre Majestät,[!] die Kaiserin,[!] immer noch an Rheumatismus leidet und hoffe, dass die Jahreswende einen glücklichen Umschwung herbei führt.

Weihnachten und das Neue Jahr kommen. Ein grosser Umschwung im äusseren Geschick der Völker liegt vor uns. Das Geschehen des deutschen Geistes beginnt sich auszuwirken. In tiefer Inbrunst bete ich darum, dass unser Schicksal bei seiner grossen Erfüllung und verantwortlichen Bedeutung zur Wendung ein Volk findet, das in Demut und Pietät das Bedeutende der Wendung erlebt.

Ich bitte Sie, Exzellenz, mich den Majestäten untertänigst zu empfehlen und im Kreise der Getreuen meine wärmsten Wünsche mitzuteilen.

[gez.] Frobenius

---

[3] In seiner gleichzeitigen Veröffentlichung (Kunstgeschichte des alten Peru, erläutert durch ausgewählte Werke aus Ton und Stein, Gewebe und Kleinode, Berlin 1924) ist Lehmann hierin ausgesprochen zurückhaltend und läßt sich – unter Überlegungen, die teilweise stark an Frobenius' Kulturlehre erinnern (z.B. S. 14) – weitgehend nur auf eine relative Chronologie ein; das älteste absolute Datum, das er benennt, ist das Jahr 429 v. Chr., in dessen Nachbarschaft er die mittelamerikanische Kultur der Proto-Tolteken einsetzen läßt (chronologische Tafel nach S. 40). Der Zusammenhang hier läßt an ein von Schmidt-Ott übermitteltes Schreiben Lehmanns denken. Für diesen Weg spricht auch, daß in Wilhelms Nachlaß ein, wie ein Vermerk darauf ausdrücklich festhält, durch Schmidt-Ott übermitteltes Schreiben Lehmanns an Wilhelm vom 15.6.1925 erhalten ist, in dem er sich für die Zusendung der „Erinnerungen an Korfu" (s.o. Anm. 2) bedankt und Überlegungen zur Bedeutung der Gorgo anstellt (AEW: 1580 B6–C2).

[4] Leo Frobenius, Atlantis. Volksmärchen und Volksdichtungen Afrikas, Bd. 9: Volkserzählungen und Volksdichtungen aus dem Zentral-Sudan, Jena 1924; Bd. 11: Volksdichtungen aus Oberguinea. 1. Teil: Fabuleien dreier Völker, Jena 1924; Bd. 8: Erzählungen aus dem Westsudan, Jena 1922; Leo Frobenius, Der Kopf als Schicksal, München 1924.

2.

Wilhelm II. an Frobenius, 21.12.1924, Doorn

Eigenhändige Ausfertigung:
A   FI: LF 614/2

Meine verehrteste „Schwarze" Exzellenz

Welche Freude hat mir Ihr Brief über Korfu[1] gemacht! Auch ich habe nach Durchlesen desselben einen Indianertanz aufgeführt! Solches Lob aus solchem Munde! Da
wird ein Dilettant stolz wie ein Pfau! – Es ist eine ehrliche Arbeit mit meinem Herzblut
geschrieben. Erstaunlicher Weise[!] ist das Buch recht gut aufgenommen worden. Sogar
die Schimpansen von Links sind vorsichtig geblieben! Bis jetzt! Wait & see! Von Archaeologen habe ich recht anerkennende Briefe bekommen.

Z.B. Erman schreibt mir[2] von dem unzweifelhaften Einfluss der Orientalischen
Cultur auf Griechenland, seit Bhogaskoi-Tafeln[3] den Nachweis erbrachten, dass das
„Gross-Königthum" der Achaier in engen Beziehungen zum „Grosskönigthum" der
Hethiter gestanden. Orchomenos[4] – Hattusas!

Prof. v. Duhn schreibt mir[5]: er sei kürzlich in Palermo gewesen – wohl bei Gabrici
– und habe sich dort persönlich davon überzeugt, dass jetzt so gut wie sicher constatirt
sei, dass auf beiden Giebeln des Tempels C. von Selinus[6] je ein gewaltiges Gorgostand-
bild sich befunden habe. Also der II. einwandfreie „Dorische" Gorgotempel![7]

Das bestärkt mich in der – auch von Dörpfeld vertretenen Ansicht[!], – dass die

---

[1] Nr. 1.

[2] Brief nicht ermittelt.

[3] Bei Boğazköy in Anatolien hatten 1906/7 Ausgrabungen der unter Wilhelms Patronat stehenden
Deutschen Orientgesellschaft in den Ruinen von Ḫattuša, der Hauptstadt des im 2. Jahrtausend vor
Christus bestehenden Hethiterreichs, zehntausende beschriebener Tontafeln finden lassen. Tafeln aus
dem 14. und 13. Jahrhundert vor Christus erwähnen das Land „Aḫḫiyawa", worunter hier das der
achaiischen oder mykenischen Griechen verstanden wird. Ob diese Identifikation statthaft ist, bleibt in
der Fachwissenschaft umstritten.

[4] Sprichwörtlich reiche achaiische Stadt in Boiotien, die entgegen Wilhelms Annahmen politisch
jedoch nur regionale Bedeutung hatte. Bekannt war sie nicht nur durch Ausgrabungen Schliemanns
1880, 1881 und 1886, sondern zeitgenössisch v.a. Furtwänglers und Bulles in den Jahren 1903 und
1905.

[5] Brief nicht ermittelt.

[6] Heute auf das 6. Jahrhundert v. Chr. datierter Tempel dorischen Stils auf der Akropolis der griechischen Stadt Selinus an der Südwestküste Siziliens. Dörpfeld hatte Wilhelm bereits am 12.3.1920
mitgeteilt, daß Ettore Gabrici, der Leiter des Museo di Palermo, ein vermutlich aus dem Giebelfeld
dieses Tempels stammendes „kolossales" Gorgobild rekonstruiert habe (AEW: 1564 B1–B3, hier:
B2f.). Der dorische Stil ist die erste und schlichteste der klassischen griechischen Architekturordnun-
gen. Seinen Namen hat er von seiner Entstehung im Siedlungsgebiet der Dorer, jener Volksgruppe, die
die erste griechische Siedlungswelle ausmachte. Wilhelm und sein archäologischer Berater Dörpfeld
vertraten nach Ausweis der nächsten Zeilen eine abweichende Ansicht über seine Ursprünge.

[7] Nicht ganz leicht mit Wilhelms hier angenommener göttlicher Verehrung der Gorgo in Selinus C
vereinbar, daß vom gleichen Tempel eine Metope (reliefiertes Gebälkfeld) erhalten ist, die gerade
die Tötung der Gorgo durch Perseus zeigt (Abbildung bei: Gisela M. A. Richter, The Sculpture and
Sculptors of the Greeks, New Haven [2]1950, S. 483, Abb. 405).

Dorischen Tempel gar nichts mit den Dorern zu thun haben, sondern Orientalischer – eventl. auch Aegypt[ischer] – Herkunft sind.[8] Denn Sicilien war auch von den „Seefahrenden Arabern" colonisirt[9][,] genau wie Korkyra[10] u[.] Korinth.

Prof. Ungnad–Breslau meint in seinem Brief:[11] zweifellos sei die Gorgo die Sonne. – Warum ist er nicht damit herausgekommen?! – Jedoch sei sie nicht von den Phönikiern nach Griechenland gebracht. Sondern in Griechenland habe eine „Ueberlagerung" von Semitisch-Orientalischen Volkstheilen u. Cultur in ganz alter Zeit bestanden, u[.] da werde Gorgo = „Grosse Mutter" aus Asien, dort bodenständig geworden sein. Die Süd-Arab[ische] Sonne sei unzweifelhaft weiblich, die phönikische aber männlich gewesen. Er weist auf die „Sonne von Arinna"[12] dabei hin.

Daher ist seiner Meinung nach die angenommene Datirung des Gorgo-Tempels von Korfu viel zu spät: er müsse sehr viel älter angenommen werden; ebenso wie die Gorgo-darstellung etwas uraltes[!][,] in die Vorzeit zurückgehendes[!] sei.

Danach wäre der Fund von Korfu eventl. mit das älteste[!], was man bisher in Griechenland gefunden? Ich bin nicht competent noch in der Lage[,] die Richtigkeit dieser Ansichten zu beurtheilen, habe daher den Brief an Doerpfeld geschickt, u[.] theile Ew. Exz. die Sache hierdurch mit.

Bei dieser Gelegenheit möchte ich Ew. Ex. Aufmerksamkeit auf eine weitere Combinationsmöglichkeit lenken[,] eine andere Gottheit betreffend.

Es ist bekannt, dass[a] Völker sehr oft die Sonne als den Schild der Gottheit ansahen. Z.B. wurde im alten Korinth eine Doppelstatue im Sonnentempel verehrt. Helios u[.] neben ihm die „Aphrodite-Urania", letztere mit einem Schild bewehrt. In anderen Ländern hiess sie „Astroarche". Beide wurden gemeinsam als Sonnengottheiten verehrt, ob als Ehe- od[.] Geschwisterpaar ist mir unbekannt.[13]

Diese „Aphrodite-Urania" wird nun von Einigen als „Uebergangsgottheit" von der asiat. Sams-Gorgo zum hellen[ischen] Helios gedeutet. Der Schild gebe ihr das Emblem der Sonnengottheit.

---

[a] *Ae: die*

---

[8] „Aber nicht bloss der Tempel als Baugedanke und in seiner Gestalt stammt aus dem Orient, sondern auch seine *Bauformen*, die sog. ‚dorischen', sind, wie wir jetzt wissen, *aus dem Orient* genommen. […] Der *dorische* Stil hat mit den Doriern überhaupt nichts zu tun …" (Wilhelm Dörpfeld, Alt-Olympia. Untersuchungen und Ausgrabungen zur Geschichte des ältesten Heiligtums von Olympia und der älteren griechischen Kunst, Bd.1, Berlin 1935, S. 198).

[9] S.a. Dörpfeld an Wilhelm II., 12.3.1920 (AEW 1564 B1–B3, hier: B3). „Seefahrende Araber" ist ein geläufiger Ausdruck für die Phöniker, die auch in diesem Zusammenhang gemeint sein dürften. Dörpfelds weiter Araberbegriff kennt freilich auch andere Seefahrer unter ihnen und faßt gelegentlich sogar die Hyksos unter sie.

[10] Griechischer Name der Insel Korfu.

[11] Nicht ermittelt.

[12] Stadtgöttin der im Zentrum des Hethiterlands gelegenen Stadt Arinna war eine Sonnengöttin.

[13] Diese These der Verwandtschaft der in eins gesetzten Gorgo und der phönikisch-arabischen Schams/Sams/Schamasch zu Aphrodite-Urania wie zu Pallas Athene hatte Dörpfeld dem „Hofmarschall" Wilhelms II. in einem Schreiben vom 9.12.1919 und einem Wilhelm in Abschrift mitgeteilten Schreiben an seinen ehemaligen Mitarbeiter Konstantinos Rhomaios, der an der Universität von Saloniki Archäologie lehrte, vom 24.6.1920 vorgestellt (AEW: 1564 B7–C3 und C4–C8). S.u. Nr. 7 und Wilhelm II., Erinnerungen an Korfu, Berlin 1924, S. 109–114. Zu Wilhelms Athena-Überlegungen s.u. Nr. 3.

Nun sei folgende Frage aufgestellt: „[!]Pallas Athene trägt einen Schild. Sie befestigt auf demselben das Haupt der mit ihrer Hülfe erschlagenen Gorgo. Diese wird durch Perseus = Perra = Incarnation v[on] Helios[14] erschlagen. Pallas Athene ist die Schlange geheiligt. Ihre Aegis – mantillenartig umgelegter Brustpanzer – ist nicht nur mit dem Gorgonenhaupt geziert, sondern oft mit ineinandergeknoteten kleinen Schlangen verbrämt. Liegt da nicht der Gedanke nahe[,] Athene und Perseus-Helios vertilgen die Asiat[ische] Sams-Gorgo[,] um an ihre Stelle zu treten? „Ote-toi, que je m'y mette?"[15] Zur „Legitimirung" ihrer neuen Würde – symbolisch gedacht – legt die neue hellen[ische] – sagen wir – „Uebergangsgottheit" das alte Asiat[ische] Sonnenemblem als Schmuck auf ihren Sonnenschild? „Ich bin nun also die Sonne!"? – Im klassischen Zeitalter bringt sie im Kampf Sieg – „liegende Sonne"[16] – sie hilft überall u. löst Räthsel u. vermittelt das Gute – Odysseus, Telemachos – d.h. „Sie bringt überall Licht in die Dinge hinein?!" Sollten wir nun also nicht in Athene auch eine „Sonnenfigur" zu erblikken haben? Vielleicht können Ew. Exz. Diesen Gedanken mal verfolgen lassen?
Mit herzlichsten Wünschen zu Neujahr und sehr erfreut[,] Sie in Frankfurt wesentlich näher an Doorn zu wissen.

Hidekk![17]

Ihr dankbarer

Wilhelm

I[mperator] R[ex]

Gorgologe

---

[14] Die Auffassung, der argivische Heros Perseus stelle eine Inkarnation des griechischen Sonnengottes Helios dar, hat sich nicht durchsetzen können.

[15] „Ote-toi de là, que je m'y mette." („Gehe hinweg [von dort], damit ich mich dorthin stelle!") Saint-Simons klassische Formulierung des älteren Gedankens im „Catéchisme des industriels".

[16] Vermutlich verschrieben für: „siegende Sonne", die sich noch im spätrömischen, von syrischen Einflüssen gespeisten Kult der „unbesiegten Sonne" (Sol invictus) spiegelt.

[17] Diese Abkürzung findet sich in verschiedenen Schreibweisen („Hiddekk"/„Hidekk"/„Hidek") im Briefwechsel häufig, meist von Wilhelm verwendet und in antibritischem Kontext. In der Beziehung zwischen den beiden Korrespondenten hat sie besondere Bedeutung als Motto der Expedition, bei der Frobenius 1915 im Auftrag des Auswärtigen Amts Äthiopien auf die Seite der Mittelmächte ziehen und einen Aufstand im Sudan gegen die britisch-ägyptische Herrschaft in die Wege leiten sollte. Zu dieser Unternehmung und ihrem Scheitern jetzt: Ulrich Braukämper, Im Spannungsfeld zwischen Wissenschaft und politischem Aktivismus. Leo Frobenius als Geheimagent in Nordost-Afrika, in: Karl-Heinz Kohl / Editha Platte (Hg.), Gestalten und Gestalter. 100 Jahr Ethnologie in Frankfurt am Main, Frankfurt am Main 2005, S. 167–186. Die plausibelste Auflösung des während des Ersten Weltkriegs offenbar verbreiteten Akronyms „Hiddekk" stammt aus dem Tagebucheintrag Marlene Dietrichs vom 6.3.1915: „Hauptsache ist, daß die Engländer Keile kriegen" (Filmmuseum Berlin, Marlene Dietrich Collection, Tagebuch [„Rotchen"], Eintrag vom 6.3.1915, in: 4.3-93/16-1.5, TB 1912-1917; für diesen Nachweis bin ich Frau Silke Ronnenberg und Herrn Dr. Werner Sudendorf vom Filmmuseum Berlin sehr verbunden). „Hidekk" ließe sich dann deuten als „Hauptsache ist, daß England Keile kriegt" oder „Hauptsache ist, die Engländer kriegen Keile" – und die nur in Nr. 56 vorkommende Form „H.I.D.E.K." wäre vermutlich einfach ein Schreibfehler.

3.

Wilhelm II. an Frobenius, 25.12.1924, Doorn

Eigenhändige Ausfertigung:
A   FI: LF 614/3

Verehrteste Exzellenz

Verzeihen Sie, wenn ich schon wieder Ihre Weihnachtsruhe störe, aber ich halte es für meine Pflicht[,] Ihnen so frisch als möglich Material für die „Atheneforschung" zuzuführen. Es kann Ihnen vielleicht von Nutzen sein.

Ich habe meine Athene-Combinationen an Prof. Vollgraff – Utrecht mitgetheilt. Er ist Archaeologe und Freund und Verehrer Doerpfeld's[!], mit dem er in Leukas gemeinsam, später allein im <u>heutigen</u> Ithaka gegraben hat.[1] – N.B. hat er dabei constatirt, dass, da er nicht einen einzigen [a]mykenischen[a] Scherben[,] sondern nur classisch Griechische[!] und Römische[!] Reste dort gefunden, das <u>heutige</u> Ithaka unter <u>keinen</u> Umständen das <u>homerische</u> sein kann. –

Vollgraff hat meine Fragen über Athene einem „Classischen" Collegen in Utrecht u[.] Holland[!] zur Prüfung u. Nachforschung mitgetheilt. Vor 4 Tagen war er hier und hat die Angelegenheit mit mir besprochen. Er weist dabei auf die <u>Göttin Anat</u>[2] hin, die in Syrien u[.] Hinterland verehrt wurde u[.] als bewaffnete Jungfrau, schildbewehrt gedacht bezw. abgebildet worden sei. Es wäre, meint er, von Wichtigkeit zu constatiren, ob sie mit der Göttin <u>Neith</u>[3] (Aegypten) verwandt oder gar identisch sei, was schon alte Schriftsteller annehmen; u[.] ebenso[,] ob <u>Anaïtis</u>[4] ihr verwandt sei. Nun weist er <u>Pallas</u>

---

[a] *Ae aus* mykänischen

---

[1] Dörpfeld vertrat insbesondere in seinem Buch „Alt-Ithaka. Ein Beitrag zur Homer-Frage. Studien und Ausgrabungen auf der Insel Leukas-Ithaka" (2 Bde., München 1927, ND Osnabrück 1965) die These, das Ithaka der mykenischen Zeit, die Heimat des Odysseus, sei nicht mit der heutigen Insel gleichen Namens, sondern mit dem benachbarten Leukas identisch.

[2] Westsemitische Kriegs- und Liebesgöttin, die zeitweise – besonders unter Ramses II. (1279–1213 v.Chr.) – auch in Ägypten verehrt wurde; sie ist eng verwandt mit der entsprechenden phönikischen Göttin Astarte und der aramäischen Astargatis. Sie stieg in die Unterwelt hinab und rettete dort ihren Bruder Baal. Astarte gilt als das westsemitische Pendant der akkadischen Ischtar, der wiederum die sumerische Inanna/Innana entspricht. Auch Ischtar/Inanna/Innana – im Umfeld Frobenius' gab man dieser Version gegenüber derjenigen, in der dies ihre Tochter Geschtinanna tat, den Vorzug – stieg in die Unterwelt, um ihren Geliebten, den Fruchtbarkeitsgott Tammuz/Dumuzi, von dort zurückzuholen.

[3] Ursprünglich Jagd- und Kriegsgöttin, Reichsgöttin Unterägyptens, dann eingeschränkter Stadtgöttin von Sais im Nildelta. Sie hatte besondere Bedeutung zur Zeit der ersten Dynastie (ca. 2925–2775 v.Chr.), in der mehrere Königinnen nach ihr benannt waren, und in der sechsundzwanzigsten Dynastie (664–525 v.Chr.), unter der Sais Hauptstadt Ägyptens war und Neith als Urgöttin schlechthin verehrt wurde. In der *interpretatio Graeca* verschmilzt sie schließlich mit Athene.

[4] Griechische Namensform der dort auch mit der über das Tierreich herrschenden Artemis identifizierten vorparsischen iranischen Kriegs- und Herrschergöttin Anahit, deren in persischer Zeit ausführlich belegte Verehrung deutliche Parallelen zum Ischtar- bzw. Inannakult (s.o. Anm. 2) aufweist. Als ihre *interpretatio Graeca* findet sich bei Plutarch Athene (Artax. 3), bei Herodot (I, 131) und verschiedenen spätantiken Schriftstellern Aphrodite, meist jedoch erscheint sie als „persische Artemis" – so bei Pausanias (VII 6,6), Diodor (V 77) und wiederum Plutarch (Lucull. 24).

Athene betr. darauf hin, dass diese in aeltester Zeit Athanà „AΘANA"[5] geheissen habe, u[.] dass man griechischerseits schon früh der Ansicht gewesen, dieser Name sei nicht hellenisch[,] sondern fremd, daher einer fremden, importirten[!] Gottheit angehörig. Nun meint Vollgraff weiter, wie sprachlich bei den Boghaskoi-Tafeln[6] sehr viel mit Umstellung von einzelnen Buchstaben[b] gearbeitet werde, so könnte hier vielleicht aus Anat = Atan = Atana = Athana sich entwickelt haben, u[.] so die hellenische Pallas Athene aus der Oriental[ischen] Anat sich entwickelt haben, eventl. sogar identisch mit ihr sein. Denn Schild und Bewaffnung seien bei allen Dreien dieselbe[,] Anat, Neith, Athana! Er glaubt, dass zur Erforschung der Athene-Gorgofrage, die Festellung der Beziehungen dieser Gottheitsformen zu einander[!] und ihre Erforschung ᶜselbstᶜ,[!] sehr lohnend u[.] nöthig sein werde.

Auch Vollgraff war in der Besprechung frappirt von dem factum, dass Athene dem Perseus hilft[,] die Gorgo=Sonne zu beseitigen, u[.] dann ᵈderenᵈ Haupt auf ihrem Schild u[.] ihre[r] Aegis[7] anbringt, u[.] somit das altasiatische Sonnensymbol übernimmt.[8] Für mich wird die Frage etwas complizirter[!] dadurch.

Denn wenn Athene eventl. ebenfalls dem Orient entstammt – gleich der Gorgo= Sonne –[,] woher stammt dann die Gegnerschaft zur letzteren, die zu deren Beseitigung führt? Oder haben die Hellenen die Athana schon so „umgegossen", dass ihre Orientalischen[!] Eigenschaften verloren gingen, u[.] sie einen „spezifisch" hellenischen Typ darstellte? – Professor Vollgraff ist derjenige, der mich schon in Amerongen – nach Anhörung meiner Gorgo-Sonnen[-]Theorie – darauf aufmerksam machte auf die Doppelthat des Perseus in der hellen[ischen] Sage: 1.) Das Erschlagen der Gorgoᶜ-Sonneᶜ selbst im Westen am Ufer des Westl[ichen] Okeanos (Atlantic)[!] u[.] 2.) Das[!] Erschlagen, des der Sonne geheiligten Ungeheuers am Östlichen Okeanos bei der Befreiung der Andromeda. Also symbolisch: da wo sie aufging u[.] da wo sie unterging wurde sie beseitigt, die fremde Sonnengottheit! Wie kommt aber nun die Athene zu der in der Perseussage ihr zugewiesenen Rolle? In der sie als Feindin der Gorgo-Sonne auftritt und sie beseitigen hilft? Und zwar gerade dem hilft, der als eine Incarnation des Helios, des Hellenischen[!] Sonnengottes angesehen wird, Perseus?[9] Hat Pallas gar mit der schildbewehrten „Aphrodite Urania"[10] zu thun, die gleichberechtigt neben Helios auf demselben Sockel stehend mit ihm als Sonnengottheit verehrt wurde im Sonnentempel zu Korinth?

Mit herzlichen Weihnachts[-] und Neujahrswünschen in alter Verehrung

Ihr

Wilhelm

I[.]R.

---

[b] *Ae:* gearbeitet   [c] *Ae*   [d] *Ae statt* ihr

_____

[5] Der gleiche Name in griechischer Schrift, es handelt sich um die dorische Form des Namens der Göttin des Handwerks und der Künste, die spezielle Schutzgöttin der Stadt Athen war.

[6] S.o. Nr. 2, Anm. 3.

[7] Schutzwaffe des Zeus und der Athena; ursprünglich wohl ein Wolkensymbol, seit nachhomerischer Zeit meist als Ziegenfell gedeutet.

[8] Sophokles zufolge, der sie als „gorgoäugig" beschrieb (Aias 450), übernahm Athene, die u.a. Schlangen als Attribut hatte, auch Eigenschaften der Gorgo.

[9] S.o. Nr. 2, Anm. 14.

[10] S.o. Nr. 2.

4.

[Frobenius] an Hubert von Rebeur-Paschwitz, 18.1.1925, o.O.

Durchschlag der maschinenschriftlichen Ausfertigung:
D   FI: LF 607/6

Meine sehr verehrte und liebe Exellenz!

Seit Monaten auf Dienstreisen, empfing ich von meiner Geschäftsführung kürzlich die Nachricht, dass von dort 2 versiegelte Briefe eingelaufen seien, die vorsichtshalber der Post nicht weiter anvertraut, sondern in den Geldschrank gelegt wurden. Bei meiner Rückkehr finde ich nun, dass es sich um 2 hundvolle[!] Schreiben Seiner Majestät[1] des Kaisers handelt. Ich bitte Sie nun, den Grund der verspäteten Empfangsanzeige und den Verlauf Seiner Majestät zu melden und gleichzeitig meinen Dank für das huldvolle Vertrauen auszusprechen.

Fernerhin teile ich Ihnen mit, dass ich selbstverständlich die Frage der Athene sogleich in Angriff genommen habe, sodass ich in etwa einer Woche in der Lage sein werde, eingehendes[!] darüber zu berichten. Soviel steht sicher, dass Athene keine griechische, sondern pelaskische[!][2] Gottheit ist, die mit einer ganzen Reihe von Varianten an den Küsten des Mittelmeeres in alter Zeit eine bedeutende Rolle gespielt hat. Damit aber wird ihr Verhältnis zur Gorgo sich ohne Schwierigkeit sich[!] in das rechte Licht setzen lassen.

Es wird Seine Majestät interessieren, dass sein Werk[3] nicht nur in Deutschland, sondern sogar unter französischen Gelehrten warmherzige Aufnahme gefunden hat. Gelegentlich der Unterhandlungen mit französischen Gelehrten in Paris konnte ich dies feststellen.

Fernerhin bitte ich, Seiner Majestät zu berichten, dass die Frankfurter Angelegenheiten in der Tat in diesen Tagen zum Abschluss gekommen sind und in der Form in wenigen Wochen geregelt sein werden. Damit wäre dann die grösste Kultur-Morphologische Forschungsanstalt der Erde für Deutschland gesichert.[4]

---

[1] Wahrscheinlich Nr. 2 und 3.

[2] Die Pelasger sind die weitgehend unbekannte vorgriechische Bevölkerung Griechenlands. S.a. Nr. 11.

[3] S.o. Nr. 1, Anm. 2.

[4] Frobenius verkaufte um diese Zeit der Stadt Frankfurt sein Afrika-Archiv und siedelte schließlich mit seinen Forschungseinrichtungen von München nach Frankfurt um. Am 8. Februar konnte er Rebeur-Paschwitz seinen persönlichen Umzug mitteilen, dem der des Instituts für Kulturmorphologie und der Deutschen (Inner-)Afrikanischen Forschungs-Expedition folgen sollten (FI: LF 607/7).

Ihnen persönlich danke ich herzlich für die freundlichen Zeilen[,] die Sie am 21.12[.] an mich richteten.[5] Möge dieses Jahr für uns alle ein segensreiches und ein Jahr des Umschwunges werden.

Mit den allerschönsten Grüssen an Eure Exellenz[!] und die andern Getreuen bin ich

---

[5] Rebeur-Paschwitz hatte darin berichtet, daß er Frobenius' letztes Schreiben Wilhelm wegen seines Interesses für den ehemaligen Kaiser vorgelegt habe, und um Entschuldigung gebeten, daß Frobenius für sein zugesandtes Buch (Der Kopf als Schicksal, München 1924) nicht gedankt worden war: „Aber nicht selten gelangen die Sachen auch direkt an den Kaiser[,] ohne daß ‚Hofmarschall‘ oder Büro Etwas[!] davon hören. Siedeln Sie mit dem ganzen Kultur Morphologischen[!] Institut nach Frankfurt über? Vielleicht lassen Sie uns gelegentlich diese Frage beantworten?" (FI: LF 607/5).

5.

Wilhelm II. an Frobenius, 30.1.1925, Doorn, „Brieftelegramm"

Maschinenschriftliche Ausfertigung
A   FI: LF 614/4

Herzlichen Dank für Ihr treues Gedenken und die übersandten schönen Terracotten.[1]

[gez.] Wilhelm IR

---

[1] Der 27. Januar war Wilhelms 66. Geburtstag gewesen. Bei den Terracotten könnte es sich um die sechs in Haus Doorn vorhandenen Kopien nach Büsten der Ife handeln, deren Vorbilder Frobenius 1910 von einer Expedition mitgebracht hatte (Stichting Huis Doorn, HuD 2272–2277).

6

Wilhelm II. an Frobenius, 13.3.1925, Doorn

Ansichtskarte mit photographischer Darstellung Haus Doorns. Das gleiche Motiv wurde auch für Nr. 8, 10 und 17 verwendet.

Eigenhändige Ausfertigung:
A   FI: LF 614/6

Liebe Exzellenz,

Anbei erlaube ich mir[,] eine kleine Ausarbeitung[1] im Entwurf Ihnen zu unterbreiten, mit der Bitte[,] sie durchsehen zu wollen und Zusätze oder Streichungen oder Ergänzungen zu machen[,] die Sie für zweckmässig halten.

Diese Zusammenstellung wird zur Nothwendigkeit, denn ich werde andauernd schriftlich wie mündlich von verschiedensten Leuten nach der Gorgo[2] gefragt, [so] dass ich es für unbedingt nöthig erachte[,] eine solche kleine Skizze den Leuten in die Hand zu geben, an der sie sich zunächst mal[!] abkauen können. Das Interesse auch bei den Laien ist sehr rege! Von Doerpfeldt[!] erhielt ich einen empörten Brief über Ungnad betrf. Herodot, Homer u[.] Strabo. Sie erhalten Abschrift[3].

Mit bestem Gruss

Wilhelm

IR

---

[1] Nicht ermittelt.

[2] S.o. Nr. 1, Anm. 2. Die öffentlichen Reaktionen auf Wilhelms Korfubuch waren auch ein zentrales Gesprächsthema bei Frobenius' zweitem Besuch in Doorn, der am 25. Februar 1925 begonnen und am 3. März geendet hatte (Frobenius an Hofmarschall Eberhard Graf von Schmettow, 19.2.1925, FI: LF 607/9 und Sigurd von Ilsemann, Der Kaiser in Holland. Aufzeichnungen des letzten Flügeladjutanten Kaiser Wilhelms II., hg. v. Harald von Koenigswald, Bd. 2: Monarchie und Nationalsozialismus 1924–1941, S. 22).

[3] Nicht ermittelt.

7.

Wilhelm II. an Frobenius, 27.3.1925, Doorn

Eigenhändige Ausfertigung:
A   FI: LF 614/7

Meine verehrte Exzellenz

Der Brief von Duhn[1] ist erstaunlich! Ich sandte denselben an Sie, damit Sie sehen, welche Unklarheiten in den Köpfen selbst unserer besten alten Archäologen stecken. Er ist ein Beweis dafür[,] wie wichtig eine kurze kulturhistorische Skizze über das von mir gefundene Gorgo-<u>Symbol</u> für die Leute ist. Das facit[!][,] wie ich es aus dem Duhn'schen Brief entnehme[,] ist schliesslich: „Gorgo ist <u>nicht</u> Schamasch[2]." „Ich bin mit Schuch[h]ardt <u>einig</u>.": d.h.:

1.) <u>Schuch[h]ardt</u> sagt: „Gorgo <u>ist die Sonne</u>, aber sie ist „Pelasgisch"[3][!][.]

2.) <u>Duhn</u> sagt: „Gorgo ist <u>nicht die Sonne</u>[,] sondern <u>Nacht</u>, aber ist „<u>Griechisch</u>"!

Dies als <u>Einigkeit</u> zu begreifen[,] fehlt mir die Gabe! Dass „Schechr[4] = Factorei" sei, ist Doerpfeld auf seine, auf meine Bitte, an die Herren des Oriental[ischen] Seminars (Semit[ische] Sprachen) gerichtete Anfrage erwidert worden. Es wird wohl dahin zu verstehen sein, dass Kaufen, Kaufpreis, Ort[,] wo man kaufen kann, mit einem Allgemeinbegriff gedeckt werden?

Den Auszug aus der „Encyclopedia Britannica" schickte ich Ihnen, da er zeigt[,] wie oberflächlich solche Dinge gemacht werden. „Gorgonen sind Flügelwesen".[5] Die Alten[!] Griechen kannten keine solchen und stellten sie auch nicht dar, sie kommen aus Asien.

Die beiden Schriften Ungnad's[6] sind eben an Sie weitergegangen, ich habe sie noch nicht durchstudirt[!]. Ich sandte Ihnen als Einlage zu den Indischen[!] Ausgrabungen ein Heft über Holländ.[-]Indien mit dem interessanten Stier. Vielleicht hilft es zur Erklärung. Diese alten Stier-Siegel sind wunderbar; erinnern an Myken. Sachen u[.] Styl. Nur

---

[1] Nicht ermittelt.

[2] Der – männliche – babylonische Sonnengott, offenkundig verwandt mit der – weiblichen – westsemitischen Sonnengöttin Schams. Skeptisch gegen die von Dörpfeld und Wilhelm vertretene, vermutlich erstmals von Habbo Lolling (De Medusa, Diss. phil. Göttingen 1871) behauptete Gleichsetzung von Gorgo und Schams/Schamasch hatte sich Duhn bereits in seinem Schreiben an Dörpfeld vom 26.10.1919 (AEW: 1564 B6f.) geäußert.

[3] S.o. Nr. 4, Anm. 2.

[4] Im heutigen Arabisch gibt es die Wörter „Schera'a" („Kauf" oder „Verkauf") und „Schara'a" („Käufer" oder „Verkäufer"). Auf eine frühe Entstehung des Worts weist die Verwandtschaft mit dem hebräischen „śakhar" (Bezahlung) hin.

[5] Die Beschreibung des Aussehens der Gorgonen beginnt dort: „The Gorgons are represented as winged creatures …" („Gorgo, Gorgons", in: Encyclopedia Britannica. A Dictionary of Arts, Sciences, Literature and General Information, 11. Aufl., Bd. 5, New York 1910, S. 257).

[6] Nach Veröffentlichungsart, Gegenstand und Aktualität vermutlich diese Broschüren: Arthur Ungnad, Das Wesen des Ursemitischen. Eine sprachgeschichtlich-psychologische Untersuchung, Leipzig 1925 und ders., Die ältesten Völkerwanderungen Vorderasiens. Ein Beitrag zur Geschichte und Kultur der Semiten, Arier, Hethiter und Subaräer, Breslau (Selbstverlag) 1923.

sitzen bei den Biestern die Hörner wie beim Hirsch nach vorn und direct in die Höhe strebend! Der en face Kopf sieht sogar wie der einer grossen Antilope aus mit seinen langen[,] dünnen[,] gerade in die Luft strebenden Hörnern. Sollte es ein <u>Kudu</u>[7] sein? Die sind ja so gross oder grösser wie das Rind, sehen aber im Körper ähnlich aus! Indiens Vieh ist es nicht.

I[hre] M[ajestät] ist aus dem Sanatorium heute geheilt entlassen. Sie wird sich noch länger schonen müssen, aber ich hoffe sie am 1.IV. wieder hier begrüssen zu können. Gott Lob[,] dass wir soweit sind, ich war in grosser Sorge, aber der Dr. Vigelius hat seine Sache brillant[!] gemacht.

Mit besten Empfehlungen an I[hre] Exz[ellenz]

Ihr dankbarer Schüler (Mitarbeiter?)
Wilhelm
I. R.

---

[7] Antilopenart der ost- und südafrikanischen Savannen, allerdings mit korkenzieherartig geschraubten Hörnern.

8.

Wilhelm II. an Frobenius, 30.3.1925, Doorn

Eigenhändige Ausfertigung:
A   FI: LF 614/8f.

Dieses Schreiben nimmt die Rückseiten zweier Ansichtskarten vollständig ein. Ihr Motiv ist mit demjenigen von Nr. 6, 10 und 17 identisch.

Lieber Prof. Frobenius

Anbei der illustrirte Catalog der oriental. Sammlung Herrn v. d. Heydt's, die im Haag ausgestellt ist.[1] 2 wertvolle Dinge für mich sind darin, die Sie auch fesseln werden. Einmal die <u>Japan[ische] Garuda[2]-Vogel-Tanz Maske</u>[3], zum anderen die Râkshasas-

---

[1] Es handelt sich vermutlich um einen Privatdruck, da die frühesten Kataloge der Sammlung, die sich in deutschen und internationalen Bibliotheken haben finden lassen, die 1932 bei Bruno Cassirer in Berlin erschienen sind (Eckart von Sydow, Kunst der Naturvölker. Afrika, Ozeanien, Indonesien. Sammlung Baron Eduard von der Heydt sowie William Cohn, Asiatische Plastik. China, Japan, Vorder- Hinterindien, Java. Sammlung Baron Eduard von der Heydt). Die Sammlung bildet seit 1952 den Grundstock des Rietbergmuseums in Zürich.

[2] Dieser Vogel, der als Sonnensymbol gilt, ist das Reittier des hinduistischen (Sonnen-)Gottes Vischnu. Seine Darstellungen sind über Indien hinaus in ganz Südostasien verbreitet.

[3] Aufgrund der Verbreitung des Garuda-Motivs ist anzunehmen, daß „japanisch" hier versehentlich für „javanisch" gesetzt ist. Auch dann läßt sich eine solche Maske in dieser Sammlung freilich nicht iden-

Statuette[4], welche das genaue Ebenbild meiner Gorgo ist, wenn sie auch viel, viel jünger ist. Das kann kaum ein Zufall sein? Prof. Vollgraff war gestern hier und besprach Duhn's Brief an mich[5]. Er verruft dessen These mit Gorgo = Hecate[6]. Er sagt ganz richtig: Hecate ist die Mond- u[.] Nachtgöttin. Ich hätte schon in meinem Buch bemerkt, dass die These Gorgo = Hecate od. Gorgo = Mond bereits von Roscher schlagend widerlegt und erledigt sei.[7] Schuch[h]ardt mit seiner „Pelasgischen" Sonne und Duhn mit seiner „Griechischen" Nacht[8] sei sehr amüsant. Auch Wiegand's Ansicht, dass das von ihm auf der Ecke des Apollotempels von Didyma gefundene Gorgoneion[9],[!] ein Apotropaion[10] sein soll, sei falsch.[11] Der Tempel des griech. Sonnengottes Apollon stehe in Kl[ein]-Asien. Da haben die Baumeister für die umwohnenden Asiaten[,] diesen Tempel als „Sonnenheiligtum" besonders markiren[!], unterstreichen wollen u[.] daher das alte ihnen geläufige Sonnensymbol[,] die Gorgo[,] draufgesetzt, um keinen Zweifel an seiner Bestimmung zu lassen.

Apollon als Gott brauche überhaupt kein Apotropaion, er schützt und wehrt selbst ab.[12] Es sei eine Marotte der Archaeologen geworden, so wie die Gorgo auftauche, diese lediglich sofort als Apotropaion zu stigmatisieren. Für die Menschen möge das hie und da der Fall sein, aber bei Göttern nicht. Da müsse sie als Symbol aufgefasst werden. Die Baumeister des Apollotempels von Didyma hätten eben „symbolisch gedacht" u[.] das Sonnensymbol als Charakteristicum für den Sonnentempel benutzt. Vollgraff ist bereit[,] an der Atheneforschung[13] sich zu betheiligen[!]. Er grüßt sie bestens und ist sehr bethan[!] von Ihrer „Deutschen Cultur im Raum"[14]!

Ihr Schüler und Mitarbeiter
Wilhelm
IR

---

tifizieren. Für seine großzügige Unterstützung bei dieser Suche sei Herrn Lorenz Homberger, dem Stellvertretenden Direktor des Rietbergmuseums in Zürich, gedankt.

[4] Eine im 14. oder 15. Jahrhundert in Ostjava verfertigte Statuette des Dämonen Rākshasas (s. Cohn, Asiatische Plastik [wie Anm. 1], S. 234f.). Ähnlichkeit mit dem korfiotischen Gorgorelief haben vornehmlich die schlangenartig gewundenen Haare und die leicht hervorquellenden Augen. Weder die Haltung der Glieder (streng frontal in ruhender Stellung statt „Knielauf") noch des Mundes oder das ohne Entsprechung von Rākshasas in der Hand gehaltene Kurzschwert entsprechen der griechischen Darstellung.

[5] S.o. Nr. 7, Anm. 1.

[6] Hekate ist eine von den Griechen verehrte, ursprünglich karische Göttin vielfältiger Zuständigkeiten. Manche ihrer Darstellungen sind denen der Artemis angeglichen.

[7] Erinnerungen an Korfu, Berlin 1924, S. 109.

[8] S.o. Nr. 4, Anm. 2 und Nr. 7.

[9] Darstellung des Gesichts der Gorgo.

[10] Unheil abwendendes Symbol.

[11] Die Architrave des archaischen Apollotempels in Didyma trugen Reliefs mit Gorgo- und Löwenreliefs – eine Kombination, die an den Giebel des Artemistempels auf Korfu erinnert. Auch der hellenistische Tempel, der den archaischen ersetzte, wies wieder Gorgoneien auf, die aber weniger grotesk skulptiert waren als ihre Vorgänger.

[12] Die abwehrende Macht Apollons wird von zahlreichen alten wie heutigen Autoren betont, und Aristophanes gibt ihm in den Wespen (161) sogar ausdrücklich den Beinamen Apotropaios.

[13] S.o. Nr. 3 und 4.

[14] Leo Frobenius, Die Deutsche Kultur im Raum, in: 1925. Ein Almanach für Kunst und Dichtung aus dem Kurt Wolff Verlag, [München 1924], S. 154–169.

9.

Frobenius an Wilhelm II., 1.4.1925, Frankfurt am Main

Durchschlag der maschinenschriftlichen Ausfertigung:
D   FI: LF 608/1

Euer Majestät

müssen zur Zeit ausserordentliche Geduld mit mir haben. Ich sause kreuz und quer durch Deutschland, um die Grundlagen des nun einer grösseren Zukunft bestimmten Institutes sicher zu stellen. Da die Unzuverlässigkeit der Post eine ungeheure geworden ist, lasse ich mir nichts mehr, was wichtig ist, nachsenden, und so kommt es, dass ich die Schriften, mit denen mich Euer Majestät allergnädigst bedacht haben,[1] erst gestern empfing.

Zunächst darf ich für das grosse Vertrauen meinen Dank aussprechen. Ich habe mich bemüht, sogleich die Gedanken Euer Majestät mir zu eigen zu machen und einen Gegenentwurf unter Grundlegung der Ausarbeitung Euer Majestät[2] aufzusetzen, den ich anbei sende.[3] Diese Niederschrift ist nicht sehr schön und nicht so korrekt, wie sie für Euer Majestät sein sollte, aber in der ausserordentlichen Hetze, die hier eintrat, hatte ich keine Sekretärin zur Verfügung und war darum meine Frau so liebenswürdig, die Niederschrift unter erschwerenden Abreiseumständen auszuführen.

Ich hoffe, dass ich mit dem kleinen Entwurf einigermassen den Sinn dessen, was Eure Majestät gewünscht haben, traf. Unter den mir zu teil[!] gewordenen Mitteilungen beglückte mich vor allen Dingen die Nachricht über den Zustand und die Genesung Ihrer Majestät[4] und kann ich nur dem Arzte Glück wünschen, dem diese Kur so gut gelang. Die Schriften, die Euer Majestät mir zur Einsicht schickten[,] und ebenso das Buch lasse ich heute nach Berlin zurückgehen. Die Zeitschriften habe ich fürs Institut bestellt und die beiden kleinen Monographien von Ungnad[5] lasse ich mir durch den Buchhändler nach Spanien nachsenden.

Was den Brief des verehrungswürdigen Prof. v. Duhn anbelangt[6], so muss man dem alten Herrn fraglos die Bedeutung des grossen Monographen zusprechen, ohne ihm aber dabei die Fähigkeit zur Polygraphie zubilligen zu können. Denn das ist der grosse Unterschied: die Monographen erklären aus dem engen Raum und dem Stoff heraus, die Polygraphen dagegen haben die Möglichkeit, aus den kulturellen Vorkommnissen der geographischen Umwelt heraus das Wesentliche der Entwicklungslinien in dem Zustand vor dem Eintritt in den engen Raum des Monographen zu bestimmen.

Morgen nun fahre ich nach Spanien, wo ich mit Seiner Majestät dem König[7] Verschiedenes werde besprechen dürfen. Sollte etwas Eiliges sein, so bin ich zu erreichen durch die Kurierabteilung des Auswärtigen Amtes und die Botschaft in Madrid. Abge-

---

[1] Nr. 6 und 7.   [2] S.o. 6, Anm. 1.   [3] Nicht ermittelt.   [4] S.o. Nr. 7.
[5] S.o. Nr. 7, Anm. 6.   [6] S.o. Nr. 7.
[7] Alfonso XIII. (1886–1941), 1886 bis 1931 König von Spanien.

sehen von Grösserem und mir Wesentlicherem[,] denke ich auch auf wissenschaftlichem Gebiete einiges Bedeutungsvolle gewinnen zu können.

Die Besprechungen mit den Herren der Kulturwissenschaft sind so weit gediehen, dass ich hoffe, in Bälde endgültige Vorschläge machen zu können.[8]

Ich bitte Euer Majestät[,] mich lieb zu behalten.

In tiefster Ehrerbietung

---

[8] Vom 2. bis 4. Juni 1925 fand in Doorn die erste Tagung von Wissenschaftlern um Frobenius statt (AEW: 1678 A6), aus der sich die Doorner Akademie und dann die Doorner Arbeitsgemeinschaft entwickeln sollten. S.u. Nr. 12.

10.

Wilhelm II. an Frobenius, 6.4.1925, Doorn

Ansichtskarte mit photographischer Darstellung. Ihr Motiv ist mit demjenigen von Nr. 6, 8 und 17 identisch.

Eigenhändige Ausfertigung:
A   FI: LF 614/10

Verehrte Exzellenz

Besten Dank für umgearbeiteten Aufsatz[1]. Er hat im Doorner Kreis beim Vorlesen gut gefallen und entspricht meinen Ansichten und Erwartungen. Anlage[2] erhielt ich durch H.v.d. Heydt. Es ist nicht viel neues darin. Von Interesse, dass die Gorgo nicht spezifisch Griechisch[!] ist. M[einer] A[nsicht] nach falsch, dass sie eine[!] Phantasiegebilde[,] aus einer Macke entsprungen sei! Das Umgekehrte ist der Fall! Guten Erfolg in Spanien![3] Hier seit gestern plötzlich sommerlich!

Ihr gehorsamer Mitarbeiter

und Schüler

Wilhelm
I R

---

[1] S.o. Nr. 9.   [2] Nicht ermittelt.   [3] S.o. Nr. 9.

11.

Wilhelm II. an Frobenius, 22.4.1925, Doorn

Eigenhändige Ausfertigung:
A   FI: LF 614/11

Meine[!] verehrteste[!] Exzellenz

Gestatte ich mir als „Mitarbeiter" eine Meldung zu machen, die Sie gewiss interessieren und die M[einem] W[issen] nach bestimmt ist[,] das grösste Aufsehen in der Gelehrtenwelt zu machen. Sie betrifft die von Ihnen mir in der „Illustr[ated] London News" vorgelegten neuesten Indischen Grabungen.[1] Diese sind von Prof. <u>Sayce</u> und anderen Brit[ischen] Gelehrten untersucht und bestimmt worden. Sayce hat die Schriftzeichen entziffert und lesen können[,] weil sie in <u>Sumerischer</u> Schrift abgefasst sind[2].

Der Fund wird von ihm als „<u>Sumerische Cultur</u>" bezeichnet und geht somit auf etwa <u>3000 v. Chr.</u> zurück! Das hat unabsehbare Folgen! Denn unsere „Monographen"[3] hatten apodiktisch befohlen: älter als <u>400</u> v. Chr. giebt es in Indien weder Kultur noch Kunst (!) Z.B. Bissing, mit dem ich 1924 darüber einen heftigen Streit hatte – wegen meiner Theorie, die Myken[ische] Kunst habe sicher auch mit Indien zu thun –[,] wies mir haarscharf und bestimmt nach: das sei ausgeschlossen, da <u>vor</u> dem Alexanderzug die Indier[!] <u>keine</u> Kunst, vor allem <u>keine</u> Bronce gekannt hätten.[4]

Also „Kunsthiatus" oder besser „Kunstvacuum" bis 400 v. Chr. in diesem gewaltigen[,] von intelligenten Menschenmassen bevölkerten Asiat. Continent!!! Unfassbar! Jetzt mit einem Ruck ist die Alt- od. Vor-Indische Cultur auf <u>3000 v. Chr.</u> zurückgeschraubt! Was lässt das für Perspektiven für Kunstentwicklungen, Kunstepochen, Kulturbeziehungen mit Kl[ein-]Asien, West-Asien zu! Da die Sumerer uns <u>zuerst</u> im 2[-]Stromland bekannt geworden und entgegengetreten sind, geht nunmehr der Kampf los: Kamen sie von dort nach Indien? Oder umgekehrt? Kamen sie zu Lande – durch Belutschistan – <u>nach</u> Indien? Oder zu Schiff? Oder <u>von</u> dort? Deswegen sollen auch in Belutschistan Grabungen gemacht werden!

Da besonders bei der Untersuchung der Keramik ausdrücklich constatirt wird, dass sie den besten <u>Mykenischen</u> Keramiken ähnlich und ihnen an die Seite zu stellen sei, so

---

[1] Das von Wilhelm versandte Zeitungsexemplar ist nicht belegt. Sir John Hubert Marshall hatte seine Funde im Industal jedoch zuerst in den Illustrated London News vom 20.9.1924 bekannt gemacht (First Light on a Long Forgotten Civilization, S. 528-532). Erste Reaktionen darauf gab es in der gleichen Zeitung von Archibald Henry Sayce am 27.9.1924 (Remarkable Discoveries in India, S. 566) sowie von Cyril John Gadd und Sidney Smith am 4.10.1924 (The New Links Between Indian and Babylonian Civilizations, S. 109f.). Zur Induskultur s. Nr. 74, Anm. 71.

[2] Sayces Deutung der Schrift der Indus- oder Harappa-Kultur hat sich nicht durchsetzen können. Sie gilt heute noch als weitgehend unentziffert. Die hinter ihr verborgene Sprache ist wohl nicht mit dem Sumerischen verwandt, doch hält auch die moderne Forschung eine Verwandtschaft mit dem in Südindien gesprochenen Drawidischen für wahrscheinlich.

[3] Eine Gegenüberstellung von „Monographen" und „Polygraphen" hatte Frobenius Wilhelm gerade erst vorgestellt (s.o. Nr. 9).

[4] Nicht ermittelt.

scheint sich hier eventl. – falls zutreffend – eine Bestätigung für Doerpfeld's und meine Theorie anzubahnen, dass die <u>Mykenische</u> Kunst mit <u>Indien</u> in Verbindung gestanden haben könne![5] Dennoch![6] Tamen! Eine 2te interessante Frage thut sich auf: „Haben die Sumerer <u>vor</u> oder gemeinsam <u>mit</u> den Indischen[!] Ureinwohnern[,] den <u>Dravidas</u>[7] schon gewohnt[,] <u>ehe</u> die Arische[!] Einwanderung durch die Nord-Pässe stattfand? Oder waren die Arier und Dravidas schon vermischt[,] als die Sumerer erschienen?["] –

Was werden da für Möglichkeiten für Meinungskämpfe der Gelehrten eröffnet, das können „Homerische" Schlachten werden. Ein schönes neues Feld für „Paleographie"[!].

Wieder mal[!] ein Beweis, dass ein Archäologe nicht – weil noch nichts gefunden ward – sich versteigen darf[,] „niemals" zu sagen. Der arme Bissing wird erstaunt genug sein, wenn er das erfährt.

„Was man nicht definiren kann, das sieht man als ‚Pelasgisch‘ an!"[8] Schulten war hier: freut sich sehr, daß Sie in Spanien sind u[.] auch für Tartessos[9] interessieren. Er geht im August hin. Er meint[,] es sei tief gesunken und liege unter Wasser.[10]

Frühling fängt an[,] hier einzuziehen, das Blühen beginnt. Mit besten Grüssen.
I.M. fortschreitend gut.

Ihr (Mitarbeiter)
Wilhelm
I R

---

[5] So erklärte Dörpfeld auch 1930 über Frobenius (an Wilhelm II., 17.1.1930, AEW: 1565 C8): „Seine Ergebnisse stimmen zum Teil sehr gut zu meinen Ansichten, daß die hohe arabische Kultur, die wohl aus Indien stammte, sich nicht nur als myken. Kultur ins Mittelmeer und nach Griechenland ausgebreitet hat, sondern auch die südlichen Küsten Afrikas erreicht hatte." Öffentlich hat er diese Ansicht etwa vertreten in: Die altgriechische Kunst und Homer, in: Mitteilungen des Deutschen Archäologischen Instituts. Athenische Abteilung 50 (1925), S. 77–111, hier: S. 92.

[6] Dieses in Wilhelms Briefen häufig emphatisch wie ein Wahlspruch eingesetzte Wort – hier durch seine lateinische Wiederholung besonders betont – faßt das Selbstbild des Exilanten als eines trotzigzuversichtlich Leidenden zusammen. Ausführlicher ist die Kalligraphie von Vers 23 des 73. Psalms, die er täglich im Türdurchgang zwischen Bibliothek und seinem Arbeitszimmer vor Augen hatte: „Dennoch bleibe ich stets an Dir, denn Du hältst mich bei meiner rechten Hand."

[7] Die drawidischen Sprachen sind vornehmlich in Südindien und Sri Lanka verbreitet. Es ist umstritten, ob die sie sprechenden Völker dieser Region indigen sind oder ob sie vor der indoeuropäischen Wanderungsbewegung selbst von Nordwesten her eingewandert waren. Für die zweite These spricht, daß die Sprache der frühen Kultur im Industal (s.u. Nr. 74, Anm. 71) anscheinend mit den drawidischen verwandt war.

[8] S.o. Nr. 4, Anm. 2.

[9] Seit dem 2. Jahrtausend v. Chr. bestehende Hauptstadt eines iberischen Königreichs an der Mündung des Guadalquivir, im 8. Jahrhundert v. Chr. offenbar vom phönikischen Tyros abhängig, anschließend bis zur Zerstörung um 500 v. Chr. wieder selbständig.

[10] In dieser bereits 1922 geäußerten Ansicht, Tartessos sei unter den Grundwasserspiegel abgesunken (Adolf Schulten, Tartessos. Ein Beitrag zur ältesten Geschichte des Westens, Hamburg 1922), sah sich Schulten insbesondere durch seine Ausgrabungen im Delta des Guadalquivir von 1922 bis 1926 bestätigt (Adolf Schulten, Tartessos. Ein Beitrag zur ältesten Geschichte des Westens, Hamburg ²1950, S. x und 165–175).

12

[Frobenius] an Wilhelm von Dommes, 20.6.1925, o.O.

Durchschlag der maschinenschriftlichen Ausfertigung:
D   FI: LF 603a/1f.

Mein hochverehrter und lieber Herr General!

Soeben empfange ich Ihr Schreiben vom 18. Juni, nachdem ich am Tage vorher schon die Andachten Seiner Majestät erhielt.[1]

S.M. der Kaiser wünschte sich dort eine Niederschrift kurz protokollarischer Natur zur Versendung an solche Leute, die in Doorn etwa wegen des Inhaltes der Besprechungen anfragen. Von einer Veröffentlichung dieses Protokolls in der Zeitung hat S.M. mir gegenüber nichts gesagt. Dementsprechend habe ich die kleine Arbeit ausgeführt. Ich bin nun überzeugt, dass S.M. der Kaiser zunächst auch garnicht[!] an die Veröffentlichung in der Presse gedacht hat[,] und glaube, dass es sehr erfreulich sein würde, wenn wir hierbei bleiben[!].

Vielleicht ist es ganz richtig, dass ich mich bei dieser Gelegenheit Ihnen, hochverehrter Herr General und dem Hofmarschallamte gegenüber ausspreche, wie ich das Verhältnis der Doorner wissenschaftlichen Arbeit zur Oeffentlichkeit ansehe. Zunächst kann es sich lediglich um das Interesse S.M. handeln. Dies Interesse ist intim, ist dasjenige eines feurig strebenden und in seinen Dimensionen bedeutenden Menschen. Es ist dies eine absolut innerliche Angelegenheit, der wir unsere Kräfte widmen. Mit allergrößter Liebe.

Die zweite Frage ist es, was dies die Oeffentlichkeit angeht. Und da kann ich nicht anders sehen, als dass nur allerkleinste Dosen versetzt werden dürfen. Man darf nie vergessen, dass jedermann[!] einen bedeutenden Fehler begeht, der sich allzuweit und ohne genügende Sicherheit der Oeffentlichkeit aussetzt. Dies gilt für jeden. Am meisten aber natürlich für S.M. den Kaiser, der nicht mehr unser Wilhelm II. von 1914 ist, sondern der das schreckliche Schicksal erlebt hat, zum Sündenbock gemacht zu werden. Eine ungeheure Anzahl von Menschen mit einem schlechten Gewissen wartet direkt darauf, S.M. Hässliches zu erweisen. Demgegenüber sind diejenigen, die unsern Kaiser wirklich kennen, minimal an Zahl und zum grössten Teil heute ebenfalls in einer Oppositions-Stellung. Dies gilt ganz besonders von mir. Ich erweise S.M. den schlechtesten

---

[1] Ein Schreiben Dommes' vom 18. Juni ist nicht bekannt. Frobenius erwidert hier aber inhaltlich Dommes' an ihn gerichteten Brief vom 16. Juni (FI: LF 603b/3), in dem der Autor auch den Versand von zwei Predigttexten Wilhelms angekündigt hatte. Dommes hatte darin u.a. geschrieben: „Euerer Exzellenz beehre ich mich, auf Allerhöchsten Befehl das Einverständnis Seiner Majestät mit Ihrer Niederschrift über die Tagung in Doorn [vom] 2. bis 4. VI. ganz ergebenst zu übermitteln. Wie Euere Exzellenz sehen werden, hat Seine Majestät in der Niederschrift ein Wort (lediglich redaktionell) geändert. Ich darf annehmen, daß die Veröffentlichung unter Euerer Exzellenz Namen geht, und habe deshalb die Abschrift mit ‚Frobenius' gezeichnet. Ebenso darf ich annehmen, daß Euere Exzellenz die Uebermittelung der Notiz an die Presse übernehmen. Daß ich diese Regelung nicht zur Bequemlichkeit vorschlage, glaube ich nicht darlegen zu brauchen. – Nur in die deutsche Wochenschrift für die Niederlande werde ich die Notiz bringen, aber erst zum 28. d. M."

Dienst, den ich mir denken kann, wenn ich mehr als dringend notwendig meinen Namen in der Weise öffentlich in den Allerhöchsten Dienst stelle[.] Dies ist eine ausserordentlich delikate Angelegenheit und es ist meine Pflicht, dabei nicht an mich zu denken (denn für mich ist da<s> natürlich sehr hübsch und angenehm), sondern ich habe vor allen Dingen und einzig und allein mir zu überlegen, inwieweit eine solche Veröffentlichung S.M. in der Stellung zum deutschen Volke und zu bestimmten Parteien förderlich oder nachteilig sein kann.

Diese ganze Angelegenheit erachte ich für viel wesentlicher, weil ich eben den derzeitigen[!] regierenden Geist Deutschlands und die Gesinnung meiner Fachgenossen kenne. Wenn ich auch an die Universität berufen bin, wenn ich auch in Frankfurt eine bedeutende Stellung habe, wenn ich mich auch mit dem grässlichen Stickstoff der Berühmtheit umgeben sehe, so weiss ich doch ganz genau, dass das, was notwendig ist, die Verbreitung einer wirklichen Kenntnis unserer Instituts-Arbeit und der enormen Bildersammlung des Archivs noch aussteht. Erst in dem Augenblick, wo es gelungen ist, etwa durch das Interesse des Herrn Reichspräsidenten eine grosse Ausstellung zu veranlassen,[2] eine Ausstellung, in der auch der koloniale Gedanke wieder klar und rein zum Ausdruck kommt, erst nach der derartig verbreiterten Basis unserer Autorität habe ich denjenigen Zustand nicht mehr zu erschütternder Ansehnlichkeit erreicht, um sagen zu können, dass das Auftreten in breiter Oeffentlichkeit und in prononzierter[!] Natur für die Doorner wissenschaftlichen Konferenzen S.M. nicht mehr schaden kann.

Presse und Stimmung sind so difficile[!] Angelegenheiten, dass man sie nur mit ganz sorgfältigen Fingern handhaben kann. Ansehen um Ansehen, Schritt um Schritt, Laune um Laune wollen erwogen und in jedem Augenblick berücksichtig werden. Die Doorner wissenschaftliche Arbeit muss langsam und sicher aufwachsen und gedeihen, immer mit den beiden Zielen: einerseits S.M. dem Kaiser freudige Stunden zu bereiten und andererseits dem deutschen Volke langsam und sicher das Bild Wilhelms II. bekannt zu geben und immer vertrauter zu machen, ein Bild, das es zum ersten Male in dem Buche Korfu[3] gesehen hat.

———————

Mein hochverehrter und lieber Herr General, es ist mir ein Bedürfnis gewesen, Ihnen und Ihren Nachfolgern einmal ein Bild zu geben von dem, was ich mit meinen schwachen Kräften zu tun im stande[!] bin[,] und Ihnen vor allen Dingen zu zeigen, welche Wege (du lieber Gott, es ist ein ganz kleiner Feldweg) ich geführt werde. Und ich wollte gern sagen, wo und wie ich meine Verantwortung in den Hauptlinien charakterisiert sehe.

Indem ich um Ausdruck meiner tiefsten Verehrung im Schlosse bitte und Sie alle freundschaftlich und herzlichst grüsse,
      verbleibe ich
        Ihr

—————————————————

[2] S.u. Nr. 13 und 15.
[3] S.o. Nr. 1, Anm. 2.

13.

Wilhelm von Dommes an Frobenius, 30.6.1925, Doorn

Eigenhändige Ausfertigung:
A   FI: LF 603b/6

Sehr verehrte Exzellenz,

Euerer Exzellenz ausführliches gütiges Schreiben vom 20. d.M.[1] (eingegangen am 24.) habe ich nicht verfehlt, Seiner Majestät dem Kaiser und König sogleich zu unterbreiten. Seine Majestät lassen Euerer Exzellenz für die Ausführungen herzlich danken und treten ihnen bei. Euerer Exzellenz Niederschrift wird nunmehr der Oeffentlichkeit nicht zugänglich gemacht, sondern bleibt beschränkt auf Persönlichkeiten, deren Orientierung Seiner Majestät erwünscht ist, oder die hier anfragen pp.

Auf Allerhöchsten Befehl habe ich unter der Hand versucht, das Interesse des Herren Reichspräsidenten für eine große Ausstellung in Euerer Exzellenz Sinne zu erwecken. Von dem Erfolg werde ich nicht verfehlen, Mitteilung zu machen.[2]

Von Seiner Majestät habe ich besten Gruß zu übermitteln. In bekannter Verehrung, lieber Herr Geheimrat, bin ich

Euerer Exzellenz

ganz ergebenster

[gez.] v. Dommes

---

[1] Nr. 12.   [2] S.o. Nr. 12.

14.

Wilhelm II. an Frobenius, 3.7.1925, Doorn, Telegramm

Ausgehändigte Fassung
A   FI: LF 614/12

hoere zu meinem aufrichtigen bedauern das[!] sie erkrankt wuensche herzlichst gute besserung erbitte nachricht ueber befinden[1] gruss = Wilhelm i[mperator] r[ex]

---

[1] Einen ausführlichen Bericht über den Verlauf seiner Krankheit gab Frobenius Wilhelm am 9. Oktober 1925 in Nr. 16.

15.

Wilhelm von Dommes an Frobenius, 7.7.1925, Doorn

Eigenhändige Ausfertigung:
A   FI: LF 603b/7

Sehr verehrte Exzellenz,

Seine Majestät der Kaiser freuten sich sehr, Ihrem Briefe vom 4. d.M.[1] entnehmen zu können, daß es sich bei Ihnen nur um eine vorübergehende Unpäßlichkeit, nicht um eine ernste Erkrankung handelt.[2] Immerhin sind Seine Majestät der Ansicht, daß zunächst einmal alles geschehen muß, damit Sie Ihre prachtvolle Frische und Leistungsfähigkeit nicht verlieren. Seine Majestät freuen sich, Ihnen zu der zu gebrauchenden Kur die Mittel hierdurch zur Verfügung zu stellen.

Für die Fragen des Instituts, die Sie neulich berührten,[3] haben Seine Majestät den Feldmarschall[4] und den Minister Schmidt-Ott interessiert. Hoffentlich gelingt es[,] auf diesem Wege die Schwierigkeiten zu beheben.

Seine Majestät lassen Ihnen herzlich gute Besserung wünschen und Ihnen besten Gruß senden.

Indem ich Sie bitte, auch meine persönlichen Wünsche für baldige Wiederherstellung freundlich entgegenzunehmen, bin ich, lieber Herr Geheimrat,

Euerer Exzellenz

aufrichtig ergebener

v. Dommes

---

[1] Nicht ermittelt.   [2] S.o. Nr. 14.   [3] S.o. Nr. 12.

[4] Paul von Hindenburg. Dommes vermeidet hier die Bezeichnung mit seinem republikanischen Amt als Reichspräsident, die Frobenius benutzt hatte.

16.

Frobenius an Wilhelm II., 9.10.1925, Biganzolo

Durchschrift der eigenhändigen Ausfertigung:
D   FI: LF 608/2–10

Insbesondere die ersten Seiten dieses Schreibens weisen große Lücken im Papier auf.

Allergnädigste Majestät!

Wenn in alter Zeit der preussische König seine Soldaten begrüsste, so antworteten die:

Guten Morgen, Majestät! <>[1]

soldat mich wieder zum Dienst melde — allerdings noch nicht so ganz fronttüchtig, sondern immer noch mit sehr schwachen Augen und als „Hinkepot!" Da aber Euer Majestät den gnädigsten Anteil an meinem Ergehen bezeugten, will ich kurz berichten.

Also nach Absendung meines letzten Briefes aus Pallanza[2] verschlimmerte sich <mein Zu>stand ins Groteske. Ich <> Augustdrittel nach <>; die Untersuchung ergab die Richtigkeit der Bergmannschen Diagnose; der Blutdruck stieg nochmals um 30%; Schwindel, weitere Seetrübung[!]; Körpergewichtsabnahme 40 ℔, ziemlich katastrophal; ich kam mir sehr kindisch vor; da passirt ein Sturz; ich schlage das Schienenbein[!] mit Splittern auf; gerade da wo 1906 ein Strophantuspfeil[3] sass; blöder Blutverlust und, der Blutdruck verschwand. Dafür andere scherzhafte Sachen. Gleichzeitig erkrankte meine F<rau schw>er an einem Magenleid<en> <> Sanatorium im Allgäu; me<eine Frau>, die nie im Leben krank war, attrapirte eine schwere Blutvergiftung, sodass sie um ein Haar ihr Bein einbüste[!]; – eine reizende Familie! Weiss Gott! Und ich armer Kröpel[!]! – Es war herrlich!

Dann aber kam eine herrliche Nachricht – und es war einmal wieder der Beweis erbracht, dass für den Menschen Körper ein Ausdruck der Seele ist. Kaum, dass mich die Kunde, – über die ich g<leich ber>ichten werde, – erreichte, a<ls> <> sich zu berichtigen begann[,] und heute geht es zwar mit den Augen noch schlecht, – auch humple ich noch, – leide an <A>ppetit – aber ich schlafe wieder und (für Frankfurt!) beginnt die Klaue sich wieder versuchsweise in der Luft zu erproben.

Nun aber etwas, was Euer Majestät unbedingt mehr fesseln muss als meine alberne Leidensgeschichte. Also:

---

[1] Das gesamte untere Drittel dieser Seite ist durch Mäusefraß verloren.

[2] Kurort am Lago Maggiore. Der Brief nicht ermittelt.

[3] Pfeil mit aus Planzen der Gattung Strophanthus gewonnenem Muskelgift. Seinen Wirkstoff Strophanthin ließ sich Frobenius in einer 1906 von dem Heidelberger Arzt Albert Fraenkel eingeführten Therapie gegen Herzschwäche aber auch freiwillig injizieren. So berichtete er Dettlof Graf von Schwerin am 8.12.1937: „Die Strophantin-Spritzen kenne ich wie meine Westentasche oder besser noch wie den mir angewachsenen linken Arm. Innerhalb von 10 Tagen habe ich jetzt 12 Empfänge in meinen Venen gefeiert." (AEW: 1634 D1).

Euer Majestät kennen mein al<tes> Zutrauen zur Volkssage, zur Tradition. Damit hatten wir schon manchen schönen Erfolg. Auf unserer Sudan-Nubien-Aegypten-fahr<t>[4] <> auch meine Aufzeichnung gemacht <u>nd aus dem Jahre 1913 die Bestätigung <m>eines Axioms erhalten. – Dann kam der schreckliche Hiatus. –

Gleich im Jahre 1919 spann ich wieder meine Fäden an und verwob sie und – just wie mein Zustand auf der Kippe stand, traf die Nachricht ein, dass mein Axiom stimmt. <u>Wir Deutschen haben damit die Gelegenheit, Gräber zu eröffnen, die den Fund von Tut anch amon[!][5] vollkommen in den Schatten stellen.</u>

Hurrah!

Was nun thun?

Ich habe keinerlei Lust, diese gewaltige Sache irgend einem der offiziellen <Ae>gyptologen, – womöglich gar Herrn von <B>issing, – in die Hände zu legen. Es muss eine Arbeit des Institutes und meiner aegyptischen Freunde werden. Nur ist mir nicht klar, woher ich die Mittel nehmen soll. – In Deutschland selbst hat kein Mensch Mittel. – Aber ich vertraue wieder auf die Gnade des Himmels, die mich schon schwierigere Wege führte. –

Und dabei ist das nicht einmal das Einzige! Auch andere Dinge bestätigen sich und werden Ausgangspunkte neuer Arbeit. – Es wird Zeit, dass ich nach Frankfurt zurückkehre und auch in Berlin mich umsehe, <au>f dass sich nichts ins Gefährliche verschleppe.

Auch will ich mich dann, – was ich aus meinem Zustande und von hier aus nicht konnte! – gleich der Sache des Herrn Dr. v. Behrens annehmen, meinen Kartographen von München nach Frankfurt (zur Anfertigung der Karte für Euer Majestät) kommen lassen etc.[6]

Mit all' dem an Aufgaben ausgestattet[,] hoffe ich[,] in Deutschland die kleinen Schwächen (– wenn nur die verflixte Erschwerung der Augen <n>icht wäre! –) unter zu bekommen <u>nd wieder so ein wenig mehr Mann zu werden.

Von ganzem Herzen hoffe ich, dass das Befinden der Majestäten ein frisches sei

      Euer Majestät

      ehrerbietig dankbarer

        Frobenius

        nur noch 20% Kröpel[!]

---

[4] Die DIAFE V (= Deutsche Inner-Afrikanische Forschungs-Expedition 5) vom Jahr 1912.

[5] 1922 hatte der britische Archäologe Howard Carter im Tal der Könige das fast unversehrte Grab des von 1347 bis 1337 v. Chr. regierenden ägyptischen Pharaos Tutanchamun geöffnet. Die Entdeckung der kaum von Grabräubern beschädigten Anlage erregte großes öffentliches Aufsehen.

[6] Wilhelm hatte Frobenius um eine Stellungnahme zu einem Bericht Eduard von Behrens' über die Alexanderzüge bitten lassen und später auch gebeten, eine Karte zu ihnen anfertigen zu lassen (Wilhelm von Dommes an Frobenius, 29.6.1925, FI: FL 603b/4 und Hofmarschallamt an Frobenius, 18.9.1925, FI: LF 607/18). Behrens hatte 1925 in der Deutschen Wissenschaftlichen Zeitschrift für Polen einen Aufsatz „Alexander der Große an den Grenzen Chinas" veröffentlicht.

17

Wilhelm II. an Frobenius, 3.11.1925, Doorn

Eigenhändige Ausfertigung:
A   FI: LF 614/13–15

Dieses Schreiben nimmt die Rückseiten dreier Ansichtskarten ein. Ihr Motiv ist mit demjenigen von Nr. 6, 8 und 10 identisch.

Meine verehrteste Exzellenz

Vielen Dank für Ihren Brief[1] mit der dramatischen Schilderungen[!] Ihrer sog. „Erholung" in Italien! Das sind ja schauderhafte Vorgänge! „Der Professor auf Urlaub oder der unfreiwillige Kranke"! Gott Lob, dass Sie wieder soweit sind[,] wieder Ihre Thätigkeit aufnehmen zu können. Ich habe inzwischen Ihrem Vertreter verschiedenes interessantes Vergleichs-Material zugesandt, was[,] hoffe ich, für Ihre Forschungen von Nutzen sein [a]wird[a].

Schuch[h]ardts Aufsatz über die neuen Funde bei Sakkara (dreieckige und cannelirte[!] Säulen p.p.)[2] mit seiner Schlussfolgerung für die Geschichte der Baukunst sandte ich an Bissing. Antwort: „Schuch[h]ardt irrt. Wie ich schon nachgewiesen habe etc."[3] Einen aufsehenerregenden Aufsatz über Inschriftfunde auf dem Sinai von Grimme, der beinahe die Originale der Mosaischen Tafeln gefunden haben will, jedenfalls die von Moses erfundene Urschrift in Buchstaben, von denen alle Anderen[!] Alphabete abstammen sollen,[4] sandte ich gleichfalls dem „grossen Aegypter" zur Aeusserung. Antwort: „Grimme irrt! Ich habe schon vor 2 Jahren nachgewiesen etc.!"[5] Da sitz['] ich nun[,] ich armer Thor[,] und bin so klug als wie zuvor![6] Als Polygraph[7] ist man der Monographie Aegyptens – wenn man wie ich ein Dilettant auf diesem Gebiet ist – ziemlich machtlos gegenüber, denn sie überwältigt einen durch Zahlen. In dem Aufsatz über „Tochter Pharaohs" – sie soll Hatschepsut (Trost!) heissen – wurde bemerkt[,] Ramses II[.] habe von 2 seiner Schwestern und 2 seiner Töchter, die er nach einander[!] heirathete[,] 106 Söhne und 45 Töchter gehabt! Also Familientafel zu 151 Gedecken tägl. 3 Mal! Armer Hofmarschall! 453 Couverts den Tag! Königl[iche] Leistung! Hängt

---

[a]   *Ae aus* werden

---

[1]   S.o. Nr. 16.   [2]   Nicht ermittelt.   [3]   Nicht ermittelt.
[4]   Grimme hatte bereits 1923 in einer knappen Monographie (Althebräische Inschriften vom Sinai. Alphabet, Textliches, Sprachliches mit Folgerungen, Darmstadt 1923) die von Flinders Petrie im sinaitischen Minendistrikt um Serabit-el-Hadem 1904/5 gefundenen Inschriften zu hebräischen Zeugnissen der ältesten Konsonantenschrift erklärt. Mit ihrer Hilfe glaubte er Moses mit dem ägyptischen Beamten „Sohn-der-Hatschepsut" gleichsetzen zu können, wobei er die später selbst herrschende Pharaonin Hatschepsut, die Tochter Thutmosis I., mit der in Ex. 2,5–9 genannten „Tochter Pharaos" identifizierte.
[5]   Nicht ermittelt.   [6]   Vgl. Faust I, I 5f. Goethes Faust steht freilich.
[7]   Zu Frobenius' Gegensatz von Polygraphie und Monographie s.o. Nr. 9.

diese eigentlich auch mit dem Cultureinfluss des <u>Nilthals</u>[!] zusammen? Ihre Uebertragung auf das Spree- u[nd] Havelthal[!] wäre nicht übel! –

Nach prachtvollem Sommerartigen[!] October hat November mit Nebel, Sturm und Regen eingesetzt. Ihre M[ajestät] ist aus Saabor[8] zurück und lässt bestens für Grüsse danken und sendet ihrerseits Grüsse voll Freude über Ihre Besserung.

Mit Besten[!] Wünschen für weitere völlige Genesung
      in alter Verehrung Ihr
           dankbarer Kaiser und König

                                       Wilhelm
                                          I.R.

Wärmste Empfehlungen an Ihre Gattin.

---

[8] Niederschlesische Besitzung von Hermines 1920 gestorbenem erstem Mann, Prinz Johann Georg von Schönaich-Carolath, deren Barockschloß ihr Hauptwohnsitz in Deutschland war.

18.

Wilhelm II. an Frobenius, 28.1.1926, Doorn, Telegramm

Ausgehändigte Fassung
A   FI: LF 614/16

warmsten dank fin[!] freundlich[!] wuensche sehr interessanten bericht und ausgezeichnete gorgoscheibe[1] besten gruss = wilhelm

---

[1] Bericht und Gegenstand, offenbar zu Wilhelms 67. Geburtstag am 27. Januar gesandt, ließen sich nicht mehr identifizieren. Bei der „Gorgoscheibe" könnte es sich um das in Haus Doorn vorhandene Terracottarelief (Stichting Huis Doorn, HuD 5013) handeln.

19.

Wilhelm II. an Frobenius, 29.1.1926, „Brieftelegramm"

Teils maschinenschriftliche, teils eigenhändige Ausfertigung
A   FI: LF 614/17

Vielen Dank für Ihr anhängliches Gedenken.[1]
[a]Ihr Brief sehr interessant und erfreulich.

Wilhelm
I. R.[a]

---

[a] *Ae*

---

[1] S.o . Nr. 18, Anm. 1.

20.

Frobenius an Wilhelm II., 3.3.1926, On[1]

Durchschrift der eigenhändigen Ausfertigung:
D   FI: LF 608/11f.

Lager von On, der alten Stadt[,]
in der nach dem alten[!] Testament
der Schwiegervater von Joseph Priester
war.[2] 3ten März 26

Euer Majestät;

haben ein unbestreitbares Anrecht darauf[,] als Erster die Meldung zu empfangen, dass unsere Berechnungen und Erkundungen [sich] als richtig erwiesen haben. – Die Ruinen und die Nekropole des alten On, die Stadt der Götter Serket, Re's[3] und der Papyrusschriften sind gefunden. – Ein guter Erfolg Deutscher[!] Wissenschaft. –

---

[1] Auch unter dem griechischen Namen Heliopolis bekanntes Zentrum des Staatskults für den Sonnengott Amun-Re, 12 km nordöstlich von Kairo gelegen. Auch wenn erfolgreiche größere Ausgrabungen erst in den letzten Jahrzehnten stattgefunden haben, ist es kühn, den „Fund" Ons als „gute[n] Erfolg Deutscher Wissenschaft" zu feiern. Obwohl der Ort in römischer Zeit verlassen wurde, war sein durch den aufrechtstehenden Obelisken Sesostris' I. markanter Platz schon den Truppen Napoleons bekannt. Außerdem hatte 1898 eine französische Expedition erste Ausgrabungen unternommen. Frobenius hielt sich hier im Rahmen der DIAFE VIII in die Nubische Wüste auf.

[2] Gen. 41,45.

[3] Re ist als Sonnengott der höchste der ägyptischen Götter, Serket, die Herrin über Schlangen und Skorpione, seine und des Pharaos Beschützerin.

Aber ob wir selbst die wenn auch noch so kleinen Mittel zur Fortsetzung der Arbeit auftreiben werden, ist sehr fraglich. – Gleichgültig, der Fund ist da!!

Und noch eines: Meine alte Überzeugung von der Verwandtschaft des Gottes Bes[4] und der Gorgo erhält neue Bestätigungen. Anbei[5] der Schlangengürtel der Gorgo, die Euer Majestät ausgraben[!][6] und des Gottes Bes.

Es ist schon schön heiss.

Aber in Assuan[7], wohin wir nächste Woche übersiedeln, und noch mehr in Siwa[8], wohin es im Mai geht, wird es noch wärmer werden.

Mein Glück wird nur dadurch gestört, dass meine arme Frau wegen Knochennekrose an der Hand operiert werden musste. – –

Darf ich Ihrer Majestät unser Gedenken mitzuteilen bitten?

Euer Majestät werden meine Aufregung und Eile aus Spannung verstehen.

Ich neige mein Haupt in Dankbarkeit und Demut.

Frobenius

---

[4] Ägyptischer zwergenhafter solarer Schutzgott, möglicherweise ursprünglich als Löwe dargestellt. Er galt einerseits als Beschützer vor Schlangen, andererseits war seine Gefährtin die häufig als Schlange dargestellte Göttin Beset. Sein fratzenhaftes, fast stets frontal gezeigtes Gesicht mit häufig herausgestreckter Zunge kann an die Gorgo erinnern und ist wahrscheinlich von innerafrikanischen Götterrepräsentationen beeinflußt.

[5] Nicht ermittelt.

[6] Die auf dem in Wilhelms Anwesenheit auf Korfu ausgegrabenen Giebelrelief dargestellte Gorgo ist mit zwei ineinander verschlungenen Schlangen gegürtet. S.o. Nr. 1, Anm. 2.

[7] Stadt am Ersten Katarakt des Nil und damit meist der Südgrenze des pharaonischen Ägypten.

[8] Westägyptische Oase mit bedeutendem Tempel des Amon-Re.

21.

Frobenius an Wilhelm II., 18.4.1926, „Lager Magol"[1]

Durchschrift der eigenhändigen Ausfertigung:
D   FI: LF 608/13f.

Euer Majestät;
vermelde ich hiermit gehorsamst

1) dass meine Silberfrau und ich uns [über] die herzlichen Glückwünsche aus Doorn herzlichst freuten.[2] Auf arabisch heisst das Katacherak Chetir[3] und man raspelt das ch dabei wie [ein] beim Besteigen gurgelndes Kamel.

---

[1] Frobenius' Bezeichnung für einen nicht identifizierten Ort in der Libyschen Wüste.

[2] Der 6. April war der 25. Jahrestag ihrer Hochzeit gewesen.

[3] Kattar cherek („Möge [Gott] dein Wohl zahlreich machen!"): Dankesformel im maghrebinischen Arabisch.

2) dass uns hier in der Wüste etwas Herrliches widerfuhr: wir haben erst geradezu herrliche Felsbilder entdeckt und dann die Möglichkeit sie zu chronologisiren![4] Damit wird der historische Anschluss Aegyptens mit der Urgeschichte auch des übrigen Afrika gewonnen. Also ein recht bemerkenswerter Aufschluss. Damit kommen all' die Schätze, die wir auf Euer Majestät Saharaexpedition (Hadschra Magtuba[!][5]) einsammeln konnten, erst ganz zur Geltung. –

Das musste ich nur ganz schnell noch berichten. Es hat mich <u>zu</u> froh gemacht. Und nun will ich ªmichª auf meinen Sattel legen und mich nach Doorn traeumen lassen, wo ich dann Ihrer Majestät dann vielleicht die Hand küssen darf

als

der

seelige

Promenandus

Frobenius[6]

ª De

---

[4] In Frobenius' gleichzeitigem Begleitschreiben an den Hofmarschall heißt es: „Seine Majestät haben einen Anspruch darauf als Erster die Nachricht von dem heutigen Funde zu empfangen." (FI: LF 608/15).

[5] Leo Frobenius / Hugo Obermaier, Hadschra Maktuba. Urzeitliche Felsbilder Kleinafrikas, München 1925. Hier wurden Ergebnisse der DIAFE VI, die Frobenius 1912–1914 in den Saharaatlas geführt hatte, publiziert. Wilhelm II. hatte maßgeblich zur Finanzierung dieser Expedition beigetragen.

[6] Wilhelm ließ am 6. Mai durch seinen Hofmarschall Rebeur-Paschwitz antworten: „Seine Majestät läßt Ihnen für die hocherfreuliche Mitteilung vom 18. IV. d.J. – Lager Magol – bestens danken. Sie erregt des Kaisers volles Interesse[,] und er wünscht Ihnen und Ihren Arbeiten guten Fortgang." (FI: LF 607/19).

22.

Wilhelm II. an Frobenius, 13.1.1927, Doorn

Eigenhändige Ausfertigung:
A   FI: LF 614/18

Meine verehrteste Exzellenz

Ihrem Wunsch[,] H.v.d. Heydt entsprechend[,] konnte ich nur schriftlich nachkommen, da er inzwischen nach Berlin übergesiedelt war. Von I.M. hörte ich soeben zu meiner Freude, dass er sich daraufhin brieflich mit Ihnen in Verbindung gesetzt hat.[1]

---

[1] Nicht ermittelt.

Anbei gestatte ich mir[,] einen kleinen in Gesprächsform abgefassten Aufsatz Ihnen für Ihre Kuriositätensammlung zu übersenden. Mein Freund Herr Viereck – der dann und wann Gedanken allgemeiner Natur von mir in Form von Interviews mit gutem Erfolg veröffentlicht hat in der Absicht[,] die Caricaturen Englisherseits[!], welche ihre Propaganda gegen mich in Amerikanischen Köpfen festgesetzt hatte, zu vernichten – hatte um Material über Sie und Ihre Kulturmorphologie gebeten. Der beiliegende Aufsatz ist der Niederschlag davon.[2] Hat schon der Deutsche kaum einen Schimmer von Ihrer Methode, so ist der Amerikaner erst recht absolut ahnungslos dieser Materie gegenüber. Aber da auch dort Ihr Name beginnt die Leute aufhorchen zu lassen und die Aufmerksamkeit intelligenter Männer auf sich zu lenken, so habe ich den Versuch gewagt. Ich habe natürlich für diese „Abendländer" nur eine ganz rohe Skizze in wenigen Strichen hingeworfen, die ihnen aber schon so viel neues[!], noch nie gehörtes[!] bringt, dass sie eine ganze Weile daran zu knabbern haben werden, vielleicht auch zu streiten. Ich erbitte gnädiges Urtheil für dieses Dilettantenwerk. Wenn es auch holperig und lückenhaft erscheinen mag vor dem gewaltigen Forscherblick, so ist es doch von <u>mir</u> verfasst[,] absichtlich <u>ohne</u> Sie vorher zu fragen. Es sollte nichts wissenschaftlich Vollendetes, sondern eine frische, fröhliche Zusammenstellung sein eines Schülers, wie er den Lehrer aufgefasst und das Hauptsächliche des Gehörten an das[!] plebs weitergiebt. Daraus resultierende Anfragen, Zweifel p.p., die nicht ausbleiben werden, werde ich Ihnen freudigst zur Beantwortung überweisen. Aber das Wasser in dem culturlosen Teich musste mal erst aufgewühlt werden. Ausserdem werden sie[!] bei Behandlung der Staatsform zwischen den Zeilen lesen, dass es für „zu Hause" in usum delphini geschrieben ist, um die Ochsen zu warnen, die im Begriff sind[,] durch Einrangirung in die Front des Abendlandes gegen das Morgenland den <u>III. Verstoss</u> gegen das Culturkreisgesetz zu machen.[3] Kommt so was[!] über Amerika[,] dann sperren sie das Maul auf, schimpfen[,] aber lesen und drucken es; weil es vom „Ausland" kommt, macht es mehr Eindruck.

In China geht es den erwarteten Weg, England capitulirt vor Canton–Moskau![4]

---

[2] Teile dieses Texts gingen in den Artikel „The Sex of Nations" ein, den das Century Magazine 116 (1928), S. 129–139 im Juni 1928 veröffentlichte. Viereck erklärte Wilhelm zu dessen Verärgerung, keine amerikanische Zeitschrift werde einen Artikel über Frobenius drucken, da dieses Thema zu „wissenschaftlich" sei (für diese Mitteilung danke ich John C.G. Röhl).

[3] Zu Frobenius' Unterscheidung von „Morgenland" und „Abendland", die sich an seine Gegenüberstellung von „äthiopischen" und „hamitischen" Kulturen anlehnte, s.o. S. 38–41. Wilhelm erklärte nach dem ersten Besuch Frobenius' in Doorn: „Ich bin wie erlöst! Endlich weiß ich, welche Zukunft wir Deutschen haben, wozu wir noch berufen sind! Die ganzen Jahre nach der Revolution habe ich darüber gegrübelt, jetzt endlich weiß ich es: wir werden die Führer des Orients gegen den Okzident! Mein Bild ‚Völker Europas' muß ich jetzt ändern. Wir gehören ja auf die andere Seite!" (Tagebucheintrag Ilsemanns vom 7.10.1923, in: Sigurd von Ilsemann, Der Kaiser in Holland. Aufzeichnungen des letzten Flügeladjutanten Kaiser Wilhelms II., hg. v. Harald von Königswald, Bd. 1: Amerongen und Doorn, 1918–1923, München 1967, S. 287).

[4] Auf Anweisung der Komintern hatte die Kommunistische Partei Chinas seit 1922 die Kuomintang gestützt, die den von ihr beherrschten Teil des Landes von Kanton aus als „Nationalregierung der Republik China" regierte. Für die Zeit nach der im Januar 1927 bereits absehbaren Eroberung von Shanghai, dessen Internationaler Bezirk Mittelpunkt der v.a. britischen wirtschaftlichen Durchdringung Chinas war, durch von der Sowjetunion unterstützte nationalchinesische Truppen schienen sich umfangreiche Enteignungen anzukündigen. Allerdings waren zur Zeit dieses Briefs die Spannungen zwischen Kuomintang und Kommunisten bereits erheblich. Ihre Zusammenarbeit endete mit dem auf

Hidekk[5] beginnt sich zu erfüllen: es spürt jetzt die Folgen für sich, des von ihm angezettelten Weltkrieges. Es sollen 13 Mill[ionen] £ Britischen Anlagecapitals[!] am Yang-
tse in Gefahr stehen verloren zu gehen! Serves the d–d[6] fellows right!

Mit nochmaliger Bitte um nachsichtiges Urtheil für den Aufsatz

Ihr
dankbarer
Wilhelm
I.R.

Anordnung des Kuomintang-Politikers und Oberbefehlshabers der Nationalen Revolutionsarmee,
Chiang Kai-shek, am 12. und 13. April 1927 im eroberten Shanghai und zahlreichen anderen Städten
durchgeführten Massaker an bekannten Mitgliedern der KPCh und ihr verbundener Organisationen.
Eine Folge davon war das vorläufige Ende der Enteignungsgefahr.

[5] S.o. Nr. 2, Anm. 17.

[6] Der viktorianischen Konvention folgend wird das wenig gesellschaftsfähige „damned" nicht ausge-
schrieben.

22a.

Anlage: Wilhelm II., Entwurf für ein „Interview" seines ehemaligen Flü-
geladjutanten Alfred Niemann, Dezember 1926, Doorn

Maschinenschriftliche Abschrift:
U   FI: LF 614/19-24

[a]Gespräch S. M. mit Oberstleutnant Niemann
für Veröffentlichung in Amerika durch H. Viereck.[a]

Die Archäologie und Culturmorphologie[!] als
Wegweiser der Zukunft.

Ich
[a]Niemann[a]:

Euere Majestät haben archäologischen Studien immer ein besonderes Interesse
entgegen gebracht und als leitenden Grundgedanken herausgestellt: die Feststellung der Wurzeln, aus denen sich die hellenische, antike Kunst entwickelt
hat[,] und das Schlagen oder Finden einer Brücke, um den Einfluß des Ostens
auf den Westen in kultureller Beziehung zu ergründen. Kann man der Wissenschaft und ihren Zwecken nicht noch weitere Ziele stecken?

---

[a] *Uf*

S. M.: Die Archäologie hat die Kenntnisse vom culturellen Wesen und dem geschichtlichen Werden der Völker ganz außerordentlich bereichert. Bei der ungeheueren Vielgestaltigkeit dieser Wissenschaft und der Ausdehnung der Forschungsgebiete war es unvermeidlich, daß sich leider dabei ein ausgesprochenes Spezialistentum entwickelte. Erst in neuerer Zeit hat man den Weg zur Einordnung der Einzelforschung in die großen Zusammenhänge der Gesamtentwicklung der Menschheit bewußt und systematisch in Angriff genommen, auf religiösem Gebiet besonders Professor Jeremias, Leipzig. Es ist vor allem ein Verdienst von Professor Leo Frobenius, die Grundlagen für eine universelle Culturmorphologische Betrachtungsweise gelegt zu haben durch Festlegung der „Culturkreise", die er kartographierte.

Ich: Welche Ergebnisse kann man von dieser Art der Forschung erwarten?

S. M.: Wir stehen erst an einem Anfang. Aber dieser Anfang zeigt schon so ungeheuere Möglichkeiten, daß es mir nicht unwahrscheinlich erscheint, man werde zu Erkenntnissen kommen können, die es ermöglichen, die großen Linien raßlicher[!] und völkischer Entwicklungen aufzudecken, Fehlentwicklungen vorzubeugen, verschmelzungsfähige und zersetzende Culturelemente zu unterscheiden.

Ich: Euere Majestät sind also der Ansicht, daß sich Vorgänge im Völkerleben gewißermaßen[!] zwangsläufig vollziehen, also unter gleichen Umständen auch wiederholen müssen?

S. M.: Aus der Vergangenheit wird sich niemals ein <u>Schema</u> für die Zukunft ableiten lassen. Man kann nur sagen, daß die selben Ursachen mutatis mutandis ähnliche Wirkungen auslösen müssen.

Das Klima z.B. und die geographischen Verhältnisse üben auf Rassen, denen die Völker angehören, sowohl in ihrem äusseren habitus als auch in ihrer Vorstellungswelt auch heute noch den gleichen Einfluß aus, wie es bei ihren Vorfahren der Fall gewesen ist. Inselbewohner und seefahrende Völker bekommen eine andere Prägung als Völker, die sich in continentaler Abgeschlossenheit entwickeln. Die Mythen der Völker, die ja schließlich aus der Beobachtung der Natur, besonders der Vorgänge am Himmel, dieselben symbolisierend erwachsen, die uns deshalb die Urgründe der Vorstellungswelt offenbaren, zeigen Verschiedenheiten der seelischen Grundlagen, die oft unüberbrückbar sind. Der nordische Himmel, Berg- und Waldland erzeugen andere Menschen und Göttervorstellungen als der ewigheitere Himmel des Südens, als die waldlose Steppe, die Hochplateaus und die weiten unendlichen Ebenen und Wüsten! Die Erfahrung zeigt, daß unter bestimmten klimatischen Verhältnissen, wie sie besonders in den großen Flußtälern sich ausbilden, die körperlichen und seelischen Energien nachlassen. Es sind dies die sogen. „Weiblichen Culturen", die formend, erhaltend und bildend wirken und oft unkriegerisch veranlagt sind. Im Gegensatz zu ihnen stehen die aus der Wüste, den Gebirgen stammenden primitiven „Männlichen Culturen". Die Völker der weiblichen Culturkreise unterliegen in der Regel dem Machtstreben stärkerer Nachbarn, den Völkern der männlichen Culturkreise aus den Hochplateaus und Bergen, die aber, primitiv, schöpferisch, stürmisch, erobernd und drängend veranlagt[,] – wenn sie die Herrschenden geworden sind – häufig Culturelemente der Unterjochten annehmen, wogegen sie denselben meist ihre Sprache aufzwingen. Gesund ist diese Culturassimilation aber nur dann, wenn sie filtriert wird, d.h., wenn alles ausgeschieden wird, was physisch und seelisch blutfremd ist. Wieviel jugendfrische Völker sind an den Keimen fremder Culturen, deren Übernahme für sie Gift war, zu Grunde gegangen! Trotz dieser Erfahrungen ist die Rassenhygiene in den Kinderschuhen stecken geblieben. So entstehen „Culturgruppen", zu denen mehrere Rassen und Völker gehören, die gewissen grundlegenden Gesetzen unterworfen sind, z.B. die „Continentale Culturgruppe", welche Mongolen, Slaven, Germanen, Tataren umfaßt.

Ich: Inwieweit sind überhaupt raßliche[!] Verschmelzungsprozesse möglich?

S. M.: Diese Frage muß die Rassenhygiene, gestützt auf Culturmorphologische Forschungen noch lösen.

Die Völkermischungen, die sich in historischer Zeit an den Rändern des Mittelmeerbeckens vollzogen haben, zeigen die Gefahren auf, die ungehemmte und willkürliche Vermischungen in sich tragen, z.B. die sogen. „Levantiner"!

Über den gewaltigen Vermischungsprozeß, der sich in der atlantischen Welt vollzieht, läßt sich noch nicht urteilen. Das lateinische Amerika hat seinen Stempel von der Mischkultur des Mittelmeeres und ihrer Verbindung mit den Eingeborenen erhalten. Von einem so einheitlichen Typus wie in N[ord-]Amerika kann man hier wohl noch nicht sprechen. Auf dem nordamerikanischen Boden hat eine Vermischung mit den Urbewohnern des Kontinents überhaupt nicht stattgefunden. Hier vollzieht sich ein eigenartiger Sammlungsprozeß von Bestandteilen aller europäischen Nationen. Dabei ist unverkennbar, daß eine starke angelsächsische Tradition in Verbindung mit den zwingenden Einflüssen der Umwelt dem Einwanderer hier sehr schnell eine bestimmte Prägung gibt, die aber vorläufig mehr als angelsächsischer „Zivilisationstyp" wie[!] als feste Culturform angesprochen werden muß. Zivilisation ist nur eine Erscheinungsform der Cultur. In Nordamerika ist die Zivilisation angelsächsisch, die Culturquelle jedoch germanisch. Die zivilisatorische Entwicklung in den U.S.A. ist eine so stürmische und gewaltige, daß schöpferisches, innerliches seelisches Leben nur vereinzelt in die Erscheinung treten konnte. Der Nordamerikaner ist stolz und er ist mit Recht stolz auf seine zivilisatorische Arbeit. In dieser Arbeit erschöpft sich seine ganze Kraft. Dieser Stolz und ein starkes staatsbürgerliches Gemeinbewußtsein, das schon durch den Begriff der „neuen Heimat" gegeben und durch das Bewußtsein einer Schicksalsgemeinschaft gefestigt wird, hat sich als mächtig genug erwiesen, weiße,[!] völkische Gegensätze zu überbrücken. Es ist sehr wohl möglich, daß bei zunehmender Verinnerlichung, die oft einer so stürmischen Veräußerlichung folgt, die Culturwerte der alten Welt, besonders der Germanischen, die der Nordamerikaner, ob er will oder nicht, in seinem Blute trägt, zu einer Zeit cultureller Renaissance führt, die starke Erschütterungen des Gemeinschaftslebens zur Folge haben könnte, wenn sie Culturmorphologische[!] Grundgesetzte außer Acht läßt.

Ich: So würde sich also doch das idealistische Prinzip dem materialistischen gegenüber durchsetzen?

S. M.: Cultur, Macht und Wirtschaft sind unwägbare Kräfte. Gerade die archäologische Forschung beweist, daß diese Kräfte sich in complexen Erscheinungen auswirken. Manchmal tritt eine Komponente stärker hervor als die andere, aber vorhanden und wirksam sind sie immer alle; aber nur so lange sie den von dem „Gesetz ihres Culturkreises" gestalteten Rahmen nicht überschreiten oder fremden Import eines anderen Culturkreises von außen ablehnen.

Ich: Glauben Euere Majestät, daß Nationalcharakter und seelische Formung ebenfalls in kausalen Zusammenhängen stehen, daß sich auch in diesen Beziehungen, bestimmte Culturmorphologische[!] Bedingtheiten entwickeln lassen?

S. M.: Eine Möglichkeit läßt sich jedenfalls nicht von der Hand weisen. Schon die griechische Philosophie kannte einen Kreislauf der Staatsformen, nahm also gewissermassen[!] eine naturgesetzliche politische Morphologie an, beschreibt doch schon Aristoteles den Kreislauf der Staatsform als: „Monarchie, Aristokratie, Oligarchie, Demokratie, Ochlokratie, Dictatur, Monarchie".[1] Goethe sagt: „Ich habe durchaus nichts gegen die Menge, doch kommt sie einmal ins Gedränge, dann ruft sie um den Teufel selbst zu bannen, erst die Schelmen, dann den Tyrannen."[2]

Das Zeitalter der Aufklärung hat die Beobachtung des wirklichen Lebens mit ihren Erfahrungsschlüssen durch die rein verstandesmässige Spekulation und logische Schlußfolgerung zu ersetzen gesucht.

Ich sehe gerade eine Aufgabe der Culturmorphologischen[!] Forschung darin, der Welt vor Augen zu führen, daß Cultur und Staat korrespondierende und organische Begriffe sind. Die Culturmächte – also Sprache, Phantasie und Glaube, Sitte und Kunst – wachsen aus dem inneren geistigen Leben des Volkes, dieses wiederum saugt seine Daseinsmöglichkeit aus raßlicher[!] Anlage, aus völkischen Lebensschicksalen, aus geographischen und klimatischen Grundlagen. Ist es da nicht selbstverständlich, daß sich aus solchen Zusammenhängen auch ganz bestimmte Voraussetzungen für staatliche Formungen ergeben? Alle großen Staatsmänner haben den Staat aus dem Eigenleben des Volks entwickelt. Es gibt keinen härteren Tyrannen als den Tyrannen verstandesgemäßer Logik. Rußland ist ein furchtbares Beispiel, bis zu welchem Grade der Zerstörung aller Lebenskeime die Tyrannei blut- und gedankenleerer Logik und starrer dogmatischer Prinzipienreiterei gesteigert werden kann. Es handelte gegen das „Gesetz seines Culturkreises."

Die Archäologie offenbart wirkliches gelebtes Leben und wir sollten nie vergessen, daß wir keine Autochthonen mehr[,] sondern Enkel sind. „Culturkreise" sind gewissen einheitlichen Gesetzen unterworfen. die von den ihnen zugehöri-

---

[1] Die Systematik dieser Staatsformen bei Aristot., pol. 3,1279a17; das Kreislaufmodell jedoch erst bei Polybios 6,3f.und 6,78f.

[2] „Ich habe gar nichts gegen die Menge;
Doch kommt sie einmal ins Gedränge,
So ruft sie, um den Teufel zu bannen,
Gewiß die Schelme, die Tyrannen."
(Zahme Xenien II, 1821).

gen Völkern niemals ungestraft verletzt werden können, ohne schwere Rückschläge auszulösen. Sie verbieten die einfache Übernahme der Formen eines Culturkreises für den anderen.

So sind z.B. die Germanen Zugehörige eines „Continentalen Culturkreises", der Deutsche, Holländer, Skandinavier, Finnen, Russen, Ungarn, Bulgaren und Türken umfaßt. Die Deutschen sind also so zu sagen[!] „das gegen Westen gerichtete westliche Antlitz des Morgenlandes"[3]; sie sind „Morgenländer" gehören zum „Morgenländischen Culturkreis". England, Frankreich, die Mittelmeerländer gehören zum „Abendländischen Culturkreis". Der erstere ist der „Männliche", der zweite der „Weibliche Culturkreis". Beide haben eine eigene, vom anderen weit verschiedene Entwicklungsform des Staates gezeigt.

Zweimal haben die Deutschen das Gesetz ihres Culturkreises verletzt, indem sie der „Abendländischen Cultur" bei sich einzudringen gestatteten, und haben es schwer gebüßt!

Das erste Mal war es das Eindringen des Französischen Geistes, französischer Ideen und Sitten zur Zeit Friedrichs des Großen, durch ihn gefördert. Dieser Geist des „Abendlandes" zersetzte und sabotierte das alte Preußen und die Folge war der Zusammenbruch 1806 bei Jena und Auerstädt.

Das zweite Mal wurde am 18. März 1848 der König gezwungen, seinem vollkommen dafür unreifen und unvorbereiteten Volk die Form des „abendländischen" „constitutionellen Königtums mit Parlamentsregierung" zu verleihen. Der „abendländische" Parlamentarismus sabotierte das Preußische[!] Königstum[!]; seine Folge war der Zusammenbruch am 9. November 1918. Die Völker des „Morgenländisch-Continentalen" Culturkreises können die importierten Formen des „abendländischen" nicht vertragen, sie gehen an solchen Experimenten zu Grunde. –

„Morgenländer" können nur durch Einzelpersonen geführt und geleitet werden; sie mögen nun Khane, Emire, Sultane, Kaiser, Zaren, Diktatoren, Schahs oder sonstwie betitelt sein, niemals aber durch Volksvertretungen oder Parlamente. Das ist ein Gesetz der Cultur des „Continentalen Morgenländischen Culturkreises", das unumstößlich dasteht und befolgt werden muß, wenn das dazugehörige Volk bestehen bleiben will; gleichgültig[,] ob andere „Culturen" oder „Culturkreise" darüber ihr Mißfallen äußern oder [es] zu bekämpfen versuchen!

Man spricht und schreibt viel von „Volksinstinkt" und „Volksseele". Das erstere ist unklar, das zweite Phantasie. So wenig[!] es eine sogen. „Weltseele" oder ein sogen. „Weltgewissen" gibt – die oft und gern von den Deutschen zitiert werden – [,] sowenig gibt es eine sogen. „Volksseele". Was man „Volksinstinkt" nennt ist in Wirklichkeit nichts anderes als das intuitive Gefühl für das eingeborene, ungeschriebene „Gesetz des Culturkreises", zu dem das Volk gehört, dem es

---

[3] Ähnlich auch die Widmung des Bildes, das Wilhelm noch ganz unter dem Eindruck seiner Schilderung des Gegensatzes von westlicher und östlicher Kultur Frobenius bei seinem ersten Besuch in Doorn geschenkt hatte; der damalige Leibarzt des früheren Kaisers, Alfred Haehner, der diese Begegnung angeregt hatte, notierte dazu am 26. Oktober 1923 in sein Tagebuch (Historisches Archiv der Stadt Köln, Best. 1193a, Nr. 12, Bl. 162 oben): „Frob. hat von ihm ein Bild erhalten mit der Unterschrift: Das Abendland kann untergehen, aber Deutschland niemals. Es ist das Angesicht des Morgenlandes (etwa so)."

gehorchen <u>muß</u>, wenn es am <u>Leben</u> bleiben will. Die Kluft, welche den „abend-ländischen" vom „Morgenländischen"[!] Culturkreis trennt, ist eben unüber-brückbar. Alle Versuche, sie zu überbrücken, müssen scheitern. Daher die Vie-len total unerklärliche Jahrhunderte lange Feindschaft des „Abendlandes" gegen das „Morgenland"; daher die Katastrophen im „Morgenland" beim Versuch, Culturformen des „Abendlandes" auf die organisch völlig verschieden emporge-wachsenen Culturformen des „Morgenlandes" aufzupfropfen. Es ist aussichts-los, da das „<u>Gesetz des Morgenländischen Culturkreises</u>" durchbrochen wird. Das bewirkt Untergang.

[b]Doorn Neujahr 1927.

Wilhelm
I.R.[b]

[a]Sr. Exz. Professor Frobenius
als Neujahrsgruss unterbreitet.[a]

---

[b] *Ue*

23.

[Frobenius] an Wilhelm II., 16.1.1927, Frankfurt am Main

Durchschlag der maschinenschriftlichen Ausfertigung:
D   FI: LF 608/16–19

Ew. Majestät

sprreche ich allerwärmsten Dank aus für das gütige Schreiben vom 13. ds. Mts. nebst Anlage[1].

Selbstverständlich habe ich mich sogleich in die [„]Archäologie und Kulturmor-phologie als Wegweiser in die Zukunft["] vertieft und erlaubte mir[,] durch Depesche[2] um kurzen Aufschub der Drucklegung zu bitten, weil ich bei dem Studium auf einen Punkt stiess, der mir alle Möglichkeiten zu einem Missverständnis zu bieten scheint. Möglichkeiten zu einem Missverständnis, die selbstverständlich von allen Gegnern Eurer Majestät besonders in Deutschland eiligst aufgegriffen werden dürften.

Eure Majestät sprechen auf Seite 5 von dem Gegensatz abendländisch-atlantischer und kontinental-deutscher Staatsbildung. Da ich mehrfach Gelegenheit hatte, dieses Problem mit Eurer Majestät eingehend zu erörtern, so weiss ich, dass die Ansichten sich

---

[1] Nr. 22.   [2] Nicht ermittelt.

deckten. Ordnungshalber möchte ich sie aber hier noch einmal ab ovo rekapitulieren, um dann zu zeigen, wo Missverständnisse entstehen können.

Wir wissen, dass jede natürliche und stark empfindende Frau automatisch und von Natur mit dem Instinkt des Urteils versehen ist, während der Mann dieses Urteil erst gewinnt, nachdem er auf dem Verstandeswege und entsprechender berufsmässiger Erziehung Urteilskraft denkmässig erlangt. So kann man auch sagen, dass in Kulturen, die wir (heute noch) mit dem ungenügenden Ausdruck „weibliche" versehen, wir ausgesprochenere und instinktsicherere Urteile antreffen als in „männlichen", bei denen die Persönlichkeiten den Ausschlag geben.

Das Bild ist klar, wenn wir die Geschichte Frankreichs ansehen, welche eine raumbegrenzte Kultur darstellt, die centripetal mit der Mitte Paris funktioniert – und demgegenüber Deutschland mit einer Kultur, die centrifugal funktioniert und deswegen aus einer grossen Reihe staatlicher Einzelbildungen zusammengesetzt ist, die in einer Unzahl von Gemeinden äusseren Ausdruck finden.

Frankreich hat deswegen nur eine Gemeinde, die sich eben in Paris materialisiert, Deutschland die Unzahl, die in jedem Krähwinkel und Katzenellenbogen sichtbar wird. Diese centripetale Funktion der französischen Kultur kann man daran erkennen, dass kein Franzose gern Frankreich verlässt, und man die Kolonien nur als dernier refuge aufsucht, während in Deutschland – entsprechend der centrifugalen – jeder Einzelne jeden Augenblick bereit ist, in die Welt zu wandern.

Das Verhältnis ist das gleiche wie in der Blüte. Der Stempel – der weibliche Teil des Organismus – liegt fest; es ist nur ein Stempel. Die Staubgefässe sind viele. Die Weiterbildung erfolgt, indem die Staubgefässe den Pollen hervorbringen (also centrifugal wirken), während der Stempel die Fremdkörper aufsaugte und dementsprechend centripetal wirkt, ohne sich von der Stelle zu bewegen.

Dem Bilde entsprechend verhält sich Frankreich wie der Stempel (weiblich), es saugt die Juden wie alle anderen Rassen, wenn sie fruktifizierende Relation besitzen, sofort auf, während Deutschland fremde Rassen nie resorbiert, sondern sie bleiben als Kaste isoliert.

Dieser gegensätzlichen Grundeigenart der beiden Kulturen entspricht natürlich die Gegensätzlichkeit auch in der Staatenbildung. In den centripetalen Kulturen liegt als Entelechie die Entscheidung der Menge. In den centrifugalen die Entscheidung des Differenzierten, des Einzelnen. Nun wird jede centripetale Kultur infolge der Mengenwirkung horizontal strukturbildend sein und Klassen ausscheiden; die centrifugale dagegen wird vertikale Sturktur bilden entsprechend den Gemeinden und Berufsgliederungen.

Diese Verschiedenheit kommt in histroischen[!] Symptomen zum Ausdruck. Der französische König sagt: „L'état c'est moi!" Der preussische König sagt: „Ich bin der erste Diener des Staats!" Der Beruf geht voran. Die Stellung im Beruf unterscheidet die Menschen nicht klassenmässig. Dementsprechend wird der instinktmässig centripetal nach innen neu gestaltende Staat zu einem Parlamentarismus der Klassen gelangen, der von einem rechten Flügel, der der obersten Klasse entspricht bis zu einem linken Flügel, als Vertreter der untersten Klasse, getragen wird. Die Mitglieder dieses Parlaments würden dann regelrecht und ganz gesetzmässig durch die Instinkte der klassenmässig gruppierten Mengen gewählt werden.

Im centrifugalen Staat dagegen wird die staatliche Leitung bedingt durch den Ordnungsaufbau (also durch ein äusseres Wahlsystem). Die Gemeinde und der Beruf tragen (wie das Napoleon und Bethmann-Hollweg[!] genannt haben) die Tüchtigsten an die Spitze. „Die Selektion" – wie Darwin dies nennen würde – erfolgt also nicht durch Wahl aus der Menge, sondern durch individuelles Wachstum. Und die Staatsmaschine könnte sich von Natur nicht anders zusammensetzen als aus Individuen, die diesem natürlichen Wachstum entsprungen sind.

Dementsprechend bestanden die Gemeindeleitungen Deutschlands in allen älteren Zeiten aus Männern, die durch die Gemeindeentfaltung emporgetragen wurde[n]. Darüber hinweggegangen ist dann der enorme Einfluss des französischen, d.i. des centripetal bedingten Klassen-Parlamentarismus, der der centrifugalen Struktur widerspricht und das Lebensgefühl des deutschen Volkes irre gemacht hat, sodass die jetzigen parlamentarischen Formen artwidrig sind. In diesem Zusammenhang nun war die Stellung der Könige, Fürsten und Herzöge in Deutschland diejenige eines Berufes, in Frankreich dagegen diejenige einer Klasse. Durch die Eliminierung des beruflichen Prinzips wurde die Krankheit der Bastardisierung der Staatenbildung, die durch Einführung centripetaler Institutionen hervorgerufen war, noch ernster. Diese Krankheit wird auch heute empfunden, wenn auch weniger in dem geschwächten Staats[a]empfinden[a] des Volkes, als in dem Bereiche philosophierender Geister. Daher überall der Schrei nach dem „Führer". Da das in Unordnung gebrachte organische Wachstum nicht mehr die politischen Führer hervorbringt, sondern diese durch Massen-System dem Staat aufoktroyiert werden, und da der Beruf der Staatsführer – nämlich der Fürsten – eliminiert ist, so ist natürlich eine Lücke entstanden, die beobachtende und denkende Menschen selbstverständlich empfinden.

Nun kann man darüber streiten, ob das, was Gemeindestruktur[,] und das, was Berufsbildung fordern und naturgemäss zur Oberfläche tragen (also die Zusammensetzung einer Reihe durch Selektion hinaufgetragener Männer) – s. den Verfassungsentwurf des alten Freiherrn von Stein – als Parlament bezeichnet werden kann und darf. Ich möchte es (hoffentlich verfalle ich damit nicht allzusehr dem Eindruck des Hypergermanisten) als „Ting" bezeichnen. Einen Ting hatten die Germanen stets. Einen Ting hat jede Gemeinde. Einen Ting wird auch jede gesunde Form eines deutschen Staates aufweisen. Der Ting – auf vertikaler Sturktur basierend – würde der Gegensatz sein zu dem auf horizontaler Basis entstandenen Parlamentarismus. Soweit das Bild, wie es sich in unseren Gesprächen widerspiegelte.

Wie nun Eure Majestät den 5. und 6. Absatz auf Seite 5[3] gefasst haben, wird jeder Übelwollende so verstehen, dass hier ein diktatorischer Cäsarismus für die Zukunft gefordert wird. Ich bitte also Eure Majestät allerherzlichst, um Missverständnisse zu vermeiden, eine kleine Änderung vorzunehmen. Der Anfang ist ausgezeichnet: „Morgenländer können nur durch Einzelpersonen geführt und geleitet werden, sie mögen nun K[hane], E[mire], S[ultane], K[aiser], Z[aren], D[iktatoren], S[chah]s oder" – – – und hier möchte ich vielleicht einfügen „Zunftmeister, Berufsleiter oder Bürgermeister" – – –

---

[a] *De*

---

[3] Es handelt sich um den dritt- und vorletzten Absatz des „Interviews" Nr. 22a (S. 112).

„betitelt sein." In dem nächsten Satz „niemals aber durch Volksvertretung oder Parlament" – – – würde ich beifügen „die durch eine der Klassenstruktur entsprechenden[!] Massenwahl bestimmt werden." Und dann vielleicht noch dahinter den Satz: „In den deutschen Landen ist von jeher derjenige auch im Staate am rechten Platze gewesen, der in seinem Beruf und in seiner Gemeinde durch seine Leistungen an erste Stelle getragen wurde."

Durch eine derartig kleine Änderung werden Eure Majestät in Deutschland millionenfaches Echo hervorrufen, und es würden Missverständnisse vermieden werden. Eure Majestät wissen, dass ich zu diesem Schreiben durch Sorge des Herzens gedrängt werde. Wenn an manchen anderen Stellen des geistvollen Berichtes Eurer Majestät die Meinung Eurer Majestät der meinen gegenübergestellt wurde, so ist dies irrelevant und für mich in einigen Punkten sogar sehr lehrreich. Aber hier, wo es sich in Wahrheit nur um eine Form handelt, möchte ich innig bitten, solche kleine Konzessionen zu machen.

Es ist dies alles in grösster Eile geschrieben, und ich bitte eventueller Unklarheit wegen herzlich um Entschuldigung. Im übrigen spricht seinen innigsten Dank für den gütigen Neujahrsgruss aus der in seinem Herzen etwas besorgte,

Eurer Majestät in innigster Liebe zugetane

24.

Wilhelm II. an Frobenius, 19.1.1927, Doorn

Eigenhändige Ausfertigung:
A   FI: LF 614/25

Meine verehrteste Exzellenz.

Besten Dank für Ihren fesselnden Brief[1]. Die befohlenen Correcturen sind eingefügt, das Schriftstück unterwegs, die Drucklegung aufgeschoben, so dass Ihr besorgtes Herz ruhig sein kann. Im Uebrigen haben die Uebelwollenden,[!] wie die Lauen, die Bösen wie die Feigen daheim in den Jahren seit 9.XI.18[2] derart die Schale ihres Giftes und Schmutzes über mich geleert, dass es mir auf ein paar Kübel mehr nicht mehr ankommt. Das lässt mich völlig kühl. Unanfechtbares von mir wird totgeschwiegen, anfechtbares[!] verdreht bezw. verrissen, oder mit Lügen verbrämt, das alles lässt mich kalt. Was ich will und für richtig halte[,] wird weiter <u>servirt</u>[,] egal ob es schmeckt oder nicht! –

---

[1] Nr. 23.

[2] Am 9. November 1918 hatte Reichskanzler Prinz Max von Baden die Abdankung Wilhelms II. verkündet.

Ihre Ausführungen über die beiden Culturarten sind dergestalt lucide und überzeugend, dass ich mich sofort hingesetzt und sie[,] Schweisstropfen vergiessend[,] ins Englische übersetzt habe, da sie eine ausgezeichnete Erklärung und Ergänzung zu dem Aufsatz „Archäologie u. Culturmorphologie"[3] abgeben und an Viereck gehen sollen, sobald Sie dem Aufsatz – „Comparative definition of [a]socalled[!][a] ‚feminine' & socalled ‚masculine Culture' by H[is] Ex[cellency] Prof. Frobenius" – [,] der beiliegt[,][4] Ihr placet ertheilt haben werden.

Die botanischen Ausdrücke waren schwer zu handhaben u[.] ein Wörterbuch musste heran. Nur mit einem Wort, das Sie in Buch und Wort besonders gern anzuwenden lieben, das ich aber vor meiner Bekanntschaft mit Ihnen weder gehört oder gedruckt gesehen hatte,: „Entelechie"! (Entsetzlich!); da habe ich im Englischen nichts anfangen können und es verschwiegen? Für das absolut ahnungslose Amerikan[ische] Publicum ist es auch nicht nöthig, und die dortigen Professoren werden auch ohne dasselbe seelig!

Auf baldige corrigirte Rücksendung hoffend mit besten Grüssen

stets Ihr dankbarer Schüler
Wilhelm
I.R.

---

[a] *Ae*

[3] S.o. Nr. 22a.

[4] S.o. Nr. 22, Anm. 2.

25.

Wilhelm II. an Frobenius, 29.1.1927, „Brieftelegramm"

Maschinenschriftliche Ausfertigung:
A   FI: LF 614/26

Herzlichen Dank für die freundlichen Wünsche zu Meinem Geburtstage.[1]

[gez.] Wilhelm
I.R.

---

[1] Der 27. Januar war Wilhelms 68. Geburtstag gewesen.

26

Wilhelm II. an Frobenius, 28.2.1927, Doorn

Eigenhändige Ausfertigung:
A   FI: LF 614/27

Verehrteste Exzellenz

Soeben trifft Ihr interessanter Brief[1] nebst eingelegtem „Leo-Porträt"[2] ein. Prachtvoll getroffen! Sie sprechen eben mit Nachdruck: „Entelechie!"[3] aus! Ich freue mich ausserordentlich auf Ihren Besuch mit den Herren Reinhardt und Curtius hier, so Gott will, nach dem 10ten Juni und werde Professor Volgraff[!] davon verständigen, damit er auch anwesend sein kann.[4]

Es ist mir sehr wichtig – wie ich aus Ihrem Briefe entnehmen zu dürfen glaube –[,] dass Sie Dörpfelds Hyksostheorie[5] anscheinend nicht verwerfen. Er hat sie mir schon früher vorgetragen; sie hat vieles Verlockendes[!] an sich. Da ich aber in diesen Regionen nicht bewandert bin, kann ich mir kein Bild davon machen, wie weit seine Grundlagen[,] auf denen er baut, stichhaltig sind. Creta und Minoische Cultur von West-Asien beeinflusst zu wissen, würde den armen Bissing zu Wuthanfällen veranlassen.

Dass unsere gemeinsamen Neider und Gegner in Germanisch[-]Judäa Ihnen einen „Vorwurf" machen, dass sie[!] mir die Shams-Gorgo-These[6] eingespritzt haben sollen, finde ich prachtvoll! Selbstverständlich kann ich mir keinerfalles den Luxus eines eigenen Gedankens leisten! Ausgeschlossen! Viel zu dumm dazu!! – Das war früher genau so! Admiral v. Tirpitz wurde einstmals ein Vorschlag von mir vorgetragen, durch einen von mir Beauftragten. Nach Anhörung desselben fragte der Admiral „Von wem hat S.M. das nun wieder? Wer hat ihm das wieder beigebracht?" Er nannte verschiedene Namen. Der Offizier lachte, verneinte, erklärte es käme von mir direkt und schloss: „Trauen Ew. Exz. dem Obersten Kriegsherren und Schöpfer der Flotte wirklich keinen Eigenen Gedanken zu?!!"

---

[1] Nicht ermittelt.

[2] Vermutlich die in den Frankfurter Nachrichten vom 22. Februar 1927 veröffentlichte Zeichnung des Frankfurter Karikaturisten Lino Salini, die Frobenius in entschlossener Haltung und in Anspielung auf seinen Vornamen mit dem nach Art des Herakles umgelegten Fell eines Löwen darstellte (Tafel 1).

[3] S.o. Nr. 24.

[4] Vom 14. bis zum 17. Juni 1927 tagte die Doorner Akademie zum zweiten Mal. Allerdings nahm Ludwig Curtius nicht teil. Außer Frobenius, der seine Ansichten über Mythen als Ausdruck und Anwendung eines Lebensgefühls vorstellte, beteiligten sich Herman Lommel mit einem Vortrag über „die Lehre des Zarathustra", Walter F. Otto mit einem über „Götterwelt und Mythologie in der Ilias", Karl Reinhardt mit Ausführungen zu den bei Hesiod überlieferten Mythen und Carel Willem Vollgraff, der „über das Grab des Dionysos in Delphi" sprach. (AEW: 1678 A7).

[5] Dörpfeld hielt die Hyksos, die als 15. Dynastie von ca. 1630 bis 1521 v.Chr. – nach seiner Einschätzung: um 1700 v.Chr. – Ägypten beherrschten, für ein hochkultiviertes arabisches Volk, das sich teils während seiner Herrschaft über Ägypten, vor allem aber nach seiner Vertreibung von dort auch Teile Griechenlands besiedelte und den Griechen seine Kultur brachte (so u.a. in: Die altgriechische Kunst und Homer, in: Mitteilungen des Deutschen Archäologischen Instituts. Athenische Abteilung 50 (1925), S. 77–111, hier: S. 90–93).

[6] S.o. Nr. 2, Anm. 13.

I.M. erholt sich langsam von 14 Täg.[!] Grippe bei der ich nicht ohne Sorgen war. Gott Lob ist sie gestern wieder aufgestanden.

Mit besten Grüssen auch Ihrer Frau

stets Ihr dankbarer Schüler
und wohlaff[ection]irter Kaiser und König
Wilhelm
I.R.

P.S. von[!] Viereck begeisterter Brief über Ihre [„]weibl u. männlich Cultur["][7]

---

[7] S.o. Nr. 23 und 24.

27.

Frobenius an Wilhelm II., 16.3.1927, Biganzolo

Durchschrift der eigenhändigen Ausfertigung:
D   FI: LF 608/20–39
Maschinenschriftliche Abschrift der Ausfertigung:
U   AEW: 1596 G3–G5

Das erste Blatt von D ist – besonders in seiner rechten Hälfte – stark verfärbt, so daß ein Großteil seiner Beschriftung nicht lesbar ist. Außerdem ist die Schrift sehr dünn. Die Lücken in D sind daher durch U ergänzt.

Euer Majestät

habe ich nunmehr zu vermelden, dass die kleine Rundreise durch die Länder der Westkultur glücklich abgeschlossen ist und dass mich hier Euer Majestät Handschreiben vom 28 II,[1] ein Brief Ihrer Majestät[2] und allerhand Anregendes aus Doorn glücklich erreichte. Zunächst erschrak ich, als ich aus den verschiedenen Mitteilungen die Kenntnis von der Grippeerkrankung erhielt. Wir hatten in Frankfurt uns an einen guten Respekt vor ihr gewöhnt, weniger deshalb weil die Krankheit bis zum letzten gefährlich wäre, sondern weil sie [a]soviel[a] Lebenskräfte stets so langwierig brachlegt und so schwer schädigend auf die Lebensfreudigkeit wirkt – Also dies wäre Gottlob überwunden!

Nun der Bericht über die Zwecke und den Verlauf dieser hochinteressant und anregend verlaufenen Reise. –

---

[a] *U:* so viele

---

[1] Nr. 26.   [2] Nicht ermittelt.

<u>Die Absichten</u> gliedern sich nach zwei Richtungen

a) <u>in Allgemeines</u> – Ein Blick über den allgemeinen Verlauf des wissenschaftlichen Denkens in der eigentlich europäischen Kultur zeigt eine deutliche Linie. Nachdem die Nordeuropaeer die im Scholastischen ausklingenden Auswirkungen der aristotelisch-platonischen Mittelmeerdenkweise durchgekostet und die mechanistisch gewordene Verwicklung überwunden hatten, begann die neue Weltanschauung sich mit den grossen Astronomischen[!] Thatsachen zu beschäftigen. „Und sie bewegt sich doch!" Das war der Ausgangspunkt, von dem aus der Weg in die Erkenntnis der [b]Naturphaenomene[b] führen musste. Von der Astronomie bis in die Bakteriologie und Chemie. Das heisst, das europaeische Lebensgefühl erbaute sich eine erkenntnismässig greifbare Umwelt. Sie erbaute sich ein Haus, das aber zunächst viel zu materialistisch-technisch war, um gleichzeitig das sein zu können, was eine Weltvorstellung immer sein muss, wenn sie dem Dasein als Erfüllung dienen sollte; dies Haus war kein Tempel und konnte infolge seiner Entstehung als intellektuelles Erkenntnisprodukt auch kein Tempel sein. Alles musste <u>denkmässig</u> sein. Die ungeheure Schwäche war so deutlich, dass Victor [c]Hehn[c] schon vor 50 Jahren aussprach, wie schändlich es[d] sei, dass die Naturwissenschaft alles Metaphysische ausgewiesen hätte[3]. Im Hause fehlte die Pietät, die Achtung vor allem intellektuell <u>nicht</u> Fassbaren. Es fehlte diesem Gehaeuse die Seele, nehmlich die Religiosität. – Der Architektur lag aber die Denkweise zu Grunde, die bei allem immer nur fragt, zu welchem Zweck und Nutzen etwas vorhanden sei, oder nach welcher intellektuell fassbaren Gesetzmässigkeit es sich entwickelt habe. Die Begründung durch die Logik des menschlichen Bewustseins[!] war und blieb das Entscheidende. Der subjektivistisch gewordene Mensch Europas setzte die eigene Vernunft als entscheidende Gottheit in den Mittelpunkt des Daseins und ignorierte herrisch das Dasein alles ihm Unverständlichen. –

Diese ungeheure Leere musste zu Tage treten, als die europäische Wissenschaft nach Umspannung des ganzen Erdballes mit technischem Verbindungsnetz den grossen Problemen des Völker- und Kulturschicksals gegenüber gestellt wurde. Solange die Erforschung der natürlichen Umwelt fast ausschliesslich die Materiale der Weltanschauungsbauer lieferte, waren der Mensch[e], sein Verstand und seine Kultur als Gemeinsames „das Subjekt" des Daseins. Die der naturwissenschaftlichen[f] folgende Episode der Erforschung der Menschen und der Kultur musste jetzt Kultur und Mensch zum <u>Objekt</u> der Betrachtung machen. Und siehe, da kam die hohe Wissenschaft der alten Zeit nicht mehr mit! Überall zeigten sich Widersprüche. Weder auf die schon in der oberflächlichsten Geschichtsschreibung zu Tage tretenden Phaenomene noch auf die Kulturerscheinung

---

[b] *De aus und U:* Kulturphänomene [c] *U:* Hahn [d] *De:* sei da

[e] *De:* und [f] *De:* Episode

---

[3] „Die Naturwissenschaft fühlt sich jetzt als Herrin der Zeit und wie sie die Philosophie jetzt selbst besorgt und nach schimpflicher Entlassung der speculativen Metaphysik mit ganz leichten Verstandesabstractionen, insbesondere der Kategorie der Causalität – in deren Wesen es liegt, nie zum Ziele zu führen –, ihr Bedürfniss deckt, so hat sie auch die Deutung der Vorzeit in eigene Hand genommen und sieht das Thun des Historikers als Verirrung, ja als Eingriff in ihre Rechte an." (Victor Hehn, Kulturpflanzen und Hausthiere in ihrem Übergang aus Asien nach Griechenland und Italien sowie in das übrige Europa, Berlin [2]1877, S. iiif.).

der missachteten „Naturvölker" wollten die schematischen Gesetzmässigkeiten europaeischer Kultur passen. Die Wissenschaft (v. d. Kultur) sah sich daher eingeschränkt auf brutal-mechanistisches Aufspeichern in Museen und Monographien. Besonders unsere Museen für Völkerkunde, die von Natur dazu bestimmt waren, Schatzkammern seelischer Intuitionen zu werden, gestalteten sich mehr und mehr zu Leichenhallen mit „nichtrecognoscirbaren" Kadavern.

Dieser Zustand veranlasste mich im Jahre 1896[,] den Versuch zu unternehmen, die Kultur nicht als Produkt menschlichen Willens, sondern den Menschen als Objekt der ihn zeit- wie raumgemäss gestaltenden Kultur zu betrachten, d.h. ich begann[,] die Kulturen als „selbstständige"[!] Organismen zu betrachten.[4] Wie die Verhältnisse nun damals einmal lagen, stiess diese Lehre zunächst nicht nur auf erregtesten Widerspruch sondern auch auf schwerste Feindseligkeit. – Die [g]weiteren[g] Schicksale kennen Euer Majestät. Ich schuf unbekümmert um die Welt das „Afrika-Archiv", sammelte und liess sammeln, was an Arbeitsmaterial erreichbar war. (– Die letzte Expedition haben Euer Majestät aus Eigenem Dsipositionsfond[!] ermöglicht[5] –), – Spengler schrieb auf Basis meiner Lehre,[!] den leider in Vielem schwer verfehlten „Untergang des Abendlandes"[6], wir gründeten das Forschungsinstitut für Kulturmorphologie, gaben den Atlas Africanus[7] heraus, etc. etc. – kurz: die Lehre setzte sich mehr und mehr durch, wurde im Volke und besonders im Ausland vielfach Allgemeingut und – beginnt Früchte zu tragen. Da nun auch auf anderen Gebieten sich gleichzeitig die Leere der früheren Weltanschauung mehr und mehr bestätigte und der unglückliche Ausgang des grossen Krieges das Deutsche Volk nachdenklich machte, in ihm aufs Neue Pietät erweckte und seine Sehnsucht nach Höherem verstärkte, so kann die Kulturmorphologie als Wissenschaft der Zukunft angesprochen werden, und darf man, ihrer Eigenart entsprechend, von ihr einen Neubau des Lebensgefühl[!] erhoffen, der sehr wohl einmal zu einem Tempel der Pietät werden kann. –

Im Auslande geht die Saat auf. Ein englischer Diplomat sagte mir im [h]Kolonial-Office[h8]: „Wenn die Deutsche Wissenschaft diesen Dingen mit gleichem Ernst weiter nachgeht, wird sie uns Diplomaten die Möglichkeit geben, die Völker wirklich nach ihrem Innern zu verstehen und es so verhindern, dass zwei Völker einen Vertrag schliessen, den sie ihrer inneren Eigenart nach ganz verschieden verstehen und auslegen müssen." [i]Dies[i] fügte er hin<u>zu</u>: „Dieses kann aber nur eine Arbeit [j]für Deutsche sein[j]; bei uns wird sich niemand finden[,] dessen Mentalität sich dazu eignet; aber wenn wir sie auch nicht [k]zu bilden[k] verstehen, so werden wir sie doch herzlich gerne anerkennen." – Ein Professor der Sorbonne aber sagte mir: „Es kann kein Zweifel darüber bestehen, dass Sie

---

[g] *U:* äusseren   [h] *U:* colonial office   [i] *U:* Dann

[j] *U:* sein für Deutsche   [k] *De*

---

[4] S.u. Nr. 42, Anm. 8.

[5] DIAFE VI 1912–1914 in den algerischen Saharaatlas.

[6] Oswald Spengler, Der Untergang des Abendlandes. Umrisse einer Morphologie der Weltgeschichte, 2 Bde., Wien 1918 und München 1922.

[7] Leo Frobenius und Ludwig Ritter von Wilm (Hg.), Atlas Africanus. Belege zur Morphologie der afrikanischen Kulturen, 8 Hefte, München bzw. Berlin 1922–1930.

[8] Das britische Kolonialministerium Colonial Office.

den Weg aus dem versteinerten Rationalismus in ein seelengemässes Lebensgefühl gefunden haben." Und Derartiges mehr.

Das Bewustsein[,] mit beteiligt und verantwortlich zu sein in einer immerhin wesentlichen Angelegenheit, hat etwas Treibendes in sich. Ich fühle mich vollkommen als Diener dieser Sache, die[l] sicherlich ohne mich ebenfalls gedeihen und lebendig werden wird, der ich aber alle Kraft zu widmen habe. So bedrängt mich denn die Frage, was des Weiteren zu geschehen habe, in immer stärkerem Maasse. Als ich nun in den ernsten Arbeitsnächten dieses Winters die ca. 50 Verbreitungskarten der Typen und Eigenarten an Bogen und Pfeilen Afrikas, Oceaniens etc. abschloss,[9] erkannte ich, dass diese Materie, ebenso gut aber auch die Objekte wie Schilde, Waffen, Bootsformen etc. ganz ebensogut <u>museal</u> zusammengefasst und dargestellt werden könnten, und dass eine solche Darstellung, wenn sie noch gründlich und vielseitig durch Karten, beschreibende Texte und Figuren ergänzt würde, einen ausserordentlich überzeugenden Einfluss ausüben müsse. Eine solche Darstellung würde dann mit Leichtigkeit den Widerstand, den jetzt eigentlich nur noch die alten Museen für Völkerkunde verkörpern, vor dem Volke brechen. Alle alten Museumsgelehrten sind in unserer Wissenschaft viel zu sehr der Bequemlichkeit verfallen, um noch neuen Gedanken eine jungfrische Arbeit widmen zu können. Euer Majestät würden beim Anblick der Neuaufstellung des Berliner Museums für Völkerkunde erschrecken. In ihren Eisenbahnwaggonschränken sind die Sachen <u>aesthetisch</u> geordnet. Wie ich das sah, hätte ich vor Schmerz heulen können! – –

Um es kurz zu sagen: ich habe mich entschlossen, alles daran zu setzen[,] dieses Museum ins Leben zu rufen. In Bestimmung seiner Art und seiner Aufgabe wird dabei an <u>Goethe</u> gedacht, der zum ersten Male vor uns ähnliche Gedankengänge in seiner „Metamorphose[!] der Pflanze[!]"[10] hatte. Die Darstellung soll auch ähnlich wie in einer Sammlung getrockneter Pflanzen Einzelteile, die aus dem Gesammtzusammenhang herausgelöst sind[m], umfassen[m] und hierdurch ist dann der Name

Herbarium der Kulturmetamorphose

gegeben.

Dieses nun die [n]Allgemeinen[!] Gesichtspunkte[n], die mich bestimmten, diese Unternehmung als Nebenerscheinung des Forschungsinstitutes in das Leben zu rufen. Hierdurch würde das Einzelne bestimmt.

b) erstens[!] war ich bei allen Händlern solcher Objekte und informierte mich über die Möglichkeiten, solche Dinge überhaupt noch zu kaufen und über die Preise. Das Resultat überstieg alle meine Erwartungen. Kein Mensch, weder Gelehrter noch Sammler[,] hat gerade den wissenschaftlich wertvollsten und illustrativsten Objekten Wert

---

[l] *De: mich* [m] *D* [n] *U: Allgemeingesichtspunkte*

---

[9] Gegen Ende des Jahres 1927 erschien als Heft 4–7 des von Frobenius und Ludwig Ritter von Wilm herausgegebenen „Atlas Africanus" die Lieferung „Morphologie des afrikanischen Bogengeräts", deren einzelne Karten Daten aus der Zeit vom Januar bis zum September 1927 tragen.

[10] Johann Wolfgang Goethe, Die Metamorphose der Pflanzen, in: Ders., Sämtliche Werke nach Epochen seines Schaffens. Münchner Ausgabe, hg. v. Karl Richter in Zusammenarbeit mit Herbert G. Göpfert, Norbert Miller und Gerhard Sauder, Bd. 12: Zur Naturwissenschaft überhaupt, besonders zur Morphologie. Erfahrung, Betrachtung, Folgerung, durch Lebensereignisse verbunden, hg. v. Hans J. Becker, Gerhard H. Müller, John Neubauer und Peter Schmidt, München/Wien 1989, S. 29–68 (urspr. 1790/1817/1831).

beigelegt. Sie sind also noch gut + billig erhältlich. Allerdings wird das vorhandene + erwerbbare Material gerade für eine neue Sammlung und ihre Tauschbedürfnisse genügen. – Ausserdem habe ich mit den verschiedensten Kreisen, die °für uns° „drüben" sammeln können, <u>Beziehungen</u> angeknüpft.

c) Andererseits musste ich Fühlung nehmen wegen unserer nächsten Expedition[11], die ja im grossen Stile die Aufgaben der neuen Sammlung mit auszuführen haben wird. (So werde ich eine eigene „Gallerie[!] praehistorischer Felsbilder" in dem neuen Museum haben. Hierin werden die ersten Säle von den Felsbildern der „Kaiserexpedition"[12], die zweiten von denen der nubischen[!] Wüste[13], die dritten von denen der südafrikanischen Buschmannzeichnungen angefüllt sein). Diese Expedition soll allerhand Detaillearbeit[!] erledigen[,] und hierzu muss ich die Genehmigung und teilweise die Mitarbeiterschaft der fremden Regierungen erringen. Ich glaube, dass ich auch hierin mehr Erfolg hatte, als ich zu erhoffen wagte[.] – Hierbei hat mich wieder eine Beobachtung ausserordentlich interessiert. Natürlich weiss „man" in London, Paris und Bruxelles ganz genau um die gnädige Zuneigung Euerer Majestät. Genau wie in Deutschland. Während es aber in Deutschland immer schwierig ist, die Klippen törichter Fragen und mistrauischer[!] Aeusserungen zu vermeiden, zeigt jeder Ausländer nur immer ehrerbietig Achtung vor einer Höhe und Grösse des Lebensgefühles, die einen Kaiser auch mit einem einfachen Patriziersohn verbinden kann. Hierin liegt eine schöne Noblesse und ich wünschte sehr wohl, dieser in Deutschland haeufiger zu beg[eg]nen. – Auch nach dieser Richtung verlief die Reise ausserordentlich befriedigend. –

Nunmehr dieses alles im Allgemeinen klargestellt ist, möchte ich auch meinen innigen Wunsch, die Hohe Person Eurer Majestät mit diesen Dingen und neuen Unternehmungen in Zusammenhang zu bringen, zum Ausdruck bringen. – In wiefern[!] ich eine solche Beziehung dieses Werkes auch nach aussen für später geformt denke und die Bitte[,] hierzu die Genehmigung zu erteilen, bitte ich heute noch nicht aussprechen zu müssen; denn solches könnte die entsprechenden Absichten, im Beginn schon erörtert, gefährden.[!] Wohl aber glaube ich[,] Euer Majestät gnädige Fürsorge für diese Sache, und im herzlichen Wohlwollen wohl erbitten zu dürfen. Dieses Interesse glaube ich von Eurer Majestät um so eher erbitten und erhoffen zu dürfen, als ja doch gerade die ersten Säle der den Mittelpunkt bildenden praehistorschen Bildergallerie[!] der „Kaiserexpedition" entstammen. Die ᵖVerwurzlung ist dem in Jahren 1913/4ᵖ gelegen.[!] Die Möglichkeiten von damals, nehmlich aus ᵍEigenem förderndᵍ einzugreifen[,] sind erlahmt. Aber das, was ich von Euerer Majestät erbitte, nehmlich gütige Fürsprache, gnädige Vermittlung, – das dürfte auch heute noch den notwendigen Erfolg haben. Ich bitte um die Erlaubnis, das im Einzelnen besprechen zu dürfen. – Nehmlich:

1) Die erste Hülfe für diese Unternehmungen müssen[!] vom Deutschen Reiche ausgehen, allein schon aus Prestige-Gründen dem Ausland gegenüber. Ende vorigen Jahres hat sich demnach auch das Reichsamt des Innern durchaus auf den Standpunkt

---

° *U:* hier und   ᵖ *U:* Vorentwerfung ist in den Jahren 1913/14   ᵍ *U:* eigenen Fodern

---

[11] DIAFE IX 1928–1930 in Südafrika und Indien. Frobenius sammelte dabei u.a. einen großen Bestand an südafrikanischen Felsbildern.

[12] S.o. Anm. 5.   [13] DIAFE VIII 1926.

naturnotwendiger Förderung der Expeditionsangelegenheit gestellt. Mit dem Regierungswechsel[14] ist nun eine merkwürdige Erlahmung der Interessen im Reichsamt eingetreten. Das müssen irgend wie[!] parteipolitische Gründe sein, die hier hindern. Es wäre nun im <u>allerhöchsten</u> Grade wirksam, wenn ein aktives, die Notwendigkeiten dieser Deutschen Arbeit ergreifendes Interesse der Minister Exz[e]ll[en]z Hergt und v. Keudell errungen werden ⸢könne[!]⸣. – Hier würden sich dann ganz grosse Möglichkeiten erschliessen. Höchst glücklich möchte es erscheinen, wenn einer dieser Herren Minister mich für den Mai nach Berlin zum Vortrag beföhle – Glauben Euer Majestät nicht, dass dies zu erreichen wäre? –

2) Leider fehlt mir jede Beziehung zu der holländischen Kolonialregierung und den holländischen Kolonialgesellschaften. Auf den holländischen Inseln wäre aber ein prachtvolles Material an Bogen, Schilden, etc. zu sammeln, zu welcher Hülfsarbeit sich früher fremde Regierungen oft bereit erklärten.

3) Der Nachsatz in dem Briefe Eurer Majestät vom 28 II[15] lautet: „von Viereck begeisterter Brief etc." – Sollte es in Amerika nicht möglich sein, einige höher vermögende Freunde zu unterstützenden Förderern zu gewinnen? Ach, unser armes Deutschland ist ja so verarmt, dass sogar Wohlgesinnte[!] nicht mehr helfen können, aber dort drüben giebt es noch „Möglichkeiten". – Denn hier bleibt doch stets ein brennendes Gefühl trauriger Enttäuschung: eine Welt der Möglichkeiten für Menschheit, Kultur und Wissenschaften im Sinn und im Herzen und – Armseligkeit, an der so leicht die Entfaltung vorzeitig verdorrt. Das ist so schrecklich traurig. Ich möchte die ganze Menschheit mit alle dem[!] glücklich und zukunftsfroh machen, was ja kommen <u>muss</u>! beschenken und erheben, – aber in den Mitteln[,] all' das Selbstverständliche ihr zu vermitteln und verständlich zu machen, sind wir immer so rührend beschränkt. Und alles Meine habe ich schon hingegeben. –

Wenn ich Euer Majestät nun bitte, mit Rat und Vermittlung einzugreifen, so geschieht dies nicht etwa letzterwähnter Gründe wegen, – sondern vor allem führt mich hierzu der Wunsch, Euer Majestät Hohe Person in Verbindung zu halten mit diesem Werke, das ja nicht meines sondern das des Deutschen Geistes ist. Damit ich dann bei der ersten Vorführung der neuen Schöpfung sagen kann: „Seht hier <u>Den</u> an, Der auch aus der Entfernung der getreue Schutzherr Deutschen Geisteslebens ist!"![16] –

Von ganzem Herzen hoffe ich, dass Euer Majestät durch das übermässig lange Schreiben nicht allzu ermüdet wurden.

In diesem Sinne bitte ich für heute um gnädigen Urlaub.

Frobenius

---

^r *U:* könnte

---

[14] Das am 29. Januar 1927 angetretene 4. Kabinett Marx schloß gegenüber seinem Vorgänger neben Zentrum, Bayerischer Volkspartei, Deutscher Demokratischer Partei und Deutscher Volkspartei auch die Deutschnationale Volkspartei (DNVP) ein.

[15] Nr. 26.

[16] Dieses Motiv betonte Frobenius flankierend auch in einem Schreiben an Wilhelms Frau: „Euer Majestät werden sich gnädigst erinnern, wie sehr mir nach vieler Richtung am Herzen liegt, die hohe Begabung und das tiefe Verständnis Seiner Majestät nicht nur anzuregen[,] sondern auch allgemeinem und öffentlichem Begreifen im Volke deutlich zu machen." (17.3.1927, FI: LF 608/40f.).

Wilhelm II. an Frobenius, 31.3.1927, Doorn

Maschinenschriftliche Ausfertigung:
A   FI: LF 614/28–30

Verehrte Exzellenz,

Das war mal eine grosse Freude für mich, als ich nach mühsam-archaeologischer Entzifferung der Nubisch-Jorubaitischen[1] Schriftzeichen aus Biganzolo[2] – den Inhalt derselben ganz erfasst hatte. Der Sicherheit halber habe ich sie abtippen lassen; nach welcher Arbeit die Beteiligten – der Legende nach – einige Zeit an Erschöpfung zusammenbrechend durch Einflössen alkoholischer Mittel wieder zum Leben gebracht werden mussten! Entzifferungen von Inschriften sind bekanntlich stets angreifend! Genial ist die Einführung mit dem Excurs über die Entwicklung des Europäischen Denkens! Das Empfinden der Leere, das Fehlen des Gefühls für Religion und Pietät, das Fehlen des „Tempels" derselben; der Mangel an Ehrfurcht vor der Tradition und ihrer Erhalter und Vertreter. Absolut richtig!

Ich finde den Gedanken an das „Herbarium der Kulturmetamorphose" (später „K[aiser-]W[ilhelm-]Museum" als Gegenpol zum „K[aiser-]Fr[ie]dr[ich-]Museum"[3]) ganz prachtvoll. Auch ich stelle mich voll und ganz in den Dienst dieser grossen Sache! Sie soll mein besonderes Schosskind werden, die Strahlen der Gorgo-Shams[4] – (– stammt ja wohl von Ihnen?! –) sollen sie erleuchten und uns durch die Säle begleiten, die mit der „Kaiserexpedition"[5] beginnen! Ihrem Wunsche gemäss habe ich sofort nach New York an □[6] geschrieben und ihn zur Werbung aufgefordert: „Amerika solle die Führung des Auslandes übernehmen bei einer grossen Kulturtat, die den Seelen der Völker neues Leben zuzuführen bestimmt sei!" Ich hoffe, das zieht! Angedeutet ist, dass wenn die Mittel erst beisammen, die Säle hergestellt und gefüllt, m.e.[!]W. das Museum eröffnet werden kann, es dann öffentlich „under my patronage" stehen werde, bis dahin nur privatim. Ihre Beschreibung vom Berliner „Völkermuseum" und Aufstellung nach „ästhetischen" Gesichtspunkten[7] hat mich weidlich amüsiert! Diese „Kulturidioten und Banausen"! Ihre Feindschaft gegen Sie erinnert mich an die,[!] vom alten vertrockneten Beckmesser gegen Walther von Stolzing gehetzten Meistersinger, die Hans Sachs so reizend im Gespräch mit dem Ritter charakterisiert: „Nur seid ihr mit der Melodei zu-

---

[1] Wilhelm stellt hier einfach zwei „exotische" afrikanische Sprachen nebeneinander: Während das in Südägypten und dem Sudan gelegene Nubien spätestens seit der Einführung des Christentums in der Spätantike schriftliche Überlieferung kannte, ist für die v.a. im heutigen Nigeria verbreitete Gruppe der Jorubasprachen keine vorkoloniale Schrift bekannt.

[2] Nr. 27.

[3] Das 1904 eingerichtete, damals nach Wilhelms Vater Friedrich III., heute nach seinem Gründungsdirektor Wilhelm von Bode benannte Museum auf der Berliner Museumsinsel sollte ursprünglich auf Kunst der Renaissancezeit konzentriert sein.

[4] S.o. Nr. 2, Anm. 13.   [5] DIAFE VI 1912–14 in den algerischen Saharaatlas.

[6] George Sylvester Viereck.   [7] S.o. Nr. 27.

weilen etwas frei, das ist nicht leicht zu behalten, und das <u>ärgert unsere Alten</u>!"[8] Sie sind der Stolzing der Kulturmorphologie, der gegen die vertrocknete Meistersinger-Tabulatur von Beckmesser mit frischem Lied ankämpft! Ich habe an □ die prachtvolle Einleitung Ihres Briefes über das Denken des Europäers mit beigelegt, damit er sieht, worum es geht, und daraus sein Material schöpfen kann, um seinen Landsleuten beizukommen: bis zum Namen des Museums: „Herbarium der Kulturmetamorphose". Ich hoffe, dass wir das Interesse „drüben" erwecken werden. Anbei liegt ein soeben eingegangener Brief □s[9] mit einem zu einem „Interview" für die Amerikaner geschickt geschriebenen Artikel, der Ihren Aufsatz über „Weibliche und Männliche Kulturen", Einiges aus einem Aufsatz von Niemann und Einiges, was ich ihm früher geschrieben, mit einander verarbeitet als mein Gespräch mit Niemann frisiert[10].

Er hat mehrere Fragen im Brief und Artikel gestellt, die Sie in geeigneter Form (zum Einfügen) vielleicht beantworten, die ich ins Englische übersetzen werde, wenn sie nicht zu morphologisch abstrus abgefasst sind: „denn das ist nicht leicht zu behalten!" Auch sind Sie wohl so gut, nach Frankfurt Anweisung geben zu lassen für Absendung des Materials an Karten pp, um das □ bittet. Seine Adresse werde ich durch mein Bureau an Jensen, Ihren Vertreter, mitteilen lassen.

Was die Beschaffung von Mitteln zu Haus[!] und in Europien[!] betrifft, befürchte ich Schwierigkeiten, da im Balkanischen Wetterwinkel sich Gewölk zusammenballt. Auch der grosse Russo-Britische Kampf scheint von Asien aus nach Vorderasien sich zu ziehen und kann unliebsame Ueberraschungen in Europanähe auslösen, da Mittelmeerinteressen auch ins Spiel kommen und Neuverteilung von (Andern gehörigen) Gebieten in diesen Regionen in Aussicht zu stehen scheinen[!], die Albion (zwecks Gewinnung von Verbündeten) vorzunehmen gedenkt! Aber was ich machen kann: „M.W." „Machen Wir".

„Allah segne Deinen Weg oh' Scheich! Mögen die Strahlen der Morgenröte bald die Dächer Deines Tempels der Kultur bestrahlen. Doch die Eile ist vom Teufel; geduldiges Zuwarten kommt vom barmherzigen Allah!"[11]
  ªH.I.D.E.K.K.ª [12]

[gez.] Wilhelm
I.R.

ª *Ae*

---

[8] Richard Wagner, Die Meistersinger von Nürnberg III, 2: „Nur mit der Melodei seid ihr ein wenig frei: doch sag' ich nicht, daß das ein Fehler sei; nur ist's nicht leicht zu behalten, und das ärgert unsre Alten!"

[9] Nicht ermittelt.

[10] Offenbar wurde er erneut „umfrisiert", da die Überlegungen zum Geschlecht der Kulturen als Aufsatz Wilhelms – nicht als Interview – im Juni 1928 im Century Magazine 116 (1928), S. 129–139 erschien. S.a. Nr. 22a.

[11] Der letzte Satz ist ein weitverbreitetes, Mohammed zugeschriebenes Sprichwort.

[12] S.o. Nr. 2, Anm. 17.

Frobenius an Wilhelm II., 18.4.1927, Biganzolo

Durchschrift der eigenhändigen Ausfertigung:
D   FI: LF 608/42–46

Euer Majestät

Zusendung vom 31[.] III[.] mit gnädigem Schreiben und Einlage des Aufsatzes Herrn Vierecks[1] gaben Veranlassung zu sofortige[r] Durcharbeitung: Leider wurde ich mehrere Tage lang schwer behindert durch all'[!] frühjährlichen[!] und allherbstlichen[!] Mitgenommenheiten, die wir alten Afrikaner und Malariaobjekte ja wohl alle durchmachen müssen. Ärgerlicher Weise und als Folge des Übermasses an Arbeit im verflossenen Winter steigerte der Zustand sich diesmal wieder bis zum Fastblindsein, was natürlich arg mitnimmt.

Immerhin konnte die Vierecks Fassung[!] durchgearbeitet und im Frageteil beantwortet werden. Das Manuskript der Fragebeantwortung wurde besserer Verständlichkeit [halber] in Mailand abgeschrieben und kann so heute beigefügt werden. Ich hoffe herzlich, dass ich Euer Majestät Einverständnis für die Beantwortungsform habe.

Nun sage ich vor allem den aus vollstem Herzen strömenden Dank für die wahrhaft kaiserliche Huld, die Euer Majestät mir in dem Schreiben vom 31[.] III[.] ausgesprochen haben. Das war in der Zeit tiefer Niedergeschlagenheit wahrhaftiger Balsam. Denn auf allen Gebieten lernte ich einmal wieder die Barrieren des „neuen" Deutschland ken[nen] und die Rückschläge, die meine Mitarbeiter und ich einmal wieder erlebten, waren niederschmetternd. Aber wir Aufstrebenden dürfen ja nicht erschlaffen: – Wie mit uns verfahren wird, können Euer Majestät aus beifolgender Abschrift eines Schreibens Keudells[2], also des Ministers selbst ersehen. Die Reisezuschüsse waren vorher schon zugesagt; sie werden von einem Minister der Rechten abgelehnt!!! Wirklich! Niemand darf sich verwundern, wenn wir verzweifeln. –

Und ich frage mich, – mit der lodernden Glutnot im Herzen, – ob ein Amerikaner wie Viereck überhaupt helfen will und kann! Ach, möchten doch Euer Majestät glauben, dass nur wir Deutschen selbst uns helfen können und dass in uns selbst die Kraft zum Wiederauferstehen keimen muss. –

Jetzt scheinen sich alle die „wichtigen" (!?!) Daten wie Fakultätssitzungen, Ausschusstagungen etc. für die Universitätslehrer zu ordnen, sodass wohl das Eintreffen in Doorn auf den 14. Juni gesetzt werden darf[3] – Aber ganz in Ordnung bin ich mit den drei Universitäten, um deren Vertreter es sich handelt, noch nicht!

---

[1] Nr. 28.   [2] Nicht ermittelt.   [3] S.o. Nr. 26, Anm. 4.

Von meinen Mitarbeitern erhalte ich wichtige Nachrichten. Alles deutet darauf hin, dass in Südarabien eine uralte Schams-Bes-Gorgo-figur[!][4] existierte, die vielleicht auffindbar ist.

Ich fahre daher morgen trotz meines unerfreulichen Befindens nach Florenz, um im dortigen Museum einige Stücke zu kontrolliren. Dann verlassen wir diesen stillen Winkel ruhiger Arbeit, um nach Deutschland zurückzukehren und den Kampf neu aufzunehmen.

Ich freue mich schon jetzt unendlich darauf, vor Euer Majestät persönlich das Haupt neigen und Ihrer Majestät die Hand küssen zu dürfen.

Frobenius

29a.

Anlage: Frobenius' Antworten auf Fragen Vierecks, o.D., o.O.

Durchschlag der maschinenschriftlichen Ausfertigung:
D   FI: LF 608/46a

Fragenbeantwortung.

Seite 5. Frage 1.

Besonders deutlich tritt diese Tatsache natürlich da hervor, wo wir ältere Formen abgeschlossenen Geschichtsverlaufs übersehen können[.] Die Verweichlichung der Völker im Tale des Indus, in Mesopotamien, im Niltal hatte zur Folge, dass die Hochlandstämme die Herrschaft durch kriegerischen Einfall sich aneigneten. Da alle Wüsten und Hochplateaus geeignet sind, die Menschen durch das Schicksal harter Entbeerungen[!] rassenmässig zu kräftigen, so entsprechen alle grösseren Sprachgruppen der Erde je einem Wüstengebiet, indem sie das Ideom[!] eines kräftigen Volkes wahren, von dem aus sie dann in die Täler getragen wurden. Die Mongolische[!] Sprache hat die Wüste Gobi, die indogermanische Sprache die persische Wüste, die semitische Sprache die Wüsten Arabiens, die hamitische Sprache die Sahara als Ausgangsgebiet. Aus den Wüsten wurden mit den herrschenden kräftigen Völkern die Sprachen zu den verweichlichten Stämmen der fruchtbaren Flusstäler getragen.

Seite 11. Frage 2.

Die Kaste (gleich „guild") ist am besten zu erkennen im sozialen Aufbau der älteren Kulturen, besondern[!] bei den Indern, bei den Iberern des Kaukasus[5], bei den Be-

---

[4] S.o. Nr. 2, Anm. 13 und Nr. 20, Anm. 4.

[5] In der Antike im Kaukasus lebendes nicht-indoeuropäisches Volk; möglicherweise Vorfahren der heutigen Mingrelier.

wohnern der Sahel in Afrika. Die letzte Kastenbildung ist als vierter Stand in der französischen Revolution hervorgetreten. Es ist dies eine horizontale Schichtung, die Massen nach unten absondert und Adel des Geistes sowie Priestertum nach oben. Im Gegensatz hierzu ist die Ordnung der Zünfte eine vertikale; Beruf steht neben Beruf und verbindet den höchsten Zunftmeister mit dem jüngsten Lehrling, den verantwortlichen Gutsleiter mit dem jüngsten Hofgänger.

Seite 14. Frage 3.

In meiner Jugend habe ich den „Ting" noch in Graubünden beobachtet. Wenn heute viele Stadtparlamente in Deutschland bicht[!] mehr so produktiv stark sind und der Gemeinde so bedeutungsvolle Inhalte geben wie in alter Zeit, so wird dies erklärt durch die Tatsache, dass ein ursprünglich vertikales Vertretersystem durch horizontale Parteischichtung gestört ist. Von sich aus liegt aber den Deutschen[!] Stadtrechtssystemen Ting-Konstruktion zu Grunde.

Seite 14/15. Frage 4.

Der maskuline resp. zentrifugale und feminine resp. zentripetale Charakter der Kulturen tritt am deutlichsten hervor in Afrika. Die aethiopische Kultur trägt sämtliche Symptome maskuliner Ordnung nicht mur in den Symptomen der Sippenbildung, sondern auch im Staatsbau und Berufsleben, wogegen die hamitischen Kulturen charakterisiert sind durch Kastenbildung, die immer die Folge femininer Wahl ist.

Seite 15. Frage 5.
Fragestellung ist mir nicht verständlich.

Seite 17. Frage 6.

Es gibt weder rein männliche, noch rein weibliche. Die Tatsache des Nie-Absoluten können wir aus jeder Beobachtung der Menschen erkennen. Wir finden weibliche Züge in einem Manne und männliche in einer Frau. Dementsprechend kann man unsere symbolische Ausdrucksweise auch nicht zu einer mathematischen Gliederung oder Klassifikation der Kulturen verwenden. Besonders nicht da, wo es sich um so junge Gebilde handelt wie bei den Anglo-Saxischen[!] Kulturen, von denen einige vielfach den Ausdruck[!] des Mann-weiblichen machen, andere den klar ausgesprochener geschlechtlicher Betontheit.

Seite 20. Frage 7.
Ich finde es so klar, dass ich es nicht deutlicher ausdrücken kann.

30.

Wilhelm II. an Frobenius, 24.4.1927, Doorn

Eigenhändige Ausfertigung:
A   FI: LF 614/32

Meine verehrteste Exzellenz!

Wärmsten Dank für Ihren prachtvoll geschriebenen Brief vom 18.IV.[1] nebst Einlage u[.] Fragebeantwortungen. Ich habe ihre Antworten nach bestem Wissen in leidlich verständliches Englisch übertragen, wobei mir der Mangel an wissenschaftlichen Vokabeln manche Nuss zu knacken gab. Ich lasse sie jetzt copieren und werde Ihnen dann eine Abschrift des an Viereck gehenden Exemplars zusenden; Möge sie Gnade vor Ihren kritischen Augen finden. So ein Amerikaner der urplötzlich in das Thena „Cultur" hineinprojicirt wird, ist natürlich reichlich im Schwindel, aber ich finde doch, dass sein Artikel recht geschickt aufgebaut und für seine absolut cultur-ahnungslosen Landsleute klar geschrieben ist. Es bedeutet für ihn doch einen gewissen Moment[,] zum ersten mal[!] mit solch' einem Thema, das immerhin eine ziemliche Höhe der Bildung verlangt, vor das Amerikanische Publicum zu treten, das solche geistige Kost bisher noch nicht vorgesetzt bekommen hat. Jedenfalls wird es die dortige Gelehrtenwelt ganz gehörig aufrütteln und auf den Schwung bringen; vielleicht auch dann Ihre Correspondenzlast vermehren. Es ist noch sozusagen jungfräulicher Boden für unsere Arbeit. Und warum sollten nicht hier und dort aus der Tasche eines geschickt bei seiner Eitelkeit gefassten Milliardärs etliche Dollars locker werden, zumal wenn ihm so nebenbei angedeutet würde, sein Name werde in Verbindung mit einem von mir geförderten grossen Werk gebracht werden können? Nur nicht gleich so trübetümpelich[,] verehrter Stolzing![2] Die Sache wird schon werden! Singen Sie man Ihr Liedlein immer frisch von der Leber weg und lassen sie die „Meister" schimpfen!

Keudell ist unglaublich, aber er hat eben die Oheim[3] heimgeführt, das erklärt vielleicht manches[!]. Im Uebrigen taugen die D[eutsch-]Nationalen[4] ebensowenig wie die Linken. Alles Missgeburten der horizontalen Schichtung der weiblichen Westkultur, die bei Gelegenheit mal[!] fortgefegt werden müssen, durch gründliche Anwendung von „vertikalen" Massnahmen.

Hoffentlich haben Sie sich dennoch in Biganzolo gründlich erholt, so dass Sie beim Kampf <u>dirigirend</u> als Chef des Stabes fungiren und anderen das Bolzen übertragen können; dazu gehört <u>dictiren</u> und möglichst <u>wenig selbst</u> schreiben, <u>auch hierher</u>, zur Schonung der Augen! Verstanden?! –

---

[1] Nr. 29.   [2] S.o. Nr. 28.

[3] Wilhelm verwechselt Keudell hier mit dem Reichstagsabgeordneten Siegfried von Kardorff (DVP), der am 9. April 1927 seine Fraktionsgenossin Katharina von Oheimb geheiratet hatte. Sie hatte 1921 Wilhelm wegen der Begründung seiner Flucht in die Niederlande öffentlich scharf angegriffen. Dazu Kohlrausch, Monarch (wie S. 56, Anm. 221), S. 374f.

[4] Die Deutschnationale Volkspartei (DNVP), der Reichsinnenminister von Keudell angehörte.

Beiliegend wieder ein Heft aus Niederländ. Indien mit Aufsatz und Bildern von Dr. Kleiweg de Zwaan aus der Insel Nias.[5] Es finden sich Kunstwerke aus <u>Stein</u> (Thronsessel p.p.) die sehr fein gearbeitet sind und meiner Ansicht nach in den Darstellungen auf die <u>Garuda-Gorgo</u>[6] hindeuten. Jedenfalls müssen die alten Ureinwohner hochgebildete und geschmackvolle <u>Steinarbeiter</u> gewesen sein, was mich überrascht, da ich auf den Inseln nur Holztechnik vermuthete. Bei Ihrem Eintreffen im Juni hier – so Gott will – können Sie mir dann Ihre Ansicht zum Besten geben.

Mit besten Grüssen an Ihre Gattin und dem Zuruf „Kopf hoch!"

Ihr

dankbarer Schüler und Mitwirker

Wilhelm

I.R.

H.I.D.E.K.K.[7]

---

[5] Johannes[!] Pieter Kleiweg de Zwaan, Het eiland Nias en zijn bewoners, in: Nederlandsch-Indië. Oud en nieuw, 11 (1927), S. 323–341 und 355–372. Nias ist die größte Insel der Sumatras Westküste vorgelagerten Inselkette, auf der sich zahlreiche Zeugnisse der Megalithära befinden.

[6] S.o. Nr. 8, Anm. 2.

[7] S.o. Nr. 2, Anm. 17.

31.

Frobenius an Hofmarschallamt, 4.6.1927, Frankfurt am Main

Maschinenschriftliche Ausfertigung:
A   AEW: 1649 A5f.

[a]Euer Exzellenz

teile ich mit einem Seufzer der Erleichterung mit, dass nunmehr die Herren Professoren soweit unter einen Hut gebracht sind, dass ich bestimmte Angaben zu machen im Stande bin. Die drei Herren Professor Dr. Otto (Religionswissenschaft des Altertums), Professor Dr. Reinhard[t] (Gräzist), Professor Dr. Lommel (Indogermanische Sprachwissenschaft) werden am Dienstag[,] den 14. Juni[,] morgens um 7.25 Uhr in Frankfurt abfahren und um 4.37 Uhr in Utrecht eintreffen, – vorausgesetzt, dass dies in Doorn genehm ist.

Ich selber kann noch nicht sagen, von welcher Himmelsrichtung aus ich am 14. in Utrecht eintreffe, da ich noch verschiedene Konferenzen vielleicht in Brüssel und in[!] Haag zu erledigen habe.

Herrn Professor Volgraf[!] in Utrecht bitte ich zu benachrichtigen, dass das Einverständnis Seiner Majestät vorausgesetzt – besprochen werden wird:

---

[a] *Vermerk Wilhelms vom 7.6.1927:* Ja.

Von Herrn Professor Otto über Mythologie, von Herrn Professor Reinhard[t] über das Zeit- und Raumgefühl, das sich aus Hesiod und anderen Vorsokratikern für die alte und griechische Zeit erweisen lässt. Herr Professor Lommel wird sprechen über die zoroastrische Religion, und meinerseits möchte ich einiges erzählen über das Verhältnis von Magie und Mystik im Verlaufe des Geisteslebens der Vorgeschichte.[1] Ich bitte[,] dies Herrn Professor Dr. Volgraf[!] mitzuteilen und ihn zu bitten, sich in ähnlichem Sinne zu äussern.

Ich bitte Seine Majestät zu fragen, ob wir für die Besprechungen drei Morgen ansetzen dürfen[b], sodass die Professoren-Vereinigung sich dann am Freitag Nachmittag auflösen könnte (der Mittagszug von Utrecht fährt meines Wissens um 1½ Uhr.)

Ich bitte Euer Exzellenz zu glauben, dass es nicht leicht war[,] in anbetracht[!] der heutigen Schwierigkeiten, die vielfach den Professoren das Leben noch schwerer machen als früher, drei Leute von der Notwendigkeit, Kollegs zu lesen, zu entbinden und ihnen die notwendige Flüssigkeit einzuimpfen, die zur Wegspülung der Hindernisse erforderlich war.

> Mit sehr schönen Grüssen
> Als Euer Excellenz und dem
> Hause in Treue zugetaner
> [gez.] Frobenius

---

[b] *Marginalie Wilhelms:* ja.

---

[1] Die undatierte Doorner Presseerklärung über die Tagung nennt schließlich teils abweichende Themen: „Es sprachen Prof. Dr. Lommel über die Lehre des Zarathustra, Prof. Dr. Vollgraff über das Grab des Dionysos in Delphi, Prof. Dr. Otto über die Götterwelt und Mythologie in der Ilias, Prof. Dr. Reinhard[t] über die Mythenwelt in Hesiod und Geheimrat Frobenius über Mythen als Ausdruck und in der Anwendung des sie ausgestaltenden Lebensgefühls. Die Sitzungen nahmen die Zeit vom 14. bis zum 17. Juni in Anspruch und im Anschluss hieran wurden auch die Fragen des Ausbaus der Kultursammlung (Museum der Metamorphose der Kulturen) in Frankfurt a/Main besprochen und Gedanken, die dieser Entwicklung zweckdienlich sein können, erörtert." (AEW: 1649 A3; s.a. 1678 A7).

32.

Wilhelm II. an Frobenius, 27.6.1927, o.O.

Auszug in: [Dettlof Graf von Schwerin,] „Zur Geschichte der D.A.G. aus den Akten des Hofmarschallamts Doorn"   *AEW: 1678 A7*

Die Tagung der „Weisheitsschule" klingt lebhaft in mir nach. Welche Fuelle von Anregung, neuen Gesichtspunkten usw. hat sie gebracht! Ihnen, verehrte Exzellenz, danke ich immer wieder fuer die weitumfassende Anlage und die tiefgruendige, glueckliche Durchfuehrung der Tagung. Zur Foerderung Ihrer eigenen Forschungsarbeiten, insbesondere fuer das geplante Museum, habe ich Ihnen eine Beihilfe von 10.000 RM.[!] aus meiner Schatulle bewilligt.[1] Gebieten die mir zur Verfuegung gebliebenen, leider recht beschraenkten Privatmittel grosse Beschraenkung, so soll diese Summe Ihnen doch ein Beweis dafuer sein, fuer wie richtig und notwendig ich Ihre Arbeiten und Plaene halte, und mit welchem lebhaften Interesse ich sie begleite.

---

[1] In der Doorner Presseerklärung zur Tagung (s.o. Nr. 31, Anm. 1), die hier unmittelbar vor dem Briefauszug zitiert wird, heißt es dazu: „… im Anschluss hieran wurden auch die Fragen des Ausbaus der Kultursammlung (Museum der Metamorphose der Kulturen) in Frankfurt a/Main besprochen und Gedanken, die dieser Entwicklung zweckdienlich sein können, erörtert." (AEW: 1649 A3; s.a.1678 A7). Über die Museumspläne s.a. Nr. 27 und 28.

33.

[Frobenius] an Wilhelm II., 26.7.1927, Frankfurt am Main

Durchschlag der maschinenschriftlichen Ausfertigung:
D   FI: LF 608/47–55

Euer Majestät

werden es selbstverständlich erahnen, dass die gnädige und von so reichem wissenschaftlichen Selbsterleben Zeugnis ablegende Stiftung[1] in den „Kulturmorphologen" einen explosionsartig wirkenden Tatendrang erweckte. Es war natürlich, dass dieser Kaiserlichen Tat eine Betätigung in Frankfurt folgen musste, die in der frischesten und fröhlichsten Weise alle verfügbaren Kräfte durcheinander wirbelte. Dies hatte zunächst zur Folge, dass der grosse Jubel, der besonders unter den Professoren der „Akademien"[2] deutlich zutage trat, einen Tatendurst und gleichzeitig eine Verwirrung der Geschäftigkeit hervorrief, die entsprechend durch organisches Zielbewusstsein geordnet, jetzt ihren klaren Niederschlag als ein etwas Übersichtliches zur Folge hatte. Ich möchte nun über das berichten, was in der Anwendung dieser Kräftespiele heute schon deutlich erkennbar geworden ist.

1)   Dadurch, dass das Institut sich nun offiziell berechtigt fühlen darf, eine grosse und bedeutsame Unternehmung der Welt als notwendig hinzustellen, wurde mit einem Schlage auch das Problem der Unterbringung sowohl des bisherigen Archivs als auch der neuen Sammlungen akut. Ich glaubte mich jetzt berechtigt, für die Kulturforschung eine zentrale Stellung zu fordern, denn alles[,] was die Natur bietet, ist dem Wesentlichen wichtig als natürliche Umwelt der Kultur des Menschen. Alles[,] was Geschichte, Kunst und Technik geleistet haben, sind Ausdrücke der Kultur des Menschen. Und so brach bei mir der Plan durch, in Frank-

---

[1] S.o. Nr. 32.   [2] S.o. Nr. 31.

furt ein grosses Museum zu schaffen, in dem, ausgehend von der natürlichen Umwelt und hinzielend auf die Kultur, eine neue alles umfassende Schöpfung ins Leben treten kann. Dies Museum aber soll nicht sein eine Sammlung von Raritäten und Merkwürdigkeiten. Nicht das Erstaunliche und als exotisch und fremdartig Interessierendes soll oberflächlich fesseln, sondern das Wesentliche ist, dass in diesem Museum die Forschungsarbeit als solche den Mittelpunkt bilden soll und immer das ausgestellt wird, was als Forschungsmaterial und Forschungsergebnis gesichert wurde. Dadurch wird dem Besucher des Museums nicht nur das tote Skelettgewordensein der Vergangenheit, sondern das lebendige Verständnis der gegenwärtigen Auffassung und der Phänomene an sich deutlich gemacht. – Ich habe sogleich Herrn Stadtrat May, der die Baukunst und das Bauwesen Frankfurts zu leiten hat, zu einer Besprechung herangezogen. Er und Herr Oberbürgermeitster Landmann sowie andere entscheidende Leute haben Verständnis gewonnen, und damit ist zwar eine nicht leicht, aber fraglos lösbare Aufgabe ins Leben gerufen. Dies Gebäude soll auf der Ginnheimerhöhe[!] die Spitzenkrönung bilden und von hier aus sollen dann Strassen durch grünende Park- und Villenanlagen führen. Dies war der erste Schritt.

2) Es gilt nun für die Sammlungen breites Grundlagematerial aus sehr guten, d.h. kulturreichen Gegenden als Beispiel zu gewinnen. Ein solches Gebiet liegt auch heute noch am oberen Congo-Lualaba und zwar zwischen Lualaba-Luapula, Lukuga und Tanganjika.[3] Dort musste jetzt unser Ausführungsorgan, die Deutsche Inner-Afrikanische Forschungsexpedition[4] ihre Sammlungsarbeit aufnehmen. Die Schwierigkeit beruhte darauf, dass die Belgier und besonders der belgische Colonialminister eigentlich noch antideutsch sind und bis jetzt nicht einmal unserem deutschen Konsul die Genehmigung des Reisens im Innern gewähren. Nach kurzer Überlegung entschloss ich mich, koste es[,] was es koste, den Plan doch durchzusetzen und sofort mit englischen und französischen Hilfskräften (die mich leicht unterstützen konnten, weil ich von Ihnen nichts verlangte) den Angriff auf die feindliche Position anzusetzen. Der Streich gelang, ich konnte nach Brüssel fahren und mir die entsprechende Genehmigung auswirken. Der deutsche Gesandte war natürlich im höchsten Grade erstaunt und wohl ebenso das Auswärtige Amt. Damit war ein wichtiger Punkt erledigt.

3) Des ferneren musste ich nun dafür Sorge tragen, dass das Institut als solches während unserer Abwesenheit in Afrika nicht schlechter, sondern besser gestellt würde. Es war ein ungemein angenehmer Glückszufall, dass die ja auf gnädiger Fürsorge beruhende Bemühung in Berlin[5] genau in dem Zeitpunkte Erfolg hatte, in welchem ich von Brüssel aus in Berlin eintreffen konnte, d.h. Herr Minister von Keudell empfing mich am vergangenen Mittwoch. Die Unterredung verlief ausserordentlich günstig. Herr von Keudell hat uns klipp und klar versichert, dass

---

[3] Lualaba heißt der Oberlauf des Kongo, in ihn mündet der Lukuga, der gleichzeitig den einzigen Abfluß des Tanganjikasees bildet. Die hier beschriebene Region liegt also im Nordosten der Provinz Katanga der damaligen belgischen Kolonie Kongo.

[4] Die Deutsche Inner-Afrikanische Forschungsexpedition (DIAFE) war ein eingetragener Verein, der der Organisation und Finanzierung von Frobenius' Expeditionen diente.

[5] Um solche Unterstützung hatte Frobenius Wilhelm bereits im März gebeten (s.o. Nr. 27).

er für eine entsprechende Fürsorge des Reichs eintreten könne und dass die Angelegenheit in einer Kabinettssitzung in Bälde, d.h. nach Ablauf der Ferien, zum
Abschluss gebracht werde. Herr von Keudell, den ich mir als einen energischen
und etwas kräftigen echten Junker und früheren Landrat vorgestellt hatte, ent-
puppte sich als ein sehr feinsinniger und verständnisvoller Mann. Herr Dr. Jensen,
der mich hier begleitete, hatte genau wie ich den Eindruck, dass diese ministe-
riellen Erklärungen bindende Kraft hätten.

4) Zu der so gesicherten Expeditionsgenehmigung gehörten nur[!] die Mittel. Infolgedessen erfolgte in Berlin sogleich der Sturm auf die „federführende Stelle": das
Kultusministerium hat diese Arbeit übernommen. Der betreffende Vertreter, Referent Niessen, zeigte auf meinen Vorschlag hin sogleich vollkommenes Verstän-
dis. Er entwarf den ganzen Operationsplan, den er einschlagen wird. Die Unterstützung der verschiedenen Ämter ist ziemlich gesichert und er hatte nur die eine
Sorge, dass eventuell Seine Excellenz der Herr Minister Schmidt-Ott mit der der
Notgemeinschaft[6] zufallenden Quote Schwierigkeit haben könnte. Excellenz
Schmidt-Ott ist ja in der Tat durch eine ausserordentlich bürokratische Institution
sehr gefesselt. Euer Majestät kennen ja diesen alten verehrungswürdigen Freund
gut genug, um zu wissen, wie sehr dieses grosse Herz immer danach trachtet, allem gerecht zu werden und ja keinen Verstoss gegen die Vorschriften und was
weiss ich sonst zuzulassen. Immerhin hatten wir den Eindruck, dass auch hier alles in Ordnung ist.

5) Endlich musste auch neue Materie in das neue Museum. Die Zeit, die mir zwischen den verschiedenen Ministerbesuchen in Brüssel übrig blieb, nutzte ich dazu
aus, unserem Museumsgedanken Sammelfreunde zu gewinnen. Verschiedenes
konnte ich sogleich für sehr billigen Preis erwerben, aber darüber hinaus gelang
es, die verschiedensten Organisationen, wie Rotes Kreuz, Ärzteverband, Katanga-
Gesellschaft[7] usw., dazu zu bewegen, Sammelaufträge in den Continent zu schik-
ken. – Eine sogleich nach Hamburg unternommene Aktion hatte zur Folge, dass
verschiedene grosse Überseefirmen sich bereit erklärten, ihre Angestellten besonders im indischen Archipel und in Indien sammeln zu lassen. Hierdurch wird
mancherlei sehr gutes Material beschafft werden. – Dann schrieb ich noch einmal
an Herrn Professor Vollgraff und dieser hat mir in der günstigsten Weise eine
grössere Anzahl Namen verschiedener Herren und Firmen zugehen lassen, an die
wir nunmehr schreiben. Leider steht bis jetzt eine Empfehlung durch irgend eine
holländische Autorität aus[,] und ich bin mir nicht ganz sicher, ob die verschiedenen Beamten, Missionare usw. ohne eine solche Empfehlung automatisch auf unsere Wünsche eingehen werden. – Andere Beziehungen wurden angeknüpft nach
China und Nord-Amerika.

---

[6] Notgemeinschaft der Deutschen Wissenschaft, Einrichtung zur Verteilung von Forschungsfördergel-
dern. Schmidt-Ott war ihr Präsident.

[7] Die *Union Minière du Haut-Katanga* besaß das Monopol auf die Ausbeutung der reichen Rohstoff-
vorkommen Katangas. Als Konzessionsgesellschaft hatte sie auch zahlreiche Verwaltungsaufgaben in
dieser Provinz übernommen.

6) Wie der Bestand sich heute ausnimmt, sind wir in der Lage, verschiedene Gegenstände schon ziemlich vollständig als Kulturbild mit Karten usw. vorführen zu können. Hierzu gehören in erster Linie:

> Schilde,
> Bogen,
> Pfeile[,]
> Köcher[,]
> Wurfbretter,
> Wurfeisen,

des ferneren Schlitztrommeln,

> Blasekugeln, Okarina, Signalpfeiffen[!], Rasiermesser

Dem sollen, so wie mir Mittel vorhanden sind, folgen:

> Speere,
> Messer und Schwerter,
> Panzer.

Von wichtigen alten nicht erreichbaren Gegenständen lasse ich in den Museen Gipsabgüsse machen. – Zur Ergänzung der Felsbildergalerie wurden von einem früheren Offizier der Schutztruppe, Major Jochmann, die Originalfelsbilderzeichnungen zum Kopieren erbeten, etc.[8]

Zwischen alle diesem wurden ausserdem Montags[!] stets Sitzungen des Professoren-Collegiums abgehalten. Es war die regelrechte Fortsetzung der Doorner Akademie und wir alle miteinander verspüren hieraus reichen Gewinn. Irgend einer der Herren hält einen Vortrag, es folgt eine Diskussion und zum Schluss wird dann immer besprochen, was im Aufbau des neuen Museums jetzt noch getan und gewirkt werden kann. Und so sehen Euer Majestät denn ein Häuflein begeisterungsfähiger und tatkräftiger Männer hier vereinigt, die in inniger Freundschaft und in steter Dankbarkeit an Doorn das Werk weiter und weiter tragen werden. Die letzte Sitzung fand gestern Abend statt und konnte ich hier den neuen Beweis der Huld Euer Majestät zur Kenntnis bringen. Der Jubel war gross und über die Gesamtlage herrschte allgemeine Befriedigung. Die Gabe Euer Majestät haben[!] eine Lawine der Schaffensfreudigkeit gelöst.

Was mein eigenes Gefühlsleben anbelangt und die Erschütterung, die diese gestern empfangene Karte mit dem Bilde der Kaiserlichen Familie auf der Rückseite hervorrief, das auszudrücken, würde mich zu sentimentalen und an Gemeinplätze erinnernden Phrasen führen.

Nun bitte ich um die Genehmigung, Ihrer Majestät die Hand küssen zu dürfen und Euer Majestät selbst andeuten zu dürfen, was eben nicht ausgesprochen, sondern nur durch Gemütswellen vermittelt werden kann.

---

[8] Jochmann, der als Leutnant Vermessungsarbeiten in Deutsch-Südwestafrika, dem heutigen Namibia, geleitet hatte, nahm dabei auch Felszeichnungen auf, von denen er einige in der Berliner illustrierten Zeitschrift *Die Woche* vom 15.1.1910 veröffentlichte (S. 113–116).

34

Wilhelm II. an Frobenius, 7.8.1927, Doorn

Eigenhändige Ausfertigung:
A   FI: LF 614/33

Die Vorderseite dieser Ansichtskarte zeigt eine Photographie Wilhelms II., des ehemali-
gen Kronprinzen und dessen ältesten Sohnes Wilhelm. Alle drei Hohenzollern stehen in
Uniform vor der Eingangstür Haus Doorns.

Meine verehrteste Exz[ellenz!]

Vor einigen Tagen besuchte ich einen reichen Plantagenbesitzer aus Java, Herren
Pynacker[1], in Varmond bei Leiden, und gelang es mir[,] ihn für unser neues Museum
und Ihre Forschung zu begeistern. Er hat mir versprochen[,] seine Beamten zu instrui-
ren[,] bei der Bevölkerung zu sammeln; würde sehr dankbar sein[,] von Ihnen nähere
Anweisungen zu erhalten, wie und <u>was.</u> Ich sagte ihm zu[,] dies zu veranlassen. Nannte
ihm vorläufig Speere, Schwerter und Rasiermesser. Es komme nicht so sehr auf hohen
Geldwerth des Materials[,] sondern auf das alter[!] der Form, die Verschiedenheit der

---

[1] Vermutlich einer der drei Söhne des 1918 gestorbenen Kolonialpolitikers Jacobus Marinus Pijnacker
Hordijk, der von 1860 bis 1886 in Indonesien Plantagen bewirtschaftet hatte. Dessen jügerer Bruder
Cornelis war von 1888 bis 1893 Generalgouverneur Niederländisch-Indiens, doch überlebte dessen
einziger Sohn seinen 1908 gestorbenen Vater nicht.

selben und die von der Bevölkerung darein geknüpften Traditionen an. Vielleicht sind Sie so gut[,] ihn zu orientieren. Er weilt mit Familie z. Z. in Garmisch-Partenkirchen. Mit besten Grüssen

Ihr
Wilhelm
I.R.

35.

Frobenius an Wilhelm II., 17.8.1927, Biganzolo

Durchschrift der eigenhändigen Ausfertigung:
D   FI: LF 608/56–62

Euer Majestät

Die Italiener der Poebene haben eine ethnographische Merkwürdigkeit. Sie feiern den 15. August als Tag der grössten Hitze und unterbrechen um diesen Tag herum die Arbeit für etwa eine Woche. Und zwar dies auch dann, wenn es wie in diesem Jahre recht angenehm kühl ist. Diese allgemeine Geruhsamkeit erstreckt sich aber nicht nur auf das private[,] sondern auch auf das offizielle Leben. So macht auch die Post gründlich Ferien und so kam es[,] dass eine Einschreibesendung Dr. Jensens ganze 4 Tage auf der Post lag. In dieser Sendung befand sich das gnädige Schreiben Euer Majestät vom 7 August[1][,] das die glückliche Werbung eines sicherlich grosszügigen Sammelfreundes, gewonnen durch Euer Majestät selbst, ankündigt. Natürlich werde ich nicht verfehlen, sogleich ein eingehendes Schreiben an Herrn Pynacker aufzusetzen. Natürlich wird diese Mehrung der Mitarbeitskräfte in dem Kreise der Freunde genau so grossen Jubel hervorrufen wie in meiner Seele. – Wenn es unter dem Einfluss so gnädiger Fürsorge nicht gelingt, den Sammlungen eine packende Gestalt zu verleihen, dann müssen die Frankfurter elende Kerle sein. Als solche werden sie sich aber sicherlich nicht erweisen.

Inzwischen habe ich dem bekannten Siamforscher Doehring, der wieder hinausfährt[,] und dem Hamburger Konietzko, der Burma und die Nagastämme[2] aufsuchen will, entsprechend Sammelaufträge erteilt. Nordenskjöld kommt in den nächsten Wochen aus Mittelamerika zurück[3] und wird dieser Freund dann für Südamerika aktiv gemacht. Ein in die südlichen Teile Nubiens und den NO Sudan abgepilgerter Maler hat den Auftrag erhalten, neue Felsbildergalerien aufzusuchen und abzuzeichnen. An das

---

[1] Nr. 34.

[2] Gruppe kulturell sehr unterschiedlicher Stämme im nordostindischen Nagahügelland.

[3] Der Göteborger Ethnologe Erland Nordenskjöld kehrte 1927 von seiner letzten Expedition zurück, die ihn nach Kolumbien und Panama geführt hatte.

Reichskolonialamt, das in einem Dornröschenschlaf liegt[4] (aber nicht etwa in der Form einer schönen Jungfrau[,] sondern nur in der des Bäckerjungen, der gerade im Zustand des „eine Ohrfeige empfangen Sollenden" entschlummert ist) wandte ich mich mit dem Gesuch, das von früher durch Deutsche Schutztruppenofficiere eingesandte Material von Buschmannszeichnungen unserer Felsbildergalerie einzusenden. u.s.w. –

Die Liste der von Professor Vollgraf[f] angegebenen Missionare und Beamten liegt immer noch hier. Ich kann mich zu einem Schuss ins Leere nicht entschliessen. Ohne ein holländisches Begleit[-] und Empfehlungsschreiben werden holländische Beamte + Missionare kaum etwas an Aktivität aufbringen. Jetzt ist mir der Gedanke gekommen, dass Euer Majestät Adjutant, Herr Major Ilsemann hierüber einmal mit seinem Schwiegervater, dem Grafen Benting[!] sprechen könnte. Ich werde also Herrn Ilsemann in diesem [Sinne] schreiben und ihn veranlassen, Euerer Majestät die Frage zu unterbreiten, ob Euer Majestät mit einer Besprechung in diesem Sinne einverstanden sind.[5] –

Wenn ich nun etwas von meiner hiesigen Tätigkeit berichten darf, so vermelde ich, dass ich für etwa zwei Wochen mich mit meinem alten Problem, meinem nun über dreissig Jahre alten Lieblingsmanuskript „Der Staat als Gestalt und Form" beschäftige und damit wieder auf die grossen politischen Vorgänge unserer Tage gebracht werde. Da fällt es mir dann auf, dass wenn ich die hunderte und tausende der entwicklungsgeschichtlichen Symptome, die wir in den letzten 9 Jahren erlebt haben, überschaue und mit den analogen Vorgängen der ersten Jahrzehnte vergleiche, dass doch eine fast unheimliche Vergrösserung der Dimensionen eingetreten ist. Vordem der Egoismus des subjektivistisch empfindenden Staates, heute der aengstliche Egocentrismus aller in die Defensive gedrängten Staaten. Man „will Weltwirtschaft" und „man macht" in Zollschranken! Alles, alles provisorische Übergangszustände. Alles fast nach dem Entgegengesetzten zum Naturgegebenen drängend. Dieser Contrast zwischen dem, was als selbstverständliche Natur notwendig werden will und muss und der Sucht der Völker, das Unnatürliche und Naturwidrige zu unternehmen, ist so ungeheuerlich, dass daraus ein Conflikt erwachsen muss, der kaum anders als durch einen Eclat zu lösen sein wird. Denn alles drängt zu einer überstaatlichen Politik, so wie Euer Majestät sie seiner Zeit angestrebt haben, (die aber damals niemand verstehen konnte) und wie sie dem materialistischen Antichristianismus unserer Zeit, besonders den Engländern zunächst [a]noch[a] völlig unfassbar ist. Die einzelnen Staaten sind zunächst (in dieser Übergangszeit) zu Formen geworden, die mechanisch verändert und verwendet werden. Die Weltwirtschaft ist aber wachsende Gestalt und erst wenn diese sich ganz entfaltet hat, werden die Staaten der einzelnen Völker wieder aus anorganisierten Formen wachsende Gestalt, Natur und Stil zurückstrahlen und neu aufs neue keimen.

---

[a] *De*

---

[4] Im Versailler Vertrag hatte das Deutsche Reich 1919 seine Kolonien abtreten müssen. Ein Teil des früheren Reichskolonialamts bestand trotzdem im Rahmen anderer Ministerien – seit 1924 im Auswärtigen Amt – fort.

[5] Ein Schreiben Frobenius' an Ilsemann lag dieser Sendung nach Doorn bei (Frobenius an Hofmarschallamt, 17.8.1927, FI: LF 606/6).

Wie gesagt, scheint mir ein Eclat unvermeidbar. Auch meine ich, dass alle Symptome nach einer bestimmten Richtung zielen. Euer Majestät Spruch: „Unsere Zukunft liegt auf dem Wasser" besteht heute für die Völker aller Erd[a]teile in[a] entscheidender Weise. Das Trennende der Meere besteht nicht mehr. Die Meere wurden das Verbindende! Also handelt es sich um den Bruch der Vorherrschaftsanrechte am Atlantischen und am Pacifischen Ocean. Der Abschluss der Seeabrüstungsconferenz in Genf[6] hat den Conflikt angedeutet.

Das Problem kann also gestellt werden, lösen wird es die Geschichte.

Ich meine, dass der Zwischenakt, den mitansehen zu müssen für uns alle das Schwerste bedeutet, nicht allzu lange Zeit zum Abspiel mehr benötigt. Bis dahin werden Selbstbetrug, Naturwidrigkeit und Zwangswesenheit herrschen. Mittlerweile muss der Philosoph sich am Erkennen des unter aeusserer Decke der Scheinmärkte entwickelten Keimens im Stillen erfreuen.

Prof. Lommel hat die Besprechung der Arbeit des Herrn v. Behrens[7] kurz vor seiner Reise mir mitgeteilt und liess ich sie ins Archiv abschreiben. –

Die Arbeit über die Steinthrone auf Nias[8] erweist sich als immer schwieriger. Ich hoffe aber, dass sie in diesem Winter zum Abschluss kommen wird. – Die Arbeit über die Schiffe schreitet fort.

Derart hoffen das Museum und das Institut immer würdig zu werden der Hohen Schutzherrschaft Euerer Majestät, — vor allem aber deren leitender Diener

Frobenius

---

[6] In Genf hatten vom 20. Juni bis zum 4. August 1927 Vertreter Großbritanniens, Japans und der USA ergebnislos über Beschränkungen ihrer jeweiligen Seerüstung verhandelt.

[7] S.o. Nr. 16, Anm. 6.

[8] S.o. Nr. 30.

Wilhelm II. an Frobenius, 14.10.1927, Doorn

Eigenhändige Ausfertigung
A   FI: LF 614/34

Die Vorderseite dieser Ansichtskarte zeigt Wilhelm vor der Eingangstür Haus Doorns umgeben von 15 – soweit identifiziert – Familienangehörigen. Im Mittelpunkt stehen Wilhelm, der ehemalige Kronprinz und dessen ältester Sohn Wilhelm in der gleichen Kleidung wie auf der Photographie von Nr. 34. Das Motiv ist identisch mit dem von Nr. 37 vom folgenden Tag.

Exz.[!] Exzellenz

Bitte[!] ich um kurzes Urtheil über dies mir von befreundeter Seite zugesandte Buch.[1] –

–––––––

H. v. <u>Schulz,</u> der 2 Jahre in meinem Bureau hier thätig war und jetzt an der N.D.Lloyd-Stelle[2] auf den Canar[ischen] Inseln angestellt ist, wurde von mir beauf-

–––––––––––––––––––––––––

[1] Vermutlich handelt es sich um Wilhelm Schmidts „Rasse und Volk." (Rasse und Volk. Eine Untersuchung zur Bestimmung ihrer Grenzen und zur Erfassung ihrer Beziehungen, München 1927), dessen Eingang Jensen dem Hofmarschallamt am 17. Oktober bestätigte (FI: LF 606/7). Die Einsenderin war in diesem Fall Elisabeth Altgräfin zu Salm-Reifferscheidt-Raitz (s. u. Nr. 41). Frobenius teilte Wilhelm sein Urteil am 18. Dezember mit (s. u. Nr. 40).

[2] Der Norddeutsche Lloyd war eine in Bremen ansässige Linienschiffahrtsgesellschaft.

tragt[,] Material für unser Cult[ur-]Morph[ologisches] Museum von diesen Inseln zusammenzustellen. Er wies auf merkwürdige Wasser- bezw. Trinkgefässe hin aus Thon[!], deren Ursprung Süd-Spanien oder Nordafrika sein könnte. Auch die Trinkart sei eigenthümlich: das Gefäss wird hoch in die Luft gehalten und der Strahl in der Kehle aufgefangen. Also 1) Woher kommt das Gefäss? 2) Welche Völker trinken ebenso?

Wilhelm
I.R.

37.

Wilhelm II. an Frobenius, 15.10.1927, Doorn

Eigenhändige Ausfertigung:
A   FI: LF 614/35

Das Motiv dieser Ansichtskarte ist identisch mit dem von Nr. 36 vom vorigen Tag.

Meine liebe Exzellenz

Würde mich interessiren, was Sie von Beilage[1] halten? — Habe in einem illustrirten Blatt eine prächtige Photo[!] einer Riesenstatue von Garuda[2] gefunden, die in der Hauptstadt von Nepal steht: Nackt, rechtes Knie am Boden, linkes gehoben, Hände im Gebet zusammengelegt, Schlange um den Hals; Stirnreif,[!] und Mütze mit kleinen feinstylisirten Haarwellchen; Mund geschlossen; wulstige Unterlippe: Körper eher weiblich gehalten. Grosse stark stylisirte am Ende stark zurückgebogene, herabhängende Flügel. Augen glotzend ohne Pupillen. Soll ich Bild einsenden? Gorgo?

Wilhelm
I.R.

---

[1] Nicht ermittelt.
[2] S.o. Nr. 8, Anm. 2.

Frobenius an Wilhelm II., 24.10.1927, Biganzolo

Durchschrift der eigenhändigen Ausfertigung:
D   FI: LF 608/63–77
Maschinenschriftliche Teilabschriften:
U₁   AEW: 1613 C5f. (mit den Zeichnungen)
U₂   AEW: 1611 E5f. (ohne Zeichnungen)

Euer Majestät,

vermelde ich hiermit pflicht-[,] wahrheitsgetreu und entlastungshalber, dass der Kulturmorphologe zu einem losen Vogel geworden ist, worüber nachgehend mehr zu sagen sein wird.

Dies muss [a]gesagt[a] werden, um es zu erklären, dass Euer Majestät Mitteilung und Anfrage vom 14[.] Oktober[1] erst heute gelesen und beantwortbar geworden ist. Also die von Herrn von Schulz wohl auf Gran Canaria gefundenen eigenartigen Trinkgefässe dürften botijos sein. Die Trinkweise ist althamitisch[2] und entspringt der Entwicklungsgeschichte dieser Gefässe. Die Töpferei setzt nehmlich mit drei verschiedenen Urformen ein. 1) im Anschluss an durch Ton wasserdicht gemachte Körbe[,] 2) in Anlehnung an die Kalebasse oder Kürbisschale und 3) in Nachbildung an[!] Ledergefässe. D.h. also, dass die Töpferei jünger ist als Korbflechterei, Kalebassenschnitzerei und Ledergefässindustrie. Die Botijos, die eine der interessantesten Topfformen der Erde darstellen, sind nun der dritten Gruppe zuzuzählen.

Im alten homerischen Gesange ist schon geschildert[,] wie Zeus seine Gedanken wälzt gleich dem Hirten, der im ledernen Schlauche sein Blut- und Fleischgericht auf glühender [b]Kohle[!][b]. Die Schlaeuche wurden hergestellt aus dem einem (meist) Ziegenbock in toto abgezogenen Fell. Nur die Kopfhaut wurde abgeschnitten. Die 4 Beinhaeute zusammen genäht[!] und der Hals als Öffnung gewählt[,] die zugebunden wurde. Diese älteste Form ist heute noch bei allen Orientalen Westasiens und Nordafrikas enthalten[!]. Sie heissen in hamitischem[c] Arabisch = „Ghisba". Euer Majestät werden diese Wasserschläuche in Jerusalem gesehen haben.[d]

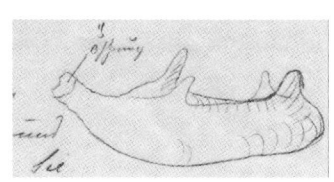

Diese uralte Verwendung der Schlaeuche hat sich in Griechenland lange erhalten für den Wein. Heute noch werden in ihnen in Rumänien und Bulgarien Käse über Feuer gehängt jahrelang aufbewahrt. Bei Gebirgshamiten fand ich noch die älteste homerische Form bei der Herstellung der Lieblingsspeise, der [e]„Mukrascha"[?][e]. Nach dem Schlach-

---

[a] *U: gewagt*	[b] *U:* Kohle bereitet	[c] *De:* Sem

[d] *Zusätzlich in U:* (Bemerkung S[einer] M[ajestät]: Ja[,] ebenso in[!] Corfu!)

[e] *U:* „Mukvska"

---

[1] Nr. 36.   [2] Zu Frobenius' Verständnis des Begriffs „hamitisch" s. S. 39f.

ten werden Blut[,] kleine Leber- und Fleischstücke etc. in so zusammengenähte Haeute und Därme gefüllt und über glühender Asche geröstet. Hieraus ist zu sehen, dass die Urghisba dem tönernen Topfe vorangeht (und dass diese Urform auch der Stammvater unserer Deutschen Wurst und der franz.-englischen Pastete ist[)].

Wie gesagt ist aus der Ghisba die Gruppe der Botijos hervorgegangen. Ich will es versuchen[,] die [f]Entwicklungslinie[f] zu zeichnen.

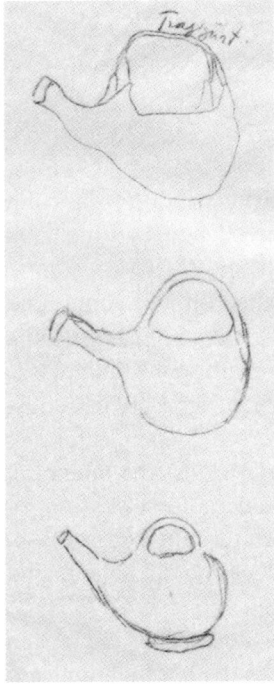

1) Lederne Urform der Ghisba mit an den Füssen angebundenem Traggurt
2) Tönerne Urform, von mir noch gefunden in Saharadörfern
3) Ältere Afrikanische Form der Botijos

Ausguss
Loch zum Einfüllen des Wassers
4) echte Botijos aus Südspanien mit Einfüllöffnung

---

[f] *U:* Entwicklungslinien

Die sich aus der [g]Ghisbabenutzung sich[!] ergebende[g] Benutzung ist die von Euer Majestät beschriebene. Das Wasser wird im Strahl vom Mund aufgefangen.

In der That wäre eine Reihe von verschiedenen [h]Varianten[h] [i]der[i] Botijos, besonders auch von entfernteren, entlegeneren Inseln der [j]Canarier[j][!] eine schöne Sache für die kulturmorphologische Sammlung. Besonders wenn auch noch [k]lederne[k] Ghisbaformen gefunden würden. Auf den kleineren Inseln muss solcherlei noch vorhanden sein. Leider hatte ich selbst auf den Kanarischen Inseln nie viel Zeit.

Überhaupt wird Herr von Schulz in den Höhlenwohnungen noch allerhand Altertümliches finden.[l]

So, – nun aber muss ich Euerer Majestät mitteilen, was mich[,] den in Europa so principiell Festsässigen und Schwerbeweglichen, den Stubenhocker und Schreibmenschen[,] plötzlich in einen lockeren Vogel verwandelt hat.

Bei meinen letzten Fahrten über den Gotthard und Simplon, nach Frankreich aus der Schweiz[,] im mittleren Rhonetal etc. war schon mehrfach ein eigentümlicher Wechsel der Bauernhausarchitektur und zwar sowohl der Wand- wie der Dachbildung aufgefallen. Entsprechendes war schon aufgezeichnet in meinen Tagebüchern, die die Pyrenaeen und den Balkan behandeln. Hier nun wurde das Auge plötzlich geschärft und der Mensch zu Neufahrten und Wanderungen mit Objektiv[,] Maass, Papier und Stift veranlasst. Es handelt sich dabei um Folgendes:

Die Grabbauten der jüngeren Steinzeit (des Neolithikums) zerfallen in zwei Gruppen. Die erstere Gruppe sind die Dolmen, die im Grossen und Ganzen wie Cigarren Kisten[!] gebaut sind. Die andere Art stellt[!] die Kuppelgewölbe dar, die constructionsmässig falsche Gewölbe[3] sind. Der wesentliche Unterschied besteht darin, dass erstere Werke Standbauten sind, weil sie eben aus stehenden Platten Wände bilden. Die anderer dagegen müssen als Schichtbauten bezeichnet werden, weil sie aus geschichteten Steinen bestehen.

Aus ersterer Bauweise sind alle grossen Dolmen des Norden, des Westen und Süden (Nordafrika) hervorgegangen. Die letztere Bauweise hat aber die mächtigen Gräber mit Tholos und Domos[4] (wie d[ie] v[on] Mykene, Schatzhaus des Athreus[!], dann Almeria/Spanien etc.) ins Leben gerufen. – Soweit die Voraussetzung. –

Nun und das, was mich so merkwürdig erregt hat, ist die Thatsache, dass mir anscheinend der Beweis in die Hände gelegt

---

[g] U: Ghisba ergebende   [h] Diese Unterstreichung nicht in U   [i] U: in

[j] U: Canaria   [k] In U unterstrichen   [l] U enden hier

[3] Ein sogenanntes „falsches Gewölbe" besteht aus jeweils vorkragenden Steinlagen, die sich schließlich in der Mitte treffen. Es ist die älteste Form eines gewölbeartigen Raumabschlusses, weist jedoch keine eigentliche Wölbung auf und ist auch weniger tragfähig als ein „echtes" Gewölbe.

[4] Eine Tholos ist ein überkuppelter Rundbau, der Domos eigentlich das aus Wänden Gebaute, insbesondere die Haupthalle eines Hauses. Das über das lateinische domus hiervon abgeleitete englische dome hat seit dem 18. Jahrhundert auch die von Frobenius in diesem Zusammenhang wohl eher gemeinte Bedeutung „Kuppel".

ist, dass in den ^mgeographischen^m Raeumen, in denen schon im Neolithikum Standbau und Schichtbau verwendet werden, solcher <u>heute noch geübt</u> wird. Und zwar in den Bauernhaeusern, als Felsraine[!] etc. Da aber, wo aus neolithischer Zeit solche Baudenkmäler <u>nicht</u> erhalten sind, lassen sich auch dann, wenn allergeeignetste Steinarten im Walde herumliegen, Reste der Technik auch heute <u>nicht</u> nachweisen.

Daraus geht hervor, dass die Bauweise und Wohnweise etc. der alten Zeit rekonstruirbar wird. Hierdurch wird aber ein sehr wesentlicher Teil der Kulturgeschichte und auch der des <u>Tempelbaues</u> rekonstruirbar. Um dies nun ganz durchzuführen, ist im Grunde genommen gar nicht mehr viel zu thun.

Von der wichtigsten Gegend, den Balearen[,] habe ich auf Majorka[!] selbst alles Nöthige gewonnen. Nach Minorka[!] sandte ich meine Tochter, die sowieso ihre spanischen Studien in Barcelona abschliessen soll. Korsika, Sardinien, Istrien werde ich im nächsten Jahr bearbeiten lassen dürfen. Bleibt nur noch <u>ein</u> Gebiet: Orkney- und Schottland-Island! Da sind nach alten, schlechten Bildern ähnliche Bauten. Aber wie komme ich dahin? Ach[,] hätte ich doch einen Freund[,] der eine hübsche Fahrt mit einer Yacht unternehmen wollte, damit ich ihn so herrliche Aufgaben mit zu lösen[!] anregen könnte!!! Ja, – wenn – –

Aber Euer Majestät wissen, dass die Kulturmorphologie zur Geduld erzieht. Und so begrüsse ich diese neue Aufgabe des Institutes mit grosser Freude. Die Bilder und Messungen versprechen einen hübschen Saal im Museum. Sowie ich nach Frankfurt komme, werde ich meine Platten bearbeiten und Euer Majestät einige Abzüge zugehen lassen.

Das Schatzhaus des Athreus[!] als moderner Schweinestall ist schon eine herrliche Sache!

In Frankfurt soll noch allerhand aus Doorn Eingelaufenes liegen, dass[!] Dr. Jensen mir nicht mehr nachzusenden wagte, weil ich eben immer mehr loser Vogel und Bauernhausstöberer wurde.

Hierunter auch das Buch, über das ich meine Ansicht aeussern soll[5]. –

Den Artikel des Herrn Viereck über Euer Majestät grosszügige Stellungnahme gegenüber der Politik in Ostasien las ich[6]. Unverständlich ist mir allerdings[,] weshalb Herr [Viereck] nicht ein ansehnlicheres Organ für so wichtige Publikationen gewählt hat. Aber, da ich selbst in der amerikanischen Presse gar nicht Bescheid weiss, ist es sehr wohl möglich, dass hierfür eine besonders feinsinnige Überlegung maassgebend war.

Mit grossem Vergnügen las ich die Mitteilungen Prof. Schultens über die Wiederauffindung des alten Gades. Schulten ist mir persönlich ein lieber Freund, ein charmanter Gesellschafter und ein angenehm zu beobachtender Künstler im Genuss lukkulischer[!] Genüsse. Ich freue mich für ihn innig über den Erfolg.

Das Werklein „Aus der Praxis der Werkgemeinschaft"[7] las ich unterwegs. Es war mir zunächst sehr anregend, aber ein Urteil möchte ich erst dann im Zusammenhang mit

---

^m *De.*

———

[5] S.o. Nr. 36, Anm. 1.   [6] S. Nr. 22, Anm. 2 und Nr. 39, Anm. 1.

[7] Nicht ermittelt.

anderen Ausführungen geben. Es ist mir nehmlich die ganze Arbeits- und Socialschich-
tungsweise unserer Zeit als Kulturproblem sehr nahe gerückt worden und wurde hierzu
schon allerhand anscheinend Bedeutsames aufgefunden. Nur ein grossdimensionaler
Blick kann hier <u>natürlich</u>[,] d.h. der Zeit entsprechend[,] sehen und erkennen. Das Mei-
ste, was darüber an Hochschulen[?] und in Zeitungen [–] und zwar von rechts und von
links [–] gesagt wird[,] ist nicht viel tiefsinniger als gesellschaftliches Geraeusch an sich.

Und damit komme ich nun auf eine kleine Arbeit, die ich Euerer Majestät hoffe in
Kurzem vorlegen zu dürfen, eine Arbeit über <u>Kultur-attachés</u>[!][8].

Diese kleine Schrift ist entstanden nach langer Erwägung des Problems [n]der direkten[n] und indirekten Diplomatie, aus der Frage: „wie kann ich es verstehen, dass der
andere <u>mich</u> versteht." Dieser direkten Fragestellung habe ich nun den indirekten Weg
gegenübergestellt und ich bin nun sehr gespannt, wie hierauf geantwortet wird. Euer
Majestät werden die suveräne[!] Stellungnahme, die sich mir als Postulat aufdrängt,
verstehen.

Anfang Dezember werde ich in Breslau über die letzte Expedition[9] (in d. Kolonialgesellschaft) sprechen und ich hoffe[,] dann den Kaiserlichen Hoheiten in Oels[10] meinen
Besuch machen zu dürfen.

Im Übrigen gleite ich jetzt aus einem ruhigen und arbeitsamen Sommer in einen
schwierigen und noch arbeitsreicheren Winter hinüber. Binnen kurzem werde ich in
Frankfurt all' das sehen dürfen, was Euer Majestät uns zugelenkt haben.

Aus dem tiefsten Grunde seines Herzens wünscht und erbittet sich immer Euerer
Majestäten Wohlwollen und Genehmigung ehrerbietigster Verehrung

Frobenius

---

[n] *De aus* über direkte

------

[8] Leo Frobenius, Kulturattachés, in: Europäische Revue 3 (1927/28) S. 561–570.

[9] 1926 hatte Frobenius die DIAFE VIII, eine Expedition vornehmlich zum Sammeln von Felsbildern,
in die Nubische Wüste unternommen. S.o. Nr. 20 und 21.

[10] Das Renaissanceschloß im schlesischen Oels war einer der Wohnsitze des ehemaligen Kronprinzen
und seiner Familie.

Wilhelm II. an Frobenius, 30.11.1927, Doorn

Eigenhändige Ausfertigung:
A   FI: LF 614/36

Meine verehrteste Exzellenz

Anbei die mir eingesandten Fahnen meines mit Ihrem Material und Ihrer freundlichen Mitwirkung verfassten Aufsatzes „Weibl: u Männl: Cultur"[!] vom letzten Sommer, in den Ihre, auf Vierecks gestellte Fragen, erfolgten Antworten mit eingearbeitet sind.[1] Ein kleiner Passus soll noch etwas klarer für den American[ischen] Leser gemacht werden. Vielleicht entwerfen Sie dafür einen kurzen prägnanten Satz?—

Es ist eine <u>That</u> Vierecks, dass es ihm gelang[,] die bedeutendste Zeitschrift für diesen Aufsatz zu gewinnen. „<u>Century Magazine</u>"[2] wird von der amerikan. Intelligenzia in höchstem Ansehen gehalten und bewerthet.[3] Ich glaube E[ure] Exz[ellenz] können mit der Wiedergabe Ihrer nicht leicht ins Englische zu übertragenden Sätze durchaus zufrieden sein. Der Aufsatz wird in der Anglo-American. Welt ein gewaltiges Aufsehen machen und erst gar bei unseren „Alten" zu Haus, wenn er von „drüben" herüberkommt!! Sehr nett ist, dass die Zeitschrift für unser Museum werben will beim grossen Publicum durch einen besonderen Artikel. –

Vor etwa 6–8 Wochen sandte ich Ihnen einen Brief über das hier befindl[iche] Bild der Colossalstatue[!] von <u>Garuda</u> in der Hauptstadt von Nepaul[!][4]; bekam weder Empfangsbestätigung noch Antwort[,] ob ich dasselbe einsenden soll!? Bitte mir <u>Antwort</u> senden!!!

Die von Ihnen durchlesenen <u>Fahnen</u> müssen <u>sofort, eiligst hierher</u> zurück, damit ich sie sehen und absenden kann! <u>Subito</u>!!!

Mit besten Grüssen

Wilhelm
I.R.

---

[1] S.o. S. 24, Nr. 38 und Nr. 22, Anm. 2.

[2] Das *Century Magazine* war in der Tat eine der angesehenen älteren Zeitschriften; seine Auflagenzahl sank aber bereits deutlich, und es mußte 1930 mit dem konkurrierenden *Forum* zusammengeschlossen werden.

[3] Frobenius hatte in Nr. 38 Vierecks abgelegene Plazierung eines anderen Aufsatzes Wilhelms kritisiert.

[4] Nr. 37.

Frobenius an Wilhelm II., 18.12.1927, Frankfurt am Main

Durchschrift der eigenhändigen Ausfertigung:
D   FI: LF 608/78–89

Euer Majestät

haben hoffentlich neulich die Correctur zu dem Aufsatz in der Amerikanischen Zeitschrift noch rechtzeitig erhalten.[1] Wenigstens habe ich meine Fahrt sogleich abbrechen und Frankfurt aufsuchen zu müssen geglaubt. Die nach langen Überlegungen im Freundeskreis gebraute Formel dürfte auch dem andersartigen Geiste Amerikas verständlich sein.

Heute nun glaube ich im Stande zu sein, ein Urteil über das Buch des Pater Wilhelm Schmidt „Rasse und Volk"[2] abzugeben, – d.h. also ein Urteil, das sowohl dem Werke an sich als dem Ergebnis der Forschung gerecht wird. –

Ganz allgemein genommen[,] tritt das Problem der Rasse heute gegenüber dem der Kultur zurück. Die Vereinseitigung der Rassenforschung liegt in gegebener Richtung, die sogleich angedeutet werden soll.

Nehmlich[!] in dem Bemühen[,] Formen und Gestalten des uns umgebenden Lebens zu verstehen, gehen wir heute den Weg, den uns die Forschung eines Jahrhunderts und deren Tendenz lehrt. Die Naturwissenschaften haben unseren Sinn bis zum chemischen Körperproblem gedrängt d.h. zu der Frage: „aus welchen Componenten ist ein Körper zusammengesetzt?" Diese Fragestellung kaptivirt gewissermaassen das wissenschaftliche Denken. Man fragt: „Woher kommen die Indogermanen? Man behauptet die Engländer wären eigentlich Deutsche, weil ein germanischer Strom in das Land einmal gemündet und im Englischen Reste hinterlassen hat. Wenn in der praehistorischen Forschung beim[!] Auftauchen eines neuen Werkzeuges in irgend einer Schicht verblüfft, so entsteht uns immer nur die Frage: „Von wo ist diese Form eingewandert?" –

Diese Einseitigkeit ist umso erstaunlicher, als gerade die Chemie gelehrt hat, dass[,] wenn sich mehrere Elemente mit bestimmten Eigenschaften zu einem „Körper" verbinden, die Eigenschaften dieses Körpers nicht etwa die Summe der Eigenschaften der Elemente repraesentirt, sondern vielmehr mit <u>neuen</u> Eigenschaften ausgerüstet ist. – Dieser Erkenntnis entspricht unsere Erfahrung im Sinne des <u>Raumes</u>. So wie die Vereinigung mehrerer Elemente zu einem Körper neue Eigenschaften zeigt, so auch die Einbürgerung einer Rassen- und Kulturform bei Übertragung in einen neuen Wohnraum. Hier tritt das entsprechende <u>Phaenomen des Raumes</u> ein, das für alle Natur- und Kulturgüter gillt.

Dies Phaenomen lässt sich zusammenfassen in dem Satz: „<u>Der Raum wirkt stilbildend</u>". Die grosse Hasenrasse Deutschland[s] nach Frankreich übertragen, degenerirt in

---

[1] S.o. Nr. 39.
[2] Wilhelm Schmidt, Rasse und Volk. Eine Untersuchung zur Bestimmung ihrer Grenzen und zur Erfassung ihrer Beziehungen, München 1927; s.a. Nr. 36 und 47.

der zweiten Generation zur typischen Kleinheit. Unser „Löwenzahn"[,] aus der Tiefe auf 1200 Meter Höhe verpflanzt[,] nimmt einen habitus an, der ihn nur dem Fachmanne als leontodon wiedererkennen lässt[!]. Das aegyptische sehr typische Rind, das <u>nur</u> in Aegypten vorkommt, ist im Laufe der Geschichte ca. 300 Mal bis zum letzten Kalb (unter Viehseuchen) ausgestorben und hat sich nach Einführung aller möglichen anderen Rassen aus anderen Ländern immer wieder gebildet etc. Demnach hat der Satz, dass der Raum stilbildend wirkt, grosse Bedeutung. (In vergangenen Zeiten sprach man dementsprechend auch von einer Milieutheorie!)

Die Nichtbeachtung dieses Phaenomenes bedeutet die Einseitigkeit der Rassenforschung. Dieses glaube ich voraussenden zu müssen, ehe ich nun in die Besprechung des Buches von <u>Pater</u> Schmidt eintrete.

Das Wort Pater habe ich unterstrichen. Das Buch ist im Wesentlichen eine Propagandaschrift des Katholischen Geistlichen. Euer Majestät werden dies sorglich erkennen, wenn die Seiten ab pag. 61 in Betracht gezogen werden. Ein Aufruf an die <u>specifisch katholische</u> Aristokratie.[3] (Um das Einzelne nun deutlich zu machen, erlaubte ich mir, Bleistiftnotizen an den Rand zu schreiben, die aber leicht wieder ausradirt werden können). Seite 15 wird in dem Punkte, wo reine Sachlichkeit[a] geboten wäre, das religiöse Dogma herangezogen.[4] Hier tritt die propaganda fidei krass zu Tage. Das Dogma als katholische Nothwendigkeit tritt aber am klarsten hervor in dem Satze S. 16: „Die Seele[b] als solche hat keine Rasse, wie sie auch keine irdische Heimat hat.["] Hier liegt der Fall klar. Der religiöse Protestant wird nie auf den Gedanken kommen, wissenschaftliche Überlegungen mit religiösen Vertiefungen zu verquicken. Noch weniger aber wird er schlechte Wissenschaftlichkeit behindern durch „grundlegende Wahrheiten" dogmatischer Natur. Unser protestantisches Lebensgefühl ist als religiöses Empfinden viel zu erhaben, um seine Bedingtheiten mit wissenschaftlichem Theoretisiren zu verquicken und es so zu verbanalisiren.

Wer aber <u>überhaupt</u> den Weg des Dogmas geht, geht ihn in allem. Jeder dogmatisirende Pater schwebt in der Gefahr, nicht nur mit den Dogmaten[!] der Kirche zu mani-

---

[a] *Ae:* tun   [b] *Ae:* hat

---

[3] Schmidt fordert dort (S. 61–65) einen erblichen Großgrundbesitz, der nicht nur die Ernährung der Bevölkerung sicherstelle, sondern auch gegenüber „einer zerfallenden Stadtkultur" „tiefe und feste Fundamente […] für eine neue große Kultur" lege (S. 63). Die andernfalls drohenden Gefahren und ihre deshalb bestehende Aufgabe sei bezeichnenderweise „gerade in den Kreisen der katholischen Aristokratie Deutschlands, Österreichs, Frankreichs und der Schweiz […] am frühesten erkannt" worden (S. 63).

[4] Schmidt kennzeichnet, nachdem er allgemeine Zweifel an der Erblichkeit seelischer Anlagen geäußert hat, seine darüber hinausgehende Argumentation jedoch ausdrücklich als auf nicht zwingenden Voraussetzungen aufbauend: „Breit und tief und ganz unüberbrückbar wird aber der Unterschied, wenn man daran festhält, daß die Seele […] doch eine eigene selbständige Substanz ist […] Das nun aber ist die stets festgehaltene Lehre der katholischen Philosophie, die außerdem auch als katholische Glaubenslehre aufgestellt wurde …" (S. 15). Und auch die von Frobenius monierte Passage auf der Folgeseite ist bei Schmidt ausdrücklich an diese engere Voraussetzung gebunden: „Wenn also jede Seele in ihrem eigensten Wesen neu geschaffen wird, so ist das für sie der uranfängliche Schöpfungsmorgen, vor dem für ihr eigenes Selbst nichts liegt, keine Paravariationen, die an ihrem wirklichen Selbst hätten gestalten können, aber auch keine Erbmassen, die sie in ihr Selbst hätte übernehmen können. Deshalb muß auch mit allem Nachdruck der Satz ausgesprochen werden: *Die Seele als solche hat keine Rasse, wie sie auch keine irdische Heimat hat.*"

puliren, sondern hierzu auch noch eigene aufzustellen. Und so ist die ganze Arbeit nicht die eines katholischen Gelehrten (als welcher sich Pater Schmidt gern aufstellt) sondern die eines Vocatus propagandae fidei und eigener Dogmata. Dementsprechend ist er eifrig bemüht, gegen alles zu polemisiren (und zwar in der hässlichsten Weise, wie sie eben keifenden Priestern ebenso eigen ist wie den haeufig verschnupften Professoren) z.B. gegen Günther S. 22 ff., Clauss S. 23 ff.[5] Bildhübsch aber ist er (und hat auch im Freundeskreise grosses Vergnügen gemacht) wie er S. 2 den Gründer der Kulturkreis-lehre, einen gewissen Leo Frobenius[,] glatt weglässt.[6] Dieser Patron wagt es nehm-lich[,] ehrlich allen Menschen und sogar,[!] dem einflussreichen,[!] dem heiligen[!] Stuhl <u>sehr!</u> nahe stehende[n] Pater seine Meinung zu sagen, während andere ihm zum Munde reden.

Nach alledem muss ich nun aber betonen, dass Pater Wilhelm Schmidt ein ausser-ordentlich begabter und vielwissender Mann ist. Auch glaubte ich, dass er im Sinne einer eben <u>katholischen</u> Wissenschaft es ehrlich meint. Nur ist es eben ein ᶜIrrtumᶜ, dass es in unserem Sinne überhaupt eine „katholische" Wissenschaft geben kann! – –

Sehr erfreut hat mich, dass Professor Schulten das phönizische Gades an der Stelle gefunden hat, an der es vermutet wurde,[7] und dass noch so sehr viele wichtige Beobach-tungen auf der Insel gemacht werden können. Denn ich liebe diesen Mann[,] der ein ebenso prachtvoller Lebenskünstler im Dichten und Weinfach wie ein ausgezeichneter Philologe ist, von ganzem Herzen. Dass er nun durchaus obendrein noch ein archaeolo-gisches Entdeckergenie ist[,] hat ihm viel Enttaeuschung und unbegründete Niederge-schlagenheit eingetragen. Um so erfreulicher nun die Wiederauffindung des alten Gades. – –

Eine kleine Angelegenheit wird vielleicht Euer Majestät lächeln lassen. Im Jahre 1911 weilte ich mit der Expedition in Lokoja am Niger.[8] Dort stand ein Regiment[,] dessen Offiziere uns gastlich aufnahmen. Nun aber ärgerte ich mich, dass nach dem ersten Diner beim Portweinglase nur der Trinkspruch „the King" ausgebracht wurde, trotzdem ich den Ehrenplatz hatte. Ich nahm mir sogleich vor, unsere Kaiseridee zu rächen. Als nun wiederum ein Diner statt fand[!], merkte ich scharf auf den Moment, in dem alle Portweingläser gefüllt waren, sprang dann vor dem englischen Colonel auf, winkte meinen Kameraden zu und wir riefen in gut geordnetem Chor: „Gentlemen[,] Der[!] Kaiser!" Erst ein allgemeines Verblüfftsein, das aber gebrochen wurde, in dem[!] ich in harmloser Weise um eine zweite Füllung unserer Portweingläser bat, da „wir

---

ᶜ *De statt* Urteil

---

[5] Schmidt spießt dort bei der Charakterisierung von Schriften H.F.K. Günthers (Rassenkunde des deutschen Volkes, München 1922, S. 22f.) und Ludwig Ferdinand Clauss' (Rasse und Seele. Eine Einführung in den Sinn der leiblichen Gestalt, München 1924, S. 23–26) – insbesondere bei der Be-sprechung Günthers mit einiger Ironie – Inkonsistenzen auf.

[6] Schmidt erklärt auf S. 2f., daß „von Fr. Ratzel ausgehend, unter Fr. Graebner, B. Ankermann, W. Foy, W. Schmidt u.a. die kulturhistorische Richtung den geisteswissenschaftlichen Charakter der Ethnologie und ihrer historischen Methode schärfer zur Geltung brachte."

[7] S.o. Nr. 38.

[8] Hafenstadt an der Mündung des Benue in den Niger in Mittelnigeria. Die DIAFE IV führte 1910 bis 1912 nach Nigeria und in den Kamerun.

Deutschen ja nun natürlich mit den Engländern zusammen auf das Wohl des Königs trinken wollten." Darauf ein echt englisch naives Gelächter. Das kommende Mal und in Zukunft wurde das Wohl Euerer Majestät nicht wieder vergessen. – Diese kleine Anekdote hatte ich längst vergessen, als mir mein Assistent für Photographie vor einiger Zeit beifolgende Photographie zeigte.[9] Sie stellt die zwei Pokale dar, die ich dem englischen Regiment 1912 als Dank zum Geschenk machte. Die darauf ausgeführte Gravirung „Der Kaiser" und „The King" war eine Erinnerung an die kleine Sittenerziehung, die ich den Engländern hatte zu Teil werden lassen. Als das photographische Bild und die Bechergabe und die Frage, ob die Pokale noch bestänen, erörtert wurde, brachte ein zweiter meiner Kameraden mit neckischer Geste ein Blatt der „Berliner Morgenpost" v. 25. Sept. zum Vorschein, (beifolgend), auf welchem die dritte Spalte rot angemerkt ist.[10] – Will also sagen, die Pokale stehen heute noch in den Officiersmessen von Kano[11] und Lokoja in Nigeria und – wer weiss, ob ich sie dort nicht eines Tages wiedersehen werde und dann – einen <u>anderen</u> Trinkspruch ausbringen werde. Denn wer will wissen, was sich unser Herrgott von dem Schicksal der Hidecker[12], mit denen ich nun schon so manchen Trinkspruch gewechselt habe, denkt! –

Heute darf ich nun aber nicht mehr schreiben. – Nur eines noch: Wir kommen mit vollem Herzen[,] aber leeren Händen auf unseren geistigen Wanderungen zum Weihnachtstisch Euerer Majestät. Kein einziges unserer neuen Werke wurde fertig.

Aber Euer Majestät werden wissen, dass das Häuschen der Frobenier und alle Freunde des Professoren[-]Kreises am Heiligen Abend unsere innigsten und wärmsten Wünsche nach Doorn senden. Und unter ihnen nicht am letzten

Frobenius

---

[9] Nicht ermittelt.

[10] Der unbenannte Sonderkorrespondent berichtete dort über seinen Empfang bei der britischen Kolonialtruppe im nigerianischen Kano: „Als wir uns nun zu Tisch setzten, hatte ich eine neue Ueberraschung. Ein schön geformter, hoher Silberpokal stand als einziger Tafelschmuck mitten auf dem gedeckten Tisch. Wieder blickte mich Oberstleutnant Collins lächelnd von der Seite an, und wieder las ich die eingravierten Inschriften: auf der einen Mittelseite des Pokals ‚The King' – auf der anderen ‚Der Kaiser', und unten am Fuße die Widmung: ‚III. Reiseperiode. Leo Frobenius. Carl Arriens. Albrecht Martius – der Offiziersmesse in Lokoja!'" (Berliner Morgenpost vom 25.9.1927, Nr. 230, 2. Beilage).

[11] Stadt in Nordnigeria, Hauptstadt des gleichnamigen Bundeslands.

[12] S.o. Nr. 2, Anm. 17.

41.

Wilhelm II. an Frobenius, 26.12.1927, Doorn

Eigenhändige Ausfertigung:
A   FI: LF 614/37

Meine verehrte Exzellenz.

Anbei sende ich zu Ihrer Durchsicht zwei Anlagen. Die <u>Eine</u>: Ihr Urtheil über Schmidts „Rasse u[nd] Volk"[1] als Antwort für die Spenderin des Buches – Altgräfin Salm – frisirt und zurechtgemacht.[2] Die <u>Andere</u>: ein Versuch, Ihre einleitenden Bemerkungen über die Einseitigkeit der Rassenforschung[3] etc. ins Englische zu übertragen[,] um sie durch H. □[4] den Yankees näherzubringen. Es war eine Heidenarbeit! Da[!] mein Sprachschatz für so hohe wissenschaftliche Platformen[!] nicht ausreicht. Vielleicht wird Ihre Censurcommission manches daran auszusetzen haben. Dann mache sie Vorschläge. Der Satz: „Raum wirkt Stillstand!"[5] ist unübersetzbar, ich musste ihn umschreiben! Sobald Sie in der Lage sind[,] Ihr „Placet" zu ertheilen[,] senden Sie die beiden Dokumente wieder hierher zurück, damit ich sie weiterschicken kann.

Anbei ein Aufsatz Hans Mühlesteins,[6] der mir ganz interessant erscheint und vernünftiges[!] zu enthalten scheint. Er trifft sich in Manchem mit Doerpfeld, dessen Buch ich gerade lese („Alt-Ithaka")[7][;] alle Achtung vor der Arbeit! Bis Weihnacht herrlicher Winter mit Schnee u. Eis; <u>zu</u> Weihnacht Sturm[,] 26mm Regen, Thauwetter; heute Schneetreiben[,] <u>Winter</u> wieder!

Ein gesegnetes Neues Jahr an Sie und Alle! „Kopp hoch, Schnauzen aus dem Dreck! Augen frei geradeaus" Hiedekk[!][8]!: „H. I. M. the Kaiser; H. M the <u>King</u>!"[9] Charming! Nach dem 2ten; <u>Hidekk!</u>"

Mit besten Grüssen an Gattin – die Sie hoffentlich an die Kette legen wird u[.] zur Vernunft bringt – u[.] Alle

Ihr treu dankbarer
Wilhelm
I.R.

---

[1] S.o. Nr. 36 und 40.

[2] Nicht ermittelt.

[3] S.o. Nr. 40.

[4] George Sylvester Viereck; s.o. Nr. 28.

[5] Frobenius hatte – in seiner gewohnt undeutlichen Schrift – geschrieben: „Raum wirkt stilbildend." (S.o. Nr. 40). S.a. seine vorsichtige Korrektur Wilhelms in Nr. 42.

[6] S.u. Nr. 42.

[7] Wilhelm Dörpfeld, Alt-Ithaka. Ein Beitrag zur Homer-Frage. Studien und Ausgrabungen auf der Insel Leukas-Ithaka, 2 Bde., München 1927.

[8] S.o. Nr. 2, Anm. 17.

[9] S.o. Nr. 40.

42

Frobenius an Wilhelm II., 5.1.1928, Frankfurt am Main

Durchschrift der eigenhändigen Ausfertigung:
D   FI: LF 608/92–109
Teilumschrift:
U   AEW: 1613 C3f.

Euer Majestät

Zustellung vom 26. XII.[1] – Eigenhändige Karte und zwei Entwürfe – gingen hier mit Neujahrspost ein. Die beiden Entwürfe wurden sogleich durchgearbeitet und fand die englische Übertragung wieder unverhüllte Bewunderung.

Um gleich auf den Inhalt zu kommen, so wäre im Allgemeinen nur Freude über die sehr concise und praegnante Formulirung zu betonen. Doch möchte es vielleicht dem Ganzen zu Gute kommen, wenn statt des Ausdruckes „Stillstand" gesetzt würde „stilbildend"[2]. Auch mit Stillstand drückt der Satz (– um mit Goethe zu sprechen) etwas „Bedeutendes" aus. Der Satz „Raum wirkt stilbildend" hat aber neben seiner sinnlichen Einfachheit noch die Möglichkeit, ihn leichter ins Englische zu übersetzen. Übrigens bin ich mit der Übersetzung meiner Amerikanisch-Deutschen Professorin S. Verweyen nicht ganz einverstanden. Sie schlägt vor „Space forms the style". Dieses forms, formen ist mir zu mechanisch. Ich möchte mehr den Sinn des „Schaffenden" in das „wirkt" legen. Etwas[,] was unserem „gestaltet" entspricht. Denn es handelt sich um eine tief innerliche und aus dem Innern wirkende Kraft.

Euer Majestät haben mir fernerhin das Buch „Vom Rassenstil zur Staatsgewalt" von Friedrich Wilhelm Prinz zur Lippe[3] zugeordnet und werde ich es mit Aufmerksamkeit lesen, um entsprechend berichten zu können.[4] Dieses Werk geht stark mit L.F. Clauss[5] Hand in Hand (wie mich ein Durchfliegen lehrt) und schürft somit schon tiefer. Clauss hat (leider in meiner Abwesenheit) eine Zeit im Institut gearbeitet, leider aber den entscheidenden Hauptpunkt nicht erfasst. Und hierbei kommt es auf ganz feine Fingerspitzengefühle und allersublimsten „Takt" in der Formulierung an. In meinem Bericht an Euer Majestät werde ich dies herauszuarbeiten suchen.

Euer Majestät haben fernerhin einige Seiten aus d. London Illustrated News hiergeleitet[!][,] auf denen gute Bilder von den „Buschmannszeichnungen" in Rhodesia wie-

---

[1] Nr. 41.

[2] So hatte Frobenius auch geschrieben (S.o. Nr. 40). Die hier taktvoll korrigierte Formulierung war ein Lesefehler Wilhelms II. (S. o. Nr. 41, Anm. 5).

[3] Friedrich Wilhelm Prinz zur Lippe, Vom Rassenstil zur Staatsgestalt. Rasse und Politik, Berlin 1928.

[4] S.u. Nr. 47.

[5] S.o. Nr. 40, Anm. 5.

dergegeben sind.[6] Es sind einige darunter, die sonst noch unbekannt sind[,] und diese Kenntnis ist um so wertvoller, als die Expedition ja wohl noch in diesem Jahre zur Untersuchung dieser Monumente nach Rhodesia abreisen wird[7]. Natürlich ist das, was der Berichterstatter zu den Bildern sagt, echt englisch naiv. In Wahrheit handelt es sich um sehr sorgfältige Untersuchungen über den Stil, das Alter, die Patina, um Prüfung jedes kleinen und kleinsten Trachtstückes (nicht nur Schulterbehang) etc. Schon aus dem grossen Bestand von Copien, die sich in der Gallerie[!] des „Kulturmetamorphosemuseums" infolge Fleisses meiner Assistenten angesammelt haben, geht hervor, dass es nicht eine sondern mehrere Schichten in der Kunstgeschichte der Buschmänner giebt, die anscheinend den Schichtlagerungen in Spanien, Kleinafrika-Sahara und Nubische Wüste entsprechen. Diese Schichten müssen langsam und gründlich durcharbeitet werden, – an Ort und Stelle. Dann erst kann ein Urteil gefällt werden.

Euer Majestät haben fernerhin den Aufsatz Hans Mühlesteins (mit Auftrag der Weiterleitung an Prof. Doerpfeld, der morgen ausgeführt wird) über „Etrusker und Griechen im Aufgang des Abendlandes" zubeordert. Dieser Hans Mühlestein ist mir eine wahre Crux. Er ist ein hochbegabter Schweizer explosiv künstlerischer Natur. Ein genialischer Kerl! Seit Jahren erscheint er oft bei uns und lässt sich dann seiner extrem einseitigen Formulierungen wegen gründlich herunterputzen. Aber er verfällt immer wieder dem gleichen Fehler, nehmlich dem, [a]auf[a] wissenschaftlichem Wege der Einzeluntersuchung notwendig zu gewinnende Resultate durch kühne künstlerische Intentionen zu ersetzen. Er weiss viel, ist aber Künstler du[!] fond.

Euer Majestät haben unserer in gnädigster Weise zu Weihnacht und zu Neujahr gedacht – Ich vermag meine entsprechenden Empfindungen hierzu nicht zu vormulieren[!].

[b]Und damit nun sind wir anno 1928 angelangt. Wie Euer Majestät so deutlich zu ahnen scheinen, leider nicht unter Umständen, die es meiner prachtvollen Frau, den lieben Freunden Otto, Lommel, Reinhard[t] u.s.w., auch dem beispiellos treuen Jensen möglich machen, „mich an die Kette zu legen." Der Fall liegt ja so einfach. Die Deutsche[!] Kultur ist am Scheidewege angelangt. Ein Jahrhundert lang ist sein[!] inneres Wesen von seiner Natur abwendig gemacht worden. Rationalismus und Materialismus sind auf dem Wege der Naturwissenschaften und nach den notwendigen Ansprüchen der Technik eingezogen, – mussten einziehen. Denn Rationalismus und Materialismus sind die Erzieher, die Zuchtruten, die unsere Tendenz zur Centrifugalität und zum Wolkenkukuksheimfluge[!] zu bändigen hatten. Zuviel Medicin, zu [c]rauh[c] geführter Zuchtstrahl aber töten und vernichten. Diese Gefahr lag sehr nahe. Euer Majestät haben [d]Selbst[d] einmal im Professorenkreise den grossartigen Ausspruch gethan: „Wenn Ich mit fliegenden Fahnen durch das Brandenburger Tor eingezogen wäre, würde wenig später eine

---

[a] *De*   [b] *Hier setzt U ein*   [c] *U:* rasch   [d] *De aus* selbst

-----

[6] Margaret Taylor, Did Pharaoh Necho's Minstrels Visit South Africa? Unique Rock-Paintings Discovered in Southern Rhodesia, Including a Supposed Egyptian Band, in: The Illustrated London News vom 10.12.1927, S. 1058f.

[7] 1928 begann die erst 1930 beendete DIAFE IX nach Südafrika und Indien.

Revolution ausgebrochen sein, die Alles vernichtet hätte." So weit war das Deutsche Volk durch die ᵃihmᵃ fremdartigen Einstellungen realistischer und rationistischer[!] und materialistischer Natur verzerrt worden, das[!] es von sich selbst und ᵉdemᵉ eigenen ᶠWesenᶠ nichts mehr wusste.

Dann aber brachen die Katastrophen von 1918, die Schrecknisse der Ruhrbesetzung, der Inflation und der Deflation herein. Die Zucht unseres Herrgottes war schwer, – aber erfolgreich.ᵍ Überall, in Stadt[!] und auf dem Lande[,] spriesst die Erkenntnis, dass die Materie ᵃund der Zweckᵃ zu Goetzen wurden! Denn wohl soll die Materie geachtet werden, ʰdaʰ sie ebenso gut ein Teil des grossen Welträtsels ᵃistᵃ, wie ⁱder Menschⁱ selbst. ʲAlsoʲ der Mensch soll (in <u>pietätvoller Weise</u>) die Materie beherrschen (– wie er das im vorigen Jahrhundert ᵏlernteᵏ –)[,] darf ihr aber nicht <u>dienen</u> und sie anbeten. Am wenigsten der Deutsche, dessen centrifugale Natur nur stilrein bleibt, solange ihr Motor von der „Pietät" getrieben wird und solange das, was hinter den Dingen wirkt[,] höher geachtet wird als das Ding selbst.

Nachdem nun das Deutsche Volk die grausam hart erscheinenden Lehren von 14 Jahren erhalten hat, spriesst es jetzt ˡallerortenˡ. Es drängt zu seiner Natur zurück. Nun giebt es aber in allem Werden kein Zurückgehen auf ein Früheres. Denn durch alles Dazwischenliegende ist auch das „Frühere" als Anzustrebendes neu bedingt. Eine Freiheit <u>nach</u> der Militärzeit ist eine andere als diejenige <u>vor</u> den Dienstjahren. Und also ist ᵐderᵐ Deutsche ᵃnᵃ Kultur mit einem Rückgreifen auf einen Goethe, einen Friedrich den Grossen, oder gar einen Kandt[!] nicht geholfen. Das aus dem Schlafⁿ des Materialismus erwachende Volk hat einen neuen Morgen, einen neuen Tag vor sich und muss ᵃinᵃ ihn ein Lebensgefühl hineintragen, das die Natur des gestrigen hat[,] aber dem Wesen des „heute" gewachsen ist und dem Werden des „Morgen" zustrebt. – So, und hier liegt unser Haase im Pfeffer!

Das heisst nichts anderes, °nicht° mehr und nicht weniger, als dass das Deutsche Volk eine <u>Umbildung seiner seelischen Einstellung, eine Neurichtung seines Lebensgefühles durchmacht</u>.

Nun werden Euer Majestät wahrgenommen haben, dass die grossen Wendepunkte in der Entwicklungsgeschichte der Kultur stets durch Eröffnung neuer Geistesäcker durch Erschliessung noch nie be[p]flügten Fruchtlandes eingeleitet werden. Bald ist es Problematik ᵖdes Staats- und Sociallebensᵖ, bald Astronomie, bald Kunst. Dadurch, dass das zur Ausdehnung und Aeusserung drängende Paideuma (etwa gleich Seele der Kultur) sich ۹neuem Gefilde۹ zuwendet[,] erschliesst es sich selbst die Möglichkeit zur Entfaltung eines neuen Lebensgefühles.

Dass das Deutsche Paideuma, die Deutsche Seele sich in solchem Drangzustande befindet,ʳ lässt sich daran erkennen[,] dass der Deutsche Geist sich dem zugewendet hat, welches noch <u>niemals solange die Weltgeschichte sich ˢabspultˢ, behandelt wurde,</u> nehmlich der <u>Kultur selbst</u>. Ganz folgerichtig blickt der Deutsche Geist, nachdem er 100 Jahre hindurch <u>der Umwelt</u> des Menschen, (nehmlich in den Naturwissenschaften) sein

---

ᵉ *U:* der   ᶠ *U:* Natur   ᵍ *De:* Denn   ʰ *De statt* dass
ⁱ *De statt* wir   ʲ *U:* Aber   ᵏ *U:* konnte   ˡ *U:* allerwärts
ᵐ *De statt* es für die   ⁿ *De:* er   ° *U:* ja nicht   ᵖ *U:* der Staats- und Sozialleren
۹ *U:* neuen Gefilden   ʳ *De:* erkenn   ˢ *U:* abspielt

ganzes Interesse zugewandt hat, nun auf sein <u>Innenleben</u>. Die Phaenomene dieses Innen- und Seelenlebens sowohl ^tder einzelnen Menschen wie der Völker^t stellen aber das dar, was wir mit der neuen Deutschen Ausdrucksweise als <u>Kultur</u> bezeichnen.

Ausserordentlich grosse Teile des Deutschen Volkes sind an seinem „Schaffen" beteiligt. Es wird nun aber zu beachten sein, dass da[,] wo ein Frühlingssegen aufsprosst[!],^u neben wertvollen Feldfrüchten auch unzählbares Unkraut aufschiesst. Da gillt es denn, das Unkraut auszujäten[!] und dem ^vkeimenden^v Korn Sonne und Wasser zuzuleiten. Die Baeume aber, die dazwischen wachsen[,] wie Spengler, Graf Kayserling[!], Ziegler und wie sie alle heissen mögen, müssen bei Zeiten beschnitten werden. –

Die Saat zu diesem grossen Keimen wurde mit dem harmlosen Satze: „Die Kulturen sind Organismen" von mir 1898 („Ursprung der Afrikanischen Kultur")[8] in die Erde gelegt. In der Zeit unendlicher Not ist sie aufgesprossen und nun lastet viel, ach so viel Verantwortung auf mir[,] dem Sähmann[!]. Bei Zeiten[!] erkannte ich, dass der Einzelne nicht im Stande[!] sein würde, die ungeheure Arbeit zu bewältigen; deshalb wurde das Institut geschaffen, das gleichsam eine Schule ist, auf deren Bänken Professoren neben jungen Menschen sitzen. Hier werden^w die Modellwerke wie der „Atlas Africanus" und die „Erlebten Erdteile", der „Atlas Mundi"[9] etc. geschaffen. Von hier aus gillt es zu ^xbelichten^x und zu beschatten, – nicht durch Kritik[,] sondern durch Vorbild.

Damit aber nun bin ich bei der Kette angelangt, die Euer Majestät meiner Frau zu möglichst baldiger Anwendung überreichen.[10] – Ach! Euer Majestät[,] auch meine Frau hat es längst verlernt, auch an uns zu denken. Wie eine schwere Walze stampft[!] die Verantwortung über uns unbarmherzig hin und her, hin und her. Denn noch niemals hat ein Volke dem „Werden"[,] und wenn es auch das Eigene[!] ist, Verständnis und Hülfe entgegenbringen können. Denn jedes Volk lebt ja nicht im „Werden" sondern im „Sein". – Wozu nun auch noch die erschreckende Verarmung unseres armen Volkes kommt.

Wahrhaftig, ich glaube mich von der Schuld streberhaften Schuftens freisprechen zu können. Aber ich wirke aus einem unbeschreiblichen Alleinsein, einem mörderischen „Einzig" heraus und darf nie vergessen, dass ich eine Schaar von Leuten zurücklassen muss, in denen das Lebensgefühl schon wirken muss, das wohl dermaleinst das Neubild der Natur ^ydes Deutschen Volkes^y hervorbringen kann. Nun hat der Tag nun einmal nur 24 Stunden und ich gebe zu, dass hierin 18 Arbeitsstunden ^aein^a recht erkleckliches

---

^t *U:* in einzelnen Menschen wie in Völkern   ^u *De:* neben.   ^v *U:* kommenden

^w *U:* wurden   ^x *U:* behüten   ^y *U:* im deutschen Volke

---

[8] Leo Frobenius, Der Ursprung der afrikanischen Kulturen, Berlin 1898: „Ich behaupte, jede Kultur entwickle sich wie die lebendigen Organismen …" (S. x); „Die Kulturen leben, gebären und sterben, es sind Lebewesen, wie ich oben schon sagte." (S. xi); „Der ganze Prozess der Kulturentwicklung erscheint in seiner wahren Unabhängigkeit vom Menschen und das Volk als sein Träger. Die Kultur wächst allein, ohne Mensch, ohne Volk. Und daher eben: Die Kultur ist ein Lebewesen." (S. xiii).

[9] Leo Frobenius und Ludwig Ritter von Wilm (Hg.), Atlas Africanus. Belege zur Morphologie der afrikanischen Kulturen, 8 Hefte, München bzw. Berlin 1922–1930; Leo Frobenius, Erlebte Erdteile. Ergebnisse eines deutschen Forscherlebens, 7 Bde., Frankfurt am Main 1925–1930. Einen „Atlas Mundi" hat Frobenius nie veröffentlicht; der Plan einer solchen Weiterentwicklung des „Atlas Africanus" mußte für ihn, der sich vom Afrikaforscher zum Theoretiker einer weltumspannenden Kulturlehre wandelte, aber auf der Hand liegen.

[10] S.o. Nr. 41.

Pöstchen ausmachen. Aber in diesem Jahre soll es ja auch wieder hinausgehen auf das freie Feld, wo Wanderschaft und Märsche den versagenden Leib auffrischen. Ach, wenn ich nur schon bald unsere Mittel zusammenbekomme um bei Zeiten[!] neue Materiale[!] für die praehistorische Gemäldegallerie[!] des [z]des Kulturmetamorphose-Museums[z][11] einheimsen zu können. Die Sammlung der [aa]Buschmannszeichnungen[aa] 1928/9 soll dann mit denen der nubischen Reise 1926 und denen der Sahara („Kaiserexpedition" 1914/5)[12] zusammengefügt und durch Aufnahmen und Zeichnungen der Felsbilder in Spanien und Frankreich und Italien, die ich durch Institutsmitglieder während meiner Abwesenheit machen lassen werde, vervollständigt werden.

Aussicht und nie versagende Hoffnung sind ja göttliche Kräfte. Und Er[,] der ja Schicksal bedeutet[,] ist ja allein entscheidend.

Mögen Euer Majestät und Ihre Majestät ein gesundes und weniger getrübtes Jahr vor Sich haben. Dieses und inniger, inniger Dank für alle Güte und Gnade im vergangenen Jahre.

Frobenius

---

[z]   *U:* im Kulturmorphologischen Museum
[aa] *U:* Buschmännerzeichnungen

---

[11] S.o. Nr. 27 und 28.
[12] DIAFE IX, VIII und VI. Die zuletzt genannte Expedition hatte allerdings bereits 1912–1914, also vor dem Ersten Weltkrieg, stattgefunden.

43.

Frobenius an Wilhelm II., 6.1.1928, Frankfurt am Main

Durchschrift der eigenhändigen Ausfertigung:
D   FI: LF 608/110

Euerer Majestät
sagen wir
Dank!

Frobenius

44

Wilhelm II. an Frobenius, 10.1.1928, Doorn

Eigenhändige Ausfertigung:
A   FI: LF 615/1–3

Meine liebe Exzellenz

Ho! Ho! Ho! Immer ruhig mit die wilden Pferde! Ihr prachtvoller Brief[1] tobte, brauste, sprudelte! Ja, ja! an die Longe soll ihre Frau und ihr ganzes Institut sie[!] doch nehmen und abtraben, damit Sie vernünftig werden! Ich bin äusserst geschmeichelt durch Ihre gnädige Zensur betr. meine Englische[!] Uebersetzung! Ja! es war gar nicht leicht[,] die wissenschaftlichen Ausdrücke, mit denen Sie so um sich schmeissen, ins Englisch zu bringen. Ihre Professorin hat[']s auch nicht gekonnt! Z.B. das blosse change – beim Hasen – genügt nicht, denn das könnte evntl. bloss auf seine äussere Pelle bezogen werden. Der „creative" Vorgang kommt nicht zur Hebung. Ich habe gesetzt: „subjected to a change" Fein!

Zum Anderen.[!] „Raum wirkt stilbildend" (bei Ihrer entsetzlichen Klaue hatte ich stillstand[!] gelesen!)[2][:] „forms" langt absolut nicht, weil zu mechanisch. Das organische, gestaltende Wachsthum (Entelechie??!! Atem![)] habe ich zu erfassen gesucht[,] indem ich setzte: „Limited space influences, creates + models style." Grossartig! – – ? –

Ich habe limited mit Absicht genommen[,] weil der Brite mit space kurzweg das Weltall, Weltenraum bezeichnet, und daher Confusionen entstehen könnten.

Spengler u. Keyserlinck[!] sind „Bäume", die ich – als passionirter Holzfäller – am liebsten beseitigen würde.[3] Keyserlinck ist zu eingebildet und trieft von Eitelkeit, als dass er wirklich nützen könnte. Im vorigen Sommer bei einem hohen Standesherren eingeladen, wiess[!] seine Frau den in seinem Garten ahnungslos lustwandelnden Schlossherren aus demselben hinaus mit den Worten: „Stille hier, nicht stören, denn der Meister denkt!!!" Ich hätte ihn sofort hinausgeschmissen; kann ja im Walde denken.

Spengler macht leider nach und nach unsere Geistlichen verrückt, die sogar von der Kanzel den „Untergang des Abendlandes, nämlich Deutschlands" besprechen! Ich nahm Gelegenheit durch Gespräch diesen Unsinn zu corrigiren auf Grund Ihres Materials. Das Resultat war vorläufig: Fassungslosigkeit, dass wir Morgenländer und keine Abendländer seien[4]. Ich arbeite nach! Man will eben doch zu gerne „West-Europäer" sein!

Sie meinen[,] dem Volk in seinem Suchen nach Ausdruck neuen Lebensgefühls könnten Goethe, Kant, Fr[iedrich] d[er] Gr[oße] nicht viel helfen. Das ist für die beiden Ersten zweifellos zutreffend, aber Friedericus[!] Rex nicht. Der zeigt den Leuten gerade andauernd das Beispiel des Einsatzes des Einzelnen für das Wohl des Ganzen. (Erste) Diener des Staates, sollen wir alle im neuen Reich werden, nicht nur der Monarch allein! Er zeigt auch[,] was die Wehrhaftigkeit für das Bestehen eines Volkes bedeutet. Der „Frontgedanke" aus dem Weltkrieg – Einer für alle, alle fürs Vaterland – wurde vom

---

[1] Nr. 42.

[2] S.o. Nr. 41 und 42.

[3] Zu ihrer Darstellung als Bäume s.o. Nr. 42.

[4] S.o. S. 28–31.

König verkörpert. Dieser „Frontgedanke“ – persönliche Leistung, Alles fürs Ganze – wird der Retter des Volkes werden. Er weist Materialismus und Mammonismus weit von sich, geht über die Partheien zur Tagesordnung über und ruft sich seinen Herrscher und „Führer“ im gegebenen Moment wieder zurück. Er fordert: „freie Arbeit, freie Entfaltung der eigenen persönl. Leistungsfähigkeit[“], frei vom hemmenden Arbeitszeitgesetz und erstarrtem Parteiprogramm.

Er ist es, der Ihre erfreuliche Beobachtung der aufkeimenden Verinnerlichung des Deutschen Volkes ermöglichte. Dieser unbesiegbare, unüberwindliche Deutsche Frontgeist ist vom innersten Wesen unserer Kultur; denn langsam werthet er den Menschen im Inneren ᵃumᵃ vom crassen Egoisten zum opferfreudigen, nationalgesonnenen, zu dem Vaterlandsdienst hingebungsbereiten Mann, der mit allem aufräumt, was ihm entgegensteht!

Dass er sich hie und da mal[!] im Wege irrte, in den Mitteln vergriff, sind vorübergende Erscheinungen, theils Folge der Unklarheit der Führer – sogenannten – über ihn, theils Versuche[,] aus Bestehendem etwas Neues zu machen. Umsonst! ᵇDasᵇ Bestehende – auf Lüge und Unrecht fussend[,] ohne neues Recht – wird zusammenkrachen, ein Trümmerhaufen mehr, das[!] vom Frontgeist fortgeblasen wird!

Sie bezeichnen sich als Säemann und fühlen den Druck der Verantwortung, und darunter leiden sie[!],[!] und möchten herumtoben[,] um die keimende Saat zu schützen! That ich in meiner Jugend früher auch, man nennt das: „Vorsehung spielen ᵃwollenᵃ“. Den Unsinn habe ich schon lange aufgegeben! Ich säe; aber überlasse es unserem Herrgott droben, wie u[.] wann er die Saat aufgehen lassen will, ᶜdasᶜ weiss Er am Besten. Ebenso wie es auf dem Acker auch zugeht; da nutzt es auch nichts, wenn der Gutsherr oder der Inspector um die Feldmark alle Tage herumgaloppieren und schimpfen und wettern über Sonne oder Regen. Die Ernte reift doch trotzdem. Machen Sie es ebenso und üben Sie die Kunst geduldigen Wartens! Also an die Longe ᵈIhrerᵈ Frau! Beobachten, schreiben, rathen, auch dann u[.] wann mal eine nette Expedition machen: aber Alles mit Maas[!] und zu seiner Zeit. I bide my time! Schöner Spruch! Von den Augenblickszuständen zu Haus sage ich als Müshir[5]:

„Buda getscher Jahu![6] Auch dieses geht vorüber!“

Inzwischen beschäftige ich mich mit pflanzen[!] u[.] Holzfällen[,] was n. Zarathustra ein „Vermehren u[.] Verstärken der Wahrheit“[7] ist – sagt Lommel –! Also Fr[iedrich] d[er]

ᵃ *Ae*   ᵇ *Ae aus* das   ᶜ *Ae aus* dass   ᵈ *Ae aus* ihrer

---

[5] Feldmarschall der osmanischen Armee. Der im Ersten Weltkrieg mit ihm verbündete Sultan Muhammad V. verlieh Wilhelm II. 1917 ehrenhalber diesen Titel.

[6] Bu da geçer yahu: Fürwahr, auch dieses geht vorüber.

[7] Eine solche Formulierung findet sich – auch sinngemäß – nicht in Lommels späterer Übersetzung der von Zarathustra überlieferten Schriften (Herman Lommel, Die Gathas des Zarathustra, hg. v. Bernfried Schlerath, Basel/Stuttgart 1971), die jedoch eine entsprechende Interpretation zulassen. Das gute Leben, das für Zarathustra in der Tat ein „Vermehren und Verstärken der Wahrheit“ ist, besteht nicht zuletzt – dieses Motiv zieht sich durch die Gathas – in Pflege und Verehrung der gottgegebenen Kuh. Und ihr wiederum dienen die Pflanzen: „... ihr hat durch Wahrsein der Weise Pflanzen wachsen lassen, der Herr, bei der Entstehung des ersten Daseins“ (Yasna 48,6 in der Übersetzung Lommels.[S. 149f.]). So sieht Lommel auch in der in der indischen wie der zoroastrischen Religion „Wasser und Pflanzen als Träger des Lebens und Heilseins“ (Herman Lommel, Die Religion Zarathustras nach dem

Gr[oße] ist <u>nöthig</u> und neben ihm <u>Luther</u>, beide genügen, die anderen gebe ich Ihnen billig!

^aGrüsse an die Doorner Academie! und Gattin^a

Wilhelm

Awesta dargestellt, Tübingen 1930, S. 264). Und das Jäten des Unkrauts, das Pflanzen nützlicher und schöner Gewächse wie das Fällen des Morschen ließe sich mühelos als Bild für die ständigen Entscheidungen des Menschen in der weitgehend dualistischen Welt Zarathustras auffassen. Lommel hatte im Juni 1927 bei der letzten Sitzung der Doorner Akademie über Zarathustras Lehre vorgetragen; Wilhelms Erinnerung daran mochte nicht mehr ganz akkurat sein.

45.

Frobenius an Wilhelm II., 15.2.1928, Helsingfors

Durchschrift der eigenhändigen Ausfertigung:
D   FI: LF 608/111–115

Euer Majestät

bitte ich aus einem recht fernen Winkel nordischer Meere einen Gruss entgegen nehmen[!] zu wollen. Mit meiner Frau fliege ich nun seit drei Wochen von Ländchen zu Ländchen, von Stadt zu Stadt[,] halte Vorträge, erlebe in Deutschland nie erlebte Wunder der Verständnisinnigkeit und – schlafe, schlafe, schlafe! Euer Majestät unendlich gütiger letzter Brief[1] begleitet mich und ist mir (respekt. meiner derzeit regierenden Gattin) Richtschnur. Hier draussen hat sie, die stets Besorgte[,] die Herrschaft in Händen, – daheim die Arbeit resp. die Notwendigkeit des Institutes. Es war wohl in der That die höchste Zeit, dass meinem sterblichen Leib etwas gewalttätig Ruhe-Zwang auferlegt wurde.

Was ich an Grösse der Schicksale und Ausdrucksfähigkeit menschlicher Würde nicht sowohl am einzelnen Menschen als vielmehr a<ls Sy>mptom ganzer Gruppen von Menschen^a u. zw. in den baltischen Provinzen[!] kennengelernt habe, gehört zu den grössten Eindrücken meines Lebens. Soviel Unglück und Zusammenbruch und soviel Grösse! Ich habe in diesen wenigen Wochen mehr wahre Religiosität mitempfunden, als sonst in Jahrzehnten. Das mechanistische Zweckbewusstsein hiddeckischer[2] Natur ist

---

^a *De:* ken

---

[1] Nr. 44.   [2] S.o. Nr. 2, Anm. 17.

161

hier unbekannt geblieben. Diese Menschen sind durchweg [b]unverfälschte[b] Orientalen[,] so wie im eigentlichen Mutterland Deutschland nur bedutere[!] Seelen.

Inzwischen sitzt der gute Dr. Jensen in Frankfurt in einem schier verzweifelten Kampf. Der Minister des Innern, der im Juli mit aller Sicherheit Hülfe zugesagt hatte (30000 Mk.)[3][,] der versprochen hatte, unseretwegen einen Ministerrat zusammenzurufen, der die Mittel sogar datenmässig (per September) in Aussicht gestellt hatte, hat alles von s<ich for>t geschoben (zum Auswärtigen Amt) und von sich aus <u>nichts</u> geleistet. Hiermit ist möglicher Weise[!] unsere Existenz in Frage gestellt. Der „Deutsch-nationale" Ritter hat eine furchtbare Verantwortung übernommen und in leichtfertigster Weise unser Vertrauen auf sein Wort zu Schande[!] gemacht. In Jensen habe ich einen grossartig treuen und klugen Vertreter[,] aber all' mein Schaffen und Schuften war doch wohl umsonst. Hier draussen jubeln die verarmten Völker mir zu und daheim lassen die Deutschen „Führer" unser Werk verdorren. Ist das nicht furchtbar? – Die Entscheidung liegt im Monat Maerz. Jetzt gillt es „sein[!] oder Nichtsein." –

Wie nun diese Dinge auch <im>mer laufen mögen – ich gebe meine Hoffnung auf eine Hülfe aus Deutschlands besseren Sinn bis zum letzten Augenblick nicht auf, – so will ich doch auf der anderen Seite mir die Aussicht auf schöne Tage nicht rauben lassen und so erlaube ich mir denn die Anfrage, ob eine nächste Sitzung der „Doorner Akademie" im Juni diesen Jahres[4] stattfinden darf und ob ich Euer Majestät Wunsch mit der Liste: Otto, Reinhard[t], Lommel, Jeremias aus Deutschland gerecht werde. Dieser Zeitpunkt würde den Frankfurter Herren soweit (d.h. bis heute)[c] frei stehen. – –

In einer Woche hoffe ich in Frankfurt zu sein. Dort soll allerhand für mich liegen.

Von ganzem Herzen hoffe ich, dass Euer Majestät und Ihre Majestät sich guter Gesundheit erfreuen. – Euer Majestät erhabene Geduld wird als leuchtendes Vorbild im bevorstehenden Kampfe dienen

dem

Frobenius

---

[b] *De* [c] *De:* zum

---

[3] S.o. Nr. 33.

[4] Die Akademie tagte vom 3. bis zum 5. Juli 1928. Dabei trugen Frobenius über europäische und afrikanische prähistorische Felsbilder, Alfred Jeremias über die neuesten Ausgrabungen in Ur, Lommel, Naumann und Otto jeweils über altindische, altgermanische und altrömische Mythologie vor. Wilhelm sprach über „die Bedeutung des Seeverkehrs fuer die aeltesten Kulturbeziehungen der Menschheit" (AEW: 1678 A8).

46.

Frobenius an Wilhelm II., 8.3.1928, Frankfurt am Main

Durchschrift der eigenhändigen Ausfertigung:
D   FI: LF 608/116

Euer Majestät –

sogleich nach unserer Rückkehr Absendung des nun doch schnell benötigten Manu-skriptes[1], zugleich mit der Mitteil[un]g, dass mir nichts gegen die Fassung dieser Mei-nungen zu sagen sein dürfte. Hiermit[?] beeile[?] ich, dass[?] dies erwägen[?] dürfte.[2] Ich werde nicht verfehlen, selbst eingehender zu berichten, sowie ich der hier angetrof-fenen Katastrophen Herr sein werde, was ja wohl nicht sehr lange währen dürfte. Es bit-tet Euer Majestät, in volkstümlicher Weise für ein paar Tage „den Daumen zu halten",

Frobenius

---

[1] Nicht ermittelt. S.u. Nr. 48.

[2] Aufgrund der nur außerordentlich schwachen Durchschrift ließ sich eine plausible Lesart dieses Sat-zes nicht ermtteln.

47.

Frobenius an Wilhelm II., 23.3.1928, Frankfurt am Main

Durchschrift der eigenhändigen Ausfertigung:
D   FI: LF 608/117–131

Euerer Majestät

Kartenbrief vom 18.III.[1] fand ich soeben nach meiner Rückkehr aus Koelln[!] vor. Der Brief der Altgräfin Salm[,] der mich sowieso in diesen Wochen lebhaft genug be-schäftigt hat, soll sogleich beantwortet werden.[2]

Dem ganzen Inhalte nach glaube ich annehmen zu müssen, dass die Gräfin streng katholisch ist[,] und in solchen Fällen habe ich es stets schwierig gefunden[,] die Dinge, ohne sehr feine Empfindungen zu verletzen[,] beim rechten Namen zu nennen. Denn besonders der Verkehr mit den „wenn auch noch so heidnischen" und doch ethisch so hoch stehenden Völkern hat mich gelehrt, stets auf das Sorgfältigste darauf zu achten,

---

[1] Nicht ermittelt.

[2] Das Schreiben Elisabeth Altgräfin zu Salms aus Rom vom 18. Januar, auf das sich Frobenius hier bezieht, konnte nicht ermittelt werden.

Überzeugungen eines andren[!] in Dingen der Pietät nicht zu bekämpfen, das[!] sich hieraus zum Mindesten stets ein „Aneinandervorüberreden" ergibt. Ich mache nun im Folgenden den Versuch[,] mit solcher Voraussetzung das mir Wesentlich[!] Erscheinende zu besprechen.

Die Gräfin setzt als Beispiele, in denen die Forschung die Ansichten der katholischen Dogmen bestätigt habe, drei Beispiele:

1) Die Zurückführung des gesammten Menschengeschlechts auf ein Ur-Paar[,]
2) Die Feststellung, dass bei den Urvölkern stets Monotheismus geherrscht[,]
3) Die Unhaltbarkeit der Entwicklungstheorie in Bezug auf
    a) Das[!] Leben überhaupt, das nie aus Anorganischem entstanden sein kann[,]
    b) des[!] Menschen im Besonderen, dessen Denkfähigkeit niemals aus dem Instinkt der Tiere hervorgegangen sein kann. –

Unter allen diesen Thesen befindet sich nicht eine einzige, die heute noch irgend wie[!] wissenschaftlich ernstgenommen werden könnte und zwar aus dem einfachen Grunde, weil sie für das heutige Denken falsche[a] Problemstellungen darstellen. In der Weise, wie sie die Gräfin als typische Vertreterin der Ecclesia Militans ausspricht, kommen sie überhaupt nicht zur Discussion. Auf den ersten Punkt brauche ich nicht einzugehen, da Euer Majestät selbst die Haltlosigkeit der These erkannt haben.— Der zweite Punkt, dass alle Völker à priori[!] Monotheisten gewesen seien[,] ist besonders eben von <u>dem</u> Pater Schmidt aufgestellt worden, um den es sich ja bei der ganzen Sache handelt. Hierüber wäre zu sagen:

Ad „<u>a</u>," dass die These falsch ist. Ich habe in Afrika nicht ein einziges Volk gefunden, dass auch in einem noch so weit gefassten Sinne „monotheistisch" genannt werden könnte. Ad „<u>b</u>" muss gesagt werden, dass die Europäer des XX[.] Jahrhunderts zunächst <u>stets</u> den Fehler machen, anzunehmen, ihre Denkweise wäre so natürlich und allgemeingültig, dass man deren Kinder, unsere Begriffe, für alle Menschen als selbstverständlich voraussetzen dürfe. Nicht <u>darum</u> handelt es sich, dass die verschiedenen Völker <u>einen</u> Gott verehren, sondern darum, welcher <u>Art</u> er ist! „Monotheismus" ist ein Begriff, den die Israeliten im Kampfe um den nationalistischen Eigengott gegenüber den Göttern anderer Nationen aufstellten. Monotheismus und Polytheismus sind Marksteine vergangenen Geistesringens. Aber von dem, was wir Polytheismus nennen, wissen wir <u>sehr</u>, <u>sehr</u> wenig. Wenn ein naives Volk in ein katholisches Land käme und die Brückenheiligen, St. George, Marienbilder und „Marterl" sehen würde, – kein Zweifel, es würde von einem Polytheismus sprechen. Und umgekehrt ist es für uns sehr leicht, von einem Volke, dass[!] hunderte von heiligen Figuren hat, dazu aber den Begriff von einem „heiligen unerreichbaren Himmel"[,] zu sagen, dass das eine[,] ganz grosse, dieses unerreichbar Erhabene als Rest eines „Monotheismus" zu bezeichnen[!]. Alles in allem, dies ist keine Problemstellung. –

Und so verhält es sich mit dem Ganzen.

Schon darin, wie dies alles, ja wie der ganze Brief der Gräfin abgefasst, kennzeichnet sich eines: <u>der unbedingte Wille[,] an einem Starren festzuhalten.</u> Hierin sehe ich den springenden Punkt! – Es ist der Punkt, in welchem die Menschheit zu allen Zeiten schwach wurde, wenn sie sich dem Leben gegenüber nicht gewachsen fühlte.

---

[a] *De:* gestellt

Denn das Leben selbst ist nicht stur, es ist eine Polarität von Ruhe und Bewegung, also etwas, was wir mit unserem menschlichen Begriffsvermögen nicht zu verstehen vermögen. Die Enge unserer Sinne zwingt uns[,] die Zeit zu konstruieren aus dem, was die Zeit ausfüllt[3], also aus Erlebnissen wie Tag und Nacht, Sommer und Winter und alle[!] persönlichen Vorkommnisse. Der Mensch ist sich im – sagen wir – „Unterbewussten" stets darüber klar gewesen, dass er sich in einer ständigen Bewegung befindet, dass es etwas absolut Starres nicht giebt und alles[,] was wir an Dogmen, Gesetzen, [b]Verträgen[b], Verfassungen und ähnlichen Kultursymptomen kennen[,] bedeutet nichts anderes, als ein krampfhaftes Festhalten und „Festhalten so lange wie möglich", ein Aufbegehren gegen das grosse Phaenomen des Daseins, gegen den „ewigen Wandel", d.h. das gleitende Band der Bewegung und die Unüberwindbarkeit der „Zeit". (Siehe 90. Psalm)

In jedem Stadium dieses ewigen Gleitens nun hat die Menschheit sich als Sieger gefühlt. Niemals hat die Menschheit über die innere Hohlheit eines Vertrages, jedes Vertrages nachgedacht. Denn die Voraussetzung jeder Vereinbarung ist, dass die Verhältnisse morgen noch so sind wie gestern. Dieses aber ist nie der Fall und nur die Kurzfristigkeit aller Verträge macht es möglich, dass der innere Irrtum nicht haeufiger zu Tage tritt. – In diesem Zusammenhange hat die Menschheit nie verstanden, dass es nichts Allgemeingültiges giebt, nicht einmal (wenn man wissenschaftlich genau will) den Centimeter und den Wärmegrad! Es ist gar nicht möglich diese in effectu[?] als Constante zu construiren. Jeder Millimeter und jedes Grad im Instrument [c]weist[c] einen (wenn auch noch so minimalen) Instrumentalfehler auf. Centimeter und Grad sind nichts als „Begriffe nach fester Übereinkunft." Sie existieren in der grossen Umwelt nicht. Meter ist aber für ein kleines Kind etwas ganz Grosses, für einen Gardisten etwas Kleines. Es giebt nicht zwei Menschen, für die Meter, Wald, Haus, Treue, Demut etc. etc. das Gleiche sind. Demnach giebt es für diese Art des Denkens, das man wissenschaftlich nennen könnte, keine Wahrheit. Die Wahrheiten entspringen den Bedürfnissen des in einem ständigen Gleiten nach einem Anhalt bedürftigen Lebensgefühles; sie sind Exponenten der Pietät im Sinne der Religion. Es ist ganz berechtigt[,] religio mit religare zu verknüpfen.[4] Der Mensch bindet sich an Verpflichtungen, deren Erfüllung die Anerkennung der „Wahrheiten" voraussetzt. – Die katholische Kirche geht nun von dieser Thatsache aus[,] indem sie die so gewonnenen Thatsachen nicht nur immer nur[?] als sacrosanct erklärt, sondern sie auch immer wieder durch sogenannte Wissenschaft, eben die katholische[,] wieder erhärten lässt. So die Gräfin Salm und so Pater Schmidt. Man kann alles beweisen. Die Unterschiede in der Beweisführung[d] liegen in der Unterschiedlichkeit der Voraussetzungen. Der Pater Schmidt setzt die Ewigkeit des monotheistischen Glaubens voraus und beweist dann, dass diese Voraussetzung richtig sei. Das ist eben das, was ich als „katholische Wissenschaft" bezeichne. Ganz allein aus diesem Gefühle

---

[b] *De*   [c] *De aus* hat   [d] *De:* gehe

---

[3] Hier klingt das aristotelische Verständnis der Zeit als etwas, das an der Bewegung bzw. Veränderung existiert, nach (Phys. IV 10–14).

[4] Eine seit der Antike umstrittene Etymologie: Frobenius' Deutung geht auf Laktanz zurück (div. inst. 4,28). Die moderne Latinistik folgt jedoch meist Cicero (nat. 2,72), der *religio* an *relegere* in seiner Bedeutung „aufmerksam beachten" anbindet.

heraus glaubt diese^e „Kirche" auch immer wieder die Übereinstimmung wissenschaftlicher Thatsachen und Forschungsergebnisse mit den Dogmen neu beweisen und betonen zu müssen. Die Dogmen sind ^baber^b Angelegenheit der Kirche und nicht Angelegenheit der ^freligio^f. –

Es wäre nun sehr leicht möglich, dass uns als Leugnern der „Wahrheiten" der Vorwurf des Atheismus gemacht ^gwerde^g. Man könnte uns sehr leicht als „pietätlos" bezeichnen. Was ich nun hierzu zu sagen habe, dürfte einer streng dogmatisch-katholischen Einstellung überhaupt kaum verständlich sein. Aber Euer Majestät werden es <u>nicht</u> misverstehen[!], wenn ich an Stelle der Wahrheiten die „<u>Wirklichkeit</u>" setze. Das heisst, dass meinem Lebensgefühl nach der Mensch ein organisch so klein und beschränkt und eng gebautes und veranlagtes Wesen ist, dass seine Fähigkeiten nicht über die <u>Wahrnehmung der Thatsachen</u> hinaus reichen. Diese Thatsachen sind als Feststellungen des Gehirnes und der Sinnesconceptionen Erscheinungen auf dem fliessenden Band des Lebens. In dem[!] ich die Thatsachen nun als Ausdruck einer Wirklichkeit (WIRKLICHKEIT; ich kann das Wort nicht gross genug schreiben!) auffasse, verleihe ich sowohl den Thatsachen, wie auch dem unfassbaren Flusse des Lebensbandes seinen Urgrund, vor dem ich mich mit mindestens der gleichen Demut beuge wie der Pater vor den Wahrheitsdogmen. Ich glaube aber, dass diese Unterschiedlichkeit der Wortsinne Wahrheit und Wirklichkeit den fundamentalen Unterschied^h des Lebens des Pater Schmidt und des meinigen andeutet.

Genau wie in anderen Dingen, so auch in der Kulturkreislehre. Für diese ganz[e] Gruppe meiner Nachfolger: Graebner, Ankermann, Pater Schmidt, Foy, Menghin und wie sie alle heissen mögen, sind die Kulturkreise „festgestellte feste ⁱGefässeⁱ". Es kommt nur darauf an, was man in sie hineinpackt. Für mich aber^j ist das, was wir feststellen können[,] nur ein Vorübergehendes oder Vorübergegangenes. Für sie sind es Thatsachen als Wahrheiten, für mich Aus<u>wirkungen</u> einer Wirklichkeit. „Kultur an sich" ist für mich im tiefsten Sinne Wirklichkeit[,] für jene eine mechanische Bildung. Dieser Unterschied macht es auch verständlich, weshalb dem Pater Schmidt es peinlich ist, dass ich der Vater dieser Lehre bin[,] und es zeugt nicht gerade von grosser Wahrheitsliebe, dass er meinen Namen stets auslässt, wenn er die „Verkünder" der Kulturkreislehre aufzählt.

Genau das Gleiche kann man ja auch ^kaus^k dem Satze des Paters Schmidt erkennen: „Die Seele als solche hat keine Rasse, wie sie auch keine irdische Heimat hat."[5] Das heisst[,] die Seele als Wahrheit[,] als Thatsache[,] ja sogar als Substanz (wenn auch aetherische) auffassen. Für mich ist die Seele <u>Wirklichkeit</u>. Man kann aber sehr wohl aus allen Kultursymptomen erkennen, dass die Seelen in China sich ganz anders auswirken, als in Afrika, in Deutschland anders als in Frankreich. Denn das[,] was wir schlechthin als ^lKultur^l bezeichnen, ist für mich nichts anderes als Auswirkung der <u>Seele</u>. –

---

^e *De:* „religio"   ^f *De statt* Religion   ^g *De statt* würde   ^h *De:* vo
ⁱ *De statt* Körper   ^j *De:* sind   ^k *De statt* von   ^l *De statt* Seele

---

⁵ Wilhelm Schmidt, Rasse und Volk. Eine Untersuchung zur Bestimmung ihrer Grenzen und zur Erfassung ihrer Beziehungen, München 1927, S. 16; von Frobenius bereits zitiert in Nr. 40.

Was nun im speziellen die Rasse anbelangt, so werde ich hierüber von Biganzolo aus berichten,[6] wohin ich 1[!] April (inschallah[7]) übersiedeln werde. Habe ich ja doch nun so noch die Arbeit des Prinzen zur Lippe[8] für Euere Majestät zu besprechen.

Hier nur noch ein Wort über die „Unduldsamkeit des Gelehrten". Die Gräfin Salm kann sich rühmen, die erste zu sein, die mir diesen Vorwurf macht. Vielerlei ist mir schon vorgeworfen, dieses aber nicht. Wenn ich dann und wann mit scharfem Wort vor Fehlern gewarnt und wissenschaftliche Spielereien als solche gekennzeichnet habe, so kann man das kaum als Unduldsamkeiten bezeichnen. Will man dies sicherlich ganz Kleine mit ganz Grossem vergleichen will[!], so wäre der liebe Herr Gott[!] dann ja die Unduldsamkeit selbst, weil er nehmlich die Kinder, die er lieb hat[,] züchtigt. –

Was von alle diesem der Gräfin Salm[,] ohne sie zu verletzen[,] vorgesetzt werden kann, weiss ich nicht. Jedenfalls steht sie mit dem Pater Schmidt doch wohl in näherer Beziehung, denn ihr Brief ist 18.I. aus Rom datiert, allwo der Pater Schmidt das ethnographische Museum des Papstes einrichtet.[9]

Euer Majestät haben in menschlich so grosser Fürsorge auf der Briefkarte vom 18 III[10] gewünscht: „Mögen Sie der Catastrophen Herr geworden sein!" – Ich glaube[,] diese halbe Frage in einiger Zeit mit einem „ja" – aber auch gleichzeitig mit einem tiefen Seufzer beantworten zu können. Ich werde ein Opfer bringen, das uns sehr, sehr schwer werden wird. Es besteht darin, dass ich mein wunderschönes Haus, den Inbegriff meiner Raumliebe und der Freude meiner Frau und meiner Tochter verkaufe und den Erlös für Institut und Sammlung verwenden werde. Wenn ich damit einen ungeheuren Gemütswert einbüsse, so nehme ich das auch gern hin und sage mir: Ein Hohes Schicksal hat es so gewollt! Meine Frau und meine Toch<ter v>erstehen ja auch jedes Opfer, das ich der Erfüllung meines Berufes darbringe. Aber gleichzeitig geht damit auch alles hin, was ich mir aber als das Erbe der Meinen gedacht habe. –

Aber ich will nicht jammern. Nur werden es schwer belastete Tage, Wochen und Monate und manchmal wünsche ich, so schnell wie möglich nach Afrika zu kommen.

Vorher aber dürfen wir ja aber noch einmal Akademielich[!] in Doorn tagen[11] und hierauf freut sich von ganzem Herzen

Frobenius

---

[6] Nicht ermittelt.   [7] Inšallāh (arab.): „So Gott will".   [8] S.o. Nr. 42.
[9] Schmidt war 1927 zum Direktor des Museo Missionario-Ethnologico Lateranense ernannt worden.
[10] Nicht ermittelt.   [11] S.o. Nr. 45, Anm. 4.

48.

Frobenius an Wilhelm II., 23.3.1928, Frankfurt am Main

Durchschrift der eigenhändigen Ausfertigung:
D FI: LF 608/132

Euer Majestät

haben in gütigster Weise mit Briefkarte vom 6.III.28[1] uns zwei sehr interessante Werke[2] zugehen lassen. Dieselben werden excerpirt und dann sogleich nach Berlin zurückgesandt.[3]

Euer Majestät haben hierdurch wiederum einen Beweis des Verständnisses und der Teilnahme an unserer Arbeit gegeben und ich spreche vielen Dank aus.

Ich bitte um die Genehmigung[,] Euerer Majestät die Hand küssen zu dürfen.

Frobenius

---

[1] Nicht ermittelt.   [2] Nicht ermittelt.   [3] S.o. Nr. 46.

49.

Frobenius an Wilhelm II., 3.–23.5.1928, Biganzolo

Durchschrift der eigenhändigen Ausfertigung:
D FI: LF 608/133–184
Maschinenschriftliche Umschrift:
U AEW: 1611 E8–G3,
Ausfertigung der beigelegten Karten:
A AEW: 1611 A2f., 1614 B2–B5, B7f., C1–C3

[a]Kartenfertigstell[un]g[a] 8 Juni 28

Euer Majestät

haben mir in [b]letzter [Zeit][b] verschiedentlich Berichte über [c]neu[e] archaeologische[c] Funde zuleiten lassen, die neben Berichten über Grabungsfunde auch Meinungen über das Alter der Dinge enthielten. In der That wendet sich das allgemeine Interesse mehr und mehr der älteren Archaeologie und der Vorgeschichte zu. Leider sind die Deutungen, die den Funden beigelegt werden[,] in den seltensten Fällen sachlich. Besonders in der Chronologie überstürzen sich Übertreibungen in geradezu schauerlicher Weise.

---

[a] U: Kartenabschluss   [b] U: letzter Zeit   [c] U: neuarchaeologische

Während aber alle Entdecker, zumal die Engländer, aber auch die Franzosen[,] eine Tendenz haben, die Alterszahlen heraufzuschieben, kann gesagt werden, dass ruhige Sachlichkeit im umgekehrten Sinne zu stets niedrigeren Schätzungen kommt. Gerade in der letzten Zeit sind aber durch einen allgemeinen Vergleich und sehr sorgfältige Nachprüfung Daten gewonnen worden, die sehr viel Überzeugendes haben und – an den verschiedenen Punkten der Erde nachgeprüft,[!] – sich in klaren Beziehungen erweisen.

Ich könnte mir also denken, dass Euere Majestät Sich für dieses „Gerippe" der Ur-, Früh- und Altgeschichte interessiren, weshalb ich den Versuch wagen will, die heute schon entscheidenden Gesichtspunkte ins Auge fassend, einige Linien zu skizziren. –

1.) Das Alter der Menschheit und der Cultur

Dass Mensch und Cultur schon in den Eiszeiten existirt haben, ist nun schon [d]seit[d] langer Zeit bekannt. Diese Thatsache bringt die ältere Chronologie mit der Geologie in Verbindung. Die älteste Zeitrechnung ist also eine geologische. Früher wurden die geologischen Eiszeiten mit phantastischen Zahlen bedacht. Dem hat der Schwede De Geer ein Ende gemacht.[1] Er hat die Gletscher Südschwedens in ihren Zurückweichungsmarken studirt. Mit dieser Grundlage sind wir dann zu der Fest[st]ellung gelangt, dass der Höhepunkt der letzten Eiszeit Westeuropas auf ca 15000, das Aufhören auf ca 5000 v.Chr. angesetzt werden darf. Der Mensch selbst erscheint in der der letzten Eiszeit vorangegangenen Zwischeneis- [e]oder[e] Wärmezeit; wenigstens in Europa.[2] Im Höhepunkt der letzten Eiszeit hat die Kultur diejenige Form erreicht (wenigstens in Frankreich), die wir Moustérien[3] nennen. Das Moustérien als letzte Stufe altpalaeolithischer Kulturentwicklung [f]darf[f] aber auf 15000 v.Chr. angesetzt werden.

Die ältere Steinzeit, das Palaeolithikum, kennt nur geschlagene Steinwergzeuge[!]. In Frankreich, dem besten Untersuchungsboden liegen drei Schichten untereinander

---

[d] *De*   [e] *U:* und   [f] *De statt* ist

---

[1] Seine Methode erläuterte De Geer 1910 dem Stockholmer Geologenkongreß; eine deutsche Übersetzung des Vortrags ist: Gerard de Geer, Geochronologie der letzten 12000 Jahre, in: Geologische Rundschau. Zeitschrift für allgemeine Geologie 3 (1912), S. 457–471. Alexander Scharff (Grundzüge der ägyptischen Vorgeschichte, Leipzig 1927), auf den sich Frobenius in seiner Darstellung der ägyptischen Vorzeit sehr stark stützt, weist auf S. 10 auf diesen Aufsatz hin.

[2] Vgl. Scharff (wie Anm. 1), S. 11.

[3] Die von Frobenius hier verwendete Terminologie, in der die Bezeichnungen für die verschiedenen Abschnitte der Alt- und Mittelsteinzeit wichtigen frühen Fundorten entlehnt sind, entspricht der auf Gabriel de Mortillet zurückgehenden, zuletzt von Émile Cartailhac und Abbé Henri Breuil ergänzten, wie sie Hugo Obermaier in Max Eberts Reallexikon der Vorgeschichte (15 Bde., Berlin 1924–1929) als aktuellen Stand der Forschung festschrieb.
Danach folgen im Altpaläolithikum das Prächelléen, das Chelléen, das Acheuléen und das Moustérien aufeinander. Das anschließende Jungpaläolithikum besteht dann aus Aurignacien, Solutréen und Magdalénien. Das Azilien wiederum ist einer der Kulturkomplexe des folgenden Epipaläolithikums, des ersten Abschnitts der Mittelsteinzeit. Das nach dem tunesischen Gafsa benannte Capsien ist eine nordafrikanische Sonderform, die umgefähr mit dem Jungpaläolithikum gleichzeitig ist, aber auch noch in das Epipaläolithikum hineinreicht. Während über diese Abfolge unter den zeitgenössischen Wissenschaftlern weitgehende Einigkeit bestand, war die absolute Datierung der einzelnen Epochen stark umstritten.
S.a. Leo Frobenius, Schicksalskunde im Sinne des Kulturwerdens, Leipzig 1932, S. 56–59.

Chel[l]éen

Achéuleen[!]

Mousterien[!] (Höhe ca 15000 v.Chr.)

Nun ein sehr wichtiger Punkt! Schon im ersten Stadium ist Europa in zwei Zonen gegliedert. Während Südwesteuropa (Frankreich, Südengland, Spanien, Italien), Nordafrika und Westasien als Hauptwerkzeug von Chel[l]éen bis Mousterien[!] den Faustkeil haben, fehlt Deutschland und dem Osten im Che[l]léen [d]dieser[d] vollkommen (Siehe Kartenskizze 1![4]) Die Formwelt des Ostens bezeichnen wir nach Obermaier als „Praemusterien"[!].

Mit der Abschmelzzeit der Gletscher tritt eine neue Cultur, das jungpalaeolithikum[!] in Europa ein, das von 12000 bis 5000 angesetzt werden kann,[5] während in Afrika und Südostspanien das sogenannte Capsien sich entfaltet. Das europaeische Jungpalaeolithikum

Aurignacien

Solutrien[!]   } 12000–5000

Magdalénien

Azylien[!]

und das afrikanisch[-]südostspanische Capsien sind gleichzeitig[,] aber weichen untereinander stark ab. In diese Zeit fällt die[g] Entwicklungsgeschichte der Felsbilder. Die schönsten Höhlengemälde[,] die des Magdalénien (Südfrankreich und Nordoostspanien[!])[,] sind auf ca. 7500 v.Chr. Geburt [h]einzusetzen[!][h]. Das ist auf europaeischem Boden die alte Blütezeit. Die erste Kunst.

Wenn Euer Majestät an dem Vergleich Interesse haben, würde ich gerne an einem Abende der Professorentage einmal die schönsten Typen in gelungenen Lichtbildern vorführen.[6] Und zwar deswegen, um zu zeigen, wie der europäische Magdalénienstil von dem afrikanischen Capsienstil abweicht und welche eigenartigen Probleme sich hier erschliessen.[7] (Capsienstil Karte 2[8])

Euer Majestät erinnern Sich der Felsbilder, die wir auf Euer Majestät Expedition von 1913/4 und später in der nubischen Wüste fanden (1926).[9] Diese afrikanischen Felsbilder stellen den sogenannten Capsienstil dar, der dem europäischen Magdalénienstil gegenüber spröde und herb ist. Neben diesem Capsienstil taucht dann in Afrika noch ein Stil auf, den ich als solchen jetzt erst eigentlich entdeckt habe und der den Namen Mahalbistil tragen mag.[10] Dieser zeichnet sich durch eine geradezu erstaunliche und verblüffende Wandlung aus. Dem Steifen im Capsien entspricht übermässige Beweg-

---

[g] *De:* Au   [h] *U:* anzusetzen

---

[4] S. Abb. S. 171 und Tafel 6.   [5] Vgl. Scharff (wie Anm. 1), S. 13.

[6] S.o. Nr. 45, Anm. 4.   [7] Vgl. Scharff (wie Anm. 1), S. 14.

[8] S. Abb. S. 172 und Tafel 7.   [9] DIAFE VI und VIII.

[10] „Mahalbi" nannte Frobenius ursprünglich nomadische Haussa-Jäger, andere Ethnologen oder Prähistoriker haben diese Bezeichnung nicht übernommen. Von den Bezeichnungen steinzeitlicher Perioden unterscheidet sich Frobenius' Begriff aber auch dadurch, daß das „Mahalbien" in seinen Augen bis in die Gegenwart fortbesteht. „Mahalbi" ist ihm auch Gegenbegriff für das ebenfalls idiosynkratische „Gabuluku", entgegengesetzte Kulturtypen, die schließlich – als „hamitisch" und „äthiopisch" bezeichnet – im Zentrum seines dualistischen Weltbilds stehen (s.a. S. 38f.).

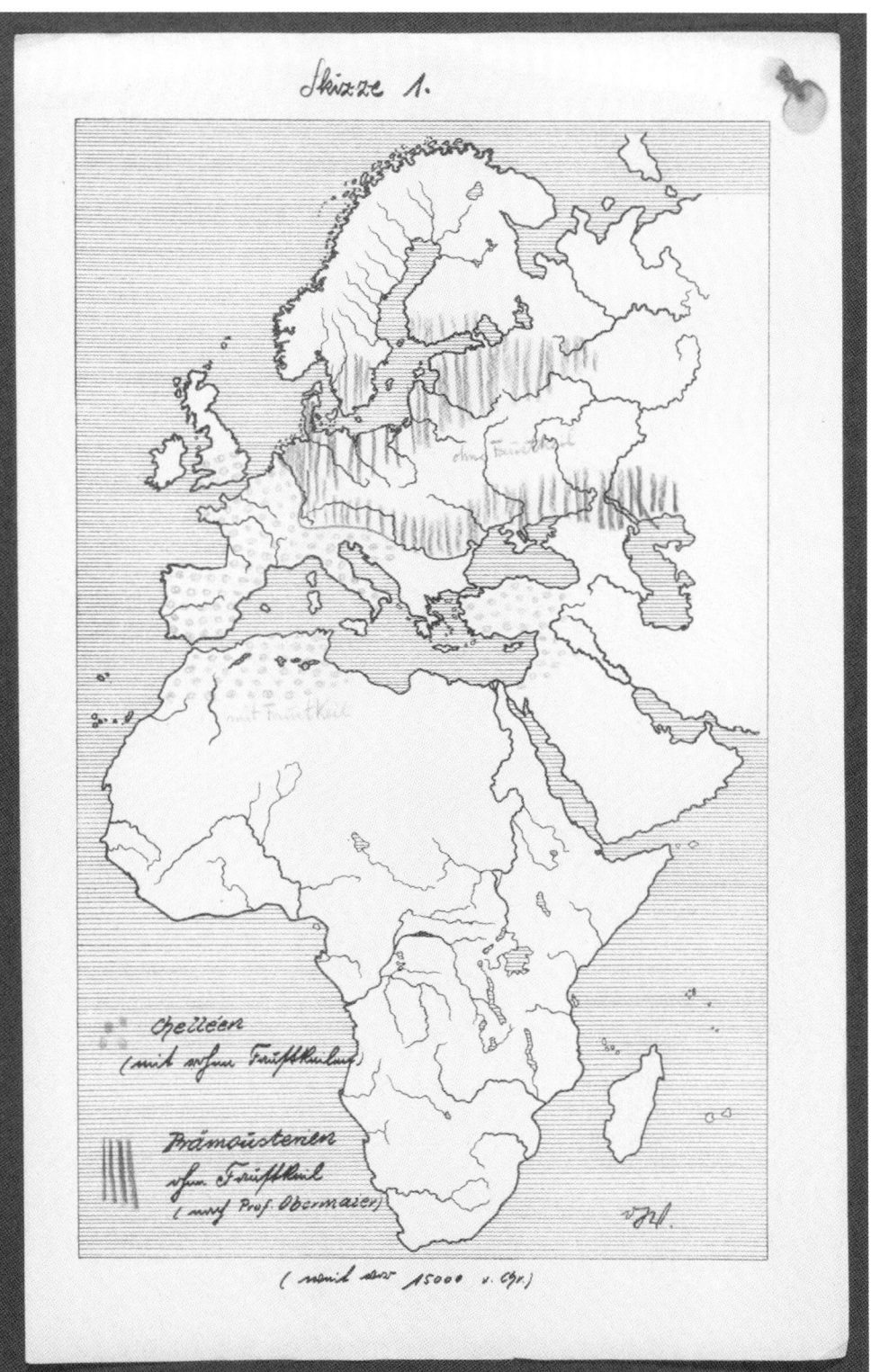

Skizze 1.

Chelléen
(mit neuem Faustkeilen)

Prämoustérien
ohne Faustkeil
(nach Prof. Obermaier)

(noch etwa 15000 v. Chr.)

171

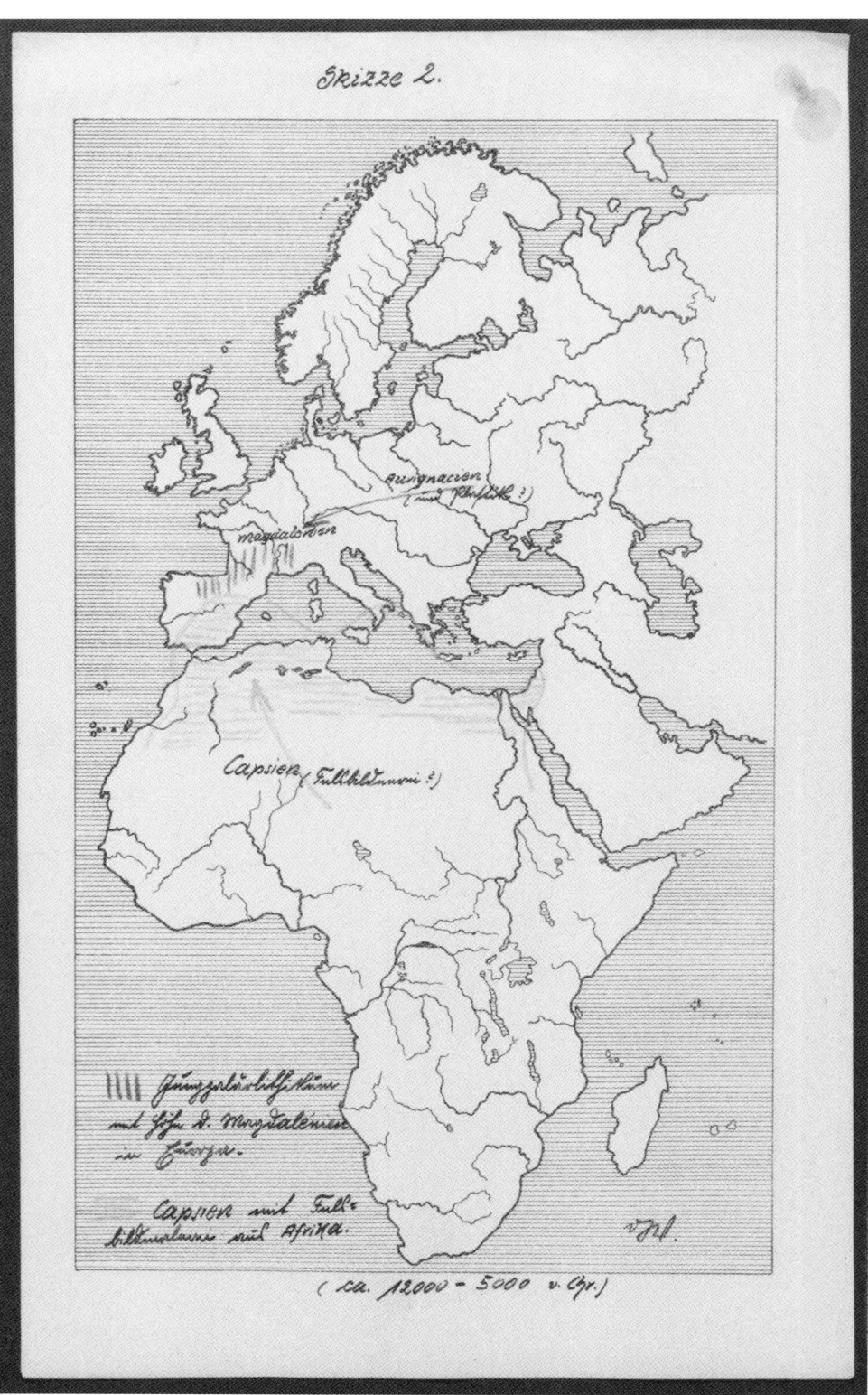

lichkeit im Mahalbien. Eine wahre Spukwelt teils entzückender[,] teils [i]groteske[r] For-men[i]. Diese Buntheit ist nicht zu schildern. Die Auffindung dieses Stiles ist deshalb so wichtig, weil diese Mahalbicultur die erste ist, die lebendig zu fassen, deren ganze gei-stige Struktur erkennbar ist. Denn vom ganzen Altpalaeolithicum[j] und vom europaei-schen Jungpalaeolithicum kennen wir nur steinerne Skelettreste der Kultur. Sie [k]liegen[k] leblos vor uns. Die Mahalbicultur, deren Monumente auf 7500 v.Chr. angesetzt werden können[,] ist [l]aber[l] heute noch in Afrika am Leben. Ihre weitere Erforschung ist die [d]eine[d] Aufgabe der nächsten Expedition,[11] von der wir hunderte von neuen Bildern und lebhafte Aufschlüsse erhoffen dürfen. Dann wird das, <u>was wir heute noch lebendig in Afrika erleben dürfen, die toten Bilder in Südfrankreich erklären.</u> (Mahalbistil Karte <u>3</u>[12])[.]

Diese beiden afrikanischen Stile sind deswegen so wichtig, weil sie zur Ausbildung des Aegyptischen Stiles und der aegyptischen Kultur überhaupt geführt haben. Mit dem Jahre 5000 v.Chr. Geburt gehen in Europa und Afrika, hier das Capsien, dort das Jung-palaeolithikum in andere Formen über. Im Westen spielt sich die Geschichte des Neo-lithicums mit [m]seinen[m] Dolmen und der Kunst, aus Riesenblöcken Kartenhäuser zu bauen ab. Höhe ca. 3000 v.Chr. In Aegypten erwächst aber eine eigene Kultur.

2) <u>Cultur & Chronologie Altaegyptens</u>

Die Bedeutung der aegyptischen u. zwar der alten Kulturgeschichte ist die des Centrums einer grossen Bewegung, um das sich alles dreht. Wenigstens bis auf den Zeitpunkt, in welchem auch für andere Regionen wie China, das Indusland, Iran und – Turkestan einmal die Möglichkeiten geordneter Fixierung gewonnen sein werden — bis dahin bleibt Aegypten [n]unser[n] Chronometer, — der Chronometer der älteren Weltge-schichte. Hierbei nun haben wir zwei Perioden [d]& Momente[d] festzuhalten; nehmlich <u>a</u> die [o]Formwelt[o] der [p]vorgeschichtlichen[p] Zeit, <u>b</u> der Übergang der Formen in historische Chronologie.

a) <u>Die [o]Formwelt[o] der [q]Ur[q]zeit</u> respekt. [d]richtiger[d] [q]Ur[q]geschichte. Die entscheiden-den Köpfe unter den heutigen[r] Aegyptologen sind geneigt[,] ein eigentliches Neolithi-kum für Aegypten ausser Betracht zu lassen.[10] Aegypten weist grosse Mengen von Gräbern und Kirchhöfen älterer Zeit auf. Auch die Funde[s] an Steinwerkzeugen sind [t]zahlreich[t]. Sie führen bis in das Capsien zurück. Schon die Lagerung ist alles sagend. Das Fundbild ist entsprechend dem alten Profil des Tales sehr deutlich.

---

[i] *U:* grotesker Form [j] *De:* wis [k] *De aus* liegt [l] *U:* also [m] *De statt* ihren

[n] *U:* nur [o] *U:* Formenwelt [p] *De aus* altgeschichtlichen [q] *U:* Vor

[r] *De:* Ge [s] *De:* sind [t] *De aus* reich

---

[11] Die von 1928 bis 1930 dauernde DIAFE IX nach Südafrika mit einem spontanen Abstecher Frobe-nius' nach Indien.

[12] S. Abb. S. 184 und Tafel 8. [13] Vgl. Scharff (wie Anm. 1), S. 16.

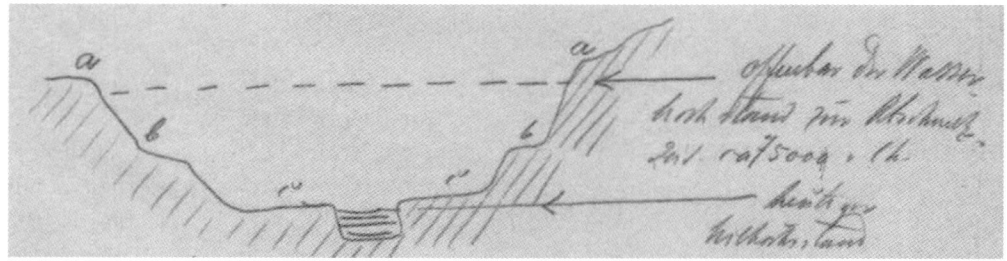

[Erläuterung bei a:] offenbar der Wasserhochstand zur Abschmelzzeit ca. ᵘ7500ᵘ v. Chr.
[Erläuterung bei c:] heutiger Nilhochstand

Die ältesten Capsienfunde liegen bei a/a, die jüngeren bei b/b, die der urgeschichtlichen Gräber bei c/c. Nordafrika war zur Zeit des letzten Eises ein grosses Fruchtland, denn es hatte ᵛeine Pluvial- oder Regenzeitᵛ. Der Nil war ein ᵂSeeᵂ, der bis hinauf zu ˣden Talrandgebirgen seinenˣ Spiegel hatte.[14] Am Rand dieses Riesensees sind die Fundstätten der älteren Capsienfunde a/a. Also ca. 7500. Der Spiegel ʸsenkteʸ sich gleichzeitig mit dem Austrocknen der Sahara. Das Menschenvolk folgte der Senkung. Auf der Stufe b/b. liegt das jüngste Capsien. Als die Eisschmelze im Norden bis zum Letzten sich abgespielt hat, ist das heutige „Niltal" wasserfrei, hat der Strom sein heutiges Bett gegraben. In der ᶻNiltalsohleᶻ wohnt das Volk jetzt. In der ᶻNiltalsohleᶻ finden sich die Gräber und Kirchhöfe, die die Nachfolger der Capsienvölker hinterlassen haben.

Das Interessante an diesen Funden ist nun zweierlei: 1.) es ᵂfehltᵂ ein reines[,] metallloses[!] Neolithikum; 2.) das Niltal weisst[!] aus dieser Zeit nicht eine, es weisst[!] ᵂzweiᵂ offenbar verschiedene Culturen auf[,] nehmlich[!] a.) eine Südkultur und b.) eine Nordkultur. In beiden kommen schon ᵃᵃKupfersachenᵃᵃ vor. Man kann also nicht von einem Neolithikum[,] sondern nur von einem Aeneolithikum, einer ᵂSteinkupferzeitᵂ sprechen.[15] – Weiterhin ist es von einer eminenten Bedeutung, dass die beiden Kulturen sich ursprünglich auch geographisch nicht berührt haben. Denn die a.) ᵂSüdkulturᵂ, die ᵇᵇNegadekulturᵇᵇ [16] war im Süden daheim, in Nubien und Oberaegypten. Der nördlichste Fund istᶜᶜ zwischen Sohag und Assiut[17] gelegen. Die b.) ᵇᵇᵂNordkulturᵇᵇᵂ, die Abusirkul-

---

ᵘ *De aus* 5000   ᵛ *U: ein Pluvial – Die* Regenzeit *[Unterstreichung mit Bleistift]*

ᵂ *In U von Wilhelm unterstrichen*   ˣ *U: dem Talrand gestiegen, einen*

ʸ *U: sackte*   ᶻ *U: Mittelsohle*   ᵃᵃ *U: Kupferadern*

ᵇᵇ *De aus* Negadakultur   ᶜᶜ *De:* bei

---

[14] Vgl. Scharff (wie Anm. 1), S. 10.

[15] Vgl. Scharff (wie Anm. 1), S. 16.

[16] Negade (Nakada) ist ein Gräberfeld nördlich von Luxor. Heute unterscheidet man eine Negade-I-Kultur (um 3600 v.Chr.) von der Negade-II-Kultur (um 3200 v.Chr.).

[17] Assiut war eine bereits im Mittleren Reich wirtschaftlich und religiös bedeutende Stadt in Oberägypten; das kleinere Sohag liegt von dort etwa 150 km nilaufwärts. Bei Scharff heißt es: „Gau el-Kebir (zwischen Assiut und Sohag)" (wie Anm. 1, S. 19).

tur[18][,] nimmt wohl das Delta und Unteraegypten bis in die Höhe des Faijums[19] ein. (<u>Vorgeschichtliche Kulturen Karte 4.</u>[20]). In jüngster Zeit hat der Berliner Aegyptologe Alexander Scharff die Selbständigkeit dieser Kulturen klar gemacht.[21] Das Bild, das sich nach seinen Forschungen ergiebt[,] ist Folgendes:

α die <u>Südkultur</u>, die Negadekultur.[22] Die Leichen sind als Hocker in Schlaflage beigesetzt. Sie sind mit Matten und <u>Fellen</u> bedeckt. Ihr Blick ist nach <u>Westen</u> gerichtet. [d]Meist sind mehrere Leichen <u>vereint</u>[d]. Die Töpferei ist <u>weiss</u>bemalt, die Figuren auf ihnen sind in <u>Strichen</u> ausgeführt. Es kommt an Gefässen sowohl die Vase mit Fuss, also der <u>Pokal</u>[,] wie auch der Glockenbecher vor. Ferner die <u>Harpune</u> etc.

β Die [dd]<u>Nordkultur oder</u>[dd] <u>Abusirkultur</u>[23] weist Bestattungen auf, bei denen neben Matten <u>Leinewand</u>[!] zur Anwendung kommt. Die Hockerleichen blicken nach <u>Osten</u>.[24] Nur Einzelbestattungen. <u>Rotbemalte</u> Töpferwaare und zwar Figuren in <u>Flächen</u> ausgeführt. An Gefässen Formen wie solche aus Palaestina,[!] und v. d. Inseln. Hathorkopf[25], Falkenfiguren, Stierkopfornamente, Obsidianmesser. D.h.

Die Negadacultur ist nicht nur eine südliche[,] sondern auch eine echt afrikanische[26], die[,] wenn sie eine Vermehrung und Steigerung darstellt, solche aus dem Kaschitischen Meer (zw. Indien, Südarabien, NO Afrika = Punt) empfangen haben muss.

Die Abusirkultur weist aber mit einer grossen Anzahl von Symptomen auf einen Kulturkreis, der in jener alten Zeit schon Palaestina, Kleinasien und die griechische Inselwelt umspannt haben muss. Denn der Obsidian kommt von den Inseln. [ee]Töpfe[ee] haben z.T. ihre [ff]Verwandtschaft[ff] in Westasien. Hathor-Horus-Stiersymbole[27] [gg]weisen ebenso wie[gg] Bogenform etc. in [hh]gleiche[hh] Richtung. [ii]Dies wird noch[ii] weiter erhärtet durch die eigentümlichen Schiffe auf den Negadavasen[28], deren Einzelheiten unverkennbar sind.

[dd] *U:* Nordcultur, die   [ee] *U:* Die Töpfe   [ff] *U:* Kurandschrift

[gg] *U:* meist ohne die   [hh] *U:* gleicher   [ii] *U:* Das wird uns

---

[18] In dem bei Kairo gelegenen Abu Sir bauten die Pharaonen der 5. Dynastie (ca. 2465 – ca. 2325 v.Chr.) Pyramiden und Totentempel.

[19] Fruchtbare Senke etwa 150 km südwestlich Kairos.

[20] S. Abb. 185 und Tafel 9.   [21] Scharff (wie Anm. 1).

[22] Vgl. Scharff (wie Anm. 1), S. 18–29.

[23] Vgl. Scharff (wie Anm. 1), S. 29–38.

[24] Scharff kennt freilich für die Frühzeit auch die nach Westen ausgerichtete Bestattung (wie Anm. 1, S. 30).

[25] Hathor ist eine häufig in Kuhgestalt dargestellte ägyptische Himmels-, Fruchtbarkeits- und Liebesgöttin, Tochter des Sonnengottes Re.

[26] Vgl. Scharff (wie Anm. 1), S. 20f. und 27.

[27] Zu Hathor s. Anm. 21. Horus ist ein falkenköpfiger ägyptischer Gott, als dessen Augen Sonne und Mond aufgefaßt wurden. Er wurde häufig gemeinsam mit Hathor verehrt. Der jeweilige Pharao galt als seine Inkarnation. Frobenius behauptete, noch 1926 die Verbindung von Falke und Sonne in Ägypten lebendig gefunden zu haben (Leo Frobenius, Schicksalskunde, Weimar 1938 (urspr. Leipzig 1932), S. 50f.). Scharff erwähnt unter den Funden aus der Abusirkultur „Falkenfigürchen – vielleicht schon hier Bilder des falkengestaltigen Sonnengottes" und den „Kuhkopf der Göttin Hathor" (wie Anm. 1, S. 36 und Abb. 5m und h) und stellt beide Götter in den Mittelpunkt seiner provisorischen Überlegungen zur Religion in dieser Kultur (S. 36f.).

[28] Vermutlich ein Schreibfehler, da Scharff (wie Anm. 1, S. 33 und Abb. 5c) Schiffsdarstellungen nur

Die Feststellung dieser Thatsachen ist von ganz ungeheurer Bedeutung für die Beurteilung der kulturellen [jj]Kräftespeicher[jj] in Westasien. Es kann kein Zweifel darüber bestehen, dass die β=Abusirkultur mit ihrem Sonnendienst (Leichenrichtung nach Osten)[29], mit der Leinewandweberei[!], [kk]dem[kk] complicirten Bogen, dem höheren Schiffsbau und den Götterbildern die weit höhere ist. Und doch ist in dieser frühen Zeit von einem Einfluss „Babylons" zunächst <u>nichts</u> zu sehen.

Vielmehr geht dieses gegen Ende der Vorzeit nicht in der α- sondern in der β-Cultur vor sich[30][,] d.h. er erfolgt in Bezug auf die Südkultur auf dem Wege über das <u>Kaschitische Becken!</u> Für wenn auch nur kurze Zeit treten Siegelcylinder [d](Rollsiegel)[d] auf. Es erscheint das Motiv des Helden, der mit 1 oder 2 Fabeltieren kämpft, es erscheint das Bild eines babylonischen Bootes[31], Tiergefässe erscheinen und verschwinden etc.

Es erscheint aber sehr bedeutsam, dass beide Kultureinflüsse, sowohl der auf die Delta=Abusirkultur als der auf die südliche Kultur Aegyptens [w]über Meere kommen[w], die erste also eine Verbindung über das aegaeische, die letztere eine solche über das Kaschitische Meer aufzeigen.–

b. Der [ll]Über[ll]gang der praehistorischen Formwelt in die Chronologie vollzieht sich um ca. 3000 vor Chr. Geburt. Alles, was bisher in diesem Capitel über die Cultur Altaegyptens gesagt wurde, also die Entfaltung der beiden Kulturen v. Abusir und Negade bezieht sich zeitlich auf die Spanne von 5000 bis 3000 v. Chr. Ja[,] diese letztere Zahl von 3000 ist noch nicht einmal erreicht. Schon mehrere Jahrhunderte vor 3000 hat die zweite, die Abusirkultur nilaufsteigend den Raum der ersteren erreicht, hat sich mit dieser (wenn auch friedlich) gemessen und die Oberhoheit gewonnen. Sie war an Geist die [mm]Überlegene[mm][,] wenn auch an Waffen die Schwächere. Für den Gang der grossen Weltgeschichte spielen die nun folgenden Vorgänge keine Rolle. Sogar die aus den inneren Ausgleichschwankungen zuletzt hervorgehende Vereinigung von Nord- und Südaegypten sowie der Eintritt der I. Dynastie unter Menes sind nicht so sehr wichtig wie[nn] eine durchgreifende Erscheinung, die durch Festlegung eines fixirten Datums von heute noch gar nicht zu ermessender Sinnestiefe [oo]ward[oo].

Hat nach den sehr feinen Beobachtungen von Sethe die erste Vereinigung Ober- und Unteraegyptens unter der Vorherrschaft der Abusir-Cultur mehrere Jahrhunderte vor

---

[jj] *U:* Kräftespieler   [kk] *U:* den   [ll] *U:* Unter   [mm] *U:* überlegenere   [nn] *De:* die
[oo] *U:* war

---

29 Scharff sieht den Sonnenkult sich freilich erst allmählich in der Abusirkultur durchsetzen (wie Anm. 1, S. 30f.).

30 Hier vertauscht Frobenius offensichtlich die soeben vorgenommene Bezeichnung der „Abusirkultur" mit β, der die Bezeichnung der „Negadakultur" als α folgen müßte, mit der umgekehrten Identifizierung.

31 All dies schreibt Scharff (wie Anm. 1, S. 41) freilich ausdrücklich der Nordkultur zu, deren enge Beziehungen zu Palästina und Syrien er vorher schon erläutert hatte. Hier läge eine Kulturvermittlung über Vorderasien also näher als über Nubien und den Persischen Golf. Frobenius hatte in diesem Brief ja schon mehrmals, anscheinend versehentlich, beide Kulturen vertauscht (Anm. 24 und 26); hier wirkt sich diese Verwechslung offenbar auf seine Theorie aus.

für die „Zweite Kultur" nennt und auch Frobenius in diesem Absatz ansonsten von der Abusirkultur schreibt.

3000 eingesetzt, so erfolgt die zweite von Süden her[,] in umgekehrter Richtung.[32] Die Zusammenfassung des Reiches unter Menes[33] war nach früherer Ansicht (Ed. Meyer, Borchardt, Flinders Petrie etc. etc.) gleichzeitig mit der Einführung des Kalender[s] erfolgt.[34] Dieser Aegyptische Kalender ist geordnet nach Sonnenjahren und deren Differenz[pp] gegenüber den Monaten wurde durch Beobachtung des Sirius[35] (sein Frühaufgang) ausgeglichen. Diese Regulirung und Fixirung ist nun entsprechend dem Frühaufgang des Sirius in grossem [qq]Bogenverlauf[qq] alle 1460 Jahre (das Sothisjahr) markirt. Diese Sothisjahre waren für den entsprechenden Zeitraum [rr]des Altertumes[rr][:]

$$\left.\begin{array}{l} 5696 \\ 4236 \\ 2776^{ss} \\ 1316 \end{array}\right\} \quad \text{Sothisjahre v.Chr.}$$

Nun haben ja nach den Berechnungen detaillirter Angaben die Aegyptologen eines der zur Verfügung stehenden Jahre für Beginn der Zeitrechnung angesetzt. 1316 fällt in das neue[!] Reich. Zahlen für das alte[!] Reich waren gegeben. Von den zur Annahme möglichen Jahren wählte Flinders Petrie das Jahr[tt] 5696 als Gründung des Menes[-]Reiches und Einführung des Kalenders, Eduard Meyer 4236.[36] – Nun gelang es aber Scharff nachzuweisen, dass die Lebensalter der ältesten Dynastien weit und fast mythologisch überschätzt wurden.[37] Für einige gleichzeitig unter verschiedenen alten Königen gelebt habende Personen, deren Gräber und Geschichte erschlossen waren, kamen Altershöhen

---

[pp] *De:* wurd   [qq] *U:* Bogenumlauf   [rr] *U:* der Altertümer

[ss] *In U links neben der Jahreszahl von Wilhelms Hand:* Kalendereinführung Zoser I.

[tt] *De:* 59

---

[32] Scharff (wie Anm. 1, S. 46–49) beruft sich für die Bestimmung der jeweils dominanten Kultur mit einer ganz ähnlichen Formulierung auf Kurt Sethe, Die ägyptischen Ausdrücke für rechts und links und die Hieroglyphenzeichen für Westen und Osten, in: Nachrichten der Königlichen[!] Gesellschaft der Wissenschaften zu Göttingen. Philosophisch-historische Klasse, 1922, S. 197–242; eine Datierung findet sich dort jedoch nicht. Sie entwickelt Scharff auf den folgenden Seiten selbst (S. 50–58).

[33] Der mythische erste Pharao des vereinigten Ägypten. Konkurrierende Theorien versuchen, ihn mit verschiedenen Herrschern des 30. Jh.s v. Chr. zu identifizieren.

[34] Vgl. Scharff (wie Anm. 1), S. 54. Ludwig Borchardt (Die Annalen und die zeitliche Festlegung des Alten Reiches der ägyptischen Geschichte, Berlin 1917, S. 41) setzt die Einigung Ägyptens unter Menes in die Zeit von 4600 bis 4070 v. Chr. Meyer setzt sie in die Zeit zwischen 3400 und 3200 v. Chr. und trennt sie gerade von der Einführung des Kalenders (s.u. Anm. 32).

[35] Der hellste Stern des Abendhimmels befindet sich im Sternbild des (Großen) Hundes. Im alten Ägypten galt er unter dem Namen Sothis als der Verursacher der Nilfluten.

[36] Eduard Meyer (Die ältere Chronologie Babyloniens, Assyriens und Ägyptens. Nachtrag zum ersten Bande der Geschichte des Altertums, Stuttgart/Berlin 1925, S. 45) referiert Borchardts Datierung auf 4236 v. Chr., berechnet selbst dagegen für die Einführung dieses Kalenders das Jahr 4241 v. Chr. Er erklärt aber „die Differenz der beiden Daten [für] so gering, daß sie für die Chronologie ohne Bedeutung ist", da er bei der Datierung der „Begründung des einheitlichen Pharaonenreichs" eine Fehlertoleranz von hundert Jahren annimmt, sie also in die Zeit von 3400 bis 3200 v. Chr. setzt (a.a.O., S. 41). „Dem gegenüber rückt Borchardt das Datum für Menes um nahezu ein volles Jahrtausend hinauf" (ebd.). Damit rückt Meyer im Gegensatz zu Borchardt – und anders, als Frobenius es ihm zuschreibt – die Einführung des Kalenders und die Reichseinigung unter Menes um ca. tausend Jahre auseinander.

[37] Wie Anm. 1, S. 50–54.

von 132 und 146 Jahren heraus;[38] [vv]unendlich wichtiger [uu]aber ist es noch[uu], dass die ersten[!] Dynastie das Sonnenjahr aber überhaupt noch nicht gekannt hat. Also hat es in der ersten Dynastie den Kalender noch gar nicht gegeben[vv]. D.h. im Jahre 4236 ist der Sirius als Kalenderregulator noch nicht beobachtet. Noch eine andere Überlegung beweist das Gleiche. Sonnenjahrstaffel und Siriusperiode klaffen um 5 Tage, die als Schalttage eingesetzt werden müssen[, auseinander]. Diese 5 Tage wurden [ww]von[ww] dem alten Aegypten als Geburtstage von Göttern geachtet.[39] Solche Interpolationen erfolgen aber <u>stets</u> als Projektion der Vergangenheit, [xx]nie[xx] als Erklärung der erlebten Zeit.

In Wahrheit ist die Kalenderdatirung für die ältere Zeit rückwärts erfolgte Reconstruktion nach dem gleichen Schema, nach dem das alte[!] Testament die Grossen der Urzeit nach Jahrhunderten, die babylonische sogar nach Jahrtausenden[yy] gelebt haben lässt. Eine thatsächlich klare Datirung setzt erst mit dem König Zoser von der [w]dritten[w] Dynastie[40] ein.[41] Dieser ist der Herrscher[,] der die grosse Stufenpyramide von Sakkara erbaut hat. Diese ist erst im Verlauf des letzten Jahrzehntes vom Spaten in Angriff genommen[42] und das Bild, das sich dem Beschauer von den Hallen und Gängen der Umwelt dieses Bauwerkes erschliesst[,] ist ein ganz frappirendes. Aus allem spricht die monumentale <u>Schlichtheit</u>, die alles keimstark Junge kennzeichnet. Noch nichts von mit magischen Formeln überladenen Wänden. Ganz schlichte, fast dorisch anmutende Saeulen. Eine ganz gewaltige[,] unglaublich klar geordnete Architektur, die ein erstaunlich umfangreiches Hallensystem ganz einfach und übersichtlich erscheinen lässt. Mit diesem König Zoser ist nicht nur dieses[,] sondern noch manches andere an Kulturgut erwachsen. Aus dem Geiste von Sakkara steigen die Mastabas[43] empor; ihm folgen die grossen Pyramiden von Snofru, Cheops, Chephren und Mencheros[!][44]. Die Töpferscheibe erscheint![45] Ein neuer Geist zieht ein. Ein Unglaubliches, ein Gefühl vom Hauch grosser, ganz grosser Weltbedeutung muss jedem bewusst werden, der [zz]diese[zz] von Naivität durchglühte Welt durchstreift. Und wenn jetzt wiederum Scharff darauf

---

[uu] *U: also ist es uns*   [vv] *In U am linken Rand von Wilhelm angestrichen*

[ww] *U: in*   [xx] *U: wie*   [yy] *De: ha*   [zz] *U: die*

---

[38] Die Darstellung bei Scharff (wie Anm. 1, S. 53) ist weniger dramatisch: Auf diese Lebenszahlen käme man nur, wenn man annähme, daß die untersuchten Personen genau im ersten Regierungsjahr des frühesten erlebten Pharaos geboren wurden und im Todesjahr des letzten Pharaos starben, Betrachtet man das andere Extrem, bei dem sich diese Regierungszeiten und die Lebensdauer der Personen möglichst wenig überschneiden, dann käme man auf Lebenszeiten von 114, 84 und 81 Jahren.

[39] Vgl. Scharff (wie Anm. 1), S. 56.

[40] Der vermutlich erste König der Dritten Dynastie regierte ungefähr 2687 bis 2668 v. Chr. Ihm werden die frühesten größeren Steinbauten Ägyptens, darunter die berühmte Stufenpyramide bei Sakkara, zugeschrieben.

[41] Das schlägt Scharff mit größerer Vorsicht vor, wenn er gleich erklärt, daß „diese These [...] leider fern von wirklicher Beweisbarkeit ist ..." (wie Anm. 1, S. 55–57, hier: 56).

[42] Die Ausgrabungen bei der Stufenpyramide des Zoser bei Sakkara hatte Cecil M. Firth 1924 begonnen.

[43] Ägyptische Grabaufbauten; erstmals in Sakkara belegt.

[44] Snofru, der erste Pharao der Vierten Dynastie, ließ bei Dahschur zwei Pyramiden errichten; Cheops, Chephren und Mykerinos – der zweite, vierte und fünfte Pharao der gleichen Dynastie – errichteten um 2500 v. Chr. die Pyramiden von Gizeh.

[45] Vgl. Scharff (wie Anm. 1), S. 19.

hinweist, dass just unter die Regierung dieses Königs Zoser das Sothisjahr 2776 fällt, so giebt allein der Geist der Monumente ihm das Recht zu der Annahme, dass mit und um dieses Jahr ^{aaa}2776^{aaa} herum auch die Einführung des ^{aaa}Kalenders^{aaa} erfolgt sein müsse! Von diesem Zoser an, unter dessen Regierung die erste Pyramide gebaut ^dwurde^d, die Schrift ihre letzte Gestalt erfuhr und der Ausgangspunkt grosser Plastik liegt, in der vieles Kleinliche der Vorzeit abgestreift wurde, – von diesem Zoser kann man sagen, dass^{bbb} er Träger einer mehr als nur Aegypten umfassenden neuen Kulturwerdens ist. Hierauf soll nachher zurückgegriffen werden.

Hier sei nur noch festgestellt, dass mit der Annahme von Zoser = um 2776 die Ansetzung des ^{aaa}Menes^{aaa} = um ^{aaa}3000 v. Chr.^{aaa} durch eine[?] erfreuliche ^{ccc}Parallelisirung^{ccc} mit Kulturdokumentirungen der Umwelt Aegyptens ermöglicht wird. Die ^{aaa}Meneskultur^{aaa} hat bestimmte Übereinstimmungen mit der H-Kultur v. ^{aaa}Assur^{aaa} [46], die Andrae auch für ^{aaa}3000 einschätzt^{aaa}.[47] Funde in Westasien und Syrien lassen gleiche Datirung zu etc.

Rückschliessend lässt dann die Höhe der ^{aaa}Delta-Abusirkultur 3500–3700^{aaa} zu, sodass dann eine Alt-aeneolithische Kultur mit 5000 bis 3700 durchaus verständlich wird.

3) Zeit- und Raummasse der älteren Kultur

Nunmehr möchte ich das Augenmerk Euerer Majestät auf die ^{ddd}einfachen Linien^{ddd} ^{eee}in Sinn wie^{eee} Zeitbestimmung des grossen Kulturwerdens lenken, das durch die allmählich sich erschliessende Dokumentierung geboten wird.

I. Periode Palaeolithikum. xxx – 15000–5000 v. Chr.
    a.) Altpalaeolithikum. Chelléen bis Mousterien[!].
        Erhalten nur Steinwerkzeuge, die von keinerlei höherer Kunstfertigkeit sprechen. Jäger- und Leder-Kultur. Es ist nichts erhalten, das auf das Lebensgefühl schliessen lässt. Das Chelléen dürfte aus Afrika stammen, die Hauptentwicklung aber in Westeuropa statt gehabt[!] haben. Die Höhe im Mousterien[!] lässt sich nach Eiszeitverschiebungen auf 15000 festsetzen. Den westeuropaeischen Kulturen mit Faustkeil entsprechen die vom Rhein ab osteuropaeischen ohne Faustkeil, die Praemousterien[!] genannt werden. In Westeuropa also und in Afrika ist die Faustkeilkultur die Gleiche.
    b.) Das Jungpalaeolithikum in Europa und Capsien in Afrika. Mit ^ddem Beginn^d der Abschmeltzzeit[!] zieht von Osteuropa eine neue Formwelt der Steinwerkzeuge heran, die als Aurignacien bezeichnet wird. Gleichzeitig entfaltet sich ein ungemein klares Kulturleben in Bildern. Vollendete Plastik in Figuren,

---

^{aaa} *In U unterstrichen*	^{bbb} *De:* von ihm	^{ccc} *U:* Parallelierung
^{ddd} *Df aus* einfache Linie	^{eee} *U:* im Sinn einer	

———

[46] Wichtigste Stadt des heute deutlich später datierten Assyrerreichs in Mesopotamien. Sie wurde 1903–1913 von Walter Andrae ausgegraben, der die älteste Fundschicht als „H" bezeichnete.

[47] Auch diese Angabe findet sich bereits bei Scharff (wie Anm. 1, S. 50), der sich dazu auf Walter Andrae, Die archaischen Ischtartempel, Leipzig 1922 [ND Osnabrück 1970] (Wissenschaftliche Veröffentlichungen der Deutschen Orient-Gesellschaft, Bd. 39), S. 5ff. beruft.

Höhlentierbilder, neue Waffen wie der Speerwerfer (Wurfbrett)[,] Harpunen, Knochen- und [fff]Elfenbeinschnitzereien[fff].– Dieses Aurignacien zieht <u>nicht</u> bis nach Afrika, sondern bleibt in [aaa]Spanien stecken[aaa]. [hhh]In Afrika [ggg]und[ggg][hhh] Spanien entfaltet sich aber gleichzeitig das viel schlichtere Capsien, dem Waffen wie die Speerschleuder fehlen und das im Felsbild nie die Europaeische Höhe erreicht. Dagegen ist in Afrika,[!] im Capsien die Compositionshöhe [iii]und[iii] Gedankentiefe der Felsbilder reicher ausgestattet.– Die Höhe der [jjj]Magdaléneenbilderkunst[jjj][!] in Frankreich kann mit ca. [aaa]7500[aaa] eingeschätzt werden.– <u>Plastische</u> Werke [d]dieser Zeit[d] sind auf [aaa]afrikanischem[aaa] Boden bisher [aaa]nicht[aaa] gefunden[,] wohl aber nach Osten auf der Strecke [aaa]Rhein – Mähren – Kiew[aaa] in [aaa]einer Linie[aaa]. Sodass[!] man sagen kann, dass die grosse franco-cantabrische Kunst mit Plastik und Aurignacwerkzeug auf den [aaa]Osten[aaa], mit Malerei und Felsbild nach dem [aaa]Süden[aaa] (Afrika) weist. – Der Abschluss erfolgt wieder mit dem [d]Schluss der[d] Abschmeltze[!] der nordischen Gletscher um [d]ca.[d] 5000 v. Chr. Diese Zeit von 12000–5000 v. Chr. bedeutet für Afrika[kkk] (entsprechend dem Gletscherabschmelzen im Norden) das Einsetzen der Wüstenbildung (Ausbildung der Sahara)[,] für[kkk] Aegypten Herabsinken des Nils von einem See oder einer Bucht zu einem Fluss.

II[.] Periode Vorgeschichte (Praehistorie) 5000–2776

a[)] Aeneolithikum in Aegypten etc.

Während Nordeuropa eine reine [aaa]Steinschliffzeit[aaa], ein [aaa]Neolithikum[aaa] hat, [aaa]fehlt[aaa] ein solches dem [aaa]Nilland[aaa]. Hier tritt sogleich mit neolithischen Formen auch schon das [aaa]Kupfergerät[aaa] auf. Hier entfalten sich zwei Kulturformen, eine südliche von mehr afrikanischem, eine nördliche von mehr exotischem Charakter und höherem Reichtum. Der nördliche Bestand [lll]reicht[!][lll] auf Beziehungen zum egerischen[!] Meer und zu Syrien-Palaestina, die[!] südliche in ihrem Endstadium mehr auf Verknüpfungen, die über das Kaschitische Meer geschürtzt[!] sind[,] hin.
Diese beiden Kulturen treten in Berührung. Zuerst gewinnt die nördliche, reicher ausgestattete das Übergewicht und erreicht eine Vereinigung unter der Leitung von Heliopolis[48]. Dieses Reich zerfällt, nachdem der Horusgedanke über ganz Aegypten ausgedehnt ist. Um 3000 bricht dann die eigentlich und endgültig ordnende von Süden her über den Norden heraus[!] und bringt Menes als Gründer der sogenannten I. Dynastie auf den Thron. Um [mmm]2776[mmm] erfolgt die auf Sternbeobachtungen begründete erste Kalenderfixirung.

[fff] *U*: Elfenbeinschnitzerei   [ggg] *De statt* sind   [hhh] *U*: Von Afrika bis   [iii] *De statt* de
[jjj] *U*: <u>Magdalenien</u>-Bilderkunst   [kkk] *De*: das   [lll] *U*: weist
[mmm] *In U von Wilhelm unterstrichen, am linken Rand von seiner Hand:* Zoser I.

---

[48] S.o. Nr. 20, Anm. 1.

b) Das [aaa]Neolithikum im Mittelmeer[aaa] findet seinen Abschluss [nnn]in Verbindung[nnn] mit besonders charakteristischen Symptomen. Ganz besonders deutlich in Spanien, wo (nach Hubert Schmidts Beobachtungen) die primitive Ciempo-zuelos-Keramik um 2500 v. Chr. ausstirbt[49] und die aus dem [ooo]Ledersack[ooo] hervortretende Glocken- und [ppp]Zonenbechertöpferei[ppp] einsetzt. Diese [aaa]Tulpen[-] und Zonenbecher[aaa] gehören [aaa]noch tief [qqq]im[qqq] 4ten Jahrtausend[aaa] der Süd-Negade-Kultur[rrr] Oberaegyptens an und treffen nach langer Wanderung durch [sss]Nord-[sss] und Klein[-]Afrika z. Zeit von Troja II[,] also in der Mitte des 3ten Jahrtausends[,] in Spanien ein. (Wanderung der Kupferkultur Karte 5[50]) [vv]Also ist diese Kultur in [aaa]Oberaegypten um ca[.] 1000 Jahre älter als in Spanien[aaa],– von wo aus sie sich dann wieder [aaa]nach Osten[aaa] über das Mittelländische Meer ausdehnt[vv].

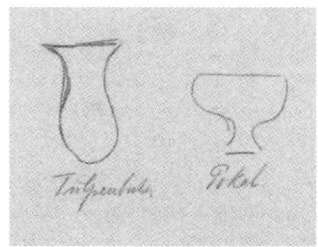

Soweit das Chronologische und Sinnbildende. Nunmehr die Betrachtung nach den Quellrichtungen, wobei das, was aus [aaa]Afrika[aaa] stammt als Südlicher, das, was aus [aaa]Inner[-]Eurasien[aaa] inclusive aus Kleinasien stammt[,] als Östlicher bezeichnet wird

	Südlicher[ttt]	Oestlicher[vvv]
Altestes[!] vor dem Mousterien[!] (ante 15000) Altpalaeolithikum	[aaa]Cheléen[aaa]	[aaa]Praemousterien[!][aaa]
12000 bis 5000 (Jungpalaeolith[ikum])	[aaa]Capsien[aaa], [aaa]Felsbilder[aaa] [aaa]Bildermagie[aaa] bis zur Synthese	[aaa]Aurignacmanufactur Wurfbrett, Plastik[aaa]
Vorgeschichte 5000 – 2776	In [aaa]Südaegypt[en][aaa] & [aaa]Nubien[aaa] [aaa]Negada[-]Kultur[aaa] sich nach Nordwest fort-[aaa]setzend bis Spanien[aaa] In Aegypten die [aaa]Menes-dynastie[aaa] und später den [aaa]Kalender erweckend[aaa]	Im [aaa]Delta und Unteraegypten[aaa] die [aaa]Abusirkultur[aaa] mit Einzelbe-stattung, Leinenwandweberei und Sonnendienst, Sonnenfalke, Stierdienst [aaa]Im Norden ein bis Frankreich[aaa] sich erstreckendes [aaa]Kupfergewerbe[aaa]

[nnn] *Nicht in U*

[ooo] *Dieses Wort in U von Willhelm ergänzt – anscheinend zunächst etwas zögerlich, da er darunter anmerkt:* ja

[ppp] *De aus* Zonenbecherwaare   [qqq] *U:* ins   [rrr] *De:* Süd   [sss] *De statt* Sudan

[ttt] *In U von Wilhelms Hand:* Afrika

[uuu] *In U von Wilhellm Hand:* Inner[-]Eurasien–Klein[-]Asien

[49] Hubert Schmidt, Zur Vorgeschichte Spaniens, in: Zeitschrift für Ethnologie 45 (1913), S. 238–253, hier: S. 252.   [50] S. Abb. S. 187 und Tafel 10.

Aus dieser Zusammenstellung lässt sich erkennen, dass in alter Zeit ein wohl mehr oder weniger stetiges <u>Kultursickern</u> stattgefunden hat, das aus einem ^{aaa}Quellbecken^{aaa} im ^{aaa}Süden^{aaa} (in der Richtung vom ^{aaa}Aequator^{aaa} über Afrika her) und einem anderen im ^{aaa}Osten (Asien)^{aaa} stattfand und in den ältesten Zeiten im ^{aaa}westlichen Europa^{aaa} als dem Gestade der alten Oekumene aufeinandertropfte. Der Süden (Afrika) verlor mehr und mehr seine Kraft zu geben[,] ^{vvv}bis^{vvv} er zuletzt überhaupt nicht mehr spendete und – im grossen Sinne der Entwicklung selbst nur noch zum Empfangenden wurde. In dieser Richtung (N-S) wurde allmählich der Norden mehr und mehr der Gebende.

Ganz anders der Osten. Die Sickerquellkraft Afrikas hat schon in der ^{aaa}Vorgeschichte^{aaa} ihre Wirkung eingebüsst. Asien sehr viel später. Aber was heisst denn überhaupt „Asien" und Westasiatische Kultur? Wie verhält es sich denn mit der Chronologie des „uralten Babel", das ^{www}so gern als^{www} Wiege der menschlichen Kultur, wenigstens der „höheren Kultur" angesehen wird?

4. Kulturentwicklung in Asien und am Kaschitischen Meer^{xxx}

Nun endlich die Frage, die heute die gesammte Welt vorgeschichtlicher und altgeschichtlicher Forschung bis in die feinsten Nerven hinein aufregen sollte: die Frage nach dem, was sich ausserhalb Eurafrikas abgespielt hat,[!] in dieser alten Zeit, die uns das Werden der Kultur in den „Westerdteilen" Europa und Afrika heute schon so deutlich erscheinen lässt!!!

Euer Majestät erinnern sich vielleicht an das, was ich in Doorn über die Ausdehnung der solaren Kultur vortragen durfte. Der ^{aaa}Pacifische Ocean^{aaa} hat seine eigene Kulturentwicklung durchgemacht und es war lediglich das ständige ^{yyy}Stieren^{yyy} des zeit- respekt. epoche[-]bedingten europaeischen Geistes, der die europaeischen ^{zzz}Kultur- + Geschichtsforscher^{zzz} ständig auf den ^{aaa}atlantischen[!]^{aaa} Ocean hat blicken und dadurch die ^{aaa}„älteren"^{aaa} (für hohe Kulturen) Länder der ^{aaa}pacifischen"[!] Gestade^{aaa} dem Denken ^{aaa}entfremdet hat^{aaa}. Die von uns durchgeführte exakte Arbeit hat nun aber gezeigt, dass die gesammte höhere Mythologie und die productive Quelle des hochmythologischen Denkens in den ^{aaa}Ostmeerländern älter ist^{aaa},[!] als in den ^{aaa}Westmeer^{aaa}-(Mittelmeer und Atlantischer Ocean)gebieten. Die „Gestaltungen" der Mythologie (Urmeermythe, Weltaltersmythe, Sonnenheldenmythen, Schwanenjungfrauenmythe, Jonasmythe, Mythe von der conceptio immaculata, Blütenursprungsmythe, Landangelmythe etc. etc.) sind an den Ufern des pacifischen[!] Oceans ursprünglicher, naturgeboren, naiv, kindhaft, am Mittelmeergestade aber ausgereift und angewendet, zerfallen und gealtert.^{aaaa} An den Gestaden des pacifischen[!] Oceans sind sie Ausdruck[51], sind

---

^{vvv} *U:* wie   ^{www} *U:* als sogenannte

^{xxx} *In U Zusatz von Wilhelms Hand:* (Persischer Golf. Indischer Ozean)   ^{yyy} *U:* Stören

^{zzz} *De aus* Kultur-Geschichtsforscher   ^{aaaa} *De:* Die

---

[51] Frobenius unterscheidet in seiner Theorie der Kulturalter zwischen dem spontanen Ausdruck einer Weltauffassung, die den Menschen einer Kultur, die sich im Äquivalent des Kindesalters befindet, überwältigt, und der rationalisierten, zweckgerichteten Anwendung der so gewonnenen Formen in Kulturen des Erwachsenenalters (Leo Frobenius, Das Paideuma, in: Ders., Erlebte Erdteile, Bd. 4: Vom Völkerstudium zu Philosophie. Der neue Blick, Frankfurt am Main 1925, S. 29–366).

ursprünglich, ohne Wachstumsfehler und ohne ^{bbbb}Zwang bildhaft^{bbbb}, am Mittelmeer dagegen Stoff, Anwendungsmaterie (<u>Karte 6 Ausdehnung der primär-mythologischen solaren Kultur</u>.[52])

Ausdrücklich sei betont, dass es sich nicht etwa um den <u>Beginn</u> der Mythologie handelt, auch nicht um das[!] Quellen der neuen ^{cccc}Vorstellungen Sonne = ♂[,] Mond^{cccc} = ♀[,] beide als Ehepaar. Es handelt sich um die ^{aaa}ausgereifte Form^{aaa}, die Hochgestalt! Dass die Ergebnisse und Endformen hoher und geschlossener Mythologie am ^{aaa}Rand des pacifischen Oceans^{aaa} sich entfaltet und ^dsich^d dann über Westasien nach dem Mittelmeer, ja darüber hinaus bis nach Westafrika ^dund in das Balticum^d als spätere Abwandlungen verbreitet haben, darüber kann kein Zweifel mehr bestehen. Diesem Gange der Weltgeschichte, dem Verlauf im Ost-Westpendel entspricht ja auch^{dddd} die Grundlinie ^{eeee}unserer historischen^{eeee} Erfahrung (Westasien – Griechenland: Egeis[!] – Rom,[!] – Frankreich – England). Aber wichtig und von ungeheurer Bedeutung bleibt doch immer die Gegenüberstellung:

1.) Die ältere palaeolithische Zeit lässt nur am Werkzeug und Felsbild Entstehung und Ausdehnung im ^{aaa}Westen^{aaa} und Ausdehnung dem ^{aaa}Osten zu^{aaa} erkennen.^{ffff}

2) Die ^{gggg}jüngere Mythologisch-historische[!]^{gggg} Kultur dagegen im geistigen Besitz Aufschwung im Osten und Wanderung nach Westen.^{hhhh}

<u>Wobei ausdrücklich betont sein soll, dass wir für das Ältere ⁱⁱⁱⁱManufakteⁱⁱⁱⁱ und Werkzeug der materiellen, für das Jüngere aber besonders Bewegungen und Äusserungen der geistigen Kultur in Anspruch nehmen. Hierin nun</u> liegt eine ungeheure Erschwerung für das Arbeitsverfahren. Materiale^{jjjj} der materiellen Kultur für das eine und solche^{jjjj} der geistigen Kultur für das andere verwenden[,] heisst mit ungleichen Waffen kämpfen. Aber wir sind hierzu gezwungen, – zu unserem allergrössten Leidwesen.

Denn:

Aus dem Bereiche ^{aaa}solarer^{aaa} Kultur und hoher Mythologie sind die Kulturen ^{aaa}Chinas^{aaa}, ^{aaa}Indiens^{aaa}, ^{aaa}Amerikas^{aaa} (wenn auch spät blühend)[,] ^{kkkk}Südostafrikas^{kkkk} und – ^{aaa}Altbabyloniens hervorgegangen^{aaa}. Fast alle diese Länder bieten nur späthe Chronologie, bis auf Babylon, das ja Mittelpunkt einer Spezialforschung geworden ist. Dieses Babylon und sein geistiges Werden kann leicht erkannt und gegliedert werden. Und zwar von dem Augenblick an, wo die <u>sumerische Welle</u> höhere Gedanken auszudrücken vermag. Wenig bekannt ist es nun aber, dass die sumerisch-babylonische Kultur die <u>Überlagerung einer älteren Kultur</u> ^{aaa}darstellt^{aaa}, deren Reste in Form von Topfscherben ausgegraben worden sind. (Zumal in Elam: Susa und ^{llll}Musiane[!]^{llll})[53] Diese Topfscherben erinnern mit ihrem figürlichen Decor an die des ^{aaa}Abusir-Stiles^{aaa}

---

^{bbbb} *U:* Zwang, bildhaft   ^{cccc} *U:* Vorstellung von Sonne = ♂ und   ^{dddd} *De:* uns
^{eeee} *U:* innerer historischer   ^{ffff} *U:* W → O   ^{gggg} *U:* jüngere <u>Mythologisch</u>-heidnische
^{hhhh} *U:* W ← O   ⁱⁱⁱⁱ *U:* Manufakt   ^{jjjj} *De:* für   ^{kkkk} *U:* Südafrikas   ^{llll} *U:* Mussian

---

[52] S. Abb. S. 188f. und Tafel 11.

[53] Elam ist die nordwestlich an Mesopotamien angrenzende, von Gebirgen geprägte Landschaft im heutigen Iran, in der es trotz der weniger günstigen Bodenverhältnisse schon zur Frühzeit des Zweistromlands Städte gab, die mit ihm in Beziehungen standen. Französische Ausgrabungen elamitischer Siedlungen hatte es zu Frobenius' Zeit außer in dem bedeutenden Susa im 180 km nordwestlich gelegenen Tepe Moussian gegeben.

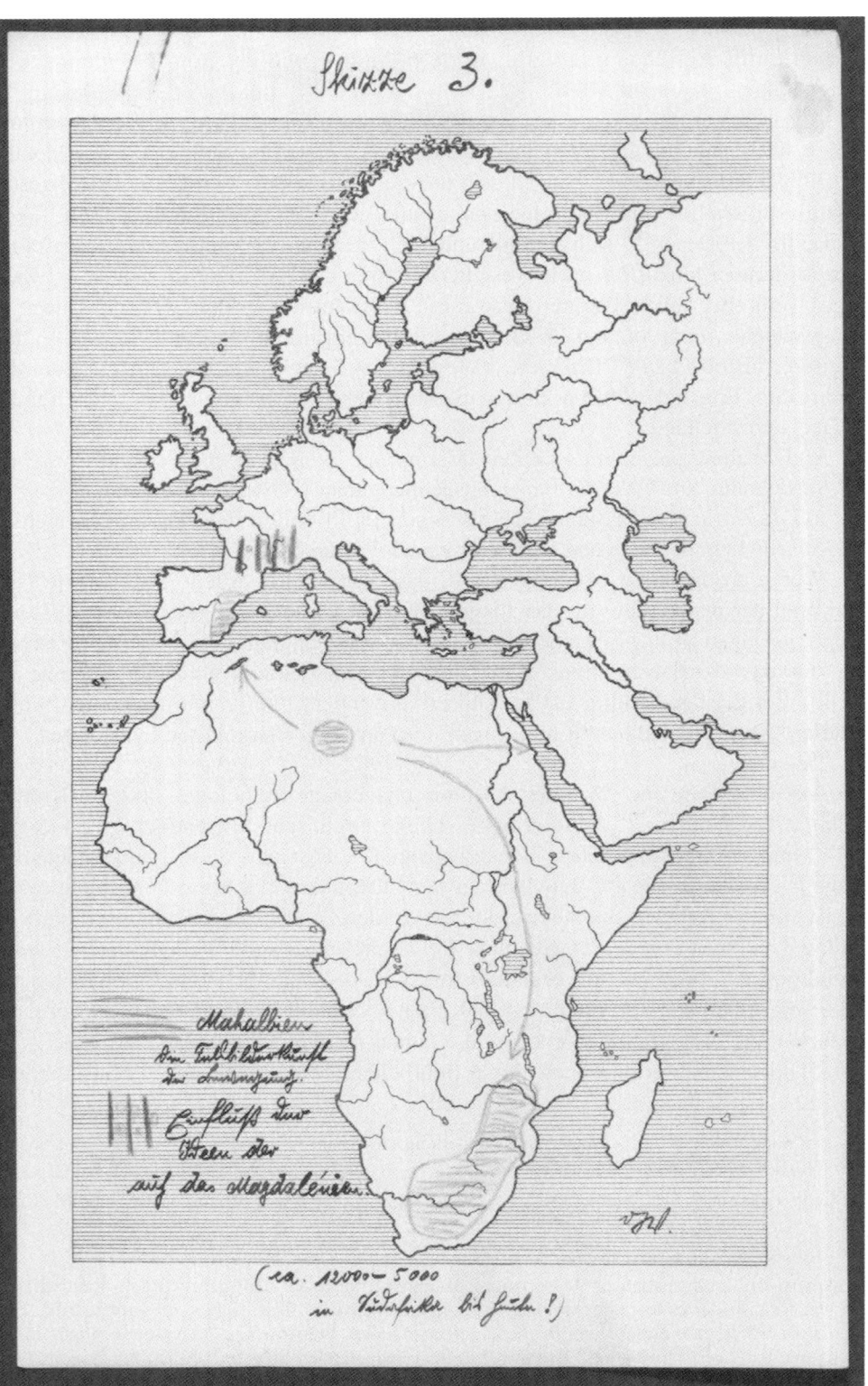

Skizze 3.

Mahalbien
Den Einfluß Einwirkung
der Eiszeiteinfluß.
Einfluß der
Eiszeit der
auf den Magdalénien.

(ca. 12000–5000
in Südafrika bis Heute?)

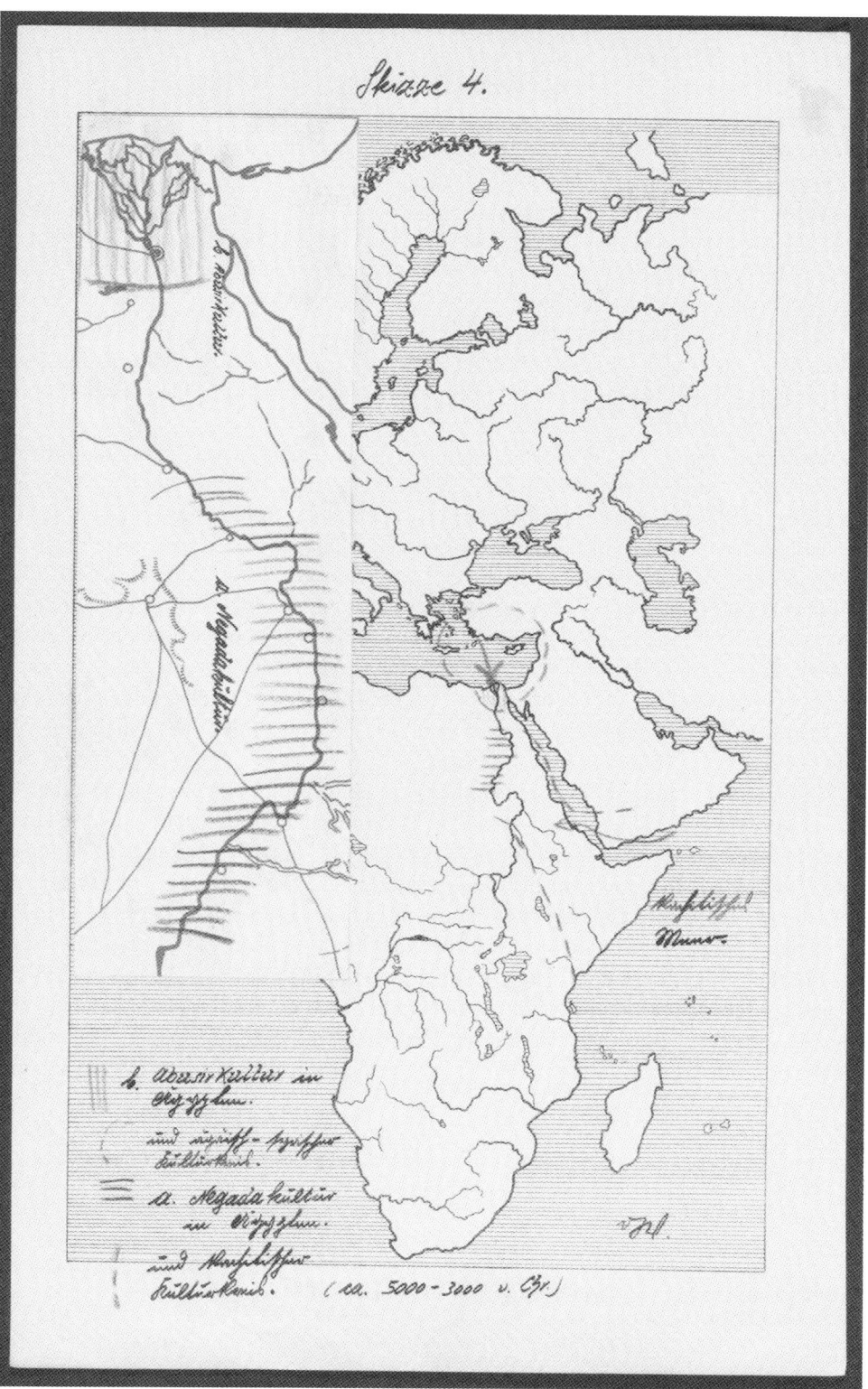

Skizze 4.

185

in Aegypten ⁿⁿⁿeinerseitsⁿⁿⁿ, stehen andererseits aber im engsten stilistischen Zusammenhang mit dem Textilstil[54], der[,] wohl von den Gestaden des ^{mmmm}Baltischen^{mmmm} Meeres ausgehend[,] sowohl Griechenland wie China und die Länder am persischen[!] Golf erobert hat. Dieser ^{aaa}ungeheuer wichtigen Thatsache^{aaa} haben die Babylonienforscher bis heute nicht die grosse Bedeutung beigemessen, die ihr zukommt (<u>Karte 7:</u> <u>Alte Keramik der vorsumerischen Zeit in Asien.</u>[55])

Wenn es nun Euerer Majestät gelänge[,] Herrn Professor Jeremias dazu anzuregen[,] über diese Frage sich auszulassen, so wäre das im Sinne unserer Arbeiten von allergrösster Be[deutung]ⁿⁿⁿⁿ Dass die sumerisch-babylonische Kultur nun aber auch in ihrer ersten uns zugänglichen Form einen ^{aaa}secunderen[!] Typus^{aaa} darstellt, das lässt sich auch an Hand der geistigen Kultur nachweisen. Seiner Zeit[!] schon durfte ich Euerer Majestät einiges[!] berichten über eine Institution staatlicher Natur, die[,] viele verschiedene Sitten dokumentirend[,] von uns in dem Stichwort „ritueller Königsmord" zusammengefasst wird.

Der Innensinn dieser Sitte beruht in einer Projektion^{oooo} eines Vorstellungskosmos auf das Leben einer Volksgemeinschaft. Vier nach den 4 Himmelsrichtungen lebende und wirkende Priester (später Erzbeamte) erwählen einen fünften, der gewissermaassen als Symbol der Gottheit vollkommen an Lebensgeschichte und Körpergestalt sein soll, der ungesehen vom Volk während seiner Herrschaft auf Erden lebt und nach einem bestimmten Zeitraum durch Erdrücken getötet wird und so einem wiederum durch die 4 Erzpriester zu erwählenden Nachfolger Raum giebt. Dieser König ist gleichsinnig einem Gott auf Erden. Er ist Inhaber aller Rechte und allen Lands. Aber er hat seine eigene Schwester oder Tochter zu ehelichen. Ist er getötet, so entsteht eine allgemeine Anarchie, ein allgemeines Morden, das erst mit der Kröhnung[!] seines Nachfolgers abschliesst.–

Die Verbreitung dieser augenscheinlich uralten Institution ist eine hochbedeutsame. Sie war vordem heimisch auf der Westküste^{pppp} Vorderindiens, Ceylon bis Nordsumatra; früher in Südarabien; sie ist auf zwei Wegen (den[!] nord- und den[!] Süderythraeischen) von Osten her nach Innerafrika vorgedrungen. Sie muss also früher auch am persischen[!] Golf, in Babylon oder Elam heimisch gewesen sein! (<u>Karte 8. Rituelle[r]</u> <u>Königsmord</u>[56]). Und zwar geht dies aus folgender merkwürdigen Sitte hervor:

Im alten Babylon war ein Hauptfest des Jahres Sitte, das Prof. Heinrich Zimmern, der sich am meisten mit ihm beschäftigt hat, wohl durchaus mit Recht als das „babylonische Neujahrsfest" bezeichnet.[57] Dieses Fest, dessen Ceremoniale hauptsächlich im Aufzug und der Verehrung der Göttersymbole, dann in grossartigen Processionen zu

---

^{mmmm} *De (mit Bleistift, nicht Durchschrift) statt* Caspischen

ⁿⁿⁿⁿ *Das Wortende ist in D offenbar beim Seitenwechsel in Vergessenheit geraten. Da Frobenius einen Schreibblock mit numerierten Blättern benutzte, kann das Fehlen einer Seite ausgeschlossen werden*

^{oooo} *De:* de   ^{pppp} *De:* Osti

---

[54] Auf der zugehörigen Karte bezeichnet Frobenius ihn als „alte Textilmatten-keramik (frühes Neolithikum)" und sieht ihn „im Kaspischen Becken umgewandelt in Malerei, in Susa unter d. sumerischen Kultur liegend." (AEW: 1614 B2).

[55] S. Abb. S. 188f. und Tafel 12.   [56] S. Abb. S. 190f. und Tafel 13.

[57] Heinrich Zimmern, Das babylonische Neujahrsfest, Leipzig 1926 (Der Alte Orient 25, Heft 3).

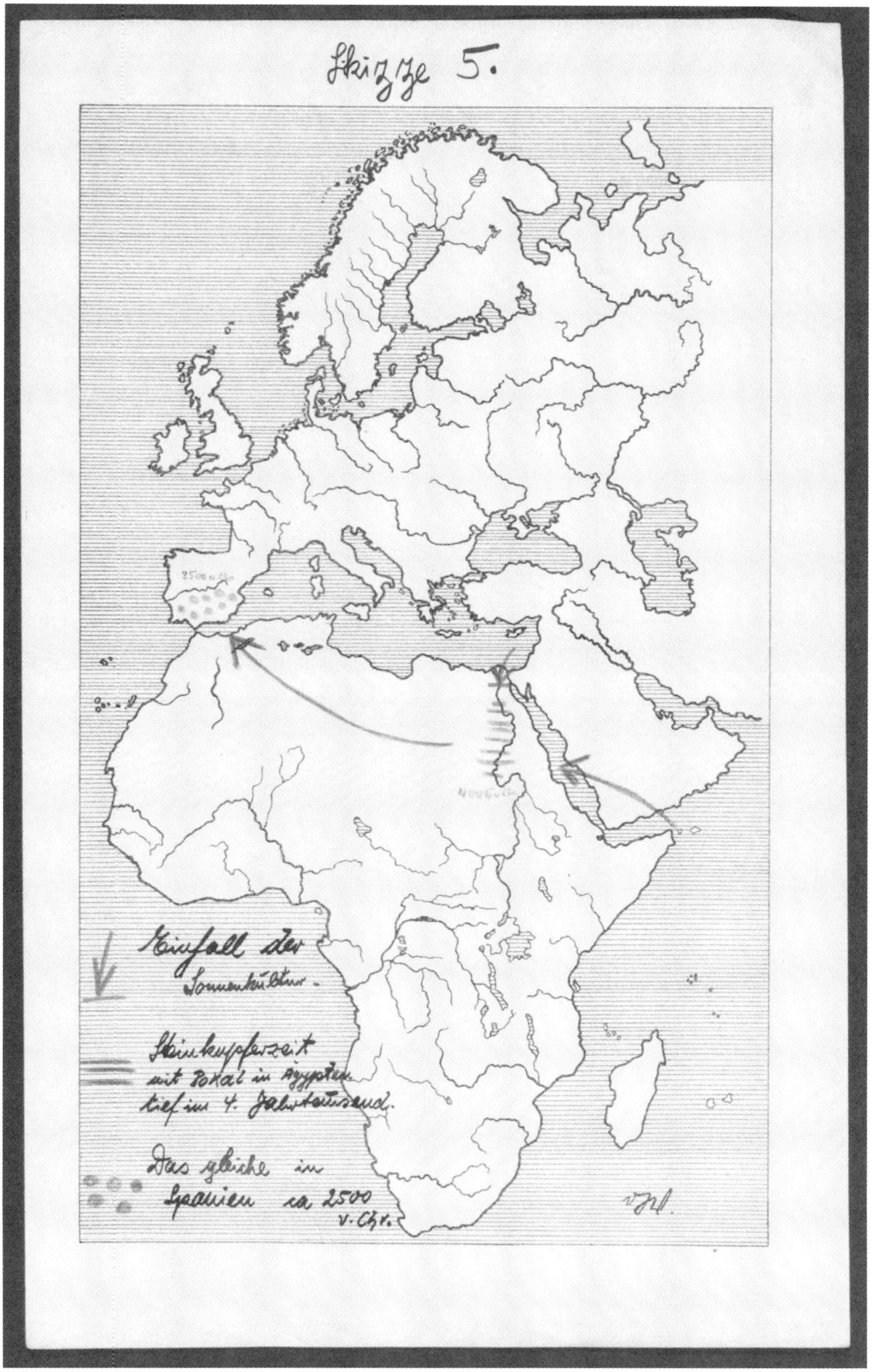

Skizze 5.

Einfall der
Sonnenkultur.

Steinkupferzeit
mit Pokal in Ägypten
tief im 4. Jahrtausend.

Das gleiche in
Spanien ca 2500
v.Chr.

187

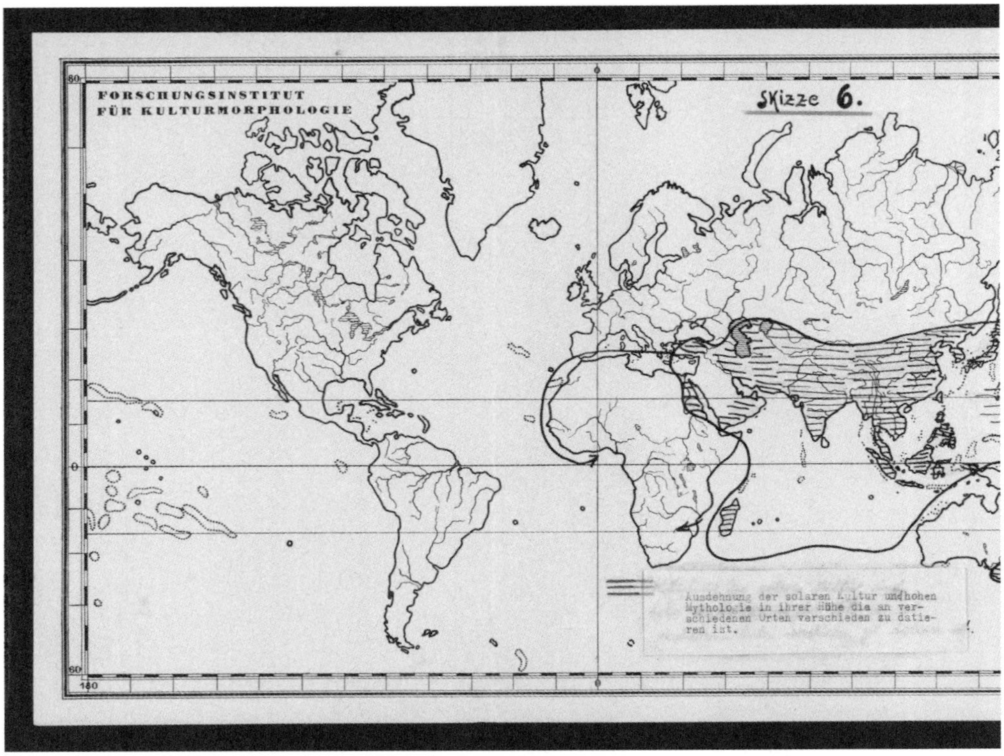

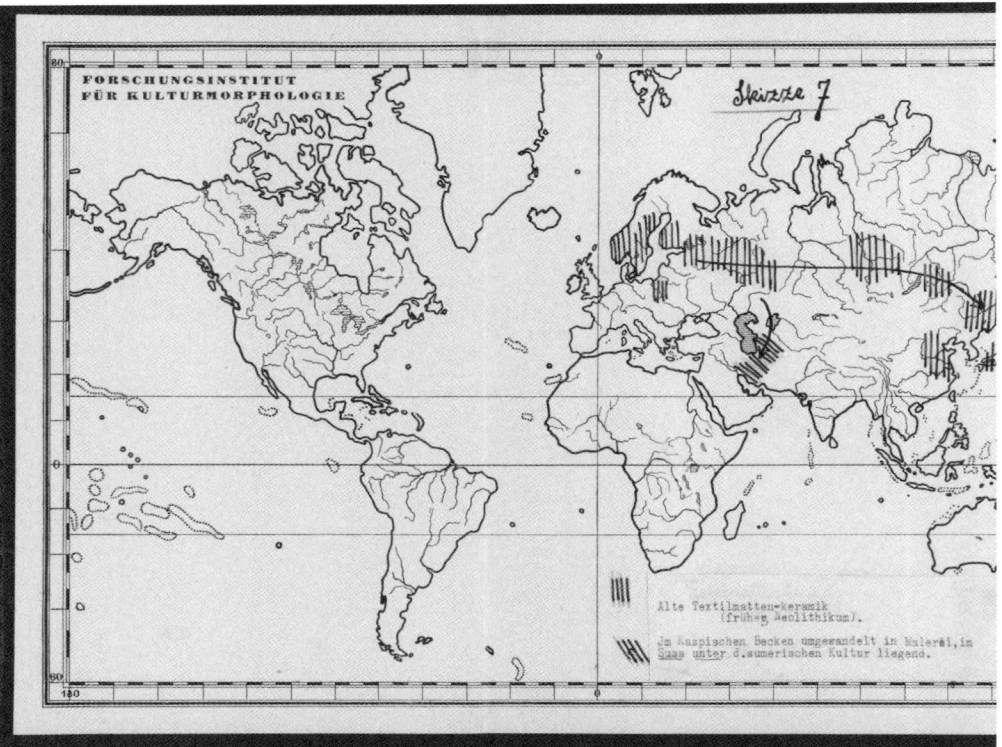

FORSCHUNGSINSTITUT
FÜR KULTURMORPHOLOGIE

Skizze **6.**

Ausdehnung der solaren Kultur und hohen
Mythologie in ihrer Höhe die an verschiedenen Orten verschieden zu datieren ist.

FORSCHUNGSINSTITUT
FÜR KULTURMORPHOLOGIE

Skizze 7

Alte Textilmatten-keramik
(frühes Aeolithikum).

Im Kaspischen Becken umgewandelt in Malerei,in
Susa unter d.sumerischen Kultur liegend.

188

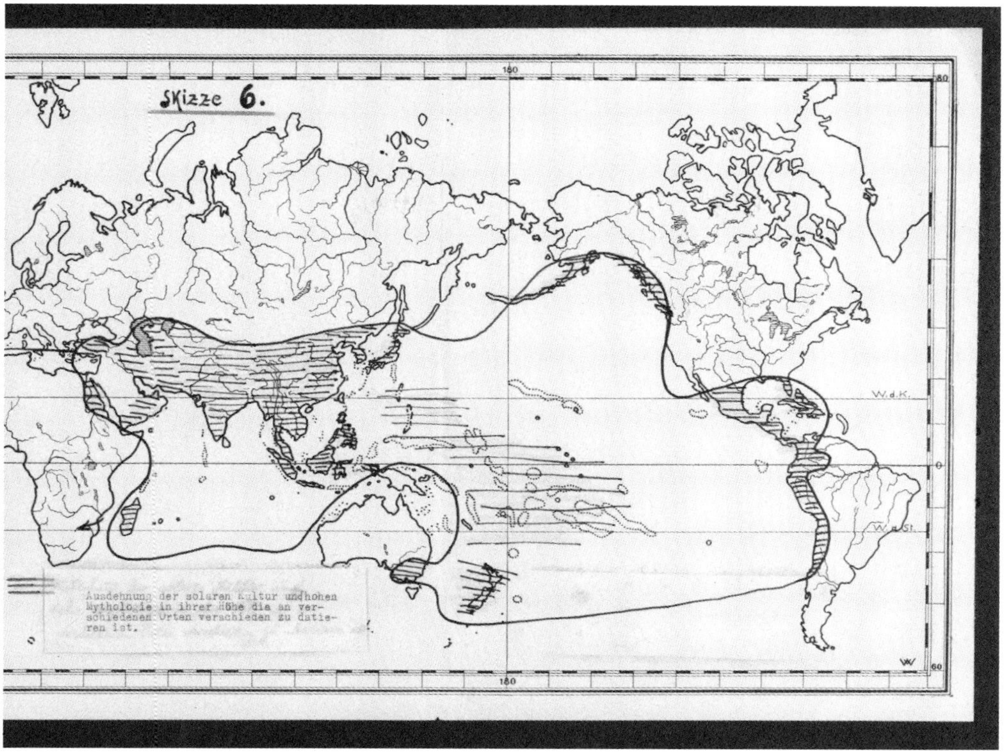

Skizze **6.**

Ausdehnung der solaren Kultur und hohen
Mythologie in ihrer Höhe die an verschiedenen Orten verschieden zu datieren ist.

W.d.K.

W.d.St.

Skizze 7

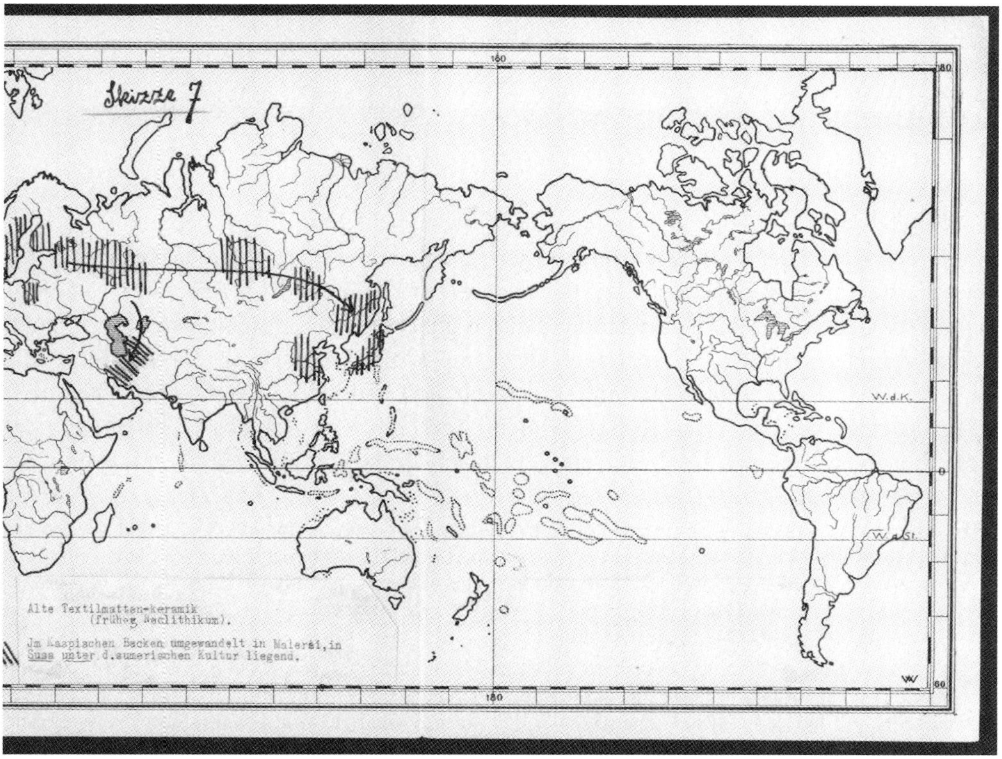

Alte Textilmatten-keramik
(früheg. Neolithikum).

Im kaspischen Becken umgewandelt in Malerei,in
Suaa unter d.sumerischen Kultur liegend.

W.d.K.

W.d.St.

189

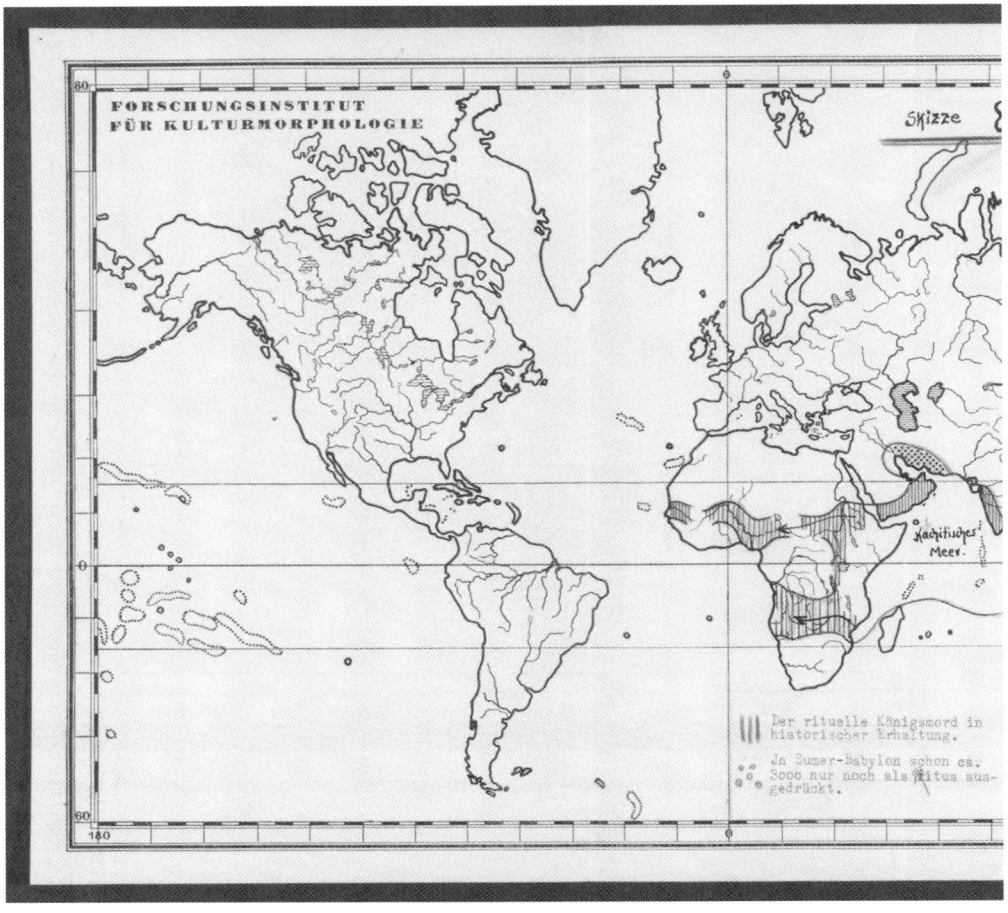

Land und Wasser bestanden[,] gipfelte darin, dass der König im Höhepunkt[57] im Heiligtum erst entkleidet und dann vom Priester geschlagen wurde. Wenn er hierbei Tränen
vergoss, so war die Gottheit gnädig; das andere war schlimmes Vorzeichen. Nach Vollzug dieser Ceremonie wurde der König dann in gleicher Reihenfolge wieder ceremoniell
gekleidet und geschmückt. – Aber auch sonst sind noch Symptome vorhanden. So wurde
ein zum Tode Verurteilter gekröhnt[!], gefeiert und endlich gehängt. – Im Altsumerischen Text vollzog sich das Königsritual in Analogie zum Schicksal des Sohnes der
Götterherrin, des Gottes Lil[58], der einst auch im Grabe geruht hat und seiner ihn zur

---

[57] In Zimmerns Darstellung des babylonischen Neujahrsfests (wie Anm. 49, S. 12 und 23) nimmt
dieses Ritual keineswegs einen zentralen Platz ein, doch konnte man einer früheren Schrift Zimmerns
(Zum Streit um die „Christusmythe". Das babylonische Material in seinen Hauptpunkten dargestellt,
Berlin 1910, S. 39) entnehmen, daß es ein so wesentlicher Bestandteil war, daß es auch in dessen
persischen Nachfolger, das Sakäenfest, einging.

[58] „Wissen wir doch neuerdings aus einem altsumerischen Texte, daß schon der Sohn der Götterherrin,
der Gott Lil, einst im Grabe geruht hat und in einem Zwiegespräch mit seiner Schwester [...] dieser
geantwortet hat, daß er nicht aufstehen könne, daß sie ihn vielmehr mit Totenopfern versorgen und
Wasserspenden ihm darbringen möge." (Zimmern, Neujahrsfest [wie Anm. 49], S. 16).

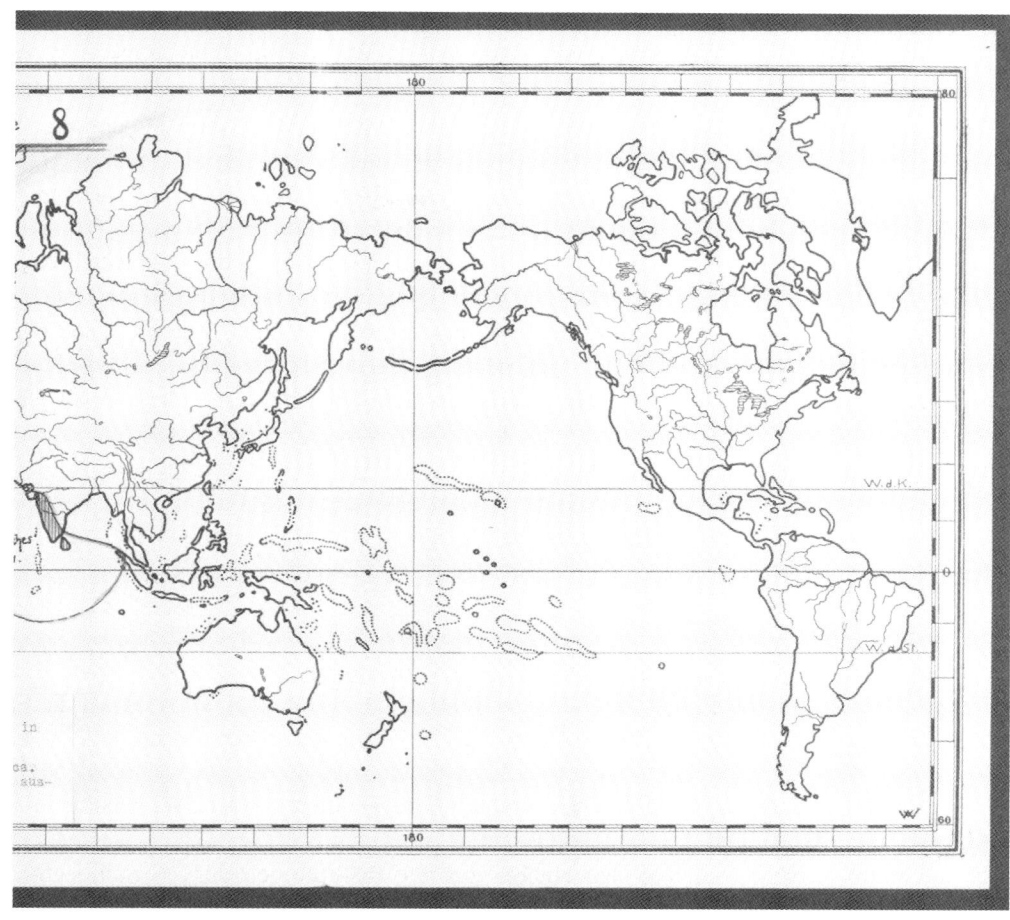

Auferstehung mahnenden Schwester heilige Ritualvorschriften erteilte. – Lil aber ist ein Tammuztyp.[59] In Tammuz muss schon alles symbolisirt und mythologisirt gewesen sein, was später die [qqqq]weibliche[qqqq] Ischtar an sich riss. – Das aber heisst: in der [aaa]sumerischen Zeit war[aaa] der Höhepunkt jener Kultur, in der die Projektion des Kosmos auf [rrrr]die[rrrr] Erde sich im Staatsleben in ritueller, unheimlicher Grausamkeit [ssss]spiegelte und auswirkte[ssss], [aaa]schon verstrichen[aaa].

Der rituelle Königsmord muss vorsumerisch sein!!! Denn zur [aaa]Sumer-Akkad-Zeit[aaa] [60] wurde der König nur geschlagen, an seiner Stelle [tttt]aber ein Opfer[tttt] erhängt!

[qqqq] *U:* westliche   [rrrr] *U:* der   [ssss] *U:* spiegelt und auswirkt   [tttt] *U:* ein anderer

[59] Tammuz, Sohn des Wasser- und Kulturgottes Ea und Geliebter der Ischtar, ist der Vegetationsgott, der für das Werden und Vergehen der Pflanzenwelt steht. Züge seiner Verehrung scheinen später auf den babylonischen Stadtgott Marduk übertragen worden zu sein. Siehe auch unten Anm. 54.

[60] Unscharfe Bezeichnung: Die Sumerer wanderten ab etwa 3300 v.Chr. in das südliche Zweistromland ein. Nördlich davon etablieren sich im frühen 3. Jahrtausend die semitischen Akkader. Die politi-

Aus dieser vielsagenden Sitte und Anschauung, so,[!] wie sie sich in Babylon aus-wirkten[,] geht zweierlei hervor, eines für den Ursprung dieser Kultur, eines für die Zeit der Ausstrahlung.

a) In Bezug auf den Ursprung dieser vorsumerischen Kultur kann angenommen werden, dass sie aus einem Lande stammen muss, in welchem die Tammuzlegende, d.h. Wintertod und ^{uuuu}Frühlingswiederauferstehen^{uuuu} der Natur Bedeutung für die Men-schen, den Pflanzen- und Ackerbau haben.[61] Ein solches Land dürfte viel mehr ^{aaa}Trans-caspien^{aaa} sein als ^{aaa}Babylon-Elam^{aaa}. Sehr vieles spricht dafür[,] dass im ^wwestlichen Turkistan[!]^w am Ende der Eiszeit sich eine Culturcomplication einstellte, deren Bedeu-tung uns erst erschlossen werden wird. – Sie hat im Westen nach Süden (Elam) die Kulturpraedisposition geschaffen, die zur Grundlage der babylonisch-sumerischen Kul-tur wurde. Denn die Sumerer sind wohl erst diesen alten Kulturträgern gefolgt u. zw. so dass wir die Rituellen[!] Königsmordkultur in die Zeit von 5000–3000 v.Chr. zu setzen haben. <u>Denn die sumerische Kultur kennt ja ^{vvvv}sicher^{vvvv} auch wie die aegyptische das Kalendergründungsjahr 2776</u> (!) als Beginn höherer Staatsentwicklung.

b) In Bezug auf die Ausstrahlung dieser Rit[uellen] K[öni]gsmord[-] = ^{wwww}der^{wwww} <u>Lil-Kultur</u> müssen alle Varianten in Anspruch genommen werden, die die ^{aaa}vorsumeri-schen^{aaa} Sitten noch voll erhalten haben. <u>Hierzu gehört vor allen Dingen die südery-thraeische Kultur Ostafrikas.</u> Euer Majestät werden nun ^{xxxx}leicht^{xxxx} übersehen, was mich zum ^w<u>Zweiten</u> in diese Länder treibt^w, aus denen schon eine grosse Anzahl von Ruinen bekannt geworden ist.[62] ^wDort unten werden wir in die Lage versetzt werden^w, durch Grabungen die Keramik ^{aaa}zu^{aaa} Tage ^{aaa}zu^{aaa} fördern, die in den Zeiten der ^{aaa}vor-sumerischen Periode^{aaa} gebraeuchlich war. Dort unten werden wir die staatformenden Sitten aus vor- und altgeschichtlich Bestimmbarem beobachten können. Wir glauben an eine berechtigte Hoffnung, dass ebensogut wie ^{yyyy}alter Cultus &^{yyyy} Mythos Westasiens sich am reinsten in Westafrika, sich ebenso gut alte Institutionen des ^wKaschitischen Meeres (Persischer Golf, Indischer Ocean!)^w aus den Jahren 4000–3000 an der ^{zzzz}Süd-ostküste^{zzzz} Afrikas lebendig erhielten.

---

^{uuuu} *U:* Frühlingswiederaufwachen   ^{vvvv} *U:* weiter   ^{wwww} *U:* die
^{xxxx} *U:* Selbst   ^{yyyy} *U:* alte Kultur und   ^{zzzz} *U:* Südküste

schen Gewichte beider Völker, in denen meist verschiedene Stadtstaaten um die Vorherrschaft streiten, wechseln, doch verlieren beide in der Mitte des 2. Jahrtausends gegen Hethiter, Kassiten und schließ-lich Mitanni ihre Selbständigkeit.

[61] Frobenius' Gewährsmann für das babylonische Neujahrsfest, Heinrich Zimmern, betont jedoch, daß in den bekannten babylonischen Texten nie vom Tod des Tammuz, sondern nur „von seinem ,Ver-schwinden' von der Erde oder ähnlich, allenfalls von einem ,Vernichtetwerden' gesprochen" wird; auch setzt er es nicht mit der Winterkälte, sondern mit dem Verdorren der Pflanzen im Hochsommer gleich, was der hier folgenden Argumentation Frobenius' den Boden entzöge (Zimmern, Streit [wie Anm. 50], S. 43 und 35f.).

[62] Die DIAFE IX führte Frobenius von 1928 bis 1930 nach Südafrika – und hier zu den Ruinen von Simbabwe – sowie schließlich unvorhergesehen nach Indien.

Hiermit nun bin ich unwillkürlich zu Gebieten gelangt, die für uns selbst specielle Bedeutung haben und aus deren Reichtümern wir unserem „Museum" besondere Schätze hoffen zuführen zu können. Schleunigst ziehe ich mich auf das eigentliche Problem zurück[,] nehmlich

5. Kritik der wichtigsten Grabungen unserer Zeit

Nachdem nun einmal das Augenmerk der Menschheit auf den dokumentarischen Wert der Scherben- und Splitter-sprache[!] gelenkt ist, kann es nicht wundernehmen[,] wenn das „Finden" und „Entdecken" sowohl wie das „Buddeln" zu den Selbstverständlichkeiten unter den Tagesneuigkeiten gehören. Nun verfügen aber leider weder die Presse über die genügende Bildung noch die Wissenschaft über hinreichende Objektivität, um den Nachrichten über neue Funde wirklich gerecht werden zu können. Denn es ist selbstverständlich, dass es für den Laien nach etwas ganz anderem klingt, ob er von Helmen, Brünnen, Schwertern, Goldschmuck etwas hört, oder ob nur von Steinsplittern, Topfscherben und Kupferresten die Rede ist. Die „Fachleute" graben aber selbstverständlich an dem, das sie im Speciellen verstehen; der „echte" Fachmann setzt den Spaten nicht an und seinen Ruf als Bonze nicht in die Wagschale, wenn [w]ein Resultat nicht garantirt ist[w]; man spricht heute so oft in rühmender Weise von Schliemann, und doch war er der am meisten beschimpfte Mann in der Wissenschaft.

So stellen denn natürlich die Ergebnisse der wissenschaftlich bezweckten Grabungen immer [aaa]eine Verfeinerung wissenschaftlicher Kenntnisse dar[aaa]; so gut wie nie [aaa]Neugut[aaa]! Es ist sehr hübsch, dass das Grab[aaaaa] Tutankamons gefunden[63] wurde. Eine wesentliche [aaa]Bereicherung[aaa] unseres Wissen[s] bereitete der Fund uns [aaa]nicht[aaa]. Wissenschaftlich-akademisch anberaumte Grabungen resultiren in langsam anschwellender [aaa]Wissensvermehrung[aaa]. Der Geist der Bonzen sorgt aber dafür, dass sie in der Presse breitgetreten werden.

Demgegenüber sieht es mit den Grabungen und Funden der [aaa]Laien[aaa] und des Zufalles noch viel fauler aus. Einen geradezu typischen Fall [bbbbb]stellt[bbbbb] augenblicklich [aaa]Paul Borchardt[aaa],[!] und seine Entdeckung der [aaa]Atlantis[aaa] an den [aaa]Syrten[aaa] dar (im südlichen Tunis[!]).[64] Paul Borchardt ist ein verschrobener Bücherwurm. Vom Leben weiss er [ccccc]gar[ccccc] nichts. Es weiss offenbar nicht einmal, wie eine Ruine, ein Ruinenhügel aussieht. Er konstruirt rein mechanistisch ein Kartenbild nach dem rein Mythologischen[!] Endprodukt der Erinnerung platonischer Zeit und – dann feste druff! Der erste,[!] beste Scherbelberg[!], den er in der scherben- und hügel-reichen Syrte findet[,] wird ihm zur[!] Atlantis und das Berliner Tageblatt fixirt in dicken Lettern die

---

[aaaaa] *De:* An   [bbbbb] *De statt* spielt   [ccccc] *U:* gar

---

[63] S.o. Nr. 16, Anm. 5.

[64] Paul Borchardt, Platos Insel Atlantis, in: Dr. A. Petermanns Mitteilungen aus Justus Perthes' geographischer Anstalt 73 (1927), S. 19–32.

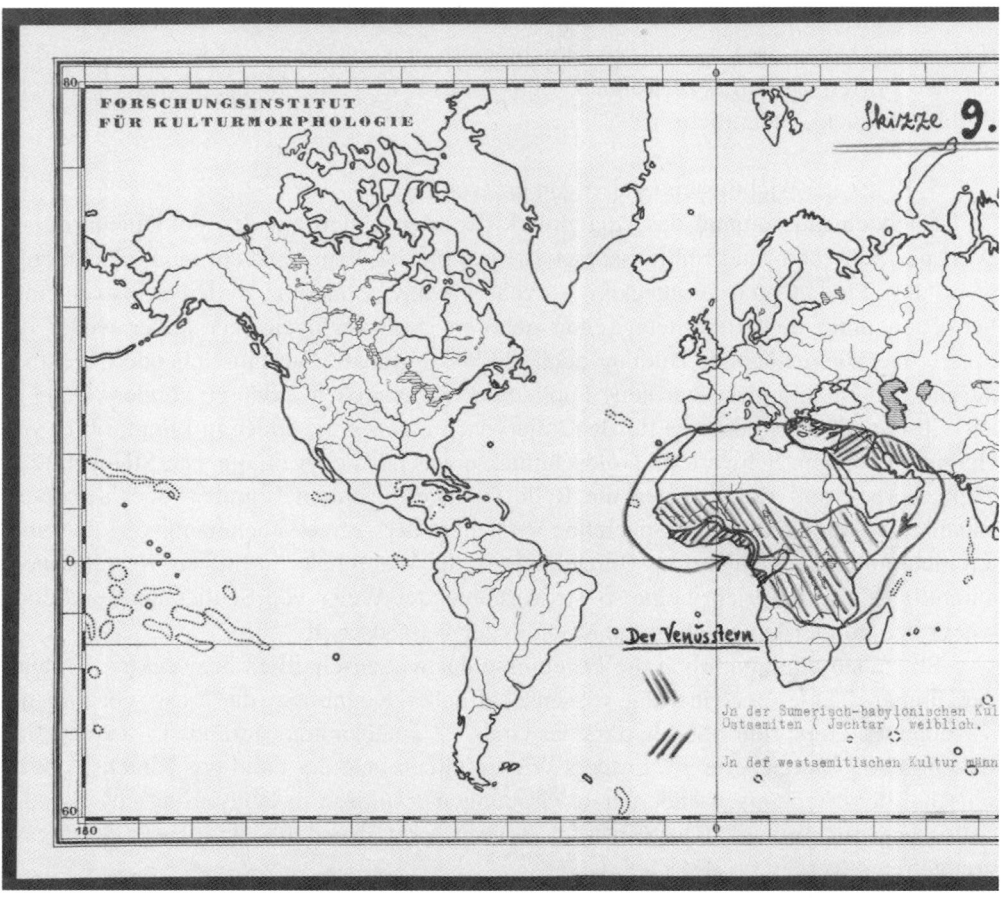

Skizze 9.

Der Venusstern

In der Sumerisch-babylonischen Kul
Ostsemiten (Jschtar) weiblich.

In der westsemitischen Kultur männ

^{aaa}Wiederentdeckung der klassischen Atlantis^{aaa}. Die Wissenschaft selbst ist aber viel zu sehr mit ihrer Ameisenarbeit beschäftigt, um der^{ddddd} immerhin gefährlichen Sache eine Kritik gegenüber zu setzen. „Gefährlich", weil so die an sich herrliche und aussichtsreiche Wissenschaft der Archaeologie ^{aaa}degradirt^{aaa} und zum ^{aaa}Reclameboden^{aaa} gemacht wird.

Leider steht unter diesen Umständen von alle dem, was <u>wahrhaft</u> bedeutend ist, nichts in den Zeitungen. Was wäre nun wohl das Entscheidende, das Bedeutende an zu erwartenden Funden?

1.) Für das ^{aaa}Palaeolithikum^{aaa} Beleg für die <u>geistigen</u> Strömungen dies[er] „Urzeit", d.h. die Auffindung von ^{aaa}Felsbildern^{aaa}, die über die Geistesstruktur von Magie und Mystik und deren geogr[aphische] Heimatraeume aufklären.

---

^{ddddd} *De:* se

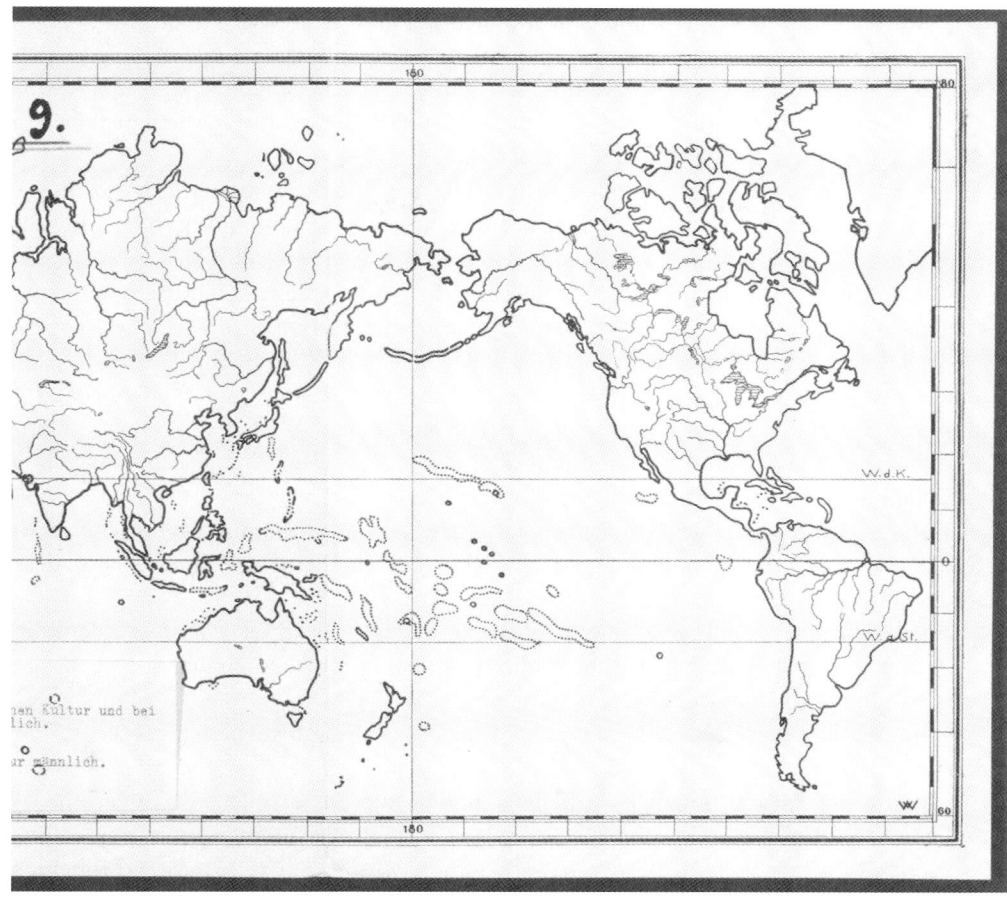

2.) Für die [aaa]Periode [eeeee]5000–3000[eeeee] Funde[aaa], die die Quellgebiete [aaa]der solaren Kultur[aaa], die Entstehung der Töpferei und die älteste „kosmische" Staatsform aufklären.

3) Für [aaa]gleichen Zeitraum[aaa] Belege für episodenmässige Ausstrahlung und Schichtung in der Richtung auf Aegypten (A Negade[-]Kultur[,] B Abusircultur) und auf China oder sonst ein Randland solarer Kultur.

D.h. Für 1) kann nur Afrika mit seinen Höhlenbildern und die Erschliessung der Mahalbikultur in Betracht kommen, für 2.) Innerasien, Westturkistan[!], Elam-Iran und das Industal, für 3) vielleicht (und wahrscheinlich) Südostafrika.

Was nun gerade dieses Afrika anbelangt, so erfüllen sich die Hoffnungen, die ich diesem Erdteile vor nun 40 Jahren entgegenbrachte, immer mehr. Die Praehistoriker haben dies auch schon voll und ganz anerkannt. Die Historiker hinken nach. Aber wenn jetzt in ca 1½ Monat meine kleinen Monumenta Africana herauskommen werden[65],

[eeeee] *U:* 3000–5000

---

[65] Leo Frobenius, Erlebte Erdteile, Bd. 6: Monumenta Africana. Der Geist eines Erdteils, Frankfurt am Main 1929.

dann wird sich das ändern. Afrika wird immer fruchtbarer für uns. Nicht nur, weil es auch das Mutterland Aegyptens ist, sondern vor allen Dingen, weil sich ^{vv}in allen ^{aaa}westasiatischen^{aaa} Ländern ^{aaa}abgestorbene^{aaa} (längst untergegangene und ^{fffff}übertürmte^{fffff}) Kulturen in ^{aaa}Afrika^{aaa} noch ^{aaa}lebendig^{aaa} und ^{aaa}blutwarm^{aaa} erhalten haben.^{vv} Das sei hier an einem kleinen Beispiel erläutert.

Friedrich Jeremias hat seiner Zeit festgestellt, das[!] der Venusstern, der ja in Sumer in historischer Altzeit dieselbe Rolle spielte wie der Sirius in Aegypten (die der Zeitgliederung!) in ^{aaa}Sumer^{aaa}, ^{aaa}Akkad^{aaa} und bei ^{aaa}Ostsemiten weiblich^{aaa} ist, dagegen bei ^{aaa}Westsemiten^{aaa} und ^{aaa}Arabern^{aaa} männlich! In Afrika spiegelt sich das noch heute lebendig ab (vgl. Karte 9.[66]) Von ^{aaa}Osten^{aaa}, also vom Kaschitischen Meer her[,] wanderte auf den erythraeischen Meeren[!] die ^{aaa}Venus^{aaa} als ^{aaa}weibliches^{aaa} Gestirn, als Geliebte des Mondes ein; In[!] ^{aaa}Westafrika^{aaa} aber und ^{aaa}zwar^{aaa} im ^{aaa}atlantischen^{aaa} Kulturkreis[,] der Symptome Westsemitischer ^{aaa}Kultur hat^{aaa}, ist die ^{aaa}Venus männlich^{aaa}. Nun wird es einmal ^{ggggg}möglich zu[!] sein^{ggggg}, wann^{hhhhh} und unter welchen Umständen diese Gegensätzlichkeit sich gestaltet hat.

Denn es kann kein Zweifel darüber bestehen, dass der Tammuz-Mythos mit dem männlichen Gestirn die Veranlassung zu dem Ritus des rituellen Königsmordes bot, dass der Ischtar-Mythos jünger ist etc.

Sowie ich nun die nötigen Kartenleerdrucke habe, wird dieser – ich bitte demütig um Pardon – übermässig lange Schreibebrief abgehen. Hoffentlich hat meine Sorge möglichst guter Schrift gefruchtet.

^{vv}Die Absicht war, Euer Majestät eine ^wEinsicht in die schwebenden Probleme^w zu skizziren.^{vv}

Möge diese Absicht gnädige Aufnahme finden und das erfüllen, was wünschenswert ist: eine ^wIntroduzione in die nächste uns gewährte Professorenversammlung^w.

Frobenius

---

^{fffff} *U:* überströmte   ^{ggggg} *U:* möglich sein zu erfahren   ^{hhhhh} *De:* die

---

[66] S. Abb. S. 194f. und Tafel 14.

50.

Wilhelm II. an Frobenius, 22.6.1928, Doorn, „Brieftelegramm"

Maschinenschriftliche Ausfertigung mit handschriftlicher Ergänzung:
A   FI: LF 615/4

Für das treue Gedenken herzlichen Dank. Ich freue Mich auf Ihr und der anderen Professoren Kommen und gemeinsame Akademie-Arbeit.[1] Besten Gruss.[a] Bericht[2] mit höchster Spannung gelesen! Entzifferung der Inschrift gelang unter reichlichen Schweisstropfen! Also die Sumerer sind nunmehr ganz moderne Gesellen. Jeremias glaubt, dass sie über das Meer gekommen sind; Verwandte der Draviden[3] und somit durch diese auch – als Küstenbewohner – mit den seefahrenden Ur-Malaien bekannt. Mir scheint, dass Letztere Vermittler Sumerischer und Pazifischer Geisteswelt gewesen sein könnten[,] eventl. über das Kaschitische Becken.[4]

Wilhelm
I.R.

---

[a] *Ab hier eigenhändig*

---

[1] S.o. Nr. 45, Anm. 4.   [2] S.o. Nr. 49.

[3] Auf die Bezeichnung für eine Gruppe vorwiegend südindischer Sprachen zurückgehender Ausdruck für eine Bevölkerungsgruppe, in denen Frobenius Ureinwohner dieser Region sieht (s.a. Nr. 11, Anm. 7).

[4] S.o. Nr. 49.

51.

Frobenius an Wilhelm II., 17.10.1928, Messina am Limpopo[1]

Durchschrift der eigenhändigen Ausfertigung:
D   FI: LF 608/185–190

Euerer Majestät

vermag ich heute endlich eine gute Meldung zu machen. Wir haben Wochen eines so widerspruchsvollen und ereignisreichen Lebens hinter uns, wie sie sich nur ein Shakespeare ausdenken könnte. Es war in dieser Zeit zuweilen so, dass ich unseren Zusammenbruch schon als bestimmt annehmen muss[!]. Erfreulicher Weise verlor ich

---

[1] Nördlichste Stadt der Südafrikanischen Union; der Limpopo bildete die Grenze zur britischen Kolonie Südrhodesien.

den Kopf nie und so bin ich mit ein paar Dutzend schlafloser Nächte noch gut davon gekommen. Nicht nur, dass unsere Mittel knapp waren, – ach nein! hier war alles auch noch doppelt so kostspielig wie vorher und nach Manuelo anzunehmen war. Da wir nun von der Presse mit grossem Jubel aufgenommen wurden, der Beutel aber schon durch den Transport leer + leerer wurde, beschloss ich einen Geniestreich. Geld zum Reisen hatten wir nicht mehr zur Genüge. Also liess ich mir von der Regierung eine schöne, unbenutzte Farm als Hauptquartier übergeben. Dies machte einen guten Eindruck. Unser Leben wurde nun spottbillig. Das Ganze wirkte sehr dekorativ. Es kam eine Einladung nach der anderen. Es wurden in den Universitäten in Johannesburg und Pretoria Vorträge gehalten. Unser Prestige stieg. Unsere Absicht[,] mit Eisenbahn und zu Fuss zu reisen[,] wurde wohlwollend belächelt und – wir erhielten zwei Personen- und 1 Lastauto <u>geschenkt</u>. Dazu sogar noch einige Mittel und das alles, ohne dass die Südafrikaner ahnten[,] wie es thatsächlich um die Kasse einer Deutschen Forschungsexpedition unter autoritativer Leitung in Wahrheit beschaffen sein kann und märchenhafter Weise auch ist. Stolz wie die Spanier rollten wir am 6. Oktober aus Pretorias Mauern und liessen die Gottlob ahnungslosen Prachtmenschen hinter uns.

Diesen realen Erfolg oekonomischer Diplomatie wollte ich aber nicht allein melden. Das wäre mir jämmerlich vorgekommen. Euer Majestät sollten auch Wesentlicheres vernehmen. Heute kann ich auch solches berichten. Wir haben vom 9 – 16ten in einem von Süden gegenüber dem Shashi River in den Limpopo einmündenden Tal eine alte Niederlassung, Ruinen einer vorchristlichen Kultur entdeckt.[2] Die ersten Ruinen in Transvaal. Ich lasse den entsprechenden Bericht abschreiben und beilegen.[3]

Die Hauptsache ist, dass wir jetzt für zweierlei die Belege in der Hand haben,[a] 1) dafür, dass das Eisen in Afrika älter ist als in Europa und Westasien, dass es nehmlich schon im 4ten Jahrtausend verarbeitet wurde. 2.) dafür, dass die berühmte süderythraeische Simbabwe-Kultur[4] eine Broncezeitkultur und auf afrikanischem Boden erst [b]etwa[b] im 2ten vorchristlichen Jahrtausend eingezogen ist.

---

[a] *De:* die

---

[2] Die – offiziell erst 1932 entdeckten – Ruinen von Mapungubwe. Dieser Ort war im 13. Jahrhundert Residenz eines goldexportierenden Reiches, bevor er im 14. Jahrhundert verlassen wurde.

[3] Nicht ermittelt.

[4] Die Zimbabwe-Kultur ist benannt nach den charakteristischen steinernen Umfriedungen der Königsgehöfte. Das bedeutendste Beispiel sind die 20 km südöstlich von Mazwingo gelegenen Ruinen von Great Zimbabwe, die größten Steinbauwerke südlich der Sahara vor der Kolonisation. Anders als Frobenius sind die heutigen Forscher davon überzeugt, daß der von Great Zimbabwe aus regierte Staat vom 13. bis in das 16. Jahrhundert nach Christus bestand. Bauten des Zimbabwe-Typs gab es auch noch in mehreren Nachfolgestaaten, doch endet ihre Ausführung in Stein im 17. Jahrhundert. Die Datierung der Zimbabwe-Kultur war auch aus politischen Gründen im frühen 20. Jahrhundert heftig umstritten (s.a. Nr. 70): Wenn Weiße ihre Kolonien auch damit rechtfertigten, daß Schwarzafrikaner eigenständig zu keiner entwickelten Kultur fähig seien, dann durften diese Bauten nicht von Einheimischen stammen, sondern nur von früheren Kolonisatoren aus einer Zeit, aus der keine Überlieferung mehr erhalten war. Durch die Zeugnisse intensiven Goldbergbaus auf dem Simbabwplateau richtete sich der Blick bei der Suche nach ihnen besonders auf König Salomon oder die Königin von Saba. Frobenius nahm eine für ihn bezeichnende Zwischenposition ein: Einerseits war er von der Frühdatierung der Bauten überzeugt, andererseits hält er sie für eine afrikanische, wenn auch unter östlichem Einfluß entstandene Schöpfung. Allerdings geht er von einem stetigen Verfall dieser afrikanischen Kultur über die Jahrtausende aus, so daß die autochthone Entstehung der Steinbauten kein Argument für die Fähigkeiten der Nachfahren ihrer Erbauer wird.

Beides erscheint mir hochwichtig, weil die ᵇbisherigeᵇ Weltgeschichte hierdurch eine bedeutende Umstellung wird durchmachen müssen. Ich möchte aber beide Ergebnisse zunächst noch auf <u>keinen</u> Fall veröffentlichen. Es muss noch mehr schlagendes Beweismaterial beigebracht werden. Denn die moderne „Wissenschaft" fordert nicht mehr qualitative[,] sondern mehr quantitative Argumentation.

Zunächst jubelt mein Herz. Ich bin so glücklich, Euer Majestät so gute Sachen vermelden zu können, dass ich es gar nicht sagen kann. Wenn uns die Heimat jetzt nicht im Stich lässt, wird es eine gute Reisearbeit geben, mit der ich Euer Majestät unendlicher Güte werde[!].

Morgen geht es nordwärts über den Limpopo nach Simbabwe etc. Alle Kameraden sind gespannt wie ich selbst. Wir jubeln!

Ich bitte um die Erlaubnis, Ihrer Majestät die Hand küssen zu dürfen.

Nun jauchzt in das alte Ruinengebiet hinein

Euer Majestät

allerglücklichster Wanderbursche

Frobenius

52.

Frobenius an Wilhelm II., 4.11.1928, Salisbury

Durchschrift der eigenhändigen Ausfertigung:
D   FI: LF 608/191–193

Euer Majestät

allerglückseeligster Exploradore kann prachtvolle Ergebnisse vermelden. 1.) unter den tausenden von Felszeichnungen, die Südafrika birgt[,] haben wir eine gute Ordnung nach Perioden und Stylen[!] gefunden. Also dies ist soweit geordnet und es kommt jetzt noch auf die Zusammenfassung nach Periodenzugehörigkeiten heraus. 2.) Der jüngste dieser Stile ist nun <u>althistorisch fassbar</u>! DieVerwandtschaft tritt ganz zweifellos klar zu Tage. Ich lasse jetzt zunächst die Belege dieses Stiles sammeln, und dann hierüber das Nähere zu[!] berichten. 3) aber endlich habe ich nun auch genaue Angaben über die Lage der Königsgräber, weiss[!] wie die Herrscher früher bestattet wurden (<u>sehr</u>! merkwürdig!) und wo nach einem Jahre eigenartiger Mumifizierung die Lagerung in einem endgültigen Mausoleum stattfand. Also die Namen der Stellen, die Berge, die sie bergen, kennen wir. Jetzt fehlt nur noch, dass wir den Eingang finden. Erfreulicher Weise[!] liegen auch hierfür einige Anhaltepunkte[!] vor.

Leider hatte ich einen ärgerlichen Zufall. Beim Herabspringen von einem Felsbilderplatz habe ich mir den Fuss gebrochen und muss nun zwei Monate mit Gypsbein laufen. Nun, ein paar Krücken habe ich mir schon besorgt und das Gehen auf drei Beinen werde ich ja auch bald lernen. Und so kann es bald weitergehen. Aber es bedrückt mich etwas, dass die Verhältnisse uns so zur Eile zwingen! Was wäre alles noch an Kleinarbeit zu leisten. – Hoffentlich bald Recht zu weiterer Meldung.

Euer Majestät

Allerglücklichster und allerhoffnungsvollster

Esploradore

Frobenius

53.

Wilhelm II. an Frobenius, 24.11.1928, Doorn

Eigenhändige Ausfertigung
A   FI: LF 615/5f.

Meine liebe Exzellenz!

„Donnerwetter, Paraplui, seit der grossen Retirade las ich solche Nachricht nie!"[1] Ich habe einen Luftsprung gemacht! Ich habe mit Ihnen und den Ihrigen mitgejubelt, juble noch! Also endlich im alten prächtigen Afrika, da haben nun endlich die Weisen gelernt[,] was Leben heisst, und wie man es machen muss[,] um ein richtiges, nutzbringendes[,] geistig klares, vernünftiges Leben zu führen. Wir hier im alten Europa werden trachten, davon zu lernen. Nämlich <u>Leistung</u>! Afrika reizt zur <u>Leistung</u> an! <u>Leistung =</u> <u>Arbeit = Kampf ums Dasein und das ist nun einmal gottgewollt!</u> Arbeitszeitbeschränkung, 8 Stundentag[!][2] p.p. ist <u>Sünde</u>! Also auf in den Kampf etc.! Welch ungeheure Perspective eröffnet die Meldung[,] dass eine Eisenzeit von 4000 Jahr Alter erst <u>nach</u> 2000 Jahren <u>später</u>[!] von einer Broncekultur gefolgt wird!

Ei! ei! Wenn das mal später bekannt wird, dann giebts[!] Krach daheim bei der Zunft der „Wissenschaftler". Dann wird auch auf Sie die Bemerkung von Hans Sachs an Walter v. Stolzing in den Meistersingern anwendbar werden: „Doch mit der Melodei, da

---

[1] „Donnerwetter" und „Paraplui" sind die bevorzugten Ausrufe des Schloßvogts Pedro in Pius Alexander Wolffs Schauspiel *Preciosa*, zu dem Carl Maria Weber die Musik schrieb (WeV F. 22). Der kriegsversehrte Pedro ist nicht zuletzt dadurch als komische Gestalt gezeichnet, daß er die Ereignisse des Alltags stets mit der „großen Retirade" verbindet, der letzen militärischen Aktion, an der er teilgenommen hatte. Dieser Hang ist so ausgeprägt, daß bei seinem Auftritt in der zweiten Szene des dritten Aufzugs über ihn gesagt wird: „Von der großen Retirade wird manch' liebes Wörtchen fallen." Die „Nachricht", auf die sich Wilhelm hier bezieht, ist Nr. 51.

[2] Ihn hatten Arbeitgeber und Gewerkschaften im sog. Stinnes-Legien-Abkommen vom 15. November 1918 vereinbart, also während der Umwälzung von der Monarchie zur Republik.

seid ihr etwas frei, das ist nicht leicht zu behalten, und das ärgert unsere Alten!"[3] – Ihren Brief behalte ich für mich; die Berichte lese ich vor. Fabelhaft! Sekt!

Ich würde mich nicht wundern, wenn unsere grandiosen, beherzten Seefahrer der Urzeit auf dem Kaschitischen Becken[4] vielleicht auch in Süderythraea ihren Besuch abgestattet hätten? – Vielleicht die Künstler[,] deren Bootsfelsenbilder Sie 1926 fanden[,][5] mit den jetzt entdeckten Kulturen in Verbindung standen? – Sollte nicht das Eindringen der späteren Broncekultur in das lange schon gebrauchte Eisen vielleicht den Gedanken nahelegen, dass das Broncefabrikat den Eisenleuten als etwas Edleres, vornehmeres[!] erschienen ist, als das einfache Eisen?, Sodass Eisenzeit primär, einfach u. Broncezeit neuerer, reicher, cultivirter einzuschätzen ist, soweit es Afrika betrifft? Es würde das umgekehrte Verhältniss zu Europa sein;[!] zu dem die Bronce anscheinend früher gekommen sein müsste, der das Eisen erst nachfolgte? Oder hatte Europa etwa aus Afrika schon <u>vorher</u> das Eisen, liess es der eindrängenden Bronce zuliebe fallen, und kehrte erst[,] <u>nach</u> dem[!] die Bronce nicht mehr in genügender Menge erhältlich, wieder zum Eisen zurück? Das alles sind fragen[!], die sich mir[,] dem Laien[,] zunächst aufdrängen. Sie werden diese jetzt wohl schon klarer sehen bezw. z[um] Th[eil] beantworten können. Jedenfalls bin ich der festen Üeberzeugung, dass <u>navigare</u> sehr bedeutend mit der Sache zu thun hat!

Ich habe neulich an Ihr Institut den Ihnen schon bekannten Atlas „Neerlandisch Indie" mit einem ganz ausserordentlich interessanten Aufsatz – neben vielen Photos – über die Speerwerfhölzer[!] der Inselbewohner geschickt, auch Darstellung der natives bei ihrem Gebrauch.[6]

Kurz nach Ihrer Abreise erhielt ich aus der „Illustr[ated] London News" einen Ausschnitt mit einer Wiedergabe eines Felsbildes aus <u>Süd-Ost-Africa</u>: Ein Nashorn mit Lauter[?] daraufsitzenden Vögeln, die ihm die Parasiten von der Pelle picken![7] Geradezu glänzend in der Ausführung, künstlerischer Ausführung und Technik! 4 Beine. Es muss wohl später sein als Ihre uns gezeigten Thierbilder, denn es ist so realistisch, dass man meinen könnte, es sei erst zu unserer Zeit entstanden. „Illustr. Lon.-N." datirt es 40.000 Jahre alt!!! Rhino!

Beim Umgraben eines Beetes vor meinem Haus fanden wir neulich einige Jacobeakannen[?], Scherben[!] und ein Knaufartiges[!] Gebilde in Apfelgrösse, dass[!] zunächst für den Abschluss eines Vasendeckels angesprochen wurde, was aber nicht haltbar war, da unten die Bruchfläche fehlte. Die regelmässig punktierten Linien[,] konzentrisch auf die Spitze zulaufend, erweckten in mir den Ver-dacht einer Versteinerung eines Seethieres (etwa Seeigel?). Das Stück wurde an das

---

[3] S. o. Nr. 28, Anm. 8.   [4] S.o. Nr. 49.

[5] Die DIAFE VIII nach Ägypten und in die Nubische Wüste hat Frobenius schlechter dokumentiert als die meisten seiner anderen Expeditionen. Zeichnungen zweier in der Wüste bei Kenais gefundener Bootszeichnungen finden sich jedoch auf Tafel 40 in: Leo Frobenius, Kulturgeschichte Afrikas. Prolegomena zu einer historischen Gestaltlehre, Wuppertal [2]1998 (urspr. 1933).

[6] Nicht ermittelt.

[7] Zur Illustration des Artikels von P.C.R. Senhouse, A Splendid Race Now Dwindling towards Extinction: The White Rhinoceros, in: The Illustrated London News vom 17.11.1928, S. 912f. verwandte das Blatt auf S. 912 auch die hier angesprochene Felsritzung aus dem Transvaal, deren Alter dort auf 25 000 bis 50 000 Jahre geschätzt wurde.

Museum von Utrecht[8] gesandt. Der zu Rathe gezogene Palaeontologe erklärte es für einen versteinerten Seeigel, wie sie in Pommern, besonders auf Rügen, und auch in Dänemark gefunden wurden. Die in Holland gefundenen Exemplare seien durch den Nordeuropäischen Gletscher heruntergebracht worden! – Auch wir buddeln! –

Ich erweitere das Rosarium u[.] habe dazu in 4 Wochen 37 Bäume gefällt und aufgesägt. Darunter eine Buche von 28m Höhe[,] 1¼m Durchmesser und 190 Jahre alt ᵃmit 6 Mann an der Sägeᵃ. Der Sommer war sehr schön, brillante Ernte – auch zu Haus –, October u[.] September prachtvoller Nachsommer. November warm[,] aber viel Regen und schwere Stürme, die in der Umgegend Häuser abdeckten, Fabrickschornsteine[!] umbliesen,[!] und manchen alten Baum umwarfen, Leitungen zerstörten, glücklicher Weise nicht im Doorner Park.

Mit wärmsten Wünschen für ein gesegnetes Weihnachten u[.] Neujahr und für erfolgreichen Verlauf der 9ten Expedition[9] – die ich auch als meine betrachte – auch seitens I.M. verbleibe ich stets

Ew. Exzellenz
treu dankbarer + wohlaffectionirter
Wilhelm
I.R.

P.S. An Löwen sollten Sie doch eigentlich gewöhnt sein, durch Umgang mit solchen daheim u[.] in Doorn?!– – –

ᵃ *De*

---

[8] Vermutlich das Museum der Utrechter Universität, das über eine paläontologische Abteilung verfügte.
[9] S.o. Nr. 49, Anm. 9.

54.

Frobenius an Wilhelm II., 24.12.1928, Pretoria

Eigenhändige Ausfertigung:
A   AEW: 1618 B4–B7
Durchschrift der eigenhändigen Ausfertigung:
D   FI: LF 608/194–201

Euer Majestät

vermelde ich hiermit, dass ich nach glücklicher[,] vier Tage und Nächte umfassender Reise mit Dr. Jensen in Pretoria angelangt bin, um Wichtiges zu erledigen. Zunächst ermöglichte mir die grossmütige Leihgabe eines unserer Freunde die Reise, um mir

Fussschienen machen zu lassen, sodass ich nun wenigstens die Krücken mit Stöcken tauschen und wieder humpeln werde können. Dann aber musste die Arbeit der Südexpedition, die grandiose Werke aufweist[,] neu dirigirt werden.[1]

Zunächst aber sitze ich im Dämmerscheine eines heiligen[!] Abend und vergegenwärtige mir, dass dieser Brief wohl etwas vor dem 27. Januar[,] also vor Euer Majestät Geburtstag[,] ankommen wird[2] – einem Tage, an dem ich voraussichtlich[a] weit von jedem Telegraphenbureau entfernt sein werde, viel zu weit[,] um an einen Glückwunsch per Draht denken zu dürfen.

Was ich zu diesem Tage nun an Wünschen im Herzen trage, das werden Euer Majestät wissen. Es ist für mich sehr schwer und sogar unmöglich[,] das auszusprechen, was das Gemüt in heiliger Innigkeit als Segen und Gnade erfleht.–
Rein aeusserlich habe ich die grosse Hoffnung Euer Majestät im Herbst oder Winter 1929 in voller gleich strahlender Gesundheit im Kreise der Hohen Familie [b]anzutreffen und[b] meinen Bericht vortragen zu dürfen[3] –

Amen! —

Was nun diesen Bericht anbetrifft, so möchte ich heute schon ein kleines Pröbchen von dem abgeben, was heute schon recht hübsch klar ist. Wir haben ein Glück ohne Gleichen[!] gehabt. Ich habe zuletzt, im „Hotel-Lager" von Salisbury unter meinen vielen Ausfrage-objecten[!] eines gefunden, das aus dem portugiesischen Ostgebiete[4] stammte und – „viel Geld brauchte" – in welchem Falle (1.) die Ferne von der controlirenden und spionirenden oder schnüffelnden Kollegenschaft und 2.) der Bedürftigkeit)[!] auch ein Priester manchmal dazu neigt, die Geheimnisse der Bonzen auszuplaudern. Darauf hin[!] bin ich dann (Fuss her – Fuss hin) in das portugiesische Gebiet von Macequece[5] gefahren und habe dort noch mehr erzielt, sodass ein wertvolles Material zu einer Frage, über die ich nun weiter berichten werde, gewonnen wurde. –

Um nun den Umfang der[c] Bedeutung unserer neuen Mythen- und Anschauungsfunde sich deutlich herausschälen lassen zu können, möchte ich anregen, dass Euer Majestät einen Herrn der Umgebung veranlassen möchte[,] an der Hand einiger Bücher (die sicherlich in der Utrechter Universitätsbibliothek enthalten sind), sich Vortrag halten zu lassen. Das erste Buch ist die Zeitschrift „Memnon" Band IV Verlag W. Kohlhammer 1910 mit 2 Arbeiten (1) S. 83 Das Venusjahr von Ferdinand Bork und 2) S. 127

---

[a] Ae und De: lange   [b] Ae und De   [c] Ae und De: Mythen

---

[1] Frobenius hatte als „Südexpedition" seine drei Zeichnerinnen, Elisabeth Mannsfeld, Agnes Schulz und Maria Weyersberg, zur Felsbildaufnahme in das Basutoland im damaligen Oranje-Freistaat der Südafrikanischen Union gesandt. Die „Nordexpedition" untersuchte währenddessen Ruinen in Südrhodesien, dem heutigen Staat Zimbabwe. Zu Weihnachten, also zur Zeit dieses Briefs, versammelte Frobenius beide Gruppen in Pretoria, die sich anschließend wieder ihren bisherigen Arbeitsgebieten – Felsbildern im Basutoland und Natal sowie Ruinen und Mythen in Südrhodesien – zuwandten (Leo Frobenius, Erythräa. Länder und Zeiten des heiligen Königsmordes, Berlin/Zürich 1931, S. 48–51).

[2] Der 27. Januar 1929 war Wilhelms 70. Geburtstag. Frobenius hatte in einem begleitenden Schreiben an das Hofmarschallamt vom gleichen Tag darum gebeten, Wilhelm den Brief erst an diesem Tag zu überreichen (FI: LF 606/15); ein Präsentatsvermerk Wilhelms und Nr. 57 belegen jedoch, daß er ihn schon am 23.1.1929 ausgehändigt erhielt.

[3] Frobenius tat dies unmittelbar nach seiner Rückkehr am 12. und 13. März 1930 (AEW: 1678 C6).

[4] Portugiesisch-Ostafrika, das heutige Moçambique.

[5] Ehemaliger portugiesischer Handelsposten im Grenzgebiet zu Südrhodesien/Zimbabwe.

Höllenfahrt der Ištar.[6] Dann im „Lehrbuch der Religionsgeschichte" herausggb. v. Bertholdt + Lehmann, Verlag J.C.D. Mohr, Tübingen Bd. I die Abteilung „Semitische Völker in Vorderasien" von D. Dr. <u>Friedrich Jeremias</u> S. 555 § 12 Tammuz und Ištar[7]. –

Die alten Elamiten[8] hatten nehmlich kein Sonnen- oder Mond- sondern ein Venus-jahr. Die Venus wurde auch in Sumer-Babylon als Ištar[9] oder Göttin gefeiert. Ihr Auf- und Untergehen als Abend- oder Morgenstern war mit reichen Mythen gefasst. Vor allen Dingen war sie die Göttin, die Tammuz (wie man im Allgemeinen annimmt[,] den Gott der jugendstarken Jahreszeit,)[!] ihren Bruder[,] durch freiwillige Wanderung in die Totenwelt wieder zum Leben erweckt, indem sie sich selbst dem Verfall durch furcht-bare Krankheiten bei der Unterweltsgöttin hingiebt.[10] – Alles dies war bisher in den mancherlei Texten nicht recht verständlich. Denn grosse Jahreszeitenwechsel giebt es ja in den geographischen Breiten Babylons und seiner Nachbarländer nicht.

Nun haben wir die Grundlagen dieser sehr merkwürdigen Anschauungswelt in Afrika gefunden und zwar in so herrlicher Klarheit, dass durch sie Elamitisch-sumeri-sche[!] Anschauungen ausserordentlich verdeutlicht werden. – Aber an Stelle des nicht ganz verständlichen Jahreszeitengottes Tammuz ist Muezi[11], der Mondgebieter. Der Mond wird nach den Mythen von der Sonne krank gemacht, er stirbt. Die[d] Venus, gleichzeitig Gattin und Schwester (wie bei aegypt. Königen)[,] steigt freiwillig hinab[,] den Gatten wieder lebendig zu machen. – Weiter: der König ist Symbol des Mondes gewesen. Nach 4 Jahren, 8 Jahren,[!] oder 12 Jahren musste er nach dem Modus des rituellen Königsmordes hingerichtet werden. Aber mit ihm ward die Gattin-Schwester bestattet. Nun giebt es eine klare Mythe, nach der[,] als die erste Gattinschwester sich[e] zur Totenreichfolge entschloss[,] nach 4 Tagen zum ersten Mal [b]der[b] Mond und in sei-nem Gefolge die Venus aufgingen.–

Das alles aber heisst, dass es wohl eine mythologische Welt giebt, die <u>älter</u> als die sumerische ist und deren Quellen wohl im Kaschitischen Meer[12], d.h.[g] in Südindien zu suchen sind.

Hierfür spricht die Thatsache, dass genau im gleichen Becken der Cultus des rituel-len Königsmordes heimisch war: Ceylon, Malabar, Hadramaut,[!] (Südarabien), Abessi-nien, Südostafrika, – in Babylon und Sumer im Neujahrsfest zur hohlen Ceremonie und Geste degenerirt! Also in Sumer nur noch Nachspiel[.] D.h.[,] dass die <u>Venusperiode</u> und <u>-Mythologie vor der Zeit der Sumerer im Kaschitischen Becken blühte!</u> – bis hin-über nach Mexiko, wo ähnliches erhalten ist. Damit gelangen wir ein gut Stück hinaus über unser in Westasien verbarrikadirtes historisches Wissen und bis in die ersten Zeiten der Periode der Mythologie.

---

[d] *Ae und De:* M   [e] *Ae und De:* dem   [f] *Ae und De:* an

---

[6] Wohl Hugo Heinrich Figulla, Ištars Fahrt ins Toten-Land, in: Memnon 6 (1913), S. 177–190.

[7] Friedrich Jeremias, Semitische Völker in Vorderasien, in: Alfred Bertholet / Edvard Lehmann (Hg.), Lehrbuch der Religionsgeschichte, Bd. 1, Tübingen [4]1925, S. 496–647.

[8] S.o. Nr. 49, Anm. 47.   [9] S.o. Nr. 3, Anm. 2.   [10] S.o. Nr. 49, Anm. 52 und 54.

[11] Das Wort, für das Frobenius auch abweichende Schreibweisen verwendet (z.B. Mwedsi, Muetsi), bedeutet bei ihm den Mond auch in nicht-numinosem Sinn.

[12] S.o. Nr. 49.

Mir scheint Afrika so ein gewaltiges Stück Wissen und Weisheit zu verkünden[,] und ich freue mich darüber,[!] Euer Majestät erste Meldung hiervon machen zu können.

– Aber nicht nur nach spezifischem Gewicht[,] sondern auch aeusserlich maassgerecht ist unser Erfolg recht bedeutend. Die früher in kleinem Format gezeichneten Felsbilder beanspruchen Wiedergabe in natürliche[!]^g Grösse. Unser grösstes Blatt mit 100ten von Figuren misst: 10,70 x 2,60 m Umfang! –

Jetzt noch 2 Wochen Arbeit und Arzthandlung hier und dann – auf zu den Königsgräbern im Osten Südrhodesiens.

Aber am 27[.] Januar wird vor Euer Majestät im Geiste die Knie beugen und Ihrer Majestät die Hand küssen

Frobenius
reconvalescens

---

^{g} *Ae und De:* Expedit

55.

Frobenius an Wilhelm II., 1.1.1929, Pretoria

Eigenhändige Ausfertigung:
A   AEW: 1618 B2f.
Durchschrift der eigenhändigen Ausfertigung:
D   FI: LF 609/1f.

Euer Majestät

Schreiben und Sendungen vom 24 XI[1] und 1 XII[2] sind soeben hier eingelaufen und haben ganz grosse Freude ausgelöst. Das waren prachtvolle Neujahrsgrüsse ! ! ! –

Auf die sehr wichtigen Fragen nach dem, was die neuen Ausblicke auf Reihenfolge der Metalle und auf Weltschiffahrt zu sagen haben, komme ich dann zurück, wenn unsere Funde im Einzelnen noch greifbarere Belege ergeben werden.

Eine eingehendere Meldung über weitere Ergebnisse von anscheinend grösserer Tragweite wird Euerer Majestät um wohl gleiche Zeit wie diese Zeilen übergeben werden.[3]

---

[1] Nr. 53.

[2] Nicht ermittelt.

[3] Möglicherweise ist hiermit das als Nr. 54 wiedergegebene und vermutlich nicht gleich am 24.12.1928 fertiggestellte Schreiben gemeint oder aber der in Nr. 60 erwähnte „2. Bericht vom Dezember", der sich mit der Deutung der Ruinen von Great Zimbabwe befaßt. Sollte der aber wiederum mit dem in Nr. 56 genannten „Bericht über das ‚Labyrinth‘ in Simbabwe" identisch sein, dann kann sich die vorliegende Stelle angesichts der Postlaufzeit zwischen Pretoria und Doorn nicht auf ihn beziehen.

In etwa 8–10 Tagen werden hier die neuen Vereinbarungen mit den Instanzen sowie Instruktionen für die Südexpedition[4] abgeschlossen sein, sodass Pretoria wieder verlassen wird. Ich kehre dann per Auto zur Nordexpedition zurück und werde, – wenn nicht die im Februar besonders schwere Regenzeit unerwartete Bewegungsschwierigkeiten macht[,] wieder Mitte besagten Monats im Königsgräbergebiet eintreffen. – Inshallah![5] kann ich dann Euer Majestät Erfreuliches vermelden. Das Jahr 1929[a] sollte ja eigentlich nur Gutes bringen.

Das ersehnt für Eure und Ihre Majestät von tiefstem Herzen

Frobenius

_____

[a] *De:* j

_____

[4] S.o. Nr. 54, Anm. 1.   [5] S.o. Nr. 47, Anm. 7.

56.

Wilhelm II. an Frobenius, 5.1.1929, Doorn

Eigenhändige Ausfertigung:
A   FI: LF 615/7

Verehrteste Exzellenz

Ihr Bericht über das „Labyrinth" in Simbabwe[1] hat mich ungemein gefesselt. Ich habe das feste Gefühl[,] nun kommt Ordnung und mit ihr Licht in die wissenschaftliche (unwissenschaftliche?) Wirrniss. Wie packend muss der Anblick der gewaltigen Ruinen sein! Zum Glück habe ich – kurz <u>vor</u> Erhalt Ihres Berichts – in einem illustrirten Amerikan. Magazin vorzügliche Photos von Simbabwe gesehen und konnte Ihre Beschreibung genau verfolgen. Als ich den schönen konischen Rundthurm sah, dachte ich ganz unwillkürlich an die Aehnlichkeit mit einem Phallus[,] ohne die Beschreibung gelesen zu haben, die den Lingamkult[2] als wahrscheinlich voraussetzt und dementsprechende Opferhandlungen annimmt.

_____

[1] Bericht nicht ermittelt; vgl. Nr. 54 und 60. Zu den Ruinen von Great Zimbabwe s.u. Nr. 67 und die Darstellung in: Leo Frobenius, Erythräa. Länder und Zeiten des heiligen Königsmordes, Berlin/Zürich 1931, S. 25f., 111f., 245–249.

[2] Phalluskult. Die Bezeichnung stammt aus dem Hinduismus, wo der Lingam, ein stilisiertes männliches Glied, ein verbreitetes Kultobjekt darstellt, das die schöpferische Energie des Gottes Shiva symbolisiert.

Was den Namen betrifft, so ist Ihnen ja bekannt, dass auf suaheli[!] „Simba" der „Löwe" heisst.[3] Da Sie den Corridor zwischen beiden Mauern[4] „Passionsgang" bezeichnen, glaube ich annehmen zu sollen, dass die als Opfer auserkorenen Gefangenen durch denselben hindurchgeführt wurden um dann über den Altar oder Opfertisch gelegt zu werden. Der Priester wird ja Dr.[!] Mauch wohl einiges darüber berichtet haben.[5]

Das Buch von Schebesta (Pater) wurde mir neulich aus Oesterreich zugeschickt zum Beweis „wie auch Rom Culturkunde treibe". Ich habe meinem Dank[6] den Passus eingefügt: „das sei Alles durch Ihre Untersuchungen bereits antiquirt!" Man ist piquirt. –

Ich hoffe, dass Ihr Fuss wied[er] in Ordnung ist oder bald wird und Sie Ihre Forschungen wieder aufnehmen[!] können ohne Krücken. Was mag in den 500 Ruinen in Rhodesia alles noch verborgen sein? Dass die Buschmann-Felsbilder so interessant[!] und ergiebiges Resultat ergeben[,] ist ja sehr erfreulich; die Sammlungssäle werden sich füllen.

Wir haben Winter mit Schnee, Frost und scheusslichem N.O. Wind, sehr rauh und ungemüthlich.

I.M. sendet Ihnen wärmste Wünsche für Reconvaleszenz und weitere Erfolge in Simbabwe und Umgegend, denen ich mich anschliesse! Heute speisen Karakorum-Vischers[7] bei uns!

Ihr
Wilhelm
I.R.
H.I.D.E.K.[8] Inshallah![9]
China hat auf ganzer Linie gesiegt!

---

[3] Plausibler als die Ableitung des Namens Simbabwe aus in Ostafrika verbreitetem Suaheli ist diejenige aus der Shonasprache seiner Erbauer, die in der Umgebung auch heute noch siedeln. Am verbreitetsten ist der Verweis auf „dzimba woye" („ehrwürdige Häuser", Königspalast), aber auch derjenige auf „dzimba dza mabwe" („große Steinhäuser") findet sich.

[4] Ein 67m langer schmaler Gang zwischen den beiden äußeren Mauern im Osten der „Great Enclosure".

[5] Karl Mauch, ein früher Besucher der Ruine von Simbabwe, hatte 1871 den Nganga (Priester) Bebereke über die in der Ruine noch abgehaltenen Zeremonien befragt (Carl Mauch's Reisen im Inneren von Süd-Afrika 1865–1872, Gotha 1874 [Mittheilungen aus Justus Perthes' geographischer Anstalt über wichtige neue Erforschungen auf dem Gesammtgebiete der Geographie von Dr. A. Petermann, Ergänzungsheft 37], S. 50f.).

[6] Nicht ermittelt. Das Buch Schebestas läßt sich mit diesen Angaben nicht sicher identifizieren. In Frage kämen: Bei den Urwaldzwergen von Malaya, Leipzig 1927, Die religiösen Anschauungen der Semang-Zwerge von Malaya (Hinterindien), Düsseldorf 1928 oder Orang-Utan. Bei den Urwaldmenschen Malayas und Sumatras, Leipzig 1928.

[7] Philips Christiaan Vissers Bericht über seine ersten Expeditionen in das Karakorumgebirge von 1922 und 1925 war 1928 in Leipzig in einer gekürzten deutschen Übersetzung (Zwischen Kara-Korum und Hindukusch. Eine Reise nach dem ungekannten Herzen Asiens) erschienen.

[8] S.o. Nr. 2, Anm. 17.

[9] S.o. Nr. 47, Anm. 7.

Wilhelm II. an Frobenius, 24.1.1929, Doorn, Telegramm

Ausgehändigte Fassung:
A   FI: LF 615/8
Konzept:
K₁   AEW: 1619 C5
Reinkonzept:
K₂   AEW: 1618 B2

K₁ enthält in Details abweichende, aber nicht sinnändernde Formulierungen. Sie werden hier nicht nachgewiesen, da das von Wilhelm paraphierte Reinkonzept K₂ den gleichen Text wie A aufweist.

Waermsten Dank fuer gestern eingegangenen ausserordentlich interessanten Bericht vierundzwanzig Dezember[1] Bisheriges glaenzendes Ergebnis ist mir grosse Geburtstagsfreude. Beglueckwuensche Sie dazu und zum Komturstern[2] Zur Fortfuehrung der Expedition habe bis jetzt achtzehntausend Mark Spenden erzielt[,] die maine[!] Schatulle verwaltet.[3] Bitte von Fall zu Fall notwendige Betraege nach Bedarf anfordern[!] Auch weiterhin guten Erfolg Besten Gruss auch von der Kaiserin

Wilhelm

---

[1] Nr. 54.   [2] S.u. Nr. 58 und 60.   [3] S.u. Nr. 60.

Frobenius an Wilhelm II., 27.1. bis 6.3.1929, „Makoni-Lager"[1]

Durchschrift der eigenhändigen Ausfertigung:
D   FI: LF 609/3–20
Maschinenschriftliche Abschrift:
U   AEW: 1611 A4–A8

Euer Majestät

Also just am heutigen Feiertage[2] bin ich an dem Punkte angelangt, an dem ich zu Ehren der Deutschen Wissenschaft [a]<u>alles</u>[a], was wir brauchen[,] zu finden hoffe. Es ist ein weltverlorener Platz. Weitab von allem[,] was wir heute Civilisation nennen. Also weitab von der Welt unserer Tage.

Unserem Hügel gegenüber liegt das Gehöft [b]des Königs, des[b] Mambo (König) Maconi (Specialtitel seit Jahrhunderten) auf der anderen Seite eines tief liegenden Baches. Auf der Spitze des Berges, der über dem Königsgehöft aufragt, dem Sangano, soll ein hochheiliger Opferplatz gewesen sein! Zur Rechten im Gebirge, alle Hügel als Berg [c]überragend der[cd] Matokwe, in welchem eine Gruppe [e]von Königsgrüften[e] sein soll. Hinter uns der [f]Monvue[f3], der die anderen Grüfte birgt. Alles althistorisches Land. Das Volk murmelt von hochheiligen Bildern auf den Felsen des Landes. Aber dies Volk und sein [g]heutiger[g] Makoni wollen von uns nichts wissen. Sie wollen nichts zeigen, nichts sagen, nichts erzählen. Aber unsereins hat Geduld. In sechs Wochen muss es anders sein. Diese Zeitspanne wird nöthig sein, um die Leute umzustimmen. Und dann werde ich berichten, ob meine Hoffnungen auf Königsgräber, Mythen, Felsbildnisse und Kultuserschliessung berechtigt sind.

Unser Leben wird unschön sein. Dr. Jensen und ich haben je eine runde, etwa 2½ m im Durchmesser fassende Hütte, die die Eingeborenen verlassen haben, weil die Dächer

---

[a] *In D dreifach, in U doppelt unterstrichen*   [b] *U: der Könige, der*   [c] *U: überragend ist der*
[d] *De: Ber*   [e] *U: der Königsgrüfte*   [f] *U: Monvire*   [g] *U: heutiges*

---

[1] Makoni ist die Bezeichnung des Herrschers der Maungwe oder Wahungwe, wie Frobenius sie nennt. Die Makoni begegnen zuerst im frühen 17. Jahrhundert als regionale Unterherrscher der damals die nördlichen Shona dominierenden Munhumutapa- oder Monomotapadynastie, von der sie sich aber noch im gleichen Jahrhundert lösen konnten. Heutiges Zentrum des Maungwelandes ist das ca. 150 km südöstlich von Harare gelegene Rusape. Die ungefähr 15 km von Rusape entfernten sog. Harleigh Farm Ruins, die, wenn auch kleiner und wesentlich einfacher, an die Ruinen Great Zimbabwes erinnern, wurden vermutlich im 17. Jahrhundert als Sitz des Makoni errichtet. Frobenius' Angaben zum Ort des Lagers in seinem veröffentlichten Expeditionsbericht gehen nicht über „gegenüber dem Königsgehöft des Makoni, nahe Rusapi" hinaus (Leo Frobenius, Erythräa. Länder und Zeiten des heiligen Königsmordes, Berlin/Zürich 1931, S. 50; s.a. S. 165).

[2] Der 27.1.1929 war Wilhelms siebzigster Geburtstag.

[3] In seinen Briefen nennt Frobenius die Berge einheitlich „Matokwe" und „Monvue", in seinem Expeditionsbericht (wie Anm. 1) heißen sie ebenso konsistent „Matotwe" und „Muonwe".

nicht mehr dicht sind. Wir sind mitten in der Regenzeit. Es regnet jeden Tag. Es wird kein lieblicher Aufenthalt sein. Macht nichts! Wir leben ja von [h]grossen[h] Hoffnungen.

Und diese fassen wir gerade heute zusammen zu einem „Hoch", das[,] wenn es auch [i]vom Anstossen[?][i] mit Eingeborenen hier begleitet ist und sehr einsam über die Berge der Wildnis [j]erklingt[j], doch von innerer Stimme weitergetragen werden wird.

Dieser Brief soll erst abgehen, wenn der Erfolg gewonnen [k]wurde[k].

———————

14 Tage später

Euer Majestät Telegramm und Brief vom 5 Januar[4] sind bis in unsere Einsamkeit vorgedrungen.

Wir (Dr. Jensen und ich) sind von solchem Maase[!] gnädiger und gütiger Fürsorge tief erschüttert.

Noch wenige Tage und wir glauben[,] mit wahren Thaten (d.h. hier Erfolgen) das Recht nachweisen zu können, dass wir solche Grossmut verdienen. Aber ich mag nicht davon sprechen, ehe die Sache [l]nicht[l] in unseren Händen ist. –

———————

27 Februar 29 um Mitternacht

Ein Monat ist vergangen, seitdem diese Zeilen angefangen wurden. Fast alles ist erreicht. Am 19[.] und 20[.] fanden wir die ersten zwei Königsbilder;[5] heute durften wir als erste Europaeer die alten Königsgräber Südafrikas betreten; Die Legenden zur alten Mythe sind fast alle beisammen. Aber an jeder, jedem fehlt uns der letzte Schliff. Von allem fehlt uns ein klein wenig. Wir müssen das noch haben. Dann kann ich leidlich vollständig berichten.

am 6. Maerz 29.

Euer Majestät!

Es ist uns gnädig gewährt worden, alles zu finden[,] und so kann ich denn heute berichten – über eine Reihe von Wochen, die ich nicht vergessen werde, weil niemals noch ein so kurzer Lebensabschnitt von einem steten Gemisch von Quaelereien und Qualen einerseits und [m]unermesslicher Forscherfreude[m] erfüllt waren. Die Quälereien bestanden in einem unerhört primitiven Leben, [n]täglicher[n] mehrfacher Durchnässung,

---

[h] *U:* grösseren   [i] *U:* von Aerotönen   [j] *U:* klingt   [k] *U:* wird

[l] *U:* recht   [m] *U:* unermesslichem Forscherglück   [n] *U:* täglich

———

[4] Nr. 57 und 56.

[5] Frobenius verwendet „finden" in subjektiver Perspektive, denn zumindest zwei der vier hier „gefundenen" Bilder waren offensichtlich bereits vorher bekannt: Ein lokaler Gewährsmann, Mr. Pope, zeigte den deutschen Forschern „das von ihm vor 22 Jahren schon gefundene Hauptmonument (Königs-monument A)" (wie Anm. 1, S. 51 – dort wird der „Fund" auf den 18.2.1929 datiert), und auch die wenige hundert Meter vom Haupthaus der Farm Diana's Vow entfernte „Königstafel D" wurde nicht erst durch Frobenius entdeckt.

ständiger Sorge um °das Einfallen° unserer erbärmlichen Wohnstätten, Angst um das Gepäck und die Bergung unserer Originalaufnahmen und einer meine Geduld bis zum letzten erschöpfenden Widerhaarigkeit. Qualen bereitete mir ein hier nicht erwartetes Nachrichtenquantum, das mir schnell nach einander den Tod dreier meiner besten Freunde brachte. Darunter ᵖderᵖ Euer Majestät sicherlich dem Namen nach bekannte qOstafrikanerq Geheimrat Stuhlmann. Körperlich eine hier nicht zu behandelnde Zahnwurzelhautentzündung – und ein weniger bemerkenswertes Fieberchen.

Dem gegenüber aber das jubelhafte Glück. Zunächst einmal Euer Majestät Telegramm, das mir den Beleg erbrachte, dass Eine Persönlichkeit den Sinn und die Bedeutung unserer grossen ʳKulturkonservenbüchseʳ tief erfasst hat. Und dann: am 19 u[.] 20ten Februar die ˢerstenˢ Königstafeln gefunden (A + B)[,] am 27[.] Februar die ˢerstenˢ alten Königsgraeber betreten,⁶ am 28[.] Februar grosses Königsahnentotenopfer[,] am 5[.] und 6[.] Maerz Königstafeln C und D aufgefunden. – O, ich bin in meinem Innern ja so dankbar, dass ich es gar nicht sagen kann.

Damit nun Euer Majestät einen Überblick gewinnen können über den Sinn und Zusammenhang der Funde, habe ich nachfolgend die ᵗHauptteile der Königstafelnᵗ A – C[!] copirt. Alle 4 sind an senkrechten Granitflächen, die unter vorspringenden und sie schützenden Blöcken emporragen[,] in roter Farbe als Silhuetten[!] gemalt. Die Farbe ist, wo noch ganz frisch erhalten[,] ein Altburgunderrot. An manchen Stellen ist sie bis Dunkelsienna vergilbt. Die Grösse ist sehr verschieden. Die Länge der liegenden Königsfigur auf D ist 1 m, die des ᵘsitzendenᵘ Königs auf A nur 42 ctm. Nur B, das hier in ½ Grösse copirt ist, ist ganz allein. Alles andere sind Compositionen, die wir erfreulicher Weise infolge der jetzt ja gewonnenen Kenntnis der Gräber und der Legenden erklären können.

Zunächst Tafel A⁷. Links sitzt der lebende König, der die Bogen in Empfang nimmt. Zwei Leute tragen die Bogen; die dritte[,] kleinste Figur rechts vom König stellt einen Menschen in ᵛTrauerstellungᵛ dar. Dieses ʷmöchteʷ ich als die ˣersteˣ Gruppe auffassen. – Die zweite Gruppe besteht aus einem ʸmerkwürdig[en] Gebildeʸ von zusammengefügten Brocken, das auf 7 Füssen steht. Links daneben ist ein Baum[,] der ᶻnebenᶻ einem Termitenhügel aufgewachsen ist. Die 4 [,] anscheinenden[!] Früchte[,] sind wohl die ᵘrettigartigenᵘ[!] Knollen von Schlingpflanzen, die wir in den Königsgräbern vereinzelt fanden. – Die dritte Gruppe umfasst ein Fell, aus dem oben ein Haupt herausragt. Rechts daneben erst eine ballenförmige Gestalt [,] darunter ein aus dem Maul Blutspuckendes[!] Zebra und darunter wieder mehrere

---

° *U:* den Einfall   ᵖ *U:* den   q *U:* Afrikaner

ʳ *U:* Kulturmission   ˢ *U:* inter.   ᵗ *U:* Hauptstücke

ᵘ *De*   ᵛ *De aus* Trauerfigur   ʷ *U:* müßte

ˣ *De aus* zweite   ʸ *U:* merkwürdigen Schilde   ᶻ *U:* unter

---

⁶ Zur Gestalt der Gräber s. Frobenius, Erythräa (wie Anm. 1), S. 130–132 und 135–140, die Photographie auf Tafel 12 sowie die von Frobenius' Bruder Hermann angefertigten Rekonstruktionsbilder der beiden Grabhöhlen im Monvue/Muonwe dort auf den Farbtafeln 26f.

⁷ Hierzu auch Frobenius, Erythräa (wie Anm. 1), S. 307f. und Tafel 33, sowie Leo Frobenius, Madsimu Dsangara. Südafrikanische Felsbilderchronik. Ergebnisse der 9. Deutschen Inner-Afrikanischen Forschungsexpedition beim Forschungsinstitut für Kulturmorphologie, Bd. 1: Der archäologische Keilstil, Berlin/Zürich 1931, S. 26f. und Tafel 7f.

Menschenfiguren. (Was heisst das?) Den zweiten Abschnitt halte ich für ein Felsblock-gebilde, das auf Standsteinen steht, wie sie noch Speicher hier aufweisen. Aus der Natur muss das Gebilde genommen sein, denn der Baum steht daneben. Die dritte Gruppe ist uns einfacher. Das Fell dürfte das Tierfell (heute Schwarze-Bullenhaut) sein, in das der König gehüllt wird, wenn er in die Felsgruft [aa]gebracht[aa] wird. Der darüber [bb]hinweg-ragende[bb] Kopf entspricht dem Kopf des lebenden Königs ganz links. Die  -Figur dürfte die Mumie sein; das Zebra und die Menschen darunter [cc]mehr[cc][!] Op-fer.

Von der Tafel C.[8] kann ich nur einen Teil senden, da das andere noch nicht ins Reine gezeichnet und [dd]Copirbar ist. Das Ganze sieht[dd] so aus

Von alle diesen ist nur das <u>Blau</u> umrandete[!][ee] abgebildet (2 [ff]&[ff] 3). Diese Gruppe ist die Lebensvollste. Links ein Zug von 7 Menschen; die vorderste Figur eine Frau, die zurückschreckt, hinter ihr ein Hasenmensch mit [gg]weiblicher[gg] Tracht (Doppelschurz); hinter diesem ein Mensch mit Hasenkopf – Vor der [hh]grossen[hh] Figur eine liegende Ge-stalt, deren Oberteil zerstört ist. Ganz rechts der König. Rechts[ii] neben dem König nun ein [jj]grosses[jj] Gebilde wie eine sich öffnende Rosenknospe, darunter Baeume; rechts [kk]hiervon noch[kk] zwei laufende Menschen. – Nun aber die Gruppe 1 links unter dem Prozessionsmarsch. Das sieht aus wie eine Art Regenbogen, auf der rechten Sei-te steigt er aus dem Kopf eines hockenden Menschen auf. In seinem Innern dann Baeume, Tiere, Menschen, Affen.

Auf die Bedeutung der Regenbogengruppe komme ich gelegentlich der Beschrei-bung von D zurück. Die Rose[,] die aus lauter - und -för-migen Flecken gebildet ist, die alle dicht in ein-an-der[!] gefügt sind, halte ich abermals für ein Felsgebilde, — [ll]also wieder[ll] das Grab. Auch hier wieder stehen Baeume daneben. Also muss es ein Naturgebilde aus der [mm]Umwelt[mm] sein.

[aa] *U: gehockt*   [bb] *U: hervorragende*   [cc] *U: mehrere*

[dd] *U: copiert ist, sieht das Ganz[!] wohl*

[ee] *In A ist das die keilförmig umrahmte Gruppe links oben; D ist ohnehin einfarbig*

[ff] *U: x*   [gg] *U: westlicher*   [hh] *U: grösseren*

[ii] *De: dem*   [jj] *U: grösseres*   [kk] *U: hinter uns*

[ll] *U: das würde*   [mm] *U: Urwelt*

[8] Hierzu auch Frobenius, Erythräa (wie Anm. 1), S. 309 und Tafel 36 sowie Frobenius, Madsimu Dsangara (wie Anm. 7), S. 28f. und Tafel 16.

Nun aber die Tafel D[9], von der ich zunächst nur den obersten Abschluss geben kann. Der Tote [nn]König. Das von mir blau Eingezeichnete ist auf dem Original weiss[nn], welches sich sehr gut von dem Rot der Figur abhebt. Neben dem König[,] und zwar[oo] rechts nach unten[,] eine liegende Frau, deren Oberteil und Kopf leider! leider! weggewaschen ist. Das ist deshalb so jammerschade, weil diese Frau offenbar die [pp]Mocaranga, die Lieblingsschwestergattin[pp] ist, die mit ihm zusammen getötet[qq] und unter seinem Körper bestattet wird. Auf [rr]Einzelheiten[rr] komme ich zurück. Die laufenden Figuren (die eine auf dem Leibe des Königs, die andere vor der Mocaranga)[,] beide den Kopf zurückwendend[,] dürften Totenpriester, Leiter des Begräbnisses sein, die nach dem Begräbnis fortlaufen.

Darunter wieder eine Regenbogengruppe. In der sind Menschen[,] Tiere und Geräte, [ss]Keile[?][ss] etc. Hierunter eine Procession. Diese zwei Teile sind noch nicht copiert. Ich werde in den nächsten Tagen einen meiner Maler zu der Stelle senden, der dann im Verlauf einer Woche eine genaue Copie anfertigen soll.[10] ————

Wollen nun Euer Majestät diesen König auf Tafel D genauer ins Auge fassen. Da ist zunächst zu sehen, dass der König eine [tt]Hörnermaske[tt] trägt, die hinten mit einer Mähne oder Perücke versehen ist. Ferner ist mit Punkten das Gewand dargestellt. Endlich trägt er an seinem [uu]Membrum[uu] Virile eine sehr merkwürdige Kappe. Auch der König auf C, ja auch der auf A und B haben sie. Es ist eine kleine Kappe

[,] von der eine Troddel herabhängt. Bei den sitzenden Figuren A und B fallen sie unter den[vv] Beinen auf. — Nun[,] diese Geschlechtskappen [ww]trugen[ww] in vorgeschichtlicher Zeit auch die Aegyptischen [xx]Grossen[xx], nach Fimmen auch die Kreter.[11] Es ist ein uraltes Schmuck-

---

[nn] *U:* König, der von mir blau eingezeichnet ist auf das[!] Original weiss
[oo] *De:* li [pp] *U:* Mocarange, die Lieblingsgattin
[qq] *De:* wird [rr] *U:* Einzelteile [ss] *U:* Kühe [tt] *In U unterstrichen*
[uu] *U:* Menstrum [vv] *De:* Füssen au [ww] *U:* tragen [xx] *U:* Könige

———

[9] S. Tafel 15. Hierzu auch Frobenius, Erythräa (wie Anm. 1), S. 309 und Tafel 34f. sowie Frobenius, Madsimu Dsangara (wie Anm. 7), S. 27f. und Tafel 10f. Dort wird dieses Gemälde als „B" bezeichnet; entsprechend dürfte das in Erythräa als Frontispiz abgebildete und auf S. 308f. beschriebene Felsbild, das Frobenius dort einmal als „D" und einmal als „C" bezeichnet, das hier nicht näher beschriebene Bild B sein.

[10] Diese von Joachim Lutz angefertigte Kopie ist abgebildet in Frobenius, Erythräa (wie Anm. 1) als Tafel 35.

[11] Diedrich Fimmen beschreibt in seiner Dissertation zwar eingehend die Tracht der mit den minoischen Kretern gleichgesetzten Keftiu auf ägyptischen Malereien und deren Parallelen auf Kreta (Zeit und Dauer der kretisch-mykenischen Kultur, Leipzig 1909, S. 73–75), Geschlechtskappen erwähnt er aber weder in diesem Buch noch in seiner anderen einschlägigen Veröffentlichung (Die kretisch-mykenische Kultur, Leipzig ²1924, urspr. 1921).

stück, dessen Geschichte sich nachweisen lässt. Die Tracht der Frauen ist aber der typische Doppelschurtz[!] , auch eine bekannte Tracht. –

Nun der Gesammtstil! Auf den ersten Blick ist wohl jeder geneigt zu sagen: „Das ist aegyptisch. [yy]Der Thatsache[yy] dieser Ähnlichkeit wird sich niemand entziehen können. Muss dieses auch zugesagt werden, so würde die zweite Frage sein, ob die Stileinheit von[!] der Vaterschaft des einen auf die Kind- oder [zz]Erbschaft des anderen Stiles[zz] schliessen lassen darf. Dies scheint mir bedenklich. Und zwar deswegen, weil das, was ich im Weihnachtsbericht[12] angedeutet und skizzenhaft geschildert habe, eine eminente und weitausgreifende Bestätigung gefunden hat.

Unser Legenden- und Mythenmaterial hat sich erfreulich vermehrt. An Volkserzählungen bin ich über 250 gekommen.[13] In diesen Märchen sind ganz alte Gesänge versteckt. Alte Kultusgesänge. Die Märchen sind zu 20% versimpelte alte Mythen[,] die dann auch unter Verfolgung der Kultgesänge aufgespürt werden konnten. Das alles ist wie Scherbenwerk über das Land verstreut. Die alten Priesterfamilien sind durch Parvenues ersetzt. Nur bei den ganz alten Frauen sind noch mythologische Perlen zu finden.

Alle diese Scherben ergeben die Urne oder ihr Bild. Es ist das Gefäss einer klaren [tt]Mythologie[tt], in der [tt]Mond[tt] und [tt]Venus[tt] die [tt]erste Rolle spielen[tt]. Es giebt wohl keine einzige Mythologie, in der das Verhältnis von [tt]Mondbruder[tt] zu [tt]Venusschwester[tt] so deutlich und [aaa]archaeologisch[aaa] ist. Sogar das [tt]Altsumerische[tt] [bbb]des Ischtardienstes[bbb] ist schon [tt]solar[tt] überdeckt. Immer ist es der Venusstern, der als [tt]zweites Weib[tt] den Mondbruder in Liebesbande schlägt, weshalb bei Vollmond, die[ccc] im Untergang genau gegenüberstehende „[tt]erste Frau[tt]", [tt]die Sonne[tt][,] voll Eifersucht den Mond krank macht. Der [tt]Mond stirbt[tt]. [tt]Der Neumond[tt]. Da steigt die gleiche Venus, sich aller Macht entkleidend[,] in die Unterwelt, die Totenwelt [ddd]herab[!][ddd], rettet den Brudergatten, der neu entsteht. Die Venusfrau folgt dem Gatten in die [tt]Unterwelt[tt] und das ist hier — [tt]das Meer[tt]![14] Die Menschen wohnen seit Jahrtausenden nur an [tt]Teichen[tt] und [tt]Tümpeln[tt] Aber die [tt]Urmeeridee[tt], die Vorstellung, dass alles aus dem [tt]Weltocean[tt] stammt und in ihm [tt]wieder untergeht[tt], ist in Dutzenden von Märchen erhalten, wenn auch natürlich verkleinert.

Es giebt ein Leben [tt]unter[tt] dem Wasser. Ein Leben der [tt]Abgeschiedenen[tt]. Unglückliche stürzten sich in das Wasser und leben da [eee]schicksalsreich[eee] weiter. Auch Knochen getöteter[!] und Gefallener oder [fff]Getötete[fff], die in diese Gewässer geführt [ggg]werden[ggg], gewinnen da unten neue Gestalt und neues Leben. Eben nach dem [hhh]grossen[hhh] Beispiel von Mond und Venus.

[yy] U: Den Tatsachen   [zz] U: Ichschaft der anderen Stile   [aaa] U: antaeologisch
[bbb] U: der Ischtardienste   [ccc] De: geg   [ddd] U: hinab   [eee] U: schicksalsrein
[fff] U: Getöteter   [ggg] U: wurden   [hhh] U: gewissen

---

[12] Nr. 54.

[13] Als Endstand verzeichnet Frobenius in „Erythräa" (wie Anm. 1, S. 53f.) 636 solcher von ihm und seinen Mitarbeitern aufgenommenen Erzählungen.

[14] Mit der Rolle des Vor-, Nach- und Gegenlebens im Wasser befaßt sich in „Erythräa" insbesondere das Kapitel „Die Gewässer der Herkunft" (wie Anm. 1, S. 148–160).

Dieses [iii]Jenseitsleben[iii], das ja auch im Sumerischen noch als Paradies an der [tt]Mündung der Ströme[tt] erhalten ist, – das ist, wie mir scheint[,] auch auf den Königstafeln dargestellt und zwar in den Regenbogenabschnitten[,] die eine Eigenwelt von Gestalten enthalten. Ich denke mir, dass das Symbol der concentrischen [jjj]Kreislinien[jjj] dem Wellenspiel entstammt, das entsteht, wenn ein harter Gegenstand in ein Wasser mit ruhiger Oberfläche geworfen wird.[15] Diese [tt]Parallellinienführung[tt] hat [tt]auch die Haut des Zebras[tt][,] und deshalb wohl ist das Zebra ein beliebtes Königsopfertier (Königstafel A).

Das Leben scheidet sich so nach dem Tode in zwei Teile. Einerseits die [tt]Mumie[tt], die [tt]genau[tt] aber noch altertümlicher als [tt]in Aegypten[tt] hergestellt wurde, und der Rest des Lebens, der [u]ein Jahr lang[u] aus der Leiche des Verstorbenen getraeulich[!] gesammelt[kkk] wurde und selbständige Bestattung findet. Die Mumienseele sinkt aus der [lll]Felswelt[lll] in das Nichts. Die Seele aus [mmm]dem „Lebenswurm"[mmm] wird zu Schlange und Löwe[16]. – –

Das alles ist urtümlich. Alles, was wir [nnn]vom Aegyptischen[nnn] wissen, ist [ooo]schon[ooo] Ableitung, ausgeglichen, abgeschliffen. Die süderythraeische Kultur dürfte also älter sein. Sie ist auch [ppp]archaischer als[ppp] alles, was ich aus Babylon-Sumer kenne. Nun stimmen Figuren auf[qqq] Tonscherben aus [rrr]Susa[rrr] II[17] und aus der Negadakultur[18] mit denen [sss]Alt-Südrhodesiens[sss] genau überein im Stil. Ich glaube danach, das[!] alle [tt]drei Kulturformen[tt] aus [ttt]gleicher[ttt], wohl aus [uuu]indischer Quelle[uuu] befruchtet wurden. Das [tt]Südrhodesische ist dem [vvv]Ursprünglichen[vvv][tt] am [tt]Nächsten geblieben[tt]. –

Soweit heute. An dem Ganzen ist noch vieles Auszufeilen[!]. Monate werden wir brauchen, um die Einzelheiten herauszuschälen und zu ergänzen. Eine herrlic<he> Arbeit. Wir werden vor keiner Mühe zurückschrecken<.> In drei Wochen hoffe ich die Centralstation Maco<ni> aufgeben [www]zu[www] können und nach [xxx]NW weitervor[zu]rükken[xxx]. <Dann> wird die Regenzeit ziemlich zu Ende sein und der generelle Motorweg wieder fahrbar. Bis dahin <ist noch> allerhand zu thun.

Ich bitte um die Genehmigung[,] Ihrer Majestät die Hand küssen zu dürfen.

Eurer Majestät glücklicher Afrikaner arbeitet weiter.

Frobenius

[iii] *U:* Zurückleben [jjj] *U:* Kreislinie [kkk] *De:* und
[lll] *U:* Ichwelt [mmm] *U:* den Lebensmüden [nnn] *U:* von Ägypten
[ooo] *U:* sicher [ppp] *U:* archaistisch, [qqq] *De:* Sc
[rrr] *U:* Gruppe [sss] *De aus* ~~Süd~~ Alt-Süd~~ost~~rhodesiens
[ttt] *U:* gleichen [uuu] *U:* indischen Quellen [vvv] *U:* Ursprünglichsten
[www] *Nur in U* [xxx] *U:* W.W. weiterzurücken

[15] Vgl. Frobenius, Erythräa (wie Anm. 1), S. 150 und Fig. 1 auf S. 151.
[16] Zur Mumifizierung und dem „Seelenwurm" s. Frobenius, Erythräa (wie Anm. 1), S. 134–143.
[17] Zweite Ausgrabungsschicht der elamitischen Stadt Susa (s.o. Nr. 49, Anm. 47).
[18] S.o. Nr. 49, Anm. 13.

59.

Wilhelm II. an Frobenius, 27.1.1929, Doorn

Maschinenschriftliche Abschrift:
U   FI: LF 615/10

In Anerkennung Ihrer hervorragenden Forschungen und Ihrer treuen Anhänglichkeit an Mich und mein Königliches Haus verleihe Ich Ihnen am heutigen Tage[1] den Stern der Komture Meines Königlichen Hausordens von Hohenzollern.

Haus Doorn, den 27. Januar 1929
gez. Wilhelm

---

[1] Wilhelms 70. Geburtstag.

60.

Wilhelm II. an Frobenius, 1.2.1929, Doorn

Eigenhändige Ausfertigung:
A   FI: LF 615/11f.

Ew. Exzellenz

Immer und immer wieder habe ich Ihren 2. Bericht vom Dezember[1] durchstudirt. Ich versuche wiederzugeben, was ich daraus zu entnehmen vermochte. Ich verstehe ᵃIhreᵃ sehr verklausulirten Betrachtungen über Simbabwe wie folgt:
1) Die Fragestellung der Simbabweforschung ist bisher falsch gewesen.
2.) Es ist nicht bisher bestimmbar[,] wer es gebaut,[!] und <u>wann</u> es entstand.
3.) Es ist die Anlage wesentlich <u>älter</u>[,] als die Forscher (Schebesta[2]) angenommen.

ᵃ *Ae aus* ihre

---

[1] Nicht ermittelt. S. o. Nr. 56, Anm. 1 und Nr. 55, Anm. 3.

[2] Schebesta nahm die Blütezeit der Kultur Great Zimbabwes und des sie seiner Ansicht nach tragenden Monomotapa-Reiches im 15. Jahrhundert und ihren Beginn nicht vor dem 10. Jahrhundert an (Paul Schebesta, Die Zimbabwe-Kultur in Afrika, in: Anthropos 21 (1926), S. 484–522, hier: S. 521f.). Die heutige Forschung betrachtet das im 15. Jahrhundert erst enstandene Monomotapa-Reich hingegen als einen der beiden wichtigsten Nachfolger der Herrschaft Great Zimbabwes. Die Besiedlung Great Zimbabwes wird von ihr in das 11. Jahrhundert, die ersten der charakteristischen großen Steinbauten in das 13. Jahrhundert datiert.

4) Sie ist vielleicht gar nicht <u>aethiopisch</u>-Afrikanisch[!], sondern ev[e]nt[uel]l <u>fremder</u> Import?

5) Die mögliche Erforschung des im Labyrinth ^bvorherrschenden^b Cultes bezw. ^cseiner^c Ceremonien muss helfen.

6) Anscheinend haben Sie beweiskräftiges Material – regardless of expense – erhalten.

7.) Es scheint der Mond-Venus[-]Mythos der alten Mythologie zu Grunde zu liegen.

Jeremias lässt soeben sein grosses Werk über die „Altorientalische Geistescultur" erscheinen in dem alle Mythen der <u>Sumerischen</u> Geisteswelt und Asiens Cultur behandelt sind auch Ishtar nebst Höllenfahrt p.p.[3] Das werde ich Ihnen sofort schicken[,] sobald es heraus ist. –

Sie lassen durchblicken, dass man es in Simbabwe eventl. mit <u>Fremdgut</u> zu thun haben könnte, das <u>nicht</u> bodenständisch <u>Aethiopisch</u>-Africanischer Herkunft sei. Also Frage: „<u>woher</u> kamst Du der Fahrt, <u>wess</u>' ist Dein Nam' und Art?"[4] Ew. Exz. halten es für möglich[,] ja wahrscheinlich[,] „aus dem <u>Kashitischen</u> Becken". Item also mal wieder „<u>Ueber See</u>"! [„]Vive la Navigation"! mein[!] altes braves Steckenpferd! „Wir müssen <u>Combiniren</u>[,] Grumbkow!"[5] –

Also: <u>Achtung</u>! „<u>Combinationes</u> des fürtrefflichen, dilettantischen Präsidenten der Akademie zu Doorn, von keiner „Wissenschaftlichen[!] Theorie" irgendwie angekränkelt, frei aus dem Weltgeschehen geschöpft!" –

1) Nach Jeremias kommen die <u>Sumerer</u> über <u>See</u> (Fischmasken bei Neujahrsprozessionen in Mesopotamien).[6] Er ist der Ansicht[,] sie hätten mit den Draviden Indiens Verkehr gehabt,[7] wenn sie nicht gar mit ihnen verwandt sind (Sumerische Funde im Industhal anno 1926.). (<u>Kaschitisches Becken</u>.[8])

2) Sie berichten von <u>Schiffs</u>bildern aus prähistor. Zeit auf Felsen der Nubischen Wüste, von Völkern herrührend[,] die aus dem „<u>Kaschitischen Becken</u>" herübergekommen seien.[9] Ich habe auf ihre Aehnlichkeit mit Schiffen der Hawaiianer und Tahitianer hingewiesen.[10]

3) Dörpfeldt vertritt die These, dass die <u>Hyksos</u>[,] ebenfalls „über <u>See</u>" kommend[,] an Aegyptens Küste gelandet seien,[11] und die Seefahrereigenschaften beibehalten hätten. Also wahrscheinlich auch aus dem „<u>Kaschitischen Becken</u>".

---

^b *Ae aus* vorhandenen   ^c *Ae*

———

[3] Alfred Jeremias, Handbuch der altorientalischen Geisteskultur, 2., völlig erneuerte Auflage, Berlin/Leipzig 1929. Zur Höllenfahrt der Ischtar v.a. S. 159–162.

[4] Richard Wagner, Lohengrin I,3: „Nie sollst du mich befragen, noch Wissen's Sorge tragen, woher ich kam der Fahrt, noch wie mein Nam' und Art!"

[5] Karl Gutzkow, Zopf und Schwert II,1,1.

[6] Jeremias (wie Anm. 3, S. 3f.) hält freilich auch Einwanderung von Westen oder Norden – oder eine Kombination – für möglich. Wilhelm wird er vier Wochen später, am 27.2., dazu schreiben: „Sicher grosser Strom von Osten und zwar von der Südsee und auf dem Landwege. Die Verwandtschaft der Draviden mit den Sumerern ist frappant. […] Die Funde am Indus etc. sind den elamischen und altsumerischen so frappant verwandt (ich durfte voriges Jahr in Doorn Beispiele zeigen), dass sie nur aus regstem Verkehr erklärlich sind, mindestens im 2. Jahrtausend. Es ist noch nicht sicher, wer die Gebenden waren. Jedenfalls Wiederaufnahme uralter Beziehungen." (AEW: 1575 A5–A7, hier A6).

[7] S.o. Nr. 11, Anm. 7.   [8] S.o. Nr. 49.   [9] S.o. Nr. 53, Anm. 5.

[10] Nicht ermittelt.   [11] S.o. Nr. 26, Anm. 5.

4) Könnten eventl. die Simbabweerbauer gleichfalls aus dem „Kaschitischen Bek-ken" kommen, wie E[ure] Ex[zellenz] anzunehmen scheinen.[!]

5) Entweder hat es auf diesem Becken eine <u>Reihe</u> seefahrender Völker gegeben, die zu obigen Unternehmungen den Muth hatten, oder es gab <u>ein</u> überragendes See-fahrervolk, das den Transport der Völker und Austausch der Güter im Kaschiti-schen Becken zu vermitteln gewohnt war.

6) Wer waren die <u>grössten</u> Seefahrer der prähistorischen Solaren[!] Cultur? Die <u>Urmalaien</u>.[12] Konnten sie über den Pazific[!] bis Amerika segeln, dann steht dem nichts im Wege, dass sie das Kaschitische Becken durch- oder an seinen Küsten umfuhren. D.h.

7) Sie befuhren Siam, Birma, Golf von Bengalen, Ceylon, Westküste VorderIndiens[!], Persisches Meer (Euphrat-Tigrismündung), Rothes Meer, <u>Ostafrikan.</u> Küste.

8) Sumerer, Draviden, Urmalaien bilden <u>eine Gruppe</u>, da ihnen allen das Dezimal-system gemeinsam ist.

9) der[!] Rituelle[!] Königsmord ist im Kaschitischen Becken zu Haus. Seine Aus-strahlungen finden wir in Mesopotamien via <u>Sumerer</u>; also durch diese „<u>über</u> See" gekommen.

10) So wäre also eine[!] durch ein <u>Seevolk</u> (Urmalaien?) nach S.Ostafrika herüberge-brachtes Volk,[!] oder ein selbständiges Seevolk,[!] oder sie selbst von fernher nach S.OstAfrika[!] gesegelt und hätten das Labyrinth von Simbabwe gegründet zwecks Ausübung eines <u>Afrikafremden</u>[!] (asiastisch-indischen) Cultes mit seinen Cermonien. (Ceremonielle Tradition wie bei Lykiern u. Karern? Entmannungen? Menschenopfer? p.p.?)

11) Das „Kaschitische Becken" erscheint als das <u>Centrum</u> für Ausstrahlungen <u>über</u> See und für Uebermittlung fremder Culturen nach Africa u. Vorderasien, die dort-selbst nicht ursprünglich bodenständig waren, aber mehr oder minder verändert oder abgeschwächt übernommen wurden.

12) Phallische Funde lassen auf eine Art Lingam-Cultus schliessen (Indien-Shiwa-Makaleo[?]?) Meine in meinem Brief an E[ure] Exz[ellenz] gemachte Bemer-kung, die <u>Seefahrt</u> scheine mir hierbei (Simbabwe) berücksichtigt werden zu sol-len,[13] scheint sich ᶜzuᶜ bewahrheiten.

13) Vielleicht hat man es mit Ausstrahlungen der pazifisch-solaren Cultur zu thun[,] wie Sie dieselbe an den Waffen u[.] Geräthen u[.] Stoffen der <u>West</u>afrikan[.] Waldbewohner nachgewiesen haben.

14) Es wäre doch merkwürdig, wenn an der S.Ostküste Afrika's[!] Asiatische Cultur nachzuweisen wäre wie vis-à-vis auf der <u>West</u>küste im Jorubareich[14][?]. –

---

[12] Als Urmalaien bezeichnete Frobenius ein vermutetes Seefahrervolk, das in sehr früher Zeit den Kontakt zwischen Asien und Ozeanien hergestellt hätte (Die Bogen der Ozeanier, in: Ders., Erlebte Erdteile, Bd. 2: Erschlossene Räume. Das Problem Ozeanien, Frankfurt am Main 1925, S. 191–259, urspr.: Der Bogen der Oceanier, Berlin 1901).

[13] S.o. Nr. 53.

[14] Die Joruba (Yoruba) sind eine der bedeutendsten Bevölkerungsgruppen im heutigen Nigeria. Trotz gemeinsamer Kultur und Sprache waren ihre zahlreichen Kleinkönigreiche nie geeint, doch hatte im 18. Jahrhundert das Königreich von Oyo eine dominierende Stellung.

Vielleicht haben Sie inzwischen mein Telegramm mit der aus Anlass meines 70ten Geburtstages erfolgten Verleihung des Sterns der Comthure meines Kgl. Haus-Ordens von Hohenzollern – rechte Brust zu tragen – erhalten.[15] Er leuchte Ihnen morgens u[.] abends als Symbol meiner Anerkennung u[.] Bewunderung. Ishtarsymbol![16]

Mein Geburtstag verlief bei Schnee, Eis und Sonnenschein sehr harmonisch. Alle meine Kinder nebst 19 Enkeln waren erschienen, dazu meine Schwestern und eine Reihe von Verwandten. Leider musste I.M., an Rötheln plötzlich erkrankt, der Feier fernbleiben, die sie monatelang vorbereitet hatte. Ein schwerer Schlag für uns. Europa liegt unter Schneemassen begraben. Im sonnigen Süden[,] sogar in Roms Umgebung[,] liegen 30 cm Schnee!

Es ist mir gelungen[,] bisher ^detwa 18.000 Mk^d für Ihre Expedition zusammenzubetteln. Sie liegen beim Präs[identen] Nitz in meiner Schatulle[17]; er wird je nach Bedarf Ihnen Theilsummen senden. Das Ganze kriegen ^eSie^e nicht, da ^eSie^e absolut keinen Schimmer von Finanzverwaltung haben und damit „urschen" würden wie ein Fähnrich.

Mit einem kraftigen „Haya, safari"! wünsche ich Eu. Exz. und allen Mitgliedern „Meiner" Expedition Waidmannsheil, und dem Suchen das Finden!

P.S. auf einer Photo in einem Amerikan[ischen] „Geographical Magazine" habe ich Boote der Indianer, die noch heute auf dem Titicaca See fahren, gefunden die accurat mit denen der Sumerer auf ihren Reliefs in Form, Grösse, u. Bauart übereinstimmen. Denn auch sie sind nur rein aus Schilf geflochten! Sie dienen zum Fischfang und Fischtransport! Also von 4000 a. Chr. bis 1929 post Chr. ist ein und dasselbe Fahrzeug noch im Gebrauch! Es lebe die Morphologie!

Ihr
Wilhelm
I.R.

^d *Unterstreichung mit rotem Buntstift*   ^e *Ae aus* sie

---

[15] Nr. 59.

[16] Symbol der Göttin Ischtar (s.o. Nr. 3, Anm. 2) ist der Planet Venus, der Morgen- und Abendstern.

[17] „Schatulle" bezeichnete das Privatvermögen des Kaisers im Gegensatz zu den staatlichen Kassen. Zu den Spenden s.a. Nr. 57.

61.

Frobenius an Wilhelm II., 2.3.1929, Headlands[1], Telegramm

Ausgehändigte Fassung:
A   AEW: 1618 A8

Januardepesche[2] dankerfüllt fanden ungeahnt eminente felsbilder negadastil[a] [3] betraten primitive aber monumentale grüfte alter dynastie[4] Frobenius[5]

---

[a] *Anmerkung Wilhelms:* Oberägyptische <u>Praehistorische</u> Cultur

---

[1] Etwa 30 km von Rusape auf Harare zugelegener Ort.

[2] Nr. 57.

[3] S.o. Nr. 49, Anm. 13.

[4] Zu Bildern und Grüften s.o. Nr. 58.

[5] Auf dieses Telegramm bezieht sich auch das Schreiben Hans Rhoterts, der Frobenius in der Leitung des Kulturmorphologischen Forschungsinstituts vertrat, an den „Hofmarschall" vom 9.3.1929: „Euer Excellenz bitten wir, Seiner Majestät für die überaus gütige Uebersendung der Depesche von Herrn Geheimrat Leo Frobenius, deren Inhalt wir noch nicht kannten, und die uns mit grösster Freude erfüllte, den ergebensten Dank übermitteln zu wollen." (AEW: 1617 G7). Wilhelm hatte die Mitteilung für dringlich genug gehalten, am 3.3. eigenhändig ein entsprechendes Telegramm an das Frankfurter Institut aufzusetzen (AEW: 1618 A1).

62

Frobenius an Wilhelm II., 17.3.–11.4.1929, „Maconilager"[1]/ [Vila] Pery[2]/„Lager bei Tschigwiso"[3]

Eigenhändige Ausfertigung:
A   *AEW: 1617 F2–G4*
Durchschrift der eigenhändigen Ausfertigung:
D   *FI: LF 609/21–41*
Maschinenschriftliche Abschrift:
U   *AEW: 1612 B3–B7*

Euer Majestät!

Können[!] weitere Erfolge berichtet werden. Zunächst [a]vermelde[a] ich die Auffindung klar, unverkennbar sprechender Felsbilder mit der Darstellung der Regenmythe. Danach fanden wir dann die „Hörner"[,] die der grosse König der Vergangenheit dem Mond abgehoben hat, um sie als Brustschmuck und <u>Schicksalstafel</u> zu tragen – worüber er aber starb.[4]

Der Expeditionsbetrieb arbeitet sich mit voller Kraft z.Zt. an 4 Stellen aus. Im April wird die Zahl der einzelnen Abteilungen und Arbeitsgebiete auf 6 erhöht werden. Krankheiten sind so gut wie nicht zu erkennen. Aber die Daseinsform wird in Anlehnung an die Natur des Klimas sich demnächst mehr auf Fischflossenbildung als auf Fussgestalt concentriren. Im schlimmsten Westafrika habe ich solche Regengüsse nicht erlebt.

Die Erklärung für diese Bilder giebt die Mythe.[5] Nach dieser wurde eine Mokaranga[6] unter einem Baume als Opfer [c]dargebracht[,] d.h.[c] ein Mädchen, das aber 1) eine Königstochter und zweitens eine Jungfrau sein musste. Als sie unter dem Baume begraben wurde, stand noch der [d]Abendstern[d] am Himmel. Nach der Bestattung wuchs der Baum über ihrem Grab[,][e] wuchs, wuchs, wuchs! bis er nach 4 Tagen[f] mit der Krohne[!] den Himmel erreicht. In diesem Augenblick erscheint[g] in der Legende der [d]Morgenstern[d]

---

[a] *U: vermehrte*   [b] *Nicht in U*   [c] *U: dargestellt. I.e.*

[d] *In A von Wilhelm und in U unterstrichen*

[e] *Ae und De: z*   [f] *Ae und De: den*   [g] *Ae und De: der*

---

[1] S.o. Nr. 58, Anm. 1.

[2] Das heutige Chimoio, wirtschaftliches Zentrum Mittelmosambiks.

[3] Nach Frobenius' Beschreibung im „Batongaland", das sich nordöstlich Harares bis über die Grenze zu Mosambik hinzieht.

[4] Zu dieser Mythe und der Auffindung der Mondhörner siehe Leo Frobenius, Erythräa. Länder und Zeiten des heiligen Königsmordes, Berlin-Zürich 1931, S. 166–168 und Fig. 2.

[5] Vgl. Frobenius, Erythräa (wie Anm. 4), S. 204–206.

[6] Frobenius zieht in Erythräa (wie Anm. 4, passim) die Schreibweise „Mukaranga" vor.

1)[7]

Das erste Regenbild
in verrostetem Rot.
sehr feine Zeichnung
Stil absolut aegyp-
tisirend.

2)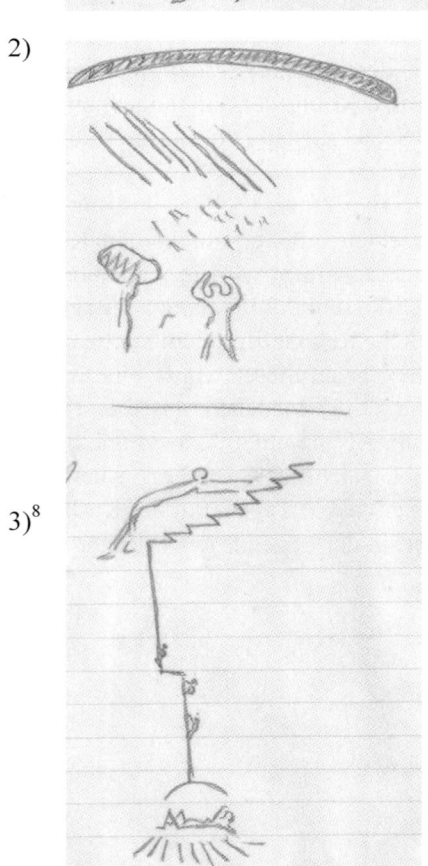

2tes Regenbild
Unschön und grob
Aber sehr alt

3)[8]

3)tes Regenbild
sehr fein und zart
ausgeführt; an der geraden
Linie klettern Menschen auf
[b]und und[!] empor[b]. Es dürfte
dies Bild das Jüngste sein.

[7] Hierzu auch Leo Frobenius, Erythräa (wie Anm. 4), S. 310 und Fig. 28 sowie Leo Frobenius, Mad-simu Dsangara. Südafrikanische Felsbilderchronik. Ergebnisse der 9. Deutschen Inner-Afrikanischen Forschungsexpedition beim Forschungsinstitut für Kulturmorphologie, Bd. 1: Der archäologische Keilstil, Berlin/Zürich 1931, Tafel 19.

[8] Hierzu Frobenius, Erythräa (wie Anm. 4), S. 309f. und Fig. 27.

zum ersten Mal. – und es regnet nun in Fülle. Ich meine[,] in Bild 3 ist das deutlich dargestellt. Von dem Körper des unter dem [h]Strauchbaum[h] liegenden Mädchen gehen Strahlen aus. Die Frau als [d]Morgenstern[d] ist auf dem ersten Bild am Klarsten. Wir brauchen jetzt eigentlich nur noch eine einzige direkte Angabe, dass nehmlich [d]Morgenstern und Abendstern die gleichen[d] sind.[9] Dann ist der [d]Kreis geschlossen[d]. Aber das <u>muss</u> ja [i]vorhanden[i] sein, sonst könnte die Mythe nicht so deutlich sagen: „Beim Begräbnis der Mocaranga leuchtet der Abendstern. Als nach 4 Tagen der Baum gewachsen ist bis zum Himmel[,] [d]leuchtet der Morgenstern[d]. –

Pery, in der Mitte der portugiesischen Kolonie Mocambik 29 III 29

Mit viel Mühe und auch ein klein wenig reizvoller Gefahr bis hierher vorgedrungen. Suche eine alte, im Gorongozogebiet[10] angesiedelte Priesterfamilie – Hier erreicht mich endlich Euer Majestät Schreiben vom 1[.] Februar[11], das eine eingehende Beantwortung beansprucht, die ich sorgfältig ausarbeiten werde. — Die Funde mehren sich. Erhielt die erste klassisch klare Auskunft über „Monomotapa!‘‘[12] Und ich kann nur sagen: „O Du guter, fleissiger und skeptischer Pater Schebesta! Hätte ich Dich[!] doch jetzt hier, um Dir[!] am lebenden Beispiel zu zeigen, wie man [j]sich[j] vergallopiren kann, wenn man den skeptischen [d]Voreingenommenheiten[d] des heutigen Stiles folgt.‘‘ –

---

[h] *U: Schickbaum*   [i] *U: notwendig*   [j] *Ae und De*

[9] Vgl. Frobenius, Erythräa (wie Anm. 4), S. 232.
[10] Die waldige Gorongosaregion in Zentralmosambik.
[11] Nr. 60.
[12] Monomotapa war der Titel des Herrschers des auch nach ihm benannten Großreichs, das im späten 15. Jahrhundert die nördlichen Shona einte, dann aber rasch verfiel und seit dem 18. Jahrhundert ein Kleinkönigreich unter vielen darstellte. Wichtigste zeitgenössische deutschsprachige Veröffentlichung, die es aber mit der vorausgegangenen Kultur von Great Zimbabwe in eins setzte, war Pater Paul Schebestas Die Zimbabwe-Kultur in Afrika, in: Anthropos 21 (1926), S. 484–522.

Auf Euer Majestät Ansichtsdarlegung vom 1. II[.] zunächst einmal ein ^ddreifaches: Ja, ja, ja!^d nehmlich in allem was das [„]^dÜbersee^d[“] anbelangt. Aber es ist auch sonst ^dkein einziger Punkt in Euer Majestät Schreiben, der nicht vollkommen in Einklang zu bringen wäre^d a.) das betreffend[,] was die babylonisch-sumerische Forschung erbracht hat[,] b.) das ethnologische Material den persischen[!] und indischen[!] Oceane betreffend und c.) unsere Expeditionsergebnisse betreffend.

Die Gruppe der ersten (7) sieben Festellungen:

a.) Ostafrika hat ein Südliches[!] Gebiet des rituellen Königsmordes

b.) ein Gebiet, in welchem der König gewissermassen der Repraesentant des ^dMondes^d ist, — welcher sich mit der Verbreitung für Mond = Mueze deckt

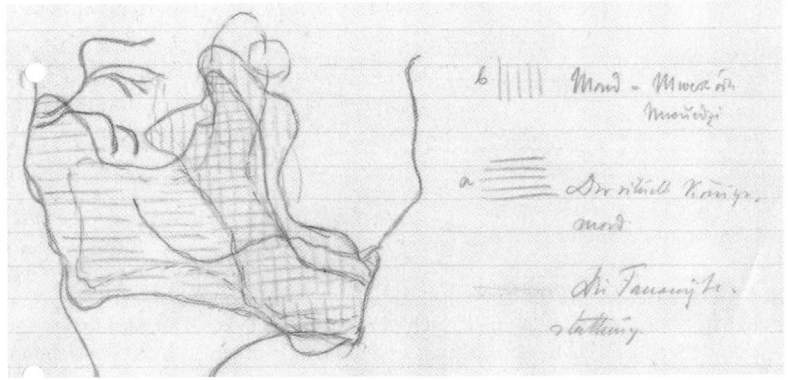

Mond = ^kMwesi oder Mouedzi^k

Der rituelle Königsmord

Die Fanany-bestattung[13]

---

^k *U:* Mwesede-Mouedzi

---

[13] S. Tafel 16. Das Konzept des Fanany oder Seelenwurms sieht die Seele des Verstorbenen in den aus seinem Leichnam austretenden Maden verkörpert, die deshalb nach einer provisorischen Bestattung sorgsam eingesammelt werden. Erst anschließend findet eine endgültige Bestattung statt (Der Seelenwurm, in: Leo Frobenius, Erlebte Erdteile, Bd. 1: Ausfahrt. Von der Völkerkunde zum Kulturproblem, S. 185–207 (urspr.: Ein Motiv des Gefäß-Cultes, in: Verhandlungen der Berliner Gesellschaft für Anthropologie, Ethnologie und Urgeschichte 1895, S. 532–549) und Erlebte Erdteile, Bd. 6: Monumenta Africana. Der Geist eines Erdteils, Frankfurt am Main 1929, S. 401–411; Beschreibung der Bestattung auch in Erythräa (wie Anm. 4), S. 128–135.

3[!].) ein Gebiet der primitiven Fanany-Mumificirungsbestattung.

Diese drei Gebiete decken sich fast vollkommen. Sie stellen mit anderen zusammen einen ᵈSittencomplexᵈ dar. Meine Aufgabe ist es nun[,]

a) den Typus und Stil dieses Sittencomplexes und dieser ᵈWeltanschauungᵈ klar zu umschreiben und b) dann festzustellen, in welche Periode der Weltanschauungen fest datirter Kulturgeschichte die Complexe gehören. c) Von einer geschlossenen und abgerundeten Feststellung werden wir nur dann sprechen können, wenn der dabei zu Tag tretende geographische Rahmen unzweideutig klare Konturen aufweist. – Demnach:

a.) Das Entscheidende im Wesen dieser sü[d]erythraeischen Kultur[14] ist, dass das sociale ˡGeripppe, dieˡ Architektur genau Raum und Dach unterscheiden lassen. Den Raum füllt das Volk, eine ᵐ„Menge"ᵐ, ⁿdieⁿ nur dadurch ᵒgehobenᵒ ᵖwurdeᵖ und ist, dass über ihn[!] das schützende Dach der Priester- und Fürstentümer liegt oder schwebt. Dieses Fürsten- und Priestertum ᑫlebtᑫ nun genau das Leben des Kosmos, ihr Leben und Wirken ist gewissermaassen eine ständige Wiederholung des kosmischen Dramas. Das[,] was sich am ᵈNachthimmel abspieltᵈ, wird ᵈwiederholtᵈ. Die Figuren sind klar. Der ᵈMondᵈ, die ᵈVenusᵈ. Das sind die Hauptfiguren. Indem die Menschen im Opfer die Vorgänge des Himmels spielen, vermögen sie sie zu ᵈbeeinflussenᵈ. Vom ᵈNachthimmel kommt allesᵈ. Sein Geschehen ahmen die Menschen nach. Der ᵈKönigᵈʳ lebt das Leben des ᵈMondesᵈ, die ᵈMocarangaᵈ das der ᵈVenusᵈ, die Mazarina (Königin Mutter) das der ᵈMutter Erdeᵈ. Das Drama ist gross und feierlich gespielt worden. Ungemein wichtig ist es, dass in alledem die ᵈSonneᵈ nur eine erstaunlich ᵈnebensächlicheᵈ Rolle spielt. — Im ganzen Aufbau ist <u>alles</u> klar bis auf einen Punkt, den ich noch näher erkunden muss:ˢ die eigenartige Rolle, die das <u>Wasser</u> in dieser Mythologie darstellt. Aber auch das werden wir noch erforschen können.

ˡ *U: Geripppe der*   ᵐ *Ux: Masse? statt U: Musse*   ⁿ *U: der*
ᵒ *U: geboten; darüber Ux: gehoben?*   ᵖ *U: wird*   ᑫ *In U unterstrichen*
ʳ *Ae und De: der M*   ˢ *Ae und De: was*

---

[14] Frobenius erkennt zwei quer durch Afrika verlaufende Streifen, in denen sich spezifische Kulturmerkmale finden, die von politischer Organisation über Familienverhältnisse, Architektur und Form von Gebrauchsgegenständen bis zur Art der Geldwährung reichen und deren Verbreitungsräume weitgehend identisch sind. Wegen des in dieser Richtung zunehmenden Variantenreichtums nimmt er eine Verbreitung jeweils von Osten nach Westen an. Der Streifen der „norderythräischen" Kultur zieht sich – nach heutigen Staatsgebieten – vom südlichen Sudan bis zum Senegal; die „süderythräische" Kultur, der Frobenius auf dieser Expedition nachspürt, ist in einem Bogen verbreitet, der von Mosambik über Malawi, Zimbabwe und Sambia bis nach Angola reicht (wie Anm. 4, S. 41–48).

[b.)] Wenn ich nun die Frage aufwerfe, in welche Stilgruppe und Periode die Entfaltung dieser Weltanschauung und Kultur zu stellen ist, so[t] giebt mir[u] eine Überzeugung das Recht hierzu: die Überzeugung, dass die [d]Gesammtkultur der Menschheit eine Einheit darstellt[d][,] wie jede Pflanze in Wurzel, Stamm, Krohne[!]. Irgend wo[!] muss, besonders bei höheren Kulturen[,] eine Vernabelung bestehen.

Die beiden [v]grossen[v] Kulturen, die uns Aufschlüsse über das Werden der [d]vorgeschichtlichen[d] Hochkultur bieten[,] sind die [d]aegyptische[d] und die [d]altbabylonische[d] Kultur. Besonders diese [d]letztere[d] ist ungemein übersichtlich und besonders sie bietet eine ungeheuer klare Perspektive. Auch hier ist [d]Sin[d], der [d]Mondgott[d][,] der [d]älteste[d] und [w]vordem[w] [d]höchste Gott[d]. Er stand in alter Zeit [d]über[d] dem Sonnengott. Auch in ihr [x](der Babylon[ischen] Kultur)[x] haben in praehistorischer Zeit die Göttinnen die Hauptrolle gespielt. Das [d]Astral ist praehistorisch[d]. Was die Göttinnen in der altbabylonischen [y]Mythologie[y] einstmals (nachweisbar) [d]waren[d], das „[d]leben[d]" die Frauen, Königin Mutter[!], Erste[!] Frau, zweite Frau und Königstöchter [y]heute[y] noch an [d]süderythraeischen Königshöfen[d]. Die Königstöchter sind die Hierodulen, sinnlich freigebige[!] Priesterinnen. Die „Gleichheit" (nicht Ähnlichkeit) zwischen altbabylonischer Mythologie und südrhodesischer Priesterkönigslehre [z]ist[z] bis in die feinsten Einzelheiten [aa]herein[!][aa] erhalten. Die Götter tragen die Schicksalstafeln auf der Brust wie die Könige den [bb]Ndoro[bb][15], der auch [d]Schicksalstafel[d] ist. Die Ischtar ist Abendstern [d]und[d] Morgenstern, als [cc]letztere[cc][!] keusch und kriegerisch [x](Athena)[x], als [dd]erstere[dd][!] Buhlerin und[ee] Geliebte [x](Aphrodite)[x]. Der [d]Ischtarlegende[d] entspricht die [ff]Nehandamythe[ff][16], wie sie im grossen Regenopferritual feierlich gespielt wird. Auch [gg]im babylonischen Kultus[gg] wurden Hochstehende geopfert, musste der Priester körperlich makellos sein, – alles wie in der [hh]süderythraeischen[hh] Kultur. Die Hauptsache und gewissermassen der Schlussstein im [ii]Gewölbe[ii] ist aber, dass auch im altbabylonischen Ritus noch alle Beweise für einen einstigen [d]rituellen Königsmord[d] erhalten waren. Am besten ist das zu ersehen aus den Arbeiten des Prof. H. [jj]Zimmern[jj] u. zw. am übersichtlichsten [kk]dargestellt[kk] [ll]in[ll] „Der alte Orient"[,] Band 25[,] Heft 3[,] „Das babylonische Neujahrsfest" J.C. Hinrichsche Buchhandl[un]g Leipzig[!] 1926[17]. In diesem Heftchen ist auf Seite 12 geschildert, wie der König im Tempel seiner Machtsymbole feierlich entkleidet und geschlagen

---

[t] *Ae und De:* gehe [u] *Ae und Ue:* die [v] *Af von Wilhelms Hand und U:* größten
[w] *U:* vordere [x] *Nur Af von Wilhelms Hand und U* [y] *In A von Wilhelm unterstrichen*
[z] *Ae und De statt* geht [aa] *U:* hinein [bb] *U:* Udoso [cc] *U:* Letzterer
[dd] *U:* Ersterer [ee] *Ae und De:* Muttergöttin [ff] *U:* Uchandamythe
[gg] *U:* in babylonischer Kultur [hh] *U:* südnythräischen [ii] *U:* Gebälk
[jj] *U:* Zimmermann [kk] *Ae und De aus* Dargestellt [ll] *U:* ist

---

[15] Als Würdezeichen auf Stirn oder Brust getragene Konusmuschel (s. Frobenius, Erythräa [wie Anm. 4], S. 324 und Tafel 48 sowie Schebesta, Zimbabwe-Kultur [wie Anm. 12, S. 490]).

[16] „Nehanda" ist für Frobenius der beide Aspekte des Planeten Venus und „seiner" Göttin umfassende Name; s. Frobenius, Erythräa (wie Anm. 4), S. 232f.; Nehanda ist auch der Name der Schwestergattin des Munhumpata Matope Nyanhehwe, der ungefähr zwischen 1450 und 1480 regierte und das Munhumpatareich zu seiner größten Ausdehnung führte. „Medien", aus denen die Seele Nehandas sprach, hatten im 19. Jahrhundert großen politischen Einfluß, nicht zuletzt beim Entstehen des Shona-Aufstands von 1896/7.

[17] S.o. Nr. 49, Anm. 49f.

[mm]wird[mm]. Gleichzeitig wird ein stellvertretender König eingesetzt, der einige Tage mit Pomp regiert und (wie der König in [nn]Süderythraea[nn]) erdrosselt wird ([oo]Ebenda[oo] S. 23). – Ich habe [j]im [hh]süderythraeischen[hh] Kultus[j] [y]keinen einzigen Punkt gefunden, der nicht im altbabylonischen Ritus oder Mythos sein Gegenbild[y] hätte.

[pp]Süderythraeisches[pp][!] Königslehre, Hofkultur, [qq]Mythos[qq] und altbabylonische Weltanschauung sind wie [d]Geschwister[d]. Aber es besteht zwischen beiden ein eminenter Unterschied. [nn]Süderythraea[nn] kennt nur die Bilder des Nachtlebens! Kennt noch nicht den Sonnenheros. In Altbabylon ist das [rr]Weltanschauungsgebilde[rr] der Boden[,] aus dem ein neuer Kultus aufwächst: [ss]der Sonnencultus[ss]. Aber auch in ihm [y]wiederholt[y] sich das aus dem Mondcultus übernommene [q]Drama[q]: Marduk muss ebenso sterben wie Enlil. Je weiter sich die[se] Weltanschauung im babylonischen Kultus ausdehnt, desto mehr Gewalt gewinnt der [d]Sonnengott[d]. Und aus [d]Assur[d][,] dem [d]Mondgott[d], wird [d]Assur[,] der Sonnengott[d]!

Die Schlussfolgerungen aus diesem [tt]Thatsachenbestande[tt] scheinen mir zwingende zu sein. Im [d]Babylonischen Kulturkreis[d] ist die [d]astrale Mondkultur praehistorisch[d]. Die [uu]süderythraeische[uu][,] noch nicht vom Sonnengott berührte Kultur ist [d]rein astral[d] und stellt damit die [vv]ältere[,] reinere Form dar[vv]. Die [uu]süderythraeische[uu] Kultur ist [d]die gleiche[d] wie die [vv]praehistorische[vv] [d]Babyloniens[d],[ww] muss also ihre Geburt [vv]vor 3000 ante Chr.[vv] erlebt haben. Die [xx]süderythraeische[xx] Kultur rechnete nach Venusjahren. Diese Venusjahre hatte der Kalender von Elam[18]. Elam hat sich als Kultur, wie Euer Majestät ja selbst sagen[,] auch am mittleren Indus nachweisen lassen. Demnach meine ich, dass man in [d]Indien[d] den gemeinsamen [yy]Mutterschos[!][yy] finden wird. – [d]Kaschitisches Becken![d][19] In [y]Babylon[y] fand die [d]Verschmelzung[d] von Norden kommender [d]iranischer Kultur[d] (Sumerer) und von Süden kommender [d]kaschitischer Kultur[d] statt.

b.) ist damit eigentlich auch beantwortet. Ich möchte aber noch eine Ergänzung anfügen, die Zeit und Raum des näheren bestimmen.[20] Die Fananybestattung. Die Mythe vom [zz]Lebenswurm[zz][,] derzufolge vom verfallenden Leichnam alle lebendigen Wesen, Würmer abgesammelt und dem Glauben gemäss als Fortsetzung des menschlichen Lebens angesehen werden. Die Leiche wird ein Jahr aufgehoben, um die [j]für sie[j] ebenso

---

[mm] *Nur in U*   [nn] *U:* Südnythräa   [oo] *U:* Chuda   [pp] *U:* Südnythräische

[qq] *U:* Mythen   [rr] *Af Wilhelms stattdessen und U:* die Weltanschauung gebildet,

[ss] *U:* die Sonn<en>kulten   [tt] *U:* Tatbestande   [uu] *U:* südnythräische

[vv] *In A von Wilhelm zusätzlich unterstrichen*   [ww] *Ae und De:* also   [xx] *U:* südnythräische

[yy] *U:* Mutterboden, *von Hand geändert aus* Muttersohn   [zz] *U:* Lebensweisen

---

[18] S.o. Nr. 49, Anm. 47.   [19] S.o. Nr. 49.   [20] S. Tafel 17.

^{aaa}kostbaren^{aaa} wie für uns widerlichen Verfallsorganismen zu sammeln. Der Leib wird aufgeschnitten, weil die Eingeweide mit in das ^{bbb}Gefäss^{bbb} des zukünftigen Lebens gehören. Das alles ist <u>primär</u> und sinnvoll. Der Kulturkreis, dem diese Anschauung angehört[,] ist klar umschrieben, vom Malaijischen[!] Archipel über Madagaskar bis tief nach ⁿⁿSüderythraeaⁿⁿ hinein. Dem entspricht genau die altaegyptische Sitte, die aber sekundär ist. Anklänge aus primärer Anschauung sind aber noch vorhanden. Herodoth[!] erzählt, dass man die Körper zuweilen erst einige Tage verrotten lasse, ehe sie dem Mumifizirungskünstler über geben ^{ccc}wird^{ccc}[!]. Die Begründung, die er giebt, beweist, dass der Sinn^{ddd} dieser Sitte zu seiner Zeit schon verloren war.[21] Die barbarische Sitte wurde im eleganten Aegypten verfeinert.

Die Verbreitung dieser Fananymythe weist aber ebenfalls in den Kulturkreis des Südens und in eine vorgeschichtliche Zeit zurück.

c.) Die Konturen dieses <u>südtropischen</u> Kulturkreises sind also heute schon klar. Welche Bedeutung, welche Tiefe, welchen Geist diese Kultur hatte, das wird sich aber noch auf andere Weise finden lassen. Wir haben noch einige Gesichtspunkte, die wohl sehr weite Aussicht bieten werden. Durch die unendliche Fürsorge Eurer Majestät sind wir ja in der Lage, unsere Arbeit ausdehnen zu können[,] und ich bin überzeugt, dass noch ein zweites Forschungsmaterial sehr wesentliche Aussichten gewährt. Hierüber möchte ich aber natürlich erst berichten, wenn ich meiner Sache sicher bin.

Lager bei ^{eee}Tschigwiso^{eee}
Donnerstag 11 April 29

Nun bin ich glücklich ganz im NOwinkel[!] Südrhodesiens und wenige Kilometer von der Portugiesischen [!] Grenze[22] angelangt. Schon die ersten Ausfragungen bewiesen, dass ich mich – o Pater Schebesta! – nur wenige Tagemärsche entfernt vom Ort der lebenden Nachkommen,[!] des vor 12 Jahren getöteten Monomotapa, genannt Mtapa ^{fff}Munengiri^{fff} befinde. <u>Jeder</u> Eingeborene weiss hier, dass das Haus Mtapa ^{ggg}Macombe^{ggg}[23] <u>heute</u> noch besteht, wenn die Portugiesen auch bis heute keinen neuen Mtapa bestätigten! –

---

^{aaa} *U:* wertlosen	^{bbb} *U:* Dasein	^{ccc} *U:* werden	^{ddd} *Ae und De:* d
^{eee} *U:* Tschigniso	^{fff} *U:* Munangiri	^{ggg} *U:* Maconite	

———

[21] „Angesehener Männer Frauen werden nicht gleich nach ihrem Tod zum Einbalsamieren gebracht, auch nicht schöne oder sonst herausragende. Man übergibt sie den Balsamierern erst drei oder vier Tage später, damit sich nämlich die Balsamierer nicht an ihnen vergehen." (Her. 2,89).

[22] Zwischen dem britischen Süd-Rhodesien und dem portugiesischen Mosambik.

[23] Der letzte Shonafürst, der offiziell den Titel Munhumutapa führte, war der über eine Teilethnie der Tavara im mosambikanisch-rhodesischen Grenzgebiet herrschende Chioko Dambamupute. Der von ihm angeführte lokale Aufstand gegen die Portugiesen brach nach seinem Tod 1902 zusammen. Die Makombe sind dagegen die Könige der ebenfalls sowohl in Mosambik als auch in den nordöstlichen Distrikten Südrhodesiens/Zimbabwes lebenden Barwe oder Barue. Deren Zugehörigkeit zu den Shona ist umstritten, die seit dem Beginn des 16. Jahrhunderts belegten Makombe sind jedoch eine von den

Aber noch [hhh]Besseres[hhh]: Dr. Jensen sowohl wie ich konnten unabhängig von einander und einwandfrei feststellen, dass einige Leute [j]hier[j] bis [y]heute[y] wissen, dass [d]Abendstern und Morgenstern das gleiche Gestirn sind[d]! Welch['] ungeheures Wissen muss also auch hier vor 5000 Jahren gelebt haben.[iii]

Und noch etwas ist hier nun bis zur endgültigen Feststellung gediehen, etwas worüber Euer Majestät sicherlich ein wenig Freude empfinden werden.

Schon die Ursprungslegende der Wahungwe [jjj]des Königs[jjj] [d]Maconi[d] ergab, dass [d]vor[d] [lll]den [kkk]ersten[kkk] Dynastien[lll] dieser Periode ein [y]anderes[y] Königtum bestand, das der <u>Madsivoa</u>. Diese hatten das heilige Gonahorn, mit dessen Inhalt, einem sacralen Öl[,] man [mmm]Feuer[mmm] bereitete. Nun heist[!] Dsivoa [nnn]soviel wie[nnn] Teich, stehendes Gewässer. Wer die diesem Lande eigentümlichen Verhältnisse kennt, weiss[,] dass vielfach im Granit grosse Ausschabungen Teiche bilden. Diese heissen Dsivoa. Von ihnen erzählt sich das Volk Vielerlei. Wenn Ringe auf dem Wasser entstehen, beweist das, dass diese „Massaissai" durch Wesen hervorgerufen werden, die [d]unter[d] dem Wasser wohnen. — Die Madsivoa mit ihrem Gonahorn sind also [d]Unterwassermenschen[d]. Das der Anfang.

Hinzu kommt, dass eine grosse Reihe von Märchen davon zu erzählen weiss, dass <u>unter</u> dem Wasser eine Welt ist. Ist das Augenmerk erst hierauf gerichtet, so versinkt der Blick in ein[!] Gewimmel von Einzelheiten[,] von denen hier nur einige wiedergegeben werden mögen.

1) Wenn der grosse Mtoko König bestattet wird, so wird ein Bullenfell ausgeschält [b](vom Hals her)[b] und die Leiche des Königs hier hinein gebettet. Er liegt dann wie ein Buller[!] im Grabe. Der betreffende Bulle wird schon zu Lebzeiten des Königs von der [ooo]Chareva[ooo] genannten Priesterin ausgewählt und verpflegt. Dieser ganz [ppp]schwarze[ppp] Bulle muss ein weisses Mal zwischen den Hörnern auf der Stirn tragen. Die Rasse dieses Bullen brachten die <u>alten [vv]Madsivoa[vv] einst aus dem See [qqq]mit sich[qqq], aus dem auch sie stammen!</u>

2.) Alle Weisheit kann man nur von dem Volke im oder unter den Dsivoa erhalten. Es giebt kein Heilsmittel, das nicht von dort stammt. Jeder Doctor med. promovirt auf dem Grund eines Dsivoa. Dann aber auch: Alle Kenntnis [rrr]des Schmiedes[rrr] und alle Künste stammen aus dem Dsivoa. Und wenn man nun nach dem Ideal dieser Dsivoa fragt, so erfolgt prompt der Hinweis nach [y]Osten[y].

Aus [y]dem riesenhaften Ocean wurden die kleinen Dsivoa[y]. Und aus dem [sss]Apsu[ssss] des alten Babylon, [ttt]dem Urmeer, die kleinen[ttt] [y]Tümpel Süd-Rhodesiens[y]. Aus dem [y]Meere stieg einst der gewaltige Mondgott als Stier auf[y] – und [y]hat in der Bullenfellhülle eines kleinen afrikanischen Nachkömmlings letzte Testate[y].

[hhh] *U:* besser [iii] *Anmerkung Wilhelms in A:* ! [jjj] *U:* der Könige
[kkk] *Ae und De statt* letzten [lll] *U:* der ersten Dynastie [mmm] *U:* Fisch
[nnn] *U:* (sind wie) [ooo] *U:* Chaseva [ppp] *U:* schwere [qqq] *Ae und De statt* hervor
[rrr] *U:* der Schmiede *aus* der Schneider [sss] *U:* Apus [ttt] *U:* den ?, der kleine

---

Munhumutapa eingesetzte Dynastie, vielleicht eine Nebenlinie ihres Hauses. Nachkommen des letzten Munhumutapa sind sie jedoch nicht. Diese Identifikation der beiden Häuser steht auch bei Frobenius, der die Makombe ansonsten (Nr. 65 und Erythräa [wie Anm. 4], S. 233) korrekt als Herrscher der Barwe identifiziert, alleine.

Euer Majestät haben Recht: ^{uuu}Über-See^{uuu}!

Unentwegt und tief beglückt wirkt weiter Euer Majestät immer noch glücklichster
^bEsploradore^b

Frobenius

---

^{uuu} *In A von Wilhelm doppelt unterstrichen*

63.

Frobenius an [Hermine], 11.4.1929, Tschigwisolager[1]

Durchschrift der eigenhändigen Ausfertigung:
D   FI: LF 609/42f.

Euer Majestät

Aus einem Schreiben Seiner Majestät des Kaisers[2] ersah ich mit grossem Kummer, dass Eure Majestät dem Hohen Festtage selbst infolge Röthelerk[rankun]g fern bleiben mussten. Das hat mich von ganzem Herzen betrübt, denn ich bin gerade davon überzeugt, dass Euerer Majestät mütterliche Vorsorge die Weihe dieser Tage geschaffen haben[!].

Ich benutze diese Gelegenheit, Euerer Majestät ein Wort des Dankes zu sagen. Wenn Seine Majestät in Seiner geradezu Monumentalen[!] Güte auch an[!] das Sammelbecken darstellte, das die Spende aufgesogen hat[3], die allein im Stande war, meine Forschungen fort[-] und – so es gewährt wird, – zu Ende zu führen, so weiss ich doch, dass Seine Majestät mit Euer Majestät alle Dinge besprechen und ich demnach mit Euer Majestät gütiger Fürsprache zu thun habe.[4]

Nun hoffe ich von ganzem Herzen, dass die Erfolge alle dieses hochsinnigen Vertrauens sich würdig erweisen werden – Der Stern, den ich nun tragen darf[,][5] ist mir ein hohes Symbol. – Es giebt Dinge, für die man nicht anders danken kann als durch Thaten.

Ich bitte um die Erlaubnis[,] Euer Majestät Gütige[!] Hand küssen zu dürfen.

Frobenius

---

[1] S.o. Nr. 62, Anm. 3.   [2] Nr. 60.   [3] S.o. Nr. 57 und 60.

[4] In ihrer Antwort vom 17. Mai 1929 schreibt Hermine dazu: „In einem Falle habe ich einem Geburtstagsschenker allerdings nahegelegt[,] mit einer Afrikaspende den Kaiser wirklich zu erfreuen." (FI: LF 615/14).

[5] Der Komturstern des Hohenzollernschen Hausordens, den Wilhelm ihm an seinem 70. Geburtstag verliehen hatte. S. dazu Nr. 57, 59 und 60.

64.

Wilhelm II. an Frobenius, 13.4.1929, Doorn, Telegramm

Ausgehändigtes Exemplar:[1]
A   FI: LF 615/13
Handschriftliches Konzept:
K   AEW: 1617 E8

Wärmster Dank hocherfreulichen[!] Bericht 27. I. bis 6.III. Herzlichsten Glückwunsch Ihnen und der Deutschen[!] Wissenschaft zu Ihrem glänzenden Sieg. Also Urmalayen[2] – Draviden[3] – Sumerer! Auch weiterhin allseitigen guten Verlauf. Gruß

[gez.] Wilhelm IR

---

[1] Die ausgehändigte Version ist mit dem Konzept im Wortlaut identisch, weist aber durch die Übermittlung des fremdsprachigen Textes über Pretoria an den Native Commissioner im südrhodesischen Mtoko, wo sie am 25.4. eintraf, zahlreiche Schreibfehler auf. Der besseren Lesbarkeit halber ist daher hier die Schreibweise des Konzepts wiedergegeben.

[2] S.o. Nr. 60, Anm. 12.   [3] S.o. Nr. 50, Anm. 3.

65.

Frobenius an Wilhelm II., 28.4.–12.7.1929, Massikiso[?] / Golatilager / Nordwesttati[1] / Bulawajo[2] / Mpossilager / Belingwe[3] / Gwanda[4] / Messina[5] / Pretoria

Eigenhändige Ausfertigung:
A   AEW: 1616 D3–F8
Durchschrift der eigenhändigen Ausfertigung:
D   FI: LF 609/44–84

Euer Majestät!

Wir lagern hier im portugiesischen Mozambikafrika südl. Tetes[6] im Batonga-lang[!][7]. Im Waldland! Der Marsch war für mich unangenehm. Wegen des gebrochenen

---

[1] Frobenius benutzt „Tati" als Bezeichnung der von der gleichnamigen Stadt am Tatifluß verwalteten Region im Osten Botswanas, das damals auch Betschuanaland genannt wurde.

[2] Die Hauptstadt des im 19. Jahrhundert errichteten Ndebelestaats war zu Frobenius' Zeit noch die zweitgrößte Stadt Südrhodesiens.

[3] Region in Zentralsimbabwe.

[4] Stadt in Südsimbabwe, etwa 100 km südöstlich Bulawayos; aus den etwa 30 km südlich gelegenen Gwalingembahügeln sind mehrere Funde von Steinwerkzeugen bekannt.

[5] S.o. Nr. 51, Anm. 1.   [6] Hafenstadt am Ufer des Sambesi.   [7] S.o. Nr. 62, Anm. 3.

Fusses kann ich sehr wenig gehen; Reitgelegenheit giebt es nicht. Ich muss mich also in einer Sänfte transportieren lassen. Etwas, was mir ganz ausserordentlich zuwider ist. 30 bis 40 Meilen pro Tag durch den Busch geschleift zu werden, – scheusslich!

Aber das muss nun einmal sein, denn gerade in diesen weltentlegenen Winkeln (– portugiesische Kolonien sind wohl immer weltentlegene Winkel!) ist das alte Kulturgut, wenn auch in verwildertem Zustand, immer noch am Besten[!] erhalten.

Die Aufgabe der nächsten Monate ist eine recht complicirte. Es handelt sich darum, die Reste der Traditionen zu finden, die das Schicksal der Dsivoakultur[8] in Afrika einigermaassen aufhellt[!] und die anderen, die die Wesenheit der alten Gestirngötter noch deutlicher hervortreten lassen. Solche Traditionen <u>müssen</u> existiren und wenn auch nur noch in ganz wenigen Köpfen. Es ist ein Gnadenakt des Schicksals, ob es gelingt, diese auf grosskulturgeschichtlichem Gebiet kostbarsten Bausteine zu finden. Aber diese Fahrt ist ja so gesegnet, dass ich mich getraue, ein ungewöhnliches Glück zu erhoffen. Wenn es <u>mir</u> jetzt nicht gelingen sollte, diese Funde zu gewinnen, werden sie kaum je mehr gerettet werden können. Denn nur noch in ganz wenigen alten Köpfen sind sie erhalten. Und es gehört eine grosse Erfahrung dazu, die Alten zum Sprechen zu bringen. Wenn diese Alten abmarschiert sind, ist keine Hoffnung mehr. Und ich meinerseits bin ja auch wohl der letzte einer alten deutschen Arbeiterart auf afrikanischem Boden, der die Zähigkeit und die Alterfahrung hat, die [a]allein[a] zu solchem Gelingen befähigen.

Ein paar Brocken gewann ich in diesen Tagen schon, die mir Hoffnung geben. Einmal fand ich einige der alten „Ndoro", Seemuschel-Conusschneckenschalen[9], die früher als heilige Simbole[!] galten[!] und in den ältesten Berichten erwähnt wurden. Es scheinen nur Stücke zu sein, die von <u>indischen</u> Küsten stammen. Sie müssen zoologisch bestimmt werden.

Des ferneren machte ich an den alten Ruinen Beobachtungen, die Aussichten eröffnen. Ich lasse eine solche, die Kere[!] Ruine[10], die Dr. Jensen entdeckte[,] ausgraben und werde berichten, wenn meine Ahnung sich bestätigt.

Zum Dritten aber, hörte ich hier zum ersten Male den Namen der ältesten Dynastie der süderythraeischen Königsreiche. Sie wurde genannt <u>Banja Mwuedzi</u> d.h. Mondleute. Das ist ein fester Anhaltspunkt, der mich vielleicht befähigt[,] die Forscherleine zu befestigen, wenn ich jetzt in das Labyrinth der hiesigen Traditionswelt hinabsteige. ——

---

[a] *Ae und De*

---

[8] S.o. Nr. 62.   [9] S.o. Nr. 62, Anm. 15.

[10] Vermutlich die von Frobenius' Mitarbeiter Wieschhoff ausgegrabene, in seinen Veröffentlichungen als „Tere-Ruine" bezeichnete Anlage bei dem ca. 100 km östlich von Harare gelegenen Mtoko; s. Leo Frobenius, Erythräa. Länder und Zeiten des heiligen Königsmordes, Berlin/Zürich 1931, S. 51, 267 und 271 sowie Plan 12.

Soeben in Salisbury angelangt. Euer Majestät Depesche vom 13[.] Mai[11] ist endlich in unsere Hände gelangt. Sie hat mich sehr froh gemacht. – Mit meiner Arbeit bin in[!] letzten Wochen nicht so recht zufrieden. Mehr schon mit den Ergebnissen der Ausgrabungen, die ich aber auch nicht so deutlich übersehe, dass ich Abschliessendes darüber berichten könnte. Wir sind in einem Stadium angelangt, in dem es heisst[:] Geduld haben.

Eine Nachricht über die Banja Mwuedzi habe ich. Sie ist aber bisher nicht verständlich. –

Golatilager[,] Sonntag[,] d. 26 Mai 29

Endlich ein gutes Stück weiter, aber immer noch kein klares Bild.

Montag 10 Juni 29 im N.W. Tati[,] Bechuanaland

Habe heute herrliche Ruinen gefunden und weiss nun vor allen Dingen, in welchem Winkel das Beste zu holen ist. Auf zu den Waremba im Belingwedistrikt.

Mittwoch[,] den 12 Juni 1929
Bulawajo

Umstehend zeichne ich eine rohe Kartenskizze, die Euer Majestät wenigstens ein oberflächliches Bild meiner Fahrten und Forschungslager zu geben vermag. Es mögen darauf auch die Wohngebiete der wichtigsten Stämme eingetragen werden, sodass das Nachfolgende verständlicher wird.[12]

Die beiden Hauptgruppen alter Kulturträger sind im Süden die Makalanga, im Norden die Wazezuru, als deren Hauptstämme für uns die Wahungwe (Makoni) die Barue oder Wawarue etc. (Macombe) und die Wanjika (Mutassa) geworden sind. Die drei Könige Makoni, Macombe und Mutassa sind noch mit Leben und Tod sowie Tradition im Mittelalter dem „grossen Ceremonial" unterworfen gewesen. Die südlichen und hauptsächlich im alten Simbabwe-ruinengebiet[!] wohnenden Wakaranga sind unendlich viel verblasster in ihren Sitten. Aber es giebt einige Priesterfamilien, die durch die Einfallstürme der Barotse, der Amandenbele (ᵃwestlicheᵃ Zulu) und der Schangan-Wangoni (Südoestl. Zulu) in abgelegene Winkel verweht wurden. Einige derselben entdeckte ich auf portugiesischem Gebiet, andere wohnen in den felsigen Höhlengebieten Dschelele und Pira. In Dschelele war früher das grosse Moariorakel, dem sich sogar Zulu und Barotse unterwarfen. Im Mpiragebiet leben in grosser Abgeschlossenheit die „Wangan-

---

[11] Offenbar Nr. 64.

[12] Eine kompakte Übersicht über die Ethnien der von Frobenius hier skizzierten Region bietet Harald von Sicard, Das Gebiet zwischen Sambesi und Limpopo, in: Hermann Baumann (Hg.), Die Völker Afrikas und ihre traditionellen Kulturen, Bd. 1: Allgemeiner Teil und südliches Afrika, Wiesbaden 1975, S. 457–472. Seine Darstellung macht aber ebenso wie die ihr beigefügte Karte die Unschärfen in der ethnischen und geographischen Verteilung der verschiedenen Gruppen deutlich.

ga", die Weisen der Makalanga. Nach Osten zu hausen die Waremba oder Walemba, ein sehr handelstüchtiges das[!] ich mir als Agenten engagiren will. Hierauf setzte ich grosse Hoffnungen.

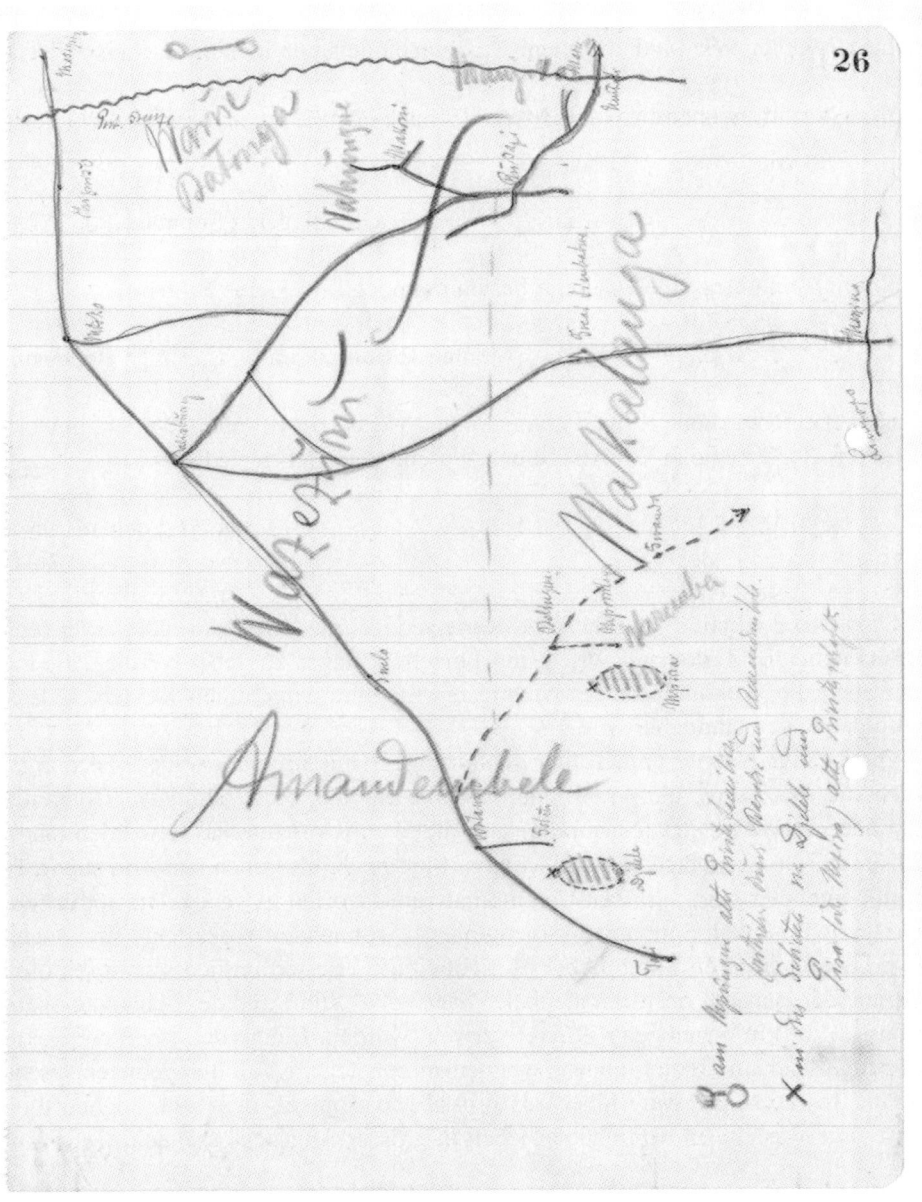

In einer schauerlich kleinen Hütte, – inmitten der sogenannten Trockenzeit und mitten im – Regen. Dazu Wind. Wenn dieser noch mehr zunimmt, so muss ich darauf gefasst sein[,] meines Daches beraubt zu werden. Aber was stört das unsereinen! Befinde ich mich doch an einer Goldquelle. Die Menschen um mich her würden Euer Majestät ein kräftiges Lachen entlocken. Es sind nicht nur „Handelstüchtige"[!] Menschen[,] sondern auch als Aeussere richtige Itzigs, – trotzdem sie echt schwarze Neger sind. Merkwürdig ist ferner, dass sie echt semitische Gebraeuche haben. Vor allem ein sehr merkwürdiges „Schächten" (wie die Juden und andere Tributäre semitischer Kultur[)].

Die Leute sind sehr scheu[,] aber eben auch sehr „handelstüchtig". Ich habe 20 Schillinge ausgesetzt, wenn sie mir einen „Weisen" von den Mpirabergen her- und zum Berichten bringen! Ich glaube nun, dass ich die gesuchten Traditionen finden werde. Dass sie existieren müssen (– oder existiert <u>haben</u>! –)[,] geht aus der Fassung einiger Volksmärchen hervor.

Donnerstag d. 18 Juni 29. Mpossilager!
Hurrah! Hurrah! Dreimal Hurrah! Wir haben die grosse, herrliche, heilige Urmythe. Meine schwarzen Juden haben ihre Schuldigkeit getan. Der Weise hat erzählt. Einen ganzen Nachmittag haben wir zur Übertragung notwendig gehabt. Sobald ich eine ruhigere Stunde habe[,] werde ich die Mythe in gutes Deutsch bringen und für Euer Majestät aufschreiben. Ich bin seelig!

Bellingwe[!] 26 Juni 29
Ein gnädiger Segen waltet über unserer Expedition. Zwei meiner Malerinnen fuhren gestern von Bulawajo nach Osten[,] um bei Victoria[13] Felsbilder abzumalen. Unterwegs brach das Steuer[,] als der Wagen in voller Fahrt war. Er kam ins Schleudern und prallte mit aller Gewalt gegen einen Baum. Die beiden Damen wurden in grossem Bogen herausgeschleudert und – erlitten nicht die geringste Verletzung. Auch die ᵃschwarzenᵃ Fahrer sind mit Fleischwunden weggekommen. Der Wagen ist hin. – Welches gnädige Schicksal! Die Damen wieder nach Bulawajo zurückgebracht. Die Autofahrten in diesen Gebirgsgeländen bringen doch allerhand gefährliche Ereignisse mit sich. Und doch bieten sie die einzige Möglichkeit, um in der verhältnismässig kurzen Zeit von 1– 1½ Jahren die Riesenstrecken wissenschaftlich „abzugrasen". – Ich fahre sehr beruhigt nach dem Mpossilager zurück.

Mpossilager 28 Juni 29
Auf etwas wilder Fahrt gelangte ich heute zum Wetzaberge und fand da im Busch die Reste eines mit Holz- und Lehmwand eingefassten Regenopfertempels.[14] Dies die Form:

---

[13] Fort Victoria (heute: Masvingo), zentralzimbabwische Stadt an der Straße zwischen Salisbury (heute: Harare) und Pretoria, ca. 28 km nordwestlich der Simbabweruinen.
[14] Hierzu auch: Frobenius, Erythräa (wie Anm. 10), S. 199f. und Plan 1–4.

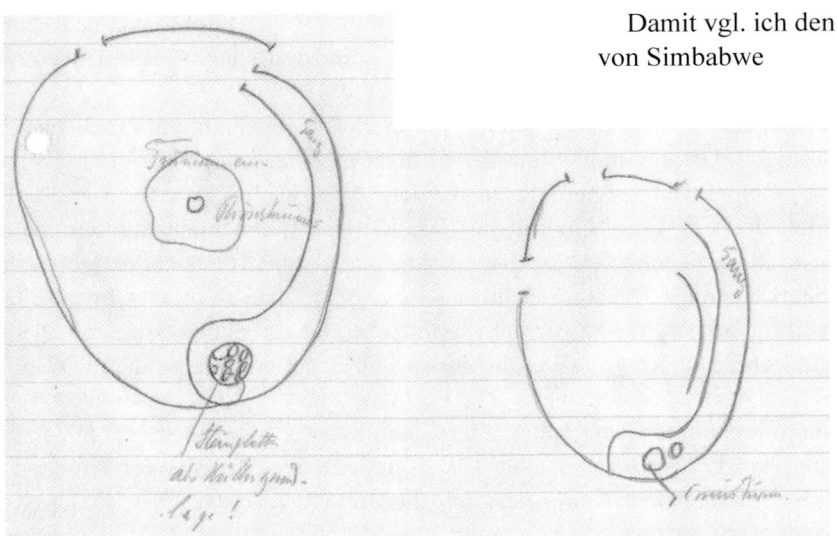

Damit vgl. ich den Grundriss
von Simbabwe

Es ist das Gleiche. – So wird von Tag zu Tag alles deutlicher.

Sonnabend[,] der 29 Juni. Mpossilager

Der Himmel hat mir ein wunderschönes Geburtstagsgeschenk[15] dargebracht, ein Märchen, das gewissermaassen die lyrische Märchen- und Volksausgabe der grossen, vor einigen Tagen entdeckten Mythe ist. Ich glaube[,] diesen Tag nicht besser feiern zu können, als dass ich aus meiner Einsamkeit heraus Eurer Majestät dies Märchen vortrage. Die Abschrift der Mythe mag dann später folgen.

Also:

Die Speisen der zwei Frauen (No. 426)[16]

Märchen der südlichen Maremba

Ein Mann heiratete eine Frau. Die Frau empfing. Es wurde ein Knabe geboren. Als der Vater den Knaben sah, sagte er: „Das Kind hat ein Muttermal auf der Stirne." Die Mutter sagte: „Wir wollen die Hakata (Würfel) fragen, ob das Kind am Leben bleiben soll." Der Vater ging zu dem Wanganga und sagte: „Mein Sohn hat auf der Stirn ein Muttermal in der Form eines Mondes. Sollen wir das Kind am Leben lassen oder sollen wir es am Ufer des Dsivoa (See) aussetzen?" Der Ganga fragte die Hakata. Der Ganga sagte: „Bringe das Kind nicht zum Dsivoa. Das Kind wird ein grosser Mambo werden. Aber eines Tages wird der Mambo von einer Schlange gebissen und getötet werden." Die Eltern brachten das Kind nicht zum Dsivoa.

---

[15] Der 29. Juni 1929 war Frobenius' 56. Geburtstag.

[16] Vgl. Leo Frobenius, Kulturgeschichte Afrikas. Prolegomena zu einer historischen Gestaltlehre, Zürich 1933 (ND Wuppertal 1998), S. 257–260; Frobenius, Erythräa (wie Anm. 10, S. 233–237); Leo Frobenius, Die Kunst Afrikas, in: Der Erdball. Illustrierte Zeitschrift für Länder- und Völkerkunde 5 (1931), S. 85–119, hier: S. 114–116.

Der Knabe wuchs auf. Als der Knabe erwachsen war, sagte er eines Tages zu seinem Vater: „Ich will ausgehen und mich nach einer Frau umsehen." Der Bursche mit dem Muttermal auf der Stirn ging fort. Er ging weit fort.

Eines Tages kam der Bursche in ein Land, in dem war lange Zeit hindurch kein Regen gefallen. Alles war dürr. Die Rinder starben. Die Menschen starben. Der Bursche traf am Wege [b]eine[b] Tochter des Königs, die die letzten Rinder des Landes hütete. Der Bursche sprach mit dem Mädchen. Der Bursche sah, dass das Mädchen schön war. Der Bursche machte dem Mädchen einen Antrag. Das Mädchen sagte: „Ich will gern mit Dir gehen. Der Mambo, mein Vater[,] wird mich aber nur dem zur Frau geben, der dem Land den Regen giebt." Der Bursche sagte: „Gehe zu Deinem Vater und sage ihm, dass ich dem Land den Regen geben will. Ich vermag es."

Das Mädchen ging zu dem Mambo und sagte: „Es ist ein Bursche da, der kann dem Lande den Regen geben." Der Mambo sagte: „Wenn der Bursche dem Lande Regen giebt, will ich Dich ihm zur Frau geben." Das Mädchen kam zu dem Burschen zurück und sagte: „Der Mambo ist einverstanden, gieb dem Lande den Regen."

Der Bursche mit dem Muttermal in der Form [c]des[c] Mondes auf der Stirn ging zu einer Höhle. In der Höhle war eine Schlange. Der Bursche sagte: „Ich bin der Bursche mit dem Muttermal in der Form[d] des Mondes auf der Stirn. Krieche mir von den Füssen her über den Leib und über die Stirne und das Muttermal." Die Schlange sagte: „Ich will es thun." Die Schlange kroch dem Burschen von den Füssen her über den Leib und das Muttermal.

Als die Schlange über die Füsse des Burschen kroch, begann es am Horizont grau zu werden. Als sie über seinen Leib kroch, stiegen grosse Wolken auf. Als sie über seine Stirn und das Muttermal kroch, sodass dieses vom Leib der Schlange ganz bedeckt war, begann es zu regnen. Es regnete 5 Tage und 5 Nächte.

Der Bursche kam zu der Tochter des Königs. Der Bursche sagte: „Hat es genug geregnet?" Die Tochter des Königs sagte: „Ja, es hat genug geregnet. Mein Vater wird mich Dir zur Frau geben. Ich werde Deine Frau werden. Eines aber vergiss nicht, was ich Dir jetzt sage: Du darfst, solange ich Deine Frau bin, nur von dem Brei essen, den ich gekocht habe. Du [e]kannst[e] nach mir eine zweite und eine dritte Frau[f] nehmen; Du darfst aber nie den Brei essen, den diese kochen." Der Bursche sagte: „Ich bin damit einverstanden."

Der Bursche heiratete das Mädchen. Der Bursche ging immer, wenn der Regen ausblieb[,] zu der Höhle und sagte zu der Schlange: „Ich bin der Bursche mit dem Muttermal in der Form des Mondes auf der Stirn. Krieche mir von den Füssen über den Leib und das Muttermal auf der Stirne." Die Schlange that es. Dann regnete es. Von dem Tage an, an dem der Bursche in das Land kam, hatten alle Felder genug Regen und die[g] Menschen viel Nahrung.

Eines Tages starb der König. Die Machinda (Prinzen) wollten einen Sohn des Königs zum König machen. Die Frauen aber sagten: „Der Bursche mit dem Muttermal in der Form des Mondes auf der Stirn muss König werden." Der Bursche mit dem Muttermal auf der Stirne wurde der Mambo des Landes.

---

[b] *Ae und De statt* die   [c] *Ae und De statt* eines   [d] *Ae und De:* auf
[e] *Ae und De statt* darfst   [f] *Ae und De:* heiraten   [g] *Ae und De:* Fe

Eines Tages war der Regen [h]lange[h] ausgeblieben. Der König ging zu der Höhle, in der die Schlange war. Bei der Höhle war ein kleines Gehöft, in dem wohnte eine Frau mit ihrer Tochter. Der König kam an der Hütte vorbei. Der König hatte Durst. Die Tochter stand vor der Tür ihrer Hütte. Der König sagte: „Ich bin durstig, gieb mir zu trinken." Das Mädchen ging in die Hütte und brachte dem König eine Schale voll Wasser. Der König trank. Der König sah, dass das Mädchen sehr schön war.

Nachdem der König getrunken hatte, ging er in die Höhle der Schlange. Als er aus der Höhle zurückkehrte, regnete es. Der König trat in das Haus der Frau. Der König sagte zu der Frau: „Ich will Deine Tochter heiraten." Die Mutter sagte: „Du kannst meine Tochter heiraten. Der Vater meiner Tochter ist aber ein Mondoro (Löwe, Königsahnengeist!) Du musst daher das Fleisch essen, das meine Tochter als Mulio (Zuspeise) kocht, nicht aber das irgend einer anderen Frau!" Der König sagte: „Es ist mir Recht."

Der König nahm die Tochter des Mondoro zur zweiten Frau. Der König ass nun täglich den Brei seiner ersten Frau und die Zuspeise seiner zweiten.

Eines Tages sagte die erste Frau zum Könige: „Seitdem Du eine zweite Frau hast, hast Du nicht mehr meine Zuspeise gegessen. Die Zuspeise, die ich bereite, ist kein Fleisch, aber sie ist auch gut. Ich will, dass Du sie heute isst." Der König sagte: „Ich habe es so meiner zweiten Frau versprochen." Die erste Frau sagte: „Wenn Du heute nicht meine Zuspeise isst, gehe ich in den Dsivoa." Der König erschrak. Der König ass die Zuspeise der ersten Frau.

Am anderen Tage trat der König in die Hütte seiner zweiten Frau. Die zweite Frau sagte: „Du hast gestern nicht meine Zuspeise gegessen. Du hast die Zuspeise Deiner ersten Frau gegessen." Der König sagte: „Verzeih mir, ich that es, damit meine erste Frau nicht in den Dsivoa gehe." Die zweite Frau sagte: „Nein, ich verzeihe es Dir nicht. Ich kehre zu meiner Mutter zurück." Der König sagte: „Verzeihe es mir!" Die zweite Frau sagte: „Nein, ich verzeihe es Dir nicht. Ich will einen Mann haben, der nicht nur mit mir lebt, sondern der auch meine Zuspeise isst." Die zweite Frau nahm ihre Sachen zusammen und kehrte in das Haus ihrer Mutter zurück.

Die zweite Frau kehrte in das Haus ihrer Mutter zurück. Die zweite Frau ging in die Höhle, in der die Schlange wohnte. Die zweite Frau sagte: „Ich will einen Mann haben, der nicht nur mit mir lebt, sondern auch meine Zuspeise isst.["] Die Schlange sagte: „Ich komme zu Dir." Die Schlange kam in die Hütte der zweiten Frau. Die zweite Frau lebte mit der Schlange zusammen.

Eines Tages sagte der König bei sich: „Ich liebe meine zweite Frau. Ich muss meine zweite Frau besuchen und mit ihr zusammensein." Der Mambo ging zur Hütte seiner zweiten Frau. Die zweite Frau sagte: „Mambo, was willst Du von mir?" Der König sagte: „Vergiss den Streit und gestatte, dass ich[i] bis zum Morgen bei Dir bleibe." Die zweite Frau sagte: „Es ist nicht möglich! Gehe fort!" Der König trat an die zweite Frau [j]heran[j] und wollte sie umarmen. Die Schlange sprang unter unter[!] dem Lager der zweiten Frau hervor und biss den König. Der König schrie auf. Der König lief von dannen.

---

[h] *Ae und De statt* wied   [i] *Ae und De:* bei   [j] *Ae und De statt* heran[!]

Der König war krank und welkte dahin. Die zweite Frau sagte: „Ich will den[k] Mambo noch einmal sehen, ehe er stirbt." Die zweite Frau ging in das Gehöft des Königs. Die zweite Frau trat an das Lager des Königs. Der König starb. Die zweite Frau legte sich neben ihn und starb auch. –

Klingt dieses nicht,[!] wie ein ganz einfaches und natürliches Volksmärchen? Und doch ist es etwas ganz anderes. Euer Majestät mögen selbst urteilen. Hier nun der Text,[!] der[l] dazugehörigen Mythe:

Die Schöpfung[17]

Moari (Gott) machte erst einen Menschen, der hiess Mwedzi (= Mond). Er machte ihn auf dem Boden eines Dsivoa (= See) und gab ihm ein Ngona (Horn mit Salböl). Mwedzi lebte erst im[m] Dsivoa.

Dann sagte Mwedzi zu Moari: „Ich will auf die Erde gehen." Moari sagte: „Du wirst es bereuen." Mwedzi sagte: „Ich will aber auf die Erde gehen." Moari sagte: „Ich will aber auf die Erde gehen."[!] Moari sagte: „So gehe auf die Erde." Mwedzi ging aus dem[m] Dsivoa auf die Erde.

Die Erde war damals ganz kahl und leer. Es gab keine Gräser. Es gab keine Büsche. Es gab keine Baeume. Es gab keine Tiere. Mwedzi weinte und sagte zu Moari: „Wie soll ich hier leben?" Moari sagte: „Ich habe es Dir vorher gesagt. Du bist auf dem Wege gegangen, an dessen Ende Du sterben wirst." Moari sagte: „Ich will Dir aber das Deine geben." Moari gab Mwedzi ein Mädchen, das hiess Massassi (Morgenstern). Moari sagte: „Massassi soll zwei Jahre lang Deine Frau sein." Moari gab Massassi ein Feuerzeug –

Mwedzi ging abends mit Massassi in eine Höhle. Massassi sagte: „Hilf mir. Wir wollen Feuer machen. Ich werde das Chimandira (liegendes Feuerholz) halten; quirle Du das Rusika (stehender Feuerquirlstab)[.]" Mwedzi that, was Massassi verlangte. Massassi hielt das liegende Feuerholz. Mwedzi quirlte mit dem Stabe. Als das Feuer entzündet war, legte sich Mwedzi auf der einen Seite des Feuers nieder. Massassi legte sich auf der anderen Seite des Feuers nieder. Das Feuer brannte zwischen ihnen.

Mwedzi dachte bei sich: „Weshalb hat mir Moari dieses Mädchen gegeben? Was soll ich mit dem Mädchen Massassi thun?" Als es Nacht war, nahm Mwedzi sein Gonahorn. Er befeuchtete den Zeigefinger mit einem Tropfen Öl aus dem Gonahorn. Mwedzi stand auf. Mwedzi sagte: Ndini chaambuka mhiri ne mhiri d.h. [„]ich überschreite (das Feuer) von der einen Seite zur anderen." (Dieser heilige Spruch wird mehrfach melodramatisch und in feierlichem Tonfalle wiederholt!). Mwedzi schritt über das Feuer hinweg. Mwedzi trat an das Mädchen Massassi heran. Mwedzi berührte mit dem ᵃgesalbtenᵃ Finger den Leib Massassis. Dann kehrte Mwedzi zu seinem Lager zurück und schlief ein.

---

[k] *Ae und De:* König   [l] *Ae und De:* Myt   [m] *Ae und De:* Dzi

---

[17] Vgl. Frobenius, Kulturgeschichte Afrikas (wie Anm. 16), S. 260–263; Frobenius, Erythräa (wie Anm. 10), S. 237–240; Frobenius, Die Kunst Afrikas (wie Anm. 16), S. 116–119.

Als Mwedzi gegen Morgen aus dem Schlafe erwachte, blickte er zu Massassi hinüber. Da sah Mwedzi, dass Massassis Leib geschwollen war. Als es Tag war, begann Massassi zu gebären. Massassi gebar Gräser (usua)[,] Massassi gebar Büsche (maguensi)[,] Massassi gebar Baeume (miti), Massassi hörte nicht auf,[!] zu gebären, bis die Erde mit Gräsern, Büschen und Baeumen bedeckt war. Danach wuchsen die Baeume; wuchsen und wuchsen bis ihre Krohnen[!] den Himmel erreichten. Als aber die Krohnen[!] der Baeume den Himmel berührten, begann es zu regnen.

Mwedzi und Massassi lebten so in der Fülle. Sie hatten Früchte, Wurzeln und Saamen[!] zu essen. Mwedzi baute ein Haus, in dem Mwedzi und Massassi [n]wohnten[n]. Mwedzi machte Eisen und Schaufeln. Er machte Hacken und bestellte ein Feld. Mwedzi machte aus Rinde und Bast Stoffe. Massassi machte Fischkörbe und fing Fische. Massassi brachte Wasser und Holz. Massassi kochte. So lebten Mwedzi und Massassi zwei Jahre lang.

Nach zwei Jahren sagte Moari zu Massassi: „Die Zeit ist abgelaufen." Moari nahm Massassi von der Erde und brachte sie wieder in den Dsivoa. Mwedzi klagte.

Mwedzi weinte und sagte zu Moari: „Was soll ich ohne meine Massassi thun? Was soll ich ohne meine Frau thun? Wer trägt für mich Wasser und Holz? Wer kocht für mich?" Acht Tage lang klagte Mwedzi.

Mwedzi klagte acht Tage lang. Dann sagte Moari zu ihm: „Ich habe Dir vorher gesagt, dass Du dem Tode zugehst. Ich will Dir eine andere Frau geben. Ich gebe Dir die Morongo (Abendstern). Die Morongo wird wiederum zwei Jahre bei Dir bleiben. Dann nehme ich sie wieder zurück." Moari gab Mwedzi die Morongo.

Die Morongo kam zu Mwedzi in die Hütte. Als es Abend war, wollte Mwedzi sich auf der anderen Seite des Feuers niederlegen. Morongo sagte: „[o]Nein, lege Dich nicht auf die andere Seite der Hütte. Lege Dich zu mir." Mwedzi legte sich neben Morongo.

Mwedzi nahm das Gonahorn und wollte den Zeigefinger mit Salböl benetzen. Morongo sagte aber: „Nein, thue nicht so! Ich bin nicht wie das Mädchen Massassi. Reibe Deinen Unterleib mit dem Ngonaöl ein. Reibe meinen Unterleib mit dem Ngonaöl ein." Mwedzi rieb seinen Unterleib mit dem Ngonaöl ein. Mwedzi rieb Morongos Unterleib mit dem Ngonaöl ein. Morongo sagte: „Nun vereinige Dich mit mir!" Mwedzi vereinigte sich mit Morongo. Mwedzi schlief ein.

Als es am andern Tage gegen Morgen war, erwachte Mwedzi. Mwedzi sah, dass der Leib Morongos geschwollen war. Als der Tag anbrach, begann Morongo zu gebären. Morongo gebar am ersten[!] Tage Hühner, Schafe und Ziegen.

Am Abend des zweiten Tages vereinigte sich Mwedzi wieder mit Morongo. Am andern Morgen gebar Morongo Elenantilopen (nhuka) und Rinder.

Am Abend des dritten Tages vereinigte Mwedzi sich wieder mit Morongo. Am vierten Tage gebar Morongo erst Knaben und dann Mädchen. Die Knaben, die am Morgen geboren waren, waren am Abend erwachsen.

Am Abend des vierten Tages wollte Mwedzi sich wieder mit Morongo vereinigen. Es stieg aber ein Gewitter auf und Moari sprach: „Lass es! Du gehst schnell dem Tode entgegen." Mwedzi erschrak. Das Gewitter zog vorüber. Als das Gewitter verstrichen war, sagte Morongo zu Mwedzi: „Mache eine Tür und verschliesse den Eingang. So

---

[n] *Ae und De statt* lebten   [o] *Ae und De:* Mwedsi

kann Moari nicht sehen, was wir thun. Dann vereinige Dich mit mir." Mwedzi machte eine Thür. Mwedzi verschloss den Eingang der Hütte. Dann vereinigte Mwedzi sich mit Morongo. Mwedzi schlief ein.

Als es am anderen Tage gegen Morgen war, erwachte Mwedzi. Mwedzi sah, dass der Leib Morongos geschwollen war. Als der Tag anbrach, begann Morongo zu gebären. Morongo gebar Löwen, Leoparden, Schlangen und Skorpione. Moari sah es. Moari sagte zu Mwedzi: „Ich habe Dich gewarnt."

Am Abend des fünften Tages wollte Mwedzi sich wieder mit Morongo vereinigen. Morongo aber sagte: „Siehe, Deine Töchter sind erwachsen. Vereinige Dich mit Deinen Töchtern!" Mwedzi sah seine Töchter. Mwedzi sah, dass es schöne Mädchen, und dass sie erwachsen waren. Da vereinigte er sich mit ihnen. Sie gebaren Kinder. Die Kinder, die am Morgen geboren waren, waren am Abend erwachsen. Mwedzi ward der Mambo eines grossen Volkes.

Morongo vereinigte sich aber mit der Schlange. Morongo gebar nicht mehr. Sie lebte mit der Schlange zusammen. Eines Tages kam Mwedzi wieder zu Morongo und wollte sich mit ihr vereinigen. Morongo sagte: „Lass es!" Mwedzi sagte: „Ich will es". Mwedzi legte sich zu Morongo. Unter Morongos Lager lag die Schlange Schato. Die Schlange Schato biss Mwedzi. Mwedzi wurde krank.

Nachdem die Schlange Mwedzi gebissen hatte, wurde Mwedzi krank. Am anderen Tage blieb der Regen aus. Die Pflanzen vertrockneten. Die Flüsse und Seen wurden trocken. Die Tiere starben. Die Menschen begannen zu sterben. Viel Volk starb. Die Kinder Mwedzis sagten: „Was können wir thun?" Die Kinder Mwedzis sagten: „Wir wollen die Hakata (heilige Würfel) fragen." Die Kinder Mwedzis fragten die Hakata. Die Hakata sagten: „Der Mambo Mwedzi ist krank und siecht dahin. Sendet Mwedzi in den Dsivoa zurück."

Darauf erdrosselten die Kinder Mwedzis den Mwedzi und begruben ihn. Die Morongo begruben sie mit Mwedzi. Darauf machten sie einen anderen Mann zum Mambo. Auch Morongo hatte zwei Jahre im Simbawoye (verehrungswürdige Hofburg) Mwedzis gelebt.

Ich weiss natürlich nicht, ob Euere Majestät meine Begeisterung über diese Funde theilen. Ich darf aber zu meiner Rechtfertigung kurz erwähnen, was mich an diesen Dingen so packt.

Zunächst ist der Sinn des Märchens und der Mythe nach einigen unzweideutigen Symptomen identisch. Die vegetative Schöpfung und die vegetarische Speise; die Schöpfung der Tier- und Menschenwelt und die animalische Zuspeise der Mondorotochter. Durchaus gleich ist aber vor allem der Schluss mit dem Schlangengeliebten der zweiten Frau, dessen Biss den Mambo sich hinwelken lässt. Das Märchen ist natürlich menschlicher und dem menschlichen Leben nachgebildet. Die Mythe weisst[!] aber m[eines] Erachtens ganz gewaltige Züge erstaunlicher Natur auf.

Es ist vor allen Dingen die einzige mir bekannte Mythe aus den Ländern ausserhalb Eurasiens, in denen[!] ein vorbestimmtes Schicksal als Tragoedie dramatisch vorgeführt wird.

Mwedzi wird von Gott gewarnt. Er betritt trotzdem den Weg, der am Ende den Tod zum Ziele hat. Diese Mythe mit Mond und dem ersten Sterben ist in simpler, anspruchsloser Form in ganz südost[!] Afrika bekannt. Das andere sind primitive[r] Spielarten in Kümmerform. Diese Mythe hat aber den Schicksalsgedanken so grandios ausgebildet, wie ich ihn in alten Sachen nur bei Sumerern und im nordischen Götterdrama kenne. Es würde mich ungeheuer interessieren, was unser alter Jeremias hierzu sagt. Mir scheint die Gedanklichkeit mit der des <u>alten</u> Babylon natur- und urverwandt.

Ich freue mich überhaupt auf die neue Ausgabe von Jeremias['] Werk[18], weil ich daraus mehrere Aufschlüsse über hiesige Mythenformen erwarte. So ist wohl die Auffassung der Venusgöttin als keusche Schutzherrin am Morgen (Massassi) und als beglückende Buhlerin am Abend (Morongo) durchaus Altmesopotamisch[!]. Sehr hübsch ist auch die zweijährige Herrschaft der Massassi sowie der Morongo. 584 [a]Tage[a] sind nach elamischem[19] Venusjahrkalender gleich einem Jahr.

In solcher Weise habe ich diesen Tag[20] mit Vortrag vor Eurer Majestät und in Briefgeplauder mit Weib und Kind, im Übrigen in schöner Einsamkeit verbracht. ——

Gwanda 3 Juli 29 (Mittwoch)

Habe heute eine Höhle mit herrlichen Felsbildern gefunden. Auch gegraben und wichtiges Steinwerkzeug ergattert. Eile nun gen Süd. Habe seit Wochen keine umfangreiche Post aus Europa erhalten.

Messina Freitag 5 Juli 29

Heute Abend traf auch Dr. Jensen, vom Nordosten kommend hier ein. Die Ausgrabung der Kereruine (bei Mtoko) ist abgeschlossen und hat ausgezeichnetes Material beigebracht. Diese Grabungen will ich nun auch im Tatidistrikt vornehmen lassen. Auch auf diesem Gebiet[q] ist es nur eine Frage der Arbeitsdurchführung, ob wir den Anschluss an die Archaeologie Süd- und Westasiens auf dieser Expedition erreichen oder nicht. Die bisherigen Ergebnissse geben uns das Recht zu grossen Hoffnungen. Übermorgen Abfahrt nach Pretoria.

Pretoria 10 Juli 29

„Daheim" auf unserer kleinen Farm angelangt. Gleich nach Ankunft erhielt ich Euer Majestät Schreiben vom 20[.]–23[.] Mai[21], dass[!] mehrmals hinter mir her gesandt und nach Verfehlung gestrandet war. –

Euer Majestät Hinweis auf die Zigeuner ist treffend gesetzt und knüpft hier in der That allerhand auch an unsere Arbeit und Forschung hier an. So zum Beispiel die Thatsache, dass die Zigeuner die besten Drahtarbeiter sind. (s. Topfflicker etc.). Nun ist das Frappirende an der Grabung der Kereruine, dass 65% aller Kleinfunde [a]aus[a] Kupferdrahtstücken und Wickeln besteht[!]. Kupferdraht taucht zuerst in der 12[.] Dynastie (Kupfer selbst um 3500) in Aegypten auf. Das Kupfer kam von Osten, – sicherlich aus Indien; die Drahtherstellung also wohl demnach ebenfalls. Also auch hier Zigeuner im Norden und Banja Mwuedzi im Süden.

---

[p] *Ae und De:* Le   [q] *Ae und De:* Ar

———

[18] S.o. Nr. 60, Anm. 3.   [19] S.o. Nr. 49, Anm. 47.   [20] Frobenius' 56. Geburtstag.
[21] Nr. 66.

Damit komme ich auf eine im letzten Augenblick eingeheimste Angabe auf Stafe-lung[!] der Völker-[r] oder Herrscherschichten in S.O. Afrika. Sie lautet[:]

Die ersten Wesen die	Madsivoa oder Banja Dsivoa[,][22]
" zweiten " "	Banja Mwedzi[,]
" dritten " "	Banja Motaja[,]
" vierten " "	Banja Inugu[?] – alias Europaeer.

Das ist natürlich nicht historische, wohl aber kulturmorphologische Weisheit. –

Pretoria[s] Freitag 12 Juli 29

Ich war mit Dr. Jensen in Johannesburg. Wir haben die Raeume besichtigt, die uns zur Ausstellung der Felsbilder zur Verfügung gestellt sind. Daheim haben wir um die hunderte von Werken ausgepackt und besichtigt. Wir werden, denke ich[,] vor dem grossen internationalen Publikum respektive Forum mit Ehren bestehen. –

Die Nachrichten aus Deutschland sprechen von nichts als von katastrophalen Vor-gängen und Zuständen. Die Reichsfinanzen scheinen noch nicht geordnet und vom diesjährigen Reichszuschuss ist noch nichts zu hören. Nur unser alter tapferer Freund Exzellenz Schmitt[-]Ott[!] hat aus der Notgemeinschaft[23] 7000 Mark gelöst. Es ist ihm sicher nicht leicht geworden. Vom Reich bekommen wir dann wohl später noch etwas. Zunächst habe ich deshalb darum gebeten, dass wir zunächst einmal mit dem Rest der Mittel arbeiten dürfen, die Euer Majestät gesammelt haben. Damit kommen wir über den toten Punkt hinweg und können die[t] Shashi- und die Vukwe-Ruine in Tati ausgraben.[24]

Hätten Euer Majestät nicht in so grosszügiger Weise für uns gedacht und gesorgt, so wären wir notgedrungener Weise auf dem Heimweg – mit halbvollendeter Arbeit. Wie dankbar wir sind. Nach der Ausstellung will Südafrika selbst noch Mittel für uns zur Verfügung stellen.

———————

Es hat mir bitter wehe gethan, dass die Deutsche Wissenschaft Euer Majestät gele-gentlich des Hohen Festtages[25] so enttäuscht hat. Aber ich meine, dass es nicht anders zu erwarten war. Denn „der Gelehrte an sich" ist stets ein Sklave und zwar ein unendlich dünkelhafter. Er ist „an sich" stets unfrei und vor allem beschränkt. Er weiss auf dem kleinen[u] Feldstückchen seines Faches und Specialistentumes ausgezeichnet Bescheid[!] und als solcher Vielwisser kräht er immer arrogant aus seinem Winkel die Jubelschrei[e] seiner Selbstüberhebung heraus. Das ist der Typus, der sich im Laufe der Entwicklung

———————

[r] *Ae und De:* de   [s] *Ae und De:* Donnerstag   [t] *Ae und De:* Ta   [u] *Ae und De:* G

———————

[22] Nach Harald von Sicard (wie Anm. 12, S. 457f.), hatten vor den von Norden eingewanderten Hungwe unter ihrem Makoni (s.o. Nr. 58, Anm. 1) in dessen Region die „Dziva" geherrscht.

[23] S.o. Nr. 33, Anm. 6.

[24] Zur „Shashi-Ruine" von Mapungubwe s.o. Nr. 51, Anm. 2; zu Ausgrabungen in Ruinen im Stil Simbabwes durch seine Expedition s. Frobenius, Erythräa (wie Anm. 10), S. 52, 262–264, 271f. und 275f. sowie Plan 11–15.

[25] Nur die Würzburger Universität hatte zum siebzigsten Geburtstag des ehemaligen Kaisers eine Glückwunschadresse gesandt; s. u. Nr. 66.

herausgestellt hat und zwar hat herausstellen müssen[v] mit dem Versacken in das Specialistentum,[w] das eine Ausbildung von Masse[,] d.h. Quantität[,] an Stelle von Individuum und Qualität zur Folge haben musste. Leute vom Schlage Humboldts, Helmholtz['], ja sogar Eduard Meyers und Mommsens sind nicht mehr möglich. Ich selbst fühle mich der heutigen Gelehrtenwelt gegenüber fremd, veraltet, allzu universell um nicht auch lückenhaft im Einzelnen zu sein.

Diese „Masse" der Gelehrtenwelt ist daher Persönlichkeitsschwach[!]. Sie wird sich mehr als eine andere Berufsart den Zeitverhältnissen anpassen. Dass ihr Benehmen undankbar und schofel war, ist ohne Zweifel. Aber schon Goethe hätte es von diesem „Stande" nicht anders erwartet. –

Aber wollen doch Euer Majestät nicht vergessen, dass die gewaltige Förderung, die Deutschland auf diesem und anderem Gebiete dem Kaiser und König Wilhelm II[.] verdankt, überzeitlich[!] sich auswirken wird. Es ist geschichtlich fixirtes Grosswerk[,] und es spielt keine Rolle, ob ein paar charakterlose Lumpen bei der Einweihung des Pergamondenkmales[26] mit oder ohne Scheuklappen herumstehen. –

In den nächsten Tagen werde ich Euer Majestät über die speciellen Verhältnisse in Südafrika Bericht erstatten. Diese werden nun von Tag zu Tag interessanter.

Auch von Ihrer Majestät fand ich einige sehr gütige Zeilen vor[27], für die ich mich herzlich bedanke. — So, und nun beginnt der Kampf zur Ehre Deutscher Wissenschaft (nicht der Gelehrtentümer) vor dem Forum in Johannesburg[28].

Euer Majestät unerschrockener Kämpfer
Frobenius

---

[v] *Ae und De:* als [w] *Ae und De:* dass

---

[26] Vom 21. bis zum 25.4.1929 feierte das Archäologische Institut des Deutschen Reiches in Berlin sein hundertjähriges Bestehen. Dabei wurde der Pergamonaltar als zentrales Ausstellungsstück des noch nicht offiziell eröffneten Museums, das heute seinen Namen trägt, erstmals einem breiteren Fachpublikum gezeigt. S.a. Nr. 66.

[27] S.o. Nr. 63, Anm. 4.

[28] S.u. Nr. 70 über Frobenius' Vortrag bei der Jahrestagung der British Association for the Advancement of Science.

66

Wilhelm II. an Frobenius, 20.–23.5.1929, Doorn

Eigenhändige Ausfertigung:
A   FI: LF 615/15–18

Meine verehrteste Exzellenz
Meine Glückwünsche zuvor!
Alle Ihre Berichte[1] habe ich mit steigender Spannung gelesen. Ihr logisch klarer Aufbau mit der geschickt bis zur letzten Seite aufgesparten Lösung waren[!] fesselnd. Besonders der letzte Bericht vom 17. III[.] bis zum 11. IV.[,] den ich vor 3 Tagen am 17.V. erhielt[,] hat mich überwältigt! Nun so etwas zu erleben, das ist doch etwas Gewaltiges, Grosses! Babylons Praehistorie reconstruirt aus noch lebenden[!] Vorkommnissen in S.O. Erytrea! Das kann man zuerst gar nicht fassen!

Ich habe Ihren letzten Bericht als Pfingstfeiertagslektüre immer und immer wieder durchstudirt[,] um das Wunder zu erfassen, dass Praehistorische[!] Kosmische[!] Mythen noch <u>heute</u> durch menschliche Einrichtungen illustrirt werden in Afrika. Also Ex Africa lux über den Orient Kleinasiens, und ex Oceano Kassitico[2] lux über Beide!

Mit welch' unendlicher Freude und ungeheurem Stolz hat mich Ihr Lob erfüllt, das in Ihrer Beantwortung meines Schreibens vom 1.II.d.J.[3] enthalten ist! <u>Das</u> hatte ich nicht im Träume erwartet, dass ich in meinen Oceancombinationen der Wahrheit so nahe gekommen sei! Ja, ja das Kassitische Becken! Respect vor ihm. Man darf wohl sagen: Der Pacifische und der Indische Ocean sind Väter aller Dinge?

Sehr interessant ist die Constatirung der Reinerhaltung der rein <u>nächtlichen</u> Astralmythen[,] <u>ohne</u> bezw. <u>vor</u> dem Erscheinen oder Einbruch des Sonnenhoros, also wo der <u>Mond</u> die Hauptrolle derart spielt, dass sogar der König auf der Erde ihn symbolisirt. Ebenso wie in Babylon seinerzeit Sin.[4]

Das erinnert mich an eine Bemerkung von ᵃIhnenᵃ vor Jahren[,] als wir die Figur der Gorgo und mit ihr das Geschlecht von Sonne und Mond bei den Völkern besprachen. Auf meine Frage warum die West- und Mittelmeerbewohner <u>der</u> Sonne u[.] <u>die</u> Mond sagten, während nun die Gorgo-Shams[5] eine Ausnahme mache, die Ostländer aber <u>die</u> Sonne und <u>der</u> Mond sagten? Erwiderten Sie: „Der <u>Sonnenheros</u> ist[,] vom Pazific bezw. aus dem Kassitischen Becken kommend[,] durch Asien ans Mittelmeer vormarschirt und hat ᵇsichᵇ die Länder erobert, die <u>ursprünglich</u> wahrscheinlich <u>alle</u> den <u>Mond</u> als <u>Hauptgott</u> verehrt haben. Die Gorgo-Shams ist eine in die Sonne <u>umgewandelte ursprüngliche Mondfigur</u> vielleicht gewesen. Der Continentalblock (Germanien, Russland etc[.]) werde den <u>Mond</u> noch länger als Hauptgott weiterverehrt haben und daher der eindringenden Sonnenerscheinung nur die weibliche Personification zuerkannt haben." Ich meine[,] es ist doch sehr beachtenswerth, dass bei den grossen Ausgrabungen von Ur –

ᵃ *Ae aus* ihnen   ᵇ *Ae aus* Sich

---

[1] S.o. Nr. 51, 52, 54, 55, 58 und 62.   [2] S.o. Nr. 49.
[3] S.o. Nr. 62.   [4] S.o. Nr. 62.   [5] S.o. Nr. 2, Anm. 13.

deren Schätze eine gewaltige Blüthe Sumerischer Hochkultur erschlossen haben – der grösste der freigelegten Tempel ein Mondheiligtum ist.

Jeremias schreibt mir, dass er nunmehr zu der festen Ueberzeugung gekommen sei – auf Grund auch gerade der neuesten Forschungen über Ur, der[!] Vaterstadt Abrams – dass Abram in Bezug auf seine religiösen Anschauungen und Grundsätze absolut rein Sumerisch eingestellt gewesen sei.[6] Schon in der Sumerischen Hochkultur („Gothik" nennt Jeremias sie!) sei der Haupt- u Fundamentalgedanke der Sumerischen Religion: die „Erlösung der Welt durch einen von der Himmelsjungfrau geborenen Weltenerlöser, der das Martyrium erleiden muss", schon längst ins religiöse Leben der Sumerer überge-gangen[,] ehe ein einziger Semit irgendwo in die Erscheinung getreten sei. Also sei diese unsere Vorstellung niemals auf Semiten oder gar Juden[,] sondern ausschließlich auf die Sumerer zurückzuführen!! Gross! (Das giebt einen netten Krach bei der Zunft!)

Und diese Sumerer hatten den Mond als Hauptgott. Die Rassliche[!] Zugehörigkeit Abrams sei noch nicht ganz geklärt, spielt aber Nebenrolle neben seiner Religiösen[!] Einstellung, die Sumerisch ist.

Also das Himmelsdrama des Mondgeschehens wurde feierlich auf Erden in Südost-erytraea durch,[!] König, Hof, Priesterschaft gespielt und durchlebt. Man könnte fast sagen[:] ein praehistorisches, altheidnisches ᶜOberammergauᶜ? Nur dass,[!] im rituellen Königsmord das Martyrium in die Praxis übertragen wurde.

Wunderbar ist das Auftauchen der Vorstellung von den Wesen der Unterwasser-welt[,] die ihr eigenes Leben führen; natürlich Oceanischen[!] Ursprunges, „übers Meer" gekommen[,] soll das heissen. Der Mondgott[,] als Stier aus dem Ocean auftauchend[,] ist also von Osten her „über See" einmarschirt. Wer dächte dabei nicht an Zeus[,] als Stier verwandelt[,] der die Europa durch die Fluthen davonträgt, wie ihn die klassisch[!] hellen. Kunst so oft darstellte. Sollte Europa die ehem. Mocaranga sein? In Aegypten der Heilige Stier; in Indien noch heute der Heilige Stier?!

Dass Sie zuletzt zum Schluss kommen, dass die Wurzeln der von Ihnen reconstruir-ten Weltanschauung des Praehistorischen Astrals Babylons, voraussichtlich in Indien zu suchen sind, leuchtet mir durchaus ein. Das ist schon lange mein Verdacht gewesen. Genau so[!] wie die sog. „Mykenische Kunst" auch sicherlich von Indien ihren Ursprung genommen hat.[7] Indien wird sich immer mehr und mehr als eine sehr alte Kulturstätte bezw. Kulturübermittlungs- u[.] Durchgangs-Gebiet zwischen dem Osten[,] Pacifik[,] und dem Westen[,] Mittelmeer bezw. Kassitischem Becken[,] erweisen, alle daran woh-nenden Völker befruchtend, vielleicht auch ᵈperᵈ Colonisation und Wanderung[,] d.h. per Schiffahrt, also „ueber See"!

Jetzt tritt die Frage immer schärfer in den Vordergrund: Wer hat die Schiffahrt, welche die Kulturen vermittelte, und auf die Sumerische Riten bei der Neujahrsprozes-sion, wie Eryträische Legenden von der Unteroceanischen Lebewelt hinweisen, wohl gehandhabt? Die Sumerer selbstᵉ?ᵉ die Küstendravidenᵉ?ᵉ[8] oder meine verehrten Freunde[,] die Urmalayenᵉ?ᵉ[9], die vielleicht mit den Sumerern verwandt waren? Man

---

ᶜ *Unterstreichung mit Bleistift*   ᵈ *Ae*   ᵉ *Mit Bleistift ergänzt*

---

[6] Jeremias an Wilhelm, 27.4.1929 (AEW: 1574 F3–F5, hier: F5).

[7] S.o. Nr. 11.   [8] S.o. Nr. 50, Anm. 3.   [9] S.o. Nr. 60, Anm. 12.

sehe sich die merkwürdige Costümirung der Sumerer auf ihren Reliefs an. Die haben denselben entblössten Oberkörper und Schilf- bezw. Palmblattcrinolinen an wie <u>heute</u> die Tahitianerinnen u Hawaijanerinnen[!]. Die Zeichnung der Sumerischen Crinolinen – die Zacken – werden als Franzen[!] gedeutet: das ist Blech – meo voto – es sind einfach Contouren übereinander gelegter Blätterlagen!

Die Erzählungen über die Dsivoas[10] sind reizend, die von Unterwasserlebewesen bevölkert sind[,] und vom grossen Dsivoa (Kassitisches Meer) mit seiner Unterwasserwelt abstammen. Dieser Glaube stimmt auch mit dem der <u>Zigeuner</u> überein. Sie haben grosse Angst vor dem Wassergeist <u>Nivashi</u>[,] der in den Seen und Teichen haust und Ringe macht. Sein College[,] der Erdgeist[,] heisst <u>Varunachi</u>[?] (Varuna!)[11][,] dem sie heimlich opfern. Nach der Ansicht des verstorbenen Erzherzog Joseph, der[,] in Ungarn residirend[,] der „ungekrönte König der Zigeuner" hiess und ihre Sprache sprach, stammen sie unbedingt aus <u>Indien</u>.

Der Stier-Mondgott, der aus dem Kassitischen Meer emporsteigt, um zu den Erdenkindern zu kommen, erinnert an die Legende der Sumerer in Mesopotamien: ihre Schrift sei von einer Gottheit mit Fischleib und 3Zack[!] aus dem Meer gekommen (Kassitische). <u>Uebersee!</u> –

Wie freue ich mich, dass P. Sherbata[!] sich so fürchterlich blamirt hat! Ich gönne es ihm und der ganzen verbohrten Zunft der voreingenommenen Skeptiker. Nothing is too impossible to be true!

Mein Geburtstag hier verlief reizend als grosses Familienfest mit Kindern, Enkeln u. verwandten Deutschen Fürsten, Vertretern der <u>alten</u> Armee und Marine und von seiten Holländ. Bekannte[!]. Von den Deutschen Wissenschaftl. Instituten[,] vor allem Universitäten[,] haben[!] <u>korporativ</u> nur eine <u>einzige</u> mir <u>Adresse</u> geschickt: <u>Würzburg!</u> Wo der treffliche Buchner thätig ist. Weder Bonn,[!] noch Berlin,[!] noch Königsberg haben von mir Notiz genommen!!!

Ebenso hat man bei der Jahrh[undert]feier des Preussischen Archaeol[ogischen] Institus[!] – von Fr[iedrich] W[ilhelm] IV gegründet und W[ilhelm] d[em] Gr[oßen], Fr[iedrich] III u[.] von mir gefördert! – von mir keine Notiz genommen und den von mir befohlenen[!], nach meinen Angaben aufgebauten Pergamon Altar feierlich eingeweiht ohne meiner Vorfahren und meiner zu gedenken! Kein einziger Archäologe hat mir heimlich[!] geschrieben oder telegraphirt!!! Babylon, Assur, Palästina etc. etc. Alles vergessen!!! Nicht zuletzt Corfu! Schamlos![12]

Um so grösser ist die Freude über Ew. Exz. grandiosen[!] Kulturentdeckungen, die ich als von der Vorsehung Ihnen vorbehalten ansehe, damit Sie dieselben mir namens der Deutschen Wissenschaft auf meinen Geburtstagstisch legen sollten. Zur Beschämung all ihrer in Berlin versammelten socialistisch angehauchten[,] demokratisch sich gebärdenden Collegen. So löschen Sie eine wahre <u>Kulturschande</u> aus! – – Kulturbolshewismus[!]! –

Einige Fragen: Was für eine symbolische Bedeutung wohnt dem über der toten

---

[10] S.o. Nr. 62.

[11] Varuna war der oberste Gott der vorvedischen Religion Indiens, im Hinduismus ist seine Zuständigkeit vor allem auf die Meere beschränkt.

[12] S.o. Nr. 65.

Mocaranga emporwachsenden Baum inne? Haben die 4 ^fTage^f seines Wachsthums symbolische Bedeutung? Was bedeutet die gerade Linie, an der die Menschen klettern?[13] – –

Zur Costümirung der Sumerer: Ich sah vor einigen Tagen in einer illustirten Zeitung eine[!] Photo der zum heil. Culttanz angetretenen Tänzerinnen des Sultans von Djokakarta[14] auf Java. Sie hatten alle reiche Gewänder, die bis zu den Brüsten ^draufreichten^d, an. Von da ab waren sie völlig unbekleidet: „als Zeichen, dass sie Frauen seien". Sollte das ein, vielleicht ungeahntes, Ausklingen der uralten Trachten vergangener Zeiten sein, die wir bei den Sumerischen Darstellungen zu sehen bekommen? – Wir mit Pfingsten endlich Sommer erhalten[!] nach entsetzlichem Winter und eisigem Frühjahr. Frostschäden in den Gärtnereien katastrophal. I.M. sendet Grüsse und Glückwünsche. Sie ist von Ihren Berichten begeistert. Gott mit Ihnen und der ganzen „Kaiser W. II. Expedition" meine Grüsse. Ihr

Wilhelm

---

^f Ae aus Jahre

---

[13] S.o. Nr. 62.

[14] Yogyakarta in der Mitte der Südküste Javas ist seit dem 18. Jahrhundert Hauptstadt des gleichnamigen Sultanats.

67.

Wilhelm II. an Frobenius, 25.6.1929, Doorn

Eigenhändige Ausfertigung:
A   FI: LF 615/19f.

Dem Leiter der K.W.II. Expedition[1] in Rhodesien Gruss zuvor!

Meine,[!] verehrteste Exzellenz
Allah verleihe Dir Sieg und langes Leben!
Habe Ihre neuesten Berichte[,] endigend mit dem Mond-Stier aus dem grossen Dsivoa[2][,] verschlungen.[3] Ihre Beschreibung der Umzäunung um den Baum mit 2 Eingangen, innerhalb derer das Symbol.[!] Regenopfer dargebracht ward, hat eine verdäch-

---

[1] S.o. Nr. 66.   [2] S.o. Nr. 62.

[3] Der von Wilhelm freilich schon mit seinem Schreiben vom 20.–23. Mai (Nr. 66) beantwortete Brief, an dem Frobenius vom 17. März bis zum 11. April geschrieben hatte (Nr. 62), endet zwar „mit dem Mond-Stier aus dem grossen Dsivoa" doch gibt es für die folgenden Passagen keinen Bezug in den in Utrecht und Frankfurt erhaltenen Briefen. Man wird daher einen weiteren zwischen dem 11. und dem 28. April, mit dem sein nächstes Schreiben einsetzt (Nr. 65), entstandenen Expeditionsbericht Frobenius' annehmen müssen.

tige Aehnlichkeit mit dem Bau von Simbabwe.[4] Sollte in demselben der grosse Conus[5] etwa den Termitenhügel od. den Baum marquieren?

Die Geschichte mit den Mondhörnern[,] deren Stücke Sie fanden in Begleitung von Cercle-abhaltenden Prinzessinnen,[6] hat unter den Zuhörerinnen Jubel ausgelöst. <u>Alte Cultur!</u> <u>Diese</u> Kunst vermögen die meisten der Moderenen[!] Damen nicht mehr in Europa auszuüben, denn es fehlen die tonangebenden, erziehenden fürstlichen Landesmütter, welche die höfische Cultur pflegten; daher verroht auch die Damenwelt. <u>Culturverlust!</u> –

Vollgraff ist begeistert von Ihren Berichten. Er wies – wie ich – sofort daraufhin[!], dass die Griechen die Sage vom Zeus mit Europa auf dem Rücken besonders in ihrer Darstellung zweifellos von dieser alten Cultur übernommen hätten. Einstmals sei es der Mondstier mit seiner Mocaranga[7] vielleicht gewesen?

Jeremias strahlt vor Freude über Ihre herrlichen Erfolge. er[!] schrieb: „Frobenius führt den Beweis für meine Theorie[,] dass die ganze Cultur der Menschheit <u>einheitlich</u> ist.“[8] Sein „Handbuch altorientalischer Geisteskultur“[9] ist bei de[!] Gruyter heraus und macht Aufsehen: ich habe es an viele Geistliche beider Confessionen versandt. Wie ich höre[,] sollen die neuzeitlichen, ernsten Stud. Theol. vom A[lten] T[estament] mehr und mehr abrücken, sodass dieses Buch gerade zur rechten Zeit erscheint[,] um die Aufmerksamkeit <u>von</u> den Juden endlich <u>auf</u> die noch unbekannten Sumerer zu lenken. Sein jetzt im Druck liegendes 2tes Buch wird im Lauf des Jahres herauskommen und die ganze Sumerische[!] Cultur und ihr Verhältniss zum A.T. neu beleuchten.[10] Das wird einen Mordskrach in der Welt der Theologen geben; sie werden umlernen müssen, was sehr vonnöthen ist, denn sie stecken hoffnungslos fest.

Der anliegende Brief der Altgräfin Salm[11] – Verehrerin von P. Scherbesta[!] — zeigt ihr warmes Interesse für Culturforschung[,] wenn sie auch zuweilen Nebenwege einschlägt; vor allem aber beflissen ist, durch Scherbesta zu beweisen, das[!] die sog. „Kathol. Wissenschaft ^a<u>Römischer</u>^a Observanz“ es genau so gut[!] versteht wie die heidnisch-protestantische. Ich habe ihr zur Orientierung im Cultur-Urwald einen selbstgemachten Auszug aus Ihrem prächtigen Aufsatz über Culturgeschichte der Menschheit

---

^a *Von Wilhelm unterstrichen*

---

[4] Genau diese Parallele zog auch Frobenius in einer vom 28. Juni datierten Passage seines am 28. April begonnenen, aber erst am 12. Juli abgeschlossenen Briefs Nr. 65.

[5] Der „Konusturm“ im Südosten ist ein 10m hoher massiver Steinturm, dessen Durchmesser am Boden 5m und am oberen Rand vor der Beschädigung durch „Ausgräber“ 2m betrug. Seine Funktion ist ungeklärt.

[6] Den Fund, nicht aber Prinzessinnen, die sich bei einem Stehempfang der hoffähigen Gesellschaft zuwandten, erwähnt Frobenius in Nr. 62. Ausführlicher dazu, aber ebenfalls ohne Prinzessinnen: Leo Frobenius, Erythräa. Länder und Zeiten des heiligen Königsmordes, Berlin-Zürich 1931, S. 166–168 und Fig. 2.

[7] S.o. Nr. 62.   [8] Nicht ermittelt.

[9] Alfred Jeremias, Handbuch der altorientalischen Geisteskultur, Berlin, 2., völlig erneuerte Auflage 1929. Wie auch die 1913 erschienene Erstauflage ist dieses Buch „Seiner Majestät Kaiser Wilhelm II. dem Schutzherrn der Ausgrabungen von Babylon und Assur ehrfurchtsvoll zugeeignet“ (S. vii).

[10] Alfred Jeremias, Die Weltanschauung der Sumerer, (Der Alte Orient, Bd. 27, Heft 4), Leipzig 1929.

[11] Er wurde Frobenius im Original nach Afrika nachgesandt und ist seitdem anscheinend verschollen.

aus Biganzolo von 1927–28[12] übersandt. Er soll sie in die Lage versetzen, die Aberratio-
nen P. Scherbestas[!] persönlich, von sich aus zu corrigieren, u. sich nicht ᵇsichᵇ[!] von
ihm weismachen lassen, dass die <u>Megada-Cultur</u>[13] <u>Unteraegyptische-Delta-</u>Cultur sei,
die sich über das Mittelmeer bis zu ihrer Heimat <u>Mähren</u> ausgedehnt habe! Heiliger
Menes! Warum hat er dort keine Pyramiden hingesetzt?!! Da ich annehme, dass diese
erstaunliche Weisheit auch dem Hirn des „frumben" Paters entstammt, scheint mir[,] als
ob er von Abusir noch nichts „vernahmb"?!

Die Altgräfin sandte mir einen Zeitungsausschnitt betrf. die Grabungen des oesterreich. Prof. Junker am Rande des Nildeltas, wobei reichliche Funde aller Art aus der
Steinzeit gemacht worden sein sollen.[14] Ich habe den Aufsatz über Frankfurt an Sie
weitergeleitet. Die Wiener Presse spricht von „4000 Jahren vor den Pyramiden" und
ᵇ„ᵇmindestens 10,000 Jahre vor Chr[.] ᵇ"ᵇ; das müsste dann wohl älteres Capsien[15] sein?
Was macht die Morphologie der Schiffs-Steinbilder von 1926[16] im Vergleich mit den
Schiffen von Polynesien, Hawaij, Tahiti, Pazific, ᵇJavaᵇ? Ich bin doch neugierig[,] ob
S.M. Madsivoa[17] von Indien, Arabien, oder gar Java herübergefahren ist? Sumer-Babylon u[.] Süderythraea <u>Geschwister</u>[,] <u>wo</u> und <u>wer</u> war die Mutter dazu??

Beste Grüsse an meine dunkelen Collegen!
Muenze[18] beleuchte Deinen Weg! ᵇO Weiser!ᵇ

Ihr treuer Freund
Wilhelm
I.R
Madsivoa v. Doorn

ᵇ *Ae*

---

[12] Nr. 49.

[13] Zur Negada-Kultur und der bald darauf erwähnten Abusir-Kultur s.o. Nr. 49.

[14] Nicht ermittelt. [15] S.o. Nr.49, Anm. 3.

[16] S.o. Nr. 35 und 60. [17] S.o. Nr. 62.

[18] Frobenius benutzt verschiedene Schreibweisen eines Shona-Worts für „Mond": „Mwedsi", „Muetsi"
und auch „Mueze". „Muenze" dürfte eine Verschreibung der letzten Version darstellen.

68.

Frobenius an Wilhelm II., 15.7.1929, Pretoria, Telegramm

Ausgehändigtes Exemplar:
A   AEW: 1616 C1

von langer fahrt zurück[.] dank für schreiben 23/5[.][1] ausgezeichnete ruine gefunden[.]
bitte für ausgrabung schon jetzt auszahlung restsumme nach frankfurt anweisen[.][2] reich
zuschuss[!] infolge lage herausgezoegert[.] über erschütternde mythen mehr laufende
berichte[.]

frobenius

---

[1] Nr. 66.

[2] In Nr. 60 hatte Wilhelm Frobenius Spenden in Höhe von etwa 18.000 RM zugesagt, die ihm aber, da
er nicht wirtschaften könne, nur in Raten ausgezahlt werden sollten. Hans Rhotert, der in Frobenius'
Abwesenheit das Frankfurter Institut leitete, bestätigte dem „Hofmarschallamt" am 23.7. den Eingang
einer letzten Tranche von 6.250 Mark (AEW: 1612 C5). Den gestiegenen Finanzbedarf begründete er
dabei mit der Kürzung der Beihilfen des Reichsministeriums des Inneren und der Notgemeinschaft
deutscher Wissenschaft von zugesagten 20.000 auf tatsächliche 7.000 Mark.

69.

Wilhelm II. an Frobenius, 16.7.1929, Doorn, Telegramm

Ausgehändigtes Exemplar:
A   FI: LF 615/21
Eigenhändiger Entwurf auf Telegrammformular:
K   AEW: 1616 B7

Herzlichsten Glueckwunsch
Alles angeordnet begeistert
ueber triumph

Wilhelm
IR

70

Frobenius an Wilhelm II., 17.7.–7.10.1929, Pretoria / Johannesburg / „Umzumbi" auf der Fahrt nach Indien

Eigenhändige Ausfertigung:
A   AEW: 1615 A4–E2[1]

Durchschrift der eigenhändigen Ausfertigung:
D   FI: LF 609/85–145

Maschinenschriftliche Abschriften:
U₁   AEW: 1611 G3 – 1612 B2,
U₂   AEW: 1612 F4 – 1613 A3,
U₃   AEW: 1613 A3–C2,
U₄   AEW: 1614 F3 – 1615 A2

Euer Majestät

Kaum ist ein längerer Bericht der Post übergeben, so empfangen wir Euerer Majestät Glückwunsch- und Zustimmungstelegram[!] vom 16ten d. Monats.[2] Im Namen aller Glieder der Expedition spreche ich wärmsten, wärmsten Dank aus. Es sind sogleich telegraphisch alle Anweisungen erteilt. Die Ausgrabung der Vukwe Ruine kann in dieser Woche noch beginnen; die der Shashi Ruine wird nächste Woche einsetzen.[3] Erstere erfolgt unter Leitung des wissenschaftlichen Hülfsarbeiters [a]H.[a] Wieschhoff, der sich bei der Ausgrabung der Kere-Ruine[4] <u>sehr</u> bewährt hat. Die der Schaschi[!] Ruine übergebe ich dem Assistenten Seekirchner, der bisher [b]Injanga[b] und seine Ruinen[5] bereiste und ausgrub. Wir können uns darauf verlassen, dass diese Herren wieder „saubere" Arbeit machen.

---

[a] *U:* U.   [b] *U:* Jujanga

---

[1] Besonders undeutliche Wörter sind in A von fremder Hand über der Zeile in klarer Schrift wiederholt.

[2] Nr. 69.

[3] S.o. Nr. 65, Anm. 24.

[4] S.o. Nr. 65, Anm. 10.

[5] Im Gegensatz zu den übrigen hier erwähnten Ruinen, Umfriedungen nach Art Simbabwes, handelt es sich bei den in der östlich von Salisbury/Harare gelegenen Region Inyanga/Nyanga untersuchten Ruinen um damals sog. „Slave-Pits", die Frobenius als Wohngebäude inmitten terrassierter Reisfelder deutet (Leo Frobenius, Erythräa. Länder und Zeiten des heiligen Königsmordes, Berlin/Zürich 1931, S. 254–262 und Tafel 13).

Also morgen wird der erste Schlachttag sein; der grössere und entscheidende am 2. August. Morgen werde ich den grösseren Vortrag über Felsbilder halten und die Ausstellung soll eröffnet werden.[6] Am [c]2ten[c] August ist dann [d]aber[d] das grosse Ereignis: Miss T[h]ompson! Simbabwe! Ich habe <u>nur</u> das Correferat übernommen. – Die Stimmung an dieser echt englischen, wenn nicht überenglischen Universität war erst gegen uns recht freundlich. Jetzt, wo es bekannt wird[,] welch herrliche Sachen unsere Leutchen geschaffen haben, – und die Menge! – ja[,] da nimmt die Freundlichkeit doch bedenklich ab. Das passt nicht in das Propagandasystem dieser „wissenschaftlichen" Meetings. – Besonders ist da ein Professor Dr. Hoernlé (– Er ist natürlich Deutscher[!] Abkunft. Kann niemand gerade in die Augen sehen. [e]Den[e] Accent auf [f]dem letzten[f] é hat er sich im Kriege angewöhnt und [g]dieser[g] Accent spricht Baendé!), der schleicht mir zuviel um uns herum. – Nun, – abwarten! Ich mache mich auf einen <u>sehr</u> schweren Kampf gefasst. Mir ahnt so allerhand. Ich werde das kleine bischen[!] Diplomatie, das mir der Herrgott mit in die Wiege gelegt, bis zum Letzten nötig haben. Also gehe ich jetzt mit sehr frommen und guten Absichten in das Bett.

Die vorbereitenden [h]Gefechte[h] sind erfreulich verlaufen. Wir wissen jetzt, wo der Feind steht. – Der Vortrag über südafrikanische Felsbilder, der mit recht gut gelungenen Lichtbildern ausgestattet war, hatte zwar etwas zu hohes specifisches Gewicht, um von den alten Tanten der British Association so ohne weiteres verdaut zu werden, aber die Zuhörer waren doch so verblüft[!] und durch die Schönheit der Lichtbilder hingerissen, dass eine sehr starke Welle applaudirender Zustimmung den knüppeldicht[!] gefüllten Saal durchwogte. Dann sprach sich Abbé Breuil, der grösste Praehistoriker Frankreichs[,] sehr begeistert aus. Hernach entwickelte sich aber die Gegenfront: Miss Bleek, auch die Buschmannstante genannt. Sie erklärte, dass sie von Jugend an,[!] zwischen den Felsbildern gelebt[7] und erkannt [i]habe[i], dass sie alle(!) von Buschmännern

---

[c] U: 24. [d] U: also [e] U: Das [f] U: das letzte[!] [g] U: dieses [h] U: Schritte [i] U: hat

---

[6] Die Jahrestagung der British Association for the Advancement of Science fand ab dem 22. Juli in Kapstadt und vom 31. Juli bis zum 3. August in Johannesburg statt. Der offizielle Bericht über diese Tagung weist für den 31. Juli Frobenius' Vortrag über „Investigations in Southern Rhodesia" aus (British Association for the Advancement of Science. Report of the Ninety-Seventh Meeting, London 1930, S. 368). Die am 2. August eröffnete Ausstellung zeigte die von der laufenden Expedition bisher dokumentierten Felsbilder und ist damit der Vorläufer der später auch in Europa gezeigten Ausstellung *Madsimu Dsangara*, der die gleichnamige Veröffentlichung zugrundelag: Leo Frobenius, Madsimu Dsangara. Südafrikanische Felsbilderchronik, 2 Bde., Berlin/Zürich 1931.

[7] Einen Großteil ihrer Jugend hatte Dorothea Bleek freilich in Deutschland, dem Heimatland Ihres Vaters Wilhelm Heinrich Immanuel Bleek, des Begründers der Bantuphilologie, verbracht, wo sie auch nach einer Lehrerinnenausbildung an der Berliner Universität afrikanische Sprachen studiert hatte. Erst im Alter von 31 Jahren kehrte sie in ihr Geburtsland Südafrika zurück. Bereits ein Jahr später begann sie gemeinsam mit Helen Tongue mit der Aufnahme südafrikanischer Felsbilder. Die Ergebnisse dieser Dokumentation wurden 1908 in London ausgestellt. Auch später sammelte sie Kopien von Felsbildern und unternahm 1928 eine weitere Reise zu Fundstätten. Zahlreiche dieser Bilder publizierte sie 1930 in *Rock Paintings in South Africa from Parts of the Eastern Province and the Orange Free State*, weitere Kopien aus ihrem Besitz wurden posthum 1953 als *Cave Artists of South Africa* veröffentlicht.

hergestellt sei[en]. Das war der englische Gegenangriff. Ich war verblüfft, dass die Gegner keine bessere Gegenwaffe hatten, dachte aber, solche Sache müsste[!] gleich im Keime erstickt werden. Mit grossem Behagen, zunächst die grossen Verdienste der Familie Bleek anerkennend, antwortete ich. Noch eine schüchterne Anfrage der Miss Bleek. Ausgiebige Antwort und Dann[!] – hielt das Engländertum den Mund. Hierauf sollte nun programmässig die Eröffnung der Ausstellung erfolgen. Sie unterblieb. Ja, der Vorsitzende[,] Mr. Balfour, <u>erwähnte sie überhaupt nicht</u>! Da wurde mir klar, dass Mr. Hoernlé und die Engländer die Deutsche[!] Arbeit boykottieren wollten. Aber ^j^an diese Möglichkeit^j^ hatte ich erfreulicher Weise vorher gedacht und hatte Mittel vorbereitet, die allgemeine Aufmerksamkeit der Johannesburger auf unsere Ausstellung zu lenken. Und so hatte ich den schönen Triumpf[!], dass am Nachmittage unsere Ausstellungsraeume^k^ überfüllt, die Vortragssäle des Meetings aber leer waren. („Haust Du meinen Juden, haue ich Deinen Juden") Grosses Erstaunen Alt[-]Englands. Wie ich höre[,] hat sich der ^l^englische^l^ Germane Hoernlé aber etwas Neues ausgedacht. Ich hatte eine Resolution des Meetings zur Eingabe an den Staat vorgeschlagen, nehmlich[!] die Felsbilder staatlich zu schützen. Es sollten dann ein Franzose, ein Italiener, ein Engländer und ich hierzu sprechen. Wie ich höre[,] soll nun <u>Frau</u> Hoernlé diese Resolution in meiner <u>Abwesenheit</u> einbringen. Diese Narren! Als ob dadurch die Wucht unserer Arbeit abgeschwächt werden könne[!]. – Die englischen Gelehrten und ihre Trabanten scheinen mir sehr schlechte Musikanten und noch schlechtere Diplomaten zu sein.

Inzwischen reist Dr. Jensen nach Kapstadt[,] um mit dem Ministerium, das z.Zt. dort unten tagt[,] unsere Weiterarbeit zu besprechen. – Es sieht dort unten recht gut für uns aus. Hier im Norden werde ich die Sache schon schaffen und dafür sorgen, dass das südafrikanische Ministerium und Parlament entsprechend erfreuliche Zeitungsberichte auf ihrem Schreibtisch finden. Die Torheit der Englaender wird es mir erleichtern.

Jo[hannes]burg 31 ^m^Juli^m^ Abends

Ausstellung heute Nachmit[ta]g mit über 600 Menschen überfüllt. Das „é" soll wutschaeumen. Man ^n^lasse^n^ ihn schaeumen – Die Entscheidungsschlacht ist übermorgen. Ich höre allerhand von „klug vorbereiteten Maassnahmen des ^o^Praesidiums^o^ des Meetings" sprechen. In solchen Fällen ^p^wirkt sich^p^ jede „klug vorbereitete Massnahme" verschlimmernd aus.

Johannesburg <u>Abends 1 August</u>

Die grosse Schlacht ist geschlagen und – jedenfalls nicht verloren. Es war eine grosse Sache und – habe in meinem Innern furchtbar gelacht. Lache im Kämmerlein meiner Höhle immer noch. Um Euerer Majestät nun alles ganz sinnklar darstellen zu können, wie ^l^und weshalb^l^ es nehmlich bedeutungsvoll wurde, muss ich einiges voraussenden.

---

^j^ *Ae und De statt* hieran ^k^ *Ae und De:* leer waren ^l^ *Ae und De*
^m^ *Ae und De statt* August ^n^ *U:* lässt ^o^ *Ae und De statt* Ministerium
^p^ *Ae und De statt* macht

Das letzte Meeting der British Association for [the] advancement of Sciences[!] auf afrikanischem Boden hat 1905 stattgefunden. Danach hatte diese weltumspannenste[!] aller wissenschaftlichen Gesellschaften einen Prof. MacIver nach Südafrika gesandt, der einige Ruinen des Simbabwe-Kreises untersuchen und auf dem Meeting hierüber sprechen sollte. Damals [q]waren[q][!] schon Leute wie der Deutsche Carl Mauch, Bent, Carl Peters, Miss[?] Brown[,] Hall, Neal im[!] Simbabwe [l]etc.[l] „gebuddelt" und waren alle zu der Überzeugung [gekommen], dass die Ruinen sehr alt[r] und von einem [s]colonisirenden Fremdvolk[s] ausgeführt sein müssten. Sie alle waren aber nicht mit den Waffen der modernen Archaeologen und noch weniger mit dem für Kulturmorphologie nötigen Wissen ausgerüstet gewesen. Intuitiv gut veranlagte Beobachter und schlechte Techniker. Nun kam 1905 der erste Techniker Mc Iver[!] und entdeckte, dass die Ruinen ganz jung und von Negern gebaut worden seien. Die Sensation des Meetings von 1905. Aber von 1905[t] spalteten sich die Anschauungen. Erst spielte sich [u]Prof. von Luschan[u] auf als durch Mc Ivers glänzende Leistung begeisterter Anhänger der Negerursprungsidee, dann (etwas spät[,] nehmlich 1926)[8] der Pater Schebesta. In Afrika aber entstand ein Hohngelächter. Dutzende von Prospektoren entdeckten jährlich [s]hunderte[s] von [s]ancient workings, vorgeschichtlichen [v]Ruinen[vs] und übersahen die von den Alten in Südafrika vollbrachte Riesenleistung von Jahr zu Jahr besser. Die Monumentalität dieser gewaltigsten aller [w]Ruinenfelder[w] wurde ihnen von Jahr zu Jahr übersichtlicher. Und das sollten gewöhnliche Bantuneger vollbracht haben? Lächerlich! Nicht nur der Gedanke daran war den Südafrikanern lächerlich. Auch Mac Iver[!]. Mac Iver[!] wurde allen echten Südafrikanern zum lächerlichen Vorbild modernistischer, überskeptischer, englischer Wissenschaft und blieb es bis heute. Als nun die Nachricht in Afrika eintraf, dass auch dieses Mal wieder die Leitung der Association jemand ausgesandt hatte, für das Meeting eine Ausgrabung vornehmen zu lassen,[x] (nehmlich Miss Caton[-]T[h]ompson), da war man allgemein überzeugt, dass diese Ausgrabung die Ehre der englischen Wissenschaftlichkeit[!] wieder herstellen sollte. Das schien selbstverständlich, denn diese Meetings sind ja im Grunde genommen vornehm gehaltene Reklameveranstaltung zur Illustration der englischen Grösse auch auf wissenschhaftlichem Gebiet. – Aber nun zurück zur Schlacht.

Die ersten[y] Vorträge dieses Morgens flossen lasch dahin.[9] Dr. P. Wagner über Broncefunde in Südafrika[10] (wobei er wieder und wieder auf unsere Funde und Arbeiten

---

[q] *In U1 Korrektur von Wilhelms Hand:* hatten   [r] *Ae und De:* sein

[s] *In U1 von Wilhelm mit Bleistift unterstrichen*   [t] *In U1 von Wilhelms Hand ergänzt:* an

[u] *U:* Professor von Luschau   [v] *U:* Minen   [w] *U:* Minenfelder

[x] *Ae und De:* da   [y] *Ae und De:* Vo

---

[8] S.o. Nr. 62, Anm. 12.

[9] Nach dem offiziellen Tagungsbericht war Caton-Thompsons Vortrag der erste am 2. August in der ethnologischen Sektion gehaltene, dem am gleichen Tag 17 weitere Vorträge und kurze Mitteilungen folgten (British Association for the Advancement of Science. Report of the Ninety-Seventh Meeting, London 1930, S. 368–373).

[10] Wagner machte am 2. August zwei Mitteilungen: „Exhibition of Map showing the Distribution of pre-European Mining in the Transvaal and Southern Rhodesia" und „Further Notes on Bronze Smelting from a Smelter in the Waterberg Transvaal" (British Association for the Advancement of Science. Report of the Ninety-Seventh Meeting, London 1930, S. 369).

zurückgriff) und Prof. Stanley über Bronceanalysen[11]. In dieser ersten Zeit war der Saal ein wenig gefüllt, der eigentliche Vorsitzende[,] Mr. Balfour[,] fehlte. Alles wartete auf den grossen Moment: Miss T[h]ompsons Vortrag. Das konnte man auch daran merken, dass die Vortragenden unentwegt durch ein- und auslaufende Menschen gestört wurden. Es wurde nehmlich ein[z] Lautsprechaufnahmeapparat auf [aa]dem Pulte[aa] aufgestellt, nicht für Wagners und Stanleys hübsche Arbeiten[,] sondern für „Cätchen" T[h]ompson. Und richtig, kaum war Stanley fertig, so erschien auch Balfour als Vorsitzender, sogar der hohe Herr Praesident[12] neben Balfour. Als Dritte nahm dann endlich Miss T[h]ompson mit steinernem Antlitz auf hohem Balkone [bb]statt[bb][!] und zeigte mit verkniffenem Mund und erstaunlich kaltem Auge und Blick, dass sie bereit war[,] jede Art von Ehrung im Namen ihrer Person und der Größe britischer Wissenschaft entgegen zu nehmen.

Die Zaubervorstellung begann mit einer Rede Balfours, in der dieser einleitend darauf hinwies, dass Miss T[h]ompson zur Ausgrabung entsandt war,[cc] weil sie — ich dachte meinen Ohren nicht trauen zu dürfen,[!] – sie[!] durch Mac Iver[!] nicht voreingenommen war. Was sollte das heissen, dass ein Archaeologe, der es mit Thatsachen zu thun hat, nicht voreingenommen wäre, das ein Vorzug? Als ich das hörte, witterte ich den Braten und amüsierte mich göttlich.

Dann erhob sich die englische Athene und hielt einen vorzüglich sachlichen Vortrag über ihre glänzend ausgeführte Ausgrabung.[13] Sehr gut, sehr herb und kühl. Aber – aber – aber! Erstens[,] auch sie begann mit Mc Iver[!] und legte zunächst die Schwäche der Publikation und Arbeit Mc Ivers[!] dar. Als [dd]das geschah[dd], wusste ich, dass ich mich in meiner Prognose nicht irrte und – amüsierte mich immer besser. Denn es ist ein uraltes Recept für gute Schlusseffekte, dass man zunächst [l]an[l] einer Sache die Schattenseiten zeigt, um ihre Schönheit nachher desto plastischer [ee]aus[ee] dunklem Hintergrund hervortreten zu lassen – Nach der Einleitung folgte die sehr gute Beschreibung der Ausgrabungsproben. Sie hat unter dem Tower[14] Bronce gefunden. Das sagt alles. Aber Cätchen[!] hatte daran kein Interesse (weshalb sage ich später)[,] ausserdem hie und da Perlen. Und auf diese Perlen stützte sie sich. Sie hatte sie an den Perlexperten nach London gesandt. Dieser hatte geschrieben, dass er noch kein endgültiges Urteil fällen könne, aber die Perlen wären wohl Indisch-malajischen[!] Ursprunges und also[!] solche wohl [ee]in[ee] dem 7–9[!] oder 14 bis 19ten Jahrhundert eingeführt. Von den vielen gefundenen Eisen sagte „Cätchen", dass es Sachen seien,[!] wie heute alle Negereisensachen. Also jung! (D.h. die Frage[,] wie viel 100 oder 1000de von Jahren die Afri-

---

[z] *Ae und De:* Au   [aa] *U:* das Pult   [bb] *U:* platz   [cc] *Ae und De:* um

[dd] *U:* dies geredet   [ee] *Ae und De statt* vor

---

[11] Stanleys Mitteilung „The Composition of some Prehistoric South African Bronzes, with Notes on the Methods of Analysis" hatte er bereits am 31. Juli der Sektion für Chemie vorgestellt (British Association for the Advancement of Science. Report of the Ninety-Seventh Meeting, London 1930, S. 320). Die für Frobenius' Thema relevante Mitteilung Maria Wilmans über „Bushman Rock Engravings" (Ebd. S. 369) erwähnt er hier nicht.

[12] Präsident der British Association for the Advancement of Science war der Mineraloge Sir Thomas Holland.

[13] Einen zurückhaltenderen Bericht über Caton-Thompsons Vortrag gibt Frobenius in Erythräa (wie Anm. 5), S. 247f.

[14] S.o. Nr. 67, Anm. 5.

kaner schon „solche" Sachen herstellen, kam gar nicht in Frage!). Auch dass das Urteil der Perlexperten sehr vorsichtig und mit allem Vorbehalt erteilt war[,] kümmerte unsere englische Athene nicht. Vielmehr entstiegen jetzt dem kleinen Maeulchen (denn sie hat in der That einen kleinen Mund, der aussieht[,] als wollte[!] sie immer „o" sagen) die Weisheiten: dass Simbabwe nicht ffweiterff als bis höchstens zum 6ten Jahrhundert p[ost] Ch[ristum] zurückreiche und dass es nach ihrer Ansicht Arbeit von Bantunegern sei! Schluss: Wie herrlich stehe nun Mac Iver[!] da, der aus tiefer Intuition das Richtige getroffen habe! Dati! Data – ! – Und ganz England strahlte rund im Saale herum. Der Professor mit dem é am Ende warf mir einen triumphierenden Blick zu! Also! –

Es kamen nun noch zwei harmlose südafrikanische Engländer daran, die zu der Wucht der soeben gehörten Weisheit ggnochgg lwesentlichl beitrugen, indem sie mit geschwollener Männerbrust bekannten, „das hätten sie sich schon immer gedacht." Ich dachte, dass das noch so weiter gehen würde und wollte schon gehen, da wurde ich aufgerufen. Ich hatte nicht viel Zeit,[!] zu überlegen, was nun zu sagen sei. Für 5 Arten von Auseinandersetzungen hatte [ich] mich vorbereitet; die fünfte war eigentlich nur eine allerletzte Hilfsreserve im Falle sernsters Polemik, an die[,] wie ich nun sah, ja überhaupt nicht zu denken war.

Als ich nun aber[,] mich vom Ausgang wieder zurückwendend[,] meine Augen über den Saal hinschweifen liess, da fiel mein Blick überall, wo echte breitschultrige hhAfrikaanerhh sassen, auf Entsetzen und die Bitte um Rettung. Und dann sah ich den Anthropologen der Universität[,] Prof iiDartii[,] mit hochrotem Kopf da sitzen[!]. Dass dieser letztere[!] alles, was ich sagen würde, verstehen würde, davon konnte ich überzeugt sein. Das war ein Hitzkopf. Ich sagte mir: „Lass den für die Wahrheit und meine Sache kämpfen!" Und ich gab das 5te Päckchen von Lichtbildern hin.

Nun dürfen Euere Majestät, um was ich that, beurteilen zu können, nicht vergessen, dass ich erstens eine sDames vor mir hatte, die vor allem geschont werden musste, wenn sie auch vorgeschobener Posten des „Feindes" war. Zweitens dass ich sGasts auf dieser Veranstaltung war und drittens, dass es sehr unklug gewesen wäre, mir die Engländer zum sFeindes zu machen. Dieses war es, was mich veranlasste[,] gewissermassen den Ball in die Hände ijDartsij zu werfen, – ohne ihn und seinen Namen zu erwähnen.

Das Verfahren war folgendes: In der Einleitung sprach ich Miss T[h]ompson höchste Anerkennung ihrer hervorragenden Leistung auf technischem Gebiete aus. Dann aber warf ich die Frage auf, wie alt denn nun die heute noch geübten[!] und hergestellten afrikanischen kkIndustrienkk und Eisenwerkstücke seien. Ich zeigte, dass das Eisen schon s3500s von Süden her in die sNegadakultur s15 hinein geflossen sei, dass also das Eisen und die Eisenindustrie in Ostafrika gut 2500 Jahre sälters sei sals bei uns s. In dieser Weise fuhr ich fort und sprach von Simbabwe und den Ruinen nicht ein Wort. Ebenso Rasse etc. etc. Zum Schluss sprach ich Miss T[h]ompson nochmals meinen Dank aus, auch im Namen der Deutschen[!] Ausgrabungskunst. Dann stieg ich vom Olymp herab und eilte[,] so schnell ich nur humpeln konnte[,] zum Saale heraus. Unterwegs fing ich noch einen strahlenden Blick ijDartsij auf.

---

ff *Ae und De statt* älte   gg *Nicht in U*   hh *U:* Afrikaner   ii *U:* Dast
jj *U:* Dasts   kk *U:* Industrie-

———

15 S.o. Nr. 49, Anm. 13.

Alles weitere haben dann meine zurückgelassenen Mitarbeiter genussvoll erlebt. Sehr bald meldete sich Prof. [ii]Dart[ii] zum[!] Worte und mit dem Recht zu solchem ausgestattet, fragte er,[ll] ob man verstanden hätte, was der x x x Frobenius eben gesagt und bewiesen hätte! Und donnerte auf seine Landsmännin Kätchen und den Vorsitzenden, der nur denen [mm]das Wort[mm] gäbe, die am dürren Dogma Mc Ivers[!] hingen, polternd herab. Was ich wollte, habe ich erreicht: [s]Die Engländer gerieten sich unter einander in die Haare.[s] Der[z] Lautsprech-aufnahmeapparat[!] wurde schleunigst [s]abgestellt[s]. – Die guten Südafrikaner strahlen vor Glück. Nachher kamen alle Reporter, um mich abzuhören. Ich entfloh ihnen. Als ich in später Stunde noch einmal in die Ausstellung kam, hörte ich, dass sie wieder überfüllt gewesen sei. Ausserdem fand ich einen Haufen von Briefen und Karten vor. [nn]Alles[nn] von Südafrikanern, die nun alles verstanden hatten ([ii]Dart[ii] war ja sehr deutlich) und sich nun bei mir bedankten.

So also verlief die grosse Schlacht!

Pretoria 3te August 29

Heute Morgen sind wir nach hier zurückgekehrt. Als Erstes fand ich Euer Majestät Brief vom 25.6.[16] vor. Herzlichen Dank. Das Schreiben der Altgräfin Salm[17] hat in dem Streben nach Erkenntnis bei schwerer Weltanschauungsbehinderung etwas Rührendes.

Und wie Euer Majestät mit dem Zeus-Europagedanken Recht haben. In den letzten Wochen im Mpossilager[18] hatte ich eine endgültige Bestätigung. Schon viel früher hatte ich ein Märchen, wonach [oo][ein][oo] Mann, der zu faul ist, seine Gattin auf dem Wege zu den Schwiegereltern zu begleiten, ihr seinen besten Bullen zum Schutz mitgiebt. Der führt sein Amt auch glänzend aus. – Dann erhielt ich das gleiche Märchen im Westen noch einmal mit dem Schluss, dass, nachdem der Bulle alle Feinde und Ruhestörer niedergekämpft hat, er nun die ihm anvertraute Frau auf den Rücken nimmt und mit ihr in den Dsivoa[19] laeuft. – Das hatte ich schon vorher. Nun fand ich aber die Priesterweisheit dazu. Nach [pp]dieser[pp] Überlieferung lebt auf dem Boden eines Dsivoa ein Volk, dessen König die Töchter eines [qqs]irdischen[qqs] Dsivoa am Seeufer baden sieht.[20] Der [rr]Ndusu[rr](unterwasser-)König verliebt sich in eines der Mädchen. Er verwandelt sich in einen herrlichen Bullen und laeuft in dieser Gestalt zum [ss]Gehöft[ss] des [qq]irdischen[qq] Königs. Er wird eingefangen und die Königstochter hütet ihn, weil er unter ihrer Hand ganz zahm ist. Eines Tages heisst der Bulle die Königstochter[,] [l]ihn[l] an das Ufer des Sees[!] treiben. Als sie nahe daran sind, kommen Leute, ihn wieder zurückzujagen. Der schöne Bulle tötet sie aber, nimmt die Königstochter auf den Rücken und eilt mit ihr in den See. Dort nimmt er dann wieder seine wahre Gestalt an. –

[tt]Das ist, meine ich[,] eine so herrliche Europa-Zeusmythe, wie sie nicht einmal auf Kreta schöner sein kann.[tt] – Ich finde hier im Übrigen alles sehr aufgeregt über den Ver-

---

[ll] *Ae und De:* was   [mm] *Ae und De statt* die Stimme   [nn] *U:* Alle   [oo] *U:* der
[pp] *U:* der   [qq] *U:* indischen   [rr] *U:* Ndusis   [ss] *U:* Schloss
[tt] *In U₁ von Wilhelm angestrichen; dazu seine Marginalie:* ja

---

[16] Nr. 67.   [17] S.o. Nr. 67, Anm. 11.   [18] S.o. Nr. 65.
[19] S.o. Nr. 62.   [20] Hierzu Frobenius, Erythräa (wie Anm. 5), S. 172f.

lauf der Schlacht in Johannesburg. Allerhand Wünsche werden laut. Sobald ich alles übersehe, werde ich berichten. Jedenfalls stehe ich schwierigen Entscheidungen gegenüber.–

Pretoria 6. August 29. Nachts

Ich bin so erregt, dass es mir nicht ganz leicht werden wird, Euerer Majestät das ordentlich klar auseinandergelegt vorzutragen, was mir heute wieder für eine richtige „Gabe eines gnädigen Schicksals" zu Teil wurde. Also:

Euer Majestät erinnern sich, dass ich 1914/5 auf Allerhöchsten Befehl nach Abessinien[21] wanderte (Hiddeck![22]). Während der Tage der Verhandlung mit dem italienischen Guvernör[!] traf ich auf einen Amerikaner, der sich langweilte. Er hieß etwa „Hampton". Der Mann bekam von einem seiner Freunde just einige Photos gesandt, darunter die einiger Ruinen. Wie erstaunte ich, als der Mann mir sagte, diese Ruinen seien ˢin Indienˢ aufgenommen. Sein Freund sei Prospektor und habe zwischen Dharwhar[!] und Mysore[23] jetzt mehrere Jahre nach Mangan geforscht. Die Photos zeigten ˢRuinen – reinsten Simbabwestilesˢ. Der Amerikaner versprach mir, seinen Freund nach der genauen Lage der Ruinen zu fragen. Aber dieses Versprechen wurde ebenso wenig gehalten wie irgend ein anderes während des Krieges gegebenes.

Was habe ich denn alles unternommen, um die Lage dieser Ruinen zu eruiren. Und gleich nach meiner Ankunft in Rhodesien bat ich den Allgewaltigen in Gold[,] Mr. Burnett, in London und Indien die Schwester-Metallgesellschaften um Auskunft zu bitten. Burnett that auch alles, was in seinen Kräften stand. Antwort von überall: wir wissen von nichts. Ich kam nicht weiter und sah mich schon eines Tages in der Gegend von Dharwhar herumirren. Es war ein durchaus hoffnungsloser Fall.–

Kommt da Nachmittags[!] ein Auto vorgefahren. Ich seufze im Innern: „Wieder so ein neugieriger Besuch, der Dir Zeit raubt!" Eine Dame steigt aus, spricht mich auf Deutsch an, stellt sich als ˢFrau Dr. Reuningˢ, Frau des Geologen Reuning ˢaus Giessenˢ vor, sagt mir dann, dass ihr Mann ˡdurchˡ sie ˡmichˡ fragen lasse, ob ich Interesse an ˢganz alte[n]ˢ Ruinen in Indien habe. Ich antwortete: „Liegen sie bei Dharwhar?" Antwort: „Ja, nach Süden, in der Richtung auf Mysore zu!" Ich war wie vom Donner gerührt und hätte die gute Frau am Liebsten umarmt. – So, und heute Abend nun war ich mit Dr. Reuning zusammen, liess mir alles beschreiben, was er vor 20 Jahren dort drüben gesehen hat und bin nun der festen Überzeugung, dass ˢdies die Ruinen sein müssen, die ich 1915 im Photo sahˢ.

Die Sache ist so klar, dass ich kaum an der geschilderten Thatsächlichkeit zweifeln kann. Und da sitze ich nun noch tief in die Nacht an meinem kleinen Wanderschreibtisch und mir ist ganz wunderlich und andächtig zu Mute. – Es müssen Menschen ohne ˡˡˡGna-

---

[21] Zu dieser Expedition jetzt: Ulrich Braukämper, Im Spannungsfeld zwischen Wissenschaft und politischem Aktivismus. Leo Frobenius als Geheimagent in Nordost-Afrika, in: Karl-Heinz Kohl / Editha Platte (Hg.), Gestalter und Gestalten. 100 Jahre Ethnologie in Frankfurt am Main, Frankfurt am Main 2006, S. 167–186. Dort auch die ältere Literatur.

[22] S.o. Nr. 2, Anm. 17.

[23] Dharwar und Mysore, Städte in der westindischen Provinz Karnataka.

de sein, die nicht die Grösse des Schicksal[s] und seine Allgewalt bestaunen und sich ihr gegenüber als Ameisen fühlen.[uu]

So, das musste ich nun doch gleich Euerer Majestät melden.

Pretoria, Montag 12 August 29

Die Ereignisse überstürzten[!] sich. Von den beiden Ausgrabungsstellen glänzende Berichte. In [vv]der Rukwe[!]-Ruine[vv][24] hat Wieschhof ein paar herrliche Tauben aus gebranntem Ton gefunden.[25] Sie sind auf der Unterseite mit tiefen Löchern versehen, [ww]hatten[ww] also vordem (dem entsprechen auch die Fundstellen am Aussenrand der Mauern) auf Stöcken [xx]gesteckt[xx], auf der Umfassungsmauer gestanden. Solche Vögel, in Speckstein geschnitten[,] waren früher [s]auch auf dem Simbabwetempel[s] angebracht. Man nannte diese letzteren bisher [yy]„Geierstelen"[yy]. Meine Tontauben sind nun sicher Tauben. Die Legende verrät, dass die Priesterinnen in [uu]Simbabwe früher Tauben gehalten haben. – Die Tauben waren nun aber in Westasien die Tiere der Venus. Wieder ein Beleg des [s]Mocaranga-Venusdienstes[s]! Und was für ein herrlicher![uu]

Aus der Schaschi[-]Ruine auch nur Allerbestes. Diese ist sehr eigenartig. Es ist eine grosse Ebene, a und ein mit viel Mauerwerk versehener Hügel nach Norden. Die Ebene ist nach Westen durch eine Mauer abgeschlossen, die zum Teil weggeraeumt ist. Im südlichen Teil ein unvermittelt abbrechendes Stück Mauer. In dieser ist ein Schachbrettmuster durch weggelassene Steine gebildet.

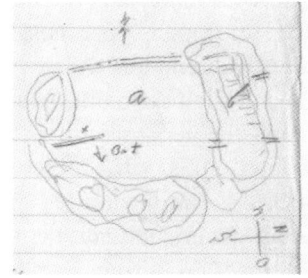

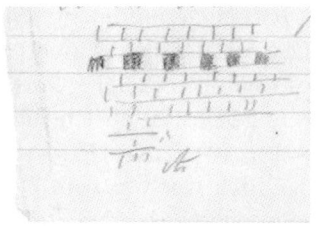

Fast [s]jede Simbabweruine[s] hat [s]irgend ein ornamentiertes Mauerstück[s]. Das Interessanteste ist aber, dass [zz]auf[zz] a hier und da merkwürdige Reste alter Lehmplastik in Kreisform etc. erhalten sind und aus dem jüngeren Schutt und Erdbelag auftauchen. Es ist jenes Material, das die Engländer fälschlich mit Cement bezeichnen. Sehr [aaa]schlecht[aaa]. Es ist mehr eine Art Macadam[26], geschlagene Masse. Ich habe nun den Auftrag gegeben, einmal nicht mit der Ausgrabung der Mauerruinen zu beginnen[,] sondern den Spaten in der Ebene anzusetzen, [bbb]um[bbb]quer durch a ein paar Orientierungsgräben zu ziehen. Und nun kommt, wie ich höre, das Allerschönste zu

---

[uu] *In U₁ von Wilhelm angestrichen*   [vv] *U: den Rukwe-Ruinen*

[ww] *Ae und De statt:* waren   [xx] *Ae und De aus* aufgesteckt   [yy] *U: Geierstecken*

[zz] *U statt:* bei   [aaa] *U:* schlicht   [bbb] *U:* und

———

[24] Frobenius bezeichnet sie sonst durchgängig als „Vukwe-Ruine" (s.o. Nr 65, Anm. 24).

[25] Hierzu Frobenius, Erythräa (wie Anm. 5), S. 276 und Tafel 50.

[26] Zu diesem von Frobenius auch als „Lehmschlag" bezeichneten Material s. Erythräa (wie Anm. 5), S. 270–272 und Tafel 22.

Tage, eine ˢMacadamweltˢ an Formen, Altäre[!] etc. Den Gedanken gab mir eine gesegnete Stunde ein.

Von Mannsfeld und Lutz sehr erfreuliche Nachrichten über Felsbilder etc. (Central[-] und Ost[-]Südrhodesien).

Ferner: die Regierung hat veranlasst, dass die Johannesburger Ausstellung in Pretoria widerholt[!] wird.

Dr. Jensen ist mit sehr guten Nachrichten aus Kapstadt zurückgekommen. Hierüber folgt ein eingeherer[!] Bericht, sobald alles ganz klar ist.

Am Freitag hielt ich vor Saalüberfüllung einen Vortrag, bei dem Hoernlé praesidirte. Die Stimmung des Publikums war sehr frisch; die Antworten der Professoren sehr erfreulich. – Nun muss ich noch, um das Nachfolgende klar zu machen, sagen, dass der Kampf um Simbabwes Alter oder Jugend,[!] im Stillen immer heftiger wird. Hie Bantu und Jugend rufen die Engländer, Hie Altertum die Afrikaner. Hoernlé kämpft mit Gewalt für Miss Caton[-]T[h]ompson. Und so hat der ˢphaenomenal sturdumme Mannˢ es denn fertig gebracht, als Abschluss meines Vortrages meine Darlegungen über das Alter der südostafrikanischen Kultur als ˢadventuresˢ zu bezeichnen.– Und wieder amüsirte ich mich göttlich. Denn „allzustraff gespannt" etc. Ich bedankte mich lachend nach dem Vortrag bei ihm vor allen Professoren für den „Dolchstoss" (hier Bauchstoss genannt) und ᶜᶜᶜfuhrᶜᶜᶜ in den Deutschen Klub, sah aber noch weggehend, wie Dr. Wagner, ein enragirter[!] Engländer und andere ihn in einer Ecke gründlich herunterkanzelten. Und richtig, kaum war ich im Klub, da kam auch schon sein telephonischer Anruf und er bat mich um Entschuldigung. So, und heute steht seine ᵈᵈᵈentschuldigende Erklärungᵈᵈᵈ in beiden grossen englischen Zeitungen.

Dass er Miss T[h]ompson und den Engländern einen schlimmen Streich gespielt hat, darüber kein Zweifel. Euer Majestät sehen, dass der Kampf ᵉᵉᵉin vollem Kampfe[!]ᵉᵉᵉ ist.

13 August Pretoria

Ein Stein ist von meinem Herzen gerollt, dessen Donnergepolter Euer Majestät auch ohne Marconi[27] bis nach Doorn gehört haben müssen. Die oekonomische Situation ˡder Expeditionˡ ist zur Zeit sehr merkwürdig! Allerhand vor uns und in guter <u>Aussicht</u>. Aber doch immer nur in <u>Aussicht</u>. Von daheim nun aber ᶠᶠᶠ<u>gänzlich</u> im Stich gelassen. ˢVom Reich nichts, von Preussen nichts, von Frankfurt nichtsˢ. Die 7000 Mk der Notgemeinschaftᶠᶠᶠ[28] waren das Letzte, was die brave Exzellenz Schmidt-Ott für uns noch beschaffen konnte. So waren Euer Majestät Spenden das Letzte, worüber wir verfügen konnten. Zwar haben wir nun hier einen so hohen Credit, dass wir sorglos ein wenig

---

ᶜᶜᶜ *Ae und De statt* ging   ᵈᵈᵈ *U:* Entschuldigungserklärung   ᵉᵉᵉ *U: im vollen Gange*
ᶠᶠᶠ *In U₁ von Wilhelm angestrichen; dazu seine Marginalie:* !

---

[27] Der Name Guglielmo Marchese Marconis steht hier für seine Erfindung, den Radiotelegraphen.
[28] S.o. Nr. 33, Anm. 6.

Schulden machen können. Das natürlich nur für den Augenblick[,] und ich kann das doch nur thun, wenn ich ^{ggg}einer späteren^{ggg} Deckung sicher bin. In Aussicht waren aber nur die „Vielleicht-Tauben" der Unionsspende.[29] Just, als meine Sorge nun am höchsten war, kommt die Nachricht der neuen Spende Euerer Majestät von weiteren 10000 Mk.[30] Wie gesagt[,] der Stein polterte mit viel Geraeusch vom Herzen herab!!! – – –

Mittags ein sehr interessanter Besuch. Der Editor der Daily Mail in Jo[hannes]burg und der grossten[!] Sunday Times[31] mit Prof. ⁱⁱDartⁱⁱ zu Besuch. Also auch ^sinmitten der Engländer^s nun ein Kern ^sgegen^s Miss T[h]ompson und Prof. „é" und ^sradical für uns^s. Wie das wohl sich weiter entwickeln wird?!

Pretoria 24 August

England spielt seinen letzten ^{hhh}Trumpf^{hhh} aus. Miss Bleek ist aus Kapstadt angekommen, um unsere Felsbilderkopien herabzusetzen. Ich kann sicher sein, dass auch sie ⁱⁱⁱwiederⁱⁱⁱ eine Dummheit machen wird.

Am 22ten hatten wir hier den Besuch des grossen Franzosen ^sAbbé Breuil^s. Vielleicht macht es Euer Majestät Vergnügen, ihn an unserer Gartentafel zu sehen.^{jjj} Der alte Fuchs benimmt sich zunächst in dem grossen Kampfe recht objektiv. Aber er ist erstens Franzose, zweitens Priester. Also[,] wie es mit seiner Stellungnahme werden wird, ist recht unklar.–

---

^{ggg} *U: auch späterer* ^{hhh} *U: Triumph* ⁱⁱⁱ *U: noch*
^{jjj} *In A (und D) ist die rechte obere Ecke in Größe etwa eines Sechstels der Seite vom Text ausgespart. Hier dürfte eine Photographie Breuils an der „Gartentafel" angebracht gewesen sein:*

---

²⁹ S.u. S. 266.
³⁰ S.u. Nr. 71.
³¹ Die *Rand Daily Mail* und die *Sunday Times* waren die beiden wichtigsten in Johannesburg publizierten Zeitungen.

ˢMinister Prellerˢ hat die ˢAusstellung eröffnetˢ. Vor ihm sprach ein sehr einfluss-reicher Mann, Editor Preller im Namen der Afrikaner und betonte, dass es die Pflicht der Union sei, für unsere Arbeit alles zu thun und alles daran zu setzen[,] Frobenius nach Südafrika zu ziehen. Dann der Minister recht ähnlich. Alle Anwesenden in bester Stimmung. – Was hieraus wohl wird? – Der Kampf geht weiter.

Pretoria 29 August

Heute Morgen eine Stunde zusammen bei Ministerpraesident Hertzog. Aktien stehen gut. Hertzog[,] ein wahrhaft vornehmer Mann[,] sagte, er habe ˢüber Miss T[h]ompsonsˢ Ausführungen, als er sie in der Zeitung las, ˢnur gelächeltˢ.

Pretoria 30 August 29.

Eine Überraschung! Um 3 Uhr kam ein eiliger Bote und fragte mich, ob ich beim Gouvernör[!]³², Earl of Athlone und der Prinzessin Alice eine Tasse Thee einnehmen wolle. Das käme so eilig, weil die hohen Herrschaften mit dem Abendzuge abreisen müssten. Ich war nicht wenig erstaunt über dieses plötzliche Interesse.

Nachher stellte sich dann heraus, dass am Mittag ˢDr. Bodensteinˢ, der Staatssekre-tär des ˢAuswärtigen[,] Mittagsˢ beim Generalgouvernör[!] Vortrag gehalten und über einen Vortrag, den ich gestern Abend vor einer recht grossen Zuhörerschaft gehalten habe[,] Bericht erstattet hatte. Sogleich tauchte vor mir der Gedanke auf, ob dieser ᵏᵏᵏBesuchᵏᵏᵏ Bodensteins nicht im Auftrage des Generals Hertzog erfolgt sei, – als Abtastung. Denn als wir 1926³³ unsere officiellen Dienstpässe bekamen, erhielten wir auch als officielle Instruktion den Bericht des ˢBotschafters Sthamerˢˡˡˡ, demzufolge die Britische Regierung vor einem Versuche ˡirgendˡ in Südafrika eine wissenschaftliche Station zu eröffnen oder einen Zweig der Wissenschaft zu monopolisiren, warnte. Hierüber wusste der Premier Hertzog Bescheid. Hing hiermit der ᵐᵐᵐBerichtᵐᵐᵐ Bodensteins ⁿⁿⁿvor demⁿⁿⁿ Generalguvernör[!] in dem Augenblick, in dem wir mit der Regierung über Hilfszuschüsse etc. verhandelten[,] zusammen? War dies ein Versuchs-ballon?

Nun, wenn er ein solcher war, so muss er für Hertzog und uns in günstigem Winde gesegelt sein. Denn die ebenso königliche, ᵘᵘwie graciöse, temperamentvolle und kluge Prinzessin Alice kam sehr bald, nachdem sie und ihr Gatte mich ein wenig abgefühlt

---

ᵏᵏᵏ *U:* Bericht
ᵐᵐᵐ *Ae und De statt* Besuch

ˡˡˡ *In U₁ Anmerkung Wilhelms:* i. London
ⁿⁿⁿ *Ae und De statt* beim

———

³² Generalgouverneur der Südafrikanischen Union war vom 21.1.1924 bis zum 21.12.1930 Alexander Earl of Athlone, der jüngste Bruder der britischen Königin Mary. Seine Frau, Princess Alice, war eine Enkelin Königin Victorias.
³³ Korrekt wohl „1928"; s.u. S. 269.

^{ooo}waren[!]^{ooo}, auf den schwebenden Kampf zu sprechen und liess mich^{uu} klar und deutlich^{ppp} erkennen, dass auch hier ^sim Hause des britischen Generalguvernörs[!] die Schlacht entschieden war^s. Die Princessin bekannte sich ^sfrei und unumwunden ^{qqq}für das Alte Simbabwe^s aus[!]^{qqq}. Dann wurde ich gefragt, wie denn der Schlachttag in Johannesburg,[!] verlaufen sei. Ich trug vor, dass ich erstens eine Dame vor mir gehabt habe und zweitens doch Gast eines britischen Meetings gewesen sei, infolgedessen lieber den Streithammer in die Hand Prof. ^{jj}Darts^{jj} gelegt hätte. Die Prinzessin lachte sehr zustimmend.

Da mir Unklarheiten unlieb sind, kam ich bei günstiger Gelegenheit auf Doorn zu sprechen und dass ich unsere Arbeiten nur soweit[!] habe bringen können, weil ich durch Euerer Majestät verehrungswürdiges Interesse auch oekonomisch vor harter Bedrängnis geschützt wurde. Wir unterhielten uns dann lange über Doorn und ich verfehlte nicht, die Fülle meiner Empfindungen über die Prinzessin auszugiessen. Unklarheiten sind nach dieser Richtung also nicht mehr möglich und die Königliche Familie in ^{uu}England ist nun ein-[!] für allemal darüber im Klaren[!], dass ich an der Würde meiner menschlichen Gefühlsgrundlagen nicht rütteln lasse.^{uu} – Es war nicht ^{rrr}anders^{rrr} als in diesem Hause so zu handeln und ich ^{sss}war^{sss}, – um es ehrlich zu sagen, – ^lauf^l einen kleinen Stimmungsumschwung vorbereitet, hatte hierfür mir auch schon ^{ttt}dass[!]^{ttt} entsprechende Gegenmittel zurecht gelegt, – aber ich hätte dies nicht^{uuu} nötig gehabt. Die Prinzessin wich nicht von der Linie ab, ^{uu}lud mich sehr herzlich für den Januar zum Besuche in Kapstadt ein.^{uu}

Auf dem Heimwege und der Fahrt durch Park und Stadt, wurde es mir ^{vvv}sehr^{vvv} klar, dass dieser Theebesuch einmal eine gewisse Bedeutung für die Entwicklung Südafrikas als „^{www}englischer^{www} Kolonie" gewinnen könnte. –

Pretoria 11 September

Die Situation wird immer spannender. Das ^sSimbabwe^s-Problem ist ^lerst^l – wie alles hier – zum politischen Zankapfel geworden, jetzt aber zum ^sLosungswort für alle echten Africaner[!].^s Erst hatte „Cätchen" doch noch recht viele Anhänger und nicht nur Leute mit einem Accent auf dem letzten e. Von Tag zu Tag ^svermindert^s sich die Partei der Simbabweverjüngerer. Dann wandte sich die englische Presse[,] und heute ist unsere Autorität voll und ganz consolidirt. Das Blatt der <u>englischen</u> Burenpartei ^{xxx}(S.A.P.)^{xxx} an deren Spitze General ^{yyy}Smutts[!]^{yyy} steht,[34] hat freimütig und öffentlich erklärt, ^s„dat die Man Frobenius"^s dem südafrikanischen Geistesleben ^sLeben „eingeblaast" hat^s. Jeden Morgen nehme ich in dem echt südafrikanischen Kaffe[!] „Türkstraat"[!], der Börse des

---

^{ooo} *U:* hatten   ^{ppp} *Ae und De:* füh   ^{qqq} *U:* zu dem Alten Simbabwe

^{rrr} *U:* anders möglich   ^{sss} *Ae und De statt* hatte   ^{ttt} *U:* das

^{uuu} *Ae und De:* gebra   ^{vvv} *U:* schon   ^{www} *U:* englische

^{xxx} *U:* (S.4.P.)   ^{yyy} *U:* Smuts

---

[34] Die von 1911 bis 1934 bestehende, von Jan Smuts geführte South African Party befürwortete die Zusammenarbeit der Buren mit den englischsprachigen Südafrikanern.

wirkenden Lebens in Pretoria[,] meinen Thee ein, nehme die Berichte Jensens über die Verhandlung mit Ministern und Sekretären entgegen, lasse mir über die Ausstellung, die Tagespresse etc.[zzz] das Wichtige melden und begrüsse alle möglichen Männer der Universität, des Parlaments, des Ministeriums und Farmer, die in die Stadt gekommen sind. Um unsern Tisch ist immer ein reger und bunt wechselnder Verkehr. Ich kann wohl sagen, dass wir „etwas darstellen". Unter diesen Besuchern sind auch allerhand Engländer[,] und Jensen und ich amüsiren uns göttlich über ein Symptom, dass[!] uns vereinzelt schon vor einigen Monaten bekannt wurde, hier aber alle Tage eclatanter und unvermittelter deutlich wird. Der typische Engländer pflegt Sowohl[!] Dr. Jensen gegenüber zu sagen: „[!]dass wir[,] England und Deutschland[,] den [s]nächsten[s] Krieg Schulter an Schulter kämpfen würden." Manche fügen noch dazu, [fff]dass der letzte Krieg ein Misverständniss[!][aaaa] gewesen sei. Da man dem Engländer in frohem Tone alles sagen, dies [bbbb]dann aber[bbbb][fff] kräftig thun muss, so frage ich in Bezug auf Letzteres[!]: „Ist es so?" und auf ersteres: „Nun, also für das nächste Mal sollen wir Euch die Kastanien aus dem Feuer holen? Aus welchem denn?!" Dann lachen sie und schütteln mir die Hand. Ein merkwürdiges Volk. [cccc]Aber wir werden uns mit [s]kräftigem Ton[s] und bei Innewahrung [s]unbeirrter Ehrlichkeit[s] immer gut vertragen.[cccc] Wenn sie gemütlich sind, erzähle ich ihnen die Geschichte von „Hidekk!"[35] Dann sind sie ganz glücklich. Soweit die Engländer. [cccc]Es ist ein Jammer, dass die wenigsten[dddd] Diplomaten den Segen,[!] humorvoll vorgetragener Überzeugungen kennen.[cccc] So kommt es öfters vor, dass die Engländer mich fragen, ob „Hidekk" heute noch meine Parole sei, dann werde ich ernst und sage, dass nach meiner Überzeugung England nicht nur die Leitung der Weltwirtschaft zugefallen sei, sondern auch die Verantwortung hierfür. Weltwirtschaft vertrage aber [s]keinen Egoismus[s]. Wenn England sich nicht von Egoismus befreien könne, so würde der selbe[!] Herrgott, der [eeee]ihnen diese Verantwortung schicksalsmässig übertragen habe, eines [s]Tages unter allen Völkern die Parole „Hidekk" ausgeben[s]. Das sei meine Überzeugung.[eeee] Dann sind die Herren [s]meist etwas betreten[s] und sagen: „You are a wonderful Man[!]." [cccc]Auch dies als ehrliche Überzeugung [ffff]vertragen sie sehr gut. Derart[ffff] kann ich getrost meine Überzeugung aussprechen, [s]brauche nie ein Gefühl zu verbergen.[s][cccc]

Endlich ist der Kultusminister Dr. Malan eingetroffen und hat Dr. Jensen und mich mit Staatssekretär Schmidt zusammen empfangen. Es war eine sehr wichtige Unterredung. Es wurde das Gutachten der Miss Bleek hervorgeholt. Diese hat den Wert unserer Felsbildercopien nach [s]Quadratfuss berechnet[s] und festgestellt, dass sie an Kunstgewerblerinnen (Ich bitte Euer Majestät: Südafrikanische Kunstgewerblerinnen!) etwa 7,6 Schilling zahle! Danach wäre der Wert unserer Felsbilderkopien 2000 £.– Da stieg mir denn doch die Galle auf. Ich nahm mich aber mächtig zusammen und sagte: ich hätte nun von diesem Gutachten schon allerhand gehört. Nun müsse man doch wohl aber

---

[zzz] *Ae und De:* Be   [aaaa] *Ae und De:* war   [bbbb] *U:* aber dann

[cccc] *In U₁ von Wilhelm mit Bleistift angestrichen; dazu seine Marginalie:* richtig

[dddd] *Ae und De:* Eng

[eeee] *In U₁ von Wilhelm mit Bleistift angestrichen; dazu seine Marginalie:* bravo!

[ffff] *U:* vorgetragen, ist sehr gut, derart

---

[35] S.o. Nr. 2, Anm. 17.

bei jedem Gut[achten] berücksichtigen, wer es geschrieben habe, und was dieser für Lebensgewohnheiten habe. Wenn Miss Bleek glaube, dass^{gggg} solche Werke von Kunstgewerblerinnen kopirt werden könnten, so sei das <u>ihre</u> Sache. Für uns kämen so primitive Gelegenheitsarbeiten überhaupt nicht in Betracht, – überhaupt für eigentliche Wissenschaft nicht. Der Unterschied zwischen Miss Bleeks Arbeiten und unseren liesse sich sehr einfach charakterisiren. – [„]Wenn man Kaffee trinken wolle, müsse man Kaffeetassen kaufen. Es gäbe im Basar solche für 6 pence und andere für 2 £. Nun, Miss Bleek sei ^{hhhh}eben^{hhhh} Kaffeetassen für 6 pence gewohnt, wir aber könnten unserer Gewohnheit nach nur aus Tassen für 2 £ trinken.[“]ⁱⁱⁱⁱ Für europaeische Wissenschaft und ja wohl auch für ein südafrikanisches Kultusministerium sei das Beste gerade^{jjjj} eben gut genug.

Ferner erklärte ich mich bereit, Dubletten unserer Felsbilderkopien herstellen zu lassen. Aber nicht als eine Kaufangelegenheit, weil mir dann wieder jeder Kaffetassensparer hereinreden könne, sondern nur als ˢGentlemen agreement[!]ˢ. Wir sprachen dann noch über alles, was sonst noch an Wissenschaftlichem in der Union zu thun sei. Die Sitzung ging in erfreulicher Weise zu Ende. Leider ist nun wieder der Finanzminister verreist.

Pretoria 16 Sept. 29

Darf ich Euerer Majestät melden: <u>Der endgültige Sieg ist der Deutschen Expedition zugefallen.</u> Wir erhalten für die Fortsetzung^{kkkk} der Arbeit bis Januar 1930 und für eine Kontrollexpedition ˢnach Indienˢ 3200 £, wofür wir als Gegenleistung Dubletten unserer Felszeichnungen und bestimmte Sammlungsanteile der Union ebenfalls <u>stiften</u>. Ferner im Januar als Anteil der Union zu den Publikationskosten 1800 £[,] zusammen also 5000 £ (Miss C.[-]T[h]ompson bekommt allerdings nichts.)–

Morgen spritzt die Expedition, soweit sie hier ist[,] an die Arbeitsplätze:

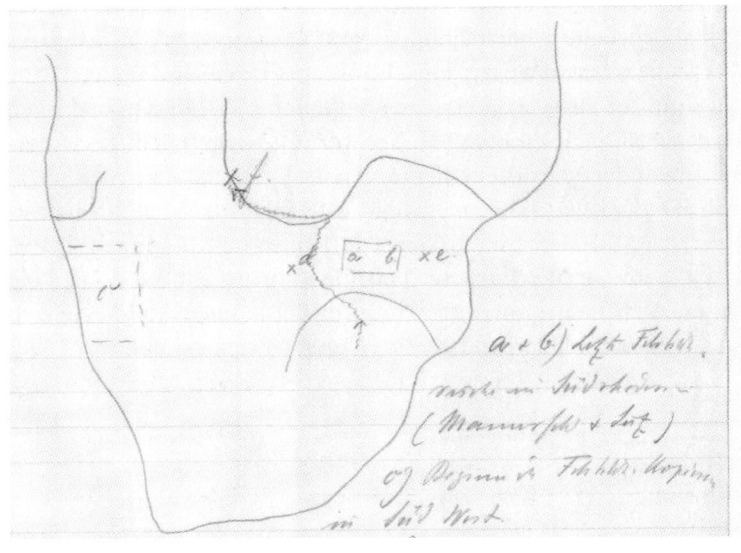

---

^{gggg} *Ae und De:* sc

ⁱⁱⁱⁱ *In U₁ Marginalie Wilhelms:* bravo!

^{hhhh} *Ae und De statt* die

^{jjjj} *Ae und De:* das

^{kkkk} *Ae und De:* bis

a + b) Letzte Felsbildsuche in Südrhodesien (Mannsfeld und Lutz)
c) Beginn des Felsbildkopierens in Süd[-]West
d) Ausgrabung Seekirchner, Schaschi[-]Ruine
e) Ausgrabung Wieschhoff, Ruinen in Portugiesisch[-]Ost[afrika]
f) Vorstoss Jensens mit Schulz zum[llll] oberen Zambesi. Damit haben alle Kamaraden[!] herrliche Aufgaben und dürfen wir noch bis Januar (Beginn der Regenzeit) allerhand Wertvolles erwarten. Dann werden meine Expeditionskinder aber auch gründlich ermüdet sein. Mögen sie, die geradezu glänzende Leistungen zu buchen haben, dann für einige Zeit auf ihren Loorbehren[!] ausruhen. [uu]Noch nie hat eine Expedition in Africa auch nur annäherend das geschafft, was diese kleine Korporation junger Menschen leistete. Noch nie auf so weitem Raum. Wenn bis zum Januar 30 alles klappt, dann ist etwa 1/7tel[!] dieses Erdteiles wenigstens auf[uu] archaeologisch/[s]prähistorischer[s] Basis dispositionsmässig übersichtlich geworden.

Das[s] wir des Ferneren einen Grundstock für die sehr erheblichen Publikationskosten bekommen[,] ist sehr schön. Wir können stolz nach Deutschland zurückkehren und sagen: „Wir haben unsere Schuldigkeit gethan. [s]Deutschland, nun thue Du das Deine[s]!"[mmmm]

Über alledem vergessen meine Kameraden und ich das eine nicht: Hätten Euer Majestät uns nicht so unendlich gütig geholfen, so wären wir nicht im Stande gewesen, unsere Arbeit so lange fortzusetzen, bis [nnnn]dieser[nnnn] Erfolg gesichert war. Und ich wäre ausser Stande gewesen, die [oooo]Enddisposition[oooo] in so gewaltigem Maassstab[!] zu organisiren.

Es ist ja nicht recht männlich, aber ich könnte in diesem Augenblick heulen vor Dankbarkeit und Glück. ——

Ja und dann: Euer Majestät haben ganz richtig geschrieben und betont (Handschreiben vom 20. Mai)[36] wie [s]wichtig jetzt das Problem Indien wird[s]. Für die [s]Minoische Kultur[s] ebenso wie für die [s]Afrikanische[s], zumal die [s]Süderythraeische[s]. Ja[,] und da bin ich nun in der Lage, sogleich selbst hinüber zu fahren und eine erste Bekanntschaft zu machen! Dazu habe ich mir noch prächtige Kameraden aussuchen dürfen, meine Frau, die als musikalisch Hochbegabte die musikalischen Lithurgien[!] aufnehmen kann[,] und meine Tochter[,] die ihre Studien nun in England und Italien abgeschlossen hat und eine kleine Meisterin auch auf dem Gebiet der Photographie wurde.

Ja, soviel Glück und Herrlichkeit giebt es ja wohl gar nicht.

Ach, wie freue ich mich auf [pppp]den Tag[pppp], da ich Euerer Majestät über das, was nun immer gehaeufter sich ansammelt, Vortrag halten darf. –

Nun muss ich Euerer Majestät aber [qqqq]noch[qqqq] über die weiteren Consequenzen unseres [s]Arbeitssieges[s] in Südafrika berichten. Hierfür ist in diesen Tagen der Hast keine Ruhe. Das will ich auf [rrrr]das[rrrr] Schiff thun. Habe ja 18 Tage [l]lang[l] (ohne Landung) Zeit. –

[llll] *Ae und De:* obereren
[mmmm] *In* U_1 *Marginalie Wilhelms:* denkt nicht daran!
[nnnn] *U:* der
[oooo] *U:* Enddispositionen
[pppp] *U:* die Tage
[qqqq] *U:* auch
[rrrr] *U:* dem

---

[36] Nr. 66.

Es ist ein erbärmlicher, uralter Kahn, der südafrikanische Kohlen[ssss], 118 [tttt]zu repatriirende[tttt] Inder und 14 Passagire [uuuu]an [Bord][uuuu] auf Ceylon zusteuert und mich am ersten Landungshafen, in Madras – inschallah![37] – an Land setzen wird. Das Wetter ist angenehm, gerade der behagliche Seegang, den ich liebe. So konnte ich denn mein kleines Reisearbeitstischchen auf Deck festmachen [uu]und arbeite da gemächlich Tagaustagein[!]. Reinschrift! [s]22 Hefte Märchen à 75 Quartseiten, [vvvv]7[vvvv] Mythologie und Cultur sind fertig.[suu][38] Ist nun alles hübsch übersichtlich geordnet, so wie es mir Bedürfnis ist. Es ist mir bisher noch immer gelungen, mit vollendeter Reinschrift heimzukommen. So wird alles frisch an Ort und Stelle ins Saubere gebracht und das Vergessen eingegrenzt.

So[,] und nun ist die Zeit da, darüber nachzudenken, <u>was</u> nun eigentlich geschehen ist und was für die Zukunft zu thun ist. Kein Zweifel, dass zu der mir ja gewohnten Verantwortung für die Fortführung und Vorführung wissenschaftlicher Erkenntnisse jetzt noch eine andere[,] ganz abweichender Natur gekommen ist. Zu dem Studium des Wesens der Kultur in Gegenwart und Vergangenheit ist die Möglichkeit gekommen, einen Einfluss auf den[wwww] künftigen Werdegang der Kultur in einem wichtigen Punkte auszuüben. Ja, man muss vielleicht (?) das Wort „Möglichkeit" ersetzen durch das Wort „Forderung". Denn einflussreiche Bürger haben beim Ministerium einen [uu]Antrag eingereicht, der darauf [xxxx]herauszielt[!][xxxx] eine bestimmte Summe in das Budget einzusetzen, um mich jedes Jahr für 6 Monate nach Afrika zu rufen und hier die Überwachung einer ständig weiterwirkenden Expedition durchzuführen.[uu] Diese Expedition soll aus mehreren meiner Frankfurter Assistenten bestehen; es sollen[!] jedem Einzelteil aber je ein junger Afrikaander[!] beigegeben werden, der die Aufgabe hat, von uns zu lernen. Ferner soll ich dann meinen Einfluss auf die Entwicklung der Museen ausüben, dann aber auch auf das geistige Leben an den Universitäten. Das heisst, ich soll fortfahren[,] dem etwas schläfrigen Geiste des südafrikanischen Paideuma Wind einzublasen.

Es ist, soweit ich es übersehe[,] das südafrikanische Wunschgebiet noch grösser. Am liebsten sähe man es wohl, wenn eines Tages das ganze Afrika-Archiv nach Südafrika übersiedelte. Das würde dann heissen, dass in Südafrika ein [yyyy]Deutsches Reichsforschungs[institut][yyyy][39] eingerichtet werden würde, wie wir sie ja in Athen, Rom und Florenz schon haben. Nach dieser Richtung habe ich sogleich abgewinkt. Das wäre eine Frage späterer Zeit. [uu]Wohl habe ich mich aber bereit erklärt[!], dem Gedanken einer Überwachung ständiger Expeditionsarbeit näher zu treten und die Funktion weiterer Windeinblasung zu erwägen. Um vollkommene Freiheit zu sichern[uu] und mit dem Gan-

---

[ssss] *Ae und De:* und   [tttt] *Ae und De aus:* repatriirte   [uuuu] *U:* an Bord
[vvvv] *Ae und De aus:* 22   [wwww] *Ae und De:* der   [xxxx] *U:* hinauszielt
[yyyy] *U:* Reichsforschungsinstitut

---

[37] S.o. Nr. 47, Anm. 7.   [38] FI: LF 383–404 und LF 376–382.

[39] Frobenius denkt offenbar an eine Parallele zum Deutschen Kunsthistorischen Institut in Florenz und den Abteilungen des Archäologischen Instituts des Deutschen Reiches in Rom und Athen, zu denen 1929 gerade diejenigen in Kairo und Istanbul hinzukamen.

zen vor Deutschland zu bestehen, habe ich fernerhin abgelehnt, wenn diese Form gewählt und von uns angenommen würde, für meine Kameraden und mich eine Vergütung zu acceptiren. Als Ehrenarbeit hat die Sache ein [zzzz]objektives[zzzz] Gesicht und kann ich sie auch bei meiner freien Stellung Deutschland gegenüber verantworten.

So wissenschaftlich dies nun auch ist, so ist es nicht ganz harmlos. Die britische Regierung muss doch wohl etwas vorhergeahnt[aaaaa] und in dieser Sache klarer gesehen haben, als sie anno 28[40] den Deutschen Gesandten vor dem Gedanken an eine Deutsche Forschungsexpedition und der Monopolisirung eines Zweiges der Wissenschaft gewarnt hat. Ein Beweis dafür, dass England solche Angelegenheit und solchen Verlauf der Dinge nicht als „harmlos" angesehen hat. Jetzt aber ist diese Situation, vor der England 1928 warnte und die es damals[bbbbb] abriegeln wollte, doch eingetreten und – [uu]England scheint sie nun gutzuheissen.[uu]

Wenn ich mir die Frage vorlege, was wohl der tiefere Grund für die frühere abwehrende Stellungnahme Englands ist, so erkenne ich mehrere solche. Zunächst wünschten die Lenker der britischen Regierung nehmlich nicht, dass Deutschland irgend wie[!] anders als mit (nun einmal nicht fernzuhaltenden) Missionen und Consulaten in Afrika wieder Fuss fasst. Dann will England alle gut dotirten Stellen im Auslande seinen Landeskindern reserviren und endlich fürchtet es gerade in Südafrika eine Mehrung des Deutschen Einflusses. Denn das Deutschtum repraesentirt fraglos auch in Südafrika die [cccc]eigentlich[cccc] aktive Kraft. [uu]Engländer sind (fast ausnahmslos) [s]faul[s] und die [s]Afrikaander[!][ddddd] phlegmatisch.[s] Fast alles, was heute in Südafrika an der Spitze stehend leitet, ist [s]Deutscher Abkunft[s].[uu]

Was war es nun, was die Engländer veranlasst hat, ihre Stellungnahme zu ändern? – Das[s] dem so ist, geht schon aus der Einstellung der Presse hervor, erhellt aus der ostentativ betonten Stellungnahme des Generalgouvernörs[!] und wurde mir gegenüber zuletzt von jedem echten Engländer testirt („Nächster Krieg Schulter an Schulter["]). Kein Zweifel, dass noch auf dem Meeting England unsere Arbeit und uns bei Seite[!] und unterdrücken wollte. Und dann einen Monat später so ganz anders!

Die erste Veranlassung zum Umschwung gab fraglos die Art unseres Kampfes gegen Miss T[h]ompson. Man hatte, wie mir später [uu]gesagt wurde, darauf gerechnet, dass ich „in Deutscher Weise" mit Keulenschlägen und Wahrheitsfanatismus über Cätchen herfallen würde. Dass wir statt dessen Florett fochten[,] war ihnen ganz verblüffend.[uu] Dazu kam die unverholene[!] Bewunderung für unsere Organisation, die Arbeitsleistung, die gute Schulung, den erfreulichen Takt und die den [s]Engländern gänzlich unverständliche Berufshingabe[s] meiner Kameraden. Und endlich sahen sie ja ganz klar, dass ich selbst jede Stellungnahme zu Parteien peinlichst vermied und – jedem meine Meinung [eeeee]sagte. Klar[eeeee] und unverblümt. Dies letztere liess mich als ungefährlich erscheinen. Und dass es uns gelang den südafrikanischen Geist etwas [fffff]„aufzupuschen"[fffff], das war gar nicht so übel. – In diesen Beobachtungen sehe ich die Gründe der veränderten Stellungnahme.

Wenn ich nun oben sagte, dass wir, unsere Arbeit z.T. in den Dienst der Union

---

[zzzz] *U:* objektiveres   [aaaaa] *Ae und De:* haben   [bbbbb] *Ae und De:* abrieg
[cccc] *U:* eigentliche   [ddddd] *Ae und De:* pfle   [eeeee] *U:* sagte, klar   [fffff] *U:* aufzupeitschen

---

[40] S.o. S. 263.

stellend, dieses doch nicht für so ganz harmlos halten, so will ich dies jetzt erklären. Hierbei muss ich ausgehen von einigen Thatsachen der grossen Politik.

Kein Zweifel, dass das Britische Weltreich einen Wandel durchmacht, der einem Verfall ziemlich ähnlich sieht. Nun ist aber die englische, vollkommen auf das Reale gestellte Politik viel zu schlau, um es zu einem Bankerott kommen zu lassen. ᶜᶜᶜᶜEngland ˢliquidirt so allmählich das Empire und macht aus dem Staatsverband einen Wirtschaftsverband, eine Aktiengesellschaftˢ m.b.H.ᶜᶜᶜᶜ Thatsache ist es ja fraglos, dass Länder wie Aegypten und Indien[,] von heut[!] bis morgen aus der englischen Souveränität[!] ᵍᵍᵍᵍᵍentlassen würden[!], sie[!] einemᵍᵍᵍᵍᵍ Chaos innerlich ungeordneter Parteiwirren verfallen würden. Also muss die Liquidation ˢlangsamˢ vor sich gehen[,] und vor allem darf keines der Dominions den anderen etwa eines Tages mit schlechtem Beispiel vorangehen. ʰʰʰʰʰAllso[!] – jaʰʰʰʰʰ keine Aktivität aufkommen lassen.

Hierin nun liegt der Keim der Gefahr für England, wenn wir uns, wenn auch noch so concentrirt auf wissenschaftliche Arbeit, mit der Union verbinden. Das liegt nicht in unserer Individualität. Ich habe nie im Leben eine Parteistellung einnehmen können und werde es nie vermögen, weil meine wissenschaftliche Arbeit an dem Tage ihre gesunde Linie verlassen würde, an dem ich mich einseitigem Denken ⁱⁱⁱⁱⁱhingäbeⁱⁱⁱⁱⁱ. Aber es liegt in der <u>Natur</u> unserer Arbeit. ᵘᵘDie Kulturkunde, als jüngster Zweig am Baume der grossen Wissenschaft stellt den Ast dar, aus dessen Früchten dermaleinst der Saameⁱⁱⁱⁱⁱ künftiger Bewusstseinsformen fallen wird. Deshalb aktivirt sie heute, wie vor hundert Jahren die Naturwissenschaft,ᵘᵘ vormaleinst Geschichte und Philosophie.

Deshalb also werden wir gefährlich. Nicht als ob ich je gegen England kämpfenᵏᵏᵏᵏ würde. Ich werde von ihm nur immer fordern[,] ᵘᵘdass es die Verantwortung für die in seiner Hand liegende Leitung der Weltwirtschaft ˢohne Egoismus trageˢ. Sonst nichts. Hierin ist nichts zu befürchten.ᵘᵘ

Umso mehr in der Thatsache, dass ich den kulturgeographischen Begriff der ˢEinheit Südafrikas (vom Kap bis Zambesi)ˢ klarer und immer deutlicher erkennen lassen werde. Das wird um so gefährlicher werden, als Südafrika – eigentlich ist es ein ᵘᵘUnrecht, es niederzuschreiben, so geheim sollte das gehalten werden – heute schon <u>ein Gebiet Deutscher Kultur</u> ist. Die Einstellung der ˢBurenˢ und auch ˢderˡˡˡˡˡ Sprossen[!] seit Generationen in Südafrika farmender Engländer ist deutsch, grunddeutschˢ.ᵘᵘ Ein Segen, dass die Leute dies nicht wissen; eine Sünde wäre es, die Augen der Welt auf diese Thatsache zu richten. Aber alle Beobachtungen lehren, dass der ˢBure weit mehr deutsch als holländischˢ geworden ist.

Hiermit ist nun alles gesagt, was an Thatsachen für mich erkennbar ist und nun wäre die Hauptfrage die, ob und wie ich zu den Wünschen der Union Stellung nehmen soll.

Mir erscheint es, dass ich in ᵐᵐᵐᵐᵐdiesem Augenblickᵐᵐᵐᵐᵐ eine ziemlich bedeutende Verantwortung habe. Denn dass der Deutsche Gedanke hier an erster Stelle berücksichtigt werden muss, versteht sich von selbst. Die Forderung ist ziemlich klar.

Eine andere Frage ist es, in wie weit[!] und in welcher Gestalt die Auswirkung durch unsere Arbeitⁿⁿⁿⁿⁿ zu ᵒᵒᵒᵒᵒverstehenᵒᵒᵒᵒᵒ ist. –

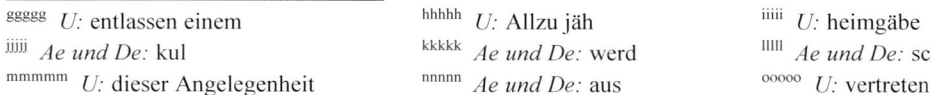

ᵍᵍᵍᵍᵍ *U:* entlassen einem   ʰʰʰʰʰ *U:* Allzu jäh   ⁱⁱⁱⁱⁱ *U:* heimgäbe
ⁱⁱⁱⁱⁱ *Ae und De:* kul   ᵏᵏᵏᵏ *Ae und De:* werd   ˡˡˡˡˡ *Ae und De:* sch
ᵐᵐᵐᵐᵐ *U:* dieser Angelegenheit   ⁿⁿⁿⁿⁿ *Ae und De:* aus   ᵒᵒᵒᵒᵒ *U:* vertreten

^{cccc}Zunächst bin ich der Meinung, dass diese Arbeit eine durchaus Deutsche sein und vor der Gefahr bewahrt bleiben muss, in Abhängigkeit und in Unterordnung unter die Union zu geraten.^{cccc} Dies ist der Grund[,] weshalb ich jede Art von Gehalt oder Vergütung für unsere Arbeitsgemeinschaft ablehnte. Zuerst machte der Gedanke, das um seine Existenz kämpfende Deutschland von der Verpflichtung[,] unsere Arbeit zu finanziren[,] befreien zu können, froh. ^{ppppp}Davon bin ich aber vollkommen abgekommen. Heute meine ich, dass Deutschland in der ^sFörderung^s der Kulturwissenschaft ^svoranschreiten^s muss, – auch in den Leistungen mechanischer Natur.^{ppppp} Ebensowenig, wie wir natürlich „weglaufen" dürfen, ebensowenig dürfen wir unsere Forderungen Deutschland gegenüber fallen lassen. ^{cccc}Nur so kann einzig und allein eine allseitige ehrenvolle Freiheit durch Begrenzung[,] aber Aufrechthaltung und Durchführung der Leistungen gesichert werden. Nie und nimmer darf die Union auf den Gedanken kommen, alle unsere Arbeiten sich zum Besitze zu machen, „weil ^{qqqqq}sie^{qqqqq} alles bezahlt hat".^{cccc}

Dieser Gesichtspunkt macht mich mit seinen natürlichen Consequenzen stutzig. Wir benötigen aus Deutschland dann noch mindestens ^s70 000 Mk^{rrrrr} (für Sammlungswert, Anteil an Grabungen und Publikationen) und ob dieser Betrag aufzuweisen sein wird, das ist mir im höchsten Grade unsicher. Das würde sich doch wohl eben nur ermöglichen lassen, wenn beide, das Forschungsinstitut aus ein[em] „E.V." und das Afrika[-]Archiv aus einem städtischen ^{ttttt}Institut,[!]^{sssss} zu Reichsinstituten^{ttttt} werden würden.[41] ^{uuuuu}Ob aber die maasgebenden Instanzen des Auswärtigen Amtes und des Reichsamtes[!] des Innern hierzu sich aufraffen können, das ist mir zweifelhaft. Darum handelt es sich.^{uuuuu}

Das sind die Überlegungen, die mich augenblicklich am meisten bewegen. Denn so klein unsere Arbeit im Verhältnis zur grossen Politik auch ist, – sie könnte eines Tages eine weiterumsichgreifende[!] Bedeutung gewinnen. Und für solche Möglichkeit alles entsprechende[!] so zu gestalten, dass auch das ^{vvvvv}Bedeute[nde]re^{vvvvv} alles zur Auswirkung vorbereitet findet, – hierfür habe ich ja die Verantwortung.–

———

So und nun will ich [mich] auf das Handbuch des alten Jeremias stürtzen[!], das ich Der[!] gütigen Hand verdanke. Beim Herumblättern stiess ich schon auf allerhand Lekkerbissen. –

———

S.S. Umzumbi
7[.] Sept[ember]⁴² 29

Gegenüber Ceylon.
Was wird ^{wwwww}uns^{wwwww} die nächste Zeit lehren?
Ich bin ungeduldig wie ein Kind im Vorzimmer der Weihnachtsbescheerung[!]

Euer Majestät
Frobenius

---

^{ppppp} *In U₁ von Wilhelm angestrichen; dazu seine Marginalie:* ja   ^{qqqqq} *Ae und De statt* er
^{rrrrr} *Ae und De:* und ob   ^{sssss} *Ae und De:* beide   ^{ttttt} *U:* Institut, Reichsinstitute
^{uuuuu} *In U₁ von Wilhelm angestrichen; dazu seine Marginalie:* Nein!
^{vvvvv} *U:* Bedeutendere   ^{wwwww} *U:* nun

[41] S.u. Nr. 82.   [42] Korrekt: Oktober.

71.

Wilhelm II. an Frobenius, 3.8.1929, Doorn

Haus Doorn

Eigenhändige Ausfertigung:[1]
A   FI: LF 615/22
Maschinenschriftliche Abschrift:
U   FI: LF 615/23

Zur Weitermeldung an S. Exz. Prof. Frobenius

Bin erfreut[,] dem Afrika-Archiv (Institut für Kulturmorphologie) mitteilen zu können, dass ich durch eine Schenkung in der Lage bin[,] Exz. Frobenius für seine Arbeiten der Kaiser W.II. Expedition in Süderythräa 10000 mk zur Verfügung zu stellen. Die Summe wird vom Flügeladj. Freiherr v. Sell bei dem von ihm verwalteten Conto Frobenius[,] wie bisher, deponiert. Abhebungsanträge sind an ihn zu richten.

Wünsche guten Fortgang der Grabungen.

Wilhelm
I.R.

---

[1] S. Tafel 18a.

72.

Frobenius an Wilhelm II., 31.8.1929, Pretoria, Telegramm

Ausgehändigtes Exemplar:
A   AEW: 1616 A5

neue spende 10000[1] ermoeglichte groessere Grabungen[2]; [a]belege Ischtarkult[a3], stop formreiche [a]cementarchitektur[a4] technisch hohe [a]Bronzearbeit[a] stop weitere spende hier erlaubt kurzen aussichtsreichen abstecher [a]alte Ruinen[a] [b]indien[bc] oktober stop treue Dankbarbeit

Frobenius

---

[a] *Von Wilhelm unterstrichen*

[b] *Von Wilhelm doppelt unterstrichen und mit einem Fragezeichen versehen*

[c] *Vermerk von unbekannter Hand:* „Indien" kann auch [„]fünften["] heißen (Die Post hier weiss es nicht)

---

[1] S.o. Nr. 71.

[2] Wie wichtig diese Spende für die Fortführung der Expedition war, läßt sich an dem Dankschreiben Rhoterts an das Hofmarschallamt vom 8.8.1929 erkennen, in dem es heißt: „Diese Zusendung wird es sicherlich ermöglichen, die Aufgaben der Expedition, deren Durchführung durch das Ausbleiben von Reichsmitteln gefährdet war, glücklich zu Ende zu führen. Gemäss der Anweisung Seiner Majestät werden wir [...] um M: 5.000.-- sofort und die restlichen M: 5.000.-- zum 1. September bitten."

[3] Zu Ischtar s.o. Nr. 3, Anm. 2; bei Grabungen in der von Frobenius so genannten „Vukwe-Ruine" (Nr. 65, Anm. 24) hatte sein Mitarbeiter Wieschhoff Tontauben gefunden, die nach Frobenius das Symbol des Kults einer Göttin waren, der wie der Ischtar der Venusstern heilig war (s.o. Nr. 70).

[4] S.o. Nr. 70.

Frobenius an Wilhelm II., 18.9.1929, Pretoria

Durchschrift der eigenhändigen Ausfertigung:
D   FI: LF 609/146–148

Euerer Majestät

muss ich im Augenblick des Abbruches unseres Lagers wenigstens eine kurze Meldung senden.– Nachdem mit der neuen Gabe von 10000 Mk[1] die Spatenarbeit in umfangreicher Weise vorgenommen werden konnte und die dann erzielten Erfolge uns den endgültigen Sieg über die englische Auffassung in die Hand gegeben hatte[2], stellte uns die hiesige Regierung in Anerkennung unserer Arbeit die Mittel zur Ausführung der so notwendigen Kontrollarbeit in Indien zur Verfügung. Während also die Expedition hier an 6 verschiedenen Punkten Südafrikas weiterarbeitet, eile ich nach Indien herüber[!]. Im Januar werde ich hier in Afrika wieder eintreffen.

Der eingehende und schon ziemlich weit geführte Bericht wird auf dem Schiff vollendet und Euer Majestät in ca[.] 3 Wochen von Bombay aus zugehen[3].

Euer Majestät werden ahnen, wie gespannt meine Erwartungen sind. Es ist fast eine Schicksalsfrage. Die Probe auf das Exempel.

Ich bitte um die Erlaubnis[,] Ihrer Majestät die Hand küssen zu dürfen.

Euer Majestät
bisher erfolgreicher Idealist
Frobenius

---

[1] S.o. Nr. 71.

[2] S.o. Nr. 70.

[3] Nr. 70.

Frobenius an Wilhelm II., 8.10.1929 bis Januar 1930[1],
„Umzumbi" auf der Fahrt nach Indien / Madras / Bombay / Gadag[2] /
Hampi[3] / Bangalore / Mysore / Ootacamund[4] / Trichinopoly[5] / Madura[6] /
Tuticorin[7] / Colombo[8] / Anuradhapura[9] / Polonnaruva[10] /
„in der Eisenbahn zwischen Madras und Bombay" /
„Karagola" auf der Rückfahrt nach Südafrika

Eigenhändige Ausfertigung:
A   AEW: 1613 E2 – 1614 B1
Durchschrift der eigenhändigen Ausfertigung:
D   FI: LF 609/149–211
Maschinenschriftliche Umschrift:
U   AEW: 1614 D8–F3

Frobenius' „Kartenskizze I. Verbreitung der Lunaren Hochkultur Sumers" (AEW: 1615
E5; s. Tafel 19) ist von Wilhelm neu gezeichnet worden (AEW: 1614 D2 sowie eine ge-
rahmte Fassung als Beilage zu Mappe 274). Zur „Kartenskizze II", die die Verbreitung
verschiedener Geschlechterverhältnisse der Gestirne darstellt, liegen nur noch Wilhelms
Versionen vor (AEW: 1614 C4–C6 – s. Tafel 20 – sowie ebenfalls eine gerahmte
Fassung als Beilage zu Mappe 274).

---

[1] Der Anfang des Briefs ist von Frobenius versehentlich auf September statt Oktober datiert (vgl. Nr. 70, Anm. 42). Eine Datierung des Schlußteils – nach einer Zeile vom 1. Januar – fehlt. Ein terminus ante quem ergibt sich jedoch aus dem begleitenden Anschreiben an das „Hofmarschallamt" vom 19. Januar (FI: LF 606/21).

[2] Distriktshauptstadt im Staat Karnataka (früher Mysore).

[3] Dorf im Staat Karnataka in den Ruinen von Vijayanagar, der ersten Hauptstadt des gleichnamigen, vom 14. bis 17. Jahrhundert bestehenden hinduistischen Reiches. Die Stadt wurde nach der Schlacht von Rakasa-Tangadi 1565 von moslemischen Eroberern zerstört.

[4] Ootacamund, heute Uthagamandalam, Stadt im Nilgirigebirge im südostindischen Staat Tamil Nadu; der 1821 gegründete Ort wurde durch seine vergleichsweise kühle Höhenlage Sommersitz der britischen Kolonialverwaltung von Madras.

[5] Trichinopoly (oder Tiruchchirappalli), Stadt im Kaveridelta, dem fruchtbarsten indischen Reisanbaugebiet, im südostindischen Staat Tamil Nadu.

[6] Im Staat Tamil Nadu gelegene Hauptstadt des südindischen Pandya-Reichs, das – mit stark wechselnder Ausdehnung – von vorchristlicher Zeit bis in das 16. Jahrhundert bestand, und anschließend des Sultanats von Madura.

[7] Hafenstadt im südostindischen Staat Tamil Nadu.

[8] Hauptstadt Ceylons, des heutigen Sri Lanka.

[9] Seit dem 4. Jahrhundert v. Chr. Hauptstadt des singhalesischen Königreichs auf Sri Lanka, im 11. Jahrhundert n.Chr. nach Invasionen aufgegeben und erst im 19. Jahrhundert von den Briten wiederentdeckt.

[10] Hauptstadt des singhalesischen Königsreichs auf Sri Lanka nach seiner Wiedererrichtung durch Vijayabahu I. um 1070 n. Chr. bis in das 13. Jahrhundert. 1314 wurde auch Polonnaruva aufgegeben und erst im 20. Jahrhundert wieder besiedelt.

Unten in der Kabine liegt der das Afrikanische abschliessende Bericht[11] geschlossen und absendefertig. Aber ich muss doch wohl sogleich den weiteren beginnen, denn ich habe noch gar nicht dargelegt, welches die Gründe waren, die die entscheidende Veranlassung für diesen Seitensprung nach Indien waren.[12]

Zunächst sind da einige recht handgreifliche Anregungen. Auf der Hiddekreise, die [ich] anno 1915 in Euer Majestät Auftrag nach Africa unternahm,[13] traf ich in Abbessynien[!] einen Amerikaner, der mir von einem Freund eingesandte Photos aus dem Dharwardistrikt zeigte.[14] Sie stellten Ruinen dar, die in der Bauart genau dem Symbabwestil[!] ähnelten. Auf dem Congress in Pretoria begegnete uns dann ein Bergingenieur, der über die Ruinen nähere Angaben machen konnte. Damit ist meine erste Aufgabe umrissen.

Die zweite ist durch die Thatsache geboten, dass die Mythologie der Inder und zwar[,] wie ich hier auf dem Schiff in Unterhaltung mit [a]Indern[a] schon feststellen konnte, zumal der Südinder genau die gleichen Motive [b]bietet wie diejenige Südeuropas[b] mit Bulle, Mondgott, Europamädchen etc. Das heisst, dass ein Teil der indischen Religion eine unverkennbare [dc]Verwandtschaft[c] mit [c]derjenigen der alten Sumerer aufweist[cd]. Sollte es nun gelingen[,] diese Mythologie als geschlossene Einheit aus dem Gewirr indischer Verwirrung herauszuschälen, so wäre dreierlei gelungen: [g]1.) ein tertium comparationis zur Affinität [c]S[üd]O[st]Afrika-Sumer[c], 2) Die Möglichkeit [e]zu[e] einer Perspektive [f]im[f] Werdegang indischer Geistesgeschichte[g] und 3) vielleicht (??) ein Fingerzeig, in welcher Richtung die [c]Quellgebiete zur Minoitisch-Kretischen[!][15] Kultur zu suchen wären[c].– Dieser Aufgabencomplex stellt hohe Ansprüche nicht nur an unsere Beobachtungen und Compinationsgabe[!], sondern auch an das Glück, das uns Menschen zuführen muss, die bereit sind zu Mitteilungen und auch etwas mitzuteilen haben. Es besteht im Grunde genommen so wenig Hoffnung auf Erfolg nach dieser Richtung, dass ich[h] über diese Aufgabe nur sehr schüchtern berichte. Aber Euer Majestät werden ja

---

[a] *U:* Indiern   [b] *U:* liebt wie diejenigen[!] der Südeuropäer

[c] *In U von Wilhelm mit violettem Buntstift unterstrichen*

[d] *In U von Wilhelm mit Bleistift doppelt angestrichen*

[e] *Ae, De und U*   [f] *Ae und De statt* in den

[g] *In U von Wilhelm mit violettem Buntstift doppelt angestrichen*

[h] *Ae und De:* h

---

[11] Nr. 70.

[12] Gründe für seine Indienreise hatte Frobenius Wilhelm bereits in seinem am Vortrag abgeschlossenen Brief (Nr. 70) genannt. Wie überraschend Frobenius' Entscheidung für den Empfänger aber sein mußte, da ihn dieser Brief noch nicht erreicht hatte, erkennt man daran, daß einer seiner Mitarbeiter bei der Post Erkundigungen über einen möglichen Übertragungsfehler anstellte, als in Frobenius' Telegramm vom 31.8.1929 ein Abstecher nach Indien erwähnt wurde (s.o. Nr. 72). Auch in seinem Telegramm vom 10.12.1929 (Nr. 77) spekulierte Wilhelm noch über die Motive für diese Ausweitung der Expedition.

[13] S.o. Nr. 70, Anm. 21.

[14] S.o. Nr. 70.

[15] Die minoische Kultur bestand auf Kreta vom 3. Jahrtausend bis ca. 1200 v. Chr.

sicherlich auch einen etwaigen Bericht mit: „hierin erfolglos" verstehen. Auch würde ich diese Sache nicht erwähnen, wenn ich nicht hier auf dem Schiff schon einige recht wertvolle Mitteilungen von ªIndernª, die als Passagiere reisen[,] bekommen hätte.

Zum dritten endlich werde ich immer eindringlicher von der Frage bedrängt, in welchem historischen Verhältnis die grosse Altkultur des ᶜpazifischen[!]ᶜ Oceans und des „Zeitalters des ᶜSonnengottesᶜ"[16] zu derjenigen des ᶜindischen[!] Oceansᶜ d.h. zur ᶜʲlunarenᶜʲ Mythologie steht. Was ist älter: lunar oder solar? – Oder aber: „ist diese ᵏFragestellungᵏ überhaupt richtig?["] – ˡEineˡ Antwort nach dieser Richtung kann nur im indischen Grenzgebiet und auch hier nur unter der Berücksichtigung aller althistorischen Kulturtatbestände wie Ariertum, Sumerertum etc. erhofft werden. Denn im indischen Kulturmischmasch stellt das „Solare" doch wohl neben dem Lunaren eine Sonderlinie dar, – die es eben auch gillt[!] herauszuschälen.–

Bedenklich ist mir, dass zweifelsohne der „indische" Menschentyp ganz anders als der afrikanische ist und dass ich mich erst in ihn hineinfühlen muss. Das gillt[!] besonders von den Priestern. Wird es uns gelingen, die Brahminen[!] zum Meinungsaustausch bereit zu stimmen?–

Madras Mittwoch 9 Okt 29

Welcher Unterschied! In Südafrika alle Städte jung, frisch, auf Wachstum und Erweiterung angelegt, kaum noch Spuren alter Eingeborenenkultur aufweisend. Dieses Madras eine riesige Eingeborenenstadt mit einem eingeschrumpften Kern,[!] ᵐᶜalter morscher Civilisation Europas im Innern. Alles alt, abgebraucht, abgegriffen. Kein Elanᶜᵐ. Und das ist eine Hauptstadt im britischen Indien? Ich staune.

In der Stadt sah ich einen herrlichen, geschnitzten Götterwagen. Ob wohl noch viele anzutreffen sind? Fahre sogleich weiter nach Bombay – querdurch.

Bombay Sonnabend d. 19. Okt 29

Eine schlimme Woche der Rennerei und eiliger Besuche hinter uns. Bombay ist ᶜmitᶜ Madras verglichen würdiger und moderner. ᶜᵐDie Gelehrten hier wissen wenig oder nichts von dem[,] was wir brauchenᵐᶜ. Von befreundeter Seite wurde uns ein Trum[!] von einem Auto, ein Minerva[,] zur Verfügung gestellt. Mit dem werden wir kreuz und quer durch Südindien und nachher durch Zeylon[!] fahren. Leider just vielerorts die Pocken. – Weib und Kind froh und gesund. Nachrichten aus Deutschland <u>sehr</u> schlecht. Auch dem Institut sind Abstriche gemacht. Misswirtschaft und Notzeit[17]. – Aber wir hier draussen dürfen uns nicht beirren lassen. ᶜDurchhaltenᶜ.–

ⁱ *Marginalie Wilhelms in U:* oder

ʲ *Ae und De anstelle des gleichen, aber gestrichenen Wortes über der Zeile*

ᵏ *De:* Fragestellung   ˡ *Ae und De statt* die

ᵐ *In U von Wilhelm mit violettem Buntstift angestrichen*

---

[16] Leo Frobenius, Das Zeitalter des Sonnengottes, Berlin 1904.

[17] Die eigentliche wirtschaftliche Notzeit sollte freilich erst noch kommen: Mit dem Zusammenbruch der New Yorker Börse am „Schwarzen Freitag", dem 25.10., begann in der folgenden Woche die Weltwirtschaftskrise.

G. ist ein „kleines Städtchen" von ca. 50000 Einwohnern, in dem wir nach längerem Suchen landeten. Denn bei Dharwar, das im Inland hinter Goa[18] lag, fanden wir die gesuchten Goldminen und auch die Ruinen nicht. Wir suchten weiter oestlich und [n]erreichten einige Meilen von hier entfernt ans Ziel gelangten[!][n]. Die heute vollkommen verlassene Landschaft heisst [c]Kappatgutt[c]. Die Goldminen[,] deren Reste heute noch zu sehen sind, müssen reiche Erträge gebracht haben.

Die Ruinen selbst sind allerdings im Mauerwerk sehr ähnliche Anlagen wie die Symbabwebaulichkeiten[!].[19] Aber sie sind weit jünger. Das wichtigste ist, dass ich hiermit einen Anhaltspunkt dafür gewann, nach welcher Richtung die Forschung weiter geführt werden kann. Alles sehr hoffnungsvoll.

Sonntag 3ter November 29 Gadag

Morgen geht es fort von hier. Im Durchqueren des Landes rund herum[!] fanden wir sehr gute Sachen, die alle ja natürlich nur erste Ansatzpunkte sind, aber doch schon mehr als Ahnungswert besitzen. Nur einige Notizen: ganze Reihen von [cm]Stelensteinen[c], die genau wie die [c]gleichen in Nordafrika & Karthago[c] an der [c]Spitze die Bilder von Mond und Sonne [o]tragen[mc] (Stelen[o] hier zur Erinnerung an frühere Wittwenverbrennungen). Eine ganze Reihe alter [c]Ruinenreste im Simbabwestil[c], aber alles auf quadratischem Plan, keine einzige Rund- oder Ovalkammer; Herrlich geschnitzte Götterwagen; Vor[!] allem einige [cm]herrliche Gorgo-Garudaformen[c][20]. Sowohl in Stein wie in Holz. Ich sehe es kommen, [c]dass Gorgo-Garuda[c] uns auf dieser Reise zu einem [c]Specialstudium[c] wird[pm]. Im Bazar konnte ich eine hübsche Reihe alter Bronze- und Messinggötterstatuetten erwerben. Nachdem ich schon in Puna bei Bombay einen herrlichen Bullentempel (der heilige Bulle Shivas[21] heisst Nandi[)] studiren[!] konnte, hier nun noch interessantere Exemplare. Augenscheinlich hängt er innig mit der Verehrung des Lingam[22] (Idealisirung der Zeugungskraft) zusammen.–

Morgen früh fahren wir nun weiter in eine Kaiserruinenstadt. Im 17ten Jahrhundert zerstört. Dort muss viel zu sehen sein.

---

[n] *U: gelangten einige Meilen von hier entfernt ans Ziel*

[o] *U: tragen. (Stehen*

[p] *Marginalie Wilhelms in U mit Bleistift:* hoffentlich

---

[18] Westindischer Staat. Die gleichnamige Stadt war noch zu Frobenius' Zeit Hauptstadt von Portugiesisch-Indien.

[19] Zu diesen Ruinen: Leo Frobenius, Indische Reise. Ein unphilosophisches Reisetagebuch aus Südindien und Ceylon, Berlin 1931, S. 58–60.

[20] S.o. Nr. 1, Anm. 2 und Nr. 8, Anm. 2.

[21] In der shivaitischen Richtung des Hinduismus oberster Gott. Der Stier Nandi(n) ist sein Reittier und Symbol.

Hampi Sonntag 10 Nov. 29

Wir haben diese Woche in einer Zauberwelt gelebt. In einem mehrere Meilen im Durchmesser haltenden Becken, dessen Randaufwölbungen von Granitbrockenhügeln gebildet sind, hat die Kaiserstadt [c]Injanjanagar[c23], besonders im [q]14ten[q] bis 16ten Jahrhundert „geprangt“. Es war der Sitz der Menschen, die sich ganz Südindien unterworfen hatten. Allenthalben hochragende Pfeiler„massen“, ragende Tempelwände, unterirdische Ruinenanlagen, Türme, Festungswälle. Zuerst wusste ich nicht[,] wo anfangen und wie in kurzer Zeitspanne das alles aufnehmen! Eine mit koncentrirter[!] Aufmerksamkeit vorgenommene Inspektion ergab dann aber bald den entscheidenden Gesichtspunkt.

Ohne Schwierigkeit erkennt das Auge sehr schnell, dass die zunächst so verwirrend erscheinende Architektur aus [r]zwei[r] heterogenen Entwicklungslinien [r]zusammengeflossen[r] ist[:] [m]1) einer aus dem [c]Neolithischen[c] stammenden [c]Steinarchitektur[c] und 2) einer aus der [c]südlichen Holzkunst[c] herausgewachsenen [c]„Steinschnitzerei“[cms]. Die Steinarchitektur hatte den „falschen Gewölbe“bau[24], muss also [c]aus älterem Rundbau[c] hervorgegangen sein, wenn sie heute auch nur noch rechteckige Grundrisse aufweist. Der andere Anteil, der der Holzskulptur[,] muss aus [c]der Holzbildnerei[c] entstammen[!]. Es sind die gleichen Darstellungen, die auch auf den [mc]aus Platten zusammengesetzten Riesenaufbauten der [e]hölzernen[e] Götterwagen[c] zu sehen sind. Die [c]tausende von Bildern[c] auf den Tempel- und pallastpfeilern[!] [c]sind Holzbildern nachgeschnitzt[c]. Mit Photographien konnte nur ein Teil aufgenommen werden[m][,] und so zog ich denn mit Zeichenblock und Stiften von Tempel zu Tempel.

Diese Pfeilerbilder schildern die Götter und ihr Leben z.T. in Ausgestaltung des Epos Ramayana[25]. Es fanden sich Brahminen[!], die gute Erklärungen geben konnten. So konnte ich denn zum Schluss feststellen, dass der Hinduismus heute [c]aus zwei[c] verschiedenen „Religionen“ [c]zusammengeflossen[c] ist, die ursprünglich [g]nichts mit einander[!] zu thun haben[,] nehmlich[!] 1) aus dem ohne jede Frage ursprünglich [c]weit älteren Shivaismus[ct26], der eine [c]Priesterreligion[c] ist[,] und 2) dem im heutigen Zustand [c]viel jüngeren Vishnuismus[c27], der wohl aus einer älteren [c]Bauernreligion[cg] hervorgegangen ist. Dieser [c]Shivaismus[c] hat an der Spitze einen [mc]alten Mondgott stehen[c], der [c]Vishnuismus muss aus einer Sonnenverehrung[c] hervorgegangen sein. Der erstere ist schon recht durchsichtig, für letzteren kann ich noch keine rechte Perspektive[m] finden – Aber es marschiert.

---

[q] *U:* 17. [r] *In U von Wilhelm mit Bleistift unterstrichen*

[s] *Marginalie Wilhelms in U mit violettem Buntstift:* wie auf Java! [t] *Ae und De:* un

---

[22] S.o. Nr. 56, Anm. 2. [23] S.o. Anm. 3. [24] S.o. Nr. 38, Anm. 3.

[25] Sanskritepos des 4. bis 2. Jahrhunderts v. Chr.

[26] Verehrung des Shiva, eines der hinduistischen Hauptgötter (s.o. Anm. 21).

[27] Verehrung eines anderen hinduistischen Hauptgottes, Vishnu. Beide Götter treten in so zahlreichen Inkarnationen und Darstellungsweisen auf und vereinen in sich so viele Gegensätze, daß sie sich einer kurzen Charakterisierung ihres Wesens oder „Zuständigkeitsbereichs“ entziehen. Der Vishnukult ist in der Tat deutlich jünger als der des Shiva: Noch in den späten vedischen Dichtungen (Ende des 2. Jahrtausends v. Chr.) spielt sein Hauptgott nur eine Nebenrolle. Frobenius setzt ihn daher von dem bereits vorher wesentlich „literarisierten“ Shiva der Brahmanen ab. Die Assoziation des Vishnu mit der Sonne ist bereits in seinen frühesten Zeugnissen in den rigvedischen Hymnen festgehalten.

Weiterhin: Hier fand ich ᶜdie alten Steinbrücheᶜ und den Beleg dafür, dass die ᶜMauerbildung aus Spaltziegelnᶜ vordem trocken[28] ausgeführt wurde und <u>unter</u> dem Quaderbau der mittelalterlichen Kaiserstadt liegt. Der ᶜSpaltziegelbauᶜ ist genau der ᶜGleiche wie in Simbabweᶜ und in der Nachbarschaft fand ich auch ᵍdie Reste eines ᶜalten Kreisbaues in trockenem Spaltziegelbauᶜ[29]. ᶜAlso völlige Identitätᶜ. ᵘAberᵘ von ᵛder Erwägungᵛ, den ᶜSimbabwestilᶜ etwaᵂ von ᶜIndienᶜ herzuleiten[,] bin ich ganz abgekommen. ᶜBeide müssen aus gleicher Quelle fliessenᶜ.ᵍ³⁰

Von Einzelheiten eine solche Fülle, dass es nicht lohnt[,] überhaupt anzufangen. Morgen geht es aus dem Gebiet der Pockenkrankheiten heraus und ich bin meiner Damen wegen darüber froh.

Bangalore Sonntag 17 Nov 29.

Der Staat Mysore[31] hat 2 Hauptstädte, ᵐᶜBangaloreᶜ, eine Art ᶜLeipzigᶜ[,] und ᶜMysore, das ein Dresden sein sollᶜᵐ. Ich freue mich darüber, meine Damen nicht mehr im ˣ„Rasthaus"stil[!]ˣ leben zu sehen, sondern sie in einem ʸländlichenʸ Hotel untergebracht zu wissen.

Hier kam ich nun endlich mit mehreren ᶜᵉindischeᵉ Gelehrtenᶜ zusammen, die mir Wesentliches und auch ᶻvieles von demᶻ zu geben vermochten, was nicht in „die Bücher" steht. Meine in Hampi gewonnene ᵍÜberzeugung von der ᶜDoppelwurzel der Hindureligio[!] istᶜ <u>vollkommen</u> ʳbestätigtʳ. Der Shivaismus ist jetzt gut abgegrenzt. ᶜSchiva, der alte Mondgottᶜ[,] trägt den ᶜMond auf der Stirnᶜ, reitet auf dem ᶜBullenᶜ und hat dabei neben ᶜsich Durgaᶜ³², die grosse Göttin. Also das ᶜEuropamotiv auch hierᶜᵍ. ᵐAber noch mehr[:] Da diese seine Gattin Durga als Sati[33] einmal den Tod erlitt, um den Gatten zu erretten, so wurde sie zum Prototyp aller Frauen die sich als Wittwen früher verbrennen lassen müssen[!], um den ʳGatten aus der Hölleʳ zu ʳerrettenʳᵐ.– Genau wie in der ᶜSimbabwekultur die Geliebte mutigᶜ in den ᶜDsivoaᶜ³⁴ schreitet, um den Bruder wieder zurückzuholenᶜ, ᵐoder im[!] sumerisch-babylonischen ᶜIschtar die Höllenfahrt antritt, um den Geliebten Tammuz zu befreienᶜ etc.³⁵ – ᶜDurga istᶜ in der ʳheutigerʳ Form fraglos ᶜMorgensterngöttinᶜ.–ᵐ

ᵘ *U:* Also   ᵛ *Ae und De statt* dem Gedanken   ʷ *Ae und De:* mit

ˣ *U:* „Resthausstil"   ʸ *U:* leidlichen   ᶻ *U:* mehr

---

[28] Das bedeutet: ohne Mörtel.

[29] Zum Spaltziegelbau in Vijayanagar s. Frobenius, Indische Reise (wie Anm.19), S. 88f. und 94.

[30] Frobenius kann für die in Indien gesehenen Ruinen kein so hohes Alter nachweisen, daß sie als Vorläufer des von ihm zumindest in die Antike angesiedelten Great Zimbabwe taugten. Will er an der Frühdatierung Zimbabwes (s.o. Nr. 70) festhalten, liegt es für ihn nahe, einen gemeinsamen, noch nicht bekannten Ursprung anzunehmen.

[31] Seit 1973: Karnataka.

[32] Eine der Erscheinungsformen der göttlichen Gemahlin Shivas. Sie ist mit Feuer assoziiert und tötete den Büffeldämonen Mahishasura im Auftrag der anderen Götter. Deshalb wird sie auch als deren gemeinsame Erscheinungsform zur Abwehr von Feinden aufgefaßt.

[33] Durga und Sati sind verschiedene Manifestationen einer hinduistischen Göttin, der Gattin Shivas. Sati ist gleichzeitig auch Bezeichnung für die Witwenverbrennung. Die etymologische Verbindung beider Bedeutungen ist aber umstritten.

[34] S.o. Nr. 62.   [35] S.o. Nr. 3, Anm. 2.

^mNun war es für mich bisher sehr störend, dass in der ^cHindu^creligion der ^cVenusstern^c als ^cSchukra männlichen Geschlechts^c ist^m. Aber siehe da, ein ^calter Gelehrter^{c36} wies mir hier nach, dass nach ^{gc}allerältester astrologischer Anschauung der Abendstern weiblich^c und zwar ^curweiblich und die Göttin aller Liebespaare ist^{cg}. Als solche wird sie besonders als^{aa c}Geliebte Indras^{c37} angesehen und ^c„Indrani"^c genannt.–

Alle „echten" Brahminen[!] und alle Shivaverehrer malen sich allmorgendlich das ^cBild des Mondes auf die Stirn^c. Es bestätigt sich, ^mdass in ^cvor^cbuddhistischer Zeit ^calle Brahminen^c[!] lediglich zum ^cShivadienst^c gehörten und dass sie erst in ^cnachbuddhistischer^c Zeit den ^cVishnuismus^c als eine Art Abzweigung ins Leben riefen.^m

Das Ganze gewinnt mehr und mehr Form und wird Gestalt. – Morgen ab nach Mysore-Residenz.–

Mysore, Donnerstag 22 XI 29

Thatsächlich eine entzückende orientalische Residenzstadt. Das Schloss prangt jeden Abend in elektrischer Illumination und quer über einen hohen nebenbei gelegenen Hügel ist eine leuchtende Lichterkette gezogen. Pracht.

Das ist hier tagaus, tagein so, solange der Radja in Mysore residirt[!]. Augenblicklich ist alles hier besonders opulent, weil der Vicekönig für die nächsten Tage auf grosser (politischer) Besuchsfahrt hier vorsprechen wird. Für uns sehr störend.

Fand hier in einem ^c„Dr." Krischna^c einen jungen und sehr gebildeten Gelehrten. Mein Wissen schreitet erfreulich fort.– Vor allem wird mir nun auch die Vishnulinie klar. Die mythologische Centralfigur dieser unverkennbaren ⌐Sonnenreligion⌐ ist ^{mz}nicht^z Vishnu, sondern der augenscheinlich uralte ^cSonnenknabe ^{bb}Krischna^{bb38}, ein Bauerngott^c, den die shivaitischen Brahminen[!] bei ihrer Abzweigung ^{cc}vom^{cc} Shivaismus aufgriffen und in die junge^m Religion einfügten. ^cAls Krischnaismus könnte die Sonnenreligion älter sein als der Monddienst^c. Aber auch hierfür werde ich ja wohl entscheidende Belege auftreiben. Morgen machen wir einen Abstecher zur Westküste.–

---

^{aa} *Ae und De:* Gattin In
^{bb} *In U von Wilhelm mit violettem Buntstift doppelt unterstrichen*
^{cc} *Ae und De statt* aus

---

³⁶ Identifiziert als R. Narasimhachar in: Frobenius, Indische Reise (wie Anm. 19), S. 114.

³⁷ Höchster Gott der vedischen Religion, die den Ausgangspunkt des Hinduismus bildete, und Sieger über die Sonne, verlor Indra stetig an Bedeutung und wurde, wie sich in der Behandlung ihrer Rivalität in den Puranas spiegelt, von Krishna verdrängt.

³⁸ Krishna, eine hinduistische synkretistische Göttergestalt, die manchmal auch als Inkarnation Vishnus gilt, wird seit dem in den Jahrhunderten um Christi Geburt entstandenen Epos Mahabharata und insbesondere in der aus dem 10. Jahrhundert n. Chr. stammenden Bhagavata-Purana als göttliches Kind dargestellt, das einer Prophezeiung nach seinen Onkel, den König Kamsa, stürzen werde. Als der daraufhin die Kinder seiner Schwester töten ließ, konnte nur Krishna außer Landes gebracht werden und wuchs als Kuhhirte auf.

Eine an Eindrücken unendlich reiche Woche liegt hinter uns. Wir fuhren westwärts vom Hochplateau herab[!] zur Malabarküste[39][,] und ich konnte die Orte besuchen, an denen ᶜnoch im 15ten Jahrhundertᶜ die Könige dem rituellen Opfertod geweiht wurden. Hier in Callicut[!][40] und im Malabargebiet ist heute noch ein Stil von Tempelbauten ᵐerhalten, der ʳunendlich alt seinʳ muss. Ein ausgesprochen ᵇᵇmalajischer[!] Stilᵇᵇ. ᶜLediglich Holzᶜ. Aber auch die Wohnbauten zeigen andere Natur. Stockwerkbauten.ᵐ Da nun in diesem gleichen Gebiet im Gegensatz zum Dekkan[41] auch das Mutterrecht herrscht, als Baumaterial eine aus feuchter Erde gestochene ᵈᵈLateritziegelartᵈᵈ[42] verwendet wird, die ᵉᵉTrachtᵉᵉ neue Bilder zeigt, so wird die Eigenart einer geographisch sehr scharf umrandeten geographischen[!] Provinz ᶠᶠganzᶠᶠ deutlichᵍᵍ.

Im Buschland fanden wir einen sehr bemerkenswerten Tempel ᶜder Göttin Durgaᶜ. Auch ein Holzbau. Am Giebel ist die Göttin abgebildet. ᶜEine wahre Gorgoᶜ. Eigenartiger Weise[!] ragen die mit gespreizten Händen versehenen Arme am Ende ʰʰder Giebelsparrenʰʰ weit ab.[43] Im Tempel einige Fusshohe[!] Frauengestalten ᶜneolithischenᶜ ᵐCharakters. Sie wurden beim Brunnengraben gefunden und sind nun hochverehrt. Es gelang[,] eine von ihnen zu erwerben.[44] Tracht ᶜdurchaus minoisch[45].ᶜᵐ

ⁱⁱHernachⁱⁱ besuchten wir eine Reihe von Tempeln und Ruinen, die im Umkreis von 40 Meilen um Mysore über das Land verbreitet sind. Bei Kikeri machte ich eine sehr

wichtige Entdeckung. Hier liegt ein sehr heiliger alter Wittwenverbrennungsplatz[!][,] und es wimmelt von guten alten Gedenksteinen.[46] Darunter fanden wir nicht weniger als 4[,] auf denen neben ᶜSonne und Mond Hand und Arm abgebildet ʲʲist[!]ʲʲᶜ. Seit uralter Zeit, ᶜsicher seit dem 2ten Jahrtausend vor Chr. ist die D[r]eiheitᶜ durch

ersetzt worden. ᵐᶜDie karthagischen Grab steine tragen dies fast durchwegᶜ. Die Formel ᶜVenus stern = Hand ist bis in die arabische Kultur lebendig gebliebenᶜ („Hand der Fatme")ᵐ[47].

ᵈᵈ *U:* Latentziegelart ᵉᵉ *U:* Pracht ᶠᶠ *Ae und De statt* ganz ᵍᵍ *Ae und De:* hervor
ʰʰ *U:* des Giebelsparrens ⁱⁱ *U:* Hiernach ʲʲ *U:* sind

---

[39] Südwestküste Indiens.

[40] Calicut (auch: Khozikode) ist seit dem Altertum eine bedeutende Handelsstadt im südwestindischen Kerala.

[41] Südindien (südlich des Narmada). [42] Hierzu Frobenius, Indische Reise (wie Anm. 19), Tafel 5 unten.

[43] Frobenius, Indische Reise (wie Anm. 19), S. 148–151 und Tafel 9. Dort interpretiert Frobenius die „Arme" als Flügel (S. 149).

[44] Frobenius, Indische Reise (wie Anm. 19), S. 150f. und Tafel 10. [45] S.o. Anm. 15.

[46] Frobenius, Indische Reise (wie Anm. 19), S. 154–157 und Tafel 5 oben.

[47] Frobenius, Indische Reise (wie Anm. 19), S. 125f.

Auf der Fahrt nach Calicut sind wir durch die prachtvollen Djungels[!], Berge und Schluchten zur Küste hinabgerollt, jetzt aber sind wir vom Plateau durch ähnliche Wälder und Schluchten zum Nilgirigebirge[48] hinaufgeklettert. Unserer Karre wurde der Aufstieg nicht so ganz leicht und während wir Menschen die wundervollen und eindrucksstarken Bilder krassen Wechsels in Landschaft und Vegetation in vollen Zügen genossen, knarrte unser [kk]altes gelbes[kk] Mamut[!] oft in allen Fugen. [ll]Es[ll] schaffte es aber[,] und nun erfrischen wir uns an nordischer Frische, – sitzen am Kamin.

Das, was mich hier hinauftrieb, ist ein sehr eigenartiges Volk, das heute nur noch aus weniger als 7000 Köpfen besteht. [gc]Ihr Name[:] Toda[c49]. Sie sind in keinem Punkte Inder. Mit ihren bärtigen Männergesichtern und frisch [c]und offen[c] lachenden[g], dabei selbstbewusten Frauenmienen sind sie vollkommen [c]ausserindisch[c]. Sie sehen genau aus [c]wie Südrussen[c] und ihre Ableitung von den alten [c]Skyten[!][c50] will mir nicht so übel erscheinen. Wenn nun schon ihre psychologische Auswirkung [e]und ihre physische Gestalt[e] so vollkommen fremdartig wirken, so trifft dies in Bezug auf ihre Kultur in noch verstärktem Maasse zu. Nichts von Hinduismus, Götterdienst, Brahmanismus, ja überhaupt einer Priesterschaft[mm] [d]im Sinne Indiens. Sie haben einen ganz merkwürdigen Kultus. Dieser [c]gipfelt im Dienste der Büffel[c]. Sie haben kein Rindvieh, sondern nur eine eigene [c]Art Wasserbüffel[c], die für Fremde recht[d] gefährlich sind, ihnen selbst aber wie die Hunde nachlaufen. Unter diesen Büffeln haben sie geheiligte Opfertiere, die vor einem Tempel geopfert werden. Dieser Tempel, in dem nur eine Büffelglocke stehen soll, – wir durften nicht hineinsehen, – ist nun aber das [c]nonplusultra an Fremdartigem inmitten Indiens[c], des Hinduismus, Buddhismus und was auch immer sonst hier herrscht.

Diese Tempel sind nehmlich[!] erstens [c]rund[c] ([mm]wieder[nn] Tukuls[51] wie unsere Sudanhütten[)] und zweitens [c]in die Erde versenkt[c]. Diese spitzen Dächer ragen wie riesige Lichtlöschkappen aus den versenkten Kreisen heraus und in die Luft.

[kk] *U:* alter gelber   [ll] *U:* Er

[mm] *Ae und De:* Pr   [nn] *U:* runde

------

[48] Bis zu 2.600 m hohes Gebirge im südostindischen Tamil Nadu.

[49] Matrilinearer Hirtenstamm in den Nilgiribergen, dessen Bevölkerungszahl mit etwa 800 in den 1960ern seinen Tiefstand erreichte. Daß Frobenius ihre Zahl in seinem veröffentlichten Reisetagebuch (Indische Reise, wie Anm. 19, S. 168) auf 600 ansetzte, dürfte angesichts der hier genannten, um eine Größenordnung verschiedenen Zahl ein Druckfehler sein. Die Toda sprechen eine der südindischen drawidischen Sprachen (s.o. Nr. 11, Anm. 7 und 50, Anm. 3), wenn auch diejenige die sich am meisten von den übrigen unterscheidet. Die Toda weiden Büffel, die auch im Mittelpunkt ihrer Religion stehen.

[50] Die Skythen waren eine iranische Volksgruppe, die im 8. und 7. Jahrhundert v. Chr. in Südrußland siedelte.

[51] In Ostafrika verbreiteter Rundhüttentyp.

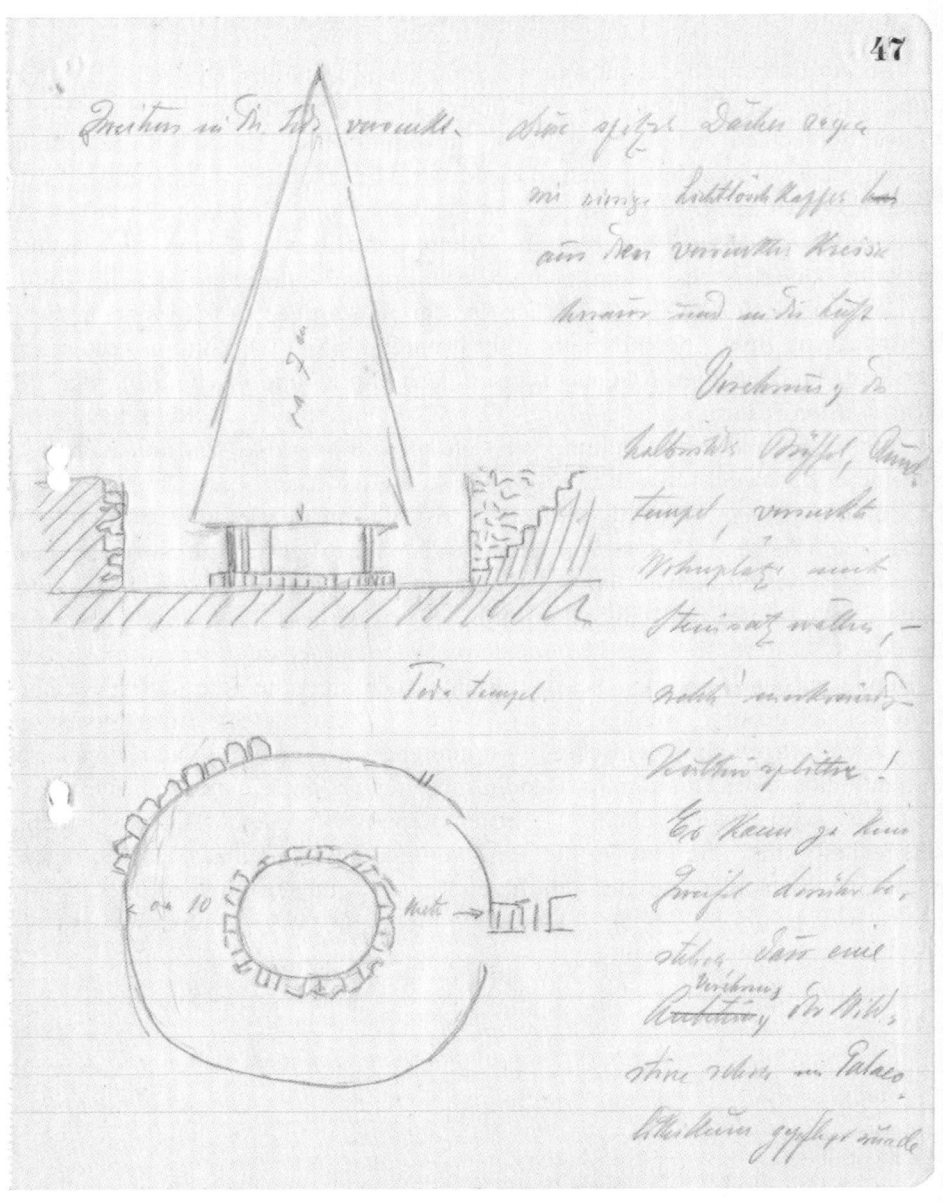

Verehrung der halbwilden Büffel, Rundtempel, versenkte Wohnplätze mit Steinsatzwällen, – welch' merkwürdige Kultursplitter! Es kann ja kein Zweifel darüber bestehen, dass eine [mcoo]Verehrung[oo] der Wildstiere[c] schon im [c]Palaeolithikum[cm] gepflegt wurde. Aus den Felsbildern Kleinafrikas geht dies ganz deutlich hervor. Auch [e]in[e] Süd-

---

[oo] *Ae und De statt* Anbetung

frankreich und Alta Mira[!]^52 sind die beachtenswertesten Felsbilder die der Stiere. Dies im Westen. Im Osten taucht dann auf ^mc allerältesten^pp Darstellungen Sumeriens[!] der verehrte Visent[!]^c auf. Nun hier bei diesem^m am weitesten nach Südosten verschlagenen Altkulturrest ^c wieder der Büffel^c. Höhlendienst im Westen. ^qq Versenkter^qq Tempel im Osten.–^rr

Donnerstag[,] den 5ten Dezember 29
in Trichinopoly am Kauvery

Ich bin heute Abend immer noch völlig vertattert[!], denn wir haben heute um ein Kleines ein leichtfertiges Mädchen überfahren.^53 Dieses sah uns kommen, lachte frech und übermütig seine Mutter an und sprang im letzten Augenblick noch mit Spottlachen über den Weg. Es war ein unglaubliches Glück, dass der Fahrer, ein Prachtskerl[,] noch die Geistesgegenwart zu einer kleinen Schwenkung^ss hatte, derzufolge das Rad das Mädchen packte und zur Seite schleuderte. So flog es im Bogen zur Seite. Uns stand buchstäblich das Herz still. Es ist eine ganz entsetzliche Schwierigkeit, dieses Fahren in Südindien. Alle Wege überfüllt von Ochsenkarren, Menschenmassen, Vieh. Aber das alles würde ja nur die Geschwindigkeit beeinträchtigen und somit ein harmloses Übel bedeuten. Das schlimme[!] ist die Psychologie ^c dieser Dravida^c, die jeweiter[!] wir nach Süden kommen[,] immer härtere Konturen zeigt. Wenn ich an meine bescheidenen, gemütvoll weichen Neger denke, die nur durch Europaeische[!] Kultur verdorben werden, und mir diese Menscheit[!] hier vergegenwärtige, dann sehe ich, dass ich eine gewaltige Völkerscheide nach Osten hin überschritten habe. Diese ^dc Dravida sind eigentlich vollkommen pietätslos^c. Sie sind in allem direkt, schamlos frech (ohne sich dessen bewusst zu sein)^d. Kein Dravida würde sich scheuen, sich an meiner^tt Stelle neben meine Frau in mein Auto zu setzen. Alles wird rationalistisch bedacht, betrachtet, betastet. Die Leute finden das alles so ^uu selbständig^uu[!], so natürlich, dass wir immer wieder erstaunt sind. Dabei sind sie überall da, wo der Neger geschickt ist, ^mc praktisch, berechnend^c. Die ^c Dravida^c sind dementsprechend auch die ^c raffinirtesten[!] Verbrecher^c. Es ist charakteristisch, dass die Eisenbahnen hier alle^vv extra ^ww Nachteinschlüsse^ww für die Abteile^m haben und dass dennoch haeufig Einbrüche durch die Fenster, Beteubungen[!] mit ^xx Giftpulvern^xx und Ausplünderungen an der Tagesordnung sind, gegen die kein Pulver gewachsen ist. ^m Einfach ein ^c schauerliches Volk^c, das die Fesselung durch die einschnürende^yy ^c brahminische Religion^c ebenso nötig hatte, ^c wie das jüdische seine alttestamentarische^cm.

---

^pp Ae und De: B   ^qq U: Versenkte

^rr *In U von Wilhelms Hand mit Bleistift:* Bei beiden Büffel!

^ss *Ae und De:* der   ^tt *Ae und De:* Frau   ^uu *U:* selbstverständlich   ^vv *Ae und De:* N

^ww *U:* Nachtverschlüsse   ^xx *U:* Giftpatronen   ^yy *Ae und De:* b

———

^52 Die Höhle von Altamira bei Santander im nordspanischen Kantabrien ist bekannt für ihre steinzeitlichen Felsmalereien, in denen Büffel eine zentrale Position einnehmen.

^53 Eine etwas weniger dramatische Schilderung des Zwischenfalls gibt Frobenius in: Indische Reise (wie Anm. 19), S. 174.

Das alles ist für mich überaschend[!] neuartig. Ich bin eben ^müber eine ^cVölkerscheide gekommen^c. Kein Zweifel, dass die Dravida schon zu der ^cpsychologischen Gruppe der Malaijen[!] und^{zz} Papua^c gehören. Wie wichtig ist es, solche Gliederung deutlich und bewust[!]^m erfassen zu können.

Die an sich weiche, baeuerliche Seele des Negers hätte den ^mWeg über die Meere nie gefunden. Dem praktisch,[!] berechnenden Sinn der ^cmalajischen[!] Dravidageister war^c der Gewinn nur natürlich^m.⁵⁴

Mittwoch[,] d. 9 Dez. 29
in Madura

Schon auf dem Wege von den Nilgiribergen nach Trichonopoly war uns eine neue Art von Monumenten aufgefallen, die sich nur in kleinen Ortschaften zeigte, aber so haeufig, dass sie den Landschafts- und Siedlungsbildern direkt den Stempel aufdrückte. Diese bestehen aus Figuren springender Pferde, zuweilen ist es ein einziges, oder es sind 2,[!] oder 4[,] oder es stehen sich 4 und 4 Tiere gegenüber. Einige sind nur lebensgross,^{aaa} andere haben aber verdoppelte natürliche Grösse. Alle älteren Exemplare sind aus Ton gebrannt, neuere aus Ziegelwerk und Moertelverkleidung. Es ist eine ^cregelrecht neolithische Kunst^c. Diese Gebilde sind stets mit einem kleinen Tempelchen versehen, das ihnen gegenübersteht. Sie sollen nur in den heutigen Dravidaländern vorkommen.

Mit den offiziellen Religionen, mit Schiva- und Vishnudienst haben diese Kultstätten nichts zu thun. Die ^cBrahminen^c[!], die ja ursprünglich nur im ^clunaren Monddienst[!] wirkten^c, erklären die Verehrer dieser Monumente als „Heiden" (um den Ausdruck ^mEuropas zu benutzen.) Das Merkwürdige ist aber, dass die Anbeter dieser Bilder sich selbst als ^cShivaverehrer^c[,] aber als <u>Alte</u> bezeichnen.^m

Der Name der Gottheit dieser Leute, die wie gesagt über ganz Südindien südlich von Mysore und (im Osten) bis Madras ihren Kultus pflegen[,] ist ^cAjjanar^{c55}. Dieser Ajjanar ist ihre Gottheit, die die ^{bbb}Weiler^{bbb} und Gehöfte gegen Dämonen ^cund böse Geister^c verteidigt. ^gDer ^cVater des Ajjanar ist Schiva, der Mondgott^c[,] und die ^cMutter wird „Mohini"⁵⁶ genannt. Mohini ist – die Sonne^c. Und zwar erklären auch die Vishnuiten, dass ^cVischnu^c[!] einmal^g (als nehmlich der Nektar gebuttert wurde.) ^{ccc}Vishnu[!]^{ccc} sich eben in dieses Weib ^cMohini verwandelt^c habe. Das aber heisst, dass ^cdem männlichen ^gMondgott^c in alter Zeit einmal ^ceine weibliche Sonne entsprach^c und wenn dies im

---

^{zz} *Ae und De:* Drav   ^{aaa} *Ae und De:* ab   ^{bbb} *U:* Weiber   ^{ccc} *Nur in A und D*

---

⁵⁴ Verwandte Überlegungen zur „Völkerpsychologie" der Drawiden stellt Frobenius an in: Indische Reise (wie Anm. 19), S. 184–186.

⁵⁵ Aiyanar (bei Frobenius, Indische Reise [wie Anm. 19] stets „Ayyanar"): von der tamilischen Landbevölkerung Südindiens verehrter Schutzgott, der nachts die Dörfer umreitet und böse Geister vertreibt.

⁵⁶ Frobenius bezeichnet die Mutter Ajjanars selbst in seiner Veröffentlichung über diese Reise zunächst nur als „Munyi" oder „Munschi" (Frobenius, Indische Reise [wie Anm. 19], S. 201). Den Namen „Mohini" benutzt er dort erst nach der Rückkehr von dem – zeitweise ebenfalls den Pandya von Madura unterworfenen – Ceylon (Ebd., S. 242).

Bild des Reittieres Ajjanars, also als Pferd[,]^{gddd} vergöttlicht wird, so bedeutet dies[,] dass dieser ältere Shivaismus einmal in den Händen eines ^{c}reitenden Volkes^c lag, – alias der ^{c}Urarier^c (wenigstens nahe Indien als „Ur"). Ich darf ^{m}daran erinnern, dass ^{c}alle centralen und oestlichen Arier^c ^{bb}„den^{bb}" Mond und „^{bb}die^{bb}" Sonne noch heute als Sprachgebrauch haben (Siehe Karte in Monumenta Terrarum[57]).^{m}

So lassen sich also die Schichten lösen. Aber allein mit der Philologie mit dem Vedda[!][58] und den Epen ist es nicht zu machen.

Das Leben in diesen Südstädten der Dravida ist sehr aufregend. Eine unendliche Betriebsamkeit, ein schreckliches Ameisengewimmel. Besonders jetzt, wo überall Vorbereitungen für den Vicekönig, der auf politischer Werbereise das Land durchstreift, getroffen werden. So ist es denn nicht ganz leicht, die Leute zu lehrreichem Plaudern zu gewinnen, aber immerhin gelingt es. Allerdings wird der Europaeer, wenn er etwas Ernstes erreichen will, von seinem Sockel herabsteigen müssen, was auch wir thun, indem wir unsere Lager in den indischen Rasthäusern aufschlagen. So ganz angenehm ist das ja nicht. Es ist auffallend, wie unappetitlich die Südinder trotz ihres vielen Waschens sind. Dass dazu immer noch die Möglichkeit von Krankheitsbeziehungen entsteht, ist mir für meine zwei Damen recht peinlich.

Aber Bekanntschaft und Beziehung ist so schnell gewonnen[,] und so gelang es auch hier, allerhand recht wichtige Anregungen und Belehrungen zu empfangen. Vor allem wichtig war es mir, Genaueres über die Zugehörigkeit der verschiedenen ^{c}Fürstengeschlechter^c zu den ^{c}Sonnen- und Mondgeschlechtern^c zu hören. Diese Gliederung ist ^{r}sehr alt^r. Im Beginn der zweiten Literatur[-]Periode (also zur Zeit, in der die Conception des ersten grossen Epos erfolgte,) kämpfen die Arier als ^{r}Sonnensöhne^r. Am Ende^{eee} fühlen ^{m}sie sich stolz als Söhne der ^{r}Monddynastie^r, – d.h.[,] sie haben den Kampf gegen die Mondkultur durchgeführt, wurden aber selbst absorbirt. Nun gut, also noch <u>heute</u> bezeichnen sich ^{c}alle Fürsten^m ^{g}Südindiens^c als ^{c}Söhne des Mondes^c, die ^{fff}der ^{c}Rajputana^{fff59} als Sonnensöhne. Bis heute!^{cg}

Nun gillt es nur noch festzustellen, ob die Sonnenfürsten ^{m}auch dem heutigen Vishnudienste angehören; <u>dass die Mondgeschlechter^{ggg} Shivaverehrer</u> sind, – wenigstens in ^{r}Südindien^r.[!] – das konnte ich einwandfrei feststellen.–^{m}

An jedem Abend,[!] bin ich, wenn ich die Tagsüber[!] gesammelten Angaben und Notizen ordne und vergleiche, über die Maassen verblüfft darüber, wie leicht es ist, alle diese Dinge „aus dem Leben abzulesen" und erstaune über die Schwerfälligkeit von Interpreten der litterarischen[!] Niederschläge.

---

^{ddd} *Ae und De:* verein ^{eee} *Ae und De:* sind
^{fff} *U:* des Radzputana ^{ggg} *Ae und De:* M

---

[57] Leo Frobenius, Erlebte Erdteile. Ergebnisse eines deutschen Forscherlebens, Bd. 7: Monumenta Terrarum. Der Geist über den Erdteilen, Frankfurt am Main 1929, Karte 7.

[58] Die Veden sind in Sanskrit niedergeschriebene, vermutlich zwischen 1500 und 1200 v. Chr. entstandene heilige Hymnen der aus Persien nach Indien einwandernden Indoeuropäer – im Sprachgebrauch von Frobenius' Zeit „Arier".

[59] Kleinere Fürstenstaaten Nordwestindiens, die heute den Staat Rajasthan bilden.

Morgen werden wir nach Ceylon übersetzen.

Leider empfing ich hier im letzten Augenblick noch Nachrichten aus Südafrika, die kaum einen Zweifel darüber lassen, dass [hhh]doch[hhh] der Versuch gemacht werden soll, uns und speciell mich zu einem Werkzeug der Politik zu machen.[60] Sollte dies sich bewahrheiten, so ist dieser Film abgelaufen.– Nachrichten aus Deutschland schlecht, auch das [e]so schon[e] magere Budgett[!] des Instituts noch gekürzt. Es wird Zeit, dass ich mich auf den [m]Heimweg mache. Wenn es schon so um das Laufende geht,– wie soll es dann mit den so notwendigen Publikationszuschüssen werden.[m]

Doch auch Gutes: die Ausgrabungen in der Bechuanalanddynastie[!], [m]die ich nach einem neuen Plan ausgraben lassen[!], haben ein Königsgrab ans Licht gebracht. Leider „verrutscht". Aber doch allerhand Gutes an Beigaben.[61m]

Colombo 12 Dez 29 Donnerstag

Hier begrüsste mich Euer Majestät Depesche[62] und so bin ich wieder dankerfüllt. Hoffe von ganzem Herzen, dass auch dieser Brückenbau zu Euer Majestät Befriedigung ausfällt.–

Anuratapura
Sonnabend[,] d. 21 Dez 29

In den Ruinen einer alten Kaiserstadt inmitten Ceylons. Rund um uns die Riesenmonument[e] des jungen Buddhismus, die Stupas[63]. Diese sind es[,] die mein Hauptinteresse in Anspruch nehmen.

Das Ariertum hat in seinen älteren Teilen (Vedda) nichts von einem Reliquiendienst gekannt. (Anscheinend auch nichts von Seelenwanderung etc.) Mit einem Schlage tritt der Reliquiendienst auf und zwar in Verbindung mit ins [iii]Riesenhafte[iii] gesteigerten [jjj]Tumulen[jjj], die Masse, nur Masse, ohne Hohlraum sind.

[hhh] *U:* dort   [iii] *U:* Riesenhaft   [jjj] *U:* Tumulis

---

[60] S.o. Nr. 70.

[61] Während Frobenius' Reise nach Indien setzten die übrigen Teilnehmer der ursprünglichen Expedition ihre Arbeit in Südafrika fort. Eine Graböffnung oder Ausgrabungen in Betschuanaland (Botswana) nennt Frobenius bei der Beschreibung ihrer Arbeit (Leo Frobenius, Erythräa. Länder und Zeiten des heiligen Königsmordes, Berlin/Zürich 1931, S. 52f.) jedoch nicht.

[62] Nr. 77.

[63] Aus Grabhügeln entwickelte Zentralbauten zur Aufbewahrung und Verehrung von Reliquien im Buddhismus.

Aus dem Nichts kommt im Kulturwerden nichts. Wo nahm der Buddhismus dies her?– Es steigt vor mir immer deutlicher die Möglichkeit einer sehr sicheren kulturmorphologischen Möglichkeit auf, die ich später im zusammenfassenden Schlusswort wohl ausführen möchte. Es ist ja so sehr wichtig, unsere Methode immer weiter auszubauen, neue Wege zu bauen um so immer mehr aus der Einseitigkeit (der schauerlichen Einseitigkeit), die das Knochenskelett der Monumente[kkk] ihrer toten Natur entsprechend darstellt, herauszukommen.

24 Dez 29. Polanaruwa

Weihnachten mitten im allerdicksten Tropenregen. Ein unter Baeumen gelegenes indisches Rasthaus. Zu unseren Füssen ein See, umgeben von Wäldern. Der Busch [lll]rundum allenthalben auf den[lll] Ruinen alter Prachtbauten sich erheben[d]. Der Himmel grau. Es regnet, regnet, regnet. Aber es ist Weihnachten.

Wir drei sitzen sehr froh in unserem Regenneste. Ich besonders. Denn das freundliche Schicksal hat mir in Gestalt meiner Frau heute Abend Euer Majestät Brief vom 28[.] November[64] mit den Weihnachtsgrüssen in den Schooss[!] gelegt.

Es bedrückt mich etwas, dass ich meinen Bericht an Euere Majestät nicht so absenden kann, dass er am 27[.] Januar[65] in Doorn ist. Aber je älter ich werde, desto mehr werde ich Feind der Halbheiten und alle diese indischen Probleme, deren Fülle und Reichtum[mmm] alles von mir Erhoffte weit übertreffen, liegen noch in halbrohem Zustand um mich herum. Erst auf dem Schiff, das mich in dreiwöchentlicher[!] Fahrt nach Afrika bringen wird, werde ich die Musse zur[nnn] endgültigen Fassung finden. Ich habe hier in [d]Indien ja [c]alles[c], was ich vorher von seiner Kultur wusste, [bb]um[bbc]lernen müssen[c].–[d]

Sonnabend[,] den 28 Dez.
in der Eisenbahn zwischen Madras & Bombay

Infolge[ooo] der himmelschreienden Dummheit eines Beamten entgingen uns die Plätze auf einem angenehmen Dampfer Colombo-Kapstadt[,] und wir sind gezwungen[,] eilig nach Bombay zu jagen, um dort die letzte, unschöne Möglichkeit zur Überfahrt zu fassen.

Aber der reisende Weltpilger lernt es, die Gelegenheit zu nutzen[,] und so nutzte ich unseren[ppp] 12stündigen Aufenthalt in Madras dazu aus, einen merkwürdigen Mann aufzusuchen, von dessen eigentümlicher Gelehrsamkeit ich Fabelhaftes gehört hatte.[66]

[kkk] *Ae und De:* bedeutet d
[lll] *U:* rundrum allenthalben, aus dem
[mmm] *Ae und De:* da
[nnn] *Ae und De:* E
[ooo] *Ae und De:* einer
[ppp] *Ae und De:* s

---

[64] Nr. 76.
[65] Wilhelms 71. Geburtstag.
[66] Frobenius beschreibt dieses Zusammentreffen mit P.V. Jagadisa Ayyar, der in den 1920ern mehrere Bücher über südindische Bräuche und Tempel sowie über das Ramayana veröffentlicht hatte, in: Indische Reise (wie Anm. 19), S. 241–253.

Die Fama hat nicht gelogen. Ich habe in den 12 Stunden soviel [m]gelernt wie manche Fachgenossen innerhalb eines Zunftlebensalters nicht gewinnen. Nun bin ich dabei[,] alle natürlich täglich ins Reine geschriebenen Notizen zu ordnen und das Facit zu ziehen.[m]

R.M.S.[67] Karagola
1 Januar 1930

Auf See! Euerer und Ihrer Majestät Segenswünsche aus tiefstem Herzen!

———————————

An Bord.–

So[,] und nun ist Zeit und Musse zur Concentration.–

Alles, was wir vom alten Indien wissen[,] beruht auf der Kenntnis der Schriftwerke, deren Reihe mit dem [c]Vedda[c] beginnen[!]. Das war eine [c]erste[c] Periode. Ihr folgt die [c]Zweite[c][!], in der die grossen Epen [c]Ramajana[!] und Mahabharata[c] und die Purana[68] folgen. Die veddische Zeit[qqq] bietet ebenso wie die spätere <u>keinerlei</u> Monumentenangaben über das Alter. Aber aus bestimmten Thatsachen astronomischer Natur hat unser Jacobi [c](Bonner Professor)[c] den Schluss gezogen, dass sie sich geistig von ca. [c]4500[c] – [c]2000[crrr] „abgespielt" haben und dass ihre Niederschrift in der zweiten Hälfte dieses Zeitabschnittes erfolgte.[69] Bedeutende indische [m]Gelehrte haben diese [sss]Feststellung[sss] selbständig d.h. unabhängig ebenfalls [ttt]gewonnen[ttt].–[m]

Die [r]zweite[r] Periode der Epen zeigt uns die [c]Arier[c] in die Indus-Gangesländer [r]einziehen[r]. In diesen erscheinen [c]sie erst [m]als Sonnensöhne[c] und [c]enden als Monddynastie[c]. Erst in den Schriften dieser zweiten Periode, die ich um [c]ca. 1000[c] setzen möchte[m] (– wenn auch die <u>Niederschrift</u> der Epen für [c]einige Jahrhunderte später[c] anzusetzen ist –) tritt der Religionscomplex des Hinduismus zu Tage[,] und hieraus haben die Philologen vielfach den Schluss gezogen, dass[uuu] dieser und damit der Brahmanismus überhaupt sich erst in der zweiten Schriftperiode entwickelt habe.– Diese Schlussfolgerung kann unmöglich richtig sein.

———————————

[qqq] *Ae und De statt* ist
[sss] *Ae und De statt* Angabe
[rrr] *In U von Wilhelm mit Bleistift ergänzt:* v. Chr.
[ttt] *Ae und De statt* gemacht
[uuu] *Ae und De:* dam

———

[67] Royal Mail Ship.

[68] Zum Ramayana s. Anm. 25; das Mahabharata ist ein in der Zeit zwischen 400 v.Chr. und 300 n.Chr. stufenweise verfaßtes Sanskritepos. Die Puranas sind hinduistische religiöse Texte unterschiedlicher Entstehungszeit, die in verschiedenen Sammlungen ohne festen Kanon vorliegen.

[69] Jacobi hatte die Entstehungszeit des Ramayana als ältesten vedischen Epos in der Tat auch mithilfe astronomischer Überlegungen datiert – allerdings setzte er sie „vor das 5., vielleicht in das 6. oder 8. vorchristliche Jahrhundert" (Hermann Jacobi, Das Râmâyaṇa. Geschichte und Inhalt nebst Concordanz der gedruckten Recensionen, Bonn 1893 (ND Darmstadt 1976), S. 100–111, hier: 111).

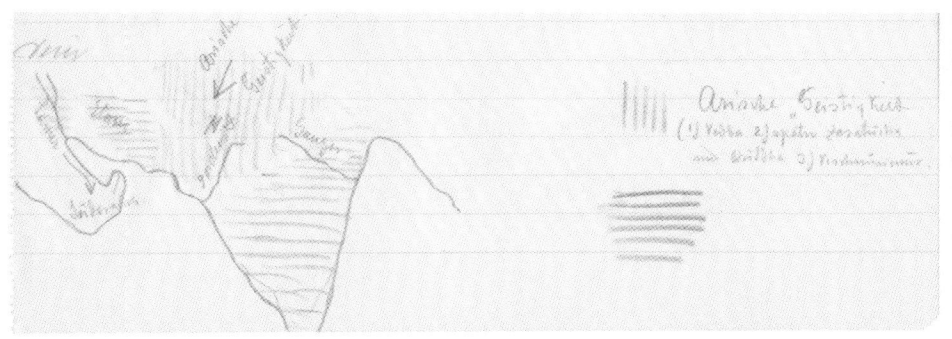

Das Bild der geographischen Verbreitung zeigt, dass die ^{vvv}mythologisch-kosmogonische^{vvv} Einstellung der ^cSumerer im Westen ^gMesopotamien und Elam[70] ^{www}umfasste,^{wwwc} (^cfür^c später ^csich bis Südarabien^c nachweisen lässt.) Die ^cgleiche Weltanschauung^c nimmt dann als ^cShivaismus und Brahmanismus den Südosten und Süden Indiens ein^{cg}.^{xxx} Zwischen diese beiden Verbreitungsgebiete hat sich dann der Keil der <u>arischen Geistigkeit</u> geschoben und das ^{gc}altgeschlossene^c Gebiet in ^ceinen Sumerisch-elamischen[!] Westflügel^c und einen ^cindischen Südostflügel geteilt^c[.]– Dass im nördlichen^{yyy} Gebiet, in dem zur Zeit des Vedda die arische Geistigkeit herrschte, <u>vordem</u> ^csumerische Welteinstellung & Kultur überhaupt^{zzz} beheimatet gewesen sein muss^c[,] haben die Ausgrabungen Sir ^cMarshalls^c[!] im ^coberen Indusgebiet^c bewiesen. In den herrlichen Ziegelbau-Ruinen von ^cMD[71] kamen elamische Siegel zu Tage^c.^g Das heisst also, dass die geographische Verbreitung die Ausdehnung der ^csumerischen Kultur^c und ^rlunaren^r ^{aaaa}Kosmogonie^{aaaa} mit ^ceinem alten^{bbbb} Mondgott^c an der Spitze, mit dem ^cDienste des^{cccc} Bullen^c als Repraesentanten des Höchsten Gottes[,] mit der weiblichen^{dddd} ^{gc}Venusgöttin^c, mit der ^cHeiligung der Zeugungskraft^c, ^cdem rituellen ^cKönigsmord, der Ausbildung des Priestertumes^c etc. von Sumer bis nach Indien hinein voraussetzen^c <u>muss</u>.^g Ob in der ältesten Zeit der Vedda diese Kultur schon bis Südindien reichte, oder ob die von Norden kommende arische Kultur sie vor sich her nach Südindien drängte,^{eeee} hierüber kann heute noch nichts Abschliessendes oder Entscheidendes gesagt werden.

Betrachten wir nun die Sanskrittlitteratur[!] und ihre Zeugnisse vom Standpunkt dieser Thatsache aus und fragen wir, was wir etwa^{ffff} an Aufschlüssen aus ihr gewinnen können. In den Vedden ist noch nichts von einer Beziehung zu finden. Die Indrareligion kennt eigentlich nur Elemente, Luft, Wind etc., kennt keinen Mondgrosskönig, keine

---

^{vvv} *U: mythologisch-kosmologische*   ^{www} *U: umfasst*   ^{xxx} *Ae und De: Dazwischen liegt*

^{yyy} *Ae und De: Flügel*   ^{zzz} *Ae und De: g*   ^{aaaa} *U: Kosmogenie*

^{bbbb} *Ae und De: Sonnen*   ^{cccc} *Ae und De: Mo[?]*   ^{dddd} *Ae und De: S*

^{eeee} *Ae und De: dafür haben wir*   ^{ffff} *Ae und De: aus Buche*

---

[70] S.o. Nr. 49, Anm. 47.

[71] Das 1922 entdeckte, von Sir John Hubert Marshall ausgegrabene Mohenjo-Daro am Indusufer war die größte Stadt der heute meist auf ca. 2500–1700 v.Chr. datierten Induskultur im heutigen Pakistan. Die in dieser Kultur benutzte, erst teilweise entschlüsselte Sprache gehörte anscheinend zur drawidischen Gruppe (s.o. Nr. 11, Anm. 7).

Göttinnen, keine beeinflussbaren Totenseelenschicksale. Zwar steht schon im allerersten Beginn der Götterkönig Indra als Überwinder des Weltdrachen da und beweist, dass eine hohe Mythologie vorhanden war, aber ihrer Natur nach [gggg]hatte diese ʳnichtsʳ mit dem Brahmanismus und der lunaren Natur zu thun. (Ich komme nachher auf diese Thatsache zurück.)[gggg] Im Beginn der zweiten Periode sind die Arischen[!] Fürsten Sonnensöhne, am Ende dann Monddynastie. Dies ist bis heute geblieben. Was heisst diese [hhhh]Drei-Stufenbildung[hhhh][iiii]

1) Indraismus[,]
2) Solarismus[,]
3) Lunarismus?–

Um diese entscheidende Frage beantworten zu können, wollen wir uns wieder die noch ᶜheuteᶜ gegebenen Verhältnisse ansehen.

Der Hinduismus ist nicht, wie ich früher glaubte, eine einheitliche Vielgötterei, kein Pantheismus[72]. Der Hinduismus[iiii] stellt die Vermengung ᶜzweierᶜ Kosmogonien dar, deren eine in der heutigen späten Form als Vischnuismus, die andere als Shivaismus floriren[!]. Der ᶜVischnuismusᶜ ist die Lehre ᶜder Incarnationenᶜ eines fraglos ᶜursprünglichen Sonnengottesᶜ. In vorbuddhistischer Zeit hatte er keine Priester[,] sondern war eine ʳBauernreligionʳ. Es ist ᵐhistorisch belegt, dass der Vishnuismus erst in Nachbuddhistischer[!] Zeit von Brahminen[!] gegründet [wurde], die dem Shivaismus entstammten und mit der Aufstellung des Buddhismus[!] eine[kkkk] neueᵐ priesterliche Sonderbildung schufen. Als Arier nahmen sie in die Mitte Vishnu, der mit seinen „drei Schritten" schon im Vedda eine[,] wenn auch noch so nebensächliche[,] Rolle spielte.[llll][73] Die Grundlage nahmen sie aber aus einer weitverbreiteten ᶜVolksmythologie, ᵐdie sich um Krischna gruppirtᶜ[!]. Dieser Krischna ist ᶜnoch heute „der" Bauerngottᶜ. Seine Legenden sind die typisch uralten des ᶜkecken und streichelustigen Burschenᶜ, als der ᵐᵐᵐᵐderᵐᵐᵐᵐ Sonnengottᵐᵐᵐᵐ in alten Formen überall auftritt (Siehe vor allem Maui in[oooo] Polynesien[74], Jakob etc. etc.). Wie gesagt, diese [pppp]Krischnamythologie[pppp] muss in Indien ᶜuraltᶜ sein. Sie war stets ohne Priestertum, dem Shivaismus und den ᵍBrahminen[!] ein Dorn im Auge und reine Bauernreligion.– Also diese Linie nahmen die postbuddhistischen Brahminen[!] bei ihrer secessio auf und stellten ᶜKrischnaᶜ als eine ᶜIncarnation Vishnusᶜ dar.–ᵍ

[qqqq]Fasse ich diese Thatsache ins Auge und suche sie mit dem Dreistufenbau der Sanskritlitteratur[!] in Einklang zu bringen, so erhalte ich folgendes Bild.

[gggg] *In U von Wilhelm mit Bleistift angestrichen*   [hhhh] *U: Stufenbildung?*
[iiii] *Ae und De: ?*   [jjjj] *Ae und De: umfasst*   [kkkk] *Ae und De: Sond*
[llll] *Ae und De: De[?]*   [mmmm] *U: welcher*
[nnnn] *Marginalie Wilhelms in U: wie Thor bei den Germanen[,] wie Hermes!*
[oooo] *Ae und De: de*   [pppp] *In Ae und De statt* Krischnareligion   [qqqq] *Ae und De davor: Zu[?]*

---

[72] Anders als hier wird Pantheismus in der Regel monotheistisch verstanden: Gott ist die Welt in allen ihren Erscheinungsformen. Frobenius begreift darunter offenbar auch Religionen, bei denen eine Vielzahl von Göttern, die für einzelne Elemente der Welt stehen, deren Gesamtheit ausmachen.

[73] Einige wenige zwischen 1400 und 1000 v. Chr. entstandene rigvedische Hymnen überliefern die Legende, nach der Vishnu mit drei Schritten das Universum durchquerte.

[74] Maui ist eine in zahlreichen ozeanischen Geschichten vorkommende Trickstergestalt.

1)te[!] Stufe[:] Die Arier kommen mit gestaltungsbedürftigen[,] pietätvolltiefen[!][,] aber unklaren Kindergemütern in Indien an und[^rrrr] [^m]nehmen dementsprechend sogleich Stellung,– nehmlich ᵣfürᵣ die vom Priestertum ᵣunterdrückte Bauernschaftᵣ und gegen die intellektuellen und reichen[,] dem brutalen Shiva- und Durgadienst fröhnenden[!][^m] Brahminen[!]. Im Verkehr mit den Bauern könnten dann (dies ist etwas kühn)[^ssss] mythologische Motive, wie der aus dem Solarismus stammende[^tttt] Drachenkampf Indras Aufnahme gefunden haben.

2) Im Fortschreiten wird der ᶜsolare Einschlagᶜ immer ᶜstärkerᶜ und führt zur Ausbildung der ᶜFürsten zu Sonnendynastienᶜ.

3) Die verschiedensten Austauschformen stellen sich [^uuuu]zwischen[^uuuu] den gegnerischen Polen her. Die Spaltung und Resorbtion[!] [^m]führt zur Erstarkung nun dem Ariertum sich unterwerfender Schivaisten, der ᶜsich bisᶜ zur Ausbildung der Monddynastie[^vvvv] steigert. Auch bei den Ariern.[^wwww][^m]

Damit ist der Kreislauf abgeschlossen. Wir kennen ja aus der Geschichte unzählige Parallelerscheinungen, die alle[^xxxx] in gleicher Linie verliefen: Ein naiv junges Volk fällt[^yyyy] in das Gebiet einer alternden Hochkultur [^zzzz]her[!][^zzzz]; Es reisst die Macht an sich; Zuweilen[!] drängt der junge Sieger dem Besiegten seine [^m]Sprache auf (so die semitischen [^aaaaa]Akkader[^aaaaa] den mehr ᵣural-altaischenᵣ Sumerern); aber andererseits ᵉüberᵉnimmt das siegreiche Volk vom Besiegten die Kultur, die Art [^bbbbb]des Priestertumes[^bbbbb], die[^m] Mythologie etc.; zuletzt geht das Siegervolk blutmässig im Volke der Besiegten unter.

In den Sanskritdokumenten scheint mir nichts enthalten[,] was der Annahme gleichen Aufgehens der Arier im Indertume und Hinduismus widerspräche. Im Gegenteil spricht vieles dafür, dass im heutigen Hinduismus alle Elemente noch erhalten sind, die in seiner Vergangenheit eine Rolle spielten. Vor allem aber ᵍscheint im ᶜSchivaismus die älteste Hochkultur[^ccccc] lunarer Einstellung[,] im Vishnuismus die entsprechende ᵣsolarerᵣ Einstellung wiederᶜ zum [^ddddd]Durchbruch[^ddddd] gekommen zu sein. Gewiss hat [^eeeee]das[^eeeee] Pantheon sich alsᵍ verfilztes Netz der Hintergrund-bildung[!] eingestellt und man kann in Tempeln wie dem von Njanjangud[^75] Bilder aller Götter nebeneinander aufgebaut finden.[^fffff] Von Indra[^ggggg] und [^hhhhh]Agni[^hhhhh][^76] bis zu Vishnu. Aber jeder Tempel [^iiiii]ist nun eben[^iiiii] entweder nur dem Vishnuismus oder nur dem[^jjjjj] Shivaismus gewidmet. Diese beiden Gegensätze sind durchgreifend. Der Mensch kann nur Vishnudiener oder nur Shivadiener sein. Er kann nur allein eine Frau aus gleicher Gotteskreiszugehörigkeit heiraten. Eine Verbindung beider Kultuszusammengehörigkeiten ist vollkommen ausgeschlossen und eben so[!] wird nie etwa ein Vischnumann seine Sekte aufgeben und etwa zum Shivaismus übergehen können (oder umgekehrt). Das heisst also, ᵍdass die Ge-

---

[^rrrr]: *Ae und De:* haben
[^ssss]: *Ae und De:* Elam
[^tttt]: *Ae und De:* K
[^uuuu]: *U:* zwischen
[^vvvv]: *Ae und De:* führt
[^wwww]: *Ae und De:* D
[^xxxx]: *Ae und De:* die
[^yyyy]: *Ae und De:* über ein
[^zzzz]: *U:* ein
[^aaaaa]: *U:* Akkadfer
[^bbbbb]: *U:* der Priestertümer
[^ccccc]: *Ae und De:* der
[^ddddd]: *U:* Ausdruck
[^eeeee]: *U:* der
[^fffff]: *Ae und De:* Aber
[^ggggg]: *Ae und De:* bi
[^hhhhh]: *U:* Agui
[^iiiii]: *U:* ist eben
[^jjjjj]: *Ae und De:* V

---

[^75]: Der große Nanjundeswara- oder Srikanteswara-Tempel im 25 km von Mysore entfernt am Fluß Kabini liegenden Nanjangud ist eines der wichtigsten hinduistischen Heiligtümer.

[^76]: Hinduistischer Feuergott.

schehnisse mehrerer Jahrtausende nicht im Stande waren, die ursprüngliche Gegensätzlichkeit zu überbrücken. Bis heute heisst es: ^chie Vischnu-Krischna! hie Shiva!^{c–g}

Wenn sich so diese Zweigliederung bis zum Auftreten der Arier zurückverfolgen lässt, so wird damit die alte Frage nach der ^{kkkkk}„Urgeschichte der solaren und lunaren Kosmogonien"^{kkkkk} und deren gegenseitigem Verhältnis noch brennender als^{lllll} zuvor. Hierzu eine leider (da ohne Vorbild aus dem Gedächtnis gezeichnete) schlechte Kartenskizze.[77]

Sie soll vor allem die Verbreitung der lunaren Kosmogonie zur Darstellung bringen. Im Nordwesten liegt das sumerisch[-]babylonische ^mGebiet gewisser massen[!] als Angelpunkt, von dem aus ^cein Winkelstreifen^c der Verbreitung ^cnach O[st-]S[üd-]O[st] über Elam nach^{mmmmm} Indien^c, ein zweiter nach ^cSüden über Persienⁿⁿⁿⁿⁿ nach meinem Südostafrika verlaeuft^c. Die Übereinstimmung^{ooooo} der Kultur- und^m Mythoselemente an den ^cEnden^c der Verbreitungsstreifen ist eminent 1) An der Spitze beider steht der ^cMond^c als herrschende Gottheit. 2) Die ^cNatur seiner Gattin^c[,] hier Ischtar-Nana[78], dort Durga^c-Sati^c ^{ppppp}ist^{ppppp} ^czwiespältig^c. Als Morgenstern ist sie kriegerisch, herrisch, ^{qqqqq}keusch^{qqqqq}, als Abendstern liebevoll und opfert sich für das Schicksal des Gatten. 3) Der ^cGott wird verehrt im Bullen^c, der auch Sinnbild der Königsgrösse ist und die Fruchtbarkeit in der Natur (der kosmischen) darstellt. 4) Die Symbolik der Zeugung und Fruchtbarkeit, 5) die Hierodulen[79] des Tempels 6) Die heiligen Teiche, 7) Das Königsmordritual etc.

Ein ^cin sich^c abgeschlossener Körper hier wie dort, beide ^mnach gleichen Prinzipien sich auswirkend. ^cBeide im gleichen ^gSinne verwandt dem Ursumerischen^c, das wir aus babylonischen Relikten leicht als uralten Stammkern erkennen können. – In allen gemeinsam aber ausserdem eine ausgesprochene Neigung[,] die^g ^cSonne zu übersehen oder sie als weiblich hinzustellen^c (Vishnu wird zur Mohini!).^m Bleibt demnach als Grundformel übrig[:][80]

Mond ♂ Sonne ♀

Sehen wir uns nun danach um, in welchen Kulturen diese Formel ^cmythologische Grundlage^c ist, (Siehe Kartenskizze II)[81] so erkennen wir[,] dass solche lediglich den ^cgrossen Landmassen^c des ^cNordens ^cund Nordafrikas^c zu eigen[!]^c ist und zwar von der Westgrenze Deutschlands über Asien hinweg bis zur Ostgrenze der Eskimo. Ein wesentliches Vorkommen dieser Formel auf der Erdoberfläche südlich der grossen Landmasse konnte ich <u>nicht</u> feststellen.– Dagegen die 2te Formel:

Sonne ♂ Mond ♀

---

^{kkkkk} *In U mit rotem Buntstift unterstrichen*   ^{lllll} *Ae und De:* vorh
^{mmmmm} *Ae und De:* Persien   ⁿⁿⁿⁿⁿ *In U Anmerkung Wilhelms mit violettem Buntstift:* Indien?
^{ooooo} *Ae und De:* an   ^{ppppp} *Ae und De statt* wird glei   ^{qqqqq} *Fehlt in U*

---

[77] S. Tafel 19.

[78] Zu Ischtar und [In]Nana/Inanna s.o. Nr. 3, Anm. 2.

[79] Allgemein Sklaven eines Tempels mit rituellen Aufgaben, hier spezifischer im Sinn der akkadischen qadishtu Tempelprostituierte.

[80] Zum folgenden auch: Frobenius, Monumenta Terrarum (wie Anm. 57), S. 249–268 und Karte 6–9. Dort allerdings noch nicht die vierte Gruppe mit der Venusgöttin.

[81] S. Tafel 20.

Die Verbreitung dieser zieht sich in breitem Streifen zunächst über die um das ᶜMittelmeerᶜ und dann um den ᶜpazifischen[!] Ocean gelegenen Länder und Inseln hinᶜ. Auch das Verbreitungsgebiet dieser Formel nimmt in sich geschlossene und fest gerahmte ᵉErd-ᵉRaeume ein, die aber hier nicht durch geschlossene Kontinentalflächen, sondern durch ᶜverbindende Meere gegeben sindᶜ.– Auf die dritte Formel

Mond ♂ Sonne ♂ Zwillingsbrüder

brauche ich hier nicht besonders einzugehen, da dieses Verbreitungsgebiet ausserhalb der uns interessirenden[ʳʳʳʳ] Regionen und Einflussflächen liegt.–

Zu diesen Hauptgruppierungen kommt nun die Formel

Mond ♂ Venus ♀

Die Verbreitung dieser ist gleich einem Keil, der [sich] von Norden nach Süden kommend über die die ᶜbeiden Meerbeckenᶜ (Mittelmeer und pazifischer[!] Ocean) ᶜtrennenden Länderᶜ hingeschoben ᵐhat, das Verbreitungsgebiet der ᶜsolaren Kultur spalteteᶜ und die ᶜRandländer des Indischen Oceans zuᵉᵐ Heimatsgebiet[!] einer neuen Kulturperiode machteᶜ. Welches kann nun wohl die ˢˢˢˢˢUrgeschichteˢˢˢˢˢᵐ dieser eminenten Urkultur gewesen sein?

ᵍSchon die Thatsache des ᶜregierenden Mondgottesᶜ lässt die ᶜVerwandtschaft der lunaren Kultur des Kaschitischen Meeres[82] mit der lunaren Kultur derᵗᵗᵗᵗᵗ nördlichen Landmassen deutlich erkennenᶜ. Mehr noch wird die Ankunft dieses Kulturkeiles durch eine andereᵍ ᵐThatsache deutlich gemacht: der Pflugstier als Gott, der Pflug ᵈals Glied himmlischer Befruchtung können nur mit der ersten Entwicklung der Rinderzucht in Zusammenhang gebracht werden. Schon Dr. ⌐Eduard Hahn⌐ hat in seinem ausgezeichneten Buch über die Haustiere nachgewiesen, dass der Ursprung der Rinderzuchtᵐ mit der Pflugkultur und einer mythologischen Vorstellung Handᵘᵘᵘᵘᵘ in Hand gegangen und in einem nördlich Persiens gelegenen Lande vor sich ᵐgegangen sein muss.[83] Dieses alles deckt sich mit unserer Vorstellung von der Herkunft der Sumerer und dieser Seite ihrer Kultur.– Hiermit wäre also der Einbruch der sumerischen Kulturᵐ aus den nördlichen Landmassen durchaus verständlich.

Nun die andere: der von Norden kommende Keil hat das breite Band der Verbreitung solarer Kultur gespalten. Also liegt die ᵍAnnahme als fast zwingende Forderung vor: die[!] solare Kultur ist älter als die lunare Sumererkultur und hat sich schon in vorsumerischer Zeit als junge Schiffahrtskultur über die Meere hin ausgebreitet.ᵍᵛᵛᵛᵛᵛ Die solare Kultur liegt unter der ᶜlunaren Sumersᶜ und so versteht man es ohne Weiteres, dass die Kalender- und Festrechnung der Sumerer von Anfang an ᶜkeine rein lunareᶜ ist, sondern den ᶜAusgleichᶜ mit „schon vorhandener" ʷʷʷʷʷSonnenkosmogonieʷʷʷʷʷ anstrebt.

Soweit gekommen, würde nun die weitere Frage nach der ˣˣˣˣˣVorgeschichteˣˣˣˣˣ der solaren Kultur auftreten, auf die einzugehen,[!] heute zu weit führen würde. Aber es liegen noch herrliche ᵐArbeiten vor mir, die hierzu Material liefern werden. So die nun

---

ʳʳʳʳ *Ae und De:* Frage ˢˢˢˢˢ *Ae und De statt* Urkultur ᵗᵗᵗᵗᵗ *Ae und De:* L
ᵘᵘᵘᵘᵘ *Ae und De:* und ᵛᵛᵛᵛᵛ *Ae und De:* Und so ʷʷʷʷʷ *U:* Kosmogonie
ˣˣˣˣˣ *U:* Urgeschichte

---

[82] S.o. Nr. 49.

[83] Eduard Hahn, Die Haustiere und ihre Beziehungen zur Wirtschaft des Menschen. Eine geographische Studie, Leipzig 1896.

auch ^czum Abschluss kommende Gorgo-Garuda^c. Wie weit ich mit dieser Sache noch während der Heimfahrt fertig werden werde, ist nicht ganz klar. Es ist nicht leicht, ohne alle Litteratur[!] immer^m nur alles aus dem Schädel heraus durchzuarbeiten. Vieles von dem, was sich bei eingehender Nachprüfung ergeben wird, sehe ich voraus. Wesentlich ist es mir heute[,] vor allem eine Grundlage gewonnen zu haben, die folgenden Entwicklungsgang anzudeuten scheint.

1) ^cälteste Periode der Zwillingsnatur ^{zzzzz}der^{yyyyy} Gestirne^{zzzzzc} (heute nur noch auf[!] den Südrändern der Oekumene

2) im ^cNorden eine lunare Weltanschauung primitiver Natur^c von Ostamerika (Nordpolländer) bis Westeuropa^{aaaaaa} und von Nordeuropa ^{bbbbbb}südwärts bis zum Sudan^{bbbbbb}. Eine Wildform.

3.) ^cDurchbruch^c der mehr ^caequatorialen Solaren[!] Weltanschauung^c, die Mittelmeer und pazifischen[!] Ocean sowie deren Küstenländer einnimmt. Beginn der hohen Kulturen.–

4.) ^cDurchbruch der lunaren Sumerer-Hochkultur^c von Norden her bis Südafrika.

^mMit dieser ^cletzteren^c ist der ^cBeginn unserer historischen Wissenschaft gegeben^c. Während Aegypten bei der Sonnenreligion^m blieb, nahm Sumer die Mondreligion an. Mit den ersten Gestaltungen, die uns in den ältesten sumerischen Gräbern gegeben sind, haben wir ^{ccccc}aber^{ccccc} mit den ^{ddddd}uns bekannten^{ddddd} ältesten Niederschlägen und Endprodukten einer schon langen Entwicklung und Kulturgeschichte ^mzu thun. Die Gräber von Ur etc. zeigen schon volle Ausgestaltung hohen Kulturbesitzes und tragen als solche natürlich die Symptome der Herkunft^{eeeee} am Leibe. Was an anderer Stelle als „Wildform"^m geworden und dort endemisch ist, ward hier „Kultur-" oder „Zuchtform". Unsere Aufgabe wird es genau wie bei der ^{ffffff}Erfindung^{ffffff} der Ursprungsländer der Acker- und Gartenfrüchte sein, die^{gggggg} Heimatgebiete der Wildformen aufzusuchen. Das älteste Sumer ist schon reich genug an solchem Kulturgut, um einer guten Beute bei solcher Jagd sicher zu sein.

Während ich auf dieser Reise im unentwegten Beobachten und Vergleichen begriffen war, ist mir immer deutlicher geworden, welche grossen Ergebnisse wir von dieser Art der Forschung erhoffen dürfen. Die Forschung nach Wildformen hat auf die Mythologien und ^{hhhhhh}Kultgeräte^{hhhhhh} der Naturvölker zurückzugreifen, bei denen die Anschauungen noch aus seelischen Urbedingtheiten (hier Magie[,] dort Mystic[!]! etc.) entspringen, bei denen alles sich noch umbildet und vermehrt nach Maasgabe des naturgeborenen Stiles und jede Übernahme aus fremden Kulturkreis[en] auch entsprechend umgebildet ^mund eingegliedert wird. Deshalb hat diese Kultur der Wildformen auch die ungeheure Fähigkeit Volksmässiger[!] Stilbildung. Deshalb sehen wir in alten Kulturen auf Kreta und^m in heute noch bestehenden ⁱⁱⁱⁱⁱⁱinⁱⁱⁱⁱⁱⁱ Neuguinea, dass jeder Hafen, jedes Kulturzentrum einen Stil für sich hat. Also^{jjjjjj} ^{kkkkkk}s[t]ehen^{kkkkkk} uns Erdraeume zur Verfügung, in denen diese Wildformforschung noch^{llllll} vollstes Material finden wird.

---

^{yyyyy} *Ae und De:* Götter   ^{zzzzz} *U:* des Gestirns   ^{aaaaaa} *Ae und De:* (Deutschland,

^{bbbbbb} *U:* rückwärts bis zum Süden   ^{ccccc} *U:* als

^{ddddd} *Ae und De statt* ersten   ^{eeeee} *Ae und De:* als   ^{ffffff} *U:* Erforschung

^{gggggg} *Ae und De:* Gebiete aufzusuchen   ^{hhhhhh} *U:* Kulturgeräte   ⁱⁱⁱⁱⁱⁱ *U:* auf

^{jjjjjj} *Ae und De:* haben   ^{kkkkkk} *U:* stehen   ^{llllll} *Ae und De:* in

Indem wir nun aber diese „Zuchtformen" der Hochkulturen auf die Wildformen und ihre Heimat zurückführen, gewinnen wir ^{mmmmmm}die^{mmmmmm} ⁿⁿⁿⁿⁿⁿKenntnisseⁿⁿⁿⁿⁿⁿ nicht direkt dokumentirter Vorgänge in der Weltgeschichte, eine Kenntnis der

<u>unsichtbaren Mitspieler im Drama der Weltgeschichte.</u>

Mit dieser Formulierung glaube ich einen nicht unwesentlichen Schritt auf dem Wege der Forschungsmöglichkeit^{oooooo} gethan zu haben. Wenn das Material, das ich bei mir habe, genügt, möchte ^gich ^{pppppp}Euer^{pppppp} Majestät vom Heimfahrt-Schiff aus schon am Beispiel der Gorgo-Garuda zeigen, wie^{qqqqqq} solche Arbeit reichen Erfolg haben kann.—^g

Mittlerweile ist es der 16te Januar geworden. Es ist mir schmerzlich, dass ich den Bericht nicht zum 27ten[84] nach Europa bringen kann. Er kann erst am 22ten Januar in Durban der Post übergeben werden.

Diese Fahrt war recht interessant. Wir transportierten über 700 Inder nach Afrika. (England treibt da eine mir unerklärliche Politik.) Unter diesen war allerhand Ausfragmaterial ^gfür mich, vor allem aber ein sehr kluger, belesener und beschlagener indischer Doktor, von dem ich noch zum Schluss eine Menge lernte.–^g

Wenn dieser Bericht in ^{pppppp}Euer^{pppppp} Majestät ^{rrrrrr}Hand^{rrrrrr} gelangt, ist der 27[.] Januar längst verstrichen, sind wir aber auch dem Zeitpunkt nahe, an dem wir der Heimat entgegenfahren. Dann steht ja vielleicht der Tag, an dem ich direkten Vortrag halten darf, in nicht allzu grosser Ferne.[85]

Ihrer Majestät küsst in tiefer Ergebenheit die Hand

^{pppppp}Euer^{pppppp} Majestät Unrast

Frobenius

---

^{mmmmmm} *Ae und De statt* eine   ⁿⁿⁿⁿⁿⁿ *U:* Kenntnis   ^{oooooo} *Ae und De:* ges
^{pppppp} *U:* Euerer   ^{qqqqqq} *Ae und De:* di   ^{rrrrrr} *U:* Hände

---

[84] S.o. Anm. 65.   [85] S.o. Nr. 54, Anm. 3.

75.

Herman Lommel an Wilhelm II., 25.11.1929, Frankfurt am Main

Eigenhändige Ausfertigung:
A   AEW: 1612 C8–D1

Ew. Majestät^a

bitte ich um Nachsicht wegen der Verspätung der folgenden Darlegung. Die Inanspruchnahme durch Berufsangelegenheiten ist jetzt so, daß ich Kollegen Otto, den der-

---

^a *Darüber ein eigenhändiger Vermerk Wilhelms:* <u>Danach</u> ist ein Brief von mir mit Rathschlägen an Frobenius aufzusetzen u. zu[!] Unterschrift vorzulegen

derzeitigen Dekan, nur ganz flüchtig [b]über den Bericht von Frobenius[1] sprechen konnte; eine [cd]Beratung zu dreien zu veranstalten war nicht möglich[bc], und den an die Herren weiter gegebenen Bericht habe ich auch noch nicht wieder zu sehen bekommen.[d]

Immerhin ergaben die flüchtigen Bemerkungen, die wir darüber wechselten, mancherlei Übereinstimmungen, daß z.B. wegen der afrikanischen Mythe von „Europa und dem Stier", gerade weil sie gar so bestechend ist, doch noch nähere quellenartige Angaben abgewartet werden müssen, ehe man wirklich darauf bauen kann.

Bezüglich der [c]Verhandlungen[c] mit der [c]süd-afrikanischen[c] Regierung meinen wir aber, daß Frobenius da nicht zu stolz auf [c]materielle Unterstützung von dieser Seite verzichten[c] – oder teilweise verzichten – solle, aus der Anschauung heraus, daß von dem Ruhm deutscher Initiative dann etwas verloren gehe und die Ehre der geistigen Führung damit gewissermaßen abgekauft würde. [c]Dort[c] im Lande besteht ein [c]Lokalinteresse[c] dafür und [c]nur dort[c] daher auch die Bereitwilligkeit, Mittel zu gewähren. Wie es in dieser Hinsicht [c]bei uns[c] mit der <u>Möglichkeit</u> steht, diese Frage will ich ganz unerörtert lassen – die [c]Bereitwilligkeit [e]wird gering sein[c]. Und sicher wird sie auf Nichts herabgesetzt[e], wenn bekannt wird, daß Frobenius Bewilligungen von anderer Seite ausgeschlagen hat. Dafür hätte man hier nicht das geringste Verständnis. Geradezu gefährlich ist dagegen Frobenius' gelegentlich zu Tage tretende Ansicht, daß es Ehrenpflicht heimischer (städtischer oder staatlicher) Behörden sei, seine Bestrebungen zu fördern dementsprechend, wie er in der Fremde Achtung für deutsche Wissenschaft errungen[,] und in dem Maße, wie er in wohlhabenden Ländern Unterstützung gefunden. Ein seltener Enthousiasmus[!], für abgelegene und nicht anwendbare Studien sich Kosten aufzuerlegen, will stets neu entfacht und schonend gepflegt, nicht durch herbe, pochende Forderung erschreckt werden. Dadurch hat er schon manche Chance verringert, und erschwert es seinen Freunden, seine Wünsche zu befürworten.

[f]Zunächst [c]stehen Abstriche an den Mitteln für das hiesige Kulturmorphologische Institut bevor[c]; dann wird Frobenius mit beträchtlichen [c]Mehrforderungen zurückkommen[c]. Es wäre gut, im Voraus schon an den Ausgleich dieses Gegensatzes[f] zu denken. –

Das letzte, was wir von Frobenius hörten, war ein Telegramm aus [c]Bangalore[c], das [c]„große Erfolge"[c], ohne sie in der Kürze näher zu bezeichnen[!]. Als nächste Adresse giebt es Colombo an. Ob er noch nach Südarabien gehen wird, scheint ganz unsicher zu sein.

Ew. Majestät

ehrfurchtvollst

H. Lommel

---

[b] *Am rechten Rand über zwei Zeilen hinweg von Wilhelms Hand:* !?

[c] *Von Wilhelm unterstrichen*

[d] *Am linken Rand von Wilhelm angestrichen und mit ! versehen*

[e] *Marginalie Wilhelms:* richtig

[f] *Am Rand von Wilhelm angestrichen*

———

[1] Nr. 70.

76.

Wilhelm II. an Frobenius, 28.11.1929, Doorn

Teilweise eigenhändige Ausfertigung:
A   FI: LF 615/24
Mundiertes maschinenschriftliches Konzept:
K   AEW: 1612 D2

Mein lieber Frobenius!

Ihre Tagebuchblätter, beginnend Pretoria den 17. Juli und schliessend angesichts Ceylons am 7. September[1], haben Mich hocherfreut[!]. Herzlichsten Dank für Ihren überaus fesselnden Bericht und wärmste Glückwünsche zu Ihren schönen Erfolgen, insbesondere aber zu der glänzend gewonnenen Schlacht in Johannesburg „Hidekk"[2]!

Aus Frankfurt erfahre Ich jetzt, dass Ihre nächste Anschrift Colombo ist.[3] Ich hoffe daher, dass Mein heutiger Brief Sie dort erreicht.

Inzwischen bin Ich weiter bestrebt, Freunde für Ihre Forschungen zu gewinnen. Ich werde Mich aufrichtig freuen, wenn Ich dadurch auch fernerhin zur Förderung Ihrer segensreichen Arbeit beitragen kann.

Dass Ihre Hoffnung auf Unterstützung Ihres Wirkens durch staatliche und städtische Behörden in der deutschen Heimat leider bisher unerfüllt geblieben ist, bedaure Ich mit Ihnen aufrichtig; bei der jetzigen katastrophalen Mißwirtschaft wundert es Mich aber nicht! <u>Vor</u> einem ^avölligen Systemwechsel – aber von Grund auf^a – ist hier <u>keine</u> Besserung zu erwarten. Auf erhebliche Zuschüsse von jener Seite ist also wohl vorläufig nicht zu rechnen.

Ihre Betrachtungen über das Ergebnis Ihrer Arbeiten in Südafrika und Ihre Ausblicke in die nächste Zukunft haben Mich ausserordentlich gefesselt. Ich erkenne mit Ihnen[4] die Gefahr, die Ihrer deutschen Forscherarbeit droht, wenn sie von fremden Einflüssen abhängig werden könnte. Ich würdige daher Ihren Standpunkt, Ihre Arbeitsgemeinschaft durch Ablehnung jeder Art von Gehalt oder Vergütung unabhängig zu erhalten. Dagegen will es Mir unbedenklich erscheinen und nach Lage der Verhältnisse sogar durchaus berechtigt, wenn Ihre Forscherarbeit in unpersönlicher Weise von demjenigen Lande hervorragend unterstützt wird, dem auch die Erfolge dieser Arbeit in erster Linie zugute kommen; vorausgesetzt, dass durch solche Subvention in der Leitung und der bisherigen Arbeitsweise keine Änderungen einzutreten haben. Ist das gewährleistet, und Ich bin dessen bei Ihnen sicher, so erscheint Mir die von Ihnen angedeutete Gefahr behoben.

---

^a *In K von Wilhelm unterstrichen*

---

[1] Nr. 70.   [2] S.o. Nr. 2, Anm. 17.   [3] S.o. Nr. 75.

[4] S.o. Nr. 70 und 75; an Lommel schrieb Wilhelm am gleichen Tag: „Ihre Ausführungen haben Mich sehr interessiert[,] und ich glaube[,] Ihre Besorgnisse durch Meinen in <u>Abschrift hier beigefügten</u> heutigen Brief an Exzellenz Frobenius einigermaßen zerstreut zu haben." (AEW: 1612 E3).

Ihrem Bericht über Ihre Forschungen im alten Wunderlande Indien sehe Ich mit Spannung entgegen.

Beste Grüsse auch von Ihrer Majestät der Kaiserin!

[b]Gesegnetes Weihnachten und Neujahr! [c]Hidekk![c]

Wilhelm
I.R.

---

[b] *A und K von hier an eigenhändig*   [c] *Kf*

77.

Wilhelm II. an Frobenius, 10.12.1929, Doorn, Telegramm

Ausgehändigtes Exemplar:
A   *FI: LF 615/25*
Mundiertes maschinenschriftliches Konzept:
K   *AEW: 1612 D6*

Herzlichen Glueckwunsch zu der schoenen Hilfe seitens der Kapregierung[1] /
Freue mich auch ueber gemeldete grosse Funde[2] /
In Indien wohl zur Aufdeckung der Bruecke[3] /
Beste Gruesse Wilhelm I R

---

[1] Die Nachrichtenagentur United Press hatte verbreitet, die Regierung der Südafrikanischen Union habe Frobenius für seine Forschungen einen Betrag von einer Million Mark zur Verfügung gestellt (z.B. Frankfurter Zeitung vom 6.12.1929, 2. Morgenausgabe). Wilhelm, dem diese Nachricht durch das Radio bekannt geworden war, gratulierte den Mitarbeitern des Instituts am 7. Dezember in einem Telegramm an Herman Lommel, den er gleichzeitig um eine aktuelle Telegrammadresse für Frobenius bat (AEW: 1612 E3). Lommel wies in seiner telegraphischen Antwort vom 9. Dezember darauf hin, daß von einer solchen Spende nichts bekannt sei und es sich vermutlich um die bereits bekannte Zuwendung dieser Regierung in Höhe von 5.000 £ (s.o. Nr. 70) handle, die durch einen Schreibfehler in der Berichterstattung verzehnfacht worden sei (AEW: 1612 D8). Dieser Ansicht schloß sich auch Frobenius' Frankfurter Vertreter Hans Rhotert in einem Schreiben vom 10. Dezember an das „Hofmarschallamt" an: Vermutlich sei der bereits früher in Aussicht gestellte Betrag, der 100.000 Mark entspreche, erst jetzt definitiv bewilligt worden (AEW: 1612 D6). Entsprechend wurde die ursprüngliche Nachricht dann auch in der Presse dementiert (z.B. Frankfurter Zeitung vom 12.12.1929, 1. Morgenausgabe).

[2] Das letzte bekannte Wilhelm zugegangene Schreiben, das von Frobenius' Expeditionsergebnissen berichtete, war das als Nr. 70 wiedergegebene, das Frobenius auf dem Schiff nach Indien am 7. Oktober beendet hatte.

[3] Die in Frobenius' Augen bestehende Verbindung zwischen frühindischer, sumerischer und von ihm in Simbabwe postulierter „süderythräischer" Kultur, war im Briefwechsel bereits mehrfach angesprochen (Nr. 58, 60, 62, 66, 73 und 74). Den Navalisten Wilhelm II. faszinierte dabei insbesondere die Vorstellung, daß gemeinsame Bestandteile dieser Kulturen auf dem Seeweg, über das sog. Kaschitische Meer, zwischen ihnen verbreitet worden sein könnten.

78

Kogge an Rhotert, 8.2.1930, Doorn

Mundiertes maschinenschriftliches Konzept:
K   AEW: 1619 C7

Sehr geehrter Herr Dr. Rhotert!

Seine Majestät der Kaiser lassen Ihnen für die freundliche Nachricht vom 5. Februar betreffend der Rückkehr von Exzellenz Frobenius bestens danken[1], ebenfalls für die Zeitungsausschnitte.

Seine Majestät haben den Wunsch, Exzellenz Frobenius möglichst gleich nach seinem Eintreffen in Europa hier bei Sich zu sehen und Sich von ihm über die neuesten Forschungen berichten zu lassen. Seine Majestät wollen dazu noch einige Ihm bekannte prominente Gelehrte einladen.

Wenn Exzellenz Frobenius den Weg von Bremen nach Frankfurt über Doorn nimmt, so dürfte damit kein allzu grosser Umweg verbunden sein. Euer Hochwohlgeboren darf ich daher ergebenst bitten, von dort aus an Exzellenz Frobenius nach Kapstadt zu telegraphieren und ihm den Wunsch Seiner Majestät mitzuteilen. Für eine gütige Nachricht zu gegebener Zeit, ob und wann mit dem Eintreffen von Exzellenz Frobenius gerechnet werden kann, wäre ich dankbar.

Die Kosten des Telegramms bitte ich, dem Hofmarschallamt in Rechnung zu stellen.

Mit vorzüglicher Hochachtung
                    sehr ergebenst
                         [gez.] Kogge

---

[1] Darin hatte Rhotert das Eintreffen des Schiffs, mit dem Frobenius aus Südafrika zurückkehrte, in Bremerhaven für den 13. März angekündigt (AEW: 1619 C7).

79.

Wilhelm II. an Frobenius, 10.3.1930, Doorn, Telegramm

Ausgehändigtes Exemplar:
A   FI: LF 615/26
Handschriftliches Konzept:
K   AEW: 1619 D2

geheimrat
        frobenius
            an bord woermann dampfer ss ubena
                scheveningenradio

danke herzlich fuer telegramm[1] / freue mich sehr auf ihr kommen / sie muessen mit Ihren Damen bestimmt bis sonntag sechzehnten maerz hier bleiben / hoffe Jeremias kommt auch / ihnen und damen herzlichen gruss und wilkomm
                wilhelm i. r.

---

[1] Nicht ermittelt.

80.

Frobenius an Wilhelm II., 18.3.1930, Frankfurt am Main

Durchschrift der eigenhändigen Ausfertigung:
D   FI: LF 610/1–3

Euere Majestät

verfügen über eine alles übertreffende, gütige Fähigkeit[,] durch Freude zu überraschen.

Als wir gestern Nachmittag auf dem Frankfurter Bahnhof einliefen,[1] kam uns als Erster Ihr Hofmarschall entgegen und teilte uns mit, dass Seine Königliche Hoheit Prinz Adalbert und die Frau Prinzessin uns zur Ankunft die Hand reichen wollten. Als ich einige Stunden später in mein Bureau im Institut kam, standen da ein herrliches Tintenfass und eine Reihe von Bildern.

---

[1] Frobenius war bei der Rückkehr aus Südafrika unmittelbar von Bremerhaven nach Doorn gefahren, wo er sich ab dem 12. März aufhielt und am 15. einen Vortrag hielt, zu dem auch Alfred Jeremias und Vollgraff erschienen waren (AEW: 1678 B1 und C6). Am 17. März traf er dann wieder in Frankfurt ein.

Und so wurde die Rückkehr nach Frankfurt, vor der wir so grosse Angst hatten[,] nun doch zu einer „Rückkehr in die Heimat!"

Weitere Worte hierzu zusammensetzen, hiesse platt sein.

Schon nächste Woche werde ich mit Dr. Jensen nach Berlin und zu Excellenz Schmidt-Ott fahren. Die Ausstellung daselbst soll am 8[.] Mai eröffnet werden.[2]

Die Kaiserliche Fürsorge und Güte hat so dieser Expedition im Anfang wie am Ende einen Rahmen gegeben, ihr selbst aber als Ereignis lebendige Bildwirkung.

So gewannen wir das Recht, wenn nicht die Pflicht, mit mehr Zuversicht in die Zukunft zu sehen.

Frobenius

---

[2] Die Ausstellung der von der gerade beendeten Expedition hergestellten Felsbildkopien im Lichthof des ehemaligen Berliner Kunstgewerbemuseums wurde bereits am 4. Mai eröffnet (s.a. Nr. 82).

81.

Wilhelm II. an Frobenius, 22.3.1930, Doorn

Maschinenschriftliche Ausfertigung:
A   FI: LF 615/27–29
Eigenhändiger Entwurf:
K   AEW: 1619 C8–D2
Maschinenschriftliche Abschrift:
U   AEW: 1619 D3f.

Meine verehrteste Exzellenz!

Gestatten Sie, dass ich auf eine Frage zurückkomme, die bei unserem jüngsten Zusammensein[1] zwar besprochen[,] aber nicht gelöst wurde.

Es handelt sich um die Sumerer. Wo kamen sie her? Jeremias neigte der Ansicht zu: „aus dem Pazific", Sie meinten: „aus dem Norden, dem Inneren Asiens". Für Ihre These zogen Sie die Beobachtung heran, dass die Sumerer eine Menge von Ausdrücken in ihrer Sprache hätten, die auf Viehhaltung und Viehzucht schließen lassen. Dies ist bei den Bewohnern des Pazifischen Oceans nicht der Fall, also Norden.

Wenn sich Ew. Exz. noch entsinnen, so zeigte Professor Jeremias der Doorner Akademie entweder 1927 oder 1928 Photos von Reliefs aus Ur[2], damals eben veröffent-

---

[1] S.o. Nr. 80, Anm. 1.
[2] Alfred Jeremias hatte bei der vom 3. bis 5. Juli 1928 stattfindenden Tagung der Doorner Akademie einen Lichtbildvortrag über aktuelle Ausgrabungen in der sumerischen Stadt Ur gehalten.

licht, die jetzt in dem bekannten von Ihnen gelesenen Amerikanischen Heft abgedruckt und behandelt worden[3] sind.

Damals fiel mir die fast groteske Kostümierung der Sumerer sofort auf: Oberkörper bis auf den Nabel nackt, Beine und füße[!] nackt, vom Nabel an eine Crinolinenartige[!] Gewandung. Vom König bis zum Bauern ganz einheitlich. Bei näherer Betrachtung dieser merkwürdigen Gewandung erlaubte ich mir, auf die[a] auffallende, regelmäßige Schichtung der schwertförmigen, in Spitzen verlaufenden, [b]übereinander liegenden[b] Reihen der Gewandteile hinzuweisen, mit der Frage: was sie vorstellen sollten? Denn in mir war der Verdacht aufgetaucht, dass diese Crinolinen nicht aus Stoff[,] sondern aus Blättern vielleicht bestehen könnten. Denn sie zeigten eine auffallende Ähnlichkeit mit den Crinolinen aus Blättern [b]der[b] Hawaijanerinnen, Tahitianerinnen, Australierinnen, wie sie heute noch von ihnen getragen werden, wie ich auf Photos öfters gesehen hatte.

Ich erhielt zur Antwort: „Das seien stylisierte Franzen[!] am Stoffgewand". Meine abweichende These wurde allgemein verlacht und verworfen. Ich fühlte mich aber nicht überzeugt.

Nun ergab sich bei unseren Debatten in den letzten Tagen das sehr wichtige Resultat, dass Jeremias zugab, die Solare[!] (Pazifische) Cultur sei von der Lunaren, Sumerischen in Sumer, Indien pp. überlagert worden. Also die Solare, Pazifische, Schiffahrtscultur [c]ist[c] somit die ältere! Auch in Mesopotamien.

Nach den Regeln der Culturmorphologie steigen die [d]primitiven[d] Völker aus Gebirgen, von Plateaus, aus Wüsten hinab in die reichen Culturländer der großen Flußtäler, in deren Cultur sich einbettend, sie übernehmend, dafür [b]zuweilen[b] als Austausch denselben ihre Sprache bringend.

Wenn nun ein Seefahrervolk Solarer Cultur vor den Sumerern in Mesopotamien gelebt hat, so hat es dort seine Cultur auch betreffend die Kunst und Darstellung entwickelt. Ew. Exz. These der Herkunft der Sumerer aus dem Norden folgend, würden diese als [d]ganz[d] primitives [c]Volk[c], vielleicht [b]nur[b] mit primitiver eigener Keramik, nach Mesopotamien eingerückt sein und sich bei der [e]Solaren, cultivierten Schiffahrtsbevölkerung[e] niedergelassen haben.

Als es sich nun als wünschenswert herausstellte, Persönlichkeiten, Ereignisse, Ceremonien, Leben pp. darzustellen, was die primitiven Sumerer nicht konnten, veranlassten sie die Künstler und Handwerker des vorgefundenen Volkes, solche zu schaffen. Diese hatten ihre Vorbilder und Formen von altersher zur Hand und benutzten die alten Pazifischen Erinnerungs- und Vorbilder zur Darstellung Sumerischen [c]Lebens[c]. Die Szenen haben also Sumerischen Charakter, Sumerischen Inhalt und Geist, werden aber in althergebrachter Pazifischer Schablone hergestellt von Pazifischen Epigonen, [b]für ihre nordischen Herren[b]. Es ist also ein [d]Styl[d], den wir vor uns haben!

Es ist genau das Gleiche, wie wenn z.B. der Grosse Kurfürst von Schlüter im Panzer und Habitus eines Römischen Imperators, mein Vater in Bremen ebenfalls darge-

---

[a] *Ke: merkwür* [b] *Ke* [c] *In K nicht unterstrichen*
[d] *In K unterstrichen* [e] K: cultivirten Solaren[!] Schiffahrtsbevölkerung

---

[3] Nicht ermittelt.

stellt wird; ebenso Graf Schulenburg (der Verteidiger von Corfu) als Römischer General auf der Promenade steht. Das nennen wir <u>Styl</u>!

Ew. Exz. haben mir letzthin auf meine Frage betreffend diese sonderbare Kostümierung auf den Sumerischen Reliefs: „Ob im Inneren Asiens irgendwo Anklänge an [f]solche[f] gefunden oder bekannt seien?" mit einem entschiedenen „Nein" geantwortet; mit dem Zusatz: „das asiatische Klima des Inneren verböte durch seine Rauheit von selbst solche Tracht". Ich habe auch nirgendwo [g]in dem ganzen Bereich vom Caspi-See über Taschkent – Kashgar[4] bis zur[g] Grenze Chinas auch nur einen Anklang daran gefunden [h]oder etwas darüber erfahren[h].

Also die <u>Tracht</u> kommt bestimmt <u>nicht</u> aus dem <u>Norden</u>, auf den die Ausdrücke über <u>Viehhaltung</u> sonst hindeuten, sie gehört <u>tropischen</u> Ländern an. Vielleicht wurde sie auch in [d]Nord- und Süd Erythraea[d][!] [b](Simbabwe)[b] getragen? [d]Schiffahrts-Cultur-Tracht[d].

Dann [i]würde[i] auch die [d]Fischmaskengruppe[d] im Sumer. Babylon.[!] Neujahrsfest und die Oannessage[5] durch Sumer von der vorgefundenen <u>Solaren Schiffahrtsbevölkerung übernommen</u> und ehrfurchtsvoll weiterbeibehalten worden sein; vielleicht sogar nach Erblassen und Vergessen ihres einstigen Ursprungs.

Diese These ist ein [j]<u>Vorschlag</u>[j], den ich mir[!] zu unterbreiten erkühne, ein Resultat von viel Grübeln und Nachdenken, zur Überbrückung der Kluft[k], wie sie auf den Sumerischen Reliefs zutage tritt, nämlich:[k] Nordisch sein sollende Herkunft – tropisches Kostüm (Blattcrinolinen); <u>Pazifischer Styl</u> unter [l]<u>Asiatischer Herrschaft</u>[l]. Ich erwarte gnädige Beurteilung.

[m]Zu der Frage <u>Styl</u> möchte ich aus meiner Erinnerung noch folgendes hinzufügen:[m]

Bei den Ausgrabungen in Tell Amarna durch die von [n]mir entsandte Deutsche Expedition nach Ägypten[n] wurde das Atelier des Hofbildhauers [o]des Ägyptischen Königs[o] gefunden.[6] Man fand sauber ausgeführte Totenmasken von Beamten des Königs und [p]danach[p] ausgeführte Portraitbüsten derselben. Als [q]ich[q] sie im Berliner Museum besichtigte, erklärten die Professoren [r]mir[r] die <u>neue Entdeckung</u>. Während nämlich die Totenmasken wenig schöne, stark <u>negerhafte</u> Typen zeigen, sind die danach gefertigten Büsten von erstaunlich vornehmer, stark <u>idealisierter</u> Auffassung, ohne der Ähnlichkeit zu schaden. Es wurde nun hierbei constatiert, dass die auf uns überkommenen Portraits (Statuen, Büsten pp.) von Königen, Fürsten, Priestern, Beamten pp., die alle ein und denselben „Ägyptischen" Typ darstellen, durchaus [s]nicht nach dem <u>Leben</u> dargestellt, son-

---

[f] *K:* dasselbe   [g] *K: über die Gegend zw. Caspi-See-Taschkent-Kashgar-[!]bis*

[h] *K:* oder erfahren   [i] *K:* würden   [j] *In A von Wilhelm unterstrichen*

[k] *K:* auf den Sumer. Reliefs: [l] *K:* <u>Asiatischen Herren</u>

[m] *Nicht in K. Der anschließende Text in K auf getrenntem Blatt unter der Überschrift* Fußnote Styl *angeschlossen.*

[n] *K:* S.M. n. Aegypten entsandte Deutsche Expedition   [o] *K:* des Königs   [p] *K:* dazu

[q] *K:* S.M.   [r] *K:* ihm

---

[4] Oasenstadt in Sinkiang.

[5] Oannes ist ein Fischmensch der mesopotamischen Mythologie, vermutlich ein Abgesandter des Gottes des unterirdischen Süßwasserozeans und der Weisheit, Ea oder Enki, der die Menschen Künste, Technik und Schrift lehrte.

[6] Die von Ludwig Borchardt geleitete Expedition der Deutschen Orient-Gesellschaft grub im Winter 1912/13 das Atelier des Bildhauers Thutmosis in dem von Pharao Echnaton um 1350 v. Chr. als Haupt-

dern[s] stark verändert, idealisiert wurden. So schufen die Ägyptischen Künstler bewusst einen [d]„Ägyptischen Idealtyp"[d], einen [d]Styl[d], in welchem die Ägypter ein für alle Mal auf die Nachwelt zu kommen beabsichtigten. Dieser Styl ist durch die Jahrhunderte streng festgehalten worden bis zu den Ptolemäern,[!] und hat zu dem Glauben geführt, die Ägypter hätten de facto so ausgesehen. Also die Absicht war erreicht; sie wurde erst durch den Atelierfund von Tell Amarna enthüllt.

[t]Der Hiatus zwischen Costüm und Herkunft der Sumerer muss überbrückt werden. Ich habe einen Versuch gemacht.[t]

Wilhelm
I. R.

---

[s] *K: nicht nur nach dem Leben[,] sondern*

[t] *In A eigenhändig, in U maschinenschriftlich, nicht in K*

---

stadt angelegten Amarna aus. James Simon, der die Expedition finanziert hatte, schenkte die Fundstücke den Königlichen Museen in Berlin. Wilhelm II. hatte das Patronat der Deutschen Orient-Gesellschaft inne.

82.

Frobenius an Wilhelm II., 30.3.1930, Frankfurt am Main

Nicht verschickt.

Eigenhändige Ausfertigung:
A   FI: LF 610/4–19
Durchschrift der eigenhändigen Ausfertigung:
D   FI: LF 610/4–19**

    Euer Majestät!
    Heute Nacht von Berlin heimkehrend[,] fand ich vor allem Euer Majestät Schreiben vom 22[.] III[.][1], die Kapernaumpredigt[2] und einen interessanten Zeitungsbericht holländischer Provenienz[3] vor. Dank! Dank! Dank! Ehe ich nun aber auf den gewichtigen Inhalt des Schreibens vom 22[.] III[.] eingehe, gillt[!] es[,] über das Ergebnis der Verhandlungen in Berlin zu berichten.

    Zunächst möchte ich einmal berichten, worum es sich in der Hauptsache bei dem Wunsche um Umgestaltung unserer hiesigen Institutionen handelt.

---

[1] Nr. 81.

[2] „Der Hauptmann von Kapernaum. Ansprache Seiner Majestät des Kaisers an die Hausgemeinde zu Haus Doorn am Sonntag Reminiszere[!], dem 16. März 1930, dem Gedächtnistage für die Gefallenen im Weltkriege"; Wilhelm hatte seinen Predigttext bei der Vaterländischen Verlags- und Kunstanstalt in Berlin drucken lassen und verteilte ihn im Bekanntenkreis (AEW: 1513 E1).

[3] Nicht ermittelt.

Es bestehen hier zwei vollkommen selbstständige Organisationen 1) das Afrika-Archiv, das städtisch ist und die Archive, Bibliothek, Bildersammlungen, Excerptien[!] etc[.] etc[.] enthält und 2) das Forschungsinstitut für Kulturmorphologie, das E.V. ist und[a] wissenschaftlich von mir, verwaltungstechnisch von einem Kuratorium[b] geleitet wird. Die Kosten für das Afrikaarchiv trägt mit ca[.] 24000 Mk die Stadt. Diese Summe ist fast unmöglich. Die Ausagaben[!] für das Institut werden gedeckt aus Sammlungen von z.B. Notgemeinschaft[4] 12000 Mk, Reichsamt[5] des Inneren 12000 Mk[,] Kultusministerium 12000 Mk, Rest von Privaten. Wir haben ca[.] 12 besoldete und ca[.] 8 unbesoldete Mitarbeiter und müssen aus diesem Fond[!] noch decken <u>alle</u> Anschaffungen (Bücher, Sammlungsgegenstände), Übersetzung, Herstellung der Karten des Atlas Africanus[6], Reisen etc.). Selbstverständlich ist die Lage trotz der unglaublichen Opferfreudigkeit unserer Mitarbeiter eine ganz schlimme und wenn wir nicht von Zeit zu Zeit noch Spenden erhielten wie z.Zt. von Euer Majestät und durch Euer Majestät gütige Vermittlung, so wäre das Ganze dieses grössten Forschungsinstitutes (auf unserem Gebiete) der Erde überhaupt nicht denkbar. Ich brauche nicht zu erwähnen, dass Forschungsreisen aus diesem Fond[!] überhaupt nicht zu machen sind und dass ich hierfür stets extraordinäre Sammlungen und Aufbringungen veranstalten muss.

Das Schlimmste am Ganzen ist aber, dass wir der Grundlage der 36000 Mk nicht einmal sicher sind. Jedes Amt bewilligt von Jahr zu Jahr. Und die Gefahr, dass wir eines Tages „vertrocknen"[,] ist nicht nur theoretisch, sondern ist uns in diesem Jahre de facto vor Augen geführt. Die vom Reichstag unheimlich beschnittene Notgemeinschaft[7] konnte zunächst statt 12000 nur 9000 bewilligen, das Cultusministerium nur 8000. Die schlimme Notlage des Wirtschaftslebens, eine selbstverständliche Folge vielseitiger Miswirtschaft[!], hat[c] jetzt ein vollständiges Versagen zur Folge gehabt. Obendrein wurde aber auch mit einer Vernichtung unseres Afrika[-]Archiv-fonds[!] (hauptsächlich für den überlassenen Raum im T[h]urn- und Taxispalais verrechnet) gedroht. D.h. am liebsten würden die Frankfurter Stadträte nun also ihr Archiv[d] in Kisten packen und die Arbeitsgemeinschaft auf die Strasse setzen. Denn es sind 3/4 Socialdemokraten und Demokraten[8], die es nur nicht vergeben können, daß ich mich in meinen angestammten Überzeugungs- und Herzensnotwendigkeiten nicht beeinflussen lasse.–

So sah der Bericht aus, den mir Dr. Rhotert vortrug[,] als ich am Dienstag, dem 21[.,] wieder in unsere Arbeitsraeume zurückkehrte. Voilà[,] c'est l'Allemagne de nos

---

[a] *Ae und De:* ver   [b] *Ae und De:* verwal   [c] *Ae und De:* ganz   [d] *Ae und De:* ein

---

[4] S.o. Nr. 33. Anm. 6.   [5] Seit 1919: Reichsministerium.

[6] Leo Frobenius / Ludwig Ritter von Wilm, Atlas Africanus. Belege zur Morphologie der afrikanischen Kulturen, 8 Hefte, München bzw. Berlin 1922–1930.

[7] Der Reichszuschuß, der 1930 94% des Haushalts der Notgemeinschaft ausmachte, betrug – nach 8 Millionen Mark 1927 und 1928 – 1929 und 1930 jeweils 7 Millionen Mark, 1932 fiel er rapide auf 5,1 Millionen Mark, was auch durch zunehmende Privatspenden keineswegs ausgeglichen werden konnte.

[8] Nach der Kommunalwahl vom 17.11.1929 war die bisherige „Weimarer Koalition" in Frankfurt zerbrochen, dessen Stadtverordnetenversammlung sich bis dahin aus 29 Angehörigen der SPD, 7 der DDP, 9 des Zentrums, 9 der DVP, 7 der DNVP, 5 der Wirtschaftspartei, 11 der KPD und 4 der NSDAP zusammengesetzt hatte. Nunmehr gab es dort 25 Vertreter der SPD, 4 der DDP, 11 des Zentrums, 11 der DVP, 4 der DNVP, 6 der Wirtschaftspartei, 11 der KPD, 9 der NSDAP und je 2 der Arbeitnehmerpartei und des Christlichen Volksdienstes.

jours!– Nun, ich nehme das alles nicht so tragisch, denn dem rechten Manne wachsen bei neuen Schwierigkeiten neue Kräfte.

Ich habe das alles nicht tragisch genommen[,] aber konnte mir den Ernst der Situation nicht verhehlen und es würde eine Lüge sein,[!] zu behaupten, ich hätte die nächsten Tage besonders gut geschlafen oder ich wäre sorgenlos nach Berlin gereist. Klar, es gallt[!] nun, doppelt besonnen und geschickt zu manövriren.

Das Allgemeine, was ich sogleich in Berlin hörte, war wenig erbaulich. Misswirtschaft und Geldmangel aller Orten[!]. Wie Euer Majestät sich erinnern, war es meine Absicht[,] unsere Arbeitsgemeinschaft der Kaiser-Wilhelmgesellschaft[!][9] anzugliedern und so ein Kaiser[-]Wilhelm-Institut zu erstreben. Nach meiner Meinung kommt unserem Verbande mehr als manchem anderen ein solcher Name zu; Haben[!] uns doch Euer Majestät seit unserem Einzug in Frankfurt nicht aus dem Auge verlassen. Auf das Natürlichste und Glücklichste wäre ein edler Namenssinn mit erfreulichem Rückenschutz verbunden worden. Aber o weh! Auch hierin hatte sich in Berlin alles geändert. Alles in Allem: eine einzige grosse Not und fast gemeinsamer Pessi[mis]mus. Sicherlich hätte ich alle unsere Hoffnungen auf Wiederherstellung auch nur unseres kleinen Etats[,] geschweige denn das Streben nach Consolidirung und gar Erweiterung unserer Existenzbasis aufgeben müssen, wenn ich nicht auch noch ein weiteres Novum kennen gelernt hätte, das nun alles in einem neuen Lichte erscheinen lassen würde. Nehmlich:

die[!] fast allgemeine Skepsis unserer Arbeit gegenüber ist einem freundlich anerkennenden Wohlwollen gewichen. Sicherlich giebt es noch eine fraglos ansehnliche Liste von Leuten, die sich dagegen straeuben[,] unsere Methoden, das Umfassende und unser Recht zum Umfassenden anzuerkennen. Dies liegt ja schon im naturnotwendig conservativen Sinn aller Wissenschaft begründet. Also es ist mir die schönste Genugtuung, dass ich den gütigen Förderern unseres Strebens in der Zeit des Kampfes und der fast durchgehenden Wiedersachlichkeit[!] der Zunft sagen darf: wir[!] sind endlich im[e] Hafen harmonischen Lebens mit Zunft und vorgesetzten Behörden angelangt. Und heute darf ich sagen, dass wir uns den Beweis für das Recht, ein freundliches Vertrauen in Anspruch zu nehmen, erbracht haben.

Unter den grossen Neuerungen, die ich vorfand, war die wichtigste und gleichzeitig mir schmerzliche[!] die, dass (wie mir ein [f]wohlwollender[f] Referent des Kultusministeriums, Ministerialrat Leist[,] streng vertraulich mitteilte) das Vorrangsrecht auf dem Gebiete der Forschungsinstitute zwischen Preussen und Reich respekt. Notgemeinschaft in der Weise geordnet ist, dass[g] Preussen alle Geisteswissenschaftlichen[!] Institute übernimmt und bei der Kaiser[-]Wilhelm[-]Gesellschaft nur die naturwissenschaftlich[-]technischen verbleiben, d.h. dass die Kaiser[-]Wilhelm[-]Gesellschaft die z.Zt. unter seiner Aegide lebenden abstossen wird. Damit ist meine Hoffnung, das Institut bei Excellenz Schmidt[-]Ott und der Kaiser[-]Wilhelm[-]Gesellschaft unterzubringen, prin-

---

[e] *Ae und De:* im   [f] *Ae und De*   [g] *Ae und De:* das

---

[9] 1910 unter dem Protektorat Wilhelms gegründete Gesellschaft, die als Trägerin außeruniversitärer Forschungseinrichtungen, der Kaiser-Wilhelm-Institute, agieren sollte. Ihre Nachfolgerin ist die heutige Max-Planck-Gesellschaft.

zipiell vernichtet – für den Augenblick. Für den Augenblick, denn alle diese Abgrenzungsfragen[h] bleiben naturgemäss zwischen Staat und Reich schweben. Nichts hat in alledem „endgültige Formen" und im Grund genommen handelt es sich auch hierbei um eine Kampfpause. Unser Minister Schmidt-Ott scheint mir ein vielzuerfahrener[!] Kämpfe[r], um Vorrechte „auf die Dauer" aufzugeben.

Ich möchte betonen[,] dass Exc. Schmidt[-]Ott mir gütiger und wohlwollender Berater war[,] und es bekümmerte mich sehr, ihn unter dem Druck der Etatbeschneidung leiden zu sehen. Ich bin überzeugt, dass er es vollkommen versteht, wenn ich mich nicht mit der Verkürzung unseres Etats um 3000 Mk zufriedengebe und immer neue Wege suchen werde, den Vollbetrag von 12000 Mk wieder herzustellen. Ein inneres Recht zum Anspruch auf Vollerhaltes[!] spricht mir ja niemand mehr ab. Unsere Gedankenwelt ist jung und stellt, um mit hohem Worte zu charakterisieren, „einen <u>Aktivposten</u> <u>auch</u> der Weltgeltung Deutschen Geisteslebens im Ausland" dar. Es ist durchaus an der Zeit, den Wald zu lichten und einige 100 seniler Institution[en], die dem jungen Leben Licht und Luft rauben, zu liquidiren.

Im Reichsamt und im preussischen Kultusministerium wurden wir <u>sehr</u> freundlich aufgenommen. Es wurde ohne Weiteres zugegeben, dass unser Etat von 12000 Mk sogleich wieder hergestellt[!] werden müsse und wurde dementsprechend erwogen, aus welchen Fonds dies ermöglicht werden könne. Auch wurde der Weg gefunden. Fernerhin wurde ohne Weiteres anerkannt, dass wir nach nun 5jährigem Knapsen ein Recht zur Erweiterung und Sicherstellung[i] unseres Etats hätten. Infolgedessen sitzt Dr. Jensen heute schon über einem entsprechenden Entwurf brütend.

Sehr erfreulich war auch der Empfang im Auswärtigen Amte. Auch hier gillt[!] es ja, weitere Zuschüsse zu gewinnen. Aber hier wie in allem kam der plötzliche Sturz der Reichsregierung[10] wie eine Katastrophe <u>dazwischen</u>. Schauerlich.

Dankbar anerkennen muss ich das freundliche Interesse Herrn von Sells, der ja von Euer Majestät zu freundlicher Beratung beordert wurde. Er hat sich uns voll und ganz zur Verfügung gestellt und wird mündlich berichten.

Vier Tage Verhandlungen und Laufereien in Berlin (Es kam ja noch ein unendliches Verhandeln mit Verlegern und den Ausstellungsbehörden dazu) kommen mir anstrengender vor als eine anspannende Expedition. Gestern Nacht kam ich totmüde[!] hier an. Aber auch das habe ich erreicht, dass nehmlich die Ausstellung am 4ten Mai 12 Uhr Mittags[!] eröffnet werden soll.[11]

———————

Nun noch ganz kurz zu Euer Majestät Schreiben vom 22[.] III. – kein noch so verbabylonisirter[!] Gelehrter wird gegen Euer Majestät Argumente etwas einwenden können. In der kommenden Woche habe ich mich nun aber nochmals mit dieser Sumererfrage zu beschäftigen und dabei will ich sehen, ob ich noch weitere Vergleichspunkte

[h] *Ae und De:* Zwis   [i] *Ae und De:* Er

———

[10] Am 27. März war die Regierung der Großen Koalition unter Hermann Müller (SPD) zerbrochen, der am Tag von Frobenius' Brief die erste Regierung Brüning (Zentrum) als Minderheitsregierung unter Ausschluß der SPD folgte.
[11] S.o. Nr. 80, Anm. 2.

finde. Ich bin mir schon klar, auf welchen Gebieten ich weiterforschen kann und denke[,] noch Einiges beibringen zu können. Sehr dankbar wäre ich Eurer Majestät, wenn ich das amerikanische Heft über die „Ur"-ausgrabungsfunde[!][12] noch einmal für 8 Tage leihweise erhalten könnte.

In Frankfurt scheint „man" sich auf einen kleinen Kampf mit mir vorzubereiten. Glück auf! Bin gerade in der rechten Stimmung. –

Um Euerer Majestät einen kleinen Beleg der Bravheit zu erbringen, melde ich, dass ich für Mittwoch nächster Woche bei unserem [j]Ersten[j] Specialisten für Herzunregelmässigkeiten angemeldet bin, der ja wohl auch ein Urteil über das „Beinchen" und seine Launen abgeben wird.

Aus Südafrika höre ich, dass der Cultus-etat[!] Anfang Mai in Kapstadt zur Aussprache führen wird, bei welcher Gelegenheit ich Minister Malan ja alles Entsprechende sagen werde.

tatüü – tataaaah!!!

Frobenius

---

[j] *Ae und De aus:* ersten

---

[12] S.o. Nr. 81.

83.

Wilhelm II. an Frobenius, 5.5.1930, Doorn, Telegramm

Ausgehändigtes Exemplar:
A   *FI: LF 615/30*
Mundiertes Konzept:
K   *AEW: 1619 E1*

ihrer majestaet der kaiserin und meine herzlichsten glueckwuensche zur eroffnung[!] der ausstellung[1] moege euer exzellenz damit ein gleicher erfolg beschieden sein wie in johannesburg und pretoria[2]. zur allseitigen anerkennung und foerderung ihrer von mir so hoch geschaetzten arbeit beste gruesse wilhelm i r

---

[1] S.o. Nr. 80, Anm. 2.   [2] S.o. Nr. 65 und 70.

84.

Frobenius an Wilhelm II., 29.6.–6.7.1930, Niedernhausen[1]

Eigenhändige Ausfertigung:
A   AEW: 1619 C1–C4
Durchschrift der eigenhändigen Ausfertigung:
D   FI: LF 610/20–26

Euer Majestät

haben in grosser Güte meines Geburtstages[2] gedacht und ich bin so dankbar für alles, alles! Lang gestreckt[!] liege ich[a] unter dem Dach prachtvoller Eichen und anderer Baumriesen. Das Bild um mich erinnert ein klein wenig an Doorn.

Neben mir liegt ein kleiner Berg von Büchern, Karten und Notizzetteln. Sie sind mitgenommen, um der Abfassung eines Berichts über den Ursprung der alten Sumerischen Kultur an Eure Majestät[3] zu dienen. Nun muss ich aber die Entdeckung machen, dass ich bei Abfassung der Disposition nirgends klar zu Rande komme und überall auf Schwierigkeiten stosse. Es liegt aber wohl nicht am Stoffe und an ungenügender Vorbereitung, sondern daran, dass mir so viele schwierige Fragen durch den Kopf surren. Denn in der nächsten Woche habe ich sehr ernste Entscheidung[!] von Lebenswichtigkeit zu treffen, [so] dass auf meinen Schultern eine ernste, sehr ernste Verantwortung lastet.

Ich muss fürchten, es wird heute nichts Rechtes und ich muss mich doch wohl darauf beschränken, Euer Majestät zu sagen, wie reich an Dankesgefühlen mich gerade heute das gütige Gedenken gemacht hat.

———————

Niedernhausen 6 Juli 30

Hier liegt er nun wieder vorgeschriebener Weise seine zwei Tage im Grünen[,] fern von Haus und Laboratorium. Eine schicksalsbestimmende Woche liegt hinter mir. Als schöne Blume bleibt mir eine Reihe von Stunden, die wir im Hause Seiner Kgl. Hoheit des Prinzen Adalbert verbringen durften. Eine Blüte in der Erinnerung an einen rauhen und felsigen Pass, über den ich hinwegklimmen musste. Ich bin, leider sehr erleichtert, auf der andren[!] Seite angekommen. Nun bin ich sehr froh über die getroffenen Entscheidungen. Ich habe das fortgegeben, was ich bei den obwaltenden Umständen doch auf die Dauer nicht halten konnte. Weg mit Schaden!–

Erfreulicher ist etwas anderes[,] was ich Euerer Majestät heute melden kann: das Manuskript des Werkes über die Ergebnisse unserer letzten Reise ist fertig und wird am

---

a *Ae und De:* hi

———

[1] Kurort im Taunus. In Nr. 82 hatte Frobenius angekündigt, sich in die Obhut eines Herzspezialisten zu begeben.
[2] Am Tag dieses Schreibens wurde Frobenius 57 Jahre alt.   [3] S.o. Nr. 81 und 82.

Dienstag oder Mittwoch nach Berlin in die Druckerei abgehen.[4] Die schwierigen Tafeln sind schon in Druck. Da nun die Vorbereitungen für die „Indischen Reisebriefe"[,] wie es heissen wird, fertig sind, kann ich der Anweisung des Onkel Doktor folgen und werde am kommenden Sonnabend nach Biganzolo abreisen. Das Verlassen Deutschlands wird mir diesmal durch keinerlei überflüssige Sentimentalität erschwert. Das Institut ist einmal wieder bis auf Weiteres gerettet[,] und ich kann es ohne Sorgen unter der Obhut Dr. Jensens zurücklassen.

Auf die Arbeit in Biganzolo freue ich mich. In der letzten Zeit wurden mir allerhand sehr eigentümliche Dinge betreffend die Kultur Aegypten-Babylons bekannt, die das Sumererproblem in einem neuen Lichte erscheinen lassen. Wohl möglich, dass sich hier ganz neue und bisher ungesehene Perspektiven eröffnen. Sempre avanti!

Dieser Kampf mit Verwaltungssorgen, der entsprechend den traurigen Wirtschaftssorgen Deutschland[s] in Frankfurt die Tage der letzten Monate erfüllte, kommt mir immer vor wie ein langsamer Schritt nach Zahlen, „auf der Stelle". Jetzt aber kommt ein „frei weg!" Damit dann aber auch eine inhaltreichere Berichterstattung an Euere Majestät. Über die Gehaltlosigkeit der letzten Schreiben bin ich ganz traurig[,] und ich finde sie um so jämmerlicher, je gütiger Euere Majestät unserer und meiner gedenken.

Frobenius

---

[4] Leo Frobenius, Indische Reise. Ein unphilosophisches Reisetagebuch aus Südindien und Ceylon, Berlin 1931.

85.

Hermine an Frobenius, 30.6.1930, Doorn

Behändigte maschinenschriftliche Ausfertigung:
A   FI: LF 615/31

Euer Excellenz

sende ich die waermsten Wuensche zu Ihrem Geburtstage[1] hoffend, dass Sie sich nach all den anstrengenden letzten Jahren durch Ihre Kur[2] erholt haben und mit frischer Kraft in Ihr neues Lebensjahr steigen. Ueber das vergangene[!] koennen Sie doch sehr zufrieden sein, ebenso ueber die, wie ich hoere, erfolgreiche Ausstellung in Berlin[3], die ich nun leider doch nicht besuchen konnte, was mir sehr schmerzlich war.

Noch gern an Ihren und der Ihrigen lieben Besuch zurueckdenkend mit herzlichen Gruessen fuer Sie [a]Alle

Ihre aufrichtig ergebene
Hermine

---

[a] *Ab hier eigenhändig*

---

[1] S.o. Nr. 84, Anm. 2.   [2] S.o. Nr. 84, Anm. 1.   [3] S.o. Nr. 80, Anm. 2.

Frobenius an Hermine, 6.7.1930, Niedernhausen

Durchschrift der eigenhändigen Ausfertigung:
A   FI: LF 610/27–30

Euere Majestät

haben in gütigster Weise meines Geburtstages gedacht[,][1] und ich spreche meinen tief empfundenen Dank aus. Augenblicklich fühle ich mich „Doorn" gegenüber beschämt und niedergedrückt. Ich erachte es als meine ernste Pflicht, Seiner Majestät immer frische, anregende und erfreuliche Meldungen zu machen und Berichte zu erstatten. Dazu bin ich nun seit unserer Rückkehr nach Europa gar nicht gekommen, theils, weil die Tage durch schäbige „Rangeleien" um Existenzminima[!] des Institutes, die Nächte durch Ansprüche an concentrirtes Reproduziren[!] erfüllt sind, teils weil mein körperlicher Mensch unter seelischer Überlast leidet.

Daher bin ich sehr froh, dass das Schwerste[,] wenn auch mit einiger Einbusse[!] für mich[,] überwunden und die Abfahrt in ein „gemässigtes" Arbeitsfeld vorbereitet ist. Schon in wenigen Wochen hoffe ich dann wieder Seiner Majestät so frisch und gehaltsreicher[!] berichten zu können, wie es sich gehört.

Sehr dankbar bin ich für die freundlichen Worte[,] betreffend die Wirkung der Ausstellung, die ein gutes Bild der zähen und anerkennenswerten Leistungen meiner getreuen Mitarbeiter giebt. Sie wird nun[,] z. Teil sehr erweitert, in mehreren Städten des Inlands und Auslands wiederholt. Aber gerade diese an sich so erfreuliche Auswirkung macht es mir doppelt schmerzlich, dass mein sehnlichster Wunsch, das ganze[!] in ein „Kaiser[-]Wilhelm[-]Institut" zu verwandeln[2][,] so vollkommen gescheitert ist, dass ich für das Allernächste nicht mehr daran denken darf. Erst nach einem oder zwei Jahren werde ich wieder hierauf zurückkommen dürfen.

Im Übrigen glaube ich, dass die Entwicklung der Weltkultur zu einer historischen Umbildung führt, die für Deutschland[a] einer Wetterscheide gleich kommen[!] muss. Auf der andren[!] Seite wird dann das Deutsche Schicksal leichter werden. ——

Ich bitte um die Genehmigung, Euerer Majestät Hand küssen zu dürfen. Meine Frau und Tochter schliessen sich mit gebührendem Hofknix an.

Frobenius

---

[a] *Ae:* dann

---

[1] S.o. Nr. 85.   [2] S.o. Nr. 82.

Frobenius an [Eberhard Graf von Schmettow], 4.8.1930, Biganzolo

Eigenhändige Ausfertigung:
A   AEW: 1619 E3f.
Durchschrift der eigenhändigen Ausfertigung:
D   FI: LF 606/23–25
Maschinenschriftliche Abschrift der Ausfertigung:
U   AEW: 1649 F8

Euer Excellenz[a]

spreche ich für das freundliche Schreiben vom 24.7.[1] verbindlichsten Dank aus.

Ich habe die Angelegenheit[b] selbstverständlich nicht aus dem Auge verloren und habe sogleich noch einmal an die Hauptbeteiligten geschrieben.

Damit wir nicht etwa als lässig erscheinen, möchte ich aber noch einmal erwähnen, dass das Zusammenbringen einer Reihe von Herren[,] ganz im Gegensatz zu früher, heute ein <u>Kunststück</u> ist. Von der Akkademischen[!] Freiheit ist für den heutigen Ordinarius nicht mehr viel übrig. Zum Teil ist das Universitätsleben zum reinen Schulstubenbetrieb geworden. Dazu kommen die gehaeuften Fakultätssitzungen, die in Frankfurt nun schon auf mehrmalige Inanspruchnahme per[!] Woche angewachsen sind. Bis zum ersten Oktober ist aber unsere bedeutenste[!] Hauptkraft, Prof[.] Otto[,] Dekkan[!] mit übermässigem Betrieb.[c]

[e]Übrigens würde ich es ausserordentlich freudig begrüssen, wenn Herr Geheimer (?) Konsistorialrat D. Friedrich Jeremias (Berlin?) einmal die Tagung mit seinem sehr grossen [d]Wissen[d] und vor allem sachlichen Denken bereichern würde. Er ist gewissermassen die tektonische (im wissenschaftlichen Sinne) Ergänzung des schwungvollen Praelatenbruders in Leipzig.—[e]

Wollen Euer Excellenz bitte Seiner Majestät mitteilen, dass das Problem der sumerischen Kultur ein ganz neues Gesicht gewonnen hat.[2] Nachdem ich mich schon mit einer vorlaeufigen Problemfassung abgefunden hatte, bin ich auf etwas <u>sehr</u> Merkwürdiges und Neues gestossen, das mich das Studium von vorne beginnen lässt. Ganz neue Ausblicke.

Ich würde mich sehr freuen, lieber Graf, wenn ich Sie dort wiedersehen würde.

Bestellen Sie den Majestäten gütigst den Ausdruck meiner tiefsten und wärmsten Empfindung – Allen Bekannten Grüsse.

Ihnen meine Verehrung
Frobenius

---

[a] *In U Vermerk Wilhelms:* Also eventl. im Lauf d. Oktober?

[b] *In U Marginalie:* Akademie   [c] *In U Marginalie Wilhelms:* also nachher!

[d] *Ae und De*   [e] *In U von Wilhelm angestrichen; dazu seine Marginalie:* Ja

---

[1] Nicht ermittelt.

[2] Frobenius hatte Wilhelm eine Stellungnahme zur Herkunft der Sumerer zugesagt; s.o. Nr. 81, 82 und 84.

Wilhelm II. an Frobenius, 15.9.1930, Doorn

Eigenhändige Ausfertigung:
A   FI: LF 615/32f.

Meine liebe Exzellenz

Besten Dank für Ihre Meldung den Zusammentritt u. die Mitgliederzahl der Akademie zu Doorn betreffend[1]. Ich bin ganz einverstanden. Wundere mich nur, dass Reinhard[t] nicht dabei ist. Voriges Jahr war er durch Reisen u. Heirathen verhindert. Doerpfeldt und Vollgraff waren hier zusammen u[.] erzählten sehr interessant von Forschungen u[.] Grabungen in Hellas. Sie sind ganz einig darüber, dass in vorhomerischer u[.] homerischer Zeit der Süden von Hellas – auch Athen – von eingewanderten Orientalen besiedelt war. Zuerst – was Athen betrifft – von Etruskern. Es ist jetzt von Philologen constatirt, dass das alte Athen[ische] Wort für Vorsteher[,] „Prytane"[,] kein Griech.[,] sondern ein etruskischer Ausdruck ist.[2] Die später von den aus Thessalien vertriebenen[,] nach Böotien einrückenden Böoter verjagten dort wohnende Araber (Phöniker), die sich um Aufnahme n[ach] Athen wandten; wo sie sich – nur als Halbbürger – auf den Hügelketten unterhalb d. Akropolis ansiedeln durften.[3] Dort selbst durften sie ihre Heiligthümer errichten u. auch Friedhöfe bauen, aber in die Altstatt[!][,] auf die Akropolis durften sie nicht, da sie: „Andere Götter hatten". Diese Araber haben die Mykän.[!] Kunst gehabt, was aus den Myken[ischen] Beigaben hervorgeht, welche bei neueren Grabungen auf den Hügeln gefunden wurden u[.] die ersten Myken[ischen] Sachen sind, die bisher in Athen gefunden wurden. Diese Hügel[,] auf denen diese Phöniker wohnten[,] hiessen Melittae. Der Name ist nicht griechisch[,] sondern Phönikisch und bedeutet,[!] „Ort der Zuflucht, der Rettung". Ueber diese[!] Dinge[!] sollen den „Alt-Philologen" zu Berlin die Haare zu Berge stehen! Alle ihre Thesen gehen in die Brüche! –

Vollgraff berichtete sehr interessant von seinen Ausgrabungen auf dem Domplatz v. Utrecht, wo unter der ganz alten Kirche Römische Reste eines Triumpfbogens[!][,] gefunden wurden. Die 3 bisher gefundenen dazu gehörigen Inschriftsteine sind von Vollgraff mit Mühe entziffert, da sie in Abkürzungen in monogrammartig verschlungenen Buchstaben abgefasst sind. Dabei kam der Name des Bataver-Gottes Lobbenus zu

---

[1] Mit Schreiben an den diensttuenden Hofmarschall vom 7.9.1930 hatte Frobenius als Teilnehmer der Akademiesitzung Walter F. Otto, den Direktor des Hannoveraner Provinzialmuseums, Karl Hermann Jacob-Friesen („unse[r] tüchtigste[r] Neolithiker"), Hans Naumann („unseren Mann für die arische Kultur"), Friedrich und Alfred Jeremias sowie Carel Willem Vollgraff vorgeschlagen (AEW: 1649 G1 und FI: LF 606/26).

[2] Das Wort für den an der Spitze Stehenden ist seiner Bildungsweise nach im Griechischen isoliert, weshalb die Rückführung auf eine frühere indogermanische, aber nicht eindeutig identifizierte Sprache Anklang gefunden hat.

[3] S.o. Nr. 26, Anm. 5.

Tage.[4] Kommt von Lobbeno oder Lubbeno. Dieses stammt vom Holländ: Wort „Lübbe"[!] = der Riese, der Ungeschlachte. (Gigant!)

Ferner erzählte er, dass auf Röm[isch]-Batav[ischen] Inschriften öfter der Gott Lunus oder Maena vorkommt, der männliche Mondgott[5], der in Italien od. Rom niemals genannt wird, da dort die Luna nur verehrt wird. Dieser Lunus ist asiatischer Import und ein Ableger vom alten Sumer[ischen] Mondgott Sin.

Dabei bemerkte Vollgraff, dass auch Baldur[6], der in Batavien wie in ganz Germanien verehrt wurde, aus Asien stamme. Es sind in Vorderasien neuerdings Inschriften gefunden worden[,] auf denen er „Baal-adir" = der grosse, der mächtige Herr heisst. Bei Carthago ist eine Inschrift aus Röm[ischer] Zeit gefunden, auf der der Gott Baldir genannt wird.

Doerpfeld berichtete dazu, dass auch Helios (Apoll)[7] sich als Araber entpuppt habe. Nach Hellen. Sage soll er der Sohn der Leto oder Lato sein. Nun stellt sich heraus, dass in alter Zeit in Arabien eine Göttin verehrt wurde, die Lato hiess. Also der Einfluss des Orients auch auf die Griech[isch]-German[ische] Götterwelt wird immer mehr fühlbar. Die Seefahrenden[!] Araber haben ihn im Mittelmeer verbreitet. (Hyksos?)

Aus diesem Bericht werden Sie hoffentlich ersehen, dass der Prytane der Doorner Akademie nicht faullenzt[!].

Wer sind die Sumerer? Ich brenne vor Neugier!?[8]

Auf Wiedersehen. Grüsse Ihren Damen

Ihr „wohlaffektionirter"
Wilhelm
I.R.

---

[4] Vollgraffs Lesart der absichtlich beschädigten Inschrift und mit ihr die Existenz des nur hier belegten Lobbenus werden heute ausgesprochen skeptisch betrachtet.

[5] Men ist ein vornehmlich in Kleinasien verbreiteter Mondgott, dessen Ritus zahlreiche persische Elemente aufweist. Die Römer nannten ihn in Übersetzung Lunus.

[6] Baldur (Baldr) ist germanischer Licht- und Fruchtbarkeitsgott.

[7] Der griechische Sonnengott Helios verschmolz in der klassischen Zeit mit dem vielgestaltigen Olympier Apoll: Beide teilen einige ihrer Merkmale mit asiatischen Sonnengöttern, ohne daß man daraus eine klare Ableitung folgern könnte.

[8] Zu Frobenius' dilatorischem Umgang mit Wilhelms Wunsch nach einer Stellungnahme zur Herkunft der Sumerer s.o. Nr. 81, 82, 84 und 87.

89.

Frobenius an Wilhelm II., 20.9.1930, Biganzolo

Eigenhändige Ausfertigung:
A AEW: 1619 E5–F2
Durchschrift der eigenhändigen Ausfertigung:
D FI: LF 610/31–41
Umschrift:
U AEW: 1619 F3f.

Euerer Majestät

Handschreiben vom 15[.] IX[.][1] hat ja von allerhand bedeutsamen und hochwichtigen, in Doorn zur Verhandlung gelangten Problemstellungen berichten können, so dass unsereinem das Wasser im Mund zusammenläuft. Hoffentlich, Hoffentlich erhalten wir dort noch nähere Auskunft.–

Des Ferneren wird mir mit diesem Schreiben aber auch eine Mahnung zu Teil, nehmlich[!] mich aufzuraffen und das mitzuteilen, was an Neuerem in unserem Arbeitsgebiet über die Sumerer zu sagen ist,– womit ich immer noch [mit] Antwort auf das Schreiben vom [a]22[.] III[.][a] im Rückstand bin.[2]

Nun habe ich immer, wöchentlich und täglich auf die Auffindung weiterer Litteratur[!] gehofft. Vergeblich. Auch Rücksprachen und Erkundungen bei unseren besten mesopotamischen Ausgräbern in Berlin, Jordan und Andrae[,] haben nichts Entscheidendes gebracht. Ich bin also auf ein ziemlich enges und geringes Arbeitsmaterial beschränkt, das aber immer genügt, um folgende Hypothesen aufzustellen. Die wichtigste derselben lautet:

Wenn wirklich das, was wir vom mesopotamischen Cultus und der [b]altmesopotamischen[b] Kultur wissen, wirklich sumerisch ist, dann können die Sumerer [a]nicht[a] die [a]Schöpfer[a] dessen, was wir altsumerische Kultur nennen, sondern nur ihre [c]Erben[c] sein!

(Ich schauere vor dem Augenblick zurück, in welchem mein verehrungswürdiger Freund Alfred Jeremias in Doorn diesen Satz hören wird! Oder irre ich mich in dieser Erwartung?)

Was mich zu dieser Überzeugung drängt (und sie täglich fester macht) ist die Thatsache, dass die ganze Kalenderanlage der alt-Sumerer[!] [a]nicht sumerisch[a] sondern – [c]elamisch[c3] war. Dieser elamische Kalender[d] (– und zwar der [a]sacrale[a]; die Alten hatten zwei Kalender, einen [a]profanen[a] und einen [a]sacralen[a]) beruhte auf dem [a]Umlauf des Venusgestirnes[a]. Also war die [a]Verehrung[a] des [a]Venussternes[a] auch [c]elamisch[c]!

Alle Kenner der mesopotamischen Altertumskunde sind nun darüber einig, dass die Verehrung der [a]Göttinnen[a] einer [a]alten[a] Zeit angehören[!]. Vergegenwärtigen wir uns nun

---

[a] *In A von Wilhelm unterstrichen*
[b] *Ae und De aus* mesopotamischen
[c] *In A von Wilhelm doppelt unterstrichen*
[d] *Ae und De:* beruh

---

[1] Nr. 88.
[2] S.o. Nr. 88, Anm. 8.
[3] S.o. Nr. 49, Anm. 47.

die Bedeutung[,] die diese [a]Nana-Ischtar[a4] im Gesammtbau des mythologischen Bilder-sehens haben, so ergiebt sich, dass der [a]Ischtarhöllenfahrtmythos[a] eigentlich <u>die</u> Central- und Entscheidungsvorstellung der alten Zeit war. Nehmlich <u>die</u> <u>fassbare</u>. Dann gehört auch [a]Tammuz[a][,] unter welchem Namen es auch immer sei[,] in den [a]Mittelpunkt[a]. Eine [a]Jahreszeitenmythe[a] (Der Tod des Tammuz!)[,] die in den [a]Ländern Mesopotamiens[a] überhaupt [a]nichts zu suchen hat[a].[e]

Dieser [a]Tammuz[-]Ischtarmythos[a] ist nun aber insofern von so unermesslicher Be-deutung, als in ihm[f] einer der grössten [a]Wandel[a] im Lebensgefühl der Menschheit[g] mani-festirt ist. Bis zu dieser anastrophisch[5] einsetzenden Erschütterungseruption, oder besser Eruptionserschütterung[,] war das Lebensgefühl der südlichen Länder [h]ein[h] solches, das man als „am laufenden Bande" sich abspielend bezeichnen kann. [i]In[i] dem Tammuz[-]Ischtarmythos und entsprechender Kultur offenbart sich die <u>Geburt des Schicksals</u>! Mit dem glücklichen Ablauf und dem problemlosen Dasein ist es nun zu Ende.

Der Mensch hat das [a]Schicksal[a] aber unentrinnbar über allem und am Himmel in [j]dem[j] Lauf der Gestirne zum Ausdruck kommend entdeckt.

Es giebt noch eine ganze Reihe anderer Erscheinungen, die mir das ursprünglich [a]nicht[a]-sumerische[!] dieser Dinge deutlich machen. Wie seiner Zeit[!] deutlich gemacht, entstammt der [a]rituelle Königsmord[a] dem [a]dramatischen Nachspiel dieser Schicksals-dramatik des Himmels[a]. Nun ist es mir immer [a]bedenklich[a] gewesen, dass in Babylonien stets nur eine [a]sekundäre[a], eine abgewandelte Form heimisch war: der König selbst wurde nur im Tempel gedemütigt und statt seiner ein Stellvertreter, ein Verbrecher[,] erdrosselt. Das ist schon späte Form. Aber noch mehr. Schon in der Zeit des Königs Urra-imiti hören wir, dass ein Gärtner Ellil-bani, der als Stellvertreter hingerichtet wer-den sollte, sich nicht wieder von dem Throne erhob, sondern die Macht an sich riss[6] – Solches Vorkommnis ist nur als [k]spätes[k] Ereignis und in einem Land möglich, dem der ganze [l]Sitten-[l] und Anschauungscomplex nicht ureigentümlich ist, das es aus einem [a]anderen Kulturkreis[a] übernommen hat.

Endlich ist es höchst merkwürdig, dass in Sumer Städte[m] mit Mondkult (also Isch-tarverehrung) mit solchen des solaren Kultes abwechseln. Das alles weist auf Zusam-menströmen mehrerer Kulturen.

Wobei mir[,] wie gesagt[,] der [a]Venusdienst[a] aus [a]Elam[a] zu stammen [a]scheint[a]. – Danach wäre bei Ankunft der Sumerer in Mesopotamien die [n]Verehrung[n] der Mond- und Sonnenmythologie (ein Nebeneinanderbestehen wie Glimmer und Feldspat im [a]Granit[a]) schon gegeben gewesen.

---

[e] *In A ergänzt Wilhelm* !   [f] *Ae und De:* de   [g] *Ae und De:* gegeben   [h] *Ae und De aus* eines
[i] *Ae und De statt* Mit   [j] *Ae und De aus* der; *Ae und De:* Astronom
[k] *Ae und De aus* späte; *Ae und De:* Ersche   [l] *Ae und De aus* Sittenco
[m] *De aus:* mit   [n] *U:* Mischung

[4] S.o. Nr. 3, Anm. 2.   [5] S.u. Nr. 90, Anm. 3.

[6] Um 1804 v. Chr. Die Namen der Beteiligten werden auch als Erra-imitti und Enlil-bani oder Bêl-ibni wiedergegeben. Die Darstellung dieser Ereignisse in der sog. Sargon-Chronik war zu Frobenius' Zeit bekannt durch Leonard W. King (Hg.), Chronicles Concerning Early Babylonian Kings, including Records of the Early History of the Kassites and the Country of the Sea, Bd. 2: Texts and Translations, London 1907, S. 12f.

Eine ᵃsolche Aufklärung wirkt wie eine Befreiungᵃ. Wir können uns nun von einer Fesselung, nehmlich dem emsigen Festkleben an einem historischen ᵃBegriffᵃ ᶜSumerᶜ" ᵃfrei machenᵃ. die[!] ᵃElamiterᵃ treten nun in ein ähnliches Verhältnis zu den ᵃMesopotamiernᵃ wie die ᵃNubierᵃ („das elende Kusch"[7]) zu den ᵃAegypternᵃ. Nun wird alles freier. Nun verstehe ich es, dass schon so früh auf den ᵃBahrein[-]Inselnᵃ (Tilmun[8]) eine ᵃmesopotamische Kulturᵃ war, dass schon so früh Kriegszüge an die elamische Küste unternommen wurden. Schon 2800 unternimmt Manistusu, der Nachfolger Sargons eine erfolgreiche Expedition gegen eine Coalition von ᵃ32 feindlichen Königen, auf der anderen Seite des persischen[!] Golfes!ᵃ[9]

Was nun diese Elamiter sind, das ist die Frage. Sprachlich ᶜscheinenᶜ sie mir mit[!] den Kaukasusstämmen abzustammen und den ᵃDravidastämmen verwandt zu seinᵃ![10] Aber stimmt das?

Euere Majestät sehen, wie complicirt das Arbeitsstück, das vor mir liegt, ist und dass es mir bei völligem Mangel sachverständiger Mitarbeiter schwer ist, schnell fertig zu werden. Aber ich bin stets froh, wenn es gelingtᵒ die alte Kulturgeschichte von ᵃVölker- und Sprachverwandtschaftᵃ frei zu machen und nur von „Kulturen" zu reden. Bezeichnung alter Kulturen nach ᵃSprachgruppenᵃ erweckt stetsᵖ leicht ᵃfalscheᵃ Vorstellung – Auch[!] in dem, was der hochverehrungswürdige Dörpfeld sagt.

———————

Euere Majestät kommen auch auf Mitglieder der Doorner Akademie[11] zu sprechen. Hier bitte ich darum, speciell[!] Vortrag halten zu dürfen. All' mein Streben geht dahin[,] diese Institution lebendig und immer lebendiger zu gestalten. Dabei wird es aus inneren Gründungen[!] nicht leichter, – ein Reflex der descendentalen Geistigkeit Deutschlands. Deutschland verbraucht unsere Besten in einer geradezu unglaublichen Weise. Die Universitätsprofessoren werden zu reinen Schullehrern herabgewürdigt und – werden so nicht weitsinniger.

———————

ᵒ *Ae und De:* sich   ᵖ *Ae und De:* fals

———

[7] Kasch/Kusch war ein vom 11. Jahrhundert v. Chr. bis in das 4. Jahrhundert n. Chr. bestehendes nubisches Königreich, das in enger kultureller – und politischer – Wechselwirkung mit Ägypten stand. Frobenius betonte die „afrikanischen" Einflüsse, die schon vor seinem Bestehen aus dieser Region auf Ägypten einwirkten.

[8] Das vermutlich auf der Hauptinsel Bahreins gelegene Dilmun oder Telmun war um 2000 v. Chr. ein bedeutendes Handelszentrum, das Kontakte mit Mesopotamien und der Induskultur unterhielt.

[9] Maništūsu ist als dritter König von Akkad – Sargon war der erste – überliefert und wird heute in das späte 3. Jahrtausend v. Chr. datiert. In einer bei Hans Hirsch, Die Inschriften der Könige von Agade (in: Archiv für Orientforschung 20 (1963), S. 1–82, hier: S. 69f.) als Maništūsu b 1 wiedergegebenen Inschrift heißt es: „(Die Städte) jenseits des Meeres, 32 hatten sich zur Schlacht versammelt, und er behielt die Oberhand und ihre Städte warf er nieder." (Z. 41–50).

[10] Zu den Drawiden s.o. Nr. 50, Anm. 3. Die elamitische Sprache ist heute noch weitgehend unbekannt und steht, soweit erkennbar, zu keiner bekannten Sprache in einem engeren Verhältnis.

[11] Vom 10. bis zum 13. Oktober trafen sie sich in Doorn. Dabei sprachen Alfred Jeremias über „die Einheit des Weltanschauungsgebaeudes Westasiens", Vollgraff über die westasiatischen Elemente in der „kretisch-mykenischen Kultur", Naumann über „das altgermanische Lebensgefühl", Otto über „das Wesen des altgriechischen Tatsachensinnes und schließlich hielt Frobenius einen Lichtbildvortrag über „seine indische Reise und deren Ergebnisse" (AEW: 1678 B1).

Wenn Seine Majestät und Ihre Majestät einverstanden sind, trage ich am [a]Sonntag mit Lichtbildern über Indien vor.[a] – Auf diese Fahrt, die für mich ausser allem anderen einer Ferienzeit gleichkommt, freue ich mich unendlich. Ich habe hier im Sommerfeldlager wie ein Verbrecher arbeiten müssen[,] um alle Waffen für den Winterfeldzug vorzubereiten. Dem harten Sommer wird nun ein bitterer Winter folgen. Aber wir fühlen uns freudig zum Kampfe.

Darf ich Ihrer Majestät Hand küssen?

Ein frohsinnig in Waffen Stehender[!]

Frobenius

90.

Frobenius an Wilhelm II., November/Dezember 1930[1], Frankfurt am Main „und andernorts"

Eigenhändige Ausfertigung:
A   AEW: 1619 G1 – 1620 C1
Durchschrift der eigenhändigen Ausfertigung:
D   FI: LF 610/43–92
Umschrift (Durchschlag):
U$_1$ AEW: 1680 E1–F2,
U$_2$ AEW: 1620 E2–F2 und F5

Euerer Majestät

habe ich mich verpflichtet, einen Bericht über den Sinn des Kulturablaufes zu senden, der natürlich auf die Sichtweite meiner eigenen Augen beschränkt bleiben muss. Es handelt sich hierbei[a] darum, ausgehend von der Erfassung des Sinnes der Kultur, ihrer „Natur" und der inneren Bedingtheiten ihrer Erscheinungen die Möglichkeiten der Sprache voll auszunutzen und dabei so vorsichtig zu verfahren, dass Verschwommenheiten vermieden werden. Das ist nun deswegen so schwer, weil „Kultur" ebenso etwas „Metaphysisches" [ist] wie etwa „Leben". Keine Wissenschaft der Erde hat aber bisher das uns alle durchströmende „Leben" erklären, deffiniren[!], erfassen können. Denn alles, womit die „Biologie" = Lehre vom Leben [b]sich beschäftigt[b], sind nur „Ausdrucks-formen des Lebens"[,] nie aber das Leben selbst. Somit sind auch alle Menschen und

---

[a] *Ae und De (erst nach ihrer Trennung gestrichen):* natürlich   [b] *Ae und De statt* anbelangt

---

[1] Dieses Schreiben verschickte Frobenius mit einem vom 22. Dezember datierten, an „Hausmarschall" Schwerin gerichteten Anschreiben (Frobenius an Schwerin, 22.12.1930, AEW: 1619 F7). Schwerin berichtete Frobenius am 30. Dezember, er habe es wunschgemäß Wilhelm zu Weihnachten überreicht

Völker durchflutet von Kultur, durchlebt von Kultur und ihr Schicksal Objekt der Kultur[,] ohne dass es aber irgend jemand ᶜohne weiteresᶜ möglich sein wird[,] diese Kulturᵈ anders zu beschreiben, zu charakterisieren oder zu definieren[,] als indem die aeusseren Auswirkungenᵉ als Symbole oder als pars pro toto verwendet werden. Hierin liegt aber eine ungeheure Gefahr[,] gegen die ich selbst kämpfe, täglich kämpfe, seitdem ich mir das Studium dieser Wesens[-]Kultur als Lebensberuf ᶠerwähltᶠ habe (d.h. seit über 40 Jahren).

Also ist es ein ungeheur ernstes, schwieriges und doch auch wohl wiederᵍ erstrebenswertes Ziel, das ich mir gestellt habe, indem ich diesen Bericht zu schreiben beschloss. Dies Versprechen gab ich am ʰ13tenʰ Oktober²[,] und es ist seitdem kein Tag vergangen, an dem ich nicht einige Stunden an der Sache gearbeitet und einige Notizen gemacht hätte. Der Stapel der Aufzeichnungen liegt nun vor mir und die Niederschrift soll beginnen. Möge es mir gelingen[,] meine Aufgabe so zu vollenden, dass das Ergebnis nachher auch verständlich wird. Um das Ganze übersichtlicher zu gestalten, will ich eine sorgfältige Gliederung ᶜund Ordnungᶜ der in Betracht kommenden Gedanken einhalten.

1.) Raum- und Sinnwandel der Kultur

Gehen wir aus von dem Raumproblem der Kultur als eines historischen Vorganges. Da können wir wahrnehmen, dass „die" Kultur im Verlauf der „Geschichte" einen Wandel insofern vorgenommen hat, als sie mit ihrem Schwerpunkt sich bewegt. Da ist zunächst der grosse Aufmarsch der Kulturen vom Orient bis zum Occident, der die deutliche Verschiebung einer Suveränität[!] erkennen lässt.

ᶜ *Ae und De*   ᵈ *Ae und De:* an   ᵉ *Ae und De:* ge
ᶠ *Ae und De statt* erkoren[?]   ᵍ *Ae und De:* wünschenswerte   ʰ *U:* 17.

(Schwerin an Frobenius, 30.12.1930, FI: LF 605/3 sowie AEW: 1619 F8). Für eine Verzögerung spricht aber nicht nur, daß die Ausfertigung des umfangreichen Schreibens an den ehemaligen Kaiser dessen Präsentatsvermerk vom 29.12. trägt, sondern vor allem, daß Schwerin auf dem Anschreiben Frobenius' vermerkt hatte: „Nur Anlage vorlegen, am 29./12." Die dadurch erforderliche Frühdatierung schafft aber insofern Probleme, als Wilhelm auf den Inhalt des Briefes erst seit seinem Geburtstag am 27. Januar 1931 eingeht (Nr. 95 und 96), ja ausdrücklich von seinem „grandiosen Aufsatz ‚Wesen und Werden der Kultur'" spricht, „der als herrliches Geburtstagsgeschenk mich kurz vor dem 27. erreichte." (Nr. 97). Das ließe an eine zweite Fassung der Gedanken Frobenius' denken, die eventuell Aufsatzform erhalten hätte. Dagegen spricht aber sowohl, daß entgegen der begeisterten Aufnahme ab dem 27. Januar der ganz entsprechende Inhalt des Schreibens vorher gar keine Erwähnung findet, als auch, daß der von Wilhelm am 12. Februar verfaßte Vortragstext sich so eng an das hier vorliegende Schreiben anlehnt, daß für einen Aufsatz „Wesen und Werden der Kultur" als Zwischenstufe kein Raum mehr bleibt. Will man diese Aussagen miteinander vereinbaren, dann bietet sich die Deutung an, daß Wilhelm dieses Schreiben am 29. Dezember überreicht wurde, er es aber ungelesen an sein Sekretariat weiterreichte, in dem die Umschrift erstellt wurde. Wilhelm war damals noch mit der Lektüre der Bücher über Frobenius' 9. Expedition beschäftigt, die ihn kurz vor Weihnachten erreicht hatten (Nr. 93 und 91) und erhielt die Umschrift vermutlich erst kurz vor dem 27. Januar. Jetzt erst las er den Text, von dem er so begeistert war, daß er ihn nicht nur zufälligen Gästen vortrug, sondern auch eine popularisierte Version erstellte.

² In diesem Jahr hatte die Doorner Akademie vom 10. bis zum 13. Oktober getagt. Zu Frobenius' Arbeit an diesem Manuskript s.a. Nr. 91.

7 England

6 Frankreich

5 Spanien[i]

4 Spanien

3 Rom

2 Griechenland

1 Westasien[j]

Die sich verschiebende Suveränität[!] ist dabei weniger eine machtpolitische[,] sondern eine Sinn-verändernde[!]. Deutlicher noch und gehaltklarer ist das Bild, das die Verschiebungen in Kleinraeumen verraten. Besonders Italien, bei dem die mythologische Kultur des aeussersten Südens, die staatsbildende der Tiberebene, die Philosophisch-Künstlerische[!] der Arnoebene um Florenz und die heutige Materialistische[!] die Poebene zur Residenz hat. Genau ebenso ist in Amerika die Hohe Kultur des Südens nach Norden gewandert a.) die Maja[-]Kultur[!][,] b.) die Mexikanische[!] Azteken[-]Kultur und c.) die heutige des Materialistischen[!] Jägertumes in den vereinigten[!] Staaten.

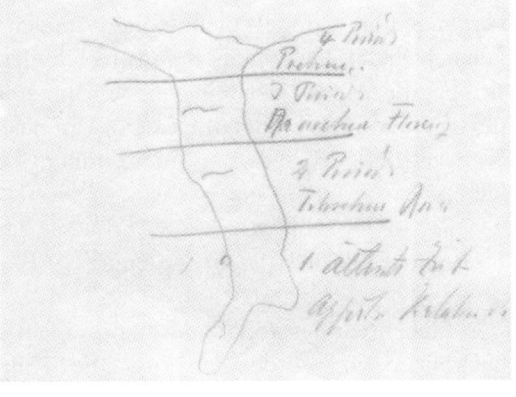

Oder [k]aber[k] Deutschland, dessen alte Kaisertümer den Schwerpunkt in der Anlehnung an die Kulturen des Mittelländischen Meeres im Süden und sein letztes in Anlehnung an Hansa und Ost-Norden-Kulturen im Norden hatten.– Das gleiche in China, Innerasien etc.

Also diese durchaus deutlich, man ist versucht zu sagen: „gesetzmässige" (das Wort ist schlecht!) verlaufende Verschiebung ist durchaus nicht nur der Ausdruck formaler Vorherrschaft[,] sondern auch innerer Umgestaltung. Sie ist verbunden mit einem tiefen Gehaltwandel. Nehmen wir z.B. die grosse Ost→West Wanderung der Kulturhegemonie[,] so erkennen wir:

| 4) Periode der materialistischen Kultur; der Mensch fühlt sich als Subjekt des Daseins. | 3) Periode der humanistisch-philosophisch betonten Kultur: Der Mensch ist kritisches Objekt des Geschehens | 2) Periode der religiös betonten Kulturen. Der Mensch ist bevorzugtes Objekt des Lebens | 1) älteste Periode der Mythologisch[!] betonten Kulturen: der Mensch ist absolut Objekt des Geschehens gleich der gleichwertigen Umwelt. |

---

[i] *In U ist die zweite Erwähnung Spaniens nachträglich gestrichen und die weitere Numerierung entsprechend geändert. In A fehlen diese Änderungen ganz*

[j] *Diese Liste ist in A und D am unteren Seitenrand quergestellt und mit einem Pfeil auf diese Stelle bezogen, in U an dieser Stelle von Hand eingefügt*

[k] *U: auch*

Also der Raumwandel ist verbunden mit einem <u>Sinnwandel</u>. Der Sinnwandel verfolgt aber eine deutlich wahrnehmbare Linie, eine Tendenz und ist nichts weniger als chaotisch oder dem Zufall unterworfen. Das gleiche im Raum! Die Kultur bewegt sich so ebenmässig sowohl im Wechsel der Residenz wie im Wandel [l]des Sinnes[l], dass dies Phaenomen geradezu verblüffend überzeugend wirkt (für den, der ihm gebührend Aufmerksamkeit widmet[).]

Nun ist die Sinnverschiebung eine zeitliche sodass wir demnach sagen können, dass der Kulturwandel sich sowohl als raeumliches wie [m]als[m] zeitliches Phaenomen nachweisen lässt. Damit zeigt sich aber die Kultur als wesensverwandt[,] wenn nicht wesensgleich[,] allem und jeden [n]organischen[n] Leben. Wir dürfen also mit einiger Hoffnung auf Ergebnis[o] etwaige Homologien (Wesensgleichheit)[,] entsprechende Parallelen aus der natürlichen Umwelt zum Vergleich heranziehen.–

2.) <u>Gestaltwandel in der organischen Umwelt</u>

Zunächst die Phaenomene des [p]Werdens[p] in der organischen Umwelt soweit sie uns durch die palaeontologische Forschung belegt worden sind. Die echt englisch-mechanistische Theorie Darwins über die Entstehung der Arten hat sich <u>nicht</u> bewährt. Im wesentlichen hat der biogenetische Lehrsatz <u>versagt</u>. Es ist bis heute nicht der kleinste Beleg für den Übergang eines Tieres in den fliegenden Zustand gefunden, keiner dafür dass das Schuppengebilde eines Reptils in das Federkleid eines Tieres[!] übergeht. Wir stehen vor der Thatsache[!], dass jede Gattung als ein neues Etwas auftaucht und dass alle Verbindungsglieder gleich fehlen.

Dagegen nun <u>sehr</u> merkwürdige Phaenomene. Die Arten treten auf mit einer gewissen Plastizität und mit bemerkenswerter Variationsbreite. Diese [c]Eigenarten[c] steigern sich[,] bis die <u>Anastrophe</u>[3] eintritt. Mit ihr ist Blüte, Grösse, Vollendung der Art erreicht. Nach der Anastrophe eine Zeit des Beharrens, das endlich einer Specialisirung, Ausbildung[q] an Raumeigenarten etc.[,] immer feinere Ausarbeitung von Bewegungsorganen[r] weicht. Der aeussersten Specialisierung folgt der Tod. Der Tod der Geschöpfe erfolgt einheitlich. Wir wissen heute[,] dass das Leben der Geschöpfe einheitlich begrenzt ist. Eines Tages sind alle Geschöpfe gleicher Art[,] wie durch ein Zauberwort getroffen, verschwunden. Sie sterben aus ohne nachweisbare Berührung, ohne erkennbaren klimatischen Einfluss. Die Periode des Daseins einer Art ist dann eben abgelaufen, das Leben hat sich vollendet.[s]

Die Vererbungslehre hat gleiche Phaenomene erkennen gelernt. Jede Mutation geht in der Spontaneität vor sich. Der Lebensabschluss vieler Pflanzenarten erfolgt gleichzeitig. Die Specialisirung als Anpassung an den Raum führt stets zu Abschluss der Lebenskraft. –

Spontaneität im Anfang und Raumanpassung am Ende bedeutet[,] dass das Regens des Anfanges die [j]Zeit[j], das des Endes der [n]Raum[n] ist. –

---

[1] *U: der Zinnen*   [m] *U: auch*   [n] *In A von Wilhelm unterstrichen*   [o] *Ae und De: die*
[p] *U: Nordens*   [q] *Ae und De: von*   [r] *Ae und De: au*
[s] *In A von Wilhelm ergänzt und in U übernommen:* La France Rose, Ulmen

[3] Diesen für ihn spezifischen Begriff erläutert Frobenius in Nr. 98: „Anastrophe möchte ich definiren mit ‚Aufbau infolge gewaltsamen Vorganges'[,] entsprechend: Katastrophe = ‚Zerstörung durch gewaltsamen Vorgang'."

Als zweites Vergleichsobjekt mag uns [u]der[u] Verlauf des Lebens[v] „des" Menschen gellten[!]. Es handelt sich um die Charakteristischen[!] Eigenarten des Kindes-[,] Jünglings- und Mannesalters, wie ich sie im Paideuma (Kap 7–9) geschildert habe[4]. Um aber das Nachschlagen zu erübrigen[,] will ich das dort gesagte[!] hier kurz wiederholen:

Für das, was als Seelisches im kleinen Kinde vorgeht, zunächst das paideumatische Grundbeispiel:

Ein Gelehrter ist mit seinem Kinde in einem Zimmer zu zweit. Das unbeschäftigte Kind stört den Vater und der Vater fordert es auf[,] etwas zu spielen. Das Kind fragt den Vater: „Was soll ich spielen?" Der Vater giebt ihm drei Streichhölzer und sagt: „Spiel Hänschen, Gretchen und Hexe". Das Kind nimmt die Anregung freudig auf und spielt. Der Gelehrte kann ungestört weiterarbeiten, [w]ein, zwei Stunden bis plötzlich[w] das Kind aufschreit: „Vater, Vater[,] nimm die Hexe fort; ich kann die Hexe nicht mehr anfassen!"

Ein eigentümlicher Affektausbruch,[x] wie ihn aber ähnliche[!] gar viele Mütter beobachten. Was ist [y]aus[y] solchem Vorgang zu erkennen?

Das, was das Kind betrieb[,] ist wahres[,] primäres Spiel, etwas, was Erwachsene kaum vermögen, denn die Spiele der Erwachsenen[z] ergehen sich mit [n]Zielen[n] und [n]Zwecken[n]. (Gewinn etc.) Das [aa][n]primäre[n] Spiel[aa] ist das unbeirrte Betreiben[bb] einer Sache mit der unbewussten Aufgabe[,] sie von [n]allen[n] Seiten zu [n]erfassen[n] und zwar nicht im analytischen[,] sondern im synthetischen Sinne, immer wird das Objekt als Totalität aufgefasst und spielt es hierbei gar keine Rolle, ob das Spiel eine Zerstörung mit sich bringt oder nicht. Wer dem Spiele solcher Art sorgfältige Aufmerksamkeit zuwendet, wird beobachten, dass ein Kind eine Variabilität erstaunlicher Vielheit hervorbringt. Auch kann man sicher wohl wahrnehmen, dass der Intellekt hierbei überhaupt keinerlei Rolle spielt. Es ist das Paideuma, das wir hier schlechtweg mit Seele bezeichnen können, welches über diese enorme Gestaltungsverschiedenheit verfügt.[cc] Ohne Schwierigkeit kann jeder Beobachter erkennen, dass wenn man ein Kind aus seinem Spiele solcher Art herausreisst, man ihm einen ruckartigen Schmerz bereitet,[dd] der nur dadurch zu erklären ist, dass es eben gezwungen wird[,] plötzlich aus der Hingabe an das Seelenleben sich plötzlich dem Verstandesleben hinzugeben.

Genau das gleiche plötzliche Umschalten ist aber auch aus dem paideumatischen Grundbeispiel Streichholz-Hexe, das ich soeben wiedergab[,] zu erkennen. Die Seele des Kindes hat ihre Behandlung der Sache solange betrieben, bis sie [ee]sie[ee] ausgestaltet hat. [ff]Bis das[ff] Streichholz zur Hexe geworden ist und als Ausgestaltetes in das Bewustsein eintritt! Dies Phaenomen tritt spontan ein. Die Spontaneität ist stets das Symptom sol-

---

[t] *De, aber nicht Ae, stattdessen:* 3   [u] *Ae und De aus* das; *Ae und De:* L   [v] *Ae und De:* in
[w] *U:* bis plötzlich nach ein, zwei Stunden   [x] *Ae und De:* den   [y] *Ae und De statt* in, *U:* an
[z] *Ae und De:* gehe   [aa] *Ae und De statt* unbeirrte Betreiben eines Spieles (von primärer Natur)
[bb] *Ae und De:* einer   [cc] *Ae und De:* Sc   [dd] *Ae und De:* indem
[ee] *Ae und De statt* es   [ff] *Ae und De statt* Das

---

[4] Leo Frobenius, Paideuma, in: Ders., Erlebte Erdteile. Ergebnisse eines deutschen Forscherlebens, Bd. 4: Vom Völkerstudium zur Philosophie. Der neue Blick, Frankfurt am Main 1925 (urspr. 1921), S. 29–366, hier: S. 143–172.

cher^{gg} Verschiebung vom Seelischen ins Bewusstseinsmässige. Hier am Kinde können wir^{hh} sehen, dass alle ^n<u>Gestaltung</u>^n von der ^nSeele^n ausgeht, während ^{ii}die^{ii} <u>Formen</u> Geburten des Verstandes sind.

Soweit das Kind (– und soweit ich hierin unklar bin, bitte ich Ihre Majestät[,] meine Ausführungen zu ergänzen, da Mütter auf diesem Gebiet unendlich viel klarer erleben als wir Männer!–)

Dass ein Kind aus einem Streichholz eine Hexe gestalten kann, bedeutet (im Sinne Goethes) ein genialisches Moment. Menschen, die ^{jj}die^{jj} Fähigkeit ^czu solchen^c sich aus der Kindheit ins spätere Leben gerettet haben, werden Künstler oder Abenteurer. Denn diese genialischen Momente stellen die Augenblicke der ^nIntuitionen^n dar, die ebenso ^nspontan^n eintreten wie beim Kind. Intuitionen sind aber „^nErfassen einer Totalität^n". Es giebt grosse Gelehrte (zu tausenden)[,] die durch ihre klugen Grübeleien und sorgfältigen Analysen, Denkergebnisse etc. berühmt sind, in ihrem Leben aber niemals eine ^nTotalität^n erfassten, nie eine ^nIntuition^n hatten.–

Im Jünglingsalter tritt dann oft ^{kk}eine^{kk} Erschütterung solcher Art ebenso ^nspontan^n ein. Das Beste[!] Beispiel ist aus Jean Paul zu sehen. Aber wohl den Meisten[!] Jünglingen wird das Dasein einmal ruckartig und spontan klar. (Näheres s. Paideuma, Erlebte Erdteile IV S. 150)[5]. Das Zeitalter der Ideale stellt die Periode einer Vorherrschaft paideumatischer Gestaltsehnsucht dar, ^{ll}wird aber^{ll} (besonders heute!) schon frühzeitig bedrängt durch die „^nErfahrungen^n"[,] d.h. die „^nThatsachen^n"[!]. Nur wenigen Männern ist es beschieden, nach jenem[,] auch körperlichen Wendepunkt des Lebens, den der Mann ebenso überwinden muss (die „Majorecke" im militärischen Leben[6]) wie das weibliche[!], die Aktivität und die Gestaltungskraft der Seele lebendig zu erhalten und vor dem Zerstörtwerden durch die „^nErfahrungen^n" und „^nThatsachen^n" zu bewahren.–

Wollen nun ^{mm}Euer^{mm} Majestät den Sinnfund dieses Abschnittes mit dem der vorigen vergleichen: Dem „Spiel" des Kindes mit seiner Vielfältigkeit entspricht^{nn} die Jugendform der Plasticität und Variabilität in der organischen Umwelt. ^{oo}In beiden Fällen^{oo} ^nSpontaneität^n, das Regens der ^nZeit^n. Die Anastrophe in der organischen Welt hat gleiche Bedeutung wie das genialische Moment, das das Kinderspiel abschliesst mit dem Affektausbruch. Drittens endlich sind die ^nAuswirkungen^{npp} der ^nThatsachen^n und ^nErfahrungen^n im Leben des alternden Mannes nicht anders als ^{rr}das^{rr} das Übergewicht der ^nMacht des Raumes^n (der entsprechenden Umwelt) über den Eigenwillen des^{ss} Geschöpfes der organischen Natur, das^{tt} im „^nAnpassen^n" und in der Specialisirung^{uu} zum Ausdruck kommt; die ^nVitalität^{nvv} ^nerlahmt^n.

---

^{gg} *Ae und De:* Umgestaltung	^{hh} *Ae und De:* alles	^{ii} *Ae und De aus* das
^{jj} *Af und Df statt* diese	^{kk} *Ae und De statt* der F	^{ll} *U:* und	^{mm} *U:* Euere
^{nn} *Ae und De:* das	^{oo} *Nicht in U*	^{pp} *Ae und De:* des	^{rr} *Ae und De aus* die Ausw
^{ss} *Ae und De:* M	^{tt} *Ae und De:* sich	^{uu} *Ae und De:* ausdrückt	^{vv} *Ae und De:* ist

---

[5] Wie Anm. 4.

[6] Im preußischen Heer durfte ein Offizier darauf rechnen, bei unauffälliger Erfüllung seiner Dienstpflichten mit seiner Verabschiedung den Dienstgrad eines Majors zu erreichen. Wer die „Majorsecke" überwand und eine der wenigen Stellen für Stabsoffiziere erreichte, stand zumindest im Ruf, sich vom Durchschnitt abgesetzt zu haben und durch besondere Leistung aufgefallen zu sein.

Der „Sinn" der organischen Umwelt kommt also in gleichem Wandel und Ablauf zum Ausdruck wie der des Menschenlebens, – respekt[ive] des ihn[ww] erfüllenden [xx]Seelenlebens[xx].

4.) Die Frage nach der bevorstehenden Anastrophe

Des Ferneren bitte ich mit dieser „paideumatischen" Kurve das Ergebnis der Feststellung des Ablaufes der Weltgeschichte zu vergleichen, wie es S. [yy]6[yy][7] zusammengefasst wurde: Da haben wir in der ersten mythologischen Periode „das Spiel" mit den Bildern der Umwelt. Die gesammte [zz]spätere[zz][aaa] Zeit hat von dem Reichtum der in dieser [bbb]Periode[bbb] gewonnen[ccc]en[ccc][,] spontan erfassten Mythen gelebt. Die [n]Kindheit der hohen Kultur[n]. Reichtum an genialischen [c]Einzel[c]momenten.[ddd] Für die Gesammtkultur der [n]Affektausbruch[n], die [n]Anastrophe[n] in der Bildung der „Religion". In der [n]philosophischen[n] Periode das Auftauchen der „[n]Erfahrungen" und „Thatsachen[n]" – bis am Ende dieser riesenhaften „[n]Kurve der Weltgeschichte[n]" dann der [n]Verfall im Materialismus[n] steht, der das Übergewicht der „[n]Matter-of-facts[n]", die [n]Hingabe an die Erfahrungen[n] bedeutet.

Kein Zweifel, dass damit der [n]Abschluss eines grossen Weltgeschehens[n] gegeben ist. Modernistische „Denker" bringen „das[eee] Ende der Kulturgestalt" in Verbindung[!] (z.B. der einseitige Spengler); es sind das aber nur kurzsichtige Kinder des [fff]19ten[fff] Jahrhunderts. Was seinen [n]Abschluss[n] findet, ist die Erscheinungswelt der „Hohen Kulturen auf der Bahn der Verschiebung der Kulturresidenzen". Das viel Grössere und für uns wahrhaft eminente[!] steht der Menschheit bevor und um eine Prognose hierfür zu finden, will ich die bisherige [ggg]Rute[ggg] des Denkens verlassen und einen anderen Weg der Überlegung einschlagen.

5.) <u>Geschehen und Bilanz im Kulturablauf</u>

Wir können die bisher untersuchten Phaenomene noch nach anderer Weise zu unseren Lehrmeistern machen. Die Variationszeit der organischen Kultur schliesst mit einer [n]Anastrophe[n], das Spiel des Kindes mit einem Affektausbruch, einem [n]genialischen[n] Moment ab. Wenn wir nun diese tiefersinnigen[!] Beispiele in schlichter Weise[hhh] formulieren wollen, so können wir das Spiel und die [n]Zeit der Variationen[n] und [n]Plastizität[n] als [iiii]Zeit des Geschehens[iiii] oder der [iii]Geschehnisse[iii] und den Moment der [n]Anastrophe[n] oder des [n]Affektausbruches[n] als [iiii]Bilanz[niiii] ansehen. Diese Gliederung in[kkk] [iii]langwieriges[lll] Geschehen[iii] und [iiii]kurzfristige (spontane) Bilanz[iiii] lässt sich in der Geschichte als häufige Erscheinung nachweisen.

Im 17ten Jahrhundert breitet die französische Kultur sich langsam und sicher über Osteuropa aus bis Petersburg und Wien. [n]Napoleons Eroberung ist die Bilanz[n].

[ww] *Ae und De:* beherrschenden   [xx] *U:* Sachenlebens   [yy] *U: 3*   [zz] *U:* sphäre[!]
[aaa] *Ae und De:* Welt   [bbb] *U:* Zeit   [ccc] *Af*   [ddd] *Ae und De:* Die
[eee] *Af Wilhelms:* mit „.; *U:* mit dem   [fff] *Ae und De aus* 18ten
[ggg] *Von Wilhelm in A ergänzt zu:* Route   [hhh] *Ae und De:* Form   [iii] *Af Wilhelms:* „
[iiii] *Af Wilhelms:* "   [kkk] *Ae und De:* Ge   [lll] *Ae und De:* Gele

---

[7] S.o. S. 322.

Nach den Kriegen mit [n]Karthago[n] ziehen die römischen [n]Kaufleute[n] bis zur [n]Küste Grossbrittanniens[n][!] und an den[mmm]Rhein[n]. [n]Caesars Eroberung ist die Bilanz[n].

Nach den Kriegen mit den Persern dehnt sich der griechische Handel nach Osten und Süden aus[,] über Westasien bis Indien, nach Süden über Aegypten. [n]Alexanders Zug bedeutet die Bilanz[n].

In allen diesen und vielen anderen Beispielen wird vom Eroberer stets die Grenze des durch das <u>Kulturgeschehen</u> erfüllten Raumes erreicht. Solche Thatsache macht das historische Denken einseitig wie ein ganz einfaches Vergleichen belegt.

Diesmal haben wir vor uns eine kauffahrtentreibende Firma, in der einige geniale Kaufmannsköpfe und ein sehr tüchtiger Buchführer sitzen. Was wird nun von der Thätigkeit dieser Firma sichtbar? Die genialen Kaufmannsköpfe arbeiten ein Jahr lang nach Kräften. Am Ende des Jahres schliesst der Buchhalter die Bücher ab und (wenn es eine öffentliche Gesellschaft ist) wird der Jahresabschluss, die Bilanz[,] veröffentlicht. Sein Name steht darunter. Damit wird also der Abschluss, die Bilanz, bekannt und Dokument, nicht aber das eigentliche [n]Geschehen[n], welches doch den [n]Sinn[n] der Firma und der [n]Unternehmung[n] darstellt. Nur ein Zufall wird die Namen der genialen Kaufleute der Nachwelt erhalten.

[nnn]Dies[nnn] einfache Beispiel zeigt [ooo]uns[ooo], was der Welt im Allgemeinen an [n]Geschehen[n] und was an [n]Bilanzen[n] bekannt wird. Auch in der Organischen[!] Welt[ppp] sind die aus der Anastrophe erstandenen Formen allgemein bekannt, die der [qqq]Variation- und Plastizitätszeit meist apokryphisch[!].[qqq]

Und doch ist als Vorgang alles Wesen des Geschehens zwar meist [n]unsichtbar[n], jedoch [n]bedeutender[n], weil lebendig. Niemals nehmlich bedeutet das [n]Fertige[n] das [n]Leben[n], sondern das [n]Werdende[n]. Wenn wir[rrr] in [sss]die Erkenntnisse[sss] der Kulturgeschichte soweit vordringen wollen, dass wir in die Lage kommen[,] Diagnosen und Prognosen[ttt] [zu] stellen (Alles Prophezeien[!] à la Spengler ist in unserer Zeit nur Zeichen der Überheblichkeit europäischen Denkens)[,] dann müssen wir ebenso gut Sinn, Gestalt und Verlauf der[uuu] Erscheinungen kennen lernen,[!] wie der [n]Arzt seine Krankheiten[n]. Nun ist dies [vvv]also[vvv] unser Bestreben. Und da nun die [n]Geschichte[n] im Allgemeinen nur immer [n]Bilanzen[n], [n]Anastrophen[n] und [n]genialische Momente[n], nie aber das eigentliche „[n]Geschehen[n]" notirt, so müssen wir uns nach anderen Materialien umsehen, die uns das Wesen und die [iiii]Phaenomenologie[niiii] der <u>Kulturgeschichte</u> [c]als einer Geschichte des <u>Geschehens</u> und nicht nur der [n]Bilanzakten[nc] <u>erkennbar</u> macht.

6.) <u>Die Kultur gestaltet den Menschen & die Völker. Der Mensch als Objekt.</u>

Da muss denn zunächst die Frage aufgeworfen werden, in welchem Verhältnis der Mensch zur Kultur steht. Die alte Theorie der historischen Weltanschauung sagt: Der Mensch <u>macht</u> die Kultur! Aus den oben wiedergegebenen Überlegungen geht aber[www] hervor, dass die Kulturmorphologie eine solche These [n]nirgends bestätigt findet[n]. Zunächst beachteten wir den Gang der Verschiebung der suveränen[!] Kulturresidenzen

---

[mmm] *Ae und De:* Rein   [nnn] *U:* Das   [ooo] *U:* nur   [ppp] *Ae und De:* ha
[qqq] *U:* Variation und Plastizität, die meist apokalyptischen   [rrr] *Ae und De:* soweit
[sss] *U:* der Erkenntnis   [ttt] *Af Wilhelms:* zu   [uuu] *Ae und De:* kenn   [vvv] *U:* aber   [www] *Ae und De:* viel

von Westasien über ^{xxx}Gr. Rom Sp. Fr. England^{xxx}. Die Kulturpraedominanz sehen wir eine Strasse, eine Bahn ziehen, dabei entsprechend der geographischen Lage ein Volk nach dem andern in seinen[!] Bann schlagend[,] respekt. es erfüllend. Keine Frage von Willen[,] sondern eine solche des Schicksals.^{yyy} Nicht die Völker machen die Kultur[,] <u>sondern die Kultur packt die Völker</u>.

Dann ein anderes Bild: die Kulturen dehnen sich in stillem Geschehen aus[,] bis ein ^{n}Genie die Bilanz^n zieht (Napoleon, Caesar, Alexander etc.). Das Geschehen^{zzz} erfolgt ohne erkennbare Willensaeusserung des Menschen stumm und drängt dem endgültigen Vollzug zu. Auch hier also liegt das ^{n}Geschehen^n im menschlich nicht vorgedachten, sondern im <u>der Kultur eigenen Sinne</u>. Das ^{n}menschliche Genie^n selbst aber vermag sich nur dann voll auszuwirken, wenn seine Tendenz ^{n}gleichsinnig^n mit ^{n}der Kultur verlaeuft^n. D. h. das ^{n}Genie ist ein Vollzugsfaktor der Kultur^n!

Dann nun endlich der Kulturvorgang im Kinde, welcher am deutlichsten ist: das Kind spielt mit den Streichhölzern. Hänsch.[,] Gretch.[,] Hexe. Das Kind schreit plötzlich auf. ^{n}Der Affektausbruch^n! Der Vater soll die Hexe wegnehmen, weil das Kind sie nicht mehr anfassen kann. Ich sagte, dass die Hexe im Kinde^{aaaa} ^{n}spontan Gestalt^n gewonnen hat. Aber noch mehr. Diese ^{n}Gestalt^n Hexe ist auch augenscheinlich eine ^{n}Macht^n. Eine Macht, vor der das Kind erschrickt, weil die Hexennatur „schrecklich" ist. Auch hier also das Kulturphaenomen: das ^{n}Paideuma^n,[!] (hier mag man es mit ^{iiin}Kulturseele^{njjj} übersetzen) bewegt sich als Spiel im Kinde bis es eine^{bbbb} ^{n}Gestalt^n vollendet hat, die von dem Kinde ^{n}Besitz ergreift^n und seinen ^{n}Verstand^n erschreckt. ^{n}Das Kind wird ^{cccc}Objekt^{cccc} der Gestalt „Hexe"^{n}.

Dieses ist nun im Kleinen^{dddd} mein Beispiel, das wir in allem und jedem als Auswirkung der Kultur beobachten können. (Dass nehmlich die vom Menschen ^{n}eingeleitete^n Kulturhandlung als Endergebnis den Menschen ^{n}beherrscht^n und er ihr ^{n}dient^n.) Man beobachte zum Beispiel den Wandel des Lebensgefühles im Verlauf des Daseins zweier anfangs ganz gleich gearteter Brüder, von denen der eine Schuster und der andere Schneider wird. Der Schuster wird am Ende zu jenem Charakter werden, wie ihn Wilhelm ^{eeee}Raabe^{eeee} in seinem [„]Hungerpastor["] geschildert hat: ernst, nachdenklich, schwerfällig. Der Schneider aber wird zur Busch'chen[!] Gestalt: locker, Luftikus, zappelig. Also der ^{n}Beruf <u>gestaltet</u>^{n} den Menschentyp! So sind denn all' die Berufstypen, die wir vor uns sehen: der Catasterbeamte mit dem Schreibärmel, der täglich und pünktlich in das Pult gelegt und andern Tags wieder herausgenommen wird, der Bauer mit seiner schwerfälligen Schicksalsergebenheit, der ^{c}unpraktische^c Professor mit seinem Sinn für mikroskopische Lebensbetrachtung, die Officire[!], der Jäger etc. etc., alle aber zuletzt Ausdrucksformen der sie ^{n}beherrschenden Kulturgestalt^n, nehmlich[!] ihrer ^{n}Berufsangelegenheit^n.–

So also^{ffff} steht es um das Verhalten des Menschen zur Kultur vom Kleinsten an bis zum Grössten, vom Individuum bis zum Volk, vom Volk zur Kette der Völker. Die Kul-

---

^{xxx} *In A von Wilhelm über der Zeile aufgelöst:* Griechenland Rom Spanien Frankreich England; *so auch in U* ^{yyy} *Ae und De:* Die ^{zzz} *Ae und De:* verl ^{aaaa} *Ae und De:* plötz
^{bbbb} *Ae und De:* voll ^{cccc} *In A von Wilhelm doppelt unterstrichen*
^{dddd} *Ae und De:* das ^{eeee} *Ax und Dx aus:* Rabe ^{ffff} *Ae und De:* sieht

tur ^{n}durchlebt die^n Menschen. Sie ^{n}entfaltet^n sich im ^{n}Ausdehnungsdrang^n und ^{n}packt und formt^n sich die Typen – ^{n}schicksalsmässig^n. Das ^{n}Schicksal^n hat aber einen tiefen Sinn, ^{n}<u>den</u>^{n} Lebenssinn, dem wir im Nachfolgenden näher zu kommen versuchen wollen.

7.) <u>Die Polarität wiedergespiegelt in den ältesten fassbaren Kulturen</u>

Schon die ältesten Klassificationen ^{c}der Völker^c nach Kulturstufen gehen aus ^{gggg}von^{gggg} dem System: Jäger, Nomaden, Ackerbauer[!]. Das ist grob, auch nicht ganz richtig, zeigt aber dass die Menschheit vordem ein deutlicheres Bild des ^{iiii}Kulturgeschehens^{njjj} hatte als die spätere. Denn diese verfiel dem Irrtum[,] alles auf Conto des Sinnes und des menschlichen Willens zu setzen, welche beide Faktoren[,] wie ich oben zeigte[,] nur dann in die Erscheinung einflussreicher Bedeutung treten[,] wenn sie sich im Gleichsinn mit der Kulturbewegung auswirken. Ich will nunmehr einen Versuch machen^{hhhh}, eine Darstellung der Kultur in ihrer Entfaltung zu geben, betone aber, dass dieser Teil der Forschung noch recht im Argen liegt und dass das Gesagte nur ^{c}erst^c sehr provisorisch ist!

Ausgeschaltet muss hierbei ein grosser Teil von Kulturen werden, die bisher als „Primitivste" bezeichnet wurden. Als Primitivste liebte man bisher in Anspruch zu nehmen kümmerliche Typen wie Buschmänner, Festlandaustralier und Eskimos, das heisst aber Völker[,] die heute in einem so jämmerlichen und einseitig kümmerlichen Lebensraum wohnen, dass auch jedes Volk höherer Kultur, das hier hinein[!] verdrängt wird, kulturell verelenden muss. Also Völker[,] die in derart armen Lebensraeumen existiren[,] <u>können</u> nicht Träger einer gesunden Urkultur sein. Die erste Menschheit war dünn über die Erde gesäht[!] und konnte ihre Lebensräume wählen, wo sie wollte, d.h. die Kultur kann überhaupt nicht in regelwidrig elenden[,] sondern nur in natürlichen^{iiii}, d.h. den Menschen geeigneten Gebieten zur Entfaltung gelangt sein.

Dem Sinn des Kulturwerdens sind wir schon im 1)[!] Abschnitt gefolgt und haben gesehen, dass der Mensch auf der mythologischen Stufe sich als^{jjjj} ein der Umwelt gleichwertiges Objekt fühlt, auf der zweiten[,] der Religion[,] als <u>bevorzugtes</u>, dass er auf der dritten zum <u>kritischen</u> wird, indem er nehmlich beginnt[,] über das ihn Beherrschende in der Umwelt eine Untersuchung anzustellen,^{kkkk} bis er im Verfolg solcher Einstellung unwillkürlich sich selbst bis zum Gefühl des Subjektes erhebt, das sich dann alle Umwelt unterwerfen zu können glaubt. (Ausweis^{c}ung^c der Metaphysik aus der Wissenschaft[8], „Herrschaft" über die Naturkräfte, Verlust des Verständnisses für die Enge des menschlichen Bewustseins[!] und^{llll} der menschlichen Sinne; Zerfall der Pietät.)

Den Ablauf einer solchen Kurve gillt[!] es nun auch im Nachfolgenden zu beobachten. Dabei muss als entscheidendes Phaenomen beachtet werden, <u>dass jedem im Fortschreiten^{mmmm} gewonnenen Gewinn ein Verlust entspricht</u>. Für die letzten Zeiten der Kulturumgestaltung muss der Satz umgeformt werden in die These: <u>Jedem Bruchteil</u>

---

^{gggg} *Ae und De* statt nach ^{hhhh} *Ae und De:* die ^{iiii} *Ae und De:* Le
^{jjjj} *Ae und De:* der ^{kkkk} *Ae und De:* bis ^{llll} *Ae und De:* al
^{mmmm} *Ae und De:* be

---

[8] S.o. Nr. 27.

^{nnnn}von^{nnnn} Gewinn der naturwissenschaftlichen Erkenntnis entspricht ein ebenso bedeutender Bruchteil ^{oooo}von^{oooo} Verlust an Pietät. Ganz anders sieht das Bild aus, wenn wir uns den Anfang des Kulturwerdens vergegenwärtigen.

Das Merkwürdigste an Erscheinungsresten der anfänglichen Kultur liegt ^{pppp}in^{pppp} einem Thatsachengebiet, das ich als das der Naturnähe bezeichne. ^{oo}Wir können das schon in der organischen Umwelt beobachten.^{oo} Das aus dem Ei auskriechende und sicherlich nicht erst „belehrte" Küken weiss sogleich seine Füsse zu bewegen und ^{qqqq}vermag^{qqqq} vom ersten Augenblick an Hafer- oder Gerstenkörner von Sandkörnern zu unterscheiden. Kein Tier wird je darüber unterrichtet zu werden brauchen, welches gute, nahrhafte Kreuter[!] und welches giftige sind. Erst im „unnatürlichen" Haustierzustand büsst das Tier von diesem Natur- und Selbstverständlichkeitsgefühl ein. D.h. also das Tier lebt in selbstverständlicher „Einheit" mit der natürlichen Umwelt.

Den Rest ^{rrrr}dieses „Urzustandes"^{rrrr} des Menschen sehen wir in der „Naturnähe". Die erstaunliche Weise, mit der solche naturnah lebenden Völker Fährten beobachten (Buschmänner, Hottentotten, Indianer), aus den[!] uns überhaupt nichts sichtbar und erkennbar wird, die Umstände der kommenden Witterung ^{c}oder die^{c} Nähe von Wild und Menschen erkennen ^{c}etc.^{c}, Symptome[,]^{c} die alle [mit]einander der Mensch nicht lernen kann und die auch die Übung der Sinne nie^{ssss} erfassen könn[t]e, sind Reste aus der Zeit einer Einheit des Menschen mit der Umwelt.

Aus solcher Einheit taucht nun augenscheinlich die Kultur auf und gewinnt nach 2 Seiten hin heute schon deutlich erkennbare Gestalt in den Formen der Kultur der Mystik bei den tropischen und subtropischen Völkern reicher Natur und ^{tttt}der Kultur der Magie bei den Völkern der subtropischen^{tttt} Wüsten, der fraglos aus der Eiszeit und dem Raum der abschmelzenden Vereisung und tierreicher Steppen stammt. (Beide Lebensgefühle habe ich geschildert im letzten Teile der Monumenta Africana:^{uuuu} aethiopische und hamitische Kultur; und Monumenta terrarrum: Gabulukukultur und ^{vvvv}Mahalbikultur^{vvvv}.^{9})

In der Gabulukukultur, die^{wwww} eine Urform der aethiopischen Kultur ist, muss der Mensch Sammler gewesen sein. Er lebte von Früchten und Wurzeln, Eiern, Pilzen, Honig. „Das Erlebnis" für ihn ist die Pflanze. Sein Lebensgefühl ist traumhaft, sein Daseinsbegriff der der Dauer. So wie die Pflanzen dort ewig grünen und[,] wenn sie die eine Lebensform einbüssen[,] durch Saamenvermehrung[!] eine neue gewinnen, so ist auch diesen Menschen das Leben nur in sehr beschränktem Maasse ein betont Körperliches. Das Leben fliesst dahin, – eventuel[!] von einem Geschlecht zum andern, es ist ^{vvv}also^{vvv} als Leben selbst ^{xxxx}nie beendet^{xxxx}[,] sondern höchstens unterbrochen. Daher sieht ^{yyyy}die^{yyyy} Menschheit dieser Kultur auch in allem das Verbindende. ^{zzzz}Es steht^{zzzz} ^{c}dies^{c} in vollkommener Übereinstimmung mit dem Natureinheitsgefühl. Denn für die

---

^{nnnn} *Ae und De statt* an ^{oooo} *Ae und De statt* an; *U:* im ^{pppp} *Ae und De statt* auf

^{qqqq} *Ae und De statt* wird ^{rrrr} *U:* diese „Urzustände" ^{ssss} *Ae und De:* r

^{tttt} *U:* die kultur subtropischer ^{uuuu} *Ae und De:* Kultur ^{vvvv} *U:* Mahalli-Kultur

^{wwww} *Ae und De:* die ^{xxxx} *Ae und De:* nicht unterbrochen ^{yyyy} *Ae und De aus* diese

^{zzzz} *U:* Sie sieht

---

9 Leo Frobenius, Erlebte Erdteile. Ergebnisse eines deutschen Forscherlebens, Bd. 6: Monumenta Africana. Der Geist eines Erdteils, Frankfurt am Main 1929, S. 433–527 und Bd.7: Monumenta terrarum. Der Geist über den Erdteilen, Frankfurt am Main 1929 (urspr. 1923), S. 31–154. S.a. Nr. 49, Anm. 8.

Natur sind die <u>Beziehungen</u> aller Teile zu allen das Entscheidende. ^{aaaaa}Seine Mystik führt der Mann^{aaaaa} dieser Kultur eben darin aus, dass er z.B. durch^{bbbbb} geflochtene Ringe verkettet etc. etc. (Siehe Erlebte Erdteile VI + VII).[10]

Ganz anders das Lebensgefühl jener einstigen Eiszeit- und heutigen Wüstenmenschen. Sie lebten vordem nur von der Jagd, die sie oft, wenn nicht meist[,] vor die Frage stellte: sein oder nichtsein[!]. Nun bitte ich[,] sich das Empfindungsleben eines früheren Jägers zu vergegenwärtigen. Die ungeheure Anstrengung im Um-die-Wette-Laufen, im Kampf; diese ungeheure Erregung, die ^{ccccc}stets^{ccccc} mit einer plötzlichen Ernüchterung (welche jeder Extase folgt) verbunden ist. Diese Menschen ^cder ^{vvvv}Mahalbikultur^{vvvvc} leben im Gegensatz zu denen der Gabulukukultur in einem^{ddddd} Dasein[,] in dem ein <u>Rausch</u> dem anderen folgt. Der Blutrausch spielt die entscheidende Rolle. Im Augenblick des Sieges und der höchsten Spannung blickt der Mensch in das brechende Auge des Tieres – und gleichzeitig tritt die Ernüchterung ein. So erlebt er das Scheiden des Lebens in allen Höchstpunkten seines Affektlebens. Er sieht immer dem Tod in die Augen und in den Höchstpunkten verbindet sich der Anblick des Sterbens mit dem Zustand ^{eeeee}reiner^{eeeee} Ernüchterung.

Dieses ^{fffff}Jägerdasein^{fffff} ist also ein Thatsachenleben κατ εχοχην[11]. Die Thatsachen beherrschen ihn. Er erkennt nur die Thatsachen an und alles Metaphysische lehnt er ab, weil es dem ihm zur Natur und Regens gewordenen Thatsachensinn wiederspricht. Das Metaphysische wird dem Sammler der Gabulukukultur zur Mystik, dem Jäger der ^{vvvv}Mahalbikultur^{vvvv} zur Magie. Alles ist ihm „körperlich"! Der Blick ist eine körperliche Sache, die etwas unheimliches[!] hat. Daher die Furcht vor dem „bösen Blick". Der ausgesprochene Name ist körperlich. Namenszauber. Und so wie sein Beruf in einem ständigen Teilen der Natur beruht (er löst lebendiges Leben aus der Natur etc.), so ^{ggggg}sieht er auch^{ggggg} alles in Teilen, von denen jedes einzelne den Sinn des Ganzen vertritt. Pars-pro-toto-Zauber. Wenn es ihm gelingt von einem Gegner einen Nagelabschnitt, ein Haarbüschel, den Fetzen eines getragenen Gewandes zu erwischen und dieses zu verbrennen, so verfällt der, von dem diese Teilchen stammen, auch dem Tod durch inneres Verbrennen Oder aber, er malt das Bild des Tieres, das er töten will und bekommt es so unter seine^{hhhhh} Gewalt. Pars pro toto! –

Am Deutlichsten tritt die Unterschiedlichkeitⁱⁱⁱⁱⁱ der beiden Lebensgefühle in der Behandlung der ^{jjjjj}Toten^{jjjjj} zu Tage.^{kkkkk} Jedes Volk der Gabulukukultur behält die Leichen seiner Angehörigen in seiner Nähe und trachtet danach[,] das mit ihnen verbundene Mystische ^{lllll}mit^{lllll} sich in Verbindung zu ^{mmmmm}erhalten^{mmmmm}. (die Riten des Seelenwanderungsglaubens). Jeder Stamm der Mahalbikultur thut alles, um sich möglichst schnell von allen Beziehungen zu den Toten zu befreien. Den Sterbenden wird ein Knebel in den Mund geschoben. Noch ehe er verschieden ist, wird sein Körper verschnürt ^{oo}und in ein Fell verschnürt^{oo} zur Rückseite des Zeltes herausgeschleift,[!] und weit fort

---

^{aaaaa} *U: Die Mystik dieses Menschen führt ihn in*   ^{bbbbb} *Ae und De:* Ringe   ^{ccccc} *U:* spät
^{ddddd} *Ae und De:* Lebe   ^{eeeee} *U:* seiner   ^{fffff} *Ae und De statt* Thatsachenleben
^{ggggg} *Ae und De:* teilt er auch   ^{hhhhh} *Ae und De:* H   ⁱⁱⁱⁱⁱ *Ae und De:* in
^{jjjjj} *Ae und De darüber:* Verstorbenen   ^{kkkkk} *Ae und De:* Du
^{lllll} *Ae und De statt* zu   ^{mmmmm} *Ae und De statt* bringen

---

[10] S.o. Anm. 9.   [11] Κατ᾽ ἐξοχήν (kat' exochēn): „par excellence", schlechthin.

in die Öde und Wildnis geschafft und mit Steinen beworfen, so dass ja das <u>Gespenst</u> nicht zurückkehren darf. Denn dieses Mahalbische kennt natürlich nur „<u>Gespenster</u>", so wie das Gabulukische nur ᶜvonᶜ „<u>Manen</u>" weiss.–

Dies also die beiden Kulturformen[,] die wir am Horizonte (an <u>unserem heutigen</u> Horizonte) des Kulturwerdens zu erkennen vermögen. In beiden Formen sehen wir das Lebensgefühl aufsteigen aus der „Naturnähe", sehen das Sichloslösen des Paideuma aus der Natureinheit, – sehen wieder die Kultur oder das Paideuma nach dem Bild dessen gestaltend, das sein Leben bedingt.

Das Wesen der Pflanze beherrscht den einen, das des Tieres den anderen. Der Umfang des Naturerlebens beschränkt sich aber auf den Einfluss, den das organische Leben der Erdoberfläche auszuüben vermag. Bemerkenswert ist, dass ⁿⁿⁿⁿⁿvon hier schonⁿⁿⁿⁿⁿ eine Zweiheit der Kultur am Anfang ist. Ein ᵒᵒᵒᵒᵒChorᵒᵒᵒᵒᵒ im Norden, ein ᵒᵒᵒᵒᵒChorᵒᵒᵒᵒᵒ im Süden! Die Polarität der Kultur entspricht einer Polarität der Natürlichen Umwelt[!], die raumbetont im Tiere, zeitbetont aber in der Pflanze Phaenomen geworden ist.–

8.) <u>Kulturstufen</u>

Es wird eine wichtige Aufgabe zukünftiger Forschung sein[,] die späteren Wechselwirkungen dieser polaren Urkulturen zu erforschen. Sie haben nie aufgehört und ihre Auswirkung erfolgt ᵒᵒbis heuteᵒᵒ. Denn jeneᵖᵖᵖᵖᵖ in der ᵛᵛᵛᵛMahalbikulturᵛᵛᵛᵛ hatte nicht nur raum-[,] sondern auch gestaltgemäss die Thatsachenkulturen Frankreichs, Englands, Amerikas (also des Westens) zur Folge, während die letzten Ausstrahlungen der Gabulukukultur in den grossen Kulturen des Orients, in der Religion, in der Problematik, die in Russland eine diffuse, in Deutschland heute aber eine gestaltende ist, qqqqqausqqqqq[!]. Aber hierüber nachher.

Der fernere „Aufstieg der Kultur" kann ʳʳʳʳʳkurzʳʳʳʳʳ in folgenden Stufenbau kurz (ach[,] zu kurz!) gefasst werden.

1) Entwicklung der Kultur unter Einfluss des terrestrischen organischen Lebens (die der geschilderten magischen + mysticistischen Kultur)
2) Entwicklung der Kultur unter Einfluss des Weltbildes, des Kosmos, der Gestirne (Ausbildung der Mythologie)
3) Entwicklung der Kultur unter dem Einfluss der Entdeckung des menschlichen Schicksals (siehe Zarathustra, Buddha, Chinesische[!] und griechische Philosophen ca. 1tes Jahrtausend vor Chr.)
4) Das Kommende. –

Um nun das zu verstehen, was den tieferen Sinn dieses Stufenbaues und seine Fortführung bedeutet, muss zurückgegriffen werden auf das, was oben gesagt wurde: Das Lebensgefühl (alias die Kultur oder das Paideuma) ist Ausdruck der Daseinsform des Menschen. So wieˢˢˢˢˢ im späteren Dasein der Beruf das Lebensgefühl des Schusters, Schneiders,ᵗᵗᵗᵗᵗ Professors, Officiers[!] etc[!] gestaltet, so hier ᶜim Anfangeᶜ das „Dasein" in einer Umwelt in der Form, wie sie sein Leben bestimmt. Das Leben in der

---

ⁿⁿⁿⁿⁿ *U: wir hier sehen, wie*   ᵒᵒᵒᵒᵒ *U: Tor*   ᵖᵖᵖᵖᵖ *Ae und De: F*   qqqqq *U: sich auswirken*

ʳʳʳʳʳ *In A und D von unbekannter Hand gestrichen*   ˢˢˢˢˢ *Ae und De: der*   ᵗᵗᵗᵗᵗ *Ae und De: Ge*

Pflanzenwelt erweckt die Mystik und den Gleichsinn mit dem Wachsen, das ist eine Zeitbetontheit. Das Leben im Kampf mit der Tierwelt die Raumbetontheit, den Willen zu den Thatsachen etc.

Die fernere Erscheinung des Daseins unter dem gestirnten Himmel, wahrscheinlich in Verbindung mit der Seefahrt[uuuuu] eingetreten[,] erweckt die Unterwerfung unter das[vvvvv] Geschick der Gestirne, das erst sich in einem <u>grandiosen Spiel</u> aeussert (wie Jeremias sagen würde, das Ausmalen [wwwww]der Bilderbücher[wwwww] am Himmel) endet mit einem grossen Affektausbruch; der die Identificirung des Spielergebnisses der Gestirnwelt mit dem eigenen Lebenssinn endet. So entsteht aus dem[xxxxx] Affektausbruch jene Geburtsstunde des Schicksals, die ich im Zeitalter des rituellen Königsmordes wiedergefunden zu haben glaube.

<u>Also indem der Mensch sich erlebensmässig[yyyyy] einem Teil der Umwelt[zzzzz] hingiebt, spiegelt dieser sich in seiner jeweiligen Kultur wieder.</u> Das[,] was wir Kultur nennen, können wir auch als zum Bewustsein[!] gewordene Umwelt [c]bezeichnen[c]. In diesem Process erlebt die Kultur also einen eigenartigen Strukturwandel.

––––––––––

9.) <u>Gestaltwandel der Kultur bis zu unserem heute[!]</u>

Um das für heute Letzte[,] aber doch Entscheidende einigermassen deutlich machen zu können, muss ich auf die Enge des menschlichen Bewußten, die Armut der menschlichen Sinne und die Beschränktheit des menschlichen Denkvermögens alias Verstandes eingehen. Diese Schwäche ist ja der einzigen mit metaphysischen Angelegenheiten, nehmlich mit Zahlen sich beschäftigenden Wissenschaft bewusst, dem einzelnen Menschen aber so gut wie unbegreiflich (z.B. mir). Die hohe Mathematik lehrt mich (und auch hierin[!] habe ich mich einmal mit Erfolg beschäftigt) dass es eine Vierdimensionalität giebt; menschlich begriffen habe ich es aber nur in Momenten höchster Spannung und auch dann natürlich nicht mit dem Verstande[,] sondern nur im – Lebensgefühl.

Hierauf muss ich hier eingehen, weil dem [aaaaaa]Grundwesen[aaaaaa] des Paideuma, der Kultur etwas[bbbbbb] zu eigen ist, dass[,] wenn es uns verstandesgemäss auch unzugänglich[,] doch in seiner Auswirkung natürlich ist, das ist <u>die Polarität!</u> (Siehe Paideuma, E[rlebte] E[rdteile] IV[12]). Dass etwas gleichzeitig Ruhe und Bewegung, in der Bewegung gleichzeitig centripetal und centrifugal, gleichzeitig Raum und Zeit ist, können wir nur entsprechend den Auswirkungen erfassen, etwa so wie wir den Stand einer just für uns durch ein dazwischenliegendes Gebaeude [ccccc]unserem Blick[ccccc] versteckte Sonne lediglich an den Schatten, die [ddddd]sie[ddddd] wirft, erkennen können. Diese Polarität wirkt sich in allem aus, so dass wir sagen können, dass sie in jeder Erscheinun[g] erkennbar ist, wenn auch stets eine Seite so betont ist, dass die andere so gut wie verschwindet. So

––––––––––

[uuuuu] *Ae und De:* g   [vvvvv] *Ae und De:* Schicksal   [wwwww] *U:* des Bilderbuches
[xxxxx] *Ae und De:* Gesche   [yyyyy] *Ae und De:* dem   [zzzzz] *Ae und De:* sich
[aaaaaa] *U:* Grundwissen   [bbbbbb] *Ae und De:* uns zwar unverständliches[!]
[ccccc] *Ae und De statt* uns am Stand   [ddddd] *U:* es

––––––––––

[12] Frobenius, Paideuma (wie Anm. 4), S. 265–272.

giebt es keinen „absoluten" Mann und kein „absolutes Weib". Jede männliche Psyche hat weibliche Züge etc. Deswegen sprechen wir von „Betontheiten". Der Mann hat einen „betont centrifugalen Lebenssinn", das Weib einen „betont contripetalen" etc. Es ist der Anfang des Lebens[eeeeee] zeitbetont, das Ende [ffffff]raumbetont[ffffff] etc. Hieraus ergiebt sich eine Dualität, die[gggggg] sich im organischen Leben widerspiegelt und im Mysterium der „Zweigeschlechterausbildung" ihre klarste Ausdrucksform gefunden hat.

[hhhhhh]2.)[hhhhhh] So wie im organischen Dasein hat auch in der Kultur sich die Auswirkung der Polarität eingestellt. Soweit ich bis jetzt zurückzublicken vermag, d.h. also als erste mir erkennbare Kulturdifferenzierung oder erste Gestaltform [ist] die Dualität in[iiiiii] „mystische Kultur" hier und „magische Kultur" dort fassbar. Hierbei ist die südliche Kultur der Mystik zeitbetont, weil der Mensch abhängig ist von der Pflanzenwelt, die nördliche mehr raumbetont, weil abhängig [jjjjjj]von dem Tier[jjjjjj]. Oben wurde ja dargelegt, dass das Lebensgefühl der verschiedenen Menschen und Völker der Reflex der Berufshingabe ist. Die einseitige Hingabe musste diese Differenzierung zur Folge haben. Naturnotwendig musste die weitere Ausgestaltung [kkkkkk]dieser zwei[kkkkkk] Kulturen die eine (der Mystik) zum Patriarchat, die andere (der Magie) zum Matriarchat führen. Und diese beiden alten Gestaltformen haben bis heute in bestimmten Grenzgebieten ihren Sinn behalten, so dass wir im französischen ᶜund hamitischenᶜ Raume heute noch den matriarchalischen, im aethiopischen den patriarchalischen[llllll] Lebenssinn erhalten haben.

Diese Kulturdualität kann aber nur eine zweite Stufe der Periode repraesentiren[!], da sie auch in der Organischen Welt die höhere darstellt, der eine monophysitische vorangeht (Amoeben etc., Fortpflanzung durch Teilung etc.). Mit dem Gesagten ist also die Struktur der zweiten (– wie gesagt, die erste ist noch nicht fassbar! –) Kulturperiode gegeben.

[hhhhhh]3.)[hhhhhh] Die dritte Kulturperiode setzt ein mit der Ausbildung dessen, was wir „Hohe Kulturen" nennen, also etwa 4000 vor Chr. Geburt. Als aeussere Merkmale können angegeben werden: Eintritt in künstliche Zucht von Pflanzen (Ackerbau) und Tier (Viehzucht; der Nomadismus als ausschlaggebende Wirtschaftsform ist eine Verwilderungsvariante) und Ausbildung spezieller Industrien wie Töpfer etc. Innerlich ist sie dagegen dadurch charakterisirt[!], dass[,] weil der Mensch durch Landbau etc. fester an die Scholle gefesselt wird, die verschiedenen Erdraeume ihren variirenden und stilbildenden Einfluss ausüben. Die Kulturstile erwachsen als Raumbedingtheiten; [mmmmmm]wie[mmmmmm] die Altstile im Niltal, die Altstile am Euphrat-Tigris, in Elam[13], am Indus etc. Die Raumgestalt ist das Entscheidende. Ausgesprochene Charakteristica[nnnnnn] aus der ersten Blütezeit haben wir auf Kreta in den verschiedenen Vasenstilen aller Empor[i]en erhalten und konnten wir (bis heute erhalten) noch in den Stilformen der

---

[eeeeee] *Ae und De:* Leben   [ffffff] *Ae und De statt* Raumbetont   [gggggg] *Ae und De:* das
[hhhhhh] *In A und D mit rotem Buntstift ergänzt; ein entsprechender erster Punkt ist im Einklang mit Frobenius' Behauptung, eine erste Kulturperiode sei noch nicht fassbar, nicht markiert*
[iiiiii] *Ae und De:* magische   [jjjjjj] *Ae und De statt* von der Pflanze   [kkkkkk] *Ae und De statt* der
[llllll] *Ae und De:* Si   [mmmmmm] *U:* hier   [eeeee] *Ae und De:* dieser

---

[13] S.o. Nr. 49, Anm. 47.

Insel Neuguinea erkennen, deren jede beinahe nur dem Lande um einen Hafen oder einen Flusslauf herum heimisch war.

Die Geschichte dieser Kulturen der dritten Kulturperiode ist,[!] das, was wir[oooooo] „Weltgeschichte" (histoire universelle) nennen, Geschichte der Ausbildung der Einzelstile, wobei die [pppppp]Suveränitätsresidenzen[pppppp][!] vom Asiatischen Heerd[!] nach Westen (unsere Geschichte Europas) und nach Osten (China – Oceanien – Centralamerika) wanderten. Das Entscheidende in diesem Ablauf ist die Ausbildung von klaren festen Eigenstilen. Die Eigenstile wurden, durch die Raeume gestaltet[,] zu festen Gebilden, zu Selbständigkeiten. Das Bezeichnende ist, dass jedes Land ein in sich abgeschlossenes Kulturbild birgt. Jede Kultur stellt ein[qqqqqq] <u>Kammerkonzert</u> dar und repraesentirt ein <u>Soloinstrument</u>.

[hhhhhh]4.)[hhhhhh] Mit dem 19ten Jahrhundert tritt der Umschwung zur vierten Kulturstufe ein. Die europaeische Kultur beginnt eine unheimliche Tendenz zur Ausdehnung zu zeigen. An dem ersten Versuchsunternehmen, der Besiedelung Amerikas[,] hatte die Kultur sich erprobt. Was bis dahin Abenteurersinn geleistet[,] übernahm jetzt der Geschäftssinn. Die europaeische Menschheit erschloss[rrrrrr] alle Erdraeume und machte sich ihre Eigenarten und Produkte dienstbar. Bemerkenswert ist, dass schon vom ersten Augenblick <u>alle</u> Völker des westeuropaeischen Kulturkreises teil nahmen[!]. Hierbei gingen Ausbildung der Industrie und Umsichgreifen Hand in Hand. Diese „Eroberung der Welt" ist ein so unheimlich grosses Unternehmen, dass wir es verstandesgemäss noch nicht erfassen können, weil es für uns als Erlebnis zu selbstverständlich ist. Jetzt aber stehen wir am Ende der Erscheinung, in der grossen Krisis und heute müssen wir Verantwortlichen uns des Sinnes des vor unseren Augen sich abspielenden Geschehens und der in unserer Zeit sich vollziehenden Anastrophe bewusst werden.

Das Kind, das mit den Streichhölzern spielt, wird im Moment des Affektausbruches das Objekt des Geschehens; der Schuster, der Schneider sind am Ende des Lebens als geistige Wesen lebensgefühlsmässig Objekt, Spiegelbild ihres Berufes geworden; die europaeische Menschheit hat die Weltwirtschaft „geschaffen" und – jetzt wird sie zu ihrem Objekt. Nicht der Mensch „macht" die Kultur; sondern die Kultur wächst und führt den Ahnungslosen [ssssss]nach[ssssss] ihrem Plan und[,] wenn der ahnungslose Mensch sich des Geschehens bewusst wird, so erschrickt er und leidet unter der Last des – so „glorreich erreichten[!]". – Die Anastrophe ist eingetreten und die Menschheit vermag die Last dessen, was sie selbst geschaffen, kaum zu ertragen.

[tttttt]Die Anastrophe! Also die Frage ist ja, was ihr folgen wird. Was Euer Majestät zu hören [uuuuuu]wünschen[uuuuuu], ist ja eine „Prognose". –

Es wurde oben betont, dass die Durchführung der Erdumspannung ein Geschehen darstellt, an welchem alle Völker des westeuropaeischen Kulturkreises Teil nehmen[!]. Die Durchführung war nur möglich dadurch, dass die westeuropaeische Kultur sich in bis dahin noch nicht dagewesener Weise vereinseitigte. Naturwissenschaften, Materialismus, Ausweisung aller Pietät und rücksichtslose Zurückstellung aller Problematik.

[oooooo] *Ae und De:* Kult [pppppp] *Ae und De aus* Suveränitätsgren [qqqqqq] *Ae und De:* Ko
[rrrrrr] *Ae und De:* und [ssssss] *Ae und De statt* zu [tttttt] *Ae und De:* So
[uuuuuu] *U:* erwarten

Nur noch <u>Zweck</u>. Aber das alles gemeinsam und in unbewusster Einseitigkeit. Wer nun scharf hinsieht, der muss wahrnehmen, dass dieser ungeheuren Nüchternheit jetzt bei allen in Betracht kommenden Völkern ein Wiedererwachen des Bedürfnisses nach Problematik, eine Sehnsucht nach Eigen^{vvvvvv}-Sinn, nach Blick in die Tiefe des Lebens etc. folgt. Überall ein dem Verständnislosen oft krankhaft erscheinendes Erwachen des Nationalismus. – Die Zeit des stummen Wettlaufens ist zu Ende. Jedes Volk sucht wieder sein Musikinstrument hervor und jedes will wieder Solospiel und Kammermusik machen. Aber mit Solo- und Kammermusik ist es zu zu[!] Ende. Die Völker wissen es noch nicht, aber sie stimmen ihre Instrumente. Wer darauf achtet, ^{oo}nimmt wahr,^{oo} wie sie alle gemeinsam vor gleichen^{wwwwww} Problemen stehen und daran herumhaspeln. Es ist wie das Bild und das Geraeusch, das wir so oft^{xxxxxx} in der Oper kennen lernten. Alle sitzen da und stimmen, stimmen, stimmen ab. Ein scheussliches Durcheinander, das jeder nur erträgt, weil es die Einleitung zum Beginn der Ouvertüre ist.

Danach wird aber auch für uns die grosse Zeit kommen, in der die Solisten gelernt haben,[!] „zusammenzuspielen"? Der tiefere Sinn der Weltwirtschaft ist eben – Concertspiel[!]! Der Mensch hat die Weltwirtschaft „geschaffen". Er bildete sich ein[,] ihr Lenker zu sein. Er wird ihr aber ebenso dienen müssen, wie der Schuster dem Leder, der Schneider dem luftigen Stoff.

Kein Zweifel, dass auch hierin wieder jedem Volke schicksalsmässig seine Aufgabe beschieden ist, – dem Deutschen als dem zur Zeit Problemgestaltenden[!] die schwerste.–

––––––––––

Lassen Euer Majestät dies Schreiben in Maschinenschrift abfassen. Ach so oft war meine Hand, wenn ich mich zur Niederschrift dieser^{yyyyyy} Zeilen zurückziehen durfte schon müde.

––––––––––

Alle meine herzlichsten Wünsche und natürlich auch die meiner beiden Damen werden am Weihnachtsabend und zu Neujahr in Doorn weilen. Ich bitte um die Erlaubnis[,] ^{zzzzzz}die Hand Ihrer Majestät^{zzzzzz} küssen zu dürfen.

Frobenius

––––––––––––––––––––––––

^{vvvvvv} *Ae und De:* s   ^{wwwwww} *Ae und De:* Instru
^{xxxxxx} *Ae und De:* wie   ^{yyyyyy} *Ae und De:* Zeiten
^{zzzzzz} *U:* Ihrer Majestät die[!] Kaiserin die Hand

91.

Adolf Ellegard Jensen an „Hofmarschallamt", 16.12.1930, Frankfurt am Main

Maschinenschriftliche Ausfertigung:
A   AEW: 1619 F6f.

Euer Excellenz

beehre ich mich mitzuteilen, dass im Auftrage des auf Reisen befindlichen Herrn Geheimrats Frobenius in diesen Tagen drei Veröffentlichungen des Instituts an Seine Majestät abgehen und zwar:

[a]1) Cahier[!] d'Art, Heft 8/9, mit Artikeln von Herrn Geheimrat Frobenius und Abbé Breuil,[a1]

[b]2) Indische Reise[2],

3) Erythraea, Zeiten und Länder des hl. Königsmordes[3].[b]

Das Heft Cahiers d'Art erschien anlässlich der sehr erfolgreichen Ausstellung der Expeditionsergebnisse in Paris.[4] Die beiden anderen Bücher sind Veröffentlichungen über die letzten Reisen von Herrn Geheimrat Frobenius nach Südafrika und Indien.

Herr Geheimrat Frobenius befindet sich seit Mitte Oktober fast ununterbrochen auf Vortragsreisen; in Frankfurt ist er immer nur für wenige Tage gewesen; er hinterliess mir den Auftrag der Uebersendung der Bücher sofort nach Fertigstellung derselben und bat mich, mitzuteilen, [c]dass er an einem ausführlichen Bericht an Seine Majestät schreibt[5] und dass er hofft, ihn bis zum Weihnachtsabend Seiner Majestät vorlegen zu können[c]. Ich erlaube mir, hier eine private Bitte anzufügen, die im Sinne seiner Freunde und seiner Familie liegt. [d]Wir alle sehen mit Sorge den Missbrauch seiner Kräfte durch die ausserordentlich vielen Vorträge, die aus wirtschaftlichen Gründen von ihm durchgeführt werden.[d] Besonders besorgniserregend aber ist es, dass er während dieser ununterbrochenen Reisen auch zahlreiche Zeitschriftenartikel abfasst. [e]Die Bitte an Seine Majestät geht dahin, durch wenige Zeilen seinen Einfluss geltend zu machen, was sicher die gewünschte Wirkung nicht verfehlen wird.[e6]

Ergebenst

[gez.] Ad. Jensen

---

[a] *Dazu Marginalie Schwerins:* noch nicht eingegangen

[b] *Dazu Marginalie Schwerins:* sind hier eingegangen u. vorgelegt worden. S.

[c] *Von Wilhelm angestrichen; dazu seine Marginalie:* eben erhalten

[d] *Von Wilhelm unterstrichen*

[e] *Von Wilhelm unter- und angestrichen; dazu seine Marginalie:* Ja, gern!

———

[1] „L'Art africain" in Cahiers d'Art 5 (1930), S. 395–436.

[2] Leo Frobenius, Indische Reise. Ein unphilosophisches Reisetagebuch aus Südindien und Ceylon, Berlin 1931.

[3] Leo Frobenius, Erythräa. Länder und Zeiten des heiligen Königsmordes, Berlin/Zürich 1931.

[4] Die Ausstellung fand vom 12. November bis zum 20. Dezember in der Galerie Pleyel statt.

[5] Nr. 90.

[6] In seinem Schreiben vom 31.12.1930 sagte Schwerin Jensen zu, Wilhelm werde „auch gerne Ihrer Anregung folgen und Seine Exzellenz bitten, mehr als bisher auf die Schonung seiner wertvollen Kräfte bedacht zu sein" (AEW: 1620 C3).

92.

Frobenius an Hermine, 28.12.1930, Frankfurt am Main

Durchschrift der eigenhändigen Ausfertigung:
D   FI: LF 610/93–95

Euerer Majestät

und Seiner Majestät übersende ich die wärmsten Wünsche zum Jahreswechsel. Vom Standpunkt unserer wissenschaftlichen Betrachtungsweise heraus betrachtet kann als Prognose nur gesagt werden, dass wir einer sehr ernsten Krisis entgegengehen.

Von Seiner Majestät erhielt ich ein Bild, dass[!] den Kaiser an dem altgewohnten Lesepult darstellt. Ich bin hierfür sehr dankbar.

Ein sehr inniger Wunsch scheint nun also bestimmt für das nächste Jahr in Erfüllung zu gehen: Der Hauptteil unserer Felsbilderkopien soll im Juni des kommenden Jahres im Amsterdam[a] in würdiger Weise zur Ausstellung gelangen.[1] Damit käme ich dann in die Lage, diese Arbeiten Seiner und Euerer Majestät in Holland vorführen zu können. Herr Prof. Vollgraff hat in freundlicher Weise die Verhandlungen eingeleitet[,] und sie sind bis zu einem Abschlusse gediehen.

Die anderen Arbeiten der Expedition,[!] sind[,] soweit sie vollendet sind,[!] oder in unsere Hände gelangten, an das Hofmarschallamt abgesandt[2] und das, von dem wir noch keinen Beleg in Frankfurt erhielten (l'Art d'Afrique)[3] hoffen wir[,] im Anfang Januar zu erhalten (zur Weiterbeförderung).

Wenn am 31[.] Januar 1931 nachts um 12 Uhr die Glocken laeuten, werden meine Frau, meine Tochter und alle meine Mitarbeiter unsere herzlichsten, tiefstempfundenen Wünsche nach Doorn senden, am innerlichsten aber

Frobenius

---

[a] *De:* zur

---

[1] Diese Ausstellung fand nach einer Terminverschiebung vom 20. Juni bis zum 29. Juli im Stedelijk Museum statt.
[2] S.o. Nr. 91.   [3] S.o. Nr. 91, Anm. 1.

93.

Wilhelm II. an Frobenius, 4.1.1931[1], Doorn

Eigenhändige Ausfertigung:
A   FI: LF 616/1f.

Meine liebe Exzellenz

Mit steigender Bewunderung und wachsendem Interesse habe ich Ihre schönen Bücher[2] studirt. Die „Indische Reise" habe ich Abends[!] im Rauchzimmer vorgelesen[,] und meine Zuhörer waren begeistert. Allerdings musste ich die plötzlich an mich gerichtete Frage[,] was der „Lingam"[3] sei?! der Damen wegen diplomatisch umschreibend beantworten.[4]

Das „Schicksalscapitel"[5] ist wuchtig und überzeugend. Von den Gestirnen herabgestiegen[,] im Horoscop gethätigt, wurde das „Schicksal" <u>ein</u> Gott[,] der bestimmend eingriff. Seit Weihnacht kam, wurde <u>der</u> Gott, der das Schicksal meistert[,] u[nd] ist für die Menschheit bestimmend und ihr rettender Erlöser.

Sehr wichtig ist Ihre Feststellung, dass Shiva und Vishnu bereits <u>vor</u> dem Einzug der Arier vorhanden waren, von diesen vorgefunden wurden, also älter als die Veden. Shiva – Stier[-]Mondgott – und Vishnu Sonnengott sind in den Völkern der Cultur des ritellen Königsmordes uralt. Alles dreht sich um Mond, Venusstern u. Sonne. Das Zeitalter des rituellen Königsmordes muss m[eo] v[oto] bis ins Neolithicum hineinreichen? – Ist es gleichbedeutend mit dem Poseidonischen des Mittelmeeres?

Die im Anfang der „Indischen Reise" gegebenen beiden bunten als neolitisch[!] bezeichneten Terracottafiguren[6] haben eine frappante Aehnlichkeit mit den Sumerern mit ihren Vogelgesichtern!

Neulich besuchte mich Prof. Boehl, der auch Jordan (Warka[7]) besucht und gesprochen hat. Er sagte, dass Jordan mit ihm einig geworden sei, dass es <u>2 Arten</u> Sumerer gegeben, aus denen sie sich <u>zusammengesetzt</u> hätten.

Einmal die Vogelgesichter mit Crinolinen, die seien <u>ozeanischer</u> Herkunft, zum

---

[1] Der Brief ist vom 4.1.1930 datiert, kann jedoch erst ein Jahr später geschrieben sein, da das darin erwähnte Buch, Frobenius' „Indische Reise", erst am 16.12.1930 nach Doorn geschickt wurde (s. Nr. 91). Selbst Frobenius' Briefbericht über den indischen Teil der DIAFE IX (Nr. 74) wurde erst im Januar 1930 fertiggestellt und konnte Wilhelm am 4.1.1930 nicht erreicht haben.

[2] S.o. Nr. 91, Anm. 2 und 3.

[3] S.o. Nr. 56, Anm. 2.

[4] „Mit grossem Interesse hörten wir die Vorlesung Ihrer schönen Bücher, die der Kaiser mit den nötigen Erklärungen wunderbar vortrug", schrieb Hermine am 15.1.1931 an Frobenius (FI: LF 616/3).

[5] „Die Geburt des Schicksals", das letzte Kapitel seiner „Indischen Reise" (Ein unphilosophisches Reisetagebuch aus Südindien und Ceylon, Berlin 1931, S. 270–290), gibt einen Ausblick auf Frobenius' Ansicht, wie die Vorstellung entstanden sei, daß der Mensch einem Schicksal unterworfen sei und er seine Sterblichkeit durch Opfer und Unterwerfung transzendieren könne.

[6] Frobenius, Indische Reise (wie Anm. 5), Tafel 10.

[7] Warka ist die moderne Form des Namens der Stadt Uruk, deren Ausgrabung 1928 unter Leitung Jordans wiederaufgenommen wurde.

anderen die „Gudealeute“[8], welche vom <u>Continent</u> stammten. Er ist geneigt Woolleys' Datirungen als zu hoch angegeben anzusehen; er taxirt die Urfunde auf 2300 bis höchstens 2500; da die Entwickelung bis zur Hochblüthe von Ur – einer abgeschlossenen Cultur – eine sehr lange gewesen sein müsse. Aber da der Boden Mesopotamiens nach Untersuchung der Geologen nicht älter als das Neolithicum sei, so bleiben bei der Englishen[!] Datirung, kein Platz für die Vorcultur Sumers und seiner Vorgänger zwischen Ur und Neolithicum. Grund mehr, meine ich, den Blick auf Elam zu richten als der Indo-Iran-Vorderasiat. Brücke.

Ihre Abhandlung[9] über die Durga[10] – bezw. Gorgo hat mich – den Gorgoverehrer – sehr gepackt. Garuda – Durga – Gorgo, da sind zweifellos Beziehungen. Im Herbst besuchte mich Mrs. Cornelia Stecketee Hulst mit Mann; die Verfasserin der Broschüre „Our Secret Alliance“, vor ein paar Jahren in Deutsch „Unser Geheimbündniss“[11] erschienen. Sie ist eine fanatische Archaeologin, die ich seinerzeit mit Doerpfeld in Verbindung gebracht habe u[.] die mit ihm correspondirt.[12] Sie kennt mein Corfubuch[13] u[.] Doerpfelds Forschungen. Als ich ihr von Ihren Entdeckungen in Indien erzählte: Durga – Gorgo, stimmte sie zu, da sie von Arabischen Studenten in Amerika auf ihre Frage hin: ob der Kaiser wohl recht habe mit seiner Meinung: die Gorgo stamme vielleicht aus Arabien? eine <u>bejahende</u> Antwort erhielt! Die Araber sagten ihr, sie kennten die Gorgo gut. In alten Zeiten sei sie in Arabien verehrt worden als Göttin der Handlung, Thathkraft, <u>Tapferkeit</u> – und der <u>Liebe</u>! Genau wie Ishtar u[.] Durga! Ihr Arabischer Name ist mir leider entfallen, aber in der Uebersetzung lautet er „<u>die Süsse</u>“! (Danach sieht meine in Corfu wirklich nicht aus!)

Hiernach ist für mich kein Zweifel mehr, dass die Durga aus Indien nach Arabien gekommen u[.] von dort ebenfalls durch die Schiffahrt als Gorgo ins Mittelmeer u[.] damit auch nach Corfu gekommen ist, wo sie ja sogar noch ihre Löwen bei sich hat, die in Indien ihr zugeschrieben werden. Erst die Hellenen haben sie – als fremde Göttin – zum Dämon degradirt. Athena asiatisch, Apollo arabisch, Leto arabisch, Gorgo arabisch-Indisch! Ex oriente!!! –

Den „Culturaufsatz“[14] bin ich im Begriff zu entziffern! Ich verstehe die Begeisterung der Forscher, wenn es ihnen endlich gelang[,] einen Satz einer verzwickten Inschrift herauszubringen! Es ist <u>erhebend</u>, aber verflucht mühsam! So, u[.] nun stecken Sie mal für das nächste Ihr <u>Herumhetzen</u> endlich mal auf![15] Vous brûlez la Chandelle

---

[8] Nach der Statue des um 2060 v.Chr. regierenden Königs Gudea von Lagasch im Pariser Louvre.

[9] Eine eigenständige Abhandlung zu diesem Thema ist nicht bekannt; in der „Indischen Reise“ (wie Anm. 5, S. 148–151) wird ein Durga-Tempel auf wenigen Seiten interpretiert.

[10] S.o. Nr. 74, Anm. 33.

[11] Cornelia Steketee Hulst, Unser Geheimbündnis, Berlin o.J., ursprünglich: Chicago 1917. Hauptthese dieser Propagandabroschüre aus dem Ersten Weltkrieg ist, daß Großbritannien mit Hilfe der Vereinigten Staaten von langer Hand den Krieg gegen das friedliche Deutschland vorbereitet habe.

[12] Auch Wilhelm schickte sie ihre ausgesprochen kühnen Thesen zur Gorgo (AEW: 1565 E7, F1, F2; 1566 B5; 1567 B2, C1–C3).

[13] S.o. Nr. 1, Anm. 2.

[14] Nr. 90.

[15] Zu dieser Aufforderung s. Nr. 91 (auch Schwerin an das Institut für Kulturmorphologie, 31.12.1930; AEW: 1620 C3).

des deux bouts!" Ich <u>verbiete das</u> aufs Bestimmteste!! <u>Warten</u> Sie ab! <u>Oben</u> wird entschieden, <u>nicht Unten, nicht von</u> Ihnen. Erhalten Sie sich für Frau und Tochter, Mitarbeiter und mich! Verstanden?!

Wilhelm
I.R.

94.

Frobenius an Wilhelm II., 18.1.1931, Frankfurt am Main

Eigenhändige Ausfertigung:
A   AEW: 1620 C3–D3
Durchschrift der eigenhändigen Ausfertigung:
D   FI: LF 611/1–16
Umschrift:
U   AEW: 1620 D3–D5

Euer Majestät![!]

Schreiben vom 4[.] Januar[1] empfing ich auf eiliger Durchfahrt und heute, wo ich wieder ein paar Tage [a](2)[a] daheim sein darf, finde ich auch die mütterlich gütigen Zeilen Ihrer Majestät vom 15[.] Januar[2] vor. Dank! Dank! Dank!

Nun möchte ich auf die anregenden Anmerkungen Euerer Majestät eingehen. Der Reihe nach:

Just soeben wird jetzt das grosse Werk „Mohenjo-Daro and the Indus Civilization" von Marshall[3] (dem Ausgräber) herausgegeben[,] und ich fand den Subskriptionsprospekt hier vor. Es wird eine mächtige Publikation werden, die fraglos [b]des[b] gewaltigen Fundes würdig sein wird. Nun werden wir bald das vorvedische Indien mit seiner imposanten Hochkultur (3000–2000 v.Chr.(?)) vor uns haben. Und was finde ich auf dem Prospekt? S. 4 dass der [c]Saivism[c4] schon in dieser frühen Zeit sich nachweisen lässt. Wenn der Prospekt ihn als die „<u>älteste Religion</u>" der Welt, wie nun erwiesen sei, hinstellt, so ist das etwas übertrieben und übersteigert. Denn wenn in Mohenjo-daro[!] Shiva und der Mondgott regierten, so kann man sicher sein, dass in einer noch nicht entdeckten Nachbarschaft ein Sonnengott regirte[!]. Aber das ist weniger wichtig als der

---

[a] *Ae und De*   [b] *Ae und De aus* dem   [c] *U:* Shivaismus

---

[1] S.o. Nr. 93.   [2] S.o. Nr. 93, Anm. 4.

[3] Sir John Marshall (Hg.), Mohenjo-Daro and the Indus Civilization. Being an official account of Archaeogical Excavations at Mohenjo-daro carried out by the Government of India between the years 1922 and 1927, 3 Bde., London 1931.

[4] Englische Bezeichnung für den Shivaismus, s.o. Nr. 74, Anm. 21.

Nachweis des Alters der Shivareligion, besonders für mich. Denn damit ist bewiesen, dass ich mit den im Indienreisetagebuch[5] dargelegten Schlussfolgerungen Recht hatte. Damit ist unendlich viel gewonnen.

Denn damit wird auch wahrscheinlich, daß diese Schicksalskultur einmal ihren Hauptsitz im Elam[6] (also zwischen Sumer und Industal respekt[ive] Draviden[7] hatte.). Elam muss die Hochburg des Venusdienstes gewesen sein. Denn von dort kam das Venusjahr. Wenn mein verehrungswürdiger Freund Jeremias dies noch nicht gern zugiebt[!], so[d] verstehe ich dies sehr gut. Zwei ehrlich errungene Meinungen stehen sich hier gegenüber. Aber mit der von uns hier vertretenen Ansicht[e] finden wir alles in schöner Harmonie, alle Schwierigkeiten lösen sich.

Denn: die ältesten Scherbenfunde in Elam sind denen vom Caspischen Meer ([f]Anau[f])[8] gleichstilig. Die nördlichen sind die älteren. Aus dem Norden muss die lunare Weltanschauung gekommen sein. Die Ishtar-Höllenfahrtlegende[9] weist auf ein Klima mit schroff ausgeprägten Jahreszeiten (Frühling und Naturherbsttod) hin. Im Norden dürfte der Ausgangspunkt der Dravidasprachen liegen. Auch die Geologie[g] und die Ergebnisse von deren Erforschung kommen zum Recht. Denn natürlich sind wir dann rückwärts wandernd im Neolithikum angelangt. Uns kann es dann ganz gleichgültig sein, ob damals der Boden Mesopotamiens schon bestand. Es ist diese Kultur eben eine lunare Hochlandkultur!–

Auch ich bin schon seit längerem sehr im Zweifel, ob [h]Wolleys[h] Chronologie nicht auch (wie die meisten englischen und französischen) an Altersüberschätzungen leiden[!]. Aber Freund Jeremias stellte sich bei einer Interpellation auf [h]Wolleys[h] Seite.–

Was die Arbeit an der „Gorgo"[10] anbelangt, so bin ich hübsch weiter gekommen. Ich denke doch, dass[,] wenn ich etwas zur Ruhe komme, sie in einem Jahre bis zur Niederschrift reif sein dürfte. Eine erstaunliche Thatsache[!] kann ich Euerer Majestät heute schon mitteilen: die Gorgo ist, wie jetzt zweifelsohne feststeht[,] aus dem Zusammenfluss dreier „Ideen" erwachsen. Die eine dieser drei reicht bis in das [i]9000te[i] Jahrtausend[!] zurück!!! Ein schönes Alter. Gerade das Gorgomotiv ist mir zum besten Beleg der Continuität des Kulturwerdens seit dem Jungpalaeolithikum geworden. Aber ich möchte einem späteren, wegen Unreife des Stoffes noch nicht niederschreibbaren Bericht nicht vorgreifen.–

Nun der Punkt Arabien! Mir ist bisher nicht ganz klar geworden, was Dörpfeld unter „arabisch" versteht. Wenn es sich um frühe Zeit handelt, kann[j] doch wohl nur

---

[d] *Ae und De:* wird   [e] *Ae und De:* beträgt   [f] *U:* Ascau
[g] *Ae und De:* ge   [h] *U:* Woolleys   [i] *U:* Neunte (?)
[j] *Ae und De:* er[?]

---

[5] Leo Frobenius, Indische Reise. Ein unphilosophisches Reisetagebuch aus Südindien und Ceylon, Berlin 1931 und Nr. 74.

[6] S.o. Nr. 49, Anm. 47.   [7] S.o. Nr. 50, Anm. 3.

[8] 1903/4 hatte der amerikanische Geologe Raphael Pumpelly mit dem Dörpfeldschüler Hubert Schmidt in Südturkmenistan, 8 km südöstlich der Hauptstat Ashgabat die bronzezeitliche Siedlung Anau ausgegraben (Raphael Pumpelly (Hg.), Explorations in Turkestan. Expedition of 1904, Bd. 1: Prehistoric Civilizations of Anau. Origins, Growth, and Influence of Environment, Washington 1908).

[9] S.o. Nr. 3, Anm. 2.   [10] S.u. Nr. 120, 141, 142, 173, 174 und 175.

Arabia Felix[11] in Betracht gezogen werden. Also Hadramaut. Denn soviel wir wissen und nach den Notwendigkeiten klimatischer Verschiebung auch nur annehmen dürfen, hat nur die Süd- und Südostküste Arabiens vordem eine eigene Hochkultur besessen. Wir wissen, dass sogar zu Mohammeds Zeit noch die Städte Centralarabiens ihre Götterbilder aus dem Süden bezogen. Nur von dort kennen wir die daselbst allerdings eminenten Ruinen, die gewaltigen Bewässerungsanlagen etc. etc. Nun, also gerade dies Südarabien hatte[k] ursprünglich sicherlich nicht arabisch sprechende Bevölkerung. Erst von ca[.] 1500 v.Chr.[l] herrschten hier arabischsprechende Völker über solchen[!] anderer Sprache.– Darüber ist aber kein Zweifel, dass die [m]Almaqah, Ialmaqah; Almaq[m] als Venussterngöttin erst eine weibliche Göttin war, durch die[n] Oberherrschaft der Westsemiten dann aber zu einer männlichen wurde![12]

Euer Majestät klagen mich in [o]güstigster[!][o] Weise wieder meiner schlechten Schrift wegen an. Ich könnte ja das alles in die Maschine diktieren. Aber, – eine vielleicht törichte [p]Hemmung[p]! In die Maschine[q] diktire[!] ich an [r]„Allewelt"[r] und hunderte von „Geschäftsbriefen". Was aus dem Herzen kommt[,] wird mir [s]entseelt[s] durch die Maschine. Ich bin ein altmodischer Tropf!

Dann kommt zum Schluss des Briefes Euerer Majestät wieder unverkennbar der „Vater der Güte" zum Vorschein: „Vous brûlez la chandelle des deux bouts!" – Vielleicht ist es war[!].

Aber ich kann mich hier verteidigen. Es war uns immer im Leben ein Stolz, die Kraft aufzubringen, drohende Geschicke zu überwinden. Und gerade jetzt kämpfe ich die schwierigste Lage unseres Arbeitslebens durch. Und wir wollen nicht untergehen.

Leider muss ich nehmlich[!] sagen, dass just wir und unsere Arbeit von allen wissenschaftlichen Instituten am meisten leiden (an der Not der Zeit). Unser hochverehrter Gönner, Exzellenz Schmidt[-]Ott[,] kann dies sicherlich bestätigen. Ich bin fest überzeugt, dass dieser sonst so gütige Mann leider[t] und sicherlich ohne Wissen oder Absicht zur Veranlassung unseres Unheils wurde. Also erstens hat Exc[ellen]z Schmidt-Ott mich mit meiner Lieblingsidee[,] uns zu einem „Kaiser Wilhelm II[!] Institut["] zu machen[13], im Stich gelassen. Das hat mich psychisch sehr gedrückt. Aber es ist ja möglich, dass da bestimmte Abmachungen herrschen. Aber dann hat er uns unser Budgett[!] gekürzt. Alle meine Versuche[,] auf andere Weise die Notgemeinschaft zur Wiederherstellung unseres Budgetts[!] zu [u]bringen[u], waren umsonst. Und so trat ein, was [v]eintreten[v] musste: alle anderen Dienststellen kürzten ebenfalls. Und nun müssen wir um [w]34[w]% knapper leben

---

[k] *Ae und De:* keine   [l] *U:* ab   [m] *U:* Almagah, Jalmagah, Almag

[n] *De:* Westsem   [o] *U:* gnädigster   [p] *U:* Meinung

[q] *Ae und De:* schrei   [r] *U:* „alle Welt"   [s] *U:* erstickt

[t] *De:* die   [u] *U:* bewegen   [v] *U:* eintreffen

[w] *Ae und De aus* 24

---

[11] Das fruchtbare Südarabien – also im wesentlichen der heutige Jemen – im Gegensatz zu den nördlichen Wüsten der *Arabia deserta*. Das von Frobenius damit gleichgesetzte Hadramaut ist seine reichste Region, die seit dem Altertum große Bedeutung für den Handel v.a. mit Weihrauch und Gewürzen hatte.

[12] Almaqah, vermutlich ein Mondgott, war der Hauptgott des südarabischen Reichs Saba.

[13] S.o. Nr. 82.

als vorher. Das ist ungerecht,[!] in Anbetracht der Thatsache, dass etatisirte Institute nur um 10% und im Personaletat überhaupt nicht gekürzt wurden, wir aber im Personaletat. Ich bin überzeugt, dass Exzellenz Schmidt[-]Ott nicht anders handeln konnte, weil er mit Kommissionen arbeitet. Aber unsere Not wurde nun eben so, dass ich eben schufte und schuften und sparen muss, um das Institut nicht untergehen zu lassen. Ich bin aber sehr stolz, dass meine Wirksamkeit fruchtbar ist. Ich habe so schon an 8000 Mk zusammenge„redet" und zusammengeschrieben. Und da meine Familie mir beim Sparen hilft, so kann ich zu meiner Freude wohl sagen: Nur noch ein paar Monate und wir sind gerettet.

So bitte ich denn Euere Majestät[,] mir nicht zu zürnen, wenn ich noch ein wenig „unartig" bin. Aber wir[x] „Löwen" müssen halt von Zeit zu Zeit die „Ameisenrolle" spielen[,] und der alte Herrgott, der ja zuletzt unser Schicksal bestimmt haben muss, wird schon wissen, was Er sich dabei denkt.

Nun bitte ich um die Erlaubnis, Ihrer Majestät die Hand küssen zu dürfen[,] und des Ferneren[!] um Euer Majestät verzeihende Huld, wenn ich auch zur Zeit bin Euerer Majestät

ein wenig unartiger
Frobenius

---

[x] *Ae und De:* müssen

95.

Wilhelm II. an Frobenius, 27.1.1931, Doorn, „Brieftelegramm"

Teils maschinenschriftliche, teils eigenhändige Ausfertigung:
A   FI: LF 616/4
Maschinenschriftliche Abschrift:
K   AEW: 1620 F4

Ihnen und den Akademieprofessoren aufrichtigen Dank für treue Wünsche![1] Glückauf zur neuen Forschungsarbeit! Beste Grüsse auch von Ihrer Majestät der Kaiserin.[a] Ihr Aufsatz über „Kulturwerden"[2] grandios! Machte beim Vorlesen überwältigenden Eindruck auf Zuhörer. Anwesende Geistliche begeistert.

Wilhelm
I.R.

---

[a] *A von hier an eigenhändig*

---

[1] Offenbar ein (nicht ermittelter) Glückwunsch zu Wilhelm 72. Geburtstag, an dem diese Antwort aufgesetzt wurde.
[2] Nr. 90.

96

Wilhelm II. an Frobenius, 5.2.1931, Doorn

Maschinenschrifliche Ausfertigung:
A   FI: LF 616/5f.
Durchschlag:
D   AEW: 1620 F3f.
Maschinenschriftliches Konzept:
K   AEW: 1679 A5f.

Meine verehrteste Exzellenz!

Wärmsten Dank für Ihre eingehenden und tiefgründigen Ausführungen über den Sinn des Kulturwerdens.[1] Ich bin bewegt und von herzlichem Dank erfüllt, dass Sie Meinem Wunsche um Erläuterung einiger Probleme im Kulturgeschehen in so umfassender Form nachgekommen sind – in dieser für Sie an sich so arbeitsreichen und anstrengenden Zeit.

Der Aufbau Ihrer Darstellung ist grandios! Die Beispiele sind von durchschlagender Beweiskraft und prägen sich dem Gedächtnis so fest ein, dass sie selbsttätig wie vom Hauche eines höheren Geistes getragen in jedes ernstere Gesprächsthema einfließen. Es öffnet sich damit ein neues Tor zum tieferen Verständnis für den göttlichen Plan des Weltgeschehens! Und auch auf der anderen, theologischen Seite wird der Erkenntnisweg dadurch gefördert, erweitert und bereichert.

Als Ich an Meinem Geburtstage zwei anwesende Geistliche in Ihre Geistesarbeit einführte, waren beide geradezu überwältigt. Sie erkannten sofort den kostbaren Inhalt der ihnen in einer neuen Schale dargebotenen Geistesgabe und den hohen Wert und die Wichtigkeit für die Einführung dieser auf sie wie eine Offenbarung wirkenden Gedanken in weitere Kreise. Und jeder von ihnen beiden war eine in sich abgeschlossene, auf seinem eigenen Gebiet wirkende Persönlichkeit – Mein guter Hofprediger Vogel aus Potsdam, ein tapferer Streiter in dem Herrn für Mich und Mein Haus, und der holländische Pfarrer Stellwag aus Utrecht, ein ausgezeichneter Lutherforscher.

Welch' eine Offenbarung das Beispiel von dem mit den drei Streichhölzern spielendem[!] Kinde, sowohl für die Erkenntnis des Gegensatzes von Seele und Verstand als auch für das Verständnis vom Kulturwerden. Mir will scheinen, dass bei dem spielenden Kinde der Verstand erst <u>nach</u> dem Affektausbruch einsetzt. Es kann sich vor der Hexe nicht retten, es ruft die Hilfe des Vaters herbei. Habe Ich mit dieser Auffassung recht?

Aber auch ein anderes gewaltiges Bild steigt Mir daneben auf: unser Herr und Heiland mit Seinen Jüngern im Sturme auf dem See Genezareth. Auch die Jünger, die sonst so mutigen und erfahrenen Schiffer, gestalten die ihnen bisher so vertrauten Elemente zu dämonischen Gewalten. Es überfällt sie das Grauen: der Herr schläft, nun hat der Anti-Christ die Macht und wird sie verderben. „O ihr Kleingläubigen!". Die Jünger vergassen: die göttliche Allmacht schläft nie!

---

[1] Nr. 90.

Prachtvoll die Nutzanwendung Ihres Beispieles: Nicht der Mensch macht die Kultur, die Kultur packt ihn, wie die Hexe das Kind. Der Mensch wird Objekt seiner Kultur, Objekt seines Berufes, ob Landmann, Handwerker, Offizier oder Fürst! Der Mensch hat mit der Weltwirtschaft gespielt, hat die Weltwirtschaft geschaffen, nun ist er ihr verfallen, ihr Objekt geworden. Die Hexe hat ihn, nicht er sie!

Von einleuchtender Klarheit Ihre Antithese: Gabuluku-Kultur als Zeit-(Pflanzen-) Kultur – Mahalbi-Kultur als Raum-(Tier-) Kultur! Dabei taucht die Frage auf: die Pflanze ist an sich erd- und raumgebunden. Zur Erhaltung und Entfaltung ihrer Art bedarf die Pflanze aber für die Samen- und Blütenstaubausbreitung des Raumes. Demnach hat doch auch die Pflanzenkultur neben der Raumgebundenheit als Polarität Raumbedürfnis. Eine Nation der Pflanzenkultur, wie die deutsche, ist zwar erd- und heimatgebunden, bedarf aber zur Erhaltung und Entfaltung ihrer Art des Raumes. Also nie „Volk ohne Raum!"

Besonders wichtig erscheint Mir auch die Erkenntnis, dass wie in der Natur so auch im Kulturwerden jedem im Fortschreiten gewonnenen Vorteil ein gleichwertiger Verlust entspricht, jedem Bruchteil der naturwissenschaftlichen Erkenntnis ein ebenso bedeutender Bruchteil der Pietät!

Sehr anschaulich ist Ihre Darstellung des Ost-West-Pendels, der Kulturwanderung, die schließlich in Nordamerika im Materialismus (im Maschinenbetrieb Fords) endigt, und nun wohl wieder ostwärts zurückzupendeln beginnt. Gleichwie in Italien der Süd-Nord-Pendel im Industriebezirk Mailands (Fiat) seinen Endpunkt findet. Ob auch die Pflanze zu ihrer Ausbreitung über die Erde einem solchen Pendelgesetz unterworfen ist? Ohne Mitwirkung des Menschen, der hierbei ja oft willkürlich eingegriffen hat?

Was Euere Exzellenz uns als Paideuma ans Herz legen und mit Kulturseele, auch wohl einfach mit Seele, übersetzt wissen wollen[2] – als Gegensatz zum Verstande, der Tätigkeit des Gehirns, was Sie auch als Affektausbruch, Spontaneität, Intuition bezeichnen – all das fügt sich bei Mir zusammen in: Offenbarung, göttlicher Funke, Geist Gottes! So wird Mir die Kultur wiederum zur sichtbaren Bilanz des unerschütterlich, nach einheitlichem Plan im Stillen wirkenden Schöpferwillens! Ihre Entwicklung geht nach weiser göttlicher Fügung.

Alexander, Caesar, Napoleon sind sich gewiß nicht ihrer Rolle bewußt geworden – als Bilanzzieher und Buchhalter der vor ihnen herschreitenden Kulturen die Vollstrecker göttlicher Vorsehung gewesen zu sein.

Umso dringender wird es, die Ergebnisse Ihrer Forschungen unbeschadet wissenschaftlicher Weiterverarbeitung in kurzem Überblick weiteren Kreisen sofort zugänglich zu machen. Der tiefe Eindruck Ihrer Ausführungen auf die beiden Pastoren an Meinem Geburtstage hat Mich darin bestärkt: Euere Exzellenz haben uns damit so herrliche geistige Waffen geschmiedet! Gerade jetzt lassen Sie uns diese benutzen, Mein hehrer Waffenschmid[!], im jetzigen Kampfe der Geister daheim im deutschen Vaterland.

---

[2] In seiner Erwiderung vom 15. Februar (Nr. 98) stößt sich Frobenius an der „Übersetzung" des Paideumas mit „Kulturseele", die er Spengler zuschreibt. Wilhelms „Übersetzungsvorschläge" gehen jedoch beide auf Frobenius eigene Anregungen in Nr. 90 zurück, die freilich jeweils auf den vorliegenden Fall eingeschränkt sind: „... Paideuma, das wir hier schlechtweg mit Seele bezeichnen können ..." und „... Paideuma,[!] (hier mag man es mit Kulturseele übersetzen) ...".

Gerade in der jetzigen Notzeit. Es geht um die heiligsten Güter, um Volk, Raum[!] und Ehre, um König und Vaterland, um Kaiser und Reich! –

Was Euere Exzellenz Mir noch über die Gorgo andeuten, ist ja fabelhaft. Die Gorgo aus dem Zusammenfluß dreier Ideen erwachsen, von denen die eine bis in das 9. Jahrtausend zurückreicht! Sie werden Mir nachfühlen, wie stolz Ich bin, mit einer solchen Gottheit – vielleicht der ältesten – zu debütieren.

Haben Sie die beiden Gorgonen aus den jugoslawischen Funden in den „Illustrated London News"[3] nicht sehr interessiert? Besonders das untere Bild mit den Schuppen auf der Brust? Vielleicht Reminiszenzen an urweltliche Entwicklungsvorgänge? Auch wenn, wie Euere Exzellenz betonen, sich noch niemals hat nachweisen lassen, dass ein Schuppengebilde in ein Federkleid übergegangen ist.

Beste Grüsse und [a]Wünsche, auch von Ihrer Majestät der Kaiserin![a]
[b]Hamdulillah![b4]

Wilhelm
I.R.

---

[a] K: Genesungswünsche   [b] Ae

---

[3] Treasure-Trove from the Eighth Grave: Art-Work of the 6th Century B.C. Found in Trebenishte, Yugoslavia, in: The Illustrated London News vom 27.12.1930, S. 1163. Die dort abgebildeten, von Wilhelm als Gorgonen identifizierten Gestalten stammen vom Henkel einer Bronzevase sowie von einem Bronzedreifuß. Die zuletzt genannte Frauengestalt mit breitem Gesicht, Korkenzieherlocken und großen Flügeln wird von der Zeitung, ohne daß man einen Löwenkörper erkennen könnte, als „a fine Sphinx" beschrieben.

[4] Al-Hamdu li'llāh (arab.): „Dank sei Gott!" – aber auch einfach ein Ausruf freudigen Erstaunens.

97.

Wilhelm II. an Editha Frobenius, 12.2.1931, Doorn

Maschinenschriftliche Ausfertigung:
A   FI: LF 616/7

Meine verehrteste Exzellenz

Wollen Sie bitte gütigst verzeihen, gnädigste Frau, wenn ich mich in einer Angelegenheit, die das jüngst für mich ausgearbeitete Dokument Ihres verehrten Mannes[1] betrifft, statt an ihn direkt mich[!] an Sie wende.

Allein in seinem Antwortbrief auf meine väterliche Warnungen und Ermahnungen, erklärte er mir, „vorläufig" noch nicht ruhig bleiben zu können, ja sogar „unartig" sein zu müssen.[2] Also verschleierte „Gehorsamsverweigerung"!!! Eine schlimme Sache für

---

[1] Nr. 90.   [2] S.o. Nr. 94.

einen Emir! Da ich aus diesem Verhalten den Schluss ziehen muss, dass er wieder möglicherweise auf der Walze ist und nicht leicht erreichbar, auch nicht vielleicht in der Lage, mit einliegendem Schriftstück sich zu befassen, so habe ich mir die Freiheit genommen, mich an Sie zu wenden. Es handelt sich nämlich um seinen grandiosen Aufsatz „Wesen und Werden der Kultur"[,] der als herrliches Geburtstagsgeschenk mich kurz vor dem 27. erreichte.

Ich habe ihn dreimal erst für mich durchgelesen! Gepackt vom Inhalt und der Stoffbehandlung beschloss ich sofort, die Probe auf das Laienpublikum zu machen. Ich las den Aufsatz abends I!M![!][3] und den anwesenden Herren vor. Gross war das Staunen; am Schluss noch grösser die Begeisterung. Einstimmig klang es: „Das muss heraus, das ist, was wir brauchen, das sind gute Waffen zum Kampfe der Geister!"

Am Vormittag des 27. nach Gottesdienst und Gratulation[4] nahm ich mir den Hofprediger Vogel – Potsdam, der durch [M]ich schon Ihres Mannes Forschungen und Thesen kennt[,] und einen trefflichen holländischen Luther-Pfarrer Stellwaag, der ebenso orientiert ist, in meinen Turm hinauf[5] und nahm mit ihnen Satz für Satz durch[.] Begeisterte Zustimmung! Die Theologen empfanden – im Gegensatz zu Jeremias – in keiner Weise das Fehlen jeglicher theolog[ischer] Anklänge. Beide erklärten sofort: „Das muss heraus! Die Leute werden sich darauf stürzten[!] und daran erfrischen." Vogel setzte hinzu: „Prachtvolles Material, das werde ich meinen Predigten in Zukunft zu Grunde legen."

Also das Experiment ist geglückt. Das verschiedendste Publikum reagiert umgehend. Der Boden für die Problemgestaltung ist vorbereitet, die Aussaat muss beginnen.

Ich habe daher beschlossen, den Aufsatz von Frobenius in Form eines Vortrages einem geschlossenen, geistig angeregten Kreise von Damen und Herren unserer näheren holländischen Bekanntschaft bekannt zu geben und habe ihn dazu persönlich nochmal ganz durchgearbeitet, für die Laien etwas zurechtgestutzt. Besonders habe ich schwer verständliche wissenschaftliche Fremdwörter – wie z.B. das scheussliche Paideuma, etc. – in seiner eigenen Uebersetzung wiedergegeben. Das dazu nötige Kartenmaterial habe ich in Skizzen beigelegt. Können dieselben im Institut gezeichnet werden[,] oder soll ich das wo anders[!] machen lassen? Ebenso wollte ich den – von S[einer] Exz[ellenz] zu genehmigenden Vortrag – als Manuskript drucken lassen. Kann das im Institut gemacht werden? Wenn nicht, schicke ich es an meinen Verleger Köchler Leipzig[6], der sonst alles für mich drucken lässt laut Vertrag. Jeder Gast soll auf seinem Stuhl ein Exemplar des Vortrages vorfinden, das er nach Hause zum Nachlesen mitnehmen kann. In meinem Schluss habe ich kurz und klar die Religionsseite betont. Das ist geschehen mit Absicht. Es soll der Kirche zeigen, dass die Kulturmorphologie – untheologische Forschung – für sie ganz unentbehrlich ist und ihr ganz nahe steht; dass sie Hand in Hand gehen müssen;

---

[3] „Ihrer Majestät", also Wilhelms Frau Hermine.

[4] Der 27.1.1931 war Wilhelms 72. Geburtstag.

[5] Wilhelms rundes Arbeitszimmer befand sich im Obergeschoß des Turms von Haus Doorn.

[6] Gemeint ist offenbar der Leipziger Verlag Karl Franz Koehler, bei dem von 1921 bis 1936 mehrere unter Wilhelms Namen publizierte Bücher erschienen und der auch den Druck dieses Vortrags übernahm: Das Wesen der Kultur. Vortrag Seiner Majestät des Kaisers Wilhelm II. nach einer von Leo Frobenius für Seine Majestät verfaßten vorläufigen Skizze, Leipzig 1931.

und <u>wie</u> die Kirche die Nutzanwendung auf die Religion aus der kulturmorphologischen Forschung zu ziehen hat.

Also allen Angriffen und Einwendungen von Jeremias z.B. – der im Grunde seines treuen braven Herzens Frobenius und alle Kulturmorphologen mehr oder minder für Heiden hält, – wird durch meinen Schluss ^aso^a ipso die Spitze abgebrochen, eine <u>Brücke geschlagen.</u>

Der Vortrag soll Mitte oder Anfang 2ten Hälfte März gehalten werden. Nun bitte ich Ew. Exz. die grosse Güte szu[!] haben, beifolgendes Schriftstück mit Anlagen[7] Frobenius zu unterbreiten, sobald er zeitlich bezw. gesundheitlich in der Lage ist, dieselbe zu lesen und sein placet zu geben.

Mit besten ^bWünschen^b für Ihn[!], Sie, Töchterlein, Institut

Ihr

gez. Wilhelm

I.R.

P.S. Sonntag bekommen Vollgraff, Boehl, Blüher den Aufsatz zu hören. An Exz. Schmidt-Ott schrieb ich meine Missbilligung über reduzierungen[!] beim Institut, <u>das unter meinem Protektorat stehe!</u>[8]

---

^a *Offenbarer Schreibfehler für* eo   ^b *Ax statt* Grüssen

———

[7] In Utrecht ist ein eigenhändiges Konzept für Wilhelms Vortrag, in das er nachträglich auch Frobenius' Ergänzungen (Nr. 98) eingetragen hat und dem Entwürfe für mehrere Graphiken beigelegt sind, vorhanden (AEW: 1680 B4–D4). Frobenius hat anscheinend dieses Exemplar zur Durchsicht erhalten oder zumindest eine Durchschrift, da er in einer Anmerkung direkt angesprochen wird (s.u. Nr. 98, Anm. 5).

[8] S.o. Nr. 94.

98

Anmerkungen Frobenius' zu Manuskript Wilhelms II.[1], 15.2.1931, [Frankfurt am Main]

Eigenhändige Ausfertigung:
A   AEW: 1679 F6–F8
Durchschrift der eigenhändigen Ausfertigung:
D   FI: LF 606/31–34

[a]Zu dem Elaborat des Kaisers über die Kulturlehre, den[!] er drucken lassen will und das er am 12 II an Editha[2] sandte[a]

Kleine Änderungsvorschläge[3]

S. II 3
statt „durchaus"[4]   „aber und vor allen Dingen"

S. III 5
Anastrophe[5]   möchte ich definiren mit
                             „Aufbau infolge gewaltsamen Vorganges"[,] entsprechend:
                             Katastrophe = „Zerstörung durch gewaltsamen Vorgang".

III 6
[b]"hinterseelenmässige"[b6]   einschiebbar [„](paideumatische)["], denn der Begriff Paideu-
                             ma ist doch schon ziemlich eingebürgert.
                             NB. Spengler hat mein „Paideuma" übersetzt mit „Kultur-
                             seele"[7], d.i. wenig glücklich, denn es ist ein Pleonasmus. Es

---

[a] *Bleistiftvermerk von Frobenius' Hand auf D*   [b] *Offenbar Schreibfehler für* hinter „seelenmäßige"

---

[1] Zu dem zugrundeliegenden Vortragsentwurf Wilhelms s. Nr. 97, Anm. 7. Der Hauptteil dieses Manu-skripts folgt eng der Argumentation in Frobenius' Brief vom November/Dezember 1930 (Nr. 90). Ihm schließt Wilhelm jedoch ein eigenes Schlußwort an, das unten in Anm. 13 wiedergegeben wird.

[2] Nr. 97.

[3] Wilhelm hat zunächst sämtliche Änderungsvorschläge Frobenius' in sein Manuskript übernommen, aber das Schlußwort noch in dieser Fassung unter Berücksichtigung von Frobenius' allgemeineren Überlegungen in Nr. 100a und bei starker Kürzung überarbeitet (AEW: 1680 B4–D4).

[4] In Wilhelms Entwurf hieß es: „Während in Deutschland die alten Kaiserthümer ihren Schwerpunkt in der Anlehnung an die Kulturen des Mittelmeeres im Süden und [das] letzte Kaiserthum seine Anleh-nung an Hansa u[.] Ost-Nord-Kulturen im Norden hatten. Das Gleiche in China, Innerasien etc. Diese durchaus deutliche Verschiebung ist durchaus nicht nur der Ausdruck formaler Vorherrschaft, sondern auch innerer Neugestaltung." (AEW: 1680 B5).

[5] Wilhelm hatte in seinem Entwurf hinter diesem Wort vermerkt: „(Uebersetzung für das Wort von Ew. Exz. erbeten für das zuhörende Laienpublikum, insbesondere die Damen)" (AEW: 1680 B6).

[6] In Wilhelms Entwurf stand: „Für das, was als Seelisches im kleinen Kinde vorgeht zunächst das seelenmaessige Grundbeispiel:" (AEW: 1680 B7).

[7] In Nr. 90 hatte das auch Frobenius getan.

ist ein wenig so, als wenn jemand sagt: „Essspeise"[!]. In Wahrheit soll eben je nach der Verwendung Paideuma hier = Cultur (als aktiver Organismus)[,] dort = Seele stehen.

IV 7
hinter „Totalität"[8]:   „als Ganzheit, als Wesen"

IV 8
statt „grosse Abenteurer"[9]:   „bedeutende Abenteurer"

XV 29
statt „Ausweisung jedweder Problematik,"[10]:   „Stellungnahme gegen alles verstandesgemäss Unfassbare und damit Herabminderung aller Pietätswerte!"

XV 30
die Klammer „(da es nicht einseitig wie der Westen ist)"[11]   kann leicht zu politischen Missverständnissen führen. Dagegen wäre sehr wohl zu sagen „(da die Führer der Weltwirtschaftsgründung, die Westkulturen[,] ihre Problematik zum Besten der Gründung des Materialismus verbrauchten)"

XV 30
hinter „wichtigste"[12] möchte wohl einzuschieben sein „da auf ihm die mächtigste Verantwortung lastet".

Mit diesen letzten beiden Vorschlägen möchte ich nach Möglichkeit alles wie „Politik" und „Eigenlob" klingende für Deutschland ausgeschieden sehen. Das Ganze ist ja eine Lehre

---

[8] Die Formulierung in Wilhelms Vortragsentwurf im Zusammenhang der Ergriffenheit des Kindes von seinem Spiel war: „Immer wird das Object als <u>Totalität</u> aufgefaßt, ..." (AEW: 1680 B7).

[9] Im Entwurf Wilhelms hieß es: „Menschen, welche die Fähigkeit zu Solchem [dem genialischen Moment] sich aus der Kindheit in ihr späteres Leben herübergerettet haben, werden grosse Künstler oder grosse Abenteuerer." (AEW: 1680 B8).

[10] Wilhelm hatte in seinem Entwurf zur Charakterisierung der „Westeuropa-Kultur" geschrieben: „Einerseits vorherrschend Naturwissenschaften, Mechanik, Materialismus; andererseits vorherrschend bei rücksichtslosester zurückstellung aller Problematik Ausweisung jedweder Pietät." Durch die von Frobenius vorgeschlagene Formulierung ersetzte er die gesamte Passage nach „andererseits" (AEW: 1680 D2).

[11] Bei Wilhelm hieß es: „Dem Deutschen Volk als dem <u>zur Zeit Problemgestaltenden</u>[!] (da es <u>nicht</u> <u>einseitig</u> wie der <u>Westen</u> ist), ist die <u>schwerste</u> [Aufgabe] beschieden, aber auch die <u>höchste</u> und <u>wichtigste</u>, ..." (AEW 1680 D3).

[12] S.o. Anm. 11.

vom Geschehen. Sie kann die Menschen nur anregen, diese Ansichten, die aus Beobachtungen gewonnen wurden, nachzuprüfen und dann selbstständig die Schlussfolgerungen zu ziehen. Wir müssen uns wohl dem andächtigen Glauben hingeben, dass das alles das Wesen des Geschehens erfasst hat. Und dann wirkt es von selbst.

XV 30
vielleicht vor „Frobenius"[13]   – „soweit", dann wirkt es im Druck abschliessender.

XVI 31
hinter „Kulturseele"[14]   „(Paideuma)"

XVI 31
„Spontaneität = Eingebung" könnte bei Philosophen Bedenken erwecken.

XVI 31   Dagegen könnte hinzugefügt werden: „Pietät oder Hingabebereitschaft = Andacht; und das, was dem Menschen als schaffende Intuition einfällt[,] = Gnade."

XVI 32
statt „schaffen"   „gebieren"

XVI 32
statt „die Hexengestalt der Weltwirtschaft beseitigen"   „das heute noch leere und mechanische Gebilde der Welt-

---

[13] Gleich anschließend endete der auf Frobenius zurückgehende Teil des Vortrags, was Wilhelm markiert hatte, indem er dessen Namen einschob. Daran fügte er ein kurzes Schlußwort an, in dem er versuchte, Frobenius' Thesen in einen theologischen Zusammenhang zu stellen: „Ew. Majestät, meine Herren und Damen! Der Aufsatz S. Exz. des Professor Frobenius ist hiermit zu Ende. Wir haben von ihm über das ‚Wesen und Werden' der Kultur ein gänzlich neuen Bild gezeichnet erhalten. Der geniale Forscher hat uns Laien einen ganz neuen Blick in das Wesen u. Werden der Kultur auf Erden eröffnet, der uns zu aufrichtiger Bewunderung seiner in 40jähr. Forscherarbeit bewährten Methode mitreisst. Exz. Frobenius übersetzt Kultur mit ‚Lebensgefühl, Kulturseele, Seele'. Nun, dass die Seele ein Theil von Gott ist, daher setzen wir Intuition = Offenbarung; Spontaneität = Eingebung; Anastrophe = Affektausbruch = Göttlicher Funke; Kulturwesen = Fügung; Schicksal = Schenkung. Dann sehen wir im Wesen u. Werden der Kultur den Plan Gottes, des Herrn des Schicksals und insbesondere der Gnade, mit welcher Er die Menschen lenkt in stiller[,] unbemerkter Weise. Vor dieser stillen Arbeit Gottes neigen wir uns in Pietät und Ehrfurcht, d.h. im Glauben und unterwerfen uns ihr, denn wir setzen hier Pietät = Glauben. Unser Glaube aber lässt uns eine gewaltige Polarität erkennen, die alles beherrschend auch die Kultur beeinflusst: ‚Gott – Schöpfung; Antichrist – Gegenschöpfung; Satan – Sünde; Christus – Erlösung!' Möge Gott dem dem Osten zugehörigen Deutschen Volk, das durch seine Vielseitigkeit – im Gegensatz zum einseitigen Westen – zur Problem-Gestaltung besonders begabt ist, gewähren, aus seiner Seele heraus eine Gestalt zu schaffen, die den Beruf hat, die Hexengestalt der Weltwirtschaft zu beseitigen und die verschiedenen Soloinstrumente der Völker der Erde zu mächtigem ‚harmonischen Zusammenklang' eines geschlossenen Völkerconzertes zusammenzufassen. Sein Führer sei dabei der Weltenretter, der Erlöser, der Deutschen ‚Heliand'!–" (AEW: 1680 D3f.).

[14] Zu dieser und den folgenden Stellen s. Anm. 13.

wirtschaft mit Sinn, d.h. mit
wahrer Kultur zu erfüllen."

Frobenius
Sonntag 15 II 31

99.

Wilhelm II. an Frobenius, 17.2.1931, Doorn, Telegramm

Ausgehändigtes Exemplar:
A   FI: LF 616/8
Eigenhändiges Konzept:
K   AEW: 1620 F6

vorlesung an die drei Professoren stattgefunden[1]
sehr warme aufnahme besonders das paideumatische
grundbeispiel sowie die anderen auch mit lebhaftem
beifall begruesst nach eingehenden debatten am schluss
prognose fortzulassen und mit dem Beispiel auf Jetztzeit
angewendet zu schliessen vorgeschlagen
veroeffentlichung allseitig gewuenscht wilhelm i r

---

[1] Im Postskriptum zu Nr. 97 hatte Wilhelm erläutert, daß er aus Frobenius' Ausführungen zur Kulturgeschichte in Nr. 90 einen Vortrag erstellt habe, den er zunächst probeweise den Althistorikern und tatsächlichen Professoren Vollgraff und Böhl sowie dem Privatgelehrten Blüher vorstellen wolle. Daß er diese Absicht ausführte, bestätigt auch seine Anmerkung in Nr. 100a, Anm. p.

100.

Editha Frobenius an Wilhelm II., 21.2.1931, Frankfurt am Main

Eigenhändige Ausfertigung:
A   AEW: 1679 F4–F6

Euer Majestät

danke ich herzlich für das Vertrauen, das mir mit dem Vermittlungsauftrag geschenkt wurde.[1] Ich konnte meinen Mann gerade zwischen zwei Reisen erwischen und

---

[1] S.o. Nr. 97.

ihn bitten, mir schnell die wichtigsten Punkte dessen, was er zu den Ausführungen Euer Majestät zu sagen habe, ins Stenogramm zu diktieren, dessen Übertragung ich anbeifüge. Inzwischen sind auch die Karten gleich im Institut beordert und nach Doorn abgegangen.

Wenn mein Mann sich Euer Majestät gegenüber herausgeredet hat, dass er noch „unartig" sein müsse, so ist das leider nur eine Umschreibung. Es liegt ein Zwang, etwas erarbeiten zu müssen auf ihm, von dem schwer zu sagen ist, ob ihn ein anderer Mann überhaupt ertragen könnte. Jetzt hat er, um den Kreis seiner Mitarbeiter geschlossen erhalten zu können, auch noch die Leitung einer Zeitschrift übernommen,[2] wobei selbstverständlich die Arbeit zunächst wieder von ihm geleistet werden muss.

Ich bitte um die Erlaubnis, mit meiner Tochter zusammen Ihrer Majestät einen Gruss entbieten zu dürfen, und verbleibe
         Euer Majestät
            verehrungsvoll ergebene
            Editha Frobenius

---

[2] „Der Erdball", s.u. Nr. 102, Anm. 7.

100a.

„Editha" Frobenius an Wilhelm II., [21.2.1931, Frankfurt am Main][1]

Maschinenschriftliche Ausfertigung:
A   AEW: 1679 F8 – G1
Durchschlag der maschinenschriftlichen Ausfertigung:
D   FI: LF 616/9
Konzept von der Hand Leo Frobenius':
K   FI: LF 616/10–12

[a]Stenogramm – Übertragung[a]

1. Freude über die freundliche Aufnahme, trotzdem mein Mann seine eigene Leistung noch durchaus als bedenklich unreif erachtet. Er hat es Euer Majestät nur gesandt, um den in Doorn gestellten Wünschen gerecht zu werden. Er arbeitet unentwegt am Weiterausbau.

---

[a] *Nur in A*

---

[1] Der Form nach wendet sich hier Editha Frobenius an Wilhelm; in dem begleitenden Anschreiben an ihn (Nr. 100) erklärt sie, diesen Text nach Diktat ihres Mannes stenographiert und später in Reinschrift übertragen zu haben. Beides wird durch den erhaltenen Entwurf von Frobenius' Hand (K) widerlegt. Die wahrscheinliche Datierung ergibt sich daraus, daß es sich um die Anlage zu Editha Frobenius' Schreiben von diesem Tag handelt, beide einen Präsentatsvermerk vom 24. Februar tragen und Frobenius auf D vermerkt hat: „an S.M. durch Editha 21. Febr. 31".

2. Mein Mann ist über die Umsetzung in theologische Sprache[b] erfreut; aber er glaubt nicht, dass bestimmte Kreise dadurch in ihrer Ablehnung solcher Denkweise wankend werden können; besonders nicht Jeremias, den er als Menschen so sehr verehrt, den er aber [c]doch[c] mehr als Streiter der Kirche und als[d] Verehrer des Dogmas erachtet.[e]

[f]3[f]. Die Karten [g]wurden[g] sogleich für den Druck gestellt und [h]abgesandt[h]. Dagegen ist die dem Institut hier zur Verfügung stehende Druckerei so wenig erfreulich und leistungsfähig, dass er die Drucklegung bei Koehler[i] in Leipzig[2] anempfiehlt. – [j]Eine[j] Correkturlesung [k]möchte[k] dagegen im Institut erfolgen.

[tl]4[l]. Mein Mann teilt durchaus Euer Majestät Ansicht, dass[m] die Mittellung über diese Ergebnisse zunächst nur als Manuskript gedruckt und pressemässig noch nicht verwendet werden dürfen[!], da das Ganze[n] noch nicht die Reife hat, die für eine richtige Veröffentlichung wünschenswert ist.

[o]5[o]. Für die letzte gütige Depesche vom 17. II.[p] bedankt er sich herzlich, ebenso wie für das Brieftelegram vom 27. Januar und das Schreiben vom 5. Februar.[3] Die jugoslavischen Gorgonen[4] haben ihn sehr überrascht[,] und er wird darauf zurückkommen, sobald er seinen Gesamtbericht über die „Geschichte der Gorgo" einsenden wird.

[q]6[q]. Ganz besonders empfiehlt aber mein Mann folgenden Gesichtspunkt Eurer Majestät Beachtung:

Wenn diese Anschauungweise nicht diejenige der aufsteigenden Zeit ist, so wird sie einflusslos verklingen; denn eintrommeln kann man der Menschheit heute nichts mehr; man kann ihr nur geben, was auf dem Wege ihrer Bedürfnisse liegt; eine etwa auf Deutschland im speziellen[!] hinzielende Prognose wird in diesem Falle lediglich erregen, zu peinlichen Aufblähungen führen etc. – Wenn diese ganze Lehre dagegen, wie ja Euer Majestät anzunehmen scheinen, [c]wirklich[c] aus dem Wesen unserer Zeit geboren ist und für die werdende Weltanschauung Bedeutung hat, dann genügt die Anregung zum Denken in eine bestimmte Richtung, und dann wird die Mehrheit selbst zu den Schicksalsfolgerungen kommen, [r]soweit sie für[r] Deutschlands spezielles Geschick und Schicksal bedeutungsvoll sind. – Deshalb bittet mein Mann Euer Majestät, die Hinweise auf Deutschlands Schicksalsbedeutung am Ende der Darlegungen fortzulassen. Denn wir

---

[b] *Ke: sehr* [c] *Ke* [d] *Ke: Dogma*

[e] *Ke: als als*

3. M. Mann hat[!] Euer Majestät Arbeit, die er bewundert, durchgegangen und erlaubt sich beifolgende Änderungsvorschläge zu machen.

[f] *Ke aus 4* [g] *Ke aus werden* [h] *Ke aus folgen*

[i] *In A Marginalie Wilhelms: mein Verleger* [j] *Ke statt Die*

[k] *Ke aus kann* [l] *Ke aus 5* [m] *Ke: diese Arbeit*

[n] *Nach einer längeren nicht entzifferten Streichung Ke: Auf eine solche Form weist ja wohl auch*

[o] *Ke aus 6*

[p] *In A Anmerkung von Wilhelms Hand: Vorlesung an Professoren Blüher, Boehl, Vollgraff u. deren Urtheil*

[q] *Ke aus 7* [r] *Ke statt die*

---

[2] S.o. Nr. 97, Anm. 6. [3] Nr. 99, 95 und 96. [4] S.o. Nr. 96, Anm. 3.

leiden, wie er meint, heute noch an dem geschmacklosen[s] Ausspruch: „Am deutschen Wesen wird alles genesen."[5t]

---

[s] *Ke: Aussp*

[t] *K besitzt eine alternative Fortsetzung:*

5. Natürlich ist er über das rege Interesse Euerer Majestät sehr erfreut.

6. Mein Mann wird aber Euerer Majestät in der nächsten Woche schreiben, zumal Euer Majestät Brief vom 5. II. noch unbeantwortet ist.

7. Was nun eine „Gehorsamsverweigerung" anbelangt, so ——

---

[5] Gemeint ist offenbar der Doppelvers „Am deutschen Wesen soll die Welt genesen" aus Emmanuel Geibels 1871 in seinen „Heroldsrufen" veröffentlichtem Gedicht „Deutschlands Beruf".

101.

Frobenius an Wilhelm, 23.2.1931, Frankfurt am Main

Durchschrift der eigenhändigen Ausfertigung:
D   FI: LF 611/19f.

Euer Majestät![!]

vermelde ich, dass [ich,] hier eintreffend, ein Schreiben von Exc[e]ll[en]z Schmidt-Ott (respkt. Geheimrat Siegismund) vorfinde (v. 20[.] II[.])[,] dass die Notgemeinschaft uns nun doch noch in diesem Jahre 2000 M[ar]k nachzahlen kann.
Ich athme auf!!!

Den Nachsatz in dem Schreiben Euerer Majestät an meine Frau[1] las ich. Also sehe ich den Zusammenhang
– und ich sehe unseren „Vater der Güte und Fürsorge" vor mir!

Frobenius

---

[1] Nr. 97.

102.

Frobenius an Wilhelm II., 26.3.1931, Frankfurt am Main

Eigenhändige Ausfertigung:
A   AEW: 1679 D5 – E1
Durchschrift der eigenhändigen Ausfertigung:
D   FI: LF 611/21–29

Euer Majestät!

Also kam es am Ende doch noch so, dass der Körper versagte und ich schleunigst aus allem Arbeitsbetrieb in einen fernen Winkel verjagt[a] wurde.– Aber nun ist „Vater" wieder bei seinen Institutskindern angelangt, in vorzüglich aufgebügeltem Zustand. Hurra! die alte Elasticität[?] lebt noch!

Hier habe ich nichts versaeumt. Dagegen hat es mich bekümmert, dass ich zur Erledigung der Polemik, die inzwischen heraufzog,[1] nicht zur Stelle sein konnte. Am Liebsten wäre ich[,] sobald ich die Sendung vom 6ten III[.] erhielt, gleich nach dem Norden geeilt oder hätte mich überhaupt mit der Sache eingehend befasst, als sie mich am 13/III auf meiner Florentiner Station erreichte. Denn wahrscheinlich haben Euer Majestät dieser Interpretation [b]eine grössere[b] Bedeutung beigelegt als ich und – wir. Das „Wir" ist das Entscheidende. Denn wohl war für mich klar, wie ich zu diesen Meinungsaeusserungen stehe[,] und konnte sogleich depeschiren[!]; andererseits wollte ich mit denen meiner Freunde, die als Mitarbeiter und Fachleute mit uns hier[c] am Werke sind und die Männer von entscheidender[!] Urteilskraft sind, eine ernste Antwort vorbesprechen. Vorher wollte ich nicht des näheren[!] mich aeussern. Da diese Besprechungen nun sogleich nach meiner Rückkehr stattfanden[,] kann meinerseits das Nähere gesagt werden. Inzwischen lief hier auch ein Brief von Herrn Hans Blüher an mich ein (vom 9[.] III[.])[2], den ich gleichzeitig beantworte und [d]in[d] Nachschrift Euer Majestät zur Kenntnis bringe.[3]

---

[a] *Ae und De:* habe   [b] *Ae und De aus* einen grösseren   [c] *Ae und De:* arbeiten

[d] *Ae und De statt* mit

---

[1] Wilhelm hatte eine provisorische Fassung seines Vortrags den Althistorikern und Mitgliedern der Doorner Akademie Böhl und Vollgraff sowie dem Berliner Privatgelehrten Hans Blüher vorgetragen (s.o. Nr. 99, Anm. 1). Trotz zunächst positiver Aufnahme muß Blüher Wilhelm später schriftlich Vorbehalte gegen den Vortrag mitgeteilt haben. Wilhelm war dadurch offenbar verunsichert, denn als „Hausmarschall" Graf Schwerin auf der Mitteilung, daß Frobenius an der ihm zugesandten überarbeiteten Fassung des Vortragsmanuskripts keine Änderungen mehr vorschlage (Rhotert an Hofmarschallamt, 4.3.1931, AEW: 1679 E8), notierte, „Der Druck kann also beginnen", stoppte ihn Wilhelm sogleich wieder mit der Anmerkung: „Nein! noch nicht! die Einwürfe Blühers müssen erst Exz. Frobenius nochmals vorgelegt werden. W." Das geschah mit einem Schreiben Schwerins an das Forschungsinstitut für Kulturmorphologie vom 6. März (AEW: 1679 E7) und hatte u.a. eine Verschiebung des ursprünglich für den 20. März angesetzten Vortrags des ehemaligen Kaisers zur Folge (Einladungs- und Benachrichtigungsformulare in AEW: 1679 E6f.).
[2] AEW: 1679 E2f.: „Seine Majestät der Kaiser schrieb mir gestern express, ich möge mich mit Ihnen in Verbindung setzen, um mich in betreff der Diskrepanzen, die sich durch meine Kritik ihres Aufsat-

Nun das Einzelne:

Wir sind hier erstaunt über die ausserordentliche „Sicherheit", mit der Herr Blüher meine Skizze „kritisiert" hat. In unseren Kreisen ist es Sitte, wenn schon eine „Kritik" gefällt werden soll, mit allergrösster Sorgfalt sich dem vom Objekt Gebotenen hinzugeben, zu forschen, was wohl der Autor meint, sich in seine Ansichten und Begriffe zu vertiefen. So hätte jeder meiner Kollegen sich gefragt: „Was ᵉverstehtᵉ wohl Frobenius unter Polarität"? und hätte das ᶠbetreffendeᶠ Kapitel im „Paideuma"[4] nachgelesen. Er

---

ᵉ *Ae und De statt* meint   ᶠ *Ae und De*

---

zes herausgestellt haben, mit Ihnen zu ‚einigen'. Und zwar soll das bis Palmarum geschehen. Ich habe dem Kaiser zugesagt, dass ich heute an Ew. Excellenz schreiben werde, aber es ist mir, muss ich gestehen, nicht ganz klar, wie man sich hier ‚einigen' soll. Handelt es sich um Willensdifferenzen, so kann man, bei guten Willen, einen Ausgleich schaffen, wie in der Politik; geht es aber um Erkenntnisdifferenzen, so hat man das, auch bei gutem Willen, nicht in der Hand. Aber ich muss mein Versprechen halten. Und da meine ich Folgendes: Ew. Excellenz und ich sehen ein Phänomen von zwei verschiedenen Standorten her an, deren jeder seine Berechtigung hat. Dieser Blick auf die Kultur geschieht bei Ihnen forscherisch, bei mir philosophisch. Bei Ew. Excellenz ist der ‚Ursprung' der Kultur ein möglicher Plural (es könnte Ursprünge geben), bei mir ein singulare tantum. Das liegt im Wesen der philosophischen Fragestellung. Nun kann Einer dem Andern nicht eo ipso sagen, dass er falsch sehe (zwei Bergsteiger, die einen Berg von verschiedenen Anmarschstellen aus besteigen, können das auch nicht) – sondern das ginge nur dann, wenn einer vom Standorte des Andern aus zu sprechen versucht, obwohl er garnicht[!] dort steht. Und hier habe ich mir erlaubt, auf Wunsch Seiner Majestät, meine kritischen Anmerkungen zu machen. Ew. Excellenz kennen sie wohl inzwischen. Ich bin der Meinung, dass man diesen Streit um einzelne Punkte doch wohl am besten einmal am Herdfeuer von Doorn durchspricht, falls das Seine Majestät will. Es würde sonst zu endlosen Briefen führen[,] in denen sich nur Missverständnisse häufen. In einem Punkt aber hoffe ich[,] die Zustimmung Ew. Excellenz auch so zu erhalten, nämlich in diesem: Das Nachwort seiner[!] Majestät hat keinen inneren Zusammenhang mit den Darlegungen Ew. Excellenz. Der Kaiser will auf das Christentum hinaus, und das geht hier nicht. Jedenfalls ist da keine Brücke da. Man kann ja auch hinter eine mathematische,[!] oder zoologische Arbeit einen christlichen Schluss setzen, aber niemand wird behaupten können, dass das zur Sache gehört. Und darum nannte ich das kaiserliche Nachwort ‚hinzukommandiertes Christentum'. Wollen Ew. Excellenz meine Kritik nicht als ein Zeichen mangelnder Ehrerbietung ansehen, sondern als die Erfüllung meiner Pflicht, das zu sagen, was ich verantworten kann, nicht das, was gefällt."

[3] Frobenius an Blüher, 28.3.1931 (AEW: 1679 D4f. und E4f.): „Von einer Auslandfahrt heimkehrend, finde ich hier Ihren Brief vom 9. März vor. Haben Sie Dank. Auch ich bin der Überzeugung, dass wir zu einer Einigung nicht gelangen können. Wenn nichts anderes mir diese Ansicht aufdrängte[,] so würden allein schon die Darlegungen Ihres Briefes diese Ueberzeugung erwecken. Wenn Sie nach Lektüre meiner Skizze sagen, dass mir der Ursprung der Kultur ein möglicher Plural sei, so widerspricht solche Auslegung meiner innersten Ueberzeugung und kann dies nur in der Ihnen natürlichen Interpretation liegen. In Wahrheit ist es genau umgekehrt. Aber Ihre Unterscheidung in forscherliche und philosophische Einstellung erklärt dies. Sie haben (nach Ansicht meiner hierin besser beschlagenen Kollegen) ein Leben der Hingabe an Grübeleien und subjektiwistische[!] Einstellung hinter sich; ich ein solches, in dem der Dienst stets zum Verständnis des ‚Du' allein entscheidend war und das ausserdem angefüllt war mit einer ständigen Unterordnung unter Tatsachenstudien, die überwunden werden mussten, bis diese den Gedanken erweckten: Es ist sehr selten, dass zwei Männer, von denen des einen Lebensgefühl aus der Steigerung des ‚ich' und des andern als Wirkung des Lebens und der Umwelt erwuchsen, sich verstehen, – wenn nicht eine sehr gründliche Hineinarbeitung stattfindet, wozu Ihnen augenscheinlich bei Abfassung Ihrer ‚Kritik' die Zeit fehlte. So kann ich denn auch Ihren Schlusssätzen durchaus nicht zustimmen. Aber das würde zuweit führen. Keineswegs werde ich Ihre ‚Kritik' als etwas anders nehmen als es[!] ist, nämlich als Ausdruck Ihrer ehrlichen Ueberzeugung und insofern bringe ich ihr alle Achtung entgegen."

[4] Leo Frobenius, Das Paideuma, in: Ders., Erlebte Erdteile, Bd. 4: Vom Völkerstudium zur Philosophie. Der neue Blick, S. 29–366, hier: S. 265–274: „Polarität, Sexualität und Paideuma".

hätte sich näher über „Mahalbikultur" informiert und über die verschiedenen Auffassungen von „Sein oder Nichtsein". Oder aber gar[,] wenn unsereins so etwas Vieldeutiges liest wie „Magie" hier und „Mystik" da! Ei! da gillt[!] es genau [zu] untersuchen, was der Autor darunter versteht und seine früheren Schriften nachzuschlagen. – Das alles ist für <u>unsereinen</u> notwendig, wenn er eine „<u>Kritik</u>" schreibt! – Denn wir wissen, dass keine zwei Menschen mit so vokabularisch ausgedrückten „Begriffen" den gleichen Sinn verbinden. Also heisst es dann genau feststellen – wie gesagt, wenn das Wagnis der „Kritik" unternommen werden soll!!! Wie gesagt, von <u>unsereinem</u>, der sich ganz der Verantwortung seiner Stellung als <u>Diener der Idee</u> klar ist.

Ganz anders ist ^ges^g bestellt mit dem, was ein Hans Blüher in solchen Fällen unternimmt. Nach allem, was ich höre, ist er wie früher der waschechteste aller Subjektivisten geblieben. Besonders bezeichnend ist das, was nun sein Verehrer: Frank Thiess in dem Buche: „Erziehung zur Freiheit" S[.] 343–347 über ihn schreibt.[5] Hans Blüher ist von Natur schon ein Genie. Aber das Hauptsymptom seiner Entfaltung soll darin bestehen, daß er sich <u>seinen</u> Grübeleien, <u>seinen</u> Gedanken hingiebt und immer er„blüht". Also der ausgesprochene Typus eines „Ich-menschen"[!], dem immer <u>seine</u> Ansicht, seine Vorstellung, <u>seine</u> Interpretation entscheidend sind und bleiben.

Daher fand Euer Majestät, dass Hans Blüher nur das „Sein + Nichtsein" Hamlets kennt, dass er nur die Polarität, wie sie in Goethes Farbenlehre[6] sich spiegelt, kennt, dass er kategorisch kommandiert: „Magie ist Mystik in praktischer Form." Wir von der Wissenschaft bezeichnen diese Denkform, die sicherlich viele Vorzüge in der Welt hat[,] als „intellektualistisch". Der Intellektualismus liebt es, das Einzelne eines Gesammtbaues[!] herauszunehmen und als „Einzelnes" zu behandeln, trotzdem es als im Gesammtbau[!] Befindliches gar nichts „Einzelnes" mehr ist, sondern eher als Bauteil zu behandeln ist. Am Charakteristischten[!] ist der auf S. 11 der Maschinenhandschrift[!] ^hzu^h Ende des Absatzes 2 geschriebene Satz „Das ist <u>marxistisch</u> gedacht. Bl." Hier hört für <u>unsereinen</u> alles auf.– Aber – wie gesagt,[!] – das alles ist eine Frage der Einstellung und gerade wir, die wir zum <u>Dienen</u> erzogen sind, die wir mit dem Worte „Kritik" eine unerhörte Verantwortung verbinden, müssen es ablehnen[,] diese Einstellung in Betracht zu ziehen.

---

^g *Ae und De statt* das   ^h *Ae und De statt* an

---

[5] Frank Thiess, Der Mensch zieht das Destillat aus der Natur ihr selber vor. (Ein Exkurs über Blüher), in: Ders., Erziehung zur Freiheit. Abhandlungen und Auseinandersetzungen, Stuttgart 1929, S. 343–347. Thiess ist darin gegenüber Blüher, für den er ein „zwiespältige[s] Gefühl" habe (S. 345), keineswegs unkritisch, erklärt aber auch: „Vom Standpunkt der Boulevard-Philosophen aus muß Blüher als konservativer Außenseiter und bodenloser Subjektivist erscheinen, während sein heutiges Werk in Wahrheit genau die Linie innehält, wo die Subjektivität schöpferisch wird, da objektive Standpunkte hier nur fruchtlose Fiktionen sein können. Subjektiv ist darum eigentlich nur die Temperamentslage seiner Deutungen, die Instrumentierung des Gedankens, nicht aber dieser selbst, der auf einer bedeutenden intuitiven Findigkeit beruht und oft von überzeitlicher Reinheit ist." (S. 343f.)

[6] Der Polaritätsbegriff zieht sich durch Goethes Farbenlehre; seine Rolle bestimmt der Autor am deutlichsten, wenn er erklärt: „Wie durchaus bei Entstehung der Farbe das ganze System gefordert wird, haben wir schon früher mehrmals erfahren, und [...] es liegt schon in dem Begriff von polarischer Entgegensetzung, wodurch eine elementare Einheit zur Erscheinung kommt." (Johann Wolfgang von Goethe, Entwurf einer Farbenlehre, in: Ders., Sämtliche Werke, Bd. 16: Naturwissenschaftliche Schriften. Erster Teil, Zürich/München 1977, S. 17–244, hier: S. 134f.)

Ich fühle mich im Übrigen durchaus fähig[,] <u>die Verantwortung für das[,] was ich geschrieben habe, zu übernehmen.</u> Gewiss ist hier nicht alles so gut formuliert, wie es mir wünschenswert scheint[,] und deshalb erklärte ich meine Befriedigung darüber, dass Euer Majestät Vortrag nur als Manuskript gedruckt wird. Im Übrigen ist der Inhalt so oft und so eingehend im Kreise meiner urteilsfähigen Fachgenossen erörtert worden, dass auch eine gute Klärung sogar dieser ersten Niederschrift vorausging.

In alledem handelt es sich aber gar nicht um <u>Kritik</u> und am allerwenigsten handelt es sich um Zergliederung, Zerlegung, Analyse einzelner Begriffe und Gedanken. Das, was sich nur heute als Phaenomen „Kultur" dokumentiert, ist eine Totalität, eine Ganz- und Einheit. Und so wirkt sich das Gesammte auch auf die an dem sich Gestaltenden Teilnehmenden auch[!] aus. In diesem Sinne habe [ich] über mehr oder weniger bedeutungsvolle Linien dieser Totalität und dieser „Offenbarung" in diesem Winter über 50 Vorträge im In- und Ausland gehalten und nie etwas anderes erlebt als Nutzbringer der Seelen. Und wie mir Euer Majestät berichten, ist es in Doorn doch wohl auch nicht anders gewesen.

Um diese Gedanken selbst immer deutlicher zum Ausdruck zu bringen, ist mir ⁱals Herausgeberᶠ jetzt auch eine Zeitschrift: „Der Erdball" zur Verfügung gestellt worden.[7] Ich werde nun (von einem anderen Gesichtspunkt aus) den Stoff der Kulturwissenschaften in zwei Aufsätzen, in der April- und ⁱMaiⁱ-nummer[!] grundsätzlich erörtern.

Um mich herum tobt die Arbeitsmasse der grossen Frankfurter Ausstellung, die am 18 April eröffnet werden soll.[8] Bsssss! – Dann kommt eine kurze Ruhepause und dann die Vorbereitung für die Ausstellung in Amsterdam.[9]

Darf ich bitten, Ihrer Majestät die Hand küssen zu dürfen.
Euer Majestät „Wiederhergestellter"

Frobenius

ⁱ *Ae und De aus* Maerz

———

[7] Die populärwissenschaftliche Zeitschrift „Der Erdball. Illustrierte Monatsschrift für das gesamte Gebiet der Anthropologie, Länder- und Völkerkunde" erschien von 1926 bis 1932 im Verlag Hugo Bermühlers in Berlin. S.a. Nr. 100, 116, 121 und 142.

[8] Die Felsbildausstellung im „Haus der Moden" auf dem Frankfurter Messegelände dauerte vom 18. April bis zum 17. Mai 1931.

[9] S.o. Nr. 92, Anm. 1.

103

Frobenius an Wilhelm II., 30.3.1931, Frankfurt am Main

Eigenhändige Ausfertigung:
A   AEW: 1679 A7
Durchschrift der eigenhändigen Ausfertigung:
D   FI: LF 611/30f.

Euer Majestät

und Ihrer Majestät kann ich heute mitteilen, dass die Ausstellung der Felsbilder-copien[!] der letzten Expedition durch das Neederlandse[!] Nationaal Bureau voor Anthropologie im städtischen Kunstmuseum zu Amsterdam vom 6. Juni bis zum 6. Juli stattfinden wird.[1]

Sollten nun Euer Majestät meiner Bitte, die Ausstellung zu besichtigen[,] willfahren wollen, so bitte ich des Weiteren, mich die Führung durch die Gallerie[!] übernehmen und mich wissen zu lassen, wann ich zu solchem Zwecke nach Holland kommen soll. Ich würde sehr stolz darüber sein, Euer Majestät das Werk meiner Mitarbeiter selbst erleutern[!] zu dürfen. Es bittet um Dispositionsverfügung

Euer Majestät

Frobenius

---

[1] S.o. Nr. 92, Anm. 1.

104.

Wilhelm II. an Frobenius, 31.3.1931, Doorn

*Ansichtskarte mit Photographie der Berliner Sie-
gessäule in „Abendstimmung" von Hans Hartz.*

Eigenhändige Ausfertigung:
A   FI: LF 616/14

Meine verehrteste Exzellenz!
Wärmsten Dank für Ihr Schreiben[1] nebst „Erd-
ball"[2]. Ich bin mit Leib und Seele Morphologe.
Habe Blühers „Kritik" nur darum Ihnen gesandt
als Exemplum dessen, was Sie zu erwarten haben,
wenn die Schrift durch meinen Vortrag – nach
Ihrem Entwurf – in einem wenn auch begrenzten
Kreise von Freunden u. Gelehrten bekannt wird.
B. ist eben auch so Einer[!], der die Totalität nicht
erfassen kann. Mir[,] dem unphilosophischen
Laien[,] gelingt es eben.[3] Mein Vortrag soll eben

die vollzogene „Anastrophe"[4] Ihrer Gedankenarbeit sein. Ich brenne darauf[,] meine
Zuhörer vor mir zu haben,[!] und lohendes Feuer in ihnen zu entzünden. Nur setze ich
unter die „Bilanz" Ihren Namen ganz gross geschrieben; denn ich bin nur das Radio, das
weitergiebt. Bald nach Ostern soll es losgehen. Karten sind schon fertig, sehr gut
geworden. Probedruck des Vortrages auch. Werde Ihnen alles[,] wenn fertig[,] schicken.
Freue mich unendlich, dass Sie wieder wohl. Grüsse an die Damen.

Wilhelm
I.R.

---

[1] Nr. 102.

[2] Die Märzausgabe dieser Zeitschrift war die erste von Frobenius herausgegebene. S.a. Nr. 100 und
102, Anm. 7.

[3] Daß er diesen Erfolg nicht für kontingent hielt, machte Wilhelm in seiner Antwort an Blüher vom 3.
April deutlich: „Also wir Laien stehen dem Werk anders gegenüber als die Philosophie; damit müssen
die Philosophen sich zu trösten wissen. Wir arbeiten mit der Seele, die Philosophen mit dem Kopf. Wir
fühlen uns ein, die letzteren suchen zu begreifen." (AEW: 1679 D2f., hier: D3).

[4] Diese Verwendung entspricht nicht ganz Frobenius' Definition von „Anastrophe" als „Aufbau infolge
gewaltsamen Vorganges" (s.o. Nr. 98).

105.

Wilhelm II. an Frobenius, 7.4.1931, Doorn

Eigenhändige Ausfertigung:
A   FI: LF 616/15

Meine verehrteste Exzellenz.

Besten Dank für die frohe Botschaft über die Felsbilderausstellung im Juni-Juli hier.[1] Werde das Datum meines Besuches mittheilen[,] sobald die „Verhandlungen" darüber Klarheit geben. Ihr Aufsatz über Afrika im „Erdball"[2] ist ganz vortrefflich und behandelt ja das Thema Ihrer Skizze für mich. Da habe ich für meinen Vortrag einen herrlichen Ausdruck für die Mentalität der Mahalbicultur[3] herausgefischt: „Spirituelle Vergeistigung der Materie!" Ganz glänzend! Der Vortrag soll stattfinden[,] sobald die Drucksachen von Koehler[4] eingegangen sind; das schöne vergrösserte Kartenmaterial ist schon hier. Wollen Sie zu dem Vortrag kommen? Wir würden uns ausserordentlich freuen. Wenn nicht, schicke ich Ihnen die Drucksache zu. Aus Oesterreich höre ich, dass man sehr stolz dort sei, dass Sie Simbabwe für <u>spät</u> erklären u. P. Scherbesta[!] <u>Recht</u> gegeben hätten in dem[,] was er über das Reich des Monomotapa geschrieben habe. Stimmt das?[5] Wie fanden Sie meine Antwort an Blüher[6]?

Mit besten Grüssen an Ihre Gattin u[.] Tochter

Ihr
Wilhelm
I.R.

---

[1] S.o. Nr. 103. Am 4. April hatte Wilhelm durch seinen Hofmarschall erklären lassen: „Die Majestäten werden Sich freuen, die Ausstellung der Ausbeute Ihrer letzten Expedition in Amsterdam unter Ihrer Führung zu sehen. Seine Majestät lassen Sie bitten, den Ihnen am geeignetsten erscheinenden Termin innerhalb der Ausstellungszeit vorzuschlagen. Die Majestäten werden – soweit möglich – Sich entsprechend einrichten." (Wilhelm von Dommes an Frobenius, 4.4.1931; FI: LF 603b/13 und AEW: 1620 F7). Zwei Wochen später präzisierte Dommes seine Anfrage durch den Hinweis, „daß die besonderen Verhältnisse Hollands den Besuch Seiner Majestät nur <u>vor</u> der offiziellen Eröffnung der Ausstellung gestatten." (Wilhelm von Dommes an Frobenius, 18.4.1931; FI: LF 603b/14).

[2] Leo Frobenius, Die Kunst Afrikas, in: Der Erdball 5 (1931), S. 85–114.

[3] S.o. Nr. 49, Anm. 8 und S. 39f.

[4] S.o. Nr. 97.

[5] Beide Behauptungen stimmen nicht: Frobenius hatte sich gerade für das hohe Alter der Simbabwekultur ausgesprochen (Leo Frobenius, Erythräa. Länder und Zeiten des heiligen Königsmordes, Berlin/Zürich 1931, S. 337f. und Nr. 70 sowie 60). Nicht nur darin wich er von der früheren Darstellung Schebestas (Paul Schebesta, Die Zimbabwe-Kultur in Afrika, in: Anthropos 21 (1926), S. 484–522) markant ab. Das betont er auch selbst in Nr. 110.

[6] Wilhelm II. an Hans Blüher, 3.4.1931 (AEW: 1679 D2f.), s.a. Nr. 104, Anm. 3. Wilhelm stellte sich damit in der Auseinandersetzung zwischen Frobenius und Blüher ganz auf die Seite des Ethnologen.

106.

Frobenius an Wilhelm II., 11.4.1931, Frankfurt am Main

Eigenhändige Ausfertigung:
A   AEW: 1679 C4–C7
Durchschrift der eigenhändigen Ausfertigung:
D   FI: LF 611/32–35

Euer Majestät!

bitte ich darum[,] Sich den endeunterzeichnenden „Betriebsleiter" der kultur-morphologischen Ausstellung, die hier am 18ten April eröffnet wird[1][,] in einem einmal weiss gewesenen, jetzt buntgrau gewordenen Arbeitskittel und in wechselndem Spiel mit Bürsten, dem Kleisterpinsel, Schreinerhammer, Anstreichmatritze[!] etc. vorzustellen. Die Wandfläche der Säle bietet etwa 1½ Kilometer laufender Länge. Es wurden jetzt zum ersten Male <u>alle</u> Darstellungen der Felsbildergallerie[!] (beginnend mit der Kaiser-Expedition von 1913/4[2] an) ausgestellt und ausserdem der grösste Teil der grossen Formate des Afrikaarchivs. (von kleinen nur 1/100tel[!]) Also Betrieb, Betrieb, Betrieb!

Das ist der Grund, weshalb ich erst heute zur Beantwortung der Schreiben Euerer Majestät vom 31ten Maerz und vom 7ten April[3] komme. Denn wenn es mir auch für keine andere Sache etwas ausmacht, sie schnell und in Hast zu erledigen, so benötige ich für die Schreiben an Euere Majestät genau wie für die an meine Frau ein gewisses Behagen, Sammlung und Ruhe.

Zunächst noch einmal der Fall „Blüher".– Es ist eine der interessantesten Erscheinungen des heutigen Geisteslebens, dass die Zahl der Männer, die sich den geistigen Berufen widmeten und[,] hierbei dem Wege des Intellektes ᵃfolgendᵃ, zu einer erstaunlichen Einengung gelangen, immer grösser wird. Es ist das fraglos eine Consequenz der geistigen Einstellung des XIX[.] Jahrhunderts, die dem Dogma des Realismus und Rationalismusᵇ zuschwor und „das" Metaphysische wegleugnete. Die Arroganz der Zeit, in der uns das intellektuell beweisbare[!] und durch Experiment erhärtete[!] als Wahrheit galt. „Arroganz" deshalb, weil es eine Überschätzung des Intellektes bedeutet und das Wirken des „Seelischen" ignorirt[!]. Und doch ist das Seelische im Menschen das Bedeutende. In ihm liegt aller Sinn menschlichen Lebens, alle wahre Kultur und daher auch <u>alle Religion</u> begründet. Eine Kultur oder eine Religion aus Ausdruck des Kausalitätsbedürfnisses und der Intelligenz <u>giebt es nicht</u>. Indem nun die Männer, von denen ich hier spreche, ihr Leben zu einem intellektuel[!] betonten machen, indem sie das Metaphysische in den Keller sperren[,] speichern sie eine laufend sich mehrende Summe von Intellektualismen auf, die das Verständnis für das seelenmässige[!] immer geringer macht, bis es zuletzt abstirbt.

ᵃ *De aus* folgten   ᵇ *De:* fo

---

[1] S.o. Nr. 102, Anm. 8.   [2] S.o. Nr. 28, Anm. 5.   [3] Nr. 104 und 105.

Diesen Streitern des Intellekts gegenüber steht aber die grosse Masse des Deutschen[!] Volkes heute. Die Einstellung der Zeit auf „Nur Verstand" ist vorüber. Das Deutsche[!] Volk hat in dieser Zeit der Adoration der „Göttin Vernunft" keinen Schaden erlitten und zeigt heute vielmehr eine schroffe Ablehnung dieser Cultur. Jeder bedeutende Deutsche, der dem Intellektualismus nicht verfallen ist, trägt heute nicht nur ein Verständnis[c], sondern auch eine Hingabe an das Seelenmässige in seiner Brust. Kultur und Religion sind deshalb als Seelenhaftes heute dem naiven d.h. unvergelehrten Gemüt viel leichter verständlich als dem gelehrten Gehirn.

Hans Blüher gehört fraglos zu der Gruppe der verstandesgemäss Betonten. Ich bin überzeugt, dass er eine Persönlichkeit darstellt, halte ihn aber für zu beschwert, um in Totalitäten zu denken[,] und deswegen halte ich Euer Majestät Schreiben[4] für durchaus sachgemäss und treffend.

Immer wieder erstaune ich über Euer Majestät Gabe[,] das Wesentliche, den Kern der Dinge zu erfassen. In der That meine auch ich, dass die „spirituelle Vergeistigung der Materie" den Kern der „Mahalbikultur" erfasst.[5] Unter diesen Umständen glaube ich, dass unsere Kulturmorphologische[!] Weltanschauung durch Euer Majestät in glänzender Weise vertreten werden wird. Es ist sehr gütig, mir Teilhaberschaft an dem sicher genussreichen Vortragsabend gewähren zu wollen, – aber, aber: unsere Ausstellung harrt[?] und all die vielen ausländischen Gäste und Vorträge. Dank, Dank, Dank!

Aber wie freue ich mich darauf, Euerer Majestät dann im Juni die Bilder der Amsterdamer Ausstellung vorführen zu dürfen.[6] Wie! – Ich bitte um die Erlaubnis, Ihrer Majestät die Hand küssen zu dürfen.

Z. Zt. bin ich Euer Majestät handwerksmässig betätigter

Ausstellungsbetriebsleiter
Frobenius

---

[c] *De:* für das

------

[4] S.o. Nr. 105, Anm. 6.

[5] Diese Ansicht Frobenius' ist wenig verwunderlich, da Wilhelm den Ausdruck erklärtermaßen von ihm übernommen hatte (S.o. Nr. 105).

[6] S.o. Nr. 103 und 105.

107

Wilhelm II. an Frobenius, 14.4.1931, Doorn

Eigenhändige Ausfertigung:
A   FI: LF 616/16f.

Meine verehrteste Exzellenz.

Vielen, vielen Dank für Ihr gütiges Schreiben[1]. Hamdulei![2] So viel Schmeichelhaftes[!] Lob[,] wie Sie mir darin spenden habe ich wohl selten, wenn überhaupt, jemals von so hoher, massgebender Warte erhalten. Ich bin sehr, sehr stolz! Besonders da ich mich stets als ein Laie betrachte, der jedoch für alles „Seelenmässige" ein besonders warmes Empfinden hat im Gegensatz zu allem „Nurintellectuellen"[,] das mich geradezu abstösst.[3] Also 1000 Dank!

Nunmehr vermelde ich, dass ich am Sonntag meinen Vortrag – probeweise – I[hrer] M[ajestät,] den Herren v[om] Dienst u[nd] dem Hofprediger Richter-Reichhelm (Charlottenburg) Abends vorgelesen habe. Es war ein glänzender Erfolg! Sie hätten das verständnisvolle Staunen, die begeisterte Freude des sehr intelligenten, Herzenswarmen[!] Geistlichen mal sehen sollen! Es war erfrischend! Am Schluss sagte er „Welch' eine neue Fundgrube, Fülle von Anregungen für meine Predigten! Das zu hören ist einer der schönsten Abende meines Lebens. Exz[ellenz] Frobenius ist ein Gottbegnadeter[!] Mann! Das ist ja viel herrlicher als alle Theologie; das ist Offenbarung! Wir Geistlichen müssen uns mit diesem Thema unbedingt beschäftigen!" Armer Blüher![4]

Er erzählte ferner folgende Meldung eines Deutschen Missionars der „Gossner[!] Mission"[5] bei dem Bergvolk der Khols in Indien für Sie; wie die Mütter ihren[!] Kindern sie[!] heute noch lehren:

„Die bösen Damonen gewannen auf Erden die Macht. Sie quälten die Menschen. Sie machten schliesslich einen brennenden Ofen aus der Erde. Als dessen Flammen aber den Himmel bedreuten[,] da beschloss die „Gottheit"[,] sie zu warnen. Erst schickte er die Nachtschwalbe herunter. Aber die Dämonen warfen sie in den Ofen und sie verbrannte. Dann schickte er die Wachtel herunter. Aber die Dämonen warfen auch diese ins Feuer und sie verbrannte. Da sandte er einen Theil von sich[,] seinen Sohn[,] in Lichtumflossen[!] herunter. Da warfen die Dämonen auch diesen ins Feuer. Aber er verbrannte nicht, sondern stieg aus dem Feuer heraus und trat ihnen entgegen. Da brachen die Dämonen zusammen zu seinen Füssen und stürzten sich selbst in die Flammen des Ofens und wurden vernichtet. Von da ab bekommen erst die Menschen Frieden und Ruhe auf der Erde."

---

[1] Nr. 106.   [2] S.o. Nr. 96, Anm. 4.   [3] S.o. Nr. 104, Anm. 3.

[4] Blüher hatte in seinem Schreiben vom 9.3.1931 die Verbindung von Frobenius' Theorien mit dem „hinzukommandierten Christentum" des Schlußworts Wilhelms kritisiert (s.o. Nr. 102, Anm. 2).

[5] Die von Johannes Evangelista Goßner 1836 in Berlin gegründete lutherische Missionsgesellschaft war seit 1845 in Nordostindien tätig. Ihr bewußter Einsatz von theologisch weniger geschulten Missionaren, häufig Handwerkern, traf sich mit Wilhelms Abneigung gegen theologische Gelehrsamkeit in praktischen Fragen des Glaubens.

Es erinnert an die 3 Einladungen zum Gastmahl im Gleichniss Christi! Welche erhabene Innigkeit eines schlichten Heidenvolkes! Seelenmäßig! Paideuma!

Mit besten Wünschen für Gelingen der Ausstellung zum 18.IV.[6] und Grüssen an Ihre Damen
Hamdulei!

Ihr dankbarer
Wilhelm
I.R.

---

[6] S.o. Nr. 102, Anm. 8.

108.

Wilhelm II. an Frobenius, 18.4.1931, Doorn, Telegramm

Ausgehändigtes Exemplar:
A   FI: LF 616/18
Mundiertes Konzept:
K   AEW: 1620 F6

ich sende ihnen zur heutigen eroeffnung ihrer frankfurter [a]morphologie[a] ausstellung[!][1] die besten wuensche in der festen ueberzeugung dass die vorfuehrung ihrer weltumspannenden forschungsergebnisse der wissenschaft neue wege weisen wird = wilhelm i r

---

[a] *In K von Wilhelms Hand ergänzt*

---

[1] S.o. Nr. 102, Anm. 8.

109.

Wilhelm II. an Frobenius, 29.4.1931, Doorn, Telegramm

Ausgehändigtes Exemplar:
A   FI: LF 616/19
Eigenhändiges Konzept:
K   AEW: 1621 A2

vortrag gestern abend vor gaesten gehalten unter anderen anwesend vollgraff boehl savornin lohmann ersterer begeistert versicherte eindruck bei allen durchschagend sehr tief auch drei pastoren anwesend[1] beim schlusswort tiefe ergriffenheit hoffe fuer sie und kulturmorphologie neue sympathien erworben zu haben hamdulei[2] vivat das konzert[3]
= wilhelm i r

---

[1] Die Einladungsliste vom 28.4.1931 (AEW: 1679 C2) nennt Pfarrer Herbst aus Den Haag, Pfarrer Henn aus Rotterdam und Pfarrer Stellwag aus Utrecht.

[2] S.o. Nr. 96, Anm. 4.

[3] Der „weltliche" Teil von Wilhelms Vortrag schloß mit der zuversichtlich vorgetragenen, wenn auch bei Frobenius allenfalls angedeuteten (s.o. Nr. 90) Forderung, daß in der Weltwirtschaft ein Zusammenwirken sämtlicher Völker in ihrer jeweiligen Eigenart entstehe, das mit dem Zusammenspiel der verschiedenen Instrumente eines Orchesters im Konzert zu vergleichen sei (Wilhelm II., Das Wesen der Kultur. Vortrag Seiner Majestät des Kaisers Wilhelm II. nach einer von Leo Frobenius für Seine Majestät verfaßten vorläufigen Skizze, Privatdruck (Leipzig 1931), S. 30f.; das verwendete Exemplar befindet sich in AEW 1724 C8 – F1).

110.

Frobenius an Wilhelm II., 2.5.1931, Wien

Eigenhändige Ausfertigung:
A   AEW: 1619 B7–C1
Durchschrift der eigenhändigen Ausfertigung:
D   FI: LF 611/38–42

Euer Majestät

zur Meldung, dass Leo Frobenius für zwei Tage aus der Front herausgezogen und durch die vox accademica[!] nach Wien beordert wurde, allwo eine Reihe von Besprechungen in Dingen der ᵃfürᵃ hier beabsichtigten grossen Ausstellung[1] stattfinden soll.

---

[a] *Ae und De*

---

[1] Sie ist vermutlich nicht zustandegekommen. Frobenius erwähnt sie jedenfalls nicht mehr, und auch die Aufstellung seiner Ausstellungen von 1936 (Archiv der Johann Wolfgang Goethe-Universität

Besagten Leo Frobenius muss man wohl zur Zeit als den armen Schlucker bezeichnen, auf dessen Rücken all' das[,] was mit einer grossen Ausstellung, der Leitung des Institutes, Archives, einer Zeitschrift und die Verantwortung für die Befriedigung der Wissbegier von so und so viel[!] Studierenden etc. abgeladen wird. „Ausstellung" heisst Vorträge, Führungen in einem in 1½ K[i]l[o]m[e]t[e]r Wandfläche sich hinziehenden Elephantenstall[2], dessen eigenartige Akustik vom Führer die Hervorbringung donnerartigen Gebrülles verlangt, wenn er verstanden werden soll. Nur die Freude an einem mit Staunen über den unausschöpflichen Fleiss seiner Mitarbeiter erfüllten Publikum ermöglicht dem armen Schlucker die Erfüllung der Aufgabe. Hier in Wien braucht er nun nur zu lispeln. Am Dienstag beginnt der Frontdienst wieder. ————

Kurz nach seiner Ankunft (um ½ 9) erreichte den Mann per Flugpost nachgesandt das elegante weisse Buch: „Das Wesen der Kultur!"[3] Leo Frobenius ist von so viel seelischer Hingabefähigkeit und Verständnis Des[!] Verfassers bis ins Innerste ergriffen, – welcher Zustand den Ausdruck in Worten stets so erschwert, dass besser auf sie verzichtet wird! ! ! ! ! ! ! ! !

Leo Frobenius bittet aber um eine kleine Reihe von weiteren Belegen für seine Freunde, – und ein weiteres für ihn selbst mit einer Widmungsinschrift Des Hohen Verfassers! ————

Im Übrigen: Ja, ich glaube[,] dass diese Einstellung dem Deutschen Denken als [b]Gnade[b] geschenkt ist und dass sie dermaleinst einer neuen grossen Zeit als Ausgangspunkt dienen wird. Möchte es mir doch so erscheinen[,] als ob dermaleinst auch Gesandte, Botschafter und Konsuln in Zukunft[!] weniger die Aufgabe haben werden[,][c] dem Volke, unter das sie geschickt[d] wurden[,] die Natur des von ihnen vertretenen Volkes zu explicieren[!] als die sie [b]bewirtende[b] Nation zu studieren und verstehen zu lernen[!]. Nicht um[e] die Eigenschaften dieser [b]auszunutzen[b], sondern um von deren „Du" aus einen Einblick in das eigene „Ich" und den Effekt seiner Wirkung einschätzen zu lernen.

Ich habe noch etwas nachzuholen. In dem Schreiben vom 7[.] IV[.][4] haben Euer Majestät gefragt, ob die aus Oesterreich empfangene Nachricht, dass ich Pater Schebesta Recht gegeben habe, auf Thatsachen[!] beruhe. Hierzu kann nur gesagt werden, dass ich diese Nachricht überhaupt nicht verstehe. Pater Schebesta hat bibliographisch sehr flüssig gearbeitet. Aber er leitet die [b]Monomotapakultur[b5] von [b]Uganda[b] (also [b]Innerafrika[b]) ab[,] [f]und[f] sie stammt aus[g] [b]Osten und [a]von[a] Übersee[b]. Des Ferneren erklärt er die Religion als [b]Sonnencultus[b][!] und es ist das [b]Entgegengesetzte[b], eine [b]Mondverehrung[b][!] etc.

---

[b] In A von Wilhelm unterstrichen   [c] Ae und De: die   [d] Ae und De: wer

[e] Ae und De: den   [f] In A notiert Wilhelm darüber: aber

[g] In A ergänzt Wilhelm: d.

Frankfurt am Main, Akten des Kurators, Sammlung H, Nr. 72 3/08505, Bl. 34f.) führt eine Wiener Ausstellung erst für 1934 an.

[2] Die Ausstellung fand im „Haus der Moden" auf dem Frankfurter Messegelände statt.

[3] S.o. Nr. 109, Anm. 3.   [4] Nr. 105.   [5] S.o. Nr. 60, Anm. 2.

Die im Schreiben vom 14[.] IV[.][6] kurz wiedergegebene Lehre der Khole in Indien ist so wertvoll, dass ich glücklich wäre, wenn ich von dem Missionar einen näheren Bericht erhalten möchte.[h]

Die Eröffnung der Ausstellung[7] verlief durchaus würdig. Auch aus England war (vom Colonial Office) ein Vertreter da. Jetzt [b]bemüht man sich in London[,] für den Herbst eine grosse Ausstellung zu veranstalten[b].[8] Die Stenographischen[!] Berichte über die Reden, die gehalten wurden, werden Euerer Majestät zugehen[9].

Und nun das Schönste: es[!] wird mir also vergönnt sein[,] Euerer Majestät und Ihrer Majestät am 5[i][.] Juni in Amsterdam wenigstens einen Teil der Arbeiten der letzten Expedition vorführen zu dürfen.[10] Wie ich mich freue.

Hurrah! Hurrah! Hurra[!]!

Frobenius

---

[h] *In A Marginalie Wilhelms:* Hofpr. Richter Reichhelm bitten. W.
[i] *In A darüber von Wilhelms Hand:* 23?

---

[6] Nr. 107.   [7] S.o. Nr. 102, Anm. 8.
[8] Auch eine Londoner Ausstellung ist weder in der weiteren Korrespondenz noch in der Aufstellung des Instituts (wie Anm. 1) erwähnt.
[9] Ansprachen, die Stadtrat Michel, Frobenius, Prof. Dr. Franz Schultz als Vertreter des Rektors der Frankfurter Universität, Prof. Dr. Walter F. Otto und Dr. Waas gehalten hatten, liegen in maschinenschriftlicher Abschrift in AEW 1620 F8 – 1621 A2 vor. Eine Lücke von sieben Seiten läßt vermuten, daß weitere Reden gehalten wurden, doch ließen sie sich auch in der zeitgenössischen Presseberichterstattung nicht nachweisen.
[10] S.o. Nr. 92.

111.

Wilhelm II. an Frobenius, 7.5.1931, Doorn

Eigenhändige Ausfertigung:
A   *FI: LF 616/20*

Meine liebe Exzellenz

1000 Dank für Ihren Brief vom 2.V. aus Wien[1]. Ich bin tiefbeschämt, dass Sie bei der Ueberlastung noch sich Zeit genommen haben meinen Brief zu beantworten. Der Vortrag war für die Culturmorphologie ein durchschlagender Erfolg. Es ist hier in Holland ein Pflock eingeschlagen worden! Geistliche, Professoren, Damen, Herren der Laienwelt waren auf das Tiefste beeindruckt. Sie hörten mit gespannter Aufmerksamkeit

---

[1] Nr. 110.

zu; es war so still, dass man hätte eine Nadel zur Erde fallen hören können. Meine Herren, die in den hintersten Reihen sassen, erzählten mir, sie hätten beobachtet wie manche Zuhörer bei besonders prägnanten Stellen oder Sätzen, im stillen, heimlich applaudirt hätten. Der Boden für „Metaphysik" ist aufgebrochen, ich habe Ihre Körner hineingestreut, mögen sie aus stillem Werden[!], die Anastrophe[2] erleben, deren Bilanz ich ziehen kann!

Prof. Boehl machte eine ganz richtige Bemerkung indem er fragte: ob nicht die Nordischen Germanen eine Art Synthese zwischen Mahalbi u[.] Gabuluku[3] seien? Die Jagd habe für sie hohen Werth gehabt, der Ernährung halber; andererseits hätten doch[!] nicht in solchen Wüsten wie die Mahalbi gelebt, sondern in Wäldern bezw. in Pflanzen hervorbringenden Räumen, so dass sie andererseits auch von dem Pflanzenleben beeindruckt auch Metaphisiker[!] und Mystiker geworden seien? Mir scheint darin etwas richtiges[!] zu liegen; wenn auch die Furcht vor dem „Revenant"[4] dagegen sprechen würde. –

Eine Andere[!] Frage beschäftigt mich sehr, deren Lösung eine schöne Aufgabe der Kulturmorphologie bietet: Wann ist der homo sapiens zum erstenmal auf den Gedanken gekommen[,] ausser einem Wohnschutz für sich, eine Behausung (Höhle, Grotte, Steinhaufen p.p.) für ein unsichtbares, höheres Wesen zu bauen oder einzurichten, also einen Tempel herzustellen, den er selbst nicht zu betreten wagt? Und wo? Die mir bisher ertheilte Auskunft[,] das hinge mit den primitiven ersten Opfergaben – Getreide, Früchte, Brod[!], Fleisch p.p. – zusammen, die von Festen abgegeben würden[,] genügt mir nicht, denn geschah[!] ja auch im Freien ohne Tempel. Ausserdem ist Getreide etc. spät, ich nehme eine viel frühere Periode an. Die „streitbare Gräfin"[5] ist zum Besuch hier[,] wir streiten andauernd um Kulturfragen. Sie weist auf die Neolith[ischen] Funde in Mähren hin (Museum Brünn)

Mit besten Wünschen u[.] Grüssen
an die Ihrigen

Ihr dankbarer
Wilhelm
I.R.

---

[2] S.o. Nr. 90, Anm. 3.

[3] S.o. Nr. 49, Anm. 8 und Nr. 90, Anm. 9 sowie S. 39f.

[4] Die Widerkehr der Toten als Gespenster ist für Frobenius (Nr. 90) und Wilhelm (Das Wesen der Kultur. Vortrag Seiner Majestät des Kaisers Wilhelm II. nach einer von Leo Frobenius für Seine Majestät verfaßten vorläufigen Skizze, Privatdruck (Leipzig 1931), S. 23) ein Charakteristikum der Mahalbikultur.

[5] Elisabeth Altgräfin zu Salm-Reifferscheidt-Raitz.

112

Entwurf für: Wilhelm II. an Eva Chamberlain, 27.5.1931 und 7.6.1931, Doorn

Maschinenschriftliches, eigenhändig überarbeitetes Konzept vom 27.5.1931:
K₁   AEW: 1621 B2–B4
Maschinenschriftliches Konzept vom 7.6.1931 mit Wilhelms Genehmigungsvermerk:
K₂   AEW: 1725 A4–A6

^aEntwurf^a

Meine verehrteste Frau Chamberlain!

Warmen Dank für Ihre interessante Betrachtung über „Das Wesen der Kultur".[1] Ich möchte mir gestatten, einige Bemerkungen dazu zu machen. Sie, verehrteste gnädige Frau, bemerken, dass die „Civilisation" ja die Kultur sei, und diese stamme von den Menschen. Ich darf wohl annehmen, dass Sie unter „Civilisation" dasselbe verstehen wie die Anglo-Amerikaner, also die Anglo-Europäische Civilisation.

---

[a]   *K₁f*

---

[1] Eva Chamberlain an Wilhelm II., 4.5.1931 (AEW: 1725 A1–3): „Eurer Majestät Allergnädigste Zusendung des Vortrages nach Professor Frobenius['] Skizze, begleitet von huldvollen persönlichen Widmungsworten hat mich so beeindruckt, dass es mir schwer wird, den Dankausdruck hierfür zu finden. Ich baue auf die Gnade des gütigen Monarchen, der aus dieser meiner Unfähigkeit sich die Tiefe der Gefühle entnehmen wird. Inzwischen suchte ich mir nun den Gesamtinhalt der so gedankenreichen Darlegungen anzueignen, muss aber gestehen, dass mir das nicht leicht fiel, so sehr mich viele Einzelheiten anregten und fesselten. Es befremdete mich u. A. des oefteren da von ‚Kultur' reden zu hören, wo uns doch seit den [von Eva Chamberlains Mann Houston Stewart 1899 veröffentlichten] ‚Grundlagen des 19. Jahrhunderts' stattdessen der Begriff von Civilisation geläufig worden ist. Mir fehlte die wichtige Unterscheidung dieser beiden Begriffe. Auch kann ich der Behauptung schwer folgen: ‚Nicht der Mensch macht die Kultur, sondern die Kultur macht den Menschen.' Tritt einem doch aus allen den verschiedenen hier aufgeworfenen treffsicheren Beispielen gerade die Unzertrennbarkeit des Menschen von der Kultur u. Civilisation entgegen, ja schon bei den beiden urtümlichen Kulturen (der Gabulu[ku]-Kultur u. der Mahalbi-Kultur) sehen wir den Menschen im Mittelpunkt. Und zu den Hölzchen u. der Hexe bedurfte es des Kindes. Schopenhauers grundlegende Erkenntnis: ‚Die Welt ist meine Vorstellung' lässt sich nicht mehr bei Seite schieben. Dass sich Kultur- und Civilisationsströmungen vielfach Dank menschlichen Uebermuthes u. Frevels bis zu jenem Excess steigern, der dann den Zusammenbruch zur Folge haben muss, diess[!] wird uns in der Rede scharf u. deutlich veranschaulicht und erinnerte mich an die Schilderung, mit welcher mein Vater [Richard Wagner] in seiner großen Abhandlung ‚Oper und Drama' uns auf das Geistvollste Hector Berlioz schliesslich als ‚rettungslos unter dem Wuste reiner Mechanik begraben liegend' zeigt.– Den Vergleich aus dem Naturvorgang mit den aussterbenden La-France-Rosen, den Ulmen u[.] Pappeln konnte ich aber nicht in Beziehung zu jenen ‚Anastrophen' u[.] Katastrophen bringen, die uns bis in den Weltwirtschaftswahn trieben, der uns nun die grosse ‚Weltkrise' heraufbeschworen hat. Da sehe ich eben überall den Menschen am Werk! Wahn! überall Wahn! Das feierlich ernste und <u>doch</u> hoffnungsvolle Schlusswort, mit welchem diese Betrachtungen verklingen, hat mich wohlthätig berührt, ja erhoben, indem es uns das hohe Beispiel aus Haus Doorn tief ins Gemüthe prägt, vor dem wir mit ehrerbietiger Bewunderung uns neigen. <u>Diese</u> Kraft des Glaubens wird segenbringende Früchte tragen!"

Dazu ist zu sagen: dass diese englische Auffassung, dass die „Civilisation" mit der „Kultur" gleichbedeutend sei, [b]sie[!] stammt veraltet noch aus dem XIX. Jahrhundert[b] Das geht schon daraus hervor, dass der Engländer einen Ausdruck für „Cultur" in unserem Sinne überhaupt in seiner Sprache nicht besitzt; da ihm der deutsche Begriff „Kultur" fehlt. Wollen englische Schriftsteller in ihren Büchern – im Gegensatz zum landesüblichen Wort Civilisation – den Begriff „Kultur" – wie wir Deutschen ihn verstehen – definieren, dann brauchen sie unser Wort „Kultur" und zwar schräg gedruckt (in italics, wie sie das nennen), weil [c]im englischen[!] ein[c] Wort dafür nicht existiert. Für gewöhnlich arbeitet der Engländer mit dem Ausdruck „Civilisation", der für ihn mit Kultur gleichbedeutend geworden ist. Das ist aber, wie ich oben schon sagte, ein Irrtum.

Die Europäisch Englische[!] Civilisation ist nicht die Kultur [d]par[!] excellence.[d] [e]Zur Erklärung lege ich eine Neuformulierung von Exz. Frobenius bei, die derselbe zum klareren Verständnis für das Verhältniss[!] von Cultur und Civilisation sowie für den Gegensatz im Denken zwischen den „Westeuropäern" (Engländer, Franzosen) und den durch die Deutschen vertretenen „Osteuropäern" aufgesetzt hat, nachdem er einen Entwurf meiner Antwort durchgesehen hat.[e]

Sie ist ein Ausfluß, ein [f]Ausdruck[f], ein Teil der „Westeuropäischen"[!] Kultur. Die Kultur eines Volkes als solche setzt sich aus einer ganzen Reihe von Elementen zusammen wie z.B. Staatsform, Religion, Kult, Gesetzgebung, Sitten, Literatur, Kunst, Gebräuche etc. und [d]ebenso[d] auch seine Civilisation. In dieser spielen wiederum die Umgangsformen, Gesellschaftlicher[!] Verkehr, Lebensart, besonders das Kapitel „table manners", Wohnungsart (Geschmack, Einrichtungen), Vergnügungsart (Polo, Lawntennis, Golf[,] [a]Fußball[a] etc.) eine hervorragende Rolle. Wenn der Engländer in seinen Kolonien, sei es in Indien oder Afrika oder sonstwo schöne Clubs mit Rasen und Parkanlagen, Polo- und Tennisplätzen, Tanzsälen, Restaurants und Kinos eingeführt hat, in denen man zu bestimmten Tages- und Nachtzeiten in denselben Toiletten und Anzügen und in denselben Formen verkehren muss wie in London, dann sagt er: Er habe in das betreffende Land englische „Civilisation" und englische „Kultur", wie er meint, eingeführt. Der globetrottende[!] Laie anderer Länder, vom Gesehenen beeindruckt, spricht ihm das gedankenlos nach. Dem ist aber nicht so. Der Engländer ist unstreitig ungemein hoch „civilisiert" und hat seiner Civilisation bei manchen Völkern Eingang verschafft. Allein seine „Kultur" als Gesamtheit, sein Kulturseelenleben, ist stark verkümmert, einseitig. Jedes Volk mit einer gewissen Kultur hat seine eigene Civilisation, wenn sie auch am englischen Standard gemessen, mit diesem verglichen eine geringere sein mag. Z.B. die hochkultivierten Chinesen haben eine äußerst subtil ausgebildete „Civilisation", mit einem sehr alten, detaillierten Codex für die Formen gesellschaftlichen Verkehrszeremoniells.[2]

---

[b] *K₁e statt* auf einem Irrtum beruht   [c] *K₂: ein englisches*   [d] *K₁e*
[e] *In beiden Konzepten in Gestalt einer Fußnote*   [f] *K₁f aus* Ausbruch

---

[2] Eine ganz ähnliche Argumentation über Beispiele hatte bereits 1914 Thomas Mann verwendet: „Niemand wird leugnen, daß etwa Mexiko zur Zeit seiner Entdeckung Kultur besaß, aber niemand wird behaupten, daß es damals zivilisiert war. Kultur ist offenbar nicht das Gegenteil von Barbarei; sie ist vielmehr oft genug nur eine stilvolle Wildheit, und zivilisiert waren von allen Völkern des Altertums vielleicht nur die Chinesen." (Gedanken im Kriege, in: Ders., Friedrich und die große Koalition, Berlin 1915 (urspr. 1914), S. 7–31, hier: S. 7).

Die <u>Inder</u> haben eine uralte Kultur (im deutschen Sinne), weit älter als die ihrer englischen Herren; ihre alten Sitten und Gebräuche aber sind lange nicht so hochstehend als die chinesischen oder englischen. Also ihre „Civilisation" ist primitiver als die der anderen.

Die <u>Mauren</u>, die mich in Tanger empfingen, hatten in ihren einfachen weissen Burnussen unendlich viel mehr Würde, Anstand, Haltung als Angehörige eines einstigen Kulturvolkes, als die um uns herumwimmelnden europäischen Diplomaten in besternten, goldbestickten Fräcken. Dieser Mauren Vorfahren haben in jahrhundertelanger Arbeit Spanien auf eine Höhe der „Kultur" gebracht, die es später unter den christlichen Herrschern und der römischen Kirche ᵃverlor und auchᵃ nie wieder erlangte.

Aus Gesagtem geht klar hervor: 1.) Englisch-Europäische[!] Civilisation <u>ist nicht</u> „<u>die</u> Kultur" Europas. 2.) Jede Kultur hat einen eigenen Ausdruck ihrer besonderen Civilisation, an welche der Anglo-Europäische Civilisationsmaßstab nicht ohne weiteres angelegt werden darf. Anglo-Amerika, da <u>einseitig</u> auf Welteroberung und auf Business, auf facts eingestellt, ist in seinem <u>Kulturseelenleben</u> in Einseitigkeit verkümmert, hat kein Interesse an Lösung von Problemen, in denen die Metaphysik eine Rolle spielt. Diese können nur durch das <u>Kulturseelenleben</u> gelöst werden, das ganz besonders bei den Deutschen ausgebildet und lebendig ist, da sie vor obiger Einseitigkeit bewahrt ᵍbliebenᵍ. Ihnen fällt daher die große Aufgabe zu, in der jetzigen, vom Anglo-Amerikanischen Materialismus zur <u>Einseitigkeit des Zwecks</u>, <u>Materialismus</u>,[!] gedrängten Welt wiederum die Metaphysik mit ihrer Problemgestaltung zu Ehren zu bringen. Das heisst <u>Cultur</u> zu bringen!

Der <u>Franzose</u> ist auch ein Kulturvolk[!]. Aber seine „Civilisation" ist von der englischen himmelweit verschieden. Der Brite ist ein Fanatiker der Hygiene, Sauberkeit. Baden, Waschen gehört zum täglichen Leben (Pears Soap). Der Franzose steht diesem Prinzip ablehnend gegenüber, er ist unsauber. Statt nach der Pears Soap greift er nach dem Parfumflacon. Er bildet sich ein: „an der Spitze der europäischen Civilisation zu marschieren", während der Brite ihm jede Civilisation wegen seiner Unsauberkeit abspricht.

Ich glaube hiernach klar dargelegt zu haben, dass die „Europäische Civilisation" sehr verschieden und <u>nicht</u> „<u>die</u> Kultur" par Excellence ist.

Um Ihren Standpunkt zu begründen, schreiben Sie, verehrteste gnädige Frau, es sei doch der Mensch, der die Kultur mache, denn das Kind gehöre eben zu den Streichhölzern.

Das Beispiel ist jedoch anders herum zu deuten. Wie es zeigt, hat die „Umwelt" des Studierzimmers seines gelehrten Vaters seine Seele bislang nicht in Bewegung zu bringen vermocht. Es wandert herum, stellt Fragen an den Vater und <u>stört ihn</u>, da es beschäftigungslos ist. Erst als der Vater ihm die <u>Streichhölzer</u> mit einem <u>klar definierten Auftrag</u> übergibt, der es erfreut und begeistert, da beginnt es sein Spiel und damit sein Seelenleben zu erwachen. Die Streichhölzer werden seine „Umwelt", und seine Seele vertieft sich indieselbe[!], sie schöpferisch als Ganzes[,] als „Totalität" im Schaffensprozeß (im Spiel) behandelnd, bis es durch seine Seele die „Hexe" geschaffen hat. Diese Äußerung, Arbeit der Seele des Kindes, dies Schaffen der „Hexe"[,] ist eine <u>Kulturtat</u> seiner <u>Kulturseele</u>, nicht seines <u>Denk</u>vermögens bzw. seines <u>Gehirns</u>. Übertragen wir

---

ᵍ K_lf aus bleiben

dieses Exempel auf die Menschheit und wenden es kulturmorphologisch an, so ist die „Umwelt", ^h in welche der Schöpfer seine Menschenkinder gesetzt hat, und in welcher die^h Völker oder Völkergruppen sich entwickeln, das vom Schöpfer ihnen zugewiesene „Streichholzspiel", mit dem ihre Seele sich beschäftigt, unter derem ^i Einfluss^i sie gestaltet, schafft. Im geheimnisvollen Dunkel des Urwaldes, der sich ewig jung bleibend stets wieder erneuert, nie stirbt, unter Palmen, Bananen, Baobabs etc., Lianen, Orchideen entwickelt die Seele der Bewohner eine bestimmte[,] dieser Umwelt entliehene Kultur ganz bestimmter Eigenart, <u>Gabuluku-Kultur</u>, die <u>Mystik</u>. Im grellen Gegensatz dazu steht des „Streichholzspiel" der Wüstenbewohner und Jäger, die im weiten Raum das Tier jagen, bekämpfen, töten. Sie kämpfen um ihre Existenz, sehen dem Tod in die Augen, leben in Extasen abwechselnd mit Ernüchterungsphasen; der Kampf ist Lebensbedingung und Lebens<u>zweck</u>. Diese Mahalbi-Leute sind im Gegensatz zu den <u>metaphysisch</u>,[!] <u>spekulierenden</u>, friedlichen Waldmenschen harte, <u>abergläubige</u> Tatsachenmenschen der Kultur der <u>Magie</u>[,] des <u>Zaubers</u>. Ihre Umwelt hat ihrem <u>Seelenleben</u> ganz andere Eindrücke beschert, aus denen sie etwas ganz anderes herausgeschaffen haben als die Gabuluku-Leute.

Wir ersehen hieraus, dass die <u>Kulturaufgaben</u>, welche der Schöpfer Seinen Menschen stellt, gänzlich voneinander verschieden, abhängig von den ihnen von Ihm zugewiesenen Lebensräumen sind, von der sie umgebenden Umwelt, in welche Er sie hineingesetzt hat.

Die <u>Kultur</u> entsteht aus der Seelenarbeit der Menschen unter dem Eindruck des auf sie ausgeübten Einflusses der sie umgebenden Umwelt, welche ihre Seele zu schöpferischer Tätigkeit anregt. Dasselbe geschieht dem Kind durch die Streichhölzer, die ihm die Anregung zu seiner Seelentätigkeit geben. Zur Kultur gehört beides! ^a Kind <u>und</u> Streichhölzer! nebst Aufgabe.^a

Unsere Europäische[!] Kultur zerfällt in die <u>West</u>-Europas (England, Frankreich und die Mittelmeerländer) und die <u>Ost</u>-Europas (Deutschland, Skandinavien, Holland, Österreich-Ungarn, Rußland), die sich diametral gegenüberstehen. ^a Sobald die eine in die andere einbricht, giebt es eine Katastrophe. Ost bleibt Ost[,] und West bleibt West!^a

^d Ich schließe mit Frobenius: Civilisation ist etwas, was der Mensch lernen und weitertragen kann. Cultur dagegen ist eine wachsthumsmässige[!] <u>organische</u> Erscheinung, die im Einzelmenschen wie in den Völkern erscheint als <u>Begnadigung von Oben</u>.^d

      ^a(gez.) Wilhelm

       I.R.^{a3}

---

^h *K₁f statt* in der   ^i *K₁f statt* Druck

———

[3] In Ihrem Dankschreiben vom 13.6.1931 an Wilhelm erklärte Eva Chamberlain nun: „Das erfreuliche Ergebnis dieser Kenntnissnahme bestand für mich darin, dass ich hier ja ganz klipp und klar die in den ‚Grundlagen [des 19. Jahrhunderts]‘ vertretene Ansicht vorfand, welche ich anfänglich – wohl irrtümlicherweise vermisste, nämlich die ausgesprochene Scheidung der Begriffe von ‚Kultur‘ und ‚Civilisation‘" (AEW: 1724 G6f., hier G6).

113

Frobenius an Wilhelm II., 3.6.1931, Frankfurt am Main

Durchschrift der eigenhändigen Ausfertigung:
D   FI: LF 611/43–45

Euer Majestät

haben mir durch meine Frau und das Hofmarschallamt am 27[.] Mai[1] den Entwurf eines Schreibens über das Thema „Kultur und Civilisation"[2] vorlegen lassen. Dass ich den Auftrag erhielt[,] zu dem Entwurf Stellung zu nehmen, ist mir mehr verständlich als irgend jemand anders. Denn wenn in uns selbst auch alle Dinge noch so klar sind, so ist es doch sehr die Frage, ob unsere Zuhörer und Leser in sich die Voraussetzung besitzen, unsere Einstellung zu teilen und die Darlegung zu verstehen so, wie wir sie gemeint haben.

Demnach dachte ich die mir zu Teil[!] gewordene Aufgabe in der Weise am geschicktesten und Erwünschtesten[!] zu lösen, indem ich eine neue Formulierung der Geschichte und Bedeutung von[a] „Civilisation und Kultur["] versuchte, die ich anbeifüge[3]. Sie ist im Concept verfasst und konnte[!], da ich annahm, Euer Majestät möchten eine baldige Erledigung wünschen; da unser Personal mit dem Verpacken des Ausstellungsmaterials für Amsterdam[4] bis auf die letzte Hand voll beschäftigt ist, bitte ich den Herrn Hofmarschall[,] die Arbeit ins Reine schreiben zu lassen.

Der Schrieb selbst soll aber umgehend abgehen, damit er zur Zeit einlaeuft[,] und lebe ich in der Hoffnung[,] Euer Majestät und Ihre[r] Majestät am 19ten in Amsterdam[5] diesen Ausschnitt aus meiner Arbeit erklären zu dürfen.

Frobenius

---

[a] *De:* Phil

---

[1] Freiherr von Grancy-Senarclens an Editha Frobenius, 27.5.1931 (AEW: 1621 B2).
[2] Nr. 112.   [3] Nr. 113a.   [4] S.o. Nr. 103.
[5] An diesem Tag sollte Frobenius Wilhelm und Hermine durch die Amsterdamer Ausstellung führen.

Anmerkungen Frobenius' zu dem Entwurf eines Briefes Wilhelms II. an Eva Chamberlain vom 27.5.1931

Eigenhändige Ausfertigung:
A   AEW: 1621 B4–C3
Maschinenschriftliche Umschriften:
U₁   AEW: 1630 A4–A6
U₂   AEW: 1637 C4–C6
U₃   AEW: 1723 A3–A5
U₄   AEW: 1725 A6–A8

In A sind einzelne Formulierungen von Wilhelm mit Bleistift geglättet oder ergänzt, auch sind mit gleichem Stift einige Wörter nachgezogen. Die Umschriften geben diese Über-arbeitung wieder. Da so aber A nachweislich von Wilhelm intensiv gelesen wurde, wird hier nur diese Fassung mit seinen Änderungen wiedergegeben, nicht aber die gering-fügigen Abweichungen in U, die sich vor allem bei den Unterstreichungen finden.

[a]Zu dem Entwurf eines Briefes an Frau Chamberlain v. 27.V.31.[1]–[a]

Neuformulierung von Absatz 2[,] S. 1 als Vorschlag, um es so noch deutlicher zu ma-chen:

Dazu ist zu sagen: dass die englische Auffassung, dass die „Civilisation" mit der „Kultur" gleichbedeutend sei, veraltet ist und dass sie aus einer Zeit stammt, in der[b] unsere westlichen Nachbaren[!] (Engländer und Franzosen)[c] als natürliche Erscheinung[d] ihrer realistischen und rationalistischen Weltanschauung [e]lediglich[e] den äusseren An-blick „der" Kultur beachteten und in der der „Entwicklungsgedanke" alle Vorstellungen beherrschte. [f]Für diese äussere[f] und äusserlich begrifflich fassbare „Erscheinungsform" der Kultur[g] nur[!] den einen Ausdruck Civilisation und[h] in der Geschichte dieser Civili-sation glaubte man[,] eine Linie des Aufsteigens aus einem niederen Zustand („Primitive Völker") in einen höheren bis in den in Westeuropa verkörperten höchsten Zustand der Engländer und Franzosen zu erkennen. Für alle Stufen der „Entwicklung" hatte man nur den einen Namen „Civilisation". Die Thatsache, dass dem so ist, bedeutet eines der charakteristischsten Symptome für die bis in die Wurzelspitze hineinrreichende Unter-schiedlichkeit, die zwischen den westlichen (Engl[and] & Frank[reich]) und den oestli-chen (repräsentiert durch Deutschland) Kulturen besteht.

In dieser, wie in allen entsprechenden Erscheinungen[,] Kulturaeusserungen, geht nehmlich „Das Deutsche Empfinden" von einem entgegengesetzten Lebensgefühl aus,

---

[a] *Af*
[d] *Ae aus* Erscheinungen
[g] *Ae:* nann

[b] *Ae:* die
[e] *Ae statt* nur
[h] *Ae:* diese

[c] *Ae:* die als Ausdruck
[f] *Ae aus* Diesen äusseren

[1] Nr. 112.

was sich eben in sprachlichen Ausdrücken dokumentirt. Nur ein Beispiel: Nehmen wir das deutsche Wort „Beruf". Das, was dieses Wort nur uns Deutschen sagen will, kann man überhaupt nicht in die engl[ische] oder französische Sprache übersetzen und in ihnen [^i]überhaupt[^i] völlig gleichsinnig ausdrücken (Metier[!], profession, vocation, etc[.] etc[.,] das alles immer nur Teilansichten unseres „Berufes")[.] Die englisch[-]französischen Ausdrücke sind eben die „stilvollen" Vocabeln [^j]einer[^j] [^k]realistisch-rationalistischen[^k] Weltanschauung, das deutsche Wort „Berufung"[^l] eine solche [^m]der[^m] [^k]unsrigen[^k], [^n]die[^n] solange [^o]sie[^o] nicht westlich verseucht[^p] (d.h. anorganisirt[!]) ist, ihrer Natur nach nicht von der <u>Tatsächlichkeit</u> und von der äusseren Form der Dinge[,] sondern von [^q]der[^q] Pietät vor der (als Selbstverständlichkeit vorausgesetzten) metaphysischen Gebundenheit, Unfassbarkeit, <u>Sinntiefe</u> aller Erscheinungen ausgeht.

Und so wie das Verhältnis des „Berufes" zur „Profession" sich deutlich erkennen lässt, so liegen auch die Angelegenheiten von „Civilisation" und „Cultur". Für den Deutschen ist „[^k]Kultur[^k]" von dem Augenblick an, in dem er sich überhaupt mit dieser Erscheinungswelt beschäftigte, etwas [^k]anderes[^k] gewesen als die „[^k]Civilisation[^k]" des Westens. Man kann das schon[^r] an Alltäglichkeiten erkennen. Wenn wir von einem Menschen mit „Kultur im Leibe" sprechen, so ist das etwas ganz anderes als im engl[ischen][!] oder französischen[!] ein „civilisirter Mensch". Der civilisirte Mensch ist[^s] der Gegensatz zu einem primitiven Menschen[,] also etwa einem Innerafrikaner oder einem Eskimo. Er ist der Mensch, der die Höhe der Entwicklung erreicht hat, also womöglich ein solcher mit französischer oder englischer Civilisation. Oder er ist ein Mensch, der[^s] Messer und Gabel „richtig" verwendet, der sich im Leben[^t] zu bewegen versteht, im Sport etwas leistet etc. Unser Deutscher[!] Mensch „mit Kultur im Leibe" ist ein Individuum, das von [^k]innen[^k] her erfüllt ist mit wahrer, nicht nur „Verstandes-"[ ] sondern auch „Herzens-<u>Bildung</u>". „Bildung" selbst ist aber auch wieder nicht eine Summe zusammengebrachten Wissens[,] sondern durch Wissen und Beobachtung und vor allem durch das Leben selbst [^k]erworbene Fähigkeit[^k], die Dinge in ihrem Zusammenhang und in [^u]harmonisch[^u] sich auswirkender [^k]Sinntiefe[^k] zu erfassen. D.h. also <u>Kultur</u> im Deutschen[!] Sinne ist nicht <u>Form</u> (wie Zivilisation)[,] sondern <u>Gestalt</u>, das aber heisst[!] eine von [^k]innen[^k] her belebte [^k]Wesenheit[^k] (Die Technik <u>formt</u> [^v]die[^v] Kunst und alle ihre Zweige wie Musik, Malerei, Architektur etc., Diplomatie[!], Philosophie <u>gestalten</u> – wenn sie [^k]echt[^k] sind)[.]

Dieser fast gegensätzlichen Bedeu[tung] von Civilisation und Kultur entspricht also als Quellnatur die Art westeuropäischer und Deutscher[!] Kultur einerseits; die Grundanschauung der[!] über die Geschichte des Wesens von Civilisation und Kultur andererseits. Nehmlich der französisch-englischen Grundanschauung [^i]des XIX. Jahrhunderts[^i] über Kultur zufolge ist der Mensch <u>das Subjekt</u> des Daseins und der endgültige Zweck der Schöpfung und derjenige der „<u>die Civilisation macht</u>" (Darwinistisch-realistisch-rationa-

---

[^i]: *Ae*

[^j]: *Af Wilhelms stattdessen:* deren

[^k]: *In A Unterstreichung Wilhelms*

[^l]: *Ae:* das

[^m]: *Ae statt* derjeni

[^n]: *Af Wilhelms:* allerdings nur

[^o]: *Af Wilhelms:* unsere Weltanschauung

[^p]: *Ae:* ist

[^q]: *Ae statt* dem

[^r]: *Ae:* sein

[^s]: *Ae:* gut

[^t]: *Ae:* sich

[^u]: *Ae aus* harmonischer

[^v]: *Ae statt* K

listische Weltanschauung.) Und zwar hat der Mensch die Kultur gemacht entsprechend dem aus der Umwelt heraus erfolgten Druck[w] der Umwelt. Die „Not" hat ihn Spiess und Pfeil, Feuer und Getöpf[!] etc. <u>erfinden</u> lassen. Ihr zufolge ist die Civilisation eine Ruhmesthat des menschlichen Verstandes und ist sie um [so] höher, je <u>zweckmässiger</u> sie ist.

Die (vom Westen[x] unbeirrte) Deutsche[!] Auffassung geht aber von der Beachtung der die Kultur zu solcher werden lassenden Fülle und Tiefe des <u>Sinnes</u> [aus].[y] Die Verschiedenartigkeit der „<u>Kulturformen</u>" ergibt sich für unsere Auffassung aus „<u>der</u>" Natur der Raeume,[z] die [aa]sie (die[aa] [k]Kulturformen[k]) hervorgebracht hat. Das Werden der Kultur ist seelenhaft und deshalb ergibt sich aus der Deutschen[!] Auffassung [i]ganz[i] von selbst die Theorie vom Paideuma und[bb] das Axiom, dass das Kulturwesen durch eine Ablaufkurve charakterisirt wird [cc]in[cc] Ausdruck, Eingliederung,[dd] Anwendung, Abnutz. Vor allem[:] Kulturwerden und -gestaltung besteht[!] immer als <u>Ausdruck</u> und endet mit Anwendung[!]. Kultur durchflutet also den Menschen und beherrscht ihn so, dass der Deutsche nicht chinesisch, der Engländer nicht russisch, der moderne Mensch [ee]re vera[ee] nicht „klassisch" denken kann.

Das alles belegt also viel besser als alle historischen Beispiele die ungeheure Unterschiedlichkeit, wenn nicht [k]Gegensätzlichkeit[k] der beiden [i]heute maassgebenden[!][i] Kulturen [i]Europas[i], deren eine ihrer Natur und Struktur zufolge den Begriff „Civilisation", die andere den der „Kultur" [ff]hervorgebracht hat[ff]. –

Diese Differenzierung hat in Europa bestanden bis zum Weltkriege. Im Allgemeinen wurde in voller Harmlosigkeit und ohne [i]tiefere[i] Überlegung von beiden Seiten „Civilisation" und „Kultur"[gg] gegenseitig als[hh] gleichwertig[ii] übersetzt. [i]D.h. also die Verschiedenartigkeit der in Kultur und Civilisation hervortretenden Anschauungen war <u>nicht</u> bekannt[i]. Aber auch schon für das Ende des vorigen Jahrhunderts ist eine Verschiedenartigkeit festzustellen, [i]wenn auch nicht bewusst[,] so doch „nachträglich" festzustellen.[i] Die Westkulturen kannten lediglich das Wort Civilisation, Deutschland aber, das ja auf allen Gebieten der Überlagerung durch die westliche realistisch-rationalische[!] Weltanschauung ausgesetzt war, kannte[jj] nicht nur den eigenen Begriff „Kultur"[,] sondern verwandte auch schon den westlichen der Civilisation mit der besonderen Bedeutung der „<u>europäischen Civilisation</u>", „die sich über die Erde und die Weltwirtschaft ausdehnte." So bildete sich dann automatisch in Deutschland der Unterschied aus zwischen Kultur-Gestalt und „Civilisation als Form". [kk]Demnach[kk] entfaltete sich wie auf allen [i]entscheidenden[i] Gebieten,[!] so auch auf dem der Kulturforschung (die erst mit dem Weltkrieg Deutsches[!] Allgemeininteresse weckte) die Kulturproblematik [i]vor allem[i] in Deutschland;[ll]

---

[w] *Ae:* aus   [x] *Ae:* unbeirrt   [y] *Ae:* Ihr   [z] *Ae:* die sie bewohnen

[aa] *Af Wilhelms:* diese   [bb] *Ae:* die   [cc] *Af Wilhelms:* d.i.   [dd] *Ae:* Anwendu

[ee] *Ae statt* re vera[!]   [ff] *Ae aus* hervorbringen wird   [gg] *Ae:* über[?]

[hh] *Ae:* Gleich   [ii] *Ae:* gegenseitig   [jj] *Ae:* schon das   [kk] *Ae statt* Und so

[ll] *Es folgt als Ae eine mehrfach geänderte und schließlich ganz gestrichene Passage, die sich auf zwei Schichten reduzieren läßt. Die frühere* („ja wurde wohl im Gesammtwerk aller (nach dem Kriege) wie Pilze aus dem Boden schiessender Probleme zu deren Wesentlichstem. Ganz anders war in den Westländern der Verlauf") *wird durch eine zweite ersetzt* („ja schoss eine solche im Gesammtbereiche aller (nach dem Weltkrieg) pilzartig aus dem Boden schiessenden Probleme zu deren Wesentlichstem. Ganz anders war der Verlauf in den Westländern."), *die schließlich ebenfalls verworfen wird*

Ja, man kann sagen, dass die ^mmProblematik^mm der Kultur nach dem Kriege wie Pilze emporschossen[!] und eine neue Weltanschauung, eine neue Auffassung der Geschichte und „Weltgeschichte‟^nn erweckte. Dies in Deutschland.

In den Westländern war der Verlauf ein vollkommen anderer. Vor dem Weltkrieg kannten die Westvölker eigentlich nur die „Civilisation‟ und wurde nur selten die Deutsche[!]^oo Einstellung für[!] „Kultur‟ erwähnt und dann in der That in „italics‟ zum Abdruck gebracht. Desto bewußter wurde den Westvölkern die Gegensätzlichkeit der Deutschen[!] Kultur und ^izwar^i sehr bald nach Beginn des Krieges. ^iEs^i wurde^pp Sitte[,] sich in Frankreich und England über die Deutsche[!] Auffassung von Kultur lustig zu machen und [sie] zu verhöhnen. Als der Kampf und das Ringen der Deutschen[!] und der feindlichen Geistigkeit^qq eintrat und unsere Gegner uns als Barbaren verschrieben[!], da erfolgten die bösen Angriffe auf unsere „Kultur‟ und auf eben das, was ^ider^i Deutsche Geist unter Kultur verstand.

In dieser Einstellung gegenüber der Kultur entstand jedoch^rr seitens der Westmächte sehr bald eine wesentliche Änderung ein[!]. Als z.B. nach wenigen Jahren in London die internationale Forschungsinstitution für Afrika eintrat[!]^ss[,] erhielt diese den Titel „for Languages and Cultures‟[2]. Und in Frankreich bezeichnete man die Unterschiedlichkeit von Aurignacien, Solutréen, Malgdalénien[!][3] als „les differentes cultures‟. „Les^tt Cultures‟ und „the cultures‟ wurden das, was wir „Culturformen‟ nennen.

Soweit die „Urgeschichte‟ der Vocabeln „Cultur‟ und „Civilisation‟, wie sie eben nicht nur Vocabeln sind[,] sondern 1) zunächst als Begriffe ^iund Ausdruck^i zweier ganz verschiedener Weltanschauungen entstanden sind und ^uu2)^uu als Differenzierung mit zum Ausgang einer Problematik wurden.

———

Welcher ist für uns nun heute der Unterschied? – Wenn^vv nach[!] dem Schreiben v. 27[.]V[.,] S. 3 nach Frau Chamberlain^ww „der Mensch die Kultur macht‟ (Seite3[,] Absatz 3)[,] so deckt sich eine solche Auffassung ^iwohl^i mit der ^kfrüheren^k westlichen von^xx „Civilisation‟[,] nicht aber mit unserer Auffassung von „Cultur‟ und „Paideuma‟. Zu dem hierzu Dargelegten möchte ich nur bemerken, dass^yy in dieser Auffassung ja gerade die für uns heute so erstaunlich^zz arme Auffassung westlichen Denkens zum Ausdruck kommt. Diese Auffassung ist eine rein mechanistische, die eben ^aaaaus^aaa der Einstellung des XIX[.] Jahrhunderts erwachsen ist. Die menschliche[!] und zumal westeuropäische Einstellung ist von der ersten Aufstellung des „^kPrinzips^k der Kausalität‟ bis zu einer lediglich[!] und fast ausschliesslichen Betonung von Herrschaft, ja Tyrannis v. der Auffassung „der ^kKausalität^k‟ übergegangen. Der Mensch des naturwissenschaftlichen und industriellen Jahrhunderts dachte bei seinen ^kMaasnahmen^k fast überhaupt nur noch „^kzweckmässig^k‟. Dies nun aber widerspricht der „Natur‟.

---

^mm *Af Wilhelms:* Probleme   ^nn *Ae:* her   ^oo *Ae:* Aufst

^pp *Ae:* es   ^qq *Ae:* ent   ^rr *Ae:* sehr b   ^ss *Ae:* als

^tt *Ae* Civ   ^uu *Ae statt* zweitens   ^vv *Af Wilhelms:* (^ww *Af Wilhelms:*)

^xx *Ae:* Sp[?]   ^yy *Ae:* N   ^zz *Ae:* alte   ^aaa *Ae statt* auf dem

———

[2] Das heutige „International African Institute‟ war 1926 als „International Institute of African Languages and Cultures‟ gegründet worden.
[3] S.o. Nr. 49, Anm. 3.

Die „Natur" ist nehmlich ^{k}sinnvoll^k und sinngemäss, <u>nicht</u> „zweckmässig".^{bbb} Genau so[,] wie der Mensch „zweckmässig" das Schwein mit kurzer Schnauze, das Rind mit graden[!] Rücken und das Halfcastpferd züchtet, so berechnet er auch die Ausnutzung des elektrischen Stromes, die Erfindung des Unterseebootes und die immer neuer Chemikalien. Und so wird unsere Forschung mehr und mehr Civilisation[,] einmal zu einer Auswirkung des Verstands und zu einer Festlegung und Übertragung von „Formen". Die Kultur aber^{ccc} zeigt alle Symptome^{ddd} ^{k}sinnvoller Gestaltung^k. In ihr spiegelt sich die ^{k}Sinntiefe^k und ^{k}Planmässigkeit^{keee} (also im aristotelischen Sinne „Entelechie"^{4})[,] nie aber^{fff} eine „Kausalität")^{ggg} der^{hhh} natürlichen Umwelt wieder[!]. „Civilisation" ist etwas, was der Mensch lernen und weitertragen kann und abhängig ist von Schulung und <u>Disciplin</u>. Kultur ist dagegen^{iii} naturumsmäsige[!] und^{jjj} <u>organische</u> Erscheinung. Kultur erscheint im Menschen und in den Völkern als Begnadigung^{kkk}.

bbb *Ae:* Der   ccc *Ae:* ist   ddd *Af Wilhelms:* schöpferischer
eee *Af Wilhelms:* des Schöpfers   fff *Ae:* die   ggg *Af Wilhelms:* in
hhh *Af Wilhelms:* von Ihm erschaffenen   iii *Af Wilhelms:* eine   jjj *Ae:* Er
kkk *Af Wilhelms:* von Oben

4 Eine in einer Wirklichkeit angelegte zweckhafte Möglichkeit. Der Entelechiebegriff war seit Beginn des 20. Jahrhunderts durch den Philosophen Hans Driesch in zahlreichen Publikationen popularisiert worden.

114.

Frobenius an Wilhelm II., 24.6.1931, Frankfurt am Main

Eigenhändige Ausfertigung:
A   AEW: 1621 C7–D2
Durchschrift der eigenhändigen Ausfertigung:
D   FI: LF 611/46–52
Maschinenschriftliche Umschrift:
U   AEW: 1723 B3f.

       Euer Majestät![!]

haben mir dort^1 einen hocherfreulichen Brief ^{a}Frauen^a[!] Marianne Geibels^2 zur Durchsicht überreichen lassen. In der That[!] sind in diesem aus feiner Bildung des Her-

a *U:* Fräulein

1 Vermutlich in Doorn, wo Frobenius Wilhelm besucht hatte, um ihn am 19. Juni, dem Tag vor ihrer offiziellen Eröffnung, durch seine Amsterdamer Felsbildausstellung (S.o. Nr. 92, Anm. 1 und Nr. 103) zu führen.
2 Nicht ermittelt.

zens und des Geistes erstandenen Schreiben allerhand Ansätze, die an eine ausführlichere Darlegung denken lassen. Aber nichts tritt so bestimmt und klar als Anhaltspunkt für eine prinzipielle Erörterung hervor, so wie es in dem Schreiben der Frau Chamberlain[3] der Fall war.

Nun möchte ich annehmen, dass noch mehrere derartige Schreiben geistiger Weiblichkeit einlaufen werden, die dann in der Zusammenfassung zeigen[,] in welche Richtung die Problematik der Deutschen Weiblichkeit pendelt. Damit würde dann wahrscheinlich sich als wünschenswert erweisen, eine[!] nach[b] gesunder Fragestellung drängender[!] Brief über das Thema: „Die [c]derzeitige[c] Deutsche Einstellung von Frau und Mann zum Problem der Kultur" – oder ähnliche [c]Abfassung[c].[!]

Wie gesagt, scheint eine entsprechende Erörterung heraufzudämmern und[,] bis sich die Dringlichkeit einer solchen erweist[,] möchte ich den Brief Fraeulein [d]Gabriele[!][d] Geibels wohl hier bei den Akten behalten.– –[e]

Die Tage [f]Doorn-[f]Amsterdam sind verflossen, die Eröffnung der Ausstellung in Köln[4] (am kommenden Sonntag unter Leitung unserer zweiten Amazone Frl. [g]Maria Weyersberg[g], die dann mit der zweiten Brosche Euerer Majestät erfreut und beehrt werden wird) wird kommenden Sonntag erfolgen. In der Zwischenzeit lebe ich in dankbarer Erinnerung an das Rosarium[5], an diese in jedem Sinne königliche Pracht, die etwas vom Märchenzauber eines Harun Alraschid ausströmt – aber nicht dieses nur; nein, ein viel Bedeutungsvolleres erschliesst sich hier.

In diesem Augenblick, in welchem die Erinnerung mich den Duft dieser tausenden von himmlischen Blüten wieder einatmen und den Blick durch die in zartsinniger Gruppirung [h]geordneten Schönheiten[h] beglücken lässt, muss ich eines sehr starken Eindrukkes gedenken, der mir im Mai in meinem kleinen Eldorado Biganzolo zu Teil ward und der mir eine Entdeckung bedeutete. Es war das nach Ablauf der anstrengenden Frankfurter Ausstellung[6] und just der Augenblick stärkster Keimkraft der Natur.

Acht Tage lang durfte ich inmitten der gewaltigen Entfaltung weilen. Meine Aufgabe war es, die seit Jahren aufgespeicherten Einfälle zum Thema: „Der Sinn des Lebens. Der Sinn der Weltgeschichte"[7] zu ordnen und deren gedankliche Verbindung und Gemeinschaft aufzusuchen. [i]Zwischen[i] dieser Thätigkeit und im Weilen inmitten der sprossenden Natur stellte sich schon am zweiten Tag eine deutlich und im Bewusstsein wahrnehmbare Beziehung her. Und am vierten Tage wusste ich dann,[j] dass das, was wir als sinnliche Wahrnehmungsorgane anzusehen gewöhnt [k]sind[k][,] nicht nur von innen her gerichteten Aufnahmebestrebungen dient, sondern dass dies auch Einfallstore für einen aus unserer Umwelt [l]in[l] unser Inneres herein sich ergiessende[n] Kraftstrom sind. Also nicht nur, dass der Anblick der [c]in[c] strotzender Herrlichkeit sich entfaltenden Natur er-

---

[b] *Ae und De:* richt   [c] *Ae und De*   [d] *U:* Marianne

[e] *In A Marginalie Wilhelms:* Ja!   [f] *U:* in Doorn und   [g] *U:* Marie Wagenberg

[h] *U:* geordnete Schönheit   [i] *Ae und De aus* In   [j] *Ae und De:* dass

[k] *Ae und De nach ihrer Trennung statt* ist   [l] *Ae und De statt* nach

---

[3] S.o. Nr. 112, Anm. 1.

[4] Die Kölner Felsbildausstellung fand vom 28. Juni bis zum 19. Juli im Kunstgewerbemuseum statt.

[5] Von Wilhelm im Doorner Park angelegter Rosengarten.

[6] S.o. Nr. 102, Anm. 8.   [7] S.o. Nr. 90.

freute,– nein die Gewalt der diese üppige Pflanzenwelt zum Wachstum drängenden Natur[m] trat auch in mein Inneres ein und setzte sein Wirken <u>in mir</u>, in der Gestaltung meiner Gedanken fort. Und wenn nun die Aufzeichnungen und Formulierungen in fast unbegreiflicher Geschwindigkeit aus mir herausquollen, so war das wohl nichts anderes als die Wirkung der Umweltnatur, die ja unter dem gleichen Kraftstrom meine Bambusspitzen[n] <u>per Minute</u>[!] bis zu ½[,] ja 1 c[en]t[i]m[eter][o] aufsprossen liess.

Die Schlussfolgerungen aus solcher Beobachtung scheinen mir bedeutend: nicht der Mensch mit seinem Intellekt schafft am[p] Gestaltwirken des Paideuma; nein, ein in der Umwelt lebendiges Sein ist es, welches das Innenleben aufbaut und es gleichzeitig baufähig macht.

D.h. aus der natürlichen Umwelt und ihrem für uns metaphysischen Sinn erwächst also im Innern des Menschen die Fähigkeit zur Kultur. Deshalb ist auch Goethe wie jedem bedeutenden Menschen ein eigentümlicher Drang zum Sinnen in der Natur eigen.

Hieran muss ich denken, wenn ich jetzt an den Zaubergarten Eurer Majestät zurückdenke.– – Sollte Ihre Majestät diese Zeilen[q] lesen[r], so wird Dieselbe den Schreiber dieser Zeilen vielleicht für einen Schwärmer erklären. Der Schwärmer bittet aber darum[,] die Hand Ihrer Majestät küssen zu dürfen.

Frobenius

---

[m] *Ae und De:* su   [n] *Ae und De:* ja   [o] *Ae und De:* schiessen

[p] *Ae und De:* B[?]   [q] *Ae und De:* find   [r] *Ae und De:* sollte

115.

Wilhelm II. an Frobenius, 29.6.1931, Doorn, „Brieftelegramm"

Maschinenschriftliche Ausfertigung:
A   FI: LF 616/21

Der Kaiserin und Meine wärmsten Glückwünsche zu Ihrem Geburtstag! Wir freuten Uns, Sie in Amsterdam und hier in Doorn zu sehen[1] und stehen noch stark unter dem Eindruck Ihrer so interessanten und wertvollen Felsbilder.

Beste Grüsse!
[gez.] Wilhelm
I.R.

---

[1] S.o. Nr. 114, Anm. 1.

116.

[Frobenius] an Dettlof Graf von Schwerin, 10.8.1931, Biganzolo

Maschinenschriftliche Ausfertigung:
A   AEW: 1621 D5
Durchschlag der maschinenschriftlichen Ausfertigung:
D   FI: LF 604/9

Hochverehrter Graf!

Dr. Rhotert macht mir Mitteilung von einer ganz vertraulich erteilten Nachricht[1], die durchaus geeignet ist, mein sorgenbelastetes Herz zu erleichtern.

Eigentümlich, dass nach einem ganz geordneten und fast gesetzmässigen Rythmus[!] unserm[!] armen Institut immer im letzten Augenblick Rettung zuteil wird. Und so habe ich persönlich alle Veranlassung zu einem starken Gottvertrauen.

Dr. Jensen, der nicht in Frankfurt ist, ist beauftragt worden, sogleich alle erwünschten Unterlagen zusammen zu stellen[!].[2]

Die Zustimmung Seiner Majestät zu dem Brief an Prof. Jeremias[3] hat mich natürlich sehr erfreut.– Ich glaube mich zu der Hoffnung berechtigt, dass [a]die Oktobertagung der Doorner Akademie Tatsache[a] werden wird.[4]

---

[a] *In A von Wilhelm unter- und angestrichen; dazu seine Marginalie:* wie schön

---

[1] Schwerin an Jensen, 5.8.1931 (AEW: 1621 D4f., hier: D4): „Gleichzeitig bittet Seine Majestät Sie, Exzellenz Frobenius <u>ganz vertraulich</u> die erfreuliche Mitteilung zu machen, daß Herr Oberländer gestern hier war und sich bereit erklärt hat, Seiner Majestät in nächster Zeit eine größere Geldsumme für wissenschaftliche Zwecke zur Verfügung zu stellen. Die Höhe der Summe und die Art der Zahlung hängen von der weiteren Entwickelung des Geldmarktes ab; doch kann schon bald auf eine wirksame Hilfe gerechnet werden. Seine Majestät läßt zunächst Exzellenz Frobenius um eine Mitteilung bitten, welcher Zuschuß schätzungsweise nötig sein wird, um die Arbeiten des Forschungsinstitutes in dem bisherigen Umfage vorerst für die nächsten 3 Monate, also bis Ende Oktober, sicherzustellen." Der deutsch-amerikanische Strumpffabrikant Gustav Oberländer hatte bereits seit längerem Ausgrabungen am Kerameikos in Athen finanziert. Dörpfeld stellte die Verbindung mit seinem anderen Mäzen her und hatte Oberländer am 2.8.1929 in Doorn eingeführt.
[2] Nr. 117.
[3] Am 14. Juli hatte Frobenius Jeremias' Kritik an Wilhelms Vortrag beantwortet (AEW: 1723 A6–B2). Der Theologe, der wie auch Blüher (s.o. Nr. 102) die Diskrepanz zwischen der säkularen Betrachtungsweise Frobenius' und der religiösen Wilhelms bemängelt hatte, sah in der Religion den „Urgrund der Kultur" und überdies den Menschen tatsächlich zum gestaltenden Subjekt seiner Umwelt werden. Frobenius hielt ihm entgegen, daß der Mensch sich zwar als gestaltendes Subjekt fühlen möge, es deswegen aber noch nicht sei und die „Arroganz des Subjektgefühls" den modernen Menschen antireligiös mache: „Da nun aber das innerste Wesen der Kultur in der Pietät beruht, so ist damit bewiesen, dass der Mensch da, wo er zum bewussten Schöpfer wird, gegen das Wesen der Kultur wirkt: und das ist dann die Zivilisation." An den entsprechenden Passagen der Wilhelm übermittelten Abschrift dieses Briefes finden sich zahlreiche zustimmende Marginalien, und Schwerin schrieb Jensen bereits am 5. August (AEW: 1621 D4f.): „Seine Majestät hat auch den im Durchschlag vorgelegten Brief an Prof. Jeremias gern zur Kenntnis genommen und an der schlagenden Überzeugungskraft der Ausführungen des Geheimrats Frobenius, denen Seine Majestät in vollem Umfange zustimmt, Seine besondere Freude gehabt."
[4] Die Tagung fand vom 24. bis 27. Oktober 1931 statt. Frobenius trug über die Entwicklung des Gorgo-Motivs, Lommel über vedische Mythologie und parsische Religion, Naumann über „die Pro-

Leider erhalte ich hier Mitteilungen über einen Briefwechsel des Verlegers Bermühler[5], der mich sehr peinlich berührt hat. Der Mann hat das richtig hinter meinem Rücken gemacht[,] und ich werde ihm dementsprechend schreiben. Die Abschrift des Briefes werde ich Ihnen einsenden.[6]

Hier sind wir nun vergraben in die Problematik einer herrlichen Arbeit. Meine Frau unterstützt mich als gütige Sekretärin. Von dem, was hier entsteht[,] hoffe ich[,] dann im Oktober dort berichten zu können.

Darf ich Sie bitten, hochverehrter Graf, mich den Majestäten allerbestens empfehlen zu wollen. Dem Hofmarschallamt und den freundlichen Fürsorgern des Hauses des Ausdruck meiner Verehrung.

[gez.] Frobenius

---

blematik steigender und sinkender Kulturgüter in der Voelkerkunde" und Vollgraff über die Beziehung zwischen protoelamitischer Kunst und geometrischem Stil vor (AEW: 1678 B2). Außerdem wurde die Ausgestaltung der Akademie zur „Doorner Arbeits-Gemeinschaft" besprochen. Jeremias hatte man – möglicherweise nicht zuletzt verstimmt über seine Kritik an Wilhelms Vortrag (s. Anm. 3) – gar nicht erst eingeladen (s.a. Nr. 122 und 127).

[5] Der Präsident der Notgemeinschaft der Deutschen Wissenschaft, Schmidt-Ott, hatte Schwerin am 29.7.1931 mitgeteilt: „Seine Majestät hatten mich durch ein gnädiges Schreiben ersucht, zu Gunsten des Verlags Hugo Bermühler in Berlin-Lichterfelde Schritte zu tun. Leider verbieten die Satzungen der Notgemeinschaft jede Unterstützung von Verlegern und es kann sich nur um die Unterstützung von wissenschaftlichen Forschungen handeln, die im Verlag des Herrn Bermühler erscheinen. Leider kann die Zeitschrift ‚Der Erdball', die einen mehr populären Charakter hat, im Sinne der Notgemeinschaft nicht als solche angesehen werden." (AEW: 1567 E4–E6, hier: E5).

[6] Nicht ermittelt.

117.

Adolf Ellegard Jensen an Dettlof Graf von Schwerin, 10.8.1931, Biganzolo

Fragment der maschinenschriftlichen Ausfertigung:
A   AEW: 1620 D7–E2
Durchschrift der maschinenschriftlichen Ausfertigung:
D   FI: LF 606/39–45

Euer Exellenz

beehre ich mich, den Eingang des Schreibens vom 5.8. zu bestätigen und gleichzeitig im Namen von Herrn Geheimrat Frobenius unsere Freude und unsern Dank über den Inhalt desselben auszudrücken.[1]

Ich beeile mich, im Auftrage von Herrn Geheimrat Frobenius dem Wunsche Seiner Majestät nachzukommen und nähere Angaben über die finanzielle Lage des Forschungs-

---

[1] S.o. Nr. 116, Anm. 1.

institutes für Kulturmorphologie zu übersenden und bitte es entschuldigen zu wollen, wenn ich hierbei etwas ausführlicher bin und die Gesamtsituation des Institutes zu schildern versuche:

Die Grundlage für das Wirken des Afrika-Archivs, der Expedition und des Institutes stellen die Hoffnungen dar, die Herr Geheimrat Frobenius in die Auswirkung der in diesen Institutionen verkörperten Arbeit setzt. Sie sind infolgedessen die eigentliche Begründung aller unserer Unternehmungen und verdienen gerade in diesem Zusammenhange besondere Beachtung. Herr Geheimrat Frobenius hat seine Gedanken in dieser Hinsicht in einer Zusammenfassung niedergelegt, von der eine Abschrift anbei folgt.[2]

Von seiner Gründung im Jahre 1921 bis 1924 erhielt sich das Institut aus den Zuwendungen privater Stifter, die zuletzt einen Ausbau des Institutes zu einem Jahresetat von 80 000 Mark und einem Mitarbeiterstab von 15 wissenschaftlichen Assistenten gestatteten. Mit der Uebernahme des bis dahin im persönlichen Besitz des Herrn Geheimrat Frobenius befindlichen Afrika-Archivs durch die Stadt Frankfurt und mit der gleichzeitig einsetzenden schwierigen Lage [a]der deutschen Wirtschaft fielen diese Zuwendungen leider fast ganz fort, zum Teil auch mit der Brgründung, dass das reiche Frankfurt wohl allein in der Lage sei, das Institut zu erhalten.[a] Da die Finanzierung des Institutes nicht von der Stadt beabsichtigt war und nicht im Vertrage vorgesehen war, so war das Institut fast ganz ohne Mittel und gezwungen, den durch den Verkauf des Afrika-Archivs freigewordenen persönlichen Besitz des Herrn Geheimrat Frobenius zu verbrauchen.

Vom Jahre 1926 an zahlten sodann das Preuss[ische] Kultusministerium, die Notgemeinschaft der Deutschen Wissenschaft und das Reichsamt des Innern einen jährlichen Zuschuss von 36 000 Mark, an dem jedes der drei Aemter[!] mit 12 000 Mark beteiligt war. Da die Stadt zur Erhaltung des Afrika-Archivs einen Betrag von 6000 Mark für sachliche Ausgaben zur Verfügung stellte, so konnte der ganze Zuschuss für Personalkosten verwendet werden. Trotzdem mussten damals erhebliche Entlassungen durchgeführt werden. Inzwischen ist durch weitere Kürzungen der wenigen noch vorhandenen privaten Zuwendungen und auch der amtlichen Zuschüsse der Mitarbeiterstab auf 5 wissenschaftliche Assistenten zusammengeschmolzen.

[b]Das eigentliche Uebel aber, an dem das Institut leidet, ist die vollkommene Unsicherheit der amtlichen Zuwendungen. Während bei den festetatisierten Instituten die Einsparungen auf die sachlichen[b] Ausgaben beschränkt sind und der Personalbestand kaum angetastet wird, wirkt sich in unserm Institut jede Kürzung der Zuschüsse in Personalentlassungen aus. So musste im vorigen Rechnungsjahr – wenn auch in geringem Umfang – entlassen werden, während in diesem Rechnungsjahr vollkommene Unsicherheit herrscht. Durch die gütige Hilfe Seiner Majestät erhielt das Institut zwar von der Notgemeinschaft der Deutschen Wissenschaft den ursprünglichen Beitrag in der vollen Höhe von 12 000 Mark. Das Preuss. Kultusministerium zahlte dagegen [b]für das erste

---

[a] *In A von Wilhelm angestrichen; dazu seine Marginalie:* !

[b] *In A von Wilhelm angestrichen*

---

[2] Auch in seinem Schreiben vom 13.8.1931 an Schwerin (AEW: 1621 D6 und FI: LF 604/10), in dem er Jensens Bericht ausdrücklich bestätigt, erklärt Frobenius: „Seinem [d.i. Jensens] Wunsch entsprechend ist eine kurze Darlegung über die Aufgaben der Institutionen von meiner Hand beigelegt." Sie dürfte mit Nr. 118 zu identifizieren sein.

Halbjahr 3800 Mark und das Reichsministerium des Innern nur 3500 Mark, sodass sich für das erste Halbjahr, also bis zum 30. Sept. 1931, ein Fehlbetrag von 4700 Mark ergibt, der nicht[b] ausgeglichen ist, da die Streichungen erst in allerletzter Zeit erfolgten und der Vorstand des Institutes noch nicht Stellung dazu genommen hat. Welche Fehlbeträge im zweiten Halbjahr eintreten werden, ist heute noch nicht zu übersehen.

Ich habe versucht, die Aufmerksamkeit Euer Exellenz auf diese Lage der Dinge zu lenken, um gleichzeitig im Einvernehmen mit Herrn Geheimrat Frobenius von den Plänen zu berichten, mit denen der Leiter des Institutes dieser misslichen Lage zu begegnen sucht:

Um vor allen Dingen die Unsicherheit aus der Welt zu schaffen, die dem Leiter und den Mitarbeitern des Institutes die Möglichkeit zu einer ruhigen wissenschaftlichen Arbeit nehmen, ist immer wieder versucht worden, das Institut durch Umgestaltung zu einem festetatisierten Reichsinstitut zu fundieren. Es besteht hierfür ein gewisses Interesse auch bei einigen Referenten der in Frage kommenden Reichsbehörden; jedoch ist ein solcher Schritt bei der augenblicklichen Wirtschaftslage nicht ohne einen besonders einleuchtenden Grund möglich. Dieser Grund liegt nun u.E. in der Besonderheit, man könnte sagen Einzigartigkeit, des Institutes und des Materials im Afrika-Archiv, die wie kaum etwas anderes geeignet sind, den kolonialen Gedanken für Deutschland auf einer neuen und objektiven Grundlage aufrecht zu erhalten. Herr Geheimrat Frobenius hat bereits vor dem Kriege die kolonialen Aufgaben in dem Satz formuliert: [b]Die Eingeborenen sind an jeder Kolonie das Wichtigste – ein Grundsatz, der in der modernen Kolonialpolitik immer mehr um sich gegriffen hat und heute besonders auch von England vertreten [c]wird[c]. Nun ist aber der Deutsche besonders befähigt, Wesentliches im Studium der vergangenen und werdenden Eingeborenenkulturen zu leisten.[b] Da diese Fähigkeit Deutschlands auch von allen verständigen Ausländern anerkannt wird, so würde die Gründung eines offiziellen Institutes und die Erweiterung der Tätigkeit auf dem Gebiete der kolonialen Kulturforschung zweifellos geeignet sein, dem Zustand, der sich für Deutschland durch die Fortnahme der Kolonien ergeben hat, entgegen zu wirken. Die Gründung eines solchen Institutes, wofür das vorhandene Forschungsinstitut für Kulturmorphologie in besonderem masse[!] geeignet wäre – nicht zum wenigsten durch die Persönlichkeit des Leiters, der als der Vorkämpfer einer verständnisvollen Beurteilung der Eingeborenen von seiner publizistischen Tätigkeit her bekannt ist, – [b]wäre eine würdige Aufgabe für die dem Auswärtigen Amt unterstellte Kolonialabteilung. Die entsprechenden Schritte zur Verwirklichung dieses Planes sind zunächst nur eingeleitet,[b] und Herr Geheimrat Frobenius würde zur gegebenen Zeit gern um die Hilfe Seiner Majestät für wirksame Unterstützung im Auswärtigen Amt bitten.[d]

Um Euer Exellenz ein vollständiges Bild von der finanziellen Lage unserer Institution zu geben, sei es mir gestattet, noch kurz über die Lage der letzten Expedition zu berichten, die – wie Euer Exellenz bekannt ist – Herrn Geheimrat Frobenius von 1928–30 nach Südafrika führte.[3] Der grosse Rahmen und die wesentlichen Ergebnisse dieser neunten Expedition konnten nur dadurch erzielt werden, dass auch Seine Majestät in

---

[c] *De statt* sind   [d] *In A Marginalie Wilhelms:* bei Republikanern?!

---

[3] S.o. Nr. 42, Anm. 7.

gütigster Weise dem Unternehmen Aufmerksamkeit und Unterstützung zuwandte. [b]Leider [e]löste die Stadtgemeinde Frankfurt nach der Rückkehr eine vertraglich vorgesehene Verpflichtung der käuflichen Uebernahme der Ergebnisse durch eine spitzfindig juristische Auslegung der Vertragsbestimmung nicht ein.[eb] Dadurch war die Expedition in Deutschland ohne Mittel und hatte doch umfangreiche Aufgaben zu erfüllen: die Ergebnisse mussten ausgestellt und deshalb hergerichtet werden, was nur in notdürftigster Weise geschah, aber doch Kosten von circa 20 000 Mark verursachte; die Verpflichtung gegenüber der Regierung der Südafrikanischen Union, eine umfangreiche Sammlung von Zweitkopien der Felsbilder abzuliefern, musste eingelöst und darum die Expeditionsmaler zunächst weiter beschäftigt werden.

[b]So befindet sich auch die Expedition in der misslichen Lage, mit einem Defizit von etwa 30000 Mark abzuschliessen, für das allerdings die Bildersammlung selbst als Sicherheit steht, deren Wert wohl auf 250 000 Mark geschätzt werden kann.[b] Ich erwähne auch diese Umstände nur, um Euer Exellenz gleichzeitig von einem Plan zu berichten, von dessen Gelingen eine vollständige Aenderung der Situation zu erhoffen wäre:

Es ist auf absehbare Zeit nicht damit zu rechnen, dass in Deutschland von irgend einer zuständigen Stelle die Ergebnisse der Expedition erworben werden. Bei der Einzigartigkeit der Sammlung von Felsbilderkopien besteht aber die berechtigte Hoffnung, dass in Amerika wohl eine Sammlung von Zweitkopien für etwa 150 000 Mark unterzubringen wäre. [b]Eine notwendige Voraussetzung hierfür wäre allerdings eine Ausstellung in einer amerikanischen Stadt, wofür die Kosten insgesamt etwa 5000 Dollar betragen würden. Durch Ausstellungen in mehreren amerikanischen Städten würden sich die Kosten natürlich entsprechend verteilen.[b] Auf das nötige Interesse an dem Objekt würde unbedingt zu rechnen sein, da die Ausstellung schon in vielen Städten Europas immer mit demselben Erfolg stattfand, und auch in London von der[!] Colonial Office eine Ausstellung in nächster Zeit gewünscht wird.

Um das Bild von der Gesamtlage und den Aufgaben unseres Institutes abzurunden, möge mir noch ein Wort über die vergleichenden Sammlungen gestattet sein, die seiner Zeit durch die Unterstützung Seiner Majestät einen herrlichen Grundstock erhielten und seitdem naturgemäss nur in bescheidenem Rahmen weitergeführt wurden. In der augenblicklichen Lage wird natürlich der weitere Ausbau dieser für die Völkerkunde neuartigen Institution hinter anderen dringlicheren Aufgaben zurückstehen müssen; aber ich möchte nicht versäumen, bei dieser Gelegenheit durch die gütige Vermittlung Eurer Exellenz über den Stand dieser Sache an Seine Majestät zu berichten.

Ich fasse den Inhalt dieses Schreibens über die Gesamtlage unserer Institutionen dahin zusammen, dass Herrn Geheimrat Frobenius hauptsächlich zwei Pläne beschäftigen, von deren Gelingen er sich eine grundsätzliche Verbesserung dieser Gesamtlage verspricht und für deren Verwirklichung er zu gegebener Zeit gern die gütige Hilfe Seiner Majestät erbitten möchte. [b]Zur Sicherstellung der Arbeiten des Institutes im bisherigen Umfang benötigen wir – wie oben dargelegt – nach den neuerlich eingetretenen Verschlechterungen einen Betrag von etwa 4700 Mark bis zum 30. September.[b] Ich bitte es entschuldigen zu[f] wollen, wenn ich über den Monat Oktober noch keine Angaben mache, da sich die Entwicklung der Lage nach dem 1.10. noch nicht übersehen lässt.

---

[e] *In A von Wilhelm unterstrichen*   [f] *A endet hier*

Ueber das Zusammentreten der „Doorner Akademie" werde ich berichten, sobald die noch ausstehenden Antworten eingetroffen sind. Schon heute lässt sich sagen, dass die zweite Oktoberhälfte wegen des anschliessenden Semesterbeginns besonders geeignet sein wird.[4]

Ich verbleibe

in Verehrung
Euer Exellenz sehr ergebener

Je[nsen]

---

[4] S.o. Nr. 116, Anm. 4.

118.

Frobenius, „Die Aufgabe des Forschungsinstitutes für Kulturmorphologie", o.D.[1], o.O.

Maschinenschriftliche Ausfertigung:
A   AEW: 1679 B1f.

Die Aufgabe des Forschungsinstituts für Kulturmorphologie

Das Forschungsinstitut für Kulturmorphologie ist heute nicht etwa nur eine Arbeitsorganisation, die an Persönlichkeiten aus einem Chef, einer Reihe von Assistenten und einem technischen Apparat zusammengesetzt ist. Das Wesentliche an ihm ist vielmehr eine Anschauungsweise, die das Verständnis einer Reihe bedeutender Männer gefunden hat, sodass ihre Entfaltung in ständigem Verkehr gefördert wie geordnet wird.

Das Objekt des Instituts ist die Erforschung der Kultur, die theoretisch mit besonderer Berücksichtigung der Kulturkreislehre durchgeführt wird.

Es ist diese entstanden auf Grund der Erkenntnis, dass das Werden nicht nur historischer, sondern auch aller vorgeschichtlichen Kultur räumlich gebunden ist. Die Eintragungen auf geographischen Karten ergeben die Raumbilder des Kulturwerdens. Diese Arbeiten wurden bisher für Oceanien und im speziellen für Afrika durchgeführt, da die Verhältnisse und Vergangenheit dieses Erdteiles ihn als besten Bewahrer anderweitig abgestorbener Altformen der Kultur und als besonders wertvolles Reservoir der Kulturdocumentierung haben erkennen lassen. Die besondere[,] dieser Arbeit dienende Publi-

---

[1] Die Ausfertigung trägt Schwerins Notiz „1931?" und ist in der Aktenmappe zu Wilhelms Vortrag „Das Wesen der Kultur" zwischen Dokumenten vom Juni und vom September 1931 eingeordnet. S.a. Nr. 117, Anm. 2.

kation ist der Atlas Africanus. Ihm soll der in Vorbereitung sich befindende Atlas Mundi folgen.[2]

Diese Studium rein theoretischer [a]Natur[a] kann natürlich nur zur Erkenntnis der Kultur in Skelettteilen führen. Der ungeheure Vorzug, den gerade Afrika [b]mit den hier fortlebenden,[b] in anderen Erdteilen [c]aber[c] vergangene[c]n[c] Kulturgestalten[d], erfordert den direkten Verkehr mit den kulturtragenden Völkern. Durch ihn werden die Forscher mit dem geistigen Wesen älterer Kultur vertraut gemacht. Zu diesem Zwecke wurde vor nun 25 Jahren die Innerafrikanische Forschungs-Expedition ins Leben gerufen, die bisher neunmal die afrikanische Erde auf den verschiedendsten[!] Gebieten durchzog.

Die Ergebnisse der Forschungsreisen in schriftlichen und bildlichen Dokumenten, eine möglichst umfangreiche Bibliothek und die Gliederungsarbeiten in Form umfangreicher Excerpturen sowie Kartogramme sind im Afrika-Archiv vereinigt, welches heute der Stadt Frankfurt gehört.– Sinngemäss ist diesem Archiv eine Reihe vergleichender ethnographischer Sammlungen angegliedert, die Grundlage eines Museums, dessen Ausbau sowohl für das Studium wie für Demonstration dringend benötigt wird und welches Eigentum des Forschungsinstitutes werden soll.

Die Arbeit der Kulturmorphologie unterscheidet sich von derjenigen aller anderen Forschungsinstitute dadurch, dass sie ab ovo arbeiten musste. Als sie studiengemäss vor etwa 40 Jahren begann, wurde die ‚Kultur' als solche noch als Objekt der menschlichen Intelligenz angesehen, war also als Morphe noch so gut wie Neuland. Die Kulturmorphologie war also gezwungen[,] sich ihre eigene Methode zu bilden, den gesamten Stoff der Kulturgeschichte neu zu gliedern und das Wesen der Kultur zu durchdringen. Die Eigenart der noch die letzten Jahrzehnte beherrschenden Einstellung schloss eine Mitarbeiterschaft von anderer Seite so gut wie aus. Das Institut für Kulturmorphologie steht heute noch vereinsamt da, wenn auch nicht zu leugnen ist, dass es sich eine immer wachsende und besonders in letzter Zeit deutlich zu Tage tretende Achtung errungen hat.

Diese letzte Erscheinung geht Hand in Hand mit einem besonders in Deutschland von Tag zu Tag markanter werdenden Wandel des Lebensgefühles. Das vorige Jahrhundert war erfüllt von dem Wesen der Maschine, des Tatsachensinns, des Materialismus, des Ichbewusstseins. In unerhörter Arroganz agierte die beherrschende Einstellung gegen jeden Willen zur Pietät und demnach auch gegen die Kulturmorphologie. Der Zusammenbruch des Materialismus, der täglich eklatanter wird, hatte das Wiedererwachen des Bedürfnisses nach Hingabe an das Irrationale und das Wiedererwachen der Pietät zur Folge. Eine neue Ergriffenheit ist zu erwarten.

Diese neue Ergriffenheit setzt, dem Wesen der ‚Weltwirtschaft' entsprechend, mit dem Postulat des Verständnisses für das ‚Du' ein. Verständnis der Völker unter einander[!]. Diesem Postulat kann eine andere Disciplin der Wissenschaft kaum genügen. Hier setzt die Vorbereitung der Einstellungsweise durch die Kulturmorphologie ein. Lediglich die Erkenntnis erstens des Wesens der Kultur an sich und zweitens des Wesens der Kultur der einzelnen Völker kann weltanschaulich wie politisch eine Neuorientierung der nicht nur theoretischen, sondern auch praktischen Einstellung und sogar der diplomatischen Gebahrung ermöglichen.

---

[a] *Af statt* Kultur   [b] *Af statt* und das Fortleben   [c] *Af*   [d] *Af:* bietet

---

[2] S.o. Nr. 42, Anm. 9.

Zusammenfassend:

1. Heimarbeit im Institut und Archiv. Fortführung der Sonderuntersuchungen in Formvergleich und Kartenfassung.

2. Feldarbeit: Belebung der theoretischen Forschung durch Forschungsexpeditionen, durch die die Beobachtungsrichtung immer wieder aus der europäischen Einstellung gelöst und für das Verstehen der natürlichen Kulturwesenheiten aufnahmefähig gemacht werden[!].

3. Quintessenz: Nur wenn diese beiden Voraussetzungen laufend erfüllt werden, ist zu erhoffen, dass infolge ständiger Vertiefung des Wesens (über das Gewesensein, Sein und Werden der Kultur) und immer wieder einströmender Lebenseinflüsse (im direkten Verkehr mit den Völkern anderer Kultur) die fortschreitende Erkenntnis des Kulturwerdens und Kulturseins in ihrem Wachstum nicht unterbrochen wird.

[gez.] Frobenius

119.

Wilhelm II. an Frobenius, 13.8.1931, Doorn

Eigenhändige Ausfertigung auf Ansichtskarte des Doorner Gartens („Holsteinisches Rosenbeet, Fischergruppe von Prof. Unger"):

A   FI: LF 616/22

Meine liebe Exzellenz.

Anbei sende ich Ihnen von meinem Sohn Oskar mir zugesandte Ansichtskarten Mexicanischer[!] Alterthümer. Aufgenommen durch Frl. v. Köckritz[,] Tochter des Commandeurs meines Leibgarde-Husarenregimentes. Vielleicht sind dieselben von Nutzen für die Culturmorphologie!? Ihre Antwort an Jeremias[1] vortrefflich, ganz meine Ansicht; er kann auf diesem Gebiet nicht mehr mit, den[!] die Totalität zu fassen[,] wird ihm zu schwer. Ich benutze den Inhalt – ohne Namensnennung – um Klärung bei meinen Korrespondenten zu bringen.[2] Ich hoffe[,] Oberländer wird helfen können[,] um Ihre Sorgen zu zerstreuen.[3] Der Anfang ist gemacht.

Möge die schöne Natur u[.] Umwelt Ihnen zur Arbeit neue Kräfte zuführen, die von Oben stammen.

Grüsse an Ihre „Secretairin" u[.] Gattin! Hamdulei![4]

Ihr
Wilhelm
I.R.

---

[1] S.o. Nr. 116, Anm. 3.

[2] Wilhelm hatte sein Vortragsmanuskript „Das Wesen der Kultur" als Privatdruck an zahlreiche Bekannte versandt, die in ihren Dankschreiben gelegentlich den Inhalt kommentierten. Ein Teil dieser Schreiben ist in seinem Nachlaß aufbewahrt (AEW: 1724 F1 – 1725 E8).

[3] S.o. Nr. 116, Anm. 1.

[4] S.o. Nr. 96, Anm. 4.

120.

Frobenius an Wilhelm II., 6.9.1931, Biganzolo

Eigenhändige Ausfertigung:
A   AEW: 1621 D6–F4
Durchschrift der eigenhändigen Ausfertigung:
D   FI: LF 611/53–80
Maschinenschriftliche Umschrift:
U   AEW: 1621 A4–A8

Da sich die Marginalien Wilhelms in A befinden, konnte auf eine Kollation mit U verzichtet werden.

Euer Majestät!

Punkt!

Fertig.– und mit einem tiefen, tiefen Seufzer lege ich den Rotstift zur Seite. Bis zur letzten Seite durchcorrigirt,– nehmlich das Manuskript der „Schicksalskunde"[1], deren Niederschrift ich nun doch wagte und vollzog. Ja „fertig" – und von der anderen Seite des Haeuschens klingt zu meinem Platz unter den Palmen die emsige Maschinenarbeit meiner Frau, die das Manuskript nun abschreibt.

---

[1] Leo Frobenius, Schicksalskunde im Sinne des Kulturwerdens, Leipzig 1932. Eine zweite Auflage erschien 1938 in Weimar. S.a. Nr. 114.

In diesem Augenblicke habe ich die Empfindungen des Erwachenden. Die eines Menschen, der aus einem schweren Schlafen, schweren Traeumen erwacht. Jahrelang lag dieses Werk mir schwer in den Gliedern, immer als das kategorisch harte Postulat,:[!] „das musst Du noch vollenden." Oft zuckte es durch den Schädel: „jetzt, jetzt!" Aber dann trat einerseits die warnende Stimme auf: „Abwarten! Abwarten!" oder aber die Anforderungen des Tages rissen mir den Stift aus der Hand und riefen: „Stop[,] mein Freund! Erst kommen wir an die Reihe!" So entstanden Berge von Aufzeichnungen, Berge und Aberberge und ich fürchtete mich zuletzt vor der „Masse" der Tagesnotizen. Als ich im vergangenen Winter Euerer Majestät den Brief schrieb[2], der zur Abfassung des Vortrages führte, war ich ganz niedergedrückt von meiner Unfähigkeit das auszudrücken, was mir doch alles so selbstverständlich ist. Als ich im Frühling hier 10 Tage weilen durfte[,] keimte die Hoffnung neu[,] um dann dem niederdrückenden Gedanken: „Der Zeitpunkt ist verpasst; es wird nicht mehr!" zu weichen.

Im letzten Julidrittel traf ich dann hier ein „zum letzten Versuch". Acht Tage lang quälte ich mich damit ab, die aufgeheuften Aufzeichnungen zu ordnen. Bis ich eines Tages, vollkommen verwirrt alles zusammenschnürte und – in die Ecke warf. Am anderen Tage war ich frei von der übermässigen Bürde und – begann die Niederschrift. Aber nun trat gänzlich unerwartet ein neuer Zustand ein, den ich nicht anders bezeichnen kann als mit dem sonst so wenig anmutigen Ausdruck Besessenheit. Wie aus einem Trancezustand heraus flog die Disposition auf das Papier. Wie im Traum setzte ich mich morgens an den Tisch[,] unterbrach zwar für die Mahlzeiten, blieb aber stets im Banne. Oftmals hatte ich das Gefühl, dass nicht ich schrieb, sondern dass ein „es" meine Hand führte. Das Ganze spielte sich ab als eine vier Wochen lang währende tolle Jagd. Zur eigentlichen Besinnung kam ich nicht. Und als ich dann mit der ersten Niederschrift fertig war, siehe, da war von all' den hunderten[!] früher Aufzeichnungen [a]kaum mehr[a] verwendet als nur das schon im [„]Erdball["] veröffentlichte 2. Kapitel über das, was die verschiedenen Disciplinen Geschichte, Urgeschichte, Ethnographie etc[.] lehren.[3] Im Übrigen stand nun ein vollkommen neu formulirtes Opus vor mir[,] und ich hatte die zweite Hälfte einer Durchcorrectur zu verrichten.

Nunmehr war ich selbst sehr erstaunt über die merkwürdigen Sachen, die da standen. Der Ausruf: „Ist es wahr, dass Du das geschrieben hast?" drängte sich häufig auf die Lippen. Das ergab ein saures Stück Arbeit. Jetzt aber wie gesagt: Punktum, fertig! Ich bin dem Leben zurückgegeben und stehe vor der merkwürdigen Frage, ob ich dieses Manuskript – veröffentlichen soll.

Diese Frage ist ebenso curios[,] wie sie natürlich ist. Während der Abfassung des Vorwortes (Offenbarung der Kultur)[4] ist es mir ganz klar geworden, dass ich im Grunde genommen nicht mehr dem europaeischen Einstellungsverbande zugehöre. Jeder Mensch ist Teil und Ausdruck der Mitwelt, der Zeit, des Raumes, in dem er athmet, täglich An-

---

[a] *Ae und De statt* nichts

---

[2] Nr. 90.

[3] Leo Frobenius, Des Menschen Schicksal auf dieser Erde, in: Der Erdball. Illustrierte Monatsschrift für das gesamte Gebiet der Anthropologie, Länder- und Völkerkunde 5 (1931), S. 145–158 und 180–197 und Frobenius, Schicksalskunde (wie Anm. 1), S. 41–78.

[4] Frobenius, Schicksalskunde (wie Anm. 1), S. 11–21.

sicht und Meinung austauscht, Tageszeitung und Litteraturberichtung[!] empfängt, sich besorgt und sich erfreut. Für jeden Menschen wandelt sich menschliche Umgebung und innere Erfüllung in harmonischer[,] gleitender[,] immer wieder alles mit allem verbindender Weise. Der Mensch ist Teil in jeder Hinsicht, Teil und „zugehörig".

Solches hat mir mein Schicksal nicht gegeben. Euer Majestät haben mir von Kindheit an ein anderes Geschick bestimmt. Ich muss bei diesem Gedanken lächeln, aber es ist so: Euer Majestät haben aber meinen Vater von[b] einer Festung zur anderen geschickt[,] und ward ich von Berlin über Torgau, Strassburg, Lötzen, Glogau und Festungsbauschule zur ewigen Wanderschaft erzogen. Das Haus des Herrman Frobenius war eine wandernde Zelle[,] und von Kindheit an musste der Bube es lernen[,] „alles seine immer in sich zu tragen"[5]. Später ging es von einem Museum zum andern, von einer Universität zur andern, bis – Afrika anfing, seine Rechte geltend zu machen.

Mit Afrika fing aber ein neues Losungswort an, sein Recht zu wahren. Jetzt hiess es nicht mehr[,] seine Natur zu wahren[,] sondern Natur zu werden. Tausende von Tagen der Einsamkeit in Steppe, Urwald, Wüste. Im Grunde genommen immer nur zusammen mit roten, braunen und schwarzen [c]Menschen[c]. Stets im Zwange, das[,] was die Umgebung „ist"[,] in sich selbst wieder Gestalt werden zu lassen. Dadurch musste ein Sondertypus werden, der als solcher[d] an dem langsamen Anschwellen des europaeischen Lebensgefühls zum „Weltwirtschaftsleben" und zum „Denken in Continenten" vorbeieilte und ohne den beglückenden Gedankenaustausch mit Gleichgesinnten, ohne das Behagen[e] an einer geistigen Heimat immer mehr vereinsamen musste.

Sebstverständlich vereinsamte,– so wie ich mir auch denke, dass Fürsten vereinsamen müssen, die ja auch die wohl köstliche Gabe der Unmittelbarkeit nur in sehr begrenzter Weise geniessen dürfen. Aber die Stellung des Fürsten ist allgemein anerkannt isolirt[!], die der wandernden Gestalten nicht. Deshalb ist diese Abnormität und ungehörig. „Man" will ihn nicht und befehdet ihn. Das schadet nichts an sich[,] und mich hat die wenig erfreuliche Stellungnahme meiner Kollegen, die ja[,] je älter ich werde, desto mehr sich bessert, nie viel gekümmert; aber – das Verständnis, das Verständnis! Es lässt sich nicht verkennen, dass die tausende von Tagen im Afrikanischen[!] Busch und unter Afrikanern in mir ein anderes Wesen ausgebildet haben, einen Typus der Betrachtungsweise, den die Mitwelt eben nicht verstehen kann.

Und das ist es, was mich in Bezug auf das, was mit diesem Manuskript geschehen soll, stutzig macht. Mir will es so erscheinen[,] als ob diese „Schicksalskunde" an unserer Zeit vorbei und über ihre Einstellungsmöglichkeit hinweg geschrieben, d.h. also dass[f] sie erst für die [g]Zukunft[g] verständlich sei. Den Zünftigen von heute muss sie fremdartig sein. Ich frage mich[,] was alle die lieben und verehrungswürdigen Menschen wie etwa unser Alfr[ed] Jeremias damit machen sollen! Denn das Schlimme von heute ist, dass alle diese Köpfe des neunzehnten Jahrhunderts ja zum starren Dogma erzogen [h]wurden[h] und dass gelehrte Laien das Leben unendlich viel tiefer erfassen als die zur Thatsachen-

---

_[b] *Ae und De:* S   _[c] *Ae aus* Mensch   _[d] *Ae und De:* dem   _[e] *Ae und De:* der
_[f] *Ae und De:* es   _[g] *In A von Wilhelm unterstrichen*   _[h] *Ae und De aus* werden

---

[5] Lucius Annaeus Seneca, De vita beata XVI,3: „Quid extrinsecus opus est ei, qui omnia sua in se collegit?" – Was braucht jemand von außen, der alles seine in sich trägt. S.a. Nr. 153.

starre[!] verurteilten „Köpfe". Also nach der Seite der ᵍGelehrtenweltᵍ sieht es wenig günstig für mein Büchlein aus. Das erschwert mir „den Fall".

Leichter ums Herz wird mir dann schon, wenn ich daran denke, wie freundlich die Aufnahme war, die Euer Majestät Vortrag fand. Und das darf vielleicht der Punkt sein, an den ich mich halte.–

Doch nun habe ich genug und übergenug von dieser Sache geplaudert.

———————

In der Zeit der übermässigen Befangenheit durch mein Manuskript sind die Wogen weltgeschichtlicher Entfaltung mächtig aufgetürmt worden und hat das Bild[i] zumal des Deutschen[!] Daseins sich gewaltig verändert. Im Grossen und Ganzen wie im Einzelnen und Speciellen[!][.] Zum Kleinen und Speciellen[!] gehören auch wir[,] und ich kann einmal wieder feststellen, dass Euer Majestät uns einziger Retter in der Not geworden sind. Diese Notlage hat etwas geradezu Schauerliches.

Denn dass es uns früher schlecht ging, das war ganz natürlich. All' unser Arbeiten und Denken war so abwegig vom grossen Pfad des Üblichen, musste vielen so phantastisch erscheinen, dass eine Förderung durch die offiziellen Instanzen etc[.] kaum in Betracht kam. Ich habe das früher nur als ganz Selbstverständlich[!] empfunden und damit den Kampf um das Dasein unserer Thätigkeit als einen mir berufsmässig einfach Zugehörigen.

Das hat sich aber seit einigen Jahren recht wesentlich geändert. Ich meine [die] Einstellung uns gegenüber. Die Fachwelt hat eingesehen, dass unserer Arbeit Sinn, Methode, wissenschaftliche[j] Erfolgsicherheit zu Grunde liegt. Zumal die Ergebnisse der letzten Expedition[6] und die Veröffentlichung der grossen Bogenarbeit[7] haben das günstige Urteil erhärtet und ich höre von allen Seiten recht erfreuliche Verständnisbekenntnisse. Aber nun will es das Geschick, dass die wirtschaftlichen Verhältnisse in Deutschland sich so rapid und katastrophal verschlimmern, dass von einer ᵍallgemeinen Verelendungᵍ gesprochen werden muss. Und da geht es[,] dem Geist des ᵍMaterialismusᵍ entsprechend[,] natürlich den ᵍKindern des Geisteslebensᵍ am ᵍschlimmstenᵍ. Und wir sind im Vergleich zu den würdigen, arterienverkalkten Akkademien[!] so jung,[k] so kindlich, dass es auf uns noch gar nicht ankommt. Auch wieder weiter nichts als eine simple, natürliche Kulturerscheinung, aber eine für uns recht betrübliche!

Nun ist es so[,] und demnach werden wir also weiterkämpfen, wenn es auch unerfreulich ist, dass all die schöne Kraft, mit der so wertvolle Resultate erzielt werden könnten[,] für den Daseinskampf aufgebracht werden muss. Aber andererseits: wie habe ich dankbar dafür zu sein, dass Das[!] Schicksal eine so gütige Hülfe gewährt hat wie die grosse Förderung durch Eure Majestät!!!

———

[i] *Ae und De:* des   [j] *Ae und De aus* wissenschaftlicher   [k] *Ae und De:* da

———

[6] DIAFE IX von 1928 bis 1930 nach Südafrika und Indien. Die Ergebnisse hatte Frobenius veröffentlicht in den Büchern: Erythräa. Länder und Zeiten des heiligen Königsmordes, Berlin / Zürich 1931; Madsimu Dsangara. Südafrikanische Felsbilderchronik, 2 Bde., Berlin / Zürich 1931 und Indische Reise. Ein unphilosophisches Reisetagebuch aus Südindien und Ceylon, Berlin 1931.
[7] Leo Frobenius, Morphologie des afrikanischen Bogengerätes, Berlin / Leipzig 1931 (= Atlas Africanus, Heft 4–7). Ein Hinweis auf die positive Aufnahme des Buchs ist auch, daß im folgenden Jahr ebenfalls bei De Gruyter (Berlin / Leipzig) eine englische Übersetzung („Morphology of the African Bow-weapon") erschien.

Jetzt, wo dies Buch geschrieben ist, gehe ich mit allem Ernst und aller Phantasie-
kraft an die Frage, wie etwa dieses ständige Schlamasel[!] behoben werden kann. Denn
nicht nur, dass unsere Existenz bedroht ist! Auch die grossen Werke, an denen wir nun
etwa seit 10 Jahren arbeiten, wollen noch zu Ende geführt werden. Dazu müssen noch
zwei der drei Reisen gemacht werden, müssen noch ca[.] 4 Mitarbeiter stramm drei
Jahre lang arbeiten. Ich muss annehmen, dass ich Zur[!] Ausführung dieser Arbeit selbst
noch bereit sein muss. Es ist zu befürchten, dass ein anderer den Stoff nicht genügend
beherrscht oder aber nicht die genügende Kraft zum Zusammenführen der Persönlichkeiten hat.

Im Sommer (Juni) habe ich die bisher zusammengetragenen Stoffe durchgesehen.
Ich kann, auch wenn ich mich sehr vorsichtig ausdrücke, wohl sagen, dass das Grundge-
rippe dieser Geschichte der menschlichen Formsprache ganz schön vorliegt und zwar in
einer gut geschlossenen Einheit[,] die[l] vom Palaeolithikum bis in die späte Archaeologie
reicht. Freunde[,] die gelegentlich Teile sahen – die Bände und Aberbände von Originalzeichnungen kann kein Mensch auf einmal sehen, ohne vollkommen ausser Fassung
zu kommen – sind erstaunt gewesen über die Grossartigkeit des sich hier Dokumenti-
renden[!]. Also zu diesen Arbeiten muss ich noch zu kommen suchen. Seine[!] Ausführung liegt mir auch deshalb so am Herzen, weil ich es als das Einzige erachte, dass mir
würdig erscheint, Euer Majestät gewidmet zu werden. Es ist das [g]grosse Gorgo-
werk[!][g].[8] Also das will ich gerne noch schaffen und werde nun alles daran setzen, um
die Mittel zu beschaffen, die wir für Vorbereitung, Durchführung und Drucklegung
benötigen. Mit dem Falle „Gustav Oberländer" scheint mir nun ein Wink vom Geschick
gegeben.[9] Auch sonst mehren sich die Anzeichen, dass Amerika für uns Interesse zu
gewinnen beginnt. Also denke ich mir, dass ich mich zu einer [g]Werbefahrt in die Vereinigten Staaten Winter 32/3[g] bereit mache[10] und dass ich beginne[,] diese Sache vorzubereiten. Denn wenn mich nicht alles taeuscht, wird es sehr nöthig[!] sein, allerhand
Wege in diesem merkwürdigen Lande zu ebnen, Freundschaften vorzufinden und sich
eine Publicity zu sichern. Andernfalls könnte die Unternehmung leicht fehlschlagen.

Wenn es sich um eine einfache Vortragsreise handelte, wäre die Sache vielleicht
einfacher. Aber nach allem, was ich höre[,] wird es eine grosse Erleichterung und
gleichzeitig Verbreiterung des Interesses abgeben, wenn wir unsere Felsbilderausstellung mitnehmen. Die vorzüglichen Besprechungen, die[m] unseren Ausstellungen in den
Städten Deutschlands, in Belgien, Holland, Frankreich, Schweiz[11] zu Teil geworden
sind[,] kommen da durchaus zu Pass[!]. Die Bildergallerie[!] ist für den Amerikaner eine
real Matter[!] of fact[!], die sinnfällig ist. Es ist einmal etwas „ganz andres[!]" etc.

Aber das benötigt natürlich Vorbereitungen. Vor allem[n] Ausstellungsräume, wie sie
nicht gerade alltäglich sind. Dann aber auch Freunde, Freunde, Freunde! „Jedermann"
ist da natürlich nicht als „Freund" geeignet, denn es giebt[!] auch sehr viele Wohlmei-

---

[l] *Ae und De:* reich   [m] *Ae und De:* diese   [n] *Ae und De:* Vortr

---

[8] S.o. Nr. 94 und die dort in Anm. 10 genannten Dokumente.

[9] S.o. Nr. 116, Anm. 1.

[10] Die Werbefahrt in die USA kam erst 1937 zustande.

[11] Belegt sind Ausstellungen in Berlin, Mannheim, Paris, Brüssel, Frankfurt am Main, Hamburg,
Saarbrücken, Amsterdam, Köln und Zürich.

nende, deren Eingreifen eventuel[!] mehr schadet als nützt. Aber ein so thatkräftiger Mann wie Ihr Gustav Oberländer scheint mir eine sehr nützliche Kraft – scheint mir. Ich habe ihn aber nicht persönlich erreichen können und habe kein Urteil.

Da setzt nun im Speziellen wie im Allgemeinen meine Frage ein, eine Frage, die ich Euer Majestät in Erwägung zu ziehen bitte. Was meinen Euer Majestät zu einem derartigen Eroberungszuge nach Amerika?

Es sei bemerkt, dass auch von anderer Seite Anregungen vorliegen. Vor einigen Jahren schon hatte ich eine Berufung[,] eine Berufung als Professor an eine grosse Universität, es war aber eine echte und rechte – Negeruniversität[12] und da habe ich doch lieber abgelehnt. Dann hat mich neulich nach meinem Vortrage in Zürich, als ich mit meinem dortigen Universitätsfreund zusammenstand[,] eine Amerikanerin, eine Mrs[.] Jane Hearst, Gattin eines ᵍMr. Siegfried Hearstᵍ [(]National Broad[cast]ing Comp[any,] Merchandise Mart.[13][,] Chicago[,] Illinois[)] – mit ungeheurer Swada[!] angefallen, hat mir zum Erstaunen der um mich versammelten Professoren versichert, ich wäre[!] der wahre Mann für Amerika, to make plenty money[!] und ihr Mann der allein geeignete – Impressario[!], an den ich nun gleich schreiben sollte[!][,] etc. – Was daran ist, kann ich nicht sagen; die Dame hat aber mit ungeheurem fuoco auch an das Institut geschrieben.

Also Anzeichen genug. Und ich wäre nun sehr froh, wenn ich Euer Majestät Ansicht hierzu hören könnte. Es würde ja unglaublich erfreulich sein, wenn wir so aus unserer ständigen Bedrängnis herauskommen und uns unsere Mittel für die Bewältigung der grossen Ausgaben[!] selbst erobern könnten.

Der erste, der als grosser Deutschamerikanischer[!] Fachmann und auf unseren Gebieten einflussreichster Völkerkundler in Betracht käme, wäre Prof[.] Franz Boas, der Sohn des in Charlottenburg längst verstorbenen Geh[eimen] Med[izinal-]Rat Boas.[14] Wenn es gelänge[,] Franz Boas für den Gedanken einer Felsbilderausstellung in Amerika zu gewinnen, so wäre die Grundlage geschaffen.[15] Boas war uns früher sehr wohl gesonnen[,] und ich habe die Beziehung neu anzuknüpfen. Boas hat von Amerika aus viel für die Deutsche[!] Ethnologie gethan. Also hier wäre ein fester Anhaltspunkt.

Nun aber übergenug auch hiervon. Das Ganze ist ein Plan[,] aber ein sehr ernster.

Mittlerweile sind wieder allerhand Stimmen zum Vortrag Euerer Majestät eingelaufen, die sehr interessant sind und in ihrer Weise die Buntheit der in Deutschland herrschenden Interessen und Einstellungen aufweisen.[16] Höchst bemerkenswert! Da ist der

---

12 Im weitgehend segregierten Bildungswesen der USA gab es eigene Colleges für Schwarze. Ob Frobenius tatsächlich einen Ruf an eine solche Einrichtung erhalten hat, ließ sich nicht mehr nachweisen.

13 1930 hatte die NBC am Merchandise Mart in Chicago den damals größten Rundfunkstudiokomplex eröffnet.

14 Frobenius irrt hier: Boas' Vater war nicht der Charlottenburger Internist, sondern der Mindener Textilhändler Meier Boas.

15 In seinem gleichzeitigen Schreiben an das „Hofmarschallamt" bat Frobenius Schwerin denn auch, „einmal in der Registratur der Doorner Beziehungen nachzusehen, ob sich der Name des amerikanischen Professors Franz Boas bei den Akten findet." Er sei ein „sehr ordentlicher Mann" (AEW: 1619 B4 und FI: LF 606/36).

16 S.o. Nr. 119, Anm. 2.

katholische Dr. Nederath[?], der vom Darwinismus sich nicht lösen kann! Hier der verehrungswürdige ᵍProf. Hehnᵍ, dessen gütiges Herz die mangelhafte Erziehung und die Unterschlagung Riemenschneiders nicht vergessen kann und der mit Recht böse ist über den Zersetzungscynismus Oswald Spenglers. Wort ᵍfür Wort ein ganzer Menschᵍ. Dann ist da der Norweger Prof[.] Dahl, dem Rasse und Körperkultur auch Sache des Gottesdienstes sind und der demnach unseren „ollen, lieben" Wolle-Jäger in die Problematik hereinschiebt.[17] – Welche Welt der Schätze erschliesst sich so! Wie vielseitige Gedanklichkeit umfasst die Deutsche[!] Kultur.

So modellirt[!] sich in unsichtbarer Weise das neue °Gesicht° Deutschlands[,] und ich kann das Behagen Eurer Majestät an einer so gewonnenen Einsichtnahme nur von Grund auf teilen.

Inzwischen arbeitet der Grabscheit weiter. Die neuen Funde in Kreta und Westasien, über die die uns gütigst ᴾzugeleitetenᴾ Zeitungen berichten, versprechen immer neue Ausblicke. Das Wesentlichste als Rückgrat bleibt aber dabei das, was unsere braven ᵍAndraeᵍ (v. Berlin ᑫausᑫ) und ᵍJordanᵍ (an Ort und Stelle) in ᵍUrukᵍ ergraben haben und über welches diese beiden Männer in wundervoller Bescheidenheit sprechen. Natürlich wird diese alles, eben weil bescheiden vorgetragen, <u>nicht</u> gewürdigt. (während[!] der marktschreierische Engländer Woo[l]ley seine in anderer Weise wertvollen Funde à la Darhun[?] & Daghy-Limes[?] mit Heissa Sintflut und Hurra Abraham! verbindet[18]). Aber ᵍJordanᵍ wird uns eine ins ᵍ5te und 6te (?) Jahrtausendᵍ hineinreichende Schichtenlage altorientalisch-westasiatischer Kulturgeschichte ergraben.–ʳ

Ein anderes Aktenstück liegt mir hier vor: „Doorner Widder" betitelt, die von Frau Schulz ausgeführte Zeichnung des Hiddenseeer[!] Widders. Auch mir will es so erscheinen, als ob das Stück ein Symbolon der Gorgoentwicklungsgeschichte ist. Ich habe den Auftrag gegeben, seine Formverwandtschaft aufzusuchen. „Aus dem Kopf" fallen mir nur einige allerdings sehr wichtige chinesische Parallelstücke ein. Damit ist ja aber überhaupt ein Anhaltspunkt gegeben und das genügt im Allgemeinen! Jedenfalls werde ich in meinem nächsten ᵍDoorner Lichtbildervortragᵍ[19], – wenn es mir gestattet wird, – auf dieses Stück zurückkommen.–ˢ

Damit wäre ich denn bei der Frage der Herbsttagung in Doorn angelangt, die nach Mitteilungen des Grafen Schwerin[20] erwünscht ist. In Bezug hierauf kann nur gesagt wer-

---

ᵒ *Ae und De aus* Gesichter   ᴾ *Ae und De statt* eingesandten   ᑫ *Ae und De*

ʳ *In A Marginalie Wilhelms:* Ja[,] bis jetzt 18 undatirte Schichten in Eanna [der Inanna/Ischtar geweihtes größtes Heiligtum der Stadt] unter 6 datirten Schichten.

ˢ *In A Marginalie Wilhelms:* Ja!

---

[17] Dahl an Wilhelm II., 1.8.1931 (FI: LF 605/18f.).

[18] Leonard Woolley, Ur und die Sintflut. Sieben Jahre Ausgrabungen in Chaldäa, der Heimat Abrahams, Leipzig 1930 (urspr.: Ur of the Chaldees. A Record of Seven Years of Excavation, London 1929), insbesondere S. 13–22 und 104f.

[19] S.o. Nr. 116, Anm. 4.

[20] Schwerin an Frobenius, 28.6.1931 (FI: LF 605/13 und AEW: 1621 C4f.). Frobenius hatte sich angesichts von Gerüchten über Finanzschwierigkeiten des Exil-Monarchen am 24. Juni bei „Hofmarschall" Graf Finckenstein noch erkundigt, „ob es nicht etwa ratsamer sein sollte, die für den Oktober gedachte ‚Akademiesitzung' nicht zu energisch zu betreiben" (FI: LF 604/4–6). Graf Schwerin teilte ihm aber am 28. Juni bereits mit, daß die Veruntreuungen eines Mitarbeiters „keinen fühlbaren Einfluß auf die Lebenshaltung in Doorn" hätten und schon gar keine Auswirkungen auf die Akademie haben

den: ich bin selbst gespannt, wie ich diesmal mit der Zunft fertig werde. Denn es geht der ganzen Professoren-Gemeinde so „hund-miserabel" wie nur denkbar. Sie alle sind von Natur nicht golden gesattelt und verstehen vom Daseinskampf gar nicht[s]. Nun sind ihnen ca[.] 14% vom Gehalt gestrichen und die kleinen Nebeneinnahmen durch Recensionen etc[.] fallen fort und – die Mieten steigen womöglich noch. Obendrein kommt nun viel persönliches Unglück. Walter Ottos Frau sehr krank, Reinhardt noch viel schlimmer. Lommel selbst recht elend, Naumann nach Bonn berufen[,] und so geht das weiter. Dabei sind das alles sehr bedenkliche Leute, die alle an Entschlussmangel leiden. Die Not zwingt sie zum Wohnungswechsel[,] und dies trifft in Bezug auf Otto und Lommel just in die sonst mögliche Zeit.

In diesem Chaos hat eine unentwegt durchgeführte Correspondenz folgende Extreme gezeigt: Prof[.] ᵍOtto fällt bestimmt fortᵍ, weil dieser in der allein möglichen Zeit ausser allem andern auch just noch umzieht. Da er seine Tochter just eben verheiratet hat und seine Gattin in der Heilanstalt Falkenstein weilt, muss er den Umzug allein leiten. Ein sich derart der Chaotik des Umzugs ausgesetzt fühlender Professor ist unvorträglich für Wochen. Das andere Extrem ist Prof. Naumann, der sicher (– inschallah![21] –) kommen will und sich sehr darauf freut. Wir beide können ᵗnachᵗ dem 23ten, an dem wir die Frankfurter Wilhelm-Raabevorträge[!] halten,[22] reisen. Lommel und Reinhard[t] hängen in der Luft. Eventuel[l] frage ich noch bei Sarre an. Allgemein ist der Wunsch[,] diesmal Prof[.] Jeremias nicht einzuladen, da Themata behandelt werden sollen, bei deren Behandlung der Eifer der kirchlichen Dogmatik kaum zu seinem Recht kommt. Sehr zu erhoffen wäre Teilnahme des ᵍHerrn Prof[.] Vollgraaff[!]ᵍ aus Utrecht.–ᵘ

Das heisst also, dass heute noch nicht allzuviel Endgültiges zu sagen ist, – was aber in Anbetracht der Wirrnisse der Zeit nicht viel sagen will.

So, und nun hatte[!] ich einmal mehr allzuflüssig geschwatzt und so verbinde ich mir schnellstens das Mundwerk. Ihrer Majestät bitte ich aber[,] noch die Hand küssen zu dürfen.

Frobenius

ᵗ *In A darüber von Wilhelms Hand:* nach?

ᵘ *In A Marginalie Wilhelms:* Ja[,] soll aufgefordert werden!

———

sollten: „Graf Finckenstein und ich, ebenso wie alle sonstigen in Betracht kommenden Persönlichkeiten, sind vielmehr der Ansicht, dass gerade die ‚Doorner Akademie' das letzte wäre, was unter etwaigen Restriktionsmaßnahmen zu leiden hätte." (FI: LF 605/13).

21 S.o. Nr. 47, Anm. 7.

22 Der 8. September 1931 war der hunderste Jahrestag von Raabes Geburt.

121.

Frobenius an Wilhelm II., 7. und 18.9.1931, Biganzolo

Eigenhändige Ausfertigung:
A   AEW: 1619 B5f.
Durchschrift der eigenhändigen Ausfertigung:
D   FI: LF 611/81–84

Euer Majestät

Kaum ist der Brief[1] fort, da sehe ich, dass ich etwas recht Wesentliches vergessen habe, was ich nun schleunigst zu Papier bringen will. Habe mich nehmlich[!] noch sehr herzlich zu bedanken für die mir am 13[.] VIII[.]mit Persönlicher Begleitnotiz zugesandten Originalphotos des Frl[.] v. Köckritz aus Amerika, die der Prinz Oskar in dankenswerter Weise einsandte.[2] Diese Aufnahmen sind hervorragend schön. Zum Beispiel sind alle Figuren auf dem Sonnenstein im Museum v. Mexiko[3] sehr deutlich.

Das erinnert mich unwillkürlich an unseren „Erdball".[4] Wie ich aus den Akten ersehe[,] hat sich unser Verleger des Erdball an Eure Majestät um Fürsprache bei der Notgemeinschaft gewendet.[5] Ich habe nichts hiervon gewusst, bin auch gegen einen solchen Antrag, <u>da wir uns mit der Herausgabe des Erdball noch nicht genügend erwiesen haben</u>. Erst seit Februar haben wir ihn in Händen. (Vorher, unter Kunike war es schlimm!) Also noch zu wenig Leistung. Erst in einem 1[!] Jahr nach Übernahme der Zeitschrift wäre eine Eingabe erwägenswert gewesen.– Ich habe also Bermühler sehr klar meine Meinung gesagt. Er redete sich damit heraus, dass Geheimrat Siegismund[!] von der Notgemeinschaft ihn (Bermühler) zu einem Brief an Euere Majestät ermuntert habe.– Mir auch unverständlich!–

Ich werde von Herrn Bermühler verlangen, dass er noch ein Jahr durchhält[,] und dann wird man weiter sehen. Ob der Mann, der ja kein kleiner Verleger ist, dieses Jahr aushält, kann ich natürlich nicht wissen. Aber ich denke nur im Sinne unserer Zeit, wenn ich den Grundsatz verfolge: Was fallen soll, muss fallen auf dem Schlachtfeld,– d.h. in der Arbeit[,] nicht in der bequemen Zurückgezogenheit. Auch für uns selbst halte ich den Grundsatz aufrecht!

Biganzolo 18 Sept 1931

Soeben trifft Euer Majestät Schreiben vom 14[.] IX[.][6] hier ein.

Das ist mir gründlich in die Glieder gefahren – ist so ein Fall, der in meine „Schick-

---

[1] Nr. 120.   [2] Nr. 119.

[3] Das runde Relief von etwa vier Metern Durchmesser, das im späten 15. Jahrhundert von den Azteken angefertigt worden war und mit dem Kalender die fünf großen Zeitabschnitte ihres Weltbilds darstellt, befand sich im Museo Nacional de Antropologia y Historia in Mexiko-Stadt. Eine stark verkleinerte Gipsnachbildung aus Wilhelms Besitz ist in Haus Doorn (Stichting Huis Doorn, HuD 1402).

[4] S.o. Nr. 102, Anm. 7.   [5] S.o. Nr. 116.   [6] Nr. 123.

salskunde" und zwar diesmal die allerpersönlichste hineingehört. Wie das immer ineinander greift, das ist so erstaunlich[,] wie nur irgend [a]welche[a][!] [b]Wunder[b]. Ich bin tief bewegt und kann heute wenig sagen.

Aber Doktor Jensen wird sogleich, ohne dass ich ihm schriftlich Näheres sage, instruirt werden.

Diese Zeilen müssen fort, wenn auch nichts darin steht.

Ihrer Majestät meinen Handkuss.

Leo Frobenius

---

[a] *In A von Wilhelm unterstrichen*
[b] *In A von Wilhelm doppelt unterstrichen. Darüber seine Anmerkung:* geschehen immer noch!

122.

Wilhelm II. an Frobenius, 12.9.1931, Doorn, Telegramm

Ausgehändigte Version:
A   FI: LF 616/23f.
Eigenhändiger Entwurf:
K   AEW: 1621 F5

Das nach Biganzolo gerichtete deutschsprachige Telegramm ist von den italienischen Telegraphenbeamten in stark entstellter Schreibweise wiedergegeben, die seinen Inhalt teilweise nahezu unverständlich macht. Daher folgt die Wiedergabe hier ohne Angabe der zahlreichen Abweichungen dem Konzept.

Brief[1] gestern erhalten. Mit Vorschlägen für Oktober einverstanden. Bedaure sehr O[tto]s Fehlen, ebenso R[einhardt]s. Hoffentlich kann Sarre. [Mit] Ausbleiben von J[eremias] einverstanden. Jordan gestern hier über Uruk berichtet.[2] Fabelhaft, überwältigend! 18 Schichten, die unterste, Neolit[h]ikum[,] schon im Wasser. Alles Sumerisch[!]. Alle unteren Schichten voll Obed-Waare.[3] Grüsse! Inshallah![4]

Wilhelm I.R.

---

[1] Nr. 120.   [2] S.o. Nr. 93, Anm. 7.
[3] Nach der bei Ur gelegenen Siedlung El-Obed benannte charakteristische jungneolithische Keramik Mesopotamiens.
[4] S.o. Nr. 47, Anm. 7.

123.

Wilhelm II. an Frobenius, 14.9.1931[1], Doorn

Eigenhändige Ausfertigung:
A   FI: LF 616/25–27
Maschinenschriftliches Konzept:
K   AEW: 1621 A8–B1

Meine liebe Exzellenz

Inshallah![2] Das war ein Brief![3] Noch dazu wirklich ganz lesbar! Meinen wärmsten Dank! Der Werdegang[,] den Sie schildern[,] ist packend dargestellt. Ich lese aus ihm eine <u>höhere</u> „Berufung" heraus. Sie <u>sollten</u> so werden[,] wie Sie sind, weil Sie eben – gerade <u>so</u> und nicht anders – nöthig sind bezw. werden sollten, um unserer Wissenschaft, unserem Volk auf wissenschaftlichen[,] gänzlich neuen Wegen das grosse Ziel seiner Kulturaufgabe wieder klar herauszustellen. Die Begeisterung gerade der Geistlichkeit für „Wesen der Kultur"[4] zeigt, dass sie in diesem Wirken einen willkommenen Bundesgenossen [a]begrüssten[!][a], der auf paralleler Bahn das Volk daran erinnert, dass es eine Seele hat, diese eine Aufgabe ausführen soll. Die Theologie ist zu verknöchert[,] sie vermag das nicht mehr. „Meine" Geistlichen daher – deren Aufgabe es ist[,] die Seele des Volkes durch „Zufuhr von Oben" zu stärken u[.] zu kräftigen[,] – begrüssen es daher dankbarst, dass Sie von der <u>wissenschaftl.</u> Seite auf die „Pietät" = Glaube hinweisen, die für ein Volk vonnöthen ist, um seine Kulturaufgabe durchzuführen, weil Sie eben nachweisen: „Kultur ist stets mit Pietät verbunden". Das füge ich hinzu: Pietät ist Respect vor Gott, Tradition, Geschichtsüberlieferung, Werdegang, die alle auf die „Obere Instanz"[,] die [b]„<u>beruft</u>"[b][,] zurückführen. Zugleich aber auch eine Begrenzung des „rein menschlichen" Könnens in ihr erkennen (d.h. des Auswerthens [c]d[er] blossen[c] Civilisation) denn – wie schon die alten Inder sagten – „die Gottheit ist die grosse Hemmung!" Diese ist nöthig[,] um uns zu conzentriren[,] um mit der Seele die <u>Totalität</u> dessen zu erfassen, zu dem wir fernerhin berufen sind, [d]<u>wir Deutschen!</u>[d] Nach Ihrer Beschreibung erkenne ich, dass Sie unter dem fesselnden Bann einer „Inspiration", <u>Intuition</u> handelten[,] als Sie Ihr Buch niederschrieben, die immer <u>spontan</u> ist. Ich kenne das auch aus meinem eigenen Leben, in dem ich auch solche Momente erlebte. Dabei wirkt dem „Ruf von Oben" stets die Umwelt helfend mit.

Nun schreiben Sie, dass Sie stutzen ob Ihres von Anderen so verschiedenen Lehrganges, Werdeganges, ob Sie das Buch herausbringen sollen? Natürlich! Ich sehe ja mit stillem Vergnügen, wie das „Wesen der Kultur" auf die allerverschiedensten Menschen

---

[a] *K: begrüßt*   [b] *In A nachträglich von Wilhelm unterstrichen*
[c] *Ae und K*   [d] *Diese Unterstreichung nicht in K*

---

[1] Das Konzept sieht vor, das Schreiben auf den 15. September zu datieren.
[2] S.o. Nr. 47, Anm. 7.   [3] Nr. 120.
[4] Zu diesem Vortrag Wilhelms s.o. Nr. 97–100, 100a, 102, 104–107, 109–112, 113a und 114.

bezw. Gemüther wirkt! Was kümmert Sie, wie die <u>Gelehrtenwelt</u> dasselbe aufnimmt, die Hauptsache ist, dass das nach Metaphysik ^edürstender^e[!] Geschlecht kräftige Nahrung vorgesetzt erhält, welche die Akademien noch nicht zu bieten im Stande sein werden, aber in Zukunft – was ich dazu thun kann – durch Sie auch einmal können <u>sollen.</u> Inshallah! – Heraus mit dem Klewang und Bahn durch den Urwald geschlagen: Ich helfe mit! —— Mashallah![5] —— Was die 2te Hälfte Ihres Briefes betrifft[,] so kann ich Hoffnungsvolles Berichten. ^fDieses ist streng vertraulich!^f

Gestern waren 2 junge Amerikaner hier[6]: I[hrer]M[ajestät] schon länger bekannt als Kunstmäcene. ^d<u>Cultursuchende</u>^d Leute. Ich hatte eine Intuition. Diese Beiden[!] ganz unamerikanisch wirkenden Prachtskerls, entschieden einer neuartigen, veränderten Generation zugehörig;[!] schienen mir geeignet[,] mit „Frobenius" behandelt zu werden. Es geschah in ausgiebigster, ^b<u>sehr überzeugender Weise</u>^b – so sagt I[hre] M[ajestät] –! Resultat erstaunlich: „That is just what we now[!] want! We have enough of Machines, Technique[!] etc. we are in for <u>real Culture, we want Culture!</u> ^g<u>Metaphisics</u>^g[!]". Na da legte ich nun los, „Wesen der Cultur" p.p. aber nicht „too knapp!" Als der Unterschied zw[ischen] Cultur u[.] Civilisation ihnen – sehr schnell – klar geworden, da kannte der Jubel keine Grenzen mehr. „No, no more Civilisation, we are ^d<u>overcivilized</u>^d; we must have <u>Culture!</u>" Der Unterschied schlug durch: „Wolkenkrazer[!]=Civilisation, Cathedrale von Cöln oder Neues Palais[7] = Cultur!"

Nun ging ich zum Angriff über. „Exz. Frobenius, Institut für Kulturmorphologie, Afrika Institut" unter meinem[!] „Patronage" leiden schwer. Hülfe muss werden. Wie wäre eine Vortrags-tournée[!] in den U.S.A.? Evntl. mit Felsbilderausstellung? Sofort erklärten sich beide Herren bereit[,] die Sache zu „managen" u. die wichtigsten Factoren[,] die Universitäten u. ihre <u>Donatoren</u> zu interessiren. Einen Empfehlungsbrief an die wichtigsten Personen haben sie schon von mir. Sie werden Verbindungen anknüpfen, Terrain sondiren p.p. und mich informieren. Als wichtigsten Mann nannten sie mir den

^e *K: durstende[!]*   ^f *Ke und nachträglich (mit anderem Stift) Ae*
^g *In A und K von Wilhelm nachträglich unterstrichen*

———

[5] Das arabische Māšallāh bedeutet wörtlich „was Gott will", wird aber auch allgemeiner als Ausdruck erfreuten Erstaunens verwandt.

[6] Einer der beiden Amerikaner läßt sich aus Nr. 124 in Verbindung mit einem Vermerk auf dem Schreiben Jensens an Schwerin vom 21. September (AEW: 1621 F6) als Eugene Wedell identifizieren, der andere als Rev. Hayes-Holmes. Trotz fraglos großer politischer Differenzen mit dem ehemaligen Kaiser wird es sich bei ihm um den New Yorker unitarischen Geistlichen Reverend John Hayes Holmes, einen der führenden Vertreter des Progressive Movement handeln. Er war unter anderem Mitglied der 1914 gegründeten radikal-pazifistischen „Fellowship of Reconciliation", die sich im Ersten wie im Zweiten Weltkrieg gegen den Kriegseintritt der USA einsetzte und damit in Verbindung zu germanophilen Agitatoren wie George Sylvester Viereck geriet, der sich Wilhelm als sein Sprachrohr in Amerika andiente.

[7] Beide Bauwerke sind mit den Hohenzollern verbunden: Der 1248 begonnene Bau des gotischen Doms in Köln war zu Beginn des 16. Jahrhunderts eingestellt worden. 1842 leitete der preußische König Friedrich Wilhelm IV. seine Fertigstellung nach dem ursprünglichen Plan ein, die 1880 abgeschlossen werden konnte. Das Neue Palais ist das 1763 bis 1769 unter Leitung der Architekten Johann Gottfried Büring, Heinrich Ludwig Manger und Carl von Gontard für Friedrich II. am Westrand des Parks von Sanssouci errichtete Schloß. Im Gegensatz zu Wilhelm II., der es häufig bewohnte, schätzte der Bauherr die – in seinen Worten – „Fanfaronnade" von Potsdam, die nicht zuletzt die Leistungskraft seines Staats und seinen neuen Großmachtanspruch vorführen sollte, eher wenig.

Director des „American Geographical Magazine"[8], den sie zuerst interessiren werden. Dieser soll n[ach] Doorn kommen zu einer Besprechung mit mir, bei der es erwünscht ist, dass Sie mit theilnehmen. Die beiden Herren wünschen noch von Ihnen einen kurzen Abriss über Entstehen u[.] Werden des Instituts, Reise Uebersichten[!], Art der Sammlungen p.p. zur Orientierung für drüben. Dr. Jensen kann das für mich besorgen. Sie wollten gerne den Namen der begeisterten Dame wissen [c]– ist ihnen mitgetheilt –[c][,] von der Sie mir schrieben, die ihren Mann als „Impresario" Ihnen anbot,[9] um zu erkunden[,] ob das was[!] Zuverlässiges sei etc. Ich soll [h]ihnen[h] diese Sachen noch <u>vor</u> dem 1.X.31 nach Copenhagen schicken, da sie an dem Tage [i]n[ach] H[ause][i]. abreisen wollen. Also bitte thun Sie <u>keine</u> weiteren Schritte, gehen Sie <u>keine</u> weiteren [j]<u>Bindungen</u>[j] ein, sondern überlassen Sie das mir u[.] den beiden begeisterten Kultur-Amerikanern. Eventl. würde für Sie im Winter vielleicht eine Reise nach U.S.A. in Frage kommen zur [k]Vorbesprechung[k] Ihrer zukünftigen Vortragstournee[!]. Vogue la Galère: Ich wittere Morgenluft für [l]Mein[l] Institut. Buda getscher jahu![10]

 Inshallah!

[c]Beide haben „Wesen der Cultur"
 mitgenommen! But not for the Press

Wilhelm
<u>verte!</u>

Was kümmert Dich die Regel, nach der der Feind sich schlägt
Wenn er nur geschlagen wird!
Die Kunst jetzt lernten wir ihn zu besiegen.
Und sind voll Lust sie ferner noch zu üben!

 Kottwitz an den Grossen Kurfürsten im „Prinz von Homburg".[11c]

---

[h] *Ae aus* Ihnen	[i] *So auch Ke aus* nach Hamburg	[j] *U:* Bedingungen
[k] *In K unterstrichen*	[l] *Ae aus* mein	

———

[8] Eine Zeitschrift dieses Namens ließ sich nicht nachweisen. Es könnte sich um das 1914 begründete *Pan-American Magazine* der *Geographical and Historical Society of the Americas*, das allerdings gerade 1931 sein Erscheinen einstellte, oder wahrscheinlicher um das deutlich publikumswirksamere, von 1888 bis heute bestehende *National Geographic Magazine* der *National Geographic Society* handeln.

[9] S.o. Nr. 120.

[10] Bu da geçer yahu (türkisch): „Aber auch dies geht vorüber!"

[11] „Die Kunst jetzt lernten wir, ihn zu besiegen,
Und sind voll Lust, sie fürder noch zu üben:" (Heinrich von Kleist, Prinz Friedrich von Homburg, V, 5, 1555f.).
„Was kümmert Dich, ich bitte Dich, die Regel,
Nach der der Feind sich schlägt: wenn er nur nieder
Vor Dir, mit allen seinen Fahnen, sinkt?
Die Regel, die ihn schlägt, das ist die höchste!" (V, 5, 1575–1578).

124

Wilhelm II. an Frobenius, 26.9.1931, Doorn

Eigenhändige Ausfertigung:
A   *FI: LF 616/28*

Meine liebe Exzellenz

So! Nun sind alle Orientierungen in den Händen von Mr Wedell, meine Empfehlungsbriefe und das von Ihnen gesandte Material über das Institut[1]. Möge nun die Vorarbeit drüben glücken und für Sie neue Wege ebnen! Inshallah![2]

Beiliegend ein Brief[3], der vielleicht einiges Interesse für Sie haben kann. Er stammt von dem Schwager des Herzogs von Portland, der einige Tage in Amerongen zubrachte und vor 6 Jahren mit mir dort als <u>erster</u> Brite nach dem Kriege dinirte.[4] Er ist Politisch[!] interessirter Literat. Das in seinem Schreiben angeführte Buch von Mairet[5] hatte er mir in Folge eines „Culturgespräches", das wir hatten[,] geschickt. In diesem Gespräch hatte ich vergebens versucht[,] Mr. Morrell den Unterschied zwischen „Cultur" und „Civilisation" klar zu machen auf Grund von „Wesen der Kultur".[6] Was der <u>Amerikanische</u> Prediger Rev. Hayes-Holmes, was Mr. Wedell im <u>nu sofort begriffen</u> und mit Enthusiasmus <u>aufgriffen</u> u[.] discutirten, wurde dem Briten zu schwer, wie Sie auch aus seiner Bemerkung lesen werden.

Das Buch von Mairet ist seichter Quatsch in sehr bestechender, die Jugend blendender Form servirt (semitisch!). „Science has conquered; Religion must capitulate before Science". Das ist so der Angelpunkt des ganzen Pamphletes. Weg mit der Pietät! Dem Seelenleben! Das Gehirn hat den Vorrang vor dem Herzen! also „Civilisation" in der höchsten Potenz. Dabei ist der Autor so schlau nur von „Religion" (grossgeschrieben) zu reden[,] ohne irgend eine zu nennen. Also kann jeder nach Belieben seine eigene Relig. Vorstellung oder auch anderer darunter verstehen. Jedenfalls „Science" soll Religion ersetzen, ablösen. Dass ich scharf dagegen Front gemacht, wird Sie nicht weiter wundernehmen. Mr. Morrell scheint mir zu schwanken.

Weiter lege ich diesem Briefe bei die von mir gemachte Copie einer Skizze, welche der prächtige Jordan bei einem 2 Stündigen[!] Vortrag hier machte.[7] Ich hatte ihn vom

---

[1] S.o. Nr. 123.

[2] S.o. Nr. 47, Anm. 7.

[3] Nicht ermittelt.

[4] Philipp Edward Morrell war mit Lady Ottoline verheiratet, der Schwester des 6. Duke of Portland, dem Haupt der englischen Linie der Bentincks, die Wilhelm von Oranien begleitet hatte. Der niederländischen Linie gehörte das von Doorn nicht weit entfernte Schloß Amerongen, auf dem Graf Godard van Aldenburg Bentinck Wilhelm II. von 1918 bis 1920 beherbergt hatte. Dort wohnte seit seiner Heirat mit Graf Godards Tochter Elisabeth im Oktober 1920 auch Wilhelms Adjutant Sigurd von Ilsemann. Philipp und Lady Ottoline Morrell waren Pazifisten und hatten während des Ersten Weltkriegs Kriegsdienstverweigerer geschützt.

[5] Aufgrund dieser Angaben nicht identifizierbar.

[6] S.o. Nr. 109, Anm. 3

[7] AEW: 1616 D3.

Orientalist. Congress heranbeordert. Die Skizze spricht für sich selbst. Ungemein wichtig ist seine ganz neue Erklärung über den Zweck der Zikurrat[!] mit dem darau[f]stehenden – <u>ersten</u> – noch <u>erhaltenen</u> Tempel. „<u>Landungsplatz</u>" für die aus Himmelhöhen zur Erde herabsteigende Gottheit[,] von den Menschen ihr so zu sagen „entgegengebaut." So ist Jacobs Traum zu erklären, <u>nicht</u> <u>Leiter</u>[,] sondern <u>Zikurrattreppe</u>[!]! Habe das Jeremias mitgetheilt! Ebenso wichtig der Mangel einer <u>Spur</u> einer Sintfluth.

     Gute Erholung! Gruss an die Gattin

     Wir, die Caravane marschiren,

     die Hunde bellen, Mashallah![8]

Ihr
Wilhelm
I.R.

---

[8] S.o. Nr. 123, Anm. 5.

125.

Frobenius an Wilhelm II., 31[!].9.1931, Biganzolo

Nicht behändigte, eigenhändige Ausfertigung:
A   FI: LF 611/85–93
Durchschrift der eigenhändigen Ausfertigung:
D   FI: LF 611/85*–93*

Eigenhändiger Vermerk auf A: Nie abgesandt[,] auch nie überreicht, da der Kaiser sogleich dagegen Stellung nahm, als wir davon sprachen[.] Frobenius
Eigenhändiger Vermerk auf D: Nie abgesandt und nie überreicht. Frobenius

     Euer Majestät!

     Mitten in den Wirbel des „Abbruchs" und „Aufbruchs" fällt Euer Majestät Schreiben vom 26. IX[.][1] herein und angetragen die Tabelle der Schichtfolge in Uruk. Jordans Prachtswerk. Ich habe mich in unseren „Grund" zurückgezogen. Sitze da jetzt am Steintische unter den hohen Baeumen. Habe vor mir die „Doorner Akten" liegen und daneben – ein kleines Fläschlein <u>alten</u> italienischen Chianti stehen, den ich einer altehrwürdigen Verehrerin in Florenz verdanke und den diese für eine besondere Weihestunde bestimmt hat.–

     Diese Weihestunde ist da!

     Ich wurde, wie ich glaube, just vor 30 Minuten mit einer Vorstellung beschenkt, die mich ganz glücklich macht und die ich mir nun ganz allmählich klar machen will. Viel-

---

[1] Nr. 124.

leicht darf ich Euere Majestät bitten, hieran teil nehmen[!] zu wollen. Aber ich weiss es nicht – noch nicht, ob ich das darf[,] und somit schreibe ich dies zunächst nieder und werde mir am Ende die Summe des Geschriebenen durchlesen, um zu prüfen, ob ich es[!] das Geschriebene absenden darf.–

Also wie sieht das Bild meiner Vorstellung und sein Werden aus?

––––––––––

Euer Majestät werden vielleicht erstaunt sein, wenn ich sage: dass ich seit Wochen durch die die Welt durchziehenden Ereignisse in hellerlichten[!] Jubel versetzt werde. Ich bekomme es nicht fertig[,] über all das Unglück, das mit diesen Ereignissen in Verbindung steht, traurig zu werden – trotzdem es doch sehr wohl möglich ist, dass unser eigenes Arbeitsgebiet dabei verschüttet wird.

Die Antwort auf die Frage, wie diese Glückseeligkeit[!] möglich ist, kann ich ich[!] geben: das, was draussen geschieht, das ist[a] etwa dem Ablegen der alten Schlangenhaut entsprechend. Das Verbrauchte, das Begrifflich[!] Gewordene, das Gelump zerbricht! Alle Theorien der „Nationaloekonomie" und der Socialforschung[!] zerplatzen. Aller falsche Parlamentarismus, alle intellektualistische Wirtschaftsberechnung etc. etc., alles fliegt in tausend Stücken in die Luft.

Gottes Winde fegen über die Erde und zerreissen alles Unechte und Falsche. Die europaeische Überheblichkeit und Arroganz brechen in sich zusammen.

Und unter dem zerschlissenen Fell scheint uns der feine Sinn bedeutender Zukunft aufzublitzen.–

––––––––––

Schauerlich erklingt das Gejammer aller derer, die plötzlich ihre „Ideale"(!!!) von eigener Herrlichkeit dahinfliegen sehen, die den Wurm in der Wurzel spüren und denen die herbstlich bunten Blätter des Unterganges um die Ohren peitschen:

„Die Völker müssen sich näher verstehen lernen, davon hängt alles ab!"

Der Herr der Unterwelt jodelt und walzt vergnügt um sein Hexenfeuer. „Hi Hi Hi! Wenn Ihr das Recept[!] kennt, ei[,] so wendet es doch an!"

Und die Herren sausen angsterfüllt von Besuch zu Besuch – aber das Unglück frisst weiter[,] und sie, die sich selbst zu Herren in der Welt der Begriffe machten, – wie können sie den Sinn der Ergriffenheit erwecken und entfachen?

––––––––––

Nein, keiner der grossen Herren der „Machtvertretung" von heute kann dies. Keiner.

Das Werdende kommt nicht vom Aeussern sondern aus dem Kern der Völker. Aus dem Kreise der Reifen-Jugend[!], aus der Schicht der aus wahrer Seelen- und Geistes-Bildung heraus der Ergriffenheit Bedürftigen. Aber sie alle sind von[!] [b]und ihrer[b] Natur [b]nach[b] ja ihrer Ohnmacht bewusst. Keiner von ihnen kann den Griff wagen, der dazu gehört, das Fell herabzureissen und das grünschimmernde Gewand der Jugend der Welt zu zeigen.

Das kann nur Einer thun, der zu solchem Handwerk geboren und erzogen wurde und – auch durch das Schicksal hindurch ging.

––––––––––

––––––––––––––––––––

[a] *Ae und De:* Da　　　　　　　　　　[b] *Ae und De*

Und jetzt höre ich eine Stimme[,] die schallt über Land und Meer. Ich höre die Worte: abgemessen, klar, Satz für Satz gestaltet und ᶜgestaltendᶜ, erhaben über allem Persönlichen. Ein Aufruf aus ᵈderᵈ Sinnwelt der Ergriffenheit mit der Forderung an alle, abzulassen von der Vergewaltigung der natürlichen Stile, sich zu vereinigen in der Freude am Reichtum der Stile.

Danach dann aber der Aufsteig eines Reiches höherer Art, einer Geistigkeit, die in frommer Hingabe sich der Aufgabe, das Wesen kommender Gestaltung zu erforschen, widmet – unter Seiner Einen Natur, – die die des Vaters der Güte ist.

Da sitze ich nun wie ein junges Mädchen, das Margeritenblätter abzupft und frage mich: sende ich den Brief ab? Sende ich ihn nicht ab? – Ach, all das, was so zu gestalten wäre für die grosse, grosse Menschheit, das wäre ja unaussprechlich bedeutend.

Aber eine ernste Frage ist es stets, ob der Mensch sich entschliessen darf, so grosse Dinge anzuregen, – als wenn sie nicht schon im Grund genommen als Gedanke geboren sind (was mir fast als selbstverständlich erscheint.)–

Es soll aber alles sehr sorgfältig erwogen werden und so mögen denn diese Zeilen erst mit nach Frankfurt wandern.

ᶜ *Ae und De aus* gestaltet

ᵈ *Ae und De statt* der

126.

Wilhelm II. an Frobenius, 7.10.1931, Doorn

Ansichtskarte mit photographischer Darstellung der Orangerie von Haus Doorn (s. Tafel 18b)

Eigenhändige Ausfertigung:
A   FI: LF 616/29

Meine liebe Exzellenz

Anbei sende ich Ihnen einen lange verlegten eben wiedergefundenen Brief des Direktor Petras über „Wesen der Kultur"[1]. Er ist der bedeutendste Padagoge der Neuzeit. Schon lange arbeite ich mit ihm an einer grundlegenden Refrom unseres Erziehungs- u. Schulwesens wie auch der Lehrtätigkeit an Hochschulen und Seminarien[,] auch theologischen. Ich erwarte viel von ihm für unsere Zukunft. Gerade jetzt ist Prof. Much aus

---

[1] Petras hatte in einem Schreiben vom 9.7.1931 Wilhelm seine zustimmende Kommentierung des Vortrags „Wesen der Kultur" und seiner für Eva Chamberlain gedachten Ergänzung (s.o. Nr. 112) gesandt (AEW: 1583 E5-F3). Wilhelm vermerkte darauf, der Brief solle Frobenius mitgeteilt werden und fügte zur Charakterisierung seines Autors hinzu: Der Schreiber ist […] der bedeutendste Pädagoge Preussens. Arbeitet für mich eine neue Schulreform und Reform der Lehrtechnik aus."

Hamburg hier. Ein absolutes Genie wie zur Renaissancezeit. Arzt, Theologe, Archaeologe, Kulturmorphologe. Steht ganz auf Ihrem Standpunkt, wie in „Wesen der Kultur" vertreten. Hielt gestern Abend einen herrlichen Vortrag über die Medizin u. Hygiene bei den Aegyptern. Heute Vortrag über die Pflanze in der Medizin u. ihre Verwendung gegen Krankheiten. Vernichtung der Tuberkelbazillen durch Knoblauch, Zwiebel, Narzisse pp.! Persönlich ein frischer[?] Prachtmensch, stammt aus der Mark. Erste Anzahlung von Oberländer eben eingetroffen[,] geht an Dr. Jensen.[2]

Ihr Wilhelm

---

[2] S.o. Nr. 116, Anm. 1.

127.

Frobenius an Wilhelm II., 12.10.1931, Frankfurt am Main

Eigenhändige Ausfertigung:
A   AEW: 1621 F7–G1
Durchschrift der eigenhändigen Ausfertigung:
D   FI: LF 611/94–97

Euer Majestät

Folio 14 bis 22 dieses Briefblockes wurden am 31[.] Maerz in Biganzolo geschrieben[1]. Die Seiten sollten hier ergänzt werden. Auf ihnen ist ein junger Gedanke entkeimt, zu dem mich der letzte Brief Euerer Majestät (mit Einlage der Jordanfundtabelle)[2] angeregt hatte. Vorsichtig[,] wie das Alter wird, beschloss ich[,] den Gedankengang nochmals hier zu revidiren[!] und nach wenigen Tagen zu prüfen, ob er seine bestehende Bedeutung bewahre. Nun, er hat sich als stichhaltig erwiesen, aber – er ist kaum schriftlich zu formuliren[!]. Es gehört eine lange Begründung dazu.

Daraufhin habe ich mir die Frage vorgelegt[,] weshalb ich diesen Gedanken jetzt, wo nur noch wenige Tage bis zur Doorner Akademiesitzung[3] sind, erst niederschreiben und womöglich allerhand Missverständnisse provoziren soll.

So werde ich also folio 12[!]–22 in die Aktenmappe schieben und bitte Euer Majestät, mir 2 Stunden Privataudienz zu gewähren[,] und dann werde ich alles vortragen.[4]–

---

[1] Am 31. März 1931 hielt sich Frobenius in Frankfurt am Main auf. Gemeint ist offenbar der auf einen 31.[!] September datierte Torso einer Ausarbeitung für Wilhelm II., der hier als Nr. 125 wiedergegeben ist.

[2] Nr. 124.

[3] S.o. Nr. 116, Anm. 4.

[4] „Seine Majestät der Kaiser […] freut Sich darauf, in einer ‚zweistündigen Privataudienz' die neuen Gedanken Euerer Exzellenz zu hören." (Schwerin an Frobenius, 15.10.1931, FI: LF 605/23).

Am 23ten Abends[!] halte ich hier noch mit Naumannius[!] den Frankfurter W. Raabe–Feierabend.[5] Nachts geht dann ab nach Holland!

Ich bitte[,] Ihrer Majestät die Hand küssen zu dürfen.

In gespannter Erwartung

Frobenius

---

[5] S.o. Nr. 120.

128.

Frobenius an Wilhelm II., 16.10.1931, Frankfurt am Main

Eigenhändige Ausfertigung:
A   AEW: 1621 G3f.
Durchschrift der eigenhändigen Ausfertigung:
D   FI: LF 611/98–100

Euer Majestät;

heimkehrend finde ich allerhand Nachricht vor. Zunächst Euer Majestät Briefkarte vom 7[.] X[.,][1] der[!] langsam von Biganzolo (wo er nach unserer Abreise anlangte,) uns hierher wanderte. Der Brief des Herrn Direktor Petras geht an das Hofmarschallamt zurück. – Die leidige Nachricht von Prof. Sarre.[2] – Der Durchschlag eines Briefes, den unser lieber Jeremias an Eure Majestät sandte und dem er die Hoffnung beifügte, ich möge ihm nicht zürnen. (Wie kann er das nur annehmen!) Meine Antwort an den braven alten Herren lege ich in Durchschlag bei![3] Meine Freunde hatten in der That Recht, als sie mich baten, jeden weiteren Disput mit ihm zu vermeiden. Die Anschauungen sind <u>zu</u> verschieden.

---

[1] Nr. 126.

[2] Nicht ermittelt; vermutlich eine Absage für die bevorstehende Tagung der Doorner Akademie (s.o. Nr.116, Anm. 4).

[3] Jeremias hatte „Das Wesen der Kultur" kritisiert, was zu einem Disput mit Frobenius führte, in dem sich Wilhelm schließlich auf die Seite des Ethnologen stellte (s.a. Nr. 116, Anm. 3f.). Frobenius hob in seinem hier erwähnten Schreiben an Jeremias, das er vom 17.10.1931 datierte (AEW: 1621 G5f. und F7), versöhnlich die menschliche Verbundenheit mit dem Theologen bei weltanschaulichen Differenzen hervor.

Ja[,] und dann kam auch die Nachricht vom Einlauf der ersten Anzahlung Herrn Oberländers. Ja[,] und da sitze ich nun in der Nacht in meinem Museo inmitten der Exzerpte und gebe mich stiller Dankbarkeit hin.–

Die Güte waltet über uns!

In etwa einer Woche darf ich dort sein![4]

Frobenius

---

[4] Am 24. Oktober begann die Jahrestagung der Doorner Akademie (s.o. Nr.116, Anm. 4).

129.

Wilhelm II. an Frobenius, 3.11.1931, Doorn

Eigenhändige Ausfertigung:[1]
A   FI: LF 616/30

2 <u>Entwürfe</u>

zu einem <u>Abzeichen</u>* für die Mitglieder
der Doorner Arbeitsgemeinschaft

W.

*nicht Orden oder
Dekoration

Kornblumenblaues Band

aus Silberblech gestanzt.

Wenn Beifall[,] bitte eine gute Zeichnung anfertigen und bei geeigneter Stelle ein Probestück machen zu[!] lassen und einzusenden[!].

Wilhelm
I.R.

---

[1] S. Tafel 21.

130

Frobenius an Wilhelm II., 8.11.1931, Frankfurt am Main

Eigenhändige Ausfertigung:
A   AEW: 1622 A2–A6
Durchschrift der eigenhändigen Ausfertigung:
D   FI: LF 611/101–108
Maschinenschriftliche Umschrift:
U   AEW: 1619 A3f.

Einige Stellen sind in A teils mit Bleistift, teils mit Wilhelms violettem Kopierstift nach-
gezogen. Angemerkt wird das hier nur, wenn die dadurch entstandene Fassung von D
abweicht.
Die Marginalien Wilhelms sind in U in Klammern übernommen.

Euer Majestät!

Die „schönen Tage von Aranjuez"[1] sind wieder einmal [a]wieder[!][a]. Aus dem stillen
Frieden von Doorn ward ich wieder hineingeschleudert in den chaotisch sich auswirken-
den Wirbel „Europas".

Wie es sich von selbst ergab und auch wohl entschuldbar ist, drückte ich mich
zunächst um das „Alltägliche", widmete mich vielmehr mit ganzer Intensität der ferneren Ausarbeitung des [b]„Weltculturarchivs"[b], das ja die feste [b]Grundlage[b] der „D.A.G."
werden soll.[2] Denn nun[,] wo Euer Majestät diesen Gedanken aufgegriffen haben, ist mir
die Pflicht erwachsen, die [c]soliden [b]Grundlagen[bc] wissenschaftlicher Arbeit zu gestalten.
Eine herrliche und grossartige Unternehmung, die natürlich erhebt[,] aber volle Hingabe

---

[a] *U:* vorüber   [b] *In A von Wilhelm unterstrichen*
[c] *In A von Wilhelm nachgezogen zu* solide Grundlage. *So auch in U übernommen*

---

[1] „Die schönen Tage von Aranjuez sind vorüber." (Friedrich Schiller, Don Karlos, I, 1, 1). Hier offenbar bezogen auf die Tage der Doorner Akademie (s.o. Nr. 116, Anm. 4).
[2] Bei der Tagung der „Doorner Akademie" vom 24.–27.10.1931 hatten Frobenius und Wilhelm II.
auch deren Ausbau zur „Doorner Arbeits-Gemeinschaft" (DAG) vereinbart. Programmatische Schriften
über diese Veränderung sind nicht erhalten. In den Folgejahren ist aber eine Erweiterung des Teil-
nehmerkreises erkennbar. Auch weist das in diesem Schreiben erwähnte „Weltkulturarchiv", für dessen
Bibliothek Wilhelm später auch Bücher sandte, auf den Aufbau einer eigenen Bilder-, Literatur- und
Exzerptsammlung bzw. die Finanzierung eines Ausbaus von Frobenius' einschlägigen Frankfurter
Sammlungen durch den ehemaligen Kaiser hin (s.u. Nr. 135). Frobenius hatte mit seinem auf einen
31.9.1931 datierten, unvollendeten Schreiben an Wilhelm (Nr. 125) zu Vorschlägen für eine größere
Unternehmung ausgeholt, sie dann aber doch lieber mit ihm persönlich in Doorn besprechen wollen
(s.o. Nr. 127). Dabei hatte er offenbar nicht den gewünschten Erfolg, denn auf dem Entwurf notierte er:
„Nie abgesandt[,] auch nie überreicht, da der Kaiser sogleich dagegen Stellung nahm, als wir davon
sprachen[.] Frobenius". Da gleichzeitig die DAG zustande kam, wird es sich bei ihr um eine kleinere
Version der Vorschläge Frobenius' oder um einen Kompromiß zwischen Wilhelms und seinen Vor-
stellungen für die weitere Zusammenarbeit gehandelt haben. Wilhelm faßte seine Interpretation der
Ziele auch in seiner Antwort auf dieses Schreiben vom 11.11.1931 (Nr. 131) zusammen.

fordert. Diese Grundlage baue ich nunmehr in der Weise aus, dass ich eine ^{b}Gliederung^b vornehme.

a) <u>ein Bilderarchiv</u>, in welchem die Gestaltwerdung und der Gestaltwandel der Motive so, wie es in Doorn vortrags^{d}mässig^d dargelegt wurde, weiter ^{b}ausgebaut^b wird. Es ist schwer abzusehen, wie wir damit mit unserem beschränkten Personal weiter kommen sollen. Aber diese Sorge quält mich weniger, respektive <u>darf</u> ^{e}mir^e[!] nur weniger quälen, als die andere[,] dass die ^{b}Sinntiefe organisch wächst^b. Und hierin werden wir es ^{f}schon^f schaffen.

b) <u>eine Excerptur</u>[!] aus der Mythen-Märchen-Legenden-Fabel-Litteratur[!], die eine ^{b}Materialsammlung aller^b Mythen- und Märchen-Motive anstrebt. Diese Arbeit kann ich zunächst nur ^{b}allein^b machen und muss ich mir hierzu noch Mitarbeiter heranziehen. Diese ^{g}Excerptur[!]^g stellt die Ergänzung des Bilderatlasses dar. Wenn jemand z.B. im Atlas all die Darstellungen vom „Welt- und Lebensbaum" sieht und den Sinngehalt dazu kennen zu lernen wünscht, muss ^{h}dieser^h auch gereicht werden können. Das findet er dann in der Excerptur!

Natürlich ist mit beiden ^{i}Stoffsammlungen^i nur ^{j}ein^j Sprungbrett für den gegeben, der sich mit seinem Thema beschäftigen will. Das im „W[elt-]Kult[ur-]Archiv" Gebotene muss aber doch schon genügen ^{k}zu^k einer <u>Problemstellung</u>. Die intensive Arbeit hat also einen festen Ausgangspunkt, wie er sonst nicht geboten wird.–^{l}

Inzwischen kam hier der veröffentlichte Brief unseres Freundes A. Jeremias an Rudolf Pannwitz mitsammt Euer Majestät Bemerkungen[3] an. In diesem Briefe sehe ich vor mir ein Dokument, das sich meiner Beurteilungsfähigkeit ^{b}entzieht^b. Auslegung, Auslegung, Auslegung! Das[,] was Euer Majestät S. 37 unten als *Anmerkung geschrieben haben[4], das verstehe ich. Aber das darüber stehende Gedruckte verstehe ich ^{m}nicht^m.^{n} Religion hat für mich mit ^{b}Wissenschaft[,] d.h. hier Theologie[,] nichts zu thun^{bo}. Für mich kann das Gemütsmässige nur vom ^{b}Gemüt^{bp} aus ^{m}er^{m}griffen[,] aber nicht vom ^{b}Verstande^b intellektuel[l] ^{m}be^m griffen werden.^{o} Wenn^q das versucht wird, kommt es immer zu Worten, Vocabeln[!], Wortfechterei, ^{r}Intellektualismen^r und Rechthaberei. ^{sm}<u>Symbol</u>^{m} ist ^{m}niemals^m Angelegenheit des ^{m}Verstandes^{mso}. Und nur ein ^{b}Weiser^b kann

---

^{d} *U: gemäß* ^{e} *In A von Wilhelm nachgezogen zu* mich. *So auch in U übernommen*

^{f} *In A von Wilhelm nachgezogen zu* sicher. *So auch in U übernommen*

^{g} *In A von Wilhelm in Anführungszeichen gesetzt* ^{h} *Ae und De* ^{i} *U:* Stoffansammlungen

^{j} *Ae und De aus* eine ^{k} *Ae und De statt* und ^{l} *In A Marginalie Wilhelms:* Bravo!

^{m} *In A zusätzliche Unterstreichung Wilhelms* ^{n} *In A Marginalie Wilhelms:* ich auch nicht!

^{o} *In A Anmerkung Wilhelms:* richtig ^{p} *In A Marginalie Wilhelms:* „Seele"

^{q} *Ae und De:* Dann ^{r} *In A von Wilhelm nachgezogen zu:* Intellektualismus

^{s} *In A von Wilhelm angestrichen*

---

[3] Alfred Jeremias an Rudolf Pannwitz. Der neue Mensch, in: Rudolf Pannwitz. Fuenfzig Jahre, München 1931, S. 31–38. Der Sonderdruck, in den Wilhelm die hier angesprochenen Anmerkungen eintrug, befindet sich in AEW: 1619 A4–B2 (eine Abschrift einiger der Bemerkungen auch in 1576 G2).

[4] „Ich sehe die Aufgabe des Christenthums in der Stärkung der Ehrfurcht u. des Glaubens an Gott, in der völligen Hingabe an Christus als Gottes Sohn und in dem kindlichen Gehorsam gegen die von Christus uns übermittelten Befehle u. Gebote Gottes, die er uns vorgelebt hat. In Dankbarer[!] Liebe für seinen Erlösertod, durch den wir <u>alle</u> gleichmässig erlöst, <u>Gotteskinder</u> werden! <u>Also Ich u</u>[.] <u>Du</u>!" (AEW: 1619 B1).

Religion und Religiosität „verstehen"[,] nie aber ein „[b]Nurgelehrter[b]". Das Leben und seine höchsten Potenzen wie Religiosität kann nur den [b]er[b]greifen, der in grösster Bescheidenheit[t] sich der Enge seiner Denk-[u] und vor allem Erkenntnisfähigkeit bewusstgeworden ist. Also: Wozu alle diese Worte?–[v]

Des Ferneren kamen die Abzeichenentwürfe Euerer Majestät vom 31[.][!] XI[.][5] hier an. Ein ausgezeichneter Gedanke, den ich schwerfälliger Kerl aber nun erst einige Wochen in mir herumschleppen muss. Natürlich verstehe ich, dass Euer Majestät hier allerhand Auswirkungsmöglichkeiten sehen. Aber diese muss [w]der Weltfremde[w] nun erst erobern, um dann die Form als Selbstverständlichkeit herauswachsen zu sehen.

Sowie ich im Aufbau des [g]Weltkulturarchivs[g] Fortschritte sehe, berichte ich weiter.

Ich bitte um die Genehmigung[,] Ihrer Majestät die Hand küssen zu dürfen.

Frobenius

z.Zt. Steinmetz für Grundsteine –

---

[t] *Ae und De:* die
[v] *In A Anmerkung Wilhelms:* Einverstanden! W.

[u] *Ae und De statt* Bewustseins[!]
[w] *U:* ich Weltfremder

---

[5] Nr. 129.

131.

Wilhelm II. an Frobenius, 11.11.1931, Doorn

Eigenhändige Ausfertigung:
A   FI: LF 616/31–36
Maschinenschriftliche Abschriften:
U₁   AEW: 1619 A2f.
U₂   AEW: 1619 B2f.

Meine sehr verehrte Exzellenz!

Dass Sie Zeit fanden[,] mir zu schreiben[1][,] hat mich auf das tiefste ergriffen und geehrt. Denn ich weiss, was für eine gewaltige Arbeitslast die Zusammenstellung eines „Welt-Kultur-Archivs" für Sie bedeutet. Das ist ein grossartiger, packender Gedanke! Gratulor! Aber er ergibt sich auch ganz naturgemäss u. logisch als Grundlage für die „D.A.G." Sie will ja doch das Spezialistenthum (Analyse) ausnutzen zum Erreichen einer Gesammtwirkung, eines geschlossenen [a]Welt[a]Bildes[!] [a]einer großen Synthese[a]. Der Analytiker (Archaeologe p.p.) soll sich um seine Nachbargebiete bekümmern, Ver-

---

[1] Nr. 129.

gleiche ziehen, soll stets bedacht sein[,] seine ᵃSpezialᵃArbeit[!] als wie einen Mosaik-
stein zu façonnieren, um ihn zum späteren Zusammensetzen des grossen „Welt-Kultur-
Bildes" dann abzuliefern, das von der „DAG" per Kulturmorphologie zusammengesetzt
als mächtige Synthese der Weltkultur wirken soll. So wenigstens glaube ich, Ihre Gedanken verstehen zu sollen?

Also Erziehung der Analytiker zu Synthetikern, quasi unbewußt, indem man ihnen
in ihrer[!] Spezialistenarbeit kulturmorphologischen Geist hineingibt, der sie befähigt[,]
mit vollster Hingabe an ihrer Analyse weiterzuarbeiten, doch aber einen erweiterten
Gesichtspunkt ᵇdabeiᵇ vorwalten zu lassen, der sie veranlasst[,] an einer grossen Synthese
mit Freuden mitzuarbeiten. Dazu ist das „Weltkulturarchiv" eine absolut wichtige und
nothwendige Grundlage. Wenn ich doch nur dabei helfen könnte!? Much ist ja ein gar
begeisterter Synthetiker u. auch Verehrer Ihrer Anschauungen; vielleicht könnten Sie ihn
brauchen: „Medizin, Heilkunst, Hygiene im frühen Alterthum"? Für Aegypten hat er das
Thema schon bis ins Detail ausgearbeitet u[.] erstaunliche Resultate erzielt, welche die
modernen eingebildeten Tabletten-Hakims sehr ernüchtern werden. ᵇSein Vortrag hier
darüber war fabelhaft u[.] auch mit Hinweisen auf Sumer u[.] Babylon in Vergleichen
versehen.ᶜ Ich kann Ihre Verurtheilung des Pannwitz-Jeremias Phrasengeklingels[2] nur
voll und ganz unterschreiben! Ich habe es auch nicht verstanden. Ihre Definition über[!]
Religion ist das Richtige: sie muss vom Seelenleben=Gemüth ergriffen, nicht vom
Verstand begriffen werden wollen. Theologie (Religionswissenschaft oder Religions-
philosophie gar) haben mit wahrer Religion nichts zu thun. Was sollen uns Laien bei den
gleehrten[!] Diskussionen Ausdrücke wie: Parusie, Entelechie, Pleroma p.p. irgendwie
bedeuten?! Heutzutage[,] wo es gilt[,] einem ertrinkenden, verzweifelnden Volk das
Gottvertrauen als rettendes Thau hinzureichen, das Gefühl zu wecken, dass ein Vater im
Himmel seine zu Ihm rufenden Kinder nicht unerhört lässt[,] zu stärken, muthen mich
diese hochgeschraubten Phrasen der Theolog. Wissenschaft abstossend an. Als ob ein
Prof. am Ufer einem Ertrinkenden auf dessen Hülferufe als Antwort einen Vortrag über
die Kunst des Schwimmenkönnens, die man früh lernen müsse, halten würde.– Richtig:
„Symbol ist niemals Angelegenheit des Verstandes!" Nun[,] unter diesem Gesichtspunkte
gestattete ich mir auch etwas plötzlich[,] mein D.A.G. Abzeichen einzureichen.[3] Ein
Symbol! Also ein Abzeichen; kein Orden, keine Dekoration. Daher habe ich alle sonst
üblichen Zugabenᵈ Krone, Chiffre p.p. fortgelassen. Es ist vollkommen unpersönlich!
Kann vom Briten, Chinesen, Malayen, Neger, Perser etc. etc. ohne jedes Bedenken
getragen werden; da durch das Fehlen eines Religionsabzeichens auch alle Mitglieder
anderer grosser Religionen in der Lage sind[,] es zu tragen. Ein jeder kann seine Auslegung der Gorgo sich zu Grunde legen, da sie allen gemeinsam ist und den Pfadᶜ zeigt[,]
auf welchem die Arbeit ᵉgelöstᵉ werden soll. Das D.[4] ist ein Programm für sich; wenn
auch unpersönlich[,] so verbindet es doch mit dem Förderer oder Patron, wenn sein Name
auch nicht genannt ist, so fühlt ein jeder Träger – oder sollte es wenigstens –[,] dass ihn
ein geistiges Band mit ihm durch das Symbol verbindet: = „Welt-Kultur-Forscher!" Ave

---

ᵃ *Ae*   ᵇ *Nicht in U*   ᶜ *Fehlt in U₁ und U₂*   ᵈ *U:* Weg   ᵉ *Ae aus* geleistet

———

[2] S.o. Nr. 130.   [3] Nr. 129.
[4] Das Abzeichen sollte die Abkürzung „D.A.G." für „Doorner Arbeitsgemeinschaft" tragen.

Morphologia! Wenn Sie ein Vorbild haben wollen, bezw. einen Eindruck von einem solchen Abzeichen, dann empfehle ich, sich an den Vorstand der „Deutschen Orient-Gesellschaft"[5] in Berlin zu wenden[,] [f]Dr.[f] [g]Güterbock[g], bezw: Herren[!] [g]James Simon[g]. Diese werden Ihnen die beiden Abzeichen entweder in natura oder in Zeichnung schicken können, welche ich für diese meine Gesellschaft – für Herren u[.] Damen – erfunden hatte. Einmal Babylon. Löwen, für die Herren,[!] u[.] einen Aegypt. Königinnennenkopf für die Damen. Diese Abzeichen wurden auch gegen Stiftungen für die Grabungen der Gesellschaft an Herren u[.] Damen verliehen. Alle das Abzeichen tragenden Personen erscheinen auch zu den Vorträgen. Die Antheilnahme war äusserst rege u[.] viele Mittel wurden flüssig, denn die Damen waren sehr begeistert bei der Sache; die Einrichtung hat sich sehr bewährt, da die Abzeichen sehr begehrt waren, besonders in Kreisen, die nicht mit Hof- oder sog. Hofgesellschaft[!] zu thun hatten, aber gern an den geistigen Aufgaben des Vaterlandes mitarbeiten wollten.[a]*)[a] Ich hoffe[,] durch diese Schilderung den Geburtswehen, welche – wie Sie andeuten – Ihnen das Abzeichen geistig zu verursachen droht, einigermassen Erleichterung verschaffen zu können! Der Engländer, nennt solches Abzeichen zum Unterschied vom Orden = Decoration, a badge.

Man denke sich: Prof. Flinders Petrie u[.] Rabindranath[h6] Arm in Arm mit Abbé Breuil, Pater Schmidt mit Ihnen u[.] z.B. Sir Ramujee Jigibhoy[?] aus Bombay, lustwandelnd das Abzeichen im Knopfloch!? Prof. Dart mit Woo[l]ley u[.] Jordan!!? [a]Lommel u[.] Boehl mit Jeremias in der Mitten.[a] Grandiose Perspectiven! [a]Heiliger Lugalanda! Alles Kosmisch![a] Haya safari! Inshallah![7]

Grüsse an die Ihren

I[hre] M[ajestät] ist n[ach] Berlin auf 14 Tage

Ihr
Wilhelm
I.R.
Präs. d. D.A.G.

evtl. Steinmetz für Schluss[-]Stein?!

*) Die Verleihung des DAG[-]Abzeichens könnte in gleicher Weise benutzt werden, um Mittel flüssig zu machen für das W[elt-]K[ultur-]Archiv[,] wobei die Summe den Beitretenwollenden ganz freigestellt bleibt u[.] wenn es blos 20 M[ark] sind. Wenn jeder nur das Gefühl [i]hat einer Leistung, die er oder sie mit oder ohne Mitarbeit, für den Nutzen des Ganzen, der „Weltkultur Synthese" darbringt; also das Abzeichen verdient hat.[i]

---

[f] *U:* Professor Dr.   [g] *In U nicht unterstrichen*   [h] *U:* Tagore

[i] *U:* einer Leistung hat, die er ausser seiner Arbeit für den Nutzen des ganzen[!] darbringt.

---

[5] Die 1898 gegründete Gesellschaft unterstützte unter Wilhelms Schutzherrschaft Ausgrabungen im Vorderen Orient.

[6] Vermutlich der indische Schriftsteller und Maler Rabindranath Tagore.

[7] S.o. Nr. 47, Anm. 7.

132.

Frobenius an Dettlof Graf von Schwerin, 4.12.1931, Frankfurt am Main

Eigenhändige Ausfertigung:
A   AEW: 1622 B1
Durchschrift der eigenhändigen Ausfertigung:
D   FI: LF 604/11f.

Mein hochverehrter und lieber Graf.

Herzl. Dank für das Schreiben vom 28ten XI.[1]

Wie würde ich mich freuen, wenn wir in der Kiesgrube von Wijk bij Durstede etwas Hübsches und etwa entscheidende Sachen finden würden.[2] Der Kaiser hätte sicherlich seine Freude daran.[a]

Dann Oberländer! Sie glauben nicht, wie genau im rechten Moment diese „Rettung dieses Semesters" kam.[3] Nur so kann ich mich der Vorarbeit für die projektirte Weltkulturarbeit so widmen, dass ein gesunder Unterbau der Doorner Arbeitsgemeinschaft herauswächst.

Diese Angelegenheit bereitet mir sonst einige Sorge. Ich habe das Gefühl, dass die volle Verantwortung für sie ganz auf meinen Schultern ruht. An sich ist mir das eine Freude, denn Seiner Majestät eine Interessenvermehrung erwachsen zu sehen, die Befriedigung gewährt, gehört mit zu den schönsten Aufgaben meines Lebens. Aber es darf keine Seifenblase dabei herauskommen.

Jedenfalls hoffe ich bis zum Weihnachtsabend einen Bericht senden zu können, der gut fundirt ist und auch die Strukturfragen [b]der D.A.G.[b] in natürlicher Weise beantwortet.[4]

Allen Herren und Damen wärmste Empfehlungen. Ihnen allerschönste Grüsse

In Getreue und Ergebenheit

Frobenius

Dorner[!] Halb-Bürger

---

[a] *Marginalie Schwerins:* (Inzwischen habe ich festgestellt, daß der bei Wijk bij Durstede liegende Kies nicht auf natürlichem Wege, sondern auf <u>Rheinkähnen</u> dorthin gelangt ist. Der Kies soll auf deutschem Gebiet aus dem Rhein geschöpft worden sein; an welcher Stelle, habe ich nicht erfahren.)

[b] *Ae*

---

[1] Schwerin an Frobenius, 28.11.1931 (AEW: 1622 A7).

[2] Frobenius meinte, im Oktober in Doorn Bruchstücke von Steinwerkzeugen im Kies der Schloßeinfahrt gefunden zu haben, und hatte um Informationen über die Herkunft der dort verwendeten Steine gebeten. S.a. Nr. 133, Anm. 7.

[3] Schwerin hatte Frobenius am 28. November eine soeben transferierte zweite Spende des deutschamerikanischen Mäzens annonciert (AEW: 1622 A7).

[4] Der zu Weihnachten an Wilhelm adressierte Brief (Nr. 134) ging auf diese Fragen nur teilweise ein (s.a. Nr. 136), was vielleicht mit Frobenius' starker Anspannung zu erklären ist. In seinem Begleitschreiben an Schwerin vom 21. Dezember erklärte er jedenfalls: „Hier nun der Schrieb, den ich Seiner Majestät zum Weihnachtsabend zu überreichen bitte. Ich hoffe, dass es mir gelungen ist, aus ihm alle Zeichen meiner ungewöhnlichen Nervenüberspannung fern zu halten." (AEW: 1622 B3 und FI: LF 604/13).

Frobenius an Wilhelm II., 4.12.1931, Frankfurt am Main

Durchschrift der eigenhändigen Ausfertigung:
D   FI: LF 611/109–114

        Euer Majestät!

        Mit dem ausführlichen Schreiben vom 11[.] XI[.][1] und der von gütiger Spende begleiteten Briefkarte vom 25[.] XI[.][2] ist mir eine kleine Kette erfrischender Aufmunterungen zu Teil[!] geworden. Da kommt mir nun wieder die eigenartige Complicirtheit der Vorschriften unserer Patrizierschreiben zum Bewustsein[!] und wieder bringt mein alter Professoren-Praeceptor, echt patriarchalisch den langen Bart streichend, bei: „Fürsten gegenüber hat man sich nur durch Thaten[,] nie durch Worte zu bedanken. Das Dankeswort ist ein Vorrecht der Hohen Herrschaften." Bis ins Alter hinein sitzt so ein Lebensspruch in den Menschen. – – – – –

        Die Arbeit marschiert. Es ist, als ob dieses Werk mich von Tag zu Tag, von Nacht zu Nacht auf breitem Lebensstrom ᵃdahintrüge ᵃ. Ein aktiver Wille ist nicht mehr wahrnehmbar. Die immer mehr sich ansammelnden Hügelchen von Excerptzetteln sind das einzige Merkmal des Durchlebten, das ich selbst zurückblickend,[!] wahrnehme. Was der Knabe in leidenschaftlicher Sehnsucht mit ungeschickten Händen betastet und der Mann dann in grober Arbeit des Rückens[?] frei gelegt[!] und übersichtlich gemacht, das ist dem Lebenserfahrenen nun zuᵇ dem Stoff geworden, aus dem er ein Instrument bauen kann, auf dem die Nachwelt dann spielen mag. Und es ist wiederum das Gefühl einer unbeschreiblichen Dankbarkeit, das mich befällt, wenn ich mich[!] der Begnadung bewusst werde, die mir bescheert ist, dadurch, dass ich das alles so erleben darf.

        Euer Majestät können mit Recht mehr beanspruchen als nur Worte und ich bin nun auch so weit, dass ich hoffen darf, bis Weihnachten einen Bericht[3] vorlegen zu können. Dieser Bericht soll dann enthalten

        A. einen Bericht über das, was das neue Weltkulturarchiv an ᶜArbeitswissen[?], Arbeitsaufgaben und Arbeitsstoffᶜ wird bieten können.

        B. einen Bericht über die Struktur einer entsprechenden D.A[.]G. – –

        Hoffentlich, hoffentlich verspreche ich nicht zu viel. Aber ich habe schon soviel einzelne Notizen beisammen, dass ich meine[,] bis Weihnachten die Berichte schaffen zu können.

        Bis dahin[,] hoffe ich auch[,] den Entwurf des Gorgo-DAG-Abzeichens[4] vorlegen zu können, da wir nunmehr den Mann gefunden haben, der für Anfertigung solcher Arbeit besonders geschickt ist.

ᵃ *Ae aus* dahinträgt   ᵇ *Ae:* einem

---

[1] Nr. 131.   [2] Nicht ermittelt.   [3] S.o. Nr. 132, Anm. 4.   [4] S.o. Nr. 129, 130 und 131.

Aber ich habe noch einen Wunsch. Ganz durch Zufall hörte ich neulich in Doorn, dass Herr von Sell „demnächst" einmal in die Nähe von Nähe von Frankfurt in einem „Officiershospital" (oder ähnlich) zu thun[!] habe. Das wäre nun eine vorzügliche Gelegenheit, Herrn von Sell unsere Arbeit zu zeigen und ihn persönlich am Stoff auf die laufenden[d] Thätigkeitsmöglichkeiten hinzuweisen, so dass er Euer Majestät direkt Bericht erstatten kann. Ich meine, auf solche Weise,[!] Euer Majestät eine besonders objektive Schilderung zukommen lassen zu können.

Wenn unsere Thätigkeit für das Weltkulturarchiv so schön gleiten konnte, so verdanken wir diese Arbeitsconcentration der Spende des Herrn Oberländer, der auf <u>entsprechenden Zuspruch</u> von Doorn her uns wieder für ein Semester betriebsfähig gemacht hat.[5] Welche Entlastung!

Es ist eine beinahe „mysteriöse Erscheinung", das[s] wir für[,] was auch wir immer unternehmen, immer <u>im letzten Augenblick</u> die Ausführungsmöglichkeit erhalten. Nicht anders möglich, als dass wir uns als Beauftragte eines Hohen Schicksals zu betrachten haben.

Unter den Briefauszügen, die[e] mir in letzter Zeit zugeleitet wurden, hat der Brief des Generalkonsuls Geibel[,] S. Remo[,] 23[.] XI[.,][6] auf mich den tiefsten Eindruck gemacht. In diesem Bild einer Anschauung vereinigen sich Stil, Geist und Charakter. Wie reich an Menschen ist das Deutsche Volk.–

Wenn ich wieder in Doorn sein darf, [f]werde[f] ich um die Erlaubnis bitten, der Kiesgrube bei Wijk einen Besuch abstatten zu dürfen.[7] Möglich, dass hier etwas sehr, sehr Hübsches zu Tage kommt.

Zuletzt die Bitte, Ihrer Majestät die Hand küssen zu dürfen.

Frobenius

---

[c] *Ae aus* Arbeitsaufgaben, Arbeitsmaterial und Arbeitswissen[?]   [d] *Ae: M*

[e] *Ae:* ich   [f] *Ae statt* bitte

---

[5] S.o. Nr. 132, Anm. 3.

[6] Nicht ermittelt.

[7] Dorther stammte nach Schwerins Auskunft vom 28. November der für die Auffahrt von Haus Doorn verwendete Kies (AEW: 1622 A7). S.a. Nr. 132, Anm. 2. Am 9. Dezember teilte Schwerin Frobenius jedoch mit, der Kies sei an unbekanntem Ort in Deutschland aus dem Rhein gewonnen (FI: LF 605/27 und AEW: 1622 B2f.), was Frobenius in seiner Antwort vom 21. Dezember kommentierte: „Also mit der Kiesgrube ist es nichts – schade!" (AEW: 1622 B3 und FI: LF 604/13).

Wilhelm II. an Frobenius, 7.12.1931, Doorn

Eigenhändige Ausfertigung:
A   FI: LF 616/37

Ansichtskarte des Bildes „Völker Europas, wahrt eure heiligsten Güter", das Hermann Knackfuss 1895 nach einem Entwurf Wilhelms gemalt hatte und als lithografierte Reproduktion verbreitet wurde.

Meine liebe Exzellenz

Welche Freude haben mir Ihre Zeilen – sehr gut lesbar – erweckt[1]. Quod bonum, felix, faustumque sit![2] Bin sehr froh, dass Geibels Brief Ihnen ebenso wie mir gefallen. Ein prächtiger Mann. Zukünftiges Mitglied der D.A.G.! Habe an Jensen 3 Bände über Mexico, die von dortigem Deutschen geschenkt sind[,] mit vorzüglichen Bildern der Pyramidenkunst gesandt[,][3] um Sie nicht zu stören; fand Mauerwerk an Simbabwe erinnernd. Falls für Archiv erwünscht[,] bitte sie zu behalten als Meine Gabe.

Gesegnet Weihnacht u[.] Neujahr

Wilhelm
I.R.

---

[1] Nr. 133.

[2] Kontamination von „Quod bonum faustum felix fortunatumque sit!" (Cicero, div. I 102) und „Quod felix faustumque sit!" (Livius I 17, 10).

[3] „Hofmarschall" Wilhelm von Dommes an Jensen, 4.12.1931 (AEW: 1622 A8).

Frobenius an Wilhelm II. und Hermine, 20.12.1931, Frankfurt am Main

Eigenhändige Ausfertigung:
A   AEW: 1622 B5–C8
Durchschrift der eigenhändigen Ausfertigung:
D   FI: LF 611/115–136

Euerer Majestät
und
Ihrer Majestät

sei es mir gestattet, zum kommenden Feste die herzlichsten Wünsche gleichzeitig im Namen meiner Frau und Tochter, der mitarbeitenden Professoren, des Instituts und seiner Angehörigen darzubringen. Für Weihnachten![1]

Dieses Fest schliesst in diesem Jahre einen Zeitabschnitt, in dessen Verlauf wir vom Schicksale in ᵃunheimlichᵃ unmittelbarer Belehrung vor die Thatsache der Vergänglichkeit aller unserer irdischen Institutionen gestellt wurden. Die Menschen und Völker des XX[.] Jahrhunderts, die in dessen Beginn noch so stolz waren auf die Sicherungen, die der europaeische Intellekt[b] „schuf"[,] gewesen waren,[!] – die da meinten, mit kluger Berechnung selbst alle weitere Entwicklung bestimmen zu können, mussten es erleben, dass alles Berechenbare sich als Taeuschung erwies, dass eine Kette von Erschütterungen alle entscheidenden Grundüberzeugungen der Nationen zum Schwanken brachte, so dass es keinen Menschen von Verantwortungsgefühl unter ihnen geben kann, der nicht mit ernster Spannung dem weiteren Verlaufe der Dinge[c] entgegensieht. Und wenn wir uns nun auch wohl alle darüber einig sind, dass diese Kette von Erschütterungen noch lange nicht abgelaufen ist,– denn noch giebt es allzuviele und allzugrosse Winkel und Nieschen[!] auf dieser unserer Euramerikanischen Erde,[d] in denen die Phantome der Einbildung noch nicht vom Sturm der Zeit gepackt wurden, – wenn wir also auch noch gar manche Katastrophe vor uns haben, so meine ich, wir dürften dieses Weihnachtsfest dennoch in Frohsinn und in würdiger Freudigkeit begehen, gerade so wie der kriegerische Held sich zwischen den Schlachten sich[!] dem beglückenden Gefühle des Lebensbewustseins[!] hingeben darf.

Und so sendet die kleine Menschengruppe des „Kulturmorphologischen Frankfurt" nach Doorn seinen Wunsch: „Ein gesegnetes und ein frohes Weihnachtsfest"!!!

———————————

und ein „gesegnetes Neues Jahr!"

Ja, da liegt nun das Thor, auf dessen Bogenschlussstein die Zahl 1932 eingegraben ist, vor uns – gähnt uns entgegen als ein grosses schwarzes Loch, in das die Menschen[,]

ᵃ *Ae und aus* unheimlicher   ᵇ *Ae und De:* im Anfang   ᶜ *Ae und De:* zusch
ᵈ *Ae und De:* auf die

———

[1] Zur Entstehung dieses Weihnachtsschreibens s.o. Nr. 132, Anm. 4.

soweit sie leben, insgesammt[!] hineinmarschiren müssen. In allen Räumen der Erde und zu allen Zeiten werden sie ^ediesen^e Einzug mit ebenso gemischten und verschiedenen Gefühlen thun, als sie es bisher thaten. Im Allgemeinen kann man wohl sagen, dass auch in diesem Punkte die Menschennatur recht leicht zu erkennen ist, dass nehmlich derjenige, der von einer blumigen und sonnigen Wiese kommt, es nicht anders denken kann, als dass auch auf der anderen Seite des Thores eine heitere und lichtvolle Landschaft seiner harrt; wogegen derjenige[,] der aus düsteren Waldesgründen kommt[,] auf den Marsch in eine nächtliche Welt vorbereitet ist, welche ihm meistens nicht einmal^f ein Stern optimistischer Sehnsucht aufzuhellen scheint.

So ist es denn allzu natürlich, dass die heurige Menschheit, zumal diejenige Deutschlands[,] in erschreckender Mehrzahl die Zukunft sich nur vorstellen kann als ein wogendes Meer, auf dem die vom Sturme gepeitschten Schiffe von einer Havarie in die andere gepeitscht werden. Händeringend und zähneklappernd ^gstolpern^g die weitaus meisten unter den <u>nachdenklichen</u> Menschen (– in <u>diesem</u> Falle ist der Gedanke, dass diese nur einen Bruchteil des Ganzen ausmachen, ^hbefriedigend^h –) dem neuen Jahre entgegen. In der Neujahrsnacht werden alle diese ihr Haupt verhüllen oder sich die Bettdecke über den Kopf ziehen und sich die Ohren verstopfen, um nur ja nicht teilnehmen zu müssen an den Jubel- und Heilrufen, die die leichtfertige[,] durch nichts in ihrem biologisch-animalischen Lebensdurst zu beunruhigende Torheit auf den Strassen um 12 Uhr ausstossen wird.

Wir Kulturmorphologen aber werden jawohl[!], wie in den vorhergehenden Jahren bei einandersitzen[!] und uns darüber unterhalten, was die vergange Zeit uns gelehrt hat, – auch in Bezug auf alles das, was die kommende ^hZeit^h uns bringen kann und muss, nehmlich den Lauf eines grossen[,] in seinem Wesen und seiner Richtung bedingten Schicksals, das in gewaltigen Kurvenschwingungen, Natur und Kultur gestaltend[,] das Sein durchzieht und von jeher durchzogen hat.

Erhaben, über alles erhaben[,] ist solche Wirklichkeit und[,] sich ihr gedanklich hingeben zu dürfen, ⁱeinⁱ grosses Geschenk. Die, denen es zu Teil wurde, die werden über der Herrlichkeit solchen Wissens immer wieder die Verluste des Tages belächeln und ^jsie^j werden sicherlich freudigen Geistes und mit erhobenem Haupte den Torweg durchschreiten – dem[!] vita nuova entgegen; werden dann auch nach Doorn den Gruss senden:

„Ein gesegnetes Neues Jahr!"

———————

Sehr wahrscheinlich ist ^hes^h, dass in dieser Festzeit die Frankfurter Kulturmorphologen mehrfach über die Bedeutung sprechen werden, die die Verschiedenartigkeit der Lebensgefühle und der Weltanschauung und der Schicksalsbeurteilung in den Zeiten und Raeumen hatte und hat; werden die Frage behandeln[,] in wie weit die „Einstellung der Menschen" in Wirklichkeit der Grundstoff der „Geschichte" ist. Just in dieser Zeit kommt ein ernster und wissender Denker um diese Frage nicht herum.

Denn nach meiner festen Überzeugung liegt der Urgrund alles die Völker wie eine Pest durchseuchenden Elends in der Unfähigkeit der Menschen, weltanschauungsmässig

———————

^e *Ae und De aus* dies mit   ^f *Ae und De:* eine   ^g *Ae und De aus* stolpernd
^h *Ae und De*   ⁱ *Ae und De aus* eine   ^j *Ae und De aus* we

die Dimensionen dessen zu ᵏverstehenᵏ, was ʰalsʰ ihrer eigenen Hände und Köpfe Werkˡ, zunächst ein Schemen, ʰnunʰ vor ihren Augen steht und Verthatsächlichung fordert. Denn das, was die Menschen und die Völker von heute <u>wollen</u> und auch wollen <u>müssen</u>[,] ist ein Weltwerk (Weltwirtschaft genannt); zu <u>denken</u> vermögen sie aber nur in mehr oder weniger deutlichen nationalen Einzelwerken.

Wer die geschichtlichen Vorgänge der letzten Jahre von einer höheren Warte aus beobachtet hat, dem kann es nicht entgangen sein, dass der sacro egoismo ʰbisʰ ᵐheuteᵐ, zumal unter den Siegerstaaten fast allein entscheidend war.

Als Folge eines nur allzuerklärlichen Siegestaumels ist die Erscheinung selbstverständlich. Die im Kriege aufgepeitschten Nationalempfindungen mussten eine Versteifung des egocentrischen historischen[,] also centripetalen Denkens zur Folge haben und damit das vor dem Weltkriege in keimhafter Entwicklung begriffene centrifugalen[!] Erlebens[!] zum Ersticken bringen. Dementsprechend auch eine deutliche Fahrt in die Discrepanz. Denn da alle Völker (entscheidender Bedeutung, sei es als Consumenten oder als Produzenten) auf die Teilhaberschaft am Weltwerk angewiesen waren, so musste die Thatsache der Egocentricität in der Weltanschauung mit dem natürlichen Postulatⁿ des Thatsachendaseins in Widerspruch geraten, der sich zuletzt ʰbisʰ in der grotesken Form (– „grotesk", weil sinngemäss am widersprechensten[!] –) der Zölletürmung steigerte.

So hat sich denn vor unserer Augen das geradezu erstaunliche Schauspiel abgespielt: die auf ein ganz bestimmtes Ziel (die Weltwirtschaft) gerichtete und ohne °sein° Erreichen harmonisch nicht mehr denkbare Menschheit des intellektuel[!] so hochentwickelten XX[.] Jahrtausends[!] infolge ihrer weltanschaulichen Einstellung ausser Stande[,] den auf dieses Ziel zuführenden Weg zu beschreiten!!!

Weltanschauliche Einstellung!

D.h. also, dass die Entwicklung der Geschichte der Völker, dass die Zurückgewinnung des harmonischen Menschen- und Völkergeschickes nicht etwa abhängig ist von wirtschaftlichen oder kriegerischen oder intellektuellen Machtmitteln[,] sondern <u>ganz allein von der Umgestaltung der weltanschaulichen Einstellung</u> der Menschheit. Was nun aber wäre hierzu zu sagen?

Zweierlei dürfte hierzu zu sagen sein.

Zum einen die in grotesk widersinnige Superlative der Zolltürmung und Wertverschiebung (z. [B.] Goldwährungsantiquität[2]) sich versteigende „Vernationalissimitirung[!]": das aus ihr entspringende Geschick kann nur die Bedeutung haben, dass die siegestaumliche[!] Stimmung gründlich abgekühlt wird und ʰvonʰ einer entsprechenden Ernüchterung abgelöst wird. Ich möchte annehmen, dass wir diesen Effekt bei mehreren

---

ᵏ *Ae und De statt* erfühlen   ˡ *Ae und De:* nun a

ᵐ *In D mit Bleistift zunächst durchgestrichen, dann unterpunktet*

ⁿ *Ae und De:* z   ° *Ae und De aus* seine Erf

---

[2] Bis 1926 war in den meisten weltwirtschaftlich bedeutenden Ländern der im Ersten Weltkrieg aufgegebene Goldstandard mit festen Wechselkursen wiedereingeführt worden. Dieses Währungssystem brach jedoch zusammen, als im Gefolge der Weltwirtschaftskrise 1931 und 1932 wesentliche Länder die Goldkonvertibilität aufhoben.

Völkern schon beobachten können (England und Italien). Was auf diesem Geschickswege an centripetalen Aspirationen verbraucht wird[,] kann nur ersetzt werden durch Hoffnungen, die eben auf die Harmonie eines zu erfüllenden Weltwerkes gestellt sind. Es ist selbstverständlich, dass der entgültige[!] Zusammenschluss zu einem derartigen Gebilde Opfer fordert. Die Opferbereitschaft in diesem Sinne wird also aus der Notlage entstehen, zu der die sinnwidrige Einstellung des sacro egoismo führen muss.– Immerhin wird damit nur die frühere Einstellung erschüttert. Zur Erfüllung des Weltwerkes wird es aber nötig sein, dass diese Einstellung durch eine neue, durch eine centrifugale[p] verdrängt und ersetzt wird.

Damit komme ich zum zweiten, zu der Frage: können wir heute schon irgendwelche Symptome in der Richtungswendung der weltanschaulichen Einstellung der Menschheit wahrnehmen? – oder aber können wir heute schon erkennen, aus welchem Bereiche der Menschheit ein solcher Wandel zu Teil[!] werden kann?

Es ist ausserordentlich kühn, eine solche Frage aufzuwerfen und ich muss es weit von mir weisen, etwa teilnehmen zu wollen an einer der heute unkrautartig üppig aus dem Boden aufschiessenden[q] Prophezeiereien und Erkenntnisarr[o]ganzen. Der Kulturmorphologe vermag nicht mehr als der Mediziner. In Diagnose und Prognose erschöpft sich seine Fähigkeit. Für eine Prognose scheint doch aber allerhand Möglichkeit gegeben.

Bei der Behandlung derartiger Fragen darf niemals vergessen werden, dass alles Bedeutende der Zukunft auftaucht aus der Unscheinbarkeit der Vergangenheit, aus einem Nebensächlichsten der Nebensächlichkeiten. Aber aus [h]einem[h] Nebensächlichem[!], das der Weltanschauung einerseits Stoff zur Neugestaltung einerseits[!],[r] Sinn für Ergriffenheit andererseits bietet. Wer nun die Belehrung und offizielle Beachtung aller die Menschheitsgeschichte betreffenden Nationen in [h]letzt[h]vergangener und gegenwärtiger Zeit ins Auge fasst, nimmt wahr, dass zwei Kreise sich klar von einander[!] abheben, unter sich aber eine Verlagerung erkennen lassen. Noch in meiner Jugendzeit kannte die officielle Schule lediglich den historischen Unterricht, lebten Ethnographie und Archaeologie ein weltfremdes Winkeldasein. Heute findet sich dagegen fast in jeder Nummer der Londoner Illustrated News[3] und ebenso in aller Tagespresse ein ständig sich steigerndes Verfolgen neuer und neuester Funde auf den Gebieten der Altertums- und Völkerkunde. In immer tiefere Schichten steigt der forschende Geist hinab; immer neue Gebiete des menschlichen Daseins und der seelischen Ausdrucksformen werden erschlossen.

Das alles liegt heute noch in grossen Anhaeufungen [s]von Stoffen[s], die fast stündlich wachsen, umher. Es giebt noch niemand, der all' das beherrscht. Noch herrscht allgemeines Chaos und nur wenige vermögen es zu ahnen, was diese unerhörten Schätze bedeuten.

---

[p] *Ae und De:* er   [q] *Ae und De:* Ph   [r] *Ae und De:* Stoff   [s] *Ae und De statt* der Stoffe

---

[3] Die Illustrated London News waren eine weitverbreitete Wochenzeitschrift, die zahlreiche Bildartikel auch zu ethnographischen und Ausgrabungsfunden sowie ihrer Deutung veröffentlichte. Wilhelm hatte sie offenbar abonniert und ließ Frobenius häufig Artikel aus ihr zusenden.

Die aber, die einen, wenn auch noch so oberflächlichen Überblick über das „Neue" besitzen und die mit der Fähigkeit zur Hingabe bedacht sind, die wissen, dass dieses Neugut eine Sinnfülle bietet, die der Menschheit zur Offenbarung werden kann.– Ich wiederhole es: wir sind heute noch Stümper[t] im Verständnis des Gewaltigen, was sich dem menschlichen Geiste mit diesem Neustoff erschliesst. Aber dreierlei[u] vermögen auch wir schon zu erkennen.

Zum Ersten, dass der Eminenz dieser Erscheinungswelt gegenüber der einzelne Mensch und das einzelne Volk bedeutungsmässig zurücktritt. Ein Riesenbaum mit einem Stamm und einer Krohne[!].

Zum zweiten, dass[v] alles, was geschichtliches Werdens- + Dokumentenwerk[!] bietet[,] der Lebendigkeit dieser Geistigkeit gegenüber als „Deutung" erscheint.

Zum dritten, dass der Sinnfülle dieses Neugutes eine alle Raeume und Zeiten ver-einende und durchdringende Fähigkeit zur Ergriffenheit innewohnt, die macht- wie sinngemäss durchaus geeignet erscheint, einmal einem „Weltwerke" den Inhalt zu ver-leihen.

– und zwar vermögen wir Kulturmorphologen aber heute schon zu prognosticiren, trotzdem wir[w] erst [h]oberflächlich und nur[h] mit den Fingerspitzen die Dinge betasten durften.

In noch wenig beachteten und doch ständig sich mehrenden Anhaeufungen liegt das Baumaterial eines neuen und zukünftigen Lebensgefühles auf dem Bauplatze umher, – wurde oben gesagt. Es sind zunächst nur Scherben und kaum entzifferbare Texte, Formeln und merkwürdige Überlieferungen und Sitten, die derart zusammenfliessen. Aber die uns heutigen[!] kaum erst wahrnehmbare Geisteskraft, die ihnen innewohnt[,] hat doch schon gar manchen gebannt. Auch Euere Majestät haben sich schon in jungen Jahren[x] ihrem Zauber nicht zu entziehen vermocht[,] und es ist doch wohl mehr als nur die schauerlich-gewaltige Frau Gorgo[4], welche den kleinen Kreis der Mitarbeiter in Doorn zusammenführte, allwo wir dann unter Hohem Protektorate bald mehr einzelne Splitter auf ihre Zugehörigkeit, bald mehr ganze Reihen von Formen auf ihren Gestalt-sinn hin untersuchen durften.

Da ist nun in diesem Jahre der Gedanke aufgetaucht[,] das stets allzuflüchtig vor-überflatternde in erste Formen zu bannen. Euer Majestät haben das Wort ausgesprochen von der „Doorner Arbeits Gemeinschaft[!]", die dazu beitragen könne, die Mengen und Massen der aufgetürmten Stoffe zu sichten und zu ordnen und – das scheinbar Tote zum Sprechen zu bringen. Ich habe es übernommen festzustellen, in wie weit[!] die heute schon auf[y] Basis solchen Strebens gesammelten Materien[!] wenigstens eine skizzen-hafte Übersicht über das in Zukunft zu leistende Schaffen gewähren und ob die Excerp-tur eine Verteilung sinnvoller Arbeiten ermöglicht.

Heute nun kann ich mir die Freude gewähren, Euerer Majestät zu berichten, dass die erste Nachprüfung der Stoffe beendet ist. Das ausserhalb des Afrika-Archives im

---

[t] *Ae und De:* und

[w] *Ae und De:* nur

[u] *Ae und De:* V[?]

[x] *Ae und De:* sinn[?]

[v] *Ae und De:* das

[y] *Ae und De:* sol

---

[4] S.o. Nr. 1, Anm. 2 sowie Nr. 129, 131 und 133.

Institut angelegte Weltculturarchiv respekt[ive] dessen Bilderatlas ist mit 33 Stichworten zu einem Umfang von heute schon 90 Bänden von Zeichnungen angewachsen. Die Nachprüfung der Excerptur des neuangelegten Mythen- und Mährchengehaltes[!] gewährt durchaus die Sicherheit einer auf gesunder wissenschaftlicher Grundlage durchzuführenden Aufgabenverteilung. Ich glaube also berechtigt zu sein, Euerer Majestät die Kampfbereit*z*schaft*z* dieser papierenen Zaubermächte zu melden. Solches zu können und zu dürfen, gereicht mir zu einer grossen Genugtuung.

Es besteht kein Zweifel darüber, dass damit nur <u>eine</u> Voraussetzung erfüllt ist. Es darf auch nicht übersehen werden, dass je wünschenswerter und dringender solch' <u>erster</u> *aa*Versuch*aa*, dem Postulat der Weltanschauungsumstellung eine Richtungshilfe zu bieten, d.h. eine zusammenfassende Ordnung der neuen Grundlagen zu schaffen, wird, – desto grösser auch die realen Schwierigkeiten der Verwirklichung werden. Aber ein Schicksalsreiches[!] Leben hat mich gelehrt, dass eine Höhere Bestimmung den Menschen immer die Wegweiser seiner Strasse finden lässt, –*bb* mögen sie auch haeufig bis zum letzten Augenblick vom dicken Nebel verschleiert liegen.

Und so ist der bescheidene Wunsch, den ich heute vorlegen darf der, dass Euere Majestät als Hoher Protektor einer gesunden und starken D.A.G. Befriedigung finden mögen.

Ich bitte um die Erlaubnis, Ihrer Majestät die Hand küssen zu dürfen.

Frobenius

---

z *Nur De*   *aa* *Ae und De aus* Versuch auch   *bb* *Ae und De:* möglic

136.

Frobenius an Wilhelm II., 21.12.1931, Frankfurt am Main

Eigenhändige Ausfertigung:
A   AEW: 1622 C8–D2
Durchschrift der eigenhändigen Ausfertigung:
D   FI: LF 611/137–140

Euerer Majestät

überreiche ich anbei den Entwurf des Gorgoabzeichens.[1] Zu demselben möchte ich bemerken,

1) dass es in *a*doppelter Grösse*a* hergestellt[!] ist[,]

---

a *In A von Wilhelm unterstrichen*

---

[1] Nicht ermittelt. S.a. Nr. 129, 131 und 133.

2) dass wir nach längerer Beratung zu der Meinung kamen, die Buchstaben nach unten setzen zu müssen, so dass oben lediglich die blaue Schleife steht.

3) dass ich die Gorgo zunächst <u>mit</u> den Flügeln (wie in Korfu) habe zeichnen lassen, um zu sehen, wie sie sich so auswirkt. Es will uns aber so erscheinen, als ob die Figur <u>mit</u> den Flügeln zu <u>klobig</u>[b] wirkt. So, wie die Gorgo auf [a]Euerer Majestät Skizzen[a] gezeichnet ist, scheint mit die Figur <u>weit</u> wirkungsvoller.[b] Zu einem Versuch hielt ich mich verpflichtet. Ich erachte ihn aber als <u>mislungen</u>[!]. Es ist eine Kleinigkeit[,] die Flügel wegzuradiren[!] oder auch nur wegzustreichen.[c]

Für die weitere Arbeit an der Organisation der D.A.G. möchte ich zunächst wohl Euerer Majestät Meinung zu den Ausführungen im heutigen Briefe (v. 20.)[2] hören. Es wird dann nötiger sein[,] ein concis formuliertes Ziel- und Arbeitsprogramm zu entwerfen. Hierfür müsste dann einmal ein Tag ruhiger und ungestörter Hingabe gefunden werden. Nun, das neue Jahr wird mir dies ja – inschallah![3] – gewähren.

Nun höre ich von dem Freiherrn von Sell, dass Euere Majestät den Baron von der Heydt für die Stellung des Generalsekretärs der D.A.G. in Aussicht genommen haben. Für diese Entscheidung wird der concise Programmentwurf fertig vorliegen müssen.[d] Es kann kein Zweifel darüber bestehen, dass der Baron von der Heydt wesentliche archaeologische Sammelinteressen hat, denen gegenüber allerdings die den Forscher charakterisirende Hingabe zurücktreten dürfte. Kein Zweifel scheint mir aber darüber zu bestehen, dass der Baron v.d. Heydt mit sehr vielen Menschen bekannt ist[e], die vielleicht noch besser als er selbst für eine solche Stellung in Betracht kommen. Also könnte dann, wenn die concise Formulierung des Programmes gefunden ist, eine entsprechende Anfrage an ihn gerichtet werden.[e]

Ich bin mir vollkommen klar über das Maass[!] von Verantwortung, das mir bei der Abfassung eines Arbeitsplanes und der Inscenirung der Programmlegung zufällt[,] und bitte ich Euere Majestät von meinem Festhalten an ruhiger und stetiger Überlegung und Erwägung überzeugt zu sein.

Frobenius

---

[b] *In A Marginalie Wilhelms:* Ja!

[d] *In A Marginalie Wilhelms:* ja

[c] *In A Marginalie Wilhelms:* Ja[.] ohne Flügel!

[e] *In A Marginalie Wilhelms:* Ja

---

[2] Nr. 135.

[3] S.o. Nr. 47, Anm. 7.

137.

Wilhelm II. an Frobenius, 27.12.1931, Doorn

Maschinenschriftliche Ausfertigung:
A   FI: LF 616/39–41
Maschinenschriftlicher Durchschlag der Ausfertigung:
K   AEW: 1622 B4f.

Meine sehr verehrte Exzellenz!

Ich danke Ihnen, lieber Frobenius, für Ihre Berichte vom 20. und 21. d.M.[1], die zu lesen Mir ein rechter Feiertagsgenuß war. Ihre Majestät die Kaiserin und Ich nehmen Ihre Weihnachts- und Neujahrswünsche gern entgegen und erwidern sie in demselben Sinne, den Sie ihnen in tiefgründiger Weise zu geben wissen. Das Neue Jahr kann entscheidend werden für die Richtung, in der sich das weitere Weltgeschehen und damit auch die Kultur der Menschheit entwickeln wird! – Wir haben das Weihnachtsfest in ernster Stimmung gefeiert. Neben der allgemeinen Not des Vaterlandes drückt Mich die Sorge um Gesundheit und Leben Ihrer Majestät der Königin der Hellenen, Meiner geliebten Schwester. Aber unter der heiligen Weihe des Festes haben wir doch unsere Last zu kurzer Ruhe beiseite gelegt im tiefen Empfinden der <u>Gnade</u> des Herrn und im kindlichen Vertrauen auf Seine <u>Macht</u>, die uns fürderhin helfen wird, die uns auferlegte Last zu tragen. Möge nach dem Wort des alten Bodelschwingh der Segen von Weihnachten als eine <u>Gottesmacht</u> unser ferneres Wirken begleiten und uns auf sicherem Pfad durch die Dunkelheit des kommenden Jahres führen![2]

Was zunächst Ihre Vorschläge zu dem <u>Gorgo-Abzeichen</u> betrifft, so bin ich damit einverstanden, dass die Buchstaben nach unten gesetzt werden, so dass oben nur die blaue Schleife steht. Dass Sie den Versuch mit der <u>geflügelten</u> Figur gemacht haben, ist dankenswert, denn nun wissen wir genau, dass entweder so, wie Ich es Mir zuerst gedacht hatte, die Flügel <u>fortgelassen</u> oder, wie es Mir jetzt vorschwebt, <u>zusammengefaltet</u> dargestellt werden. Dann haben wir die Flügelgestalt der Gorgo von Corfu und vermeiden doch jede Schwerfälligkeit. Eine Skizze füge ich hier bei.[3]

---

[1] Nr. 135f.

[2] Die Menschwerdung Gottes, also das Weihnachtsereignis, nimmt in der Theologie Friedrich von Bodelschwinghs einen zentralen Platz ein, insbesondere auch in der Pastoral, was sich in zahlreichen Weihnachtsgedichten oder auch seinen jährlichen Weihnachtsbriefen äußert (z.B. Friedrich von Bodelschwingh, Weihnachtsbriefe aus den Jahren 1872–1885, Bethel 1935).

[3] S. Tafel 22.

Weiter stimme Ich Ihnen darin zu, dass die Entscheidung über die Auswahl des Generalsekretärs der D.A.G. vertagt wird[,] bis ein klarer Programmentwurf fertig vorliegt. Zu geebener Zeit kann dann eine Anfrage an den Baron von der Heydt gerichtet werden, ob er selbst bereit ist, das Amt zu übernehmen, oder ob er aus seinem ausgedehnten Bekanntenkreise eine geeignete Persönlichkeit in Vorschlag bringen kann. Ich bemerke hierzu, dass die afrikanischen Negerkunstsammlungen des Barons von der Heydt außerordentlich bedeutsam sind.

Ihre von hoher Warte aus gewonnene Übersicht und Einsicht in die tiefen Gründe der heutigen verworrenen Weltlage sowie Ihre daraus gefolgerten Darlegungen über die „weltanschauliche Einstellung", die auch für unsere D.A.G. richtunggebend sein müsste, finden im allgemeinen Meine Zustimmung. Ich möchte aber ergänzend folgende Bemerkungen anknüpfen, die gerade für unsere praktische Arbeit wichtig sein dürften:

1.) Das „Schicksal", das die erschreckten Völker gepackt hat, ist von Gott gesandt. Die Feinde Deutschlands haben es durch ihren Sieger-Sadismus selbst heraufbeschworen.

2.) Es wird ihnen von Oben der „Wechsel präsentiert" für den frevelhaft gegen unser Volk vom Zaun gebrochenen Weltkrieg. Der muss bezahlt werden, und vor dieser Aufgabe stehen die Völker ratlos, weil sie ohne die Vorsehung rechneten, die ihnen jetzt den dicken Strich durch ihre voreiligen Rechnungen macht.

3.) Weltwirtschaft umfaßte auch Deutschland, Central-Europa. Weil es in derselben hervorragendes[!] leistete, darum sollte es aus ihr ausgeschaltet werden; dazu musste man es zu vernichten versuchen. Die anationalen Deutschen halfen dem Feind.

4.) Nationalismus an sich ist gesund. In der Übertreibung des Weltimperialismus (Frankreich, England, Amerika) gefährlich! Für die Deutschen, die gar keinen haben, ihn zu erlernen und zu erwerben eine Lebens-, eine Existenzfrage!

5.) Nur auf dem Boden des geeinten um das Deutsche Kaiserreich festgeschlossenen Germanentums gedeiht – durch Deutschen nationalen-Rassengeist[!] durchglüht – die Geisteskraft und Macht, welche als Trägerin unsere kulturmorphologischen Arbeiten zum Erfolge führen kann.

6.) Wir haben es mit Material aus alten[,] in sich national geschlossenen Kulturen zu tun; dieses wird durch Gelehrte ans Licht gefördert, die wiederum national festgefügte Kulturen hinter sich haben.

Britische und Amerikanische Gelehrte bringen das Neugut zu Tage, daher das Interesse der Anglo-Amerikaner für die Altertumsfunde ihrer Professoren. Das Neugut erhält den Stempel des Volkes, dem der Gelehrte angehört. Das habe ich oft in den letzten Jahren feststellen können, denn von den deutschen Grabungen wusste man nichts, ebenso wenig von ihren Veröffentlichungen. Wool[l]ey und Kollegen sind in aller Munde, von Dr. Jordan tut man keine Erwähnung. Er hat niemand hinter sich. Deutschland kümmert sich nicht mehr um Grabungen, Forschungen pp.

7.) Der gesunde Nationalismus ist das Soloinstrument, auf dem nun mal gespielt wird. Das muss gestimmt, ja auf die anderen abgestimmt werden. Wenn diese Beschäftigung in Form von „Zöllen" ins „groteske"[!] geht, gibt es Mißtöne, die in ihre Schranken zurückgewiesen werden müssen. Der Boykott ist sehr geeignet, um die Lärmmacher zur Raison zu bringen.

Also wir brauchen den gesunden Nationalismus ganz unbedingt, damit das ganze Deutschtum geschlossen hinter uns steht und dem negativen, antinationalen Geiste Roms und Judas ein für alle Mal sein zersetzendes Handwerk lege. Dazu verhelfe uns Gott!

Ich freue Mich sehr über das gute Ergebnis der Zusammenstellung des „Welt-Kultur-Archivs" und bin ganz einverstanden mit der skizzierten Basis für die Arbeitsverteilung der kulturmorphologischen Forschungen in unserer D.A.G. Mögen sie dazu führen, dass zunächst die anderen Ländern angehörenden interessierten Kreise auch mal erfahren, dass es auch Deutsche Kreise gibt, die an die Neuordnung der gewaltigen Masse von Neugut gehen.

Die Vorsehung wird uns den Weg schon weisen!

Inschallah![4]

[gez.] Wilhelm
I.R.

---

[4] S.o. Nr. 47, Anm. 7.

138.

Wilhelm II. an Frobenius, 31.12.1931, [Doorn]

Eigenhändige Ausfertigung:
A   FI: LF 616/42

Meine verehrteste Exzellenz

Das soeben verlebte[,] in seiner Harmonie und friedlichen Erhabenheit u. Schönheit tief ergreifende Weihnachtsfest – das Erscheinen des Welterlösers – Gottes Sohns – hat mich dazu angeregt[,] einen Punkt klarzulegen, der für die D.A.G. unbedingt als Grundlage für ihre Forschungen auf dem Gebiet der Culturmorphologie festgelegt werden muss.

Wir Kulturmorphologen meiner D.A.G. haben ja – wie bekannt – mit gar vielen alten Religionen zu thun und durchforschen sie nach allen Richtungen[,] überall Vergleichsobjecte suchend bezw. festlegend. Alle[!] diesen alten Religionen haftet nun ein und dasselbe an: sie sind sammt und sonders aus dem Seelenleben, später auch aus dem Geist der Völker hervorgegangen, der bei manchen eine direkte Religions-Wissenschaft, sogar eine Religions-Philosophie schuf. Es war vieles Grosse, Schöne, Erhabene darunter, das uns noch heute beeindruckt durch hohen Flug, wie auch durch Tiefe der Gedanken. Aber es ist doch schliesslich nur Menschenwitz u[.] Menschenwerk, hinter welchem überall ahnungsvoll das ungestillte Sehnen der Menschen nach dem „Welterretter", dem „Nazareios", dem „Erlöser" klar zu spüren ist, das ja auch zur „Construirung" von solchen Götter-, Halbgötter[-] u. Heldengestalten seitens der sehnenden Menschen führte. Aber alles umsonst! Die Religionen waren <u>mit</u> den Menschen, <u>aus ihnen heraus</u> erwachsen und <u>von ihnen</u> entwickelt worden, blieben also <u>Menschenwerk</u>: d.h. konnten nicht erlösen, da die Menschen eben sich selbst nicht erlösen können aus sich selbst. Zu war die Grenze.

Also um es noch einmal zu sagen: <u>Die Alten Religionen wachsen mit den Menschen u. aus ihnen heraus</u>[,] sind <u>Menschenwerk</u>. Das genaue <u>Gegentheil</u> ist bei <u>unserer Religion</u>, beim <u>Christenthum</u>[,] der Fall. Das hat sich nicht mit der Menschheit „entwickelt", es ist nicht aus <u>ihr heraus</u>gewachsen, es hat sich nicht mit ihr oder aus <u>ihr heraus</u> entwickelt, sondern es ist von Obenher, vom Gott-Vater selbst <u>in</u> die <u>Menschheit hineingestellt</u> <u>ohne</u> deren Zuthun. Das Christkind ist das <u>Geschenk</u> der <u>Gnade</u> von oben vom Vater an seine Menschenkinder, als Erfüllung ihres Erlösungssehnens. Er <u>schickt</u> den Gottessohn <u>herab</u> um den Menschen die ersehnte Erlösung zu bringen, die sie vergebens zu vollenden trachteten.

Also: Das <u>Christenthum</u> entsteht [a]<u>nicht als</u>[a] <u>Evolution</u> aus der Menschheit [b]<u>heraus</u>[b] wie <u>alle anderen</u> Religionen, sondern ist <u>von Oben</u> von Gott in die Menschheit <u>hineingepflanzt</u>; kommt <u>direkt</u> <u>von Ihm</u>, ist also <u>Gotteswerk.</u> Und das Christkind <u>vollbringt</u> die ersehnte Erlösung.

Ich glaube, dass es wichtig ist, dass meine D.A.G. diesen Gesichtspunkt festhält, besonders <u>theologischen</u> Angriffen als Abwehr gegenüber.

Rom hat soeben dem Clerus befohlen, den Kampf gegen die Nazis einzustellen! Bravo Hitler!

Wilhelm
I.R.

---

[a] *Ae statt* als
[b] *Ae*

139.

Frobenius an Wilhelm II., [vor dem 27.1.1932], Frankfurt am Main

Eigenhändige Ausfertigung:
A   AEW: 1624 D1–D3
Durchschrift der eigenhändigen Ausfertigung:
D   FI: LF 612/1–6

Euer Majestät!

Oftmals, oftmals sind mir in den letzten Tagen die wohl etwas martialischen[,] aber aus dem Munde dieses prächtigen unter den starken Soldaten unseres Lieben[!] Herrgottes nur ganz ordentlich und ordnungsgemäss hervorquellenden Worte in den Sinn gekommen: „Und wenn die Welt voll Teufel wär!"[1] – Für die heutigen Zeiten und ihren psychologisch fast spitzfindigen Geist mögen solche Bilder etwas grob erscheinen. Aber sie sind echt und insofern unendlich erfrischend, – ja vermögen unsere eigene Stimmung in bestimmten Augenblicken besser auszudrücken als die herrlichsten Aussprüche unserer klassischen Heroen.

An diesen, einen Ursinn ausdrückenden Versanfang habe ich aber deswegen immer wieder denken müssen, weil mir die heutige Welt einmal ganz besonders überfüllt an Teufeln[,] d.h. teuflischen Zuständen, Gedanken, Bestrebungen, Wirrnissen erfüllt erscheint – u. zw. dies im Leben Aller[!] und alles vom Höchsten bis in die kleine Welt des „ich" hinein.

„Es soll ihnen nicht gelingen!" – Die Lawinen mögen über uns hinrollen, – sie sollen uns nicht verschütten! – und werden es auch nicht. Nein, nein, nein! Das ist mir feste Überzeugung!

Mit diesen aus tiefsten[!] Herzen kommenden Gedanken nähere ich[!] dem Geburtstage Euerer Majestät.[2] Herbes und Hartes, Bitteres und tief Schmerzliches haben Euer Majestät in den letzten Wochen durchleben müssen. Von der Weihnachtszeit an. Aber das körperliche Leiden ist überwunden und für alles Tiefere wird Eine[!] Hohe[!] Gnade mit der Zeit Linderung gewähren. –

Möge alles Bittere nur dem verflossenen Lebensjahr angehören und das kommende der strahlenden Kraft, die Eurer Majestät beschieden ist, völlige Auswirkung gewähren!

Amen!

Leider werde ich den Festtag selbst in einer etwas merkwürdigen, ja ungebührlichen Umgebung zubringen. Wie es vorherzusehen war[,] hat der unentwegte 16stündige Arbeitstag bei ständiger Fesselung in Innenraeume den Organismus soweit heruntergebracht, das[!] der Kahn in die Werft fahren und [a]in[a] das Dock gelegt werden muss. Den Tag werde ich also in die Klinik müssen und Prof. Vollhard wird mir die Auffrischungsoperation zu Teil[!] werden lassen, die notwendig und[,] wie mir scheinen will, der Notwendigkeit wegen unerfreulich ist. Aber da dies vor zwei Jahren so unerwartet günstig verlief, wird es ja wohl berechtigt[!] sein, auch für dieses Mal eine entsprechende Herabsetzung des Blutdruckes zu erreichen. Ich würde es gar nicht erwähnen, wenn nicht immer zu befürchten wäre, dass durch die Presse oder von überängstlicher befreundeter Seite übertriebene Nachrichten dorthin gelangten.

Vielmehr liegt diese Privatunternehmung durchaus im Programm. Die Durchführung[b] der Arbeitssitzung wird in keiner Weise beeinträchtigt. Die notwendige Excerptur[3] ist genau so weit fortgeschritten, wie es sein müsste (ja, es ist sogar ein kleines plus zu

---

[a] *Ae und De statt* auf   [b] *Ae und De:* wird

---

[1] „Und wenn die Welt voll Teufel wär / Und wollt uns gar verschlingen, / So fürchten wir uns nicht so sehr, / Es soll uns doch gelingen", beginnt die dritte Strophe des 1529 von Martin Luther geschriebenen Kirchenlieds „Ein feste Burg ist unser Gott".
[2] Der 27. Januar war Wilhelms 73. Geburtstag.
[3] S.o. Nr. 135.

verzeichnen), – im Krankenhause wird nun die letzte Hand an den Dag.-aufruf[4] gelegt – Februar/März werden der Ausarbeitung der Doorner Vorträge gewidmet, – April, Mai, Juni, Juli, August der Vorbereitung und Durchführung der Saharaexpedition[5], (die auch die Ärzte für eine sanitär/hygienische Notwendig[keit] halten und die, wenn die Mittel für normale Form nicht genügen, im Flugzeug zurückgelegt werden soll,[)] – dann September (ausser einem ArchaeologenCongress[!]) Zubereitung der Ergebnisse für Doorner Vortrag und – wenn Euer Majestät an dem Plane festhalten: im Oktober DAG unter Eurer Majestät Gnädigem[!] Protektorat[6] – Also ein klares Programm und ein deutlicher Weg, in dessen Abmarsch ich von ganzem Herzen hoffe[,] in Eurer Majestät kommendes Lebensjahr so viel[!] Anregung hineintragen zu dürfen, wie es meiner bescheidenen Arbeit gewährt werden kann.

„Und wenn die Welt! – – –"

Und in alter Weise: Hurra! Hurra! Hurrah!

Frobenius

---

[4] Nicht ermittelt. Schon 1937 konnte ihn Schwerin in den Doorner Akten nicht mehr finden (AEW: 1678 B3).

[5] 1932 unternahm Frobenius mit Jensen und den Zeichnerinnen Cuno und Schulz die DIAFE X in den libyschen Fezzan. S.a. Nr. 141, Anm. 8.

[6] Die Tagung der DAG fand 1932 vom 28. bis zum 31. Oktober statt. Frobenius berichtete über seine jüngste Expedition, Böhl trug über die „sociale Struktur und Gedankenwelt der sumerischen Oberschicht" vor, Naumann unternahm den „Vergleich der Motive in den germanischen und in den griechischen Sagen", Vollgraff betrachtete „die Beziehungen zwischen Griechenland und dem Orient auf dem Gebiet der Kunst, mit naeherem Eingehen auf die Sonnensymbole" und Wilhelm erläuterte „das kulturmorphologische Arbeitsprinzip" (AEW: 1678 B4).

140.

Wilhelm II. an Frobenius, 1.2.1932, Doorn, „Brieftelegramm"

Maschinenschriftliche Ausfertigung:
A   FI: LF 616/43
Durchschlag der maschinenschriftlichen Ausfertigung:
D   AEW: 1624 D4

Haben Sie schönen Dank für Ihren so hübschen Brief zu Meinem Geburtstag.[1] – Jawohl: „Und wenn die Welt voll Teufel wär', es soll ihnen nicht gelingen".[2] Dieser von Ihnen

---

[1] Nr. 139.

[2] S.o. Nr. 139, Anm. 1.

zum Ausdruck gebrachte erfrischende Glaube hat Mir sehr wohl getan. – Vor allem aber werden Sie erst einmal wieder ganz gesund. Das ist die Hauptsache! Die Durchführung Ihres reichhaltigen Programms steht in zweiter Linie. Besser es verzögert sich etwas, als dass es auf Kosten Ihrer Gesundheit zustande kommt. – Ich erhole Mich von Meiner Grippe ganz schön, muss nur tagsüber noch viel liegen. ᵃWie hat Ihnen meine Abänderung des Abzeichens gefallen?ᵃ3

[gez.] Wilhelm
I.R.

ᵃ *Ae*

---

3 Schwerin schrieb Frobenius dazu am 4. Februar: „,Wie hat Ihnen Meine Abänderung des Zeichens gefallen?‘ ist von Seiner Majestät niedergeschrieben, ehe ich Gelegenheit hatte, den Inhalt Ihrer an mich gerichteten Briefe vorzutragen. Bei der ungeheueren Menge der hier vorliegenden Geburtstags-Glückwünsche, die zum Teil eine sofortige Beantwortung erforderten, hatte ich die Gorgo zunächst in meine Schublade legen müssen. Inzwischen hat nun Seine Majestät erfahren, dass Sie die weiteren Maßnahmen behufs Anfertigung des Abzeichens in mich ehrendem Vertrauen in meine unschuldigen Hände legen wollten, und dass Sie mir gegenüber Ihre Zustimmung zu dem Allerhöchsten Entwurf mit gefalteten Flügeln zum Ausdruck gebracht hatten. Damit ist nun die Eigenhändig zugesetzte Frage in dem Brieftelegramm Seiner Majestät wohl beantwortet." (FI: LF 605/28).

141.

Frobenius an Wilhelm II., 24.2.1932, Frankfurt am Main

Eigenhändige Ausfertigung:
A   AEW: 1624 E2–F3[1]
Durchschrift der eigenhändigen Ausfertigung:
D   FI: LF 612/7–23
Maschinenschriftliche Umschriften:
U₁   AEW: 1624 D6–E1
U₂   AEW: 1623 A3–A5

Euer Majestät!

Befinden ist nun wieder ein erfreuliches[,][2] und dies erfüllt uns alle mit grosser Beruhigung.

---

1 Die letzte Seite der Ausfertigung wird von der hier als Tafel 23 wiedergegebenen Landkarte eingenommen.

2 S.o. Nr. 140.

Selbst kann ich mich auch wieder „Betriebssicher" in Dienst stellen. Dieses Zurechtspritzen der Blutverhältnisse ist an sich eine Sache, die überhaupt nicht erwähnt werden sollte;[3] doch ist die ihr folgende wochenlange Schlaffheit auch dieses Mal wieder wie Verdämmern der Lebensfrische, stört also einen aktiven Menschen in peinlicher Weise. Die Ärzte sind mit dem Ergebnis <u>sehr</u> zufrieden[,] und somit besteht keinerlei Gefahr für Durchführung der Arbeiten und Unternehmungen, an denen Euer Majestät ein so wohlwollendes Interesse nehmen. In der Zwischenzeit ist das Gesammtwerk in [a]erfreulicher Weise weitergediehen[a]. Die Klärung der altgeschichtlichen Verhältnisse ist in erfreulicher Weise dadurch gefördert, dass Fräulein Weyersberg in Paris die [a]vorgeschichtlichen[a] keramischen Funde aus [a]China[a] und die Ergebnisse der [a]Persepolis[-] und Susagrabungen[a][4] studiren und copiren durfte. Durch den Vergleich mit den [a]Ergebnissen Jordans[a] ist ein grosser Fortschritt gemacht. Frau Schulz hat den ganzen Bildatlas des [a]„Gorgoarchivs"[a] auf einer Liste geordnet. (Es sind etwas über [a]7000[a] Originalzeichnungen [a]in ca. 112[!] Bänden[a]; wobei die sehr umfangreiche <u>keramische</u> Arbeit nicht [b]einbezogen[b] ist). Die ergänzende [a]„Folkloristische"[!] [c]Excerptur[!][a][c] hat die Zahl von [a]11000 Niederschriften[a] überschritten. Vor allen Dingen wissen wir nun, was bis zur grundlegenden Umreissung der Aufgabe nötig ist[,] und können dem ersten [a]Abschluss[a] eines [a]Grundrisses[a] entgegensehen. Das Ganze ist jetzt nicht mehr ein „vielversprechendes Chaos" wie noch vor einem halben Jahr[,] sondern lässt in allen Teilen Gestaltwerdung erkennen. Ich komme hierauf noch einmal zurück.–

Von all['] dem vielen Anregenden, das inzwischen aus Doorn einlief, sind es vor allem [a]zwei Sendungen[a], die einen [a]bedeutenden Eindruck[a] machten. Zunächst die zwei Bücher von Blüher.[5] Nach den Malzeiten[!] liesst[!] meine Frau mir vor. Da ist nun

---

[a] *In A von Wilhelm unterstrichen*   [b] *Ae und De statt* mitgezählt   [c] *U:* Exzerption[!]

---

[3] Zur Behandlung Frobenius' durch den Internisten Volhard s.o. Nr. 139.

[4] Trotz des 1897 Frankreich erteilten Monopols auf Ausgrabungen in ganz Persien konzentrierten sich die französischen Unternehmungen weitgehend auf Susa, wo seitdem, nur durch den Ersten Weltkrieg unterbrochen, jährliche Ausgrabungen stattfanden. Den aktuellen Stand hatte gerade der Leiter der Französischen Archäologischen Mission in der Susiana, Roland de Mecquenem, in seinem Aufsatz „Excavations at Susa (Persia), 1930–1931" (in: Antiquity. A Quarterly Review of Archeology 5 (1931), S. 330–343) publiziert. In Persepolis war es dagegen nur zu kleineren Grabungen gekommen, bevor 1931 dort Ausgrabungen im Auftrag des Oriental Institute of the University of Chicago einsetzten, die bis 1934 von dem Berliner Archäologen Ernst Herzfeld geleitet wurden, der ebenfalls in Briefkontakt mit Wilhelm stand. Nachfolger wurde sein amerikanischer Kollege Erich F. Schmidt, bis 1939 die Arbeiten eingestellt werden mußten.

[5] Die beiden jüngsten Bücher Hans Blühers waren „Die Erhebung Israels gegen die christlichen Güter" (Hamburg 1931), für das sich in Wilhelms Nachlaß eine Anzeige findet (AEW: 1562 E3), und „Der Standort des Christentums in der lebendigen Welt" (Hamburg 1932), das Blüher Wilhelm zu seinem Geburtstag geschenkt hatte (Blüher an Hofmarschallamt, 22.1.1932, AEW: 1562 E7) und der Beschenkte in einem Antwortbrief vom 15. Februar überwiegend zustimmend kommentierte (AEW: 1562 E8 – F3). In diesem Schreiben verschärfte er den von Blüher postulierten Gegensatz von Christentum und Judentum noch und identifizierte ihn sogleich mit dem Gegensatz zwischen Deutschland und den Westmächten: „<u>Caritas</u> kennt <u>Juda</u> nicht u. schlägt daher den[,] der sie verkündet[,] ans Kreuz. Ebenso wie die <u>Humanité</u> der Westmächte Jüdischen[!] Einschlags durch Versailles das Deutsche Volk!" (AEW: 1562 E8).

Blüher daran gewesen. Ich muss sagen, dass ich diesen [a]scharfsinnigen und klugen Menschen bewundere[a]. Was ist das Deutsche[!] Volk,[!] in diesem Augenblick, der durch [a]Versagen aller Geistigkeit bei den Westvölkern[a] ausgezeichnet ist, [a]reich an problematischen Naturen[a].

Bei uns kann sicherlich ein jeder einen Denker nach seinem Geschmack und entsprechend eigener Natur finden. Aber wenn ich auch eine grosse Verehrung für diesen Denker habe, so habe ich doch gleichzeitig eine Art Angst vor dieser <u>Zuspitzung des Denkens</u>, die mir immer wieder zur Entfremdung vom <u>seelischen Ausdrucksbedürfnis</u> wird. In diesem Sinne ist mir das, [a]was Euer Majestät am 15[.] Februar an Blüher geschrieben haben, wie aus der Seele gesprochen[ad].

Viel mehr als die eigentlich scharfsinnige Leistung beeindruckt mich die [a]hohe ethische Stellung, die dieser Mann einnimmt[a].[e]

Aber unendlich viel grösser war noch der Eindruck, den einige Absätze auf mich ausübten, die dem Briefe Ihrer Durchlaucht der Frau Altgräfin [f]von[f] Salm entnommen sind.[6] Wie hier gesprochen wird von den Bergen, die ersetzt wurden durch mühevoll hergestellte Hügel, – von der ewigen Sehnsucht der Menschen nach der Höhe, der Ferne, dem Unerreichbaren, – von dem herrlichen Buche, das „einer" einmal schreiben sollte, – da steigt immer wieder das Bild einer Persönlichkeit grosser Ausmasse der Empfindungen, einer eminenten Vitalität, einer Hohen Frau in mir auf. Das sind Gedanken, wie sie mich auch einmal hinausführten in die weite Welt, und wie sie mich gar manches Mal an den Schreibtisch drängten, – worauf dann leider immer wieder die Ernüchterung und die Erkenntnis folgten, dass die Dimensionen der Menschlichen[!] Sehnsucht stets unendlich viel grösser sind als die Gestaltungsfähigkeit selbst und die Werke, die am Ende herauskommen. Darin bin ich deshalb anderer Ansicht als die Frau Altgräfin: Seelig[!] sind die Menschen, die begnadet sind mit der grossen Sehnsucht! und die[g] das Schicksal davor bewahrt[,] deren Ausgestaltung zu versuchen. Die Menschheit war am Bedeuten[d]sten immer, wenn sie aus frommer Scheu heraus nicht wagte[,] mit den Fingern zu betasten, was die Seele erschaute. Eine [a]herrliche Erhabenheit[a] verlieh [a]jener[a] Menschheit, die noch in [a]andächtiger Demut die Gebirge als unerreichbaren Thron Gottes erachtete[a][,] <u>hohe Würde</u>, die die heutigen Bergkraksler[!] und „Hochturisten"[!] nicht mehr besitzen.[h]

Euer Majestät haben am 18[.] Februar bei mir anfragen lassen, wann an eine Veröffentlichung der Gorgoarbeit gedacht werden kann.[7] Nun hatte ich mir gedacht, dass die Gesamtheit der Grundlage der Weltkultur„geschichte"[,] wie wir sie vor etwa 7 Jahren

---

[d] *In A Marginalie Wilhelms:* sehr erfreulich!
[f] *U:* zu   [g] *Ae und De:* nach
[e] *In A Marginalie Wilhelms:* ja!
[h] *In A Marginalie Wilhelms:* (richtig)

---

[6] Nicht ermittelt.
[7] Schwerin an Frobenius, 18.2.1932 (FI: LF 605/29). Gemeint ist offenbar (s.u. Nr.142) der Vortrag, den Frobenius bei der Tagung der Doorner Akademie im vergangenen Herbst gehalten hatte (s.o. Nr. 116, Anm. 4).

begannen[,] als ein Monumentalwerk erscheinen soll, das dann die Krönung meiner Lebensarbeit werden würde und das ich seiner Zeit Euerer Majestät bitten werde widmen zu dürfen. Wie ich [i]folio 41/2 dieses Berichtes nun[i] sagen durfte, ist die Grundarbeit jetzt prächtig fortgeschritten, – jedenfalls sehr viel weiter[,] als ich in Anbetracht unserer jämmerlichen Finanzlage (die die Heranziehung von Hilfskräften unmöglich macht) erhoffen zu dürfen glaubte. In diesem Opus soll dann der ganze Complex[!] von Weltbaum und Weltberg, von Löwe und Vogel, von Schlange und Stier, von Knielauf, Svastica[!], Achterrosette etc[.] etc[.] – der Complex, in dessen Mitte die Gorgo steht, gründlich und von allen Seiten her behandelt werden. Es wäre nicht ganz einfach, aus dieser [j]Geschlossenheit[j] ein einzelnes Stück herauszunehmen; vielmehr möchte ich es der DAG anheimstellen, hierüber zu verfügen. Die Ausführung, mit der wir – Inschallah[8] – im [a]nächsten Winter[a] beginnen könnten, wenn Euere Majestät dies bestimmen, würde [a]dann den einzelnen Fach[a]genossen die [a]Stoffverteilung ermöglichen[a]. Ich selbst möchte[k] mich dann auf die [a]Position des Anregers[a] und [a]des Zurverfügungstehers[!] beschränken[a].

Ich möchte daher mir erlauben, den Gorgocomplex betreffend vorzuschlagen, dass Euere Majestät die Herren für die [a]Beratung[a] in diesem [a]Sinne für[l] [m]Oktober[m] zusammenrufen[a] und dass ich die Herren, die die wichtigsten sind, an der Hand der Ausarbeitungen speziell informiere ([n]NB[:][n] in der letzten Zeit war auch [a]Prof. Sarre[a] hier und hat einen Blick in die Arbeitsanlage [o]geworfen[o]).

———————

Dazwischen wäre, wenn das Programm ganz durchgeführt werden soll, noch die mir augenblicklich wichtigste Lücke auszufüllen. Je weiter wir mit unserer Arbeit kommen und je klarer die einzelnen Fragen sich herausschälen, desto empfindlicher wird [p]uns[p] die [a]Lücke zwischen jener palaeolithischen Kultur[a], in der der enface-Löwe[!] als Ausdruck zuerst nachweisbar ist (Südfrankreich und NW Afrika)[,] und jener im Osten gelegenen späteren, in der der Löwe dann am Löwentor von Mykene und in Vorder-(Klein-)Asien Anwendung findet. Diese Bindeglieder dürfen zunächst nur an zwei Stellen gesucht werden, von denen die [a]eine am Caspischen Meer (Turkestan)[,][a] [q]also in Asien[q], die andere aber zwischen [a]Kleinafrika und Aegypten[a] liegt (im [a]Lande der Garamanten, d.h. Fezzan[a][9]). Nun wird der Forscher an [a]ersterer[a] Stelle mit „[a]Möglichkeiten[a]"[,] an [a]letzterer[a] aber mit „[a]Wahrscheinlichkeiten[a]" zu rechnen haben. Die letztere Behauptung ist [r]so[r][?] leicht zu beweisen.

———————

[i] *U: anfangs schon* [j] *U: Verschiedenheit* [k] *Ae und De: d* [l] *Ae und De: Aug*
[m] *In A von Wilhelm zusätzlich unterstrichen* [n] *Fehlt in U* [o] *U: getan*
[p] *U: nun* [q] *Ae und De* [r] *U: es*

———

8 S.o. Nr. 47, Anm. 7.

9 Die Wüstenregion Fezzan im heutigen Südwesten Libyens war Teil des von den zuerst bei Herodot (4,174 und 183 – wenn auch beide Passagen nicht ganz harmonieren und sich möglicherweise auf zwei verschiedene Völker beziehen) erwähnten Garamanten beherrschten Landes. Unter Augustus wurden sie von den Römern besiegt und die „Phazania" dem Römischen Reich angegliedert (s.u. Nr. 151, Anm. 8).

Die entscheidenden Ergebnisse der Kaiser-Expedition (1913/4 Hadschra Maktuba)[10] haben gezeigt, dass die [a]palaeolit[h]ische[a] Kunst mit den [a]Enface[-]Löwen[a] [s]bis[s] in [a]das Neolithikum[a] hereinreichte. Nordafrika war also sehr lange belebt durch die alte Steinzeitkultur und es besteht alle Wahrscheinlichkeit[,] dass Aegypten seinen [a]Ammonsjupiter[a] [q]nicht nur[q] aus [a]der Oase Siwa[a][,] sondern von viel weiter her[,] aus dem [a]Saharaatlas erhielt[a].[11] Die Bilder der [a]Widderanbetung[a], die wir auf der Kaiserexpedition fanden, beweisen dies. Also müssen auf afrikanischem Boden im [a]Hinterland der Mittelmeerküste[a] noch bis in die [a]Aegyptische Frühzeit[a] hinein [at]Steinzeitalter[-]Kulturen[t] lebendig gewesen sein[a].

Nun lebte noch zur Zeit [a]Herodots[a] im Hinterland der Syrten, in Fezzan die [a]Garamantenkultur[a], die ihrerseits aus [a]Kleinasien[a] kam. Ich möchte annehmen[,] dass mit ihr die grosse Anzahl von eigenartigen Inschriften in Zusammenhang stehen[!], die wir im gesammten Kulturgebiet der Nordsahara, die damals noch Weideländer besass[,] antreffen. Die Schriftzeichen werden heute noch von den Tuaregweibern verstanden, sind also lesbar. (Siehe Faidherbe). Die Zeichen der Schrift sind mit den [a]altkretischen angeblich[a] verwandt. Also sind[!] in diesem Garamantenland die alteingesessene [a]Palaeolithik-Kultur Westeuropa–Kleinafrikas[a] mit der [a]Westasiatischen[a] in Berührung gekommen. Jede Berührung zweier Kulturen hatte im Altertume die Entstehung von Formen zur Folge, die den Zustand, in dem sich beide[u] im Augenblick des Zusammentreffens befanden, verräth! Demnach müssten hier im Garamantengebiet Kulturerscheinungen entstanden sein,[v] in denen die Symptome des [a]Westens[a],[!] wie solche des [a]Ostens[a] erkennbar sind. – Soweit die Theorie.

Und die Praxis? – Just in diesem Gebiet sind die ersten Felsbilder Nordafrikas überhaupt entdeckt worden u. zw. am 7[.] Juli 1850 durch keinen Geringeren als [a]Heinrich Barth[a]! (Bd. I seiner Reisen).[12] Kein Zweifel, dass sie [w]zu[w] den merkwürdigsten gehören, die überhaupt bekannt geworden sind! [a]Waffen handhabende Menschen mit Tierköpfen[a]! Aber leider sind Barths Originale in London s. Zt. „verloren" gegangen.[13] Seine Skizzen sind grob. Einem Wissenden [x]böten[x] die Originale sicherlich noch viele Einzelheiten, zum mindesten schon die anderen, von denen er schreibt, er selbst habe sie nicht verstanden! – Für Heinrich Barth war das ein Zufallsfund! Wieviel wird sich dem offenbaren, der diesen Dingen seine ausdrückliche Beachtung schenkt, – der mit [y]solcher Arbeit[y] vertraut ist!!! Und hier im Lande der Garamanten, die nach Herodoth[!] die flüch-

---

[s] *U:* hier   [t] *U:* Steinzeit = alte Kulturen   [u] *Ae und De:* befa   [v] *Ae und De:* der
[w] *Ae und De:* die   [x] *U:* bieten   [y] *U:* solchen Arbeiten

---

[10] S.o. Nr. 27, Anm. 5. „Hadschra Maktuba. Urzeitliche Feldbilder Kleinafrikas" war auch der Titel der 1925 in München von Frobenius und Hugo Obermaier veröffentlichten Dokumentation der bei dieser Expedition aufgenommenen Feldbilder.

[11] In der westägyptischen Oase Siwa war ein Orakelheiligtum des ägyptischen Gottes Amun, der seit dem 4. Jahrhundert v. Chr. als mit Zeus identifizierter Ammon auch in Griechenland verehrt wurde. In Rom entsprach Jupiter dem Zeus.

[12] Barth berichtet über die Entdeckung von Felsmalereien im Tal Telí-ssarhē am 6.7.1850 und deren Deutung (Heinrich Barth, Reisen und Entdeckungen in Nord- und Central-Afrika in den Jahren 1849 bis 1855. Tagebuch seiner im Auftrag der Britischen Regierung unternommenen Reise, Bd. 1, Gotha 1857, S. 209–217 mit mehreren Zeichnungen).

[13] Barth, Reisen (wie Anm. 11), S. 211.

tigen Aethiopen mit <u>Viergespannen</u> jagten, – jener Garamanten von denen die herrlichen Ritterepen, die wir im Sudan entdeckten ([a]Atlantisausgabe[a] Bd[.] VI)[,][14] stammen. All die tausende und abertausende von Steinperlen, die im Sudan nachgeschliffen werden, stammen aus diesen Ländern u. zw. aus – Gräbern! —

[a]Mykenisch-Kretische Kultur auf afrikanischem Boden[a]!

Also ein ganz neues Forschungsgebiet wird damit angeschnitten. Die durch den Kriegsbeginn unterbrochene Kaiserexpedition fände ihren Abschluss. Alle Auspicien sind gut. Die italienische Regierung hat auf allen in Betracht kommenden Seiten ihre Förderung zugesagt. Und 90 bis 100 Tage an Ort und Stelle werden für den Leiter genügen, alle notwendige Arbeit anzubahnen. Auch [a]Prof. Vollhard[a] ist zu der Ansicht gekommen, dass eine [z]mehrmonatliche[!][z] Unterbrechung der Schreibstubenhockerei dringend geboten ist. Und auch das Wirtschaftliche ist diesmal „möglich". Exzellenz [a]Schmidt Ott[a][!] hat einen (ach[,] leider nicht sehr hohen) [a]Beitrag zugesagt[a], ebenso das Reichsamt des Innern. Ein letztes Ereignis hat mich den Entschluss fassen lassen, das Unternehmen trotz aller Schwere der Zeit in Angriff zu nehmen.

Dieses letzte Ereignis war der Brief, den der grosszügige Herr [a]Oberländer[a] am [a]20[.] Jan[uar][a] an Euere Majestät geschrieben hat.[15] Der Inhalt des ersten Satzes dieses Briefes giebt[!] wieder einmal Beleg für die grosse Güte, die über uns waltet. Danach wird das auseinandergesetzt, was von allen möglichen Seiten über Amerika berichtet wird: Amerika ([aa]u. zw.[aa] vor allem die Vereinigten Staaten) ist <u>derzeit</u> in seinem [bb][a]geistigen[a] Interesse[bb] vollkommen eingeschrumpft; man sagt mir, es concentrire alle materiellen Kräfte, um dann in einem grossen Schlage die [a]Übermacht[a] weltwirtschaftlicher Prosperität wieder herzustellen[!]. Ich habe keinen Grund, an der Wahrheit und Richtigkeit dieser Darstellung zu zweifeln. Hoffen wir also[,] dass dieser Angriff bald erfolgt und dann erfolgreich verläuft[cc]. Alles, was geistige Arbeit ist, hängt ja in letzter Linie von wirtschaftlichem Wohlergehen ab und leider, leider ist die Einstellung der [s]im[s] allgemeinen Maasgebenden[!] noch nicht so weit gekommen[,] die Thatsache zu verstehen, dass in schlechten und gefährlichen Zeiten an erster Stelle immer [a]Fürsorge für Geist[a] und [a]Seele[a] getroffen werden muss.

Dann kommt aber der Satz, demzufolge Herr Oberländer bereit ist, auch fernerhin dem Forschungsinstitut und unserer Arbeit zu helfen, solange ihm die wirtschaftliche Möglichkeit dazu bleibt. Der Absatz schliesst mit den in ihrer Schlichtheit so schönen Worten: „Ich werde [a]dann[a] mein Bestes tun, Euerer Majestät eine kleine Freude zu machen."[dd]

---

[z] *U₁ und U₂:* mehrmonatige [aa] *U:* u.s.w. [bb] *U:* geistigen Interessen

[cc] *In A Marginalie Wilhelms:* auf unsere Kosten?!

[dd] *In A Marginalie Wilhelms:* Es wird noch eine Weile dauern!

---

[14] Frobenius hatte das „Dausi", eine Sammlung „epischer Novellen", die er bei den westafrikanischen „Soninke oder Marka" kennengelernt hatte, veröffentlicht (Leo Frobenius, Atlantis. Volksmärchen und Volksdichtungen Afrikas, Bd. 6: Spielmannsgeschichten der Sahel, Jena 1921, S. 47–90, hier S. 49) und führte diese Dichtungen auf die Garamanten zurück (S. 49–52).

[15] Nicht ermittelt.

Dieser Satz hat mir nicht nur in seiner echt amerikanischen und somit stilvollen Einfachheit ^{ee}Genuss^{ee} bereitet, er hat mir auch gezeigt, – wieder gezeigt, wie die lichte Güte, mit der „Doorn" über der Arbeit des Instituts leuchtet, auf guter Erde gabenfreudige Frühlingsnatur erweckt. Nun ist die ganze Summe, die uns für unsere Garamantenarbeit in der Sahara noch von Nöten ist, – (in der Annahme, dass Exzellenz Schmidt-Ott von der Notgemeinschaft mit 5000 Mk. einspringt, – dass des Ferneren[!] alle unsere Kleinen-Fonds-Freunde nicht im letzten Augenblick falliren) – noch 8000 Mk. Herr Oberländer hat nun für die beiden letzten Semester je 5000 Mk. gestiftet. Wenn es nun Herrn Oberländer gelingen sollte[,] noch einen Freund zur Spende von 3000 Mk zu gewinnen, – nun dann ist diese so aussichtsvolle Unternehmung gesichert.

Würden nun Euer Majestät sich dazu entschliessen können, Herrn Oberländer in diesem Sinne zu schreiben ? – ? – ? – ?

————————

Mit erbarmungsloser Consequenz vollzieht sich just in dieser Zeit das Schicksal der Völker. Vor unseren Augen^{ff} zerfliesst der starre Zerstörungswille von Versailles und wird der stolzen Institution von Genf[16] der ^aUntergang der Komik^a zu Teil[!]. Das Weltgeschehen hat Riesendimensionen angenommen und wie in jedem bedeutenden Drama wird der Scenenwechsel schneller und schneller dem Ende zu. Das alles ist so augenblicksgross und so riesenwichtig[!], dass der kleine Mensch an seinem Schreibtisch gar oftmals die Hände niedersinken lässt und in Andacht der Grösse des Schicksals eine Pause widmet. – Dann aber greift er doch wieder eifrig zur Feder und fährt in der Ausführung seines Ameisen Dienstes[!] fort, – des Dienstes, der darin besteht, beizutragen am Bau eines Weltbildes und einer Weltanschauung, die zukünftige Menschen das Schicksal der Völker leichter verstehen lassen kann.

Frobenius

Eigenhändige Hinzufügung Wilhelms: Das „Schicksal" sehe ich als Pseudonym für „Vorsehung" an, die sich sichtbarlich in ihrer Führung auf Erden in dem, was wir „Schicksal" zu nennen pflegen, vor unseren Blicken auswirkt, auf Befehl des „Herren des Schicksals"! Wilhelm

„Schicksal", „Nemesis", „Zufall" sind alles nur Pseudonyme für „Vorsehung"[,] „Führung"!

————————

^{ee} *Ae und De aus* Freude   ^{ff} *Ae und De:* verf

————

[16] Der Völkerbund.

142

Wilhelm II. an Frobenius, 29.2.1932, Doorn

Maschinenschriftliche Ausfertigung:
A   FI: LF 616/45f.
Durchschläge der maschinenschriftlichen Ausfertigung:
D₁   AEW: 1624 F4
D₂   AEW: 1623 C3f.

Verehrte, liebe Exzellenz!

Durch Ihren ausführlichen Bericht vom 24. d.M.[1] haben Sie mir wieder eine besondere Freude bereitet.[2] Vor allem empfinde Ich dankbar die Gnade Gottes, dass Sie gesundheitlich wiederhergestellt sind und nun mit frischem Mut an die neuen Aufgaben herangehen können, die Sie sich gestellt haben. Professor Vollhard hat sicher recht, wenn er meint, dass Ihnen eine mehrmonatige Unterbrechung der „Schreibstubenhockerei" gut tun wird! Abgesehen von den gesundheitlichen Vorteilen ist es ein großer Vorzug Ihres Berufes, dass Sie auf Ihren Forschungsreisen immer wieder neuen praktischen Anschauungsunterricht erhalten und so mit der Tatsachenwelt in dauerndem Connex bleiben. Dies „Hineingreifen ins volle Menschenleben" schützt vor der rein geistigen „Zuspitzung des Denkens", die ihnen bei Hans Blüher eine gewisse Gefahr zu bedeuten scheint.[3] Im übrigen freue Ich Mich aber Ihres Urteils, das ihm neben Scharfsinn und Klugheit vor allem ein hohes Ethos zuspricht. Auch die Frau Altgräfin wird gern die Anerkennung hören, die Sie ihrer feinsinnigen Auffassung von der ehrfurchtsgebietenden Erhabenheit der Berge zuteil werden lassen. Möchten auch unsere Hochtouristen, die zum Teil gewiss eine reine Freude am Naturgenuss empfinden, in der Erhabenheit der Bergwelt auch wieder das „Göttliche" suchen! – ªund finden!ª

Ihr Gedanke, den Gorgo-Vortrag, den Sie in Doorn hielten, erst im Rahmen eines <u>Gesamtwerkes</u> über die Gorgo zu veröffentlichen, leuchtet mir ein, und Ihre Absicht, dies bedeutungsvolle Werk mir zu widmen, erfüllt Mich mit stolzer Freude. Gerne werde Ich bemüht sein, bei der Herbst-Sitzung der D.A.G. die von Ihnen geplante Rollenverteilung für die Spezialisierung der Arbeiten zu fördern.

Die „Wahrscheinlichkeiten", denen Sie auf Ihrer Garamanten-Expedition ᵇentgegengehenᵇ, sind in ihren weitschauenden Perspektiven ja geradezu begeisternd! Ich bin innerlich überzeugt, dass die „Vorsehung" – die Sie mit einem Pseudonym gern das „Schicksal" nennen[4] – uns gnädig sein und zunächst unseren ᶜheißenᶜ Bemühungen um die Beschaffung des nötigen Mammon den Erfolg nicht versagen wird. Soviel Ich sehe,

---

ª *Ae, D₁f und D₂f*   ᵇ *Af, D₁f und D₂f aus* entgegensehen   ᶜ *Af aus* heiße

---

[1] Nr. 141.

[2] Schwerin berichtete Frobenius am gleichen Tag, daß er mit Wilhelm „eingehende Unterhaltungen über Ihren Brief vom 24. d.M., der Ihn sehr lebhaft beschäftigt", gehabt habe (FI: LF 605/30).

[3] S.o. Nr. 141.   [4] S.a. Nr. 141, 147 und 153.

fehlen zur Zeit noch 3000 Mark, um die Ausführung Ihrer Expedition zu sichern. Gern werde Ich bei Meinen amerikanischen Bekannten die nötigen Schritte tun und hoffe auf Erfolg, trotzdem Ich aus sicherer Quelle weiss, dass alle grossen archäologischen Expeditionen der Nordamerikaner aus Geldmangel eingestellt werden mussten! Ich will nicht wünschen, dass Sie recht haben, wenn Sie meinen, dass die Vereinigten Staaten sich zu Herren der Weltwirtschaft machen werden. Diese Herrschaft würde rein finanziell sein, auf allen Gebieten sich materialistisch auswirken und die Einschrumpfung der geistigen Interessen, die Sie jetzt in Nordamerika richtig beobachten, über die ganze Welt hin verallgemeinern. Von nationalen Wirtschaftsgebilden, wie Ich sie für erstrebenswert halte, sind nach Meiner Überzeugung bessere materielle und kulturelle Zustände zu erwarten als unter der Vorherrschaft amerikanischen Geldes und amerikanischer Weltanschauung. Aber solange Amerika der leistungsfähigste Geldgeber ist, werden wir versuchen, seine Mittel unseren kulturellen Bestrebungen nach Möglichkeit dienstbar zu machen. Ihren Expeditionsplan sehe Ich als ein hohes kulturelles Ziel an. Wenn es Ihnen, wie zu hoffen, gelingt, im Garamantenland das Bindeglied zwischen den Kulturen zu entdecken, die westlich in den Enface-Löwen und östlich in den Mykene-Löwen ihren Ausdruck finden, so haben Sie eine neue Tat vollbracht, die uns der klaren Erkenntnis des Wesens und Werdens der Menschheitskultur wieder einen Schritt näher bringt! Dazu helfe uns Gott, als „der Herr des Schicksals"!

Wilhelm
I.R.

143.

Frobenius an Wilhelm II., 6.4.1932, Biganzolo

Eigenhändige Ausfertigung:
A   AEW: 1629 F2–F5
Durchschrift der eigenhändigen Ausfertigung:
D   FI: LF 612/24–29

Auf A Vermerk Wilhelms: Eine warme Gratulation als Antwort aufsetzen, z. Unterschrift W.

Euer Majestät

Es liegt eine Zeit hinter uns, die wohl schon als etwas wild bezeichnet werden kann: die Ausarbeitung des zweiten Bandes des grossen Tafelwerkes[1], Ausarbeitungen

---

[1] Das letzte „große Tafelwerk" Frobenius' war „Madsimu Dsangara. Südafrikanische Felsbilderchronik". Beide Bände weisen zwar 1931 als Erscheinungsdatum aus, doch sind sie offenbar nicht gleich-

für die mit der Expedition[2] im Zusammenhang stehenden Ministerien, Umschaltung des Betriebes – infolge Zusammenbruches des [„]Erdballes[“][3] und dann jetzt die Verhandlungen in Rom. Thatsächlich war es inzwischen so wirbelhaft, dass auch der an „Allerhand" Gewöhnte zuweilen den Kopf schütteln musste und dass die oftmalige Erwägung, ob Euer Majestät Brief vom 29. Februar[4] mit einem Berichte beantwortet werden könnte[,] bis heute immer wieder verneint werden musste. Endlich ist nun nach soeben aus Rom eingelaufenen Benachrichtigungen die Möglichkeit gegeben zu melden, <u>dass das für dieses Jahr aufgestellte Programm bisher pünktlich durchgeführt werden konnte und dass zunächst alles für eine weitere Durchführbarkeit spricht.</u>

Es ist ja ganz selbstverständlich, dass ein Bewegungswille, wie er dem Institut innewohnt, bei der Lage der heutigen [a]Verhältnisse[a] damit rechnen muss, unentwegt auf Schwierigkeiten zu stossen. Es schwankt ja in der That die gesammte Umwelt und bekanntlich wird ja in einem so eigentümlichen Zustand wie dem, in dem sich das Deutsche Leben, (auch Staatsleben) sich[!] befindet[,] der immer laut propagierte Satz: „Freie Bahn den[!] Tüchtigen" dadurch erhärtet, dass alles „Wesentliche" nach Möglichkeit [b]behindert wird[b], weil es die Mediokrität stört. Für uns nun war das Schwierigste der [b]Zusammenbruch des Verlegers unseres [„]Erdballes[“][b]. Ein bestimmtes Misstrauen, das in mir obwaltete, seitdem dieser Mann über meinen Kopf hinweg nach Doorn eine unpassende Eingabe sandte,[5] hat sich in der traurigsten Weise bestätigt: Der [b]Mann hat sich erschossen[b] und einen Wirtschaftszustand hinterlassen, der geradezu katastrophal ist und für uns von unheimlicher Auswirkung war. Mit einem Schlage wurde für uns, dem[!] die Firma recht bedeutende Beträge schuldete, eine Situation bereitet, die anderen wahrscheinlich hoffnungslos erschienen wäre.

Erfreulicher Weise[!] erwachte in mir aber damit jene eigentümliche trotzige Spannkraft, die ein schmunzelndes Behagen findet in einem[c] frohsinnigen: „Nun gerade."[d] Es ist das eine der mir selbst nicht [e]eigentlich[e] verständlichen Gemütsbewegungen, die den Menschen so sehr entpersönlicht, ihn zum [f]objektiven[f] Beschauer der eigenen Handlungen macht und nur als Ausdruck einer Begnadung angesehen werden kann. Es waren ein paar grossartige Wochen. Unwillkürlich wurden wir alle mit fortgerissen von der Freude an der Überwindung und mit einem kräftigen rrrrrr-trah! sausten wir – zum glücklichen Ende!

Und so wurden alle Verhandlungen beschleunigt, wurde die römische Reise trotz allem erreicht und mit schönem Erfolge gekröhnt[!], so dass[,] wie gesagt, die Durchführung des Programmes bewirkt werden kann. Kein Zweifel, dass die italienischen Behörden <u>sehr</u> grosses Interesse an den Tag legen und wir mit der erhofften Förderung nun

---

[a] *Ae und De statt* Zeit   [b] *In A von Wilhelm unterstrichen*   [c] *Ae und De:* kräft

[d] *In A Marginalie Wilhelms:* dennoch!   [e] *Ae und De aus* eigentlichen   [f] *Ae und De*

---

zeitig erschienen, da sie beispielsweise von Hugo Obermaier und Henri Breuil jeweils getrennt rezensiert wurden, wobei die Daten der Besprechungen des zweiten Bandes (Frankfurter Zeitung vom 12.2.1933 und Revue archéologique, 6. Reihe, Bd. 4 (1934)) sein Erscheinen erst im Jahr 1932 nicht nur zulassen, sondern sogar wahrscheinlich machen.

[2] Die DIAFE X in die italienische Kolonie Libyen; s.o. Nr. 140.

[3] S.o. Nr. 100, 102, 116 und 121.   [4] Nr. 142.   [5] S.o. Nr. 121.

bestimmt rechnen dürfen. Ausserdem konnten in Rom noch Nachrichten eingeheimst werden, die schon jetzt unsere Erwartungen gewissermassen im Voraus bestätigen.

Nun werde ich sogleich nach Frankfurt zurückkehren. Wir dürfen nun wohl hoffen, dass auch die anderen Vorbedingungen für die Expedition sich erfüllen. Danach würde dann der Aufbruch um die April/Mai wende[!] erfolgen.

Die Zwischenzeit ist der Aufstellung der folkloristischen[g] Excerptur gewidmet. Ich wagte es, die grossen Excerpturschränke bauen zu lassen und jetzt wird ein nur dieser Arbeit gewidmeter Raum neu gefüllt. In etwa 20 Tagen werden die Professorenfreunde sich zum ersten Male in diesem neuen Arbeitsgebiet versammeln können. Und dass wir dann nach vollendeter Sommerarbeit Euer Majestät im Oktober über ein erspriessliches Gedeihen berichten dürfen – das walte Gott!

Frobenius

---

[g] *De:* Bibliothek

144.

Wilhelm II. an Frobenius, 12.4.1932, Doorn, „Brieftelegramm"

Maschinenschriftliche Ausfertigung:
A   FI: LF 616/47
Durchschlag der maschinenschriftlichen Ausfertigung:
D   AEW: 1624 F5

Ihr Bericht vom 6. April[1], Meine liebe Exzellenz, hat Mich mit heller Freude erfüllt, mit Freude an Ihrem zähen Willen und Ihrer unermüdlichen Schaffenskraft. Alle Nöte und Wirrnisse, in die Sie während der letzten Wochen verstrickt waren, stehen Mir lebhaft vor Augen. Daß Sie dabei manchmal den Kopf „geschüttelt", aber niemals „verloren" haben, hätte Ich nicht anders erwartet. Die Losung: „nun gerade" – „dennoch"[2] ist bei Ihnen kein magisches Zauberwort, sondern natürlicher Impuls Ihres energiegeladenen Wesens. Unter dieser Losung werden wir mit Gottes Hilfe auch unser Ziel erreichen. Zunächst sage Ich Ihnen aber Meinen herzlichen Glückwunsch zu dem, was Sie bisher erreicht haben. Ihr Garamanten-Unternehmen[3] steht nun auf fester Grundlage und harrt glückhafter Durchführung! Meine Gedanken begleiten Sie jetzt bei den letzten Vorbereitungen Ihrer Reise. Vor Ihrem Aufbruch hoffe Ich noch von Ihnen zu hören! Die Kaiserin und Ich grüßen Sie herzlich!

[gez.] Wilhelm
I.R.

---

[1] Nr. 143.   [2] S.o. Nr. 11, Anm. 6.   [3] S.o. Nr. 143, Anm. 2.

145

Frobenius an Wilhelm II., 17.4.1932, Frankfurt am Main

Eigenhändige Ausfertigung:
A   AEW: 1629 C5–C7
Durchschlag der eigenhändigen Ausfertigung:
D   FI: LF 612/30–33

Euer Majestät

Brieftelegramm vom 12. April[1] war und ist mir Quelle eines starken Gefühles der Genugtuung geworden. Es gehört ja leider zu den snobbistischen[!] Gepflogenheiten unserer Tage, den psychologisch starken Mann zu markiren und[a] sich als „Unabhängig von Zustimmung und Anerkennung" zu erklären. Mir will es aber so erscheinen, als ob dies und solches zur Rolle respekt[ive] Pose der Mediokrität und der Schwächlinge gehöre, die durch „Marke" das ersetzen, was ihnen an „Natur" abgeht. Der ernste und wahrhaft thätige[,] nur in der Thätigkeit sich seiner Verantwortung bewusste Mensch weiss am Ende sich Teil eines im grossen Sinne menschlichen Getriebes und kennt daher die Bedeutung der Urteile.

Zu Überlegungen in diesem Sinne wurde ich in diesen Tagen besonders angeregt. Im Jahre 1898 habe ich in Übereifer und jugendlicher Bekennerleidenschaft der Zunft meines Faches den Kampf angesagt.[2] 33 Jahre lang ist der Kampf von der Übermacht der Gegner z.T. mit schauerlichen Mitteln geführt worden. Im vorigen Jahre trat der [b]Umschwung[b] ein und [b]jetzt[b] ist [b]offiziell das Kriegsbeil begraben worden[bc]. Es ist ein wesentlicher Punkt in meinem Leben. Mich lässt dieser Tag aber mit besonderer Dankbarkeit aller derer gedenken, die sich durch das oft und überall ausgespritzte Gift nicht haben beeinflussen lassen. Fest davon bin ich überzeugt, dass auch in Doorn versucht wurde, meine Person und Thätigkeit con amore anzuschwärzen.[d]

Heute nun ist es mein Bedürfnis, allen denen zu danken, die sich in ihrem Urteil nicht haben beeinträchtigen lassen. –

Dem Schreiben war ein Zeitungsausschnitt d. Hamburger Nachrichten (8 April 32) beigefügt: „Die Völkerwanderungs-Haltestelle in der Berings-Strasse[!]." <u>Hier ist eine der wichtigsten Entdeckungen der letzten 20 Jahre gedruckt!</u> Wenn ich nur irgend es

---

[a] *Ae und De:* de   [b] *In A von Wilhelm unterstrichen*

[c] *Marginalie Wilhelms:* bravo! gratulor

[d] *Marginalie Wilhelms:* Sehr wenig! Mit unangenehmem Erfolg für die Einspritzer!

---

[1] Nr. 144.

[2] In seiner ersten Monographie (Der Ursprung der afrikanischen Kulturen, Berlin 1898) – insbesondere dem ihr vorangestellten „Programm" (S. vii–xv) – hatte Frobenius beansprucht, „eine im großen Massstabe neue Methode" (S. xiv) in die angeblich bisher noch unsystematische Völkerkunde – und en passant auch die Vorgeschichte – einzuführen, und dabei an Polemik über deren bisherigen Zustand nicht gespart, indem er beispielsweise beklagte, daß „Wissenschaft und Staat schweigen, wenn einer ihrer Diener höchst unbefangen die Narrenkappe aufsetzt und sie als Doktorhut ausgiebt." (S. ix).

möglich machen kann, möchte ich hierüber noch vor unserer Ausreise berichten. (Aber es müssten dann dann[!] erst ein paar Stunden „freien Kopfes" gefunden werden.) Aber so wichtig wie diese Thatsache[,] ebenso ᵇwidersinnig und kindischᵇ sind die angefügten ᵇSchlussfolgerungenᵇᵉ und ᵇBetrachtungenᵇ.

Unter diesen Umständen haben die drei ᵇ?ᵇ, die Eure Majestät am Rande angebracht haben, mir sehr tief imponiert. Euer Majestät haben vollkommen Recht: die Leutchen behaupten[,] damit den ᵇBelegᵇ einer ᵇLandwanderungᵇ erhalten zu haben (echt americanisch) und haben den ᵇBeweis der Seewanderung vor sichᵇ.

Darf ich darum[,] bitten Ihrer Majestät die Hand küssen zu dürfen.[!]

Frobenius
Zur Zeit rechtshändig –

ᵉ *Marginalie Wilhelms:* aha[,] dachte ich

146.

Frobenius an Wilhelm II., 20.5.1932, Frankfurt am Main

Eigenhändige Ausfertigung:
A   AEW: 1624 G6 – 1625 A2
Durchschrift der eigenhändigen Ausfertigung:
D   FI: LF 612/34–43
Maschinenschriftliche Umschriften:
U₁   AEW: 1625 A2f.
U₂   AEW: 1625 A6f.

Die zugehörige Karte (s. Tafel 24) ist nur in AEW: 1623 B5f. und FI: LF 612/43, die beigelegten Photographien sind nur in AEW: 1623 D8–E2 überliefert.

Euerer Majestät

schrieb ich am 17[.] Mai[1], dass[,] wenn nur irgend möglich[,] der grossen Bedeutung der ᵃRuinenentdeckungᵃ auf der ᵃKodiakinselᵃ eine ᵃBeachtungᵃ geschenkt werden solle und dass dies um so wünschenswerter sei, als die typisch kontinentalisirende Presseberichterstattung hier einmal <u>gründlich</u> sich verhauen habe; – indem sie nehmlich die Thatsache

---

ᵃ *In A von Wilhelm unterstrichen*

---

[1] Dieses Schreiben stammte bereits vom 17. April (Nr. 145).

dieser Kodiakruinen als Beleg einer Kontinental-[,] also [a]„Zulande"[a]-Wanderung ansah[,] respekt[ive] in Anspruch nahm; – auf welchen Nonsens dann Euer Majestät ja durch kräftige Fragezeichen am Berichtrand schon hinwiesen.

Und doch gehört diese Kodiakkultur in eine sehr grosse Gruppe von Kulturerscheinungen, die durch ihre geographische Lagerung nur auf[!] der Voraussetzung einer sehr [a]beachtenswerten Schiffart[a][!] gedacht werden kann. Es erschliesst sich für jeden, der sich eingehend mit den grossen Fragen des altpazifischen Kultur- und Geisteslebens beschäftigt[,] dort drüben nehmlich ein sehr eigenartiges Bild: auf den ersten Blick die ungeheuerliche Gleichheit der Kulturen von Melanesien (auf der Kartenskizze I) und Nordwestamerika (IV); da [b]sind[b] die gleiche Schwärmerei in Holzskulptur, Masken, Ahnenbilder[!], Tempelschmuck bis zu [a]Gorgofra[t]zen[a] im [a]Giebel[a], [c]die[c] Geheimbünde, [c]die[c] Weihefeste und [c]die[c] Mythen. Natürlich drücken die Elemente in N.W. Amerika sich[d] in einem der Region entsprechenden Stile härter, die Schmucke[!] in graden[!] und gebrochenen[!], die Mythen[e] in phantasiearmer Nüchternheit aus, – aber dieser Stil ist durch die harten Klimaanforderungen und die herben Existenzkämpfe bedingt. Im Melanesischen [f]schlagen[f] demgegenüber fröhliche Buntheit der Formen, tropische Lebensfreude, üppige Schwelgereien durch; Leichtheit des Lebens!

Wer nun dieser eigenartigen und, wie gesagt[,] bis in kleinste Kleinigkeiten sich erstreckenden [a]Übereinstimmung[a] nach geht[!], wird bald erkennen, dass es zwischen beiden Gebieten Länder giebt, die auf gleicher Grundlage wenigstens noch die Reste einer [g]Kulturerbschaft[g] gleicher Familie und derselben Verwandtschaft erkennen lassen. Dies sind [a]Japan[a] (II) mit seiner der chinesischen entgegengesetzten ebenfalls mythologischen Altkultur und Nordostasien (III), allwo die Kultur der [a]Tschuktschen[a] und [h]Koriäken[h] sowie der [a]Jukagiren[a2] gegen alles Mongolische und Eskimösische[!] [a]schroff absticht[a] und (wie dies [c]die[c] erst vor wenigen Jahrzehnten von [i]Bogoras und Jochelson[i] entdeckte Mythologie zeigt)[3] als Grundlage genau die gleiche [a]Folklore[a] [j]besitzen[j] wie die [a]Nordwestamerikaner[a]. Dass in diesen „Eisländern" mit der [a]Baumflora die Schnitzerei verschwand[a], ist ganz selbstverständlich.

Prüfen wir nun die Lage dieser [a]4 Kulturen[a] (I–IV) so tritt die Beziehung des sie alle [a]verbindenden Meeres[a] zur einzigen Verbreitungsmöglichkeit klar hervor. In der That haben die Reste dieser Kultur sich am Besten auf den [a]Inseln[a] und an [a]Küsten erhalten[a]. Ihrem Wesen nach ist dieses[!] der [a]polynesischen Gegenüber[a][!] eine [k]Alt[k]kultur. –

---

[b] *U:* ist   [c] *Ae und De*   [d] *Ae und De:* naturgemäss   [e] *Ae und De:* d

[f] *Ae und De aus* schlägt   [g] *Ae und De aus* Kulturerbschaft[!]

[h] *In A von Wilhelm unterstrichen; U:* Kosiaken   [i] *U:* Bogovar und Jochetson

[j] *U:* besitzt   [k] *In A und D vierfach unterstrichen*

---

[2] Tschuktschen, Koriäken und Jukagiren sind Völker der paläo-sibirischen Gruppe im äußersten Nordosten Sibiriens; die ersten beiden leben im Norden der Halbinsel Kamtschatka, die Jukagiren westlich von ihnen.

[3] Waldemar Bogoras, The Chukchee, 3 Bde., Leiden 1904–1909; ders., Koryak Texts, Leiden 1917; ders., Tales of the Yukaghir Lamut, and Russianized Natives of Eastern Siberia, New York 1918; Waldemar Jochelson, Materialy po izučeniju Jukagirskago jazyka i fol'klora, sobrannye v Kolymskom okrugě, St. Petersburg 1900; ders., The Koryak, Leiden 1908; ders., The Yukaghir and the Yukaghirized Tungus, Leiden 1926; ders., Peoples of Asiatic Russia, New York 1928.

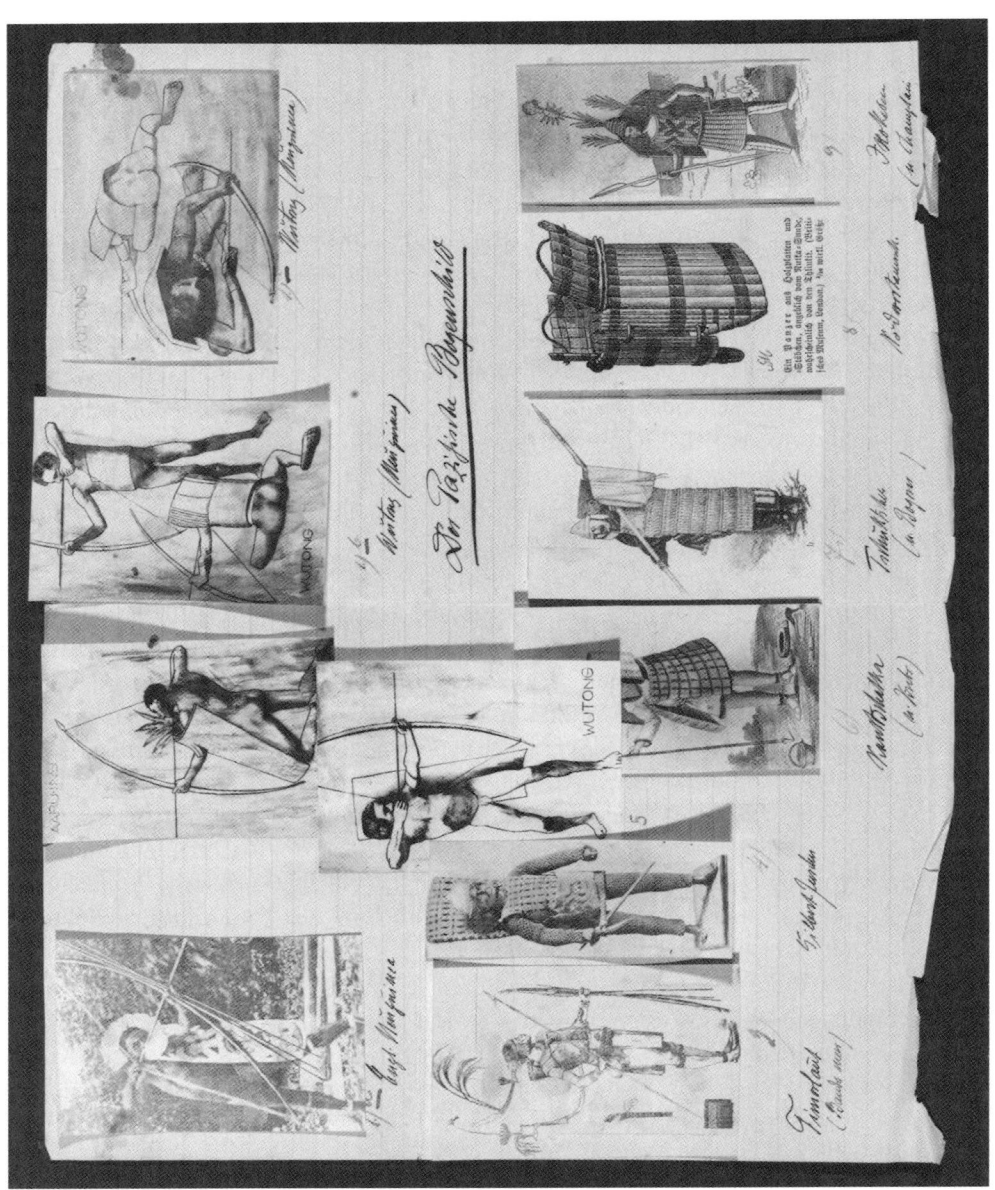

448

Wenn nun irgendwo, so müssen die <u>archaeo</u>logischen Reste dieser Kultur auf einer [a]Insel[a] gefunden werden. – Voilà!: die Funde auf [a]Kodiak[a]. –

Nun wissen Euere Majestät, dass wir Kulturmorphologen das starke Bedürfnis nach handgreiflichen Belegen haben. [a]Leitfossile[a]! – Nach längerem Prüfen hat sich als [l]bester[l] und eindrucksvollster Beweisführer ein Gegenstand ergeben, den ich als <u>Bogenschild</u> bezeichnen möchte, und der als Waffenstück ziemlich[m] vereinzelt dasteht. Denn im Allgemeinen tritt der Schild ja auf der Erde nur auf a.) als Stockform gegen den Stock (als Schlag- & Wurfwaffe)[,] b.) als Schutz gegen Speerangriffe und c.) als Schutz im Schwertkampf. Hier nun aber der Schild als[n] Schutz gegen den Pfeil [o]und den Bogen[o]. Das, was ich in diesen Wochen an entsprechendem Belegmaterial auftreiben konnte, wurde auf beifolgendem Blatte zusammen gestellt[!]. [p]Da sind nun[p]

1e Gruppe (Süden)	1a	Bogenschütze von engl. Neuguinea
	1b + c	Bogenschützen von West[-]Neuguinea
	2	Bogenschütze von den Aaru[-]Inseln im S.W[.] v. Neuguinea[4]
	3	Bogenschütze von Timorlaut[5] im Bandameer (nach Jacobsen[6])
	4	Krieger von den Gilbertinseln[7] (Koellner[!] Museum[8])

2e Gruppe (Norden)	6[!]	Krieger von Kamtschatka (nach Krebs[9])
	7	Krieger der Tschuktschen (nach Bogoras)
	8	Stäbchenpanzer von NW Amerika
	9	Krieger der Irokesen (nach Champlain[10][)]

(Dass der japanische Plattenschild 5 in diese Gruppe gehört, respekt. aus dieser gleichen Grundform hervorgegangen ist, bedarf [p]weiter[p] keiner Erörterung.)

---

[1] *Ae und De statt* bester[!] [j] *Ae und De:* einzel [n] *Ae und De:* Waffe
[o] *U:* und Bogen [p] *Nicht in U*

---

[4] Die Aru-Inseln sind die östlichste Gruppe der Molukken.

[5] Westlich der Arus gelegene Insel der Molukken.

[6] Johan Adrian Jacobsen, Reise in die Inselwelt des Bandameeres, Berlin 1896.

[7] Zu Kiribati gehörende mikronesische Inselgruppe.

[8] Das Rautenstrauch-Joest-Museum für Völkerkunde in Köln.

[9] Vermutlich das 1854 anonym im Aschaffenburger Verlag Krebs erschienene Buch „Eine Reise um die Welt von Westen nach Osten durch Sibirien und das Stille und atlantische Meer", in dem der für die Russisch-Amerikanische Gesellschaft tätige Arzt Herinrich Tiling nicht nur diese Reise, sondern auch seinen mehrjährigen Aufenthalt am Ochotskischen Meer beschrieb.

[10] „Indien équipé pour la guerre": Samuel Champlain, Les Voyages de la Novvelle France occidentale, dicte Canada …, Paris 1632, S. 291, Fig. E. Wiedergegeben auch in: Samuel Champlain, Récits de voyages (1603 à 1635). Textes choisis présentés par Emile Ducharlet, Saint-Ouen-en-Brie 1999, S. 86.

Es berührt mich eigenartig, jetzt über diese ganz alten Zeiten und Geschehnisse nachzudenken, – jetzt und in[!] einem Zeitpunkt, in[!] ᵠder[!]ᵠ grosse Ereignisse ihrer Erfüllung entgegensehen[!]. Kein Zweifel, dass die grossen Kurven der contemporären Kulturentwicklung ihre Biegungshöhe überschritten haben: der ᵃGleichmachereiᵃ auf sogenanntem „socialem Gebiet" ist der Wille zur ᵃScheidungᵃ nach Wesensbedingtheiten gefolgt; die schleimigen Humanitätsschwärmereien werden verdrängt durch machtvollen Willen zum Eigenstil (genannt Nationalismus); der spiessig bequeme ʳPassivismusʳ gillt[!] nicht mehr als anständig und die Freude am Sein ˢwirdˢ wieder berechtigt. – Unser, mein Lebensgefühl ᵗwirdᵗ verstanden. – Der neue Wille ist da; so wird denn auch die Geistigkeit, die sie zu tragen hat, schon lebendig sein! –

Und so nicht alles taeuscht[!], wird die schlimme Vergasung der letzten 14 Jahre durch die ausserhalb Europas sich auftuenden Ventile einen Abzugskanal finden. Also, Heil der Zukunft! –

――――――――

In solcher Zeit spannt sich das Gemuskel! – die Freude am Erproben des eigenen Geschickes erwacht. Hinaus!

Heute über 8 Tage werde ich Frankfurt auf dem Wege zu Mussolinis ᵘWirkstattᵘ und mit dem Ziele Sahara verlassen. Somit ist dieser Brief eine Abmeldung und ein Abschiedswort. Der nächste Bericht wird – Inschallah![11] – aus der Sahara kommen.

Und – wieder- und wiederum Inschallah! – werde ich dann in einem „sich ᵇgeistig weiterᵇ umblickenden Europa" Euer Majestät im Oktober in Doorn Bericht erstatten dürfen.

Euer Majestät

Wanderer

Frobenius

――――――――――――――――

ᵠ *U:* dem   ʳ *U:* Pessimismus   ˢ *U:* ist   ᵗ *U:* sind[!]
ᵘ *U:* Werkstatt

―――――

[11] S.o. Nr. 47, Anm. 7.

147

Wilhelm II. an Frobenius, 22.5.1932, Doorn

Eigenhändige Ausfertigung:
A   FI: LF 616/48f.
Maschinenschriftliche Abschrift:
U₁   AEW: 1623 B4
U₂   AEW: 1625 A5

Meine sehr verehrte Exzellenz

Mit herzlichstem Dank quittire ich den Einlauf Ihres hochfesselnden Briefes vom 20.V.[1] incl. Abschrift vom Briefwechsel mit Jeremias. Sein Bruder Friedrich hat die, auf Ihren Vorschlag, an ihn ergangene Einladung (zum 2. Male! da er im Vorjahr wegen eines Prozesses der Einladung zu folgen nicht im Stande war) mit dem Bemerken erwidert: es sei wohl eine Verwechselung mit seinem Bruder Alfred![2]

Ihre Skizze über die Kodiak-Kultur hat mich sehr gefesselt. So ist doch gewissermassen der Pazific[!] umspannt u[.] die in der Altzeit auf ihm betriebene Schiffahrt die Vermittlerin der verschiedenen Culturen gewesen, die[,] im Grunde Gemeinsames bergend[,] nach Klima, Geologie u Geologie[!] verschiedenformig wurden. Es wollte mir nicht in den Sinn, dass eine Insel ᵃalsᵃ ein Beweis für einen Continentalen Landmarsch herhalten sollte!

Sie wissen, wie ich seit Jahren immer energisch, wiederholt auf die Schiffahrt als Vermittlerin der Culturen bezw. ihrer gleichen Erscheinungen hingewiesen habe – was bei mir damals mehr Gefühls- bezw. Instinktangelegenheit war, wird nunmehr durch die

---

ᵃ *Ae*

---

[1] Nr. 146.

[2] Frobenius hatte Wilhelm als Teilnehmer der ersten Tagung der Doorner Arbeitsgemeinschaft im Oktober 1932 Otto, Reinhardt, Lommel, Sarre, Naumann „und natürlich die holländischen Herren" vorgeschlagen (Frobenius an Schwerin, 7.4.1932, FI: LF 604/18–21). Wilhelm ließ ihn danach fragen, „ob es im Interesse der Sache nicht erwünscht wäre, diesmal auch wieder einen oder den anderen der Brüder Jeremias heranzuziehen?" (Schwerin an Frobenius, 13.4.1932, FI: LF 605/33). Frobenius befürwortete daraufhin, den Orientalisten und Theologen Friedrich Jeremias hinzuzuziehen; mit der Teilnahme seines Bruders Alfred seien die Frankfurter Kollegen nicht einverstanden (Frobenius an Schwerin, 17.4.1932, FI: LF 604/22–24). Wilhelm folgte diesem Vorschlag (Schwerin an Frobenius, Otto, Lommel, Reinhardt, Sarre, Naumann, Friedrich Jeremias, Böhl und Vollgraff, 21.4.1932, FI: LF 605/35f.). Friedrich Jeremias schlug die Einladung aus, da er durch seinen „praktischen Dienst in der Kirchlichen Zentralverwaltung [so] gebunden [sei], dass [er] zu Spezialforschungen keine Zeit erübrige", und fragte in Doorn an, ob nicht eine Verwechslung mit seinem Bruder Alfred vorliege (zitiert in: Schwerin an Frobenius, 6.5.1932, FI: LF 605/37f.). Die gleiche Frage richtete Alfred Jeremias am 30.4.1932 auch an Frobenius (AEW: 1625 A4), der mit Hinweis auf die „Freunde", die darauf bestänsten, daß „Gelehrtenstreitereien über Welteinstellung und Begriffsverwendung auf dem Boden von Doorn vermieden werden müssen", bestätigte, daß die Einladung tatsächlich Friedrich und nicht ihm gegolten habe (Frobenius an Alfred Jeremias, 20.5.1932, AEW: 1625 A5). Diese Korrespondenz sandte Frobenius am gleichen Tag auch an Schwerin (AEW: 1625 A5).

Thatsachen immer mehr u[.] mehr bestätigt. Das navigare necesse est[3] verstand schon die praehistor. Altzeit!

Also nun wollen Sie uns wirklich wieder verlassen?! – – –! Gott sei mit Ihnen und nehme Sie wie bisher unter Seinen gnädigen Schutz als der Herr der Vorsehung[,] für die das Wort „Schicksal" als Pseudonym gebraucht wird.[4] Als kleinen stärkenden Tropfen für den Geist sende ich Ihnen eine kernige Predigt vom tapferen Doehring mit auf den Weg.[5] Gott Schütze Sie Inshallah![6] – Ist es nicht bezeichnend, dass sich als Erster von fremden Gelehrten (excl. Holland) ein Inder für die Aufnahme in die D.A.G. gemeldet hat, dessen Brief Ihnen zuging?[7] Was halten Sie von dem Fall? Er schrieb aus Edinburg. Erkundigungen über ihn sind eo ipso vonnöthen.

Bitte machen Sie mit Gesundheit oder Corpus keine Unbedachtsamkeiten oder Unsinn; denn so sagt Mohammed: „Die Eile ist vom Sheitan, aber geduldiges Zuwarten kommt vom barmherzigen Allah!"[8] Maschallah![9]

Gruss an Ihre tapfere Frau!

Ihr treuer Freund
Wilhelm
I.R.

P.S. verte

Heute kommt unsere allverehrte „streitbare" Altgräfin Essi Salm zum Besuch her! Werde ihr mit Kodiak dienen.   W.

---

[3] „Navigare necesse est, vivere non est necesse.": Von Plutarch (Pompeius 50) Pompeius zugeschriebene Äußerung, als Seeleute sich bei schlechtem Wetter weigerten, Schiffe mit Getreidelieferungen nach Rom auslaufen zu lassen.

[4] S.a. Nr. 142 und 153.

[5] Laut Vermerk auf U_2 und – stark beschädigt – auf U_1 stammte sie vom 22.5.1932 und trug den Titel „Der ewig reiche Gott" („Der ewig reiche Gott / Woll uns bei unserm Leben / Ein immer fröhlich Herz / Und edlen Frieden geben / Und uns in seiner Gnad / Erhalten fort und fort / Und uns aus aller Not / Erlösen hier und dort." lautet die zweite Strophe des 1636 von Martin Rinckart gedichteten Chorals „Nun danket alle Gott").

[6] S.o. Nr. 47, Anm. 7.

[7] Der Inder Maha Deva hatte in der Zeitung von der Gründung der Doorner Arbeitsgemeinschaft gelesen und bot Wilhelm in einem Schreiben vom 9.5.1932 seine Dienste bei der Erforschung seiner drawidischen Kultur an: „I am intensely interested in this culture and would like to offer my services to you. I have been silently working away gathering materials and discovering various facts pertaining to a Civilization which still reigns throughout South India". Außerdem klagte er über die englische Forschung zu seiner Heimat: „Moreover the Englishman does not desire to learn anything from India." (FI: LF 603b/16). Wilhelm hatte dieses Schreiben Frobenius zur Stellungnahme zusenden lassen (Dommes an Frobenius, 13.5.1932, FI: LF 603b/15).

[8] Sprichwörtliche, Mohammed zugeschriebene Sentenz.

[9] S.o. Nr. 123, Anm. 5.

148.

Wilhelm II. an Frobenius, 12.6.1932, Doorn

Eigenhändige Ausfertigung:
A   FI: LF 616/50

[a]I[hre] M[ajestät] sendet herzlichste Grüsse – Gorgoabzeichen fertig![a]

Grosser Scheich! Allah sei mit Dir! Er behüte Deine Genossen u[.] Kamele!

Prof. Boehl[,] von einer Flugexpedition nach Mesopotamien zurück[,] hielt einen glänzenden Vortrag über seinen Flug nach Bagdad und seine Besuche in Babylon – Ur – Uruk, ferner Assyrien[,] Assur – Niniveh – Gavas Tepe[1] etc. In 4 Tagen Bagdad – Amsterdam! Flott vorgetragen in vollendeter Stylform; ein grosses Wissen in rührend bescheidener Form mitgetheilt, war der Vortrag überaus belehrend und ein wahrer Genuss! Er ist Prachtmensch!

Er betonte – nach Besuch bei Jordan u. Woo[l]ley – dass unsere Grabungen in Uruk u[.] vor allem ihre erstaunlichen Resultate bei <u>Weitem alle übrigen Grabungen im Zweistromlande überträfen</u>. Das Stadtgebiet, das angegraben sei, sei ganz immens u[.] verspräche noch unendlich viel für die Geschichte Sumers. Die Folgerungen Jordans aus seinen Funden bestätigt Boehl absolut nach eigener Besichtigung. Uruk war zweifellos die <u>Hauptstadt</u> Sumers, deren Ruhm das Gilgamesh-Epos[2] verkündet. Sehr wichtig – mir völlig neu – ist, dass nach eingehenden Forschungen Jordan u[.] er zu der Feststellung gekommen sind, dass

1.) el Obed-Waare[3] und die Vogelgesichtsleute[4] <u>Praesumerisch</u> sind[,]

2.) Die Sumerer vom <u>Norden</u> aus dem grossen Reservoir – noch nicht lokalisiert – der <u>westmongolischen u[.] Turkvölker</u> in die Ebene von Euphrat u[.] Tigris herabgestiegen sind. <u>Gavas-Tepe</u> in <u>Nordassyrien</u>, im vorigen Jahr erst flüchtig bekannt u[.] oberflächlich untersucht worden, ergibt sich als <u>Zwischenstation</u> auf diesem Marsch. Boehl hat dort allerhand Scherben und frei herumliegende Obsidianmesser p.p. gefunden[,] genau denen von Uruk gleich und viel älter als d. Assyrische Cultur. Also ein Ort, der unbedingt ausgegraben werden muss, da wichtig für die Vorgeschichte u. Herkunft d. Sumerer. Auch philologische Proben sprechen für die Zugehörigkeit d. Sumerer zu den Westmongolen bezw. Turkvölkern. z.B. das Wort Gott: heisst in deren Sprache: Tengri[5], auf Sumerisch Dingir!

---

[a] *Quer in der linken oberen Ecke*

———

[1] Ausgrabungsstätten in Mesopotamien, zuletzt Tepe Gawra, 1927 entdeckte, vom 5. bis 2. Jahrtausend v. Chr. besiedelte Stätte im kurdischen Teil des Irak, 25 km nordöstlich Mossuls.

[2] Vom Ende des 2. Jahrtausend stammendes, auf eine längere Gedichttradition zurückgreifendes altbabylonisches Epos um den vergöttlichten König Gilgamesch von Uruk.

[3] S.o. Nr. 122, Anm. 3.   [4] S.o. Nr. 93.

[5] Im Mongolischen bedeutet „tengri" wörtlich „der Himmel", wird aber auch im numinosen Sinn verwendet.

Beziehungen zwischen Sumer und Indien zweifellos nachgewiesen durch die Funde von Mohenjo-Daro im Industhal[6]; z.B. Stierdarstellungen auf Siegeln übereinstimmen[d] mit solchen aus Uruk, von denen vor etwa 4–5 Jahren der alte Prof. Sayce in London sofort erklärte[,] sie seien Sumerisch.[7] Was Bissing zu einem Wuthanfall veranlasste. Da nun die Finnen – Tataren – Ungarn – Türken alle gleichfalls aus dem westmongolischen Reservoir (Caspi See-Gegend?) stammen, haben wir in den Sumerern ihre Vettern oder Brüder zu sehen (vielleicht?) – Die den Vortrag begleitenden Lichtbilder waren prachtvoll. – Die Zikurrats[!] waren also thatsächlich die „Landungsplätze" der von Oben kommenden Götter, da Gebirge in der Ebene zum landen[!] auf der Erde nicht vorhanden waren. Z.B. die Götter der Achaer[8] wohnten nicht auf dem Olymp, sondern benutzten ihn nur zum Herabstieg auf die Erde nach abgehaltenem Rath! Auf der Zikurrat[!] einmal im Jahr die Hochzeitsfeier in aller Freundschaft des Gottes (Himmel u[.] Erde) oder seines königl. Stellvertreters mit einer Priesterin, oder mit der Königin[,] wenn sie Priesterin war. – Hier erst seit 2 Tagen Hochsommer nach eisigem Frühjahr Inshallah![9] Sozis u[.] Schwarzen[!] gestürtzt![10] Mashallah![11]

In alter Freundschaft
Ihr wohlaffektionirter
Wilhelm
I.R.

An Seine Exzellenz Professor Frobenius
     Sahara
       in Erster Oase, um die Ecke
       links, wo das Kamel davorsteht,
       Nordafrika

---

[6] S.o. Nr. 74, Anm. 71.

[7] S.o. Nr. 11, Anm. 2.

[8] Achaier oder Achäer: die Griechen der mykenischen Kultur; im späten 2. Jahrtausend v.Chr. wurden sie von den Dorern in Randgebiete Griechenlands abgedrängt.

[9] S.o. Nr. 47, Anm. 7.

[10] Am 30. Mai hatte die von der SPD tolerierte Regierung des Reichskanzlers Heinrich Brüning (Zentrum) zurücktreten müssen, weil sie das Vertrauen des Reichspräsidenten Hindenburg verloren hatte. Zwei Tage später trat Reichskanzler Franz von Papen mit einem Kabinett sein Amt an, das keinerlei Aussicht auf parlamentarische Unterstützung hatte.

[11] S.o. Nr. 123, Anm. 5.

149.

Frobenius an Institut für Kulturmorphologie[1], 8.8.1932, „In Habetor"[2]

Maschinenschriftliche Teilabschrift:
U   AEW: 1625 C6f.

..... Vor vier Wochen sind Fräulein Cuno und ich in die Wüste abmarschiert und sind darin den Felsbilderspuren folgend in bis dahin unbekannte Gebirgsgegenden geraten, werden wohl auch noch einige Wochen bis zu unserer Ankunft in Murzuk[3], wo unsere Post liegt, gebrauchen. Denn unsere Beute ist so unerhört reich, dass wir uns trotz ziemlich elender Umstände nicht losreissen können. Unser Verschwinden und Wegbleiben hat die Italiener nun aber doch stutzig gemacht und sie haben eine Patrouille von 3 Meharisten[4] ausgesandt[,] die die Verschollenen zurückbringen sollten. (Hat sich was!) Die von mir natürlich mit schönem Dank zurückgesandte Patrouille hat aber das Gute, dass sie unsere Post mitnehmen kann.–

Uns, die wir nun zwischen Auenat[5] und Murzuk in den Gebirgstälern uns befinden, geht es trotz Sonne (45 Grad i. Schatten), Sandstürmen etc. ausgezeichnet. Die Hypothese hat sich bewährt. Wir haben erst einmal [a]Heinrich Barths Felsbilderstelle[6] ausgeschöpft[a] (Damals konnte man ja solche Dinge noch nicht „sehen") und danach 4 grosse [a]Gallerien[!] ausserhalb[a] des Bereiches der Karawanenstrasse aufgefunden. Die Bedeutung des Neuen liegt a) darin, dass hier die [a]Ganze[!] Schichtenfolge[a] der [a]gesammten Stilformen Altafrikas abgehoben werden kann[a], b) darunter bisher ein [a]vollkommen ungeahnter Stil[a], c) darin, dass die Werke dieses [a]an künstlerischem Wert den besten Flachreliefs mit erhabener Contur des alten[!] Reiches Aegyptens gleichkommen[a]. Es sind das gewaltige Werke. Hoffentlich sind einige photographische Aufnahmen gelungen (Einen 9x12 Apparat habe ich kaputt mitbekommen, der 13 x 18 hat sogleich den Schlitzverschluss eingebüsst). Aber die Zeichnungen Fräulein Cunos sind ganz hervorragend. etc.[!]– Neben den Felsbildern studiere ich eifrig die [a]Steinwerkzeuge[a]. Auch hierin haben wir in sofern[!] unerhörtes Glück als wir prachtvolle Ateliers fanden und

---

[a] *Von Wilhelm unterstrichen*

---

[1] Dieses Schreiben wurde von Frobenius' Assistenten Hans Rhotert am 1.9.1932 an das Doorner Hofmarschallamt weitergeleitet. Unterstreichungen mit dem dort Wilhelm vorbehaltenen „purpurnen" Kopierstift lassen darauf schließen, daß ihm das Schreiben vorgelegen hat, es also – wenn auch indirekt – ein Bestandteil der Kommunikation von Frobenius und Wilhelm ist.

[2] Nicht identifizierter Ort in der libyschen Wüste. Möglicherweise ein Lesefehler des Doorner Transkribenten.

[3] Zentraler Handelsplatz und Hauptstadt des Fezzan.

[4] Kamelreiter der italienischen Kolonialtruppe.

[5] Al-ʿUweynāt: Im Dreiländereck von Ägypten, Libyen und dem Sudan gelegener Berg mit Regenoasen; vor der „Entdeckung" 1923 durch Ahmed Bey Hassanein nur den Einheimischen bekannt. In den Seitentälern befinden sich zahlreiche Felsbilder, die Frobenius 1933, geführt von László Almásy, mit Hans Rhotert und der Zeichnerin Elisabeth Pauli aufnahm.

[6] S.o. Nr. 146, Anm. 11.

vor allem meine Hypothese vom [a]„Nebeneinander"[a] <u>vollkommen</u> bestätigt fanden. Leider sind die Steinwerkzeuge sehr schwer …

Grüsst mir alle, alle sehr herzlich und erzählt von unserem herrlichen Glück und Erfolg

Euer

gez. Frobenius

150.

Wilhelm II. an Frobenius, 31.8.1932, Doorn, Telegramm

Maschinenschriftliches Konzept auf Telegrammformular:
K   AEW: 1625 C5
Ausgehändigte Fassung mit Murzuker Poststempel vom 7.9.1932:
A   FI: LF 616/51

Der Text ist in der ausgehändigten Fassung durch die Übertragung in fremder Sprache so stark entstellt, daß er hier nach dem Konzept wiedergegeben wird.

F r o b e n i u s
<u>M u r s u k</u> [1] / <u>Tripolitania</u>

Danke hocherfreut für gute Nachricht über Garamantenfund![2] Bravo! Gratuliere. Erstaunlich, was Sie trotz Hitze und Entbehrungen geleistet haben! Wo ein Wille, ist ein Weg! Erwarte gespannt nähere Berichte. Wünsche gute Heimreise, erhoffe baldiges Wiedersehen. Kaiserin und ich grüssen herzlich. [a]Inshallah![a][3]

[gez.] Wilhelm I.R.

─────────────────────────

[a] *Ke*

───────

[1] S.o. Nr. 149, Anm. 3.

[2] Wilhelm reagiert hier auf ein Telegramm Frobenius', das er am gleichen Tag ebefalls telegraphisch auch Böhl, Rhotert, Alfred Jeremias und der Altgräfin Salm mitteilte: „Garamantenanschluß bestätigt durch unerhört herrliche Felsbilder." Diesen Adressaten gegenüber kommentierte er es so: „Also ist die Aufgabe der Expedition gelöst; die vermuteten Anzeichen der Garamantencultur sind de facto gefunden. Ein neuer Triumph für die deutsche Culturmorphologische Forschung!" (AEW: 1625 C5) Zu den Garamanten s.o. Nr. 141, Anm. 8.

[3] S.o. Nr. 47, Anm. 7.

151.

Frobenius an Wilhelm II., 1.9.1932, Murzuk[1]

Eigenhändige Ausfertigung:
A   AEW: 1625 C7–D1
Durchschrift der eigenhändigen Ausfertigung:
D   FI: LF 612/44–47
Maschinenschriftliche Umschrift der Ausfertigung:
U   AEW: 1625 D1f.

Euer Majestät;

Angelangt am – Ende

Und damit wäre diese Expedition, die in der Geschichte der Forschung einzig dasteht[,] abgeschlossen. Denn es lässt sich [a]nichts[a] denken, was sich nicht gegen die Unternehmung, ihren Beginn, die Durch- und Zuendeführung aufgelehnt hätte. Aeussere Mittel, Klima, Unwissenheit, Körperzustand. Mit unbeschreiblicher Dankbarkeit denke ich diese verhältnismässig kurze Spanne zurück, – so kurz und so reich.

Berichten lässt sich über das Ganze ohne Bilder nicht. Ja, ich fürchte, dass dieses Mal das beste Bild und die gelungenste Copie die Wahrheit nicht vermitteln können. Es gehört [b]eben diese unbeschreibliche Einsamkeit der Wüste[b] dazu, aus deren bizarren schwarzen Felsmassen die Kulturwerk[e] hervorblicken wie gewaltige Gespenster.

Sowie ich mit Patrouille von Mursuk (die uns suchte[,] weil wir „verschollen waren")[2] erste Post erhielt[,] wurde mir auch Euer Majestät Brief[3] und die Glückwünsche zum Geburtstag[4] zu Teil. Das zurückkehrende Radio[5] hat hoffentlich Doorn erreicht[,] und dann wissen Euer Majestät, dass wir den [c]Garamanten[-]Kulturanschluss[c6] gefunden haben. Er war aber nicht so[,] „wie ich mir gedacht hatte.[!]" sondern so unerhört gewaltig, dass der erste Anblick mich tief erschüttert hat.

Es ist durch das, was uns bescheert wurde[,] also die erste und zwar vollkommene [c]Verbindung[c] ([c]Übergangsform[c]) zwischen [c]praehistorischem[c] und [c]archaeologisch/ historischem Geistes- und Kunstleben gewonnen[c]. Von [c]der Dordogne[c] bis [c]Memphis[c] ist nicht mehr ein Sprung[,] sondern ein Weg.

[c]Inschallah[c7][,] werde ich ja Euer Majestät in Bälde persönlich Vortrag halten dürfen. Mit der grössten Eile werde ich über [c]Rom nach Biganzolo eilen[c], um für [c]Acht[!] Tage[c] der Sammlung und Ordnung geistiger und körperlicher Kräfte zu fröhnen[!]. Es ist nötig (ich [c]habe 40 Pfd. abgenommen[c])[,] aber [d]das[d] geht bei uns schnell. Dann werden in Frankfurt die hoffentlich inzwischen entwickelten[e] Filme für Lichtbilder verwendet

---

[a] *U: nicht*   [b] *U: diese unbeschreibliche Einsamkeit der Wüste eben*

[c] *In A von Wilhelm unterstrichen*   [d] *Ae und De*   [e] *Ae und De: Bilder*

[1] S.o. Nr. 149, Anm. 3.   [2] S.o. Nr. 149.   [3] Vermutlich Nr. 148.
[4] Nicht ermittelt.   [5] S.o. Nr. 150, Anm. 2.   [6] S.o. Nr. 141.
[7] S.o. Nr. 47, Anm. 7.

und das Kartenmaterial geordnet[f]. Die Karte muss neu gezeichnet werden, denn diese [d]heute so[d] wilde Landschaft hat bisher kein Europäer betreten, – auch wohl kaum Herr Lucius Balbus Gaditenus[!][8].

Danach dann Doorn!

Ach, ich bin ja so gespannt darauf, was Euer Majestät zu diesen Funden sagen werden!!!

Ich bitte um die Erlaubnis, Ihrer Majestät die Hand[g] küssen zu dürfen.

Frobenius

---

[f] *U:* sein   [g] *Ae:* zu

---

[8] Lucius Cornelius Balbus d.J. aus dem spanischen Gades („Gaditanus") hatte als Prokonsul der Provinz Africa 21/20 v.Chr. einen Sieg über die Garamanten errungen und durfte dafür 19 v.Chr. einen Triumph feiern – den letzten eines „Privatmanns" und zugleich den ersten eines Feldherrn, der nicht als römischer Bürger geboren war.

152.

Wilhelm II. an Frobenius, 18.9.1932, Doorn

Eigenhändige Ausfertigung:
A   FI: LF 616/52f.
Maschinenschriftliche Abschrift:
U   AEW: 1623 E8

Meine liebe Exzellenz

Für Ihren meine Erwartungen auf das Höchstmass steigernden, packenden Brief von[!] 1. IX. aus Murzuk[1] – erhalten am 15. IX[.] in Zandvoort an der See, – herzlichsten, erfreutesten Dank! Was für Aussichten für unser Wiedersehen hier! Ungeduld will mich zerfressen! Welche gewaltige Perspective eröffnet der Satz: „Von den Höhlen der Dordogne bis Memphis kein Sprung mehr, sonder ein geordneter Weg! Lückenlos!"[2] Inshallah[3], das ist ein gar stolzes Wort! – Die Garamanten fochten ja nach den alten Hellenischen Historikern mit Streitwagen[4], also, da dieselben eine asiatische Erfindung sind, wohl Asiaten? Sind sie nun durch Aegypten <u>durchmarschirt</u> – in vordynastischer Zeit – oder an der Nordafrikanischen Küste <u>gelandet</u>? Ihre Kunst scheint mir nach dem

---

[1] Nr. 151.

[2] Frobenius hatte dort geschrieben: „Von der Dordogne bis Memphis ist nicht mehr ein Sprung[,] sondern ein Weg."

[3] S.o. Nr. 47, Anm. 7.

[4] Herodot IV 183. Danach auch Strabon II 131, XVII 835 und 838, Livius XXIX, 33, Pomponius Mela I 33,45, Plinius nat. V 26 und 36 sowie Ptolemaios IV 6 und 12.

obigen Satz wohl als Vorläuferin die Erzieherin der Altägyptischen Kunst zu sein? Stehen die Schiffsfelsbilder Nubiens in irgend einer Beziehung zu ihnen? Das sind Fragen, mit denen ich Sie behelligen werde. – – – Jedenfalls freue[!] ich mich[,] gestern aus der Zeitung zu ersehen, dass Sie Dienstag schon in Rom eingetroffen, jetzt wohl schon in Biganzolo angelangt sein werden. Dort wird in der herrlichen belebenden Umwelt der Pflanzen vereint mit der liebenden Pflege der ^asorgsamen^a Gattin, Ausruhen, Kräfteergänzung, Rückschau u[.] Sammlung erfolgen. Wir alle danken <u>Gott</u>, dass er sie so treulich beschützt und Ihre Forschungsarbeit mit einem derartig grandiosen Erfolg <u>belohnt</u> und <u>gesegnet</u> hat, den man wohl als Offenbarung zu bezeichnen berechtigt sein wird.

A) Nun einige Fragen[,] die D.A.G. betrf. „[!]Wann soll sie im Oktober zusammentreten?[5] – Soll dabei dieser Titel verkündigt und festgelegt werden? – Die Abzeichen liegen bereit und sind sehr hübsch geworden. –

B) Im Sommer hat I[hre] M[ajestät] Jeremias (den Sumerer) in Leipzig gesprochen: Derselbe sei tief geknickt, dass er nicht n. Doorn geladen sei; er hänge mit allen Fasern seines Lebens an mir persönlich u[.] wünsche sehnlichst[,] ^bwieder herzukommen^b. Ich habe I.M. über die Gründe orientirt, welche dazu geführt[,] u[.] die schweren nächtlichen Kämpfe unter den Herren der D.A.G. – die ich später von den Mitarbeitern erst erfuhr – erwähnt. I.M. schlug vor, von <u>mir aus</u> solle von ihm ein schriftl. Verpflichtung eingeholt werden: absolut <u>Urfehde zu schwören</u>, die Sumerer beiseite zu lassen, wenn sie nicht behandelt werden, den Theologen verschwinden zu lassen[,] mit ihm religiöse oder Religionsdebatten zu unterlassen, u[.] sich ganz dem Arbeitsprogramm – wie von Ihnen aufgestellt u[.] von mir gebilligt – zu unterwerfen. Ein solches Schreiben an Jeremias ist im Werden. Aber bevor ich es absende, möchte ich noch Ihre Ansicht einholen, ob es Ihren Ansichten entspricht, oder ob Sie bei Ihrer ablehnenden Haltung bleiben? Er hat sich ganz <u>ungemein</u> über Ihre erste (telegraph.) Meldung, die ich Ihm u[.] den anderen Herren sofort mittheilte[,][6] gefreut, und mich mit seinen wärmsten Glückwünschen zu dem grossen Erfolg für Sie beauftragt[7]. Boehl wird auch sehr Interessantes über seinen Besuch Mesopotamiens berichten können[8]. Besonders die Entdeckung der Zugehörigkeit der Sumerer (Rundköpfe) zu dem westmongol. Völkerreservoir Caspisee – Kaukasus; Vettern der Türken, Ungarn, Tataren u[.] Finnen! – – – Tell Gawra![9]

Mit herzlichsten Grüssen I. M. und erfreuten Glückwünschen auch an Ihre Frau Gemahlin, dass sie ihren „Herumstreicher" wieder zu Hause haben und betreuen kann.

Ihr treuer Freund
Wilhelm
I.R.
Präsident der D.A.G.

---

^a *U:* sorgenden   ^b *U:* wiederzukommen

[5] S.o. Nr. 139, Anm. 6.   [6] S.o. Nr. 150, Anm. 2.
[7] Alfred Jeremias an Wilhelm, 3.9.1932 (AEW: 1577 C8 – D3, hier: C6).
[8] S.o. Nr. 148.
[9] S.o. Nr. 148, Anm. 1.

153

Wilhelm II. an Frobenius, 30.9.1932, Zaandvoort

Eigenhändige Ausfertigung:
A   FI: LF 616/54–61
Maschinenschriftliche Abschrift:
U   AEW: 1623 A6–A8

Der Text der „Bemerkungen" ist eng angelehnt an Schwerins vom nächsten Tag datierte Notiz „Einige Bemerkungen zu Frobenius' ‚Schicksalskunde'" (AEW: 1623 F1). Für die Priorität von Schwerins Text sprechen Wilhelms auf ihm angebrachter Vermerk „Einverstanden! Entspricht ganz Meinen Ansichten W." und seine Marginalien, die großteils Eingang in seine eigenen „Bemerkungen" fanden.

Zaandvoort 30.09.32

<u>Einige Bemerkungen zu Exz. Frobenius „Schicksalskunde"</u>[1].

Meine liebe Exzellenz!

Wollen Sie mir – als <u>absolutem Laien</u> – nach meiner Ihnen wohlbekannten Einstellung zu meiner Glaubensauffassung, zur Christlichen Religion also, gestatten[,] ein paar Bemerkungen zu Ihren Ausführungen zu machen, die gewiss aus Theologischen,[!] wie allgemeinen Laienkreisen,[!] in ähnlicher Art Ihnen im Lauf der Zeit begegnen werden.

Durch diese Bemerkungen sollen in keiner Weise Ihre geradezu bewunderungswerthen Forschungsergebnisse irgendwie tangirt werden. Sie sollen nur zum Ausdruck bringen, dass man als <u>Laie</u> in den <u>Folgerungen</u> zuweilen vielleicht zu anderen Auffassungen kommen kann, als der hervorragende Gelehrte und Verfasser des packend,[!] fesselnden Buches.

Zunächst vermisste ich in Ihren sonst so tief schürfenden Erörterungen die doch eigentlich so nahe liegende Bezugnahme auf das <u>Christentum</u>. Diese gewaltigste Erscheinung auf dem Gebiet der Kultur überhaupt haben Sie[,] verehrteste Exz.[,] beinahe völlig ignorirt.

Sie haben es einfach mit unter die „Hohen Religionen" eingeordnet ohne Betonung seiner überragenden erdumspannenden Kulturbedeutung, für den Ablauf des Erdgeschehens zumal in Vergangenheit, Gegenwart u[.] Zukunft.

Es ist aber doch sehr bemerkenswert, dass das Christenthum in seinem ganzen Wesen und in seinen ᵃUeberlieferungen genau <u>die</u>ᵃ Folgerungen enthält, die Sie aus Ihren eigenen Forschungen ziehen. 2 Beispiele zur Erläuterung[:]

ᵃ *U:* Überlieferungen <u>die</u>

---

[1] Leo Frobenius, Schicksalskunde im Sinne des Kulturwerdens, Leipzig 1932. Hierauf beziehen sich auch die im Brief genannten Seitenangaben.

a) Die Mahnung des Herren[!]: „Es sei denn, dass Ihr Euch umkehrt und <u>werdet wie die Kinder</u>, so werdet Ihr nicht in das Himmelreich kommen"[2][,] ist genau <u>dasselbe</u> wie Ihre hohe Bewerthung der „<u>primitiven Einfalt</u>" der Aethiopen; von denen schon Homer singt[,] sie seien der Götter [b]Lieblinge deswegen [c]gewesen[bc].[3]

b) Die Mahnung: „Was hülfe es dem Menschen, wenn er die ganze Welt gewönne, und nähme doch Schaden an seiner Seele?"![4] Ist[!] eine <u>schlagende Parallele</u> zu Ihrem sehr berechtigten <u>Verdammungsurtheil</u>, welches Sie über den Materialismus und die seelenlose Weltwirthschaft fällen.

Es ist ja gerade unser Christentum das – nach Ihrem Ausdruck – die „Ergriffenheit" fördert[!]. „Gleich wie ich von Christo <u>ergriffen</u> bin"[,] sagt Paulus.[5]

Was an werthbeständigem Kulturgut in älteren Religionen bezw. Mythen enthalten war und auf das Erscheinen des „Nazareios" harrend hinwies[,] hat das Christentum übernommen [d](Erfüllung). Der Herr erfüllt auch die <u>heidnischen</u> Erlösererwartungen.

Auch[d] die „Schicksalslehre" ist im Calvinismus des Christenthums enthalten (Praedestination).

Meiner Auffassung von der „Persönlichkeit" widerspricht es[,] den Menschen <u>blos</u> als ein „willenloses" Object des „Schicksals" oder des Herren über dasselbe, Gottes [c]also[c], [e]ansehen[e] zu sollen. Denn der Schöpfer hat uns mit Absicht als <u>Persönlichkeiten</u> mit <u>freiem eigenen Willen</u> erschaffen, vermittels dessen der <u>frei</u> handelnde Mensch von <u>sich selbst</u> aus sich für „Gut" oder „Böse" zu entscheiden hat, die er zu unterscheiden vollkommen in der Lage ist. Also: je mehr sich der Mensch als „<u>willensfreies</u>" Subject des <u>Daseins</u> sich[!] selbst erscheint u[.] er sich als solches fühlt, desto mehr wächst auch – oder <u>sollte</u> wenigstens wachsen – sein <u>Verantwortungsbewusstsein</u> vor seinem Schöpfer und <u>daraus</u> sein <u>Pflichtgefühl</u>. <u>Beides</u> zusammen ergiebt die „<u>Pietät</u>", von der Sie ganz richtig betonen, dass sie leider bei jedem Fortschritt in den exacten Wissenschaften in gleichem Verhältnis in <u>Verlust</u> kommt: D.h. <u>Verantwortungsbewusstsein</u> und <u>Pflichtgefühl</u> nehmen mit den Neuentdeckungen und Erfindungen bei den Menschen des Materialismus <u>ab</u>.–

Ich muss nun bei Ihren Untersuchungen constatiren, dass, soweit ich es erkennen kann, vom <u>Pflichtgefühl</u> bei Ihnen nicht die Rede ist. Aber das ist ausserordentlich wichtiger <u>Culturfactor</u>.

Dieses <u>Pflichtgefühl aus Verantwortungsbewusstsein</u> muss <u>in</u> dem von Ihnen mit „<u>Affekt</u>" bezeichneten Vorgang – der nach Ihnen das spontane Handeln nicht nur des primitiven Menschen bestimmt (S. 199)[6] – mit vorhanden sein.

---

[b] *U:* Lieblinge gewesen   [c] *Ae*   [d] *U:* (Erfüllung). Auch   [e] *U:* machen[!]

---

[2] Mt 18,3.

[3] Eine sehr freie Interpretation: Homer erwähnt zwar mehrfach Aufenthalte der Götter bei den „unsträflichen Äthiopen" (Il. I 423f. und XXIII 205–207 sowie Od. I, 22–26); allerdings bringt er das mit ihren besonders großzügigen Opfergaben in Verbindung.

[4] Mk 8,36; Mt 16,26 und Lk 9,25.

[5] Phil 3,12.

[6] Dort hatte Frobenius sich zusammenfassend zur Entstehung von Ritualen und den sie nach seiner Auffassung nachträglich deutenden Mythen geäußert: „Diese Neigung zu *spontanen* Handlungen aus dem Affekt heraus muß als eine Primärerscheinung in Betracht gezogen werden; ihre Wiederholung als

Eine derartige <u>moralische</u> Einstellung schliesst zugleich die von Ihnen geforderte <u>Achtung vor dem „Du"</u> in sich. <u>In keiner</u> Religion ist diese von Ihnen mit Recht erhobene Forderung so bestimmt und derart weitgehend erhoben wie gerade im <u>Christenthum</u>. 2 Beispiele:

A.) „Niemand hat grössere Liebe, als wer sein Leben lässt für seine Freunde."[7] Du!

B.) „Wer ist denn <u>mein</u> Nächster"?[8] Falsche Fragestellung der Talmudkasuistik! Antwort: Gleichniss vom barmherzigen Samariter. Daraus resultirend die vom Herren dagegen corrigirte Frage: „<u>Wer</u> war dem unter die Mörder gefallenen[!] <u>der</u> Nächste"? Also nicht: „Wer <u>ist mein</u> Nächster? Sondern „Wem <u>bin ich</u> und <u>habe ich der</u> <u>Nächste zu sein</u>?! Das ist das von Ihnen verlangte „<u>Du</u>" in der grandiosesten Einfacheit u[.] Klarheit in höchster Potenz, wie es der <u>Herr</u> des <u>Christentums</u> lapidar geprägt hat. Das ist der festeste Brückenbau ᶠvon Mensch zu Menschᶠ[,] von Volk zu Volk für das „<u>Du</u>!"

Die Kulturen der Aethiopen, Hamiten, Sumerer, Inder p.p. sind ihren genauen Erforschungen gemäss von Ihnen eingehend betrachtet worden, aber dabei ist die Europäische Kultur des frühen u[.] späten Mittelalters bis zur Jetztzeit hin gar stiefmütterlich behandelt worden. Insbesondere wundert es mich, dass die gewaltigste <u>aller</u> Kulturthaten[,] die <u>Reformation</u>[,] gar keine Erwähnung findet. Sie ist eine <u>Offenbarung</u> und die <u>grösste</u> Geistesthat der <u>Menschheit</u>, die bis auf den heutigen Tag noch im Zeitalter des Materialismus sich durchsetzend fühlbar macht. Ein Beispiel für die <u>Spontaneität des Affekts aus Verantwortungsbewusstem</u>[!] Pflichtgefühl! „Hier stehe ich! Ich kann nicht anders! Gott helfe mir! Amen!"[9] Sein Deutsches Volk war für Luther das „<u>Du</u>", ihm war er der nächste! – – –

Auf (S. 195) bemerken Sie, „dass jedes <u>Volk</u> die Rolle spielte, welche die Wirklichkeit nach Zeit und Raum ihm auferlegte"[10]. Dazu wäre doch wohl noch zu ergänzen, dass ihre <u>Rollen</u> den Völkern von der <u>Willensrichtung</u> und den darauf resultirenden <u>Handlungen</u> der sie <u>führenden Männer</u> vorgeschrieben wurden. Beispiel: Die Hohenzollern bauten Brandenburg-Preussen und durch Preussen das Deutsche Reich wieder auf, und zwar gegen den energischen <u>Widerstand</u> eines grossen Theils des von seinen Fürsten missleiteten <u>Deutschen Volkes</u>.

ᶠ *U:* zwischen Mensch und Mensch

Beginn einer Sitte, die Meditation [im Mythos] aber als späteres Ereignis auf solchem Wege." Daran schloß er die Frage an, ob nicht auch überindividuelle Phänomene seiner eigenen Zeit – wie das Entstehen einer „Weltwirtschaft" – auf diese Weise erklärt werden müßten.

[7] Joh 15,13.

[8] Lk 10,29.

[9] Hauptquelle für die Schlußerklärung Luthers vor dem Wormser Reichstag vom 18.4.1521 ist der Bericht des Augenzeugen Georg Spalatin, eines Vertrauten Luthers und des sächsischen Kurfürsten. Alle zeitgenössischen Handschriften und Drucke – der erste erschien bereits im Mai 1521 in Straßburg – bis auf zwei kennen nur die herkömmliche Schlußformel „Gott helf mir! Amen." Lediglich zwei Wittenberger Drucke stellen dem ein „Ich kan nicht anderst / hie stehe ich" voran. Allerdings deutet nicht nur der Druckort, sondern auch die Übernahme dieser Fassung in die noch zu seinen Lebzeiten publizierte Ausgabe der Werke Luthers darauf hin, daß Luther diesen Zusatz wohl billigte.

[10] Dort heißt es: „.... so erkennen wir, […] daß jedes Volk der Vergangenheit, das wir zu sehen vermögen, nicht *sich lebte*, sondern die Rolle *spielte*, welche die große Regie ‚Kultur' ihm auferlegte."

Jetzt hat das „Volk" ohne Führer seit 14 Jahren versucht, ᶜalleinᶜ seine „Rolle" als „Deutsches Volk" weiterzuspielen und ist elend gescheitert! – – ᶜDie berufene Führergilde fehlt!ᶜ

Sehr erfreulich und wichtig ist Ihre Warnung (S. 182): „Die Wirklichkeit als alleinseligmachende Göttin anzubeten und nunmehr die Welt der Thatsachen zu bekämpfen." Ich glaube darin ein gewisses Gegengewicht gegen die Auffassung von der „rein schicksalsmässigen Gebundenheit" erkennen zu dürfen. – –

Für mich ist und bleibt der Ausdruck „Schicksal" nach wie vor ein Pseudonym für „Vorsehung",[11] unter deren Leitung die mit freiem Willen vom Schöpfer ausgestatteten Menschen – Persönlichkeiten – handeln; ᶠsofernᶠ sie ein Gewissen haben verantwortungsbewusst, pflichtgemäss durch die „Grosse Hemmung" ᵍbeeinflusstᵍ handeln im Sinne der Vorsehung. Wo diese Eigenschaften fehlen, handeln sie als blosse „Subjecte des Daseins" hemmungslos gegen die Vorsehung. Solange die Handlungen auf der im Plan der Vorsehung bestimmten Linie, dieser conform sich entwickeln[,] bringen sie ʰAnastrophenʰ¹², im Gegentheil[,] bei ihrem Durchkreuzen erfolgen Katastrophen.

Wilhelm
I.R.

P.S.

Zum Thema „Katalysator" noch ein Wort.

Gleich nach meinem Vortrag über das „Wesen der Kultur"[13] bemerkte Prof. Boehl: „Die Germanische Kultur ist die Synthese der Mahalbi- und der Gabulukukulturen[14]" (Hamitik, Aethiopik.) Längere Ueberlegungen haben mich dazu geführt, diesem Satz zuzustimmen. Gründe:

1) Die Germanen lebten in ältesten Zeiten in grossen Waldzonen, also standen unter Eindruck und Einfluss der Umwelt der Pflanzen (Bäume, Büsche, Blumen, Ackerfrucht etc.), welche sie liebten und hegten bis heute.

2) Aus Ernährungsgründen wurden sie aber trotzdem gezwungen, das Thier zu jagen, zu töten. Sie haben es aber später sogar mit Liebe gehegt[,] nicht nur im Blutrausch umgebracht. Sie waren also nicht blos Schützen, die mordeten, sondern wurden zu „waidgerechten „[!]Jägern", die das Wild hegten und pflegend vor Ausrottung bewahrten. (Jagd=Schon-gesetze zu Hause wie auch für die Deutschen Colonien sowohl für Klein- wie auch für das grosse Raubwild. Im Gegensatz zu den Alles vertilgenden ⁱBriten. Ebenso Forst- u Pflanzenkultur-Gesetze. Soⁱ hoben die Germanen die Jagd zu einem hohen Beruf empor, aus dem Hamitischen[!] Tötungsdrang im Blutrausch nur um der Vernichtung willen. Bis auf den heutigen Tag steht die

---

ᶠ *Ae aus* Sofern

ʰ *Ae aus* Anastropfen

ᵍ *U:* beeinflußt, zu

ⁱ *U:* Dritten. So

---

[11] S.o. Nr. 142 und 147.   [12] S.o. Nr. 90, Anm. 3.   [13] S.o. Nr. 98, Anm. 1.

[14] „Mahalbi" und „Gabuluku" sind als Bezeichnungen bei Frobenius Vorläufer für „hamitisch" und „äthiopisch". Zu Mahalbi s.o. Nr. 49, Anm. 8. S.a. S. 39f.

Deutsche Jägerei[,] zusammen mit der Deutschen Forstwissenschaft eng vereint[,] thurmhoch über allen anderen Kulturen, führend und bewundert in der ganzen Welt. Eine lebendige Synthese der pflanzenbetonten Aethiopik und der thierbetonten Hamitik.

Diese geniale Germanische[!] Kulturschöpfung beweist, dass die Deutschen sehr geeignet sind als „Katalysator" mitzuwirken, bei der Verbindung sich fremd gegenüberstehender Völker und Kulturen einen hervorragenden Antheil zu ^jhaben beim Finden des „Du".^j

Allein nicht nur passiv, wie ein chemisches Bindemittel, sondern führend, aktiv, überzeugend, zwingend, vor allem – wie oben gezeigt – durch das Beispiel. Um das zu können[,] muss Deutschland erst den „Republikanischen" und den „pietätlosen" Maskenanzug abstreifen, die das Land verderbenden Verbrecher zum Teufel jagen, seine alten Tradionen[!] wieder aufnehmen, sich wehrhaft machen, und sich wieder unter das Szepter des mit aus „Verantwortungsbewusstein["] geborenem Pflichtgefühl Gott gegenüber herrschenden Kaisers beugen! Inshallah![14]

„Das Volk ist derjenige Theil des Staates, der von Nichts etwas versteht!"

Hegel[15]

Εις Κοιρανος ες τω![16]

Wilhelm
I. R.

---

^j *U:* haben.

---

[14] S.o. Nr. 47, Anm. 7.

[15] Es „ist vielmehr der Fall, daß das Volk, insofern mit diesem Worte ein besonderer Teil der Mitglieder eines Staats bezeichnet ist, den Teil ausdrückt, *der nicht weiß, was er will.*" (Georg Wilhelm Friedrich Hegel, Grundlinien der Philosophie des Rechts, Berlin 1821, § 301).

[16] Εἷς Κοίρανος ἔστω: Nur einen Herrscher soll es geben. Bereits in der Antike beliebtes Homerzitat (Il. II 204), das sich etwa auch in der Metaphysik des Aristoteles (1,11,10) findet. Angesichts des Vergleichs zwischen Wilhelm II. und dem wenig vorbildlichen römischen Kaiser Gaius („Caligula"), um den, ohne ihn auszusprechen, Ludwig Quiddes aufsehenerregende Broschüre „Caligula. Studie über den Cäsarenwahnsinn" von 1894 kreist, ist bemerkenswert, daß Sueton dieses Zitat Gaius in seiner Biographie des Kaisers als Beleg für dessen die göttliche Ordnung sprengende Selbstüberschätzung in den Mund legt (22).

154

Frobenius an Wilhelm II., 4.10.1932, Frankfurt am Main

Eigenhändige Ausfertigung:
A   *AEW: 1625 D6–E5*
Durchschrift der eigenhändigen Ausfertigung:
D   *FI: LF 612/48–62*
Maschinenschriftliche Umschriften:
U₁   *AEW: 1623 E3–E5*
U₂   *AEW: 1625 E6–E8*
U₃   *AEW: 1625 F3–F5*

Euer Majestät

So – also da wären wir einmal wieder angelangt, die kleine „Rotte" der Arbeitsgenossen und meine Frau, die mir die grosse Freude eines Wiederzusammentreffens in Rom ermöglicht ᵃhatᵃ.

Hinter mir einmal wieder ein paar tausend Kilometer Landweg, das Meer, ein etwas toller Husarenritt, die Herrlichkeit des Entweder/oder, eine unbeschreibliche Gabenbereicherung, – dann ein Häuflein verdutzter Ministerköpfe in Rom, ein geschwindes,[!] (ach[,] allzu geschwindes) Vorübergleiten am italienischen Tusculum[1], eine ungeahnt herzliche Bejubelung in der Heimat (zum ersten Male ohne Giftspritzer; also der 33jährige Bazillenkrieg ist ja zu Ende!)[2], eine Jagd nach und durch Berliner Ministerien und dann:

auf meinem Schreibtisch ein Brief Euerer Majestät und heute „Einige Bemerkungen zur Schicksalskunde"[3] – Dank, Dank, warmen Dank für all das gütige Interesse, aber danach auch – die Bitte um „Gnade"!

Sintemalen das Leben z.Zt. mit mir so wirbelich verfährt wie eine tüchtige Sandsturmhose mit einem trockenen Mimosenblättlein. Dieses nun ist durch das Fehlen jeden Eigenwillens ausgezeichnet und spielt irgend ein Ziel in seinem nicht vorhandenen Empfindungsleben keine Rolle. Es muss herrlich sein, so ohne von innen her bedingtes Ziel lustig irgendwoᵇ umhergewirbelt zu werden; ich könnte das Blättlein um den harmlosen Tanz im Winde beneiden. Denn in manchen Stunden, die mir das „Sichbewusstwerden der Lage" gestatten, komme ich mir vor wie ein ᶜein[!]ᶜ in der Walpurgisnacht auf den Blocksberg Versetzter, der nun gerade zum Mittelpunkt des Wirbels anspruchsvoller Gespenster geworden ist; – Hexen und Geister[,] von denen ein Jeder etwas gierig fordert, gierig verlangt; und sind hierunter wenige, recht wenige freundlichere Gesichter. Also wenn irgendwann, ᵈsoᵈ muss ich z.Zt. alle Freunde und besonders Euer Majestät um Nachsicht und Geduld bitten. Mögen Euer Majestät überzeugt sein,

---

ᵃ *U:* hatte   ᵇ *Ae und De:* hin   ᶜ *Ae und De statt* auf einen   ᵈ *Nicht in U*

---

[1] Das Ferienhaus des sich hier ciceronisch gebenden Frobenius in Biganzolo über dem Lago Maggiore.
[2] S.o. Nr. 145.   [3] Nr. 152 und 153.

dass alle photographischen Kräfte und Lichtbildmaler[!], alle Kartographen und Beschrifter von mir gehetzt und gehetzt werden, auf dass sie möglichst bald das für den Vortrag in Doorn[4] Notwendige fertigstellen; und ich selbst construire und vergleiche jede nur irgendwie und irgendwo aus dem Tagesnotwendigsten[!] Stundenverschleiss zu erübrigende Minute [e]zur[e] Herrichtung und Durcharbeitung des Materials.

Und ich bin überzeugt, dass ich bis zum Ende des Monats für die Tage in Doorn alle Möglichkeiten zur Versammlung u. z[um] Vortrag freimache.

―――――――

Mit Euer Majestät Darlegungen zur Schicksalskunde haben Euer Majestät nun ein Capitel angeschnitten, welches auch für mich so wichtig ist, dass ich seine Besprechung nicht erst bis zur mündlichen Aussprache aufschieben[,] sondern schon vorher erörtert haben möchte.

Euer Majestät vermissen in meinem jüngsten Buche[5] eine Bezugnahme zum Christentum. Euer Majestät haben[f] damit klar und scharf einen wesentlichen Punkt in der Weltanschauung eines Menschen (des Menschen Leo Frobenius) herausgefunden, dem Euer Majestät gütigstes Vertrauen und sogar Freundschaft in hohem Grade erwiesen haben und dessen natürliche Pflicht es dementsprechend ist, sich einmal über diesen Punkt, der ein wesentlicher Punkt auch zur Beurteilung des Wesens & Charakters eines Menschen ist, auszusprechen:

In meinem Leben hat[,] und zwar von Kindheit an[,] das Christentum als religio wie als theologia, als Weltanschauung wie als paedagogisches Mittel, als Ausdruck wie als Anwendung eine so ungewöhnlich starke Rolle gespielt, wie in dem sicherlich nur weniger Menschen. Väterlicherseits stamme ich von einer unendlichen Kette (ich glaube 14 Generationen) von protestantischen Geistlichen ab, die schon in der Augsburger Confession eine grosse Rolle spielten. So ist es nur natürlich, dass um meine Wiege väterlicherseits nur Diakone und Pastoren, Superintendenten und Consistorialräte standen, die ständig um mein Seelenheil beteten, da ich als Kind schon als verlorenes Schaf galt, das alle Dinge so „unnatürlich" ansah. (Das schlimmste war, dass ich durchaus wissen wollte, weshalb die verschiedenen Mineralien [g]in[g] verschiedenen Systemen, octagonal, sexagonal[!], pentagonal etc. [h]kristallisiren[h].)

Dieser aufdringlichen Form des Christentum[!] hielt die andere Vettern- und Verwandtschaft, die nur aus Soldaten bestand[,] eine Art Gegengewicht. Männer wie mein Vater, der Infanterist von Frankenberg, der Allerweltskerl Generall[eutnan]t v. Nieber (dessen Sich Euer Majestät sicherlich noch erinnern) etc[.] waren erfüllt von[i] jener schlichten, geraden, starken, verantwortungsvollen Art echt preussischen Christentumes, die natürlich ist, [j]die[j] [k]aber[k] ihrer Eigenart nach mit dem theologischen Christentum allenthalben in Berührung und – Widerspruch kam.

―――――――

[e] *Ae und De statt* dazu Minute hindurch in der

[g] *Ae und De statt* nach

[i] *Ae und De:* jed

[j] *Ae und De*

[f] *Ae und De:* kl

[h] *U:* kristallisierten

[k] *U:* also

―――――――

[4] Bei der ersten Tagung der Doorner Arbeitsgemeinschaft berichtete Frobenius am 28. Oktober in einem Lichtbildervortrag über seine gerade abgeschlossene Fezzan-Expedition (s.o. Nr. 141 und 143).

[5] S.o. Nr. 153, Anm. 1.

Das Leben des „Jünglings" Leo Frobenius [l]gelangte[l] mehr und mehr in das[!] Bereich des Missionarischen[!] Christentumes; das Interesse für die Naturvölker brachte das mit sich und enthüllte mir erst in Europa, dann aber an unzähligen Beispielen in Afrika die Natur dieser Gruppe des Christentums. etc.

Es ist also wohl keine Überhebung, wenn ich sage, dass ich nicht nur mit den Lehren des Christentumes (mit 14 Jahren kannte ich wohl alle 4 Evangelien[,] die Briefe und die Offenbarung (!!!) auswendig), sondern auch[m] seine[!] Auswirkung auf die Menschen recht gut[n].

Dazu nun die andere Seite: die Religiosität!
Wollen Euer Majestät [o]nicht[o] vergessen, dass mein Leben nicht nur im Arbeitssessel am Schreibtisch und bei Büchern verflossen ist. Es giebt darin Stunden wie jene, in denen ich die Beine bedeckt mit vergifteten Pfeilen vor der Frage stand, ob ich einige dieser armen Burschen wegschiessen dürfe oder müsse, – Tage, an denen ich im Urwald nicht wusste, wie ich mein armes Volk vor dem Verhungern erretten könnte, – eine Stunde [j]auf dem Meer[j], in der ich mit dem Streichholz nahe der Zündschnur mich fragen musste: musst Du Dich und die Deinen jetzt in die Luft sprengen oder nicht, – Tage in der Wüste und in der Steppe, die immer die gleiche Frage nach[p] dem Entweder/Oder stellten.

Euer Majestät werden in meinen Büchern wenig oder nur ganz sanfte Andeutungen [j]über solche Erlebnisse[j] finden[,] und wenn ich darüber spreche, so bemühe ich mich[,] mit Humor über das Entscheidende hinwegzukommen. Denn [q]mein Lebensstil[q] ist nicht [r]der[r] eines Stanley oder eines ähnlichen Erzählers;[s] in meinem Leben ist meiner Herkunft nach alles nach Innen geschlagen. Ich trage alles Meine[t] in mir[6] und hoffe, dass man nach meinem Tode von mir sagen wird, dass ich über diese Dinge wenig gesprochen habe und doch von dem Streben erfüllt war, mein Innenleben durch Handlungen zum Ausdruck zu bringen[u].

Es ist so eine natürliche Einstellung entstanden, die wie in allem Stilfordernd[!] ist. Ein soldatisches Christentum, wie ich es oft genug erleben durfte, werde ich stets ehren, achten, verstehen. Aber es besteht nicht allein. Daneben wuchert und sprudelt eine ausgesprochen christliche Art, die [v]von[v] Hochmut, Schnüffelei, Ansprüchen und Selbstzufriedenheit trieft. Das Christentum unterscheidet sich hierin nicht [w]um ein[w] Deut [x]von irgend einer[t] anderen Hohen[!] Religion, – ja ist schlimmer als diese, weil solche Klatschmohne und Kornblumen auf jedem Kornfeld blühen können, ihm (dem Christentum) aber nicht vereinbar sind!

Es würde mir bitter sein, wenn Euer Majestät, der Schirmherr der Confessio Lutherana & Evangelica mich in diesem Punkte misverstehen[!] würde. Alles, was hier gesagt sein soll, heisst, dass mein religiöses Gefühl von Kindheit auf so häufig und dringlich von der theologischen und sonstigen Ausdrucksweise[y] besonders der „Fachmänner" des Christentums verletzt worden ist, dass es sich dagegen auflehnt, es anders zu bemessen als eben als Kulturerscheinung, und das hat dann gar nichts damit zu thun, welche Stel-

---

[l] *Ae und De statt* kam dann [m] *Af Wilhelms:* mit [n] *Af Wilhelms:* bescheid wußte
[o] *In A von Wilhelm gestrichen* [p] *Ae und De:* deren [q] *U:* meine Sehnsucht
[r] *U:* die [s] *Ae und De:* de [t] *In A Anmerkung Wilhelms:* ? [u] *Ae und De:* erfüllt war
[v] *Ae und De statt* in [w] *U:* in einem [x] *U:* von einer [y] *Ae und De:* der

---

[6] S.o. Nr. 120, Anm. 5.

lung mein religiöses Gefühl hierzu einnimmt. Für mich genügt es, dass meiner Überzeugung nach eine ehrliche Arbeit wie die [„]Schicksalskunde["] Ausdruck des heutigen Christentums ist und dass für mich entscheidende Köpfe und Gemüter wie Euer Majestät (siehe „Das Wesen der Kultur"[7]) eine verständnisvolle Einstellung zu solcher Geistigkeit finden.[z] Die ehrliche, naturfrische Theologie hat diese Arbeit ebenfalls so aufgenommen,[aa] was aber die selbstzufriedene und schnüffelnde „Fachgenossenschaft" dazu zu sagen [j]hat[j], ist mir und dem gesunden Kern Deutscher[!] Geistigkeit gleichgültig. Es entspricht aber [bb]einmal[bb] meinem sehr hohen Begriff von Keuschheit, dass ich einmal diese Anschauungen der öffentlichen Beurteilerei entziehe (Du sollst den Namen Deines Gottes nicht unnötig im Munde führen![8]), indem ich in meinen Arbeiten nicht darüber spreche – und zum anderen – [cc]dto.[cc] im alltäglichen Leben.

Es sei wiederholt: Es ist für mich selbstverständlich, dass Euer Majestät als hoher Schirmherr [dd]unserer[dd] Confession ebenso wie etwa mein Vater [ee]oder auch[?][ee] Jugendfreund Frommel[9] das Evangelium als a und o der Begnadung erachten und ihm Tag- und Nachtgenosse sind; mir aber, als in seiner Weise berufenem Vertreter einer aufsteigenden Weltanschauung sind die menschlichen Aeusserungen des Christentums so oft und peinlich nahegetreten, dass es sich einer – öffentlichen Diskussion für mich entzieht.

─────────

Euer Majestät Reflexionen über die Möglichkeit[,] die Deutsche Kultur – (ob Germanen als Rasse aufgestellt werden können, weiss ich nicht; aber auf dem Wege über Gobineau sind wir neuerdings zu einer nordischen Spielerei mit dem Rassenproblem gekommen, die es für ernstere Forschung undurchsichtig gemacht hat) – als Synthese westlicher[,] betont matriarchalischer & oestlicher[,] betont patriarchalischer Spezifizierung aufzufassen, leuchtet[!] mir gerade an der Hand des brillanten Jagd-Beispiels durchaus ein und dürfte solche Betrachtungsweise mit Heranziehung weiterer Forschungssubstanz zu einem weiteren bedeutungsvollen Ergebnis führen. –

─────────

Euer Majestät sprechen sich für Heranziehung Prof. Jeremias' zur kommenden Tagung aus. Es ist nur ein Bedürfnis meiner [ff]lediglich in Unmittelbarkeit[ff] sich wohlfühlenden Seele, dass ich ehrlich gestehe: ich sehe der kommenden Tagung der Doorner Arbeitsgemeinschaft mit Sorge entgegen. Bei der [j]diesmaligen[j] Rückkehr aus Afrika habe ich im Gegensatz zu anno 1930 das gesammte Deutsche Volk in seinen Aktiven[!] Teilen beseelt von einem Willen zur Naturgestalt und deren Anerkennung angetroffen. Ich habe tief aufgeathmet. Dies bezieht sich aber[,] wie gesagt[,] auf das [gg]zum Aktiven[gg] geneigte Deutschtum. Das reflexive und nachdenkliche Deutschtum dagegen ist eingeschüchtert, ängstlich, beklommen. Was ich von meinen Professoren hier bisher er„wischen" konnte (per Fernruf) gehört dazu. Auch Sarre hat abgesagt. Nur Naumann ist in der [hh]Reihe[hh] geblieben.

─────────────────────

[z] *Ae und De:* Was die   [aa] *Ae und De:* aber   [bb] *U:* nun einmal
[cc] *U:* als   [dd] *U:* meiner   [ee] *U:* sich durch
[ff] *U:* in Unmittelbarkeit lediglich   [gg] *U:* zur Aktivität
[hh] *U:* Ruhe

─────────

[7] S.o. Nr. 98, Anm. 1.   [8] Ex. 20,7.
[9] Eventuell der evangelische Theologe und Schriftsteller Otto Frommel (1871–1951).

Unter diesen Umständen spricht meines Erachtens nichts dagegen, dass Herr Pastor & Professor Alfred Jeremias eingeladen wird. Aber von einem wie vorgeschlagenen Verpflichtungsbrief bitte ich Euer Majestät abzusehen. Jeremias ist doch ein alter, ehrwürdiger Herr, den wir ja auch wohl alle lieben. Es ist nicht möglich[,] einer so ausgesprochenen Persönlichkeit Aeusserungsbeschränkung aufzulegen durch ein solches Verpflichtungsschreiben. Euer Majestät bitte ich nur um die Güte, mir dabei behilflich zu sein, ihn in den wünschenswerten Ufern des „Taktes" zu halten. Das kann unbemerkt geschehen. Es wäre mir bitter, wenn dem würdigen Alten Herrn eine Kränkung zu Teil würde. Und das[!] in dem ^d„Postcolloquium" im^d Krohnprinzen-Zimmer[!] dann nicht weitere Expectorationen der Theologie und der sumerischen ^ii Sumerophy^j si^l tik^ii erfolgen, dafür werde ich Sorge tragen.

Hoffentlich habe ich nun in Bälde die Möglichkeit[,] Ihrer Majestät persönlich die Hand küssen zu dürfen.

Inschallah! Inschallah! Inschallah![10]

Frobenius

---

ii *U:* Sumerphysik

---

[10] S.o. Nr. 47, Anm. 7.

155.

Frobenius an Dettlof Graf von Schwerin, 6.10.1932, Frankfurt am Main, „Persönlich"

Eigenhändige Ausfertigung:
A   AEW: 1625 F6–G2
Durchschrift der eigenhändigen Ausfertigung:
D   FI: LF 604/27–35
Maschinenschriftliche Abschriften:
U₁   AEW: 1625 E8–F1
U₂   AEW: 1625 F1f.

Mein hochverehrter u. lieber Graf!

Noch vor wenigen Tagen war es meine fast schon fest geformte Absicht, den Kaiser zu bitten, von einem diesjährigen Besuch in Doorn absehen zu wollen. Dann kam aber ein so rührend sich in bestimmten Gedanken ergehender Brief[1], dass ich nun doch

---

[1] Nr. 152.

beschlossen habe, alles daran zu setzen, die Doorner Reise zu ermöglichen. In beifolgendem Schreiben[2] habe ich also Seiner Majestät zugeschrieben, fühle mich aber verpflichtet[,] [a]die Doorner zu informieren[a][,] dass im letzten Augenblick noch Verhältnisse eintreten könnten, die alle meine besten Absichten zu Schanden[!] machen.

Die diesmaligen Schwierigkeiten sind so unheimlich an Wucht und Vielseitigkeit, dass ein Anderer als ein durch Afrika erzogener Mensch wohl von vorneherein an ihrer Überwindung verzweifeln würde. Es liegt der Fall folgendermaassen.

1) Die Tagung muss Ende Oktober stattfinden (d.[h.] v. d. ersten November), weil nachher die anderen Semesteransprüche keine Zeit mehr gewähren. Bis dahin müssen die Karten gezeichnet, die Diapositive gemacht, alle Vergleichsarbeiten vollendet sein. Die Arbeitsergebnisse sind [b]erst[b] am Sonnabend vergangener Woche, wenn auch als Eilgut abgesandt[,] hier eingegangen. Ich habe sogleich alle Arbeitskräfte im Institut[,] und was ausserhalb des Institutes zu ergattern war, in Bewegung gesetzt und leiste persönlich, was ich nur zu leisten vermag. So hoffe ich[,] ein würdiges Instrumentarium in die Hand zu bekommen.

2) Die letzten Umwälzungen in Deutschland [c]hat[!] alle aktiven Kräfte und damit natürlich auch mich in fröhliche Spannung versetzt, alle meditativen und mimosenhaften Geister[c] – und leider gehört hierzu ja der grösste Teil und die Gruppe der tüchtigsten Gelehrten [b]– jedoch [d]in[d] Verängstigung[b]. Es ist jedesmal für mich eine ungeahnte Arbeit und fast Quälerei gewesen, diese an sich so lieben und wertvollen Männer unter einen Hut und nach Doorn zu bringen. Was mir also dieses Mal gelingt, ist mir <u>sehr</u> problematisch.

3) Wie die wirtschaftlichen und fundirenden Verhältnisse meiner Organisationsgruppe stehen, – hierin haben Sie, Herr General, ja aus eigener gütiger Bemühung Einblick gewonnen. Heute spreche ich Ihnen meinen herzlichen Dank für Ihre Besprechung mit Herrn Oberländer und den Bericht an Frau Dr. Jensen aus[3]. So wie wir nur ganz

---

[a] *Ae und De; U:* Sie darüber zu informieren   [b] *Ae und De*

[c] *U:* haben in allen aktiven Kräften und damit natürlich auch in mir eine fröhliche Spannung erzeugt, in allen mimosenhaften Geistern

[d] *Nicht in U*

---

[2] Nr. 154.

[3] Am 21. Juni hatte Schwerin, während Frobenius sich im Fezzan aufhielt, erstmals dessen Frankfurter Institut besucht und machte anschließend, wie er noch am gleichen Tag notierte, „Besuch in Nauheim bei Herrn <u>Oberländer</u>, um von ihm Unterstützung für Frobenius zu erwirken, leider ohne Erfolg!" (AEW: 1625 B1). Frobenius war davon ausgegangen, Oberländer habe weitere Gelder zugesagt, und hatte sie für die Finanzierung der Expedition eingeplant. Oberländer erklärte jedoch, er habe den kompletten Wilhelm zugesagten Betrag ausgezahlt und fuhr fort: „Heute bin ich leider nicht in der Lage, weitere Kontributionen zu machen, da die Depression in den Vereinigten Staaten sich sehr ungünstig auf mein Einkommen und mein Vermögen ausgewirkt hat." So zitierte Frobenius' Assistent Hans Rhotert sein letztes Schreiben, ohne dessen Datum anzugeben (Rhotert an Schwerin, 24.6.1932, AEW: 1625 B5), um dann sogleich anzuschließen: „Wir sind über diesen Brief sehr bestürzt und sehen keinerlei Möglichkeit, noch irgendwelche Schritte zu unternehmen; andererseits fürchten wir, dass die Expedition nun in die allergrössten Schwierigkeiten kommen muss, denn wir hatten doch mit einer gewissen Summe ziemlich sicher gerechnet." Der Bericht Schwerins an Erna Jensen kann nur aus deren Antwort vom 1. Juli erschlossen werden, in dem sie ihm für seinen Einsatz dankt und konstatiert, daß die Gründe, die Oberländer dem Institut mitteilte, mit denen übereinstimmten, die er Schwerin gegenüber angeführt hatte (AEW: 1625 B7f.).

allein unser Dasein[,] ^eseitdem^e wir in Frankfurt sind, durchführen und durchhalten konnten, war es ein Gezwungensein zu immer neuen ^ferfolgreichen oder endigenden Unternehmungen^f – ein Weg von einer Schlacht zur andern. Erst nubische Wüste[!], dann Südafrika, dann jetzt Fezzanische Sahara.[4] Nur und ganz allein durch immer neue starke Erfolge wurden wir vor vollkommener Wegschwemmung durch die socialistische Cliquenwirtschaft, ^gderen^g Verfolgungsenergie uns gegenüber ^bmit^b schlimmsten Schiebungen verbunden war, bewahrt. Unsere Erfolge schützten uns aber vor vollkommenem Fallenlassen, wie ^hsolche[!]^h schon mehrfach ernsthaft erörtert wurde. Jedenfalls weigerten sich die socialdemokratischen Behörden, die für jeden Parteigenossen Geld in Fülle hatten, uns gegenüber ⁱnur dieⁱ wohlerworbenen Anrechte zu gewähren durch ^jschiebermässige^j Auslegung des ^bmich mit der^b Stadt^k verbindenden Vertrages. Wir haben die vorigen beiden Male durchgehalten und haben beide Male zur Wut der anderen gesiegt. Nun kehren wir jetzt wieder heim, – wieder mit einem Erfolg, der sogar noch wichtiger ist als je vorher,– aber wir wurden nun auch während der Reise im Stich gelassen (Oberländer, Nürnberger etc.) und stehen nun vor dem entweder/oder[!]. Und die ^lroten Machthaber^l der Stadt Frankfurt sehen schmunzelnd zu. –

– kehren heim und zwar just in[!] einem Zeitpunkt, in welchem ein ehrlicher Geist anfängt, Deutschland und Preussen[5] zu saeubern, – ein Geist, der von Natur fraglos für uns als „Aktiv Posten[!] der Deutschen Kultur" (Kreuzzeitung) Sinn hat. Natürlich bin ich sogleich nach Berlin gefahren und habe den Mann aufgesucht, zu dem ich in diesem Sinne am meisten Zutrauen habe: Baron von Sell. Baron von Sell hat auch sogleich an den Reichsminister des Innern, Freiherrn von Gayl geschrieben. Aber: nun kommen meine Bedenken: Wird es Herrn Minister Frh. v. Gayl im Minist. des Deutschen Reiches gelingen, so schnell Interesse zu fassen und dann die Bürokratismen zu eiliger Handlung zu veranlassen, – oder Herrn Dr. Bracht[,] von Preussen aus die Stadt Frankfurt zur Erfüllung ihres Vertrages zu zwingen, – dass die Rettung noch schnell genug kommt? – Sehen Sie, mein lieber Graf, <u>da</u> liegen meine Bedenken. Sicherlich wird Baron von Sell alles thun, was in seinen Kräften steht, um die Verbindung herzustellen. Aber die Herren haben[,] weiss Gott[,] mehr zu thun, als ein[!] ihnen zunächst fremdes Dasein des Geisteslebens zu betrauen[!].–

Dass es unter solchen Umständen für mich nicht leicht ist, alles so zu leiten, dass die Doorner Tage garantirt ^mwerden^m, können Sie sich denken. Wahrscheinlich weiss von alledem Seine Majestät nichts[,] und es wird wohl auch besser sein, dass dies so ist. Aber Ihnen wollte ich dies doch sagen, damit Sie im Notfalle und wenn ein Zwischenfall

---

^e *U:* schlau wie | ^f *U:* erfolgreichen Unternehmungen

^g *U:* durch | ^h *U:* solches | ⁱ *Ae und De statt* die doch von und*; U:* uns die

^j *U:* schichtmässige | ^k *Ae und De:* & mich | ^l *U:* Machthaber

^m *U:* sind

---

[4] DIAFE VIII (1926), IX (1928–1930) und X (1932).

[5] Die Präsidialregierung Papen hatte in einem Staatsstreich am 20. Juli die geschäftsführende preußische Landesregierung, die von den Parteien der Weimarer Koalition unter Führung der SPD gestellt wurde, abgesetzt und kommissarisch die Leitung des weitaus größten deutschen Landes selbst übernommen.

darein kommt, wissen, wieso das alles und dann auch dieses als Möglichkeit im Dasein eines alten Geisteskämpfers auch trotz des Sieges in allen Schlachten passiren kann.[6]

Seine Majestät fragten an, welches meine Meinung zur „officiellen"[!] Constituirung[!] der DAG sei (mit Gorgo etc.).[7] Ich kann das nicht übersehen. Aber mir wäre denkbar, dass vor dem entgültigen[!] Arbeitsbeginn eine Umgestaltung wünschenswert wäre. D.h. ich meine, wir sollten uns von der Notwendigkeit, uns an die Teilnahme der älteren, immer bedenklichen und immer schwer zusammen[zu]bringenden Herren gebunden zu erachten[,] trennen und nach ein paar jüngeren und weniger den Stimmungen unterworfenen Professoren und Fachmännern Umschau halten. Das sollte doch ᵈaberᵈ erst in Doorn diesmal besprochen werden.

Missverstehen Sie bitte, hochgeehrter Herr General, die in diesen Zeilen niedergelegten Ansichten etc. nicht! Ich bin just so lebensfroh und hoffnungsfreudig wie sonst. Nun bin ich just im Zustande des Entweder/Oder und dieses Ihnen kund zu geben, halte ich für meine Pflicht. Ich selbst bin also wohlgemut und nur ein wenig in der Hetze. Die Möglichkeiten eines Scheiterns aller Anstrengungen ⁿu. zw.ⁿ im letzten Moment ist gegeben. Darum komme ich nicht herum.

Und dies Ihnen persönlich bekannt zu geben, war meine Pflicht.

Trotz allem habe ich den Mut[,] auf ein frohes Wiedersehen zu hoffen. Ja, ja[,] es wird schon ein Wiedersehen geben und dann – komme ich ja im Grunde genommen als ein vom Geschick wieder reich beschenkter Sieger; dann halten Sie mir nur 4 Loorbeerblätter bereit, die ich im Namen meiner tapferen Kameraden stolz tragen werde.

Es lebe das Leben!

Gruss an alle bekannten Damen und Herren

     In Verehrung
     Frobenius

ⁿ *U:* u.s.w.

---

[6] In seiner Antwort acht Tage später betonte Schwerin, wieviel Wilhelm am Zustandekommen der Tagung liege: „Jedenfalls würde es für Seine Majestät den Kaiser eine bittere Enttäuschung sein, wenn er auf die Tagung der D.A.G. verzichten müsste, auf die Er Sich gerade in diesem Jahr noch viel mehr freut als sonst. Seit Monaten gilt Sein ganzes Denken vorzugsweise den Garamanten und den Offenbarungen, die über sie zu erwarten sind. Um Seine Majestät nicht vorzeitig zu beunruhigen, habe ich Ihm von Ihren geheimen Befürchtungen bisher nichts gesagt; hoffentlich wird dies überhaupt nicht nötig sein!" (FI: LF 605/40).

[7] S.o. Nr. 152.

Wilhelm II. an Frobenius, 9.10.1932, Telegramm, Doorn

Ausgehändigte Fassung:
A   FI: LF 616/62
Maschinenschriftliches Konzept:
K   AEW: 1623 E5

brief[1] bestens dankend erhalten vollkommen mit inhalt einverstanden stolz auf ihr lob ueber meine „jagd – und forst synthese" jeremias ist eingeladen teile die angstlichkeit[!] der „collegen" nicht d a g wird forschend weiter schreiten und das „du" suchend bruek-ken schlagen niemand zu liebe und niemand zu [a]leiden[a]

wilhelm i r

---

[a] *K:* Leide

------

[1] Nr. 154.

Ulrich Freiherr von Sell an Wilhelm II., 13.10.1932, Berlin

Maschinenschriftliche Ausfertigung:
A   AEW: 1625 G2f.

Euerer Kaiserlichen und Königlichen Majestät

bitte ich alleruntertänigst über den <u>Stand der Angelegenheit Frobenius</u> berichten zu dürfen:

Am 29. v. Mts. sprach Herr Geheimrat Frobenius, leider ohne vorherige Anmeldung, sodaß ich ihn zwischen zwei dringenden und unaufschiebbaren Sitzungen nur kurz habe sprechen können, bei mir vor. Mir tat das um so mehr leid, als ich mich gern mit ihm über seine Expedition und die damit zusammenhängenden interessanten Fragen und Probleme eingehender unterhalten hätte. Sein Anliegen war dasjenige, das Euerer Majestät ja schon in groben Zügen bekannt ist.[1] Es war der Wunsch, bei den amtlichen Stellen mit Nachdruck darauf hinzuwirken, daß der unhaltbaren Situation des Kulturmorphologischen Instituts,[!] durch amtliche Interessenahme an diesem Institut,[!] ein Ende bereitet werden möge. Die augenblickliche Situation nach der überaus erfolgreichen Expedition nach Tripolis sei der Augenblick, wo man, im besonderen auch auf Grund

---

[1] S.o. Nr. 155.

der bei und im Zusammenhang mit dieser Expedition gemachten Erfahrungen im Auslande, solche Wünsche besonders wirksam zum Ausdruck bringen könne.

Ich sagte Herrn Frobenius sofort meine Bereitschaft zu, persönlich mit dem Reichsinnenminister v. Gayl über diesen Fragenkomplex sprechen zu wollen und bat ihn, mir doch zunächst einmal eine knapp formulierte Denkschrift zur Verfügung zu stellen, die geeignet wäre, dem Minister ausgehändigt zu werden und ihn schnell in großen Zügen darüber ins Bild zu setzen, worum es hier ginge.

Nach einigen Tagen erhielt ich diese Denkschrift, die in klarer, knapper und überzeugender Form das ausführte, was notwendig war, um Interesse zu finden. Ich nahm dann zunächst schriftliche Verbindung zu Herrn v. Gayl, bat ihn um eine persönliche Rücksprache und brachte ihm zum Ausdruck, daß es sich hier um eine Angelegenheit handele, die Euer Majestät ᵃnicht nurᵃ in den Jahren vor dem Kriege bereits nachhaltig und wirksam gefördert, deren Erfolge Euer Majestät dadurch überhaupt erst ermöglicht hätten.

Diese Rücksprache hat gestern Abend stattgefunden mit dem Ergebnis, daß Herr v. Gayl sein ernstes Interesse bekundete, daß er mir aber zum Ausdruck brachte, daß die von Frobenius erwünschte Übernahme des Instituts auf das Reich aus grundsätzlichen Erwägungen nicht möglich sei. Das Reich, so sagte er mir, übernehme grundsätzlich überhaupt derartige Einrichtungen nicht mehr, vermeide es, auf allen Gebieten neu zu investieren und ist[!] bestrebt, die in den Jahren nach dem Kriege erfolgten Investierungen möglichst wieder abzustoßen. Es käme, so führte Herr v. Gayl weiter aus, für die Lösung dieser Frage überhaupt nur Preußen in Betracht. Er wolle sich, so versicherte er mir schließlich, gern dafür einsetzen, er müsse mir aber sagen, daß die allgemeine Finanzkalamität eine Verwirklichung der Wünsche von Frobenius naturgemäß außerordentlich erschwere.

Ich sagte Herrn v. Gayl alsdann, daß es allein schon angesichts der letzten Erfolge von Frobenius, die ich noch besonders unterstrich, richtig und notwendig wäre, wenn Frobenius einmal persönlich empfangen würde, was er mit zusagte. Heute habe ich denn auch sofort Frobenius eingehender über den Stand dieser Angelegenheit berichtet und ihm geschrieben[2], ich glaubte, daß nur er mit seiner Feuerseele hier durchschlagend wirken könne.

Selbstverständlich stehe ich, so sagte ich auch Herrn von Gayl, für die Führung weiterer Verhandlungen zur Verfügung, und ich möchte glauben, daß im Augenblick das Mögliche geschehen ist.

Alleruntertänigst
[gez.] Frhr. v. Sell

ᵃ *Ae*

---

[2] Nicht ermittelt.

158.

Frobenius an Dettlof Graf von Schwerin, 26.10.1932, Frankfurt am Main

Durchschrift der eigenhändigen Ausfertigung:
D   *FI: LF 604/36f.*

Hochverehrter und lieber Graf;

Empfange Ihren Brief[1] und begrüsse Sie herzlich als Protokollführer der DAG. –
Es ist erstaunlich[,] aber anscheinend Thatsache, dass das Bildermaterial für den Sonnabend[-]Vortrag bis morgen Nacht fertig wird.

Fernerhin hat es den Anschein, als ob ich übermorgen früh nach Doorn abreisen werde, was mir immer noch nicht recht glaubhaft ist. Denn ich sollte doch Frohsinn nach dort mitnehmen; das Leben lastet aber so wuchtend auf mir, dass ich mir wie ein weit überbürdeter Packträger vorkomme. Ich werde mich mächtig zusammenreissen müssen, um den ungeheuren Ernst[a] des derzeitig mich beherrschenden Lebensgefühles zu überdecken.

Es wird immerhin besser sein, wenn Sie[,] lieber Graf[,] den Kaiser darauf vorbereiten, dass meine Verfassung eine solche ist, die alles hart abringt[,] und dass ich eventuel[l] wenig von der Heiterkeit aufbringe, die wohl das Wesen meiner Natur sonst ist. – Es bekümmert mich, dass ich als ehrlicher Mensch eigentlich in diesem Augenblicke nicht nach Doorn fahren sollte, – in einer Stimmung, in der jede kleinste Dummheit[b] mit zum Ausgang ernster Meditationen wird.

Damit Sie nun nicht etwa eine irrige Begründung dieser schauerlichen Einstellung suchen, sei hinzugefügt, dass der wahre Grund der ist: dass Deutschlands Schicksal von den Ereignissen dieser Zeit abhängt und dass ich mit fieberndem Puls fühle, wie all dies verläuft. Sorge, Sorge, Sorge, – Not und doch so viel Hoffnung. Aber alles ist so ernst

Mit schönsten Grüssen & Verehrung

Frobenius

---

[a] *De:* unserer   [b] *De:* zum

---

[1] Am 24.10.1932 hatte Schwerin Frobenius über aktuelle Zu- und Absagen für die Tagung der Doorner Arbeitsgemeinschaft informiert und ihm mitgeteilt: „Ausserdem hat Seine Majestät den Wunsch geäussert, dass ich die Ehre haben soll, den Sitzungen der D.A.G. als ‚Protokollführer' beizuwohnen, und mich beauftragt, Sie zu fragen, ob Sie damit einverstanden sind?" (FI: LF 605/41).

159

Wilhelm II. an Frobenius, 6.11.1932, Doorn

Eigenhändige Ausfertigung:
A   FI: LF 616/63f.

Meine liebe Exzellenz

Haus Doorn steht noch voll unter dem Eindruck unserer Tagung![1] Holländ. Bekannte, Herren wie Damen, hatten das compte rendu in der Presse gelesen und erkundigten sich sehr interessiert nach den Verhandlungen, vor allem nach Ihren letzten Bilderforschungen. Die Amsterdamer Ausstellung aus Rhodesien[2] wirkte noch nach. Schmidt-Ott, dem ich unsere Constituirung als D.A.G. gemeldet, schickte erfreuten Glückwunsch. Es war aber auch herrlich; und[,] mit dem Grafen Schwerin die Vorgänge wieder durch zu nehmen[,] ein Hochgenuss! Nochmals herzlichsten Dank für die Freude! – – –

Symbolik! So lautet die Parole für 1933! Darf ich heute schon einen kleinen Beitrag dazu einsenden?

Mein Enkel Prinz Fritzi hinterliess mir, auf meine Bitte, das beiliegende aus Amerika mitgebrachte kleine Heftchen[,] die Handelsmarke der „Northern Pacific" Bahn[!] betreffend.[3] Diese Marke ist die Entlehnung eines uralten Chinesischen Symbols, das jetzt noch in China, Korea, Japan[,] mit Ehrfurcht betrachtet[,] als „Glückbringer" und „Abwehr des Bösen" im Leben angewendet und getragen wird, der Monade.

Die sehr übersichtlich und interessant[,] auch für Laien anschaulich geschriebene kleine Broschüre giebt eine kurze aus Werken bekannter Anglo-Amerikan. Professoren bez. Sinologen zusammengestellte Geschichte der Monade[,] ihrer Entstehung und ihres tieferen philosophischen, Symbolischen[!] Sinnes zumal für die Chinesen. Kleine Beispiele aus anderen von Indianern bewohnten Continenten zum kulturmorphologischen Vergleich sind mit herangezogen. Ob zwar das Hakenkreuz, wie hier geschehen, als mit der Monade verwandt oder als ihr Vorläufer gar anzusehen ist, vermag ich bei meinem Mangel an Kenntniss auf diesem Gebiet nicht zu entscheiden. In einer Aeusserung Ew. Exzellenz über das Schriftchen werden Sie wohl darüber berichten können?

Sollten Ew. Exz. ebenfalls der Ansicht sein, dass das Schriftchen für die Symbolbehandlung der Tagung der D.A.G. von 1933[4] von werth sei, so würde es mir eine Ehre

---

[1] S.o. Nr. 139, Anm. 6.

[2] Vom 20. Juni bis zum 29. Juli 1931 waren im Stedelijk Museum Felsbildkopien von Frobenius' Südafrikaexpedition gezeigt worden.

[3] „The Story of the Monad", o.O., o.J. Die Zweitauflage von 1933 enthielt bereits einen Hinweis auf Wilhelms Arbeit auf ihrer Grundlage.

[4] Die Tagung fand ohne Teilnahme Frobenius' vom 27. bis zum 30. Oktober 1933 statt. Dabei referierte Wilhelm über „die Chinesische Monade, ihre Geschichte und ihre Bedeutung", Vollgraff über „das Dreiblatt als religiöses oder magisches Symbol", Sarre über „das Feldzeichen im Alten Orient", Naumann über „symbolische Gegenstände und symbolische Handlungen im deutschen Mittelalter" und Otto über „symbolische Handlungen bei Bestattungen" (AEW: 1678 B6).

und Freude sein[,] den Vortrag persönl. zu übernehmen. Es müsste[!] dann aber eine gute Uebersetzung und Copieen der Illustrationen angefertigt werden, welche den anwesenden Herren auf die Plätze gelegt werden könnten. Eventl. könnte aus Ew. Exz. Archiven das Material zum Vortrag noch ergänzt bezw. vermehrt werden?

Mit herzlichsten Empfehlungen auch von I.M. an Sie und Ihre Damen. Inshallah![5]

Ihr dankbarer
Wilhelm
I.R.

---

[5] S.o. Nr. 47, Anm. 7.

160.

Frobenius an Wilhelm II., 6.11.1932[1], Frankfurt am Main

Eigenhändige Ausfertigung:
A   AEW: 1626 D2f.
Durchschrift der eigenhändigen Ausfertigung:
D   FI: LF 612/63–66
Maschinenschriftliche Umschrift:
U   AEW: 1625 G4f.

Euer Majestät

Auftragsgemäss habe ich den Aufsatz des Pater Prof. Dr. [a]W[a]. Koppers: „Was ist und was will die völkerkundliche Universalgeschichte" im Historischen Jahrbuch der Görresgesellschaft 1932 S. 40 ff.[2] einigen Schülern für [b]Referat[b] vorgelegt.[3] Da es ein Kreis begeisterungsfähiger junger Menschen ist, war das Interesse sehr gross und – schlug die Empörung über die geradezu erstaunliche Dickfelligkeit im Totschweigen des Namens des Lehrers zunächst mächtige Flammen. Natürlich wurde gedämpft und dem Stil unseres Hauses entsprechend Ruhe, Sachlichkeit und Verständnis für menschliche Eigenart

---

[a] *U:* Wilhelm   [b] *U:* Rapport

[1] Verspätet versandt und nach Präsentatsvermerk erst am 16. November Wilhelm vorgelegt; s.u. Nr. 161.

[2] Wilhelm Koppers, Was ist und was will die völkerkundliche Universalgeschichte?, in: Historisches Jahrbuch 52 (1932), S. 40–55.

[3] Im Nachlaß Wilhelms II. finden sich diese Stellungnahme (AEW: 1626 C1–4) und zwei Abschriften (AEW: 1626 B4–B6 und C4–6).

gefordert. Denn dieses ist bei uns der leitende Sinn der Ordnung: In allen Fragen der Kulturkunde hat der Beobachter auszugehen: a) vom zu behandelnden <u>Stoff</u> b) von der Eigenart der eigenen <u>Einstellung</u> c) von der Untersuchung des Stoffes entsprechend [c]den <u>Möglichkeiten</u>[c] der Einstellung. – Bei der Untersuchung der Einstellungen ist das Menschliche als Solches[!] mit seinen Möglichkeiten und Verschiedenartigkeiten herauszuschälen; im Menschlichen sind die Eigenschaften als [i]Solche[!], diese [d]aber[d] [e]niemals als <u>Fehler</u> oder <u>Tugenden</u>[e][,] sondern eben nur als [e]Eigenschaften zu [f]betrachten[fe]. Dieser Teil der Lehre ist am schwierigsten. Und doch ist er die einzig mögliche [g]Voraussetzung zur[g] Lösung der Einstellungsproblematik. Nur durch das Verständnis für die Eigenschaften und Einstellung einer Zeit und nur unter Wegfall aller [h]Wertkriterien[h] sind so unheimliche Phaenomene wie [g]z.B.[g] Kannibalismus und Inquisition zu verstehen.[i] Solches müssen unsere Schüler an lebendigen Beispielen üben und hierzu war uns der Artikel des Pater Koppers sehr erwünscht. Auch ich selbst verstehe die Hartnäckigkeit[,] mit der die Wiener Herren <u>dieser</u> Schule die Geschichte der Kulturkreislehre [e]verdrehen[e][,] nicht. Diesen Pater Schmidt bewundere ich als Organisator, als erstaunlich thatkräftigen Arbeiter und Denker. Aber seine Einstellung mir gegenüber ist mir vollkommen unverständlich, wie ich ja aber überhaupt das [j]vielen[j] Traegern der Bücherwissenschaft eigene Streben[,] [g]andere[g] zu mindern und zu verkleinern[,] nicht verstehe. Es will mir immer so unwahrscheinlich erscheinen, dass diese „urteilssicheren Richtergelehrten" sich nie darüber klar sind, dass das [g]letzte[g] Urteil ja [g]feststeht [k]mit[kg] der Nachwelt erst, niemals der Laune der Gegenwart zufällt. Es liegt in diesem „Gelehrtenverfahren" eine so unverständliche Arroganz, ein unheimlicher Mangel an der Demut und Hingabebereitschaft zu Grunde, dass es eben nur [l]im Dasein lebensfremder[l] Gelehrtenarbeit und Bücherweisheit möglich ist. Es hat das etwas tief Schmerzliches. – Basta!

Es ist so ein Referat entstanden, das ich jetzt abschreiben lasse, um es Eurer Majestät dann mit diesem Schreiben zugehen zu lassen. Ich werde selbst morgen zu wichtigen Verhandlungen verreisen.

Die Erinnerung an die schönen Doorner Tage ist noch in mir so lebendig als – seien sie erst heute verflossen.

Frobenius

---

[c] *U:* der <u>Möglichkeit</u> [d] *U:* also [e] *In U von Wilhelm unterstrichen*
[f] *U:* behandeln [g] *Ae und De* [h] *U:* Wortkriterien
[i] *In U von Wilhelm angestrichen* [j] *U:* nicht [k] *U:* und
[l] *U:* in Daseins-lebensfremder[!]

161.

Frobenius an Wilhelm II., 13.11.1932, Frankfurt am Main

Eigenhändige Ausfertigung:
A   AEW: 1626 D4–D6
Durchschrift der eigenhändigen Ausfertigung:
D   FI: LF 612/67–71
Maschinenschriftliche Abschrift der Ausfertigung:
U   AEW: 1625 G8 – 1626 A1

Euer Majestät

Das Schreiben vom 6ten[1] ist infolge meiner Abwesenheit liegen geblieben. Wir befinden uns in einem etwas eigentümlichen Zustande. Nun, das bringt eben die Zeit mit sich. Nun, es ist nichts verloren.

Aber inzwischen ist Euer Majestät Schreiben vom 6[.] November[2] mit Einlage (und Anlage v. Grafen Schwerin[3]) eingelaufen. Zu diesem Schreiben kann ich nur sagen: „Hurra! Hurra! Hurra!" Was in diesem Schreiben gesagt ist, gehört mit zu den [a]schönsten Früchten[a], die die Kulturforschung mir in den Schoss [b]geworfen[b] hat. Euer Majestät wollen Selbst mitarbeiten und – [e]haben [c]eines der [a]herrlichsten Motive herausgefunden[ac], die [a]überhaupt [c]bearbeitet werden können[ac]. Wie [d]gesagt[d] und noch einmal: Hurra! Hurra! Hurra![e4]

Natürlich wird von hier aus mit beiden Händen zugegriffen: das Weltkulturarchiv, die Zeichnerinnen, das photographische Atelier (für Lichtbilder) [f]steht[f] vollkommen im Dienst dieser Arbeit. Der zu verfolgende Weg:

1.) In der That kann man recht wohl [g]diese[g] kleine „Story of the Monad" der [c]Arbeit zu Grunde legen[c]. Nun haben wir aber[,] trotzdem wohl alle Mitglieder des Institutes englisch sprechen,[h] nicht [i]ein[i][!] einzigen, der auch nur annähernd so gut englisch denkt und englisch empfindet wie – Euere Majestät. Ich schlage also vor, dass Euere Majestät Selbst die Arbeit übersetzen und uns die Übersetzung in [c]drei Abschriften[c] hierhersenden.[j]

---

[a] *In A von Wilhelm unterstrichen*   [b] *U: gelegt*   [c] *In U von Wilhelm unterstrichen*
[d] *U: gewagt*   [e] *In U von Wilhelm angestrichen*   [f] *U: stehen*   [g] *U: die*
[h] *Ae und De: wir*   [i] *U: einen*   [j] *In A Marginalie Wilhelms: Ja, gerne W.*

---

[1] Nr. 160.   [2] Nr. 159.   [3] Nicht ermittelt.

[4] In seinem gleichzeitigen Schreiben an Schwerin klingt Frobenius weniger begeistert: „Seine Majestät der Kaiser wollen Selbst aktiv an der DAG mitarbeiten. Da heisst es nun emsig herbeitragen. Auch Sie werden helfen müssen. […] Der Kaiser wird nun ja aller Voraussicht nach wohl die kleine Schrift „The Story of the Monad" Selbst übersetzen. Dann wird das Schriftchen wohl zur Herstellung der Zeichnungen und Lichtbilder hierherzurückgesandt werden. (Dass das Dingelchen nur um alles in der Welt nicht verloren geht!) Am Besten wäre es, wenn noch einige Exemplare besorgt würden. Die Dingelchen können ja unmöglich mehr als ein paar Pfennige kosten. Es muss wohl eine Reclame[!] der Yellowstone Park Line (Northern Pacific) sein!!! [(]Ich selbst hätte gerne 2 Exemplare zum Ausschneiden der Bilderchen und Einkleben in die Archivmappen!)" (AEW: 1626 C7–D1 und FI: LF 604/41–45).

2.) Sowie wir das Original hier haben, werden wir

a) die Zeichnungen herstellen lassen und hereinbringen,

b) eine Abschrift mit Anmerkungen über weitere Literatur versehen.

Derart [k]ausgestattet[k] würde eine Abschrift dorthin zurückgehen und eine zweite hier bleiben.

3.) Mit den Anmerkungen zusammen würde dann von hier aus entsprechende Ansichtsaeusserung nach Doorn gehen, zu der dann Eure Majestät Stellung zu nehmen im Stande wären; d.h. es würde sich ein Colloquium zwischen Doorn [l]+[l] Frankfurt abspielen, das zuletzt ein ansehnliches Resultat zur Folge haben sollte.

4.) Es würde sich hierbei die angenehme Notwendigkeit ergeben[,][m] die Funde auf Karten einzutragen und würden dann hier Verbreitungsbilder gezeichnet werden, die mit Berücksichtigung kulturhistorischer [n]Perspektive[n] fraglos eine wichtige Bereicherung wissenschaftlicher Forschung darstellen würden.

5.) Das Endresultat würde sein, dass dann Euer Majestät Selbst gelegentlich der nächsten Tagung (wenn dann schon soweit[!] zum Abschluss gelangt) einen Vortrag mit Lichtbildern würden halten können[5] –

Inschallah![6] –[o]

Soeben kommt auch noch die Abschrift des Dörpfeld[-]Briefes vom [p]27 Okt[p] 32 an.[7] Diese Behandlung [q]des Jonierproblems[q] sagt mir <u>sehr</u> zu. Nur renne ich immer wieder an dem Namen „Araber" an. Und wenn alles richtig gesehen ist, so bleibt diese Bezeichnung „Araber" doch immer irreführend. Denn die Bewohner und die Kultur Südarabiens haben mit dem, was wir als „Araber" [r]zu bezeichnen nie wieder verlassen werden[r], nichts zu thun, das <u>muss</u> irreführen.

Also eine andere Bezeichnung und Dörpfeld wird viel mehr Freude an der Auseinandersetzung mit der Welt haben.

Frobenius

---

[k] *U:* versehen

[m] *Ae und De:* eine Karte[?]

[o] *In A Marginalie Wilhelms:* Hurrah, Hurrah, Hurrah

[p] *Ae und De statt* 11. Nov

[r] *U:* bezeichnen

[l] *In A daraus von Wilhelms Hand:* u.

[n] *U:* Perspektiven

[q] *U:* der Jonierprobleme

---

[5] S.o. Nr. 159, Anm. 4.

[6] S.o. Nr. 47, Anm. 7.

[7] Ein Auszug (AEW: 1567 B1f.) aus Dörpfelds Schreiben an den Hofmarschall (AEW: 1566 G7 – 1567 A8) war Frobenius aus Doorn mitgeteilt worden. Darin erklärte der Archäologe, daß die griechischen und kleinasiatischen Ionier „überhaupt keine Griechen, sondern Araber aus dem Nildelta oder aus Südarabien waren und dass sie im 16. Jahrhundert nicht nur auf vielen Inseln und auf dem griechischen Festlande ihre Niederlassungen gehabt haben (z.B. als Danaer in der Argolis und als Minyer oder Kadmeer in Böotien), sondern auch an der ganzen Westküste von Kleinasien wohnten." (A4). Er bezeichnet diese Araber dabei auch als „Haunebu" und als „Phönikier".

162.

Wilhelm II. an Frobenius, 17.11.1932, Doorn

Ausgehändigte Fassung:
A   *FI: LF 616/65*
Eigenhändiger Entwurf:
K   *AEW: 1626 C1*

warmsten[!] dank fur prachtigen[!] brief[1] bin stolz durch lob und begeistert vom auftrage der ausgefuhrt werden soll hoffentlich zeige ich mich des mich ehrenden vertrauens wurdig[!] erbitte die broschure[!] der altgraefin in der der koppersartikel stand[2] zurueck da ihre durchlaucht sie wiederhaben und ich sie mit den trefflichen bemerkungen versehen zurueckschicken will

wilhelm i r praesident d a g

---

[1] Nr. 161.

[2] S.o. Nr. 160, Anm. 2.

163.

Wilhelm II. an Frobenius, 24.11.1932, Doorn

Eigenhändige Ausfertigung:
A   *FI: LF 616/66*

Meine liebe Exzellenz.

Ich melde gehorsamst Ausführung Ihres Auftrages![1] Die Uebersetzung der „Monade" ist fertig, mit colorirten Bildern so gut es ging. Ich sende sie mit dem Heftchen als Controle am 25.XI. ab. Wenn sie[!] es nicht mehr brauchen, schicken ªSieª es mir dann zurück.

Einliegend ein Brief der „Streitbaren Gräfin"[2] zu Ihrer Kenntnissnahme und Rücksendung, mit einer für mich als Laien geeigneten Antwort, nicht <u>zu</u> „wissenschaftlich"[,] obwohl sie darauf einen so hohen Werth zu legen scheint. Ich verstehe darunter Buchwissenschaft à la Pater Schmidt. Sie wird inzwischen die Abschrift von der Antwort auf den Koppersartikel[3] erhalten haben, zu dem ich erläuternd bemerkte: er stamme von den

---

ª *Ae aus* sie

---

[1] S.o. Nr. 161.

[2] Dieser Brief Elisabeth Altgräfin zu Salm-Reifferscheidt-Raitz wurde nicht ermittelt.

[3] S.o. Nr. 160.

jungen Herren, die in Wien culturmorphologisch ausgebildet werden, ihr Lehrer sei, so viel ich wisse Prof. Christian.

Sie werden in dem Brief 2 Mal die Pygmäen besonders erwähnt finden. Die sind nämlich der Gräfin Dollpunkt, von denen stammt <u>alles</u> her! Vor allem der klare Gottesbegriff (Monotheismus!) wie besonders die Kathol. Christen ihn vor den Anderen voraus haben. Pygmaen[!] u[.] Bushmänner[!] <u>das</u> seien die Culturquellen[,] mit Denen <u>Sie</u>[,] Exzellenz[,] sich ganz besonders zu beschäftigen hätten! So wie ich die Leute mit der Gorgo füttere, so versorgt die Gräfin kostenfrei Jedermann mit den Pygmäen ad libitum. Ueber deren Gottesbegriff habe P. Schmidt ein grandioses Buch geschrieben:[4] von dort kämen die <u>ersten</u> Anregungen zu unserer Religion! Also ich empfehle die Pygmäen Ihrer besonderen Aufmerksamkeit, damit Sie <u>endlich</u> dahinter kommen[,] wozu eigentlich Afrika da ist: „Die <u>wissenschaftliche</u> (pardon l'expression!) Ausforschung der Pygmäen als Culturträger!" Na! Nun kennen Sie endlich Ihren Lebenszweck. Ich lehne aber eine Beauftragung mit <u>der</u> Aufgabe à[!] limine ab; mich interessiren denn doch Somalis, Galla p.p. mehr, weil ihre Frauen so famos aussehen!

Mit besten Wünschen

Ihr
Wilhelm
I.R.

---

[4] Wilhelm Schmidt, Der Ursprung der Gottesidee. Eine historisch-kritische und positive Studie, Bd. 4, Teil 2: Die Religionen der Urvölker III, Münster 1933.

164.

Wilhelm II. an Frobenius, 25.11.[1932], Doorn, Telegramm

Ausgehändigtes Exemplar:
A   FI: LF 616/67

monadearbeit[!][1] geht heute an sie ab inschallah![2]

wilhelm i r

---

[1] S.o. Nr. 161. Ein Typoskript dieser Übersetzung (mit dem Vermerk: „Für die Richtigkeit der Übersetzung [gez.] Wihelm I.R. Vorsitzender der D.A.G.") befindet sich in AEW: 1682 E1–E6.
[2] S.o. Nr. 47, Anm. 7.

165.

Frobenius an Wilhelm II., 8.12.1932, Frankfurt am Main

Eigenhändige Ausfertigung:
A   AEW: 1626 D6–D8
Durchschrift der eigenhändigen Ausfertigung:
D   FI: LF 612/72–76
Maschinenschriftliche Abschriften:
U₁   AEW: 1626 D8
U₂   AEW: 1626 A3

Euer Majestät

Zur Vermeldung, dass ich mich zur Zeit auf einer „kleinen Jagd nach dem Glück" befinde und dass die beiden Depeschen, Euer Majestät Brief vom 24. XI[.][1] und die Arbeit[2]
hier – zwischen der Ankunft in München und Abreise nach Rom ausgehändigt wurden
(nachdem ich natürlich schon unterwegs unterrichtet worden war). Nun ist diese Signo-
rina „Glück" z.Zt. wohl [b]in neckischer[!][ab] flüchtig[,] aber wenig angenehm, ihr nach-
rennen zu müssen. Das Frauenzimmer hält mich z.Zt. so recht zum Narren und hetzt
mich von Ort zu Ort, ohne sich haschen zu lassen. Nun lasse ich mir [c]einen anständigen[c]
Ritt durch die Wüste, allwo unsereins genau weiss, was Fata Morgana ist und was nicht,
gern gefallen. Das mag hart sein, ist aber solide. Dieses [d]vertrakte[!][d] Mädel „Glück" ist
aber in Europa so launisch und spielerisch, dass ein ernster Mann, der für „süsse Mädels" nichts übrig hat, ihm ungern [e]nachrennt[e]. – Nun muss ich sehen, ob ich ihrer in
Rom habhaft werde.

Ich versichere Euer Majestät, dass [f]diese[f] Jagd wenig spasshaft ist. —

Aber zur Sache.

Die Übertragung Euer Majestät ist sehr schön gelungen.[3] Nun gillt[!] es die Ausarbeitung. Da schlage ich vor, dass Euer Majestät zunächst einmal das Opus des Comte
Goblet d'Alvella über Croyances etc. Bd I (Genaueres an Graf Schwerin)[4] auf die entsprechenden Symptome, Symbole und Riten hin [g]excerpiren[g]. Eine Mitteilung[,] wie
dies bei uns gemacht wird[,] lasse ich im Institut ausarbeiten und dem Grafen von
Schwerin zugehen. Im d'Alvella handelt es sich hauptsächlich um Cap. I & II –

---

[a] *Ae und De:* W	[b] *U:* 'n bischen	[c] *U:* nach anständigem
[d] *U:* versteckte	[e] *U:* nachsinnt	[f] *U:* die
[g] *U:* explorieren		

———

[1] Nr. 162–164.

[2] Wilhelms Übersetzung der Monadenbroschüre; s.o. Nr. 161, 163 und 164, Anm. 1.

[3] Schwerin gegenüber lobte Frobenius die Übersetzung am gleichen Tag noch deutlicher: „Die Übertragung des Kaisers ist prachtvoll. Verständnis, klar bis ins Kleinste. Keiner v. uns hätte das so gut
gekonnt." (FI: LF 604/46f., hier: 47)

[4] Eugène Comte Goblet d'Alviella, Croyances, rites, institutions, Bd. 1: Hièrographie. Archéologie et
histoire religieuse, Paris 1911; Frobenius an Schwerin, 8.12.1932 (FI: LF 604/46f.).

Ach, wenn es doch auch mir einmal wieder vergönnt ^{h}würde^h, einige Zeit in Musse[!] den wesentlichen Dingen folgen zu dürfen. Aber jede Stunde hat ihr Postulat und die, die ich jetzt zu durchleben habe[,] hat ein recht anspruchsvolles. Wenn es mit diesem Herumsausen noch langanhält[!], fürchte ich[,] alles Vernünftige aus dem Kopf zu verlieren.

Der Brief der hohen Gräfin^5 ist wieder sehr gescheit. Aber dieser ^{i}„Verfall" an die katholischen Patres^i. „Ist die Möglichkeit!" – pflegte die alte Bonne meiner ^{j}Kinderzeit^j zu sagen!^{6}

Auf zur Bahn. Ich bin gespannt, ob ich zu Weihnacht daheim sein darf.

Ich bitte um die Genehmigung, Ihrer Majestät die Hand küssen zu dürfen.

> Frobenius
> commis voyageur

---

^{h} *U:* sei ^{i} *U:* „Vorfall" an der katholischen Patro ^{j} *U:* Kindheit

---

^{5} S.o. Nr. 163.

^{6} In seinem gleichzeitigen Schreiben an Schwerin (FI: LF 604/46f.) erklärte Frobenius: „Ich glaube den Brief der streitbaren Gräfin S.M. sogleich wieder zurücksenden zu müssen, weil ich augenblicklich keine Zeit habe, ihn so eingehend zu beantworten, wie ich es gewünscht hätte. Sollte S.M. eine eingehende Antwort & Behandlung wünschen, so kann ich diese nach <u>Rückempfang</u> des Briefes in den Weihnachtsferien ausführen, die ich – hoffentlich wenigstens,[!] – ein [!] paar Tage daheim verbringen darf."

166.

Frobenius an Wilhelm II., 17.12.1932, Frankfurt am Main

Durchschrift der eigenhändigen Ausfertigung:
D   FI: LF 612/77f.

Euer Majestät

Schreiben vom 14[.] XII[.]^1 mit Mitteilungen über Herrn Dr. Herman Wirth ist mir sehr wertvoll. Belegt doch der Inhalt, dass Euer Majestät in ihm einen wertvollen Menschen kennen gelernt[!] haben, – stets ein erhebendes und erfreuliches Ereignis. Mir selbst wird hierdurch die Veranlassung zu Teil, mich eingehender mit diesen wissenschaftlichen Bethätigungen zu beschäftigen. Das soll in der nächsten Zeit geschehen. Prof. Naumann sagte mir, dass er H. Wirth Euer Majestät gegenüber als einen Dichter bezeichnet habe. Hierin muss etwas Wahres sein. Von anderer Seite hörte ich gelegentlich,

---

^{1} Nicht ermittelt.

dass H. Wirth ein antichristlicher „Religionsstifter" sei. Nur da ich genau weiss, dass solche Ansichten wie die letztere leicht aufkommen, werde ich mich[,] wie gesagt[,] selbst bei den entsprechenden Autoritäten gründlich erkundigen, mir selbst ein Urteil bilden und dann den von Euer Majestät gewünschten Bericht über Herman Wirth einsenden.

Bin gestern Nacht von Berlin zurückgekehrt, wo ich zwei schwere Schlachttage erlebte.[2] Heute also nun etwas abgekämpft.

Frobenius

---

[2] Frobenius bemühte sich bei der neuen Reichsregierung – am 3. Dezember hatte Kurt von Schleicher ein neues Präsidialkabinett gebildet – um Unterstützung für sein Institut.

167.

Frobenius an Wilhelm II., 22.12.1932, Berlin

Eigenhändige Ausfertigung:
A   AEW: 1626 E3f.
Durchschrift der eigenhändigen Ausfertigung:
D   FI: LF 612/79f.

Euer Majestät,

„Es" rollt – der Strom der Ereignisse, die Umstell[un]g der Menschen, und das Jahr. „Es" rollt auch mich, von Fr[an]kf[ur]t u. Berlin,[!] nach Rom, wieder hierher[,] und zwischendurch darf ich dann einen kurzen Einblick thun in Euer Majestät <u>glänzenden</u> Brief an die Hohe und Streitbare Dame in Oesterreich (v. 12 XII)[1] und Euer Majestät

---

[1] Frobenius hatte sich dem Wunsch Wilhems, zu einem Schreiben der Altgräfin zu Salm Stellung zu nehmen, entzogen (Nr. 165). Wilhelm teilte ihm seine Antwort darauf mit, in der er auch seine Sicht der Kulturmorphologie und der Doorner Arbeitsgemeinschaft darlegte: „Die Kulturentwicklung gleicht nicht einem von einer Urquelle entspringenden Strom, der in gleichem Laufe sich erweiternd die Erde durch- bzw. überströmt. Sie ist vielmehr eine Aneinanderreihung von <u>Epochen</u>, von grossen Fragen beherrscht, denen gegenüber die Menschen eine ganz <u>bestimmte</u> ‚geistige <u>Einstellung</u>' haben. Beide wechseln mit dem Laufe der Zeit und werden von anderen abgelöst. Will man diese Epochen mit ihrer ‚geistigen Einstellung' <u>studieren</u>, dann kommt es wiederum auf die ‚geistige Einstellung['] des sie <u>Studierenwollenden</u> an:[,] nämlich, ob er sich derart von den Anschauungen des XIX. bezw. XX. Jahrhunderts, in denen er gross geworden, <u>loszulösen</u> vermag, dass er es fertig bringen kann, sich auf die „geistige Einstellung" der von ihm zum Studium erkorenen <u>Epoche persönlich</u> einzustellen vermag[!]. Den Meisten ist das bisher <u>nicht</u> gelungen. Aus dem Gedanken der „Continuität" – also „Evolution" – der Kulturentwicklung heraus, nimmt der moderne Forscher den Standpunkt ein: der die Vollendung der Kulturentwicklung darstellenden <u>Spitzenleistung</u>, in der Gestalt des <u>Europäers des XX. Jahrhunderts</u>. Dieser blickt von <u>höchster</u> Warte <u>herab</u> auf <u>alles,</u> was vorherging, und ist in der Lage, kraft seiner Einstellung, über <u>alles</u> frühere bis ins früheste (Primitive) mit <u>souveränem</u> Geist zu dezidie-

erstes Excerpt!! (17 XII)[2]. Ja, es rollt mich, der ich mich nur noch als sausendes Geschoss empfinde, das im Vorbeifliegen überall nur hineinblicken darf – ein Vorbeigleiter, weil seine letzte Aufgabe es ist,[!] einzuschlagen, – ein vorbedingtes[!] Ziel zu erreichen.

Und wenn das gelingt, dann habe ich der freundlichen Hilfe der Herren: Baron von Sell & Graf von Schwerin[3] sicher zu danken!

Aber heute die Hauptsache:

„Es" rollt – einmal mehr den Festtagen entgegen!

Am Weihnachtsabend und am Neujahrstage werden alle meine besten Segenswünsche von der Seele nach Doorn getragen werden – zu Eurer Majestät – zu Ihrer Majestät!

Leo Frobenius

---

ren, bezw. Thesen mit Gesetzeskraft zu evolvieren! Daher die vielen, vielen Trugschlüsse, Irrtümer, Fehlschlüsse in Völker- und Kulturhistorie. Um diesem gänzlich verfehlten Standpunkt endlich ein Ende zu bereiten, dazu dient die Kulturmorphologie und in ihr meine D.A.G.!" (FI: LF 605/46f.).

[2] Nicht ermittelt.

[3] Sell und Schwerin hatten sich jeweils bei den Reichsministern des Inneren, Gayl, und der Finanzen, Schwerin-Krosigk für Frobenius eingesetzt und ihm einen Gesprächstermin vermittelt. S. dazu Frobenius an Schwerin vom 6.11.1932 (AEW: 1625 G5f., FI: LF 604/38–40, AEW: 1625 G4 und G7), Frobenius an Schwerin vom 13.11.1932 (AEW: 1626 C7–D1, FI: LF 604/41–45, AEW: 1625 G7f. 1626 A5 und A1), Schwerin an Frobenius vom 25.11.1932 (FI: FL 606/43f. und AEW: 1626 A2), Frobenius an Schwerin vom 8.12.1932 (FI: LF 604/46f., AEW: 1626 A4 und E1), Schwerin an Frobenius, vom 13.12.1932 (FI: LF 605/45, AEW: 1625 A3), Frobenius an Schwerin vom 22.12.1932 (AEW: 1626 E2f.) sowie Nr. 156.

168.

Wilhelm II. an Frobenius, 30.12.1932, Doorn

Eigenhändige Ausfertigung:
A   FI: LF 616/68f.

Meine liebe Exzellenz

Endlich bin ich wieder leidlich auf dem Posten! Seit 10 Tagen – die Weihnachtswoche!!! – lag ich mit Rheuma im Bett! Das erste Mal! – – – Wo dieser Brief Sie erreicht[,] weiss ich nicht: ich vermuthe jedoch, dass das „Geschoss"[1] – boomerangartig[,] siehe Neu Seeland[!] – nach Frankfurt seine Bahn zurückgeflogen ist! Gesegnetes Fest, und ein gesegnetes Neues Jahr! Gott mit Uns[,] Inshallah![2] Wir werden den Zaun schon pinseln! Ich bin sehr beruhigt und geehrt, dass mein Brief an die „streitbare Gräfin"

---

[1] S.o. Nr. 167.   [2] S.o. Nr. 47, Anm. 7.

Ihren Beifall fand.[3] Ich hatte ihr schon 1927 in gleichem Sinne geschrieben[,] aber der P[ater] S[chmidt] hat wohl die Erinnerung ausgelöscht! Wiederholung schadet nicht. Die Photos des American Geogr. Magazine von den praehist. Befestigungen in Peru – Fliegeraufnahmen[4] – sind doch herrlich! Nur sieht man daraus, dass der brave Vauban nichts neues[!] erfand, denn die Ur-Peruaner haben Bastionen, Tenaillirte Fronten[5] und moderne Flankirungsanlagen auch schon gehabt. Anbei ein Buch[,] von der „streitbaren Gräfin" geschickt[,] bei der jetzt die Pygmäen – P[ater] Schmidt – alles beherrschen.
Mit besten Wünschen u. Grüssen

Ihr

Wilhelm

I.R.

P.S. von Boehl höre ich aus dem Sumerischen: Bar – sumerisch – = Fremd, Fremder[;] Barbar = feindl. Fremder[;] heute Jawanisch[!] Baru-Utang = der fremde Mann[;] holländ. Baar = einer[,] der sich in neuer Umgebung fremd fühlt.
Tar = Entscheidung[;] Tartar = Ort der letzten Entscheidung[:] ªTartarosª[;]
Gur = Unterwelt, Reduplication noch nicht gefunden, Gur-Gur könnte aber – wenn gefunden – Aufschluss für Gorgo geben. Er vermuthet, dass Gorgo aus dem Sumerischen stammt.

ª Ae

---

[3] S.o. Nr. 167, Anm. 1.

[4] Wilhelm hatte schon das Januarheft des National Geographic Magazine vor Augen: Robert Shippee, Air Adventures in Peru. Cruising Among Andean Peaks, Pilots and Cameramen Discover Wondrous Works of an Ancient People, in: National Geographic Magazine 63 (1933), S. 80–120. Luftbilder von Befestigungen finden sich darin auf S. 80, 85–87, 90, 91 und 113; frühneuzeitlichen europäischen Strukturen gleicht insbesondere die auf Seite 90 abgebildete Chimú-Befestigung.

[5] Durch vorgelagerte Werke mit schwalbenschwanzförmigem Grundriß (Tenaillen) gesicherte Festungsfront.

169.

Wilhelm II. an Frobenius, 5.1.1933, Doorn

Eigenhändige Ausfertigung:
A   FI: LF 617/1

Meine liebe, verehrteste Exzellenz

Gestatten Sie mir eine weitere Meldung über meine Vorarbeiten[,] die „Monade" betr.[,] zu machen. Das von Ihnen empfohlene Buch des Franzosen[1] ist nach allen Rich-

---

[1] S.o. Nr. 165, Anm. 4.

tungen durchforscht worden. Allein! O Graus! Der Gallier behandelt ein weites Feld der Symbolik in Asien, besonders das Hakenkreuz, aber von der „Monade" war nicht eine Sylbe aufzutreiben! – – Monada Yok! – Nun habe ich durch einen Bekannten in Berlin Fühlung mit Prof. Börschmann[,] einem Sinologen[,] aufgenommen, der über die Monade Vorträge hält und mit Freuden mir aus seinem Material eine Zusammenstellung machen will, die als Unterlage dienen soll für meine Arbeit. Es handelt sich aber nur um die Chinesische Monade. Für die Japanische scheint sich mir ebenfalls eine Quelle zu eröffnen, wenn auch über einen mit der Monade – als Glückszeichen – gestickten Kimono eines mit einem Japankenner in Verbindung stehenden Herren!

Ihr dankbarer
Wilhelm
I.R.

Notabene: Mussolini hat von Hitler gesagt:
„Ce Monsieur a manqué son train!"

170.

Frobenius an Wilhelm II., 11.–13.2.1933, Berlin

Eigenhändige Ausfertigung:
A   AEW: 1626 F5–G3 und G6
Durchschrift der eigenhändigen Ausfertigung:
D   FI: LF 612/81–94
Maschinenschriftliche Umschriften:
U₁   AEW: 1626 G3–G5
U₂   AEW: 1623 A8–B2

Euer Majestät

Es ist wie ein Wunder: unbegreiflich, fremdartig und erhebend; nehmlich eine Stunde[,] in der ich nichts unternehmen kann und doch auch nicht den Kopf so überlastet voll fühle, dass ich gezwungen bin, das Lager aufzusuchen. Eine Stunde der Ruhe. Alles, was diesmal und heute geschehen konnte, ist erledigt.

Der Koffer ist gepackt und „wir" können weiterrollen, wir[,] d.h. der Aktenkoffer, die Diapositive für die täglich abzusingende Morithat und deren beider unterthänigster Sklave, [a]genannt[a] Leo Frobenius. Der Zug wartet noch[,] und so wäre denn eine schöne Gelegenheit, einen Brief zu schreiben. Einen „Brief". Ja, an wen schreibe ich denn noch „Briefe" in dem alten guten Sinn des Briefes? Ja an wen? Meine Frau erhält eine tägliche Postkarte, das Institut eine Aufgabenliste. Aber Briefe habe ich bis vor kurzem noch an

---

[a] *Nicht in U*

488

Euere Majestät schreiben können. Das ist nun zunächst vorbei und[,] als soeben die Überschrift aufgesetzt wurde, da wurde sogleich dem Schreiber klar, dass auch dies hier kein Brief werden könne, denn – wie soll ich mich aus meinem projektilhaften Lebensgefühl denn hineinfinden in die Monade Chinas, in den Sacralen[!] Umgang, die Svastica[1] etc., aus deren bildhafter Chaotik sie hervorgegangen [b]ist[b]? Wie ein grosser Jammer, ein echter Lebenskatzenjammer kommt es über mich. Auf der einen Seite die grosse Sehnsucht[,] sich ergehen zu dürfen in den herrlichen, himmlischen Gefilden der Ruhe, der Möglichkeit[,] sich von den grossen Erscheinungen des Kulturwerdens ergreifen zu lassen[,] und auf der anderen das harte Kommandowort: „Mann, Du musst!" Der alte[,] liebe Gellert hatte gut predigen: „Kein Mensch muss müssen."[2] Ich kann ihm nur antworten mit den Worten Martials: [„]Dic mihi si fias tu leo, qualis eris."[3] Auf Deutsch etwa: „Dich möchte ich ja auch [a]ein[a]mal ganz gerne meine Rolle spielen sehen und dann sagen hören, kein Mensch muss müssen;" – wozu ich dann entschieden so ketzerisch grinsen würde wie der edle römische Ketzer Martial.

„Rolle spielen" –

Ja, „Rolle spielen" – jedem die seine, der eine die auf den Leib geschriebene, der andere die aus seinem Wesen erwachsene und der dritte die selbst „ausgedachte". Nun, mit dieser Art Menschen haben Eure Majestät und unsereins nichts zu thun; es sind die Vorüberstreifenden, die Nichtssagenden, die im besten Falle Verlorenen und im schlimmsten „Arrivirten". Aber die anderen beiden Arten, die geben doch immer wieder Veranlassung zum Nachdenken, – zumal[,] wenn sie dem eigenen Lebensbild sich[!] „ähneln". Und von dieser Art „wimmelt es" zur Zeit im Deutschen[!] Volke. Unsereins kommt allenthalben mit ihnen in Berührung und nimmt dann fast regelmässig war[!], dass die volkstümliche Vorstellung vom Glück der Menschen mit deren Wesenhaftigkeit nichts zu thun hat. Unwillkürlich wird der Sinn des Beobachters [c]doch[c] auf ihre Erscheinung gelenkt[,] und da ist es nicht schwer, zwei entgegengesetzte Naturen unter den aus dem Volke als [d]Geschicksbetonte[d] aufsteigen zu sehen.

Die eine Art die Erhaltungsbetonten; das sind die Bewahrer der Traditionen, die Hüter der kulturellen Schätze, die eigentlichen Priester der Menschheit. Das sind die, denen wir die Sicherheit des Bodens, auf dem wir stehen und über den wir schreiten, verdanken. Es sind die Schmiede, die das Handwerkszeug, die Waffen, aber auch die

---

[b] *Ae und De statt* wird   [c] *U:* dort   [d] *U:* Geschichtsbetonte

---

[1] Der Themenkomplex, zu dem Wilhelm einen Vortrag vorbereitete (s.o. Nr. 159 und Nr. 161).

[2] Gotthold Ephraim Lessing, Nathan der Weise I, 3, 385.

[3] Martial. 12, 93:
Saepe rogare soles, qualis sim, Prisce, futurus,
    Si fiam locuples simque repente potens.
Quemquam posse putas mores narrare futuros?
    Dic mihi, si fias tu leo, qualis eris?
Die letzte Zeile war dem Raabe-Verehrer Frobenius vielleicht aus dessen Roman „Wunnigel" bekannt, in dem sie mehrfach zitiert wird (Wilhelm Raabe, Sämtliche Werke, Bd. 13, Freiburg i.Br. und Braunschweig 1957, S. 12, 19 und 109). Raabe übersetzt den Vers folgendermaßen: „Sag mir, wenn *du* ein Löwe wärst, wie würdest du dich gehaben?" (S. 12). Und seinen Dr. Heinrich Weyland läßt er ihn seiner Frau so erläutern: „Nun, das Ding rät jedermann an, sich erst vollständig in die Haut des anderen hineinversetzen zu lassen, ehe er sich herausnehme, über dessen Natur, Stimmungen, Gefühle, Werke, Taten und Handlungen abzuurteilen." (S. 109).

Fesseln der eigenen Natur schmieden. Unter den Gelehrten entspricht mir in diesem Augenblick das Bild eines Wilamowitz am Besten.

Die andre Art die Werdensbetonten; das sind ᵉim Volkeᵉ die Traeger der Fähigkeit zur Entfaltung des Paideuma, der Kultur, – die Bildner sich umgestaltenden Lebensgefühles – die Wegbereiter lebendiger Zukunft, – die Soldaten des Geisteslebens, wenn sie echt sind auch Eroberernaturen. Ihr Wesen ist im Grunde genommen ᶠzartsinnigᶠ, denn sie ähneln den Keimen, die im Frühling den oft harten Boden durchbrechen müssen; die meisten von ihnen scheiden dahin, noch ehe das freundlich-wohlwollende Licht des allgemeinen Verständnis[ses] sie berührt; die Schöpfungen ᵉihrer Naturᵉ gelangen zumeist erst lange nach ihrem körperlichen Zerfall zur Blüte. Wehe ihnen, wenn sie irgend ein „Werk" noch zu ihren Lebzeiten gesichert sehen möchten.

Solche, die Derartiges anstreben[,] sind für die Mitwelt nicht nur unbequeme ᵉGesellenᵉ[,] sondern oftmals auch <u>fragwürdige Freunde</u>. Für die allgemeine Mitwelt sind sie aber fraglos fragwürdige Persönlichkeiten ᵉüberhauptᵉ. Denn wohl sind sie Grundleger des geistigen Kapitals, vonᵍ deren[!] Zinsen die spätere Einstellung lebt (– ʰweswegenʰ ihnen ᵉnachträglichᵉ gern fünfzig- und 100-jährige Todesjubilaeen kostspieligster Art gewidmet werden,–) – zu ihren Lebzeiten aber beanspruchen sie Förderung durch das von den „Priestern" sorgsam gehütete und verwaltete, aus der Vergangenheit „Überkommene". Es ist ja zu natürlich, dass die „eine" Art der „<u>Erhaltungs</u>betonten" die „andere" der „<u>Werdens</u>betonten" nicht versteht, – dass es ihr jedenfalls sehr schwer fällt,ⁱ an ihr die echten Vertreter von den scheinbaren zu unterscheiden. Zu solcher Unterscheidungsmöglichkeit können keine Gelahrtheit[!], keine Logik, kein ererbter Maassstab und keine Verstandeshöhe verhelfen, sondern nur und ganz allein angeborener und bedeutender Sinn für das Leben und wahrhaft gebildete und aus Bildung erwachsene Fähigkeit zur gestaltungsverstehenden Ergriffenheit.–

Bei alledem liegt die Betonung auf dem Wort „<u>fragwürdige Freunde</u>". Nicht die geringsten Bekümmernisse im Leben der Zuletztgeschilderten liegt[!] darin begründet, dass die an sich natürlichen Ansprüche an ihre Wirkung, ihn[en] nicht oder selten erlauben, sich ihren Angehörigen und denen, an denen sie mit dem Herzenʲ gehören[!], so zu widmen, wie es sichᵏ dem eigenen Bewusstsein und Wunsch nach gebührt. Sind sie einigermassen geschmackvoll, dann wiederstrebt[!] es ihnen natürlich, über irgendwelche Schwierigkeiten, die nur natürlich sind, zu berichten. So liegt dann um sie oft auch für die Wohlwollendsten ᵃum sie[!]ᵃ eine Wolke von Unklarheit. („Weshalb schreibt der Kerl nicht; er kann doch wenigstens ganz kurz einmal ein Lebenszeichen von sich geben" und so). Aber sie selbst tragen wohl meist eine Scheu in sich, über Art und Stand der Dinge zu berichten.

Ich weiss, dass Euer Majestät verstehen, wie dieses gemeint ist. –ˡ

Heute Abend treffe ich gegen Mitternacht in Frankfurt ein, wo ich bis Montag abend (um ᵐ22ᵐ Abfahrt nach Wien) bleiben werde. Finde ich das eingeforderte Material über die Monade fertig vor, werde ich Bericht einlegen.

ᵉ *Ae und De*   ᶠ *Ae und De statt* von zarter Natur   ᵍ *Ae und De:* deren[!]
ʰ *U:* wogegen   ⁱ *Ae und De:* d   ʲ *Ae und De:* widm   ᵏ *Ae und De:* ihn
ˡ *In A Marginalie Wilhelms:* Ja! Entschuldigung[,] weil „der Kerl nichts hat von sich hören lassen"!
ᵐ *U:* 22 Uhr

Herr Prof. Dr. [n]Russell[n] ist ein fleissiger und sehr gelehrter[,] aber auch schwerfälliger Mann. Die Arbeit des China-Institutes ist also immer noch nur [o]das[o] Bruchstückwerk und nicht so vollständig eingelaufen, dass ich Euer Majestät den Abschluss senden kann. Es ist aber „nahezu soweit[!]" und nach meiner naechsten Rückkehr (in ca[.] 10 Tagen) werde ich sie überreichen können. Dann wird auch „Schädel meiniges" etwas freier sein und – hierzu bitte ich nun Eure Majestät um eine Hülfe.

Diese Bitte muss ich nun [p]aber[p] gegen meine Wünsche aussprechen. Sie geht mir sehr gegen den Strich. Aber so, wie nun alles läuft, werde ich einfach gezwungen, sie vorzutragen. Es handelt sich um[q] eine letzte Consequenz, nehmlich:

1.) Ich [r]muss[r] mit allen Mitteln danach streben, mit einem entscheidend leitenden Herren der jetzigen Regierung [s]baldmöglichst[s] Fühlung zu erhalten[,] und zwar müsste dieser [a]Herr[a] in so warmes Interesse versetzt werden, dass ihm der Begriff „gerade in diesem Augenblick keine Zeit haben" in Wegfall kommt.[t]

2.) Mit Hilfe derer, die[,] wenn auch noch so gütig[,] mir bislang beisprangen[,] ist dies nicht zu erreichen.

3.) Im letzten Momente meines Berliner Aufenthaltes wurde mir nun ein sehr wohlwollender Rat gegeben von einer Seite, die ich hoch achten muss. Er [u][meinte:][u] „Wenn Ihr Ihnen so Gütiger Schutzherr, Seine Majestät[,] damit einverstanden ist, so könnte Dieser den Kronprinzen bitten, Sie zu [w]empfangen und mit Ihnen[v] einen[w] gangbaren [u][Weg][u] zu erörtern. Auch Seine Kaiserliche Hoheit ist Ihnen wohlgeneigt und würde Sie dann vielleicht bald mit [e]den[e] Herren oder dem Herrn zusammenbringen, der [x]verstehen[x] und helfen kann." – Ich muss betonen, dass die Herren Goering und Frick und überhaupt Herren dieser Partei hiermit nicht gemeint gewesen sein können. –[y]

4.) Des Ferneren wurde mir gegenüber erwähnt, dass seine Kaiserliche Hoheit wahrscheinlich in diesen Tagen dort in Doorn weilen würden.[z] „Gerüchtweise" – aber es wäre ja möglich. Dann wäre ja die beste Möglichkeit zur Erörterung dieser Frage gegeben. – Sollte dies aber nicht der Fall sein, so bitte ich Euere Majestät zu entscheiden, und die Empfehlung dann dem Kronprinzen, der immer sehr freundlich war, zu übermitteln, – oder nicht.[aa][5]

---

[n] *U_2:* Rundt [o] *U_1 und U_2:* ein [p] *U:* sehr [q] *Ae und De:* die

[r] *In A zusätzlich von Wilhelm unterstrichen*

[s] *In A von Wilhelm unterstrichen; dazu seine Marginalie:* spätestens sofort!

[t] *In A Marginalie Wilhelms:* Wird wohl unmöglich sein! Jetzt neue Männer kurz vor den Wahlen, im Wahlkampf!?[4]

[u] *nur in U* [v] *Ae und De:* den [w] *U:* empfangen, um einen

[x] *In A von Wilhelm unterstrichen und mit „??" versehen*

[y] *In A Marginalie Wilhelms:* nein[,] sicherlich nichts![!]

[z] *In A Marginalie Wilhelms:* war da! Jetzt in der Schweiz!

[aa] *In A Marginalie Wilhelms:* Der hat nach dem Sturz v. Schleicher,[!] kaum noch Beziehungen zu den neuen Männern.

---

[4] Am 5. März fanden auf Drängen Hitlers Reichstagswahlen statt, bei denen die übrigen Parteien stark behindert wurden, die NSDAP aber dennoch keine absolute Mehrheit gewann.

[5] Wilhelms Marginalien in diesem Schreiben zeugen schon von seiner Skepsis, er oder sein Sohn könnten Frobenius bei den neuen Machthabern helfen. Er ließ am 16. Februar Frobenius denn auch durch

5.) Es ist mir mitgeteilt, dass ^bbBefürwortung^bb Seiner Kaiserlichen Hoheit zu dem früheren Fliegeroffizier und jetzigen Minister[6] nicht möglich ist[,] und das verstehe ich ohne weiteres. Um eine solche Anknüpfung handelt es sich hier <u>nicht</u>.

6.) Das Projektil Frobenius ^ccsaust^cc von Morgen[!]^dd an durch Österreich. Am 25ten wird „es" wieder in Frankfurt sein. Es ^eebittet^ee um baldigen Entscheid, damit es weiterdisponieren kann und möglichst dann am Ende des Monats in Berlin seine Aufwartung machen kann.

7.) Betont sei noch Folgendes:

a.) es ist in Berlin in allen Ministerien etc. alles aufs Beste vorbereitet,

b.) die bisher noch dann und wann aufflackernde Misstimmung gegen Leo Frobenius ist ^ffgeschwunden^ff,

c.) der entscheidende Wille eines Ministers von heute kann ^ggalles sogleich^gg regeln.

So – und nun hätte ich meine Sache vom Herzen und glaube, dass ^ajetzt doch^a noch alles gut auslaufen wird, – dass nehmlich das Geschick uns baldigste Abreise[7] gewährt, so dass ich zum Oktober wieder in Europa sein kann. Danach dann ein friedliches Arbeitsjahr! ^hhAch, wie ich mich hiernach sehne!^hh Inschallah![8] Inschallah! Inschallah!

Montag 13.II.33

Soeben empfange ich von Seiner Spektabilität, dem Dekan der Fakultät[,] den Auftrag[,] am 27ten II[.] den cand. phil. ^iiWieschhoff^ii auf Anrecht zur Doktorwürde hin zu prüfen. Demnach würde ich also vom Dinstag[!][,] 28ten Februar[,] Morgens[!] 9 Uhr ^jjab^jj[,] in Berlin für ein Empfangenwerden zur Verfügung stehen.

In meiner Abwesenheit wird meine Frau die aus Doorn einlaufenden Briefe öffnen und mir den Beschluss erst Euerer Majestät und dann Seiner Kaiserlichen Hoheit durch Chiffre zudrahten.

Ich bitte um die Erlaubnis, Ihrer Majestät die Hand küssen zu dürfen.

Frobenius^kk

---

^bb *Ae und De aus* Befürtung   ^cc *U_2:* rast   ^dd *U:* ab[!]   ^ee *U_2:* bildet[!]
^ff *U:* verschwunden   ^gg *In A von Wilhelm unterstrichen und mit einem ? versehen*
^hh *Nicht in U_2*   ^ii *U:* Wirsdorff   ^jj *U:* an
^kk *In A Marginalie Wilhelms:* Ja[,] aber <u>was</u> will er denn durch mich u[.] den Kronprinzen eigentlich erreichen!?

Schwerin mitteilen: „Es ist nicht anzunehmen, dass Seine Kaiserliche Hoheit heute noch wirksame Beziehungen zu den am Ruder befindlichen Regierungsmaennern hat." Gleichzeitig kündigte Schwerin aber auch an, man werde sich bemühen, für ihn einen Gesprächstermin bei Finanzminister von Schwerin-Krosigk zu vermitteln (FI: LF 605/50f.). Der kam auch zustande (Dommes an Frobenius, 2.3.1933, FI: LF 603b/18) und verlief, wie Frobenius Schwerin dankend informierte, „in aussichtsreichster Weise" (Frobenius an Schwerin, 7.3.1933, FI: LF 603a/3–5).

[6] Hermann Göring.

[7] 1933 leitete Frobenius die DIAFE XI zur Felsbildaufnahme in der Libyschen Wüste.

[8] S.o. Nr. 47, Anm. 7.

171.

Wilhelm II. an Frobenius, 26.4.1933, Doorn, „Brieftelegramm"

Maschinenschriftliche Ausfertigung:
A   FI: LF 617/2
Durchschlag der maschinenschriftlichen Ausfertigung:
D   AEW: 1627 B2

Beifolgend übersende Ich Ihnen einen sehr beachtlichen Bericht des Dr. Jordan über die neuesten Ausgrabungen im Industal und in Mesopotamien[1] und freue Mich über diese wertvolle Bereicherung des Materials für unsere kulturmorphologischen Forschungen. Den Schlussfolgerungen des Dr. Jordan stimme Ich zu; dies gilt insbesondere für die Art, wie die kulturellen Aufgaben der Deutschen Wissenschaft in ihrem historischen und ethischen Wert klar hervorgehoben werden.[2] Ich bitte Sie um Ihre Äusserung, ob Sie Bedenken dagegen haben, dass Ich den Dr. Jordan zum Mitglied der Doorner Arbeits-Gemeinschaft ernenne?[3]

Mit bestem Gruss!

Wilhelm

---

[1] Julius Jordan, „Die Ausgrabungen im Industal und Mesopotamien", Typoskript, 9.4.1933 (AEW: 1578 B5–B7).

[2] Jordans Bericht schloß mit den Worten: „Die häufige Berührung mit Forschern anderer Nationen, mit ihrer Art zu denken und zu arbeiten, zeigt mir immer wieder, daß es gerade den Deutschen gegeben ist, die den Ruinen der geschichtlichen Stätten entnommenen Tatsachen mit belebendem Geist zu durchdringen. Für uns wird der Gewinn darin liegen, daß wir lernen, unsere eigene deutsche Geschichte mit unserm Geist und Leben zu erfüllen. Damit wird die Arbeit hier im Osten zu einer wertvollen und wichtigen nationalen Aufgabe, zur Ausübung deutscher Kulturpolitik im tiefsten Sinn des Wortes."

[3] Frobenius telegraphierte am 28. April an das Hofmarschallamt: „Jordan fraglos ausgezeichnete Mehrung der Dag." (FI: LF 606/47).

172.

Wilhelm II. an Frobenius, 28.4.1933, Doorn, „Brieftelegramm"

Maschinenschriftliche Ausfertigung:
A   FI: LF 617/3
Durchschlag der maschinenschriftlichen Ausfertigung:
D   AEW: 1627 B3

Ich sende Ihnen beifolgend zur Kenntnisnahme – mit der Bitte um spätere Rückgabe – das Buch „Mitteilungen des Seminars für Orientalische Sprachen zu Berlin", Jahrgang

VI, I, das auf Seite 63 ff. einen interessanten Aufsatz über „Japanische Wappen" enthält.[1] Unter den zahlreichen Abbildungen befinden sich viele, die für Mein Studium über
die Entstehung und Bedeutung der Monade von Wert sind. Im übrigen bringt die Abhandlung <u>keine</u> neuen Tatsachen, die Mir nicht schon durch die von der „Northern Pacific" herausgegebenen[!] „Story of the Monad"[2] bekannt geworden wären.
[a]Habe Jordan zum Mitglied der D.A.G. ernannt.[a3]

Mit bestem Gruss!

Wilhelm
I.R.

---

[a] *Ae und Df*

---

[1] Rudolf Lange, Japanische Wappen, in: Mitteilungen des Seminars für Orientalische Sprachen an der
Königlichen Friedrich Wilhelms-Universität zu Berlin 6 (1903), S. 63–281.
[2] S.o. Nr. 159, Anm. 3.   [3] S.o. Nr. 171.

173.

Frobenius an Dettlof Graf von Schwerin, 25. und 26.5.1933, Frankfurt am Main

Eigenhändige Ausfertigung:
A   AEW: 1627 B6–B8
Durchschrift der eigenhändigen Ausfertigung:
D   FI: LF 603a/6–11 und 604/49f.
Maschinenschriftliche Umschrift:
U_1 AEW: 1627 B4f.
U_2 AEW: 1627 C2f.
U_3 AEW: 1627 C3f.

Mein hochverehrter und lieber Graf und General!

    Wahrscheinlich bin ich für Doorn so gut wie ein Verschollener geworden. In der
That kann der Mensch dem Sinn des heimatlichen Lebens kaum im Innersten [a]Afrika-
ners[a][!] ferner entrückt werden, als ich hier in meiner derzeitigen „Bethätigung". Freiwillig war diese, wie Sie sich denken können, durchaus[b] nicht, auch war mit ihr irgendein „Lustgefuehl" nicht verbunden und – ob sie,[c] nehmlich die Bethätigung, ein Endergebnis gehabt hat oder haben wird, das werden vielleicht (???) die nächsten Wochen
zeigen. Schreiber dieser Zeilen ist nur von einem überzeugt, nehmlich dass er alles, was
in seinen Kräften stand, gethan hat, um seinem Volke eine Wehr zu bauen.

---

[a] *U: Afrikas*   [b] *Ae und De: auch*   [c] *Ae und De: ein*

Damit sind aber natürlich einmal wieder die „seine Kräfte" recht gründlich verbraucht, so dass eigentlich der „Onkel Doktor" die Herrschaft antreten sollte. Aber es geht auch so[,] d.h. – wir laufen vor dem Onkel Doktor fort, d.h. meine ^dFrau Editha^d und ich selbst brennen durch und – fahren lentemente nach Italien. Ein Freund bringt uns im Auto nach Biganzolo. Es gibt immer noch gute Menschen.

In Biganzolo aber werde ich – Inschallah![1] – schlafen, schlafen, schlafen, – eine Kunst, die ich so gründlich verlernt habe, dass es unerfreulich ist. Es ist eine merkwürdige und eindrucksstarke Zeit, die ich hinter mir habe. Das Vergängliche alles Irdischen ist mir sehr deutlich vor die Augen gerueckt worden und hat mich gewissermassen mit Geisselhieben zum ^eAnspannen aller Kräfte angepeitscht^e. Die entsprechende Erkenntnis, wie „ausserordentlich möglich" ein plötzliches Hallali[!] unserer Arbeit war, hat mich natürlich auch veranlasst, noch ein vielleicht letztes Stück zu vollenden, eine Arbeit, die noch auszuführen mir tiefes Bedürfnis war, – ein Opus über die Grundprinzipien[!] alles Kulturwerdens, in dem aber das, was wir in Doorn vortragen durften, wie die Geschichte der Gorgo etc., niedergelegt wurde. Als nun eine zufällige Verlagsmöglichkeit von Wien aus auftauchte, habe ich diese Gelegenheit benutzt und habe dann zwischen den „sonstigen Beschäftigungen" das Manuskript herausgeschleudert. Es war mir zu Mute wie einem Vulkan. Ein wahrer Ausbruch!

Ja, und nun ist das Manuskript fertig und[,] wenn der Kampf der letzte Monate nichts weiter eintrug, ^fdiese Arbeit ist^f noch fertig geworden und sie liegt als Manuskript vor mir. Meine Herren sagen, sie sei ordentlich geworden. Es ist eine „Kunst- & Literaturgeschichte Afrikas", die in einer nicht^g aufdringlichen[,] aber doch anschaulichen Ausgabe im Wiener Phaidos-Verlag erscheinen soll.[2h] Über das Werk schreibe ich ⁱheuteⁱ, weil ja möglicherweise Seine Majestät der Kaiser ein Interesse daran nehmen wird. Ursprünglich war es nehmlich unsere ^lAbsicht, diese Materie in einem mehr ^kmonumentalen Werke ^jschwerer^{jk} Art zu veröffentlichen[,] und ich hatte Seiner Majestät schon mitgeteilt, dass ich glücklich sein würde, ^kwenn ich s. Zt. die Genehmigung erhalten würde, es dem Kaiser zu widmen^k. Seine Majestät hatte in wohlwollender Weise geantwortet.[3] Nun haben unsere Umstände mich aber[,] wie gesagt, recht skeptisch gemacht in Bezug auf Projekte ^m„langer Sicht"^m. Habe also unser Schifflein schon jetzt in den Hafen einlaufen lassen.

So, – und nun komme ich vor meiner Abreise zu Ihnen und möchteⁿ erzählen, dass ich den Wunsch habe, dem Buche etwa folgenden Schriftsatz ^ovorn anzusetzen^o:
„Am 16. Dezember des Jahres 1912 hat
Seine Majestät der Deutsche Kaiser und König von Preussen
Wilhelm II.
Sich von mir zum ersten Male über die Kulturen Afrikas und[,] was diese zur Weltge-

---

^d *U:* Frau, Editha   ^e *U:* Ausspannen aller Kraefte aufgepeitscht

^f *U:* so ist diese Arbeit   ^g *Ae und De:* über   ^h *Ae und De:* Das   ⁱ *U:* nichts

^j *U:* schwerer   ^k *In U₁ von Wilhelm unterstrichen*   ^l *In U₁ von Wilhelm angestrichen*

^m *U:* auf „lange Sicht"   ⁿ *Ae und De:* Ihnen   ^o *U:* voranzusetzen

---

[1] S.o. Nr. 47, Anm. 7.

[2] Leo Frobenius, Kulturgeschichte Afrikas. Prolegomena zu einer historischen Gestaltlehre, Zürich 1933.

[3] S.o. Nr. 141 und 142.

schichte der Kultur überhaupt [p]etwa[p] an Aufklärendem beizutragen vermögen, Vortrag halten lassen. Die erste Folge dieses Vortrages war, dass Seine Majestät der Kaiser unserer Arbeitsgemeinschaft [q]alsbald[q] die Möglichkeit zu einer Expedition[4] gab, in deren Verlauf alte Felsbilder[r] und Grabbauten Kleinafrikas in eingehender Weise aufgenommen werden konnten, die zweite, dass in späteren Jahren eine Reihe [s]von Fachgenossen[s] alljährlich zusammengerufen [t]wurde[t], die [q]sich[q] als „Doorner Arbeits-Gemeinschaft" [q]zu[q] einem auf grosszügigem Interesse aufgebauten[u] Gedankenaustausch nun schon oftmals vereinigen durfte."

[v]„Dasjenige, was an Wesentlichem der Schreiber dieser Zeilen zu diesen Besprechungen beitragen durfte, respekt. als Ergebnis von ihnen mit fortnehmen durfte, ist auf den nachfolgenden Blättern niedergelegt worden. So ist es denn ein ganz natürlicher Wunsch des Autors, das Buch dem Hohen Förderer der kulturmorphologischen Heimat- und [w]Feldunternehmungen[w],[!][x] vorlegen zu dürfen."
Datum

Fr

26.V.1933.
Als ich soeben das in der vergangenen Nacht bis hierher Geschriebene nochmals las, wurde mir so recht klar und bewusst, in welchem faden Limonadenzustand der Schreiber dieser Zeilen angelangt ist. Welch blöder Stil! Welche [p]unschöne[p] Formulierung! Das Schlimmste aber ist, dass ich nicht einmal den Mut finde, alles zu zerreissen und noch einmal zu schreiben. Einfach aus dem Grunde, dass[y] das zweite ebenso schaal werden wuerde wie das erste. Fuer den Augenblick muss ich so verbraucht werden[,] wie ich bin[,] und ich bitte Sie, Seine Majestaet zu fragen, [k]ob ich eine entsprechende Form solcher Art mit dem [j]Dankesausdruck „eventuel[!]"[j] in diese neue Arbeit einfügen darf.[z] Ich nehme an, dass ich in Biganzolo nach alter Erfahrung mich sehr bald „zurechtgeschlafen" haben werde, und [j]dass dann eine geschickte Façon gefunden wird.[jkz5]

---

[p] *Nicht in U*
[q] *Ae und De*
[r] *Ae und De:* Klein
[s] *Ae und De statt* wissenschaftlicher Freunde
[t] *U:* wurden
[u] *Ae und De:* Arbeitsgemeinschaft
[v] *Ae und De:* „Hier
[w] *U:* Feldunternehmung
[x] *Ae und De:* dieses
[y] *Ae und De:* ich
[z] *In U₁ Marginalie Wilhelms:* ja

---

[4] DIAFE VI 1912–14 in den algerischen Saharaatlas.

[5] Wilhelm ließ Frobenius am 7. Juni seine Zustimmung mitteilen (Dommes an Frobenius, 7.6.1933, FI: LF 603b/19). Die endgültige Widmung des Buchs lautet: „Am 16. Dezember des Jahres 1912 hat Seine Majestät der Deutsche Kaiser und König von Preußen, Wilhelm II., Sich von mir zum ersten Male über die Kulturen Afrikas, und was diese für die Weltgeschichte der Kultur bedeuten, Vortrag halten lassen. Die erste Folge dieses Vortrags war, daß Seine Majestät der Kaiser unserer Arbeitsgemeinschaft alsbald die Möglichkeit zu einer Expedition gab, in deren Verlauf die alten Felsbilder und Grabbauten Kleinafrikas aufgenommen werden konnten; eine zweite, daß in späteren Jahren eine Reihe von Fachgenossen alljährlich zusammengerufen wurden, die sich als Doorner Arbeitsgemeinschaft zu einem auf großzügigem Interesse aufgebauten Gedankenaustausch nun oftmals vereinigten. Was der Schreiber dieser Zeilen etwa an Anregungen zu jenen Besprechungen beitrug und was er als Ergebnis von ihnen mit fortnahm, ist auf den nachfolgenden Blättern niedergelegt worden. So ist es denn sein ganz natürlicher Wunsch, dies Werk dem Hohen Förderer der kulturmorphologischen Heimat- und Feldarbeit vorlegen zu dürfen.

Frankfurt a.M., im August 1933"."

Hiervon hängt das eventuel[!] ab und zweitens davon, dass diese „Kunst- und Literatur-geschichte" auch die achtbare äussere Erscheinungsform gewinnt, die einer solchen Anprache würdig ist.

Vielleicht haben Sie die Güte, mir mit ein paar Zeilen nach Biganzolo zu schreiben.

Meine besten Empfehlungen an alle Doorner Damen und Herren.

Mit dem Gruss der Verehrung
Frobenius

174.

Frobenius an Wilhelm II., 20.6.1933, Biganzolo

Eigenhändige Ausfertigung:
A   AEW: 1629 D5–E3
Durchschrift der eigenhändigen Ausfertigung:
D   FI: LF 612/95–107
Maschinenschriftliche Umschrift:
U₁   AEW: 1627 C6–C8
U₂   AEW: 1682 D2–D4

Euer Majestät

So sonnig und heiss, wie erhofft, ist dieser Juni nun nicht und somit nicht so [a]„gefährlich" für zarte Naturen[a] gewesen. Für uns Kräftigeren[!] waren es [b]„wieder einmal"[b] unerhört hilfreiche Stunden[,] und nachdem nun auch alles noch im letzten Augenblick [c]„Hintendraufgesattelte"[c] erledigt worden ist, athme ich [d]zum ersten Male[d] seit Monaten bewusst als frischer und sich seiner Gesundheit bewusster Mensch auf. Die Nächte spenden wieder ganze Serien von erquickendem Schlaf, die Gedanken beginnen sich wieder in geordneten Kolonnen zu bewegen und ein aushältliches Marschtempo einzuschlagen. Die gespenstischen Vergessensbefürchtungen sind vertrieben. Die grauenvolle Angst, ob auch für alle Fälle eine letzte Bilanz geordnet ist, – alles das sind wieder einmal Weggeblasenheiten.

Unter dem Allerlei, das [e]nach[e] eilender Versorgung unter Dach gekommen ist, hat durch das Schreiben des Generals von Dommes v. 7. Juni[1] auch die Kunstgeschichte[2] ihr

---

[a] *U:* „gefaehrlich fuer zarte Naturen"   [b] *U:* wieder einmal   [c] *U:* Hintendraufgepackte
[d] *U:* zuerst   [e] *Ae und De*

---

[1] S.o. Nr. 173, Anm. 5.

[2] Leo Frobenius, Kulturgeschichte Afrikas. Prolegomena zu einer historischen Gestaltlehre, Zürich 1933.

sigillum ultimum erhalten. In meinem Herzen ^f waltet^f eine grosse Dankbarkeit dafür, dass ich ^g das^g „Erinnerungsblatt" derart signieren darf. Wie Euer Majestät wissen, war es ja eigentlich eine meiner schönsten Vorstellungen: ^h dies^h Monumental- und Standard-Werk von der Gorgo. Aber als ich nun sah[,] wie ausserordentlich irdisch gerade heute in der Zeit grosser „Bewegungen" alles Irdische ist, befiehl[!] mich die Sorge, dass das Grosse doch wohl allzu gross ^i gefasst^i sei[,] um augenblicklich und in den nächsten Jahren ausgeführt werden zu können, – und dann wäre „es" vielleicht nie geworden. Aber einmal müssen diese Gedanken und Erkenntnisse festgehalten werden, da ein Späterer es kaum mehr in so ursprünglicher Frische gekonnt hätte[,] und so hiess es denn: „Lieber unscheinbarer als garnicht." – Wie ein vulkanischer Ausbruch ist dann die Niederschrift vor sich gegangen. ^j Von der elementaren Wucht, die^j dabei über alle Wahrscheinlichkeiten ^k hin^k wegraste[,] war der „Krater selbst" allnächtlich erschüttert und in hypnotische Lethargie geschleudert. Ein wahnsinniger Hexentanz. – Nun ist der Lavastrom in die Buchdruckerpresse geflossen und wird da in kühlerer Temperatur und trägerem Laufe sein Geschick vollenden. Die „Amazonen" und „Kameraden" des Institutes haben in ^m altbewährten^l Sorgfalten^m ihres Amtes gewaltet. Die Revision ^e des Manuskriptes^e hat die scharf geschürte Flamme strengster Nachprüfung durchgehalten.

Etwas stört mich wenigstens der Titel des Buches. Nur z.T. deckt dieser sich mit dem ^n Inhalt (im zweiten)^3. Zur^n Hauptsache ist es doch wohl eine Einstellungslehre. Dass einmal die Grundlinien einer solchen festgelegt worden sind, dürfte gut sein[,] allein schon damit so der Ausgangspunkt für eine Plattform geschaffen wird. – Viel berechtigtes Vergnügen ^o versprechen wir im Institut uns von dem^o zu erwartenden und zu erhoffenden Perükkenaufruhr[!]! Heissa[,] wird das eine Puderluft geben! –

Des Ferneren haben Euer Majestät Anspruch auf Bericht und Meldung über die Lage ^p von^p Institut und Archiv. Endgültiges kann noch nicht gesagt werden. Die Sache verlief so, dass wir^q, nachdem wir schon den Winter über zwischen Schaffott und Gefängnis hin- und ^r hergelaufen^r (nur der unentwegte und herrliche Schmidt-Ott hat ^s stets weiter seinen^s Mann gestanden) waren, mit der letzten Umwälzung zunächst einmal ^t zum^t ^u Tode verurteilt wurden^u. Was hierzu Veranlassung gab, haben wir ^u bis heute nicht erfahren^u^v. Es blieb gar nichts anderes übrig, als ^u regelrechte Schlachten^u zu provociren. Dies gelang und aus allen Kämpfen konnten wir ^u siegreich heimkehren^u. Dadurch erreichten wir, dass wir die verschiedensten Male ^u gründlich revidirt^u und ^u besichtigt wurden^u. Nach ^u dreimonatlicher[!] „voller" Kassenleere^u hatten wir unser ^u Existenzrecht erwiesen^u. Unsre Bezüge ^u wurden wieder ausgezahlt und^u – ich konnte mich hierher zurückziehen.

---

^f *U:* wacht   ^g *U:* dies   ^h *U:* dieses   ^i *U:* gedacht   ^j *U: Von dem elementaren Wust, der*
^k *Nicht in U*   ^l *Ae und De:* T   ^m *U:* altbewaehrter Sorgfalt
^n *U:* Inhalt. Zur   ^o *U:* verspueren wir im Institut für den   ^p *U:* im
^q *Ae und De:* unt   ^r *Ae und De aus* herliefen   ^s *U:* stets seinen
^t *U:* zu   ^u *In A von Wilhelm unterstrichen*   ^v *In A Anmerkung Wilhelms:* wie immer!

---

^3 Der zweite Teil dieses Buchs, überschrieben „Gebilde, Bildnis, Bild" (S. 43–242); er wird eingerahmt durch die Teile „Betrachtung" (S. 9–41), der die Methodik erläutert, und „Dichtung. Das Afrikanische als Eigensinn (Gegenwart)" (S. 243–432).

Die Fortsetzung wird wohl an den ersten Julitagen – natürlich in Berlin – erfolgen[,] und besteht, vorausgesetzt, dass nicht neue Complikationen ausserhalb der eigenen kleinen Interessenfelder auftauchen, eine gewisse Hoffnung endlicher Hafengewinnung. – Dabei muss ich sagen, um keine Misverständnisse[!] zu erwecken, dass bei der Regierung selbst <u>keinerlei</u> schlimme Absicht herrschte[w] oder heute vorhanden [x]sind[!][xw]; wie aber immer in Zeiten der Umwälzung machen sich allenthalben [u]„wildgewordene Spiesser“[u] (– der Ausdruck stammt von der Regierung selbst –) breit, die auf Ansprüche der ([e]meist[e] recht jungen) [u]Mannentreue[u] pochen. Da nun auch die heutige Geistigkeit auf die „Kulturkunde“ grosse Stücke hält, da diese Bethätigung also eine [u]„Carriere“[u] verspricht, so sind vielerlei Leute dabei, das [u]Alte[u], auf welche Weise es auch immer sei, zu [u]miscreditiren[!][u]. Besonders in Frankfurt grassirt dies Unwesen. Der Reihe nach wurde ich angeklagt 1.) ein [u]Judenabkömmling[u] zu sein (erfreulicher Weise[!] ist unser Stammbaum nun bis in die Zeit Frobens mit dem Schimmel[4] und des mittelalterlichen[!] Buchdruckers[5] amtlich feststellbar)[,] 2.) als [u]„radikaler Sozialdemokrat“[u](!)[y])[,] 3.) als gefährlicher [u]Freimauerer und[u] [z]Logenbruder[z] (und nun ein vergnüglicher Punkt!), [u]wodurch Euer Majestät Wohlwollen[u] [aa]mir gegenüber[aa] zu [u]erklären sei[uy] etc. [u]Hexensabato[!][u]! Meine Achtung vor der lieben „Mitwelt“ als solcher ist in dieser Zeit nicht gerade gestiegen. Aber all' die [bb]Schönheiten[bb] von Seelenauswirkung gab[!] mir einige Male wundervolle Gelegenheit, so recht [u]preussisch klar[u], bekenntnismässig und entsprechend [u]Grob[!][ucc] meine [dd]Ansichten[ddee] aufzubauen. Es hat [u]immer wohlgethan, den anderen sowohl [ff]wie[ff] mir[u]. Euer Majestät Hoher Name wurde dabei mit [k]so[k]viel Betonung an entsprechenden [gg]Stetten[!][gg] eingefügt, wie es die [u]Auslegung der 10 Gebote nur zulässt[u]. Im [u]Zweifel[u] [hh]sind[hh] jedenfalls[ii], die diese Ergüsse über sich [u]ergehen lassen mussten[u], über [u]das[u], was ich [u]verehre[,] und das[,] was die Nachwelt nach meiner Ansicht sagen wird, nicht mehr[u]. Es war im Übrigen[!] wieder einmal die alte Geschichte: „wenn es nicht zum Heulen gewesen wäre, [u]hätte man sich halb totlachen können[u]“. Es ist schon ein schlimmer [u]Gesindelsgeist[u], der sicherlich schon seit Längerem [u]in Frankfurt[u] besteht, aber seit 1918 in einer Weise gewuchert hat, dass [u]grüne Seife[u] nicht [u]allein genügen[u] wird.

---

[w] *In A Anmerkung Wilhelms:* ?   [x] *U:* ist   [y] *In A Anmerkung Wilhelms:* !

[z] *In A von Wilhelm doppelt unterstrichen und mit ! versehen*   [aa] *Ae und De statt* zu mir

[bb] *U:* Schoenheit   [cc] *In A Anmerkung Wilhelms:* sehr gut

[dd] *U:* Ansicht   [ee] *Ae und De:* zur   [ff] *U:* als

[gg] *U:* Stellen   [hh] *U:* sind sich   [ii] *U:* die

---

[4] Emanuel Froben, Stallmeister des „Großen Kurfürsten" Friedrich Wilhelm von Brandenburg, soll angeblich in der Schlacht von Fehrbellin seinem Herrn das Leben gerettet haben, indem er dessen auffälligen Schimmel bestieg und damit die für ihn bestimmten Kugeln auf sich zog. Die bekannteste Darstellung findet sich in Heinrich von Kleists „Prinz Friedrich von Homburg" (II. Akt, 8. Auftritt). Die Popularität dieser Episode wird auch dadurch belegt, daß Karl May sie offenbar als bekannt voraussetzt, wenn er seinen alles Bildungswissen seiner Zeit durcheinanderwerfenden Hobble-Frank sagen läßt: „Es ist das ganz derselbige Schimmel, off welchem kurze Zeit schpäter in der Schlacht bei Cannä der Stallmeester Froben erschossen wurde." (Der Geist der Llano estakata, in: Der Gute Kamerad. Spemanns Illustrierte Knaben-Zeitung 2 (1888), S. 587).

[5] Der erste Drucker der Familie war Johann Froben (1460–1527), der in Basel zahlreiche humanistische Schriften, darunter ab 1515 fast alle Werke des Erasmus von Rotterdam, verlegte.

Diesem wenig Erfreulichen gegenüber haben wir nun ^{jj}aber^{jj} auch wertvolle und positive Erfahrungen machen können. Vordem hat ja die Fachwissenschaft 33 Jahre hindurch in einer nicht immer gerade sehr sachlichen oder gar ritterlichen Weise gegen die Kulturkreislehre Stürme gelaufen, gestichelt und „gegast". All dies ist nun – und zwar[,] wie es scheint[,] so vollkommen verschwunden, dass uns Institutsleuten sogar manchmal etwas fehlt. Der Ton mit der Fachwelt ist <u>sehr</u> erfreulich geworden[,] und die Erlebnisse in der eigenen ^uFakultät^u (und nicht nur mit dem Freundeskreis) weisen immer ^uschönere Symptome^u der ^uHerzlichkeit^u auf. ^{kk}Das^{kk} ist nun für mich gleichsam ein himmlisches Gnadengeschenk. Denn wie wenigen Sterblichen ist es gewährt[,] eine neue Denkrichtung ^{ll}miteinrenken^{ll} helfen und neue Wissenschaftsgebiete erschliessen zu dürfen und hierfür noch zu Lebzeiten freundliche Aufnahmebereitschaft zu finden. Ja, ein wahres Gnadengeschenk ist es, ^{mm}dessen^{mm} Genuss ungeahnte Dankbarkeit und Fähigkeit[,] ⁿⁿauch noch weiterⁿⁿ durchzuführen, was als schicksalmässiges Amt verliehen ^{oo}ist, verleiht.^{oo}

Euer Majestät haben eine lange Zeit nichts gehört über die Ausarbeitung der Beiträglein, die wir Institutsleute ^{pp}etwa zu dem   liefern^{pp} können. Es ^{qq}ist^{qq} an diesem Schweigen aber nicht nur die Wirrnis   der Zeit schuld. Dass die ^{rr}Arbeiten^{rr} niemals ganz unberücksichtigt ^{ss}blieben^{ss}, versteht sich von selbst. Immer wurde daran weiter gesponnen. Aber allgemach[!] stellte es sich heraus, dass die ursprünglichen Annahmen sich nicht als stichhaltig erwiesen. Hierüber kann etwas gesagt werden. Nehmlich:

1.) Das ^{tt}   ^{tt} ist später und sekundärer Natur. Die ihm zu Grunde liegende ^{uu}   -linientendenz[!]^{uu} entstammt der Tripolje-Cultur[6]. Es ist   eine Art „Komma"[,] das sich ebenso aus den Verschlingungen der Tripoljecultur herausgeschält und für ^{vv}Umformung^{vv} anderer Gebilde aktivierend geaeussert hat wie etwa das Kymma[!] (laufender Hund) oder das[!] Meander[!] oder die secundäre Spirale.[7] ^{ww}Dieser^{ww} Auswirkung durch Umformung ist nun auch das <u>Hakenkreuz</u> verfallen; und das ^uObjekt des Studiums Euerer Majestät^u kann nicht anderes sein als ein ^{xx}„verkommertes"^{xx} (Zeitwort von „Komma") ^wHakenkreuz^w. Wie ist nun solche Umdrehung aber in geistiger Hinsicht möglich gewesen? Entsprechend unserer früheren Vorstellung vom ^{yy}Sinn des Hakenkreuzes^{yy} wäre ^{zz}dies^{zz} kaum denkbar. Also ^{aaa}gillt[!] es^{aaa}

---

^{jj} *Nicht in U₁*   ^{kk} *U:* Es   ^{ll} *U:* einsenken   ^{mm} *U:* diesen   ⁿⁿ *U:* weiter
^{oo} *U:* ist.   ^{pp} *U:* zu der Monade-[!] liefern   ^{qq} *Ae und De statt* wird
^{rr} *U:* Arbeit   ^{ss} *U:* blieb   ^{tt} *U:* Monadezeichen
^{uu} *U mit von Wilhelm hinzugefügten Anführungszeichen:* „Komma-Linientendenz"
^{vv} *U:* Umfassungen   ^{ww} *Ae und De aus* Jede   ^{xx} *U:* „verkommates"
^{yy} *U:* Hakenkreuz und seinem Sinn   ^{zz} *U:* das   ^{aaa} *U:* ist:

---

[6] Jungsteinzeitliche Kultur, die um 3000 v.Chr. in der Ukraine, vor allem zwischen Seret und Bug, blühte und eine charakteristisch verzierte Keramik schuf.

[7] Kyma (auch: Spiralmäander), Mäander und sekundäre Spirale sind verschiedene – eckige oder runde – Abwandlungen ineinander übergehender, gereihter krummer bzw. Winkelformen, die so zur Verzierung von Bändern und Friesen dienen können.

2.) das ᵘHakenkreuz neu zu untersuchenᵘ und dessen ᵉursprünglicheᵉ Bedeutung zu eruieren. Ich liess alle ᵘalten Keramikenᵘ untersuchen und auf Veranlassung von Frau Weyersberg hat nun Frau ᵘAgnes Schulz im Britischen Museumᵘ die ᵘHerzfeldschen Ausgrabungenᵘᵇᵇᵇ geprüft, die ᵉz.T.ᵉ mit ᵘSusa IIᵘ verglichen werden können. In wenigen Wochen hoffe ich[,] Eurer Majestät die Ergebnisse dieser Studien in möglichst knapper und ᶜᶜᶜconciserᶜᶜᶜ Form (denn allzu [um]fassend erschwert den Überblick) vorlegen zu können. Aus diesen Studien ergiebt sich, dass das ᵘHakenkreuzᵘ im <u>Anfange</u> ᵘnicht nurᵘ Symbol der ᵘSonneᵘ gewesen sein kann, sondern Ausdruck einer ᵘBewegungᵘ, der darstellungsgemäss ebenso gut ᵘ„die Erde"ᵘ wie Tiere unterworfen werden. – etc.

Ohne einen kleinen Apparat von Abbildungen lässt sich das alles nicht gut erklären. Dieser wird, wie gesagt, jetzt zusammen gestellt[!] und dann Euerer Majestät unterbreitet werden. Euer Majestät werden dann ja Selbst bestimmen können, was zur weiteren Vorarbeit so oder anders wünschenswert ist. Euer Majestät würden mich zu herzlichem Dank verbinden, wenn aber alle diese Dinge zunächst nur mit dem verständnisvollen Grafen Schwerin[,] aber nicht mit ᵈᵈᵈdenᵈᵈᵈ Collegen erörtert werden, damit dann der Vortrag Eurer Majestät als geschlossene Einheit herauswirkt. Dies ist auch der Grund, weshalb ich die Behandlung des Themas aus der „Kunstgeschichte" herausgelassen habe.

Ich bitte um die Erlaubnis, Ihrer Majestät die Hand küssen zu dürfen.

Frobenius

ᵇᵇᵇ *In A Anmerkung Wilhelms:* Persien! ᶜᶜᶜ *U:* koncentrierter[!] ᵈᵈᵈ *U:* den anderen

175.

Wilhelm II. an Frobenius, 24.6.1933, Doorn

Maschinenschriftliche Ausfertigung:
A   FI: LF 617/4f.
Durchschläge der maschinenschriftlichen Ausfertigung:
D₁   AEW: 1627 D1
D₂   AEW: 1682 D4f.

Meine verehrte Exzellenz!

Ihr prachtvoller Brief[1] hat mich ueber Ihren Gesundheitszustand wieder beruhigt. Nach allem, was Sie durchgemacht hatten, scheint die Ruhe von Biganzolo Ihnen gegenueber ihre Pflicht in vollem Masse getan zu haben. Abgesehen von Ihrem 60. Ge-

---

[1] Nr. 174.

burtstage, den Sie demnaechst begehen werden, habe ich mehrfachen Anlass, Ihnen Glueck zu wuenschen. Zunaechst zu der erfreulichen Tatsache, dass Ihr Lawastrom[!] nunmehr in die Buchdruckerpresse geflossen ist,[!] und von dort aus seiner hohen Bestimmung entgegengeht[!]. Ich zweifele nicht daran, dass auch in dem verkleinerten Masstabe ein hervorragendes Standardwerk ueber die [a]„Einstellungslehre[a]"[a] erscheinen und Aufsehen erregen wird, und freue mich auf das Waffenklirren in der[a],[a] wenn nicht von Pulverrauch, so doch von Perueckenpuder erfuellten Luft! Der Sieg ist Ihnen sicher!

Ferner gratuliere ich Ihnen dazu, dass es Ihnen gelungen ist, Ihr Institut durch die gefahrdrohenden Klippen gluecklich hindurch zu lotsen. Eigentlich war es ja selbstverstaendlich, dass Sie als kampferprobter Recke mit den „wildgewordenen Spiessern" fertig werden wuerden; aber es ist doch schoen, dass der Sieg nun tatsaechlich erkaempft ist. Die „preussische Klarheit" war dabei ein guter Bundesgenosse, und ich freue mich zu hoeren, dass Ihnen der treffliche Schmidt-Ott treu zur Seite gestanden hat. Ich kann verstehen, dass Sie Ihren Sieg als ein „himmlisches Geschenk" empfinden. „Allen Gewalten zum Trotz sich erhalten!"[2] – das wird auch fernerhin Ihr Losungswort sein, wo es sich nicht mehr darum handelt, die Kulturkreislehre zum Siege zu fuehren, sondern trotz aller Widerstaende weiter auszubauen und zu vertiefen.

Besonders dankbar bin ich Ihnen, dass Sie sich unter allen Wirren der letzten Zeit auch dauernd dem Studium der Monade gewidmet haben. Die Ergebnisse Ihrer Forschungen auf diesem Gebiet sind hoechst interessant und ueberraschend. Die von Ihnen festgestellten Beziehungen des Monadezeichens zum Hakenkreuz und dessen Bedeutung als „Ausdruck einer Bewegung" eroeffnen ungeahnte Perspektiven fuer die weitere Kulturforschung. Wollen Sie mir bitte sagen, was Sie unter [b]Tripolje[b]-Kultur verstehen? der[!] Ausdruck ist mir neu. Das mir anempfohlene Stillschweigen auf diesem Gebiet werde ich strenge innehalten, damit mein Vortrag vor der D.A.G. seine volle Wirkung ausuebt! – Ihren weiteren Mitteilungen sehe ich mit grosser Spannung entgegen.

Zunaechst aber feiern Sie kraeftig Ihren 60. Geburtstag! Hurra! [c]Inshallah![c3]

Wilhelm
I.R.

---

[a] *Ax*   [b] *In A von Wilhelm unterstrichen*   [c] *Ae und D$_i$f*

---

[2] „Allen Gewalten
Zum Trotz sich erhalten,
Nimmer sich beugen,
Kräftig sich zeigen
Rufet die Arme
Der Götter herbei"
 (Worte des Magus im zweiten Aufzug von Goethes Singspiel „Lila").
[3] S.o. Nr. 47, Anm. 7.

Wilhelm II. an Frobenius, 29.6.1933, Doorn, „Brieftelegramm"

Maschinenschriftliches Konzept:
K   AEW: 1627 D5

 Ihre Majestät die Kaiserin und ich senden Ihnen zu Ihrem 60. Geburtstage Unsere besten Gruesse, in dankbarer Wuerdigung der hohen Werte, um die Sie in hingebender Forscherarbeit das Kulturgut der Welt bereichert haben, und mit dem herzlichen Wunsche, dass es Ihnen vergoennt sei, in Gesundheit und Kraft Ihr Lebenswerk fortzufuehren. Vorwaerts mit frischem Mut!

 Zur bleibenden Erinnerung an den inhaltsreichen Lebensabschnitt, auf den Sie jetzt mit Stolz zurueckblicken koennen, verleihe Ich Ihnen Mein Bild mit Unterschrift.

[a]Ihr treuer Freund[a]
gez. Wilhelm I.R.

---

[a] *Von Schwerins Hand ergänzt*

177.

Wilhelm II. und „Hofstaat" an Frobenius, 29.6.1933, Doorn, Telegramm

Maschinenschriftliches Konzept (auf Telegrammformular):
K   AEW: 1627 D5

Ein donnerndes Hoch dem jugendlichen Jubilar[.][1] Inschallah![2]

Wilhelm I.R.
General Waters, Schwerin, Dommes
Levetzow, Ilsemann, Green, Houten
Brandt, Kupsch.

---

[1] Dieser Tag war Frobenius' 60. Geburtstag.
[2] S.o. Nr. 47, Anm. 7.

Wilhelm II. an Frobenius, 16.7.1933, Doorn

Eigenhändige Ausfertigung:
A   FI: LF 617/6–9
Maschinenschriftliche Abschrift:
U   AEW: 1627 E2

Meine verehrteste [a]Exzellenz[a]

Hoffentlich haben Sie Ihre Jubiläumsfeier[1] leidlich gut überstanden. Sie wird Ihnen in puncto Anerkennung doch – in der grossen Oeffentlichkeit – eine grosse Genugthuung gebracht haben! –

Inzwischen konnte ich Ihnen die „Germania" mit dem Aufsatz Wirth's über das Hakenkreuz[2], sowie ein von der „streitbaren Gräfin" eingesandtes, [b]von ihr[b] mit bearbeitetes Buch „Les Pygmées" von P. Trilles[3] einsenden. In ihrem Begleitschreiben pries die hohe Frau die „Ethik" u[.] vor allem den „Gottesbegriff" der kleinen Herrschaften als derart erhaben und schön, dass die ganzen Hochkulturen von Mesopotamien nichts im Vergleich dazu seien! In meiner Antwort[4] habe ich die Arbeit und den bei ihrer Ausführung aufgewendeten Fleiss gebührend bewundert, aber doch auf den complizirten Geisterkult (Regenbogen, Elephant p.p.) sowie auf das Verbot des Kannibalismus hinzuweisen mir erlaubt, [c]das[c] zeigt, dass diese Männlein – trotz der „himmelhohen" Ethik – doch gelegentlich ein Menschencotelett nicht verschmähen.

Auch das von ihr erwähnte Mädchenopfer verräth Sitten u[.] Anschauungen[,] welche bei uns nicht mehr im Schwange sind, da Mädchen [b]jetzt[b] sich das nicht gefallen lassen. Merkwürdig sei es, dass diese Muster von braven Menschen, sich niemals berufen gefühlt hätten, ihre „Ethik" nebst ihrem „hocherhabenen Gottesglauben" auf ihre Nachbarn oder gar in Afrika weiterzuverbreiten, sei es durch Missonsthätigkeit[!], sei es durch die Waffen – wie die Mahomedaner –. Sie hätten [d]also[d] als „Kulturträger" total versagt. Während die Mesopotamier, insbesondere die Sumerer mit ihren „Gottesbegriffen" über Abram, Moses u[.] die Propheten Alt-Israels bis in unsere Tage auf die Christenwelt wirkten. Also könne man wirklich nicht gegen Sumer zu Gunsten der Pygmäen entscheiden. Sei seien anscheinend brave, gute kleine Herrschaften[,] voilà tout! –

Aus Ihrem Briefe[5] entnahm ich die neueste Auffassung über das Hakenkreuz in seiner ältesten Form als Symbol der Bewegung überhaupt, auch anscheinend der Thiere; wie auch gleichfalls die Monade denselben [b]Zweck[b] zu haben scheint. Frage?:

---

[a] *U:* Exzellenz! (Frobenius)   [b] *Ae*   [c] *U:* der[!]   [d] *Nicht in U*

---

[1] Der 29. Juni war Frobenius' 60. Geburtstag gewesen.

[2] Herman Wirth, Vom Ursprung und Sinn des Hakenkreuzes, in: Germanien. Monatshefte für Vorgeschichte zur Erkenntnis deutschen Wesens 5 (1933), S. 161–166.

[3] Henri Louis Marie Paul Trilles, Les Pygmées de la forêt équatoriale, Paris 1932. Trilles dankt der Altgräfin von Salm im Vorwort für Korrekturen und Ergänzungen zu seinem Manuskript.

[4] Nicht ermittelt.   [5] Nr. 174.

Nun ist mir folgender Gedanke gekommen: „Aelteste Form: Symbol <u>der Bewegung als</u> <u>solcher</u>.[“] Später übertragen auf die <u>Bewegung</u> der <u>Körper im Kosmos</u> (Himmelskörper, Sonne, Mond p.p.). Legt man nun das Hakenkreuz auf die im Knielauf dargestellte Gorgo, dann kommt ungefähr dasselbe als gewissermassen ihr Skelett zum wirken. Sollte nicht ^eetwa^e die Gorgo als <u>anthropomorphe Gestalt</u> aus dem Hakenkreuz sich entwickelt haben können? <u>Anthropomorphe</u> <u>Personifikation</u> der <u>Bewegung</u>, die dann auf die Sonne <u>übertragen</u>, schliesslich zum <u>Sonnenbewegungs-Symbol</u> wird?

Mir liegt soeben die Illustr[ated] London-News[!] vom 8.VII vor mit Photos von den Brit[ischen] Ausgrabungen bei Corinth im Perachora Heraion[6] <u>(Bitte um Rücksendung!)</u>[.] Da sind 2 Gorgonen dargestellt. Die <u>erste</u> auf pg. 65 in ganzer Figur schreitend – <u>nicht im Knielauf</u> – ein Flügelpaar <u>vorn</u> von der Brust, ein Paar <u>rückwärts</u> von den Schultern ausgehend, <u>dazwischen</u> die Arme eine stylisirte Ranke mit Lilien haltend.[7] Die Lilie ist bekanntlich – auch heraldisch – das alte Symbol für das <u>Feuer</u>, also hier für die <u>Sonne</u>. Also für mich ist die Figur fraglos <u>Gorgo</u>. Sie zeigt aegyptischen Einschlag in Stellung und Haltung, und Kretisch-Mykenischen[!] in der eingeschnürten Taille u[.] enganliegendem Rock oder Hemd. Sarre u[.] Boehl, denen ich die Bilder zeigte, machten sofort auf diese Erscheinung aufmerksam. Datirung ihrer Ansicht nach zu spät: 8tes Jahrh[undert]

<u>Die 2te Gorgo</u> auf pg. 67 (Bronze) hat eine fabelhafte Aehnlichkeit mit meiner aus Korfu.[8] Nur dass hier der ganze Oberkörper mit Federn bedeckt ist und auch wieder je <u>2</u> <u>Flügelpaare</u> <u>vorn</u> aus der Brust, <u>rückwärts</u> aus den Schultern herauswachsen, <u>dazwischen</u> die Arme. Eine neue Auffassung, die ich noch nie gesehen habe. Auch hier ist Datirung viel zu spät[,] sie wird um 730 p. Chr. anzusetzen sein; also etwa gleichzeitig mit der Gorgo aus Korfu. Die kleine Herafigur erinnert an die Diana von Ephesus[9].

Ich sende die betr[e]f[fenden] Blätter mit ein, falls Sie die Zeitung noch nicht haben sollten. (Bitte wieder zurück)

^fSarres^f Vortrag über Alt-Islam[ische] Kunst sehr interessant. Er kommt im Herbst zur Sitzung der D.A.G. und da er seit langen Jahren sich mit der bei der nächsten Sitzung zu behandelnden <u>Standartenfrage</u> beschäftigt hat, habe ich ihn beauftragt[,] uns ein Referat darüber zu machen.[10]

---

^e *U:* schon   ^f *U:* Darres

---

[6] H.G.G. Payne, The Discovery of a Heraeum on the Gulf of Corinth, in: Illustrated London News vom 8.7.1933, S. 65–67.

[7] Die Bildunterschrift in den Illustrated London News lautet: „A clay plaque with a winged figure in relief upon it, holding floral scrolls of a form characteristic of the beginning of the seventh century B.C." Wilhelm ergänzte in seinem Exemplar: „<u>Gorgo</u>! Die stylisierte Lilie Symbol des Feuers, hier Sonne!" (AEW: 1695 D2).

[8] Dort findet sich jeweils eine Ansicht der Vorder- und eine der Rückseite der Bronze. Identifiziert wird sie als „a bronze Gorgon, from a vase or tripod, of the middle of the sixth century B.C." Wilhelm ergänzte: „selbe Zeit wie vorne p. 65 die Schreitende Gorgo" (AEW: 1695 D5).

[9] Das durch Kopien bekannte Kultbild des als eines der Weltwunder geltenden Artemistempels von Ephesos, dessen Herkunft und Entstehungszeit umstritten sind. Wilhelm vergleicht es hier mit der auf S. 67 des Artikels abgebildete Tonstatuette der Hera, deren charakteristische Körperhaltung ihm in der Tat ähnelt.

[10] Sarre hielt bei der DAG-Tagung am 28.10.1933 den Vortrag „Das Feldzeichen im Alten Orient".

Mit besten Wünschen und Grüssen sowie Wünschen für Sie und Ihr Institut[,] Inshallah![11]

Ihr treuer Freund und Mitarbeiter
Wilhelm
I.R.
Vorsitzender der Doorner[!] D.A.G

---

[11] S.o. Nr. 47, Anm. 7.

179.

Frobenius an Wilhelm II., 17.7.1933, Frankfurt am Main

Eigenhändige Ausfertigung:
A   AEW: 1627 D7–E1
Durchschrift der eiegnhändigen Ausfertigung:
D   FI: LF 612/108–113
Maschinenschriftliche Umschrift der Ausfertigung:
U1   AEW: 1627 D6
U2   AEW: 1682 D1

Euer Majestät;

Auch[!] im neu angebrochenen Lebensdezennium scheint mir ein angenehmes Erledigen des Selbstverständlichen aus breitem Lebensbehagen heraus nicht gewährt zu werden. „Nur nicht atrophieren!“[,] heisst die Schicksalsparole immer wieder. Und so vermag die genügend erschütterte Seele sich auch dieses Mal sich von der Überlast der Dankesgefühle nicht aus dem Leben heraus[,] sondern[a] erst aus der Erinnerung befreien zu dürfen.[!]

Es war ein monumentaler Bau, den die Menschheit, will sagen[:] die Güte der Mitwelt mir zum 29[.] VI[.][1] aufgerichtet hatte. In der Mitte die Brieftelegramme, Briefe und die Buchwidmung Euerer und Ihrer Majestät. Daneben auch ein Bild[2] und darum ein schier unermesslicher Reichtum von Gaben[,] unter denen fast monumentale Geschenke der Besitzgesegneten aber für mich [b]zurücktreten[b] neben dem aeusserlich Unscheinbaren, das aber aus tiefstem Gemüt und dem Bedürfnis mittlerweile völlig verarmter Menschen stammte. Es hatte etwas Ergreifendes! Hierzu dann die Unzahl von Briefen und Depeschen, zu oberst[!] wieder eine von Eurer Majestät eingeleitete des Doorner Hoofstaates[!][3].

---

[a] *Ae und De:* an   [b] *U:* Zurueckhalter

[1] Frobenius' 60. Geburtstag.   [2] S.o. Nr. 176.   [3] Nr. 177.

Das alles taucht nunmehr, wo mich das Geschick wieder frei[!] gelassen hat, in der Erinnerung auf und – ich staune^c ob solcher unausdenkbarer Fülle[,] und die Stimme versagt mir.

Das Merkwürdigste – aber was wäre bei alle dem[!] nicht merkwürdig gewesen! – ist für mich das von Eurer Majestät eingeleitete Buch[4] gewesen. In rasenden Fahrten und auf erzwungenem Lager konnte ich es lesen. Was das „Sonderbare" ist? Nun, dass ich Leo Frobenius erkannt habe, dass ich noch viel törichter bin, als ich gedacht hatte. Denn wunderlicher Weise[!] hatte ich mir bis dahin eingebildet, ich hätte mich mit meinen Freunden und meinen Kameraden so oft und so eingehend über die unsere Anschauung und ^dDenken^d betreffende Stoffe unterhalten, dass ich eines jeden Mentalität und Vorstellungswelt kenne! Was aber sehe ich nun vor mir^e?^e Eine ganze Kette bedeutungsvoller Physiognomien, jede eine Eigenwelt. Natürlich ist es mir immer „selbstverständliche Voraussetzung" gewesen, dass die ^fHerrlichkeit^f des Lebens und die Gnade des Daseins in der Buntheit und Verschiedenartigkeit der Erscheinungen liegt. Aber so dick unterstrichen ist mir der Satz noch nie unter die Nase gehalten worden.

Morgen früh wird auch Frau Weyersberg aus München von unserer Ausstellung zurückgekehrt sein[,] und dann beginnt sogleich die Ausarbeitung der Reinschriftzeichnungen[!] für die Diapositive des Yin-Yan[g]-Vortrages.[5]

Dr. Wieschhoff, der inzwischen geheiratet hat, kehrt Anfang nächster Woche zurück[,] und dann folgen Darlegungen über ^gTripolje^gkeramik[6], Sacrale[!] Umgang etc.

In Père Trilles[']) Pygmäenbuch[7] konnte ich einige Blicke werfen. Jetzt verstehe ich ^hdie starke Gebundenheit der Frau Altgräfin^h. Da sie selbst so stark in diesen Arbeiten verhaftet ist, kann dieser Feuergeist gar nicht anders als sich „voll und ganz" einsetzen. Es kommt mir nunmehr beinahe wie ein kleines Unrecht vor, einmal an die Möglichkeit einer Auseinandersetzung mit dieser fraglos bedeutenden[,] aber auf klare Bedingtheit angewiesenen Natur gedacht zu haben.

So – und nun gillt es mit beiden Füssen mitten hineinzuspringen in die Ackerfurchen, die der Pflug der Neuzeit im Deutschen[!] Boden aufgerissen hat und zu erproben, ob unsere Deutsche[!] Mutter Erde[!] den geistigen Saamen in gnädiger Fruchtbarkeit empfangen will.

Ich bitte[,] Ihrer Majestät die Hand küssen zu dürfen.

Frobenius

---

^c *Ae und De: of*   ^d *U: unser Denken*   ^e *U: !*   ^f *U: Herzlichkeit*

^g *In A von Wilhelm unterstrichen und unter der Zeile mit einem Fragezeichen versehen*

^h *In A von Wilhelm unterstrichen*

---

[4] Die aus Anlaß des Geburtstags erstellte Festschrift (Leo Frobenius. Ein Lebenswerk aus der Zeit der Kulturwende. Dargestellt von seinen Freunden und Schülern, Leipzig 1933) beginnt mit einem Grußwort Wilhelms II. (S. 5f.), in dessen „Hausverlag" Koehler & Amelang sie erschien.

[5] S.o. Nr. 159.   [6] S.o. Nr. 174, Anm. 6.   [7] S.o. Nr. 178, Anm. 3.

Frobenius an Wilhelm II., 26.7.1933, Frankfurt am Main

Eigenhändige Ausfertigung:
A   AEW: 1627: E3f.
Durchschrift der eiegnhändigen Ausfertigung:
D   FI: LF 612/114–116

Euer Majestät

Schreiben vom 16[.] VII[.][1] mit Einlage ist hier zur Bearbeitung der laufenden Durchführung gelangt. Das Blatt mit den sehr schönen Gorgodarstellungen folgt an das Hofmarschallamt zurück.

Euer Majestät Überlegungen betreffend die Beziehung zwischen dem Kreislauf der Gorgo und dem Hakenkreuz liegen in der That im Sinnbau der ganzen Motivgruppe und wird dieser Gesichtspunkt auch in der Durchführung der Lichtbildergruppe an entsprechender Stelle für den Vortrag eingeschaltet werden.

Die Zusammenstellung der Bilder schreitet in der Bearbeitung durch eine Reihe von Assistenten schnell vorwärts (wie in dem Schreiben vom 17[.] Juli[2] schon vermeldet).

Leider stellen sich nach den energischen Eingriffen durch Prof. Vollhard im Unterbau des Schreibers dieser Zeilen Störungen ein, die durch 10tägigen Ruhezustand in Biganzolo geheilt werden sollen. Am 10ten August muss er dann zur Entscheidungsschlacht im Reichsministerium des Inneren in Berlin wieder Kopf-[!] und fusssicher[!] sein. Auf diese Entscheidungsschlacht freut der Kumpan sich von ganzem Herzen, wenn die derzeitige Schlappheit ihn auch recht verstimmt.

Er,[!] – der Schreiber dieser Zeilen – bittet um die Erlaubnis, Ihrer Majestät die Hand küssen zu dürfen.

Frobenius

---

[1] Nr. 178.   [2] Nr. 179.

<h1 style="text-align:center">181.</h1>

Frobenius an Dettlof Graf von Schwerin, 16.9.1933, [Frankfurt am Main]

Maschinenschriftliche Ausfertigung:
A   AEW: 1623 B8

[a]Mein lieber Graf!

Heute gehen die Lichtbilder für die Arbeit Seiner Majestät an Herrn von Sell ab. Die Grundlagen für die Ausarbeitung des Vortrages[1] werden am Montag oder Dienstag kommender Woche fertig werden, da die viele Schreiberei sehr behindert wurde.

Die ganze Sache ist so angelegt, dass die von mir eingehenden Texte mit fotografischen[!] Reproduktionen der Lichtbilder versehen sind, an deren Hand dann die Ausarbeitung erfolgen kann.

Ich selbst werde wohl die [b]kurze Hungerreise[b] nach der [b]Oase Kufra[b2] am 26. d. Mts. antreten.[c3]

In grösster Eile,[d] mit den besten Empfehlungen an alle Damen und Herren

Ihr sehr getreuer

[gez.] Frobenius

---

[a] *Vermerk Wilhelms:* Wünsche Meldung von ihm[,] wann hier in Doorn im Herbst die D.A.G. zusammentreten kann!   W.

[b] *Von Wilhelm unterstrichen*   [c] *Marginalie Wilhelms:* also doch!

[d] *Marginalie Wilhelms:* wie immer!

------

[1] S.o. Nr. 159.   [2] Oasengruppe im Südosten Libyens, 1931 von Italien eingenommen.

[3] S.o. Nr. 170, Anm. 7.

Frobenius an Wilhelm II., 20.9.1933, Frankfurt am Main

Eigenhändige Ausfertigung:
A   AEW: 1627 E7–F2
Durchschrift der eigenhändigen Ausfertigung:
D   FI: LF 612/117–121
Maschinenschriftliche Umschrift:
U₁   AEW: 1627 E5f.
U₂   AEW: 1682 C6

Euerer Majestät

wird gleichzeitig 1) inliegend ein Entwurf[1], 2) an ᵃden Hofmarschallᵃ das Materialakten-
stück zu dem vorgesehenen Vortrag übersandt.[2] Die Lichtbilder sind inzwischen hoffentlich wohlbehalten beim Herrn von Sell in Berlin ᵇangelangtᵇ.

Einige informierende Notizen werden dem Grafen Schwerin übersandt.[3]

Und nun wünsche ich von ganzem, ganzem Herzen, dass Euer Majestät an der
Arbeit einige Freude haben möchten. –

Graf Schwerin fragte bei mir wegen der Doorner Arbeitstagung an[,][4] und werde
ich ihm selbst ᶜheuteᶜ noch schreiben[,] so gut[,] wie ich kann. Was meine Beteiligung
hierbei betrifft, so bitte ich Eure Majestät[,] bedenken zu wollen, dass ich mehr und
mehr zum Objekt des Geschehens (um nicht zu sagen, zum „Spielball") werde. Die
Ansprüche wachsen, die Freiheit[,] selbst eine Zeit zu bestimmen[,] wird mehr und mehr
illusorisch. So kann ich unsere „Hungerexpedition"[5], die für Februar[/]Maerz angesetzt
war, erst mit nächster Woche beginnen. Sie muss ᵈinᵈ ᵉGalopptempoᵉ zurückgelegt werden, da ich Mitte November wieder zur Ausstellung unserer Copien in Paris sein muss,
Januar Wiener, dann Budapester Ausstellung ᶠetc. etc.ᶠ[6]

Wollen Euer Majestät bitte aus diesen Sätzen keine Klage ᵍherauslesenᵍ. Solches
würde meiner Einstellung nicht entsprechen. Es soll nur gesagt werden, dass dieses
Conglomerat von Ausstellungen, Vorträgen, Expeditionen, Publikationen, Leitungs-[,]
Lehr- und Schreibaufgaben etc. nachgerade eben Ansprüche an mich stellt, die mit
irgend einer Form des Selbstbestimmungsrechtes nichts mehr zu thun haben.

Um Eurer Majestät wenigstens eine Vorstellung von der bevorstehenden Aufgabe
zu geben, sei ein Kärtchen eingefügt (Karte![7]). Der Graf ʰAlmasyʰ hat im Sommer die

---

ᵃ *U:* das Hofmarschallamt   ᵇ *U:* angetanzt   ᶜ *U:* auch   ᵈ *U:* im
ᵉ *In A von Wilhelm unterstrichen*   ᶠ *U:* u.s.w.   ᵍ *U:* heraushoeren   ʰ *U:* Chuesy

---

[1] Eigenhändige Ausfertigung: AEW: 1627 F2–G2; maschinenschriftliche Umschrift: 1626 B6–B8 und
1682 E7–F1.
[2] S.o. Nr. 159.   [3] Frobenius an Schwerin, 20.9.1933 (FI: LF 604/51–53).
[4] S.o. Nr. 181, Anm. a.   [5] S.o. Nr. 181 und Nr. 170, Anm. 7.
[6] Die Felsbildausstellungen in Paris, Wien und Budapest fanden jeweils vom 11.11. bis 12.12.1933,
vom 13.1. bis 25.2.1934 und vom 1.3. bis 30.4.1934 statt.   [7] Nicht ermittelt.

neue Felsbildstation da gefunden, wo sie liegen musste[,] nehmlich[!] in Auenat, das genau auf dem Schnittpunkt der 25° Länge und 22° Breite liegt.[8] Es hat sich das ᵉbestätigtᵉ, was ich im Februar ᵉmit ihm in Wien besprachᵉ. Natürlich kann er ⁱalsⁱ reiner Geographiepionir[!] nichts mit den Dingen anfangen und so werde ich dann mit Dr. Rhotert und Fraeulein Pauli als Zeichnerin dorthin fahren, von dort aus noch einige Täler weiter nördlich untersuchen und dann in ᵉKufraᵉ[9] Athem schöpfen. Wir werden am ᵉ8ten Oktᵉ. in Cairo mit ᵉ2 Autos startenᵉ und müssen die ᵉ1900 km reiner Wüste im Galopp nehmenᵉ. Unsere Mittel sind mehr als knapp. (Es wird immer schlimmer). Aber geschafft muss es halt werden. „So sind halt die Zeiten." Ich selbst muss noch einen Tag in Rom halten, da der Duce mich vorher sprechen möchte[,] und fahre somit am ᵉDienstag frühᵉ hier ab.

Von ᵉKufraᵉ aus hoffe ich eine Nachricht geben zu können (Inschallah![10])

Somit nehme ich denn gleichzeitig Abschied.

Euer Majestät wissen, dass meine Gedanken in guten wie in bösen Stunden bei ʲden Meinenʲ und in Doorn weilen. Ihrer Majestät bitte ich die Hand küssen zu dürfen.

Frobenius

ⁱ *U:* aber[!]   ʲ *U:* dem Kaiser

---

[8] S.o. Nr. 149, Anm. 5. Zu Almásys Funden auch: László Ede Almásy, Schwimmer in der Wüste, Innsbruck ²1997, S. 130f. und 210–216.

[9] S.o. Nr. 181, Anm. 2.   [10] S.o. Nr. 47, Anm. 7.

183.

Wilhelm II. an Frobenius, 23.9.1933, Doorn, Telegramm

Ausgehändigte Fassung:
A   FI: LF 617/10
Maschinenschriftliches Konzept (auf Telegrammformular):
K   AEW: 1627 G2

Dank fuer Brief und reichhaltige Material Sendung[1] Bedauere schmerzlich Ihr Fernbleiben von DAG Glueck zur Reise und guten Erfolg fuer Ihr kuehnes Unternehmen Inschallah[2] Wilhelm I R

---

[1] Nr. 182.   [2] S.o. Nr. 47, Anm. 7.

184.

Wilhelm II. an Frobenius, 27.10.1933, Doorn, Telegramm

Ausgehändigte Fassung:
A   FI: LF 617/11
Maschinenschriftliches Konzept:
K   AEW: 1627 G3

Bei Eroeffnung der diesjaehrigen Tagung Meiner D.A.G. durch Meinen Vortrag ueber die chinesische Monade[1] gedenke Ich Ihrer mit schmerzlichem Bedauern, Sie nicht unter Meinen Zuhoerern zu haben! Das von Ihnen und Ihrem Institut beigesteuerte reiche Material, insbesondere die aus den aeltesten Kulturen liebevoll ausgewaehlten und in technischer Vollendung hergestellten Bilder waren sehr wertvoll zu interessanter Gestaltung und anschaulicher Illustrierung Meines Vortrages. Nochmals herzlichen Dank fuer die bereitwillige Hilfe!

Die Kaiserin und Ich senden Ihnen mit Unseren Gruessen Unsere besten Wuensche fuer einen erfolgreichen Verlauf und gluecklichen Ausgang Ihres kuehnen Unternehmens!
[a]Inshallah![a2]
Inschallah!

[gez.] Wilhelm I.R.
Vorsitzender der D.A.G.

---

[a] *Ae*

---

[1] S.o. Nr. 159, Anm. 4.   [2] S.o. Nr. 47, Anm. 7.

185.

Frobenius an das „Hofmarschallamt", 6.11.1933, Al-'Uweynāt[1], Telegramm

Durchschrift der eigenhändigen Ausfertigung:
D   FI: LF 606/53

Dank Brief Briefdepesche[2]. Stop. Garamaanschluss[3] durch unerhört herrliche Bilder belegt.

Frobenius

---

[1] S.o. Nr. 149, Anm. 5.   [2] Nr. 184.
[3] Wohl entstellt für „Garamantenanschluß" (s.o. Nr. 150, Anm. 2).

186.

Frobenius an Wilhelm II., 6.11.1933, Al-'Uweynāt[1]

Eigenhändige Ausfertigung:
A   AEW: 1627 G6f.
Durchschrift der eigenhändigen Ausfertigung:
D   FI: LF 612/122f.
Maschinenschriftliche Umschrift:
U   AEW: 1627 G5

Euerer Majestät

In der grössten Eile ein Telegrammstilbericht:

1) Libysche Wüste im Carriere gekreuzt.

2) Bisher [a]12 Stationen von Eiszeit bis Negada[a][2] (ca. 5-4000 ante) gefunden.

3) [a]Unheimliche Menge Felsbilder[a], darunter ganz [a]neue Stile[a].

4) Am reizvollsten ein Stil [b]von Miniaturen altaegyptischer[b] Kunstverwandschaft. Herrliche [c]Sachen. (Probe beiliegend[3])

5)[c] Befinden aller Teilnehmer ausgezeichnet. Nur ein klein wenig <u>zu</u> viel Arbeit.

6) Klima durchaus erträglich

7) Wenn nur irgend möglich, will ich noch einige Breitengrade (etwa bis zum 17ten) weit (Inschallah[4]).

8) Gegen 15ten Dez. wieder in Europa – das ist der Plan.

So und nun gleich wieder hinaus zur Arbeit.

Ich bitte um die Erlaubnis[,] Ihrer Majestät die Hand küssen zu dürfen.

Frobenius

---

[a] *Von Wilhelm mit violettem Buntstift unterstrichen*
[b] *U:* von altaegyptischer   [c] *U:* Sachen. 5.)

---

[1] S.o. Nr. 149, Anm. 5.   [2] S.o. Nr. 49, Anm. 13.
[3] AEW: 1627 G7.   [4] S.o. Nr. 47, Anm. 7.

Dettlof Graf von Schwerin an Adolf Ellegard Jensen, 15.11.1933, Doorn

Durchschlag der maschinenschriftlichen Ausfertigung:
D   AEW: 1623 C5f.

Sehr verehrter Herr Dr. Jensen!

Im Anschluss an meinen Brief vom 9. d.M.[1] erlaube ich mir mitzuteilen, dass der Verlag K.F. Koehler, Leipzig, die Drucklegung und den Verlag des Vortrages Seiner Majestät des Kaisers unter dem Titel „Monade und Hakenkreuz: ihre Geschichte und Deutung" uebernommen hat.[2] Das Buch soll im Januar n.J. erscheinen. Wollen Sie die Guete haben und Herrn Geheimrat Frobenius bei naechster Gelegenheit hiervon Mitteilung machen?

[…][3]

Nun noch eine Frage betr. Herkunft der <u>Swastika</u>. Auf Seite 29 (Mitte) des in Ihren Haenden befindlichen Vortrags-Manuskriptes[4] habe ich ueber das Ursprungsland der Swastika kuehn gesagt: „Keinesfalls ist es im Norden zu suchen". Diesen Satz habe ich der anonymen Ausarbeitung entnommen, die in Ihrer Bildersammlung der Karte Nr. 31 (Verbreitung der Swastika) beigegeben war. Damals ahnte ich noch nicht, dass der Vortrag gedruckt werden sollte, sonst waere ich vorsichtiger gewesen. Jetzt sehe ich, dass man sich mit dieser Behauptung in Gegensatz bringt zu der landlaeufigen Auffassung, derzufolge die Swastika als rein arisches Symbol aus dem Norden stammt. Dadurch kann man sich unangenehmen Angriffen aussetzen. Daher ist meine Frage: „Ist genuegend wissenschaftliches Material vorhanden, um solchen Angriffen mit Ruhe entgegenzusehen, oder ist es klueger, den Satz zu streichen?"[5] – Falls Sie in dem Vortrag noch mehr heikle Stellen entdecken sollten, so waere ich fuer eine Warnung dankbar! Ich moechte nicht, dass Seine Majestaet in peinliche Di[s]kussionen gezogen wird!

Inzwischen verbleibe ich, sehr verehrter Herr Dr. Jensen, mit bestem Gruss

Ihr aufrichtig ergebener

[gez.] S.

---

[1] Das Schreiben Schwerins vom 9. November (AEW: 1623 C4 und C6) hatte ein (nicht erhaltenes) Exemplar des Vortragsmanuskripts begleitet.

[2] S.o. Nr. 159.

[3] Der hier nicht wiedergegebene Absatz enthält Erkundigungen zu Druckvorlagen für Abbildungen der Veröffentlichung und den Urheberrechten an ihnen.

[4] S.o. Anm. 1.

[5] Am 28. November teilte Schwerin Jensen mit (AEW: 1623 F2f.): „Der Satz ueber die Nicht-Herkunft der Swastika aus dem Norden ist gestrichen worden." Eine weitere Änderung bereitete er vor, indem er schrieb: „In dem Entwurf eines ,Nachworts' nebst Bildern, der sich in Ihren Haenden befindet, moechte ich – ohne Ihrem Urteil vorgreifen zu wollen – bemerken, dass mir persoenlich sehr bedenklich erscheint, eine bisher nicht als vorhanden nachgewiesene 4-Komma-Monade anzuführen und dies Gebilde, das bisher doch nur in der Phantasie besteht, als Urbild der Swastika zu supponieren. Der Vortrag selbst beruht doch nur auf nachgewiesene[!] Tatsachen! Vielleicht denken Sie aber anders darueber?"

Dettlof Graf von Schwerin an Adolf Ellegard Jensen, 5.12.1933, Doorn

Maschinenschriftliches Konzept:
K   AEW: 1623 F3

Sehr verehrter Herr Dr. Jensen!

Seine Majestät der Kaiser hat mit grosser Freude aus Ihren freundlichen Mitteilungen vom 1. d.M.[1] und den beigefuegten Druckbogen des juengst erschienenen Buches[2] ersehen, dass auch Herr Geheimrat Frobenius von dem Bestehen enger Beziehungen zwischen Gorgo und Swastika ueberzeugt ist. Diese Auffassung wird nun im Nachwort Seiner Majestaet zu dem Monade-Vortrag ihren Ausdruck finden.

Seine Majestät ist ueberzeugt, dass Ihr Institut die Forschungen ueber das Gorgo-Problem fortsetzen wird, und bittet, dabei folgende beide Fragen nach Moeglichkeit klaeren zu wollen:

1.) Wann und wo, d.h. etwa zu welcher Zeit und in welchem Lande hat wohl die Verschmelzung des Swastika-Motivs mit dem Gorgo-Gebilde, also die Anpassung des letzteren an die Swastika, stattgefunden?

2.) Zu welcher Zeit mag wohl die Gorgo ihrer Goetter-Eigenschaft entkleidet und zur Daemonengestalt herabgedrueckt worden sein? Dieser Vorgang findet wohl seinen Ausdruck im Mythos von der Toetung der Gorgo durch Perseus. Seine Majestaet erinnert dabei an die Gorgo-Darstellungen am Korfu-Tempel und auf der Metope von Selinunt[3], die wohl beide aus dem 8. Jahrhundert v. Chr. stammen. Ausfuehrliche Darlegungen ueber den Ursprung und die Geschichte der Gorgo befinden sich bekanntlich im Korfubuch Seiner Majestaet (S.<78>ff.)[4] und waeren auch bei den weiteren Forschungen z<u bea>chten. In einer auf Seite 122 des Buches wiedergegebenen Mitteilung des Geheimrats Frobenius wird uebrigens eine „sehr umfangreiche Publikation des Instituts" ueber die Gorgo in Aussicht gestellt! Seine Majestaet sieht dieser Publikation mit Spannung entgegen!

Indem ich die Ehre habe, Ihnen den Dank Seiner Majestaet fuer alle Ihre freundlichen Bemuehungen zu uebermitteln, verbleibe ich, sehr verehrter Herr Dr. Jensen, mit bestem Gruss

Ihr ergebenster

[gez.] Graf v. Schwerin

---

[1] Nicht ermittelt.

[2] Leo Frobenius, Kulturgeschichte Afrikas. Prolegomena zu einer historischen Gestaltlehre, Zürich 1933, hier S. 101. In der zweiten Auflage von 1938, auf die auch die aktuellen Nachdrucke zurückgehen, ist das ursprüngliche Vorwort ausgelassen, so daß alle Seitenzahlen sich um drei verschieben.

[3] Eine im Archäologischen Museum Palermos aufbewahrte Metope des dorischen Tempels (in Selinunt) stellt die Tötung des Gorgo durch Perseus dar.

[4] S.o. Nr. 1, Anm. 2.

189.

Wilhelm II. an Frobenius, vor dem 11.12.1933[1], Doorn, Telegramm

Ausgehändigte Fassung:
A   FI: LF 617//12

Hocherfreut durch Empfang der Mir gewidmeten Kulturgeschichte Afrikas[2], die Mich gruendlich beschaeftigen wird. Herzlichen Dank fuer die Gabe, die gleichzeitig ein Denkmal fuer Meine D.A.G. ist! Wuensche weiter Leoleoleo und glueckliche Heimkehr!

Inschallah![3]

[gez.] Wilhelm I.R
Vorsitzender der D.A.G.

---

[1] In Frobenius' Nachlaß ist die maschinenschriftliche „Ausfertigung" mit Wilhelms Unterschrift und Schwerins Paraphe mit Eingangsstempel vom 11.12.1933 erhalten. Offenbar wurde sie – eventuell zusätzlich zur telegraphischen Übermittlung – als Brief nach Frankfurt geschickt. Das macht eine Absendung am Freitag, dem 8., oder Samstag, dem 9. Dezember, wahrscheinlich.

[2] Leo Frobenius, Kulturgeschichte Afrikas. Prolegomena zu einer historischen Gestaltlehre, Zürich 1933.

[3] S.o. Nr. 47, Anm. 7.

190.

Wilhelm II., Notiz, 11.12.1933, Doorn[1]

Eigenhändige Ausfertigung:
A   AEW: 1628 A6–A8
Maschinenschriftliche Abschriften:
U₁   AEW: 1628 A4f.
U₂   AEW: 1623 F4f.

Exz. Frobenius sagt am Schluss des Aufsatzes über den „en face Löwen" in seinem neuesten Buch „Kulturgeschichte Afrika's[!]"[2] (Seite 101): „Es ist nun ein wahrer Genuss[,] den Vorgang <u>der Umbildung</u> des Löwen unter dem Einfluss der Vogelbeziehung und des Swastikalen[!] Menschen zu verfolgen. Das <u>Endprodukt</u> ist dann jedenfalls eben die <u>Gorgo</u>." Dazu eine Skizze der Gorgo vom Tempelgiebel zu Korfu.[3] Zunächst ist zu bemerken, dass leider bei dieser Skizze ein sehr wichtiges <u>Attribut</u> der Corfiotischen

---

[1] Laut Vermerk auf U₁ und U₂ ging eine Abschrift dieser Notiz an Jensen.

[2] S.o. Nr. 188, Anm. 2.   [3] Dort auf S. 99, Abb. 15.

Gorgo fortgelassen ist: nämlich ihre grossen[,] den ganzen Hintergrund bedeckenden Flügel.

Wie verhält sich nun die Giebelgruppe von Corfu zu dem oben angeführten Satz S[einer] Exz[ellenz][,] die „Umbildung" des Löwen betreffend?

Wir sehen hier die geflügelte Gorgo[,] von Schlangen geziert bezw. umgeben[,] mit beflügelten, stiefelartigen Schuhen in swastikaler Bewegung,[!] und rechts und links von ihr 2 en face Löwen[!]. Also kann hier wohl kaum von der „Umbildung" des Löwen zur Gorgo gesprochen werden, denn beide sind unabhängig von einander, nebeneinander dargestellt[,] wohl als „Sonnensymbolgruppe."

1924 hat S[eine] E[xzellenz] Frobenius an S[eine] M[ajestät] als Antwort auf die von S[einer] M[ajestät] u. Prof. Doerpfeld gemachte u. S[einer] E[xzellenz] 1923 [a]von S[einer] M[ajestät][a] mitgetheilte Entdeckung, dass Gorgo mit der Phönikisch-Arabischen[!] Sonnengöttin Shams gleichzusetzen sei,[4] folgende Sätze gesandt: „Die in Doorn 1923 mitgetheilte Entdeckung S[einer] M[ajestät] d[es] Kaisers u. Prof. Doerpfelds – die Annahme des asiatischen, speziell arabischen Ursprungs der mittelländischen Gorgo – hat dazu geführt, dass im Institut für Kulturmorphologie neun Monate lang mit einem Stabe von 4 Mitarbeitern,[!] die entsprechenden [b]Nachprüfungen[b] und Vergleiche vorgenommen wurden. Hierbei ergab sich, dass der in dem Gorgo-Giebel repräsentirte Komplex, d.h. die am Mittelpfahl aufsteigende ‚Darstellung der Sonne', die Gestalt mit Flügeln und im Knielauf, die symmetrisch links und rechts zugehörigen Thiere, das Gesicht mit Schlangen und herausgestreckter Zunge u.s.w. durchaus in den Kreis der Garuda-Naga-Mythen-Darstellungen gehört und somit am Indischen Ozean, also auch in Südarabien älter ist als am Mittelländ[ischen] Meer. Diese in Doorn gewonnene Entdeckung hat, eingefügt in ältere Vorarbeiten, zur Klarstellung einer grossen Anzahl bisher unverständlicher Kulturerscheinungen geführt und wird damit zum Ausgangspunkt einer sehr umfangreichen Publikation des Instituts werden."[5] 10 Jahre später erklärt S[eine] Exz[ellenz] 1933 in seinem Werk „Kulturgeschichte Afrikas" (S.98)[:] „Ein Blick auf die Geschichte der Gorgo sagt alles. In ungeahntem Reichthum hat sich diese in einer langen Reihe von Aktenbänden unseres Instituts zusammengefunden. Es läßt sich feststellen, dass sich in Westasien eine Verschmelzung der offenbar sinngleichen Thiere – Löwe und Adler – vollzog (siehe Sumerische[!] Stadtwappen). Das Vogelschlangenmotiv (Garuda-Naga) mischte sich so hinein. Aber auch ein spezifisches Sonnenmotiv wurde aktiv, die Svastika[!]."

Meine Thesen über die Gorgo von Korfu sind in meinem Buch „Erinnerungen an Korfu" [c]detailliert[c] niedergelegt worden, wo sie nachgelesen werden können auf S. 100–122 incl.

Um nun [d]zu der[d] weiter oben gestellten Frage zurückzukehren: „Wie verhält sich die Giebelgruppe von Corfu zu dem vorher[!] angeführten Satz S[einer] E[xzellenz][,] die ‚Umbildung' des Löwen betreffend?" Mir scheint, dass bei ihr sowohl von der „Umbildung" des Löwen,[!] wie auch von der „Verschmelzung" von Löwe und Adler (Sumeri-

---

[a] *Ae*   [b] *U:* Nachforschungen   [c] *Nicht in U*   [d] *U:* auf die

---

[4] S.o. Nr. 2, Anm. 13.   [5] S.o. Nr. 1, Anm. 2.

sches Städtewappen, was aber nach Mittheilungen von Prof. Jeremias von einer Reihe Gelehrter als gefälscht angesehen worden ist,) nicht wohl gesprochen werden kann.

Ich stehe vielmehr unter dem Eindruck, dass die Giebelgruppe,– wie 1924 von E[xzellenz] Frobenius nach den eingehenden Studien seiner Mitarbeiter in seinem Institut mir meldete,– in den Kreis der Garuda-Naga-Mythen-Darstellungen gehörig, hauptsächlich eine Darstellung aus diesem Kreise uns zeigt. Die Flügel einerseits – auch an den Schuhen –[,] die auffallende Reichhaltigkeit der Ausstattung mit Schlangen andererseits lassen doch deutlich eine Anlehnung an den Garuda-Sonnenvogel erkennen, dessen einstmaliges Vogelgesicht der Fratze – böser Blick? – gewichen ist. Es scheint mir hier[e] eine „Verschmelzung" des Garuda-Sonnenvogels mit der Swastika (Knielauf und Armhaltung) vorzuliegen, die bereits menschliche Gestalt bekommen hat. Z.B. existiert eine prachtvolle Gruppe: Garuda[,] Vischnu tragend[,] (das Sonnensymbol trägt die Sonne)[,] in welcher Garuda einen Menschenkörper zeigt, dessen Kopf in einem wild aussehenden Eberkopf mit [f]aufgerissenem Gebräch[f][,] dessen Unterschenkel in Ständer mit mächtigen Krallen auslaufen[,] unter denen sich die Naga[-]Schlange windet. Dazu ist die Figur mit mächtigen Flügeln versehen[,] auf denen Vischnu thront. Das Bild befindet[!] sich in dem Werk: „Influences of Indian Art"[,] zu dem Deutsche, Englische u[nd] Holländ[ische] Gelehrte ihre Beiträge geliefert haben[g].[6] Auch [h]auf diesem Bilde[h] ist beim Garuda der Knielauf schon angedeutet.

Hier ein Auszug: „Another favourite subject of the ancient sculptors of Java is the Eagle of Vischnu[!] (Sonnenadler)[,] the giant bird Garuda.

In the early art of India the Garuda has the appearance of a bird of prey, but in medeaval[!] sculpture we find him often rendered as a male figure characterised by a curved bird's beak.

From this Indian prototype the Javanese artists have evolved a magnificent monster, mainly human in shape but with protruding snout, its wings, feathery tail and talons still recording its bird origin.

On the first Rama relief of Prambanam we noticed such a Garuda as Vischnu's[!] satellite. But a Garuda of a much finer type is presented by the wonderful Vishnu image of Bĕlahan[,] one of the earliest & at the same time one of the best sculptures of Eastern Java.

In a most striking manner the artist who fashioned this grand composition has expressed the contrast between the savage Garuda with his hoglike head, threatening the Nagas whom he has seized with his clawshaped feet and the supreme deity, the fourarmed Vishnu enthroned on his lotus seat (on Garuda's wings) in undisturbed repose & serene contemplation.["]

---

[e] *Ae: das*   [f] *Ae aus* aufgerissenem Schnabel

[g] *In U[1] und U[2] ist hier die in A auf getrenntem Blatt ohne Kennzeichnung Ihrer Zugehörigkeit angeschlossene und hier entsprechend wiedergegebene „Fußnote" eingefügt*

[h] *U: hier*

---

[6] Tafel IX („Vishnu on Garuda from Belahan") zu: J.Ph. Vogel, The Relation Between the Art of India and Java, in: The Influences of Indian Art. Six Papers Written for the [India] Society by Josef Strzygowski, J.Ph. Vogel, H.F.E. Visser, Victor Goloubeff, Joseph Hackin, and Andreas Nell, with an introduction by F.H. Andrews, London 1925 (ND Patna 1979), S. 35–86. Das dargestellte Relief zeigt Garuda jedoch mit untergeschlagenem linkem Bein.

Wir haben es also hier in[!] <u>Java</u> mit der „Umbildung" des <u>Indischen</u> Garuda-<u>Adlers</u> in ein <u>Indonesisches</u> Ungeheuer mit <u>Eberkopf</u> und <u>Ebergewehren</u> (Zähnen) ^azu thun^a. Verflacht man nun weiter durch Eindrücken des Gebrächs (snout) das Antlitz bei Belassung des aufgerissenen Mauls mit den Zähnen[,] dann erhält man das <u>Gesicht der Gorgo</u>! Ihre Darstellung theils mit[,] theils ohne „Gewehre" (Hauer) hat unseren Gelehrten sehr viel Kopfzerbrechen gemacht und zu den phantastischsten Deutungen veranlasst[,] z.B. auf im Gorgotempel zu Carthago aufgehängte sog. Gorillahäute hinzuweisen. Mir scheint die „Umbildung" aus dem Schweinekopf, der auch die „Hauer" erklärt, sehr viel plausibler. Ich glaube daher, dass die Gorgo des Tempelgiebels von Korfu, von dem <u>Garuda</u> der <u>Indonesischen</u> Kunst abzuleiten ist, der aus Java über Arabien ins Mittelmeer kam.

Umbildung I: India-Adler zu Java-Garuda

Umbildung II: Java-Garuda=Arabien-Shams-Gorgo

Wilhelm I.R.

11.XII.33

Fussnote: „The Influences of Indian Art"[7]

Six Papers written for the Society by

Josef Strzygowski, J.Ph. Vogel, H.F.E. Visser, Victor Golouboff, Joseph Hackin, Andreas Neal, with introduction by F.H. Andrews.

Die Herren unterscheiden in der Kunst <u>Java's</u>[:] A) den Indischen (d.h. von Indien beeinflussten) Styl, B) den Indonesischen (von Indonesien beeinflussten) Styl. Das oben geschilderte Garuda-Monstrum mit Schweinekopf ist <u>nicht</u> Indisch, sondern <u>Indonesisch</u>.

Wilhelm I.R.

---

[7] S.o. Anm. 6.

191

Wilhelm II., Notiz über die Interpretation einer griechischen Vase, 20.12.1933, Doorn

Maschinenschriftliche Ausfertigung:
A   *FI: LF 605/60–62*
Eigenhändiges Konzept:
K   *AEW: 1639 A8f.*
Maschinenschriftliche Abschriften:
U_1 *AEW: 1639 A2*
U_2 *AEW: 1639 A3*
U_3 *AEW: 1639 A4*

<u>E n t w u r f</u> [1]

<u>Vorschlag fuer die ^aDeutung^a der Zeichnungen auf der Dipylon-Vase[2] (Hydria) aus Vonliacmeni[3] bei Athen; im Besitz des Freiherrn von Grancy.</u>

In seinem soeben erschienenen Buch „Kulturgeschichte Afrikas"[4] (S. 93) weist Exzellenz Frobenius auf die Tatsache hin, dass in einem Kulturkreis bezw. -Lande zuweilen dessen Kunstausdruck bezw. Stil z.B. in der Keramik erlischt und vergessen wird, und spaeter mit einem Male in einem anderen Lande wiedererscheint bezw. wiederauflebt, ^bzuweilen in anderem Material^b.

Als Beweis dafuer fuehrt Exezllenz Frobenius die Arbeit einer Hollaenderin, Schuelerin von Professor Vollgraff, Dr. Roes an. Diese weist in ihrer Doktor-Dissertation[5] nach, dass der Stil der Malereien auf den geometrischen sog. Dipylon-Vasen Griechenlands dem der Susa-Kultur[6] und deren Keramik entspreche. Er sei in dieser Keramik wieder neu aufgelebt.

Falls diese Annahme zutrifft, wuerden die Friese auf der Hydria aus Vonliacmeni ebenso zu deuten sein wie die Darstellungen auf der Susa-Keramik.

Pferde mit Hakenkreuz und Wasserzeichen: das Pferd schreitet zur Traenke und zum Baden. Das Wild (Dreieck=Gebirge?) mit doppeltem Hakenkreuz (Schwierigkeit des Kletterns?) schreitet zur Aesung auf der Bergwiese? ^boder Wasserfall?^b

---

^a *Ae statt* Erklärung   ^b *Ae*

---

[1] Trotz dieser Charakterisierung wird das Frankfurter Exemplar hier als „Ausfertigung" bezeichnet, da es Frobenius in Wilhelms Auftrag mit Schreiben Schwerins vom 4.1.1934 (FI: LF 605/59) zugesandt wurde.

[2] Vase des nach einem seiner Hauptfundorte, dem beim Kerameikos gelegenen Haupttor der Stadt Athen, benannten Stils, der den spätmykenischen ablöste und von Furtwängler und Loeschcke den nach Griechenland einwandernden Dorern zugesprochen wurde.

[3] Das 20 km südlich von Athen an der Küste gelegene Vouliagmeni.   [4] S.o. Nr. 188, Anm. 2.

[5] Anna Roes, De oorsprong der geometrische kunst, Haarlem 1931.   [6] S.o. Nr. 49, Anm. 47.

Darueber Wasserzeichen, von Wasservoegeln unterbrochen[,] mit Hakenkreuzen und einem Viereckkreuz (Erde oder Insel?) bedeutet wohl einen Strom, der fliesst[,] oder vielleicht den Okeanos, der die Erde umspuelt? Der am Halse der Hydria gezeichnete Mäander ist ebenfalls ein Wassersymbol. So duerfte wohl die Zeichnung auf der Vase, bei welcher die <u>Wassersymbole</u> weitaus die <u>massgebendste</u> Rolle spielen, einen Hinweis auf die Bestimmung bezw. den Gebrauch des Gefaesses – naemlich Wasser zu enthalten, <u>nachdem</u> es aus dem Fluss geholt worden ist, der Tieren zum Durstloeschen bezw. zum Aufenthalt dient – fuer den Benutzer symbolisch geben, wie es der Name schon besagt.

Danach wuerde die bisher von den Archaeologen verfochtene These von dem „Kunsthiatus" in Griechenland, der bis zum 8. bezw. 6. Jahrhundert herrschend, durch die geometrische Kunst der Dipylon-Vasen des 6. oder 8. Jahrhunderts beendet worden sei, hinfaellig sein?

Denn Doktorin Roes zeigt, dass der Susa-Stil und der Stil der Dipylon-Keramik derselbe bezw. auffallend aehnlich sei, der letztere ᶜjedochᶜ stamme aus dem 4. Jahrtausend v. Chr. und nicht erst aus dem 8. oder 6. Jahrhundert v. Chr. Damit wird die ganze Datierung der Griechischen[!] Kunstepochen, wie sie bisher gueltig war, total umgeworfen und erlangt ein wesentlich <u>hoeheres Alter</u>, was[,] die Dipylon-Keramik betreffend[,] ja seit 30 Jahren von Professor Doerpfeld auf das energischste der ganzen Zunft der Altphilologischen Archaeologen gegenueber vertreten worden ist[7]. Es wuerde dann wohl die Dipylon-Keramik – nach der neueren Klassifizierung – in die <u>Prohelladische</u> Zeit – vor 3000 v.Chr. – zu setzen sein? Dann wuerden z.B. die Achäer aus der Zeit des trojanischen[!] Krieges und Mykenes (spaethelladisch) solcher Gefaesse sich bedient haben koennen?

Sehr erfreulich, dass auch hier wieder der sichere Instinkt Doerpfelds recht bekommen hat.

ᵇMan würde also sagen können, statt wie bisher: ᵈderᵈ Dipylonkeramikstil <u>beginnt erst</u> etwa um 800 v.Chr, er <u>reicht noch bis</u> 800 oder 600 v.Chr. Exz. Frobenius sagte mir

---

ᶜ *Af*
ᵈ *Ae statt* die

---

[7] Dörpfeld hielt die geometische Keramik zwar für deutlich älter als seine Fachkollegen, doch ging er nicht so weit wie Wilhelm hier: Ihre Existenz war ihm erst für das 2. Jahrtausend v.Chr. gesichert (z.B. Wilhelm Dörpfeld, Die altgriechische Kunst und Homer, in: Mitteilungen des Deutschen Archäologischen Instituts. Athenische Abteilung 50 (1925), S. 77–111, hier: S. 78–80). Roes war sogar wesentlich zurückhaltender, wie ihr Lehrer Vollgraff in einem Schreiben an Schwerin vom 27. Dezember bestätigte, das der am 4. Januar an Frobenius weiterleitete (FI: LF 605/64): „Die Ansicht des Herrn Dörpfeld, dass die geometrischen Gefässe in Griechenland teilweise älter als 900–700 sind, hat Fräulein Roes nicht angenommen, sondern sie hat gemeint, dass sich in den Jahrhunderten 900–700 vor Chr. in Griechenland ein starker Einfluss der asiatischen (iranischen) dekorativen Kunst und der in dieser enthaltenen Symbole fühlbar gemacht hat. Um ihre Auffassung und deren Begründung kennen zu lernen, muss man jetzt ihre beiden Bücher zu Rate ziehen. Die Brücke, welche Seine Majestät jetzt zwischen den Ausführungen der Fräulein Dr. Roes und denen des Herrn Prof. Dörpfeld schlägt, ist ein neuer, eigener Gedanke Seiner Majestät, der darin besteht, zu vermuten, dass die These der bekannten holländischen Archäologin ein höheres Alter der Anfänge der griechischen geometrischen Keramik wahrscheinlich macht, damit der Anschluss an die alten asiatischen Vorbilder leichter erklärt werden kann."

mal[!]: „Ein Kulturmorphologe muss auch Phantasie besitzen["], daher mein Deutungsversuch.[b]

Wilhelm
I.R.

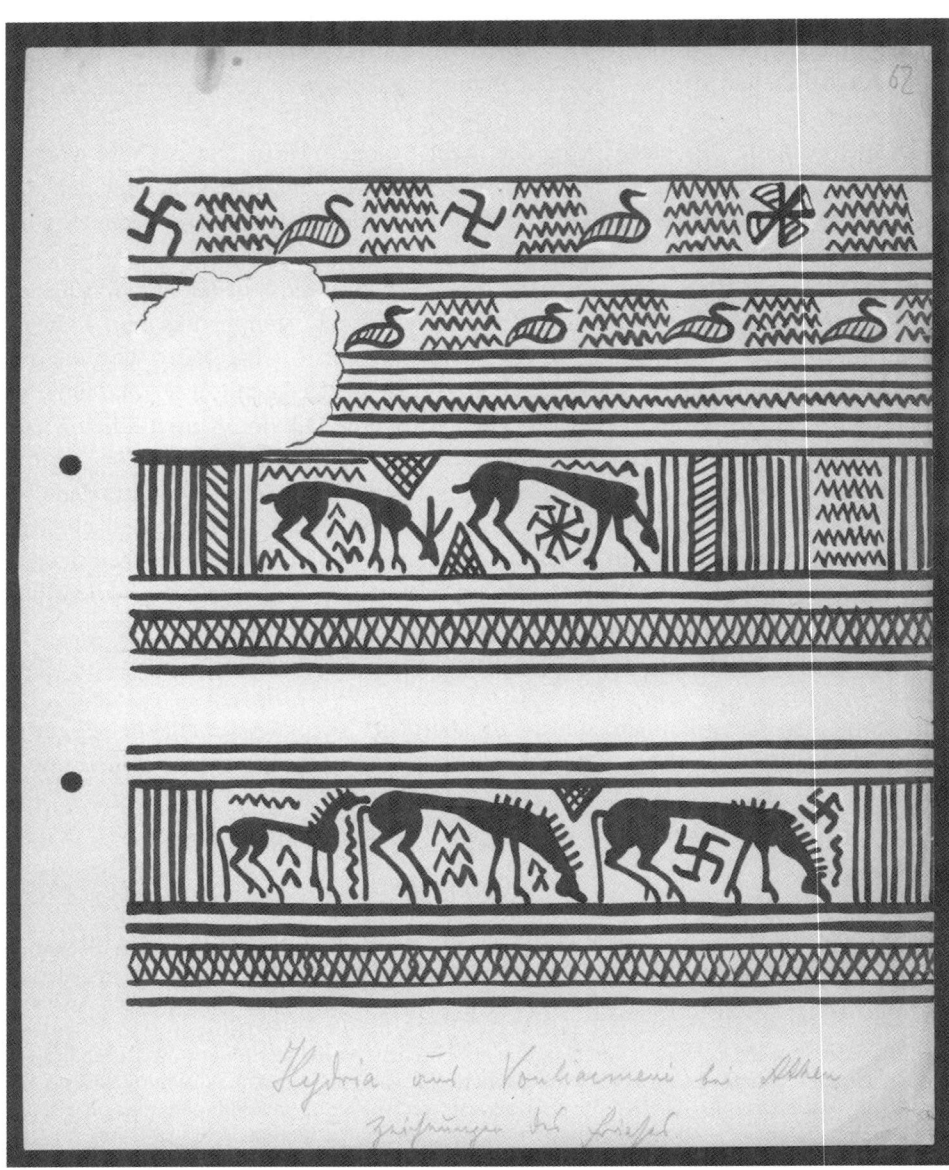

Hydria aus Vonliacmeni[!][1] bei Athen
Zeichnungen des Frieses[2]

---

[1] S.o. Anm. 3.   [2] S. auch Tafel 25.

192.

Frobenius an Dettlof Graf von Schwerin, 6.1.1934, Frankfurt am Main

Durchschrift der eigenhändigen Ausfertigung:
D   FI: LF 604/54–57
Maschinenschriftliche Teilumschrift:
U₁   AEW: 1628 C4f.
Durchschlag der maschinenschriftlichen Teilumschrift:
U₂   AEW: 1628 C3f.

[a]Mein lieber Graf und General,

Ihre freundliche Karte nach Cairo[1] empfing ich und dazu hier allerhand, zuletzt die Vorschläge Seiner Majestät des Kaisers. Für alles dieses habe ich nicht nur zu danken, sondern Ihnen auch zu Ihrer ausgezeichneten Einarbeitung in alles[,] was sich um die Vorstellung von einer Monade bewegen kann[,] zu gratuliren. Grüss Gott[,] Herr Kollege![a]

Nach allem, was ich höre, müssen die DAG-Tage ja prachtvoll gewesen sein. Wie ich höre, wird der Vortrag Seiner Majestät gedruckt werden[,] und können Sie sich denken[,] mit welcher Spannung ich dieser Publikation entgegensehe.

Das Schreiben, das ich nachfolgend Seiner Majestät zu überreichen bitte,[2] entspricht meiner Absicht <u>nicht</u>. Diese Unternehmung hat in unerwarteter Weise einige sehr grossdimensionale Fragen entschleiert, die unerbittliche Berücksichtigung erheischen. Die neuen Thatsachen haben alle unsere Vorstellungen von der bisherigen Geländebildung in Afrika über den Haufen gebracht[,] und ich armer Schlucker, der ich glaubte[,] schon genügende Fächerreihen in der[!] Kartotek[!] meines Gehirnes aufgenommen zu haben, muss nun mich auch noch in Gebiete der Diluvialchronologie, Geologie, Dünenbildung und der Gletscher- und [b]Lateritgeschichte[b] hineinknieen. So kommt es, dass alles, was auf behaglicher alter Anschauung so gemütlich „sass"[,] in Kultur- und Kunstgeschichte aufgescheucht wurde, sodass alle Steinwerkzeuge und Felsbilder in Unordnung und gespenstisch neue Unterkunft heischend um mich herumstehen. Aus dem Umkreis derart tumultuarischen Geistes kann natürlich kein Sterblicher seine Umgebung als eine ordentliche schildern. Das wird erst wieder möglich sein, wenn alles wieder an Ort und Stelle gebracht ist. Auch diese Revolution muss sich setzen.

Aber in einigen Wochen wird das ja auch zur Ruhe kommen und dann wird der [c]Palaeo-[c]Historiograph des Kaisers sich [d]wohl selbst[d] nach Doorn sehnen, um seinen Rechenschaftsbericht zu erstatten und Rede und Antwort zu stehen. Stellte das Institut weniger Ansprüche, so würde das natürlich eher möglich sein, aber diese Ansprüche werden[,] bis alle Kräfte selbständig geworden sein werden, noch eine Weile steigen. Im Übrigen will ich mich hierüber nicht beschweren. Es ist eine wahre Wonne[,] alle diese

---

[a] *In U ausgelassen*   [b] *U: ?*   [c] *De*   [d] *Nicht in U*

[1] Nicht ermittelt.   [2] Nr. 193.

Burschen und Mädels um mich herum wirbeln zu sehen und zu ᵉfühlen. Alleᵉso sinn- und lebenserfüllt, alle so vollkommen begeistert durch eine herrliche Substanz. Da lohnt sich jede Fürsorge und Betreuung. Es ist ein prachtvolles Geschlecht von Geisteskämp- fern[,] das hier der Zukunft und im Ausdruckswillen nach starker Lebensgestaltung ent- gegenreift[,] und es gereicht uns zu großer Befriedigung, dass die Welt mehr und mehr die Eigenart und den hohen Wert dieses Corps anerkennt. Aber von selbst kommt die Förderung natürlich nicht.

> Grüssen Sie bitte alle Damen und Herren in Doorn
> In Verehrung Ihr
> ᶠAltgetreuerᶠ
> Frobenius

ᵉ *U:* fühlen, alle   ᶠ *U:* .....

193.

Frobenius an Wilhelm II., 6.1.1934, Frankfurt am Main

Eigenhändige Ausfertigung:
A   AEW: 1629 C7–D3
Durchschrift der eigenhändigen Ausfertigung:
D   FI: LF 613/1–9
Maschinenschriftliche Umschrift der Ausfertigung:
U   AEW: 1628 C1f.

> Euer Majestät

Dieses sollte ein eingehender Bericht, ein längeres Schreiben und eine Bedankung für die gütigen telegraphischen Worte, den Marbu[!][1] auf dem Weihnachtstisch werden. Es sollte so werden, war also eine gute Absicht – aber leider wird sie nun nicht ausge- führt werden, jedenfalls noch nicht[,] und für die nächste Zukunft sehe ich in Bezug auf alles, was meine Zeit anbelangt, sehr trübe.

Es waren freundliche Augenblicke, als am Ende der „wilden Jagd" mich in Cairo die verschiedenen Telegramme[2] erreichten. Die Freunde haben die Bilder ergänzt und ich vermag jetzt Euere Majestät am Gelehrtenpult zu sehen, Ihre Majestät, die Königli-

---

[1] Marabu: Storchengattung, deren drei Arten in Afrika, Indien und Südostasien vorkommen, also in für Frobenius' Theorie wichtigen Regionen. Frobenius hatte als Weihnachtsgeschenk Wilhelms einen in dessen Manufaktur Cadinen hergestellten Porzellanvogel erhalten. Am gleichen Tag dankte er auch Wilhelms Frau für dieses Geschenk: „Euere Majestät haben auf unseren Weihnachtstisch einen braunen und weise nachdenklichen Vogel fliegen lassen. Er steht nun vor mir auf dem Schreibtisch und er ist mir so lieb geworden, dass ich ihn nicht wieder weglassen möchte." (FI: LF 613/10).
[2] Nr. 184 und 189.

che Hoheit[3] und die Kammeraden[!] vor sich; im Geiste höre ich den Vortrag, sehe die Handzeichnung und die japanische Schnitzerei auftauchen. Dass die Mitarbeiter des Institutes immer richtig zur Stelle waren, dass überhaupt die DAG, von Euer Majestät belebt und gesteuert, [a]eine[a] prachtvolle Fahrt zurücklegte, – wer kann sich mehr darüber freuen als ich.

So wurden denn die Doorner Einblicke für mich zu einer Erfrischung, die unter den obwaltenden Umständen recht wohl that. Denn diese letzte Fahrt war[,] wie gesagt, eine wilde Jagd, die an meine Nerven fast ungebührliche Ansprüche stellte. Das aber kam so. In Auvenat[4] konnte es mir nicht entgehen, dass die projektirte Westfahrt nach Kufra[5] uns nur ein Querprofil des Vorgeschichtlichen[!] Werdebildes bieten konnte, das durch eine auf längerer Südfahrt bis zum Wadi Hawar (Nordkordofan)[6] und einen Längsschnitt unbedingt ergänzt werden musste.[7] Es ist unter heutigen Verhältnissen selbstverständlich, dass aber unsere „Möglichkeiten" allein schon für die Westfahrt kaum genügten. – Nun, wir haben die Arbeit zuletzt doch ausgeführt und vervollständigt, haben statt 3500 7500 km zurückgelegt und statt 45 60 Tage herausgeholt. Das war aber eben nur möglich, indem die [b]äusserste[b] Arbeitskraft meiner Begleiter, haarscharfes Ineinandergreifen aller Thätigkeiten und – last not least [–] Fehlerlosigkeit in der aus Hypothesen[c] gewordenen Programmbildung als Voraussetzung eingesetzt wurden. Das alles klappte. Jedes Tagespensum wurde genau absolvirt; die Assistenten funktionirten herrlich; mein ungarischer Graf und Abenteurer[8] (im besten Sinne des Wortes) fügte sich ein, – aber, aber aber! O[,] dieses „Aber". Es bestand dies darin, dass wir Tages- und Stundenprogrammgebiete trotz wüstester Steinabschüsse, Sanddünen und Feder-[,] Achsen- und sonstiger Brüche [d]der drei Autos[d] regelmässig die Zielpunkte erreichten [!] – zum Arbeiten _mir_ persönlich aber immer nur eine bis 2 Stunden Zeit übrig blieben. Diese Spanne genügte stets genau immer nur zur Aufsammlung praehistorischer Belege, zum Skizziren [e]des Geländes[e] etc[.,] und dann hiess [b]es[b]: „in die Karre![f] Weiter!" Bis zu 300 km und mehr wurden manchmal herausgeholt. Nur für 4 Punkte (Auvenat, Kufra, [g]Gilf Kebir[g][9] und Selima[10]) konnte ausführlichere Arbeit geleistet werden, [h]alles andere (im Ganzen 44 Stationen) musste gehastet werden[h]. Das Nötigste aber war: immer fröhli-

---

[a] _Ae und De aus_ einen   [b] _Ae und De_   [c] _Ae und De:_ geb
[d] _U:_ durch dies Auto   [e] _U:_ der Gelaende   [f] _Ae und De:_ Weiter
[g] _U:_ Gilf el Kebir   [h] _In U ausgelassen_

---

[3] Wilhelms Enkel Prinz Friedrich von Preußen war zu Wilhelms bei der Tagung der Doorner Arbeitsgemeinschaft (s.o. Nr. 159, Anm. 4) gehaltenem Vortrag angereist.

[4] S.o. Nr. 149, Anm. 5.   [5] S.o. Nr. 181, Anm. 2.

[6] Mehrere hundert Kilometer langes Trockental im Westsudan, das sich vom Dschebel Rahib bis zur Grenze mit dem Tschad hinzieht.

[7] Zu dieser Expedition auch der Bericht von Frobenius' ortskundigem Begleiter: László Almásy, Schwimmer in der Wüste, Innsbruck [2]1997, S. 132–134 und 216–223.

[8] László Ede (Graf) Almásy.

[9] Bezeichnung des Wüstenreisenden Prinz Kemal Ed-Din für den Dschebel Esch-Schamali, ein mehrere hundert Quadratkilometer großes Hochplateau in der Libyschen Wüste. Das auf der Höhe Assuans unmittelbar an der ägyptisch-libyschen Grenze gelegene Massiv, mit dessen kartographischer Aufnahme Almásy 1932 begonnen hatte, umschließt drei Regenoasen mit zahlreichen Felsbildhöhlen.

[10] Oase im Nordsudan.

chen Sinn, Humor und Zufriedenheit zur Schau tragen; ein einziger Fehler nach dieser Richtung musste das Ganze nervös machen[,] und dann <u>konnte</u> es nicht mehr klappen.

Stellen sich nun aber Euere Majestät allein nur das eine Moment vor: endlich kommen wir an den ersehnten Südpunkt am Wadi Hawar an[!]: richtig[,] da liegt die ertraeumte Herrlichkeit vor uns: eine Nekropole mit hunderten von prachtvollen Urnen, Werkzeugen und was weiss ich, – eine der grossartigsten Kulturscheiden der Erde und – zwei, sage und höre[,] zwei Stunden Zeit, danach <u>mussten</u> wir kehrt machen.

Das sind so die Augenblicke, in denen wir Forschungsreisende uns unseren eigenen Abschluss bereiten. Verführerische Situationen! Denn wenn nachher ein paar Kannen Benzin zu wenig sind[,] kann es leicht einen Unfall geben. Waren wir doch auf ½ Million Quadratkilometer die einzigen Menschen. Also dieses „aber" war auf dieser Reise eine harte Angelegenheit.

Aber nun liegt auch dieses hinter uns. Versaeumt und vernachlässigt ist nichts. Die Ergebnisse konnten in Cairo verfrachtet werden und S[eine] M[ajestät] König Fuad liessen sich schmunzelnd über all die aegyptischen Funde Bericht erstatten.

In Rom[i] empfing mich meine Frau und konnte alles Officielle abgewickelt werden. Der Körper bequemte[!] sich wieder an richtige Ernährung mit Vitaminen[,] und in Frankfurt stand dann unter dem Christbaeumchen ein brauner Vogel aus Cadinen, der in nachdenklicher Weise auf den Herumfahrer blickte.

Ja, die Freunde waren da und auch Jensenus mit seiner Aktenmappe. O weh! Diese Aktenmappe. Berichte, Verhandlungen, Protokolle, wichtige Entscheidungen. Brrrr! Ausstellungen! Am [j]12[j]ten in Wien. Am 27ten in Frankfurt (die neuen Mitbringsel!) – Studenten, Dissertationen,[!] etc.

Und das ist noch nicht das Schlimmste. Wir haben ja Erfahrungen der wunderlichsten Art mitgebracht. So wusste man z.B. schon seit Langem, dass in der geologischen Vorzeit der Nil west[lich] seines heute[!] im Pliozän[11] gebildeten Bettes geflossen und gemündet hatte[!]. Aber erst unsere Fahrt ergab, dass noch in der Mittelsteinzeit die [k]Geländeformen[k] des alten Nilbettes ganz andere Lebensverhältnisse boten als die Neuzeit und dass das, was wir heute über Dünen- und [l]Laterit[l]bildung annehmen, nicht stimmen kann.[12] Das muss nun schleunigst revidirt werden. Dies Postulat hat den Nachtarbeiten[!] neuen Geist eingehaucht. – Dies <u>muss</u> vor den grossen Vorträgen erledigt, geklärt [m]sein[m]. – Dies also ist der Grund, der diesen Brief auch so spät und so kurz werden liess[!].

Herr von Grancy hat auf Befehl Euerer Majestät sich nach unserem Zustand und ausserdem danach erkundigt, wann ich etwa in Doorn Vortrag halten kann.[13] Diesmal geht es um das Ganze[,] nicht nur des Kontinentes Afrika[,] sondern auch seines Vorge-

---

[i] *Ae und De:* k   [j] *Ae und De aus 16*   [k] *Ae und De aus* Geländeverhältnisse

[l] *U: ?*   [m] *U:* werden

---

[11] Letzte Epoche des Tertiär, vor ca. 5,3 bis 1,6 Millionen Jahren.

[12] Dazu auch Almásy, Schwimmer (wie Anm. 7), S. 223–226.

[13] Über dieses Gespräch berichtete Grancy, der Frobenius am 28. Dezember auf Wilhelms Geheiß in Frankfurt aufgesucht hatte, ihm noch am gleichen Tag nach Doorn (AEW: 1628 B6–B8).

schichtlichen Wesens. Ein schlimmer Brocken und eine verantwortungsvolle Unternehmung, zu der ich mich erst heute endgültig entschlossen habe, da der immer Voraussetzung bildende Blitz in dieser Nacht durch ⁿden̶ⁿ Schädel sauste. Noch einige Wochen und – dann wird wohl dieses erledigt sein. Aber ein wenig müde bin ich doch.

Frobenius

ⁿ *U:* meinen

194.

Wilhelm II. an Frobenius, 12.1.1934, Doorn

Durchschlag der maschinenschriftlichen Ausfertigung:
D   AEW: 1623 A2

Meine liebe Exzellenz![1]

Ihr lebendiger Reisebericht vom 6.d.M.[2] hat Mich im innersten gepackt und – wenn es moeglich waere – Meine Bewunderung fuer Ihre Unternehmungslust und Forscherfreudigkeit noch gesteigert! Wie es beim Soldaten heisst: „Den Feind verfolgen bis zum letzten Hauch von Mann und Ross!" – so haben Sie Ihr Ziel verfolgt „bis zum letzten Tropfen Benzin". Eine grandiose Leistung, dass Sie nach ueberplanmaessig ausgedehnter, verwegener Fahrt zwar mit gebrochenen Federn und Achsen, aber doch mit ungebrochenem Herzen den sicheren Port wieder erreichten! Fuerwahr eine „wilde Jagd", um die Sie der alte Wodan beneiden wird! Und nun folgt die wilde Jagd der Gedanken, bis die im Galopp heimgebrachten Geistesschaetze, in Reih' und Glied geordnet, eine neue Phalanx bilden zum Durchbruchskampf und Sieg gegen veraltete Dogmen. Natuerlich bin Ich sehr gespannt auf die Auswertung der Mir angedeuteten sensationellen Ergebnisse und Ihren muendlichen Bericht; aber Ich will Sie in der schicksalhaften Hetze Ihres Lebenswandels nicht draengen, mache Mir sogar Vorwuerfe, dass Ich durch Meine Anregungen und Anfragen in der Zeit Ihrer geistigen Hochspannung Sie vielleicht schon hemmend belastet habe.[3] Sie wissen, dass das nicht meine Absicht ist, trotz aller Freude, die Ich empfinde, den durch Ihre ferne Expedition abgerissenen Faden dauernden Gedankenaustauschs mit Ihnen wieder knuepfen zu koennen, umsomehr, als Mir gerade das eingehende Studium Ihrer umfassenden „Kulturgeschichte Afrikas"[4] viele neue Anregungen gab. Sie wissen auch, dass Ich herzlichen Anteil nehme an den Erfolgen, die Ihnen der kuehne Siegeszug „zu den Quellen des Nils" bringen wird! Meine waermsten Wuensche begleiten Sie auf den Unternehmungen, die Sie in naechster Zeit auf europäi-

---

[1] Am Vortag hatte Wilhelm Schwerin aufgefordert, ein Konzept für dieses Schreiben zu erstellen: „launige ermunternde Antwort mit Bedauern, dass ich durch meine Einsendungen das F. belastende Material noch vermehrt habe W".

[2] Nr. 193.   [3] S.o. Nr. 193.   [4] S.o. Nr. 188, Anm. 2.

schem Boden durchzufuehren haben, und Ich bin gewiss, dass Sie Ihren Besuch bei Mir in Doorn darueber nicht vergessen werden!

Inschallah![5]

[a]gez: Wilhelm I.R.[a]

[b]Vorsitzender der D.A.G.[b]

---

[a] *gestempelt*　　　　　　　　　　　[b] *Df*

---

[5] S.o. Nr. 47, Anm. 7.

195.

Wilhelm II. an Frobenius, Mitte Januar 1934[1], Doorn

Maschinenschriftliche Ausfertigung:
A　FI: LF 617/14–16
Durchschlag der maschinenschriftlichen Ausfertigung:
D　AEW: 1628 D1
Eigenhändiger Entwurf:
K　AEW: 1628 C5f. und C7

Meine liebe, sehr verehrte Exzellenz!

Allah schenk' Euch langes Leben!

Anbei sende Ich Ihnen ein Exemplar Meines Vortrages ueber die Monade.[2] Ich habe – durch Schwerin trefflich unterstuetzt – versucht, Ihr freundlichst gespendetes, prachtvolles Material in eine auch fuer den Laien verstaendliche Form zu giessen. Ich unterbreite es nun dem Urteil Meines hochverehrten Lehrmeisters, sobald er Musse finden wird, es in Augenschein zu nehmen.

Vielleicht werden Sie sich wundern, dass der Abschluss ueber die Symbolik, soweit sie die Kommafiguren betrifft, bei dem sog. „Fischblasenstil" der Spaetgotik[3] endet. Wir forschen im fernen Ost und Nordost Asiens und endigen in Europa bei uns zu Hause: „Warum in die Ferne schweifen, sieh'[,] das Gute liegt so nahe?[!]"[4], so koennte man zu fragen versucht sein?!

Ich bin versucht, den „Fischblasenstil" der Spaetgotik stattdessen den „Kommastil" zu nennen.

---

[1] Die Nachschrift ist in K auf den 15.1.1934 datiert.

[2] Wilhelm II., Die chinesische Monade. Ihre Geschichte und Ihre Deutung, Leipzig 1934; s.a. Nr. 159.

[3] Das „Fischblasenmotiv" (Schneuß), ein von zwei tropfen- oder eben kommaförmigen Teilen eingenommener Kreis, war im Maßwerk der west- und mitteleuropäischen Spätgotik verbreitet.

[4] Populäre Sentenz, angelehnt an zwei Zeilen aus Goethes Gedicht „Erinnerung": „Willst Du immer weiter schweifen? Sieh, das Gute liegt so nah'."

Sollten wir hier ᵃesᵃ mal wieder mit der Erscheinung zu tun haben, die uns oefter beschaeftigt hat, des Absterbens oder Ausloeschens eines Stils in einem Kulturkreis, um nach vielen Jahrhunderten in einem anderen, auch in anderem Material, Motive dieses Stils wieder in Anwendung zu finden?[5]

Die Gotik wird bekanntlich als Import durch die Kreuzfahrer angesehen, nach ihrem ᵇErschauenᵇ der arabisch-orientalischen Moscheen mit ihren eleganten, geschweiften Boegen. In Europa wurde mit der Zeit – laenderweise verschieden – die Gotik weiterentwickelt, um schliesslich in die[!] zur Fruehrennaissance[!] ueberleitende Spaetgotik auszuklingen. Ihre „Fischblasen" genannten Motive sind zweifellos Kommata.

Wie kamen die Baumeister, Architekten, Steinmetzen dieser Zeit dazu, dieses Kommamotiv so reichhaltig anzuwenden? – – – ?

Es ist bekannt, dass die Dombau-Huetten – in sich gegen die Laienwelt abgeschlossen, ihre „Geheimnisse" streng huetend – die von ihnen verwendete Kunst entwickelten, beeinflussten und anwandten. Sollten nun, so draengt sich die Frage auf, diese „Meister" nicht vielleicht unter ihren „Geheimnissen" auch Stile, Motive von Stilen anderer Laender bezw. frueherer Kulturepochen gekannt und aufbewahrt,[!] bezw. verwendet haben? – – –

Man weiss, dass die Freimaurer behaupten, die „Geheimnisse" der alten Huetten uebernommen und weiter gepflegt zu haben. Ihre Zeremonien, Kulthandlungen, Symbolik sind Juedisch-Orientalisch.

Vielleicht wuerde es sich empfehlen, in dieses noch ganz dunkle Gebiet „Dombauhuetten-Freimaurerei" das Licht kulturmophologischer Kritik hineinleuchten zu lassen, und besonders dabei die Symbolik zu untersuchen. –

Meine kleinen Abhandlungen ueber die „Dipylon-Kunst" und die aus ihr stammende Vase des Freiherrn von Grancy[6] habe ich zunaechst an[!] Vollgraff vorgelegt. Der ersteren stimmt er zu, da auch er absoluter Gegner des „Kunsthiatus" ist, und betrachtet die „Bruecke Kuerbis" – von Euerer Exzellenz erwaehnt – als durchaus plausibel. Zum „Deutungsversuch" der Grancy-Vase nimmt Vollgraff keine bestimmte Stellung ein, aber er gibt zu, dass es ein ganz neuer Gedanke sei, der vollstes Interesse verdiene.[7]

Mit herzlichsten Glueckwuenschen zum grossen Erfolg post tot discrimina rerum. Inschallah![8] Leo, Leo, Leo!

Wilhelm
I.R.

ᶜNachschrift Seiner Majestaet des Kaisers zum Brief an Exzellenz Frobenius, Jan. 34, der den in Buchform erschienenen Monade-Vortrag begleitet.

ᵃ *K: ,*   ᵇ *Ke statt* Kenntnissen

---

[5] S.a. Nr. 191.

[6] Nr. 190. In einer zweiten Abhandlung vom 31.12.1933 (AEW: 1639 G6–8, G5f., C3f. und E8–F2) führte Wilhelm aus, das Wiederaufleben einer aus Susa II bekannten Symbolik in der Dipylonkeramik nach einer Unterbrechung von mehreren Jahrhunderten (s.a. Nr. 191, Anm. 7) lasse sich vielleicht damit erklären, daß Vasenschmuck dieses Stils zwar nicht in dauerhafter Keramik, aber in möglicherweise von den einfacheren Volksschichten verwendeten Kürbisgefäßen weiterlebte.

[7] S.o. Nr. 191, Anm. 7.   [8] S.o. Nr. 47, Anm. 7.

Die <u>Dombauhuetten</u> betreffend folgende Bemerkung: Professor Jeremias, im Laufe eines Gespraechs ueber die Fortfuehrung aeltester Religionssymbolik noch im Mittel-alter durch die Kirchenkunst, machte mich auf die Tatsache aufmerksam, dass ueber dem prachtvollen Hauptportal der gotischen Kathedrale von Chartres – deren Photos er mir vorlegte – die <u>Madonna</u> in feierlicher Haltung thronend mit dem alt-heidnischen Zodiakus (Tierkreis) als Hintergrund dargestellt die Rolle der Koenigin-Herrscherin des Himmels fortfuehre, die bei den Sumero-Babyloniern die <u>Istar</u>[9] bekleidet habe mit den gleichen Attributen. – Das sei <u>kein</u> Zweifel[,] sondern unbedingt <u>Wissen</u> um einen My-thos laengst verschollener Zeiten.

(gez.) Wilhelm

I.R.[c]

---

[c] *Nicht in D*

---

[9] S.o. Nr. 3, Anm. 2.

196.

Frobenius an Dettlof Graf von Schwerin, 19.1.1934

Durchschrift der eigenhändigen Ausfertigung:
D   *FI: LF 604/58–62*

Mein lieber Graf[,] General und Kollege
<...>[1] letzte Reise gewährt hat, nicht vom Zaume zu brechen, sie muss „werden". Aber alles im Bau arbeitet an Vorarbeiten[,] und so wächst die Sinngebung von Tag zu Tag. – Der Tag einer befriedigenden Sicherheit auf dem neuen[,] zunächst ungewohnten Boden neuer Thatsachen rückt näher & näher. Und dann: Doorn!–

Heute habe ich eine vertrauliche Anfrage, respekt[ive] eine Anregung, die ich Ihnen an das Herz legen möchte, – wobei ich es Ihnen vollkommen überlasse, ob ihr überhaupt Folge geleistet werden kann oder nicht.

Es gehört zu den schönen Vorrechten der Hochsinnigen und Grossen der Welt[,] am Tage eigener Lebensfeiern andere zu beschenken mit Auszeichnungen. Soviel ich weiss[,] werden bei solchen Gelegenheiten sogar anregende Eingaben erwartet. Eine solche möchte ich hiermit machen in Anbetracht der Thatsache, dass der Allerhöchste „75"e[!] Geburtstag vor der Tür steht.

Nun haben wir hier einen nun 35jährigen Mann, der seit 10 Jahren in fürsorglich-ster Weise die Doorner Akten lenkt und seinen Chef (der bin ich) in würdevoller Weise auf dem Gebiete[?] des Mitschwingens[?] leitet. Das ist Dr Adolph Jensen, Docent[!] der Philos. Fakultät, meine rechte Hand. Die Frage ist es[,] ob Seine Majestät diesen

---

[1] Die erste Seite ist stark ausgebleicht und konnte nicht entziffert werden.

treuen Menschen, dessen Anhänglichkeit bewunderungswürdig ist, der Auszeichnung durch den Hausorden für würdig erachtet.[2]

Es ist keine leicht zu nehmende Regung, die mich diesen Gedanken aussprechen lässt. Seitdem ich selbst eine bestimmte menschliche Reife erreicht habe, wird es mir von Tag zu Tag deutlicher, dass in dem Augenblick, in dem der Mensch die Grenze eigener Entfaltungsfähigkeit überschritten hat, er mehr und mehr die Verantwortung für die ihm nachwachsende Jugend zu übernehmen hat. Es ist nur folgerichtig und im Sinne des Stufenbaues, wenn der selbst mit Stilreife begnadete Mensch dem Wesen des „nach ihm" alle Fürsorge zu Teil werden lässt. Demnach zieht im Grunde genommen all' mein Denken und Streben darauf hin, dass die Nachfolgerschaft im Geiste gesichert wird. Der Geist in unserem Hause ist etwas prachtvolles[!][,] und es ist mir unendliche Freude[,] noch allerhand an seiner Ausgestaltung mitarbeiten zu können.

Dieser Geist hat durch meine eigene schicksalsmässige Beziehung zum Hohen Hause Hohenzollern eine bestimmte[,] scharf prägnirte[!] Linie erhalten, die[a] ich besonders hoch achten muss und wenn möglich in die Vergangenheit[!] führen möchte, indem ich eines dieser Nachfolgekinder von Doorn aus mit entsprechender Vertrauensauszeichnung beschenkt sehen möchte. Es sollte ein charakteristischer Zug der Geistigkeit in diesem Kreise sein.

Dies mein Gedanke.

Ob es angebracht ist, ihn weiterzuleiten, – ob solche Anregung Seiner Majestät überhaupt erwünscht ist, – das überlasse ich vollkommen Ihnen, lieber Graf, von dem ich weiss, dass alles Verständnis vorhanden ist.

Beste Grüsse + Empfehlungen

in Verehrung

Frobenius

---

[a] *Ae:* er

---

[2] Schwerin teilte Frobenius am 24. Januar „zu meiner Freude mit […], daß S. M. der Kaiser Ihrer Anregung gern entsprochen hat und zum 27. d.M. Herrn Dr. Jensen das Ritterkreuz des Hochenzollern-Ordens verleihen wird!" (FI: LF 605/67).

197

Frobenius an Wilhelm II., 16.2.1934, Frankfurt am Main

Eigenhändige Ausfertigung:
A   AEW: 1629 E3–F2
Durchschrift der eigenhändigen Ausfertigung:
D   FI: LF 613/11–24

Euer Majestät

Das Monadenbuch[1] liegt vor mir. Es hat mich auf den letzten Reisen begleitet und sich nach jeder Richtung als wohltuender Gefährte erwiesen. Mit dieser Arbeit ist Euer Majestät Hoher Name nun ein für allemal mit der Grundsteinlegung einer kulturmorphologischen Weltanschauung verbunden und zwar dies in einer über jede Kritik erhabenen Klarheit und Sinnordnung. So wie die Arbeit vor mir liegt[,] würde sie auch dem strengsten Professor genügen[,] um sie als reife Doktordissertation zuzulassen. Demnach darf ich Euerer Majestät auch meine herzlichen Glückwünsche aussprechen.[a2]

Mit der Versenkung in diese Gedankengänge ist nun Euere Majestät ebenso wie wir anderen Sterblichen derart in den Bann einer Gedankenwelt hineingekommen, dass, wie mich die Correspondenz[!] lehrt, Fragen und Probleme sich lavinenartig[!] herabwälzen und den Befangenen dann nicht mehr aus ihren Verschlingungen lassen. Euer Majestät verschiedene Vorschläge zu Arbeitshypothesen sind trefflich gestellt, soweit ich es übersehen kann.

Dieses bezieht sich auf alles Prinzipielle. Auch ich hatte meine grosse Freude an der schönen Vase des Freiherrn von Grancy.[3] Ein Prachtstück. Diese Vase lehrte mich also auch wieder den Grundsatz unserer Anschauung neu beachten, dass nehmlich der Kulturmorphologe sich der Mittellinie seines Arbeitsstrebens immer wieder bewusst werden muss. Es liegt eine [b]unüberbrückbare[b] Kluft zwischen kulturmorphologischer und archaeologisch-philologischer Betrachtungsweise und jeder von uns, der diese prinzipielle Differenz nicht beachtet und sich verlocken lässt[,] allzuleicht und innig zu dem archaeologisch-philologisch-monographischen Prinzip herüberzugreifen[!], rutscht bedingungslos aus und – rutscht in den Abgrund romantischer Schwärmerei. Mir selbst wird die Gefahr des Abgleitens oftmals deutlich, zumal ich schon mehrfach in entsprechendem Abgleiten mich befand und nur mühsam mit hastigem Griff gerade noch einen

---

[a] *In A Marginalie Wilhelms:* Besten Dank!   [b] *Ae und De aus* unüberbrückbarer

---

[1] S.o. Nr. 195, Anm. 2.

[2] Wilhelms Reaktion überliefert Schwerins Schreiben an Frobenius vom 21. Februar (FI: LF 605/69f.): „Er war sehr stolz auf das dem Monadenbuch – als ‚Doktorarbeit' – ausgesprochene Lob, aber traurig, daß seine Anregungen betr. Dipylonkunst-Deutung und Symbolik in der Gotik bei Ihnen keinen Anklang gefunden haben. Ihre Darlegungen in dieser Beziehung scheinen ihn noch nicht überzeugt zu haben; er will Ihnen selbst darüber schreiben [Nr. 199] und ich möchte ihm nicht vorgreifen. Zunächst hofft S.M. auf Aufklärungen über die Gotik durch Prof. Naumann, den ich in Bonn gesprochen habe. Dieser will mit Geh[eim]r[at] Clemen in Verbindung treten u. darüber bei seinem Besuch in Doorn am 3. März berichten."

[3] S.o. Nr. 191.

letzten überhängenden Zweig erwischen und an diesem mich wieder emporziehen konnte.

Der Unterschied liegt in der Methode. Die archaeologisch-philologische Arbeit ist eine monographische, beruht auf dem Prinzip des Entwickelns einer Erkenntnis aus dem Wesen und der Materialfülle eines ᶜgeographisch begrenztenᶜ Gebietes. Im Gegensatz hierzu hat der Kulturmorphologe das Wesen der Erscheinungen aus der Fülle und Verschiedenartigkeitᵈ im Bereiche der gesammten Oekumene unter Berücksichtigung der durch geographische und historische Beziehungen gebotenen Bedingtheiten zu ergründen. Man kann sagen[,] dass die monographische Methode der Archaeophilologie eine ᵉbetontᵉ vertikale, die polygraphische des Kulturmorphologen eine betont horizontale Richtung einschlägt. Für erstere ist das Sein, für letztere das Werden wesentlicher, für erstere die Festigung der Thatsachen an sich, für letztere die Erkenntnis des Wandels der Erscheinungen, für erstere die Urteilskraft, für letztere die Fähigkeit zur Einstellung, für ersteref Sauberkeit in der Innehaltung vom Stoff geforderter Grenzen, für letztere angeborene Sicherheit im Verfolg[!] einer Richtung und eines Sinneswandels. Die monographische Methode kann ein an sich geordneter Geist lernen, die polygraphische muss dem Wesen[,] der Natur des Strebenden imanent[!] verbunden sein.

Aus diesem rein Prinzipiellen ergiebt sich das Wesen der Arbeit nicht nur im Allgemeinen[,] sondern auch im Einzelnen, – ergeben sich auch die Gefahren, denen gerade der Polygraph ständig ausgesetzt ist, die er aber vermeiden kann, wenn er das Prinzipielle als solches nicht nur immer im Auge zu behalten sucht[,] sondern vor allem sichᵍ schleunigst ins Bewusstsein ruft in dem Augenblick, wenn er unsicher wird. –

In diesem Augenblick muss ich lächeln, denn ich schreibe hier Dinge wieder, die mich im Verkehr mit meinen Institutsburschen in der letzten Zeit sehr bedrängt haben. Es sind das Gesellen, von denen jeder für sein Fach respekt[ive] den Kreis der ihm überwiesenen Aufgaben ganz besonders gut veranlagt sind[!]. Während des Vierteljahres, das ich weg war[,] haben sie mit einer prachtvollen Energie jeder an seinem Stoff gearbeitet. Und alle mit einander, jeder für sich, ist an den Abgrund geraten. Alle genau an der gleichen Stelle. Nehmlich da, wo ihnen ein neuer eigener Gedanke als vereinzelte und Spezialisierender[!] plötzlich ins Zentrum gerutscht ist und dadurch das Rotiren aller anderen Beobachtungen um diesen Mittelpunkt erwirkt hat. Auf diese Weise bleiben die Arbeiten plötzlich stehen. Die Gedanklichkeit muss nun aber ein Fortschreiten sein und im Vor- und Rückblickenʰ wirken; das Wesen der Erscheinungen wie der Erkenntnisse mussⁱ gleiten, wie das Leben ja auch unentwegt gleitet und das Wesen dessen, was wir studieren[!], ja auch nur ein gleitendes gewesen sein kann. Wenn nun aber ein beobachtender Mensch ins „Grübeln" gerät, und zwar geschieht dies stets, wenn er eine „Entdeckung" gemacht hat, soʲ hört die Eigenbewegung aufᵏ, er bleibt stehen auf dem „Punkt", den seine Entdeckung darstellt[,] und alles, alles, alles andere beginnt sich um ihn zu drehen, wirbelt als Chaotische[!] Masse der Möglichkeiten um ihn herum. Ein Beispiel: Vor mir liegt eine Arbeit über die Bedeutung des Hundes in Mythologie und Brauch der Völker. Die Arbeit ist prachtvoll marschiert[,] bis der Arbeiter [„]entdeckte",

---

ᶜ *Ae und De statt* geschlossenen   ᵈ *Ae und De:* aller   ᵉ *Ae und De*

f *Ae und De:* die   ᵍ *Ae und De:* klar   ʰ *Ae und De:* bestehen

ⁱ *Ae und De:* im Gleiten   ʲ *Ae und De:* bleibt   ᵏ *Ae und De:* und

das[s] der Hund ursprünglich[l] ein Symbol des Mondes gewesen sein müsse. Aus war es mit der Wanderung, weil an diesem Gefahrpunkt die falsche Methode eingeschlagen wurde. Das Richtige hätte darin bestanden, dass der Arbeiter sich hingesetzt, sofort eine monographische[m] Niederschrift seiner „Entdeckung" und deren Ausmasses vorgenommen, diese Niederschrift bei Seite[n] gelegt und damit sich von dem Gespenst der eigenen[o] „Entdeckung" befreit hätte. Denn ein solches Gespenst weicht der Ernüchterung, wenn man es niederschreibt. Erst wenn diese Lusthandlung vollzogen ist, tritt die Ernüchterung ein[,] und der Arbeiter kann dann – weiterwandern. – Wie gesagt, der ˹über die Entdeckung˺ seelige Geist[p] hatte diese Maassnahme <u>nicht</u> getroffen[,] und ich traf ihn als mitten im Wirbel der „Möglichkeiten" stehend und in ziemlicher Verzweiflung begriffen. – – –

Mit dieser Auseinandersetzung – wohl etwas langschweifig, aber ich fürchte, ich[q] verfalle allmählich der Geschwätzigkeit im Alter! – wird für uns Kulturmorphologen ein Gedanke erreicht, der als solche[r] eben die „Kinder des Institutes" etwas angeht, in seinen Folgerungen also für Euere Majestät beachtlich werden könnte.

Denn aus der letzten Korrespondenz ist zu ersehen, dass Euere Majestät aus dem Studium des „Ausdruckes" übergegangen sind in das der „Anwendung" (siehe Schicksalskunde[4]). Hieraus[!] möchte ich meinerseits das Bedürfnis eines flammenden Geistes sehen nach neuem Stoff. Auch die Richtung dieses Bedürfnisses scheint mir erkennbar, denn die Frage nach der Behandlung des Gorgomotives dürfte unbedingt sinnvoll sein.

„Kaiser Wilhelm II – Korfu – Gorgo" – das ist an sich eine prachtvolle, tiefsinnvolle[!] und ausdrucksstarke Zusammenstellung; – ein Dreiklang, dem ˹ein˺ historischer Sinn innewohnen würde. Solche Fassung anzustreben scheint um so selbstverständlicher[,] als das Institut zu seiner umfangreichen Behandlung der Gorgo-arbeit[!] doch nicht so bald kommen dürfte. Somit wäre alles gut, in Ordnung und erwägungsreif[,] wenn nicht – – –

Ja, wenn ich mich wirklich vollkommen auf mich und meine Hilfskräfte verlassen und somit unsererseits etwas versprechen könnte. Da sieht es aber schlimm aus, – so schlimm, dass ich augenblicklich sogar nicht selten schlaflose oder Angstbeklommene[!] Nächte habe.

Denn wie ist die Sachlage? – Vor uns ist die Sammlung der Gorgoakten aufgebaut. An sich sieht das mit den hunderten von Excerpten und Akten sehr stattlich aus. Aber deutlich und klar sind nur die thatsächlichen Figuren herausgeschält; die Durchdringung des Wandels von einer Form zur anderen fehlt aber noch. Das aber heisst[,] dass die geistige Durchdringung noch in den Kinderschuhen steckt. Und da liegt der Haken. Denn es handelt sich natürlich wieder um eine kulturmorphologische Arbeit und jedes Abrutschen in den Abgrund (durch monographische Deutungssucht) muss vermieden werden. Unklar ist es mir nun[,] wo ich Zeit und Kräfte hernehmen soll, die notwendig sind, um den Unterbau zu errichten, der dann zur Ausführung der Strasse, auf der Euer

---

[l] *Ae und De:* die   [m] *Ae und De:* Arbeit   [n] *Ae und De:* gelegt[!]

[o] *Ae und De:* Beobach   [p] *Ae und De:* ver   [q] *Ae und De:* kann

[r] *Ae und De aus* eine

---

[4] Leo Frobenius, Schicksalskunde im Sinne des Kulturwerdens, Leipzig 1932, S. 140–145.

Majestät wandern können, dienen soll. Aber vielleicht sind meine Sorgen ganz törichte. Erst müsste ich natürlich von Euer Majestät hören, in wie weit[!] der Gedanke zu einer solchen Arbeit überhaupt geneigte Aufnahme findet. Also erbitte ich nach dieser Richtung um eine Entscheidung.[s]

Danach werde ich dann meinerseits erwägen, entweder ob ein anderer Thätigkeitsbereich denkbar wäre oder (Wenn Euer Majestät die Zielsetzung Gorgowerdung zusagt)[t] ob und wie wir hier das Notwendige schaffen können. Um Misverständnisse zu vermeiden, muss betont werden, dass die Calamität[!] nicht etwa durch eine mit aufzubringenden Mitteln einzustellende Assistentur zu bewältigen ist[,] sondern nur höchstens durch Neuordnung der Verteilung des ᵉvorhandenenᵉ Kräftespieles.

Ich bitte um die Genehmigung[,] Ihrer Majestät die Hand küssen zu dürfen.

Frobenius

---

[s] *In A Marginalie Wilhelms:* Ja[,] sehr gern! [t] *In A Marginalie Wilhelms:* ja

198.

Wilhelm II. an Frobenius, 27.2.1934, Doorn, Eilbrief

Maschinenschriftliche Abschrift:
U   AEW: 1623 G1

Auf meine Anregung hin hat mein Enkel Prinz Louis Ferdinand die Koelner Filiale von Ford aufgesucht, um Ihren Wunsch, den Autopark fuer Ihre neue Afrika-Expedition von Ford zu erhalten, zu besprechen.[1] Das Resultat ist, dass Ford den gesamten Autopark fuer die Expedition kostenlos stellen wird. Freue mich aufrichtig[,] Ihren Wunsch habe erfuellen zu koennen!

Inschallah![2]

(gez.) W i l h e l m

I.R.

---

[1] Am 17. Februar hatte Frobenius auf einem „Merkblatt" erläutert, daß er für die 1934/35 beabsichtigte DIAFE XII zehn Kraftfahrzeuge verschiedener Spezifizierung benötige (AEW: 1628 F1f.), damit sich Wilhelms Enkel bei der deutschen Fordgesellschaft in Köln dafür einsetze, daß sie ihm kostenlos überlassen würden. Schwerin konnte ihm schon am 21. Februar mitteilen, „daß Ihr Antrag an Ford keine schlechten Aussichten hat. […] Wenn Köln nicht alle gewünschten Wagen umsonst hergibt, so wird wahrscheinlich doch nur ein geringer Preis berechnet werden. Ich habe besonders hervorgehoben, daß Sie bereits mit Opel in Verbindung stünden, u. das war gut, denn Ford legt Wert darauf, die Konkurrenz von Opel zu schlagen. Ferner habe ich darauf hingewiesen, daß die Reichsregierung wohlwollend u. fördernd hinter Ihrem Unternehmen steht – das ist wichtig, weil Ford Anlaß hat, möglichst gute Beziehungen zur Reichsregierung anzuknüpfen bezw. zu pflegen. Wollen Sie bitte diese beiden Gesichtspunkte in Ihren Verhandlungen nach Möglichkeit zum Ausdruck bringen!" (FI: LF 605/69f.).
[2] S.o. Nr. 47, Anm. 7.

199.

Wilhelm II. an Frobenius, 28.2.1934, Doorn

Maschinenschriftliche Ausfertigung:
A   FI: LF 617/18–20
Durchschläge der maschinenschriftlichen Ausfertigung:
D₁   AEW: 1628 F3f.
D₂   AEW: 1628 E7f.

Meine liebe Exzellenz!

Zu der gluecklichen Erlangung der gewuenschten Ford-Autos, die ich Ihnen gestern mitteilen konnte[1], sage ich Ihnen meinen herzlichen Glueckwunsch! Es ist mir eine besondere Freude, dass ich durch meinen Auftrag an meinen Enkelsohn, den Prinzen Louis Ferdinand, zur Vorbereitung Ihrer geplanten grossen Expedition eine fuer deren Gelingen vielleicht ausschlaggebende Unterstuetzung gewaehren konnte!

Heute moechte ich zu Ihrem ausfuehrlichen Briefe vom 16.d.M.[2], fuer den ich Ihnen bestens danke, noch einige Bemerkungen machen. Ihre tief schuerfenden[!] Darlegungen haben mir viel zu denken gegeben, und ich schreibe im Geiste bereits die angeratenen „Monographien", um mich von angeblichen „Gespenstern" zu befreien. Aber auch fuer eine Monographie braucht man „Substanz". Solche zu sammeln und zu ordnen, ist mein Bestreben. Das bezieht sich sowohl auf die Dipylon-Keramik mit ihren Susa-aehnlichen Motiven wie auf das Vorkommen alter Symbolik in der spaetgotischen Kunst.[3] Ob ein Symbol, gleichgiltig in welcher Zeitepoche es auftritt, „Ausdruck" oder „Anwendung" ist, steht doch nicht a priori fest, sondern soll gerade erst durch die Forschung ergruendet werden. In Ihrer Schicksalskunde (S. 145) sprechen Sie selbst davon, dass Formen und technische Vervollkommnung wieder Werkzeug und Stoff „neuer Verwirklichung (Kunst)" werden koennen.[4] Auch betonen Sie in dem gleichen Buche (S. 182), dass gerade die harmonische Verbindung von Wirklichkeit und Tatsache, von Werden und Erhalten, das „Sein" ausmacht.[5] Damit erkennen Sie doch auch die Berechtigung der „vertikal" gerichteten, archäophilologischen Methode an sich an, – nur dass Sie die Rolle des Archäophilologen von der des Kulturmorphologen durch eine tiefe Kluft streng geschieden wissen wollen. Ich glaube aber nicht, dass ich durch zeitweise archäophilologische Beschaeftigung, wie Sie sie nennen, den ökumenischen Gesichtskreis der Kulturmorphologie aus dem Auge verlieren und „abrutschen" werde! Bei meinem „Wandeln am Abgrund" finde ich auch eine Stuetze in einem Satz Ihres juengsten Buches (S. 123): „Mit dem Wissen des am Endpunkt Angetroffenen in der Richtung

---

[1] S.o. Nr. 198.   [2] Nr. 197.   [3] S.o. Nr. 191 und 195.

[4] „Formen und technische Vervollkommnung, die dann wieder Werkzeug und Stoff neuer Verwirklichung (Kunst) werden können." (Leo Frobenius, Schicksalskunde im Sinne des Kulturwerdens, Leipzig 1932, S. 145).

[5] „,Sein' ist aber nach meiner Anschauung die harmonische Verbindung von Wirklichkeit und Tatsache, von Werden und Erhalten." (Leo Frobenius, Schicksalskunde im Sinne des Kulturwerdens, Leipzig 1932, S. 182).

des Werdens zurueckgehend[,] duerfen wir hoffen, in das Mysterium eindringen zu koennen".[6] Diese Methode haben wir doch auch befolgt, um die Ornamente der Tripolje-Keramik aus spaeteren Erscheinungen entraetseln zu koennen; sollte die gleiche Methode nicht auch beim Studium der Dipylon-Keramik und spaetgotischer Ornamente fuer rueckschauende Betrachtung Berechtigung haben koennen? Zum mindesten kaeme aber hier doch wohl eine „neue Verwirklichung" (s.o.) in Frage? Koennte dort nicht auch eine neue „Ergriffenheit" vorliegen?

Bei meinem Suchen nach einer Erklaerung des Dipylon-Phänomens habe ich uebrigens u.a. schon eine interessante Äusserung des Dr. W. Andrae erhalten, die ich Ihnen nicht vorenthalten moechte. Er meint:

> „Die Ähnlichkeit zwischen Susa II und Dipylon ergibt sich fuer mich zu einem Teil aus dem Material, zum anderen ganz gewiss aus rassischen Beziehungen ueber hoechst komplizierte Wege, die wir noch lange nicht kennen. Ich glaube jedoch, dass es ausserdem ueberzeitliche, uebervoelkische Motive und Gestaltungen gibt, welche zu ihrer Zeit an verschiedenen Orten wieder hochkommen, gewissermassen wiedergeboren werden. Denn mit „Wanderung" allein, sei es auf welchem Wege es wolle, ist dieses Wiedererscheinen niemals restlos zu klaeren, insbesondere, wenn Jahrhunderte oder gar Jahrtausende zwischen den Vergleichsobjekten liegen. Ueberzeitlich sind fuer mich z.B. gewisse wesenhafte, sinnbildartige Tiergestalten, welche irgendwie Irdisches mit Kosmischem verbinden. Dies ist meine subjektive Ansicht, fuer die es mir noch nicht gelingt, den vollgiltigen wissenschaftlichen Beweis anzutreten."[7]

Diese Auffassung erscheint mir sehr beachtenswert!

Ueber die Symbolik in der spaetgotischen Kunst hoffe ich demnaechst einige Aufschluesse durch Professor Naumann zu erhalten, der auf Ihre Anregung hin mit Geheimrat Clemen in Verbindung getreten ist und mich Ende dieser Woche besuchen wird.

Im uebrigen bin ich Ihnen fuer den Vorschlag, die Gorgo-Motive auf Grund des inzwischen zu bedeutendem Umfange angewachsenen Materials zu behandeln,[8] von Herzen dankbar, und ich werde mich dieser sinnvollen Aufgabe mit Freuden widmen! Ich rechne dabei wieder auf Ihre und Ihres Instituts treu bewaehrte Unterstuetzung!

Die Ergebnisse Ihrer vorjaehrigen Expedition, soweit sie mir bisher durch Ihre vorlaeufigen Berichte, Ihr Bilderbuchblatt und die vorzueglichen Aufsaetze in der „Berliner Illustrierten" bekannt wurden[9], haben mich tief ergriffen, und ich sehe mit freudiger Spannung dem Vortrage entgegen, den Sie hier am 17. Maerz halten werden[10]. Die Kaiserin und ich freuen uns besonders, auch Ihre Frau Gemahlin hier begruessen zu duerfen, und hoffen, dass Sie einige Tage fuer uns Zeit haben werden!

---

[6] Leo Frobenius, Kulturgeschichte Afrikas. Prolegomena zu einer historischen Gestaltlehre, Zürich 1933, S.123.

[7] Walter Andrae an Schwerin, 23.2.1934 (AEW: 1639 E5).   [8] S.o. Nr. 197.

[9] Nr. 186 und Nr. 193; Leo Frobenius, Bilderbuchblatt 3: Einführung in die Felsbilderwerke von Fezzan. Ergebnisse der 10. Deutschen Inner-Afrikanischen Forschungs-Expedition 1932 (= Beiblatt 3 der Mitteilungen des Forschungsinstituts für Kulturmorphologie), Frankfurt am Main 1933; Berliner Illustrirte[!] Zeitung vom 18. und vom 25.2.1934.

[10] Frobenius und seine Frau waren vom 17. bis zum 19. März 1934 in Haus Doorn zu Besuch.

Ich bewundere die Unternehmungslust und Tatkraft, mit der Sie Ihre grosse 12. Expedition fuer diesen Herbst vorbereiten[11], und freue mich zu hoeren, dass Sie trotz dieses Planes jedenfalls Ihre Teilnahme an der diesjaehrigen Tagung der D.A.G. ermoeglichen werden!

Ich schliesse mit den besten Gruessen von Ihrer Majestaet und mir und bekraeftige meine Wuensche fuer Ihr Ergehen und den Erfolg Ihrer rastlosen Taetigkeit mit einem aufrichtigen

Inschallah![12]

[gez.] Wilhelm
I.R.
^aVorsitzender der D.A.G.^a

---

^a *Ae*

---

[11] Bei der DIAFE XIIa, die vom Oktober 1934 bis zum Juli 1935 andauerte, umrundeten seine Mitarbeiter das Mittelmeer. Er selbst war ihnen im Dezember 1934 gefolgt, unterbrach die Teilnahme, um von Ende Januar bis Ende Februar in Frankfurt zu sein, und schloß sich der Expedition im März in Kairo erneut an. Aus der Libyschen Wüste mußte er dann aber aus Gesundheitsgründen vorzeitig zurückkehren. S.u. Nr. 214. Eine andere Gruppe reiste unter Jensens Leitung nach Abessinien.
[12] S.o. Nr. 47, Anm. 7.

200.

Frobenius an Wilhelm II., 6.3.1934, München

Eigenhändige Ausfertigung:
A   AEW: 1629 A1f.
Durchschrift der eigenhändigen Ausfertigung:
D   FI: LF 613/25–27

Euerer Majestät

tief erfreuende Telegrammnachricht von der Stiftung der Fordwagen und ^afeindurchdachtes Schreiben^{ab} vom 28[.] II[.]¹ empfing ich auf Durchreise.

Euer Majestät Eingreifen in der Besoldungsfrage und das (nach dem Bericht meiner Herren Dr. Jensen u. Dr. Rhotert) geradezu ^cgrandiose^c ^aAuftreten^{ab} Seiner Königlichen

---

^a *In A von Wilhelm unterstrichen*   ^b *In A Marginalie Wilhelms:* aha!
^c *In A von Wilhelm doppelt unterstrichen*

---

¹ Nr. 198 und 199.

Hoheit des Prinzen Ludwig Ferdinand bei der Generaldirektion in Koelln[2] haben der kommenden Unternehmung von vorneherein eine [a]Schwungkraft von sehr grosser Tragweite[a] verliehen. Gerade weil diese für solche Zwecke fraglos [d]bei weitem[d] geeignetsten aller entsprechenden Fabrikate [d]jetzt[d] rein Deutsche[!] Erzeugnisse (offizieller Nachprüfung entsprechend) sind, gerade deshalb ist hierdurch ein starker Ansporn für andere [a]Gabenvermögende[a] gegeben. –

Prachtvoll.[e]

Nun sause ich in den nächsten Tagen via Wien–Budapest den Ostbogen ab[,] um dann am 17ten in Doorn[3] landen zu dürfen. Meine Frau und ich freuen uns schon auf die Möglichkeit einer Athempause gerade dort.[4] Es wird sich eine segensreiche [a]Mussestunde[a] finden, die dem [a]Dipylon[-]Stil[a5] und der [a]Gorgo zu Gute[!] kommen[a] werden. Da in den ausgezeichneten Sachkennern Naumann-Clemen [a]vorzügliche Berater für das Spätgotische sind[a6], so wäre ja zunächst alle Problematik in gesunde Bahn gelenkt. –[f]

Es sind nur noch 11 Tage bis zum 17ten[g]

Frobenius

---

[d] *Ae und De*
[e] *In A Marginalie Wilhelms:* Inshallah!
[f] *In A Marginalie Wilhelms:* Ja W.
[g] *In A Marginalie Wilhelms:* Hurrah

---

[2] Gemeint ist die Leitung der Ford AG in Köln (s.o. Nr. 198).   [3] S.o. Nr. 199, Anm. 10.
[4] In seinem Begleitschreiben an Schwerin hatte Frobenius erklärt: „Beifolgend wieder so ein Hastbrief. Ich habe jetzt so vieles zu thun, so viel zu fahren, zu verhandeln, zu entscheiden, dass ich alle, alle, alle um Geduld bitten muss." (AEW: 1629 A3 und FI: LF 604/65).
[5] S.o. Nr. 191, Anm. 2.   [6] S.o. Nr. 197, Anm. 2.

201.

Wilhelm II. an Frobenius, 29.6.1934, Doorn, „Brieftelegramm"

Maschinenschriftliche Ausfertigung:
A   FI: LF 617/21
Durchschlag der maschinenschriftlichen Ausfertigung:
D   AEW: 1628 G6

Die Kaiserin und Ich senden Ihnen, Meine liebe Exzellenz, Unsere herzlichsten Glückwünsche zum Geburtstage.[1] Möge das neue Lebensjahr Ihnen volles Gelingen der vielseitigen Unternehmungen bringen, deren Vorbereitung und Einleitung Sie zur Zeit betreiben, und möge Ihre Gesundheit den Anforderungen aufreibendster Tätigkeit gewachsen bleiben! Schwerin hat Mir Ihre und Ihrer Gattin Grüsse überbracht und über

---

[1] Dieser Tag war Frobenius' 61. Geburtstag.

Ihre gemeinsamen Gorgoforschungen berichtet. Vielen Dank für die ihm so bereitwillig und weitgehend gewährte Hilfe! Dem Mir in Aussicht gestellten Bildmaterial sehe Ich gern entgegen. Die Kaiserin und Ich freuen Uns darauf, Sie mit Ihrer Gattin am 24. September zur Eröffnung der diesjährigen D.A.G.Tagung[!] hier begrüssen zu können und an einem der folgenden Abende Ihren interessanten Vortrag über „Die Ellipsen der Weltgeschichte" zu hören.[2]

Mit besten Grüssen von der Kaiserin und Mir

[a]Gorgo in ihrer Schreckhaftigkeit als „Unterwelt-Sonne" hervorragend![a]

Wilhelm
I.R.

---

[a] *Ae und Df*

---

[2] Die Jahrestagung der DAG fand erst vom 26. bis 30. Oktober in Doorn statt. Der ehemalige Kaiser hielt einen Vortrag über den „Ursprung der Gorgo", Lommel referierte über die „Hochzeit des Soma", Vollgraff über „Das Pferd im Totenglauben", der auf Frobenius' Vorschlag neu in die DAG aufgenommene Dr. Franz Altheim über „Das Wesen der etruskischen Frau als soziale Erscheinung", und Frobenius präsentierte die „Weltgeschichte in zwölf Kartenbildern" (in der auf dem „2. nordischen Thing" 1934 vorgetragenen Fassung veröffentlicht unter dem Titel „Schicksalskunde" in: Veröffentlichungen der „Väterkunde" 2 (1934), S. 204–221). Außerdem stellte Wilhelm seinen Entwurf für die „Vergleichenden Zeittafeln der ältesten Geschichte Vorderasiens und Ägyptens" vor. Die DAG beschloß, daß sie auf die Mittelmeerländer ausgeweitet und veröffentlicht werden sollten (AEW: 1678 B7).

202.

Frobenius an Wilhelm II., 16.7.1934, o.O.

Maschinenschriftliche Ausfertigung:
A   AEW: 1628 G7f.

Eure Majestät und Ihre Majestät

haben mir neulich so ausserordentlich gütig einmal wieder alles Gute gewuenscht[1] und – während der Jagd, die ich seit jenem Tage angetreten (nur das Flugzeug genügt noch der jetzigen Hast und Überlastung), hat sich der Wunsch auch in die Wahrheit umgesetzt. Es war ein schweres, hartes Ringen, aber es scheint, es ist auch jetzt einmal wieder gelungen, und die Existenz ist gerettet. Im Laufe der letzten zwei Wochen habe ich notorisch kaum eine Stunde geruht, auch nicht nachts, in der nicht schwere und ernste Sorgen mich wachgehalten hätten, aber immer wieder taucht die frohe Gewissheit auf, dass des deutschen Volkes innere Mächtigkeit[?] nicht nur mit den Schwierigkeiten

---

[1] S.o. Nr. 201.

im kleinen, sondern auch mit denen im grossen fertig wird, wenn es manchmal auch dunkel, dunkel aussieht. Wie Eure Majestät wissen, ringe ich um eine Neuformung des akademischen Lebens Deutschlands, das einem neuen Stiefel für einen über das alte Mass hinausgewachsenen Fuss gleicht. Alle Welt will flicken, und doch muss ein richtiges neues Leder heran. Die Mechanik will im geistigen Leben herrschen. Die Wandlung in der Notgemeinschaft besagt alles.

Aber es hilft nichts, wir müssen die standhaften Zinnsoldaten bleiben und dürfen nicht die Hoffnung aufgeben. In diesem Sinne weiter – immer weiter – immer weiter!

[gez.] Frobenius

203.

Frobenius an Wilhelm II., 21.9.1934, Frankfurt am Main

Eigenhändige Ausfertigung:
A   AEW: 1629 C1–C3
Durchschrift der eigenhändigen Ausfertigung:
D   FI: LF 613/28–31

Euer Majestät

und Ihre Majestät haben am 18ten Juli unserem Mädelchen zu seinem Ehrentage Gruss entboten[1] und – der Vater des kleinen Geschöpfes hat nicht die Kraft oder die Zeit zu einem Wort gefunden. Es wird höchste Zeit, dass der Mann sich erklärt.–

Es war sehr bald nach den letzten befreienden Tagen von Doorn[2], dass mir in einer wild erregten Nacht tragischer Einsamkeit der Gedanke einer Verantwortung bewusst wurde, die ich bis dahin nicht bedacht hatte; es wollte mir so erscheinen[,] als gewahre ich als ein Seltener unter Millionen gewisse unserem Vaterland in der [a]Ferne drohende Todesgefahren[a] und als hätte ich alle Kraft aufzubieten[,] sie abzuwenden.

Seitdem thue[!] ich meine Pflicht.

Aber als Leben kann ich das, was mir nunmehr beschieden ist, nicht bezeichnen. Ich habe mich nun von innen her gegen die zermalmende Riesenwalze und die zerschmetternden Entladungen der Volksaffekte zu stemmen – ein Streichholz gegen eine Lawine. Den Tag füllen Beobachtungen, gleichgültig erscheinende Unterhaltungen aus; es sind die grausamen Nachterlebnisse grüblerischen Schreibtischgrübelns[!][,] die den Menschen fast hellsichtig machen, ihn das Unsichtbare des Schicksals[,] also die letzten

---

[a] *In A von Wilhelm unterstrichen*

---

[1] Am 18. Juli hatte Frobenius' Tochter Ruth-Renata den Musiker Heinzpeter Helberger geheiratet.
[2] S.o. Nr. 199, Anm. 10.

kleinen Möglichkeiten und Notwendigkeiten erkennen lassen, ihn zwingen[,] mit dem unscheinbarsten Minimum an Erfolgswahrscheinlichkeit – und trotzdem mit dem Schwung des Optimismus immer neue Gedanken umzusetzen, immer neue Wege zu finden – bis der Körper am Morgen vollkommen erschöpft auf das Lager sinkt mit dem inbrünstigen Gebet: „Nur nicht wieder aufwachen!" Aber das Erwachen folgt doch stets und immer wieder und erzwingt von neuem das einfach Gegebene: mechanische Pflicht-erfüllung, das Mimen des ewigen Frohsinnes und sieghafter Überlegenheit. Fratzen, Fratzen, Fratzen schneidet der Mensch Tage über und mühsam verhüllt er sein Be-wustsein[!], dass er ja nicht etwa der Nacht gedenke, in der ihm die ganze Gefahr des Daseins klar, die Unwahrscheinlichkeit des Sieges deutlich wird.

Mein Selbstbewusstsein hängt in 1000 Zotteln und Franzen[!] zerschlissen um mich herum.

So, einmal musste es heraus. Aber es sind schon zu viel Worte darum gemacht worden. Morgen früh fahre ich mit meiner Frau nach Biganzolo, um dort bestimmte Niederschriften, die uns in Klausur gelingen können[,] vorzunehmen.

Ich bitte um die Erlaubnis, Ihrer Majestät die Hand zu küssen.

Frobenius

204.

Wilhelm II. an Forschungsinstitut für Kulturmorphologie, 13.10.1934, Doorn, „Brieftelegramm"

Maschinenschriftliche Ausfertigung:
A   FI: LF 617/22
Durchschlag der maschinenschriftlichen Ausfertiung:
D   AEW: 1629 A6

Ich sende der Deutschen-Innerafrikanischen[!] Forschungsexpedition zur Feier ihres 30jährigen Bestehens Meinen Gruss und Glückwunsch! Möge die bevorstehende grosse 12. Expedition[1] zu den wertvollen Gaben, die die Diafe der Wissenschaft geschenkt hat, neuen Reichtum hinzufügen und durch diese neue Kulturtat ihr stolzes Werk würdig krönen!
Glück auf zu dem kühnen Unternehmen! [a]Gott mit Ihnen! Inshallah![2a]

Wilhelm
I.R.

---

[a] *Ae und Df*

---

[1] S.o. Nr. 199, Anm. 11.   [2] S.o. Nr. 47, Anm. 7.

205

Frobenius an Wilhelm II., 31.10. und 7.12.1934[1], Frankfurt am Main

Eigenhändige Ausfertigung:
A   AEW: 1629 B5–B7
Durchschrift der eiegnhändigen Ausfertigung:
D   FI: LF 613/32–36
Maschinenschriftliche Umschrift:
U   AEW: 1623 G3f.

Euer Majestät[a]

Ein freundliches Geschick hat es mir gestattet[,] unserer in Doorn aufgestiegenen Idee betreffend den Ursprung der Giebelfeldbilder im Zusammenhang mit der Urgeschichte des Griechentempels[2] einige Tage lang nachgehen zu können. Die erwähnten Arbeiten sind von Paul Sarasin in der Berliner Zeitschrift für Ethnologie veröffentlicht („Entwicklung des griechischen Tempels etc.") und zwar I[.] Teil ZfE 1907 XXXIX S[.] 57–79[,] II Tl[.]/Nachtrag ZfE 1910 XXXXII[!] S[.] 404[!]–443.[3] Beim Lesen dieser Arbeiten bitte ich Eure Majestät Folgendes zu beachten:

Paul Sarasin hat seine Arbeit in der vollmaterialistischen Zeit geschrieben, in der alle Erfindungen auf reines Zweckdenken zurückgeführt wurden. Also mussten [b]damals[b] alle Neuerungen[,] gleichgültig welcher Periode[,] bedingungslos auf praktische Nutzerwägungen zurückgeführt werden. Also musste für Prof[.] Sarasin erst [c]der Wohnbau[c] erfunden werden, dann erst der Tempel hiervon abzuleiten sein. Also nach dieser Anschauung ist der Pfahlbau als Wohnung zuerst entstanden und aus diesem Wohnpfahlbau dann erst der „höhere" Kulturbau, der Tempel hervorgegangen.

Und so kommt Sarasin (S. 77) zu dem Schluss: „dass auch in Amerika der Pfahlbau aus Tempeln hervorzuschimmern scheint." –

Diese Reihenfolge ist für uns undenkbar[,] und im vorliegenden Falle würde diese auch die Geschichte der Gorgo im[d] Giebel des Korfutempels nicht erklären.

---

[a] *In A darüber Vermerk Wilhelms:* sehr wichtig!   [b] *U:* danach
[c] *U:* das Wohnhaus   [d] *Ae und De:* T

---

[1] Anscheinend noch später erst verschickt, denn U weist einen Präsentatsvermerk Schwerins vom 23. und A einen Wilhelms vom 26.12.1934 auf.

[2] S.o. Nr. 201, Anm. 2. In seinen Notizen zu einer Geschichte der DAG hielt Schwerin fest: „Die Diskussion über den Vortrag Seiner Majestät fuehrt zu dem Beschluss, dass das Gorgo-Problem einer weiteren Ergruendung bedarf durch Einbeziehung der in der Tempel-Architektur zum Ausdruck kommenden Symbolik, insbesondere der von P. Sarasin festgestellten Beziehungen zwischen Griechentempel und Pfahlbau." (AEW: 1678 B7).

[3] Paul Sarasin, Über die Entwicklung des griechischen Tempels aus dem Pfahlhause, in: Zeitschrift für Ethnologie. Organ der Berliner Gesellschaft für Anthropologie, Ethnologie und Urgeschichte 39 (1907), S. 57–79 und 42 (1910), S. 434–443.

Die Frage ist nun aber: Lässt sich die umgekehrte Entwicklungslinie, die dem in [„]Schicksalskunde[",] S. 144–145[4] gegebenen Gedankengang entsprechen würde, beweisen?

An dieser Frage hoffe ich während der nächsten Tage arbeiten zu können.

Freitag 7[c] Dezember 34

In der Zwischenzeit wurde der grösste Teil der melanesischen und Polynesischen[!] Literatur auf das Stichwort „mythologische Architektur" hin durchgearbeitet. Es war die Frage, ob sich aus den einzelnen Vorstellungen über das „Weltbild" genügende Angabenniederschläge[!] zusammentragen lassen, die das uns Beschäftigende zur Genüge erhärten lassen.

Heute glaube ich nun[,] diese Frage mit einem unzweideutigen „Ja" beantworten zu können. Nicht sowohl die Nachrichten über den Tempelbau und [f]den Cultus[f] als vor allem eine Reihe sehr deutlicher Mythenmotive lässt erkennen, dass der alte Tempel in der That entstand als eine Realisierung des vorstellungsgemässen Weltbildes. Es besteht kein Zweifel, dass viele Angaben nach dieser Richtung unzweideutig sind. Es gillt jetzt, das Gefundene zu verarbeiten.

Die Weiterarbeit denke ich mir nun so, dass wohl während der nächsten 6 [g]Wochen[g][,] in denen ich in Arabien und Afrika inspizire[!][5], die Arbeit so gut wie ruht. [h]Hernach[h] werde ich ca. Februar in [i]Frankreich[i] sein[,] und in dieser Zeit kann [j]und muss[j] der nächste Schritt gethan werden. Hierüber muss sich dann der Graf Schwerin aeussern.

So weit wären wir.

Und nun hoffe ich[,] dass Euer Majestät und Ihre Majestät ein gesegnetes Weihnachten und Neujahr erleben. Wo ich nun auch immer im Zelt liegen werde, in[!] den Festtagen werden meine Gedanken häufig in Doorn weilen.

Frobenius

------

[e] *Ae und De:* Sep
[g] *Uf aus* Monate
[i] *Af und Uf :* Frankfurt *aus* Frankreich

[f] *U:* die Kultur
[h] *U:* Hiernach
[j] *Ae und De*

------

[4] Leo Frobenius, Schicksalskunde im Sinne des Kulturwerdens, Leipzig 1932, S. 145f. Er postuliert dort an zahlreichen Beispielen den Übergang vom mythischen „Ausdruck" zur praktischen „Anwendung".

[5] S.o. Nr. 199, Anm. 11.

206.

Wilhelm II. an Frobenius, 5.11.1934, Doorn, „Brieftelegramm"

Maschinenschriftliche Ausfertigung:
A   FI: LF 617/23

Ihre Majestaet die Kaiserin und Ich danken Ihnen und Ihrer Gattin, sowie allen treuen Mitarbeitern Ihres Forschungsinstitutes fuer das freundliche Gedenken des heutigen Tages![1] Die schwungvoll verlaufenen Tagen[!] der D.A.G. bewahre Ich in Meiner dankbaren Erinnerung;[2] eine Reihe wertvoller Anregungen, die Sie und Ihre Herren Mir gaben, beschaeftigen Mich lebhaft. Ihre Majestaet die Kaiserin und Ich senden Ihnen Allen herzliche Gruesse.

[a]Die von Ihnen vorgeführten culturgeschichtlichen Ellipsen[3] – besonders die letzte Europa-Japan – habe ich mit Kreisen ausgefüllt und dabei die Gestalt der <u>Monade</u> gefunden. Cultur- bezw. Weltgeschichte spielt sich in der <u>Form der Monade</u> ab! Der Wille der Vorsehung, der alles auf Erden regiert, leitet sie.[a]

[gez.] Wilhelm
I.R.

Exzellenz Frobenius
<u>Frankfurt a/Main</u>

---

[a] *Ae*

---

[1] Es war ihr zwölfter Hochzeitstag.   [2] S.o. Nr. 201, Anm. 2.
[3] Dieses Bild hatte Frobenius in seinem Doorner Vortrag (Nr. 201, Anm. 2) verwendet.

Wilhelm II. an Frobenius, 28.12.1934, Doorn

Eigenhändige Ausfertigung:
A   FI: LF 617/24–26
Maschinenschriftliche Abschriften:
U₁   AEW: 1629 B8–C1
U₂   AEW: 1629 B7f.

Meine liebe Exzellenz

Vor allem erfreuten, herzlichen Dank für Ihren so unendlich werthvollen Brief vom 7ten XII.[1]

Das Ergebnis Ihrer Vorstudien[,] die „mythologische Architectur" betrf.[,] ist ja höchst bemerkenswerth und erfreulich u[.] zeichnet den Weg für die Forschung vor, den ich verfolgen werde. Einen kleinen Stein zu diesem Bau erlaube ich mir hiermit zu unterbreiten. In seiner geradezu hervorragenden Broschüre „Caesaren" erwähnt[a] Wulle bei der Beschreibung der allmähligen – auf <u>Caesars</u> Betreiben – erfolgenden[!] „Vergottung" desselben, dass man auf <u>sein Haus</u> einen <u>Giebel</u> aufgesetzt habe, damit dem Publicum <u>dadurch</u> zum Bewusstsein gebracht werde:, „dass <u>in</u> diesem Hause ein göttlich zu Verehrender, d.h. ein <u>Gott wohne!</u>"[2] Also hier bedeutet der <u>Giebel</u> das <u>Symbol</u> des <u>im</u> Hause wohnenden <u>Gottes</u>. „<u>Hier wohnt ein (der) Gott.</u>" Setzt man in dieses Wohnsymbol der Gottheit, in den Giebel, das Bild der Gottheit hinein, dann dürfte damit dem Beschauer wohl gesagt werden sollen: „<u>Ich</u> wohne hier." (?) Ist eine Kampfszene hinter bezw. vor oder unter dem Götterbild dargestellt, so könnte damit gesagt sein: „<u>Ich</u> habe den Kampf für X oder N entschieden". Im Falle Corfu: „<u>Ich</u> habe <u>Zeus</u> den <u>Sieg</u> verliehen."[3] Dann hat wohl die Gorgofigur des Giebels, als Artemis Hecate*) im Tempel in Wiederholung als Cultbild gestanden?
*) siehe deren Altar mit Weiheschrift[4]

---

[a]   *U:* Reinhold

---

[1]   Nr. 205.

[2]   Reinhold Wulle, Caesaren, Berlin 1934, S. 37: „Als Gott erhält Caesar ferner das Polster für das Göttermahl, und auf sein Haus wird ein Giebel gesetzt wie auf die Tempel, als Zeichen, daß hier ein Gott wohnt." Den zusammen mit anderen vergöttlichenden Ehren Caesar verliehenen Tempelgiebel erwähnte bereits Livius, auf den Plutarch (Caes. 63,9) und Florus (2,13,91) zurückgreifen. Den Tempelgiebel auf Caesars Haus überliefern auch der Augenzeuge Cicero (Phil. 2,110) und Sueton (Iul. 81,3). Plutarch bezeichnet ihn zwar nicht als ἀετός (s.u. Nr. 208), sondern übersetzt weniger deutlich als ἀκρωτήριον, aber die lateinischen Autoren verwenden einheitlich *fastigium*, das Wort, das den Giebel eines Tempels bezeichnet, ja sogar den Tempel überhaupt meinen kann.

[3]   Die Auffassung, daß auf dem Tempelgiebel von Korfu Gorgo den Göttern den Sieg über die Giganten verleihe, – die ja auf die Interpretation des Giebelfelds als „Türschild" der Götterwohnung keineswegs angewiesen ist – hatte Wilhelm bereits 1924 veröffentlicht und dabei auch ihre Gemeinsamkeiten mit der jüngeren Siegesgöttin Nike betont (Wilhelm II., Erinnerungen an Korfu, Berlin / Leipzig 1924, S. 105f. und 118–121). Schwerin, von Wilhelm zur Materialsuche und Literaturdurchsicht in Frobenius' Frankfurter Institut beordert, schrieb von dort an den Hausherrn bedauernd über diesen Brief: „Leider wird darin wieder die ‚Schiedsrichterrolle' der Korfu-Gorgo auf's Tapet gebracht, die ich für erledigt hielt." (FI: LF 605/78f., hier: 78v).

Dieses Cultbild dürfte die Copie desjenigen gewesen sein, das im älteren, vorhergehenden Holztempel in Holz geschnitzt gestanden haben wird. Die herrlichen thönernen Simenterracotten des Holztempels habe ich ja gefunden und in meinem Corfubuch veröffentlicht.[5] Es ergiebt sich dann ein interessantes <u>Problem</u>:

1) Ist die Gorgofigur von Corfu ᵇdas Symbolᵇ der <u>UnterweltsSonne</u>[!] mit der dämonischen Schreckhaftigkeit derselben ausgestattet, wie erklärt man ihr Eingreifen zu Gunsten des Zeus gegen die Giganten? Wie kann die <u>Unterwelt</u> Zeus Sieg verleihen?

2) Ist die Gorgo von Corfu <u>nicht</u> die Unterweltsonne, dann stellt sie das <u>vereinigte Asiatisch-Afrikanische Sonnensymbol</u> dar (Schlangen, Garudavogel, Enface[-]Löwen, Chrysaor, Pegasus)[6] ᵇalso:ᵇ „Die ᵇobereᵇ <u>Sonne</u> verleiht Zeus den Sieg"!? Wie kommt es aber dann zum 3[-]Kantaltar mit der Weiheinschrift an die Artemis Hecate, die nie die ᵇobereᵇ Sonne bedeuten kann?

3) Woher kommen aber dann Pegasus u[.] Chrysaor zu ihr? die doch bisher weder aus Asien oder Afrika bekannt sind? Sollten sie etwa auch, vielleicht, aus Indien stammendes Culturgut sein? – – –

Mir scheint jedenfalls, dass die späteren Einwohner von Corfu – Erbauer des <u>steinernen</u> Tempels – die Gorgofigur als Symbol einer fraglos ungemein mächtigen Gottheit angesehen ᶜundᶜ verehrt haben. „Denn sie hat Zeus den Sieg verliehen!" – – –?

Wir haben ein stilles, schönes Weihnachten gehabt bei mildem Frühlingswetter und smaragdgrünem Rasen. Habe Ew. Ex[zellenz,] irgendwo im Biwak befindlich[,] auch warm gedacht und ᵈSieᵈ auch für das kommende Jahr mit den Ihrigen u[.] den Mitgliedern der Expedition dem Schutz des Herren befohlen.

Prosit Neujahr! Inshallah[7]

Ihr treu dankbarer

Wilhelm

I.R.

ᵇ *Ae*　　　　ᶜ *Ae statt* haben　　　　ᵈ *Ae aus* sie

———

[4] Ein Altar mit Weiheinschrift an Artemis-Hekate war im Bezirk des korfiotischen Tempels gefunden worden.

[5] Wilhelm II., Erinnerungen an Korfu, Berlin/Leipzig 1924, S. 117, 124 und 127.

[6] Zu Garuda s.o. Nr. 8, Anm. 2; der menschengestaltige Chrysaor („goldenes Schwert" – auch als Bezeichnung für den Sonnenstrahl gedeutet) und das geflügelte Pferd Pegasus, das am Himmel zieht, sind die Kinder der Gorgo.

[7] S.o. Nr. 47, Anm. 7.

Wilhelm II. an Frobenius, 16.1.1935, Doorn

Maschinenschriftliche Ausfertigung:
A   FI: LF 617/27–29
Durchschlag der maschinenschriftlichen Ausfertigung:
D   AEW: 1630 A3f.

Ein bereits vom 10.1.1935 datierter Teilentwurf in AEW: 1631 A8–B1

Meine verehrteste Exzellenz!

Gestatte ich mir im Anschluss an meinen Brief betreffend die Problemstellung: Gorgo-Giebel pp.[1] den Inhalt eines Gespraeches mit Professor Boehl, dieses Thema betreffend, mitzuteilen:

Wir gingen bei der Betrachtung aus von den Sarasin=schen Untersuchungen, die die Pazifischen Holztempel behandeln.[2]

Wie Euere Exzellenz so sieht auch Boehl im Holztempel der Ozeanier einen Goetterbau, der den <u>Cosmos</u> symbolisiert. Ist das der Fall, so waere folgendes zu beachten: Der Cosmos zerfaellt stets in Unterwelt, Erde, Himmel. Also ist der Unterbau = Unterwelt, der Mittelbau = Erde, der Soeller darueber = Himmel. Daher steht auch das Cultbild – die Gottheit – <u>oben</u> auf dem Soeller. Kommt nun vor den Soeller der dreikantige Giebel, koennte vielleicht derselbe das Symbol des Weltberges darstellen, und zwar entweder des Goetter-Weltberges oder des Unterwelt-Berges. Die alten Hellenen nannten den Giebel den Aetos (Adler).[3] Erscheint nun das Goetterbild im Giebel, so koennte damit gemeint sein: <u>der</u> Gott steht auf oder vor <u>seinem</u> Berge als Beherrscher des durch den Tempel symbolisierten Cosmos? Dem Bild im Giebelfeld wuerde wohl ein zweites im Tempelhause, und zwar nicht mehr <u>oben</u> auf dem Soeller[,] sondern <u>unten</u> in der Cella (Hauskapelle?), als eigentliches <u>Cultbild</u> entsprechen. Professor Andrae hat sich, auf meine Anfrage, zustimmend zu der Entstehung des Dorischen Tempels aus dem kosmischen Holzbau geäussert.[4] Im grossen Ganzen decken sich seine Angaben mit denen von Euerer Exzellenz und des Professors Boehl. Waehrend Professor Doerpfeld diese Theorie rundweg ablehnt. Ein Unterschied besteht zwischen Sarasin und Andrae (des ersteren Arbeit lernte Andrae erst durch meine Sendung ueberhaupt kennen). Sarasin meint: die Triglyphen seien aus den mit Staeben versetzten Fenstern entstanden, waehrend Andrae eher die Metopen als ehemalige Fenster angesehen haben will. Da nun aber in der Steintempelzeit die Metopen begannen[,] mit Reliefs bezw. vorher mit Schilden oder Panoplien geschmueckt zu werden, moechte ich daraus doch eher auf die geschlossene Wand als Vorlaeuferin der Metope schliessen, deren Kahlheit die Verkleidung forderte. Waehrend die Triglyphe im Stein noch die Erinnerung an ihre einstmalige Rolle als Fenster durch die drei Staebe andeutenden Einkerbungen erhaelt. Aber es

---

[1] Nr. 207.   [2] S.o. Nr. 205, Anm. 3.   [3] ἀετός.
[4] Andrae an Schwerin, 21.12.1934 (FI: LF 605/80–82).

waere doch immerhin nicht ausgeschlossen, dass im urspruenglichen Holzbau z.B. statt drei Staebe[!], ein Brett mit drei senkrechten Schlitzen das Fenster geschlossen haette? Dem wuerde die Triglyphe ja genau entsprechen, wenn auch nur noch in symbolischer Form? – –

Das Problem: Gorgo von Corfu Unterweltssonne?[5], welches ich auch mit Professor Boehl behandelte, fuehrte zu folgenden Erwaegungen:

Die Frage, die mir immer noch Schwierigkeiten bereitet, lautet: `Wenn die Gorgo von Corfu die Unterweltssonne – Artemis Hecate – symbolisiert[!], wie kommt sie dazu, Zeus bezw. seinem Kampf gegen die Giganten – symbolisierte chthonische Kraefte, der Unterwelt zugehoerig – den Sieg zu verleihen?

Dazu gab Professor Boehl folgende Erklaerung: etwa: „Die obere und die untere Sonne sind ein und dasselbe. Denn die obere Sonne durchlaeuft nach ihrem Untergang die Unterwelt, in der ihr, waehrend sie das tut, Symbole der Schreckhaftigkeit beigelegt werden. Sie steigt am Morgen aus der Unterwelt noch in schreckhaftem Aussehen empor, ehe sie zur oberen-Licht-Tagessonne wird. In diesem Zustand erscheint sie aufgehend dem im Kampf befindlichen Zeus und wird zum Schiedsrichter seines Kampfes, in dem sie dem Lichten Gott, als Tages-Sonne sich inzwischen verwandelnd, den Sieg verleiht." – Also in nuce: „Stirb und Werde" ! – ?

Leider hat Dr. Altheim noch nichts fuer meine Geschichtstabellen getan![6] Er schickte mir sein Buch ueber die „Epochen der roemischen Geschichte"[7], das aber keine praecisen Angaben ueber die italische Vorgeschichte enthaelt, so wie sie fuer die Zeittafeln erwuenscht waeren. Selbst die Zeit der Einwanderung der Etrusker und ihre Herkunft laesst er noch im Zweifel, trotzdem hierueber doch laengst Klarheit bestehen duerfte. Altheim wartet noch auf das Erscheinen eines Buches ueber die italische Vorgeschichte, das sein Kollege Messerschmidt in Breslau herausgibt[8], und hofft, wenigstens die Druckbogen bald zu bekommen. Dann will er mir endlich seinen Beitrag schicken. Griechenland lehnt er ab, da es nicht zu seinem Forschungsbereich gehoert. Nach Besprechung Schwerins mit Ihnen werde ich vielleicht Vollgraff bitten, mir praehellenisches Material zusammenzustellen. Jedenfalls lege ich den groessten Wert darauf, dass die Zeittafeln nun bald gedruckt werden, und zwar, wenn die Bearbeitung Italiens und Spaniens weiterhin Schwierigkeiten machen sollte, ohne die Geschichte dieser Laender. Eine Anmerkung koennte diesen Verzicht erlaeutern.

Ich freue mich zu hoeren, dass Sie mit den Ergebnissen Ihrer Expedition in Nord-Arabien zufrieden sind und jetzt das Unternehmen in der libyschen Wueste ansetzen.[9]

---

[5] S.o. Nr. 207. [6] S.o. Nr. 201, Anm. 2.

[7] Franz Altheim, Epochen der römischen Geschichte von den Anfängen bis zum Beginn der Weltherrschaft, Frankfurt am Main 1934 (= Frankfurter Studien zur Religion und Kultur der Antike 9).

[8] Franz Messerschmidt, Bronzezeit und frühe Eisenzeit in Italien. Pfahlbau, Terramare, Villanova, Berlin 1935.

[9] Der erste Abschnitt der DIAFE XIIa hatte Frobenius und zwölf Mitarbeiter ab Dezember 1934 nach Transjordanien und Kairo geführt. Von dort reiste er bereits am 19. Januar 1935 nach Frankfurt zurück, das er im Februar wieder verließ, um sich in Kairo mit seinen Mitarbeitern zu treffen, mit denen er dann am 25. März in die Libysche Wüste aufbrach (FI: LF 504–507; s.a. Nr. 211).

Moechte Ihre Gesundheit allen Strapazen gewachsen bleiben! Das ist mein herzlicher Wunsch!

Inschallah![10]

Wilhelm
I.R.

---

[10] S.o. Nr. 47, Anm. 7.

209.

Frobenius an Wilhelm II., 4.2.1935, zwischen Kassel und Frankfurt am Main

Eigenhändige Ausfertigung:
A AEW: 1631 B2f.
Durchschrift der eigenhändigen Ausfertigung:
D FI: LF 613/37–39

Euer Majestät;

Auf dem Schreibtisch zwei Briefe von Euerer Majestät[1], schwerwiegend, voller ernster Gedanklichkeit; am Eck des Tisches lehnend ein Doppelrohr mit Widmung[2]; der Empfänger leider etwas flügellahm.

Es geht zunächst wie üblich: Holterdipolter[,] und würde zunächst eine Regelung auch nur des Wichtigsten nicht möglich sein. Deshalb habe ich mir eine List ausgedacht: Wenn jetzt die schlimmste Plackerei in Berlin erledigt ist, werde ich mich – ins Krankenhaus zu Vollhard legen! Da kann mich kein Mensch stören. Diesen Plan werde ich mit dem Grafen Schwerin in Berlin besprechen.

Dann werde ich die Möglichkeit haben, die Fragen, die Euer Majestät mit dem Complex der mythologischen Architektur aufgeworfen haben, zu durcharbeiten[!].[3] Auch die Frage von Tag/Nachtsonne etc[.] verlangt eine neue Stellungnahme. Erfreulicher Weise[!] hat das langsam excerpirende Weiterbohren, das trotz der peinlichen Verhältnisse der Expedition durchgeführt werden konnte, recht hübsche, erweiternde Einblicke gewährt.

Einen bösen Schreck erlebte ich, als mir auf der Reise die Nachricht von dem bösen Koch und seines schlechten Benehmens am 27[.] I[.][4] zukam, aber eine telephonische Anfrage gab Beruhigung.

---

[1] Nr. 207 und 208.

[2] Wilhelm hatte Frobenius zu Weihnachten ein Jagdgewehr geschenkt.

[3] S.o. Nr. 207 und 208.   [4] Nicht ermittelt. Der 27.1. war Wilhelms 76. Geburtstag.

Die Expeditionsergebnisse meiner Kameraden sind – <u>hervorragend</u>. Morgen oder übermorgen werde ich dem Grafen Schwerin weiteres sagen können.[5]

Frobenius

---

[5] S.u. Nr. 210.

210.

Frobenius an Wilhelm II., 11.2.1935, Frankfurt am Main

Maschinenschriftliche Ausfertigung:
A   AEW: 1630 C1

Euer Majestät!

Es war ein ausserordentliches Glück für das Fortschreiten der Arbeit, dass der Graf Schwerin erst in Berlin und dann in konsequenter Fortführung hier in Frankfurt [a]einige Tage arbeiten[a] konnte.[1] Es ist mit Altheim und einigen anderen Kollegen alles ernsthaft erörtert und durchdacht worden. Das Endergebnis ist, dass etwas auch nur annähernd Abschliessendes für den Augenblick nichts anderes ergeben würde als eine Eintagsfliege von der Art, wie sie schon zu Hunderten im Bereich der Wissenschaft einherfliegen. Demgegenüber lehnt sich etwas in meinem Innern auf. Das ist Euer Majestät nicht würdig. Wohl aber ist etwas anderes zu erreichen, allerdings nur unter Aufwendung ausserordentlicher Beharrlichkeit und zäher Durchführung eines Planes. Wir halten es nämlich für richtig, zunächst etwas Labiles zu schaffen, eine Sammlung von wertvollen Dokumenten, die durch viele Kollegen kontrolliert und gegeneinander abgestimmt werden. Die Arbeit des Abstimmens, darauf kommt es an. Wir werden ebenso gut Kollegen aus Frankreich, wie aus Norwegen, Schweden, Italien usw. heranziehen müssen. Infolge der Anwesenheit und Hilfsbereitschaft des Grafen Schwerin konnten wir mit den ersten Entwürfen fertig werden, und ich hoffe, dass der Graf Schwerin einige kleine Proben morgen wird mitnehmen können. Das ganze System zu entwickeln würde hier zu weit führen. Das soll der Graf Schwerin machen.

Dies, soweit die Zeittafeln in Betracht kommen. Was nun die mythologische Architektur anbelangt, so bin ich persönlich mit Auszügen sehr viel weiter gekommen, werde aber nun in den nächsten Tagen erzwungener Ruhe mich erst der Ordnung dieser Materien zuwenden müssen. Sollte ich vor meiner Abreise noch weit genug kommen, so würde ich Euer Majestät bitten, den Grafen Schwerin noch einmal für einige Tage herzusenden, um mit ihm alles durchgehen zu können. Aber auch sonst schreitet die Arbeit fort.

Hier ist harter Winter.

[gez.] Frobenius

---

[a] *In A von Schwerin mit blauem Buntstift unterstrichen*

---

[1] S.o. Nr. 209.

211

Frobenius an Wilhelm II., 24.4.1935, Gilf Kebir[1]

Eigenhändige Ausfertigung:
A   *AEW: 1631 A2–A6*
Durchschrift der eigenhändigen Ausfertigung:
D   *FI: LF 613/40–47*
Maschinenschriftliche Umschrift:
U   *AEW: 1643 F5f.*

Euer Majestät

Soweit wären wir also glücklich gekommen. [„]Soweit["] heisst: 235 km oestlich der Kebabogruppe der Oase Kufra[2]; wir sind gelagert [a]im[a] Abhang des riesigen Kebirplateaus, das seine Wände 400–500 m hoch schroff neben uns aufsteigen lässt. Wir waren hier schon vor 1⅓ Jahr und die Expedition fand 1933 die prachtvollen gemalten Felsbilder, die damals nur auszugsweise copirt werden konnten.[3] Die drei Malerinnen der Expedition[4] sind jetzt an der Arbeit[,] dies nachzuholen[,] und machen hierbei alle Tage neue Beobachtungen. Wir sind hier im Ganzen zu 12 mit 8 Wagen und arbeiten stets in getrennten Gruppen. Ich selbst war zuletzt in einem noch kaum untersuchten Wildthale, das uns herrliche Aufschlüsse bot. Mittlerweile waren D[r]. Rhotert und meine Frau etc[.] schon in Kufra, wo unserer Arbeit von italienischer Seite sehr grosse Freundlichkeit entgegen gebracht[!] wurde[,] und die [b]„Mitbringer" bereiteten[bc] uns in der Öde gebliebenen[!] dann einen (natürlich mit Wasser verdünnten) Weinschoppen. Also wir 12 sind frisch und fröhlich und sehr hoffnungsvoll noch im „vergnüglichen" Herumlaufen beschäftigt, während die Südgruppe Dr. Jensen Abessinien in diesen Tagen verlässt und mit augenscheinlich prachtvollen Ergebnissen der Heimat zusteuert[5]. Sie sind zwar gleichen Aufgaben wie wir nachgegangen, aber wie verschieden war und ist unsere Lebensform! Sie, die Abessinier[,] hatten an Schwierigkeit das Zuviel der Menschen[,] und wir haben deren zuwenig. Denn seit wir von der Oase Kharga[6] weg sind, sehen wir immer nur uns selbst; wir befinden uns in jenem Becken, das bei doppeltem Umfange

---

[a] *Ae und De aus* am, *U:* am   [b] *U:* „Mibringe" bereitete   [c] *Ae und De:* d

---

[1] S.o. Nr. 193, Anm. 9.

[2] Die Kebabogruppe ist der östlichste Teil der Oase Kufra (s.o. Nr. 181, Anm. 2), in dem sich die Hauptsiedlungen befinden.

[3] S.o. Nr. 193.

[4] Die Unterlagen des Frobenius-Instituts gehen von vier Zeichnerinnen aus: Elisabeth Krebs, Katharina Marr, Elisabeth Charlotte Pauli und Maria Weyersberg.

[5] Mit offensichtlicher Scheu vor der „dreizehn" bezeichnete Frobenius diese Expedition als DIAFE XIIb, während die inhaltlich mit ihr kaum zusammenhängende „Nordexpedition", an der er selbst teilnahm, als DIAFE XIIa firmierte.

[6] Kharga oder Charga: große zentralägyptische Oase, durch eine Schmalspurbahn mit dem Niltal verbunden.

Deutschlands immer nur diejenigen Menschen birgt, die dieser absoluten Öde Trotz bieten.

Unsere Aufgabe in diesem Deserto ist eine recht eigenartige. Wir sollen feststellen[,] in <u>welchen</u> geologischen Perioden <u>welche</u> klimatischen Verhältnisse hier und dort herrschten und wie sich hierzu die Funde an Kulturhinterlassenschaft[,] d.h. Bild und Werkzeug[,] verhalten. Das kann nur gelingen, weil mittlerweile das geologische Fach zu einer raffinirten Kunstfertigkeit herangereift ist, der die Umbildung des Bodens alter Steppen, alter Dünen etc. bestimmte Symptome entbietet, die unverkennbar sind. Solche Symptome „sehen", das ist die Kunst,[d] der wir unsere Aufmerksamkeit widmen[,] und Euere Majestät können Sich kaum vorstellen, welche unendliche Freude es macht, die entsprechende Fähigkeit wie Fertigkeit in die Augen und Hände einer jüngeren Generation gleiten zu lassen.[7]

Da ertappe ich mich nun allerdings bei einer augenscheinlichen Protzerei; ja, ich bin sehr stolz auf die Generation, die auf den Spuren der Thätigkeit dieses verflossenen Lebensalters wirkt. Es sind jetzt etwas über 30 Jahre her, dass ich zum ersten Male den „dunklen" Kontinent aufsuchte, – damals noch von der Zunft arg verhöhnt und verspottet. Und nun geniesse ich die hohe Freude, dass ein prachtvoller Nachwuchs seine Arbeit alle Tage besser macht; das vom Alter Gewonnene ist gesichert und geborgen; die Kräfte zum Weiterbau sind gebildet. Und es handelt sich um Arbeitspostulate, die den Einsatz von Lebenskräften wert sind.

Wenn wir in ein paar Monaten heimkehren, dann werden wir die Materiale zu einem Werke beschafft haben, welches die Vorgänge, Geschehnisse und Kulturschicksale vorgeschichtlicher Jahrtausende ebenso klar sichtbar machen soll, wie die der beglaubigten Geschichte mit dem einen Unterschied, dass[e] die [f]Irrungen[f] der letzteren in den Schwächen der [g]Menschennatur[g], die unseren aber in gewissen Undeutlichkeiten der Natur[h] [i]der Umwelt[ij] haben[!].

Ohne einer Überheblichkeit anheim zu fallen, glaube ich behaupten zu dürfen, dass durch diese Untersuchungen, bei denen ja die Tagesbeobachtungen des Feldwerkes (der Expedition) alltäglich mit den stets weitergeführten Meditationen und Studien des Heimwerkes verwoben werden, die Aufhellung der Wirklichkeit[k] und Wirksamkeit des menschlichen Geistes, <u>wesentliche</u> Fortschritte macht. Die Wissenschaft des vorigen Jahrhunderts hat es sich mit ihrer materialistischen Einstellung und der Projektion dieser auf die Vergangenheit menschlicher Gebahrung[!] sehr leicht gemacht. <u>Wir</u> wissen heute, dass die Vergangenheit eine ganz andere Geistigkeit [besaß,] als unsere liebe Zunft sie haben mochte. Und zu dieser Aufklärung haben[!] der Wechsel des Lebens in der „Wüste Afrika" mit dem in der „Höhle Europa" im höchsten Grade beigetragen.

Dieses wird hier gesagt[,] um Euer Majestät gleichzeitig zu vermelden, dass die Studien über die Grundlagen der „mythologischen Architektur", die geklärt sein müssen,

---

[d] *Ae und De:* die   [e] *Ae und De:* letz   [f] *Ae und De:* Gefährnisse
[g] *Ae und De aus* Menschheit   [h] *Ae und De über der Zeile:* selbst
[i] *Ae und De*   [j] *Af von Schwerins Hand:* ihren Grund   [k] *Ae und De:* des

---

[7] S.a. Nr. 196.

um zu wissen, wie die Gorgo in das Tympanon[8] |des griechischen Tempels| gekommen ist, unentwegt weitergeführt worden sind und werden, so dass sie etwa gleichzeitig mit der Heimkehr zu dem gewünschten Abschluss kommen werden. Dadurch, dass diese Materialbeschaffungen und Erwägungen in Bereiche der Wüstengeistigkeit weitergeführt sind, haben sie sicherlich keine Einbusse erlebt. –

In ca[.] 4 Tagen wird das Ganze der Expedition in Kufra einlaufen. Dort erfolgt die Teilung. Dr. Rhotert fährt mit 5 Kameraden nach dem Süden und in den Sudan, ich mit den andern[!] auf einer Nordrute[!] nach Südalgerien. Wenn uns nichts dazwischen kommt, werden die beiden Abteilungen sich in ein paar Monaten etwa in Oran wieder treffen, um dann – inschallah![9] – durch Spanien gemeinsam heimzufahren. Bis dahin muss dann das rote Auto und sein weiblicher Chauffeur[10], welche beiden Euerer Majestät und Ihrer Majestät ja bekannt sind, noch einige tausend Kilometer wüstenauf und -ab zurücklegen. So Gott will zum Besten unserer Gesundheit! –

Kurze Zeit nach unserer Rückkehr werde ich Euer Majestät bitten, den Grafen Schwerin zu uns zu bemühen, damit die mythologische Architektur zu ihrem Recht komme – Ich bitte um die Erlaubnis, Ihrer Majestät die Hand zu küssen

Frobenius

---

[1] *U:* der griechischen Tempel

---

[8] Giebelfeld.   [9] S.o. Nr. 47, Anm. 7.   [10] Frobenius' Frau Editha.

212.

Wilhelm II. an Frobenius, 29.6.1935, Doorn, „Brieftelegramm"

Maschinenschriftliche Ausfertigung:
A   FI: LF 617/30
Durchschlag der maschinenschriftlichen Ausfertigung:
D₁   AEW: 1631 B5
D₂   AEW: 1631 B6

Die Kaiserin und Ich sprechen Ihnen, Meine liebe Exzellenz, Unsere herzlichen Glueckwuensche zum Geburtstage aus![1] Zugleich geben Wir Unserer Freude Ausdruck, dass die Zeitungsmeldungen ueber eine schwere Blutvergiftung, die Sie sich zugezogen haetten[2], uebertrieben waren. – Mit Stolz koennen Sie auf das nunmehr vollendete Lebensjahr zurueckblicken, in dem es Ihnen gelungen ist, unter Ueberwindung groesster Schwierigkeiten mannigfacher Art Ihr kuehnes afrikanisches Unternehmen erfolgreich durchzufuehren. Moege Ihnen nun die Auswertung Ihrer Entdeckungen und Funde neue wissenschaftliche Erfolge und neuen Ruhm bringen! Moege auch Ihre Gesundheit den

---

[1] Dieser Tag war Frobenius' 62. Geburtstag.   [2] S.u. Nr. 214.

hohen Anforderungen, die Sie an sich stellen, gewachsen bleiben! – Gleichzeitig danke Ich Ihnen fuer Ihren interessanten Bericht vom 24.4. d.J. aus Gilf Kebir[3], in der Hoffnung, demnaechst naeheres[!] ueber Ihre Expedition zu hoeren. Die Kaiserin und Ich senden Ihnen und Ihrer Gattin Unsere besten Gruesse!

Inschallah![4]

[a]Aus China erhielt ich soeben Darstellungen von Monaden[,] auf denen Yin in ei[n]en Schlangenkopf mit herausgestreckter, gespaltener Zung[!] ausläuft, während Yang als Wurm oder Raupe gezeichnet ist.[a]

[gez.] Wilhelm
I.R.

[a] *Ae, in D₁ und D₂ mit Schreibmaschine ergänzt.*

[3] Nr. 211. [4] S.o. Nr. 47, Anm. 7.

213.

Wilhelm II. an Frobenius, 29.6.1935, Doorn, „Brieftelegramm"

Maschinenschriftliche Ausfertigung:
A   FI: LF 617/31
Durchschlag der maschinenschriftlichen Ausfertigung:
D₁   AEW: 1630 B7
D₂   AEW: 1631 B6

Beiliegend schicke ich Ihnen die Abschrift einer Mir zugegangenen Notiz ueber die Darstellung von Sonnensymbolen in Sizilien.[1] Die Auffassung der Gazelle als Sinnbild

[1] „Die Sarazenische[!] Weberei, die schon im Altertum in hoher Bluete stand, kam um das 12.–13. Jahrhundert nach Sizilien. Unter Kaiser Friedrich II. und Koenig Roger wurde dieselbe sehr verbreitet. Sarazenische Weber brachten Ihre fortgeschrittene Weberkunst in Sizilien zu erneuter Bluete. Sie brachten uralte Tiersymbolik, aus Asien stammend, mit, die von nun an in der Europaeischen Weberei bis ins Mittelalter und nach Flandern Verbreitung fanden, wenn auch allmaehlich der den Bildern anhaftende symbolische Sinn verloren ging. Die Gazelle war das Sinnbild der Morgenroete, die von dem Sonnen-Loewen ueberfallen und vernichtet wird. Der Schwan war die am Himmelsmeer schwimmende Wolke. (Manchmal galt auch der Adler als Sonnensymbol). Diese Symbole stammen aus dem altasiatischen Sagenkreis, der durch die Phoenizier und Araber nach Europa kam." (AEW: 1631 D1, hier wiedergegeben die Abschrift in FI: LF 617/32). Darauf beziehen sich auch die beigelegten (FI: LF 617/33, eigenhändiges Konzept: AEW 1631 D1) „Bemerkungen Seiner Majestät": „Mithin ist der die Gazelle (Steinbock) jagende bezw. fressende, (wuergende) Loewe Symbol der Sonne, welche das Symbol der Morgenroete vernichtend verfolgt. Ein ganz neuer Gesichtspunkt fuer die Mesopotamisch-Vorderasiatische alte Keramik. Vielleicht duerfte auch die Darstellung des auf dem Wagen (Sonnen-

der Morgenroete war Mir neu; sie erscheint Mir sehr plausibel, zumal sie Meines Erachtens durchaus im Einklang steht mit Ihren Ausfuehrungen ueber das „Wuergermotiv" in der „Kulturgeschichte Afrikas" Seite 144 ff.[2] Die Wanderung der Susa-Symbolik ueber Nordafrika und Sizilien nach Flandern ist jedenfalls sehr interessant! Die auffallend grossen Tiergehoerne auf den von Professor Herzfeld im steinzeitlichen Persepolis ausgegrabenen Schalen haben doch gewiss auch einen kosmischen Sinn, ebenso wie viele der sogenannten „Jagdszenen"?[3] Das Sonnen-Triskelion[4] erinnert an ein vierschenkliges Bewegungssymbol aus Samarra – abgebildet in Meinem Buch ueber die Chinesische Monade S. 51.[5] – Ich wuensche Ihnen weitere gute Erholung und hoffe auf ein baldiges gesundes Wiedersehen! Sehr gespannt bin Ich auf das Ergebnis Ihrer Studien ueber die Architektur-Symbolik!

Besten Gruss! Inschallah![6]

Wilhelm
I.R.

---

wagen) stehenden Schuetzen, der den Steinbock oder den Stier (Mond?) verfolgt, <u>symbolisch</u> auf den <u>Sonnengott</u>, der Mond und Morgenroete verjagt, gedeutet werden koennen?, welches <u>Motiv</u> spaeter fuer jagende Koenige weiterbenutzt worden ist, nach Verlust seiner urspruenglich symbolischen Bedeutung?"

Für die kosmische Deutung des seit dem 4. Jt. v.Chr. in Elam und im Zweistromland belegten Motivs des einen Stier oder einen Steinbock schlagenden Löwen hat sich die komplexere Interpretation, die mit der Beziehung der entsprechenden Sternbilder zu den Jahreszeiten argumentiert, durchgesetzt (konzis hierzu: Willy Hartner, The Earliest History of the Constellations in the Near East and the Motif of the Lion-Bull Combat, in: Journal of Near Eastern Studies 24 (1965) 1–16). Gewebte Stoffe aus der sizilischen Produktion sind ausgesprochen rar; dem Autor – und vor allem Wilhelm – dürfte vor allem die allerdings gestickte Darstellung auf dem Mantel Rogers II. vor Augen gestanden haben, der als Krönungsmantel der Römischen Kaiser unter Friedrich II. unter die „keyserlichen Zeychen" der Reichskleinodien aufgenommen wurde. Daß der Löwe hier statt über Steinbock/Gazelle oder Stier über ein Kamel triumphiert, spricht freilich nicht unbedingt dafür, daß am sizilischen Hof deren astrale Deutung präsent war.

[2] Frobenius hatte das Motiv, bei dem ein Raubtier – meist ein Löwe – seine Klauen in ein gejagtes Tier schlägt, als Sinnbild für den allmorgendlichen Sieg der Sonne über den Mond interpretiert (Leo Frobenius, Kulturgeschichte Afrikas. Prolegomena zu einer historischen Gestaltlehre, Zürich 1933, S. 144–146).

[3] S.o. Nr. 141, Anm. 3.

[4] Drei von einem Sonnensymbol (häufig dem Gorgoneion) ausgehende laufende Beine.

[5] Wilhelm II., Die chinesische Monade. Ihre Geschichte und ihre Deutung, Leipzig 1934.

[6] S.o. Nr. 47, Anm. 7.

214

Editha Frobenius an Dettlof Graf von Schwerin, 5.7.1935, Biganzolo

Maschinenschriftliche Ausfertigung:
A   AEW: 1631 B8–C2
Maschinenschriftliche Teilabschrift:
U   AEW: 1631 B7

Lieber Graf Schwerin!

Eben wird Ihr Eilbrief[1] von Intra heraufgebracht, und sowohl mein Mann wie ich sind ganz bewegt von dem intensiven und gütigen Interesse, das Seine Majestät an dem Befinden meines Mannes nimmt. So setze ich mich denn auch umgehend an die Maschine, die gestellten Fragen zu beantworten und den Hergang ein wenig zu erzählen. Wollen Sie nur freundlichst entschuldigen, wenn ich Ihren Brief beantworte, aber mein Mann liegt gerade behaglich mit verbundenem Bein im Liegestuhl, exerpiert[!] einen Band Süddseemärchen[!], hat aber sonst noch eine kleine Morgenmüdigkeit in sich, die von der Reconvalescenz hervorgerufen ist.

[b]Wie immer, fangen solche Dinge oft harmlos an. Wir fuhren von Kufra[2] zu vier Wagen ab. Da aber die Achse des einen Wagens mittags brach, mussten zwei Wagen zurückbleiben, und wir setzten die dreitägige Fahrt nach Djalo/Audjila[3] mit zwei Wagen fort. In einer Düne blieb der eine Wagen so schwer im Sande stecken, dass die halben Räder und Differential vollkommen vergraben waren. Es ist keine leichte Arbeit, bei ansteigender weicher Sandfläche einen schwer beladenen Wagen wieder herauszubuddeln. Wir hatten als männliche Hilfskraft nur noch den eingeborenen Koch bei uns. So beteiligte sich auch mein Mann an diesen Hebe- und Grabarbeiten, was er mit seinem Herzen eigentlich gar nicht darf. Dabei verletzte er sich ganz geringfügig am Schienbein. Es sollte aber nach dem stundenlangen Zeitverlust durch dieses Steckenbleiben gleich weitergehen, und so wurde diese kleine Wunde nur schlecht und recht verbunden, um in zwei Tagen Audjilla zu erreichen. Dort begann die verletzte Stelle zu eitern. In der reinen Wüstenluft tritt eine solche Erscheinung nie ein, aber sowie die Oasen mit Kamelen und Fliegen kommen, ist die normale Heilkraft aufgehoben. Der junge italienische Kommandant von Djalo, der zugleich Arzt war, gab eine scharf beizende Salbe darauf, von der wir den Eindruck hatten, dass sie die Eiterung nahm. Nach einer Woche herrlichster Architekturarbeit in Audjilla fuhren mein Mann und ich allein durch diese einsamen Gegenden nach Tripoli, um dort unser aller Weiterreise durch das französische Algerien und Marokko mit unseren Pässen vorzubereiten. Unser Motor und Wagen hatte sich trotz allem, was er auf diesem robusten Terrain durchzumachen hatte, am leistungsfähigsten erwiesen, und so konnten wir, besonders solo, flott die Tete[!] nehmen. Am 17. Mai kamen wir in Tripoli an. Ich bat gleich einen vom dortigen Konsul empfohlenen

---

[1] Nicht ermittelt.   [2] Nr. 181, Anm. 2.
[3] Awjila ist der Hauptort der ostlibyschen Oase Djalo.

italienischen Arzt, die immer grösser werdende Wunde anzusehen. Er fand die bisherige Behandlung mit der scharfen Salbe äusserst bedenklich und verwerflich, weil man in diesen heissen Ländern überhaupt keine Salben anwenden dürfe, die die Atmung der Haut aufhöben und die Giftstoffe nach innen drängten. Und so war es auch. Nach 3 Tagen trat in der Nacht plötzlich ein heftiges hohes Fieber auf als Erscheinung einer schweren Blutvergiftung durch den ganzen Körper. Das Schlimme war, dass die Kraft des Herzens kaum ausreichte[,] mit dem tagelangen[,] immer wechselnden Fieber fertig zu werden. Zwei Wochen schwebte mein Mann so täglich in schwerer Lebensgefahr vor allem des Herzens wegen. Zum Glück hatten wir einen ganz ausgezeichneten Arzt, einen Süd-Tiroler, der eigentlich nur politisch Italiener war und in Leipzig studiert hatte. Er lokalierte durch eine besondere Wundbehandlung mit aller Art von Kompressen und Umschlägen die Vergiftung auf das blessierte Bein hin. Dadurch schwoll dieses zwar entsetzlich an, aber der Körper entfieberte und das Herz wurde entlastet. Ich war eigentlich Tag und Nacht auf den Beinen und auch der Arzt kam dreimal täglich, oft noch nachts, wenn die Temperatur stieg. Schliesslich wurde die Entzündung, die nun das ganze Bein ergriffen hatte, durch heisse Leinsamumschläge, die alle 20 Minuten gewechselt wurden, auf bestimmte Stellen konzentriert, die dann mehrere Tage hintereinander durch operative Eingriffe geöffnet wurden. Der Arzt setzte sich auch telegrafisch und brieflich mit Prof. Volhard in Verbindung, denn das Schwerste war, meinen Mann – als es anfing[,] besser zu gehen – von der Weiterreise abzubringen. Das wurde dann mit kategorischer Depesche von Volhard erreicht, die durch den Arzt in Tripoli inspiriert war. Die ganze Behandlung im fremden Lande und in einem engen Hotelzimmer zu bewerkstelligen, war recht schwierig. Wie froh war ich, diesmal mit an der Expedition teilgenommen zu haben und so die Pflege übernehmen zu können. Am 11. Juni war mein Mann endlich so weit transportfähig, dass er mit Krankenwagen aufs Schiff gebracht werden konnte, das die 6 Tage bis Genua keinen Arzt mit sich führte! Die Wundbehandlung etc. konnte ich wohl übernehmen, aber bei der Bildung neuer Eiterherde war natürlich ein Arzt vonnöten. Der Arzt in Tripoli drängte trotzdem zur Abreise, weil die heisse Luft in Tripoli die Heiltendenz aufhielte und eine kühlere Temperatur erforderlich sei. Ich liess noch zwei Krücken beim Tischler machen (denn in Tripoli giebt es nichts Medizinisches, nicht mal eine einfache Sonde zu kaufen, die mir der Arzt mitgab), mit denen sich mein Mann vom Bett zum Deck befördern konnte. Die See war ruhig und so waren die Tage ganz erholend und eine Annehmlichkeit, das Krankenzimmer verlassen zu haben. – In Genua erwartete uns Tochter und Schwiegersohn und halfen uns bei Auto- und Gepäckausladung. Dann gings[!] mit den Kindern zusammen in herrlicher Fahrt hierher. Den hiesigen Arzt kannte ich schon, der wirklich ganz ausgezeichnet die Behandlung fortgesetzt hat. Allerdings musste er noch wieder einen ziemlich[a]en[a] Schnitt machen kurz nach unserer Ankunft, den mein Mann mit wenig Betäubung wahrhaft heroisch bestanden hat. Dr. Jensen kam kurz nach uns hier an und blieb zwei Wochen. Während der letzten Operation zeigte mir mein Mann Jensens mitgebrachte Bilder und erläuterte mir die Bedeutung der Stelen, während der Arzt an seinem Bein herumschnitt. Aber seitdem geht es wirklich bergauf, und seit zwei Tagen sind die Krücken beseitigt und die ersten richtigen Schritte mit Hülfe zweier Stöcke sind getan.[b] Ende Juli, wenn

[a] *Ae*   [b] *U*

unsere Kameraden über Spanien heimkehren, hoffen wir, sie auf irgend einer Land-strasse zu treffen und mit ihnen in Frankfurt einzuziehen. – Von jetzt ab wird mein Mann auch gewiss und endlich vorsichtiger mit sich umgehen, denn der Arzt in Tripoli sagte sehr richtig, dass er eigentlich immer an der Grenze der Leistungsfähigkeit gelebt habe. Das liesse sich kein Herz gefallen. – Ende August, wenn Sie nach Frankfurt kom-men, lieber Graf, werden Sie meinen Mann hoffentlich frisch und munter wiedersehen. Die Arbeit ist längst wieder aufgenommen und wird dann auch in Bezug auf Sie soweit sein[,] als Sie erwarten.

Wollen Sie bitte Seiner Majestät sagen, wie sehr sich mein Mann über alle Nach-richten gefreut hat, die er sofort selbst beantworten wird, wenn er das dazu erbetene Material aus Frankfurt erhalten hat.

Mit herzlichen Grüssen von uns für Sie und ehrerbietigster Dankbarkeit den Maje-stäten

[gez.] Ihre Editha Frobenius

215.

Wilhelm II. an Frobenius, 11.7.1935, Doorn, „Brieftelegramm"

Maschinenschriftliche Ausfertigung:
A   FI: LF 617/34
Eigenhändiges Konzept:
K   AEW: 1631 C3
Durschlag der maschinenschriftlichen Ausfertigung:
D₁   AEW: 1631 C4
D₂   AEW: 1631 C4

Meine verehrteste Exzellenz!

Endlich, endlich mal eine direkte Nachricht von Ihnen durch den freundlichen Bericht Ihrer Frau Gemahlin[1] erhalten, für den innigsten Dank! Mit steigendem Entset-zen las Ich ihn! In welch' furchtbarer Gefahr haben Sie geschwebt und wie sichtbarlich [a]war[a] Gottes Hand schirmend über Ihnen[b], in den schweren Stunden der treuen Pflege Ihrer Frau beistehend! Wir können Gott nicht genug danken, dass ER Sie wieder der Gene-sung entgegenführt! Es ist ja garnicht[!] auszudenken, was aus uns Allen[!], D.A.G. etc.

---

[a] *K:* hat   [b] *K:* geschwebt

[1] Nr. 214.

sonst geworden wäre, mit all den von uns noch zu lösenden grossen Aufgaben! ER schütze und erhalte Sie uns auch weiter und gönne uns ein frohes Wiedersehen! Inschallah![a2]

[b]In alter Treuer[!] Freundschaft

Wilhelm
I.R.[b]

---

[a] *In K folgt:* Im Anschluss an den letzten Brief *[Nr. 213]* die Symbolik von sog. Jagdscenen auf Susa[-] und anderen Keramiken (Löwe, Gazelle verfolgend, od. Steinbock. *Diese Passage ist mit rotem Buntstift in eckige Klammern gesetzt, die durch diesen mit Bleistift geschriebenen Vermerk Schwerins erläutert werden:* [ ] folgt als besonderer Brief! S. *[Nr. 216]*
[b] *Ae, D₁f und D₂f*

[2] S.o. Nr. 47, Anm. 7.

216.

Wilhelm II. an Frobenius, 12.7.1935, Doorn, „Brieftelegramm"

Maschinenschriftliche Ausfertigung:
A   FI: LF 617/35f.
Durchschlag der maschinenschriftlichen Ausfertigung:
D₁   AEW: 1631 C5
D₂   AEW: 1631 C6

Meine verehrteste Exzellenz![a]

Meinen Brief vom 29. v. M. betr. Sarazenische Weberei[1] mit symbolischer Darstellung der vom Loewen (=Sonne) verfolgten Gazelle (=Morgenroete) moechte ich durch folgende Bemerkungen ergaenzen:

Bei der Durchsicht des Werkes „Ancient Oriental Seals in the collection of Mr. Edward T. Newell" von Hans Henning von der Osten (Chicago 1934)[2] fand ich die in den anliegenden Zeichnungen wiedergegebenen assyrischen Siegelbilder Nr. 408, 409, 410, Tierszenen, die offenbar in engem symbolischen Zusammenhange mit den Himmelserscheinungen stehen. Das erste und das zweite dieser Bilder stellen Begattungsszenen dar; das dritte einen fluechtenden, rueckschauenden Steinbock, der von einem Loewen verfolgt wird. Auf dem ersten Bilde steht die Sonne – abziehend – links, der Mond – folgend – rechts, also wohl sinnbildlich der <u>Abend</u>, waehrend auf dem dritten Bilde

---

[a] *Auf D₁ und D₂ mit Schreibmaschine ergänzt:* (Frobenius)

[1] Nr. 213.   [2] (= The University of Chicago Oriental Institute Publications 22)

umgekehrt der Mond links und die Sonne rechts steht: der Steinbock (=Gazelle), symbolisch die Morgenroete als letzter Abschnitt der Nacht, wird verjagt vom Sonnenloewen; das ganze ein Sinnbild des <u>Morgens</u>.

Ich fuege zwei andere Bilder bei, die bei frueherer Gelegenheit Fraeulein Maria Weyersberg aus „Ward, Seal cylinders"[3] abgezeichnet hat. Interessant ist auf dem ersten dieser Bilder auch die Darstellung von Sonne (rechts) und Mond (links), die mit der Jagd eines anscheinend berittenen Bogenschuetzen auf einen fluechtigen Stier in Beziehung gebracht werden. Im uebrigen ist die Symbolik auf diesem Bilde recht dunkel: der Fisch unter dem Stier, die Fluegel und die sonderbaren Gebilde an den Hinterbeinen des Reittieres sind schwer zu deuten. Auf dem letzten Bilde ist gut zu erkennen, dass der reitende Bogenschuetze das Fell einer Gazelle ueber den Ruecken seines Reittieres gebreitet hat; das Gehoern der Gazelle ist links, ueber den Hinterbeinen, erkennbar, vorne sind die Haare des Fells angedeutet.

Wenn auf den Jagdszenen auch Sonne und Mond dargestellt sind, so erblicke ich darin eine Bestaetigung Ihrer These, dass naemlich die Jagd urspruenglich ein <u>kultischer</u> Akt war und erst spaeter ein Mittel der Zweckmaessigkeit, des Nahrungserwerbs, wurde. Der Schuetze in den Jagddarstellungen war, wie ich schon neulich erwaehnte, urspruenglich wohl der <u>Sonnengott</u>; seine Rolle wurde dann spaeter als Motiv auf den jagenden <u>Koenig</u> uebertragen.

Jedenfalls wuerde es mich sehr interessieren, wenn Sie mir gelegentlich Ihre Ansicht ueber diese Fragen der Symbolik mitteilen moechten!

Vor allen Dingen wiederhole ich aber meinen Wunsch, dass Sie bald wieder ganz gesund werden und dass Sie alles tun, um Ihre Wiederherstellung zu foerdern! Mit bestem Gruss!

Inschallah![4]

Wilhelm
I.R.[b]

---

[b] *A folgen auf getrenntem Blatt die erwähnten Zeichnungen (FI: LF 617/37)*

———

[3] William Hayes Ward, The Seal Cylinders of Western Asia, Washington 1910.

[4] S.o. Nr. 47, Anm. 7.

Frobenius an Dettlof Graf von Schwerin, 16.7.1935, Biganzolo

Eigenhändige Ausfertigung:
A   AEW: 1631 D3f.
Maschinenschriftliche Umschriften:
D₁   AEW: 1631 C7
D₂   AEW: 1631 D5

Mein lieber Freund & Graf!

Haben Sie Dank für Grüsse und Gedenken zum 29ten[1] und für alles Andere.– Die verschiedenen Grüsse, zumal der vom 12[.] VII[.], den der Kaiser sandte[2], hat[!] mich in seiner[!] Unmittelbarkeit sehr ergriffen. Sonst bin ich mit mir unzufrieden. Das ist nicht gut, wie es ist. Es sind nicht allein die Nerven, die nach 2 Monaten Tierquälerei wahrscheinlich auch nicht ganz allright sind. Es ist eine Unordnung in meinem „Harmonium" eingetreten, die sich in allerhand Misstönen äussert. Die Hauptsache ist: ich habe Angst und Ekel vor Frankfurt und Berlin. Das ist mir auf dem Heimweg aus Afrika noch nicht begegnet. Auch hat sich bislang auch noch keine reale Veranlassung gezeigt. Aber es ist so: (Natürlich sage ich das hier und daheim keinem Menschen, nur Ihnen verrate ich es als Stossseufzer.)[3]

Unter diesen Umständen war es mir nicht ganz leicht, mir heute einige Zeilen an Seine Majestät[4] von der Seele zu ringen. Es war aber allerhöchste Zeit. Ich schrieb sie, aber ein Narr giebt mehr[,] als er hat. –

Die Baumythologie[5] ist gut – ja besser vorwärts gekommen[,] als ich gedacht hatte. Für diese Arbeit ist meine Unfallkette[6] fraglos erspriesslich gewesen. Wir können also wohl mit[!] dem 20[.] August als Zusammenkunftstermin festhalten, vorausgesetzt, dass die Ärzte mir nicht einen Streich spielen.

---

[1] S.o. Nr. 212.   [2] Eher Nr. 215 vom 11. Juli als Nr. 216.

[3] In seiner Antwort schrieb Schwerin am 21. Juli: „Die freundlichen Zeilen, die Sie am 16. d.M. an mich persönlich richteten, stimmten mich ganz traurig. Diese Moll-Tonart Ihres ‚Harmoniums' kannte ich noch garnicht[!]! Aber ich möchte annehmen, dass Sie inzwischen schon wieder die Trompete im Orchester ergriffen haben und ‚Fanfare' blasen! Aber natürlich muss zunächst ‚die Substanz' in Ordnung kommen und dafür wird hoffentlich Ihr ärztlicher Freund und Berater sorgen. Ihren ‚Stossseufzer[!]['] habe ich wunschgemäss für mich behalten." (FI: LF 605/86f., AEW: 1631 D7f. und D8–E1).

[4] Nr. 218.

[5] Den Anstoß zu diesem Vorhaben hatte Wilhelms Notiz vom 11.12.1933 (Nr. 190) gegeben, deren Gegenstand offenbar bei der Jahrestagung der DAG im Oktober 1934 aufgegriffen wurde. Den weiteren Verlauf der Arbeiten kommentieren dann Nr. 205, Nr. 207, Nr. 208, Nr. 209, Nr. 211, Nr. 218, Nr. 221 und 222. Ein Programm umriß Frobenius in seinem Schreiben an Schwerin vom 20.7.1935: „Unsere Bauarbeit wird folgendermaassen verlaufen: A. Beweis, dass der griechische Tempel von dem in Indonesien am besten erhaltenen Pfahlbau abzuleiten ist (Sarasin etc.). B. Beweis, dass dieser Pfahlbau ursprünglich nicht als Profan- sondern als Kultbau (Männerhaus!) entstand. C. Beweis, dass der Pfahlkultbau eine Symbolik des Weltgebäudes repraesentirt, deren einzelne Teile ihre natürliche Bedeutung haben – d.h. z.B. dass in den Giebel die Sonne gehört. Sie sehen also, dass das Hauptmaterial für den ersten Teil in der eigentlichen Architekturgeschichte, für den letzten in der Geistesgeschichte beruht." (FI: LF 604/69).

[6] S.o. Nr. 214.

Jensen denke ich für Anfang August dorthin senden zu können. (Wollen Sie nicht auch gleich Rhotert (mit dazu) haben, der ist dann gleich eingeführt[,] und wir müssen für Nachwuchs sorgen!)

Seien Sie mir sehr herzlich und furchtbar toll [a]deutsch[a] gegrüsst, – wie auch alle Damen und Herren dort

Ihr

Frobenius

---

[a] *D: ?*

218.

Frobenius an Wilhelm II., 16.7.1935[1], Biganzolo

Eigenhändige Ausfertigung:
A   AEW: 1631 D2 und D4
Durchschrift der eigenhändigen Ausfertigung:
D   FI: 613/48–50

Euer Majestät,

haben am 29[.] Juni und dann wieder am 11[.] Juli[2] so prachtvoll warmherzige Worte gefunden, dass der Empfänger tief ergriffen ist. Kein Zweifel[,] dass dieses Mal der Marsch um eine sehr scharfe Ecke ging, um die ein ziemlicher Wind wehte. Leider bin ich [a]nicht ganz sicher, dass alles ganz in Ordnung ist[a], aber bei dem, was noch ausstehen dürfte, handelt es sich nicht um ernste[!] Gefährdung, als nur einen nochmaligen Eingriff. Aber auch das wird sich erledigen lassen[,] und da ich ja wohl am 26ten in Frankfurt eintreffen werde[3], so dürfte dann bald die medizinische Künstlerhand Schneiders[?] oder sonst eines guten Freundes das Letzte thun[!].

Aber es ist zu hoffen, dass jene unendliche Güte, die diesen Lebensgang so weit über holpriges Gelände und an allerhand phantastischen Abgründen[b] entlang geleitet hat, auch noch ein wenig weiter hilft. Denn meine Arbeit ist noch nicht fertig.

Von Euer Majestät am 29[.] Juni und am 12[.] Juli[4] gegebene Anregungen dürften sehr fruchtbar sein. Es möchte mir so erscheinen, als wenn in diesem Sinne weitergegangen,

---

[a] *In A von Wilhelm unterstrichen*   [b] *Ae und De: gel*

---

[1] Das Schreiben ist im Briefkopf falsch auf den 16.7.1932 datiert.   [2] Nr. 212 und 215.

[3] Der festliche Einzug der Expeditionsteilnehmer in Frankfurt verzögerte sich noch bis zum 29. Juli.

[4] Nr. 213 und Nr. 216.

eine ganze Reihe einfacher Lösungen zu finden sein werden. Leider ist hier gar kein Nachschlagematerial, so dass ich mit Positivem nicht aufwarten kann. –

Dieser Mangel in Litteratur[!] ist darauf zurückzuführen, dass ich mir hierher alles habe kommen lassen, was ich für die Ausarbeitung einiger baumythologischer Fragen benötige. Diese Arbeit dürfte ᵃbis 20[.] Augustᵃ und einer statthabenden Conferenz mit Graf v[.] Schwerin reif sein.

Auf den Oktober[5] freue ich mich wie ein Kind. Bis dahin fliesst leider noch sehr viel trübes Wasser an meinem Fenster in Frankfurt vorbei.[6] Hilft nichts.

Frobenius

---

[5] Vom 27. bis zum 30. Oktober 1935 fand die Jahrestagung der Doorner Arbeitsgemeinschaft statt. Wilhelm stellte den „Gorgotempel von Korfu im Lichte aeltester Bausymbolik" dar, Altheim sprach über „das römische Königtum", Reinhardt über das Verhältnis der olympischen zur vorolympischen Götterwelt, Naumann über „germanische Symbolik in Beziehung zu dem im Vortrage Seiner Majestät behandelten Bausymbolik, insbesondere ueber die ‚Irminsul'", der neuaufgenommene Jensen über „die soziale Verfassung afrikanischer Völker vor dem Königtum, nach dem Beispiel von Abessinien, im besonderen die Altersstufen und Heiratsklassen der Konos und ihre z.T. noch aus der Mittelsteinzeit stammenden Gebraeuche", Frobenius über das „Feldwerk seines Lebens", insbesondere aber die in diesem Jahr abgeschlossene DIAFE XII, Otto über „die Goetter Roms und ueber die roemische Geistigkeit im Vergleich zur griechischen" sowie Sarre über „die Tradition in der iranischen Kunst". Außerdem wurde über die „Vergleichenden Zeittafeln der Vor- und Frühgeschichte Vorderasiens, Aegyptens und der Mittelmeerlaender" diskutiert, die im nächsten Jahr unter Wilhelms Namen in Leipzig erschienen, und die Publikation „eines Buches […] beschlossen, das unter dem Titel ‚Studien zur Gorgo' den Inhalt der Vortraege Seiner Majestaet ueber die Gorgo vereinen soll" und das im folgenden Jahr in Berlin erschien (AEW: 1678 C1).

[6] Nicht nur metaphorisch: Frobenius wohnte in Frankfurt am Untermainkai, also mit Blick auf den Main.

219.

Wilhelm II. an Frobenius, 20.7.1935, Doorn, „Brieftelegramm"

Maschinenschriftliche Ausfertigung:
A   FI: LF 617/38
Durchschlag der maschinenschriftlichen Ausfertigung:
D₁   AEW: 1631 D6
D₂   AEW: 1631 D6

Ein herzliches Willkommen Ihnen, Meine verehrteste Exzellenz, Ihrer Gattin und allen Ihren Gefährten, die am 26. d. Mts. von Ihrem ebenso kühnen wie ᵃerfolgreichen Afrika-Unternehmenᵃ heimkehrend[,] ihren Einzug in die Heimatstadt halten! – Gleichzeitig danke Ich Ihnen für Ihre freundlichen Zeilen vom 16. d. Mts.[1], die Mich hoffen lassen,

---

[1] Nr. 218.

dass Sie die Hauptgefahr Ihrer ernsten Erkrankung[2] mit Gottes Hilfe nun endgiltig überwunden haben und Ihre alte Schaffenskraft bald wiederfinden werden! Bitte schonen Sie
sich, so wichtig und dringend die Ihnen jetzt vorliegenden Arbeiten auch gewiss sind!
Die Kaiserin und Ich senden Ihnen und Ihrer Gattin Unsere herzlichen Grüsse und besten Wünsche! [a]Pariren Sie ihrem Arzte![a]

Inschallah![3]

Wilhelm
I.R.

---

[a] *Ae, D_1f und D_2f*

[2] S.o. Nr. 214.   [3] S.o. Nr. 47, Anm. 7.

220.

Wilhelm II. an Frobenius, 1.8.1935, Doorn, Telegramm

Ausgehändigte Version des maschinenschriftlichen Telegramms:
A   FI: LF 617/39
Eigenhändiges Konzept:
K   AEW: 1631 E2
Durchschlag der eingereichten maschinenschriftlichen Version:
D   AEW: 1631 E2

Ihr Bild in Zeitung kuendet mir die erfreuliche Heimkehr[1]
Willkommen in Heimath gute Gesundheit Inschallah[2] Auf Wiedersehen

Wilhelm I R

---

[1] Rückkehr von der DIAFE XII am 29. Juli.

[2] S.o. Nr. 47, Anm. 7.

Frobenius an Dettlof Graf von Schwerin, 6.8.1935, o. O.

Maschinenschriftliche Ausfertigung:
A   AEW: 1630 C2f.

[a]Mein lieber Freund!
    [d]Die [b]rührend liebevolle Depesche Seiner Majestät[b][1] empfing ich. [c]Drücken Sie das Entsprechende aus.[cd]
    Leider liege ich hier nun noch ziemlich fest. Aber einmal wird ja wohl auch der letzte Schnitt heilen, und da die Ärzte sonst sehr zufrieden sind, muß ich es wohl oder übel auch sein. Im übrigen kommt die sonst so törichte Angelegenheit der Bausymbolik[2] zugute: es wird immer weiter excerpiert[!] und im ganzen habe ich, glaube ich, schon viel mehr zusammengetragen[,] als nötig ist. Vorausgesetzt, daß ich in diesen Massen nicht ersticke, erwarte ich also mit Bestimmtheit Ihren Besuch Ende des Monats, um Ihnen dann das Wichtigste übergeben zu können.

---

    [g]Und nun aber etwas [e]sehr[e] Nötiges: Wir [e]müssen die Tagung jetzt festlegen[e], ich komme sonst mit allen Verabredungen in die Brüche. Mitte Oktober bin ich [f]für 8 Tage[f] in Berlin festgerammelt.[g] Es wäre also die Frage, ob die Doorner Tagung [e]Anfang[e] oder [e]Ende Oktober[e] stattfinden soll. Eigentlich bin ich mehr für [h]Ende Oktober[h], weil nämlich die Professoren gern ihren Urlaub in Bergen, Wald und Wiesen so lange wie möglich verbringen und das Semester am 1. November beginnt.
    [i]Bitte besprechen Sie die Sache [e]möglichst bald mit Seiner Majestät[e], damit wir klar kommen. [e]Bei mir wird unentwegt um die Festlegung von Terminen gejammert.[ei]
    Ich freue mich herzlich auf ein Wiedersehen (ich fange nämlich an, die Geduld über meinen Zustand zu verlieren).

---

[a] *Anmerkung Wilhelms über dem Brieftext:* Für H[itler] hat er begeisterte Worte vor d. Oeffentlichkeit[,] für W.II findet er keine! *[Wilhelm hatte der Potsdamer Zeitung vom 1.8.1935 (der entsprechende Ausschnitt in AEW: 1643 E3) entnommen, daß Frobenius bei der Rückkehr der Expedition ein Danktelegramm an Hitler gesandt hatte. Der Text dieses Telegramms und der knappen Antwort waren dort ebenfalls abgedruckt.]*

[b] *Von Wilhelm in A unterstrichen; dazu seine Marginalie:* ! es waren zwei! Brieftel[e]gr. u. Telegram[m]

[c] *In A von Wilhelm doppelt unterstrichen; dazu seine Marginalie:* !!! Unerhört!

[d] *Von Wilhelms Hand am Rand drei langgestreckte Ausrufungszeichen und Marginalie:* [U]nverschämt! soll er thun u. dann veröffentlichen!

[e] *In A von Wilhelm unterstrichen*

[f] *In A von Wilhelm an- und unterstrichen; dazu seine Marginalie:* aha!

[g] *In A von Wilhelm angestrichen; dazu seine Marginalie:* hätte von Biganzolo aus schon lange gemacht werden sollen! Zeit genug dazu war vorhanden!

[h] *In A von Wilhelm doppelt angestrichen; dazu Marginalie Wilhelms:* ja

[i] *In A von Wilhelm angestrichen; dazu seine Marginalie:* warum muss das <u>jedes Jahr dasselbe</u> sein? und nicht endlich ein für alle Mal ein Termin festgelegt werden können?

---

[1] Nr. 220.   [2] S.o. Nr. 217, Anm. 5.

Mit herzlichen Grüßen auch von meiner Frau und bes<te>n Empfehlungen an
^jsämtliche Damen^j und Herren des Hofstaates bin ich

Ihr

[gez.] Frobenius^k

^lB. Noch imer[!] vergeblich suche ich nach der Adresse S[einer] K[aiserlichen] H[oheit]
des Prinzen Ludwig Ferdinand, dem ich noch herzl. für die Automobilvermittlung danken & berichten will!^3 Bitte lassen Sie sie mir mitteilen

D.O.^l

---

^j *In A von Wilhelm unterstrichen; dazu seine Marginalie:* meint er I.M. damit?

^k *Eigenhändiger Vermerk Wilhelms:* Der Dank an L. F. kann für Exz[ellenz] von hier aus besorgt werden von mir als Präs[identem] der D.A.G.

^l *Ae*

---

^3 S.o. Nr. 198 und 199.

222.

Frobenius an Wilhelm II., 16.8.1935, Frankfurt am Main

Eigenhändige Ausfertigung:
A   AEW: 1643 A2f.
Durchschrift der Ausfertigung:
D   FI: LF 613/52–54
Maschinenschriftliche Umschrift der Ausfertigung:
U_1   AEW: 1630 B8
U_2   AEW: 1631 E4

Euer Majestät^a

haben uns durch Schreiben des Grafen Schwerin^1 auf die Zeit vom 27[.] bis 30[.]
Oktober zusammengerufen^2 und[,] was mich anbelangt, so scheint es so[,] als ob ich
kommen darf – welche ironische Bemerkung sich auf die in den letzten Monaten hervor-
getretene Unzulänglichkeit meines Körpers ^bgemünzt^b ist.

---

^a *In A darüber Vermerk Wilhelms:* Alles ganz schön! Aber warum hat er Meine Begrüssung nicht
veröffentlicht!?

^b *U:* gewünscht *als Korrektur Schwerins aus* gewürzt

---

^1 Schwerin an die Mitglieder der DAG, 15.8.1935 (FI: LF 605/88; Entwurf vom 14.8, AEW: 1659 F2;
s.a. Schwerin an Hermine, 15.8.1935, AEW: 1659 F1).

Zu meinem sehr grossen Ärger habe ich aus einem Briefe des Grafen Schwerin[3] ersehen, dass ein aus Kehl abgesandtes Schreiben vom 25[.] Juli in Doorn nicht angelangt ist[4], wodurch ich in den peinlichen Geruch recht erbärmlicher Undankbarkeit gekommen sein muss.[5] Ich bin nur zufrieden, dass dieser ᶜSchriebverlustᶜ überhaupt festgestellt wurde.

Nunmehr sehe ich hier dem Besuch des Grafen Schwerin ᵈentgehenᵈ[!][6] und bereite ihn durch eine emsige Ordnung von ᵉExcerptenᵉ vor. Wie so oft in solchen Fällen ist das Material an Einzelnotizen derart angeschwollen, dass jeder naiv sich hineinstürzende Schwimmer bedingungslos unter den über seinem Haupte zusammenschlagenden Wellen ertrinken muss. Also zunächst einmal Ordnung und Auswahl.

Mittlerweile mache ich den Versuch[,] noch einige Photos für die Pfahlbau-Giebel-Demonstration[7] zu erlangen; aber leider ist saure-Gurken-Zeit[!] und kein Mensch antwortet. – Aber wir haben ja noch Zeit.

Körperlich geht es anscheinend besser.

Nochmals spreche ich mein tiefes Bedauern über den Verlust des Briefes vom 25[.] Juli aus. Wollen Euer Majestät mich bitte niemals in etwa ähnlichem Falle für derart „unmöglich" halten.

Ich bitte um die Erlaubnis[,] Ihrer Majestät die Hand küssen zu dürfen.

Frobenius

ᶜ *U:* Schreibverlust ᵈ *U:* entgegen ᵉ *U:* Schriften

---

[2] S.o. Nr. 218, Anm. 5. [3] Nicht ermittelt.
[4] Auch in Frobenius' Nachlaß ist dieses Schreiben nicht vorhanden.
[5] S. Marginalien Wilhelms in Nr. 221.
[6] Graf Schwerin sollte Ende August an das Institut für Kulturmorphologie kommen, um Wilhelms Vortrag bei der bevorstehenden Tagung der DAG (s.o. Nr. 218, Anm. 5) vorzubereiten.
[7] S.o. Nr. 217, Anm. 5.

223.

Frobenius an Dettlof Graf von Schwerin, 24.9.1935, o.O.

Maschinenschriftliche Ausfertigung:
A   AEW: 1659 D8–E1
Maschinenschriftliche Teilabschrift:
U   AEW: 1659 F4

Lieber Graf und Freund!

ᵃWir haben eine neue Verfügung des Ministers, wonach alle Professoren der Universitäten Auslandsreisen für Vorträge, Versammlungen, Kongresse usw. anzumelden haben.

Professor Reinhardt fragt heute bei mir an, ob die Doorner Anwesenheit anmelde-pflichtig sei oder nicht. Auch Professor Otto war schon bedrängt. Ich nehme an, daß ich den Herren zureden darf, ungestört und ohne viele Anfragen mitzukommen, bitte Sie aber um die Freundlichkeit[,] dafür zu sorgen, daß die Sache auch wirklich als private Angelegenheit und nicht pressemäßig behandelt wird. D.h., es kann selbstverständlich in der Presse nach meiner Ansicht geäußert werden, daß Seine Majestät in Gegenwart einer Reihe von Professoren (von denen mein Name genannt werden kann) einen Vortrag gehalten hat, ohne daß der Name der anderen Professoren ausgesprochen wird.[a][1]

In diesen Stunden denke ich natürlich viel nach dort und frage mich, ob unser Kaiser von dem Besuch meiner beiden Burschen auch die Freude hat, die ich mir davon versprochen habe.[2]

Mit allerherzlichsten Grüßen von meiner Frau und mir auch an alle Doorner Be-kannten

in Verehrung

[gez.] Frobenius

---

[a] *In U überlieferter Ausschnitt*

---

[1] In seiner Antwort vom 27. September schrieb Schwerin zustimmend: „Alle Besuche hier sind na-tuerlich ganz privater Art. Die Presse hat jetzt keinerlei Interesse dafuer. Bitte das allen Herren zu sagen, die danach fragen. Ich werde in jeder Hinsicht fuer einen glatten Verlauf sorgen." (AEW: 1659 D7).

[2] Am 24. und 25. September waren Jensen und Rhotert in Doorn zu Gast, um von den beiden Abtei-lungen der DIAFE XII (Mittelmeerumrundung mit dem Schwerpunkt bei Felsbildern der Libyschen Wüste und Untersuchung der Ethnie der Konsos in Äthiopien) zu berichten; s.a. Nr. 224.

224.

Wilhelm II. an Frobenius, 25.9.1935, Doorn, „Brieftelegramm"

Maschinenschriftliche Ausfertigung:
A   FI: LF 617/40
Durchschlag der maschinenschriftlichen Ausfertigung:
D₁   AEW: 1631 E8
D₂   AEW: 1631 E7

Ich danke Ihnen, Meine liebe Exzellenz, dass Sie so freundlich waren, Mir durch Ihre Herren Dr. Jensen und Dr. Rhotert ueber den Verlauf und die Ergebnisse Ihrer grossen 12. Expedition berichten zu lassen.[1] Die Vortraege der beiden Herren mit dem gut ausgewaehltem[!] Lichtbild-Material haben Mich ausserordentlich interessiert und

---

[1] S.o. Nr. 223, Anm. 2.

Mir viel Neues gebracht. Bei der Lybischen[!] Expedition waren es besonders die ungeheueren Wege-Schwierigkeiten, deren Ueberwindung Meine Bewunderung erregte. Eine
sehr bedeutsame Tatsache ist es fuer die Praehistorie, dass im suedlichen Abessinien bei
den Konsos eine offenbar noch ganz urspruengliche, in sich geschlossene Megalith-
Kultur entdeckt und erforscht wurde.[2] Ihren weiteren Berichten ueber die noch auszu-
wertenden wissenschaftlichen Ergebnisse der verschiedenen Teil-Expeditionen sehe Ich
mit Spannung entgegen.

Eine besondere Freude bereitete Mir das Mir von den Herren in Ihrem Auftrage
ueberreichte, Mir gewidmete Album, in dem die wichtigsten Bilder der Expeditionen in
hoechst instruktiver Weise zusammengestellt sind. Auch hierfuer sage Ich Ihnen Meinen
Dank,[!] und bitte, diesen Dank auch an alle Ihre bewaehrten Mitarbeiter und Mitarbeiterinnen uebermitteln zu wollen, die sich an der muehsamen Arbeit der Zusammenstellung des Albums beteiligt haben.

Ich hoere zu Meiner Befriedigung, dass Ihre Gesundung gute Fortschritte gemacht
hat, und wuensche Ihnen, zugleich im Namen Ihrer Majestaet, von Herzen, dass Sie bald
wieder voellig hergestellt sind! Die Kaiserin und Ich senden Ihnen und Ihrer Gattin
Unsere besten Gruesse!
[a]Inshallah![3] Megalith-Kultur noch lebend im 20ten Jahrhundert n. Chr.![a]

Wilhelm
I.R.

---

[a] *In A und D₁ von Wilhelm ergänzt, in D₂ von Schwerin mit dem Vermerk:* Zusatz <u>Sr. Majestaet</u>

---

[2] Zu dieser Teilexpedition: Adolf Ellegard Jensen (Hg.), Im Lande des Gada. Wanderungen zwischen
Volkstrümmern Südabessiniens, Stuttgart 1936.
[3] S.o. Nr. 47, Anm. 7.

225.

Wilhelm II. an Frobenius, 5.11.1935, Doorn, „Brieftelegramm"

Maschinenschriftliche Ausfertigung:
A   FI: LF 617/41

Ihre Majestaet die Kaiserin und Ich danken Ihnen und Ihrer „Compania" herzlich fuer
die treuen Wuensche zum heutigen Festtage[1] und freuen Uns, dass Sie, ebenso wie Wir,
gern an die Tagung unserer Arbeitsgemeinschaft[2] zurueckdenken! Eine Fuelle neuer
Gedanken und Anregungen bilden die Saat fuer neue geistige Ernte! Bitte ueberanstren-

---

[1] Es war ihr dreizehnter Hochzeitstag.   [2] S.o. Nr. 218, Anm. 5.

gen Sie sich nicht auf Ihren rastlosen Vortragsreisen! Ihnen und Ihrer Gattin, Ihrer treuen Gefaehrtin, Unsere besonderen Gruesse und guten Wuensche!

Inschallah![3]

Wilhelm
I.R.

---

[3] S.o. Nr. 47, Anm. 7.

226.

Frobenius an Wilhelm II., 12.12.1935, [Frankfurt am Main]

Durchschlag der maschinenschriftlichen Ausfertigung:
D   *FI: LF 613/55–59*

Euer Majestät!

    Das liebe Weihnachtsfest und der Beginn des Neuen Jahres stehen nahe bevor. Ja, also da wären wir wieder ein Jahr weiter[,] und ich möchte die Festzeit damit einleiten, daß ich Euer Majestät und Ihrer Majestät die ehrfurchtsvollsten und wärmsten Segenswünsche für die Festtage übersende. Bei dieser Gelegenheit sage ich warmen Dank für die freundliche Karte, die neulich durch Graf Schwerin hier einging[1]. Nach meiner Überzeugung wird die Angelegenheit mit dem Verleger[2] so außerordentlich schwierig nicht sein. Die verschiedenen Versuchsfühler, die ich ausgestreckt habe, beweisen, daß

---

[1] Nicht ermittelt.

[2] Die Veröffentlichung der beiden Vorträge, die Wilhelm bei den DAG-Tagungen 1934 und 1935 gehalten hatte, geschah, nachdem Wilhelms „Hausverlag" Koehler politische Bedenken angemeldet hatte, 1936 bei De Gruyter in Berlin unter dem Titel „Studien zur Gorgo". Der Verlagsleiter von Koehler, Hermann von Hase, seit 1933 Mitglied der NSDAP, bemängelte in einem Schreiben an Schwerin vom 17.4.1936, „dass ein bestimmter Punkt, nämlich die Entstehung des griechischen Tempels, ein Stein des Anstosses im dritten Reich sein würde." Genauer erklärte er dort, „dass die Annahme, die Entstehung des griechischen Tempels mit der Kultur der malayschen[!] Inselwelt in Zusammenhang zu bringen, im heutigen Deutschland auf kein Verständnis stossen wird; man wird auch geneigt sein, die Veröffentlichung einer solchen Theorie durch Seine Majestät in einem Sinn aufzufassen, wie sie von Seiner Majestät keinesfalls gedacht ist." (AEW: 1693 A1f.). Frobenius' Angebot, bei der Suche nach einem anderen Verlag zu helfen, stieß im Umfeld Wilhelms keineswegs auf unbedingte Gegenliebe. So schrieb der für Wilhelms Vermögen zuständige Ulrich von Sell am 28.11.1935 an Schwerin: „Nicht ganz ohne Sorge hören wir, daß Frobenius sich nach einem <u>deutschen</u> Verleger umsehen will. Das könnte uns an sich natürlich nur angenehm sein. Ich bin aber gerade dabei, mit eine<m> andern deutschen Verlag – de Gruyter – zu verhandeln, und da könnte doch eine Initiative des, wie wir wissen, reichlich impulsiven Frobenius bei einem andern Verlage allzu leicht stören. So dankenswert die Bemühungen von Frobenius sind, so bitte ich doch darum, daß Sie ihn möglichst bremsen." (AEW: 1693 D1). Zu dieser „Bremsung" s. Nr. 227.

allerhand Möglichkeiten doch wohl bestehen, sodaß für die ernstliche Inangriffnahme der Frage ein voller Erfolg erhofft werden darf.

Im Laufe des Winters werde ich dann versuchen[,] dasjenige noch bereitzustellen, was zur Ergänzung und Zusammenfassung der beiden Arbeiten notwendig ist, sodaß die letzte Abfassung des Manuskriptes nicht mehr allzu große Zeitansprüche stellen dürfte.

Einen nicht geringen Schreck bekam ich, als Graf Schwerin hier eintraf und ich von seinem Gesundheitszustand hörte. Es würde mir sehr schmerzlich sein, wenn Euer Majestät nun durch dieses körperliche Leiden unseres braven Grafen verpflichtet wären, eine nahe Beziehung lösen zu müssen. Immerhin sagt sich jeder von uns, daß natürlich im Alter nur bei wenigen Menschen die herrliche und ganz unglaubliche Ungestörtheit in geistiger und körperlicher Frische erhalten bleibt wie bei Euer Majestät. Ich trage mich jedoch mit der stillen Hoffnung, daß es dem Grafen möglich sein wird, auch wenn er Doorn verlassen muß, wenigstens als Mitarbeiter der Doorner Arbeitsgemeinschaft weiter wirken zu können. Gerade deshalb, weil ich auch in bezug auf andere Leute Befürchtungen habe, scheint dieses wünschenswert. Es ist nicht leicht vorstellbar, wie größere Arbeiten in Zukunft ohne diese freundlich vermittelnde und stets verständnisvolle Kraft weitergeführt werden sollen.

Leider muß ich zu denjenigen, die nachgerade erschlaffen, auch mich rechnen. Es ist wahr, ich lebe derzeit in einer düsteren Zeit. Der Horizont ist wieder einmal schwarz bewölkt, und wie schon so manchesmal füllt die Frage, ob Sein oder Nichtsein, Bleiben oder Nichtbleiben, Biegen oder Brechen,[!] meine Nachtwachen aus, mit der Sorge um Antwort. Das Physische vertrage ich anscheinend noch recht gut, aber das Psychische wirkt sich mehr und mehr eklatant aus. Früher konnte ich eine Flasche Rotspohn trinken[,] und dann war die Sorge begraben bis zum nächsten Tage mit einem frisch fröhlichen Erwachen, wo sie sich dann als ein Gespenst erwies, das an wahre Manneskraft nicht herankommen kann. Das ist nicht mehr.
D.h. die schwarzen Wolken am Horizont sind die gleichen geblieben, aber der fröhliche Sinn, der ihnen immer ungebrochen gegenüberstand, beginnt mehr und mehr an Kraft zu verlieren. Von außen her scheint alles sehr schön auszusehen, denn von allen Seiten empfange ich ständig Glückwünsche für ich weiß nicht was alles für Erfolge. In Wahrheit sind diese Erfolge ja weiter gar nichts[,] als daß die Menschheit zu erkennen beginnt, was eigentlich vorgeht. Es ist keine Änderung unserer Lage, sondern es ist eine Änderung der Sehweise der Menschheit und eine solche war vorauszusehen. Sie tritt ja immer ein, wenn durch 40 Jahre hindurch das Gleiche Tropfen für Tropfen der Menschheit eingeflößt wird. Aber das Schlimme ist, der Mensch wird ärmer an kleinen Freuden. Je weiter er zu denken vermag, je größer die Dimension wird, zu der sein Denken und Handeln ihn zwingt, desto weiter entfernt er sich von den anderen Mitdenkenden, Mitfühlenden, von der Jugend. Der Mensch wird einsam. Die anderen werden gleichgültig, sie gehen ihre eigenen Wege, müssen sie gehen, sollen sie gehen, aber damit fallen die kleinen Freuden weg, die dem einzelnen beschert werden können, und die viel mehr bedeuten, als im allgemeinen gedacht wird. Wer denkt heute noch daran[,] unsereinem noch die Teilhaberschaft an den kleinen reizenden Beziehungen des Lebens zuteil werden zu lassen? Es sind das ernste Gedanken, und man sollte sie eigentlich nicht zu Festtagen aussprechen. Aber wo soll man sie äußern, wenn nicht denen gegenüber, die auch

des ganzen Lebens schwerste Herbheit erfahren haben, und die doch zuletzt auch als einzige übrig bleiben für ein Verständnis in diesem Sinne.

Aber weg damit! Euer Majestät wünsche ich, um es nochmals zu sagen, Euer Majestät und Ihrer Majestät wünsche ich von ganzem ganzem Herzen alles Gute und Schöne für die kommende Festzeit und das neue Jahr.

227.

Wilhelm II. an Frobenius, Mitte Dezember 1935, o. O.

Durchschlag der maschinenschriftlichen Ausfertigung:
D   AEW: 1631 G1

Meine liebe Exzellenz!

Herzlichen Dank fuer Ihren Brief vom 12. Dezember[1]. Ich bin Ihnen sehr dankbar, dass Sie sich um die Druckreifmachung Meiner beiden Vorträge bemuehen wollen, damit die Veroeffentlichung dann erfolgen kann. Auch Ich glaube, dass die Frage, wer das verlegt, nicht schwer zu loesen ist. Herr von Sell ist dabei, das zu klaeren. Ueber das Ergebnis wird er Ihnen Mitteilung machen und sich an Sie wenden, wenn er nicht weiter kommen sollte.

Ueber Graf Schwerin moechte ich Sie beruhigen. Er war ueberarbeitet und erholungsbeduerftig. Darum sah er manches schwaerzer[,] als es ist. – Ich vertraue darauf, dass er im Januar sein Amt hier erholt und zuversichtlich wieder uebernehmen wird, und weiss, wie unentbehrlich seine Kraft fuer Mich ist, – und durchaus nicht nur in ihrer Arbeit fuer die D.A.G. – Sehr freue Ich Mich, dass auch Sie ihn richtig werten.

Und sonst?

Die auf Mein Bild gesetzten Worte: „Dennoch"[2] und „Inschallah"[3] werden Ihnen alles sagen. – Wir muessen wirken, solange es Tag ist, und das Sonstige? – Nun, Ich meine, das steht bei Gott.

Ihnen und der Gattin ein gesegnetes Fest und ein neues Jahr mit gutem Gelingen!

[a]gez. W.[a]

---

[a] *Af*

---

[1] Nr. 226.   [2] S.o. Nr. 11, Anm. 6.   [3] S.o. Nr. 47, Anm. 7.

Wilhelm II. an Frobenius, 3.1.1936, [Doorn]

Durchschlag der maschinenschriftlichen Ausfertigung:
D   AEW: 1631 G2

Herzlichen Dank, Meine liebe Exzellenz, fuer Ihre treuen Neujahrswuensche[1], auch im Namen Ihrer Majestaet. Wir erwidern sie aufrichtig, vor allem fuer Ihre Gesundheit. Treiben Sie nicht Raubbau mit ihr! Sie haben der Geisteswelt noch viel zu geben! Herzliche Gruesse, auch an Ihre Gattin. [a]Schwerin in hoher Bergesluft geht es besser[a]
Inschallah![2] [a]Dennoch![a3]

gez. Wilhelm I.R.

---

[a] *Dx mit Schreibmaschine, vermutlich Wiedergabe einer eigenhändigen Ergänzung Wilhelms in A*

---

[1] Nr. 226.   [2] S.o. Nr. 47, Anm. 7.   [3] S.o. Nr. 11, Anm. 6.

Wilhelm II. an Frobenius, 27.1.1936, Doorn, „Brieftelegramm"

Maschinenschriftliche Ausfertigung:
A   FI: LF 617/42

Herzlichen Dank, Meine liebe Exzellenz, Ihnen, Ihrer Gattin und allen, die Meiner mit treuen Segenswuenschen an Meinem Geburtstage gedachten.[1] Viele Gruesse Ihnen und Ihren bewaehrten Mitarbeitern und den Mitgliedern Meiner D.A.G.
Inschallah![2] [a]Dennoch![a3]

[gez.] Wilhelm
I.R.

---

[a] *Ae*

---

[1] Diese Nachricht ist von Wilhelms 77. Geburtstag datiert.
[2] S.o. Nr. 47, Anm. 7.   [3] S.o. Nr. 11, Anm. 6.

Editha Frobenius an Dettlof Graf von Schwerin, 20.2.1936, Frankfurt am Main

Maschinenschriftliche Ausfertigung:
A   AEW: 1632 A1

Lieber Graf Schwerin,

bei meiner Abreise versprach ich Ihrer Majestät, sofort von unserm Eintritt in das Grosselternstadium Kunde zu geben. Eben nun komme ich aus München zurück, wo ich die Ankunft des Enkelkindchens mit erwarten wollte. Es trat am Sonntag nach mittag[!] gesund und munter ins Leben und brachte als Gewicht die normalen 6 Pfund und eine kleine Zugabe von 50 Gramm mit. Wir verbrachten noch gemeinsam einen glücklichen und dankbaren Tag in München. – Auf der Hinfahrt hatte ich meinen Mann in Stuttgart zum besagten Dr. Fahrenkamp gebracht. Er sagte, dass er dort sozusagen die Kuwade[1] abmache, welche Sitte bei den Eingeborenen Sie ja kennen, wenn sie sich auch eigentlich mehr auf den Vater als Grossvater bezieht. Jedenfalls ist ihm diese Liegezeit dort sehr gut bekommen. Dr. Fahrenkamp hat allerhand milde Anwendungen und Hilfsmittel an ihm ausprobiert und festgelegt, was zu vermeiden und was zu tun ist. Alle Gewaltmittel, [b]wie Strophantinspritzen, Patotin etc. sind abgeschafft. Vor allem [a]jede Woche einen Tag völliger Bettruhe[a]. Das wirklich in sein Leben einzufügen, wird am schwierigsten sein. Er fühlt sich wohl und erleichtert.[2] Im Sommer dann eine längere Ausspannung[b] und Erholung fern von Frankfurt. So bin ich in doppeltem Sinne dem [c]Schicksal[c] dankbar.

Wie geht es den Majestäten? Wie geht es Ihnen, lieber Graf? Wollen Sie dem Kaiser und der Kaiserin unsere herzlichen Grüsse übermitteln in der Hoffnung, dass sich Beide bei bestem Wohlsein befinden.

[gez.] Ihre

Editha Frobenius

---

[a] *In A von Wilhelm unterstrichen*   [b] *In A von Wilhelms angestrichen*
[c] *In A von Wilhelm unterstrichen; dazu seine Marginalien:* ?! *und* Doch wohl dem Himmel?!

---

[1] Vor allem in Asien und Südamerika verbreitetes Scheinkindbett des Vaters.
[2] Frobenius' Mitarbeiter Hans Rhotert erklärte Schwerin jedoch schon am 21. Februar: „Geheimrat Frobenius ist bereits aus Stuttgart zurück und ist mit seinem Befinden vorläufig zufriedener als wir." (AEW: 1632 A1).

Frobenius an Dettlof Graf von Schwerin, 28.4.1936, o.O.

Maschinenschriftliche Ausfertigung:
A   AEW: 1692 F7

Mein lieber, lieber Graf

I. Unterwegs ist mir mitgeteilt worden, welche Gedankenumwälzungen sich inzwischen in Doorn vollzogen haben.[1] Ich möchte vor allen Dingen ganz stramm und klar erklären, daß in diesen Dingen kein Mensch zu befehlen hat, auch nicht Seine Majestät der Kaiser. Das Ganze ist mein geistiges Eigentum, und nach dieser Richtung bin ich derjenige, der gibt und verlange dementsprechend Rücksicht.[2]

II. Leider bin ich nicht gesund. Diese verdammte Angina pectoris quält mich schauderhaft. Trotzdem erfülle ich meine Pflicht, mache meine Reisen und arbeite seit Wochen eigentlich nur noch im Sinne der Gorgoarbeit.

III. Dieser Tatbestand ist zu berücksichtigen und ich bitte Seiner Majestät dem Kaiser mitzuteilen, daß die Sache so schnell gemacht wird, wie ich es kann. Das Ganze hat in keiner Weise meine innere Beziehungen zu Doorn beeinflußt, hat mich aber wahnsinnig geärgert, und ich bitte dringend, diesen Ärger nicht zu weit zu treiben.

------

[1] In seinem Schreiben an Frobenius vom 22. April (AEW: 1630 D7) hatte Schwerin um die Übermittlung der für Wilhelms „Studien zur Gorgo" (s.o. Nr. 226, Anm. 2) erforderlichen Bilder gebeten und geschrieben: „Aus den durch Ihre Frau Gemahlin [AEW: 1692 G7f.)] und Herrn Dr. Jensen hierher gelangten Mitteilungen hat S.M. der Kaiser ersehen, dass Sie durch vielseitige und wichtige Aufgaben Ihres Instituts für die nächsten Monate voll in Anspruch genommen sind und daher unmöglich Zeit zur Bearbeitung der ‚Gorgostudien' finden können. Seine Majestät möchte Sie daher gerne entlasten und lässt Sie auf meinen Vorschlag bitten, mir die Umarbeitung der beiden Gorgovorträge anzuvertrauen. Ich brauche nicht zu versichern, dass ich mir alle Mühe geben werde, die Arbeit in Ihrem Sinne auszuführen!" Gleichzeitig informierte er Jensen: „Ich muss gleich an die Arbeit gehen, da Seine Majestät die Fertigstellung und Herausgabe der ‚Gorgostudien' mit Ungeduld erwartet." (AEW: 1692 G6). In der Tat hatte Wilhelm unter das Schreiben Editha Frobenius' an Schwerin vom 20. April, in dem sie um Entschuldigung für das notwendigerweise langsame Fortschreiten der Gorgoarbeitn bat, geschrieben: „also ist keinesfalls mehr auf ihn für mein Buch zu rechnen!" (AEW: 1692 G7f.). Am 25. April teilte Schwerin Jensen dann mit, „dass ich nunmehr die ‚Studien zur Gorgo' in Arbeit genommen habe, und zwar in der Weise, dass die beiden Vortraege von 1934 und 1935 nur mit ihrem sachlichen Inhalt und nicht in Vortragsform wiedergegeben werden." Optimistisch erklärte er außerdem: „Ich denke, dass Herr Geheimrat froh sein werden, von dieser Gorgo-Arbeit befreit zu sein!" (AEW: 1692 G3).

[2] Im gleichen Sinn gab auch der Leiter von Wilhelms Schatull- und Vermögensverwaltung in Berlin, Ulrich Freiherr von Sell, in einem Schreiben an Schwerin vom 25. April Frobenius' Worte in einer gemeinsamen Besprechung wieder: „Die von Seiner Majestät gehaltenen Vorträge gehen letzten Endes auf die Ideen zurück, die ich vertreten und entwickelt habe. [*Hier merkte Wilhelm an:* nicht nur !?] Mein Name ist also von dieser Veröffentlichung nicht zu trennen. Darüber hinaus kommt es mir aber darauf an, daß das, was hierin veröffentlicht wird, so gestaltet ist, daß die Interessen Seiner Majestät in vollem Umfang gewahrt werden. Bei aller Achtung vor dem Können des Grafen Schwerin bin aber nur ich [*Anmerkung Wilhelms:* ?] dazu in der Lage, diese Überarbeitung vorzunehmen, und ich werde sie daher auch selbst durchführen. Man muß mir nur zu Gute halten, daß ich krank bin und zwar sehr krank. Trotzdem habe ich mich in den letzten [*Wilhelm ergänzte das vorige Wort zu:* allerletzten] Wochen fast ausschliesslich dieser Arbeit gewidmet und werde sie bis Mitte Mai durchführen. Bitte teilen Sie dies dem Grafen mit. [*Anmerkung Wilhelms:* was ihn nicht hindert n. Barcelona zu fliegen! Übertreibung]" (AEW: 1630 D8–E1).

Schluß nun! Das Gründungsdatum der D.A.G. ist also der 14. Juni 1927. Das muß im nächsten Jahr ganz großartig gefeiert werden.

Mit sehr herzlichen Grüßen nach allen Seiten und dem Wunsche[,] klar gewesen zu sein[,]

Ihr ergebener

[gez.] Frobenius

232.

Wilhelm II. an Frobenius, 4.6.1936, Doorn

Maschinenschriftliche Ausfertigung:
A   FI: LF 617/43

Meine liebe Exzellenz!

Ich danke Ihnen für den neuen wertvollen Beitrag, den Sie Mir für Meine Gorgo-studien in die Hand gegeben haben.[1] Diese tiefschürfende Untersuchung konnte auch von Ihnen nicht „aus dem Aermel geschüttelt" werden, sondern nur in langwieriger, gründlicher Arbeit reifen und zu einwandfrei klaren Ergebnissen führen!

Gleichzeitig danke Ich Ihnen herzlich für das Mir gewidmete Exemplar der neue-sten Veröffentlichung Ihres Instituts und bitte, dem Herausgeber, Dr. Jensen[,] und sei-nen Mitarbeitern, Meinen Glückwunsch zur Fertigstellung des umfangreichen, auf ihren persönlichen Forschungen beruhenden Abessinien-Werkes zu übermitteln![2] – Ihre per-sönlichen Ausführungen darin über die nunmehr abgeschlossene Gesamttätigkeit der Diafe[3], die Ich stets mit grösstem Interesse verfolgt habe, geben einen lehrreichen Rück-blick auf ihre hervorragenden Leistungen und epochemachenden Erfolge.

Mit gleichem Interesse höre Ich von den neuen Forschungs-Aufgaben, die Sie sich und Ihrem Institut gestellt haben, und wünsche Ihnen vollen Erfolg! Aber schonen Sie dabei nach Möglichkeit Ihre Gesundheit, damit Sie uns und der ganzen Kulturwelt noch lange in Ihrer vollen Arbeitskraft und Schaffensfreudigkeit erhalten bleiben!

Inschallah![4]

Wilhelm

I.R.

---

[1] Nicht ermittelt; s.a.Nr. 231.

[2] Adolf Ellegard Jensen (Hg.), Im Lande des Gada. Wanderungen zwischen Volkstrümmern Südabes-siniens, Stuttgart 1936.

[3] Leo Frobenius, DIAFE XII. Abessinien-Abteilung (unter Dr. Jensen), in: Jensen, Gada (wie Anm. 2), S. v–xi.

[4] S.o. Nr. 47, Anm. 7.

Frobenius an Dettlof Graf von Schwerin, 11.6.1936, o.O.

Maschinenschriftliche Umschrift der Ausfertigung:
U   AEW: 1632 B2f.

Mein hochverehrter und lieber Graf!

Die Periode der afrikanischen Forschung unseres Instituts ist abgeschlossen, und es entsteht die neue Aufgabe, die durch lange Jahre und viel Arbeit erprobten Kräfte auf weiteren Studiengebieten außerhalb Afrikas zu schulen und dadurch in steigendem Maße zur Beschaffung kulturgeschichtlicher Dokumentation beizutragen.[1]

Als erstes Gebiet hat sich uns Spanien zur Verfügung gestellt[,] und wir konnten trotz aller Schwierigkeiten eine außerordentlich ergebnisreiche Unternehmung zu den Felsbildern von Altamira usw. entsenden. In einer Ausstellung, die ebenfalls wieder von der spanischen Regierung anberaumt ist, wird das Material gezeigt werden. Wir sind damit einen sehr guten Sprung weitergekommen.

Eine zweite Unternehmung möchte ich nun in größerem Stil nach holländisch[!] Indien senden.[2] Hier haben die holländischen Gelehrten vorzüglich vorgearbeitet und wir dürfen hoffen, die Dinge im einzelnen studieren zu dürfen, die eine Hauptaufgabe unseres Instituts sind, nämlich die ältesten Formen menschlicher Gesellschaftsbildung, soweit sie uns aus der Zeit vor der Entstehung der Staaten geblieben sind. Unser Wunsch ist es, in den Molukken eine Unternehmung stationieren zu dürfen, vielleicht mit einem Ausgangspunkt in Seram[!], vielleicht mit großen und kleinen Ausflügen zu den Inseln Aru, Kei, Tenimbar, Letti, Alor usw. Die Frage ist, ob es möglich ist, Sympathie für diesen Plan auf holländischer Seite zu erwecken. Mit dem Ja oder Nein, das hierauf erfolgt, wird der Plan ausführbar, oder er muß fallen gelassen werden. Als Leiter der Unternehmung habe ich Dr. Jensen gedacht[,] und ich sende Ihnen ein Exemplar seines Buches[3] mit der Bitte, es irgendeiner Persönlichkeit oder Dienststelle zur Verfügung zu stellen, die auf die nachfolgenden Fragen eine freundliche Antwort erteilt.

Diese Fragen würden lauten:

1) Ganz generell: würden die holländische Regierung, kolonialen Dienststellen usw. eine derartige Forschungsreise gestatten oder würden sie dieselbe ablehnen.[!]

2) Wäre es möglich[,] für diese Reisen,[!] die Erleichterungen zu erhalten, die uns bei den afrikanischen Expeditionen fast ausnahmslos zuteil wurden. Es würde dies sein: a) Zollfreiheit, b) Erlaß oder Erleichterung der Expeditionsfahrtkosten und Transportspesen, auch im Lande.[!] c) Freundliche Mitarbeiterschaft der Dienststellen in der Beschaffung von Hilfskräften usw.[!]

---

[1] So auch: Leo Frobenius, DIAFE XII. Abessinien-Abteilung (unter Dr. Jensen), in: Adolf Ellegard Jensen (Hg.), Im Lande des Gada. Wanderungen zwischen Volkstrümmern Südabessiniens, Stuttgart 1936, S. v–xi.

[2] Die Expedition, an der unter Jensens Leitung Hermann Niggemeyer, Josef Röder und der Zeichner Albert Hahn teilnahmen, führte sie 1937/38 auf die Molukken und nach West-Neuguinea.

[3] Wie in Anm. 1.

3) Sind irgendwelche größeren Gesellschaften oder Vereine an Unternehmungen solcher Art im Lande interessiert und würden diese wohl die entsprechende Hilfe gewähren?

4) Welche holländische Institution (Kolonialamt, Kolonialgesellschaft oder dergl.) würde uns in freundlicher Weise ihre Korrespondenz für Informationen zur Verfügung stellen?

Mein hochverehrter und lieber Graf! Ich möchte nicht, daß über die Angelegenheit zunächst viel gesprochen wird. Leider wird sich unser Plan nicht ganz verheimlichen lassen, da wie ich höre, schon von anderer Seite ohne unser Zutun einige Nachrichten in die Welt sickerten. Aber im allgemeinen möchte ich, daß möglichst wenig darüber gesprochen wird.

Mit wem Sie auch immer von den dortigen Kolonialkreisen sprechen, bitte ich Sie[,] meinen besten Dank im voraus zu sagen für alles, was uns als Förderung zuteil werden kann.[4] Ich bin überzeugt, daß ich mit dieser Unternehmung, die geleitet wird von einem Mann wie Dr. Jensen, im Sinne aller auf ein erfreuliches Ergebnis werde rechnen dürfen.

Ich zeichne mit dem persönlichen Ausdruck herzlicher Freundschaft und tiefer Verehrung

gez. Frobenius

---

[4] Anscheinend hatte Schwerin Erfolg, denn Frobenius schloß am 16. Juli 1936 seine knappen an Schwerin gerichteten Zeilen mit den Worten: „Und auch Ihnen, der Sie so gütig und energisch unser holländisches Schicksal in die Hand nahmen: Dank, herzlichen, herzlichen Dank." (AEW: 1632 D1 und FI: LF 604/70). Das bestätigte auch Wilhelm, wenn er am 19. November an Schwerin schrieb: „Besten Dank, Mein lieber Schwerin, fuer die erfreuliche Meldung, dass die Frobenius-Expedition nach Niederlaendisch-Indien endlich genehmigt ist. Meinen Glueckwunsch fuer Exzellenz Frobenius und Ihnen Meinen besonderen Dank fuer die treffliche Unterstuetzung in dieser Angelegenheit!" (AEW: 1632 F8).

234.

Wilhelm II. an Frobenius, 29.6.1936, o.O.

Durchschläge der maschinenschriftlichen Ausfertigung:
D_1 *AEW: 1630 D1*
D_2 *AEW: 1632 C2*

Ich sende Ihnen, Meine liebe Exzellenz, zu Ihrem Geburtstage[1] Meine herzlichen Glueckwuensche! Hinter Ihnen liegt wieder ein arbeitsreiches Jahr, in dem Sie leider ernste Krankheitshemmungen zu ueberwinden hatten. Moechten Sie nun unter strenger aerztlicher Fuersorge Ihre volle Gesundheit wiedererlangen und die alte Freude haben

---

[1] Dieser Tag war Frobenius' 63. Geburtstag.

am Leben und am Kampf! Moege der Gorgo-Krug, den Ich Ihnen aus Meiner Cadiner Fabrik[2] zugehen lasse, durch das Spenden heilsamen Tranks beitragen zu Ihrer Staerkung! – Durch Ihre neuen Gorgo-Kapitel haben Sie wieder herrliche Gedanken zu Meinen Studien beigetragen; nochmals Meinen Dank![3] – Glueck auf zum neuen Lebensjahr, zu neuen Taten und zu neuen Erfolgen!

Inschallah[4]

[a]gez. Wilhelm I.R.[a]

---

[a] *In D₂ stattdessen Paraphe Schwerins mit blauem Buntstift*

---

[2] Wilhelm besaß im ostpreußischen Cadinen eine Majolikafabrik.

[3] S.o. Nr. 231 und 232.   [4] S.o. Nr. 47, Anm. 7.

235.

Frobenius an Wilhelm II., 16.7.1936, Frankfurt am Main

Eigenhändige Ausfertigung:
A   AEW: 1632 D7f.
Durchschrift der eigenhändigen Ausfertigung:
D   FI: LF 613/60–63

[a]Euer Majestät!

Seit Wochen bedrücken mich ein Osterhase[!], Bedürfnisse, mich über allerhand Sorgen (in Fragen des Geisteslebens Europas) auszusprechen[,] und Gefühle der Dankbarkeit. Diese eigenartige Mischung von lauter an sich einfachen Angelegenheiten hat nachgerade die Gestalt eines unüberwindlich erscheinenden Complexes[b] angenommen, mit dem ich aber heute – am 16 Juli 36 – fertig werde.[c]
Nehmlich:
[d]In zwei Stunden[d] werden wir hier in Fr[ankfurt] die erste einigermassen vollständige Gemäldegalerie vorgeschichtlicher Kunst eröffnen[,] und werden dann alle Stile von Schweden, Norwegen, Frankreich, England, Spanien, Italien sowie aller 7 afrikanischen Provinzen vertreten sein. Es ist nun in der That alles beisammen. ([d]vorgestern Mittag[d] kamen [d]die letzten[d] Autos mit [d]Arbeit + Arbeitern aus Spanien zurück[d]). Ein vor 41 Jahren erträumter Gedanke ist Realität geworden. In einer [d]Spanne[d] von über [d]15 000 Jahren[d] ist geistiges Werden der Menschheit überschaubar geworden.

---

[a] *Auf A Vermerk Wilhelms:* Bravo! Herzlichsten Glückwunsch! Inshallah[,] wir werden siegen!

[b] *In A Marginalie Wilhelms:* Confusion?

[c] *In A Marginalie Wilhelms:* Kampf mit dem – – – – –?!   [d] *In A von Wilhelm unterstrichen*

Da ist nun mein Herz bis zum Überfliessen von Dankbarkeit[e] dafür, dass ich solches anregen durfte[,] voll. Und dies Gefühl ist so stark, dass es alle Complexe über den Haufen wirft und mir einfach (und über alle [d]Unlösbarkeit eines Osterhasenproblems[d] und [f]wasserköpfigen[f] Sorgen hinweg) den Griffel in die Hand drückt, um –

Dem[!] am heutigen Tage als Erstem zu danken, der dem Werke die erste starke Förderung hat zu Teil werden lassen und das waren:

Euere Majestät!

Es versteht sich von selbst, dass wir dies auch merkbar bei der Eröffnung [d]laut sagen werden[dg]!

Meinen Handkuss Ihrer Majestät

Frobenius

---

[e] *In A Marginalie Wilhelms:* gegen Gott [f] *Ae und De aus:* grossköpfigen
[g] *In A Marginalie Wilhelms:* aha! Wenn[']s man gut geht?!

236.

Wilhelm II. an Frobenius, 18.7.1936, Doorn, „Brieftelegramm"

Maschinenschriftliche Ausfertigung:
A   FI: LF 617/44
Durchschläge der maschinenschriftlichen Ausfertigung:
D₁   AEW: 1632 E1
D₂   AEW: 1632 E2

Ich danke Ihnen, Meine liebe Exzellenz, fuer die Meldung ueber die Eroeffnung Ihrer Ausstellung[1] und sende Ihnen mit der Kaiserin Unsere herzlichen Glueckwuensche zu dem stolzen Ergebnis langjaehriger kulturmorphologischer Arbeit! Bravo! Dass das Werk, das ich foerderte, zu vollem Erfolge fuehrte, erfuellt Mich mit freudiger Genugtuung! Der Sieg ist unser, Hurra! Nun helfe Gott weiter, Inschallah![2] – Ich freue Mich auch, dass Ihre spanische Expedition den politischen Wirren des armen gequaelten Landes[3] gluecklich entronnen ist, und bin gespannt, was fuer Bilder sie uns aus den geheimnisvollen Hoehlen mitgebracht hat. – Ihnen, Ihrer Gattin und allen Ihren mitarbeitenden „Kindern" von der Kaiserin und Mir herzliche Gruesse!

Wilhelm
I.R.

---

[1] S.o. Nr. 235. [2] S.o. Nr. 47, Anm. 7.
[3] Spanien war seit 1917 politisch ausgesprochen instabil, hatte von 1923 bis 1930 die Diktatur Primo de Riveras und 1931 – für Wilhelm sicherlich besonders bedeutsam – den Sturz der Monarchie erlebt. Am Vortag dieses Briefes hatte mit einem Offiziersputsch schließlich der Spanische Bürgerkrieg begonnen.

Leo Frobenius, Editha Frobenius, Adolf Ellegard Jensen und Dettlof Graf von Schwerin an Wilhelm II., September 1936, Biganzolo

Eigenhändige Ausfertigung:
A   AEW: 1632 E2f.

Postkarte mit Ansicht Biganzolos, auf der das Haus Frobenius' markiert ist (s. Tafel 26).

[a]Euerer Majestät[a]
[b]gedenken in ehrerbietigsten und gorgonischen Gedanken in Vorfreude i[n] B[ezug] a[uf] DAG[1],[b] [c]im herrlichen italienischen Idyll unter Palmen, Lorbeer und Bananen[c] [d]unter Oleander und Weinlauben[!] mit Chianti auf dem Tisch[d]

---

[a] *Von Frobenius' Hand*	[b] *Von Jensens Hand*
[c] *Von Schwerins Hand*	[d] *Von Editha Frobenius' Hand.*

---

[1] Vom 29. Oktober bis zum 1. November 1936 fand die Jahrestagung der DAG statt. Wilhelm sprach über „das aelteste Koenigtum in Mesopotamien", Böhl über „das aegyptische und das israelitische Koenigtum", Lommel über „das Koenigsritual bei den indischen Ariern", der neuaufgenommene Altphilologe Karl Kerényi ueber „Korfu und die Odyssee", Naumann über „altgermanisches Koenigtum", Altheim über die „aelteste Staats- und Gesellschaftsordnung in Rom und Italien", Vollgraff über „das Koenigtum in Griechenland und Makedonien", Otto über den „roemischen Majestaetsbegriff" sowie Reinhardt über den „Vergleich des griechischen mit dem roemischen Koenigtum". Außerdem hielt Frobenius einen Lichtbildvortrag über die „,Erforschung Afrikas', unter Betonung der vorherrschenden und im Stil zum Ausdruck kommenden deutschen Geistigkeit" (AEW: 1678 C2). Frobenius charakterisierte seinen Vortrag kurz vorher Schwerin gegenüber so: „.... ich bitte dem Kaiser zu melden, dass diesmal meinerseits ein <u>absichtlich</u> etwas zurückhaltender Vortrag gehalten werden wird; es ist mir augenblicklich von entscheidender Bedeutung[,] dazu beizutragen, die <u>eigentlich Deutsche Geistigkeit</u> in den Vordergrund zu stellen; mehr das <u>Deutsche</u> an sich als das Ergebnis, mehr den <u>Stil</u> als das Resultat. Die Frage ist, welchen Anteil ,das Deutsche' an der Erschliessung Afrikas hat. Wenn

hierbei nun weniger eklatante & fulminante Effekte zu Tage treten, so wird demgegenüber das im Sinn weniger Monumente durch die ganz neu und (nach exakter Anordnung) <u>sehr</u> fein ausgeführten Lichtbilder ersetzt. Mir will erscheinen, dass die Lichtbilder von grösserer Schönheit sind, als wir sie bisher hatten." (Frobenius an Schwerin, 13.10.1936, AEW: 1630 D1–D3, hier: D2). Außerdem wurde beschlossen, im kommenden Jahr zum 12½jährigen Bestehen eine Jubiläumssitzung zu veranstalten, zu der eine Festschrift erscheinen solle (AEW: 1678 C2).

238.

Frobenius an Wilhelm II., 2.12.1936, o.O.

Maschinenschriftliche Ausfertigung:
A   AEW: 1663 B3f.

Euer Majestät!

Es ist wirklich beinahe erschütternd, mit welcher Einheitlichkeit sämtliche Mitglieder der D.A.G. die letzte Tagung[1] als ein Phänomen der Geistesgeschichte zu bezeichnen bereit sind. Alle diese Männer, die doch das geistige Leben der Universitäten und Akademien täglich durchleben, sind sich darüber einig, daß eben diese Institutionen ^ab^der Staaten^a^ diesen ^a^Doorner Geist nicht mehr besitzen^ab^, und daß es eigentlich der Geist dieser kleinen Arbeitsgemeinschaft ist, der den europäischen Geist, d.h. den Geist, der sich in wissenschaftlicher Denkweise ergeht, bedingen sollte. Ich habe das Gefühl, ^c^daß es auch Eurer Majestät zur Genugtuung gereichen sollte, von der Einheitlichkeit solcher Überzeugung Kenntnis zu erhalten.^c^

Unter den obwaltenden Umständen bereitet es doppelte Freude[,] eine nächste und kommende Tagung als Jubiläumssitzung vorbereiten zu dürfen[2], und es sei heute schon Eurer Majestät Dank dafür ausgesprochen, daß wir die Genehmigung zu entsprechender Einstellung erhielten. Graf Schwerin war jetzt hier[,] und es wurden die einfachsten Grundlinien festgelegt. Wir werden alle, jeder auf seinem Gebiet, nun an die Ausarbeitung der Grundlagen herangehen, bitten aber Eure Majestät selbst uns zu Hilfe zu kommen, in allen Dingen, in denen unser eigenes Gedächtnis uns etwa in der Geschichte des Verlaufs der Doorner Tagung im Stiche lassen sollte.

---

^a^ *Von Wilhelm unterstrichen*   ^b^ *Von Wilhelm angestrichen*
^c^ *Von Wilhelm angestrichen; dazu seine Marginalie:* Hatte denselben Eindruck! Ja

---

[1] S.o. Nr. 237, Anm. 1.

[2] Die „Jubiläumstagung" der DAG fand vom 28. bis 31. Oktober 1937 statt. Dabei sprach Wilhelm über Geschichte und Ziele der Arbeitsgemeinschaft, Kerényi über die Gelehrten, Jensen berichtete über seine Expedition nach Indonesien, Heine-Geldern sprach über Kultbauten in Südostasien, Lommel über den vorzoroastrischen Gott Soma, Frobenius über die „Geschichte des menschlichen Geistes" und Rhotert über „die Steinzeit Nord-Afrikas" (AEW: 1666 E3–F8).

Eurer Majestät ist inzwischen wohl durch Herrn General Schwerin gemeldet worden, daß die Holländische[!] Regierung zur Entsendung einer unserer Expeditionen nach dem holländischen Gebiet[3] die Einreiseerlaubnis erteilt hat, und zwar in einer außerordentlich ehrenden Form. Wir haben dies fraglos der Tatsache zu verdanken, [d]daß Herr Graf Schwerin, als Eurer Majestät Beauftragter, sich der Mühewaltung entsprechender offizieller Anknüpfungen unterzogen hat.[d] Es ist mir eine schöne Aufgabe, Eurer Majestät heute für diese glückliche Lösung danken und gleichzeitig die Bitte anschließen zu dürfen, [e]dem Unternehmen der jungen Herren auch weiter ein gütiges Wohlwollen zuteil werden zu lassen.[e]

Die Adventszeit hat begonnen, für mich leider auch die Periode der Adventsvorträge, betreffend die Pflichten und Rechte der deutschen Kultur an Afrika, eine wenig sympathische Beschäftigung für einen Menschen, der zu Hause genug zu tun hat. Aber was hilft es. Der Mensch seufzt und tut seine Pflicht. Basta![4]

Im Institut sind auch wieder außer den herrlichen Illustrated London News alle möglichen prächtigen Dinge aus Doorn angekommen, für die ich Eurer Majestät im Namen des Instituts untertänigst danke. Infolgedessen wird es mir doppelt schwer, statt mich in ihr Studium vertiefen zu dürfen, zum Herumrutschen in der Welt verurteilt zu sein. Mögen Eure Majestät gut durch diese scheußlichen Wochen des Jahresklimas hindurchkommen.

Ihrer Majestät bitte ich die Hand küssen zu dürfen

[gez.] Frobenius

---

[d] *Von Wilhelm angestrichen; dazu seine Marginalie:* Ausserdem ist mir der Gen[eral]-Gouverneur von früher her bekannt, war auch Gouverneur v. Groningen[,] war ein Verehrer der Archaeolog.[!] Ausgrabungen.

[e] *Von Wilhelm angestrichen; dazu seine Marginalie:* ja

---

[3] S.o. Nr. 233, Anm. 4.

[4] In seinem gleichzeitigen Begleitschreiben an Schwerin machte sich Frobenius deutlicher Luft: „Im übrigen befinde ich mich in einer Katerstimmung und just auf der Abreise nach München, Leverkusen, Magdeburg, Berlin – Saustall! Verzeihen Sie bitte diesen Ausdruck meiner schlechten Laune." (AEW: 1663 B2).

239.

Wilhelm II. an Frobenius, 5.12.1936, Doorn, „Brieftelegramm"

Maschinenschriftliche Ausfertigung:
A   FI: LF 617/45f.
Maschinenschriftliche Abschrift:
U₁   AEW: 1663 B5
Maschinenschriftliche Teilabschrift:
U₂   AEW: 1632 G4

Ich danke Ihnen, Meine liebe Exzellenz, fuer Ihren Mich sehr erfreuenden Brief vom 2.d.M.[1] Dass die diesjaehrige Doorner Tagung[2] durch die Dokumentierung echten wissenschaftlichen Geistes nach dem einheitlichen Urteil aller Beteiligten ein besonders schoener Erfolg war, ist Mir eine grosse Genugtuung, und Ich danke Ihnen nochmals, dass Sie Mir bei der Leitung wieder in bewaehrter Weise zur Seite standen! Auf die naechstjaehrige Jubilaeumstagung freue Ich Mich ganz besonders. Die Plaene und Vorbereitungen hierfuer, die Mir nach Verabredung mit Ihnen durch Graf Schwerin vorgetragen wurden, haben Meinen vollen Beifall. Natuerlich bin Ich gerne bereit, mit Meinen eigenen Erinnerungen und Notizen ueber die frueheren Tagungen bei der Zusammenstellung des Referats auszuhelfen[3]. – [a]Dazu, dass die hollaendische Regierung Ihnen zu der Expedition nach Niederlaendisch-Indien die Genehmigung erteilt und jede moegliche Foerderung zugesagt hat[4], sage ich Ihnen Meinen herzlichen Glueckwunsch! Es traf sich sehr gut, dass der neu ernannte Gouverneur von Niederlaendisch-Indien, Jonkheer Tjarda van Starckenborgh, Mir aus seiner frueheren Stellung als Gouverneur von Groningen bekannt war, und Ich mich bereits frueher mit ihm ueber kulturmorphologische Fragen unterhalten hatte.[5] Ich bin ueberzeugt, dass der bereits bewaehrte Dr. Jensen mit seinen Kollegen unter Ihrer Anleitung auf seiner Expedition interessante Ergebnisse erzielen wird.[a] – Vor allem moechte Ich Ihnen aber dringend ans Herz legen, dass Sie bei Ihrer anstrengenden Taetigkeit und Ihren verantwortungsvollen Pflichten auch moeglichst auf Ihre Gesundheit Rücksicht nehmen, damit uns Ihre Schaffensfreude und Arbeitskraft erhalten bleibe!!!

[b]Werde gerne seinerzeit Jensen einen Empfehlungsbrief an H. v. Starkenborgh mitgeben![b6]

Inschallah![7]

Wilhelm
I.R.

---

[a] *U₂*

[b] *Ae und U₂*

---

[1] Nr. 238.

[2] S.o. Nr. 237, Anm. 1.

[3] Graf Schwerin sammelte Material über die DAG und stellte daraus eine minutiöse „Geschichte der DAG" zusammen, die auch als Grundlage für Wilhelms Abriß bei der Jubiläumssitzung dienen sollte (AEW: 1677 A2 – 1678 E5). S.a. Nr. 244, Anm. 1 und 247.

[4] S.o. Nr. 233, Anm. 2.

[5] S. die Marginalie Wilhelms in Nr. 238, Anm. d.

[6] Das war auch Ziel von Frobenius' vorausgegangenem Schreiben gewesen, wie man Schwerins Schreiben an Jensen vom 5.12.1936, mit dem er eine Abschrift dieser Antwort Wilhelms begleitete, entnehmen kann: „Es ist sehr nett, dass der verabredete Brief des Geheimrats an Seine Majestät so schnell angekommen ist! er hat den gewuenschten Erfolg gehabt!" (AEW: 1632 G4).

[7] S.o. Nr. 47, Anm. 7.

Frobenius an Wilhelm II., 22.12.1936, Frankfurt am Main

Maschinenschriftliche Ausfertigung:
A   AEW: 1632 G8

Euer Majestät!

Euer Majestät inniges Brieftelegramm[1] hat uns alle gerührt. Indem ich die jetzt zur Absendung gelangenden ᵃBilder der Doorner Wocheᵃ[2] noch einmal überblicke[,] wird mir abermals deutlich, welch reiche und schöne Tage diese jahrelange Arbeit gekrönt haben.

Euer Majestät und Ihrer Majestät wünschen meine Frau und ich von ganzem, ganzem Herzen gesegnete Feiertage und ein gesundes erfreuliches neues Jahr.

[gez.] Frobenius

ᵃ *Von Schwerin mit Bleistift unterstrichen und mit Anmerkung versehen:* Album am 28./12. 36 eingetroffen

---

[1] Nr. 239.
[2] Frobenius schenkte Wilhelm zu Weihnachten ein Album mit Photographien, die Jensen bei der DAG-Tagung dieses Jahres aufgenommen hatte.

Wilhelm II. an Frobenius, 29.12.1936, Doorn, „Brieftelegramm"

Maschinenschriftliche Ausfertigung:
A   FI: LF 617/47
Konzept von Schwerins Hand:
K   AEW: 1633 A4

Ich danke Ihnen, Meine liebe Exzellenz, und allen, die daran mitgeholfen haben, fuer das schoene Bildwerk, das Mir eine sinnvolle Erinnerung an die hinter uns liegende inhaltsreiche Tagung ᵃMeinerᵃ D.A.G. sein wird![1] Besonderen Dank an Dr. Jensen, der die prachtvollen Aufnahmen gemacht hat – aber als Subjekt dieses Geschehens leider nicht auch als Bildobjekt erscheint! – Ihre Majestaet die Kaiserin und Ich danken Ihnen und Ihrer Gattin fuer die freundlichen Neujahrswuensche, die Wir fuer Sie Beide herz-

---

ᵃ *In K von Schwerin geändert statt* unserer

---

[1] S.o. Nr. 237, Anm. 1.

lich erwidern! Moechte die bevorstehende Erholungskur[2] Ihnen endlich wieder volles koerperliches Wohlbefinden bringen!

[b]Denn die Eile ist vom Scheitan, aber geduldiges Zuwarten kommt vom barherzigen[!] Allah![b3]

Inschallah![4]

Wilhelm
I.R.

---

[b] Ae, nicht in K

---

[2] Frobenius hatte Graf Schwerin am 22. Dezember einen Aufenthalt in der bekannten Kurklinik auf der Bühler Höhe in Baden angekündigt: „Brrrrr, mir ist es hundsmiserabel, und ich freue mich darauf[,] am 29. Dezember auf die Bühler Höhe entfliehen zu können. Das hätte ich mir früher auch nicht von mir denken können, aber so wird der Mensch mürbe gemacht." (AEW: 1632 G8). Sein anhaltend schlechtes Befinden bekräftigte er Schwerin auch am Tag seiner Abreise: „Ich fühle mich hundsmiserabel und sinke in die Arme der Bühler Höhe." (AEW: 1633 A3).

[3] S.o. Nr. 28, Anm. 11.   [4] S.o. Nr. 47, Anm. 7.

242.

Frobenius an Wilhelm II., 3.5.1937, New York[1]

Eigenhändige Ausfertigung (auf der Rückseite eines Briefbogens des Ritz-Carlton Hotels):
A   AEW: 1633 F4f.

Euerer Majestät

hiermit ein Gruss aus dem dritten Erdteil.

Frobenius

---

[1] Frobenius war zu einer Vortrags- und Werbereise in den Vereinigten Staaten. Ihren Höhepunkt stellte die Felsbildausstellung im New Yorker Museum of Modern Art dar, der einige Werke zeitgenössischer Künstler (u.a. Klee, Miró und Arp) beigesellt waren. Die Karte ist auf den 3. April datiert, an dem Frobenius aber noch nicht in New York eingetroffen war.

243.

Wilhelm II. an Frobenius, 21.5.1937, Doorn, „Brieftelegramm"

Maschinenschriftliche Ausfertigung:
A   FI: LF 617/48
Durchschlag der maschinenschriftlichen Ausfertigung:
D   AEW: 1633 F4

Ich danke Ihnen, Meine liebe Exzellenz, für die freundliche Uebersendung des Katalogs Ihrer New Yorker Ausstellung[1] und heisse Sie bei Ihrer Heimkehr herzlich willkommen! Es freute mich, einem Brief des Mr. Fox[2] entnehmen zu können, dass Sie von Ihrem Aufenthalt in Amerika befriedigt sind. Viele Grüsse von der Kaiserin und Mir und alles Gute für Ihre weiteren Unternehmungen! Bleiben Sie gesund!
Inschallah![3]

Wilhelm
I.R.

---

[1] S.o. Nr. 242, Anm. 1.

[2] Frobenius' Mitarbeiter Fox hatte am 4. Mai an Graf Schwerin geschrieben: „Herr Geheimrat Frobenius lässt grüssen und berichten[,] dass es ihm gut geht (er wohnt im Ritz-Carleton[!] Hotel als Gast des freundlichen Autofabrikanten Herrn Chrysler), dass die Ausstellung im Museum of Modern Art glänzend ist, und dass er Erfolge hat. Am 15. Mai fährt er wieder nach Deutschland mit dem Dampfer „Hamburg". Gestern habe ich mich[!] erlaubt[,] einen Katalog unserer Ausstellung an Seiner[!] Majestät schicken zu lassen. Amerika imponiert den[!] Chef kolossal, und er ist von den Amerikanern (erfreulicherweise) wirklich geliebt. Jeder hat ihn gerne, jeder ladet[!] ihn ein[,] und jeder will seine Vorträge hören." (AEW: 1633 E8–F1).

[3] S.o. Nr. 47, Anm. 7.

244.

Frobenius an Wilhelm II., 2.6.1937, [Frankfurt am Main]

Maschinenschriftliche Ausfertigung:
A   AEW: 1633 G2

Euer Majestät!

Der Stein läuft durch die verschiedenen Wasser- und Erdräume der westlichen Hemisphäre. Für einen Augenblick scheint er in der Luft in Frankfurt stehen zu bleiben, aber das ist ein Irrtum. Seinem Wesen gemäß saust der Stein schon wieder nach Rom, nach Lissabon, nach Wien usw. usw.

Euer Majestät muß ich doch sagen, daß ich manchmal im Innern das Gefühl habe zu merken, wie das ist, wenn man müde ist. Aber wenn der Stein auch fliegt, wird er sich doch nicht abhalten lassen, seiner normalen Schicksalsbestimmung zu folgen. Auch während des Fliegens wirkt in seinem Innern die Aufgabe weiter: Die DAG wird ihre Arbeit rechtzeitig empfangen.[1]

Es ist mir ein Bedürfnis, Euer Majestät die Hand küssen zu dürfen und in kurzer Reisefolgen[!] von Mitteleuropa sowohl mich zu melden zur Ankunft wie zur Abreise.

[gez.] Frobenius

---

[1] Für die „Jubiläumssitzung" sollte Frobenius aus einer Datensammlung Schwerins einen Entwurf für einen Vortrag Wilhelms über die Geschichte der DAG anfertigen (Schwerin an Frobenius, 19.1.1937, FI: LF 605/92f., Abschriften in AEW: 1633 C3 und 1630 D6f.; Frobenius an Schwerin, 7.9.1937, FI: LF 604/72; Schwerin an Frobenius, 8.9.1937, FI: LF 605/109). S.a. Nr. 239, Anm. 3 und Nr. 247.

245.

Wilhelm II. an Frobenius, 5.6.1937, Doorn

Handschriftliches Konzept Schwerins:
K   AEW: 1633 G3
Maschinenschriftliche Abschrift:
U   AEW: 1633 A8

Antworten (Bildkarte)

Ein „Stein im Flug"[1]?
Ist das kein Trug?
Eine fliegende Flunder
Wär' ein kleineres Wunder!
Doch sei's [a]Fisch[a] oder Mineral,
Das ist schließlich egal,
Wenn <u>Kulturgeist</u> [b]drin[b] lebt,
steigend zur Sonne schwebt!
So wünsch' ich in jeder Weise
Glück und Heil zur luftigen Reise!

Inschallah![2]

---

[a] *In K von Schwerins Hand statt* Stein   [b] *In K von Schwerins Hand statt* darin

---

[1] S.o. Nr. 244.   [2] S.o. Nr. 47, Anm. 7.

246.

Wilhelm II. an Frobenius, 29.6.1937, Doorn, „Brieftelegramm"

Durchschlag der maschinenschriftlichen Ausfertigung:
D   AEW: 1633 B1

Ich sende Ihnen, Meine liebe Exzellenz, gleichzeitig im Namen der Kaiserin Unsere herzlichen Glückwünsche zu Ihrem Geburtstage und zur Einweihung Ihrer neuen Wirkungsstätte in Frankfurt.[1] Aufreibende Mühe und Arbeit liegen hinter Ihnen und erwarten Sie unvermindert im neuen Lebensjahr, möge reichlich Erfolg auch in Zukunft Ihr Lohn sein! Gott erhalte Ihnen Ihre Leistungskraft und Schaffensfreude! Der diesjährigen Jubiläumstagung Meiner D.A.G.[2] sehe Ich schon jetzt mit lebhafter Erwartung entgegen und bin überzeugt, dass auch diesmal unsere gemeinsame Forschungsarbeit das Dunkel der Vorzeit mit hellen Strahlen durchleuchten wird!

Inschallah![3]

---

[1] An diesem Tag, seinem 64. Geburtstag, weihte Frobenius zusätzliche Räume seines Instituts im Frankfurter Bürgerspital ein.

[2] S.o. Nr. 238, Anm. 2.   [3] S.o. Nr. 47, Anm. 7.

247.

Frobenius an Wilhelm II., 9.9.1937, Biganzolo

Durchschrift der eigenhändigen Ausfertigung:
D   FI: LF 613/64–66

Euer Majestät
haben mir vor einiger Zeit das kleine Buch von Paul Schmitz[1] zusenden lassen und dadurch die Möglichkeit gegeben, aus einem grösseren Gebiete vereinzeltes Wissen unter bestimmte Gesichtspunkte zu bringen. Hiermit allerschönsten Dank für eine eindrucksvolle Gabe. Im Oktober wird Gelegenheit sein[,] hierauf zurückzukommen.[2] –

Heute sei mir gestattet[,] den Vorschlag zu einem einleitenden Gedanken des Inhaltes der 12½ Jahre Doorner Arbeitsgemeinschaft[3] vorzulegen. Bei der Ausarbeitung

---

[1] Paul Schmitz-Kairo, Neubau der arabischen Welt, Bern/Leipzig/Wien 1937. Frobenius hatte dieses Buch mit Schreiben Hofmarschall Dommes' vom 9.8.1937 erhalten (FI: LF 603b/20).

[2] S.o. Nr. 238, Anm. 2.

[3] Frobenius hatte den Vortrag entworfen, mit dem Wilhelm am 28. Oktober, die Jubiläumstagung der DAG eröffnend, deren Geschichte und Ziele umriß (s.o. Nr. 244, Anm. 1). Eine Abschrift dieses Entwurfs mit Anmerkungen Schwerins findet sich in AEW: 1714 A5–C2, ein Typoskript des von Wilhelm gehaltenen Vortrags mit wenigen eigenhändigen Änderungen in AEW: 1714 G3 – 1715 A6.

herrschte das Bestreben[,] über das Einzelne und Kleine hinweg einen grösseren[a] höheren Gedankengang zum Ausdruck zu bringen, wie er Euer Majestät würdig ist.

Die „schönen Tage von Aranjuez"[4] sind nun wieder vorüber. Sie wurden nur in diesem Jahre vergällt durch die Handlung[,] durch[!] übermässiges Streben und entsprechenden Ehrgeiz erweckte[b] Untreue des Dr. Altheim, der sich am ganzen Institut vergangen hat. – Hilft nichts! Auch da muss man hindurch.

Desto erfreulicher ist[,] was meine Kameraden aus Holländisch[-]Indien[5] ausführen und unter Dr. Rhotert die verschiedenen Gruppen in Italien[6] etc[.] –

Nun gehts[!] heim. Unser nächstes erfreuliches Reiseziel heisst Doorn.

Ich bitte um die Genehmigung[,] Ihrer Majestät die Hand küssen zu dürfen.

Frobenius

---

[a] *Ae:* G
[b] *Ae:* Untreue

---

[4] S.o. Nr. 130, Anm. 1.
[5] S.o. Nr. 233, Anm. 2.
[6] 1937 nahmen Mitarbeiter des Instituts im nördlich Brescias gelegenen Val Camonica und den Seealpen Felsbilder auf, während gleichzeitig im damals italienischen Istrien Bauformen untersucht wurden.

248.

Wilhelm II. an Frobenius, 13.9.1937, Doorn

Maschinenschriftliche Ausfertigung:
A   FI: LF 617/49

Herzlichen Dank, Meine liebe Exzellenz, fuer Ihren freundlichen Brief[1] und die geistvolle Ausarbeitung, die Sie, allen Widrigkeiten zum Trotz, unter Ihren Palmen vollendet und Mir nun zur Verfuegung gestellt haben. Ich glaube, dass man Inhalt und Ziel unseres gemeinsamen D.A.G.-Wirkens nicht schoener und klarer zusammenfassen konnte, als es Ihnen gelungen ist. Die Problemstellung, zu der wir in unserer 12½ jaehriger[!] Arbeit gelangt sind, haben Sie in einer,[!] auch fuer weitere Kreise ueberzeugenden Weise praezisiert und damit eine Grundlage geschaffen fuer unser weiteres Forschen und Streben. Ich freue Mich schon sehr auf unsere demnaechstige Tagung[2] und besonders auf das Wiedersehen mit Ihnen und Ihrer Gattin! – Die Kaiserin hat ihre schwere Operation ueberwunden und befindet sich auf dem Wege langsamer Genesung:

Inschallah![3]

[gez.] Wilhelm
I.R.

---

[1] Nr. 247.
[2] S.o. Nr. 238, Anm. 2.
[3] S.o. Nr. 47, Anm. 7.

249.

Wilhelm II. an Frobenius, 5.11.1937, Doorn, „Brieftelegramm"

Maschinenschriftliche Ausfertigung:
A   FI: LF 617/50

Vielen Dank, Meine liebe Exzellenz, fuer die treuen Wuensche zu Unserem Vermaeh-lungstage[1]. Wir koennen ihn mit Dank gegen Gott begehen. – Ich zehre noch von den genussreichen Tagen, die Ich in Ihrem und Ihrer Kollegen Kreise verleben konnte[2]. – Ihnen und Ihrer Gattin herzlichste Gruesse von der Kaiserin und Mir! [a]Meine Gattin ist mir von Gott wiedergeschenkt!

Inshallah![3a]

Wilhelm
I.R.

---

[a] *Ae*

---

[1] Wilhelms Schreiben stammt von seinem 15. Hochzeitstag.
[2] S.o. Nr. 238, Anm. 2.   [3] S.o. Nr. 47, Anm. 7.

250.

Wilhelm II. an Frobenius, 19.11.1937, Doorn, „Brieftelegramm"

Maschinenschriftliche Ausfertigung:
A   FI: LF 617/51

Meine liebe Exzellenz! Fuer das erinnerungsreiche Album mit den wohlgelungenen pho-tographischen Aufnahmen von der diesjaehrigen Tagung unserer D.A.G.[1] sage Ich Ihnen und allen Kameraden, in deren Namen Sie es Mir ueberreichten, Meinen besten Dank! Besonderer Dank gebuehrt dem Kuenstler, der diese prachtvollen Bilder aus seinem Apparat hervorzauberte! – Die Kaiserin und Ich wuenschen Ihnen einen vollen Erfolg

---

[1] Frobenius hatte Wilhelm wie im Vorjahr (s.o. Nr. 241) ein Album mit Photographien geschenkt, die Jensen bei der Jahrestagung der DAG (s.o. Nr. 238, Anm. 2) aufgenommen hatte.

fuer Ihre bevorstehende Kur in Koenigstein und senden Ihnen und Ihrer Gattin Unsere herzlichsten Gruesse! [a]„Berufe"[2] ganz hervorragend![a]

Inschallah![3]

Wilhelm
I.R.

---

[a] *Ae*

---

[2] „Berufe" war das Rahmenthema der beabsichtigten „Festschrift" zum Jubiläum der DAG (s.a. Nr. 251 und Nr. 252). Frobenius sollte zu den Aufsätzen über einzelne Berufe ein allgemeines Schlußwort beisteuern. Auch wenn sein Text Wilhelm offenbar vorgelegen hat (s.u. Nr. 258), ließ sich das unveröffentlichte Manuskript weder in Utrecht noch in Frankfurt ermitteln.

[3] S.o. Nr. 47, Anm. 7.

251.

Frobenius an Dettlof Graf von Schwerin, 19.11.1937, Frankfurt am Main

Maschinenschriftliche Ausfertigung:
A   AEW: 1719 B6f.
Maschinenschriftliche Abschriften der Ausfertigung:
U₁   AEW: 1630 E2f.
U₂   AEW: 1630 E3f.

Sehr verehrter Herr General!

Wie ich Ihnen ja wohl beim Abschied[1] sagte, war es meine Absicht[,] sogleich einen Brief an Seine Majestät zu leiten mit der Aufrollung der Fragestellung der zukünftigen Arbeit. Leider ist aber inzwischen [a]eine Änderung[a] im ganzen[!] eingetreten, die mich doch veranlasst, eine kleine Pause ruhiger Überlegung einzufügen. Diese Pause ist entstanden durch die Nachwirkungen der kleinen Explosion, die mir in unserer Unterhaltung zustiess.

Wie Sie vermutlich gemerkt haben, war es mir sehr unangenehm, dass diese Explosion erfolgt war. Sie hatten mir gesagt, dass die Professoren bestimmte Bedenken geäussert hätten, [a]dass Sie die Professoren aufgefordert hätten,[a] mir dieselben vorzutragen und dass ich sagte, dass ich Entsprechendes nicht gehört hätte. Auch die Doktoren Jensen und Rhotert und meine Frau haben diese Dinge genau so verstanden, und das Erstaunen darüber, dass meine Kollegen mir gegenüber so wenig rücksichtsvoll gewesen

---

[a] *Fehlt in U₂*

---

[1] Frobenius und Schwerin hatten sich am 17. November in Frankfurt gesprochen.

waren, war sehr gross, meine Empörung demnach verständlich, denn es war ja ganz klar, da alle wussten[,] dass das Ganze von mir ausgegangen war, und ich ja wohl die Hauptarbeit gehabt hatte, dass eine Aenderung des Planes mit mir als erstem[!] hätte besprochen werden müssen. Es war also sehr natürlich, dass ich explodierte und meinen Kollegen Vorwürfe machte, die scharf formuliert waren, und Sie dann zum Weggehen veranlassten.

Ebenso selbstverständlich war es, dass, nachdem Sie abgefahren waren, ich mich gedrängt fühlte, meine Kollegen wegen des Ausbruches[,] der mir passiert war, um Entschuldigung zu bitten, denn[,] wenn sie auch nicht dabei gewesen waren, so waren sie doch der Grund des Grolls gewesen. Und der musste aufgehoben werden. Ich habe dementsprechend mit meinen jüngeren Kameraden wie mit den erreichbaren Professoren Lommel, Reinhardt und auch Naumann gesprochen.

Wie erstaunt war ich nun aber[,] als ich von diesen Kameraden hörte, dass ihrerseits nichts weiter erfolgt sei, als was ich ja wüsste. Ich wusste, dass Prof. Naumann auf bestimmte Schwierigkeiten, die er aber nicht überschätzte, vorbereitet war und dass Prof. Lommel gesagt hatte, er möchte nicht, dass seine Arbeit in einem Buch erscheine, das später als Refugiéliteratur bezeichnet werden könne. Die Professoren haben aber die Angelegenheit für so ᵇwenigᵇ wichtig gehalten, dass sie weiter gar nicht mehr mit mir darüber gesprochen haben. Nun aber höre ich, dass die Herren ihrerseits zu der Ueberzeugung gekommen sind, dass anderwärts die Bedenken vorliegen. Ich höre, dass die Herren gefragt worden sind, ob sie nicht als Beamte Bedenken und Befürchtungen für ihre Stellung hätten. Ich höre dies als ein Novum. Ich bemerke hierzu, dass ich jetzt mit allen deutschen Professoren der Arbeitsgemeinschaft mit Ausnahme von Professor Otto gesprochen habe, in bezug auf den aber Reinhardt meint[,] garantieren zu können, dass dieser auf einen solchen Gedanken gar nicht habe kommen können, da ja die Sache eine internationale Unternehmung sei, in[!] der sowohl Holländer, wie Ungarn und Oesterreicher[2] beteiligt seien, und dass dementsprechend eine Sicherheit gegeben sei, die rein formal die durch die Bedeutung der Arbeiten gegebene Garantie noch befestige.

Aber darüber hinaus noch höre ich nun, dass die Professoren entsetzt darüber sind, dass die Mühe, die sie sich gemacht haben (ich darf darauf hinweisen, dass es sich zum Teil um sehr bedeutende Arbeiten handelt[,] z.B. Reinhardt), jetzt umsonst sein soll und die Arbeiten nicht gedruckt werden sollen. Was diesen letzten Punkt der Drucklegung oder Nichtdrucklegung anbelangt, so möchte ich diese Frage zunächst noch zurückstellen.[3]

Denn die andere Frage ist nun sehr ernst und wird von meinen Freunden und Kollegen ebenso ernst aufgefasst wie von mir selbst:

ᵇ *U₂:* weit

---

[2] Es handelt sich jeweils um Böhl und Vollgraff, Kerényi sowie Heine-Geldern.

[3] Ursprünglich sollten einige der bei der Jubiläumssitzung der DAG (s.o. Nr. 238, Anm. 2) gehaltenen Vorträge zusammen mit Wilhelms Vortrag über das „Königtum im alten Mesopotamien" aus dem Vorjahr und weiteren Beiträgen von Mitgliedern zum Thema „Berufe" als Festschrift veröffentlicht werden. Die Arbeiten daran verliefen jedoch zäh, wie man in den entsprechenden Doorner Akten (AEW: 1716–1719) verfolgen kann, und schließlich wurde auf die Publikation verzichtet, da man Nachteile für die beteiligten deutschen Professoren befürchtete (s.a. Nr. 252).

Es ist die Frage, ob wir dort irgendwie Befürchtungen erwecken, ob in Doorn selbst Befürchtungen vorhanden sind. Es versteht sich ganz von selbst, dass keiner von uns irgendwie daran denkt, etwas anderes mit der ganzen Unternehmung zu wollen als Förderung seiner Wissenschaft und gleichzeitig verbunden damit einen Beitrag zu liefern zur Erhaltung eines Kulturniveaus, wie es eben diese Zusammensetzung der Professoren darstellt. Wir wollen damit Freude bereiten uns und dem hohen Gastgeber, der uns zusammenführt.

Mein hochverehrter Herr General! Wir bitten herzlichst darum uns mitzuteilen, welches nach dieser Richtung die Stellungnahme dort im Hause ist. Sie werden es verstehen, dass wir als eine geheime Organisation, der die Welt nicht in die Augen sehen soll, nicht bestehen können.

Immer wieder mache ich die gleiche Beobachtung, dass stets einförmige, durch gutes Wetter ausgezeichnete Landschaften geschmacklose Früchte hervorbringen. Zur Produktion wertvoller Dinge gehören Erschütterungen. Nur, wo Hitze im Sommer und Frost im Winter sind, kann der Apfel seine edelste Gestalt erreichen. Nun haben wir auch etwas Kälte gehabt und einen Wettersturz. Möge er dem Ganzen zum Segen gereichen.

Mit herzlichen Grüssen
in Verehrung
(gez.) Frobenius

252.

Dettlof Graf von Schwerin an Frobenius, 22.11.1937, Doorn

Durchschlag der maschinenschriftlichen Ausfertigung:
D   AEW: 1719 B3–B5[1]

Sehr verehrter Herr Geheimrat! [a](Frobenius)[a]

Ihr frdl. Brief vom 19.d.M.[2] gibt mir erwuenschten Anlass, zur Frage der Druckveroeffentlichung der D.A.G-Festschrift ausfuehrlich Stellung zu nehmen. Die Ursache zu den bestehenden Differenzen liegt m.E. darin, dass die Moeglichkeit zur Herausgabe der Schrift von Anfang an nicht genuegend geprueft war. Der in der letzten Nachtsitzung der vorjaehrigen Tagung zu stande[!] gekommene „Beschluss" wurde mir Sonntag frueh[3] beim Morgenkaffee von Ihnen mit wenigen Worten bekannt gegeben; die Hausandacht

---

[a] *Dx*

---

[1] Eine als „Abschrift" gekennzeichnete, jedoch deutlich gekürzte Fassung befindet sich in AEW: 1630 B6f.

[2] Nr. 251.

[3] Sonntag, der 31. Oktober, war der letzte Tag der Jubiläumstagung der Doorner Arbeitsgemeinschaft gewesen.

schloss sich an, und lediglich waehrend ich nachher unseren hohen Vorsitzenden vom Haus nach der Orangerie begleitete, fand ich Gelegenheit, ihm ganz hastig die nachts „beschlossene" Herstellung und Herausgabe einer Jubilaeums-Festschrift vorzutragen. Dabei habe ich meine Bedenken nicht geaeussert, um nicht zum Schluss der Tagung die gluecklich gewahrte Harmonie zu stoeren. So hat S.M. dann in der Schluss-Sitzung, ohne dass eine Diskussion stattfand oder naehere Erlaeuterungen gegeben wurden, dem Gesamtplan zugestimmt. Ich selbst war allerdings bei der mir zugedachten Ueberraschung ziemlich erschrocken. Sie hatten vorher nichts mit mir besprochen, trotzdem ich doch bei der praktischen Ausfuehrung derartiger Beschluesse eine gewisse Rolle zu spielen habe, und im besonderen auch fuer die Finanzierung gegenueber S.M. verantwortlich bin. Mein Erstaunen war um so erklaerlicher, als gerade wenige Monate vorher mit Ihrem Zutun der Grundsatz aufgestellt worden war, dass die Namen der beteiligten deutschen Professoren in der Oeffentlichkeit nicht bekannt werden duerften. Nur sich selbst nahmen Sie – tapfer, wie immer – von dieser Vorsichtsmaßnahme aus[4].

In Befolgung dieses Grundsatzes hatte ich in den der vorjaehrigen Tagung vorausgehenden Monaten – und ebenso in diesem Jahre – mir und meinem Buero große Muehe dadurch gemacht, dass ein direkter Schriftwechsel zwischen Doorn und den deutschen Professoren vermieden werden sollte. Wenn ich nicht irre, war mir von Ihnen selbst gelegentlich eines Beisammenseins gesagt worden, es bestehe die Moeglichkeit, dass die Vorschrift, die eine vorherige Anmeldung der Teilnahme an auslaendischen Konferenzen forderte, auch auf die Mitglieder der D.A.G. (ausgenommen Sie selbst) Anwendung finden und zu unnoetigen Komplikationen fuehren koenne. Dementsprechend haben Sie auch in der von Ihnen aufgesetzten vorjaehrigen Presse-Notiz (Abschrift beigefuegt), ausser Ihrem eigenen, die Namen der deutschen Professoren fortgelassen. Mit dieser Vorsicht konnte mein buerokratisch beschraenkter Verstand nicht in Einklang bringen, dass nun die ganz private D.A.G. ploetzlich mit einer „Festschrift" an die Oeffentlichkeit treten solle. Auf meine Nachfrage wurde mir an jenem Tage (30.10.36) bestaetigt, dass keiner der Professoren Bedenken gegen die Veroeffentlichung der Festschrift geaeussert habe. Ich erklaerte mir das damit, dass sie mit dem Plan ueberrascht worden waren[,] und erwartete, dass einer oder der andere im Laufe des Jahres wohl seinen Bedenken Ausdruck geben werde. Ich selbst hatte damals keinen Anlass, ihnen in dieser Beziehung vorzugreifen, und schwieg, um – wie gesagt – keine Dissonanz in den harmonischen Schlussakkord zu bringen. Das war vielleicht ein Fehler von mir, um so mehr, als auch die etwas eilig gewaehlten Themata meine Bedenken erregten. Ich aeusserte z.B., ob denn Dr. Jensen, der gerade nach den Molukken reisen wollte, in der Lage sei, dabei auch eine Abhandlung ueber den „Schmied" zu schreiben. Sie antworteten mir aber, das ginge sehr gut! Die Tatsachen haben mir nachher Recht gegeben: die meisten Themata sind geaendert worden (Professor Boehl habe ich es ausgeredet, um Sie nicht zu erzuernen!). Das tut hier nicht viel zur Sache und soll nur zeigen, dass der ganze Plan zunaechst nur eine Improvisation war. Wir sprachen spaeter ernsthaft darueber in Frankfurt, wobei Sie es uebernahmen, an die einzelnen Professoren wegen ihrer Beitraege zu schreiben. Ich dachte, dabei wuerden dann wohl die Bedenken laut werden, – aber, wie ich jetzt sehe, es wurde alles willig angenommen. Zuletzt sprachen Sie mit mir in Bigan-

---

[4] Ähnlich schon in Nr. 223.

zolo ueber diese Angelegenheit, offenbar in der sicheren Erwartung, dass keinerlei Schwierigkeiten entstehen wuerden. Sie sagten aber, es solle gelegentlich der D.A.G.-Tagung ein <u>Beschluss</u> ueber die Veroeffentlichung der „Festschrift" herbeige-fuehrt werden, und zwar dahingehend, dass <u>ich</u> mit der Herausgabe im Auftrage der D.A.G. betraut wuerde. Ich fasste dies so auf, dass sich bei diesem Antrage eine Debatte entspinnen und hier alles „Fuer und Wider" erwogen werden wuerde, so dass ich mir vorlaeufig nicht den Kopf ueber das zu erwartende Ergebnis ^bzu^b zerbrechen brauchte. Zu einer solchen Debatte und zu einer Beschlussfassung ist es aber leider nicht gekom-men. Ich fand mich damit ab, weil nun wenigstens der Friede bis zum Schluss der Ta-gung gewahrt blieb; ich hoffte[,] bald <u>nach</u> der Tagung mich mit Ihnen ueber die Ange-legenheit aussprechen zu koennen. Dies war der Zweck meiner Reise von Berlin nach Frankfurt am 16. d.M. In Berlin hatte ich die Ueberzeugung gewonnen, dass ein offenes Hervortreten der D.A.G. zur Zeit inopportun sei: Presseberichte aus Doorn sind nach wie vor verboten (nur der „Aufrechte"[5] hat unsere diesjaehrige ganz harmlose Notiz ueber die D.A.G.-Tagung gebracht, muss aber mit Ende des Jahres sein Erscheinen so wie so[!] einstellen), ohne besondere Erlaubnis wird kein Verleger eine von Haus Doorn ausgehende Veroeffentlichung uebernehmen; die auf einen Antrag folgenden Rueckfra-gen koennen aber einzelnen Mitgliedern Schaden bringen. Die <u>Verantwortung</u> fuer die Folgen einer versuchten Veroeffentlichung liegt nicht in Frankfurt, sondern hier bei dem hohen Vorsitzenden, der die Herausgabe veranlassen und bezahlen wuerde. Nach dem Willen Seiner Majestaet sollte aber jede moegliche Schaedigung eines Mitgliedes der D.A.G. ausgeschlossen bleiben! – Das hatte ich Ihnen in Frankfurt sine ira et studio[6] muendlich vortragen wollen. Dazu ist es ja nun leider nicht gekommen, so dass ich mich so umstaendlich auf schriftlichem Wege aeussern muss.

In der Vorbesprechung, die ich am 16.d.M. in Ihrem Institut mit Dr. Jensen und Dr. Vollhardt[!] hatte[,] haben diese sich meiner Auffassung nicht angeschlossen. Ich schlug deshalb vor, wir sollten die Sache mit Ihnen gemeinsam besprechen. Darauf kam zu meiner Ueberraschung der kurze Telefonbescheid von Ihnen: „eine Besprechung sei gar nicht mehr noetig: wenn Schwierigkeiten bestaenden, muesste die Veroeffentlichung eben unterbleiben".– Das weitere wissen Sie! – Die Bedenklichkeitsaeusserungen ein-zelner Professoren haben bei mir gar nicht die Rolle gespielt, die Sie ihnen ^avielleicht^a beimessen. Die Herren stehen der politischen Lage von Haus Doorn fern und ueber-schaetzen oder unterschaetzen die Gefahren, denen sie ausgesetzt sind.[7] Die <u>Entschei-</u>

---

^b *De*

---

[5] *Der Aufrechte. Volkstümliche Blätter für Geschichte, Tradition und Leben*, eine von 1919 bis zu ihrem Verbot 1938 in Berlin erscheinende monarchistische Zeitschrift, die häufig Meldungen aus Doorn veröffentlichte.

[6] „Ohne Zorn und Eifer" (Tacitus, Annalen I 1).

[7] Am 20.6.1938 hielt Jensen in einem Protokoll über eine Besprechung mit Graf Schwerin, Lommel und Reinhardt fest: „Graf Schwerin gibt einen Brief von Naumann zur Kennt<ni>s[,] und Lommel und Reinhardt schließen sich der darin ge<äu>ßerten Auffassung, daß eine Veröffentlichung im höchsten <Gr>ade inopportun sei, an. Der Vorschlag, die Arbeiten in einem geschlossenen Bande ohne den Beitrag des Kaisers als Institutsveröffentlichung herauszugeben, wird auch als unzweckmäßig abge-lehnt. Damit keines der Mitglieder der DAG dadurch geschädigt wird, daß er eine selbständige wissen-schaftliche Arbeit abgeliefert hat, die nicht veröffentlicht wird, biete ich an, mit dem Chef in Unter-

dung muss daher bei der Stelle liegen, die die Verantwortung hat. Professor H.N.[8], der waehrend der Tagung ernste Besorgnis auesserte, hat mir uebrigens seine in Aussicht gestellte endgiltige Stellungnahme, die ich im Krankenhaus bei Berlin erwartete, nicht zukommen lassen. Statt dessen fand ich bei meiner Heimkehr, dass er inzwischen gegen seine sonstige Gepflogenheit ganz ungeniert mit unserem hohen Vorsitzenden ueber die „Schwertleite“[9] korrespondiert hat, und schliesse daraus, dass er jetzt allerdings keine Bedenken mehr hat. Da soll ein Mensch durchfinden! – Also man muss sich auf andere Grundlagen stuetzen als auf gelegentliche Aeusserungen einzelner Professoren und diese Grundlagen sind hauptsaechlich in der Tatsache gegeben, dass z. Zt. aus Haus Doorn ohne weiteres nichts veroeffentlicht werden darf! Wenn die Erlaubnis zu einer Veroeffentlichung des Kaisers allein nachgesucht wird, so werden dadurch nicht andere kompromittiert.

Sie schreiben, die Professoren seien „entsetzt“ darueber, dass ihre Muehe nicht durch Druckveroeffentlichung ihrer Arbeiten belohnt werden solle. Ich glaube, der Hauptzweck der Festschrift sollte sein, S.M. eine besondere Freude zu machen und kann versichern, dass dieser Zweck voll erreicht worden ist. Der Kaiser ist noch mit dem eingehenden Studium der einzelnen Beitraege beschaeftigt und wird wohl, wenn die Arbeit beendet ist, Seiner Freude und Seinem Dank noch besonderen Ausdruck geben! –

Augenblicklich leide ich noch unter den Nachwehen meiner Lungenentzuendung und muss das Zimmer hueten. Sobald ich wieder auf den Beinen bin, werde ich Seiner Majestaet meinen Schriftwechsel mit Ihnen vortragen und Entscheidung erbitten ueber folgende Vorschlaege:

1.) Es bleibt bei der Zuruecksstellung der Festschrift, bis bei der naechsten Tagung der D.A.G. je nach der derzeitigen Lage ein Beschluss ueber die eventuelle Veroeffentlichung gefasst und vom hohen Vorsitzenden genehmigt ist.

2.) Herren, die schon vorher eine Veroeffentlichung ihrer Beitraege wuenschen, werden diese Beitraege – nach Abschriftnahme fuer die „Festschrift“ – zur Verfuegung gestellt. Dieses gilt auch fuer den vorjaehrigen Vortrag Seiner Majestaet ueber „Das Koenigtum im Alten[!] Mesopotamien“; ich hoffe, dass dieser Vortrag von W. de Gruyter nach Anfrage bei der zustaendigen Stelle in Verlag genommen wird.[10] Fuer die „Festschrift“ bleibt dann immer noch der diesjaehrige Vortrag des Kaisers als „Einleitung“.

3.) Bei der naechsten Tagung ist klarzustellen, dass die D.A.G. eine reine Privatgesellschaft ist (nicht[,] wie Sie schreiben[,] eine geheime Organisation, was sie nicht ist und nie war!) und weiterhin entsprechende Zuruecckhaltung ueben wird. –

Dass Seine Majestaet auf den Fortbestand der D.A.G. auf ihrem hohen geistigen Niveau den allergroessten Wert legt, darueber darf kein Zweifel aufkommen. Ebenso-

---

handlung zu treten, daß wir in unseren neuen Mitteilungen (Paideuma) einzelne der Arbeiten, sofern sie in Fachzeitschhriften nicht untergebracht werden können, zu veröffentlichen. In erster Linie scheint hier die Arbeit von Prof. Lommel in Frage zu kommen.“ (FI: LF 600/5).

[8] Hans Naumann.

[9] Das für Naumann vorgesehene Aufsatzthema.

[10] Das geschah auch 1938.

wenig darueber, dass die selbstlose Mitarbeit aller Mitglieder der D.A.G. hier nur Freude und Dankbarkeit hervorruft[a], im besonderen <u>Ihre leitende Taetigkeit</u>[a].

Ich schliesse meine lange Epistel mit der ausdruecklichen Erklaerung, dass ich persoenlich die von Ihnen begreiflicherweise beklagte Zurueckstellung der Festschrift fuer das einzig richtige halte, und Ihren Vorwuerfen, solange sie rein sachlich gehalten sind, gern meine Maennerbrust darbiete! Die Fehler, die ich um des lieben Friedens willen bisher vielleicht durch zu grosse Zurueckhaltung begangen habe, will ich gern wieder gut machen! –

Zunaechst wuensche ich Ihnen aber, sehr verehrter Herr Geheimrat, gute Erholung in Koenigstein, und bleibe mit meinen Empfehlungen und Gruessen [a]auch[a] an Ihre verehrte Frau Gemahlin, stets Ihr aufrichtig ergebener

gez. Graf v. Schwerin

253.

Frobenius an Wilhelm II., 24.12.1937, o. O.

Maschinenschriftliche Ausfertigung:
A   AEW: 1634 D2

Euer Majestät!

Leider bin ich in einem so erbärmlichen Zustand, daß ich mich verkriechen sollte, aber das mag ich nicht. Zum wenigsten möchte ich heute meine Glückwünsche zum Weihnachtsfest und zum Neuen Jahr vorbringen, und meine Seele insofern von einer Last befreien, als ich bekenne, daß ich bis heute noch nicht in das Fahrwasser einen[!] gemeinsamen Aufgabenstellung geraten bin. Augenscheinlich ist in der letzten Zeit zuviel über mich hinweg gegangen, und ich bin demnach etwas ausgepowert. Aber ich halte das für eine vorübergehende Erscheinung und hoffe, mit dem beginnenden Jahr etwas mehr Produktivität an den Tag legen zu können.

Inzwischen werden Euer Majestät und Ihre Majestät hoffentlich ein recht schönes Weihnachtsfest begehen und ein gesegnetes Neues Jahr anfangen. Das wünscht von ganzem, ganzem, ganzem, ganzem, ganzem, ganzem Herzen

[gez.] Frobenius

254.

Wilhelm II. an Frobenius, 28.12.1937, Doorn

Maschinenschriftliche Ausfertigung:
A   FI: LF 617/52
Durchschlag der maschinenschriftlichen Ausfertigung:
D   AEW: 1634 D3

Ich danke Ihnen, Meine liebe Exzellenz, für Ihre guten Wünsche[1], die Ich, zugleich im Namen Ihrer Majestät, erwidere. Möge sich Ihr Zustand bald so bessern, dass Sie im Neuen Jahre mit Ihrem gewohnten Elan an die Verwertung der Früchte Ihrer Forschungsarbeit herangehen, und mit vollen Segeln in das Fahrwasser der Aufgabenstellung für die D.A.G. hineinsteuern können. Die D.A.G. und ihr Präsident warten darauf, Ihnen auf dem anzugebenden Kurs zu folgen. – Möge auch im Neuen Jahr Ihnen und Ihrem Institut Glück und Erfolg treu bleiben!

Inschallah![2]

[a]Wilhelm
I.R.
Präsident der D.A.G.[a]

---

[a] *Ae*

[1] S.o. Nr. 253.   [2] S.o. Nr. 47, Anm. 7.

255.

Wilhelm II. an Frobenius, 1.2.1938, Doorn, „Brieftelegramm"

Maschinenschriftliche Ausfertigung:
A   FI: LF 617/54f.

Ihnen und dem Institut herzlichen Dank fuer die guten Wuensche zu Meinem Geburtstage[1], die Sie Mir aus Frankfurt und aus Budapest uebermittelten. Hoffentlich haben Sie sich auf Ihrer Vortragsreise nicht zu sehr angestrengt. Denken Sie an Ihre wertvolle Gesundheit!

Inschallah![2]

Wilhelm
I.R.

---

[1] Der 27. Januar war Wilhelms 79. Geburtstag gewesen.   [2] S.o. Nr. 47, Anm. 7.

256.

Frobenius an Wilhelm II., 8.3.1938, o. O.

Durchschlag der maschinenschriftlichen Ausfertigung:
A   FI: LF 599/6–8

Euer Majestät!

Peinliche Wochen einer inneren Quälerei, die sich im Laufe der letzten Zeit immer mehr gesteigert hat, li<e>gen hinter uns. Die Unannehmlichkeit, eigentlich mehr eine Unzufriedenheit, war dadurch entstanden, daß mir mehr und mehr bewußt wurde, daß das Thema, das ich seinerzeit Eurer Majestät zum Vortrag vorgeschlagen hatte,[1] doch wohl nicht recht genügen kann, weil es über eine rein monographische, lokale, engherzige Behandlung nich<t> hinweggebracht werden kann. Das wurde mir immer bewußt<er> und hat mich unzufrieden gemacht. Aber auf der anderen Seite stand die Frage, ob wir für den Augenblick ein Thema zur Verfügung haben, das nicht nur in den Dimensionen dem entspricht, was Eurer[!] Majestät würdig ist, sondern das auch schon soweit reif ist, daß es bis zum Herbst eine wenigstens gewissermaßen abschließende Gestalt zu gewinnen vermag.

Nach vielem hin und her Überlegen[!] und vielem Durchblättern der verschiedensten Dinge stellte sich die Überzeugung ein, daß es noch andere Möglichkeiten gibt, resp. geben kann, vorausgesetzt, daß uns nicht irgendein tückisches Schicksal durch die zur Verfügung stehenden Kräfte einen Strich macht. Es ist mehr und mehr deutlich geworden, daß doch die größten Gesichtspunkte betreffend das Ineinandergreifen archäologischer Dokumentation und mythologischer Vorstellung reif werden. Es zeigt sich, daß, nachdem jetzt die Grundlage der alten mythologischen Denkweise und die Bedeutung der Identifikation im Denken immer markantere Beachtung gewonnen hat, bestimmte Gesichtspunkte heute schon tatsächlich faßbar sind, die die Möglichkeit geben[,] eben diese Übereinstimmung zwischen Archäologie und Mythologie zu belegen.

Von den entsprechenden Themata sind jetzt einige bestimmter geworden, die sich zur Auswahl aufdrängen. Da ist zunächst ein Punkt, der in unseren Tagungen seit Jeremias öfter erwähnt wurde, nämlich derjenige, der die Projektion des Himmels auf die Erde erkennen läßt; die Projektion, die im römisch-etruskischen Bilde des Mundus mit cardo und decumanus[2] ihre letzte Formulierung gefunden hat; jene Projektion, die die Menschen in Babylonien ebenso gut wie in Etrurien im Bilde der Leber des Opfertieres das hübsche Schicksal erkennen läßt.[3]

Da ist auf der einen Seite die Möglichkeit gegeben, dem Weltbilde als solchem[,] von dieser Höhe aus betrachtet[,] einige Belege in Wort und Bild zuzuwenden, um dann

---

[1] S.u. Nr. 257.

[2] Die sich rechtwinklig kreuzenden Zentralachsen römischer Militärlager und Stadtgründungen.

[3] Dieser Brauch ist in Mesopotamien seit dem 3. Jahrtausend v.Chr. belegt und wurde in großen Teilen des alten Vorderen Orients und des antiken Mittelmeerraums praktiziert. Auch die moderne Forschung betont dabei die besondere Ähnlichkeit der mesopotamischen und der etruskisch-römischen Version dieser Eingeweideschau.

den einzelnen Erscheinungen des Weltbildes besondere Beachtung zukommen zu lassen. Es ist in diesem Augenblick für mich noch nicht möglich zu sagen, in welchem Punkte eine bestimmte Reife erzielt werden wird, da natürlich nur das vorgetragen werden kann, was als klare, sachliche Erkenntnis ein für allemal mit einiger Sicherheit gebucht werden kann. Aber es sind dann noch verschiedene Einzelheiten, wie der Weltberg, das Tor des Sonnengottes, wie die Geschichte der Pyramide, resp. Himmelsleiter, die sowohl eine mythologische wie archäologische Behandlung, d.h. also der Formsprache wie dem Gehaltschicksal nach, gewährt.

Indem ich Euer Majestät auf diese Möglichkeit einer Arbeitsordnung für den Sommer aufmerksam mache, bitte ich überzeugt zu sein, daß alles daran gesetzt werden würde, eine ersprießliche Grundlage vorzulegen.

Indem ich mir erlaube, bei dieser Gelegenheit noch einmal meinen herzlichsten Glückwunsch zur Verlobung des Prinzen Ludwig Ferdinand[4] auszusprechen, bitte ich um die Erlaubnis, Ihrer Majestät die Hand küssen zu dürfen.

---

[4] Prinz Louis Ferdinand, Enkel Wilhelms II. und künftiger Chef des Hauses Hohenzollern, heiratete am 2. und 4. Mai Großfürstin Kira Kirillowna von Rußland.

257.

Wilhelm II. an Frobenius, 11.3.1938, Doorn, „Brieftelegramm"

Maschinenschriftliche Ausfertigung:
A   FI: LF 601/3
Durchschläge der maxchinenschriftlichen Ausfertigung:
D₁   AEW: 1634 E6
D₂   AEW: 1634 E6

Meine liebe Exzellenz! Das ist ein erfreulicher und verlockender Gedanke, den Sie mir da unterbreiten, und Ich gehe gern auf Ihren Vorschlag ein! Die Hera von Samos kann ja in der Bedeutung, die Buschor ihr beilegt[1], ein ganz interessantes Thema sein; aber je mehr Ich darueber nachdachte, desto kuehler liess Mich dieser Stoff, der mehr auf

---

[1] Auch Schwerin atmete hörbar auf, als Frobenius nicht mehr an Wilhelms – und damit auch seiner – Arbeit über das auf die Wende des ersten vorchristlichen Jahrtausends zurückgehende samische Hera-heiligtum festhielt, in dem auch die moderne Forschung einen wesentlichen Schnittpunkt kleinasiatischer und griechischer Einflüsse sieht. Am gleichen Tag schrieb er an Frobenius: „Ihre freundlichen, an Seine Majestaet und an mich gerichteten Briefe vom 8.d.M. (Nr. 255 und FI: LF 598/8) haben mir einen schweren Druck von der Seele genommen! Seit Wochen beschaeftige ich mich mit der ,Hera von Samos', habe das Zeitungsreferat ueber Buschors Vortrag fast auswendig gelernt, habe alles mir Erreichbare ueber das Thema gelesen, habe mit Vollgraff und Andrae darueber korrespondiert und wollte gerade an Karo schreiben – da kam Ihr erloesendes Wort und befreite mich von weiterer vergeblicher Muehe. ,Vergeblich' insofern, als ich mit der Sache im Hinblick auf den vorliegenden Zweck nicht viel anzufangen wusste;" (FI: LF 598/9 und AEW: 1634 E7).

kunstgeschichtlichem als auf mythologischem und symbolischem Gebiet liegen duerfte. Die Idee, dass „in Samos der verknuepfende Ort zwischen dem Orient und dem klassischen Griechenland gefunden" sein soll, ist in dieser lokalen Einschraenkung geradezu ueberraschend, da die Ost-West-Verbindung doch laengst in ihrer breiten und tiefwirkenden Front erkannt worden ist! Dagegen hat die durch die neuen archaeologischen Entdeckungen immer klarer dokumentierte Mythologie, wie Sie wissen, stets Mein besonderes Interesse gefunden und gerade die „Projektion des Himmels auf die Erde" in ihren weitgehenden Ausstrahlungen auf die Weltbauformen, auf Pyramiden und Himmelsleiter – und schliesslich auf die schicksaldeutende Leberschau – wird Mir ein hoechst willkommenes Thema sein. Wie wuerde sich unser guter Jeremias ueber die erneute Anknuepfung an seine Ideen gefreut haben! – Ich rechne wieder auf Ihre freundliche Unterstuetzung und bin gewiss, dass sie herrliches Bildmaterial beschaffen werden! Schon jetzt danke Ich Ihnen fuer die Muehe und Sorgfalt, die Sie bei der Auswahl und Praezisierung des Themas walten lassen. Moechte Ihre Gesundheit allen Ihren Unternehmungen und Plaenen gewachsen bleiben!

Inschallah[2]

[gez.] Wilhelm
I.R.

---

[2] S.o. Nr. 47, Anm. 7.

258.

Wilhelm II. an Frobenius, 29.6.1938, Doorn, „Brieftelegramm"

Durchschläge der maschinenschriftlichen Ausfertigung:
D₁ FI: LF 601/4f.
D₂ AEW: 1630 E7f.
Handschriftliches Rohkonzept Schwerins:
K   AEW: 1635 B4f.

Ich beglueckwuensche Sie, Meine liebe Exzellenz, in Meinem und der Kaiserin Namen, gleichzeitig in Meiner Eigenschaft als Praesident der D.A.G., zur Vollendung Ihres 65. Lebensjahres und zu der damit verbundenen Feier des 40jährigen Werdens Ihres Lebenswerkes, dargestellt in dem Wirken und Bluehen des von Ihnen geschaffenen Forschungsinstituts fuer Kulturmorphologie.[1] – Getragen von dem Bewußtsein der hohen Verantwortung, die Ihnen der mit jugendlichem Feuer ergriffene Beruf der Kulturfor-

---

[1] Frobenius beging beide Feiern an diesem Tag.

schung auferlegte, und erfuellt von dem freudigen Mut zum Tragen eines „geistigen Risikos", haben Sie das Wagnis unternommen, neue Wege zu erschliessen, die nun zu einem klaren Ziel gefuehrt haben und uns weiterhin herrliche Ausblicke eroeffnen. Sie haben dies erreicht, indem Sie – hoch hinaus ueber die Schulweisheit verknoecherten Spezialistentums – die ganze Fuelle der Erscheinungen auf dem weiten Erdenrund und in der Unendlichkeit des Kosmos Ihrem gestaltenden Denken als „Substanz" zu Grunde legten und dadurch zu neuen Problemstellungen ueber das Wesen der Kultur und ihrer Wandlungen gelangten. Ihre Entdeckungen auf dem Gebiet der Praehistorie haben dem suchenden Geist einen Blick in das Dunkel grauer Vorgeschichte ermoeglicht, haben dem schauend Ahnenden und dem ahnend Schauenden den Weg gewiesen, um die Raetsel werdenden und gewordenen Menschentums ihrer Loesung naeher zu bringen. In aeltesten Dokumenten wie in den noch lebenden Resten dramatischer Gestaltung mythischer Vorstellungen fanden Sie den symbolhaften Ausdruck menschlicher Sehnsucht nach dem Ueberirdischen, im „Paideuma" fanden Sie das Goettliche in der menschlichen Brust, das im Laufe der Jahrtausende unter der wachsenden Vorherrschaft des Intellekts auf den Irrweg reinen Zweckbewusstseins abgelenkt wurde. Sie erkannten darin die hohe Mission, die Menschheit wieder auf den Weg wahrer Kultur zu weisen, ihr den Sinn fuer „Offenbarungen" wieder zu oeffnen, und sie dadurch von dem in der Maschine verkoerperten Quaelgeist unserer Zeit zu befreien! In eigener, leidenschaftlicher „Ergriffenheit" haben Sie uns „die Ergriffenheit" unserer Voreltern als die Quelle aller Kultur erkennen gelehrt; ueber diese Erkenntnis hinaus haben Sie die Rolle eines Bildners des menschlichen Geistes uebernommen im Sinne des „Videant consules"[2], das Sie als Mahnung an den Schluss Ihrer Mir gewidmeten Abhandlung ueber die „Berufe" setzten[3], als Mahnung,[!] nachzuforschen, „von wo eine Nachfuellung des sich schnell leerenden Quellbeckens der Geistigkeit zu erhoffen sei!" Moege diese Mahnung beherzigt werden von allen, die eine kulturelle Verantwortung zu tragen berufen sind.

Als Zeichen Meiner dankbaren Wertschaetzung überweise Ich Ihrem Institut zu seinem Jubilaeum eine Gabe von ethnologischer und historischer Bedeutung, ein Schmuckstueck aus dem Bereich pazifischer Kultur: die Halskette, die einst der hochseligen Kaiserin Auguste Viktoria in hoher Verehrung von der Gemahlin des Koenigs Kala Kaua von Hawai[!] dargebracht wurde. – Ich schliesse mit dem Wunsche: Gott der Herr schenke Ihnen Gesundheit und erhalte Ihnen Kraft und Willen zu weiterem, meisterhaftem, ruhmvollem Wirken!

Inschallah![4]

gez. Wilhelm I.R.

---

[2] „Videant consules ne quid res publica detrimenti capiat." (Mögen die Konsuln zusehen, daß das Gemeinwesen keinerlei Schaden nimmt.) – Der Wortlaut des senatus consultum ultimum, mit dem den römischen Konsuln vom Senat besondere Notstandsvollmachten übertragen werden.

[3] S.o. Nr. 250, Anm. 2.   [4] S.o. Nr. 47, Anm. 7.

259

Frobenius an Wilhelm II., 4.7.1938, [Frankfurt am Main]

Maschinenschriftliche Ausfertigung:
A   AEW: 1630 F7
Durchschlag der maschinenschriftlichen Ausfertigung:
D   FI: LF 601/6 und 599/20
Maschinenschriftliche Teilabschrift:
U   AEW: 1630 E6ᵃ

Euer Majestät!

Was ich in diesen Tagen[1] erleben durfte an Gaben, die die Güte der Menschheit mir zukommen ließ, an freudiger Zustimmung und Aufmunterung, an Beweisen der Anhänglichkeit usw.,[!] läßt sich nicht beschreiben. Daß ᶜich meine ersten ᵇZeilenᵇ des ᵇDankbarkeitsbedürfnisses meines Herzens nach Doorn richte, versteht sichᵇ von selbst.ᶜ

Umso drückender lastet aber auf mir das Gefühl des eigenen Nichtgenügens. Es war meine feste Absicht, das Material, daß die wissenschaftlichen Darlegungen über das Weltbild der alten Zeit nach der Istar[-]Welthöhle und dem Zikkurat-Weltberg enthält, abgeschlossen zu übersenden.[2] Das ist nicht gelungen. Die Folgen der Überanstrengungen haben sich allzu sehr bemerkbar gemacht, und ich mußte sogar froh sein, die schönen Festtage überhaupt, wenn auch nur mit halber Kraft, mitmachen zu können.[3] Das

---

ᵃ *U enthält einen Auszug des Brieftextes, in den die Marginalie Wilhelms eingefügt ist. Einleitend heißt es darüber:* Den letzten Brief schrieb Frobenius an den Kaiser [am] 4.7.1938. Zwei Monate später war er tot. Er bedankte sich in demselben für die Ehrungen und Geschenke[,] die der Kaiser ihm anlässlich seines 65. Geburtstages[,] der mit dem 40 jähr.[!] Jubiläum seines Instituts verbunden wurde, zu teil[!] hatte werden lassen. Frobenius schrieb wörtlich: *Unter der Unterschriftzeile ergänzte der unbekannte Kommentator:* (Irgendwelche höfischen Phrasen machte er bei seiner Unterschrift nie.)

ᵇ *In A von Wilhelm unterstrichen*

ᶜ *In A von Wilhelm angestrichen. Daneben seine Marginalie:* Ausdruck <u>öffentlich</u> bei den Feiern hat er der Dankbarkeit <u>nicht</u> gegeben. Mein Name ist bei all den Festen <u>verschwiegen</u> worden!!! Ohne mich hätte er keine Expedition machen, ohne meinen Schutz,[!] nicht gegen die feindliche Gelehrtenwelt sich durchsetzen können!!! Ich hätte die <u>Schirmherrschaft</u>,[!] der neugegründeten „D[eutschen] Kulturforschungsgesellschaft" *[gemeint ist die bei den Feierlichkeiten zu Frobenius' Geburtstag (s. Anm. 1) am 30. Juni 1938 gegründete „Deutsche Gesellschaft für Kulturmorphologie"]* <u>angetragen</u> bekommen sollen, um sie so mit der D.A.G. gemeinsam in „Personalunion" zu verbinden!!!

————

[1] Vom 29. Juni bis zum 1. Juli 1938 erstreckten sich die Frankfurter Feierlichkeiten zu Frobenius' 65. Geburtstag und dem vierzigjährigen Bestehen seines Instituts für Kulturmorphologie.

[2] S.o. Nr. 256; zu Ischtar s. Nr. 3, Anm. 2.

[3] Die Erholungsbedürftigkeit Frobenius' zieht sich deutlicher noch als in früheren Jahren durch die seit dem Frühjahr 1938 aus seinem Umfeld geschriebenen Briefe. Seine Frau schrieb beispielswese am 7. Mai an Schwerin: „Gleich nach dem Instituts-Jubiläum, also in den ersten Julitagen, wollen wir nach Biganzolo fahren. Das Ausruhen ist dann nach dem Arbeitstempo des Winters dringend notwendig." (AEW: 1634 G2f., hier: G3). Und der teilte Wilhelm nach einem Besuch in Frankfurt, bei dem er dessen Geburtstagsgeschenk überreicht hatte, am 18. Juni mit: „Der Geheimrat kam gestern Abend recht erschöpft mit der Eisenbahn aus Spanien (San Sebastian) zurück. Er ließ sich gleich eine heilkräftige Spritze geben und bedarf jetzt einiger Ruhe. Er empfing mich heute auf dem Ruhebett liegend; auf Mahnung seiner fürsorglichen Gattin durfte ich ihn nicht lange in Anspruch nehmen." (AEW: 1635 B7f.).

bedrückt mich tief. ᵃAber mein leitender Arzt, Professor Seyderhelm, ist ein so klug ab-wägender, sichergehender Meister seiner Kunst, daß man ihm unbedingt Folge leisten muß.

Es ist also eine Bitte um Entschuldigung, die ich dadurch nicht abzuschwächen vermag, daß ich etwa ein neues Datum verspreche.ᵃ Wir werden jetzt nach Biganzolo übersiedeln ᵃund zwar so schnell wie möglichᵃ, sobald der Arzt seine Zustimmung gibt, ᵃvoraussichtlich aber doch noch diese Wocheᵃ. Dort ᵃwerde ich dann noch eine gewisse Erholungszeit nötig haben, und dannᵃ soll das aufgeschrieben werden, was längst zu-sammengestellt ist, aber doch noch einer letzten Ordnung bedarf.

Im allgemeinen kann man wohl sagen, daß die Tage zwischen dem 29. Juni und 1. Juli für uns besonders aus dem Auslande so außerordentlich viel Anregungen, Aufmun-terungen und Zustimmungen gebracht haben, daß fast ein neues Zuverlässigkeitsgefühl die Bedeutung der Institutsarbeit betreffend eingetreten ist. Die ersten Publikationen der neuen Ära werden jetzt auch in wenigen Wochen fertig sein und nach Doorn abgehen.

Es ist ein klägliches Katzenjammergefühl, mit dem ich diese Zeilen, die solche einer freien Herzlichkeit sein sollten, in die Welt hinausgehen lasse.

Ich bitte um die Erlaubnis, Ihrer Majestät die Hand küssen zu dürfen.

[gez.] Frobenius

ᵃ *Nicht in U*

260.

Dettlof Graf von Schwerin an Editha Frobenius, 5.8.1938, Doorn

Maschinenschriftlicher Durchschlag:
D   AEW: 1635 D4f.

Verehrte liebe gnaedige Frau!

Mit meinem Dank fuer Ihren Brief ᵃvom 26.7.ᵃ¹, den ich hier bei meiner Heimkehr vorfand, verknuepfe ich als das <u>wichtigste</u>[!] den herzlichen Wunsch, dass die Erholung des stark „abgekaempften" Herrn Geheimrats inzwischen schon gut vorangegangen sein und nun weitere rasche Fortschritte machen moege! Wie schoen, dass der Um- und Aus-

---

ᵃ *In D mit blauem Buntstift unterstrichen*

---

¹ In Wilhelms Nachlaß ist ein Auszug aus diesem Brief in verschiedenen Abschriften erhalten (AEW: 1630 E4 und G1 sowie 1636 A4f.): „Nun in Bezug auf die Doorner Tagung etwas: Es ist meinem Mann von Hoher (Nazi) u. sehr wohlwollender Seite bedeutet worden, sie diesen Herbst nicht zu veranstalten, da man immer Möglichkeiten suche[,] dieser Unternehmung Ungünstiges anzuhängen. So wäre es besser, sich diesen Herbst still zu verhalten und keine Aufmerksamkeit nach Holland zu lenken. Für das Frühjahr als Termin habe die Atmosphäre sich vielleicht gebessert. Wie denken Sie, lieber Graf?"

bau Ihrer Casa sich als praktisch und angenehm erwiesen hat.[2] Natuerlich haette ich mich gern selbst davon ueberzeugt, habe aber diesmal am Ende meines abgelaufenen Urlaubs absichtlich einen Besuch in Biganzolo bei Ihnen nicht erbeten, weil ich,[!] nach allem[,] was ich gehoert hatte, annehmen musste, dass der auf's aeusserste strapazierte verehrte Jubilar zunaechst einmal absoluter Ruhe beduerfe!

Nach dem, was Sie mir schreiben, gnaedige Frau, wuerden allerdings ernste Dinge zu besprechen und zu ueberlegen sein. Auf Grund Ihrer allgemeinen Andeutung kann ich eine Verschiebung der D.A.G.-Tagung[3], zunaechst auf das kommende Fruehjahr, Seiner Majestaet noch nicht vorschlagen. Der Kaiser wird seit Monaten durch die Vorfreude auf die D.A.G. und auf seinen Vortrag, ueber dessen Ausarbeitung Ihr Herr Gemahl ihm wiederholt, zuletzt am 4.7.[4] geschrieben hat, beseelt und wuerde durch eine Verschiebung, zumal mit der von Ihnen gegebenen Begruendung, auf das schmerzlichste enttaeuscht werden. Das wollen wir ihm doch nach Moeglichkeit ersparen! Seine Majestaet wuerde durch die Begruendung besonders ueberrascht sein, weil er doch bis in die letzte Zeit hinein ein „Aergernis erregendes", oeffentliches Hervortreten der D.A.G. geflissentlich vermieden hat!

Wenn sich die Verschiebung wirklich nicht umgehen lassen sollte, so wuerde ich bitten zu ueberlegen, ob man nicht den mangelhaften Gesundheitszustand Ihres Herrn Gemahls als Grund angeben koennte: Der Arzt haette fuer die naechsten Monate jede anstrengende Unternehmung verboten – allerdings duerfte dann auch nicht gerade eine Reise nach Amerika oder nach Afrika an die Stelle der D.A.G. treten! Herr Geheimrat selbst – oder Sie, gnaedige Frau, in seinem Namen – wuerden dies dann am besten an Seine Majestaet schreiben und dabei erwaehnen, – damit die D.A.G. nicht etwa <u>ohne</u> den behinderten Geheimrat angesetzt wird – es sei erwuenscht, die Gesundung des Geheimrats abzuwarten, um die Durchfuehrung des fuer die naechste Tagung geplanten wichtigen Programms ihm persoenlich vorzubehalten; auch koenne der Vortrag fuer den Kaiser bis Ende Oktober leider noch nicht fertiggestellt werden, etc.

Zur Zeit gehen mir <u>folgende Moeglichkeiten</u> durch den Kopf:

1.) Die geaeusserten Bedenken erweisen sich als bei naeherer Pruefung nicht als stichhaltig und die D.A.G. kann, <u>wie geplant</u>, gegen Ende Oktober in der ueblichen Weise stattfinden.

2.) Die Bedenken erweisen sich als unwiderruflich[,] und es tagt Ende Oktober ein <u>Torso</u> der D.A.G., bestehend aus den auslaendischen Professoren und <u>den</u> Deutschen, die sich etwa nicht behindert fuehlen. Der Kaiser haelt vor diesem Torso und geladenen Gaesten den Lichtbildvortrag, der durch Herrn Geheimrat vorbereitet ist.

---

[2] S.o. S. 23.

[3] Die Jahrestagung der DAG fand vom 26. bis zum 30. Oktober statt. Wilhelm trug über den „Ursprung und die Anwendung des Baldachins" vor, Lommel über „die Verwünschung als Rechtsform", Kerényi über „die Geburt der Helena – Wandlungen eines kosmischen Symbols", Otto über „vorgeschichtliche Sonnengötter in Italien und Griechenland", Naumann über „Veleda und die Nymphe Egeria", Böhl über „Himmelfahrt und Höllenfahrt im alten Orient", Reinhardt über „kosmische Gottheiten in vorgriechischer Zeit" und Vollgraff über „das Kreuz als Symbol". Wilhelm, Otto und Kerényi gedachten des wenige Monate zuvor gestorbenen Frobenius (AEW: 1669 D2 – 1670 A5).

[4] Nr. 259.

Die Einschraenkung muesste dann allerdings durch die <u>tatsaechlich</u> bestehenden Bedenken begruendet werden.

3.) <u>Verschiebung</u> der D.A.G.-Tagung auf das naechste Fruehjahr; Begruendung, wie oben ausgefuehrt, durch die <u>Schonungsbeduerftigkeit</u> des Herrn Geheimrats. –

Aber ehe ich selbst zu einer dieser Moeglichkeiten eine feste Stellung nehme, waere es mir doch lieb, einen klaren Ueberblick ueber die Sachlage zu gewinnen, schon mit Ruecksicht auf die <u>weitere Zukunft</u> der D.A.G. Wuerde die Tagung im naechsten Fruehjahr moeglich sein, wenn sie in diesem Herbst ausgeschlossen ist? <u>Schriftlich</u> wird sich diese Frage kaum genuegend klaeren lassen. Da ergeben sich wieder 3 Moeglichkeiten:

a.) Wenn Sie <u>vor</u> Ende September aus Biganzolo nach <u>Deutschland</u> zurueckkehren, so koennte ich Sie noch rechtzeitig in Frankfurt oder sonstwo aufsuchen, um nach muendlicher Besprechung der Angegelegenheit die noetigen Entschluesse zu fassen.

b.) Wenn sich Ihr Aufenthalt in Biganzolo in's Ungewisse hinziehen sollte, so muesste ich noetigenfalls vor Ende September zu Ihnen <u>dorthin</u> kommen. Waehrend der naechsten Wochen, etwa bis 20. September, werde ich von hier nicht abkoemmlich sein; aber Anfang Oktober waere ja schlimmstenfalls immer noch frueh genug, um die Tagung der D.A.G. zunaechst abzusagen.

c.) Eine dritte Moeglichkeit zur Beschlussfassung wuerde vielleicht dadurch geboten, dass <u>Fraeulein Weyersberg</u>, die ja wohl in diesen Tagen nach Biganzolo reist, von Ihnen ueber die Lage genau orientiert wird und dann zur Berichterstattung nach Doorn kommt. Um den endgiltigen Beschluessen nicht vorzugreifen, koennte sie ja, auf Ihre Anregung hin, unter <u>der</u> Firma hierher eingeladen werden, dass sie das Material (Text und Bilder) zu dem Vortrage des Kaisers hierher bringen und Einzelheiten wegen der Bilder besprechen moechte. Bei dieser Gelegenheit koennte sie dann, von Ihnen mit Vollmacht versehen, zunaechst <u>mit mir</u> die Gesamtlage besprechen. –

Vorlaeufig hege ich jedoch immer noch die Hoffnung, dass sich das Unheil abwenden laesst und die D.A.G. Ende Oktober in geplanter Weise hier tagen kann! Der Kaiser hat von den Presseberichten ueber die Frankfurter Jubilaeumsfeier, soweit sie hierher gelangten, mit Interesse [b]Kenntnis genommen. Wenn er auch weiss, dass es nicht anders ging, so hat er es naturgemaess doch schmerzlich empfunden, dass er, als der einstige maechtige Protektor des damals noch umstrittenen jungen Forschers oeffentlich nicht erwaehnt werden durfte![5] Darueber[b] konnte ihm auch der freundliche Dankbrief des Jubilars vom 4.7. nicht hinweghelfen! Nun waere es doch schoen, wenn ihm wenigstens die Freude an der D.A.G. erhalten bleiben koennte, ganz so, wie es der dankbaren Treugesinnung und den Absichten des wissenschaftlichen Leiters entspricht!

---

[b] *In D mit rotem Buntstift angestrichen*

---

[5] S.o. Nr. 259, Marginalie Wilhelms in Anm. c.

An Fraeulein Weyersberg schickte ich vorgestern – ueber das Institut – einen Brief[6] und eine Anzahl sehr huebscher bebilderter Aufsaetze aus den Illustrated London News, von denen sie vielleicht einige nach Biganzolo mitbringt. Der Kaiser ist nach wie vor stets darauf bedacht, solche Aufsaetze, nachdem er sie selbst mit brennendem Interesse durchstudiert hat, moeglichst bald an den Sachverstaendigsten und Vertrauenswuerdigsten aller Kulturforscher zu senden! Ich sammele sie immer bis zu einem m.E. geeigneten Moment, um dem Adressaten nicht gerade in Zeiten hoechster Anspannung damit laestig zu fallen!

An Fraeulein Weyersberg meinen Gruss und Dank fuer ihren freundlichen Auskunftsbrief vom 2. d.M.[7] der sich mit meinem Brief vom 3. d.M. gekreuzt hat. –

Verzeihen Sie, gnaedige Frau, diese umstaendliche Epistel, die ich aber nicht schliessen will, ohne nochmals dem Herrn Gemahl, und auch Ihnen, dem Urbild zaeher Gesundheit, sowie Kindern und Enkeln von Herzen das beste Wohlergehen am schoenen Lago zu wuenschen. Sie haben mir schon so oft in schwierigen Situationen geholfen, gnaedige Frau, so dass ich auch diesmal volles Vertrauen zu Ihrer Hilfsbereitschaft und Ihrem praktischen Sinn habe. Und so verbleibe ich mit ergebenstem Handkuss

Ihr aufrichtig dankbarer

S.[c]

P.S. Gratuliere noch besonders zu den Autofahr- und Spritzfaehigkeiten, die sich in Ihrer Familie entwickelt haben!

---

[c] *In D Paraphe mit blauem Buntstift*

[6] FI: LF 598/25.   [7] AEW: 1635 C7.

261.

Wilhelm II. an Editha Frobenius, 10.8.1938, Doorn, Telegramm

Handschriftliches Konzept:
K   AEW: 1635 D6f.
Maschinenschriftliche Abschrift:
U   AEW: 1635 D6f.

Tief bewegt durch Trauernachricht vom Heimgang Ihres Gatten[1] sprechen die Kaiserin und ich Ihnen unsere herzliche Teilnahme aus. Nähere Nachrichten, auch über Trauerfeier erbeten.

Wilhelm I.R.

---

1 Am Vortag war Frobenius in Boganzolo gestorben.

262.

Wilhelm II., Nachruf auf Leo Frobenius, 12.8.1938, Doorn

Maschinenschriftliche Ausfertigung:
A   FI: LF 601/10
Maschinenschriftliches Konzept:
K   AEW: 1635 F4
Maschinenschriftliche Abschriften:
U₁   AEW: 1630 E5
U₂   AEW: 1635 D8
U₃   AEW: 1635 E1
U₄   AEW: 1637 C8

*A ist nur stark beschädigt erhalten. Die nach K ergänzten Passagen sind in spitze
Klammern gesetzt.*

ᵃN a c h r u f ᵃᵇ

ᵉ12. August 1938ᶜ

N a c h r u f   d e r   D . A . G .
(für alle ᵈMitglieder der D.A.G.ᵈ und ᵈdie Presseᵈ)ᵉ

<Ich> betraure mit Meiner D.A.G. den Verlust unseres hervor<ragendsten>
Mitgliedes, des Geheimrats Professor F r o b e n i u s . <Er war e>s, der Mir bei der
Gründung und Leitung der D.A.G. zur Seite <stand> und Meinen Zielen und Anregungen aus der Fülle seines Wissens <und s>eines Gedankenreichtums die Wege zur Verwirklichung öffnete.

<Es> waren neue Wege, die er der kulturforschenden Wissenschaft wies, <Weg>e,
die er schon als Jüngling mit frohem Wagemut beschritten hatte, <die im Ver>lauf seines arbeitsreichen Forscherlebens und seines uner<müdlichen S>trebens zu ruhmreichen
Erfolgen führten und uns herrliche <Ausblicke i>n die Zukunft der Kulturforschung
erschliessen![1] Mit <genialer Kü>hnheit hatte er es unternommen[,] – hoch hinaus über
die <Schulwe>isheit verknöcherten Spezialistentums – die ganze Fülle der ᶠ<Erschei>-
nungenᶠ auf dem weiten Erdenrund und in der Unendlichkeit des <Kosmos> seinem gestaltenden Denken als „Substanz" zu Grunde zu legen, <und wa>r dadurch zu neuen
Problemstellungen über das Wesen der Kultur <und ih>rer Wandlungen gelangt. Seine
Entdeckungen auf dem Gebiet der <Prähis>torie haben dem suchenden Geist einen

---

ᵃ *Nur in A*

ᵇ *Auf K von Schwerins Hand mit schwarzer Tinte:* <u>Entwurf</u>, *auf U₁ in Maschinenschrift:* <u>Abschrift</u>.

ᶜ *In K eigenhändige Marginalie Wilhelms mit violettem Buntstift:* Einverstanden W.   sehr gut!

ᵈ *In K mit rotem Buntstift unterstrichen*   ᵉ *Nur in K und U*

ᶠ *In K von Schwerins Hand mit schwarzer Tinte aus* Forschungen

---

[1] Die Würdigung Frobenius' ist eng an diejenige angelehnt, die Wilhelm zu dessen letztem Geburtstag
in Nr. 258 ausgesprochen hatte.

Blick in das Dunkel grauer <Vorg>eschichte ermöglicht, haben dem schauend Ahnenden und dem ahnend <Sch>auenden den Weg gewiesen, um die Rätsel werdenden und gewordenen <Mens>chentums ihrer Lösung näher zu bringen. In ältesten Dokumenten <wie in den> noch lebenden Resten[g] dramatischer Gestaltung mythischer <Vorstell>ungen fand er den symbolhaften Ausdruck menschlicher Sehnsucht <nach de>m Ueberirdischen, im „Paideuma" fand er das Göttliche in der <menschli>chen Brust, das im Laufe der Jahrtausende unter der wachsenden <Vorherrsch>aft des Intellekts auf den Irrweg reinen Zweckbewusstseins <abgelenkt w>urde. Er erkannte darin die hohe Mission, die Menschheit <wieder auf> den Weg wahrer Kultur zu weisen, ihr den Sinn für „Offen<barung>en" wieder zu öffnen, und sie dadurch von dem in der Maschine <v>erkörperten Quälgeist unserer Zeit zu befreien! In eigener, leidenschaftlicher „Ergriffenheit" hat er uns die „Ergriffenheit" unserer Voreltern als die Quelle aller Kultur erkennen gelehrt; über diese <E>rkenntnis hinaus hat er die Rolle eines Bildners des menschlichen <Gei>stes übernommen im Sinne des „Videant consules"[2], das er als Mahnung <an d>en Schluss seiner Mir gewidmeten Abhandlung über die „Berufe"[3] <setzte>, als Mahnung,[!] nachzuforschen, „von wo eine Nachfüllung des sich <schnell> leerenden Quellbeckens der Geistigkeit zu erhoffen sei!"

Diese Mahnung wollen wir, die wir eine kulturelle Verant<wortung zu> tragen berufen sind, im Gedenken an den grossen Meister der <Kulturforschu>ng beherzigen; unsere wissenschaftliche Arbeit in seinem <Geiste fortzuf>ühren, soll unser Streben und [h]Ziel[h] sein![i]

[j]WILHELM I.R.[j]

---

[g] *U₁: Ersten*

[h] *In K von Schwerins Hand mit schwarzer Tintet statt:* Beruf

[i] *In K Paraphe Schwerins mit Bleistift*

[j] *In K eigenhändig mit violettem Buntstift, in U₁:* gez. Wilhelm I.R.

---

[2] S.o. Nr. 258, Anm. 2.   [3] S.o. Nr. 250, Anm. 2.

263

Wilhelm II. an Editha Frobenius, 12.8.1938, Doorn

Maschinenschriftliche Durchschläge:
D₁   AEW: 1635 E2
D₂   AEW: 1635 F2f.
Maschinenschriftliche Abschrift:
U   AEW: 1635 E3

Es drängt mich, Ihnen und den Ihrigen nochmals[1] der Kaiserin und meine herzliche Teilnahme auszusprechen zu dem schweren Verlust, der Sie und uns alle betroffen hat! Wir bewundern aufrichtig die fabelhafte Energie, mit der der Verewigte seine schwindenden Kräfte aufgepeitscht hat, um bis zuletzt in der Fürsorge für sein Institut, im aufreibenden Dienst der Wissenschaft, zur Erfüllung der selbst gewaehlten hohen Aufgaben seine Pflicht zu tun. Wir wissen[,] wie treu und aufopfernd Sie den Gatten gepflegt und mit sorgender Liebe umgeben haben. Mit Ihnen haben wir gehofft, dass die zaehe Natur und der unbeugsame Wille des Kranken in der zur Ruhe und Erholung geschaffenen Umgebung auch diesmal sich bewaehren und zur Gesundung fuehren wuerden. Gott der Herr, der Herr des Schicksals, hat es anders beschlossen, und die Lebensaufgabe des unermüdlichen Forschers in rastloser Arbeit und im heissen Streben als erfüllt angesehen! Gross ist das Vermächtnis, dass uns der Entschlafene hinterlaesst, gross in den Ergebnissen seines Forschens und Denkens, gross in den von ihm geschaffenen wissenschaftlichen ᵃInstitutionenᵃ, gross in den neuen Problemen, deren Loesung nun der Nachwelt als verpflichtende Aufgabe zufaellt.

Ich bin stolz darauf, schon frühzeitig in dem jungen Forscher eine von hoher Genialität beseelte Willenskraft entdeckt und ihm meine weitgehende Foerderung angedeihen lassen zu haben, zu einer Zeit, als er im Kreise der Fachgelehrten missguenstig umstritten, von den zustaendigen Ressorts heftig bekaempft wurde. Es war mir nicht vergönnt, in gleicher Weise bis zu seinem Lebensende ihm ein maechtiger Schirmherr zu bleiben, aber doch konnte ich mit ihm dauernden geistigen Konnex halten, konnte an seinen Ideen und an seinen Arbeiten teilhaben, konnte vor allem mit seiner geistvollen Hilfe ueber 13 Jahre lang die Doorner Arbeitsgemeinschaft leiten und ihr einen wuerdigen Rang in der Kulturforschung unserer Zeit verschaffen. Fuer alles, was der Entschlafene mir war, fuer alles, was er mir gab, bin ich ihm von Herzen dankbar und werde es ihm bleiben. Seinerseits hatte[!] er mir oft, bis in die letzte Zeit hinein, seine treue Dankbarkeit bewiesen. Auch als die Treue zu mir nicht mehr als eine Tugend galt, hat er sich nicht gescheut, mannhafte Bekenntnisse oeffentlich abzulegen. Wenn ihm dies schliesslich im Hinblick auf seine wissenschaftlichen Ziele durch die obwaltenden Verhaeltnisse unmoeglich gemacht wurde, so weiss ich doch, dass er mir im Herzen ein treuer Freund blieb und mir seine weitere Mitarbeit zu weihen bemueht war. Und so werde ich ihm

---

ᵃ   *U:* Instituten

---

[1]   S.o. Nr. 261.

auch meinerseits allezeit in Dankbarkeit die Treue bewahren und ihn ehren, durch Fortfuehrung meiner kulturforschenden Arbeit im Gedenken an ihn und in seinem Sinne! Ich
habe meinen Fluegeladjutanten Fregattenkapitaen Freiherrn von Grancy beauftragt, in
meinem und der Kaiserin Namen nach dam Eintreffen der sterblichen Huelle des Ent-
schlafenen in Frankfurt einen Kranz am Sarge niederzulegen und Ihnen unsere herzliche
Teilnahme persoenlich auszusprechen.

Gott sei in Gnaden mit Ihnen, meine liebe Exzellenz, und mit Ihrer Familie!

[b]gez. Wilhelm I.R.[b]

---

[b] *In D_1 und D_2 gestempelt*

Verzeichnis der Dokumente

Unternehmungen der Deutschen Inner-Afrikanischen Forschungs-Expedition (DIAFE)

DIAFE I   Kongo, 1904–1906

DIAFE II   Westsudan (Mali, Burkina Faso, Togo), 1907–1909

DIAFE III   Nordwestafrika (Marokko, Algerien, Tunesien), 1910

DIAFE IV   Nigeria und Kamerun, 1910–1912

DIAFE V   Kordofan (Sudan), 1912

DIAFE VI   Sahara-Atlas (Algerien), 1912–1914

DIAFE VII   Rotes Meer (Eritrea), 1915

DIAFE VIII   Nubische Wüste (Sudan), 1926

DIAFE IX   Südafrika (Zimbabwe, Botswana, Lesotho, Moçambique, Namibia, Zambia, Republik Südafrika) und Indien, 1928–1930

DIAFE X   Fezzan (Libyen), 1932

DIAFE XI   Libysche Wüste (Libyen), 1933

DIAFE XIIa   Transjordanien und Libysche Wüste, 1934/5

DIAFE XIIb   Äthiopien, 1934/5

Register

Vorkommen nur in den Anmerkungen sind in Kursivdruck bezeichnet. Nicht aufgenommen sind der ehemalige Deutsche Kaiser Wilhelm und Leo Frobenius sowie in den Anmerkungen genannte heutige Autoren und Personen, die nicht hinreichend klar identifiziert werden konnten. Ebenfalls nicht erwähnt werden nur in Grußformeln genannte Namen. Antike Personen sind unter ihrer heute geläufigsten Bezeichnung aufgeführt.

Chamberlain, Houston Stewart (1855–1927), britisch-deutscher Schriftsteller *372*, *375*

Champlain, Samuel de (1567–1635), französischer Entdecker und Kolonialverwalter 449

Cheops, Pharao (gräzisierte Form des Namens Chufu) 178

Chephren, Pharao 178

Chiang Kai-shek (1887–1975), chinesischer Politiker und Offizier *108*

Chrysler, Walter Percy (1875–1940), amerikanischer Industrieller 23, *588*

Chrysler, Walter Percy, jr. (1909–1988), Sohn des Autofabrikanten Walter Chrysler *23*

Chufu, s. Cheops

Churchward, James (1852–1936), britischer Offizier und esoterischer Schriftsteller *79*

Cicero, Marcus Tullius (106–43 v. Chr.), römischer Politiker und Schriftsteller *165*, *420*, *465*, *546*

Clauss, Dr. Ludwig Ferdinand (1892–1974), Rassentheoretiker 55, 151, 154

Clemen, Prof. Dr. Paul (1866–1947), Kunsthistoriker, seit 1893 Provinzialkonservator der preußischen Rheinprovinz *532*, 537, 539

Cornelius Balbus d.J., Lucius (1. Jh. v. Chr.) 458

Cuno, Ruth, Wissenschaftliche Zeichnerin *433*, 455

Curtius, Prof. Dr. Ludwig (1874–1954), 1920–1929 Ordinarius für Archäologie in Heidelberg 118

Dahl, Prof. Hans (1849–1937), von Wilhelm geschätzter norwegischer Maler 398

Dart, Prof. Dr. Raymond (1893–1988), 1923–1958 Mediziner und Anthropologe an der Universität Witwatersrand 257f., 262, 264, 416

Darwin, Charles (1809–1882), britischer Naturforscher 65, 115, 323

David Kalākaua, König von Hawai'i (1836–1891) 604

De Geer, Gerard Jacob (1859–1943), schwedischer Geologe 169

Dietrich, Marlene (1901–1932), Schauspielerin *83*

Diodor (1. Jh. v. Chr.), griechischer Geschichtsschreiber *84*

Djoser, s. Zoser

Doehring, Dr. h.c. Bruno (1879–1961), seit 1914 Hof- und Domprediger in Berlin; 1930–1933 Mitglied des Reichstags (DNVP) 452

Doehring, Dr. Karl (1879–1941), Architekt, Kunsthistoriker und Siamforscher 138

Dörpfeld, Wilhelm, Prof. Dr. h.c.(1853–1940), Archäologe, 1887–1912 Erster Sekretär des Deutschen Archäologischen Instituts in Athen 23, 26f., 38, *79*, 81f., 84, 88f., 95, 118, 153, 155, 217, 315f., 319, 340, 342, *384*, 480, 517, 521, 548

Dommes, Wilhelm (Ernst Julius) von (1867–1959), Generalleutnant a.D., Hofmarschall und ehemaliger Generaladjutant Wilhelms II., seit 1933 „Generalbevollmächtigter des Königlichen Hauses" 29, 30, 96–99, *101*, *363*, *420*, *452*, *496*, 497, 503, *590*

Driesch, Prof. Dr. Hans (1867–1941), 1921–1933 Ordinarius für Philosophie in Leipzig *381*

Duhn, Prof. Dr. Friedrich von (1851–1930), 1879–1920 Ordinarius für Archäologie in Heidelberg 71, 81, 89, 91f.

Echnaton, Pharao *305*

Eisner, Kurt (1867–1919), 1918/19 bayerischer Ministerpräsident 50

Ellil-bani (Enlil-Bani), König von Isin 318

Erman, Prof. Dr. Adolf (1854–1937), Direktor der Ägyptischen Abteilung der Kgl. Museen in Berlin 1885–1914, Ordinarius für Agyptologie an der Berliner Universität 1892–1923 81

Eulenburg und Hertefeld, Philipp Fürst zu (1847–1921), Diplomat, Vertrauter Wilhelms II. 20

Faidherbe, Louis (1818–1889), französischer Offizier und Kolonialverwalter u.a. in Algerien und im Senegal 438

Goblet d'Alviella, Eugène Comte (1846–1925), belgischer Religionshistoriker und Politiker 483, 487f.

Göring, Hermann (1893–1946), nationalsozialistischer Politiker, 1932–1945 Präsident des Reichstags, 1933 Reichsminister ohne Geschäftsbereich und Reichskommissar für das preußische Innenministerium 51, 491f.

Goethe, Johann Wolfgang von (1749–1832) *102*, 111, 122, 154, 156, 159, 244, 325, 359, 383, *502*, *528*

Goßner, Johannes Evangelista (1773–1858), Gründer der nach ihm benannten Missionsgesellschaft *366*

Graebner Prof. Dr. Robert Fritz (1877–1934), 1925–1928 Direktor des Rautenstrauch-Joest-Museums in Köln *151*, 166

Grancy-Senarclens, Alexander Freiherr von (1880–1964), Fregattenkapitän a.D., „Hofmarschall" Wilhelms *376*, 520, 526, 529, 532

Grimm, Hans (1785–1959), Schriftsteller 56

Grimme, Prof. Dr. Hubert (1864–1942), 1910–1929 Ordinarius für Semitistik in Münster 102

Gudea, König von Lagasch 340

Günther, Prof. Dr. Hans Friedrich Karl (1891–1968), Rassentheoretiker 151

Güterbock, Prof. Dr. Bruno (1858–1940), Vorstand der Deutschen Orient-Gesellschaft 416

Gutzkow, Dr. Karl (1811–1878), Schriftsteller und Publizist *217*

Haehner, Dr. Alfred (1880–1949), Leibarzt Wilhelms II. 37f., *112*

Hahn, Albert (1910–1996), Wissenschaftlicher Zeichner am Institut für Kulturmorphologie *578*

Hahn, Prof. Dr. Eduard (1856–1928), Agrarethnologe und Wirtschaftsgeograph 295

Hall, Richard Nicklin (1853–1914), Ausgräber und Journalist in Südrhodesien (heute: Zimbabwe) 255

Hartz, Hans (1902–1971, Photograph *362*

Hārūn ar-Rashīd (um 763–809), Kalif 382

Hase, Dr. Hermann von (1880–1945), 1927–1938 Leiter des Verlags K.F. Koehler 25, *571*

Hassanein, Ahmed Pascha (1889–1946), ägyptischer Politiker und Entdeckungsreisender *455*

Hatschepsut, Pharaonin 102

Hayes-Holmes, s. Holmes

Hearst, Siegfried (gest. 1956), Agent der amerikanischen National Concerts and Artists Corporation 397, 404

Hegel, Georg Wilhelm Friedrich (1770–1831), Philosoph 464

Hehn, Victor Amadeus (1813–1890), Kulturhistoriker 120

Heine-Geldern, Prof. Dr. Robert (Freiherr von) (1885–1968), österreichischer Ethnologe. Mitglied der Doorner Arbeitsgemeinschaft *583*, *594*

Helberger, Heinzpeter (1912–1998), Musiker, Schwiegersohn Frobenius' *541*, 558

Helberger, Ruth-Renata s. Frobenius, Ruth-Renata

Helmholtz, Prof. Dr. Hermann Ludwig Ferdinand von (1821–1894), Physiologe und Physiker 244

Hergt, Oskar (1869–1967), 1927/8 Reichsminister der Justiz (DNVP) 124

Hermine, s. Preußen, Hermine Prinzessin von

Herodot (5. Jh. v. Chr.), griechischer Geschichtsschreiber 38, *84*, 88, 228, *437*, 438, *458*

Hertzog, James Barry Munnik (1866–1942), General, 1924–1933 Premierminister der Südafrikanischen Union, seit 1927 zugleich Außenminister 263

Herzfeld, Ernst Emil (1866–1942), 1920–1935 Ordinarius für Orientalistik an der Technischen Universität Berlin, leitete 1931 bis 1934 die von der Universität Chicago angeregten und finanzierten Ausgrabungen in Persepolis *435*, 501, 556

Hesiod (um 700 v. Chr.), griechischer Dichter *118*, 132

Junker, Prof. Dr. Hermann (1877–1962), Ägyptologe und katholischer Priester, seit 1929 Direktor des Deutschen Archäologischen Instituts in Kairo und Professor an der dortigen Universität 250

Kala Kaua, s. David Kalākaua

Kant, Immanuel (1724–1804) 156, 159

Kardorff, Siegfried von (1873–1945), 1920–1924 Reichstagsabgeordneter (seit April 1920 DVP) *130*

Karo, Prof. Dr. Georg (1872–1963), 1912–1919 und 1930–1936 Direktor der Abteilung Athen des Deutschen Archäologischen Instituts *602*

Kemal ed-Din, Prinz Hussein (1874–1932), General, ältester Sohn des Sultans Hussein Kamil von Ägypten *525*

Kerényi, Prof. Dr. Karl (1897–1973), ungarischer Altphilologe, Mitglied der Doorner Arbeitsgemeinschaft 31, *582f.*, *594*, *607*

Keudell, Walter von (1884–1973), 1927/8 Reichsminister des Inneren 124, 127, 130, 134f., 162

Keyserling, Dr. Hermann Graf (1880–1946), Kulturphilosoph 157, 159

King, Prof. Dr. Leonard W. (1869–1919), britischer Assyriologe *318*

Klee, Paul (1879–1940), Maler *587*

Kleist, Heinrich von (1777–1811), Schriftsteller *404*, *499*

Kleiweg de Zwaan, Prof. Dr. Johannes Pieter (1875–1971), Professor für Ethnologie in Amsterdam 131

Knackfuß, Hermann (1848–1915), Maler *420*

Köckritz, Arthur von (geb. 1858), Kommandeur des preußischen Leib-Garde-Husarenregiments 391

Köckritz, Frl. von, seine Tochter 391, 400

Kogge, Geheimrat, Büroleiter Wilhelms in Doorn 301

Konietzko, Julius (1886–1952), Hamburger Händler außereuopäischer Kunst 138

Koppers, Pater Prof. Dr. Wilhelm (1886–1961), österreichischer Missionar und Ethnologe 477f., 481

Krebs, Elisabeth, Wissenschaftliche Zeichnerin am Institut für Kulturmorphologie *552*

Krishna Iyengar, Dr. M.H., Direktor der Archeological Department des indischen Staats Mysore 281

Krupp von Bohlen und Halbach, Gustav (1870–1950), Industrieller 23

Kunike, Dr. Hugo (1887–1949), Ethnologe, 1927–1931 Herausgeber der Zeitschrift „Der Erdball. Illustrierte Monatsschrift für das gesamte Gebiet der Anthropologie, Länder- und Volkskunde" 400

Lactantius, Lucius Caecilius Firminianus (um 300), römischer Schriftsteller *165*

Landmann, Dr. Ludwig (1868–1945), 1924–1933 Oberbürgermeister von Frankfurt am Main (DDP) 50, 134

Lange, Rudolf (1850–1933), Japanist, Lehrer in Berlin *494*

Lehmann, Dr. Walter (1878–1939), 1921–1927 Direktor des Ethnologischen Forschungs- und Lehrinstituts des Museums für Völkerkunde in Berlin (1921–1927) 79

Leist, Dr. Erich (1892–1964), Referent im preuß. Kultusministerium 308

Lessing, Gotthold Ephraim (1729–1781), Schriftsteller *488*

Lippe, Friedrich Wilhelm Prinz zur (1890–1938), Rassentheoretiker 154, 167

Livius, Titus (ca. 59 v.Chr. – ca. 17 n.Chr.), römischer Geschichtsschreiber *420*, *458*, *546*

Lolling, Dr. Habbo Gerhard (1848–1894), Archäologe *89*

Lommel, Prof. Dr. Herman (1887–1968), 1917–1950 Ordinarius für Indogermanistik in Frankfurt am Main, Mitglied der Doorner Arbeitsgemeinschaft 29, 52, 64, *118*, 131f., 140, 155, 160, *161*, 162, 297f., *299f.*, *384*, 399, 416, *451*, *540*, *582*, 583, 594, *597f.*, *607*

Luschan, Prof. Dr. Dr., Felix von (1854–1924), österreichischer Arzt und Ethnologe, Ausgräber der aramäischen Hauptstadt Sam'al bei Sendschirli, seit 1911 an der Berliner Universität erster Inhaber eines Lehrstuhls für Völkerkunde in Deutschland 255

Luther, Dr. Martin (1483–1546) 48, 161, 431f., 462

Lutz, Joachim, 1928–1930 Wissenschaftlicher Zeichner am Institut für Kulturmorphologie *213*, 261, 267

MacIver, s. Randall-MacIver

Malan, Dr. Daniel François (1874–1959), 1924–1933 Innen-, Kultus- und Gesundheitsminister der Südafrikanischen Union 265, 310

Maništūsu, König von Akkad 319

Mann, Thomas (1875–1955), Schriftsteller *373*

Mannsfeld, Elisabeth, bis 1930 Wissenschaftliche Zeichnerin am Institut für Kulturmorphologie *203*, 261, 267

Marconi, Guglielmo Marchese (1874–1937), Erfinder der Radiotelegraphie *261*

Marr, Katharina, 1934–1949 Wissenschaftliche Zeichnerin am Institut für Kulturmorphologie *552*

Marshall, Sir John Hubert (1876–1958), 1902–1931 Generaldirektor des Indian Archeological Survey, grub in den 1920ern mit Mohenjo-Daro und Harappa die beiden bedeutendsten Städte der bis dahin unbekannten Induskultur aus *94*, 291, 341

Martialis, Marcus Valerius (40–103/4), Schriftsteller 489

Marx, Wilhelm (1863–1946), 1923/4 und 1926–1928 Reichskanzler *124*

Mauch, Karl Gottlieb (1837–1875), Hilfslehrer und Abenteurer, grub 1871/2 in den Ruinen von Great Zimbabwe 207, 255

May, Prof. Dr. Ernst (1886–1970), Architekt, 1925–1930 Stadtrat für Bauangelegenheiten in Frankfurt am Main 134

May, Karl (1842–1912), Schriftsteller *499*

Mecquenem, Roland de (1877–1957), 1913–1946 Leiter der französischen Archäologischen Mission in der persischen Susiane *435*

Mencheros, s. Mykerinos

Menes, Pharao, vereinte zu Beginn des 3. Jahrtausends v. Chr. Ober- und Unterägypten 176f., 179f., 250

Menghin, Prof. Dr. Oswald (1888–1973), Prähistoriker, 1922–1945 Ordinarius für Urgeschichte an der Wiener Universität 166

Menkaure, s. Mykerinos

Messerschmidt, Prof. Dr. Franz (1902–1945), Archäologe 549

Meyer, Prof. Dr. Eduard (1855–1930), 1902–1923 Ordinarius für Alte Geschichte in Berlin 177, 244

Michel, Max (1888–1941), 1927–1933 Stadtrat (SPD) in Frankfurt am Main *370*

Miró, Joan (1893–1983), spanischer Maler und Bildhauer *587*

Mohammed (ca. 570–632) *126*, 343, *452*

Mommsen, Prof. Dr. Theodor (1817–1903), Rechts- und Althistoriker 244

Morrell, Philipp Edward (1870–1943), britischer Politiker 405

Morrell, Lady Ottoline (1873–1938), britische Kunstförderin *405*

Mortillet, Prof. Dr. Gabriel de (1821–1898), französischer Vorgeschichtsforscher *169*

Moses 102

Much, Prof. Dr. Hans (1880–1932), Mediziner und Schriftsteller, seit 1913 Leiter des Tuberkulose-Instituts in Hamburg 408f., 415

Riemenschneider, Tilman (ca. 1460–1531), Bildhauer und -schnitzer 398

Rinckart, Martin (1586–1649), protestantischer Theologe und Schriftsteller *452*

Roeder, Dr. Josef, Ethnologe und Prähistoriker *578*

Roes, Dr. Anna (geb. 1895), niederländische Archäologin 520f.

Roger II., König von Sizilien (1095–1154) *555f.*

Roscher, Dr. Wilhelm Heinrich (1845–1923), Altphilologe 91

Rousselle, Prof. Dr. Erwin (1890–1949), Sinologe, 1931–1942 Leiter des Frankfurter China-Instituts 491

Russell, s. Rousselle

Rust, Bernhard (1883–1945), nationalsozialistischer Politiker, 1934–1945 Reichsminister für Wissenschaft, Erziehung und Volksbildung 568

Saint-Simon, Claude Henri de Rouvroy, Comte de (1760–1825), französischer Sozialphilosoph *83*

Salini, Lino (1889–1944), Karikaturist *118*

Salm-Reifferscheidt-Raitz, Elisabeth Altgräfin zu (1878–1939), geb. Prinzessin zu Fürstenberg *141*, 153, 163–165, 167, 207, 249f., 258, 371, 436, 441, 452, *456*, 481f., 484–487, 504, 507

Sarasin, Dr. Paul (1856–1929), schweizer Zoologe, Ethnologe und Prähistoriker 543, 548

Sargon, König von Akkad 319

Sarre, Prof. Dr. Friedrich (1865–1945), 1921–1931 Leiter der Islamistischen Abteilung des Kaiser-Friedrich-Museums in Berlin, Mitglied der Doorner Arbeitsgemeinschaft 399, 401, 410, 437, *451*, 468, *476*, 505, *564*

Sayce, Prof. Dr. Archibald Henry (1845–1933), Orientalist 94, 454

Scharff, Prof. Dr. Alexander (1892–1950), Ägyptologe, Kustos der Sammlung der Ägyptischen Altertümer an den Staatlichen Museen in Berlin (1922–1933), Privatdozent in Berlin (1931), anschließend Professor in München *169f.*, *173f.*, 175, *176*, 177f., *179*

Schebesta, Pater Paul, SVD (1887–1968), österreichischer Ethnologe; vor dem Ersten Weltkrieg als Missionar in Portugiesisch-Ostafrika, wo er während des Kriegs interniert wurde. Seine späteren Studien befaßten sich u.a. mit der Kultur der Pygmäen, zu denen er insgesamt vier Expeditionen (1929, 1934/5, 1949/50 und 1954) unternahm 207, 216, 223, 228, 247, 249f., 255, 363, 369

Scherbesta, s. Schebesta

Schiller, Friedrich von (1759–1805) *412*

Schleicher, Kurt von (1882–1934), General der Infanterie, 1932/3 Reichskanzler *485*, 491

Schliemann, Heinrich (1822–1890), Kaufmann und Amateurarchäologe, Ausgrabungen u.a. in Troja, Mykene, Tiryns und Orchomenos 27, *81*, 193

Schlüter, Andreas (ca. 1660–1714), Bildhauer 304

Schmettow, Eberhard Graf von (1861–1935), Generalleutnant a.D. und „Hofmarschall" *29*, *88*, 314

Schmidt, Carl Friedrich, südafrikanischer Beamter und Politiker, 1926–1929 Innenminister, 1929–1935 Controller und Auditor-General der Südafrikanischen Union 265

Schmidt, Prof. Dr. Erich (1897–1964), deutsch-amerikanischer Archäologe an der University of Chicago, unternahm Ausgrabungen in Persepolis *435*

Schmidt, Prof. Dr. Hubert (1864–1933), Professor für Prähistorische Archäologie in Berlin 181, *342*

Schmidt, Prof. Dr. Pater Wilhelm (1868–1954), Ordinarius für Ethnologie an der Wiener Universität, seit 1927 Direktor des päpstlichen Museo Missionario-Ethnologico Lateranense in Rom 66, *141*, 149–151, 153, 164–167, 416, 478, 481f., 487

Schmidt-Ott, Dr. Friedrich (1860–1956), Jurist, Politiker, Präsident der Notgemeinschaft der

Deutschen Wissenschaft (1920–1934) 22, 79, 99, 135, 243, 261, 303, 308f., 343f., 349, 356, *385*, 439f., 476, 498, 502

Schmitz-Kairo, Paul (geb. 1903), Publizist 590

Schoenaich-Carolath, Johann Georg Prinz von (1873–1920), erster Ehemann von Wilhelms späterer Ehefrau Hermine *103*

Schopenhauer, Arthur (1788–1860), Philosoph *372*

Schuchhardt, Prof. Dr. Carl (1859–1943), Archäologe und Prähistoriker, 1908–1925 Direktor der Abteilung für Vor- und Frühgeschichte des Völkerkundlichen Museums in Berlin 89, 91, 102

Schulenburg, Johann Matthias Graf von der (1661–1747), venezianischer Feldmarschall 305

Schulten, Prof. Dr. Adolf (1870–1960), Ordinarius für Alte Geschichte an der Erlanger Universität 95, 146, 151

Schultz, Prof. Dr. Franz (1877–1950), Ordinarius für Germanistik an der Frankfurter Universität *370*

Schulz, Agnes Susanne, 1923–1959 Wissenschaftliche Zeichnerin am Institut für Kulturmorphologie 203, 267, 398, *433*, 435, 501

Schwerin, (Wilhelm Moritz) Dettlof Graf von (1869–1940), Generalmajor a.D., 1930–1940 Hausmarschall Wilhelms 19, 23, *25*, 28, *29*, 30f., 52f., 66, 69, *72, 73, 100, 132, 320f.,* 337, 340, 357, 384–389, *397*, 398, *403, 409,* 417, *419, 434, 436, 441, 451,* 469–472, 475f., 479, 483, *484.,* 486, *492,* 494–496, 501, 503, 509f., 514f., *516, 520f.,* 523, *527,* 528, 530f., *532, 535, 537,* 539f., *543,* 544, *546, 548,* 549–551, 554, 557, 559, *560,* 562–564, 566–569, 571–576, 578f., 582–585, *587–590.,* 593–599, *602f.,* 605, 606–609, *611*

Schwerin von Krosigk, Johann Ludwig Graf (1887–1977), 1932–1945 Reichsminister der Finanzen 23, *486, 492*

Seekirchner, Dr. Albert (1892–1945), bis 1930 Wissenschaftlicher Mitarbeiter am Institut für Kulturmorphologie 252, 267

Sell, Ulrich Freiherr von, (1884–1945) seit 1927 Vermögensverwalter für Wilhelms Privatschatulle 22f., 31, 272, 309, 419, 427, 471, 473f., 486, 509f., *571,* 573, *576*

Seneca, Lucius Annaeus (Ende des 1. Jhs. v. Chr. – 65 n.Chr.), römischer Philosoph *394*

Senghor, Leopold Sédar (1906–2001), senegalesischer Schriftsteller und Politiker, 1960–1980 erster Präsident der Republik Senegal 13

Sesostris I., Pharao 104

Sethe, Prof. Dr. Kurt (1869–1934), seit 1923 Ordinarius für Ägyptologie in Berlin 176, *177*

Seyderhelm, Prof. Dr. Richard, Direktor der Medizinischen Klinik am Hospital zum Heiligen Geist in Frankfurt am Main 606

Shakespeare, William (1564–1616) 197

Sherbata, s. Schebesta

Siegismund, Dr. Karl (1861–1932), Geheimer Hofrat und Kommerzienrat, Verleger, 1920–1932 Geschäftsführer des Verlagsausschusses der Notgemeinschaft der Deutschen Wissenschaft 356, 400

Simon, James (1851–1932), Textilunternehmer und Mitgründer der Deutschen Orient-Gesellschaft *306*, 416

Smith, Prof. Dr. Sidney (1889–1979), britischer Assyriologe, seit 1914 Mitarbeiter des British Museum *94*

Smuts, Jan Christiaan (1870–1950), südafrikanischer Staatsmann und General, 1919–1924 und 1939–1948 Premierminister, 1924–1933 Oppositionsführer 264

Snofru (ca. 2570–2545 v. Chr.), Pharao, Begründer der 4. Dynastie und Erbauer der ersten echten Pyramiden 178

Sophia, Königin von Griechenland (1870–1932), Schwester Wilhelms 428

Sophokles (497/6–406/5 v. Chr.), griechischer Dichter *85*

Spalatin, Georg (1484–1545) Humanist und Reformator *462*

Spengler, Dr. Oswald (1880–1936), Kulturphilosoph 12, 33, 65, 121, 157, 159, 326f., *346*, 350, 398

Stanley, Prof. Dr. George Hardy (geb. 1877), in Johannesburg 256

Stanley, Henry Morton (1841–1904), amerikanischer Journalist 467

Stein, Reichsfreiherr Karl vom und zum (1757–1831), Politiker 115

Stellwag, Johan Albin (1876–1949), Pfarrer in Utrecht 345f., 348, *368*

Sthamer, Gustav Friedrich (1856–1931), 1920–1930 deutscher Botschafter in London 263, 269

Strabon (um Christi Geburt), griechischer Geschichtsschreiber und Geograph 88, *458*

Stuhlmann, Dr. Franz (1863–1928), Zoologe und Afrikaforscher 211

Suetonius Tranquillus, Gaius (um 100 n. Chr.), römischer Schriftsteller *464*, *546*

Tagore, Rabindranath (1861–1941), indischer Philosoph, Schriftsteller und Maler 416

Thiess, Dr. Frank (1890–1977), Schriftsteller 359

Thutmosis, ägyptischer Bildhauer 305

Thutmosis I., Pharao *102*

Tiling, Heinrich Sylvester (1818–1871), Botaniker und Arzt *449*

Tirpitz, Alfred von (1849–1930), Großadmiral a.D., Marineoffizier und Politiker 118

Tjarda van Starkenborgh Stachouwer, Jonkheer Alidius (1888–1978), von 1937 bis zur japanischen Besetzung Generalgouverneur Niederländisch-Indiens 584f.

Trilles, Pater Henri, CSSp (1866–1949), französischer Missionar bei denPygmäen 504, 507

Tutanchamun, Pharao 101, 193

Unger, Prof. Ernst (1889–1954), Bildhauer *391*

Ungnad, Prof. Dr. Dr. h.c. Arthur Franz Eduard (1879–1945), 1921–1930 Ordinarius für Orientalistik in Breslau 82, 88f., 92

Urra-imiti, König von Isin 318

Vauban, Sébastie le Prestre, Marquis de (1633–1707), Maréchal de France, Festungsbaumeister 487

Verweyen, Prof. S. [=?]

Verweyen, Dr. Erna Marie (geb.1885), Mitarbeiterin des Instituts für Kulturmorphologie, seit 1927 verheiratet mit Adolf E. Jensen 154, 159, 470

Victoria, Deutsche Kaiserin und Königin von Preußen, Princess Royal (1840–1901), Wilhelms Mutter 20, 26, 41, 42, 59

Viereck, George Sylvester (1884–1962), deutsch-amerikanischer Publizist 24, 107f., 117, 119, 124–128, 130, 146, 148, 153, *403*

Visser, Philips Christian (1882–1955), niederländischer Asienforscher, unternahm in den 1920ern und 1930ern mehrere Expeditionen in das Karakorumgebirge 207

Vogel, Dr. Johannes (1873–1967), seit 1912 Hofprediger in Potsdam, 1919–1933 dort Pfarrer an der Friedenskirche 345f., 348

Vollgraff, Prof. Dr. Carel Willem (1876–1967), Professor der griechischen Philologie an der Universität in Utrecht, Mitglied der Doorner Arbeitsgemeinschaft 29, 84f., 91, 118, 131f., 135, 139, 249, *302*, 315f., *319*, 338, 349, *353*, 355, *357*, 368, *385*, 399, *433*, *451*, *476*, 520, *521*, 529, *540*, 549, *582*, *594*, *602*, *607*

Vollhard, s. Volhard

Volhard, Dr. Ewald (1900–1940), 1933–1939 Wissenschaftlicher Assistent am Institut für Kulturmorphologie, Sohn Franz Volhards 597

Volhard, Prof. Dr. Franz (1872–1950), Internist, 1927–1938 und 1945–1950 Direktor der Universitätsklinik in Frankfurt am Main, Vater Ewald Volhards 432, *435*, 439, 441, 508, 550, 558

Bildtafeln

Tafel 1: Leo Frobenius in Lino Salinis Karikatur, die auch am 22. Februar 1927 in den Frankfurter Nachrichten publiziert wurde

Tafel 2a: Der Kaiser und sein Forscher: 1937 in Doorn

Tafel 2b: 1937 in Doorn: C.W. Vollgraff, Leo Frobenius, Herman Lommel und der ehemalige Kaiser

Tafel 2c: Bei der Tagung der Doorner Arbeitsgemeinschaft 1937. Die Mitglieder tragen das von Wilhelm entworfene Gorgo-Abzeichen

Tafel 3a: Wilhelm an seinem Schreibpult in Haus Doorn

Tafel 3b: 1937 in Doorn: Frobenius und
sein Mäzen

Tafel 3c: Der ehemalige Kaiser im Park von
Haus Doorn: Autogrammkarte für Angehörige
des Instituts für Kulturmorphologie

S. M. der Kaiser im Rosarium

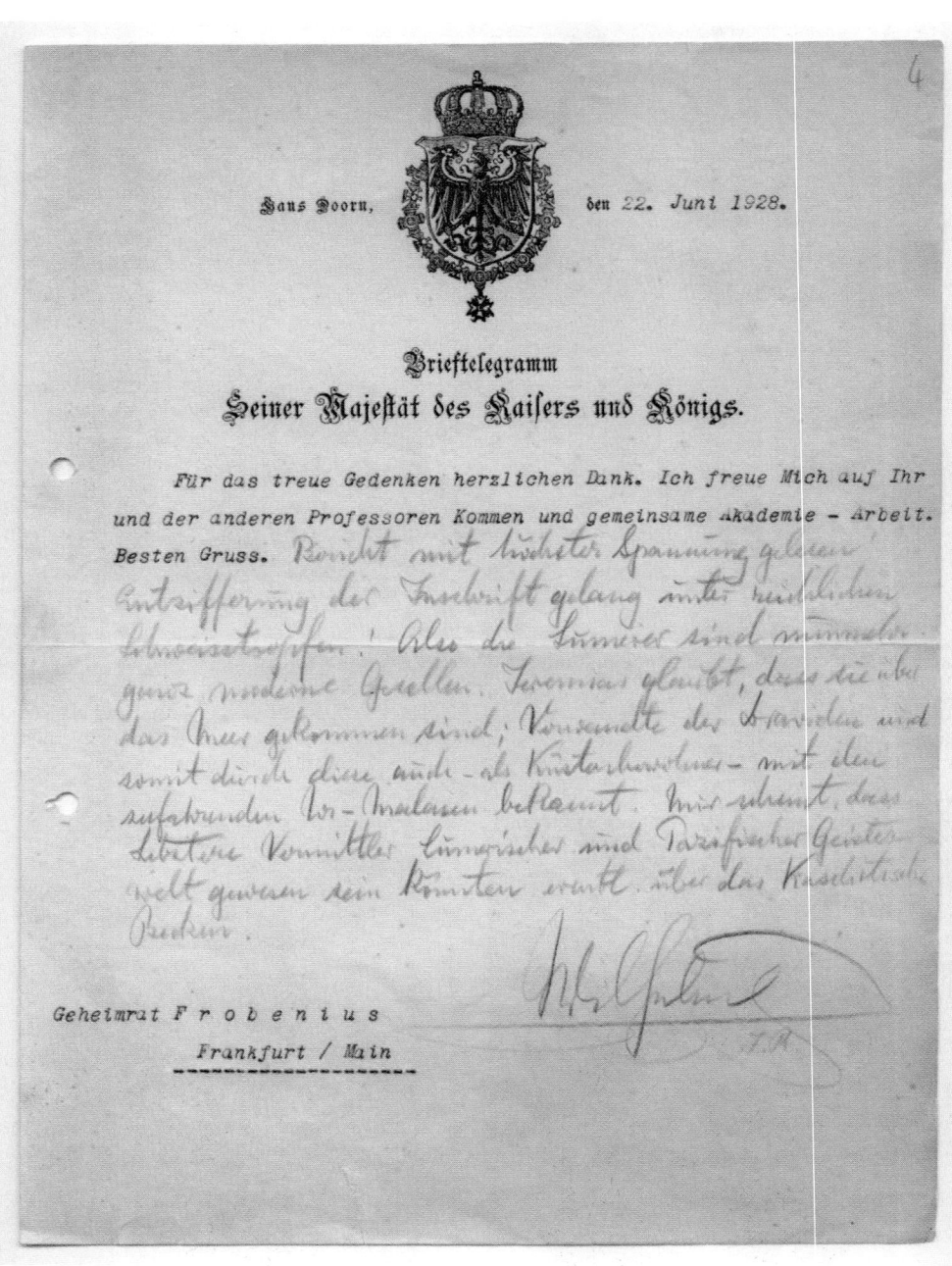

Haus Doorn, den 22. Juni 1928.

Brieftelegramm
Seiner Majestät des Kaisers und Königs.

Für das treue Gedenken herzlichen Dank. Ich freue Mich auf Ihr
und der anderen Professoren Kommen und gemeinsame Akademie - Arbeit.
Besten Gruss.

Geheimrat *F r o b e n i u s*
Frankfurt / Main

Tafel 4: Brieftelegramm Wilhelms an Frobenius vom 22. Juni 1928 (Nr. 50). Der ehemalige Monarch hielt auch im Briefkopf und der Unterschrift mit ihrem Zusatz „I.R." – für „Imperator Rex", also „Kaiser und König" – an seinem früheren Status fest. Typisch für die „Brieftelegramme" an den von ihm geförderten Forscher ist die Verbindung von gedrucktem Briefkopf, im Sekretariat mit Maschine geschriebenem Textstück und Wilhelms eigenhändiger Ergänzung

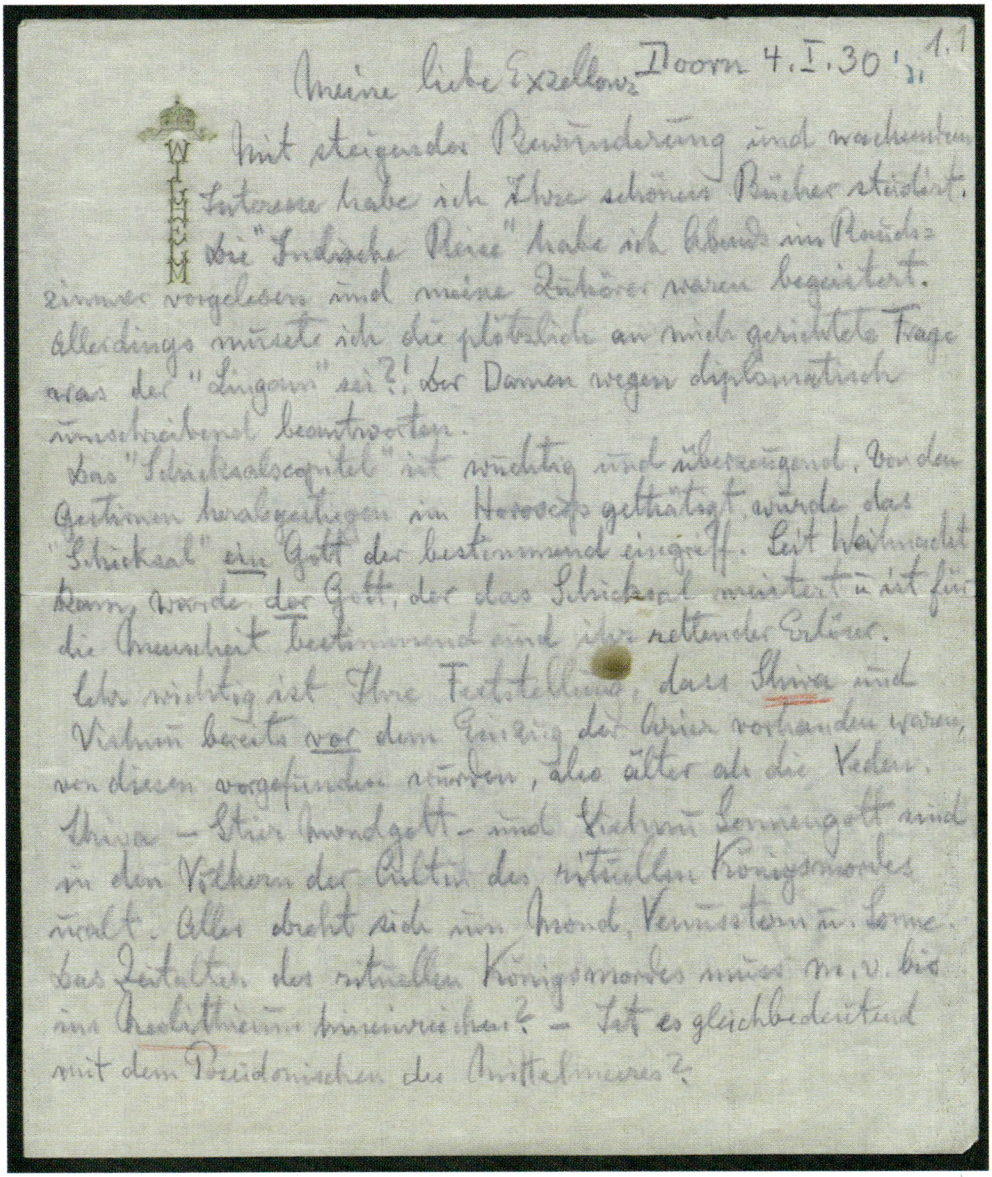

Doorn 4.I.30 '31 1.1

Meine liebe Exzellenz

WILHELM

Mit steigender Bewunderung und wachsendem Interesse habe ich Ihre schönen Bücher studiert. Die "Indische Reise" habe ich abends im Rauchzimmer vorgelesen und meine Zuhörer waren begeistert. Allerdings musste ich die plötzlich an mich gerichtete Frage was der "Lingam" sei?! der Damen wegen diplomatisch umschreibend beantworten.

Das "Schicksalscapitel" ist wichtig und überzeugend. Von den Gestirnen herabgestiegen im Horoscop gethätigt, wurde das "Schicksal" ein Gott der bestimmend eingriff. Seit Weihnacht dann, wurde der Gott, der das Schicksal meistert u. ist für die Menschheit bestimmend und ihr rettender Erlöser.

Sehr wichtig ist Ihre Feststellung, dass Shiva und Vishnu bereits vor dem Einzug der Arier vorhanden waren, von diesen vorgefunden wurden, also älter als die Veden.

Shiva – Stier Mondgott – und Vishnu Sonnengott sind in den Völkern der Cultur des rituellen Königsmordes uralt. Alles dreht sich um Mond, Venusstern u. Sonne. Das Zeitalter des rituellen Königsmordes muss m. E. bis ins Neolithicum hinaufreichen? – Ist es gleichbedeutend mit dem Poseidonischen des Mittelmeeres?

Tafel 5: Handschreiben Wilhelms an Frobenius vom 4. Januar 1931 (Nr. 93), versehentlich noch mit der alten Jahreszahl datiert

Tafel 6: „Skizze 1": „Chelléen" und „Prämoustérien" (Nr. 49)

Tafel 7: „Skizze 2": „Capsien" (Nr. 49)

Tafel 8: „Skizze 3": „Mahalbistil" (Nr. 49)

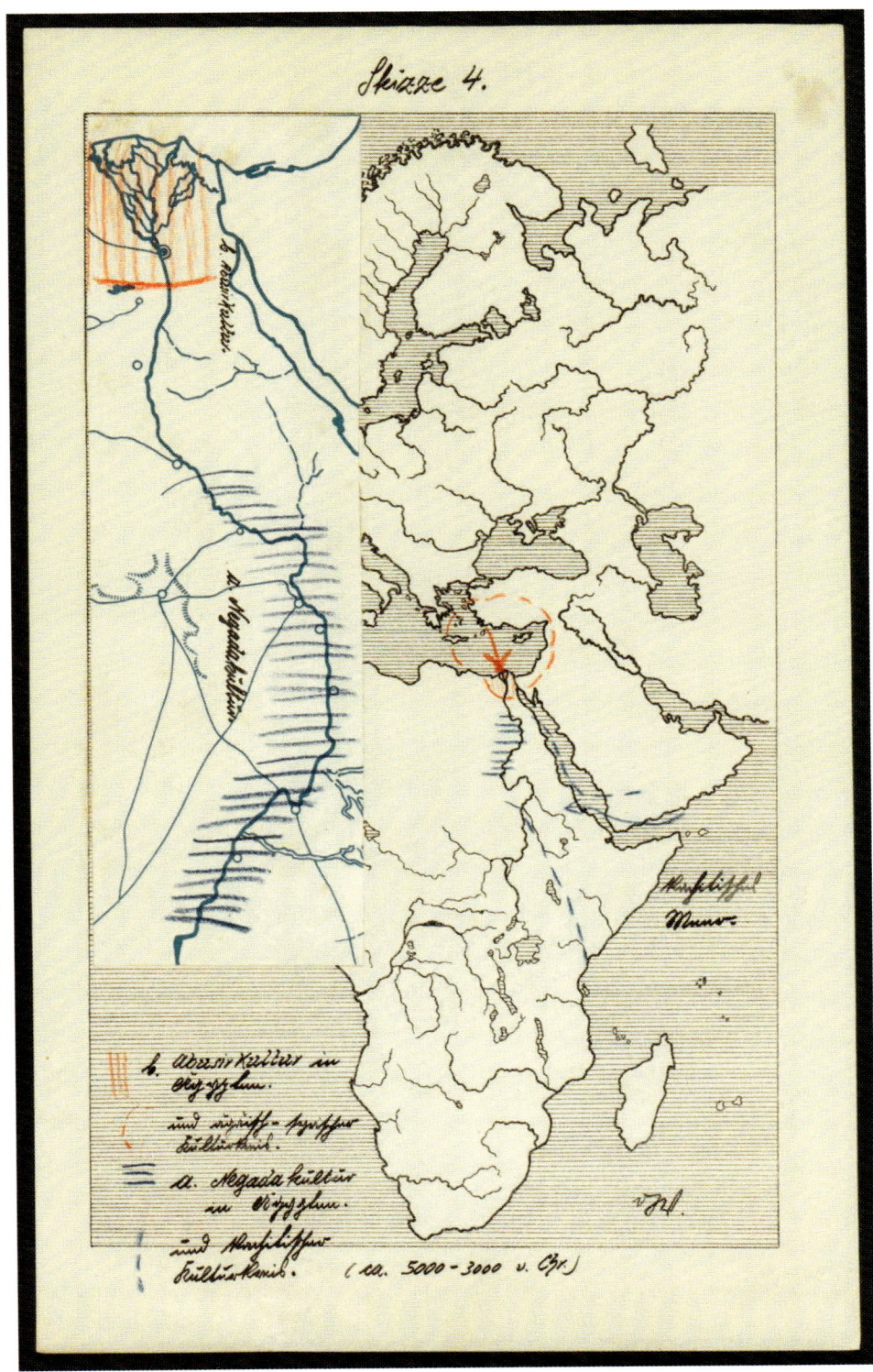

Tafel 9: „Skizze 4": „Vorgeschichtliche Kulturen" Ägyptens (Nr. 49)

Tafel 10: „Skizze 5": „Wanderung der Kupferkultur" (Nr. 49)

Tafel 11: „Skizze 6": „Ausdehnung der primär-mythologischen solaren Kultur" (Nr. 49)

Tafel 12: „Skizze 7": „Alte Keramik der vorsumerischen Zeit in Asien" (Nr. 49)

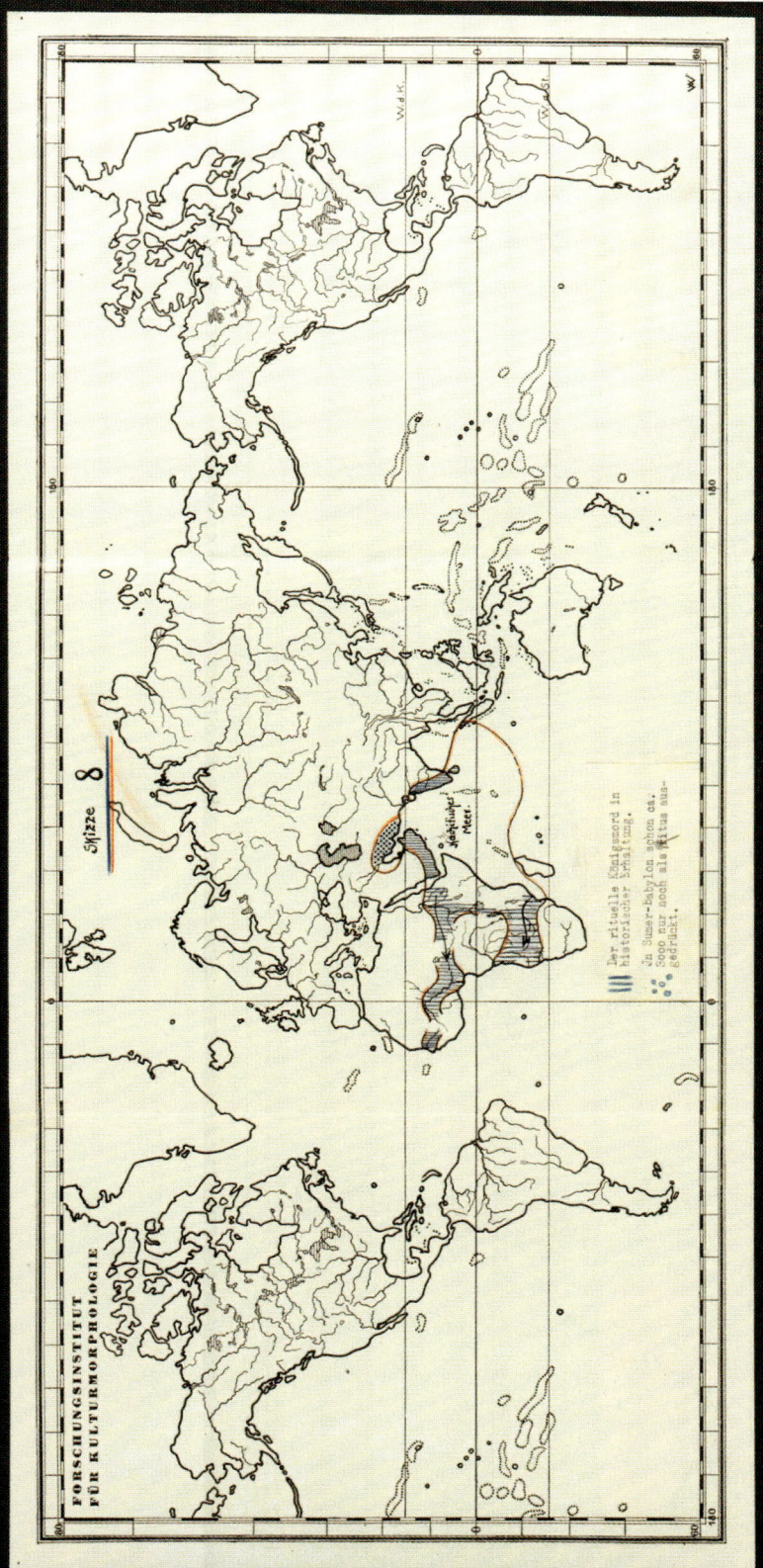

Tafel 13: „Skizze 8": „Ritueller Königsmord" (Nr. 49)

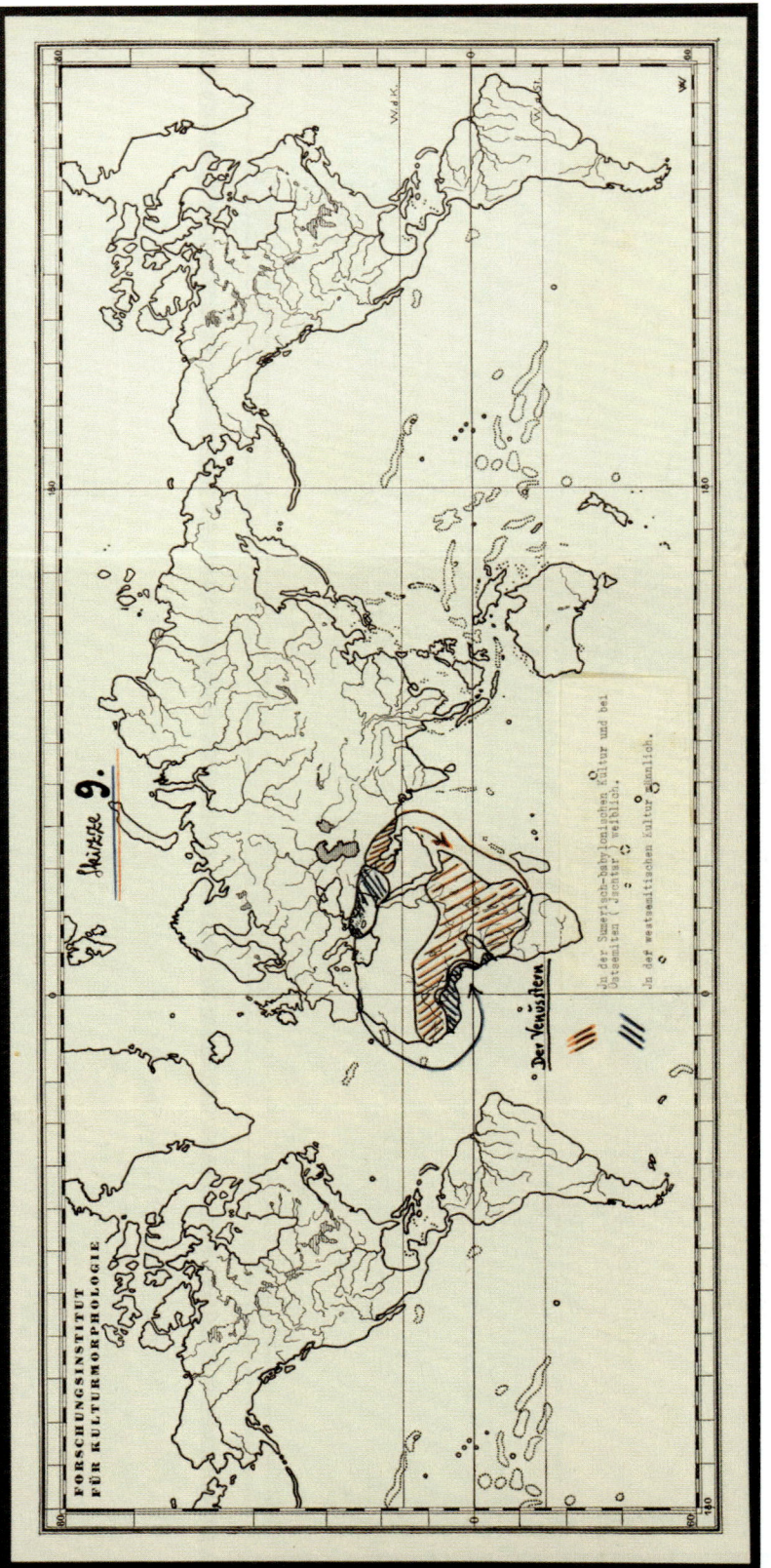

Tafel 14: „Skizze 9": „Der Venusstern" (Nr. 49)

Tafel 15: „Königstafel D". Felsgemälde bei Rusapi in Zimbabwe, 1929 von Frobenius' Begleiter Joachim Lutz vor Ort kopiert (Nr. 58)

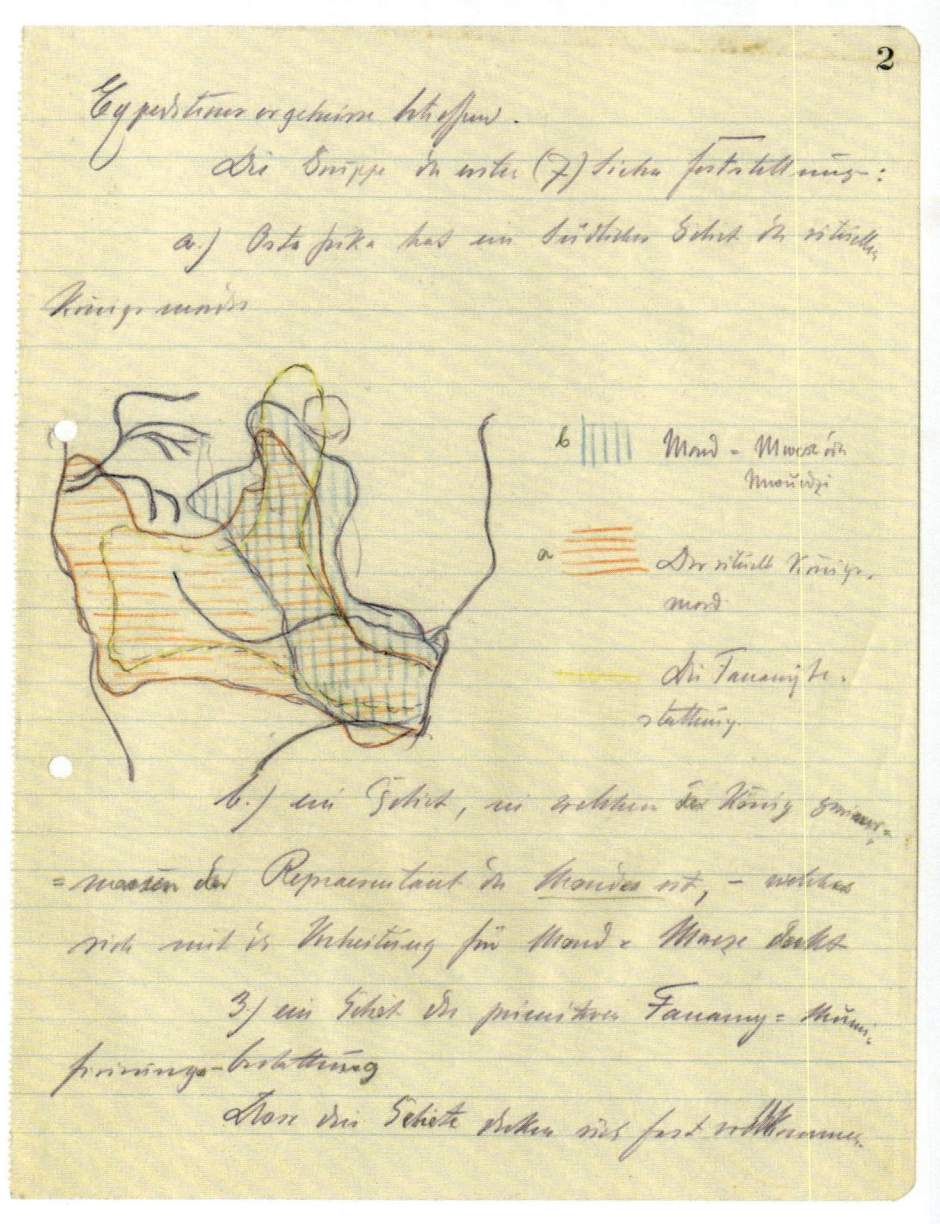

Tafel 16: „Mwesi", „Königsmord" und „Fananybestattung" (Nr. 62)

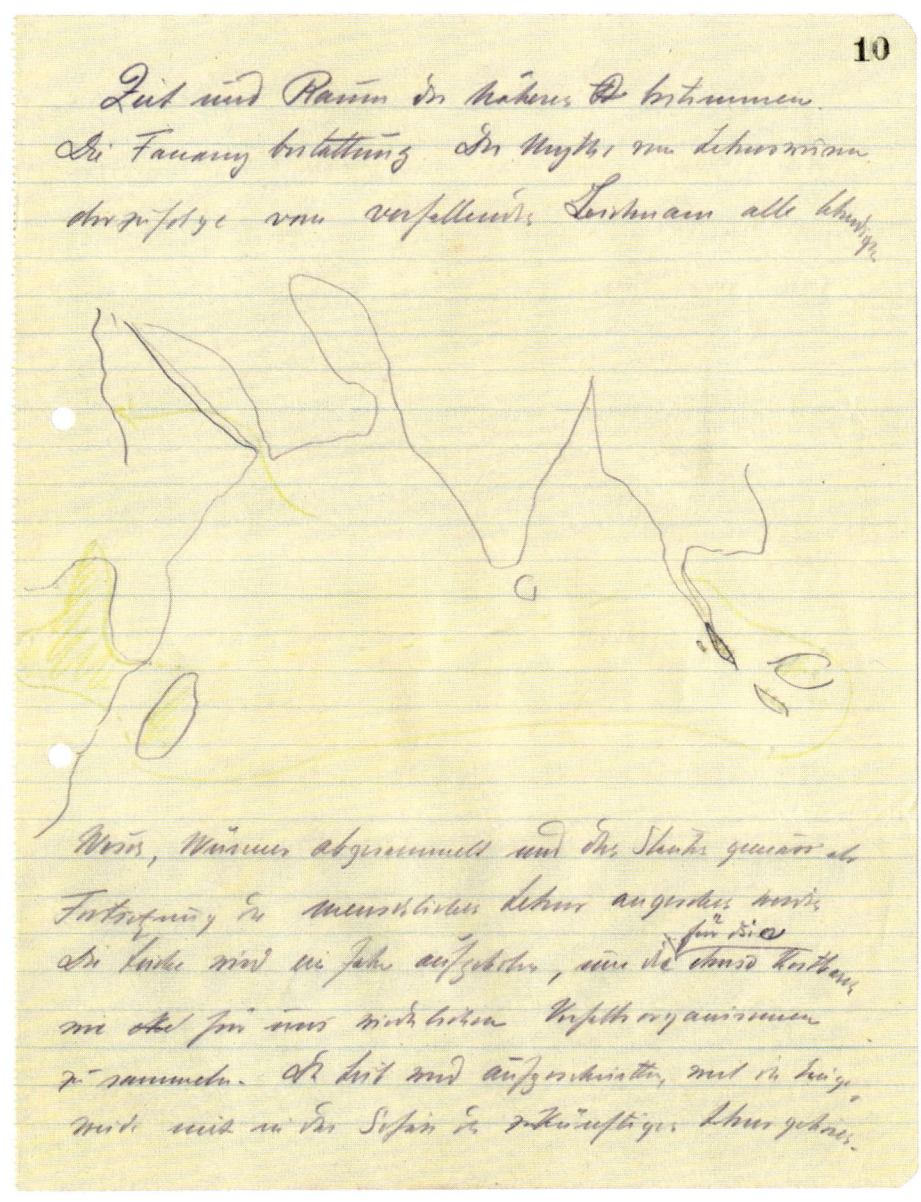

Tafel 17: Verbreitung der „Fananybestattung" (Nr. 62)

Tafel 18a: „Haus Doorn" (Nr. 71)

Tafel 18b: „Haus Doorn – Orangerie" (Nr. 126)

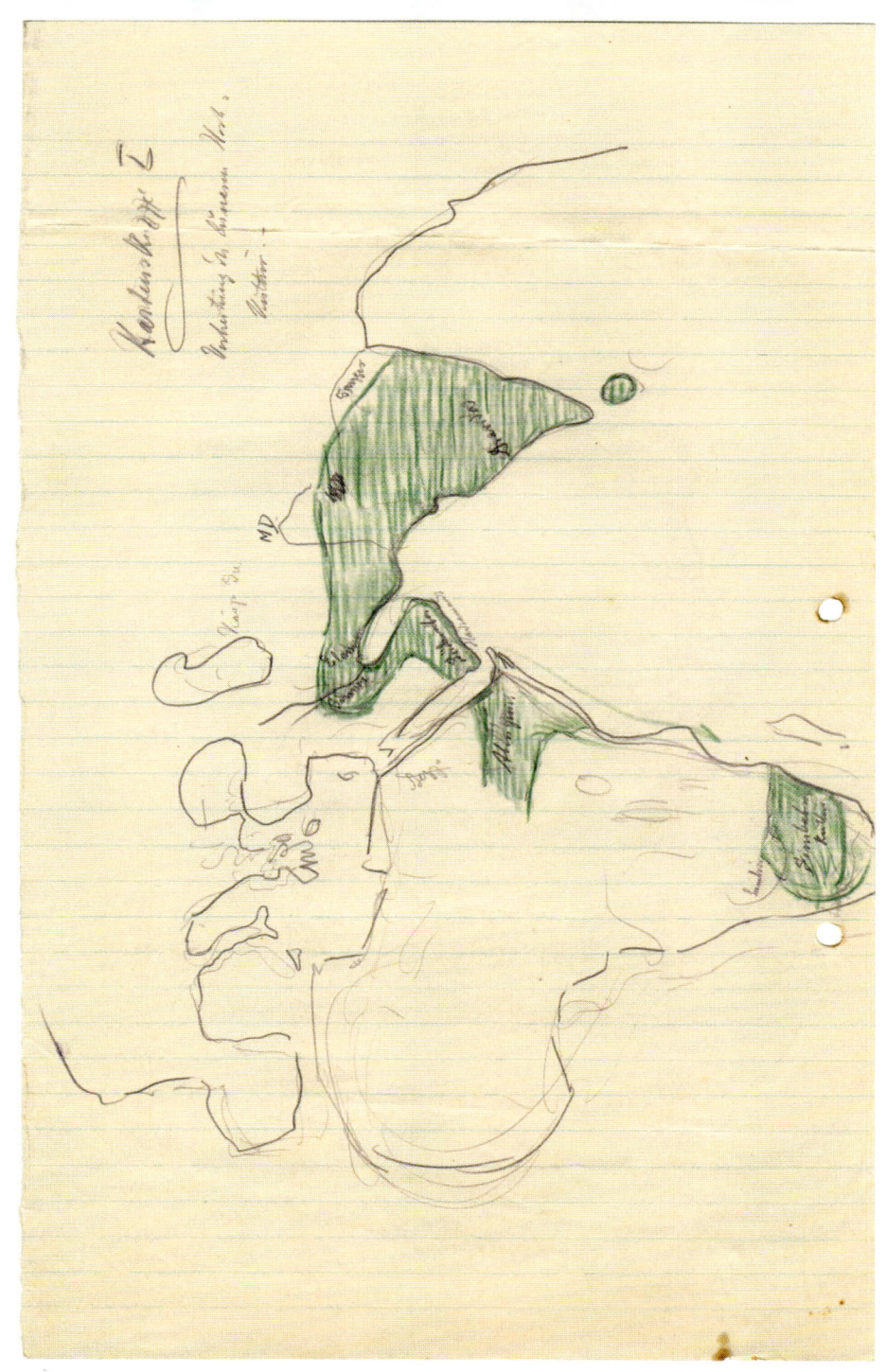

Tafel 19: „Kartenskizze I: Verbreitung der lunaren Hochkultur" (Nr. 74)

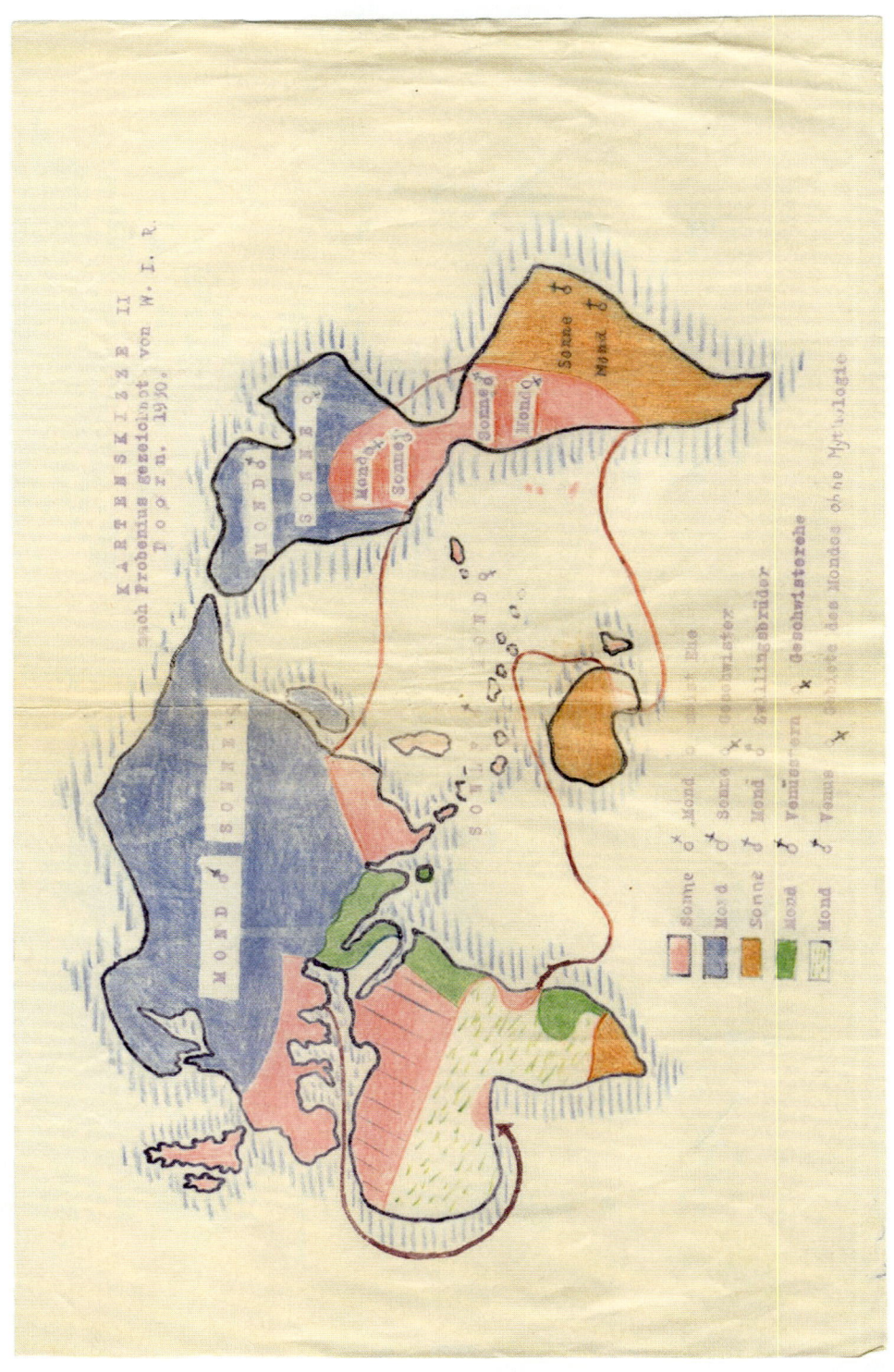

Tafel 20: „Kartenskizze II": Das Geschlecht von Sonne und Mond (Nr. 74)

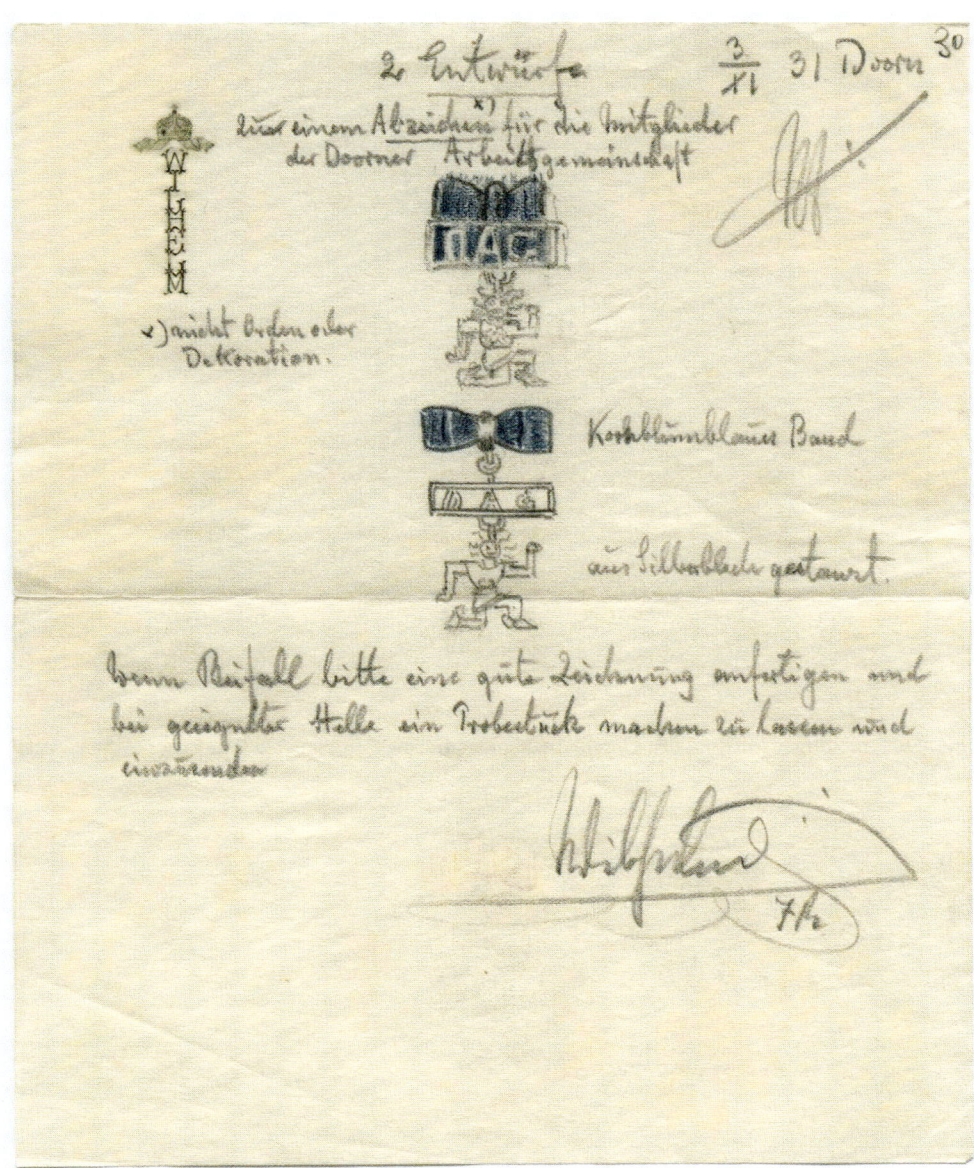

Tafel 21: „2 Entwürfe für ein Abzeichen für die Mitglieder der Doorner Arbeitsgemeinschaft"
(Nr. 129)

Tafel 22: Endgültiger Entwurf des Gorgo-Abzeichens für die Mitglieder der Doorner Arbeitsgemeinschaft (Nr. 137)

Tafel 23: „Der letzte Rest, nach unserer heutigen Kenntnis. Das ganze andere Afrika ist anscheinend ohne alte Felsbilder" (Nr. 141)

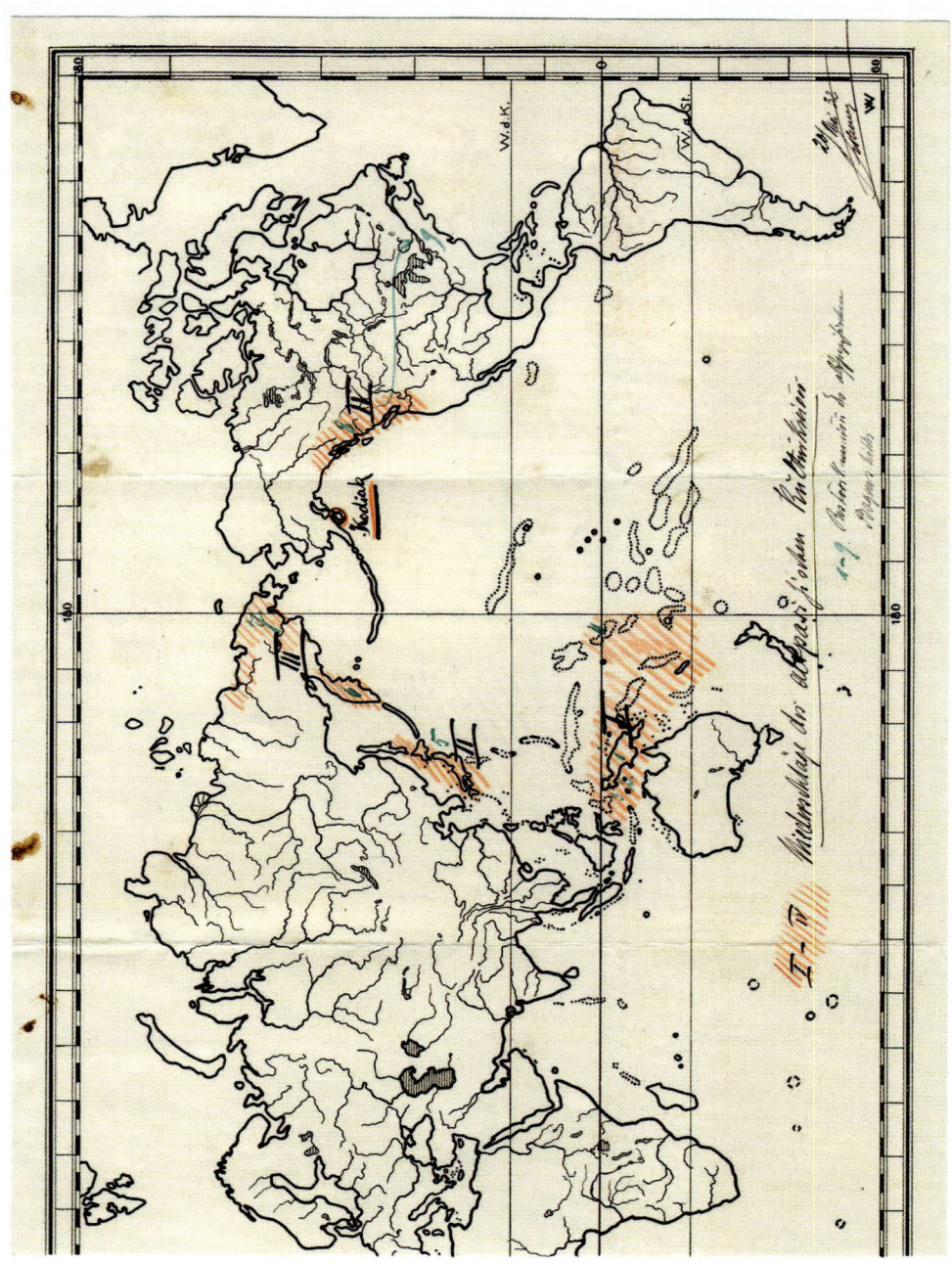

Tafel 24: „Niederschläge des altpazifischen Kulturkreises" (Nr. 146)

Tafel 25: Hydria aus Vouliagmeni (Nr. 191)

Tafel 26: Postkarte mit Ansicht des über dem Lago Maggiore gelegenen Biganzolo. Markiert ist das mit Wihelms Unterstützung ausgebaute Ferienhaus Frobenius' (Nr. 237)